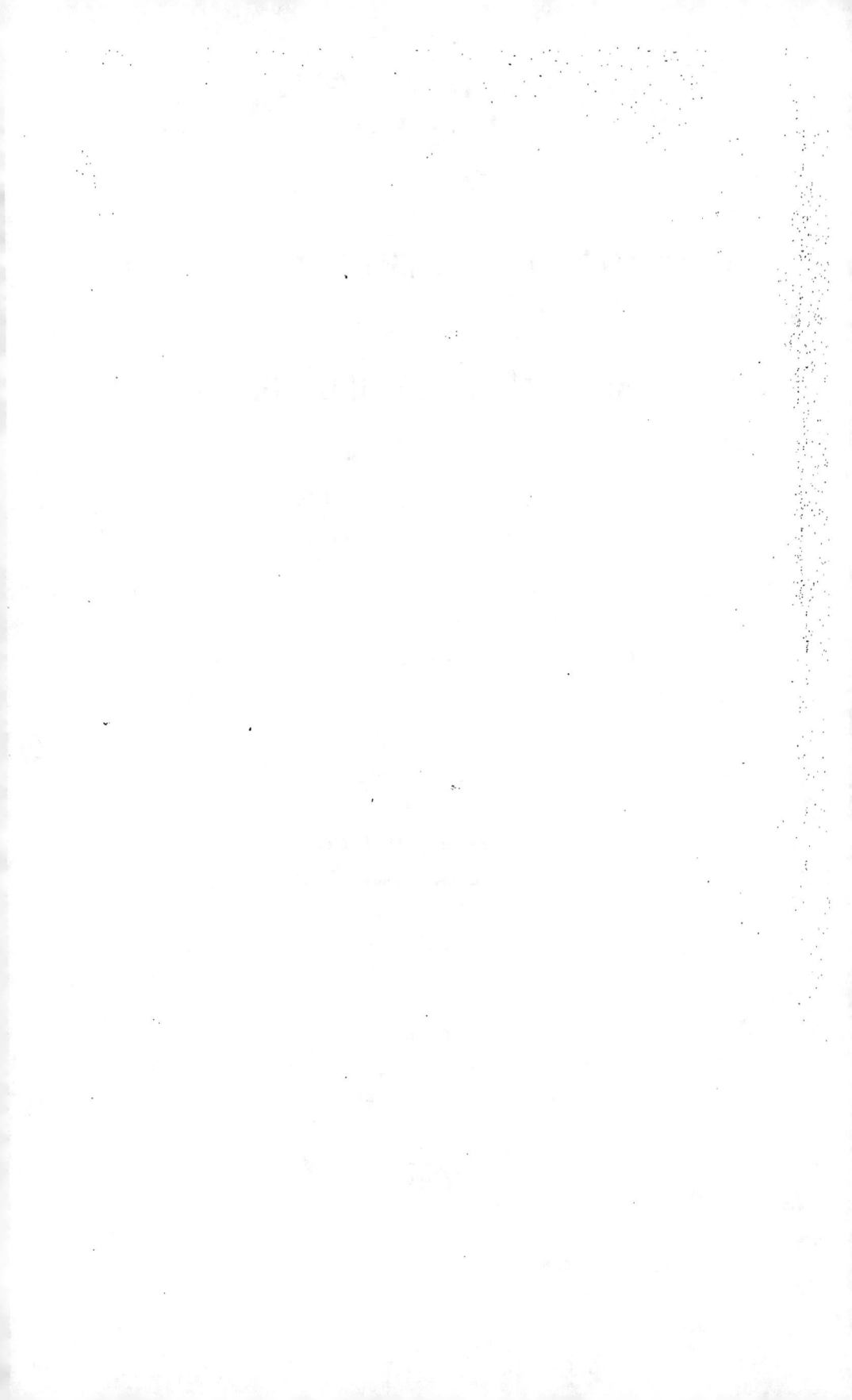

BIBLIOTHECA SINICA

DICTIONNAIRE BIBLIOGRAPHIQUE

DES OUVRAGES

RELATIFS À L'EMPIRE CHINOIS

PAR

HENRI CORDIER

SECRÉTAIRE DE LA MISSION CHINOISE
BIBLIOTHÉCAIRE HONORAIRE DE LA SOCIÉTÉ ROYALE ASIATIQUE DE CHANG HAI
MEMBRE CORRESPONDANT DE L'ÉCOLE DES LANGUES ORIENTALES VIVANTES. — MEMBRE DE LA SOCIÉTÉ ASIATIQUE
DE PARIS

Cet ouvrage a obtenu à l'Institut le prix Stanislas Julien en 1880

TOME PREMIER

PARIS
ERNEST LEROUX, ÉDITEUR
LIBRAIRE DE LA SOCIÉTÉ ASIATIQUE DE PARIS
DE L'ÉCOLE DES LANGUES ORIENTALES VIVANTES, ETC.
28, RUE BONAPARTE, 28

1881

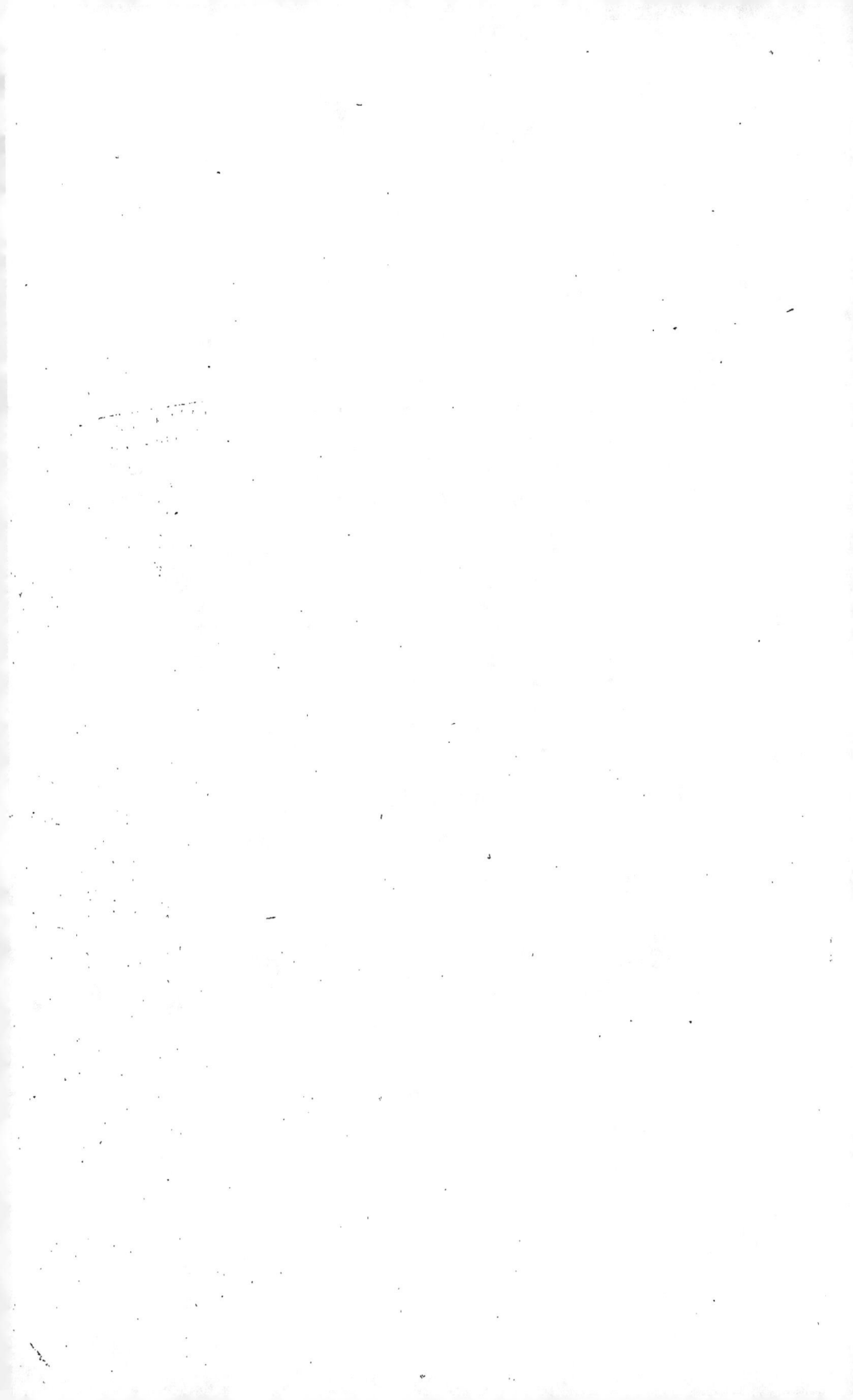

PUBLICATIONS

DE

L'ÉCOLE DES LANGUES ORIENTALES VIVANTES

X

BIBLIOTHECA SINICA

PAR H. CORDIER

LE PUY, IMP. MARCHESSOU FILS, BOULEVARD SAINT-LAURENT, 23

BIBLIOTHECA SINICA

DICTIONNAIRE BIBLIOGRAPHIQUE

DES OUVRAGES

RELATIFS A L'EMPIRE CHINOIS

PAR

HENRI CORDIER

SECRÉTAIRE DE LA MISSION CHINOISE
BIBLIOTHÉCAIRE HONORAIRE DE LA SOCIÉTÉ ROYALE ASIATIQUE DE CHANG HAI
MEMBRE CORRESPONDANT DE L'ÉCOLE DES LANGUES ORIENTALES VIVANTES. — MEMBRE DE LA SOCIÉTÉ ASIATIQUE
DE PARIS

Cet ouvrage a obtenu à l'Institut le prix Stanislas Julien en 1880

TOME PREMIER

PARIS

ERNEST LEROUX. ÉDITEUR
LIBRAIRE DE LA SOCIÉTÉ ASIATIQUE DE PARIS
DE L'ÉCOLE DES LANGUES ORIENTALES VIVANTES, ETC.
28, RUE BONAPARTE, 28

1881

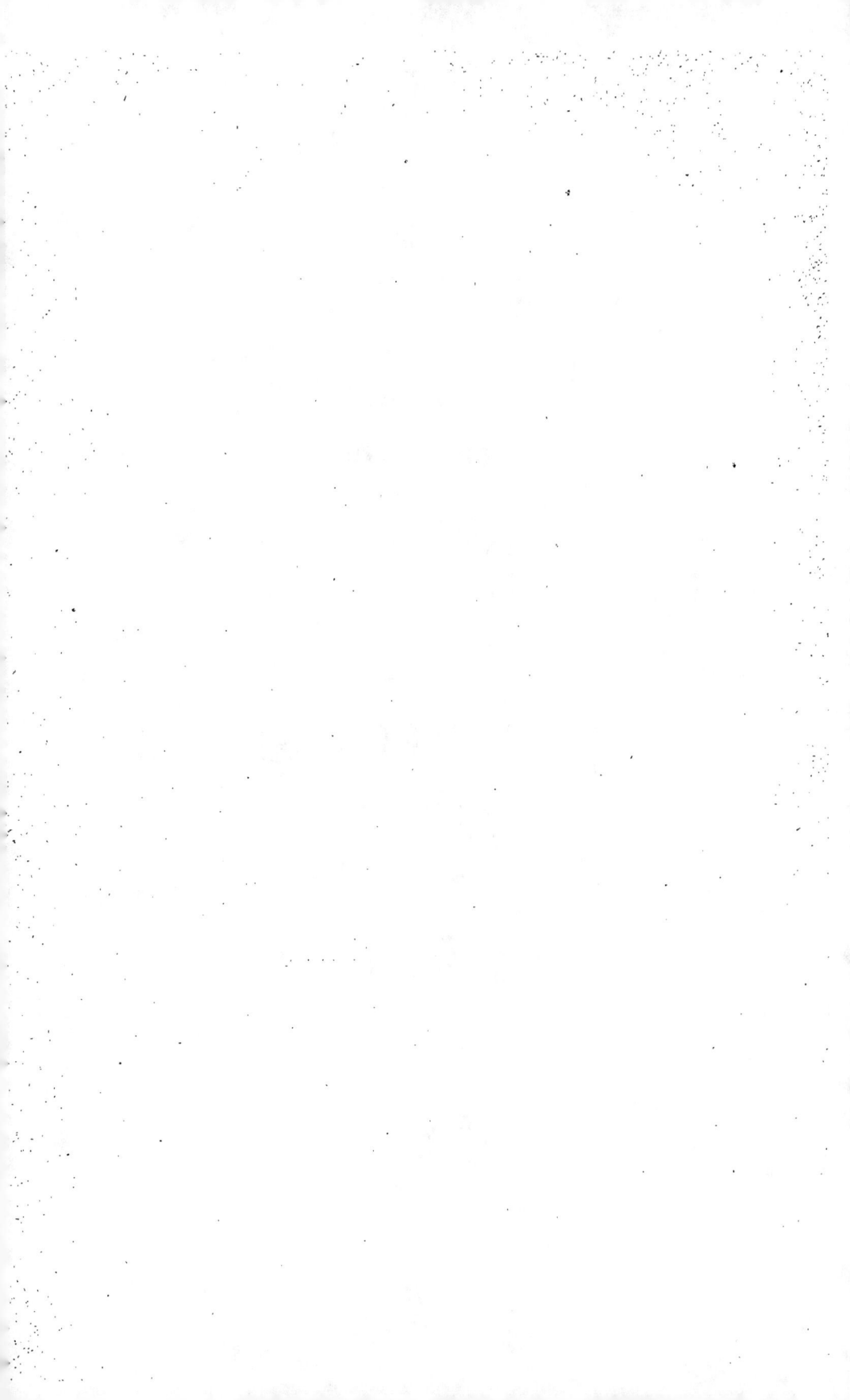

PUBLICATIONS

DE

L'ÉCOLE DES LANGUES ORIENTALES VIVANTES

———

X

BIBLIOTHECA SINICA

PAR H. CORDIER

LE PUY, IMP. DE M.-P. MARCHESSOU, BOULEVARD SAINT-LAURENT, 23

BIBLIOTHECA SINICA

DICTIONNAIRE
BIBLIOGRAPHIQUE

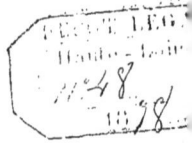

DES

OUVRAGES RELATIFS A L'EMPIRE CHINOIS

PAR

Henri CORDIER

SECRÉTAIRE DE LA MISSION CHINOISE
BIBLIOTHÉCAIRE HONORAIRE DE LA SOCIÉTÉ ROYALE ASIATIQUE DE CHANG HAI
MEMBRE CORRESPONDANT DE L'ÉCOLE DES LANGUES ORIENTALES VIVANTES. — MEMBRE DE LA SOCIÉTÉ ASIATIQUE
DE PARIS

TOME PREMIER

PARIS

ERNEST LEROUX, ÉDITEUR

LIBRAIRE DE LA SOCIÉTÉ ASIATIQUE DE PARIS
DE L'ÉCOLE DES LANGUES ORIENTALES VIVANTES ETC.
28, RUE BONAPARTE, 28

1878

PRÉFACE

Lorsque j'arrivai en Chine — il y a près de dix ans — et que je commençai à étudier l'histoire, les sciences, les mœurs et les coutumes de ce vaste empire, je me trouvai en présence de la difficulté qui s'offre à tout nouveau venu quand il aborde un champ illimité de recherches. Au milieu de cette quantité énorme de publications relatives à la Chine, publications faites dans toutes les langues, sur les sujets les plus variés, qui me guiderait? Ma première pensée fut d'avoir recours à une bibliographie raisonnée : il n'en existait pas ; force me fut donc de faire moi-même une sorte de triage, de classification des ouvrages qui me passaient entre les mains. Espérant d'épargner à d'autres un travail inutile et ennuyeux que j'avais dû faire, l'idée me vint que la publication d'un Catalogue des ouvrages relatifs à l'Empire du Milieu, rédigé consciencieusement, pourrait rendre quelques services aux savants et aux curieux qui s'occupent de l'Extrême-Orient.

*
* *

Peu de temps après mon arrivée à Chang hai, ayant été nommé bibliothécaire honoraire de la North China Branch of the Royal Asiatic Society, j'entrepris la rédaction du catalogue des livres de cette Société savante.

La Bibliothèque de la Société Asiatique comprenait environ mille trois cents volumes (plus mille vingt-trois volumes chinois), dont la majeure partie traitant de l'Orient en général et de la Chine en particulier avait été cédée par Mr. Alex. Wylie ; elle contenait également un nombre considérable de publications périodiques et de recueils édités sous les auspices d'établissements scientifiques. Le Catalogue de cette Bibliothèque parut à la fin de 1871 [1] : quoique mes études antérieures, en France

---

[1]. A Catalogue of the Library of the North China Branch of the Royal Asiatic Society (including the Library of Alex. Wylie, Esq.) Systematically classed. by Henri Cordier, Hon. Librarian. Shanghai : Printed at the « Ching-foong » general printing office. 1872, gr. in-8, pp. VIII-86.

et en Angleterre, m'eussent déjà préparé à des travaux de bibliologie, la rédaction de ce catalogue me servit d'introduction à de nouvelles études et me donna le flair spécial, le flair bibliographique, si je puis m'exprimer ainsi, qui m'était nécessaire pour entreprendre un Manuel de bibliographie chinoise. Les notes que j'avais accumulées et les recherches que j'avais commencées pour compléter le catalogue, me décidèrent à mettre enfin à exécution l'idée que j'avais eue en arrivant à Chang haï de faire, pour les ouvrages écrits sur la Chine par les peuples de l'Occident, ce que d'autres, sans aucun doute plus compétents, avaient entrepris pour les différents pays de l'Europe. Je comptais beaucoup aussi sur l'indulgence qu'auraient les critiques pour un premier essai ; je dis un premier essai, car lorsque je me mis à réunir les matériaux de cet ouvrage, la bibliographie chinoise avait été singulièrement négligée par nos devanciers, et les éléments qui devaient le constituer étaient dispersés un peu partout, *disjecta membra*. Nous allons donc examiner quels étaient ces éléments de travail, qui nous indiqueront en même temps les

SOURCES DE CET OUVRAGE

La seule bibliographie spéciale de quelque importance qui eût été publiée jusqu'alors était la *Bibliotheca Sinologica* [1] du Dr. Andreae et de M. Geiger. Elle forme un volume in-8, imprimé à Francfort en 1864, de pp. x-108, suivi d'une liste d'ouvrages chinois occupant 31-16 pages. Nomenclature sèche de livres classés dans quelques divisions, travail sans prétention basé sur Meusel, Ternaux-Compans, etc., dans lequel il s'est glissé, à côté de titres exacts, des fautes graves et parfois des indications d'ouvrages dont le certificat de vie n'était pas suffisamment authentique. Naturellement il était impossible de renfermer, en une centaine de pages, une liste complète des ouvrages relatifs à la Chine, aussi la *Bibliotheca Sinologica* ne peut être considérée que comme un choix de titres, un aide-mémoire.

En août 1849, le Dr. S. Wells Williams avait imprimé dans le *Chinese Repo-*

---

1. Han-tsé-wèn-fâ-chōu-kouang-tsòng-mōu. Bibliotheca Sinologica. Uebersichtliche Zusammenstellungen als Wegweiser durch das Gebiet der sinologischen Literatur von Dr. med. V. Andreae und John Geiger. Als Anhang ist beigefügt : Verzeichniss einer grossen Anzahl ächt chinesischer Bücher nebst Mittheilung der Titel in chinesischen Schriftzeichen. Frankfurt a. M.,Verlag von K. Theodor Völcker. MDCCCLXIV. in-8, pp. x-108-31-16.

sitory [1] une liste d'ouvrages principalement en anglais et en français comprenant trois cent soixante-treize numéros qui fut suivie dans le même recueil, en décembre 1849, d'un supplément (Nos. 374-402). — Les titres donnés dans cette liste sont, en grande partie, ceux d'ouvrages critiqués dans les dix-sept premiers volumes du *Repository*.

Le *Chinese and Japanese Repository* [2] entreprit plus tard la publication d'une nouvelle bibliographie : le numéro du mois de novembre 1864 contient cet essai qui ne fut pas continué.

En remontant à une époque plus éloignée, nous trouverons des listes d'ouvrages relatifs à la Chine dans Reimann [3]; dans l'avertissement de l'édition de la Haye du P. du Halde [4]; dans la traduction hollandaise de *The Chinese,* par Sir John Francis Davis [5]. Plus récemment, dans la deuxième partie de la Chine moderne [6] (par Bazin) ; enfin, en 1867, Mr. N. B. Dennys ajouta en appendice à ses *Treaty Ports of China and Japan* [7], un assez maigre catalogue d'ouvrages d'histoire, de géographie et de voyages.

Certains ouvrages de bibliographie orientale consacrent des chapitres à la Chine. Pinelo, dans son *Epitome de la Bibliotheca oriental* [8] donne de précieux renseignements. La *Bibliothèque* [9] de Ternaux-Compans doit être consultée avec précaution.

BIBLIOGRAPHIES ORIENTAUX.

1. List of Works upon China, principally in the English and French languages : I. Philological Works ; II. Translations ; III. General Accounts, Travels, etc. *(Chinese Repository,* Aug. 1849, XVIII, pp. 402-444.) — Additions. *(Ibid.,* Dec. 1849, XVIII, pp. 657-661.)

2. The Names of Works on Chinese and China. With short critical Notes by the Editor. *(Chinese & Japanese Repository,* Nov. 1864, contient trente numéros.)

3. Jacobi Friderici Reimanni Historia literaria Babyloniorum et Sinensium... Brunsvigae et Hildesiae. 1741, pet. in-8.

4. C'est une liste d'une centaine d'ouvrages arrangés par ordre chronologique, de 1531 à 1729; cette liste est insérée à la fin de l'avertissement, pp. lxxiv-lxxx.

5. China en de Chinezen. Door J. F. Davis,... Amsterdam, 1841, 3 vol. in-8. — La liste qui comprend environ 80 ouvrages est insérée dans l'introduction.

6. Chine moderne... Paris, Didot, 1837-1853, 2 vol. in-8. — Ce travail arrangé par ordre chronologique (1477-1852) est extrêmement défectueux, les titres (316) des ouvrages publiés avant 1700 sont presque tous pris dans Ternaux-Compans; on cherche vainement des indications aussi importantes que celles de l'édition de Du Halde de Paris, et du Traité de la chronologie chinoise composée par le P. Gaubil (Paris, 1814).

7. Catalogue of Books on China (other than philological) published on China and Japan in the English language compiled by N. B. Dennys; br. in-8.

8 Epitome de la Bibliotheca oriental y occidental... en que se contienen los escritores de las Indias orientales y occidentales y reinos de China, Tartaria, Japon, Persia, Armenia, Etiopia, y otras partes. Madrid, 1737, 3 vol. in-fol.

9. Bibliothèque Asiatique et Africaine ou Catalogue des ouvrages relatifs à l'Asie et à l'Afrique qui ont paru depuis la découverte de l'imprimerie jusqu'en 1700, par H. Ternaux-Compans, Paris, Arthus Bertrand, MDCCCXLI, in-8.

A côté d'excellentes indications, faute de revoir ses épreuves, Ternaux a fait les erreurs les plus graves et marqué quelquefois des ouvrages qui n'existent pas. Dans le deuxième volume de la *Bibliotheca orientalis*, le Dr. Zenker consacre onze chapitres à la Chine et à ses dépendances [1]. Enfin les Hollandais nous montrent la part qu'ils ont prise dans les recherches relatives à ce pays lointain dans un catalogue publié [2] en 1875.

BIBLIOGRAPHES PRO-FESSIONNELS. Nous avons dû consulter les auteurs qui ont restreint le champ de leurs études à un seul sujet, à une seule science, par exemple : Meusel [3], pour l'histoire ; Stuck [4] et Boucher de la Richarderie [5] pour les voyages ; Barbier [6] pour les anonymes ; Engelmann [7] et la *Bibliotheca hist.-geographica* [8] pour la géographie ; de Backer [9] et Carayon [10] pour les religieux de la Compagnie de Jésus ; les *Memorials of Protestant Missionaries* [11] pour les missions protestantes ; Pauly pour la méde-

1. Bibliotheca Orientalis. Manuel de Bibliographie orientale... par J. Th. Zenker. Dr. — Leipzig, 1840-1861, 2 vol. in-8 : — Littérature de la Chine, Nos. 6637-6867 ; littérature mantchoue, mongole et tibétaine, Nos 6919-6972 ; — les titres sont généralement exacts.

2. Pp. 34/36 de : De beœfening der oostersche talen in Nederland en zijne overzeesche bezittingen 1800-1874. — Bibliographisch overzicht door P. A. Boele van Hensbroek. Leiden, Bull. 1875. — *Dans* Feestgave ter gelegenheid van het Driedhonderd-jang Bestaan der Leidsche Hoogeschool. Leiden, Brill, 8 Februari, MDCCCLXXV, in-4.

3. Bibliotheca historica. Instructa a B. Burcardo Gotthelf Struvio aucta a B. Christi. Gottlieb Budero nunc vero a Ioanne Georgio Meuselio ita descripta, amplificata et emendata, ut paene novum opus videri possit. Voluminis II Pars II. Lipsiae, apud Heredes Weidmanni et Reichium MDCCLXXXVI, in-8 : Caput XVII : Scriptores de rebus Sinicis, pp. 106 sq. ; — Cap. XVI : Scriptores de rebus Tibetanis et Coreanis. pp. 101 et seq. ; etc.

4. Gottlieb Heinrich Stuck's K. P. Kommissionsraths und Kaemmerers der Stadt Halle Verzeichnis von aeltern und neuern Land-und Reisebeschreibungen. Ein Versuch eines Haupstücks der geographischen Litteratur mit einem vollstaendigen Realregister ; und eine Vorrede von M. Iohann Ernst Fabri. Halle, 1784, in-8, pp. XVI-504.

5. Bibliothèque universelle des Voyages... par G. Boucher de la Richarderie. A Paris, 6 vol. in-8, 1808.

6. Dictionnaire des Ouvrages anonymes par Ant.-Alex. Barbier. Troisième Édition, revue et augmentée par MM. Olivier Barbier, René et Paul Billard de la Bibliothèque nationale. Paris, Paul Daffis, 1875 et seq.

7. Bibliotheca Geographica. — Verzeichniss der seit der Mitte des vorigen Jahrhunderts bis zu Ende des Jahres 1856 in Deutschland erschienenen Werke über Geographie und Reisen mit Einschluss der Landkarten, Pläne und Ansichten. Herausgegeben von Wilhelm Engelmann. Leipzig, W. Engelmann, 1857-1858, 2 vol. in-8.

8. Bibliotheca historico-geographica oder systematisch geordnete Uebersicht der in Deutschland und dem Auslande auf dem Gebiete der gesammten Geschichte und Geographie neu erschienenen Bücher herausgegeben von Ernst A. Zuchold. Erster Jahrgang. I. Heft. 1853, Göttingen.

9. Bibliothèque des écrivains de la Compagnie de Jésus... par Augustin de Backer de la Compagnie de Jésus avec la collaboration d'Alois de Backer et de Charles Sommervogel de la même Compagnie. Nouvelle édition, refondue et considérablement augmentée. Liége, 3 vol. in-fol., 1869-1877.

10. Bibliographie historique de la Compagnie de Jésus, par le P. Auguste Carayon. Paris, 1864.

11. Memorials of Protestant Missionaries to the Chinese : giving a list of their publications and obituary notices of the deceased. With copious indexes. Shanghae, 1867, in-8.

cine [1]; le Catalogue publié par la Société royale de Londres pour les sciences [2]; etc.

Les monographies consacrées aux différents pays nous ont été du plus grand se- cours : Allibone [3] et Lowndes [4] pour l'Angleterre et les Etats-Unis; Figaniere [5] et Silva [6] pour le Portugal ; le *Journal de la Librairie* pour la France ; ont été consultés ainsi que les bibliographes généraux comme le Dr. Watt [7], Brunet [8], la *Biographie universelle* et la *Biographie générale*. La *Bibliotheca Britannica* du Dr. Watt est divisée en deux parties, comprenant chacune deux volumes in-4. Dans la première, l'ordre alphabétique des auteurs est adopté; dans la deuxième, les livres sont groupés par ordre des matières : un long article y est consacré à la Chine. Le Dictionnaire plus récent d'Allibone ne peut faire oublier la *Bibliotheca* de Watt qui prend place, malgré ses très-grandes imperfections, parmi les ouvrages les plus utiles de bibliographie. Le *Manuel du Libraire*, qui était d'une médiocrité déplorable pour la partie orientale dans les premières éditions, a été beaucoup amélioré dans la cinquième édition. Il laisse cependant encore à désirer au point de vue de la Chine.

A ces ouvrages de bibliographie, il était nécessaire d'ajouter les catalogues de Sociétés savantes : Société de Géographie de Londres [9], Société asiatique de Chang hai; etc., — de libraires, Dondey-Dupré, Duprat, Maisonneuve, Leroux, à Paris ; M. Nijhoff, à la Haye ; Trübner, Quaritch, à Londres, etc. ; — de bibliothèques

1. Bibliographie des Sciences médicales. Bibliographie, — Biographie, — Histoire, — Epidémies, — Topographies, — Endémies, par Alphonse Pauly, de la Bib. nat..... Paris, Tross, 1874, in-8.

2. Catalogue of Scientific Papers (1800-1863). Compiled and published by the Royal Society of London 1867-72, 6 vol. in-4.

3. A Critical Dictionary of English Literature and British and American Authors living and deceased from the earliest accounts to the latter half of the nineteenth century. Containing over forty-six thousand articles (authors), with Forty Indexes of Subjects. By S. Austin Allibone. Philadelphia, J. B Lippincott & Co, 1872-1871, second issue. 3 vol. gr. in-8 à 2 col.

4. The Bibliographer's Manual of English Literature... by William Thomas Lowndes. New edition, revised, corrected and enlarged by Henry G. Bohn. London, 1857-1864, 4 vol. pet. in-8.

5. Bibliographia historica portugueza ou Catalogo methodico dos auctores portuguezes, e de alguns estrangeiros domiciliarios em Portugal, que tractaram da historia civil, politica e ecclesiastica d'estes reinos e seus dominios, e das naçoês ultramarinas, e cujas obras correm impressas em vulgar ; onde tamben se apontam muitos documentos e escriptos anonymos que lhe dizem respeito por Jorge Cesar de Figaniere, Official da Secretaria de Estado dos Negocios Estrangeiros... Lisboa, 1850, in-8, pp. VIII-349.

6. Diccionario Bibliographico Portuguez Estudos de Innocencio Francisco da Silva applicaveis a Portugal e ao Brasil. Lisboa na imprensa nacional, I, 1858 et seq.

7. Bibliotheca Britannica ; ora General Index to British and Foreign Literature. By Robert Watt. In two. Parts : Authors and Subjects. Edinburgh, 1824, 4 vol. gr. in-4.

8. Manuel du Libraire et de l'Amateur de Livres... par Jacques-Charles Brunet .. 5ᵉ édition. Paris, Didot, 1860-1865. — 6 vol. in-8 à 2 col., dont un vol. pour la *Table Méthodique*..

9. Classified Catalogue of the Library of the Royal Geographical Society to December 1870. London : John Murray, 1871, in-8.

particulières : Langlès (Paris, 1825), Abel-Rémusat (Paris, 1833), Klaproth (Paris, 1839), Landresse (Paris, 1862), Pauthier (Paris, 1873), Callery (Paris, 1877), Rochet (Paris, 1878), etc. ; — de bibliothèques publiques : grâce à l'obligeance de M. Léopold Delisle, administrateur général, j'ai pu me servir du Catalogue manuscrit de la Bibliothèque nationale : les livres relatifs à la Chine sont décrits dans le Catalogue de l'Histoire de l'Asie. — Matières III O²k,402. — O²S, in-folio [1]. C'est une mine précieuse de renseignements à laquelle il faut joindre l'admirable catalogue du British Museum, à Londres, que tout lecteur admis au Reading Room peut consulter. J'ai également passé en revue les collections des départements, Lyon [2], Tours, etc. Le Catalogue des manuscrits publié par le Ministère de l'Instruction publique [3] et celui de Haenel [4] m'ont été fort utiles.

Tels étaient les principaux documents placés à ma disposition lorsque j'entrepris mon travail. J'avais toutefois des concurrents. Le 21 novembre 1875, peu de temps après mon second voyage à Pe king, Mr. P. G. von Mœllendorff m'écrivit : « Je viens d'apprendre de l'archimandrite Palladius, à Peking, que vous êtes en voie de préparer une bibliographie chinoise.

« Quoique je n'aie aucune information précise concernant le plan et l'étendue de votre ouvrage, je crois cependant qu'il est de mon devoir de vous faire savoir qu'un travail semblable, composé par moi et écrit en anglais, se trouve dans ce moment sous presse en Europe.

« Mon travail contient, sans mentionner comme il va sans dire, les ouvrages anciens et modernes qui se rapportent à la Chine, une liste complète de tous les articles qui ont paru dans les revues et journaux scientifiques en Europe et en Chine, et le nombre des titres énumérés, abstraction faite des « reviews » disséminées dans les revues, se monte à quatre mille cinq cents numéros. »

Je remerciai M. de M. de sa lettre et je répondis que deux ouvrages ne me paraissaient pas de trop pour une question encore mal étudiée, que d'ailleurs le mien était rédigé en français, etc., etc.

1. Chapitre XV. Chine O²n : ce chapitre comprend 35 pages; chaque page, la première exceptée, contient 16 cartes; il y a en tout 545 cartes ou numéros.
2. Manuscrits de la Bibliothèque de Lyon... par Ant.-Fr. Delandine. Paris et à Lyon, 1812, 3 vol. in-8.
3. Catalogue général des Manuscrits des Bibliothèques publiques des départements publié sous les auspices du ministre de l'Instruction publique. Paris, Imprimerie nationale, 4 vol, in-4, 1849-1872.
4. Catalogi Librorum Manuscriptorum qui in Bibliothecis Galliæ, Helvetiæ, Belgii, Britanniæ M., Hispaniæ, Lusitaniæ asservantur, nunc primum editi a D. Gustavo Hænel. Lipsiæ, Sumtibus I .C. Hinrichs. M D CCC XXX, in-4.

L'ouvrage de MM. de Mœllendorff parut l'année dernière [1] et je crois que, lorsqu'on aura comparé mon travail au leur, on ne m'accusera pas d'avoir profité des recherches de mes rivaux. A leur volume in-8 de 378 pages j'ai à opposer deux tomes grand in-8, d'environ 800 pages à deux colonnes imprimées en petit texte. Je n'ai pas ici à faire la critique du *Manual of Chinese Bibliography* ; mais il est regrettable que cet ouvrage, composé loin des bibliothèques de l'Europe, soit défectueux et reproduise les erreurs de Ternaux-Compans et de la *Bibliotheca Sinologica*. Décrivant les livres de seconde main, MM. de M. ont malheureusement commis des méprises, et nous verrons, par exemple, un drame comme celui de Settle (No. 908) placé parmi les ouvrages d'histoire, un roman (No. 1757) à la botanique, une brochure politique de la Restauration (No. 224) parmi les traductions du chinois [2].

RENSEIGNEMENTS PARTICULIERS

Je désirais que les ouvrages mentionnés dans mon ouvrage fussent, autant que possible, décrits *de visu* et j'ai dû entreprendre de longues recherches pour arriver à ce but ; on comprendra facilement qu'il m'eût été impossible de tout voir moi-même, aussi ai-je marqué d'une astérique les titres que je transcris d'après d'autres auteurs, afin de donner à ceux que j'ai pris dans les ouvrages eux-mêmes un caractère de plus grande exactitude.

A Chang hai, j'ai consulté la Bibliothèque de la Société asiatique, celle des RR. PP. de la Compagnie de Jésus installée dans leur bel établissement de Siu ca wei, celle de Mr. Alex. Wylie ; j'ai également mis à contribution quelques autres collections particulières, appartenant à MM. F. B. Forbes, T. W. Kingsmill, au Dr. R. Alex. Jamieson, etc. Je dois mentionner ma propre bibliothèque, l'une des plus belles de la Chine : elle a péri avec le « Meikong », à la pointe de Raz-afoun, dans la nuit du 17 au 18 juin 1877 et cette perte, en me dépouillant d'une collection que j'avais formée avec amour depuis mon enfance, m'a privé en même temps d'un de mes plus utiles instruments de travail.

Je n'ai pas négligé non plus de consulter les bibliothèques que j'ai pu rencontrer

---

1. Manual of Chinese Bibliography, being a list of works and essays relating to China. By P. G. & O. F. von Möllendorff, Interpreters to H. I. G. M.'s Consulate at Shanghai and Tientsin. Shang hai : Printed at the « Celestial Empire » office. 1876, in-8, pp. viii-378.

2. Cf. *Revue critique*, No. 16, 20 avril 1878.

dans mes voyages à Ning po, à Tche fou, à Tien tsin, et dans les ports du Yang tze kiang. J'ai passé deux ou trois jours dans la City Library de Hong kong où j'ai noté quelques manuscrits importants et une série intéressante de journaux. Mon dernier voyage à Pe king, en 1875, a été consacré à l'examen de la Bibliothèque des missionnaires lazaristes au Peh tang. Qu'il me soit ici permis de remercier Mgr. L. G. Delaplace, évêque d'Andrinople et vicaire apostolique de Pe king, pour la bonté paternelle avec laquelle il a bien voulu me donner carte blanche pour explorer sa collection dont la plus grande partie est formée des livres des anciens Pères de la Compagnie de Jésus. Je dois dire que j'ai été singulièrement désappointé dans mes recherches. A part quelques manuscrits, entre autres celui d'un dictionnaire du P. de la Charme, je n'ai rien découvert, dans la Bibliothèque du Peh tang, d'intéressant à mon point de vue : j'ai acquis la certitude que, des livres des Jésuites, une partie enterrée dans le cimetière français par les chrétiens y avait pourri, une autre avait été envoyée en Mongolie (plusieurs des volumes que j'ai examinés avaient été reliés à Suen hoa fou), le reste avait trouvé place dans des collections étrangères.

A mon retour en Europe, j'ai continué mes recherches dans les bibliothèques de Paris et de Londres. Dans cette dernière ville, le British Museum et l'East-India Office Library me fournirent des matériaux précieux. Je ne puis m'empêcher de signaler à nos travailleurs français, et de citer, commme exemple, à nos conservateurs de bibliothèques, la bienveillance, la courtoisie, les facilités, que l'on rencontre dans le magnifique établissement de Great Russell Street. Mes sincères remerciements à M. Richard Henry Major, auteur de « Life of Prince Henry the Navigator », du département des Cartes au British Museum, et au savant Dr. Reinhold Rost, de l'East-India Office pour la bonté qu'ils ont bien voulu me témoigner pendant mes recherches.

A Paris, j'ai consacré une année à explorer les trésors de l'immense dépôt de la rue de Richelieu ; à la Mazarine, je n'ai trouvé que peu de choses ; à l'Arsenal, où je remercie en passant M. Paul Lacroix (Bibliophile Jacob) de ses encouragements bienveillants, qu'un ou deux volumes uniques et le même nombre de manuscrits : la Bibliothèque nationale a absorbé la plus grande partie des documents intéressants des autres collections de la capitale ; à Sainte-Geneviève, j'ai obtenu des facilités de travail auxquelles je n'ai pas toujours été accoutumé en France, grâce au zèle pour la science de l'administrateur, M. Ferdinand Denis, le doyen de nos bibliographes. Je le remercie tout particulièrement des précieuses indications et des excellents conseils qu'il m'a donnés ; à son obligeance, je dois d'avoir comblé bien des lacunes dans mon ouvrage ; —

au dépôt des Cartes et Plans de la Marine, dont l'appui de M. Delamarche, ingénieur-hydrographe en chef, m'avait ouvert les portes, j'ai rencontré une grande urbanité et une complaisance sans bornes chez le conservateur, M. Charmois, dont la bibliothèque, entre parenthèses, est la mieux cataloguée de Paris ; — au département des Affaires étrangères, M. Faugère, auquel on est redevable du premier texte exact des *Pensées*, de Pascal, m'avait permis de dresser la liste des documents relatifs à la Chine ; le même relevé a été fait aux Archives nationales ; à la Bibliothèque de l'Institut, où M. Ernest Renan eut l'obligeance de me présenter, j'ai mis la main, en cherchant les papiers du P. Bouvet qui ne s'y trouvent point sur une série fort importante de lettres du P. Amiot ; à l'Ecole des Langues Orientales, au sujet de laquelle je reviendrai plus loin, M. Carrière, secrétaire et bibliothécaire, m'a fait les honneurs de la collection qui, pour être de récente origine, n'en est pas moins aujourd'hui fort nombreuse et rend déjà les plus grands services aux travailleurs ; — enfin la recommandation du R. P. Tailhan, procureur des Missions de la Compagnie de Jésus, m'a permis de rédiger le catalogue des manuscrits relatifs à la Chine appartenant à la Bibliothèque de la Compagnie, rue Lhomond. Au R. P. Tailhan et au R. P. de Guilhermy, je dois aussi de grands remerciements pour leurs bons conseils.

En dehors des bibliothèques, mes obligations sont aussi fort nombreuses :

L'archimandrite Palladius, chef de la mission ecclésiastique russe de Peking, et le Dr. E. Bretschneider, auteur de savants mémoires sur l'Asie centrale à l'époque du moyen âge, m'ont obligeamment fait un petit catalogue de publications russes. Au moment de mettre sous presse, M. August Strindberg, de la Bibliothèque royale de Suède, m'a remis un mémoire étendu comprenant la description d'environ cent cinquante ouvrages suédois, dont le plus grand nombre m'étaient inconnus et qui forment une sorte de *Bibliotheca Sina-Svecana.*

M. Antonio Pennino, de la Biblioteca nazionale, de Palerme, m'a fourni des renseignements sur quelques ouvrages rares de cette collection. Plusieurs personnes qui avaient recueilli des titres d'ouvrages, soit pour en dresser une liste, soit comme aide-mémoire, me les ont communiqués avec beaucoup de courtoisie ; je dois citer le Dr. N. B. Dennys, de Hong kong, ancien éditeur de la *China Mail* et de la *China Review,* le R. P. Pfister, de la Compagnie de Jésus, le Dr. W. Lockhart, ancien médecin-missionnaire à la Chine, et Mr. Frank B. Forbes, un des chefs de la maison américaine Russell et C⁰, et président de la North China Branch of the Royal Asiatic Society. Les notes de ce dernier étaient nombreuses et classées par ordre alphabétique : elles comprenaient un grand nombre de titres pris dans les Manuels de Brunet et de Lowndes, dans la Bibliothèque de Ternaux-Compans, et dans des catalogues de libraires. A Mr. F. B. Forbes, je dois également mes bien sincères remerciements pour d'excellents avis et des marques d'encouragement pendant un travail que, plus d'une fois, j'ai failli abandonner.

Tout le monde en Chine connaît Mr. Alex. Wylie; le savant et modeste agent de la « British and Foreign Bible Society » donnait de son cabinet de travail situé à la « London Mission », Shantung Road, Chang hai, les renseignements les plus utiles à ceux qui venaient frapper à sa porte. Une portion de sa bibliothèque avait été cédée à la Société asiatique, mais la plus précieuse partie à laquelle étaient venus s'adjoindre de nouveaux volumes était restée chez lui. Avec une rare bienveillance, Mr. Wylie m'avait permis de travailler dans sa bibliothèque, et j'ai à m'accuser d'avoir souvent dérangé cet excellent homme dans ses propres travaux, en venant — avec une indiscrétion qui n'a d'excuse que mon désir de produire un ouvrage sérieux — m'installer au milieu de ses livres et de ses manuscrits. C'est là que j'ai pu examiner la copie faite par Stanislas Julien de la *Notitia* du P. de Prémare, une traduction du Tchoung Young du P. de Ventavon, et mille et une plaquettes uniques ou rarissimes. D'ailleurs Mr. Wylie est un confrère, si un élève comme moi peut traiter de confrère un maître comme lui : n'a-t-il pas écrit ces *Notes on Chinese Literature* [1] qui sont aujourd'hui le *vade-mecum* de celui qui cherche à s'orienter dans le labyrinthe de la littérature de la Chine.

C'est avec une profonde reconnaissance mêlée à des sentiments de respect et de sincère amitié que je parle du Rév. Père A. Pfister, de la Compagnie de Jésus. Peu de résidents étrangers connaissent ce religieux modeste auquel les continuateurs de St-François-Xavier et de Matteo Ricci doivent la réorganisation de leur bibliothèque à Siu ca wei. Combien de fois, en été malgré une chaleur dont l'intensité ne peut être appréciée que de ceux qui ont visité Chang hai au mois d'août, en hiver malgré la perspective d'un travail de plusieurs heures dans une vaste salle sans feu, exposée au nord, combien de fois n'ai-je pas suivi la route conduisant des concessions étrangères qui bordent le Hoang pou au village de Siu cawei, pour m'entretenir avec le pieux missionnaire de nos recherches. Quand un fait intéressant pour nos études m'était connu,

---

1. Notes on Chinese Literature : with introductory remarks on the progressive advancement of the Art; and a list of translations from the Chinese, into various European languages. By A. Wylie. Shanghae, 1867, in-4.

je le lui communiquais immédiatement; dès qu'une édition rare, que des volumes dignes d'être signalés lui passaient entre les mains — et il en passait beaucoup, vite il m'en faisait part; je dois ajouter que, malgré tous mes efforts, lui retiré dans un pays éloigné, moi revenu à Paris, lui dans un village chinois, moi dans cette ville immense où tout se sait, je suis encore son débiteur; fort souvent des documents partis de Paris ne me sont parvenus qu'après avoir passé par la cellule du P. Pfister. Un instant j'avais désiré de lui dédier cet ouvrage dont il a suivi tous les développements : la modestie du missionnaire, la crainte aussi de n'avoir pas écrit un livre digne de lui, ne m'ont pas permis de réaliser ce vœu.

Autant qu'il m'a été possible de le faire, j'ai toujours essayé de me renseigner à la source même. Ainsi je dois des listes de leurs publications à des savants aussi éminents que le Dr. S. Wells Williams, ancien secrétaire de la légation des Etats-Unis à Peking, le Dr. H. F. Hance, de Whampoa, Sir John Francis Davis, le doyen des sinologues. Rarement mes appels sont restés sans réponse, et j'oublie volontiers les deux ou trois, comment dirai-je, les deux ou trois « indifférences » que j'ai rencontrées pour ne me souvenir que de la sympathie qui m'a été témoignée.

A tous ces noms que j'ai cités ne dois-je pas joindre celui de mon père à qui, pendant le cours de ce long travail et pendant mon séjour en Chine, je n'ai pas épargné les courses et les démarches qui pouvaient faciliter le succès de mon entreprise. A tous ceux dont le visage m'est familier, mais dont le nom échappe à ma mémoire rebelle, à tous ceux enfin qui ont bien voulu m'aider de leurs conseils et de leurs encouragements, mille fois merci.

*
* *

Le travail terminé, il fallait lui trouver un éditeur : je me rappelle ma première visite à un éditeur spécialiste qui passe pour un homme animé d'un grand zèle pour la science; je me rappelle l'accueil froid, l'air dédaigneux avec lequel, malgré une lettre pressante de recommandation, il me répondit que les auteurs, avant d'entreprendre des travaux de longue haleine, devraient bien s'assurer du concours d'un imprimeur; que lui n'avait ni l'argent ni le loisir pour entreprendre la publication de mon ouvrage; je me rappelle aussi avec quel découragement je glissai dans une serviette les feuilles du manuscrit que l'éditeur n'avait seulement pas regardées! C'est l'histoire de tous ceux qui se présentent chez un libraire sans l'aplomb que donnent dix

éditions d'un roman graveleux. La recommandation de M. le comte de Rochechouart,
chargé d'affaires à Pe king, de M. Ernest Godeaux, Consul général à Chang hai, de
M. le Vicomte d'Arlot, de M. Guéroult, me procurèrent, aux départements des Affaires
étrangères et de l'Instruction publique, un appui qui m'a permis de trouver un éditeur
consciencieux. A ces noms je dois ajouter ceux de M. Prosper Giquel et de M. Charles
Schefer.

M. Prosper Giquel est le lieutenant de vaisseau distingué auquel la Chine doit d'a-
voir fondé et dirigé, pendant de longues années, l'arsenal de Fou tcheou; M. Giquel
est aujourd'hui le chef d'une mission que le gouvernement chinois a envoyée en Europe
pour former comme officiers et comme ingénieurs des jeunes gens déjà préparés dans
les écoles de l'Arsenal à suivre les cours les plus élevés des établissements scientifiques de la France. Mes relations personnelles avec M. Giquel ne me permettent pas
d'en dire tout le bien que je devrais, mais l'éloge de ce brillant officier n'est plus à
faire.

A M. Charles Schefer, je dois l'honneur de pouvoir inscrire en tête de cet ouvrage :
« Publication de l'Ecole des langues orientales vivantes », et d'avoir pu surmonter
les derniers obstacles qui arrêtaient l'impression de l'ouvrage; je dois aussi au directeur de l'Ecole des Langues orientales ces mille conseils pratiques que je ne pouvais
espérer d'obtenir que d'un savant orientaliste doublé d'un bibliophile. On sait que
c'est grâce à l'énergie de M. Schefer que l'Ecole des langues orientales a été reconsti-
tuée sur des bases qui en font une pépinière de jeunes interprètes pour nos établissements de l'Orient, jeunes interprètes appelés, dans un avenir rapproché, à soutenir
la vieille réputation française dans le monde des orientalistes.

PLAN DE L'OUVRAGE

Le classement des ouvrages dans un manuel de bibliographie peut s'opérer de trois
manières différentes : 1° par ordre alphabétique des auteurs, comme dans le Manuel
de Brunet; — 2° par ordre chronologique, comme dans la Bibliothèque de Ternaux-
Compans; 3° par ordre des matières, comme dans la plupart des catalogues de ventes
à Paris; ce dernier arrangement est certainement le plus scientifique et rend les plus
grands services surtout lorsqu'il a comme complément un index alphabétique des
auteurs. Nous avons essayé de combiner les trois méthodes en répartissant les ouvra-

ges par chapitres où ils sont arrangés suivant l'ordre chronologique ; un index alphabétique termine cette bibliographie raisonnée.

L'ouvrage comprend cinq grandes divisions dans lesquelles il sera traité successivement : 1° de la Chine proprement dite ; — 2° des étrangers en Chine ; — 3° des relations des étrangers avec les Chinois ; — 4° des Chinois dans les pays étrangers ; —
et 5° des pays tributaires de la Chine.

I. La Chine proprement dite comprendra les ouvrages traitant de l'Empire en général, de sa géographie, de son histoire naturelle, de son histoire, de ses religions, de ses
sciences, de ses arts, de sa langue, de sa littérature, de ses mœurs et de ses coutumes.

II. Dans la deuxième partie, nous étudierons successivement les ports ouverts aux
étrangers, les connaissances des peuples de l'Occident sur la Chine d'après les historiens romains, les Arabes, etc., et les voyageurs depuis le moyen âge jusqu'à nos
jours.

III. L'histoire diplomatique de la Chine prendra place dans cette partie où nous trouverons les documents relatifs aux différentes ambassades et aux traités conclus par le
Céleste Empire avec les puissances étrangères.

IV. Les Chinois à l'étranger nous donneront l'occasion d'indiquer les pérégrinations faites hors de leur pays par les habitants de l'Empire du Milieu, depuis les pèlerins
bouddhistes jusqu'à l'ambassade de Kouo Ta-jen à Londres, et d'étudier la question de
l'émigration et de la traite des coulis.

V. Enfin nous parcourrons les colonies et les pays tributaires de la Chine : la Mandchourie, la Mongolie, l'Ili, le Tibet, auxquels nous ajouterons les îles Lieou-Kieou.

* *

Et maintenant que nous avons indiqué l'origine de cet ouvrage, comment il a été
écrit, quelles en sont les sources, quel en est le plan, nous le livrons, après un grand
nombre d'années de travail, au critique dont nous réclamons l'indulgence. Il est de la
nature des traités de bibliographie d'être incomplets et fautifs, quelque peine que
l'on se soit donnée pour les rendre parfaits : il faut les juger, moins d'après ce qu'ils devraient être que d'après ce qu'ils sont. Je crois n'avoir rien omis d'important, et souvent
j'ai préféré de ne pas donner une indication que de la donner inexacte. Comme je l'ai

dit plus haut, j'ai marqué d'une astérisque les ouvrages qui ne m'étaient pas passés entre les mains et j'ai toujours mentionné la source où je puisais mes renseignements.

HENRI CORDIER.

Paris, 15, rue de Suresnes. Juin 1878.

———

L'auteur sera reconnaissant des erreurs et des omissions que l'on aura la bonté de lui signaler. Elles seront l'objet de son attention dans le supplément. Adresser les communications à M. Ernest Leroux, éditeur, 28 rue Bonaparte, Paris.

DIVISIONS DE L'OUVRAGE

PREMIÈRE PARTIE. -- La Chine proprement dite.

DEUXIÈME PARTIE. — Les étrangers en Chine.

TROISIÈME PARTIE. — Relations des étrangers avec les Chinois.

QUATRIÈME PARTIE.— Les Chinois chez les peuples étrangers.

CINQUIÈME PARTIE. — Les pays tributaires de la Chine.

PREMIÈRE PARTIE

LA CHINE PROPREMENT DITE

I. — OUVRAGES GÉNÉRAUX

La Cosmographie vniverselle d'André Thevet Cosmographe dv Roy. Illvstree de diverses figvres des choses plvs remarqvables vevës par l'Auteur, & incogneuës de noz Anciens & Modernes. A Paris, chez Guillaume Chaudiere,.... 1575, 2 vols in-folio, 4 cartes.

Grav. dans le texte. (I, ff 1/467, s. l. préf. & les tab. etc. — II, ff. 469/1205, s. l. tab. etc.

Livre XI, Chap. XXIII. De l'isle de Cingaporla, pres de Malaca, & de quelques isles tirans à la Chine. pp. 413 a/445. Chap. XXV. Continuation des singularitez du mesme pais de Chine, & des effects de la Racine chinoise. pp. 415 b/417 b.

BERNARDINO DE ESCALANTE. Discvrso de la Navegacion qve los Portugueses hazen à los Reinos y Prouincias del Oriente, y de la noticia q̃ se tiene de las grandezas del Reino de la China. Avtor Bernardino de Escalante Clerigo, Comissario del Santo oficio en la Inquisicion del Reino de Galizia, y Beneficiado en la villa de Laredo. Dirigido al ilvstrissimo señor Don Christoual de Rojas y Sandoual Arçobispo de Seuilla. Con Licencia pet. in 8, 100 double pages.

On lit au recto du feuillet 100 : *Fve Impresso en Seuilla, con Licencia, en casa de la biuda de Alonso Escriuano, que sancta gloria aya. Año de 1577.*

*Discourse of the navigation which the Portugalese doe make to the realmes and provinces of the east partes of the world, and of the knowledge that growes by them of the great dinges which are in the dominions of China. Written by

(1575-1577)

Barnardine of Escalanta, of the realme of Galisia, Priest. Translated out of spanish into english by J. Frampton. London. F. Dawson. 1579. [Ternaux-Compans, No 493.]

An account of the Empire of China : Wherein is Describ'd The Country of China, with the Provinces and States subject to that Extensive Empire. Also an Account of its Climate, Product, Navigation, Cities.... Apparel and Conditions of the People. To which is prefix'd, A Discourse of the Navigation which the *Portuguese* do make to the Realms and Provinces of the East Parts of the World. Written by Barnardine of Escalante, of the Realm of *Galicia*, Priest. Translated out of Spanish into English, by John Frampton. With several Appendixes. (Dans la « *Harleian Collection of Travels* ». Vol. II pp. 25 et seq.)

The strange and marueilous News lately come from the great Kingdome of Chyna, which adioyneth to the East Indya. Translated out of the Castyln tongue, by T. N. Imprinted at London, nigh vnto the Three Cranes in the Vintree, by Thomas Gardyner and Thomas Dawson. Pet. in-8., 6 ff.

T. N. = Thomas Nicholas.

Réimp. dans *Censura Literaria...* by Sir Egerton Brydges, 2d ed. London, 1815, Vol. VI, Art. ccccxcviii, pp. 55/62.

Je n'ai pas vu l'original de cette petite brochure dont Lowndes cite un exemplaire vendu £ 7. 7/-. (Bohn's ed., I, 438.)

1577? ; Ternaux-Compans : 1578.

Relation de la Chine, par J.-B. Roman, facteur des Philippines, a Macao. 1584.

Cette relation a été imprimée pour la première fois par H. Ternaux-Compans dans ses *Archives de Voyages* (Paris, Arthus Bertrand, s. d., 2 vols in-8 en 4 livraisons), Vol. I, pp. 77/95. T. C., ne sait rien sur ce Jérome Roman, dont la relation est datée « de Macao, le 28 septembre 1584 ».

(1577-1584.)

Roman donne la copie d'une lettre sur la Chine que lui avait écrite le P. Mathieu Resi, italien, « De Juaquin, le 13 septembre 1584 » [pp. 77/89].

Les *Archives de Voyages* sont devenues rares : Ternaux-Compans en ayant détruit lui-même un grand nombre d'exemplaires.

* GEORG (LUDW.) Descriptio nova Chinae. Francof. 1584. In-fol.

Stuck, 561.

* Libro y relacion de las grandezas del regno de la China hecho por un frayle descalço de la orden de S. Francisco de seys que fueron pressos en el dicho reyno en la isla de Haynam en el año de 1585. S. l. et a. in-4 [sans titre].

Ternaux-Compans, n° 546.

* Relacion de la Grandeça de la China, M. S. estaba en la *Libreria de Villaumbrosa*. (Pinelo, I, p. 112.)

JUAN GONZALEZ DE MENDOÇA. Historia de las cosas mas notables, ritos y costvmbres, Del gran Reyno dela China, sabidas assi por los libros delos mesmos Chinas, como por relacion de religiosos y otras personas que an estado en el dicho Reyno. Hecha y ordenada por el mvy R. P. Maestro Fr. Ioan Gonzalez de Mendoça de la Orden de S. Agustin, y penitenciario Appostolico a quien la Magestad Catholica embio con su real carta y otras cosas para el Rey de aquel Reyno el año 1580. Al illvstrissimo S. Fernando de Vega y Fonseca del Consejo de su Magestad y su presidente en el Real de las Indias. Con vn Itinerario del nueuo Mundo [por Fr. Mart. Ignatio]. *Con priuilegio y Licencia de su Sanctitad*. En Roma, a costa de Bartholome Grassi .1585. en la Stampa de Vincentio Accolti. Pet. in-8, pp. 440, s. l. t., l'ép. etc.

C'est la première édition de l'ouvrage. Vend. Rémusat (1242) Fr. 11. 10.

Historia de las cosas mas notables, ritos y costúbres del gran Reyno de la China : sabidas assi por los libros de flos mismos Chinas, como por relacion de religiosos, y otras personas que han estado en el dicho Reyno. Hecha y ordenada por el muy R. P. M. F. Iuan Gonçalez de Mēdoça, de la orden de S. Augustin, predicador apostolico, y penitéciario de su Santidad : A quien la Magestad Catolica embio con su real carta, y otras cosas, para el Rey de aquel Reyno, el año de M.D.LXXX. Y agora nueuamente añadida por el mismo Autor. Al Illust. señor Fernādo de Vega y Fonseca, del consejo de su Magestad, y su Presidente en el Real de las Indias. Cō vn Itinerario del nueuo Mūdo. Con privilegio. En Madrid, En casa de Pedro Madrigal .M.D.LXXXVI. A costa de Blas de Robles, librero. Pet. in-8, pp. 117-245 s. l. t., l'ép. etc.

Brunet et Ternaux-Compans (565) citent : Barcelone, chez Juan Pablo Mareschal, in-8, 1586.

Historia de las cosas mas notables... Con Privilegio En Medina del Campo, por Sāctiago del Canto, M.D.XCV. Por los herederos de Benito Boyer. Pet. in-8, 348 doubles pages, s. l. t. etc.

Pinelo, I, col. 139, cite : *Medina del Campo*, 1596, in-S.—1655, in-4.

Historia de la cosas mas notables, ritos y costvmbres, Del gran Reyno de la China, sabidas assi por los libros de los

(1581-1585. MENDOÇA.)

mesmos Chinas, como por relacion de Religiosos y otras personas que an estado en el dicho Reyno. Hecha y ordenada por el mvy R. P. maestro Fr. Ioan Gonçalez de Mendoça de la Orden de S. Augustin, y penitenciario Apostolico a quien la Magestad Catholica embio con su real carta y otras cosas para el Rey de aquel Reyno el año .1580. Con vn Itinerario del nueuo Mundo. En Anvers, En casa de Pedro Bellero, 1596, Con Priuilegio., pet. in-8, s. l'app. etc.

Klaproth (1621) Fr. 10.— Quaritch, sept. 1872, No 285, £ 2. 2/-. Chossonnery, 1877, Fr. 60.

Zenker, *Bib. Orientalis* (6768) et Ternaux-Compans (735) citent : Anvers, 1598, in-8.

Dell' Historia della China descritta dal P. M. Gio. Gonzalez di Mendozza dell' Ord. di S. Agost. nella lingua Spagnuola. Et tradotta nell' Italiana dal Magn. M. Francesco Auanzo, cittadino originario di Venetia. Parti dve, Diuise in tre libri, & in tre viaggi fatti da i Padri Agostiniani, & Franciscani in quei paesi. dove si descriue il sito, e lo stato di quel gran Regno & si tratta della religione, de i costumi, & della disposition de i suoi popoli, & d'altri luochi più conosciuti del mondo nuouo. Con vna copiosissima Tauola delle cose notabili, che ci sono. Alla Santita di N. S. Papa Sisto V. Con licenza de' Svperiori. In Roma. Appresso Bartolomeo Grassi. M.D.LXXXVI. in-4., pp. 379 s. les tables, l'ép. etc.

Rémusat (1243) Fr. 4. 05. — Klaproth (1622). Fr. 6. 75. — Brockhaus, 1872, Thr. 1.

Ternaux (549) cite : Venezia, 1585, in-8.

Dell' Historia della China, Descritta nella lingua Spagnuola, dal P. Maestro Giouanni Gonzalez di Mendozza, dell' Ord. di S. Agostino. Et tradotta nell' Italiana dal Magn. M. Francesco Auanzo, cittadino originario di Venetia. Parti dve, Diuise in tre libri, & in tre viaggi, fatti in quei paesi, da i Padri Agostiniani, & Franciscani. Doue si descriue il sito, & lo stato di quel gran Regno, & si tratta della religione, de i costumi, & della disposition de' suoi popoli, & d'altri luochi più conosciùti del mondo nuouo. Con due Tauole, l' vna de' Capitoli, & l'altra delle cose notabili. In Venetia, MDLXXXVI. in-8, pp. 462, s. les t. etc.

Brunet ne cite pas cette éd.

L'Historia...... In Vinegia (1587). Per Andrea Muschio.

Klaproth (1623). Fr. 4. 25.

Dell' Historia della China descritta dal P. M. Gio. Gonzalez di Mendozza dell' Ord. di S. Agost. nella lingua Spagnuola. Et tradotta nell' Italiana dal Mag. M. Francesco Auanzo, cittadino originario di Venetia. Parti dve, Diuise in tre libri, & in tre viaggi fatti da i Padri Agostiniani, & Franciscani in quei paesi. dove si descrive il sito, et lo stato di quel

(MENDOÇA.)

gran Regno, & si tratta della religione, de i costumi, & della disposition de i suoi popoli, & d'altri luochi più conosciuti del mondo nuouo. Con vna copiosissima Tauola delle cose notabili, che ci sono. Si sono aggionti alcuni auisi pur della China non piu stampati in questo libro. All' Ill.ᵐᵒ Sig. il Sig. D. Garzia Mendozza. In Genoua, con licenza de' Super. Appresso Gieronimo Bartoli, 1586. in-4, pp. 280 s. l. t. etc.

* Editions citées : 1576 (sic), in-3 (Pinelo) = 1588, in-12 (Pinelo) = 1588, in-8, *Venet.* (Meusel, Ternaux (n° 602). Zenker (n° 6777), Major : Int. to *Mendoza*) = 1590, *Venet*, in-8. (Pinelo, Meusel, Brockhaus, 1872, Th. 1. 5, Major.)

Il gran regno della China, novamente dalli Reuerendi Padri di S. Agostino, S. Francesco, & Giesù, discoperto, doue si ha piena relatione del sito, costumi, numero di Città, e Terre, che in detto Regno si ritrouano, si come nel disegno appare. Et si intende come qvei popoli sono disposti di voler accettare la Santa Fede Christiana, con alcuni miracoli occorsi nouamente à esaltation di Santa Chiesa. Si narra dell' isole del Giapon, con il sito loro, e tutto quello s'appartiene à quei Regni. Con l'arriuo d' essi Signori Giaponesi à Goa. Cauati dall' originale dedicato alla Santità di Nostro Signor Sisto Quinto. Stampata in Bologna, & Ristampata in Fiorenza, Per Francesco Tosi, alle Scalce di Badia Con Licenza de' Superiori .1589. brochure in-4 de 15 pages à 2 col.

P. 1 : titre — pp. 45 : Carte de la Chine.
Extrait de l'ouvrage de Mendoza par Gioseppe Rosatio. (Bib. nat., O ⅔ n.)
Brunet et Ternaux-Compans ne citent pas cet ouvrage.

Histoire dv grand Royavme de la Chine... A Paris, chez Ieremie Perier. 1588, in-8.

Vendu Fr. 35. 50. m. b. Vente Veinant (Brunet).

Histoire dv grand Royavme de la Chine, situé avx Indes orientales, diuisée en deux parties. Contenant en la Première, la situation, antiquité, fertilité, religion, ceremonies, sacrifices, rois, magistrats, mœurs, vs, loix, & autres choses memorables dudit royaume. Et en la Seconde, trois voyages faits vers iceluy en l'an 1577. 1579 & 1581. auec les singularitez plus remarquables y veües & entenduës : ensemble vn Itineraire du nouueau monde, & le descouurement du nouueau Mexique en l'an 1583. Faite en espagnol par R. P. Ivan Gonçalés de Mendoce, de l'ordre de S. Augustin : & mise en François auec des additions en marge, & deux Indices. Par Lvc de la Porte, Parisien, docteur ès Droits. A Monseignevr le

(MENDOÇA.)

Chancelier. A Paris, chez Ieremie Perier, ruë S. Iean de Beauuais, au franc Meurier. 1589. Avec Privilege dv Roy, in-8, pp. 324, s. l. t. & les ind. etc.

Rémusat (1245) Fr. 7.

Histoire dv grand Royavme de la Chine... A Paris, chez Nicolas du Fossé, ruë S. Iean de Beauuais, au vase d'or. 1589. Auec Priv. dv Roy, in-8.

Ternaux-Compans ne cite pas les éd. franç. de 1589.

Histoire dv grand Royavme de la Chine, sité avx Indes orientales, diuisée en deux parties. Contenant en la premiere, la situation, antiquité, fertilité, religion, ceremonies, sacrifices, Rois, magistrats, mœurs, vs, loix, & autres choses memorables dudit Royaume. Et en la Secōde, trois voyages faits vers iceluy en l'an 1577. 1579. & 1581 auec les singularitez plus remarquables y veües & entenduës : ensemble vn itineraire du nouueau monde, & le descouurement du nouueau Mexique en l'an 1583. Faite en espagnol par R. P. Ivan Gonçalès de Mendoce, de l'ordre de S. Augustin : & mise en François auec des additions en marge, & deux Indices. Par Lvc de la Porte, docteur ès Droits. A Monseignevr le Chancelier. A Paris, chez Abel l'Angelier, au Premier Pillier de la Grande Salle du Palais. 1600. in-8, pp. 309, s. les t. etc.

Histoire dv Grand Royavme de la Chine, situé aux Indes Orientales : Contenant la Situation, Antiquité, Fertilité, Religion, Ceremonies, Sacrifices, Rois, Magistrats, Mœurs, Vs, Loix, & autres choses memorables dudit royaume : Plvs, trois voyages faits vers iceluy en l'an 1577. 1579 & 1581. auec les singularitez plus remarquables y veües & entenduës : ensemble vn Itineraire du nouueau monde, & le descouurement du nouueau Mexique en l'an 1583. En cette nouuelle Edition a esté adioustée vne ample, exacte, & belle Description du Royaume de la Chine, & de toutes ses singularitez; Nouuellement traduite de Latin en François. Povr Iean Arnavd.M.DC.VI., s. l. petit in-8 pp. 419, sans les tables des matières qui se trouuent au commencement et à la fin de cet ouvrage. La « Description dv Grand et renommé royaume de la Chine Nouuellement mise en François » qui occupe les 26 dernieres pages, a une pagination spéciale.

Major cite une éd. de *Genève*, 1606.

Histoire dv grand Royavme de la Chine, situé aux Indes Orientales : Contenant la Situation, Antiquité, Fertilité, Religion, Ceremonies, Sacrifices, Rois, Magistrats, Mœurs, Vs, Loix, & autres choses memorables dudit Royaume : Plvs, trois voyages faits vers iceluy en l'an 1577. 1579. & 1581. auec les singularitez plus remarquables y veües & entenduës : ensemble vn Itineraire du nouueau monde, & le descouurement du nouueau Mexique en l'an 1583. En ceste nouuelle Edition a esté adioustée vne ample, exacte, & belle Description du Royaume de la Chine, & de toutes ses singularitez; Nouuellement traduite de Latin en François. A Lyon, chez François Arnovllet. M.D.C.VIIII (lisez 1609), in-8, pp. 388, s. la Description de la Chine (25 pages) à la fin du vol., les tables, etc.

L'exemplaire de la Bib. nat. a appartenu à Huet, évêque d'Avranches.

Histoire dv grand Royavme de la Chine, situé aux Indes Orientales. Contenant la Situation, Antiquité, Fertilité, Religion, Ceremonies, Sacrifices, Rois, Magistrats, Mœurs, Vs, Loix, & autres choses memorables dudit Royaume. Plus trois voyages faits vers iceluy en l'an 1577. 1579. & 1581. auec les singularitez plus remarquables y veües & entenduës : ensemble vn Itineraire du nouueau Monde, & le descouurement du nouueau Mexique, en l'an 1583. En ceste nouuelle Edition a esté adioustée vne ample, exacte, & belle Description du Royaume de la Chine, & de toutes ses singularitez; nouuellement traduite de Latin en François. A Roven, chez Nicolas Angot, Libraire demeurant à la ruë du Bec, M.DC.XIIII in-8 pp. 388 s. l. t. etc.

Rémusat (1246) Fr. 5.

Major cite une éd. de *Rouen*, 1604?

The Historie of the great and mightie kingdome of China, and the situation thereof. Togither with the great riches, huge Citties, politike gouernement, and rare inuentions in the same. Translated out of Spanish by *R. Parke*. London. Printed by *I. Wolfe* for *Edward White*,

(MENDOÇA.)

and are to be sold at the little North *doore of Paules, at the signe of the Gun*, 1588. petit in-4.

Ce volume, qui est imprimé en black letter comprend 410 pages sans la dédicace de Robert Parke à « M. Thomas Caudish Esquire » et l'adresse de « The Printer, to the Christian Reader ».

Il y a une notice de cette traduction (par E. C. Bridgman) dans *The Chinese Repository*, X, pp. 241/251.

Lowndes donne les prix suivants (Bohn's edition. I-438) : Marquis of Townshend 772. 1 l. — Inglis 352. 2 l. 15/— Bindley. pt. III 1172. 14/6-. North, pt. III, 578 morocco 5 l. — Roxburghe 8885, 16/-. White Knights, 3320, morocco 2 l. 14/-.

Quaritch, sept. 1872, 285-7594, £ 4. 4/-.

The Canton Register a publié des extraits de la traduction anglaise (R. Parke) de l'ouvrage de Mendoza : No 5, 1837 (Chap. xx). No 7 (Chap. vi), etc.

The History of the Great and Mighty Kingdom of China and the Situation thereof. Compiled by the Padre Juan Gonzalez de Mendoza. And now reprinted from the early translation of R. Parke. Edited by Sir George T. Staunton, Bart. With an Introduction by R. H. Major, Esq., of the British Museum, Honorary Secretary of the Hakluyt Society. London : Printed for the Hakluyt Society. MDCCCLIII — MDCCCLIV, 2 vols in-8., pp. lxxxiii — 172 et 350.

Cet ouvrage forme les volumes 14-15 de la collection de la *Hakluyt Society*.

The North China Herald, No 304, May 24, 1856 et seq., a donné des extraits de la Préface de Major.

Historie of the greate kingdome of China. In the East Indies. Containeing the Scituation. Antiquities. Ffertilitie. Religion. Ceremonies. Sacrifices. Kings. Magistrats. Manners. Customes Lawes and other memorable things of that kingdome. Together with Three Voyages made made thither. in the yeares. 1577. 1579 and 1581 with the most remarkable singularities there seene and taken notice of. Allsoe an Itinerarie of the New World, and the Discovery of New Mexico. in the yeare 1583. Translated By Jos. Baildon. of the Society of that most magnificent hospitall founded by Tho. Sutton Esqr. in Charterhouse. M. D. C. LXIII.

Ce Ms, format in-4., fait partie de la Collection Harléienne, British Museum, et porte le No 56. a. Il est décrit dans le Cat. de cette Collection sous le No 5069 : *Cat. Lib. Mss. Bib. Harleianae*, III, pp. 2134.

Collation : 79 feuillets ; 1er, blanc; 2e, titre; 3e et 4e, Préface.

On lit p. 142 : The end of the third Booke and the first part of the History.

Ni le Cat. de la Bibl. Harl. ni Baildon, n'indiquent l'ouvrage dont ce ms. est la traduction; mais ayant comparé ce manuscrit avec l'histoire de Mendoza, nous avons trouvé qu'il en était simplement une version. Le travail de Baildon est différent de celui de Parke, qui n'avait pas non plus donné le nom de l'auteur qu'il traduisait. Une partie de l'histoire de

(MENDOÇA.)

Baildon est évidemment perdue, car le ms. que je viens de décrire ne contient que ce qui se trouve dans le vol. I de la réimpression de Parke par l'*Hakluyt Society*.

Nova et succincta, vera tamen historia de amplissimo, potentissimoque, nostro quidem orbi hactenus incognito, sed perpaucis abhinc annis explorato Regno *China;* quindecim florentissimis eius prouincijs; plurimis admiranda magnitudine insignibus vrbibus ; summa fertilitate; incredibili vnionum, gemmarum, auri, argenti, caeterorumq'; varij generis metallorum opulētia & copia, populorum ijs in regionibus inaudito in bellis terrestri naualiq'; adparatu; praeclara item, prudentique optimè constitutae Reipublicae moderationes &, in vniversum, de gentium illarum ea morum dexteritate, ea ingeniorum acrimonia, cuiusmodi vix in vllis (clarissimarum etiam nationum ; Medorum, Persarum, Assyriorum, Indorum, Graecorum, Romanorum, aut quorumcunque denique aliorum) historiarum monumentis, toto terrarum orbe reperiatur. Ex Hispanica primùm in Italicam, inde in Germanicam ex hac demùm concessa : Operâ Marci Henningi Augustani. Reliquorum, quae in hisce libris describuntur, summam, praefatio Autoris, & singulorum capitum elenchi docebunt. Francofvrdi ad Moenum. s. a. in-8, pp. 283.

La préface de Henning porte la date de : Augustae Vindelicorum M. D. XIC [1589].

Pinelo cite 1579? 1580?? 1589, 1599 et 1600. Ternaux indique les trois dernières éditions : Nos 682, 784 (*Francofurti*), 811 (*Moguntiae*, Albinus, 1600).

Rervm Morvmqve in Regno Chinensi maxime notabilivm Historia. Ex ipsis Chinensium libris et Religiosorum, qui in illo primi fuerunt literis ac relatione concinnata. Item PP. Augustinianorum & Franciscanorum in illud ingressus. Per R. P. M. Ioannem Gonzales de Mendosa Ordinis Eremitarum S. P. Augustini Opus Regibus, Principibus, Praelatis, Iudicibus, Magistratibus, Historicis, Concionatoribus utile juxta & jucundum. Ex Hispanica lingua in Latinam transtulit F. Ioachimvs Brvlivs eivsdem ordinis religiosvs. Antverpiae, Apud Viduam & Haeredes Francisci Fickaert,.... 1655. in-4. pp. 176-222 sans la préface de Brulius et l'Index à la fin de l'ouvrage.

Rémusat (1244) Fr. 4. 60. — Quaritch, sept. 1872, 285-7593, veau, 4/-

Pinelo cite : 1655, 1665 et 1674 in-4.

Ein Neuwe / Kurtze / doch warhafftige Beschreibung dess gar Grossmächtigen weitbegriffenen / bisshero vnbekandten Königreichs China ...... Gedruckt zu Franckfurt am Mayn / In Verlegung Sigmund Feyrabends / Im Ihar 1589, in-4, pp. 181 s. l. t. etc.

Juan Reylero, tradujo los tres primeros libros en Aleman (Pinelo, I, col. 139).

Historien und Bericht / Von dem Newlicher zeit erfundenen königreich China / wie es nach vmbsienden / so zu einer

(MENDOÇA.)

rechtmessigen Beschreibung gehören /
darumb beschaffen. Item / von dem
auch new erfundenen Lande Virginia....
durch Matthaevm Dresservm D. der
Sprachen vnd Historien Professorn. Gedruckt zu Leipzig / durch Frantz Ech-
nelboltz. Typis Haeredvm Beyeri. Anno
M. D. XCVII, in-4., pp. 297 s. l. p.

« China » pp. 1 / 170.

Ce qui est relatif à la Chine dans cet ouvrage de Dresser
est traduit de la première partie de Mendoza.

Pinelo, I, col. 149, Meusel, et La Farina, *China,* I, p. 16,
citent une autre éd. : Halle, 1598, in-8.

* Historie ofte beschrijvinghe van het groote
rijck van China, U. h. Spaensch (d. C.
Taemsz) : Amst. C. Claesz. 1595. Pet.
in-8 [Nijhoff, 1876].

Historie, Ofte Beschryvinge van 'tgroote
Ryck van China, Welcke vertoont, diens
gelehentheyt ende groote, Ryckdommen,
Regeerders, welten, Kloeckheyt der In-
woond'ren, Vrugtbaarheydt ende Zeden, des Wijdt-streckende Rijckx China.
Eerst, in 't Spaans beschreven Door M.
Ian Gonzalez van Mendoza, Monnick van
d'Orden van St. Augustijn : ende nu
nieuws in 't Nederauyts vertaalt, door.
C. T. Tot Delf, by Aernold Bon, woonende op't Marctvelt. Anno 1656. in-12,
pp. 316 s. l. t.

Frontispice gravé.

Pinelo, Meusel, Brunet, Ternaux-Compans, etc., ne citent
pas cette traduction qui existe à la Bib. nat.

Consulter sur *Mendoza* :

Biographie universelle, XXVII, pp. 628/9, art. par Weiss.
Nouv. Biog. générale, col 955/6.

— An excellent treatise of the kingdome of
China, and of the estate and gouernement
thereof : Printed in Latine at Macao a
citie of the Portugals in China, An. Dom.
1590. and written Dialogue-wise. The
speakers are *Linus, Leo.* and *Michael.*
(Hakluyt, II, 1599, pp. 88/98.)

CENTENO. Historia de cosas del Oriente
primera y segunda parte. Contiene vna
descripcion general de los Reynos de Assia
con las cosas mas notables dellos. La
Historia de los Tartaros y su Origen y
principio. Las cosas del Reyno de Egipto.
La Historia y sucesos del Reyno de Hie-
rusalem Traduzido y recopilado de diuer-
sos y graues Historiadores, por Amaro
Centeno natural de la Puebla de Senabria
en la Montaña de Leon. Dirigido al Licenciado Alonso Nuñez de Bohorques
Oydor del supremo Consejo del Rey
nuestro Señor, y de la Sancta y general
Inquisicion. Con Privilegio real. Impresso

(MENDOÇA, — 1590.)

en Cordoua en casa de Diego Galuan
Impressor de Libros, Año 1595. A costa
de Miguel Rodriguez mercader de Libros
y se venden en su casa. in-4., 138 double
pages, s. l. t. etc.

P. 1. Comienca la descripcion de los Reynos de Asia dende
el Catayo, y los demas sucesiuamente. Capitvlo Primero.
El Reyno del Catay es el mayor de los que en el mundo se
saben llenissimo de gente, y de infinitas riquezas esta puesto
en la ribera der Mar Oceano....

On voit que ce premier chapitre (consacré à la Chine) qui
occupe 2 pages et demie n'est que la traduction du commencement de l'Histoire d'Hètoum. (Q. v. dans la IIe Partie
de cet ouvrage.)

Brunet, qui ne donne pas exactement le titre, cite les prix
suivants : 12 fr. 50 La Serna. — £ 9. 6/6, White Knights. —
7/- seulement, Heber. — 23 fr. *mar. v.* Burnouf. — 20 fr.,
quoique mouillé, 2e vente Quatremère.

La *Biog. un.* a consacré à Centeno un article insignifiant
par Villenave.

LODOVICO ARRIVABENE. Il magno vitei
di Lodovico Arrivabene Mantoano. in
qvesto libro. oltre al piacere, che porge
la narratione delle alte caualléric del
glorioso Vitei primo Rè della China, &
del valoroso Iolao, si hà nella persona di
Ezonlom, vno ritratto di ottimo Prencipe,
& di Capitano perfetto. Appresso si
acquista notitia di molti paesi, di varij
costumi di popoli, di animali, si da terra,
& si da acqua, di alberi, di frutti, & di
simiglianti cose moltissime. In Verona,
Appresso Girolamo Discepolo. 1597. in-4
pp. 576 (imp. 526 par erreur dans le livre)
s. l'ép. & la table.

Istoria della China di Lodovico Arrivabene gentil' hvomo
Mantovano, nella quale si tratta di molte cose maraui-
gliose di quell' amplissimo Regno ; Some s'acquista
notitia di molti paesi, di varij costumi di popoli, di animali,
si da terra, e si da acqua, d'alberi, di frutti, e di simiglianti cose moltissime, tutte non meno vtili da sapere, che
dilettevoli da intendere. In Verona, Appresso Angelo
Tamo .1599. Ad instanza di Andrea de' Rossi. in-4. pp. 576,
s. l. t. etc.

MARCELLO DE RIBADENEYRA. Historia
de las Islas del Archipielago, y Reynos
de la Gran China, Tartaria, Cvchinchina,
Malaca, Sian, Camboxa y Iappon, y de lo
sucedido en ellos a los Religiosos Descalços, de la Orden del Seraphico Padre
San Francisco, de la Prouincia de San
Gregorio de las Philippinas. Compvesta
por Fray Marcello de Ribadeneyra, compañero de los seys frayles hijos de la
misma Prouincia Martyres gloriosissimos
de Iappon, y testigo de vista de su admirable Martyrio. Dirigida a nvestro reverendissimo Padre Fray Francisco de
Sosa, Generalissimo de toda la orde de
N. P. S. Francisco. Con Licencia, y Privilegio. En Barcelona. En la Emprenta de
Gabriel Graells y Giraldo Dotil, Año
M.DCI. In-4., 725 ff. s. l. t. de la fin, l'ép.
etc.

Pp. 713 et seq.: Adicion de Francisco Peña Avditor de Rota.

(1595-1601.)

De tres capitulos, a la relacion del Padre Fra Iuan de Sancta Maria, en que se muestra que la muerte de los seys padres Descalços y otros sus allegados, en el Iappon a cinco de Hebrero Año de 1597. fue verdadero Martyrio. [En Roma, Impressa por Nicolas Mucio. 1599. F : 725.]

Extremae raritatis liber, cuius auctor, Franciscanus e Hispania oriundus, ipse terras in titulo memoratas obivit. Multis in rebus aliter sentit ac scribit, quam Iesuitae (Meusel).

Klaproth (1603), Fr. 29. — Pinelo, I, p. 120, cite : 1601. in-4. — 1613 in-4. — 1654 in-folio.

* **Edmund Scott.** An exact Discourse of the East Indians as well Chyneses and Iauans. Lond. by W. W. for Walker Burre, 1606, in-4.

A to N, in fours, including the title and dedication to' Sir William Romney, knight, Alderman of London', &c. A copy is in the British Museum. The following is the title : 'An exact Discovrse of the Subtilties, Fashions, Pollicies, Religion, and Ceremonies of the East Indians, as well Chyneses as Iauans, there abyding and dwelling. Together with the Manner of trading with those people, as well by vs English, as by the Hollanders : as also what hath happened to the English Nation at Bantan in the East Indies, since the 2. of February, 1602, vntill the 6. of October, 1605. Whereunto is added a briefe Description of Iaua Maior. Written by Edmund Scott, Resident there, and in other Places neere adioying, the Space of three Yeeres and a halfe'. A copy is in the Grenville collection. [Lowndes].

Description of the Chinese in 1602 from a Discourse of Iava and the first English Factory there &c. Written by Master Edmund Scott. (dans The Canton Register, Vol. 9, 1836, No 22, p. 88). « The Chinese are very crafty in trading provided they do not cut their hair.» !

— Consulter sur la Chine la IIIe Partie de l'ouvrage du P. Du Jarric, 1614, Chap. XLIII et seq.

PEDRO ORDONEZ DE CEVALLOS. Viage del mvndo. Hecho y compvesto por el Licenciado Pedro Ordoñez de Ceuallos, natural de la insigne ciudad de Iaen. Contiene tres libros. Dirigido a don Antonio Davila y Toledo, sucessor y mayorazgo en la casa de Velada. Con Privilegio. En Madrid, Por Luis Sanchez impressor del Rey N. S. Año M.DC.XIIII. in-4., 290 doubles pages, s. l. t. et les épîtres, &c.

Quaritch, 285 — Sept. 1872, m. r. £ 5. 5/-.

Tratado de la Relaciones verdaderas de los Reynos [de la China, Cochinchina, y Champaa, y otras cosas notables, y varios sucessos, sacadas de sus originales. Por el Licenciado Don Pedro Ordoñez de Ceuallos Presbitero, que dio buelta al mundo, Prouisor, Iuez, y Vicario general de aquellos Reynos, Chantre de la santa Iglesia de la ciudad de Guamanga en el Piru, y Canonigo de la de Astorga, natural de la muy noble, muy famosa, y muy leal ciudad de Iaen. Dirigido al eloqventissimo Maestro Bartolome Ximenez Paton. Con licencia, En Iaen, por Pedro de la Cuesta, Año de 1628. in-4, pp. 52 s. l. t. etc.; front. gravé sur bois.

Se trouve à la Bib. nat. (O ? n) relié à la suite d'un autre ouvrage.

Historia, y Viage del Mundo del Clerigo agradecido don Pedro Ordoñez de Zevallos, natural de la insigne ciudad de Jaen, a las cinco partes de la Europa, Africa, Asia, America, y Magalanica, con el Itinerario de todo el. Contiene tres libros. Con licencia. En Madrid : Por Jvan Garcia Infanzon, Año de 1691. Acosta de Ioseph Vascones,... in-4. à 2 col. pp. 432 s. l. t, l'ép. etc.

FRANCISCO DE HERRERA MALDONADO. Epitome historial del Reyno de la China. Muerte de su Reyna, madre de este Rey que oy viue, que sucedio a

treinta de Março, del año de mil y seiscientos y diez y siete. Sacrificios y Ceremonias de su Entierro. Con la Descripcion de aquel Imperio. Y la Introduccion en el de nuestra Santa Fè Catolica. Por el Licenciado Don Francisco de Herrera Maldonado, Canonigo de la Santa Iglesia Real de Arbas de Leon, y natural de la Villa de Oropesa. Al Excelentissimo Senor Don Fernando Aluarez de Toledo, Monroy, y Ayala, Conde de Oropesa, Marques de Xarandilla, Conde de Beluis, Conde de Deleytosa, Señor de Cebolla, y de Villalua, &c. En Madrid, Por Andres de Parra. Año 1621. A costa de Andres de Carrasquilla. Vendese en la Calle Mayor, y en Palacio. pet. in-8., pp. 130 (les pages sont numérotées seulement au recto), s. l'ép. l. t.,

L'ouvrage se termine par une liste des auteurs cités (p. 8). La première édition est de Madrid, pet. in-8., 1620.

— Novvelle Histoire de la Chine, ov la mort de la Reyne Mere dv Roy de la Chine lequel est aujourd'huy, les Ceremonies qui se firent à ses Funérailles, & les dernières guerres que les Chinois ont euës contre les Tartares sont fidellement racontées. Avec le progrez qve depvis peu de temps les Peres de la Compagnie de Iesvs ont fait faire à la Religion Chrestienne en ces quartiers là. Traduite d'Espagnol en François par I. I. Belleflevr Percheron. A Paris, chez la Veufue Charles Chastellain... M.DC.XXII. in-8., pp. 459 s. l. t., l'ép., etc.

Traduit de l'espagnol de Francisco de Herrera Maldonado.

— Boucher de la Richarderie, V, p. 273, et à sa suite, Ternaux-Compans, No 1314, et la Bibl. Sinol. p. 77, ont cité l'ouvrage suivant que j'ai vainement cherché à Paris et à Londres :

Nouveaux Mémoires de l'état de la Chine, par Louis Legrand. Cologne, 1623, in-8.

— Stuck, p. 127, et Meusel citent le même ouvrage : Amsterdam, 1698.

— Il est probable que ces différents auteurs se sont trompés et que l'ouvrage qu'ils ont voulu indiquer est celui du P. Louis Le Comte : Nouveaux Mémoires..., Amsterdam, 1698.

MICHEL BAUDIER. Histoire de la Covr dv Roy de la Chine. Par le Sieur Michel Bavdier de Languedoc. A Paris, en la bovtique de l'Angelier. Chez Clavde Cramoisy, au premier Pillier de la grand'

Salle du Palais. M.DC.XXIV. Avec Privilege dv Roy. in-4., pp. 56 s. l. p.

Libris mediocribus iure accensetur (Meusel).

Histoire de la Covr dv Roy de la Chine. Par le Sieur Michel Bavdier de Languedoc. A Paris. En la Boutique de l'Angelier. Chez Clavde Cramoisy... M.DC.XXXI. Avec Privilege dv Roy, in-4., pp. 56 s. l. priv.

A la suite de l'*Histoire generalle dv Serrail et de la Covr Du Grand Seigneur Empereur des Turcs,* du même auteur.

Chossonnery, n° 20, 1877, 8 fr.

Histoire de la Cour du Roy de la Chine. Par le sieur Michel Baudier, de Languedoc. A Paris, chez Estienne Limoysin. 1668, in-12, pp. 111.

Chossonnery, n° 20, 1877, 3 fr.

Editions citées : Bruxelles, 1608 (1668 ?) (Meusel) = 1642, Paris, in-8 (Ternaux, No 1628) = 1662, Paris in-12 (Ternaux, n° 1928 — Bib. Sinol. p. 53) = 1668, Bruxelles (Pinelo).

* Relation de la Cour du Roy de la Chine, par le Sieur Baudier. Jouxte la copie impr. à Paris, 1669, in-12 (Ternaux, n° 2100).

— The History of the Court of the King of China. Written in *French* by Seigneur Michael Baudier, of Languedoc. Translated by E. G. *(Oxford Collection of Travels,* Vol. II, pp. 1 et seq.).

* History of the Court of the King of China. From the French of M. Baudier. London, 1634, in-4.

— Denckwürdige Beschreibung des Königreichs China, in welcher enhalten ein Bericht von ihren Sitten und Gewohnheiten | ihrer Religion und Abgötterey | desgleichen von dem Ordnunge | sowol am königl. Hof | als auch bey andern Gerichten. Daraus zu sehen | was die Sineser für kluge Leute sind. Aus dem Französischen ins Teutsche versetzet durch Sebastian. Schram. Eisenach | Anno 1679 in-12 pp, 157, s. l. t.

— Le Monde ou la Description Générale de ses quatre Parties... Composé par Pierre d'Avity, seigneur de Montmartin... seconde Edition.

Le Vol. II de la Collection a pour titre : Description générale de l'Asie. Premiere Partie dv Monde avec tovs ses empires, royavmes, estats, et Repvbliques... Faicte par Pierre d'Avity... A Paris, chez Clavde Sonnivs, & Denys Bechet. MDC.XLIII in-fol.

— Regni Chinensis descriptio. Ex Varijs Authoribus. Lvgd. Batav. Ex Offic. Elzeviriana. cIɔ. Iɔc. XXXIX, in-24., pp. 365, s. l'index, etc.

Cette description est faite surtout d'après l'ouvrage du Père N. Trigault : *De Christiana Exp. apud Sinas.* (q. v.)

Brockhaus, 1872, Ngr 15.

* Ibid. 1663, in-24 [Meusel].

ALVAREZ SEMEDO. Imperio de la China. I Cultura evangelica en él, por los Religiosos de la Compañia de Iesus. Compuesto por el Padre Alvaro Semmedo, Procurador General de la propia Compañia de la China, embiado desde allà a Roma el Año de 1640. Publicado por

Manuel de Faria i Sousa, Cavallero de la Orden de Christo i de la Casa Real. Segunda Impression. Impresso por Iuan Sanchez en Madrid. Año de 1642. pet. in-4.

Primera Parte, que contiene lo General del Reyno, i de sus Provincias, en sitio, i calidades.

Segunda Parte, que contiene lo tocante a la Gente de la China, i de sus Costumbres i Govierno.

Tercera Parte, que contiene lo tocante a la Cultura Evangelica.

Tabla.

Pinelo écrit I, p. 103 : *Relacion* de la propagacion de la Fé Catolica en el Reino de la China, i de las cosas de aquel Tiempo, imp. 1641. en Castellano; i en 22 Años, que estuvo en la China, juntò materiales del sitio, i calidades de la Tierra, i del aumento de la Religion Christiana en ella, los quales, i las *Annuas* referidas dio à Manuel de Faria y Sousa; el qual, à su instancia los redujo à estilo, i orden Historial, i con el título : *Imperio de la China, i Cultura Evangelica en él, por los Religiosos de la Compañia de Iesus,* le imprimió 1643. 4. en Castellano.

De Backer, III, col. 754, cite : Relaçao da propagaçao da fé no Reyno da China e outros adjacentes, Madrid, 4°.

On remarquera que Pinelo dit que l'ouvrage de 1641 était écrit en langue espagnole, *Castellano.* (Cf. *infra,* note de l'éd. ital., et titre de l'éd. anglaise.)

Imperio de la China y Cultura evangelica en el, por los Religiosos de la Compañia de Jesus, sacado de las Noticias del Padre Alvaro Semmedo de la propia Compañia. por Manuel de Faria y Sousa, Cavallero de la orden de Christo, y de la Casa Real. Dedicado a la Magestad augusta del Rey D. Juan V. Nuestro Señor. Lisboa occidental, en la officina Herreriana, 1731, in-fol. pp. XVIII-252.

« La guerre des Tartares » du P. Martini n'est pas imprimée dans cette édition.

B. Quaritch : 1872. 12/-

— Relatione della Grande Monarchia della Cina del P. Alvaro Semedo Portvghese della Compagnia di Giesv'. Con Privilegio. Romae, Sumptibus Hermanni Scheus, MDCXXXIII, in-4.

Le P. Giattini, S. J., traduisit en italien et mit en ordre les mémoires portugais du P. Semedo (de Backer, 1re série, pp. 553/554).

Historica Relatione del Gran Regno della Cina divisa in dve Parti. Nella prima si tratta del Regno in comune. Delle Prouincie in particolare. Delle persone Cinesi...... Della Christianità antichissima nella Cina. Nella seconda, dell' origine della predicatione Euangelica, con tutti li successi sino alli tempi nostri. Del P. Alvaro Semedo Portoghese della Compagnia di Giesv. In Roma, Per Vitale Mascardi. MDCLIII. Con licenza de' Svperiori. A Spese di Biagio Diuersino, e Zanobio Masotti. In-4., pp. 309 s. l. t. etc.

Brokhaus, 1872, Thr. 1-.

— Histoire vniverselle dv grand royavme de la Chine. Composée en Italien par le P. Alvarez Semedo Portugais, de la Compagnie de Iesvs. Et traduite en nostre Langue par Lovis Covlon S. Divisee en devx parties. A Paris, chez Sebastien Cramoisy, et Gabriel Cramoisy. M.DC.XLV. Auec Priuilege de sa Majesté. in-4., pp. 367 s. la déd., la tab., et l'av. disc.

Duprat, 1861, No 27, Fcs 6.-

Histoire universelle de la Chine, par le P. Alvarez Semedo, Portugais. Avec l'Histoire de la Guerre des Tartares, contenant les revolutions arrivées en ce grand Royaume, depuis quarante ans : par le P. Martin Martini. Traduites nouvellement en françois. A Lyon, chez Hierosme Prost, 1667, in-4., pp. XIV-158.

Première Partie, contenant l'Estat Temporel de la Chine.—

Seconde Partie, contenant l'Estat Spirituel de la Chine.— *Troisième Partie,* Histoire de la guerre des Tartares, contre la Chine, contenant les révolutions estranges, qui sont arrivées dans ce grand royaume, depuis quarante ans. Traduite du latin du P. Martin Martini.

La première partie de cet ouvrage est une description générale de la Chine ; la seconde est relative à l'histoire du Christianisme dans ce vaste pays. — Consulter : sur les Mores et les Juifs, la première partie, pp. 220-224 ;— sur la découverte de la Pierre de Si-ngan-fou, pp. 227 et seq.

— The History of that Great and Renowned Monarchy of China. Wherein all the Particular Provinces are accurately described : as also the Dispositions, Manners.... of the People. Together with the Traffick and Commodities of that Countrey. Lately written in Italian by F. Alvarez Semedo, a Portughess, after he had resided twenty two yeares at the Court, and other famous Cities of that Kingdom. Now put into English by a Person of Quality.... To which is added the History of the late Invasion, and Conquest of that flourishing kingdom by the Tartars. With an exact account of the other affairs of China, till these present Times. London, Printed by E. Tyler for Iohn Crook, 1655. in-fol., pp. VIII-308.

Notice dans *The Chinese Repository*, I, pp. 473-488 [by E. C. Bridgman]; réimp. dans *The Cycle* (23 Juillet 1870). Ternaux-Compans (2001) cite : London, 1665, in-folio ; et Boucher, V, p. 274 : London, 1670, in-folio.

— Le Tableav de l'Asie, ov sont representez les Royaumes, Republiques, Principautez, Isles, Presqu'isles, Forts, & autres places considérables de cette Première Partie du Monde.... Par le Sieur Chavlmer. A Paris, chez Iean Henuvlt, M.DC.LIV, in-12.

Chap. V. du Royaume de la Chine. pp. 323 et seq.

— Martini (Martin). Novus Atlas Sinensis.

[Voir le Chap. consacré à la Géographie.]

— De Regno Catayo Additamentum [par Jacob Golius]. XII pages à la suite de l'Atlas de Martini.

* P. Antonio de Govea, *Historia de la China.*

M.S. que no parece diversa, de la *Monarquia de la China,* dividida en seis Edades, i diez i seis Partes, sacada de los Libros Chinos, i Portugueses, con el continuo estudio, i observaciones de 20 Años, en la Metropoli de Fò, à 20. de Enero de 1654. con vn *Apendice* de la *Monarquia Tartarica.* M.S. fol. en Portuguès, en la *Libreria del Rei (Pinelo,* I, p. 118).

* Luis Jorge, Lusitano, *Descripcion de la China,* segun D. Nicolàs Antonio en las Adiciones M. Ss. (Ibid.)

ATHANASE KIRCHER. Athanasii Kircheri E Soc. Jesu China Monumentis qua Sacris quà Profanis, Nec non variis Naturae & Artis Spectaculis, Aliarumque rerum memorabilium Argumentis illustrata, auspiciis Leopoldi Primi Roman. Imper. Semper Augusti Munificentissimi Mecœnatis. Amstelodami, Apud Joannem

(SEMEDO. — 1667, KIRCHER.)

Janssonium à Waesberge & Elizeum Weyerstraet, Anno cIɔ Iɔ c LXVII. Cum Privilegio. In-fol., pp. 237, s. l'index, etc.

Edition plus belle que la suivante.

Athanasii Kircheri e Soc. Jesu China monumentis, qua Sacris tam Profanis, nec non variis naturae et artis spectaculis, aliarumque rerum memorabilium argumentis Illustrata, auspiciis Leopoldi Primi, Roman. Imper. semper Augusti, munificentissimi Mecœnatis. Antwerpiae. Apud Jacobum à Meurs, in fossâ vulgò de Keysersgracht anno 1667. In-fol., pp. XIV-246.

Le format de cette édition est un plus petit que celui de la traduction française de Dalquié. Elle contient les six parties qui ont été traduites en français, mais n'a, ni les Réponses du P. Grubere ni le Dictionnaire. On trouve à la fin du volume une liste des ouvrages du P. Kircher. L'impression des gravures de l'éd. latine est supérieure à celle de l'éd. française.

Duprat 1861. Fr. 12. — Quaritch, 1872, 10/-.

— Tonneel van China, Door veel, Zo Geestelijke als Werreltlijke, Geheugteekenen, Verscheide Vertoningen van de Natuur en Kunst, en Blijken van veel andere Gedenkwaerdige dingen, geopent en verheerlykt. Nieuwelijks door d'E. Vader Athanasius Kircherus, Priester der Sociëteit Jesu, in 't Latyn beschreven, en Van J. H. Glazemaker vertaalt. t' Amsterdam, By Iohann Janssonius van Waesberge, en de Wedᵉ. Wijlen Elizeus Weyerstraet. In 't Jaar cIɔ. Iɔc LX VIII. in-fol. pp. 286, s. l. t., etc.

— La Chine d'Athanase Kirchere de la Compagnie de Jesus, illustrée de plusieurs Monuments tant sacrés que profanes, et de quantité de Recherches de la Nature et de l'Art. A quoy on a adjousté les questions curieuses que le Serenissime Grand-Duc de Toscane a fait depuis peu au P. Jean Grubere touchant ce grand Empire. Avec un Dictionnaire Chinois & François, lequel est très-rare, & qui n'a pas encores paru aujour. Traduit par F. S. Dalquié. A Amsterdam. Ches Jean Jansson à Waesberge, & les Héritiers d'Elizée Weyerstraet, l'an 1670. Avec Privilége. In-fol., pp. XVI-380.

A Monseigneur le Marquis de Louvois et de Courtanvau.— Préface au Lecteur. — Table des Chapitres. — Table des Figures. — Première Partie : L'interprétation du Monument syro-chinois (p. 62). — Seconde Partie : Des divers chemins qu'on a tenu pour aller à la Chine (63-172). — Troisieme Partie : De l'Idolatrie venue d'Occident (173-222). — IVᵉ Partie : La Chine illustrée des Miracles de la Nature et de l'Art (223-284).— Vᵉ Partie : De l'Architecture et des autres Arts Méchaniques des Chinois (285-301).— VIᵉ Partie : De l'escriture des Chinois (302-315). — La Briefve et exacte Response du Père Jean Grubere de la Société de Jésus, à toutes les questions que le Serenissime Grand Duc de Toscane luy a faites (316-323). — Dictionnaire Chinois et François (324-367). — Table.

Entre la table des Figures et la Première Partie est placé un portrait du Père Athanase Kirchere à l'âge de 62 ans (1664).

Klaproth (1605), Fr. 6. — Duprat, 1861, Fr. 15.

— Machiavellus sine Machiavello ex historia

(KIRCHER.)

Sinensium productus, quem amplissimo Philosophorum Senatu adnuente, praeside M. Christiano Hoffmanno, Wratislaviensi, Publicae Literatorum Ventilationi submittit Johann-Henricus Neumannus Ligio-Silesius, auctor *d. Junii*, *anno reparatae Salutis* M. DC. LXVIII. *Horis Locóq. consuetis.* Jenae, typis Bauhoferianis. Br. in-4., sans pagination.

* L'Estat présent de la Chine et des autres royaumes voisins. Paris, 1670, in-12.

Cité par Ternaux-Compans. Plusieurs ouvrages, que nous avons indiqués aux chapitres auxquels ils appartiennent, portent ce titre. Nous n'en connaissons pas à la date indiquée par Ternaux.

O. DAPPER. Beschryving des Keizzerryks van Taising of Sina, Vertoont in de Benaming, Grens-palen, Steden, Stroomen, Bergen, Gewassen, Dieren, Gods-dienst, Tale, Letteren, &c. Verciert met verscheide Koopere Plaeten. Beschreven Door Dr. O. Dapper. t'Amsterdam, By Jacob van Meurs, op de Keisers-gracht, in de Stadt Meurs. Anno 1670, in-fol. à 2 col., pp. 264.

A la suite de l'ouvrage de Dapper sur l'ambassade de Kampen et de Nobel.

Rémusat (1247), fr. 6. — Klaproth (1606), fr. 11.

— Beschreybung des Keyserthums Sina oder Taising. Fürgestelt in den Nahmen | Grentzen | Städten | Flüssen | Bergen | Gewächsen | Thieren | Gottesdienst | Sprache | Freyen künsten &c. Mit verschiedenen kunstreichen Figuren. Beschrieben durch Dr. O. Dapper. Und ins hochteutsche übersetzet durch J. D. Amsterdam. Jacob von Meurs | Anno 1676. In-fol. à 2 col., pp. 164.

A la suite de l'ouvrage de Dapper sur l'ambassade de Kampen et de Nobel.

Stuck, p. 87, et Ternaux-Compans, n° 2248, citent une éd. allemande de 1673 que nous ne connaissons pas.

* FRANCISCI (Erasm.) Neu polirter Geschichts-Kunst-und Sitten-Spiegel ausländischer Voelker, als : Sineser, Iapaner, Indostaner, Abyssinier. Nürnberg, 1670, in-fol., fig.

Stuck, p. 115. — Ternaux, n° 2159.

* FRANCISCI (Erasm.) Ost-und West-Indischer so wie auch Sinesischer Lust-und Staats-Garten. Nürnberg, 1688, 3 vol. in-fol., fig.

Stuck, p. 115. — Ternaux, n° 2561.

Ternaux, n° 2077, cite : Le même, 1668.

ANDREAE MULLERI, GREIFFENH. Disquisitio geographica & historica, de Chataja, in quâ 1 Praecipuè Geographorum nobilis illa Controversia : Quaenam Chataja sit, et an sit idem ille terrarum trac-

tus, quem Sinas, et vulgò Chinam vocant, aut pars ejus aliqua ? latissimè tractatur ; 2 Eâdem verô operâ pleraque rerum, quae unquam de Chataja, déque Sinis memorabilia fuerunt, atque etiam nunc sunt, compendiosè narrantur. Berolini, Typis Rungianis, Anno M. DC. LXXI, in-4.

A la suite du *Marco Polo* de Müller. La plupart des notions contenues dans cet ouvrage sont extraites de la dissertation de Golius (Voir col. 15).

— Hebdomas Observationum de Rebus Sinicis I Epitome Historiae Sinicae, antiquis—simae juxta ao recentissimae. II De Notitia Evangelii in Sinis per secula N. T. III Elenchus Regum Sinicorum. IV Iconismus Plantae laudatissimae, *Ginseng* dictae. V Memorabilis Planetarum Synodus. VI Specimen commentarii geographici. VII Hebdomaticam dierum distributionem eorumque denominationem à Planetis desumtam, etiam Sinis ab olim usitatam fuisse Quibus adjunguntur tria Capita Examinis monumenti sinici. Autor Andreas Mullerus, Greiffenhagius. Coloniae Brandenburgicae Ex officinâ Georgl Schultzl, Elect. typogr., 1674, in-4.

DOMINGO FERNANDEZ NAVARRETE. Tratados historicos, politicos, ethicos, y religiosos de la Monarchia de China. Descripcion Breve de aqvel imperio, y exemplos raros de Emperadores, y Magistrados del. Con Narracion difvsa de varios svcessos, y cosas singvlares de otros reynos, y diferentes Navegaciones. Añadense los Decretos Pontificios, y proposiciones calificadas en Roma para la Mission Chinica ; y vna Bula de N. M. S. P. Clemente X. en fauor de los Missionarios. Por el P. Maestro Fr. Domingo Fernandez Navarrete. Cathedratico de Prima del Colegio, y Vniuersitad de S. Thomàs de Manila, Missionario Apostolico de la gran China, Prelado de los de su Mission ; y Procurador General en la Corte de Madrid de la Prouincia del Santo Rosario de Filipinas, Orden de Predicadores. Dedica sv Obra al Serenissimo Señor Don Ivan de Avstria. Año 1676. Con Privilegio : En Madrid : En la Imprenta Real. Por Iuan Garcia Infançon. A costa de Florian Anisson, Mercarder de Libros.

In-fol. de 518 pages, sans compter la Dédicace, la Préface, etc., au commencement ; et le « Memorial de las cosas mas notables de estos tratados » à la fin du volume.

Brunet (IV, col. 24-25) donne les prix suivants : 12 fr. la Serna ; 17 fr. Heber ; 15 fr. 50 Quatremère. — Nous ajouterons : Klaproth (1607), 22 fr. 50.

— Cet ouvrage donna lieu à la vive réponse suivante :

Memorial apologetico al Exc.mo. Señor Conde de Villa-Hvmbrosa, Presidente del Consejo Supremo de Castilla, &c. De parte de los missioneros apostolicos de el Imperio de la China. Representando los reparos qve se hazen en vn libro, que se ha publicado en Madrid este año de 1676. en grave perjuizio de aquella Mission. Contiene las noticias mas pvntvales, y hasta aora no publicadas de la vltima persecucion contra la Fè con vna breue Chronologia de aquel Imperio, y otras curiosidades historicas. In-4., 152 doubles pages, s. l. n. d.

— Une nouvelle édition de ce Memorial a été publiée sous le titre de :

Reparos historiales apologeticos dirigidos al excelentissimo Señor Conde de Villavmbrosa, Presidente del Consejo Supremo de Castilla, &c. Propvestos de parte de los missioneros apostolicos del Imperio de la China. Representando los descvidos, qve se cometen en vn libro, que se ha publicado en Madrid, en grave perjuizio de aquella Mission. Contiene las noticias mas puntuales, y hasta aora no publicadas de la vltima persecucion contra la Fè, con vna breue Chronologia de aquel Imperio, y otras curiosidades Historicas, hasta el año de 1677. En Pamplona por Tomás Baztan. In-4., 172 doubles pages.

Cette éd. contient 325 paragraphes au lieu de 304 comme la précédente, et la Chronologie est continuée de 1675 à 1677.

On verra, dans la description du second volume des *Tratados,* que Navarrete a répondu à ce Mémorial.

L'ouvrage de Navarrete devait avoir trois volumes. Le second a été imprimé en grande partie; peut-être même a-t-il paru en entier à Madrid en 1679 *(Biog. univ.,* vol. XXX, pp. 249-250, art. *Navarrete,* par Weiss). Il nous a été impossible de le trouver dans les bibliothèques de Paris, mais un exemplaire des pp. 1/668, sans frontispice, est décrit dans la *Bibliotheca Grenvilliana,* p. 484, et nous l'avons examiné au British Museum. Ce vol., superbement relié en maroquin rouge, aux armes de Grenville, n'a pas de titre; il contient :

P. 1. Controversias antigvas, y modernas de la mission de la gran China. *Tratado primero.* Prelvdios de estas controversias.

P. 109. *Tratado segvndo.* De varios casos qve los Padres de la Compañia propusieron, y resolvieron en vna junta tenida año de 1628. en el lugar llamado Kia Ting en la Provincia de Nan King de la Gran China, con algunas advertencias del Autor.

P. 138. *Tratado Tercero.* De otros casos, y dudas pertenecientes à la mesma Mission.

P. 190. *Tratado Qvarto.* De las dispvtas qve tvvimos en la Metropoli de la Provincia de Kuang tung los de las tres Religiones; començaronse à los 18. de Diziembre de 1667 anos.

P. 253. *Tratado Qvinto.* De Algvnas otras controuersias, y casos pertenecientes à la Mission.

P. 295. *Tratado Sexto.* De el cvlto qve el Chino dà à su Filosofo Confucio, y à sus Difuntos.

P. 356. *Tratado Septimo.* Respvesta a la tercera qve se me entregò de mi Informe, y tratado.

P. 417. *Tratado Octavo.* Respvesta a los tratados del Padre Morales.

P. 484. *Tratado Vltimo,* contiene lo qve immediatamente que da escrito. Respvesta a algvnas cosas, qve contra los Padres de la Compañia de Iesus de la Mission de China dizen los Reucrendos Religiosos de Santo Domingo, y de San Francisco de Philipinas.

A la page 591 de ce dernier traité, on trouve « Satisfacion a vn Memorial apologetico, sin numero de avthor..... Al Excelentissimo Señor Inqvisidor General de las Españas. »

(NAVARRETE.)

Le vol., qui est un in-folio à 2 col. semblable aux *Tratados* de 1676, finit à la page 668; la *satisfacion* n'est pas terminée.

Il existe des extraits de ce tome II dans le Ms. in-4, d'environ 130 pages, qui porte le n° 9766, Fonds français (anc. supp. 352) à la Bib. nationale. Les 62 premières pages contiennent des extraits en français du tome I. Les « *Extraits du 2e tome du P. Navarrete intitulé Controverses anciennes & modernes de la Mission de la Chine* » commencent à la page 63.

Une note au commencement de ce manuscrit dit : « Il y auroit eu un 3e vol. de Navarrete, si Dom Juan son Protecteur n'étoit pas mort, tandis que l'on imprimoit le second. — On m'a assuré que le manuscrit en étoit à Rome, au couvent de la Minerve. »

D'ailleurs le P. Navarrete fait allusion à ce 3e vol., p. 77 du Ms. cité : « Le P. Martin Martinius dit dans un memorial imprimé à Rome, que j'ai lu, qu'il n'y a eu que des Jesuites qui soient entrés au dedans de la Chine : il est certain que quelques religieux de S. François & des nostres y sont entrés : il est vrai qu'ils n'y sont pas demeurés : on ne sçait la raison à la Chine, & je la pourrai bien dire dans mon 3e tome. »

Le Ms. qui nous occupe comprend également le certificat (en espagnol et en français) du R. P. F. Domingo Fernandez Navarrete (Rome, 26 février 1674) sur le P. Domingo de Salpetro, des Frères prêcheurs, qui avait écrit en faveur des Jésuites un mémoire rapporté par le P. Gilles Estrix, S. J., dans son livre intitulé : *Diatriba Theologica.* [1672, in-4.]

On trouvera également une copie manuscrite du vol. II des *Tratados* à l'école Sainte-Geneviève de la Compagnie de Jésus, à Paris; elle forme le vol. 23 de la collection de Ms. relatifs à la Chine.

Les PP. Quétif et Echard *(Scriptores Ordinis Praedicatorum,* II, pp. 720,723) donnent une description détaillée des *deux* premiers volumes des *Tratados.* Ils écrivent au sujet du 3e vol. : « *Tomo Tercero tenia para la imprenta preparado y demas* : Sic legitur in monito ad Lectorem t. II. meminitque auctor variis locis, & in illo relaturum se promittebat *Todas las industrias espirituales y divinas de que se han oyundado los religiosos de la Compañia en la conversion de China.* Quid de auctoris Mss. actum sit, me hactenus latet. »

— Viages y Navegaciones del P. Mº. Fr. Domingo Fernandez Navarrete Cathedratico de Prima del Colegio y Universidad de S. Thomas de Manila Missionario Apostolico de la gran China Relado de los de su Mission, y Procurador General en la Corte de Madrid de la Provincia del S. Rosario de Filipinas Orden de Predicadores. Madrid en la Imprenta Real por Juan Garcia Infançon. 1676. in-fol.

Manuscrit du XVIIe siècle, petit in-4, conservé à la Bibliothèque de l'Arsenal (nº 21, espagnol) : 270 pages numérotées, suivies de plusieurs feuillets blancs, et précédées d'une page qui sert de frontispice.

Dans son « Catalogo Razonado de los Manuscritos españoles existentes en la Biblioteca Real de Paris seguido de un suplemento que contiene los de las otras tres bibliotecas publicas (del Arsenal, de Santa Genoveva y Mazarina), Paris, 1844, in-4. » Eugenio de Ochoa écrit, p. 673 : « Este manuscrito carece de todo interés por su una mera copia de la edicion de esta conocidisima obra, hecha en Madrid en la Imprenta Real por Juan Garcia Infanzon en 1676, in-fol. »

— An account of the Empire of China, Historical, Political, Moral and Religious. A short Description of that Empire, and Notable Examples of its Emperors and Ministers. Also an ample Relation of many remarkable Passages, and things worth observing in other Kingdoms, and several Voyages. There are added the Decrees of Popes, and Propositions defined at *Rome* for the Mission of *China;* and a Bull of our most Holy Father *Clement X.* in favour of the Missioners. Written in Spanish by the R. F. F. *Dominick Fernandez Navarrete...* pp. 1/311 du vol. I de la *Collection de Voyages de Churchill,* 3ᵉ éd., Lond. 1744.

Avait paru dans l'éd. de Churchill de 1732, vol. I.

Le portrait de Confucius et les quatre gravures qui accompagnent cette relation sont des diminutions de gravures semblables qui se trouvent dans le tome II de la *Description de Du Halde.* Le portrait et les gravures ne se trouvent pas dans les éd. précédentes de Churchill.

Au commencement de cette relation il y a : « A Map of China, Chinese Tartary, and Tibet ; with the adjacent Countries westward to the Caspian Sea. »

Cette traduction anglaise comprend les cinq premiers livres complets et les 30 premiers chapitres du 6ᵉ livre de la relation espagnole de Navarrete ; dans le VIᵉ tome de Churchill paru en 1746, pp. 751/824 on donne « *The Supplement to Navarrete's Account of China* » qui comprend les chap. xxxi-xxxiii du 6ᵉ livre ; et le 7ᵉ livre complet. Ce supp. a été réimp. dans le vol. VI de l'éd. de Churchill de 1752 ; il n'avait pas été publié dans l'éd. de 1732.

The Travels of Navarrete through China, in 1658. Translated from the Spanish. *(Astley,* Col. of Travels, III, pp. 498/512).

Ce n'est qu'un résumé de la version de Churchill.

— * Reisen durch China. 1658 (Schwabe (J. J.) *Allgemeine Historie der Reisen,* etc. Bd. 3, 1747).

— Voyage de Navarette au travers de la Chine, en 1658 : Introduction. — I. Voyage de l'auteur depuis Canton jusqu'à Fougan-hyen. — II. Voyage de l'auteur à Kin-wha-fu dans la Province de Chekyang, & de là jusqu'à Peking. — III. Passage de l'auteur à Macao. Ambassade Portugaise à la Cour Impériale. (Pp. 393/418, Chap. vii, vol. V. *Hist. gén. des Voyages,* Paris, 1748.)

Le Journal de ce Voyage est tiré du 6ᵉ livre des *Tratados.*

— A & Ω ! China inhospitalis, seu de mutua peregrinandi et commercandi Libertate inter Gentes, Dissertatio Historico-Politica. Quam auxiliante numine, sub rectoratu magnificentissimo, Serenissimi ac Celsissimi Principis & Domini, Domini Ludovici, Ducis Wirtembergiae & Tecciae, Comitis Montisbelgardi, Dynastae in Heidenheim, &c. Publicae ventilationi exponit, Praeside Dn. Benedicto Hopffero, Philos. Pract. Prof. P. Celeberrimo, Domino affine suo omnibus honorum titulis aeternum venerando, respondens Burckhardus Bardili, Tubing. *Ad Diem Martij,* Tubingae, Typis Johann-Henrici Reisl, Anno M.DC.LXXVIII. in-4. pp. 52.

— * Curieuse aenmerckingen der bysonderste Oost en West-Indische vermoderenswaerdige dingen door S. de Vries. Utrecht, 1682, 4 vol. in-4.

Ternaux-Compans, nᵒ 2431. — Pinelo, p. 149.

— Isaaci Vossii Variarum Observationum

Liber. Londini, apud Robertum Scott, M DC LXXXV, in-4.

— De Antiquae Romae et aliarum quarumdam Urbium magnitudine.

Cap. xiii. De magnis Sinarum urbibus, pp. 56/68.

Cap. xiv. De artibus & scientiis Sinarum, pp. 69/85.

— Thesaurus Exoticorum, oder eine mit Ausländischer Raritäten und Berichten wolversehene Schatz-Kammer furstellend die Asiatische, Africanische und Americanische Nationes. der Perser | Indianer | Sineser | Tartarer | ... von Everhardo Gvernero Happelio. Hamburg, Thomas von Wiering, 1688, in-fol.

Pp. 15 et seq. sur les Chinois.

GABRIEL DE MAGALHAENS. Nouvelle relation de la Chine, contenant la description des particularitez les plus considérables de ce grand Empire. Composée en l'année 1668 par le R. P. Gabriel de Magaillans, de la Compagnie de Jésus, Miss. apostolique, et traduite du Portugais en François par le Sʳ B.[ernou]. A Paris, chez Claude Barbin, 1688, in-4. pp. 385 sans l'ép. etc.

Dédicace. — Préface. — Table des Chapitres. — Fautes à corriger. — Nouvelle Relation de la Chine (21 Chapitres).— Abrégé de la Vie et de la mort du R. Père Gabriel de Magaillans, de la Cⁱᵉ de Jésus, Miss. de la Chine : Fait par le R. Père Louis Buglio, son compagnon inséparable durant trente-six ans ; & envoyé de Pe kim l'an 1677. — Table des Matières.

Le manuscrit portugais du P. de Magaillans intitulé « Doze Excellencias da China » et divisé en douze chapitres avait été rapporté en France par le Père Couplet qui le présenta au Cardinal d'Estrées, à Rome. Celui-ci le fit traduire en français par Bernou. Une partie du Ms. au net avait été brûlée et elle a dû être éditée d'après le brouillon composé en grande partie de feuilles volantes. « L'auteur, dit le traducteur dans la Préface, avait intitulé son ouvrage, les Douze Excellences de la Chine, et l'avait par conséquent divisé en douze parties.... Je jugeay à propos de diviser cette Relation en 21 chapitres.... ce que je viens de dire fera connaître que cette Relation n'a jamais paru en aucune Langue, et n'a jamais été imprimée....»

Le P. Louis Buglio fut le compagnon de Magalhães de 1640 à 1677.

Klaproth (1604), Fr. 2. — Duprat, 1861, Fr. 10. — Quaritch, 1872, 7 s. 6 d.

Nouvelle Relation de la Chine, contenant la description des particularitez les plus considérables de ce grand Empire. Composée en l'année 1668. par le R. P. Gabriel de Magaillans, de la Compagnie de Jesus, Missionnaire Apostolique. Et traduite du Portugais en François, par le Sʳ B. A Paris, au Palais, chez Etienne Ducastin, dans la Gallerie des Prisonniers, au Bon-Pasteur. M.DC.LXXXIX. Avec Privilege du Roi. in-4. pp. 385, s. l. t., l'ép. etc.

Duprat, 1861, Fr. 4.

Ternaux-Compans est le seul bibliographe qui indique cette éd. (Nᵒ 2571), mais il ne donne pas le nom du libraire. Elle est la plus rare des trois éd. françaises de Magaillans ; on la trouve dans la réserve de la Bib. nat. (o.²ₙ.)

Silva *(Bib. Port.,* III, p. 105), de Backer (n. éd., II, col. 957), Barbier (n. éd., III, col. 560), ne connaissent point cette éd., mais ils en indiquent une de 1690 publiée par *Etienne Castin* qui n'existe pas. La seule éd. de 1690 a été pub. par Louis Lucas.

Brunet *(Man. du Lib.,* Table méth., 6ᵉ éd., Nᵒ 28272) n'a probablement vu aucune éd. de Magaillans, car il n'a pas connaissance de celle de 1689, et il en invente une pub. par *Lucas* (au lieu de *Barbin)* en 1688.

Nouvelle Relation de la Chine, Contenant la description des particularitez les plus considérables de ce grand Empire.

Composée en l'année 1668. par le R. P. Gabriel de Magaillans, de la Compagnie de Jésus, Missionnaire Apostolique. Et traduite du Portugais en François, par le S⁺ B. A Paris, chez Louis Lucas, ruë Bâville.... M.DC.LXXXX, in-4., pp. 385, s. l'ép., etc.

* Cet ouvrage a été traduit en latin? (Avert. de l'éd. holl. de Du Halde).

— A New History of China containing a Description of the Most Considerable Particulars of that vast empire. Written by Gabriel Magaillans of the Society of Jesus, Missionary Apostolick. — Done out of French [By John Ogilby]. London.— Printed for Thomas Newborough, 1688, in-8.

On a traduit dans cette édition la préface du traducteur français, les 21 Chapitres de la Relation et l'abrégé de la Vie de Magaillans.

Notice par E. C. Bridgman *(Chin. Rep.,* X, pp. 641 et seq.)

— Das mächtige Kayser — Reich Sina und die Asiatische Tartarey vor Augen gestellet | In auszführlicher Beschreibung der Königreiche | Provinzien | Landschafften | Städte | Flüsse | Berge | Gewächse | Baüme | Früchte | Thiere | Gevögel | Fische | &c. so in diesen weit — entlegenen Welt — Gegenden sich finden.... von Johann Christoph Wagnern | Norib. Augspurg, Jacob Koppmayer. Anno M. DC. LXXXVIII; in-fol. à 2 col. pp. 168, s. l. préf. du commencement (12 p.) et la tab. de la fin (4 pages) ; planches.

Meusel, Ternaux-Compans (2583) et la *Bib. Sinol.* p. 101 ne citent qu'une édition de 1689 que nous n'avons pas rencontrée.

— Andreae Mülleri Greiffenhagii de Sinensium rebus aliaque nonnulla Opuscula. Eorum seriem aversa ostendet pagina.

Series Opusculorum :

1 *Abdallae,* Persae, Historia Sinensis, *Persicè*
2 Eadem *Latinè,* cum Notis marginalibus *Editoris & Interpretis*
3 𝕬𝖓𝖍𝖆𝖓𝖌 Zwver Reisen [Backhoff-Wagener]
4 Commentatio Alphabetica, de Sinarum Magnaeque Tatariae rebus.
5 Basilicon Sinense, seu Regum & Imperatorum Sinensium *Series, Nomina, Res quaedam gestae,* &c. ab exordio ad nostra usque tempora.
6 Imperii *Sinarum* Mappa Geographica, è Mappâ amplissimâ,. quam *ipsi Sinae* ediderunt, in *angustiorem formam* traducta & *Latinis literis* exposita.
7 Imperii Sinarum Nomenclator Geographicus ;
　　Prior, *Classicus*
　　Posterior, *Alphabeticus*
　　Tertius, *Index Addendorum*
8 Praefationes,
　　In *Historiam Sinensem, Basilicon, Comm : Alphabeticam.*
　　In *Nomenclatorem*
　　　　His accedunt antehac edita
9 Propositionis inventi sinici editio quarta.
　　Cum Notis
10 Epistolae de iuvento sinico
　　Cum Notis
11 Oratio Dominica, Sinicè, cumque *Versione & Notis,*

(MAGALHAENS, 1688. — MÜLLER, 1695.)

Itemque
Oeconomia Bibliothecae Sinicae
12 Observationes Sinicae
13 Monumenti Sinici
14 Historiola de Sinis ex *Armenicô* Latinè versa.
15 Excerpta de Sinis, è *Gregorio Malatiensi*
16 Besser Unterricht von der Sineser Schrifft und Druck | als etwa in herrn D. Eliae Grebnitzen Unterricht von der Lutherischen und Reformirten Kirchen enthalten ist.
17 Specimen Analyticae literariae.
18 Symbolae Syriacae
19 Comm. de perantiqvo Pentateuchi Hebr. Msto. quod anno Christi 334. in Insulâ *Rhodo* scriptum est, jamque in *Bibliothecâ Electoriali* asservatur.
20 Actio Plagii literarii Sinens. &c. *circa primaevam Mundi Historiam*
21 Specimen Chronologicum
22 Specimen Lexici mandarinici
23 Index Generalis *autorum, rerumq'. & verborum* quae in omnibus istis opusculis occurrunt.

　　Adduntur :
24 *Catalogus Opusculorum* Auctoris
　　1. hactenus editorum
　　2. ineditorum
25 *Elenchus librorum rariorum,* tam Mstorum quàm typis editorum, pro *Emptoribus,* qui illorum desiderio tenentur.

Ce recueil des dissertations de Müller a été publié s. l. n. d. (in-4.). La *Bibliotheca Sinologica,* p. 85, donne 1695 [Francfort] comme date de la publication. On trouve fort rarement complète la collection des opuscules.

LOUIS LE COMTE. Nouveaux Memoires sur l'Etat présent de la Chine. Par le P. Louis le Comte de la Compagnie de Jesus, Mathematicien du Roy. A Paris, chez Jean Anisson Directeur de l'Imprimerie Royale, ruë de la Harpe, au-dessus de S. Cosme, à la Fleur-de-Lis de Florence. M.DC.XCVI Avec Privilege du Roy. 2 vol. in-12, pp. 508/536.

Gravures sur cuivre qui sont reproduites dans les éditions suivantes.

L'exemplaire de la Bib. du Dépôt des Cartes et Plans de la Marine (Nº 6939) est celui de Nicolas Charmot qui a marqué un grand nombre de passages au crayon rouge.

Voir « Hist. de l'édit de l'Empereur de la Chine.... par le P. Charles le Gobien » qui forme le 3ᵉ vol. de ces *Mémoires* au chapitre consacré dans cet ouvrage au *Catholicisme.*

Chossonnery, Nº 20, 1877, 8 fr.

Nouveaux Mémoires sur l'Etat présent de la Chine. Par le P. Louis Le Comte de la Compagnie de Jesus, Mathematicien du Roy. Seconde Edition. A Paris, chez Jean Anisson Directeur de l'Imprimerie Royale, ruë de la Harpe, au-dessus de S. Cosme, à la Fleur-de-Lis de Florence. M.DC.XCVII. Avec Privilege du Roy. 2 vol. in-12.

Nouveaux Memoires sur l'Etat present de la Chine. Par le R. P. Louis Le Comte de la Compagnie de Jesus, Mathématicien du Roy. Enrichi de Figures. Suivant la Copie de Paris. A Amsterdam, chez J. L. de Lorme, & Est. Roger, Marchands Libraires sur le Rockin, près de la Bourse. M.D.C.LXXXXVII, 2 vols. in-12.

L'exemplaire du British Museum porte la signature de Hans Sloane.

Ternaux (2516) cite : *Amsterdam,* 1687 ; c'est évidemment une erreur.

Nouveaux Memoires sur l'Etat présent de la Chine. Par le P. Louis le Comte de la Compagnie de Jesus, Mathematicien du Roy. Troisieme Edition. A Paris, chez Jean Anisson Directeur de l'Imprimerie Royale, ruë de la Harpe, au-dessus de S. Cosme, à la Fleur-de-Lis de Florence. M.DC.XCVII. Avec Privilege du Roy. 2 vol. in-12.

Cet ouvrage comprend :

—Vol. I. Epistre [au Roy].—Avertissement.—Table.—Lettres: I. A Monseigneur de Pontchartrain, Ministre et Secrétaire

(MULLER, 1695-1696, LE COMTE.)

d'Etat. *Voyage de Siam jusqu'à Pekin.* pp. 1/57. — II. A Madame la Duchesse de Nemours. *La manière dont l'Emperour nous receüt, & ce que nous vismes dans la Ville de Pekin.* pp. 58/92. — III. A Monseigneur Le Card. de Furstemberg. *Des villes, des bastimens & des ouvrages les plus considérables de la Chine.* pp. 93/158. — IV. A Monsieur le Comte de Creci. *Du climat, des terres, des canaux, des rivières & des fruits de la Chine.* pp. 159/202. — V. A Monseigneur Le Marquis de Torsi, Secrétaire d'Estat pour les Affaires Estrangeres. *Du caractere particulier de la nation Chinoise; son antiquité, sa noblesse, ses modes, ses bonnes & ses mauvaises qualitez.* pp. 203/249. — VI. A Madame la Duchesse de Bouillon. *De la propreté & de la magnificence des Chinois.* pp. 250/294. — VII. A Monseigneur l'Archev. Duc de Rheims, premier Pair de France. *De la langue, des caractères, des livres, de la Morale des Chinois.* pp. 295/353. — VIII. A Monseigneur de Phelipeaux, Secretaire d'Estat. *Du Caractère particulier de l'esprit des Chinois.* pp. 354/410.

—Vol. II. Table.— IX. A Monseigneur le Cardinal d'Estrées. *De la Politique et du Gouvernement des Chinois.* pp. 1/105. — X. A Monseigneur Le Cardinal de Bouillon. *De la Religion ancienne & moderne des Chinois.* pp. 106/155. — XI. A Monsieur Rouillié Conseiller d'Etat ordinaire. *De l'établissement & du progrès de la Religion Chrétienne à la Chine.* pp. 156,213. — XII. Au Très R. Père [de la Chaize. Confesseur du Roy. *De la manière dont chaque Missionnaire annonce l'Evangile dans la Chine, & de la ferveur des nouveaux Chrétiens.* pp. 214/300. — XIII. A Monseigneur le Cardinal de Janson. *La Religion Chrétienne nouvellement approuvée par un Edit public, dans tout l'Empire de la Chine.* pp. 301/363. — XIV. A Monsieur l'abbé Bignon. *Idée generale des observations que nous avons faites dans les Indes & à la Chine.* pp. 364/435. — Table des principales matières contenües dans ces Memoires. — Extrait du Privilege du Roy. — Permission du R. P. Provincial.

Nouveaux Mémoires sur l'Etat présent de la Chine. Par le P. Louis le Comte de la Compagnie de Jesus, Mathématicien du Roy. Troisième Édition reveüe & corrigée sur la dernière de Paris. A Amsterdam, chez Henri Desbordes & Antoine Schelte, M.DC.XCVIII. 2 vol. in-12. pp. 342 (sans l'Epistre, etc.) et 355.

Chossonnery, No 20, 1877, 4 fr.

Nouveaux Memoires sur l'etat present de la Chine. Par le P. Loüis le Comte de la Compagnie de Jesus, Mathématicien du Roy. Troisième Edition. A Paris, chez Jean Anisson Directeur de l'Imprimerie Royale, rüe de la Harpe. M.DCCI. Avec Privilege du Roy. 2 vol. in-12.

Cette édition ne varie de celle de 1697 que par de légères différences typographiques qui prouvent que les tirages ont été différents : Dans le titre : *Loüis* au lieu de *Louis.* — *Troisiéme* au lieu de *Troisieme.* — Vignette et Colophon différents. — Vol. II, à la fin de la table, Vignette différente, etc.

Nouveaux Mémoires sur l'état présent de la Chine. Par le P. Louis le Comte de la Compagnie de Jesus, Mathématicien du Roy. Quatrième Edition. A Paris, chez Anisson Directeur de l'Imprimerie Royale, rüe de la Harpe. M.DCCI. Avec Privilege du Roy. 2 vol. in-12.

Le P. de Backer, I, 1349, ne cite pas ces deux dernières éditions.

On lit p. 1 de « l'Eclaircissement de la dénonciation faite à N. S. P. le Pape.... MDCC » : « Il y a quatre ans que je donnay au public les nouveaux Mémoires de la Chine. J'eus l'honneur de les présenter au Roy, aux Evêques, à toute la France; et ce livre fut si bien reçu qu'on en a fait sept éditions, et qu'il a été traduit en plusieurs langues de l'Europe.... »

— Memoirs and Observations topographical, physical, mathematical, mechanical, natural, civil, and ecclesiastical made in a late Journey through the Empire of China, and published in several letters particularly upon the Chinese Pottery.... By Louis Le Compte Jesuit, Confessor to the Dutchess of Burgundy, one of the Royal Mathematicians, and lately Missionary into the Eastern Countries. Translated from the Paris Edition, and illus-

(Le Comte.)

trated with Figures. London : Printed for *Benj. Tooke* at the Middle Temple Gate, and *Sam. Buckley* at the *Dolphin* over against *St. Dunstans* Church in *Fleet Street.* 1697. in-8. pp. 527 sans l'introduction et la préface.

Memoirs and Observations Topographical, Physical, Mathematical, Mechanical, Natural, Civil and Ecclesiastical. Made in a late Journey Through the Empire of China, and Published in several Letters. Particularly upon the Chinese Pottery and Varnishing ; the Silk and other Manufactures; the Pearl Fishing ; the History of Plants and Animals ; with a Description of their Cities and Public Works; Number of People, their Language, Manners and Commerce ; their Habits, Oeconomy, and Government. The Philosophy of Confucius. The State of Christianity, and many other Curious and Useful Remarks. By Louis Le Comte Jesuit, Confessor to the Dutchess of Burgundy, one of the Royal Mathematicians, and lately Missionary into the Eastern Countries. Translated from the Paris Edition, and illustrated with Figures. The Second Edition very much corrected, with the Addition of a Map of China, and a Table. London : Printed for *Benjamin Tooke*... 1698, in-8. pp. 517 sans l'introduction, la préface et l'index.

Memoirs and Observations Topographical, Physical, Mathematical, Mechanical, Natural, Civil and Ecclesiastical. Made in late Journey through the Empire of China, and published in several Letters. Particularly upon the *Chinese* Pottery and Varnishing ;........ The State of Christianity, and many other Curious and Useful Remarks. By Louis Le Comte Jesuit, Confessor to the Dutchess of *Burgundy,* one of the Royal Mathematicians, and lately Missionary in the Eastern Countries. Translated from the Paris Edition, and illustrated with Figures. The Third Edition. Corrected. London : Printed for *Benjamin Tooke,* at the Middle Temple-Gate in *Fleetstreet.* 1699. in-8., pp. 517, sans l'index, etc.

Ternaux-Compans cite cette éd. sous le No 2751, mais il n'indique pas les deux premières éd. angl. — Le P. de Backer (n. éd., I, col. 1349) n'indique que les éd. de 1697, de 1737 et de 1739.

Memoirs and Remarks Geographical.... Ecclesiastical, made in above Ten Years Travels through the Empire of China :...... Written by the Learned Lewis Le Comte, Jesuit; Confessor to the Dutchess of Burgundy, and one of the French King's Mathematicians. A New translation from the best *Paris* Edition, and adorn'd with Copper-Plates : London : Printed by J. Hughs... MDCCXXXVII, petit. in-8., pp. 536, s. l. p.

Ibid., London : Printed by John Hughs... MDCCXXXVIII, pet. in-8., pp. 536, s. l. p.

Notice par E. C. Bridgman *(Chinese Repository,* I, pp. 249,268. — réimp. dans *The Cycle,* 25 juin 1870).

* Ibid., London : 1739, pet. in-8. [Quaritch, 1876, n° 11185, 5/. — De Backer, III, 2096.]

The Memoirs and Observations, Topographical, Natural, Civil and Ecclesiastical : made by *Lewis Le Comte,* Jesuit, and Confessor to the Dutchess of Burgundy, in his Journey through the Empire of China ; and Publish'd in several Letters, to Persons of the best Quality in France : Abridged, Together with what is farther observable in Father Gabriel Magaillans' History of China. (Harris's Collection, vol. II, pp. 486-524).

* A Collection of Voyages and Travels containing the Voyage of P. Kolben to the Cape of Good Hope, a Voyage to China by Lewis Le Compte, Anecdotes of the Elephant from Wolfe's travels. Philadelphia, 1787, in-12 (De Backer, III, col. 2096).

* Traduit en italien, Firenze, in-8., 1696, (La Farina, *China,* I, p. 18) ; 1697, (Meusel).

* Das heutige Sina aus dem französischen von P. Louis Le Comte. Francfurt und Leipzig .1700. in-12 [de Backer, l. c.].

* Ibid., 1696, in-8 [Meusel].

— Beschryvinge Van Het machtige Keyserryk China, Behelsende d'overgroote Provintien, en menigvuldige *Steden, Paleysen, Rivieren, Kanalen, Schepen, Wegen,*

(Le Comte.)

en *Passagien*, in hetselve ; beneffens desselfs ongemeene *Volkrijkheyt*, en *Vruchtbaarheyt*, in alle kostelijke *Handwerken* en *Koopmanschappen.* Mitsgaders de groote *Schatten* en *Rijkdommen* die den Keyser van China besit. Wyders Derselver Outheyt, goede Staatkunde, Regeringe, Gerechtshoven, Godsdienst, Spraak, Konsten, en Wetenschappen, die in het selve in swang gaan. *En eyndelijk* de voortgangen van de bekeringe der Jnwoonders tot het Christen Geloof. Alles nauwkeuriglijk in verscheyde Brieven beschreven door den Vader Louis le Comte, Jesuit , Wiskonstenaar van den Koning van Vrankrijk. Met schoone Figuren. In 's Gravenhage, By Engelbregt Boucquet, Boekverkoper in de Halstraat, 1698, 2 vol. pet. in-4.

Erste Deel : pp. 1-185, sans l'épitre et la Préface. — Tweede Deel : pp. 189-398 sans l'index. Il n'y a réellement que 391 pages : la page 391 étant marquée par erreur p. 398.

On trouvera pp. 384/91 une lettre du P. Verbiest datée de Péking, le 4 octobre 1683, traduite du français en hollandais. Elle ne se rencontre pas dans les éditions françaises des *Mémoires* du Père le Comte (Voir *Tartarie*, dans la dernière partie de cet ouvrage).

— Historische Beschryvinge van het magtige Keyserryk China, Behelsende 't Leven en bedrijf van den tegenwoordigen Keyser van China, sijn Regeering en Gedrag, mitsgaders de voornaamste Bysonderheden van *China:* het onderscheyde Geloove deser Natie ; Als mede, Een net en noyt voor desen beschreven Verhaal, van de tegenwoordige, soo seer Berugte eere, welke de *Chineesen,* aan den vermaarden *Confusius,* en haare dooden bewijsen, By een gesteld, door J. Bouvet en C. Gobien Jesuiten, Dienende ook als een Vervolg van *P. le Comtes* Reysbeschrijvinge door *China.* Tot Utrecht, By Gerardus Kribber... 1710, in-4., contient s. les tables, etc. :

— Geschiedenis van den Keiser van China, pp. 1/52.

— Historie van 't Keyzer-ryk China, Benevens een Verklaaringe over de eer-bewijsingen van de Chineesen, aan Confucius en de Dooden. Door Charles le Gobien, Jesuit. pp. 1/111.

Meusel, Boucher de la Richarderie, V, p. 280, l'éditeur du Du Halde hollandais (Avert.), Ternaux, N° 2713, et Bazin citent l'ouvrage suivant : De Magno Sinarum Imperio, Dissertatio, autore Erico Roland. Holmiae, 1697, in-8.

Je l'ai vainement cherché à Londres et à Paris ainsi que les suivants indiqués par Ternaux :

E. Lagerloet. De Magno Sinarum imperio dissertatio. Holmiae, 1697, in-8. (T. — C., n° 2714.)

Regni Chinensis Descriptio (intercalato Bened. Goësii itinerario ex India in Sinarum regnum). Lugduni, 1700, in-4. [Boucher, V, p. 282; T.-C., n° 2794].

— Korte beschryving van 't magtig Keizerryk China. door Dionyzius Kao, Geboren Chineesch. Met verscheide Aantekeningen tot ophelderinge der zaaken verrykt. (E. Ysbrants Ides, *Driejaa-*

(LE COMTE.)

rige Reize, Amsterdam, 1704, in-4., pp. 139/243/.)

* THOMAS SALMON. Modern History; or Present State of all Nations, 1725-39, 32 vol. in-8. ; 2d. ed., 1739. 3 vol. in-4.; 3d. ed., 1744-45, 3 vol. [Allibone, col. 1918].

Boucher de la Richarderie (I , 91) cite également une 4° édition pub. sous le titre de : The Universal traveller. or a compleate Description of the foreign Nations of the World. London, Baldwin, 1755, 2 vol. in-fol.

* Stato presente di tutti Paesi e Popoli del mondo naturale, politico e morale, con nuove osservazioni e correzioni degli antichi e moderni viaggiatori, tradotto dall' inglese, seconda ediz. Venezia, 1740-66, 26 vol. in-8.

Boucher, I, p. 92.

— Histoire moderne ou l'etat present de tous les peuples du monde.... Traduit de l'Anglois de M'. Salmon.... Tome Premier, Premiere Partie, Contenant une Description de l'Etat présent de l'Empire de la Chine.... A Amsterdam, Chez Isaac Tirion... MDCCXXX. in-8., pp. 276 s. l. p. et l. t.

La trad. franç. n'a pas été terminée.

— Hedendaegsche Historie, of Tegenwoordige staet alle volkeren.... eerst in 't Engelsch beschreven door Th. Salmon ; Nu vertaelt en merkelyk vermeedert door M. van Goch. M.D. Amsterdam, 1729, in-8.

* Salmon's Heutige Historie , oder der gegenwärtige Staat von allen Nationen, aus dem englischen Original übersetzt, und mit den Zugaben des Herrn (M. von) Goch, aus der Höllandischen Edition vermehret. I^ter Theil 6 Stück. m. Karten. a) Von China, Toquin und Kochinchina, Altona, 1732, in-4. [Stuck, 1261].

Il y en a 6 éd., la plupart publiées à Altona (Boucher, I, 92).

E. DE SILHOUETTE. Idée générale du gouvernement et de la morale des Chinois, Tirée particulièrement des Ouvrages de Confucius, Par M. D. S**** M.DCC.XXIX, s. l., in-4., pp. 38, s. l'approb.

— Idée générale du gouvernement et de la morale des Chinois, et Réponse à trois critiques, Par M. D. S**** M.DCC.XXXI, s. l., in-4., pp. 53, s. l. préf. et l'app.

Quérard (*France litt.*, vol. 9, p. 138), la *Biog. un.*, vol. 39, pp. 340,2, la *Biog. gén.*, vol. 43, col. 992/4, et *Barbier*, II, 880, ne citent pas cette édition dont un exemplaire est relié à la suite de l'éd. de 1729 dans le vol. qui porte le N° 0.1337. la n. Bib. nat.

Les trois critiques étaient : *Nouvelles Ecclésiastiques* (21 avril 1731), *Nouvelliste du Parnasse, Journaliste de Trévoux.*

— Idée générale du gouvernement et de la morale des Chinois, et Réponse à trois

critiques. A Paris, chez Quillau.....
M.DCC.XXXI. Avec Approbation & Priv. du
Roy, in-12., pp. 132 s. l. préf.

Cet ouvrage est d'Etienne de Silhouette, né à Limoges, le
5 juillet 1709, contrôleur général le 4 mars 1759, mort à
Brie-sur-Marne le 20 janvier 1767. Il a pour base le *Confucius Sinarum Philosophus*, Paris, 1687.

— Nouveau Voyage autour du Monde par
Mr. Le Gentil avec une Description de
l'Empire de la Chine beaucoup plus ample
et plus circonstanciée que celles qui ont
paru jusqu'à présent, où il est traité des
Mœurs, Religion..... des Peuples de cet
Empire. Amsterdam, Pierre Mortier,
1730-1, 3 vol., pet. in-8.

JEAN-BAPTISTE DU HALDE. Description
geographique.... de l'Empire de la Chine.

Le P. du Halde fit paraître un Prospectus de son ouvrage
en 4 pages in-4 (2 feuillets) imprimées sur deux colonnes.
Au bas de la quatrième page, on lit : « De l'Imprimerie de
P. G. Le Mercier fils, 1733. » On pourra voir un exemplaire
de ce Prospectus au British Museum : N° 1852. d. 1
                                                  ——
                                                  20
Du Halde avait d'ailleurs annoncé ce grand ouvrage dans
l'Épître insérée en tête du XX° *Recueil des Lettres édifiantes*, 1731.

— Description geographique, historique,
chronologique, politique de l'Empire de
la Chine et de la Tartarie chinoise, enrichie des cartes generales et particulières
de ces Pays, de la Carte générale & des
Cartes particulieres du Thibet, & de la
Corée, & ornée d'un grand nombre de
Figures & de Vignettes gravées en Taille-
douce. Par le P. J. B. du Halde, de la
Compagnie de Jesus. A Paris, chez
P. G. Lemercier, Imprimeur-Libraire,
rue Saint-Jacques, au Livre d'Or,
M.DCC.XXXV. Avec Approbation et Privilege du Roy. 4 vol. in-folio.

Rémusat (1248). Fr. 20. — Klaproth (1608). Fr. 31.— Dupra,
1861 , Fr. 60. — Quaritch , 1876, £ 4. — Trübner, 1876,
£ 3. 3/-. Chossonnery, 1877. Fr. 60.

Tome I, pp. lii-iv-592 : — Epitre au Roy. — Préface. —
Noms des Missionnaires dont les Mémoires manuscrits &
imprimez ont servi à la composition de cet ouvrage. [Il y a
27 missionnaires ; ce sont les Pères Martin Martini —
Ferdinand Verbiest — Philippe Couplet — Gabriel Ma-
galhaens — Jean de Fontaney — Joachim Bouvet —
Jean-François Gerbillon — François Noel — Louis Le
Comte — Claude Visdelou — Jean-Baptiste Regis —
Joseph Henry de Premare — François-Xavier Dentre-
colles — Julien-Placide Hervieu — Cyr Contancin —
Pierre de Goville — Jean-Armand Nyel — Dominique
Parrenin — Pierre Jartoux — Vincent de Tartre — Jo-
seph-Anne-Marie de Mailla — Jean-Alexis Gollet —
Claude Jacquemin — Louis Porquet — Emeric de Cha-
vagnac — Antoine Gaubil — Jean-Baptiste Jacques.]
— Table des articles contenus dans ce premier volume. —
Approbation [par l'abbé Raguet, 30 Juillet 1734]. — Appro-
bation [P. Frogerais, 1er Avril 1733]. — Privilège du Roy.
— Idée générale de l'Empire de la Chine (1-38). — De la
Grande Muraille qui sépare la Chine de la Tartarie (38-41).
— Des peuples nommez Si-fan ou Tou-fan (41-53). — Des
Tartares de Coconor [ils sont Eleuths de nation] (53-54). —
De la nation des Lo los [dans le Yunnan] (54-55). — De la
nation des Miao-sse (55-61). — Route que tinrent les Pères
Bouvet, Fontaney, Gerbillon, le Comte, & Visdelou depuis
le Port de Ning po jusqu'à Peking, avec une Description
très-exacte & circonstanciée de tous les lieux par où ils
passèrent dans les Provinces de Tche kiang, de Kiang
nan, de Chan tong & de Petcheli (61-81). [Ils quittèrent

Ningpo le 26 Nov. 1687]. — Route que tint le Père de Fontaney depuis Peking jusqu'à Kiang tcheou dans la Province de Chan si, & depuis Kiang tcheou jusqu'à Nanking,
dans la Province de Kiang nan (81-95). [Il partit de Peking
le 30 mars 1688]. — Route que tint le Père Bouvet depuis
Peking jusqu'à Canton, lorsqu'il fut envoyé par l'Empereur
Canghi en Europe l'année 1693 (95-104). [Il partit le
8 Juillet 1693]. — Route par terre depuis Siam jusqu'à la
Chine, tirée des *Mémoires* de quelques Chinois qui en ont
fait le chemin (105-108). — Avertissement (109-110). —
Description géographique des provinces (15) de la Chine
(111-260). — Fastes de la Monarchie chinoise ou Histoire
abrégée et selon l'ordre chronologique de ce qui s'est passé
de plus remarquable sous chaque empereur (261-556). —
Table des Matières (557-592).

On remarquera que dans la *Table des Articles* on a oublié
de marquer les articles de la page 105 à la page 110 (*Route
par terre....* et *Avertissement*).

Ce volume contient 18 cartes et 7 planches de Villes.

Tome Second. M.DCC.XXXV, pp. IV-725 et errata :

Table des articles contenus dans ce second volume (I-IV). —
De l'ancienneté & de l'étendue de la Monarchie chinoise
(1-9). — De l'autorité de l'Empereur, des Sceaux de l'Empire, de ses dépenses ordinaires, de son Palais, de ses
équipages, & de sa marche lorsqu'il sort du palais (9-22).
— De la forme du gouvernement de la Chine, des différens
Tribunaux, des Mandarins, des honneurs qu'on leur rend,
de leur pouvoir & de leurs fonctions (22-43). — Du Gouvernement militaire, des forces de l'Empire, des Forteresses,
des Gens de guerre, de leurs Armes, & de leur Artillerie
(43-49). — De la Police de la Chine, soit dans les Villes
pour y maintenir le bon ordre, soit dans les grands chemins, pour la sûreté & la commodité des voyageurs, des
Douanes, des Postes, &c. (50-58). — De la Noblesse (58-63).
— De la fertilité des terres, de l'Agriculture, & de l'estime
qu'on fait de ceux qui s'y appliquent (64-71). — De l'a-
dresse des Artisans, & de l'industrie du menu peuple
(72-74). — Du génie et du caractère de la Nation chinoise
(75-79). — De l'air & de la physionomie des Chinois, de
leurs modes, de leurs maisons, des meubles dont elles sont
ornées (80-87). — De la magnificence des Chinois dans
leurs voyages, dans les ouvrages publics, tels que sont les
Ponts, les Arcs de triomphe, les Portes, les Tours, & les
Murs des Villes ; dans leurs Fêtes, &c. (88-97). — Des
Cérémonies qu'ils observent dans leurs devoirs de civilitez,
dans leurs visites, & les présens qu'ils se font les uns aux
autres, dans les Lettres qu'ils s'écrivent, dans leurs festins,
leurs mariages, & leurs funérailles (98-131). — Des Prisons
où l'on enferme les Criminels, & des châtimens dont on
les punit (131-137). — De l'Abondance qui règne à la Chine
(138-154). — Des Lacs, des Canaux, & des Rivières dont
l'Empire de la Chine est arrosée, des Barques, des
Vaisseaux, ou Sommes chinoises (155-163). — De la
Monnaye qui en differens tems a eu cours à la Chine (163-
169). — Du Commerce des Chinois (169-173). — Du Vernis
de la Chine (173-177). — De la Porcelaine (177-204). —
De Soyeries (205-208). — Extrait d'un ancien Livre chinois, qui enseigne la manière d'élever & de nourrir les
Vers à Soye, pour l'avoir & meilleure, & plus abondante (208-223). — De la Langue chinoise (224-238).
— Du papier, de l'encre, des pinceaux, de l'imprimerie et
de la reliure des livres de la Chine (239-251). — De quelle
manière on fait étudier les jeunes Chinois ; des divers
dégrez par où ils passent, & combien ils ont d'examens
à subir pour parvenir au Doctorat (251-256). — Extrait
d'un livre Chinois intitulé : l'Art de rendre le Peuple heureux, en établissant des Ecoles publiques (256-266). —
Extrait d'un Traité sur le même sujet fait par *Tchu hi*,
l'un des plus célèbres Docteurs de la Chine, qui florissoit
sous la dix-neuvième Dynastie nommée *Song* (266-268). —
Extrait d'un Livre contenant un recueil d'histoires, qu'on
a soin de lire aux Enfans (269-275). — Ext. du Chapitre
des Examens particuliers des jeunes Etudians, qui sont
Sieou tsai, ou qui prétendent à ce Grade (275-277). —
Traduction du Chapitre *Kiang hio*, ou modele que donne
l'Auteur d'un discours tel qu'il se peut faire dans le *Hio*,
ou Salle des Assemblées des Lettrez (277-279). — Traduction du Chapitre où est proposé le Projet, & les
Réglemens d'une Académie, ou Société de Sçavans (279-
283). — De la Littérature chinoise (284-286). — Des *King*
Chinois, ou des Livres canoniques du premier ordre (286-
319). — Des Livres classiques ou canoniques du second
ordre nommé *Ssée-chu* (319-363). — Hiao-king ou du
Respect filial (363-365). — Siao Hio ou l'Ecole des enfans
(365-384). — Recueil impérial, contenant les edits, les declarations, les ordonnances & les Instructions des Empereurs
des diferentes Dynasties, les Remontrances & les Discours
des plus habiles Ministres sur le bon ou le mauvais Gou-

(SILHOUETTE, 1731. — 1735, DU HALDE.)   (DU HALDE.)

vernement, &c. & diverses autres Pieces recueillies par l'Empereur *Canghi*, & terminées par de courtes Réfléxions écrites du pinceau rouge ; c'est-à-dire, de sa propre main (385 – 612). — Extraits d'une compilation faite sous la dynastie *Ming* Par un Lettré célèbre de cette Dynastie nommé Tang king tchuen (613–667) [Voir le Ms. fr. 17240, Bib. nat.] — *Liéniu* ou Femmes illustres [du Halde imprime Lié-nin dans le texte et Lié-niu dans la table ; cette dernière orthographe est la bonne] (668 – 693). — Table des matières (694–725). — Fautes à corriger.

Ce volume contient dix planches.

Tome Troisième. MDCCXXXV, pp. IV–565, sans les Approbations et le Privilège :

Table des articles contenus dans ce troisieme volume (I–IV). — De la Religion des Chinois (1–2). — Du Culte des anciens Chinois (2–16). — De la Secte des Tao-ssëe (16–18). — De la Secte de Fo ou Foë (19–29). — De la Secte de quelques Lettrez de ces derniers tems (29–42). — Dialogue, Où un Philosophe Chinois moderne nommé *Tchin* expose son sentiment sur l'origine & l'état du monde (42–64). — De l'établissement et du progres de la Religion chrétienne dans l'Empire de la Chine (65–127). — De la philosophie morale des Chinois (128–185). — Recueil de maximes, de reflexions et d'exemples en matière de mœurs (186–263). — De la connoissance des Chinois dans les autres sciences (264–289). — Du goût des Chinois pour la poesie, pour l'histoire, et pour les pièces de théâtre, etc. (290–338). — Tchao chi cou ell ou l'Orphelin de la maison de Tchao. Tragédie chinoise (339–378). — De la Medecine des Chinois (379–525). — Table des Matières (526–556). — Explication des mots chinois qui se trouvent dans les trois premiers volumes (557–565). — Approbations et Privilège.

Ce volume contient 4 planches.

Tome Quatrième. MDCCXXXV, pp. II–520 :

— Observations géographiques sur la Tartarie, tirées des Mémoires envoyez par les Missionnaires qui en ont dressé la Carte (1–32). — Observations historiques sur la Grande Tartarie, tirées des Mémoires du P. Gerbillon (33–60). — Mémoire géographique sur les terres occupées par les princes Mongous, rangez sous quarante-neuf *Ki* ou Etendarts (60–64). — Remarques sur la langue des Tartares *Mantcheoux* (65–73). — Voyages du Père Verbiest à la suite de l'empereur des Chinois dans la Tartarie orientale (74–86). — Voyages en Tartarie du Père Gerbillon, Missionnaire François de la Compagnie de Jesus, à la Chine (87–422). — Observations géographiques sur le royaume de Corée, tirées des Mémoires du Père Regis (423–430). — Histoire abrégée de la Corée (431–451). — Relation succinte du voyage du capitaine Beerings dans la Sibérie (452–458). — Observations géographiques et historiques sur la Carte du Thibet, contenant les Terres du Grand Lama, & des pays voisins qui en dépendent, jusqu'à la Source du Gange. Tirées des Mémoires du Père Regis (459–472). — Catalogue d'une partie des latitudes observées et des longitudes (473–488). — Table des Matières (489–520).

Ce volume contient 25 cartes.

Du Halde dit dans la Préface, p. IX, que l'ouvrage a été revu avec grand soin par le P. Contancin lors de son séjour à Paris.

Notices : du tome Ier (*Journal des Savans*, Nov. 1735, pp. 616/622) ; — du tome II (*Ibid.*, Déc. 1735, pp. 665/672) ; — du tome III (*Ibid.*, Janvier 1736, pp. 21/27) ; — du tome IV (*Ibid.*, pp. 70/76).

— Description géographique, historique, chronologique, politique, et physique de l'Empire de la Chine et de la Tartarie chinoise, enrichie des Cartes générales et particulieres de ces pays, de la Carte générale & des Cartes particulières du Thibet, & de la Corée ; & ornée d'un grand nombre de Figures & de Vignettes gravées en taille douce. Par le P. J. B. Du Halde, de la Compagnie de Jesus. Avec un Avertissement préliminaire, où l'on rend compte des principales améliorations qui ont été faites dans cette nouvelle Édition. A la Haye, chez Henri Scheurleer, M.DCC.XXXVI, 4 vol. in-4.

(Du HALDE)

Rémusat (1249), Fr. 8.50. — Klaproth (1609), Fr. 16.— Duprat, 1861, Fr. 40 ; l'Atlas, Fr. 15.— Aubry, Bull. du Bouquiniste, 1873, Fr. 14.

Tome I : Ce volume contient tout ce qui se trouve dans le premier vol. de l'édition in-folio, moins le Privilége du Roy, plus un « Avertissement sur cette édition », p. lxv-lxxx.

Tome II : correspond au deuxième vol. de l'édition in-folio.

Tome III ne contient pas l'explication des mots chinois et tartares qui se trouve dans le 4e volume.

Différences avec l'éd. in-folio : Certaines pages de l'éd. in-fol. sont imprimées sur deux colonnes ; cette édition est imprimée sur toute la largeur de la page. — On a ajouté aussi des *Rubriques marginales*. — Les Tables des Matières qui se trouvent à la fin de chaque vol. de l'éd. in-folio sont fondues en une seule qui se trouve à la fin du 4e vol. — Les Tables des mots chinois et tartares sont également réduites en une seule. — Les planches. et les cartes forment un atlas distinct de l'ouvrage.

Les cartes de d'Anville qui doivent accompagner cette édition — il y en a 42 — ont été réunies en un Atlas in-folio avec le titre suivant :

— Nouvel Atlas de la Chine, de la Tartarie chinoise, et du Thibet : contenant les Cartes générales & particulieres de ces Pays, ainsi que la Carte du Royaume de Corée ; La plupart levées sur les lieux par ordre de l'Empereur Cang-Hi avec toute l'exactitude imaginable, soit par les PP. Jésuites Missionnaires à la Chine, soit par les Tartares du Tribunal des Mathematiques, & toutes revûës par les mêmes Pères : Redigées par M^r d'Anville, Geographe ordinaire de sa Majesté très-chrétienne. Précédé d'une Description de la Boucharie Par un Officier suédois qui a fait quelque séjour dans ce pays. A la Haye, chez Henri Scheurleer, MDCCXXXVII.

Avertissement (2 pages). — Relation de la Boucharie, pp. I/11 — 42 cartes.

Rémusat (902). Fr. 12. — M. Nijhoff, 1876, F. 10. 60. — Quaritch, 1876, 12/ et 7/6d.

L'atlas suivant est bien préférable au précédent ; le tirage des planches en est plus beau ; le papier est grand et il contient les 50 cartes et les 14 planches du du Halde de Paris. Les 14 planches et les 8 cartes suivantes manquent dans l'atlas de Hollande :

> N°s 4 Villes de la Province de Pe-tche-li.
> 6 Villes de la Province de Kiang-nan.
> 10 Villes de la Province de Tche-kiang.
> 12 Villes de la Province de Hu-quang.
> 17 Villes de la Province de Chen-si.
> 20 Carte marine de l'Entrée et du Port de Canton et de Macao.
> 23 Villes de la Province d'Yunnan.
> 25 Villes de la Province de Koei-tcheou.

— Atlas général de la Chine, de la Tartarie chinoise, et du Thibet. Pour servir aux différentes Descriptions et Histoires de cet Empire. Par M. Danville, Premier Géographe du Roi. A Paris, chez Dezauche, Géographe, successeur des Srs Delisle et Philippe Buache, premiers Géographes du Roi, et de l'Académie Royale des Sciences. Rue des Noyers. Avec Privilége du Roi. In-fol.

Cet atlas contient 64 planches dont : — 50 cartes, à savoir :

> N° 1 Carte générale de la Chine, de la Tartarie chinoise et du Tibet.
> 2 Carte générale de la Chine.
> 3/25 Subdivision de la Chine.

(Du HALDE.)

26 Carte générale de la Tartarie chinoise, de la Corée
et du Japon.
27/38 Subdivision détaillée de la Tartarie chinoise.
39 Carte des Pays traversés par le Capitaine Béering.
40 Royaume de Corée.
41 Carte générale du Tibet.
42/50 Subdivision du Tibet.
— Et 14 planches (51/64) relatives à la Description et à l'Histoire de la Chine.

Voir Grosier, *infra*, col. 43, Atlas.

— The General History of China. Containing a Geographical, Historical, Chronological, Political and Physical Description of the Empire of China, Chinese-Tartary, Corea and Thibet. Including an Exact and Particular Account of their Customs, Manners, Ceremonies, Religion, Arts and Sciences. The Whole adorn'd with Curious Maps, and Variety of Copper-Plates. Done from the French of P. Du Halde. London : Printed by and for John Watts, MDCCXXXVI, 4 vol. in-8.

Vol. I : Au commencement de ce vol., il y a une dédicace au Prince de Galles par le traducteur : R. Brookes. La longue préface du Père du Halde qui donne des détails fort intéressants sur la carte des Jésuites, est omise.

Vol. II : Dédicace à « Arthur Onslow, Esq. Speaker of the House of Commons ».

Vol. III : Dédicace au Dr. Mead.

Vol. IV : Dédicace « to the Directors of the United Company of Merchants of England trading to the East Indies ».

Il n'y a pas de Table générale des matières.

On trouve, au commencement du premier vol., le portrait de Confucius; du deuxième vol., celui de Ricci; du troisième, celui de Schaal; du quatrième, celui de Verbiest.

A la fin du quatrième volume, il y a une liste des « Books Printed for J. Walthoe over-against the Royal Exchange in Cornhill ».

Somme toute, c'est une édition fort mal soignée.

Trübner, 1876, £. 1.

— A Description of the Empire of China and Chinese-Tartary, Together with the kingdoms of Korea, and Tibet : containing the Geography and History (Natural as well as Civil) of those Countries. Enrich'd with general and particular Maps, and adorned with a great number of Cuts. From the French of P. J. B. Du Halde, Jesuit : with Notes Geographical, Historical, and Critical ; and Other Improvements, particulary in the Maps, By the Translator. In two volumes [folio].

Vol. I. London : Printed by T. Gardner in Bartholomew Close, for Edward Cave, at St. John's Gate, MDCCXXXVIII.

— To His Royal Highness Frederick, Prince of Wales. — The Contents of the First Volume. — The Translator's Preface. — A Dissertation concerning Mr. d'Anville's General Map ; wherein the Situation given by him to Astrakhan, and his Method of graduating the said Map, are examin'd, and shewn to be erroneous. — Directions for placing Maps, Plans, and Cuts, belonging to Volume I. — P. Du Halde's Preface. — A Description of China.

Ce vol. comprend les deux premiers vol. et les 64 premières pages du troisième vol. de l'éd. française in-fol.

Volume II : Printed by Edward Cave, at St. John's Gate MDCCXLI.

Advertisement. — The Contents of the second volume. — A Description of China. — Index. — Directions for placing the Cuts and Maps belonging to Volume II.

Ce vol. comprend le troisième vol. (depuis la p. 65) et le qua-

(DU HALDE.)

trième vol. (jusqu'à la p. 472) de l'éd. franç. in-fol. Il ne contient pas le Catalogue des Tables des Latitudes et des Longitudes. Ces Tables sont gravées sur les Cartes qui sont insérées dans l'ouvrage.

— The General History of China. Containing a Geographical, Historical, Chronological, Political and Physical Description of the Empire of China, Chinese-Tartary, Corea and Thibet. Including an Exact and Particular Account of their Customs, Manners, Ceremonies, Religion, Arts and Sciences. The whole adorn'd with curious maps, and Variety of Copper Plates. Done from the French of P. Duhalde. The Third Edition corrected. London. Printed for J. Watts, MDCCXLI, 4 vol. in-8.

C'est la traduction de R. Brookes.

Quaritch, 1876, 15/-, 25/-.

La publication de l'ouvrage de du Halde en anglais par Cave a donné lieu à de nombreux articles dans *The Gentleman's Magazine* :

Extract of a Letter from a Gentleman at Paris to his Friend in London : Paris, Nov. 14, 1735.— V, 1735, p. 668. [Remarques sur du Halde et ses prédécesseurs.]

Letter to the Editor of the Gentleman's Magazine, VI, 1736, p. 470.

The Publisher's Avertisement [éd. in-folio], VI, 1736, p. 624.
« This Book will be delivered by E. Cave at St. John's Gate, according to the orders already received, or to be received, either in Monthly numbers, 20 sheets each at Half a crown, or 8 sheets every Fortnight at one shilling, or may be had at the Booksellers in Town and Country. »

Blunders in Cave's Edition of du Halde, VII, 1737, p. 306.

Essay on the Description of China in two Volumes folio. From the French of Père du Halde, XII, 1742, pp. 320, 353, 484.

* A Letter to the Public, containing Remarks on the Blunders and Inaccuracies of Mr Cave's Translation of the History of China (par M. Watts). London, Watts, 1737, (*Bibl. Britannique*, t. X, pp. 20-26), citée par de Backer, II, col. 13.

Johann Baptista du Halde. Ausführliche Beschreibung des Chinesischen Reichs und der grossen Tartarey.

— Erster Theil. Aus dem Französischen mit Fleiss übersetzet, welches vielen Kupfern. Mit einer Vorrede Sr. hochwürden | herrn Abt Mosheims, darin die neuesten Chinesischen Kirchengeschichten erzählet werden. Rostock, verlegts Johann Christian Koppe. 1747.

— Zweiter Theil... Mit einer Vorrede Sr. hochwohlgebornen und hochwürden, herrn Johann Lorenz von Mosheim,... Ibid., 1748.

— Dritter Theil... Mit einer Vorrede von der Chronologie und Litteratur der Chineser. Ibid.,'1749.

— Vierter und lester Theil. Nebst Engelbrecht Kämpfers Beschreibung des Japonischen Reichs und einem Register über alle vier Theile. Ibid., 1749, 4 vol. in-4.

— Zusätze zu des Johann Baptista du Halde ausführlichen Beschreibung des Chinesischen Reichs und der grossen Tartarey. Aus dem Französischen übersetzet. Ro-

(DU HALDE.)

2

stock, verlegts Johann Christian Koppe, 1756, in-4.

Rémusat (1251), Fr. 5. 80. — Klaproth (1610), Fr. 16. 50.

* La description de la Chine et de la grande Tartarie, par le P. du Halde, se trouve dans le 7° vol. de la collection abrégée des meilleurs voyages traduits en diverses langues, à Berlin, chez Mylius (*Journal encyclopédique*, 1770, IV, p. 149) [de Backer, II, col. 18].

Географическое, историческое, хронологическое, политическое и физическое описание китайскія имперіи и татаріи китайскія, снабденное разными чертежами и рѣзными фигурами, сочиненное Н. Б. Дюгальдом а съ французскаго переведенное Игнатьемъ де Тепльсомъ. Часть I. Imprimerie impériale du Corps des Cadets. 1774. In-4., pp. xvi-366.

— Description géographique, chronologique, politique et physique de l'Empire chinois et de la Tartarie chinoise. Avec différents plans et gravures. Par J.-B. Du Halde. Traduit du français par Ignace de Theils. Première Partie.

C'est le seul vol. de cette trad. que possède la Bibliothèque nationale ; nous l'avons vu également avec le vol. II (1777) à la Mission Russe de Péking, mais nous ignorons si une version russe complète a été publiée.

Montesquieu, cet illustre penseur, n'avait garde d'omettre, dans son grand ouvrage, des exemples puisés dans les coutumes de la Chine, et il a consacré à ce pays les chapitres suivants de l'*Esprit des Lois* :

Du luxe à la Chine, chap. vi, liv. VII.

De l'empire de la Chine, chap. xxi, liv. VIII ;

Du crime de lèse-majesté, chap. vii, liv. XII ;

Bonne coutume de la Chine, chap. viii, liv. XIV ;

Des pays formés par l'industrie des hommes, chap. vi, liv. XVIII ;

Propriété particulière au gouvernement de la Chine, chap. xviii, liv. XIX ;

Conséquence du chapitre précédent, chap. xviii (Ibid.).

Comment s'est faite cette union de la religion, des lois, des mœurs et des manières chez les Chinois, chap. xix (Ibid.).

Explication d'un paradoxe sur les Chinois, chap. xx (Ibid.).

— A Description of China : containing The Geography, with the civil and natural History : Introduction. I. A Geographical Description of China. II. The Qualities, Manners, and Customs of the Chinese. III. An account of the several Classes, into which the People of China are divided. IV. Chinese Learning, &c. V. The Religions of China. VI. The Constitution and Government of China. VII. The Natural History.

Cette description qui a été écrite d'après les ouvrages de Semedo, Martini, Magaillans, et surtout de Du Halde, forme le Livre I (pp. 1-319) du Vol. IV de la *Collection d'Astley*.

Description de la Chine, contenant la Géographie, et l'Histoire civile et naturelle du Pays. (*Hist. générale des Voyages*, VI, 1748, pp. 1/499.)

* Histoire moderne des Chinois, des Japonois, des Indiens, des Persans, des Turcs, des Russes, etc. ; pour servir de suite à l'Histoire ancienne de Rollin. Paris, Saillant (V° Desray), 1754-1778, 30 vol. in-12.

(Du Halde. — 1754.)

Les douze premiers volumes sont de l'abbé François-Marie de Marsy, et les dix-huit derniers de Richer [*France littéraire*].

— Introduction à l'histoire moderne, générale et politique de l'Univers... par le Baron de Pufendorff.... VII, Paris, m.dcc.lix, in-fol. : Chap. xxv (Liv. VII), pp. 619/699 : Empire de la Chine.

— Miscellaneous Pieces relating to the Chinese. London : Printed for R. and J. Dodsley in Pall-mall. m dcc lxii. 2 vol. pet. in-8.

I. Preface — Contents — I. A Dissertation on the Language and Characters of the Chinese. II. Rules of Conduct by a Chinese Author, from the French of P. Parrennim, jesuit. III. The little Orphan of the House of Chao ; a Chinese tragedy. From the French translation of P. de Premare, jesuit. IV. On the Chinese Drama ; from Mr. Hurd's Discourse on Poetical Imitation.

II. Contents. — I. Authentic Memoirs of the Christian Church in China : from the German of J. L. de Mosheim. II. Of the Art of laying out Gardens among the Chinese, by Mr. Chambers, architect. III. A Description of the Emperor's Gardens and Pleasure-Houses near Peking, from the French of Frere Attiret, jesuit. IV. A Description of the Solemnities observed at Pe-king on the Emperor's Mother entering on the sixtieth year of her age, from the French of P. Amyot, Jesuit.

Collected by Tho. Percy, Bishop of Dromore.

Rémusat (789), Fr. 5. 95.

* Relação curiosa das grandezas do reino da China, noticia da sua situação, fortalezas, rios, e logares notaveis, com toda a individuação das particularidades do seu regimen, costumes, e religião, &c. Lisboa, na Officina de Pedro Ferreira. 1762. in-4. pp. 8 (Figaniere, n° 985).

— The History of China. Upon the Plan of Mr. Rollin's Antient History. Containing, I. A General Idea of their History. II. A Description of their Country. III. An Account of their Government. IV. Of their Commerce, Arts and Sciences. V. Of their Religion, Manners, and particular Customs. VI. A Succinct Description of some Kingdoms that are tributary to China. — Also the Natural History of China. To which is prefixed, An Accurate Map of China, drawn from Surveys made by the Jesuit Missionaries by Order of the Emperor. Translated from the French. London : Printed for J. Knox... m.dcc.lxiii, in-8, pp. xxiv-382.

— Le Voyageur Français, ou la Connaissance de l'ancien et du nouveau monde, mis au jour par M. l'abbé Delaporte. Tome Cinquième : *la Chine*. Paris, Vincent, 1767, in-12.

— The Chinese Traveller. Containing a Geographical, Commercial, and Political History of China. With a particular Account of their Customs, Manners, Religion, Agriculture, Government... to which is prefixed, the Life of Confucius, The

(1759-1767.)

celebrated Chinese Philosopher. Collected from Du Halde, Le Compte, and other
modern travellers. The Second Edition,
With large Additions and Amendments.
London, E. and C. Dilly, MDCCLXXV, 2 vol.
in-12.

« The Life of Confucius » occupe les pages 1-13 du premier
volume.
A. R. Smith, n° 42, 1875, 3.6ᵈ.
— Le même, London, 1772.

— Anecdotes chinoises, japonaises, siamoi-
ses, tonquinoises, etc.; dans lesquelles on
s'est attaché principalement aux Mœurs,
usages, coutumes et religions de ces dif-
rents peuples de l'Asie. Paris, Vincent,
1774, in-8.

Par J. Castillon.

Mémoires concernant l'Histoire, les Sciences, les Arts, les Mœurs, les Usages, &c.
des Chinois : Par les Missionnaires de
Pékin. A Paris, 1776-1814, 16 vol. in-4.

Tome Premier. — A Paris, chez Nyon,... 1776, pp. XVI-486.—
Un portrait [celui de Kienlong] et 9 planches.
Préface. — Essai sur l'Antiquité des Chinois — Lettres sur
les Caractères chinois, par le Révérend Père '''' — Notes
— Explication du Monument gravé sur la pierre en vers chinois, composés par l'Empereur, pour constater à la poste-
rité la conquête du Royaume des Eleuths faite par les Tartares Mantchoux, sous le règne de Kienlong, vers l'an
1757 — Monument de la Transmigration des Tourgouths des
bords de la Mer Caspienne, dans l'Empire de la Chine —
Extrait d'une lettre du P. Amiot — Remarques sur un
article de l'abbé Chappe — Ta-hio, ou la Grande Science
— Tchong-Yong, ou Juste Milieu — Table.

Tome Second. — A Paris, chez Nyon,... 1777, pp. VIII-650.
Avant-Propos — L'Antiquité des Chinois prouvée par les
monumens — Remarques sur un écrit de M. P***, intitulé :
Recherches sur les Égyptiens et les Chinois — Sur les Vers
à soie sauvages — Notice du frêne de Chine nommé Hiang-
Tchun — Sur les Cotonniers — Sur le Bambou — Le Jardin de Sée-ma-kouang, Poëme.

Tome Troisième. — A Paris, chez Nyon,... 1778, pp. IV-504.
Avant-Propos — Portraits des Chinois célèbres — Lettre du
P. Amiot, sur la Réduction des Miao-tsée, en 1775 — Serres
Chinoises — Notices de quelques Plantes, Arbrisseaux, &c.,
de la Chine — Requête à l'Empereur pour la cérémenie du
Labourage.

Tome Quatrième.— A Paris, chez Nyon,... 1779, pp. IV-510.
Avertissement — Doctrine ancienne et nouvelle des Chinois
sur la piété filiale — Mémoire sur l'intérêt de l'argent en
Chine — De la petite vérole — Notice du livre chinois Si-
yuen — Notice du Cong-fou des Bonzes Tao-Sée — Observations de physique et d'histoire naturelle de l'empereur
Kang-hi — Quelques compositions et recettes pratiques
chez les Chinois — Notice du Che-hiang — Notice du Mo-
kou-sin et du Lin-tohi — Notice du Pe-tsai.

Tome Cinquième. — A Paris, chez Nyon,... 1780, pp. II-518.
Avertissement — Idée générale de la Chine et de ses premières relations avec l'Europe — Suite des vies ou portraits
des célèbres Chinois — Notices sur différens objets.

Tome Sixième.— A Paris, chez Nyon,... 1780, pp. II-380.
Avertissement — De la Musique des Chinois, tant anciens que
modernes, par M. Amiot, Miss. à Pékin — Essai sur les
Pierres sonores de Chine — Observations sur le Livre de
M. P**, intitulé : Recherches philosophiques sur les Égyptiens & les Chinois — Mort et Funérailles de l'impératrice-
mère — Dénombrement des Habitans de la Chine.

Tome Septième. — A Paris, chez Nyon,... 1782, pp. XII-X-396.
Avertissement — Remarques critiques — Avis de l'Éditeur —
Table des Chapitres — Art Militaire des Chinois — Table
des Matières.

Tome huitième. — A Paris, chez Nyon,... 1782, pp. VIII-376.
Avertissement — Table Générale — Suite des vies ou portraits des célèbres Chinois — Essai sur l'Écriture des Chi-

nois — Essai sur la langue et les Caractères des Chinois —
Notes — Notice sur les objets de commerce à importer en
Chine — Notice sur la poterie de Chine — Du Kong-Pou,
ou du Tribunal des Ouvrages publics — Honneurs rendus
par l'empereur de Chine aux Européens — Extrait d'une
lettre d'un Missionnaire — Lettre d'un Missionnaire à
M. l'abbé G*** contenant une relation de son voyage de
Canton à Péking — Essai sur les Jardins de Plaisance des
Chinois — Supplément à l'Art militaire des Chinois — Ex-
plication des Planches.

Tome Neuvième.— A Paris, chez Nyon,... 1783, pp.XXIV-470.
Avertissement — Observations de M. Law de Lauriston, sur
l'Ouvrage intitulé : Voyage de M. Sonnerat aux Indes orientales & à la Chine — Table Générale des Lettres &c. contenues dans ce volume — Extraits de diverses Lettres écrites par M. Amiot — Instructions sublimes de Cheng-Tzu-
Quegen-Hoang-ti [Kang-hi] — Essai sur la langue et les
caractères des Chinois II — Notes — Ext. d'une lettre écrite
par M. Bourgeois, Miss., sur l'étendue de la ville de Nanquin & la population de Chine — Ext. d'une lettre écrite
par M. Amiot, contenant 1° les services rendus par Akoui,
2° une lettre de l'Empereur au Talaï-lama — Description
de l'inondation de la ville de Yen-tcheou-fou et de son territoire en 1742.

Tome Dixième. — A Paris, chez Nyon,... 1784, pp. XII-510.
Avertissement — Table des Matières de ce volume — Suite
des vies ou portraits des Chinois célèbres — Extrait d'une
lettre de M. Amiot — Pensées, Maximes et Proverbes extraits et traduits de divers livres chinois, par M. Cibot —
Table générale des matières contenues dans les dix précé-
dens volumes.

Tome Onzième. — A Paris, chez Nyon,... 1786, pp. XXIV-610.
Avertissement — Poésies chinoises par Madame du Bocage
— Table de ce volume — Chroniques météorologiques —
Des Bêtes à laine en Chine — Préparation du petit indigo
— Mémoire sur l'usage de la viande — Observations sur les
plantes, les fleurs et les arbres de Chine, qu'il est possible
et utile de se procurer en France — Notices sur différens
objets d'Astronomie, de Botanique, de Chymie, &c. — Observations astronomiques — Le pêcher — Notices sur le
Mou-chou-kuo-tsée, le Chou-keou, & le Tsée-tsao — Extrait d'une lettre de feu M. Collas... sur la quintessence
minérale de M. le comte de la Garaye — Notice sur le
Cinabre, le Vif-Argent & le Ling-Cha — Ext. d'une lettre
de feu M. Collas, sur un sel appelé par les Chinois Kien —
Ext. d'une lettre de M. Collas 1° sur la Chaux noire de
Chine; 2° sur une matière appelée Licou-li, qui approche
du verre; 3° sur une espèce de mottes à brûler — Ext.
d'une lettre de M. Collas sur le Hoang-san, le Nao-chaou
Sel ammoniac, et le Hoang-Pe-Mou — Not. sur le charbon
de terre, par M. Collas — Notice sur le Borax, par feu
M. Cibot — Not. sur le cuivre blanc ou le Minium
et l'Amadou, par M. Collas — Not. sur le Bambou, par le même —
Not. sur les Plumails chinois, par M. Cibot — Diverses
Remarques de feu M. Cibot sur les Arts pratiques en Chine
— Sur la valeur du Tael d'argent en monnoie de France
par M. Collas — Sur les Chevaux, par M. Cibot — Sur la
Pivoine par M. Cibot — Sur le Tsao-kia, ou Fébier chinois
par M. Cibot — Ext. d'une lettre de M. Amiot — Ext. d'une
autre lettre de M. Amiot — Ext. d'une lettre de M. Bourgeois — Ext. d'une lettre de M. Amiot.

Tome Douzième. — A Paris, chez Nyon,... 1786, pp. VIII-532.
Avertissement — Table de ce volume — Vie de Koung-tsée,
appelé vulgairement Confucius (pp. 1/403) — Table chronologique des évènemens rapportés dans la Vie de Koung-tsée
(pp. 404/430) — Explication des planches qui représentent
les principaux traits de la Vie de Confucius — Arbre généalogique de la Maison de Koung-tsée — Explication de cet
arbre — Extrait d'une lettre de l'ère Amiot — Ext. d'une
lettre de M. Raux.

Tome Treizième. — A Paris, chez Nyon,... 1788, pp. XVI-343.
Avertissement — Ext. d'une lettre de M. Bourgeois — Table
de ce volume — Abrégé de la Vie des principaux disciples
de Koung-tsée — Grammaire Tartare — Mantchou —
Abrégé chronologique de l'Histoire universelle de l'Empire
chinois — Essai sur la longue vie des Hommes dans l'Antiquité, spécialement à la Chine — Notice sur les Abeilles et
la Cire — Deux Notices sur les Pierres de Yu — Notice sur
le Licou-Li, ou Tuiles chinoises vernissées — Notices sur
l'Hirondelle, le Cerf, la Cigale — Extraits de 4 lettres de
M. Amiot, d'une lettre de M. de Grammont, Missionnaire,
écrite de Canton — Traducion de quelques pièces de Poésie chinoise — Ext. d'une lettre de M. Amiot — Ext. d'une
lettre de M. Bourgeois.

Tome Quatorzième. — A Paris, chez Nyon,... 1789, pp. XVI-
562.

Avertissement — Introduction à la Connaissance des peuples chinois — Suppliques et Lettres de créance — Parallèle des mœurs et usages des Chinois avec les mœurs et usages décrits dans le Livre d'Esther — Ext. de 3 lettres du Père Amiot.

Tome Quinzième. — A Paris, chez Nyon,... 1791, pp. xx-516.

Avertissement — Ext. d'une lettre de M. Amiot — Table de ce Volume — Suite du Parallèle des mœurs et usages des Chinois — Extraits de diverses lettres de M. Amiot, de M. Raux, etc. — IV. Abrégé de l'Histoire de la Grande Dynastie Tang.

Un portrait du P. Amyot se trouve au commencement du XVe volume.

Tome Seizième. — A Paris, chez Treuttel et Würtz,... 1814, pp. vi-396.

Avertissement par A. I. Silvestre de Sacy — Suite de l'Abrégé de l'Histoire chinoise de la Grande Dynastie Tang.

Not. de ce vol. dans le *Mag. Encycl.*, V. 1815, pp. 211/7.

On ajoute généralement à cette collection le « Traité de la Chronologie chinoise »... par le P. Gaubil, Paris, 1814, 1 vol. in-4. — Cet ouvrage est décrit au chapitre « Chronologie ».

On lit à la page 316 de la Table générale publiée dans le dixième Tome, que les auteurs de ces Mémoires sont MM. Amiot, Cibot, Ko et Poirot. La liste des articles du P. Amiot occupe 14 colonnes, du P. Cibot 7 colonnes de cette Table.

Klaproth (1614) 16 vol. Fr. 47. — Quaritch, 1872, 17 vol. £ 6. 10/- et £ 7. 15/-.—1876, 15 vol. £ 5.—17 vol. £ 7. 10/-. — Chossonnery, n° 20, 1877, 14 vol. 65 Fr.

* Les trois premiers volumes de ces Mémoires ont été traduits en russe par Verewkine, Moscou, 1786, 6 vols. in-4.

* **Abhandlungen sinesischer Jesuiten (Amiot u. a.) über die Geschichte, Wissenschaften, Künste, Sitten u. Gebräuche der Sineser. Aus dem Franz. (von... Bergmann) mit Anmerkungen u. Zusätzen von Cp. Meiners. Leipzig, 1778, 1 vol. gr. in-8. [Engelmann.]**

MAIRAN et PARRENIN. Lettres de M. de Mairan, au R. P. Parrenin, Missionnaire de la Compagnie de Jesus, à Pekin. tenant diverses Questions sur la Chine. A Paris, chez Desaint & Saillant. — M.DCC.LIX. Avec App. & Priv. du Roi, pet. in-8, pp. IX-224, s. l'er., le priv., &c.

Cette édition ne contient ni les articles sur l'architecture chinoise et l'attachement des Chinois à leurs lois, ni les opuscules qui se trouvent dans les éditions suivantes.

« M. de Mairan, de l'Académie Royale des Sciences, fut un des premiers de ce siècle, qui manifesta des doutes sur l'origine des Chinois, dans sa lettre au P. Parennin, Jésuite Missionnaire à Pekin, en 1734. Il avoue que la première idée, que les Chinois pourraient être une colonie des Egyptiens, lui était venue de l'Hist. du Commerce et de la Navigation des Anciens, par le savant M. Huet, évêque d'Avranches, qui jette en passant cette proposition comme un doute. Le P. Kirker avoit été beaucoup plus loin. » *Mémoires concernant les Chinois*, I-vi.

— **Lettres au R. P. Parrenin, Jésuite, Missionnaire à Pekin ; contenant diverses questions sur la Chine. Nouvelle Edition, Revue, corrigée & augmentée de divers Opuscules sur différentes matières. Par M. Dortous de Mairan, l'un des quarante de l'Académie Françoise.., A Paris, de l'Imprimerie royale. M DCC LXX, in-8, pp. XI-368, s. les er.**

Klaproth (1600), Fr. 3.

— **Lettres d'un Missionnaire a Pekin, con-**

(MÉMOIRES. — MAIRAN ET PARRENIN.)

tenant diverses questions sur la Chine, Pour servir de supplément aux Mémoires concernant l'Histoire, les Sciences, les Arts, les Mœurs, les Usages des Chinois ; Par les Missionnaires de Pekin. A Paris, Chez Nyon l'aîné... M.DCC.LXXXII, in-8, pp. XI-368.

Avertissement de la première Edition, pp. III-v, — Av. sur la Seconde Edition, p. vj — Table des Lettres, etc., pp. vij–IX — Table des Opuscules, pp. X-xj. — Première lettre au R. P. Parrenin, Miss. de la Cie de Jesus, — à Pekin. Du Château de Breuillepont, le 14 octobre 1728, pp. 1/19.— Remarque, pp. 19/26. — Seconde Lettre au même. De Breuillepont, le 29 septembre 1732, pp. 27/42. — Remarques, pp. 42/56. — Troisième Lettre au même. De Nointel, le 22 octobre 1736, pp. 57/117. — Remarques, p. 118.— Sur la question, s'il y a des Crocodiles à la Chine, pp. 119/120.— Sur le Phénix, & sur le Siècle d'or des Chinois, pp. 120/4.— Dissertation sur la Période Astronomique Lunisolaire de 600 ans, en confirmation de ce qui en a été dit ci-dessus, pages 83 et 84, pp. 125/146. — Suite des remarques sur l'ancien système Egyptien, pp. 147/153. — Sur les 1903 années d'Observations des Chaldéens, p. 153. — Sur les Pierres tranchantes, vulgairement appelées *Pierres de Tonnerre* ; & en général, sur l'invention du *Fer* page 96, pp. 163/166. — Sur la Figure de la Terre, pp. 166/168. — Sur les beaux Arts de la Chine, & principalement sur l'Architecture chinoise, pp. 168/173. — Sur le rapport de l'Architecture chinoise avec la Grecque, & relativement à l'Architecture Egyptienne, pp. 173/176. — Sur l'époque de l'attachement inviolable des Chinois à leurs lois & à leurs usages, pp. 176/178.

Les opuscules ne traitant pas de la Chine, nous n'en donnons pas la liste.

Nous donnons la date des lettres de Parrenin et de Mairan pour faciliter l'intelligence du Recueil que nous venons d'indiquer :

CORRESPONDANCE DE PARRENIN ET DE MAIRAN. — Lettre du P. Parrenin, Miss. de la Cie de Jesus, à Messieurs de l'Académie des Sciences. A Peking, le 1er mai 1723. (*Let. éd.*, A. E., XVII, p. 344. — *Mérigot*, XVII, pp. 257/299.)

Seconde Lettre du même aux mêmes. (*Let. éd.*, A. E., XVII, p. 409. — *Mérigot*, XIX, pp. 300-323.)

Mairan accuse réception de ces Lettres dans la Première de sa collection. « Du Château de Breuillepont, le 14 octobre 1728. »

Le P. Parennin a répondu à Mairan par une lettre datée de Pekin, le 11 août 1730. (*Let. éd.*, A. E., XXI, p. 76.— *Mérigot*, XXI, pp. 457-523.)

« Cette ample réponse, qui... contient cent huit grandes pages in-folio dans le manuscrit de l'illustre Missionnaire, avoit été non seulement précédée de deux autres Lettres moins étendues, mais encore accourcie de plus de la moitié ou d'environ les soixante premières pages, par le P. Duhalde, alors Editeur de ces Recueils » (*Lettres* de Mairan, p. 19).

Ces deux lettres étaient datées : 12 Octobre 1729 et 24 Septembre 1730.

Mairan répond aux 3 lettres de Parrenin (12 Oct. 1729.— 24 Sept. 1730. — 11 Août 1730) dans sa seconde lettre « De Breuillepont, le 29 Septembre 1732 », pp. 27 et seq. de sa collection.

Le P. Parrenin écrit trois lettres : 21 Mai 1735. — 3 Septembre 1735 (Mairan donne des extraits de ces lettres dans sa collection, pp. 42 et seq.) et 28 Septembre 1735. (*Let. éd.*, A. E., XXIV, p. 1. — *Mérigot*, XXII, pp. 132-192.)

Mairan accuse réception de ces 3 lettres dans la troisième Lettre de sa collection, pp. 57 et seq. « De Nointel, le 22 Octobre 1736. »

Réponse du P. Parrenin, Pekin, 20 Septembre 1740. (*Let. éd.*, A. E., XXVI, p. 1. — *Mérigot*, XXII, pp. 289,344.)

Le Père Parrenin mourut en 1741. — Jean-Jacques d'Ortous, sieur de Mairan, né à Béziers en 1678, est mort le 9 Janvier 1771. Voir son Eloge dans le Rec. de l'*Ac. des Sc.*, *Hist.* (Année 1771), 1774, pp. 89 et seq.

— **Second Supplément aux Mémoires concernant l'histoire, les sciences, les arts, les mœurs, les usages, &c. des Chinois, Par les Missionnaires de Pe-Kin ; conte-**

(MÉMOIRES CONCERNANT LES CHINOIS.)

nant des Recherches Historiques & Géographiques sur le Nouveau Monde, comparé avec l'Ancien, & principalement avec les Chinois. Ouvrage enrichi de figures gravées en taille-douce. A Paris, chez Nyon, l'aîné,... M.DCC.LXXXVI. Avec Approbation, & Privilege du Roi. in-8, pp. 352.

— Chap. IV. Conformité entre les Coutumes Péruviennes & celles des Chinois, pp. 106/126.
— Chap. VI. Quels sont les peuples connus qui ont les premiers exercé le commerce maritime; étendue de leur navigation, pp. 134/155.
— Chap. X. Réfutation de M. de P., Auteur des Recherches philosophiques sur les Américains, les Egyptiens & les Chinois, pp. 218/265.
— Table polyglotte du langage des Latins, des Scythes, des Tatares, des Tangutains, des Chinois, des Kalmaks, des Mongoles, des Mandzhures, des Lamutes, pp. 266,277.
Ces « Recherches historiques et géographiques sur le Nouveau Monde » sont de Jean-Benoit Shérer, et elles avaient paru à Paris, 1777, in-8, fig.
L'ex. de la Bib. nat. est aux armes de Louis XVI et de Marie-Antoinette.

— Troisième Supplément aux Mémoires concernant l'histoire, les sciences, les arts, les mœurs, les usages, &c. des Chinois, Par les Missionnaires de Pe-kin; contenant Etat civil, Politique & Commerçant du Bengale, avec une carte. A Paris, Chez Nyon l'aîné & fils... M.DCC.LXXXVIII. Avec App. & Priv. du Roi. in-8, pp. xliij-222-240.

L'Etat civil, politique & commerçant du Bengale avait paru à La Haye, Gosse fils (Paris), 1775, 2 v. in-8, et à Maëstricht, Dufour, 1778, 2 v. in-8. C'est la traduction par Démeunier de l'ouvrage de William Bolts [né en Hollande, vers 1740, mort à Paris, vers 1809 — Vide Quérard, France littéraire, I, p. 391], négociant et juge de la cour du Maire à Calcutta, intitulé « Considerations on India Affairs, particularly respecting the present state of Bengal, and its Dependencies, with a Map of those Countries, chiefly from actual Survey. Part. I. Lond. 1772; Part. II. Lond. 1775, 2 v. in-4 [Watt, Bib. Brit., I, 130k].
L'ex. de la Bib. nat. est aux armes de Louis XVI et de Marie-Antoinette.

— Essais sur l'Architecture des Chinois, sur leurs jardins, leurs principes de médecine, et leurs mœurs et usages; avec des notes. Deux Parties. Première Partie. De l'Architecture et des Jardins des Chinois. A Paris, de l'imprimerie de Clousier. An XI. M.DCCC.III. — Essais sur la Médecine, les mœurs et usages des Chinois, avec notes. Seconde Partie. A Paris, de l'imprimerie de Clousier. M.DCCC.III, in-8, pp. XI-568.

La Première partie occupe les pp. 1/244; la seconde, les pp. 245/568; les pages I-XI sont consacrées à l'Avert. et aux Tables des matières.
C'est une réimpression, avec des Notes, d'articles qui avaient paru dans les Mémoires concernant les Chinois.
A la suite des Mœurs et Usages, on trouve :
— Pp. 553/560 : Description d'un Recueil de cinquante peintures des cris de Pékin, de mon cabinet à Paris.
— Pp. 560/562 : Autre Recueil de trente-neuf peintures; Habillements, Métiers, Mendiants, Jeux et Bateleurs de Chine.
— Pp. 563/568 : Etat de la collection des Recueils de Chine,

en Peintures, ou gravés avec Figures sur bois, venus de Pékin, et faisant partie de mon Cabinet à Paris.
Edité par L. Fr. Delatour. Tiré à trente-six exemplaires. (Barbier, II, col. 278).

Кратчайшее описаніе городамъ, доходамъ и прочему китайскаго государства, а при томъ и всѣмъ государствамъ, королевствамъ и княжествамъ, кои китайцамъ свѣдомы. Вы бранное.

Description très-succincte des villes, des revenus et des autres particularités de l'empire de la Chine extraite de la géographie impériale chinoise. St Pétersbourg, 1778, in-8, pp. 332.

Par A. Léontief. — Klaproth (1611) Fr. 10.
* Kurze Beschreibung der Städte, Einwohner u. s. w. des Chinesischen Reichs, wie auch aller Reiche, Königreiche und Fürstenthümer, welche den Chinesern bekannt sind; aus der unter der Regierung des jetzigen Chans Kjün Lun zu Pekin in Chinesischer Sprache gedruckten Chinesischen Reichs-Geographie ausgezogen von dem Herrn Secretair Leontiew. Aus dem Russischen ins Teutsche übersetzt von M. Christian Heinrich Hase, Herzogl. Sächs. Weimarischen Consistorialrath und Pastor zu Stadt-Sulza; in Büschingii Magazin (1780) T. XIV, pp. 409,556.

— Description abregée de l'Empire de la Chine, en forme d'une Lettre, écrite à S. A. S. le Prince Eugene de Savoye, sur l'Antiquité, l'étendue & le Gouvernement de l'Empire de la Chine (Herbelot, Bib. Orientale, La Haye, 1779, IV, pp. 431/452).

Cette lettre est signée P. D. B. — Elle a été également imprimée dans le Nouveau choix des pièces tirées des Anciens Mercures, XLV, pp. 5/62.
L'avertissement annonce que « Un Capitaine de Vaisseaux, Flamand de Nation, qui a été trois fois à la Chine, ayant fait connaissance avec une personne, qui y avoit fixé son séjour depuis plusieurs années, en a tiré des Mémoires qui font la matière de cette Lettre, écrite en 1728 ». Jean Neaulme, le libraire, obtint possession du Ms. à Paris, entre 1740 et 1750.

* Adam Friedrich Geisler. Character, Sitten und Meinungen der Chineser und Cochinchineser, aus den Berichten älterer und neuer Reisenden geschildert. Halle, 1782, 8 mai.

Compilatio nullius pretii; maioris aestimanda sequens :

* Valentin August Heinze. Beschreibung der Chineser, aus den besten Reisebeschreibungen gesammlet. Leipz. 1784. 2 vol. in-8.

Quae duo volumina quoque constituunt quintam et sextam partem operis : Bibliothek der Geschichte der Menschheit, a C. C. L. Hirschfeld a. 1780 coepti et a Heinzio continuau [Meusel].

GROSIER. Description générale de la Chine, ou Tableau de l'Etat actuel de cet empire; contenant 1° la Description topographique des quinze provinces qui le composent, celle de la Tartarie, des Isles, & des autres pays tributaires qui en dépendent; le nombre & la situation de ses Villes, l'état de sa Population, les productions variées de son sol, & les principaux détails de son Histoire naturelle; 2° un précis des connoissances le plus recemment parvenues en Europe sur le Gouvernement, la Religion, les Mœurs et les Usages, les Arts & les Sciences des Chinois. Rédigé par M. l'Abbé Grosier, Chanoine de S. Louis du Louvre. A Paris, chez Moutard... 1785, in-4, pp. 798.

C'est la première édition de cet ouvrage estimé. Elle forme le tome treizième et dernier (Volume de Supplément) de l'Histoire du Père de Mailla. q. v.

— Atlas général de la Chine ; pour servir à la Description générale de cet Empire, Treize Vol. in-4. Rédigée par M. l'Abbé Grosier, Chanoine de Saint Louis du Louvre. A Paris, Chez Moutard... M.DCC.LXXXV. Avec Approbation, & Privilége du Roi. In-folio, 63 Cartes et Planches.

« Cet Atlas, dit l'avertissement du libraire, est composé des mêmes Cartes & Planches qui ont servi à l'édition de l'Ouvrage du P. du Halde ».

— Description générale de la Chine, Contenant, 1°. la Description topographique des quinze Provinces..... les Arts & les Sciences des Chinois. Par M. l'Abbé Grosier, Chanoine de Saint-Louis du Louvre. Nouvelle Edition, avec Carte & Figures. A Paris, Chez Moutard... M.DCC.LXXXVII, Avec Approbation, & Priv. du Roi. 2 vol. in-8.

Quaritch, Sept. 1872, n° 285-7595, 5/-. — Chossonery, n° 20, 1877, 6 fr.

— De la Chine, ou description générale de cet empire, rédigée d'après les Mémoires de la Mission de Pékin. Ouvrage qui contient la description topographique des quinze provinces de la Chine, celle de la Tartarie, des îles et des divers Etats tributaires qui en dépendent; le nombre de ses villes, le tableau de sa population ; les trois règnes de son histoire naturelle, rassemblés et donnés pour la première fois avec quelque étendue; et l'exposé de toutes les connoissances acquises et parvenues jusqu'ici en Europe sur le gouvernement, la religion, les lois, les mœurs, les usages, les sciences et les arts des Chinois. Troisième édition, revue et considérablement augmentée avec deux cartes. Par M. l'abbé Grosier, bibliothécaire de son Altesse royale, Monsieur, et administrateur de sa bibliothèque à l'arsenal. A Paris, chez Pillet et chez Arthus Bertrand, 7 vol. in-8, 1818-1820.

Tome I. 1818, pp. lxxx-402. — Dédicace au Comte d'Artois — Discours préliminaire (i-lxxx).

Une partie de ce Discours préliminaire, pp. xv-lxxx, renferme des « Réflexions critiques sur le voyage à Pékin, de M. de Guignes fils ». Une lettre de Klaproth datée de Paris, ce 22 mars 1818, adressée à l'abbé Grosier au sujet de ses discussions avec de Guignes, est imprimée pp. lxxiii-lxxx. Livre I : Nom propre de la Chine — Son étendue. Ses bornes — Nombre de ses provinces — Liv. II : De la Tartarie chinoise — Liv. III : Autres peuples, sujets de l'empire

chinois — Liv. IV : Etats tributaires de la Chine — Carte de la Chine rédigée d'après la Carte originale du P. de Mailla.

Tome II : 1818, pp. 552. — Liv. IV : Suite — Liv. V : Histoire naturelle de la Chine — Liv. VI : Minéraux de la Chine — Liv. VII : Arbres, Arbrisseaux, plantes, fleurs, herbes potagères et simples de la Chine.

Tome III : 1819, pp. 464. — Liv. VII : Suite — Liv. VIII : Continuation de l'histoire naturelle de la Chine.

Tome IV : 1819, pp. 512. — Liv. VIII : Suite — Liv. IX : Religion des Chinois.

Tome V : 1819, pp. 468. — Liv. X : Gouvernement Chinois — Liv. XI : Vie privée des Chinois.

Tome VI : 1819, pp. 475. — Liv. XII : Littérature chinoise — Liv. XIII : Sciences de la Chine — Liv. XIV : Etat des Beaux-Arts à la Chine — Liv. XV : Arts et Métiers des Chinois.

Tome VII : 1820, pp. 472. — Liv. XV : (Suite) Arts et Métiers des Chinois — Livre XVI : Extraits et Mélanges.

Notice par J. P. Abel Rémusat (Journal des Savans, Sept. 1820, pp. 553/568, et Nouv. Mél. As., I, pp. 283, 308).

Klaproth (1612) Fr. 39. — Duprat, 1861, Fr. 14. — Quaritch, 1872, 10,-. — Chossonnery, n° 20, 1877, Fr. 15.

— A General Description of China : containing the Topography of the Fifteen Provinces which compose this vast Empire; that of Tartary, the Isles, and other Tributary Countries; the number and situation of its cities, the state of its population, the natural history of its animals, vegetables and minerals. Together with the latest Accounts that have reached Europe, of the Government, Religion, Manners, Customs, Arts and Sciences of the Chinese. Illustrated by a new and correct Map of China and other Copper plates. Translated from the French of the Abbé Grosier. London — Printed for G. G. J. and J. Robinson, Paternoster Row, 1788, 2 vol. in-8.

B. Quaritch, 1872, 7/6.

A General Description of China : containing the Topography of the Fifteen Provinces which compose this vast Empire; that of Tartary, the Isles, and other tributary countries; the number and situation of its cities, the state of its population, the natural history of its animals, vegetables and minerals. Together with the latest Accounts that have reached Europe, of the Government, Religion, Manners, Customs, Arts and Sciences of the Chinese. Illustrated by a new and correct map of China, and other copper-plates. The Second edition. Translated from the French of the Abbe Grosier. London : Printed for G. G. and J. Robinson, M DCC XCV. 2 vol. in-8.

* Allgemeine Beschreibung des chines. Reichs nach seinem gegenwärtigen Zustande. Aus dem Französischen von G. Lr. S(chneitler). Frankfurt a. M. 1789. Guilhauman. gr. in-8. [Engelmann.]

D'après le disc. prél. de l'éd. franç. de 1818 (Vol. I, p. III), cet ouvrage a été traduit en italien.

Voltaire consacre un article à la Chine imprimé dans le Dictionnaire philosophique (Œuvres comp., 1785, Vol. 49, pp. 268/286). C'est le panégyrique d'un pays que le philosophe de Ferney admirait surtout parce qu'il lui fournissait des armes contre ses adversaires.

Voltaire a également traité de la Chine dans l'ouvrage « Essai sur les Mœurs et l'Esprit des nations, et sur les principaux faits de l'histoire, depuis Charlemagne jusqu'à Louis XIII », 6 vols. in-12. (Œuvres complètes, 1785, Vol. 16-21.)

— Introduction :
De la Chine, pp. 103/112.

— Chap. I : De la Chine, de son antiquité, de ses forces, de ses lois, de ses usages et de ses sciences, pp. 313/333.

— Chap. II : De la religion de la Chine. Que le gouvernement n'est point athée ; que le christianisme n'y a point été prêché au septième siècle. De quelques sectes établies dans le pays, pp. 331/343.

— Beschreibung von China. In einzelnen Schilderungen der vorzüglichsten Merkwürdigkeiten des Staats, der Sitten, Gelehrsamkeit und Kunst. Strassburg und Leipzig. 1789, pet. in-8, pp. 328.

Историческое и географическое описание Китайской Империи Перевод с немецкаго. Москва.

(Description historique et géographique de l'empire Chinois, traduit de l'allemand. Moscou, typ. de l'Université, aux frais de A. Swietouchkim. 1789.) In-8, pp. 123.

* Beschreibung des Chinesischen Reichs, seiner Einwohner und deren Sitten, Gebräuche und Religion. Weisenfels, 1790, Vol. I, in-8 (Boucher, V, p. 285).

W. Winterbotham, 1795, in-8. [Voir le chap. consacré à l'ambassade de Macartney].

La Chine mieux connue, ou les Chinois tels qu'il faut les voir, avec des notes curieuses et instructives. Paris, 1797, 2 vol. in-8. [Bib. Sinol., p. 58].

Duprat, 1861, Fr. 2.

* J. G. Grohmann, Gebräuche und Sitten der Chinesen, Leipz. 1800. 2 vol. in-4.

Oettinger, Arch. hist., 14980.

· Voir dans l'ouvrage intitulé : « Tableau historique, topographique et moral, des peuples des quatre parties du monde ; Comprenant les Lois, les Coutumes et les Usages de ces Peuples. Par A. M. Sané. Paris, an IX–1801 » le chapitre consacré aux Chinois, Tome II, pp. 23/64.

« Observations sur les Chinois » dans le Vol. III des Voyages de M. de Guignes, 1808.

— La Chine en miniature, ou Choix de Costumes, Arts et Métiers de cet empire, Représentés par 74 Gravures, la plupart d'après les originaux inédits du Cabinet de feu M. Bertin, Ministre; accompagnés de Notices explicatives, historiques et littéraires. Par M. Breton, Auteur de la Bibliothèque Géographique, etc. Paris, Nepveu, 1811. 4 vol. in-18.

Prix des 4 vol. brochés, 18 fr.; — sur papier vélin collé, gravures coloriées, cartonnés (tiré à 60 ex.), 30 fr.; — un ex. sur peau de vélin.

Continué par :

— La Chine en miniature, ou Choix de Costumes, Arts et Métiers de cet Empire, Représentés par 28 Gravures, la plupart d'après les originaux inédits du Cabinet de feu M. Bertin, Ministre; accompagnés de Notices explicatives, historiques et littéraires, tirées en partie de la Correspondance non imprimée des Missionnaires avec le Ministre ; par M. Breton, Auteur de la Bibliothèque Géogra-

phique, etc. Paris, Nepveu, 1812, 2 vol. in-18.

Prix des deux vol. br., 12 fr.; — sur p. vél. col., fig. col., cart., 20 fr.

Cette continuation forme un ouvrage indépendant et un grand nombre des exemplaires ont été tirés avec le titre de Coup d'œil sur la Chine, etc., 1812. 2 vol. in-18. « L'auteur, dit Brunet, I, p. 1226, l'a porté à 10 volumes sous le titre de : La Chine et la Tartarie, avec 187 planches, et y a ajouté diverses petites spécialités, savoir : le Vernis, le Bambou, le Thé, la Porcelaine, le Riz, la Soie, Vers à soie sauvages. »

— China : its Costume, Arts, Manufactures, &c. edited principally from the Originals in the Cabinet of the late M. Bertin; with Observations..... by M. Breton. 4 vol. 2nd. ed. London, J. J. Stockdale, 1812-1813.

* WILKINSON (G.). Sketches of Chinese Customs and Manners in 1811-12. With some account of the Ladrones. Bath, 1814, in-8.

A superficial performance taken up chiefly with the writter's complaints of his treatment on board ship. (Chinese Repository, XVIII, p. 423.)

Allibone, III, col. 2726, cite : Voyage to China and the Ladrones, London, 1814, in-4.

* FERRARIO (JULES). Description de la Chine avec un Discours sur l'Asie, &c. Milan, 1816, in-4, 3 Cartes, 184 gravures.

— A View of China, for philological purposes ; containing a Sketch of Chinese Chronology, Geography, Government, Religion & Customs designed for the use of persons who study the Chinese Language. By the Rev. R. Morrison. Macao : Printed at the Honorable the East India Company's Press, by P. P. Thoms. Published and sold by Black, Parbury and Allen... London, 1817, in-4, pp. VI-144.

« The Materials contained in this small volume, were at first intended to be attached to the Chinese Dictionary... » (Préface).

Klaproth (1615) F. 29. 50.

Notice par J. P. Abel Rémusat (Journ. des Savans, Nov. 1818, pp. 657/662, et Nouv. Mél. As., I, pp. 325/333).

— The Traveller in Asia; or a Visit to the most celebrated parts of the East Indies and China... for the instruction and entertainment of young persons by Priscilla Wakefield. London, 1817, in-12.

— Beautés de l'Histoire de la Chine, du Japon et des Tartares, ou Tableau des principaux événemens de l'Histoire de ces peuples, belles Actions et Maximes de leurs Grands Hommes et de leurs Sages ; Traits singuliers de vertu et de piété filiale ; Notions sur le Gouvernement, la Religion, les Mœurs, les Usages, les Sciences, les Arts et le Commerce de ces pays. Ouvrage consacré à l'instruction de la jeunesse, orné de douze planches en taille douce ; par F.-M. de Beaumont. Deuxième édition, revue et corrigée. Paris, Alexis Eymery, 1823, 2 vol. in-12.

La première édition est de 1818, 2 vol. in-12.

— Curiosités naturelles, historiques et morales de l'empire de la Chine, ou Choix des traits les plus intéressans de l'histoire de ce pays, et des relations des voyageurs qui l'ont visité ; a l'usage de la Jeunesse ; ornées de 12 figures en taille douce. Par A. Caillot. Seconde édition. A Paris, chez Ledentu, 1833, 2 vol. in-12.

La première édition est de Paris, 1818, 2 vol. in-12.

— Chine : Tableau géographique de la Chine — Tableau politique de la Chine — Tableau religieux de la Chine — Tableau littéraire de la Chine — Tableau historique du Christianisme à la Chine.

Let. édifiantes, Ed. de Grimbert, I, pp. 1 et seq.

Новѣйшее и подробнѣйшее историческо - географическое описаніе китайской имперіи. Сочиненное коллежскимъ Совѣтникомъ и кавалеромъ Иваномъ Орловымъ. Москва

(Description historique & géographique de l'empire de la Chine composée par Ivan Orlof. Moscou, 1820). 2 vol. in-8.

Klaproth (1613) Fr. 12.

Klaproth a donné une revue de cet ouvrage dans le *J. As.*, V, 1824, pp. 311/316 sous le titre de « Imposture littéraire ».

— Précis de l'Histoire universelle... par Anquetil, Paris, 1821, VII : Chine, pp. 94/140 — Corée, pp. 140/144.

— Miscellaneous Notices relating to China, and our commercial intercourse with that country, including a few translations from the Chinese language. By Sir George Thomas Staunton, Bart. L L D. & F. R. S. Second Edition, enlarged. London : John Murray, 1822, in-8, pp. x-432.

Literary Notices nᵒˢ 1/16. — Commercial Notices nᵒˢ 17/24. — Appendix nᵒˢ 1/4.

— Part the Second ; for private circulation only ; 1828, in-8.

Klaproth (1616). Fr. 41. 50. — Quaritch, 1876, £ 1. 1/-.

— Miscellaneous Notices relating to China and our Commercial intercourse with that Country including a few translations from the Chinese Language by Sir George Thomas Staunton. 2nd ed. ; enlarged in 1822, and accompanied in 1850, by introductory observations on the Events which have affected our Chinese Commerce during that interval. London, Murray, 1822-50, in-8.

(1818-1822.)

Notices : par Abel Rémusat, *Journal des Savans*, Nov. 1822, pp. 656/664. — *Lond. Lit. Gaz.*, 1822, 479 ; 1850, 79.

« Das Chinesische Reich » von Dr. G. Hassel dans « Vollständiges Handbuch der neuesten Erdbeschreibung von Ad. Chr. Gaspari, G. Hassel...» Vierte Abth. Vierter Band, des ganzen Werkes fünfzehnter Bd. Weimar, 1822, in-8.

* La Chine avec ses beautés et ses singularités avec 16 gravures, Paris, 1823, 2 vol. in-18.

Duprat, 1861, Fr. 4.

Parmi les nombreux ouvrages de Klaproth longtemps annoncés et vainement attendus, il faut compter une *Description géographique, statistique et historique de l'Empire de la Chine et de ses dépendances* qui devait être rédigée en anglais et former 2 vol. in-4, accompagnés d'une carte. On verra l'annonce de cet ouvrage dans le *Journal Asiatique*, III, cahier d'août 1823, p. 122.

Le prospectus publié à Londres a pour titre :

A geographical, statistical, and historical Description of China and its dependancies : by Julius Klaproth. In-8, pp. 4.

Un exemplaire se trouve au British Museum au nᵒ 817. b./21. 13.

— Mémoires relatifs à l'Asie, contenant des Recherches historiques, géographiques et philologiques sur les Peuples de l'Orient ; par M. J. Klaproth, Membre du Conseil de la Société Asiatique de Paris. Paris, Dondey-Dupré, 1824-26-28, 3 vol. in-8.

Voir l'Appendice publié par P. P. Thoms à la suite de sa traduction du 8ᵉ Tsal-tseu. (London, 1824, pp. 283-339.)

* China : Dialogues between a father and his two children concerning the history and present state of that country. By an Anglo-Chinese [Robert Morrison]. London, 1824, in-24, pp. 120.

* J. K. Wietz, Streifzüge im Gebiete der Länder u. Völkerkunde... Prag, 1826-33 :

6 Bdchn : Beschreibung der Chinesischen Reiche. Mit 8 kpfrn. 1826, in-12.

— Mélanges Asiatiques, ou Choix de morceaux critiques et de Mémoires relatifs aux Religions, aux Sciences, aux Coutumes, à l'Histoire et à la Géographie des Nations orientales ; par M. Abel-Rémusat. Paris, Dondey-Dupré, 1825-26, 2 vol. in-8.

— Nouveaux Mélanges Asiatiques, ou Recueil de morceaux de critique et de mémoires relatifs aux Religions, aux Sciences, aux Coutumes, à l'Histoire et à la Géographie des Nations orientales par M. Abel-Rémusat. Paris, Schubart et Heideloff, 1829, 2 vol. in-8.

Voir I, pp. 1/70 : Coup d'œil sur la Chine et sur ses habitans.

— Mélanges posthumes d'Histoire et de Littérature orientales par M. Abel-Rémusat publiés sous les auspices du Ministère

de l'instruction publique. Paris, Imp.
Roy., 1843, in-8.

On trouvera une *Notice sur la Chine* dans les *Annales de la Propagation*, Vol. II, pp. 238/247.

— La Chine. Mœurs, Usages, Costumes,
Arts et Métiers, Peines Civiles et Militaires, Cérémonies Religieuses, Monuments
et Paysages, d'après les dessins originaux du Père Castiglione, du peintre chinois Pu-qua, de W. Alexandre, Chambers,
Dadley, etc. Par MM. Corbel, Deveria,
Régnier, Schaal, Schmit, Vidal, et autres
artistes connus. Avec des Notices explicatives et une Introduction, présentant
l'état actuel de l'empire chinois, sa statistique, son gouvernement, ses institutions, les cultes qu'il admet ou tolère, et
les grands changements politiques qu'il a
subis jusqu'à ce jour. Par D. B*** De
Malpière. Paris, chez Firmin Didot...
L'Editeur... M DCCC XXV - M DCCC XXVII,
2 vol. in-fol.

Cet ouvrage a été publié par livraisons mensuelles à Fr. 15 et par souscription Fr. 12.

Notice par Abel-Rémusat *(Journal des Savans*, Nov. 1827, pp. 690/5 et *Journal Asiatique*, XI, 1827, pp. 303-311).

La Chine et les Chinois. Mœurs, Usages, Peines et Chatiments, Fêtes, Cérémonies religieuses. — Costumes civils et militaires. — Arts et Métiers. — Architecture, Monuments, Mai-
sons, Intérieurs, Vues et Paysages, Voitures et Vaisseaux.
D'après les dessins originaux du Père Castiglione, du peintre chinois Pu-qua, de W. Alexandre, Chambers, Dadley,
etc., lithographiés par MM. Aubry-le-Comte, Deveria, Gré-
védon, Régnier, Shall, Schmit, Thénot, Vidal, Avec des
Notices explicatives par D. B... de Malpière, précédées
d'une introduction présentant l'état actuel de l'empire chinois, sa statistique, son gouvernement, ses institutions, les
cultes qu'il admet ou tolère, et les grands changements
politiques qu'il a subis jusqu'à ce jour. Par M. Bazin.
Deuxième Edition, mise en meilleur ordre. Paris, J. Caboche,
Demerville et Cⁱᵉ, 1848.

Cette deuxième édition qui devait former 4 vol. in-fol. n'a
pas été imprimée; elle n'est citée ni par le *Journal de la
Librairie*, ni par Otto Lorenz dans son *Catalogue*, mais
j'ai vu les titres et les tables imprimés pour les 4 vol. à la
Bib. nationale.

— Notizie riguardanti l'impero Chinese gli
Ebrei ed i Birmani con qualche descrizione dell' Antica Italia. Il tutto estratto
da classici autori e Professori. Firenze,
1826. Nella Stamperia del Giglio. Con
Approvazione. in-16, pp. 80.

Notizie interessanti della China ed Indie
Inglesi con carta geografica e due Stampe
di monumenti chinesi estratte da celebri
Viaggiatori e Professori, il Dilettante
David Luzzati. Firenze, Presso Attilio
Tofani, 1827, in-16, pp. 130.

Notizie topografiche della China e di altre
antiche nazioni con una pagode in litogra-
fia dei Birmani. D. L. [David Luzzati].
Firenze, Presso Attilio Tofani, 1827, in-16,
pp. 73.

* Les jeunes voyageurs en Asie, ou Description raisonnée des divers pays compris

(1825-1827.)

dans cette partie du monde par P. C.
Briand, Auteur des *Jeunes Voyageurs en
Europe*. Paris, Hivert, 1829. 8 vol. in-18,
6 cartes et 13 grav. *(Journal de la Lib.*,
1829, n° 4427).

Vend. Van der Helle (1868). Fr. 3.

— « Description of China by a Native. Letter from a Chinese Monk to the Archbishop
of Tarento. »

C'est une lettre latine dont le Ms. se trouve dans la bibliothèque de l'Archevêque de Naples, imprimée dans *The
Asiatic Journal*, N. S., Vol. III (1830) pp. 14/16.

— Die Erdkunde von Asien... von Carl Ritter. Bd I, Berlin, 1832.— Bd III, ib. 1834.

* De l'Asie, ou Considérations religieuses,
philosophiques et littéraires sur l'Asie;
ouvrage composé et dédié à M. le baron
Silvestre de Sacy, par Mᵐᵉ V**** de Ch***.
Paris, 1832, 4 vol. in-8.

Notice par Silvestre de Sacy, *Journal des Savans*, Oct. 1833, pp. 577/588.

— China. An outline of its government, laws,
and policy : and of the British and
Foreign Embassies to, and intercourse
with, that Empire. By Peter Auber, Secretary to the Honourable the Court of
Directors of the East-India Company.
London : Parbury, Allen & Co, 1834, in-8,
pp. VIII-419.

Notices dans : *The Canton Register*, 1834, pp. 119/120. —
Metropolitan Magazine, mars 1834 ; art. réimp. dans *The
Canton Register*, 1834, p. 132.

* Abbott (Rev. Jacob). China and the English : or the Character and Manners of
the Chinese, as illustrated in their intercourse. Boston, 1835.

Réimprimé à Londres.

Le Rév. J. Abbott est né en 1803, à Hallowell, Maine, U. S.

* Zeller, M. F., Beschreibung des Chines.
Reichs u. Volkes, nebst Uebersicht der
Geschichte Chinas. Mit Rücksicht auf
die Ausbreitung des Christenthums in
diesem Länder-Gebiet. Für Leser aus
allen Ständen bearb. (Mit. 1 Karte.) Stuttgart, Belser'sche Buchh., 1836, in-8.
[Engelmann.]

Trübner, 1876, 3/6 d.

— An Historical and Descriptive Account
of China; its ancient and modern History,
Language, Literature, Religion, Government, Industry, Manners, and Social
State ; Intercourse with Europe from the
earliest ages; Missions and Embassies to
the Imperial Court ; British and Foreign
Commerce; Directions to Navigators;
State of Mathematics and Astronomy;
Survey of its Geography, Geology, Botany,
and Zoology. By Hugh Murray, F. R. S. E.;

(1829-1836.)

John Crawfurd, Esq.; Peter Gordon, Esq.; Captain Thomas Lynn.; William Wallace, F. R. S. E., Professor of Mathematics in the University of Edinburgh; and Gilbert Burnett, Esq.; Late Professor of Botany, King's College, London. — With a Map, and Thirty-Six Engravings by Jackson. In three volumes. [in-16] Edinburgh : Oliver & Boyd, MDCCCXXXVI.

— ..... Second Edition. Edinburgh : Oliver & Boyd, MDCCCXXXVI, 3 vol. in-16.

Cet ouvrage formait les volumes 18, 19 et 20 de l'« *Edinburgh Cabinet Library* ». Aucun de ses six auteurs n'a vécu en Chine.

Notices : *Chinese Repository* [by E. C. Bridgman], V, Sept. 1836, pp. 193 et seq. & VI, June 1837, pp. 59 et seq. — *Asiatic Journal*, XX, pp. 233/5. — *Quarterly Review*, Vol. 56, 1836, p. 489.

Duprat, 1861, Fr. 9. — Husk, (L.), 1867, 6/-.

JOHN FRANCIS DAVIS. The Library of entertaining Knowledge. The Chinese : A General Description of the Empire of China and its Inhabitants. By John Francis Davis, Esq., F. R. S., &c., late His Majesty's chief superintendent in China. In two volumes [in-12]. London, Charles Knight & Co, MDCCCXXXVI.

Publié à 4/6 le volume. — B. Quaritch, 1872, 2/6.

— A new edition : London, Charles Knight & Co, 1840, 2 vol. in-12.

B. Quaritch, 1872, 4/-.

* — London, 1845.

Brockhaus, 1872, Thr 1. 10.

* — London, 1849, 2 vol. in-12.

Duprat, nº 36, 1861, Fr. 6.

— London, 1857, 2 vol. in-8.

Notices : *Quarterly Review*, Vol. 56, 1836, p. 489, et Vol. 102, 1857, p. 126.

— The Chinese : A General Description of the Empire of China and its inhabitants. By John Francis Davis, Esq., F. R. S., &c. In two volumes. New-York : Harper & Brothers, 1836, 2 vol. in-18.

* New-York, 1845, in-12.

— La Chine ou Description Générale des mœurs et des coutumes, du gouvernement, des lois, des religions, des sciences.... de l'empire chinois par J. F. Davis, ancien président de la Compagnie des Indes en Chine ; ouvrage traduit de l'anglais par A. Pichard, revu et augmenté d'un appendice par Bazin aîné, de la Société Asiatique de Paris. Paris, Paulin, 1837, 2 vol. in-8.

L'appendice de Bazin se trouve à la fin du second volume ; il se compose de : *Progrès de la Philologie chinoise.* — *Analectes* : Entretiens du Philosophe Mencius (trad. par M. Edme d'Halberg). — *La Visite du Dieu du Foyer à Yukong*, légende de la secte des Tao-ssé [la traduction de cette légende a été également insérée par S. Julien dans le

(1836-1837.)

Livre des Récompenses et des Peines]. — Un héritier dans la vieillesse, comédie chinoise. — L'avare, comédie chinoise, analyse du 4ᵉ acte. — La soubrette accomplie, comédie. — La Vengeance de Teou-ñgo, drame chinois.

Duprat, 1861, Fr. 10.

* John Francis Davis, China oder allgemeine Beschreibung der Sitten u. Gebräuche, der Regierungs-Verfassung, der Gesetze, der Religion, etc. Mit 55 Holzschn. Deutsch von F. Wesenfeld. 2. Ausg. Nebst 1 Suppl. - Bd. die Nachrichten über die neuesten Vorfälle, Entdeckungen u. Fortschritte der Chinesen enthaltend. 1 Thl. gr. in-8. Magdeburg, (1839) 1843. Falckenberg u. Co.

— * China u. die Chinesen. Eine allgemeine Beschreibung von China u. dessen Bewohnern. Aus dem Engl. übers. von W. Drugulin. Stuttgart, Rieger, 1852, 4 Bde. In-8.   [Engelmann.]

— China en de Chinezen. door J. F. Davis, opper-commissaris van wijlen zijne Gr. Britt. Majestrit in China. naar de laatste uitgave, waarin de geschiedenis van het handelsverkeer met de engelschen tot op dit oogenblik toe behandeld wordt. Uit het engelsch vertaald door Mr. C. J. Zweerts. Te Amsterdam, Bij G. J. A. Beijerinck, 1841, 3 vol. in-8.

Il y a dans l'introduction une liste d'environ 80 ouvrages relatifs à la Chine.

« Più tardi pubblicò [J. F. Davis] la sua Descrizione Generale della China, già tradotta in francese e della quale non qualche mutilazione è comparsa una traduzione italiana in Milano, e un' altra illustrata se ne pubblica in Venezia. » (La Farina, La China, I, p. 21.)

Sir John Francis Davis, né en 1795, fut attaché, en 1816, à l'ambassade de lord Amherst. Outre les positions énumérées dans le titre de l'ouvrage précédent, il a été Gouverneur et Commandant-en-chef de Hong-kong. Il fut fait baronet le 9 juillet 1845. C'est aujourd'hui le doyen des sinologues.

— The Fan-qui in China, in 1836-37. By C. Toogood Downing, Esq., Mem. Roy. Coll. Surgeons. In three volumes [in-12]. London, Henry Colburn, 1838.

* Réimp. à Philadelphie, 1839, 2 vol.

Notice : *Chinese Repository* (by J. R. Morrison), VII, pp. 328 et seq.

* Fan-Kuei, oder der Fremdling in China. Uebersicht der Sitten, Gebräuche, Meinungen, Gesetze, der Religion, des Handels und der Politik des Chinesischen Volkes. Nach der zweiten Auflage des Originales, mit Bezugnahme auf die neuesten Ereignisse umgearb. u. mit Anmerkungen versehen von C. Richard. Aachen, Mayer, 1841. 2 Bde. gr. in-8 [Engelmann].

— China : its State and Prospects. With especial reference to the spread of the Gospel : containing allusions to the antiquity, extent, population, civilization, literature, and religion of the Chinese. By W. H. Medhurst, of the London Missionary Society. Illustrated with Engravings on wood by G. Baxter. London John Snow, 1838. In-8, pp. xvi-582.

(1837-1838.)

Il y a un compte-rendu et des extraits de cet ouvrage dans le *Chinese Repository*, IX, Juin 1840, pp. 74 et seq. — Notices : *Quarterly Review*, Vol. 63, 1839, p. 369. — *Canton Press*, Vol. 4, n° 11 et seq., d'après le *Spectator*.

Third Thousand, London, 1838.

Fifth Thousand, London, John Snow, 1857, pp. xvi-592.

La première page de cette édition est consacrée à une notice nécrologique sur le Dr. Medhurst qui est mort à Londres le 24 janvier 1857. Le frontispice de cette édition n'est pas colorié comme celui des éditions précédentes.

Allibone indique une 3e édition de 1840, mais ne marque pas celle de Boston, 1839, donnée dans le Cat. du *Chinese Rep.*, Vol. XVIII.

Un passage (p. 217) de cet ouvrage dans lequel l'auteur compare les cérémonies du buddhisme avec celles du catholicisme est reproduit dans « *Letters to the Protestants of Scotland* » (*Blackwood's Magazine*, Vol. 46, Aug. 1839, p. 184).

W. H. Medhurst, China, seine Zustände u. Aussichten in besonderer Rücksicht auf die Verbreitung des Evangeliums, mit kurzen Umrissen seines Alters, seiner Geschichte, Chronologie, Bevölkerung, Sprache, Literatur u. Religion. Frei bearb. (nach dem Engl.) 8. Schwäb. Hall (1840) 1848. Haspel.   [Engelmann]

— China opened; or a Display of the Topography, History, Customs, Manners, Arts, Manufactures, Commerce, Literature, Religion, Jurisprudence, etc., of the Chinese Empire by the Rev. Charles Gutzlaff, Revised by the Rev. Andrew Reed, D. D. In two volumes [in-8]. London, Smith Elder & Co, 1838.

Vol I, pp. xvi-510 : I. Introductory Remarks. II. General Observations on the Geography of the Chinese Empire. III. General View of China Proper. IV. Natural Productions. V. Topography of China proper. VI. Topography of Mantchouria. VII. Topography of Mongolia. VIII. Government of Ele. IX. Tibet. X. General View of the Chinese. XI. Chinese History. XII. Language and Literature. XIII. Manners, Customs and Institutions.

Vol. II, pp. vi-570 : XIV. Chinese Industry, Arts and Sciences. XV. Religion. XVI. General Remarks on the Chinese Government. XVII. The Emperor and his Court. XVIII. Nobility. XIX. The Tribunals and Courts of the Capital. XX. Board of Offices. XXI. Board of Revenue. XXII. Board of Rites. XXIII. Military Board. XXIV. Board of Punishments. XXV. Board of Public Works. XXVI. Provincial Government. XXVII. Colonial-Government. — Office of Foreign Affairs.

Au commencement du premier volume il y a une carte de la Chine et du Japon.

Notices : *Chinese Repository* [S. Wells Williams], VIII, pp. 84 et seq.— *Quarterly Review*, Vol. 63, 1839, p. 369. — *Canton Press*, Vol. 4, n° 24.

Pub. à 24/.

— La Chine avec ses beautés et ses singularités, ou Lettres écrites de Canton sur les mœurs, les usages des Chinois, la grande muraille, la tour de porcelaine, les îles flottantes, etc. Ouvrage orné de seize gravures. Paris, Raymond-Bocquet..... 1838, 2 vol. in-24.

China. (*Asiatic Journal*, XXVII, 1838, pp. 40/47.)

— Mœurs, Coutumes, Usages et Religion de la Chine, par A. S. Extrait de l'Histoire générale des Voyages. Paris, Librairie de la Société de l'Enseignement catholique, 1839, 2 vol. in-12.

— A Lyon et à Paris, chez Périsse, 1846, in-12. Prix : 1. 20. Voir col. 35, *supra*.

* Wines (E. C.) A Peep at China, in Mr.

(1838-1839.)

Dunn's Chinese Collection. Philadelphia, 1839, in-8.

— Ten Thousand Chinese Things. A Descriptive Catalogue of the Chinese Collection in Philadelphia. With Miscellaneous Remarks upon the Manners, Customs, Trade, and Government of the Celestial Empire. Philadelphia : Printed for the Proprietor [Nathan Dunn]. In-8, pp. 108 [1839].

Suivi de :

— Mr. Dunn's Chinese Collection, in Philadelphia. (Extract from Professor Silliman's Journal). New Haven, January, 1839, br. in-8, pp. 27.

On lit au bas de la p. 27 : Philadelphia, Brown, Bicking & Guilbert,... 1841.

— Description de la Chine par M. le Marquis de Fortia d'Urban, de l'Académie des Inscriptions et Belles-Lettres, et de plusieurs autres Académies en France et dans les pays étrangers. Pièce in-12 de 16 pages, s. l. n. d. [Paris, Imprimerie de Bruneau, rue Montmartre, 39]. — [Déc. 1839.]

Contient l'Introduction au Vol. III de la Desc. de la Chine.

— Description de la Chine et des États tributaires de l'Empereur. Par M. le Marquis de Fortia d'Urban, de l'Académie des Inscriptions et Belles-Lettres... accompagnée d'une carte rédigée par M. A. Dufour. Paris, chez l'auteur, rue de la Rochefoucauld, 12. 3 vol. in-12, 1839-40.

Tome I, contenant la partie septentrionale, 1839.

Tome II, contenant les deux parties moyennes ou centrales, 1840.

Tome III, contenant la partie méridionale, l'empire d'Annam et l'empire birman, 1840.

On trouvera pp. 2 et seq. de ce 3e Vol. l'article publié sur le Ier Vol. par Emmanuel Miller dans le *Moniteur* du lundi 18 novembre 1839.

L'ouvrage a été publié à 15 fr. le vol. — Duprat, 1861, Fr. 4.

— Ancient and Modern China; comprising an account of its government and laws, religion, population, &c.; character and manners of its inhabitants; an historical description of the intercourse of China with other Nations, from the earliest period down to the present; and a Statement of Facts relative to the Opium trade. London, Edward Gower, 1840, in-8, pp. 93, avec une carte.

* HYACINTHE (BITCHOURINE) [Yakinf]. Kitaï, yevo jiteli, nravy, obytchaï, prosvieshtchenié. (La Chine, ses habitants, ses mœurs et coutumes et son instruction.) St-Pétersbourg, 1840, in-8, pp. 442.

Cet ouvrage contient, entre autres sujets, une description détaillée des différentes cérémonies qui ont lieu à la cour.

* Brief Account of the Chinese Empire and

(1839-1840.)

Chinese Tartary. Calcutta, 1840, pet. in-8.

Quaritch, 1876, 11147, 5 s.

— China and its Resources, and Peculiarities, physical, political, social, and commercial; with a view of the Opium Question, and a Notice of Assam. By Robert Mudie. London : Grattan and Gilbert, 1840, in-16, pp. VIII-190.

Duprat, 1861, Fr. 4.

— China, or Illustrations of the Symbols, Philosophy, Antiquities, Customs, Superstitions, Laws, Government, Education and Literature of the Chinese derived from original sources and accompanied with drawings from native works by Samuel Kidd. London, Taylor & Walton, 1841, in-8.

G. T. LAY. The Chinese as they are : their moral, social, and literary character ; a new Analysis of the language; with succinct views of their principal Arts and Sciences. By G. Tradescant Lay, Esq. Naturalist in Beechey's Expedition; late Resident at Canton ; Author of « The Voyage of the Himmaleh », &c. London : William Ball, 1841 ; in-8, pp. XII-342.

— The Chinese as they are ; their moral and social character, manners, customs, language : with Remarks on their Arts and Sciences, Medical Skill, the extent of Missionary enterprise, etc. By G. Tradescant Lay, Esq., Naturalist in Beechy's expedition… Containing also, illustrative and corroborative notes, additional chapters on the ancient and modern history, ancient and modern intercourse, population — government — civilisation — education — literature — etc., of the Chinese. Compiled from authentic sources by E. G. Squier. Albany : Published by Georges Jones, Museum Building… 1843, in-8.

* Deutsche Bearbeitung von Wofort, Crefeld, 1844, in-18 *(Bib. Sin).*

* China u. die Chinesen. Aus d. Eng. von H. Schirges. Hamb. 1843, 2 vol. pet. in-8 (Nijhoff, 1876).

— Les petits Voyageurs en Chine et au Japon, ou tableau géographique, industriel, monumental et historique de ces belles contrées ; par M. D. Prieur de Sombreuil, Auteur de : Le Voyageur Européen, Asiatique, Américain, etc. Paris, Librairie enfantine et juvénile de Pierre Maumus, 1841, in-12, pp. 232.

Otto Lorenz fait erreur dans le t. IV de son Catalogue, 1871, p. 138, lorsqu'il écrit que la 1re éd. de cet ouvrage est de 1842.

— Le même, 1841 (1844), P. Maumus, in-12, autre tirage.

Les Nouveaux Voyageurs en Chine et au Japon. Beautés et merveilles de ces délicieuses contrées ; par le Chanoine de Sabine. Ouvrage revu, corrigé et augmenté, par Vr Doublet… Nouvelle Edition. Paris [et] Dijon, 1847, in-8, pp. 205, s. l. t.

Par D. Prieur de Sombreuil.

Les jeunes Voyageurs dans la Chine et le Japon, ou Détails intéressants sur les productions naturelles et industrielles, les monuments, les curiosités, les mœurs et usages des habitants de ces contrées, Par Prieur de Sombreuil. Librairie des Bons Livres. Limoges [et] Paris, Martial Ardant Frères, 1852, in-12, pp. 232, s. l. t.

1851, Paris, in-18. — 1854 et 1858, Limoges, Martial Ardant frères, in-18.

Voyages en Chine et au Japon ou Détails intéressants sur les productions naturelles et industrielles, les monuments, les curiosités, les mœurs et usages des habitants de ces contrées. Par Prieur de Sombreuil. Limoges [et] Paris, F. F. Ardant frères, 1860, in-12, pp. 234.

1861, Ibid., in-12. — 1863, Ibid., in-8.

La Chine et ses merveilles ou Détails intéressants sur les productions naturelles et industrielles, les monuments, les curiosités, les mœurs et usages des habitants de ces contrées. Par Prieur de Sombreuil. Limoges [et] Paris, F. F. Ardant frères [1866], in-12, pp. 142, s. l. t., 1 gr.

Fait partie de la « Bibliothèque chrétienne de l'adolescence et du jeune âge ».

Les cinq ouvrages précédents sont semblables ; dans le dernier on a supprimé les chapitres relatifs au Japon.

* Hyacinthe (Bitchourine). Statistitcheskoe opissanié kitaiskoï imperii. (Description statistique de l'empire chinois.) 1842, 2 vol. pp. 626. Accompagné d'une grande carte de la Chine en 5 feuilles.

L'auteur a puisé les renseignements qu'il donne dans le grand recueil des institutions chinoises connu sous le nom de Ta ts'ing hoei tien : C'est un des meilleurs ouvrages du P. Hyacinthe, tant sous le rapport de l'importance du sujet que sous celui de l'exactitude et de la richesse des renseignements.

— Ten Thousand Things relating to China and the Chinese ; an Epitome of the Genius, Government, History, Literature, &c., of the people of the Celestial Empire together with a Synopsis of the Chinese Collection by William B. Langdon, Esq. London, 1842, in-8.

* Langdon, W. B.; Wang-tang-jin-we. Descriptive Catalogue of the Chinese Collection at St. George's Place, Hyde Park Corner ; with condensed accounts of the Genius, Government, History, Literature, Agriculture, Arts, Trade, Manners, Customs, and social life of the people of the celestial empire. London, 1844, in-8 *(Bib. Sinol., p. 76)*.

* Ten thousand things on China and the Chinese ; being a Picture of the Genius, Government, etc., of the celestial Empire, as illustrated by the Chinese Collection, 539 Broadway. New-York, 1850, in-8 *(Bib. Sinol., p. 98)*.

Voir col. 54.

* Vockerode, Th. ; China; mit besonderer Rücksicht auf die Verhältnisse der Europäer zu diesem Reiche und auf den jetzigen Krieg mit England, nach den neuesten Werken darüber dargestellt. Leipzig, 1842, in-8 [*Bib. Sinol., p. 100*].

* La Chine et les Chinois, dessins exécutés d'après nature par Auguste Borget, et lithog. à deux teintes par Eugène Ciceri. In folio de 6 feuilles 1/2, titre, dédicace, et fac-simile, plus 32 pl. Imp. de Schneider à Paris. — A Paris, Chez Goupil et

Vibert (*Jour. de la Librairie*, 1842, n° 5477) Fr. 100.

— Sketches of China and the Chinese by Auguste Borget. London, Tilt & Bogue, 1842, in-fol.

* PETER PARLEY'S Tales about China & the Chinese. London, 1843 (1844), Darton & Co, in-16.

Duprat, 1861, Fr. 3.

Cet ouvrage n'est pas de Peter Parley; voir Allibone, I, col. 703.

Histoire de la Chine et des Chinois par Peter Parley. Traduit de l'anglais par Mme A. B.... Avec Gravures. Paris, Lehuby, s. d. [1850] in-12, pp. VIII-280.

Peter Parley = Samuel Griswold Goodrich.

— De l'état actuel de· l'Empire Chinois : (*Lettres édifiantes*, éd. du *Panthéon littéraire*, Vol. IV, 1843, pp. 2/26.)

— Remarques générales.

— Première Section : La Chine proprement dite.

— Deuxième Section : Etats tributaires : Turkestan Chinois. — Kalmoukie. — Mongolie. — Mandchourie. — Corée. — Lieou-kieou. — Thibet.

— Troisième Section : Les Colonies.

— Notes particulières : De la culture et du commerce de la Soie transportés en Europe par suite des guerres de la Perse et de la Turquie. — Rapport des Arabes avec les Chinois.

——————

* BISCHOFF - WIDDERSTEIN , Dr. F.; China, oder Uebersicht der vorzüglichsten geographischen Punkte und Bestandtheile des chinesischen Reichs; nebst einer kurzen Beschreibung der Naturerzeugnisse, der Künste, Sprache, etc. Wien, 1843. In-8 [*Bib. Sinol.*, p. 55].

* China, oder Uebersicht der vorzüglichsten geographischen Punkte und Bestandtheile des chinesischen Reiches; nebst einer kurzen Beschreibg. der Naturerzeugnisse, der vorzüglichsten Städte u. ihrer Merkwürdigkeiten, des Charakters, Gewerbfleisses u. Handels etc. des Volkes, etc. (Von Justizrath Dr. F. Bischoff-Widderstein.) 2. Ausg. Mit 1 lith. Karte v. China in-4. Wien, Prandel & Meyer, in-8, 1859, pp. IV-215 (*Bib. hist.-geog.*, 1859).

— China, in a Series of Views, displaying the Scenery, Architecture, and Social Habits, of that ancient Empire. Drawn, from original and authentic Sketches, by Thomas Allom, Esq. With historical and descriptive Notices by the Rev. G. N. Wright, M. A. Fisher, Son & Co. London ; & Paris, 4 vol. in-4.

La Préface du Rev. G. N. Wright porte la date de « London, July, 1843 ».

Voir à la fin du Vol I un Mémoire de 26 pages : « Life of Kang-He, Emperor of China » par Gutzlaff.

* New Ed., 1857 (Allibone).

Notice par E. C. Bridgman, *Chinese Rep.*, XIV, pp. 118 et seq.

* L'Empire Chinois, ou H. ̇toire descriptive des mœurs, coutumes, architecture, industrie du peuple chinois, depuis les temps les plus reculés jusqu'à nos jours, traduit de l'anglais par Clément Pellé, avec gravures anglaises sur acier d'après

les dessins originaux, par Th. Allom, Esq. Londres. Paris, Fisher, 1843-45, 4 vol. in-4. [*Journal des Savans*, Juin, 1843, p. 384. — *Brunet*, Table, col. 1601.]

* China, historisch, romantisch, malerisch. Nach Berichten u. Zeichnungen von Mitgliedern der letzten Engl. Expedition. Aus dem Engl. 12 Hefte. (Mit 36 Stahlst. nach Th. Allom.) Lex. 8. Karlsruhe, 1843-44. Kunstverlag.   (Engelmann)

— La China considerata nella sua storia, ne' suoi Riti, ne' suoi Costumi, nella sua industria, nelle sue arti e ne più memo· revoli avvenimenti della guerra attuale opera originale italiana di Giuseppe La Farina illustrata da una serie di finissime incisioni in acciaio. Firenze, Luigi Bardi editore, 1843-1847. 4 vol. in-4.

Volume I. 1843. — Prefazione. — Libro Primo : Relazioni degli Europei co' Chinesi. — Libro Secondo : Geografia della China. — Libro Terzo : Religione. — Indice.

Vol. II. 1844. — Libro Quarto : Istoria. — Libro Quinto : Governo e Legislazione. — Libro Sesto : Costumi ed Usi.

Vol. III. 1846. — Libro Settimo : Scienze. — Libro Ottavo : Letteratura. — Libro Nono : Arti Belle ed Industriali.

Vol. IV. 1847. — Libro Decimo : Agricoltura. — Libro Decimoprimo : Commercio. — Libro Decimosecondo : Guerra cogl' Inglesi. — Continuazione del Libro decimosecondo — Conclusione. — Indice. — Spiegazione delle Incisioni.

On lit à la fin du 4e volume : « 12 dicembre 1850 ».

— The Celestial Empire; or Points and Pickings of information about China and the Chinese by the Author of « *Soldiers and Sailors* », « *Paul Preston* », etc. London, Grant & Griffith, in-8, s. d. [1844.]

La *Bib. Sinologica*, p. 57, donne 1853 comme date de cette publication.

* Brief Sketches of some of the Scenes and Characteristics of China. By Henrietta Hall Shuck.

This is chiefly compilation. There is a chapter at the end from the pen of Mr. Brown of the Morrison Education Society. It was reprinted in Great Britain [*Memorials of Protestant Missionaries*, p. 93].

— La Chine ancienne et moderne. Question anglo-chinoise; par A. Jardot, du corps royal d'Etat Major, membre de plusieurs sociétés savantes. Paris, Schneider et Langrand, 1844, br., in-8, pp. 42.

Extrait de la *Revue indépendante*.

— De la Chine au point de vue commercial, social et moral. Etendue , Population, Production , Alimentation , Vêtements, Ameublements, Mœurs, Usages, Institutions, Lois, etc., etc., etc. Considérations d'Intérêt national. Par L. Dagneau, Auteur de plusieurs écrits d'économie politique et sociale, membre de l'Institut historique de France. Paris, s. d. in-8, pp. 88.

Ce volume porte le n° 2763 dans le *Journal de la Librairie* pour 1844 : Imprimerie de Prévot, à Saint-Denis.

* Anecdotes of the Chinese, illustrative of their Character and of their conduct towards foreigners. London, 1845, in-18 *(Bib. Sinol.*, p. 51).

— La Chine ouverte. Aventures d'un Fankouei dans le pays de Tsin. Par Old Nick. Ouvrage illustré par Auguste Borget Auteur de *La Chine et les Chinois*. Paris, H. Fournier, M DCCC XLV [lisez 1844], gr. in-8, pp. VI-396.

Le prospectus de cet ouvrage se compose de 4 pages in-8 : « Ce volume sera publié en cinquante livraisons. Il en paraîtra une ou deux le mercredi de chaque semaine. La première sera mise en vente dans le courant du mois de Novembre 1843. Prix de la livraison : 30 cent.»

Old Nick = Paul-Emile Daurand Forgues.

— The People of China; their History, Court, Religion, Government, Legislation, Institutions, Tribunals, Agriculture, Language, Literature, Manufactures, Arts, Sciences, Manners and Customs : To which is added, a Sketch of Protestant Missions. London : The Religious Tract Society, s. d. [sous le règne Taou Kwang.] in-12, pp. VI-340.

* Réimp. à Philadelphie, 1845.

— Lettres sur la Chine. Paris, Imprimerie de J. B. Gros, 1845, 2 vol. in-12.

Extraites des lettres des Missionnaires de la Compagnie de Jésus.

— Les Chinois pendant une période de 4458 années. Histoire, Gouvernement, Sciences, Arts, Commerce, Industrie, Navigation, Mœurs et Usages. par H. de Chavannes de la Giraudière. 2ᵉ édition. Tours, Aᵈ Mame et Cⁱᵉ, M DCCC LIV. in-8, pp. 380.

La première édition est de 1845. Tours, Mame, in-8, pp. 398. — 3ᵉ éd., Mame, 1863.— 4ᵉ éd., Mame,1870.

* Peters, S. R. Jr.; Miscellaneous Remarks upon the Government, History and Customs of the Chinese, as suggested by an Examination of the Articles composing the Chinese Museum in the Marlboro' Chapel, Boston. Boston, 1846, in-8 *(Bibliotheca Sinol.*, p. 89).

Description of a collection of Chinese articles carried to America in 1845 *(Chinese Rep.*, XVIII, p. 419).

— The History of China and India, pictorial and descriptive by Miss Corner..... London, Dean & Co., 1846, in-8.

* Miss Corner. China. Schilderachtige en geschiedkundige beschrijving van dat land. Naar het Eng. door J. Liese. Utrecht, Andriessen, 1855, in-8, pp. 324 *(Bibl. hist. geog.*, 1855).

— Desultory Notes on the Government and People of China, and on the Chinese Language; illustrated with a Sketch of the Province of Kwang-Tung, shewing its division into Departments and Districts.

(1845-1846.)

By Thomas Taylor Meadows, Interpreter to Her Britannic Majesty's Consulate at Canton. London, Wᵐ. H. Allen and Co., 1847, in-8, pp. XIII-250. — Gravures coloriées.

L'ouvrage contient dix-neuf notes relatives à la langue chinoise, au mandarinat, au caractère et aux manières des Chinois. La septième note est un « Sketch of Kwang tung. »

Meadows commença à étudier la langue chinoise sous Neumann à l'université de Munich en Novembre 1841. Il arriva en Chine au commencement de 1843 [Préface]. On a fait de son ouvrage un second tirage dont les figures sont imparfaitement coloriées.

Notices : dans The Chinese Repository, XVII, pp. 90/96. — The Cycle, Janv. 1 et 21, 1871.

* GUST. KLEMM. China das Reich der Mitte. Mit 8 Tafeln Abbildungen. Leipzig, Teubner, 1847, gr. in-8 (Engelmann).

* Zustände, Chinesische. Leben u. Treiben in China, mit humoristisch-satyrischen Rückblicken auf deutsche Verhältnisse von A. P. in-8. Grimma, 1847 (Wurzen) Verlags-Comptoir.   [Engelmann].

— La Chine et les Chinois par le Cᵗᵉ Alexandre Bonacossi dédié à l'Empereur de la Chine. Paris, au Comptoir des Imprimeurs-unis, 1847, in-8, pp. XVI-376, avec une carte.

Duprat, 1861, Fr. 4.

ADOLF DAMMANN. China u. seine Bewohner, mit Rücksicht auf ältere u. neuere Missionsversuche unter diesem Volke, zur Anregung neuer Bestrebungen der Art. Für das deutsche Volk bearbeitet. Düsselthal, 1847, in-8 [Engelmann].

— China; political, commercial, and social; in an official Report to Her Majesty's Government. By R. Montgomery Martin, Esq., Late Her Majesty's Treasurer for the Colonial, Consular and Diplomatic services in China; and a Member of Her Majesty's Legislative Council et Hong-kong. London : James Madden, M DCCC XLVII, 2 vol. in-8.

Tiré à 2,000 exemplaires. — Pub. à £ 1. 4/-.

* Hyacinthe (Bitchourine) [Yakinf]. Kitaï v grajdanskom i nravstvennom sostoyaniï. (La Chine sous le rapport des mœurs et de la vie sociale). Sᵗ- Petersbourg, 1848, 4 parties in-8.

La première partie de cet ouvrage traite de l'administration générale en Chine. Elle est disposée sous forme de questions et de réponses. — La seconde partie comprend le code pénal des Chinois. — La troisième, l'instruction publique et les écoles. — La quatrième, traite des mœurs et des coutumes.

* An Account, Geographical, Historical and Statistical, of the Chinese Empire, comprehending a full description of Mongolia and Manchuria, Tibet, Formosa, Lew-

(1847-1848.)

chew Islands, Cochinchina, Corea, &c. In the Urdu Language. By Corcoran. Calcutta, 1848, in-4 [*Chinese Repository*, XVIII, p. 420].

* China, das Land u. seine Bewohner. Aus dem Engl. von Friedr. Gerstäcker. Illustrirt von Allanson. Leipzig, Otto Wigand, 1848, in-8.

S. WELLS WILLIAMS. The Middle Kingdom ; a Survey of the Geography, Government, Education, Social Life, Arts, Religion, &c., of the Chinese Empire and its inhabitants. With a New Map of the Empire, and illustrations, principally engraved by J. W. Orr. By S. Wells Williams, Author of « Easy Lessons in Chinese », « English and Chinese Vocabulary », &c. In two volumes. New York & London : Wyley and Putnam, 1848. 2 vol. in-12.

Quaritch, 1872, n° 285-7635, 24/-.

— Fourth edition : New York : John Wiley, 1861.

Vol. I. Préface. — I. General Divisions and Features of the Empire. II. Geographical Description of the Eastern Provinces. III. Geographical Description of the Western Provinces. IV. Geographical Description of Colonies. V. Population and Statistics. VI. Natural History of China. VII. Laws of China and Plan of Government. VIII. Administration of the Laws. IX. Education and Literary Examinations. X. Structure of the Chinese Language. XI. Classical literature of the Chinese. XII. Polite Literature of the Chinese.
Vol. II. Chap. XIII. Architecture, Dress, and Diet of the Chinese. XIV. Social Life among the Chinese. XV. Industrial Arts of the Chinese. XVI. Science of the Chinese. XVII. History and Chronology of China. XVIII. Religion of the Chinese. XIX. Christian Missions among the Chinese. XX. Commerce of the Chinese. XXI. Foreign Intercourse with China. XXII. Origin of the War with England. XXIII. Progress of the War and opening of China.
On a publié six éditions du *Middle Kingdom* dont trois portent 4e éd. sur le titre, celle que je viens de décrire et :
Fourth Edition. New - York, Wyley & Halsted, 1857. —
Fourth Ed., New-York : John Wiley & Son, 1871.
Ces six éditions sont semblables car les planches stéréotypées n'ont jamais été refaites.
Notices d'après Allibone : *Athenaeum*, 1848, 503 — *N. Am. Review*, Oct. 1848, 269 — April, 1862, 480 — *Westminster Review*, xlix. 130 — *Chris. Rev.*, xiii. 270 (by S. F. Smith) — *N. Englander*, vii. 215 (by W. T. Eustis) — *Democrat. Rev.* xxii. 319.

* S. Wells Williams. Das Reich der Mitte. Eine Uebersicht der Geographie, Regierung, Erziehung, des Socialen Lebens, der Künste, Religion, etc. des chinesischen Reichs u. seiner Bewohner. Aus dem Engl. übersetzt von C. L. Collmann. Cassel, Vollmann, 1852-53. 1 Bd. 2 Abthlgn.

1. Abthlg. : Auch u. d. Tit : China, die Mandschurei, Mongolei, Cobdo, Koko-nor, Ili u. Tibet in geogr., statist. u. naturhist. Bzeiehung. Mit. 3 (lith.) Illustr. (in Tondr.) u. einer neuen (lith.) Karte des chines. Reichs (in Imp. Fol.) Karte u. d. Tit. : Geographie, Statistik u. Naturgeschichte des chines. Reichs.
2.   —   Auch u. d. Tit. : Gesetzgebung u. Regierung, Erziehung, Sprache u. Literatur des Chines. Reichs. Mit dem Bildniss des Confucius u. Illustr. (in Holzschn). [Engelmann]

(1848. — S. W. WILLIAMS.)

— China and the Chinese : their Religion, Character, Customs, and Manufactures : the evils arising from the Opium trade : with a glance at our religious, moral, political, and commercial intercourse with the Country. By Henry Charles Sirr, M. A., of Lincoln's Inn, Barrister-at-law. London : Wm. S. Orr & Co, M DCCC XLIX, 2 vol. in-8.

Vend. : Staunton (188), 3/6.

* C. F. Liljewalck ; China's Handel, Industrie, och Staatsförfattning. Stockholm, 1849 [*Bib. Sinol.*, p. 78).

* J. H. Möller, Ethnographische Uebersicht des Chinesischen Reichs. Als Wegweiser durch das Chinesische Cabinet auf dem Friedenstein zu Gotha. Gotha, Müller, 1850, gr. in-12 [Engelmann].

— China : its past History and future Hopes. By W. G. Rhind. — London, 1850, in-8, pp. 198.

— China, during the War and since the Peace by Sir John Francis Davis, Bart., F. R. S., late Her Majesty's Plenipotentiary in China ; Governor and Commander-in-chief of the Colony of Hongkong. London, Longman, 1852. 2 vol. in-12.

Des extraits de cet ouvrage ont été publiés dans *The N. C. Herald*, n° 108, Aug. 21, 1852 et seq.

— Chine moderne ou Description historique, géographique et littéraire de ce vaste empire, d'après des documents chinois. Paris, Firmin-Didot frères, 1837-1853, 2 vol. in-8.

Duprat, 1861, n° 45, Fr. 12.
— Vol. I, pp. 495 et 72 grav.
Première Partie : Résumé étendu de l'histoire et de la civilisation chinoises depuis les temps les plus anciens jusqu'à nos jours par M. G. Pauthier. — Appendix : Histoire des relations des nations étrangères avec la Chine tirée d'un essai topographique sur Canton, publié par le vice-roi de cette province, en 1819. (Ext. de l'Indo-Chinese Gleaner, n° 10.) — Table chronologique de tous les souverains qui ont régné en Chine, rangée par ordre de cycles, depuis la 61e année du règne de Hoang-ti jusqu'au règne présent. — Table des matières. — Avis pour servir au classement et à l'explication des gravures.
— Vol. II, pp. 673 et 17 gravures.
Première Partie par M. G. Pauthier : Avant-Propos. — Description de Peking. — Division administrative de la Chine en 18 Provinces. — Organisation politique et administrative de la Chine. — Langue chinoise. — Philosophie chinoise — Table des matières. pp. 1/390,
Deuxième Partie par M. Bazin : Arts, Littérature et Mœurs : Théâtre. — Littérature moderne. — Histoire naturelle — Agriculture. — Horticulture. — Industrie. — Fêtes. — Jeux — Bibliographie. (pp. 391/672.) — Table des Matières. (pp. 672, 673.)
Ces volumes font partie de la collection *l'Univers pittoresque* publiée par F. Didot.
M. Gust. Dugat a consacré une longue notice à cet ouvrage dans son « Histoire des Orientalistes de l'Europe » II, 1870, pp. 219/227.
Le premier volume a paru également avec un titre sans date.
* Traduit en allemand par C. A. Mebold, Stuttgart, 1839, in-8.

(1849. — PAUTHIER.)

C. Macfarlane; The Chinese Revolution. London, 1853.

(Voir le chap. consacré à la rébellion des Tai-Ping.)

* Beiträge zur Kunde Chinas und Ostasiens, in besonderer Beziehung auf die Missions-sache. Herausgegeben von K. L. Bier-natzki. Mit dem Bildniss des Confucius (in Holzschnitt). Kassel, Vollmann, gr. in-8. (Bib. hist.-geog., 1853.)

* China, pictorial, descriptive, and histo-rical, with some Account of Ava and the Burmese, Siam, and Anam. London, 1853, in-8., pp. xx-522, Pub. 5/-.

Bohn's Illustrated Library.

— Men and Manners in China. By Sir John Bowring. (The Athenaeum, 1855, No 1464, pp. 1338/9.)

Die Chinesen, ihre Sitten und Gebräuche. Von Sir John Bowring, königl. grossbritannischem General-Consul in China. (Petermann's Mittheilungen, I, 1855, pp. 318/322.)

— Geographie Universelle de Malte-Brun revue.... par E. Cortambert, III, Paris, 1856 [1857].

Turkestan Chinois et la Dzoungarie, Liv. XV. — Mongolie, Liv. XVI. — Mandchourie, Liv. XVII. — Royaumes de Corée et de Lou-tchou, Liv. XVIII. — Tibet et Boutan, Liv. XIX. — Chine proprement dite, Liv. XX-XXII.

China and the Chinese. (Westminster Review, April 1857.)
China and Siam. (Monthly Review, April 1857.)
H. B. Oppenheim. La Chine contemporaine. (Revue de Paris, 1 juillet 1857.)

— Life in China. By Rev. William C. Milne, M. A. for many years missionary among the Chinese. With Four original Maps. London : Routledge, 1857. In-8, pp. x-517.

Part first : Western Notions of Life in China.
Part second : Real Chinese Life at Ningpo.
Part third : A glance at Life in the Interior of China.
Part fourth : Shanghai.

— La Vie réelle en Chine, par le Révérend William C. Milne ; traduite par André Tasset ; avec une introduction et des notes par M. G. Pauthier. Ouvrage contenant trois cartes originales. Paris, Hachette, 1858. In-12, pp. xxviii-548.

Le même, 2e édit. Paris, Hachette, 1860, in-12. — Pub. à 3 fr. 50.

* China. Land und Volk. Geschildert nach den besten neuen Arbeiten. 2. umgearb. Aufl. mit. Stahlst. In-12 Lfgn. Stuttgart, Gebr. Scheitlin, 1858, gr. in-8 (Bib. hist.-geog., 1858).

— La Chine contemporaine d'après les tra-vaux les plus récents ; traduction de l'allemand par A. J. du Bosch. Paris et Bruxelles, 1860, 2 vol. in-12.

Duprat, 1861, Fr. 7.

* La Chine et les Chinois. Histoire, descrip-tion du pays, études de mœurs, religion,

littérature, agriculture, commerce, etc. Traduit de l'allemand. Paris, Cherbuliez, 1861, 2 vol. in-12. Fr. 7. [O. Lorenz, I, p. 526.]

* Kina. Land och Folk, skildradt efter de bästa källor. Fri öfwersättning af kjell-mann-Göranson. Stokholm, Huldberg & Komp. 1860, in-4, av. grav. (Bib. hist.-geog., 1860.)

— Un Français en Chine pendant les années 1850 à 1856, par J.-J.-E. Roy. Tours, A. Mame et Cie, 1858, in-8.

L'ouvrage est précédé d'une « Notice géographique et his-torique sur la Chine ». — Il fait partie de la « Bibliothèque de la Jeunesse chrétienne approuvée par Mgr l'Arche-vêque de Tours ».

2e éd. Tours, A. Mame et Cie, 1860, in-8.
1862   Ibid.   in-8.
1863   Ibid.   in-8.
1866 Tours, A. Mame et fils, in-8.
1867   Ibid.   in-8.
1870   Ibid.   in-8.
1872   Ibid.   in-8.

— Twelve years in China. The People, the Rebels, and the Mandarins by a British Resident [John Scarth]. Edinburgh, Tho-mas Constable & Co, 1860, in-8.

— Histoire complète de l'empire de la Chine depuis son origine jusqu'à nos jours. — Son étendue. — Sa chronologie. — L'his-toire de ses diverses dynasties... — Son gouvernement. — Son commerce. — Ses Arts et Métiers, etc. — Son caractère. — Son génie. — Ses mœurs. — Ses cou-tumes. — Sa langue. — Sa littérature. — Sa musique, etc. Par MM. A. S. et D., professeurs d'histoire de l'Université, et continuée jusqu'à nos jours par M. P.D., ancien professeur de l'inst. du Ch. de Saint-Louis. Nouvelle édition.... Paris, Parent-Desbarres, 1860, 2 vol. in-12.

M. P. D. — Pseudonyme de Pierre-François Parent-Des-barres. (Barbier, nouv. éd., II, 646.)

— The Englishman in China. London : Saunders Otley & Co, 1860, in-12, pp. x-272.

— Pictures of the Chinese, drawn by them-selves described by Rev. R. H. Cobbold, M. A. Rector of Broseley, Salop, late Archdeacon of Ningpo. London : John Murray, 1860, in-8, pp. vi-219.

Frontispice gravé avec le titre de « The Chinese at Home ».
C'est une série de dessins représentant les métiers des Chinois : chiffonnier, etc. ; avec des notes explicatives.
Le Rév. Robert Henry Cobbold fut envoyé en Chine par the Church of England Missionary Society ; il arriva à Shanghai le 17 avril 1848. Il quitta définitivement la Chine en mars 1857.

* De Haerne. De la Chine considérée en elle-même et dans ses rapports avec l'Eu-rope. Bruxelles, Goemaere, 1861, in-8, pp. 78. (Bib. hist.-geog., 1861.)

La Chine contemporaine, par Ch. Lavollée. Paris, 1860. In-18.

* Les Chinois; par F***. Limoges, Impr. et libr. F. F. Ardant frères; Paris, même maison, in-32, pp. 63 et vign.

Bibliothèque chrétienne de l'adolescence et du jeune âge.
[Bib. de la France, 1861, N° 7806.]

Acht Vorträge über China gehalten an verschiedenen Orten Deutschlands und der Schweiz von R. Lechler, Missionar..... Basel, 1861, in-8.

Brockhaus, 1872. — Ngr. 10.

* Mrs. William H. Collins. China and its People. A Book for young readers, by a Missionary's Wife. London, 1862, in-16, pp. v-137. [Mem. of Prot. Miss., p. 248.]

* W. L. G. Smith : Observations on China and the Chinese. New-York, 1863, in-12.

— La Chine et la Cochinchine. Aperçu sur la Chine, sa géographie physique et politique, son climat, ses productions et sa population, suivi de l'histoire de la guerre des Français et des Anglais contre les Chinois depuis 1844 jusqu'au traité signé à Pékin en octobre 1860 et de l'histoire des expéditions françaises en Cochinchine depuis leur origine jusqu'à la prise de Mitho (12 avril 1861), avec notice géographique et historique de l'empire annamite par J. J. E. Roy. Lille, L. Lefort, M.DCCCLXII, in-8, pp. 256.

W. Reinhold : China und die Chinesen. (Westermann's Illustr. Deutsche Monatshefte, 1862, Nr. 68.)

— Mémoires sur la Chine par le Comte d'Escayrac de Lauture. Introduction : Préface ; campagne de Pékin ; souvenirs personnels ; question chinoise. Histoire : Eléments historiques ; chronologie ; temps anciens ; temps moyens ; temps modernes ; monnaies anciennes ; Histoire du sol ; additions relatives au commerce. Religion : Mouvement religieux ; Religion des Chinois ; Olympe ; Bouddhisme ; Enfers ; Culte populaire ; Cultes étrangers ; vocabulaire religieux. Gouvernement : Gouvernement central ; fonctionnaires civils ; administration ; finances ; état militaire ; vocabulaire administratif ; Coutumes : Vie sociale ; Théâtre ; Cérémonies ; Vie privée ; instruction publique ; Agriculture ; transports ; calcul et mesures ; monts-de-piété ; commerce en 1863. Paris, Librairie du Magasin pittoresque, 1865, gr. in-4.

Cet ouvrage a été publié en cahiers ou livraisons ayant une pagination et une Table des matières spéciales. Chaque cahier comprend une des grandes divisions :
Introduction (Février 1864). — Histoire (Juin 1864). — Reli-

gion (Août 1864). — Gouvernement (Oct. 1864).— Coutumes (Nov. 1864).

On peut retourner contre cet ouvrage le reproche qu'il adresse injustement aux travaux des Jésuites sur la Chine, p. 2 : « Souvent superficiel. »

Il faut ajouter à ce volume la sixième livraison des Mémoires qui a paru en Mars 1865 et qui traite du Langage, son histoire, ses lois, in-4, pp. 83.

JUSTUS DOOLITTLE. Social Life of the Chinese : with some account of their religious, governmental, educational, and business Customs and Opinions. With special but not exclusive reference to Fuhchau. By Rev. Justus Doolittle, fourteen years member of the Fuhchau Mission of the American Board. With over One Hundred and Fifty Illustrations. New-York : Harper & Brothers, 1865. 2 vol. in-12.

La plus grande partie des articles qui composent cet ouvrage parurent d'abord dans « The China Mail » sous le titre de « Jottings on the Chinese ».

Notices : The Athenaeum, 3 March 1866. — N. C. Herald, 832, July 7, 1866. — Miss. Rec. (pp. vii-ix, by C. C. Baldwin).— Thoughts on « Social Life of the Chinese » by Geo. Phillips. (Ibid., pp. 6/7.) — Atlantic Monthly, Vol. 17, p. 779 (1866). — The Cycle, 17 déc. 1870.

The Same. Two volumes in one. New-York, Harper & Brothers, 1876, 2 vol. pet. in-8, pp. xxxiv-459, 490.

* The Social Life of the Chinese ; a Daguerreotype of daily life in China. Condensed from the work of the Rev. J. Doolittle. By the Rev Paxton Hood. With Illustrations. London, 1868, petit in-8.

Notice : Pall Mall Gazette, Aug. 31, 1868.

— Chinese Miscellanies : A Collection of Essays and Notes. By Sir John Francis Davis, Bart., K. C. B. London : Murray, 1865, petit in-8, pp. viii-191.

I. Calculating Machine. Common Tartar Characteristics of Russians and Chinese, p. 1.— II. Huc's Travels in Tartary, Thibet, and China (from the Edinburgh Review), p. 7. — III. The Rise and Progress of Chinese Literature in England, during the first half of the present century, p. 50.— IV. The Roots of the Language, with their threefold uses (From the Proceedings of the Philological Society), p. 76.— V. The Drama, Novels, and Romances. (From the Quarterly Review), p. 91. — VI. Address to the China Branch of the Royal Asiatic Society on its inauguration at Hongkong. — VII. Chusan in British occupation (From the Proceedings of the Royal Geographical Society), p. 127. — VIII. Analysis of a work on husbandry and Botany. (Presented to the Horticultural Society with the original work), p. 163. — IX. Valley of the Keang to the Port of Hankow (From the Journal of the Royal United Service Institution), p. 175.

Notice dans The N. C. Herald, 812, Feb. 17, 1866.

— Etudes sur la Chine contemporaine par Maurice d'Irisson. Paris, Chamerot et Lauwereyns. 1866. in-8, pp. viii-214 s. l. t.

Coup d'œil général. — Ire Etude. La Race. — II. La Langue. — III. La Famille. — IV. La Société. — V. L'Agriculture. — VI. L'Industrie. — VII. Le Commerce. — VIII. Les Arts. — IX. Les Sciences. — X. La Politique.

Deuxième édition. Paris, 1869, in-8.

— M. d'Irisson. L'esprit chinois et l'esprit européen. Moniteur, sept. 1868.

— Histoire universelle par César Cantu ; 3e éd., revue par M. Lacombe. Paris, Didot : III, 1866 : La Chine, pp. 273/399.

Le Pays et ses habitants. — Temps antiques. — Considérations sur les Antiquités chinoises. — Première, seconde et troisième dynastie. — Philosophie chinoise. Lao-tseu. — Confucius, Mencius. — Constitution de la Chine. — Langue et écriture chinoises. — Arts et sciences. — Littérature. — Mœurs. — Epilogue.

Notes additionnelles, pp. 408/453.

— La Chine et l'Europe. Leur histoire et leurs traditions comparées par Joseph Ferrari. Membre du Parlement italien. Deuxième édition. Paris, Didier, 1869, in-12, pp. VI-607.

Préface. — I. L'Art de comparer les dates. — II. La Chine dans le Monde ancien. — III. La Chine dans le Monde moderne. — Table.

Première éd., Paris, Didier, 1867, in-8.

Notices : *Journ. des Savants,* 1868, fév. p. 126. — *Saturday Rev.,* 7 Mar. 1868. — Joseph Ferrari est mort à Rome le 2 Juillet 1876.

— L'Empire du Milieu. Description géographique. Précis historique. Institutions Sociales, Religieuses, Politiques. Notions sur les Sciences, les Arts, l'Industrie et le Commerce par le Marquis de Courcy, ancien Chargé d'Affaires de France en Chine. Paris, Didier, 1867, in 8, pp. XI-692.

Préface. — I. Géographie. — II. Mœurs et Religion. — III. Gouvernement, Législation et Administration de l'Empire. — IV. Des Sciences et des Arts. — V. De l'Agriculture, de l'Industrie et du Commerce. — VI. Histoire. — Annexes. — Table des Matières. — Table Alphabétique.

J. des Sav., 1867, pp. 324/5. — Duchesne de Bellecourt : *L'Empire du Milieu,* par M. le marquis de Courcy (*Revue des Deux-Mondes,* 15 avril 1867).

— P. Duchesne de Bellecourt. La Chine et le Japon à l'Exposition universelle. (*Revue des Deux-Mondes,* 1er août 1867, pp.710/742.)

* China. A Brief Account of the Country, its Inhabitants, and their Institutions. By Samuel Mossman, Esq. With Map and Eight full-page Illustrations. London, 1867, in-8; cloth boards, 4/-; gilt-edges 4/6.

Notice : *N. C. Herald,* Sep. 21, 1867.

— China and the Chinese : A General Description of the country and its inhabitants; its civilization and form of government; its religious and social institutions; its intercourse with other nations; and its present condition and prospects. By the Rev. John L. Nevius, ten years a missionary in China. With a Map and illustrations. New-York : Harper & Brothers, 1869. pet. in-8, pp. 456.

Pub. Dol. 1. 75.

— France et Chine. — Vie publique et privée des Chinois anciens et modernes. Passé et Avenir de la France dans l'Extrême-Orient... par M. O. Girard, ancien curé et témoin synodal de Saint Paul aux Iles Mascareignes. Paris, Hachette, 1869 2 vol. in-8. Prix : Fr. 15.

2e édition. Paris, Hachette, 1870, 2 vol. in-12. Prix Fr. 7.

3e édition. 1876. 2 vol.

Notice par H. Gaultier de Claubry dans les *Missions catholiques,* III, pp. 126.8.

— Inde, Chine et Japon ou Nouveau Tableau anecdotique de la religion, des mœurs, usages et coutumes de ces contrées lointaines. Paris, in-12, s. d.

— The Chinese : A Book for the Day by the Rev. Thomas Phillipps : London, Samuel Bagster, s. d., pp. VI-120, pet. in-8.

— Four Hundred Millions. Chapters on China and the Chinese. By the Rev. A. E. Moule, Missionary at Ningpo. With maps and illustrations. London : Seeley, Jackson & Halliday, 1870, in-8, pp. 230.

Notice dans *The Phœnix,* I, pp. 64/5.

* The Oldest and the Newest Empire : China and the United States; by William Speer. D. D., Hartford, 1870, in-8.

The author, a Philadelphian, formerly Missionary in China, and to the Chinese in California, is now Corresponding Secretary to the Presbyterian Board of Education (Allibone, III, 2749).

— The Chinese Empire.

Chap. XIII, pp. 517/575 du Vol. II de « The World as it is. A new and comprehensive system of Modern Geography physical, political and commercial. By William Cooke Taylor, LL. D. of Trinity College, Dublin; and Charles Mackay, LL. D. — London, 3 vol. in-4, s. d. »

— The Foreigner in Far Cathay. By W. H. Medhurst, H. B. M. Consul, Shanghai. With Map. London : Edward Stanford, 1872, pet. in-8, pp. 192.

Pub. a 6/

* New York : Scribner, 1873, in-12.

Notices : *N.-C. Daily News,* 4 Dec. 1872. — *New York Tribune,* March 18, 1873. — *Shanghai Budget* , Jan. 16, 1873. — *The Phœnix,* II, p. 129. — *The China Review,* I, p. 201.

— Illustrations of China and its People. A Series of two hundred photographs, with Letterpress descriptive of the places and people represented. By J. Thomson. F. R. G. S. London, Sampson Low, 1873-4, 4 vol. grand in-4.

Pub. à £ 10. 10/- ou £ 3. 3/- par volume.

— La Chine — son histoire — ses ressources par Louis Strauss, consul honoraire de Belgique. Bruxelles. — Paris. 1874, in-8, pp. 432.

Notice : *Lond. & China Express,* July 17, 1874.

* Otcherki sovremennavo Kitaya. Aperçu sur la Chine actuelle, par le colonel Wenukoff. 1874.

Fondé en partie sur les impressions du voyageur pendant un séjour de quelques mois dans le nord de la Chine, en partie sur les renseignements fournis par les journaux européens publiés dans l'Extrême-Orient.

— Octave Sachot. Pays d'Extrême-Orient. Siam. — Indo-Chine centrale. — Chine. — Corée. Voyages. — Histoire. — Géographie. — Mœurs. — Ressources naturelles. Paris, Victor Sarlit, 1874, in-8, pp. 216 s. l. t.

— « China » *The Oriental*, June, 1874.

— The Land and the People of China : a Short Account of the Geography, History, Religion, Social Life, Arts, Industries, and Government of China and its People. By J. Thomson, Esq., F. R. G. S., Author of «Illustrations of China and its People », &c. With Map, and 12 full page Illustrations on toned paper. London, Society for promoting Christian knowledge, 1876. In-8, cloth boards, 5 s.

Notice : *Athenaeum*, nᵒ 2569, Jan. 20, 1877.

— Chinese Sketches. By Herbert A. Giles, of H. B. M.'s China Consular Service. London : Trübner & Co, Ludgate Hill, 1876, in-8, pp. 204.

Quelques-uns de ces articles avaient paru à Shanghai dans *The Celestial Empire*.
Notice dans *Literarisches Centralblatt*, Juillet 1876.

— Waifs and Strays from the Far East, being a series of disconnected Essays on Matters, relating to China by Fred. Henry Balfour. Shanghai, 1877, gr. in-8, pp. 224.

Notice dans *The China Review*, V, pp. 323/4.

* The Chinese : their Mental and Moral Characteristics. By E. M.

Lond. & China Express, 24 Aug. 1877.

— China. Ergebnisse eigener Reisen und darauf gegründeter Studien von Ferdinand Freiherrn von Richthofen. Erster Band. Einleitender Theil. Mit xxix Holzschnitten und xi Karten. Berlin, Verlag von Dietrich Reimer, 1877, in-4, pp. xliv-758.

Inhalt. — China : I. Abschnitt : China und Central-Asien,

(1874-1877)

(Temps anciens.)

chap. 1-7. — II. Ab. : Entwickelung der Kenntniss von China, chap. 8-10.

— Notices dans *The Geographical Magazine*, IV, oct. 1877, pp. 270-2, et dans le *Bull. de la Soc. de Géog.*, Janvier 1878, par le Col. Chanoine.

---

* China : Historical and Descriptive. By C. H. Eden, Author of « India , Historical and Descriptive », « Japan, Historical and Descriptive », &c. With an Appendix on Corea. Numerous Illustrations, Map, and Coloured Title Page and Frontispiece by a Native Artist. London : Marcus Ward & Co, in-8. Prix 5 s.

Notice dans *The Athenæum*, No 2629, 16 mars 1878.

China : A History of the Laws, Manners, and Customs of the People. By the Ven. John Henry Gray, LL. D., Archdeacon of Hong Kong. Edited by W. Gow Gregor. London. Macmillan & Co, 1878, 2 vol. in-8.

Notice dans *The Athenaeum*, No 2630, 23 Mars 1878. — Pub. à 32/. — 140 fig.

On devra consulter les articles qui ont été publiés sur la Chine, dans les diverses Encyclopédies, par exemple :
— *Le Grand Dictionnaire historique*, de Moréri, III, Nlle éd., Paris, 1759 : *Chine (la)* pp. 623/636.
— Dans l'*Encyclopédie moderne* : *Chine*, par M. Eyriès (Vol. VI, p. 544).— On en a fait un tirage à part, br. in-8, pp. 50.
— Encyclop. de Ersch u. Gruber, Art. de W. Schott, xxi, 1830.
— Dans le *Dictionnaire de la Conversation et de la Lecture*. 2ᵉ éd. 1859. Vol. V, pp. 474-488.
— Dans le *Conversations-Lexikon*, Leipzig, F.-A. Brockhaus, 1865, Vol. 4, pp. 400-426 et pp. 430-438.
— Morache, *Dict. des Sciences Médicales*, Art. *Chine*.
— *Encyclopédie du xixᵉ siècle*, 3ᵉ éd., Paris, 1872, V, Chine, pp. 452/472 — Chinoises (Langue et Littérature) par Ed. Biot, pp. 472/480.
— *Grand Dict. universel du xixᵉ siècle*, IV, Art. *Chine*, pp. 126/138.
— *Encyclopaedia Britannica*, 9th. éd., V, Art. *China*, par Prof. R. K. Douglas.

Voir également les chapitres consacrés à l'*Histoire*, aux *Mœurs et Coutumes*, aux *Voyages*.

(1877-1878)

(Temps anciens.)

II. — GÉOGRAPHIE

A. — GÉOGRAPHIE ANCIENNE

— Sur la Géographie ancienne de la Chine voir le chap. I, (*Yu-kong*) de la IIᵉ Partie (*Hia-chou*) du *Chou-king* (éd. de 1770, pp. 43/57).

La Chine était alors divisée en neuf parties nommées *Tcheou* : I. Ki-tcheou ; II. Yen-tcheou ; III. Tsing-tcheou ; IV. Su-tcheou ; V. Yang-tcheou ; VI. King-tcheou ; VII. Yu-tcheou ; VIII. Leang-tcheou ; IX. Yong-tcheou.

— Mémoire sur le chapitre *Yu-Koung* du Chou-king, et sur la géographie de la Chine ancienne, par M. Ed. Biot. (Lu à la

Soc. Asiat., 10 déc. 1841). (*J. As.*, 3ᵉ S., Vol. 14, 1842, pp. 152/224). Avec une carte.

— Mémoire dans lequel on examine quelle fut l'étendue de l'Empire de la Chine, depuis sa fondation jusqu'à l'an 249 avant Jésus-Christ ; & en quoi consistoit la Nation Chinoise dans cet intervalle. Par M. de Guignes. Lû le 16 janvier 1778. (*Rec. de l'Ac. des Insc.*, *Mém.*, xlii, 1786, pp. 93/148).

— Recherches sur la ville de Kara-Koroum, Avec des Éclaircissemens sur plusieurs points obscurs de la Géographie de la Tartarie dans le moyen âge. Par M. Abel-Rémusat. *(Mém. de l'Ac. des Ins. et B. L.,* VII, pp. 234 et seq.)

Lu le 31 octobre 1817.

— Recherches sur les ports de Gampou et de Zaithoum, décrits par Marco-Polo, par M. J. Klaproth ; suivies de l'annonce d'une nouvelle édition du Voyage de Marco-Polo, par le même Auteur. Paris, Dondey-Dupré, MDCCCXXIV, pet. in-8, pp. 14.

Extrait du *Journal Asiatique* (V, 1824, pp. 35/44).

Réimp. dans *Mém. rel. à l'Asie*, II, 1826, pp. 200 sq.

— Die Urbevölkerung einiger Provinzen des chinesischen Reiches. (De la population primitive de quelques provinces de l'Empire chinois) [*Asiatische Studien*, von C. F. Neumann, 1837, pp. 35 /120].

山海經

— Notice du *Chan-haï-king*, cosmographie fabuleuse attribuée au grand Yu, par M. Bazin aîné. Paris, Imprimerie Royale, 1840. br. in-8, pp. 48 [J. A. Ext. n° 17, (1839).]

Journal Asiatique, Novembre 1839, pp. 337-382.

Voir Wylie's *Notes*, p. 35.

Sur les Capitales de la Chine, voir dans *Notes and Queries on C. & J.* Vol. I, p. 60, une table signée W. F. M[ayers] dans laquelle les changements sont indiqués depuis les *Tsin* (Si-gan fou, alors Hien-Yang, 349 Av. J.-C.) jusqu'à l'époque des Ming (Kiang-ning ou Nan-king (1368) et Pékin (1421).

— Chinese Ancient Geographical Names by E. Bretschneider (*Notes and Queries on China and Japan*. Vol. IV, Art. 69, pp. 49/61. — Art. 107, pp. 104/113.)

J. H. Plath. Die beiden ältesten Geographien China's vor 4000 und 3000 Jahren (*Zeit. der Gesell. fur Erdk. zu Berlin*, 1871 (No 32), pp. 162/174).

B. — CHINE MODERNE

L'empire chinois comprend aujourd'hui :

1° La Chine proprement dite, composée de 18 provinces ;

2° La Mandchourie ;

3° La Mongolie ;

4° L'Ili ;

5° Le Tibet.

Nous ajouterons à notre travail la Corée, tributaire de la Chine, et les îles Lieou-Kieou, tributaires du Japon. Nous nous occuperons d'abord de la Chine proprement dite, la cinquième partie de cet ouvrage étant consacrée aux colonies et aux pays tributaires.

MONTAGNES :

— Tableau des plus hautes montagnes de la Chine, d'après les ouvrages géographiques des Chinois. *(Mag. as.* [1], par Klaproth, II, 1826, pp. 133/160).

Liste des montagnes couvertes de neiges perpétuelles, en Chine, pp. 137 sq.

Recherches sur la hauteur de quelques points remarquables du territoire chinois, par M. Ed. Biot. *(J. As.*, 3° Série, IX, 1840, pp. 81 et seq.)

Etudes sur les Montagnes et les Cavernes de la Chine, d'après les géographies chinoises, par M. Ed. Biot. *(J. As.*, 3° S., X, 1840, pp. 273 sq.)

Lettre de Richthofen à la Chambre de Commerce sur les Nan-shan, réimp. dans *The Shanghaï News Letter*, Sept. 11, 1871. — Vide : Kiang sou *infra*.

Lo-fau shan. (Voir : Kouang toung, *infra*.)

Fragmens de Géologie et de Climatologie asiatiques, par A. de Humboldt, Paris, 1831, 2 vol. in-8.

Vol. I. pp. 187/194 : Description du Mont Altaï, extraite de la *Grande Géographie de la Chine* (Pays des Kalka). — Pp. 195/235 : Phénomènes volcaniques en Chine, au Japon, et dans d'autres parties de l'Asie orientale.

Ces deux mémoires sont de Klaproth.

The Yeang-tai Mountains and Spirit-writing in China. (*Blackwood's Mag.*—April. 1863.)

Voir la Let. de Richthofen sur le Ho nan et le Chan si (voir Chan si *infra*), sur le Fu-niu-shan. Pp. 4,5.

— Williams, *Middle Kingdom*, I, pp. 8 et seq.

Tien Shan. — *Ch. Repos.* I, Note, p. 172.

— Geological Observations made on a Visit to the Chaderkul, Thian-Shan range. By Dr. F. Stoliczka, F. G. S., Naturalist attached to the Yarkund Embassy (Read June 24, 1874 (*The Quarterly Journal of the Geological Society*, No 120*, Vol. XXX Part V, Dec. 31, 1874, pp. 574/580).

— First Ascent of the Tian-shan, or Celestial Mountains, and Visit to the Upper Course of the Jaxartes or Syr-Daria, in 1857. By P. P. Semenoff... (Transl. from the Russian, by John Mitchell). (*Journ. R. G. Soc.* Vol. XXXI, 1861, pp. 356/366) (d'après le Jour. de la Soc. de Géog. de St-Pétersbourg, 1865.)

— A Journey to the Western Portion of the Celestial Range (Thian-shan), or « Tsun-lin » of the Ancient Chinese, from

---

1. Magasin Asiatique, ou Revue géographique et historique de l'Asie centrale et septentrionale ; publiée par Mr. J. Klaproth, Membre des Soc. As. de Paris et de Londres. Paris, Dondey-Dupré, 1825-6, 2 vol. in-8.

the Western Limits of the Trans-Ili Region to Tashkend. By N. Severtsof. Translated from the Journal of the Russian Imperial Geog. Soc., 1867, by Robt. Mitchell *(J. R. G. Soc.*, XL (1870), pp. 343/419).

Sur l'Altaï (Kin shan), *Ch. Rep.* I, p. 120.

Kuen lun. (*Chin. Rep.* I, p. 121.— VI, p. 274.— VII, p. 520. — XX. p. 73. — Voir également le chapitre consacré à l'Ethnographie.) — (Voir le chap. consacré à l'*Ili.*)

FLEUVES :

— Les principaux fleuves de la Chine proprement dite sont, en allant du sud au nord :

    1° Le Chu Kiang et les fleuves qui le forment;

    2° Le Min Kiang;

    3° Le Tsien Tang Kiang;

    4° Le Ta Kiang (Yang-tze) et son affluent, le Han Kiang.

    5° Le Hoang Ho;

    6° Le Pei Ho.

    7° Nous ajouterons à cette liste le Grand Canal : Yun ho.

— On Chinese Notices of their own great Rivers. By Joseph Edkins Esq. Communicated by Sir Roderick I. Murchison. *(Proc. R. G. S.*, III, 1859, pp. 375/6.)

— De l'hydrotimétrie appliquée à l'analyse de l'eau de quelques rivières de la Chine ; par M. Strohl, pharmacien aide-major, attaché à l'armée expéditionnaire. *(Rec. de Mém. de médecine,... milit.*, 3° Sér., VI, 1861, pp. 156/161).

— D'Escayrac de Lauture. Notice sur les déplacements des deux principaux fleuves de la Chine *(Bulletin de la Société de Géographie*, mai 1862, pp. 274/287, avec deux cartes.)

— The Rivers of China (by F. Porter Smith, Hankow 14th Sept. 1869). *N. C. Herald*, Oct. 12, 1869.

— The Great Rivers of China, by F. Porter Smith *(Ocean Highways*, April 1873, p. 5).

— The Rivers of China. by the Rev. M. J. Knowlton. *(N. C. Herald*, Nov. 9, 1869).

Conférence faite au Ningpo Book Club, le 27 octobre 1869.

Bretschneider, Archaeological Researches on Peking, pp. 39 et seq.

1° Le *CHU KIANG*, le *SI KIANG*, etc.

珠江, 西江

— Course of the Chu Kiang, or Pearl River, by S. Wells Williams *(Chin. Rep.* XX, pp. 105/110. pp. 112/122).

— Voir le rapport de Mr. Moss sur le Si Kiang : (Report of the Hongkong Chamber of Commerce, half year end. 15 Nov. 1870, pp. 17/58) avec une carte.

— Aufnahme des Si-kiang oder West Stromes *(Petermann's Mitt.*, 1861, pp. 107/111).

— Des Tschu-Kiang, Canton oder Perl-Strom, von Canton bis Macao und Hongkong. Nach neueren Untersuchungen, Mit Karte *(Petermann's Mitt.*, pp. 9/16, 1858).

* Three weeks on the West River of Canton. Compiled from the Journals of the Rev. Dr. Legge, Dr. Palmer, and Mr Tsang-Kweih-wan. Hongkong, in-8, pp. 70.

F. Hirth. The West River or Si - Kiang *(China Review*, III, pp. 46/9).

Réponse à une note de Mr. Michæl Moss dans la même Revue, II, p. 387.

2° Le *MIN KIANG*. 閩江

-- Navigation of the Min. By Capt. Richard Collinson. *(Ch. Rep.* 1846, xv, pp. 230/233.)

— A trip up the River Min. By Maclay *(Ch. Rep.*, XVIII, 1849, pp. 445/7).

— Sailing Directions for the River Min by John Richards. *(N. C. Herald*, No 240, 3 March 1855.) Réimp. *Shae. Miscellany*, 1856 (2 pages).

— The Min *(Shanghai Budget*, Aug. 31, 1872).

Cet article est le premier d'une série qui devait comprendre toutes les rivières de la Chine : le Min et le Han sont les seuls fleuves dont la description ait paru.

3° Le *TSIEN-TANG KIANG*. 錢塘江

— On the Eagre of the Tsien-Tang; By D. J. Macgowan, M. D. Read to the Society, 12th January 1853 *(Transactions China Branch R. As. Soc.*, Part IV, Art. II).

Réimp. dans *The N. C. Herald*, N° 252, May 26, 1855 et dans le *Shanghae Miscellany*, No 4, 1856.

The Tsien-Tang River. By Elias B. Inslee, July 4th 1869 *(North-China Herald*, Aug. 12, 1869).

4° Le *TA KIANG*. 大江 ou *YANG-TZE KIANG*. 揚子江 *Fleuve Bleu.* — Ce grand fleuve appelé par les Chinois le *Ta kiang*, grande rivière, ou simplement le *Kiang*, rivière, est nommé par Marco Polo *Quian* (éd. Pauthier, p. 477). *Yang-tze kiang* paraît être le nom donné au fleuve dans son cours inférieur. Ce nom ne veut pas dire *Fils de l'Océan : Yang* est le nom d'une ancienne province qui comprenait le Kiang-

sou, le Tche kiang et le Ngan hoei. Une tradition plus ou moins apocryphe raconte également qu'un certain lettré, *tze*, 子

nommé *Yang*, 揚 avait découvert au milieu du grand fleuve une source d'eau particulièrement bonne pour faire le thé et que, d'après lui, cette partie de la rivière qui s'étend de Kin-shan à Tchin kiang avait reçu le nom de Yang-tze kiang. Ce nom est surtout usité dans le style élevé ; ordinairement le Yang-tze est appelé Ta kiang, grand fleuve, ou simplement le *kiang*, le fleuve.

Ce grand cours d'eau porte d'ailleurs des noms différents : Ta kiang ko *(embouchure du grand fleuve)* en face de l'île de Tsong ming ; Yang-tze kiang ou Ta kiang jusqu'aux environs de Tchin kiang; Hoei kiang 皖 江 le long de la province de Ngan hoei ; la portion du Hoei kiang qui est en face de Tai ping fou reçoit le nom de Ou kiang 烏 江 fleuve noir ; Tsang kiang 長 江 le long de la province de Kiang si ; Tchou kiang 楚 江 Tchou, nom de la province de Hou kouang; Ming kiang 岷 江 dans le Se tchouan; et enfin Kin-cha kiang 金 沙 江

Voir Marco Polo, éd. de Pauthier, note p. 477. — Bretschneider, Arch. Researches on Peking, note p. 39.

— Etymology of the Name of the « Yang-tze kiang » by W. F. M.[ayers] *(Notes and Queries on C. & J.*, Vol. I. pp. 35/6).— By F. Porter Smith *(ibid.* Vol. IV, p. 76).

— Das Wassersystem des Yangtsze, pp. 648 et seq. (Die Erdkunde von Asien… von Carl Ritter. Bd III, Berlin, 1834.)

— On the ancient mouths of the Yangtsï Kiang. By the Rev. J. Edkins. Read before the Society, March 18th, 1860. (Art. IV, *Journal N. C. B. R. A. S.*, Vol. II, Nº 1, pp. 77/84.)

, At the conference of the Asiatic Society the other evening, he [Mr Edkins] read a paper on the « Yang-tse kiang » which was greatly praised. Mr Meadows, the consul spoke in the highest terms of it, and requested him to have it published. The rest, too, all urged him so strongly to put it in print, that he consented. He rather wished to send it in manuscript to Sir Roderick Murchison, of the Royal Geographical Society, London, but they were so insisting that he yielded » *(Chinese Scenes and People*, by Jane R. Edkins, p. 103).

— Ports on the Yantsz', and trade in the interior. (Williams' *Chinese Commercial Guide*, 1863, pp. 204 et seq.)

— The Yang-Tsz' Kiang, by E. C. Bridgman

(N. C. Herald, No 211, Aug. 12, 1854). Réimp. *Shanghae Almanac for* 1855 *and Miscel.*, 7 pages.

A la fin de cet article, il y a une table des latitudes et des longitudes des villes mentionnées ; les caractères chinois représentant les noms de ces villes, ainsi que ceux des rivières et des lacs cités, sont également donnés.

— Navigation of the Yangtsze Keang by C. Gützlaff. *(Chin. Rep.*, II, pp. 316/8.)

— Yangtsze keäng : sailing directions for it derived from nautical surveys made by H. B. M. Ship *Conway* in 1840 by Capt. Bethune. *(Ibid.*, X, pp. 383 et seq.)

— On the Yang-tsze kiang. By the Right Hon. Lord Colchester and Capt. Collinson, R. N. *(Journ. R. Geog. Soc.*, XVII, 1847, pp. 130/144.)

— « Remarks on the Navigation of the Yang-tze-kiang » signé « A young salt » *(N. China Herald*, No 3, Aug. 17, 1850).

On en a fait un tirage à part en 1851 (Février) Prix : 10 cents, puis 25 cents. — Réimp. dans The Shanghae Almanac for 1852 (5 pages).

— Sailing Directions for the Navigation of the Yang-tsze-kiang to Wusung and Shanghaï, prepared by Lieutenant Preble, U. S. A., by order of Commodore Joel Abbot, Commander-in-Chief U. S. Naval Forces in India and China Seas &c. &c. *(N. C. Herald*, No 280, Dec. 8, 1855.)

— K. L. Biernatzki. Der Yantsz 'Kiang (Gumprecht, *Zeitschr. Allg. Erdk. V.*, 1855, pp. 337/349).

— Sailing Directions for the Yang-tsze kiang, from Woosung to Hanhow. By Captain John Ward, R. N., H. M. S. « *Actaeon* » *(Journal N. C. B. R. A. S.*, Art. IX, No II, May 1859, pp. 231/246).

— The Yangtsekiang and the Hwang-Ho or Yellow River. By William Lockhart Esq. *(Journ. R. G. Soc.*, XXVIII, p. 288.)

— Notes of a Voyage up the Yangtsekiang or Takiang, from Wusung to Hankow. By Laurence Oliphant, Esq., F. R. G. S., with Chart of the River by Capt. Sherard Osborn, R. N. *(Journ. R. G. S.*, XXX, p. 75 & *Proc. R. G. S.*, III, No 4, 1859).

— Ascent of the Yangtsekeang. By William Blackney, R. N. *(Journ. R. G. S.*, XXX, p. 93.)

— Lord Elgin's Expedition up the Yang-tsze-kiang to Hankow. *(Mercantile Marine Mag.*, April & May 1859.)

— Expedition to Hankow. *(Nautical Magazine*, April 1859.)

-– Davis, J. F. View of the Great Valley of the Yang-tse-kiang before and since its occupation by the Rebels. *(Proc. R. Geog. Soc.*, Vol. III, No 4.)

— Five months on the Yang-tsze; With a Narrative of the Exploration of its upper waters, and Notices of the Present Rebellions in China. By Thomas W. Blakiston, Late Captain Royal Artillery. Illustrated from sketches by Alfred Barton, M. R. C. S., F. R. G. S., With Maps by Arrowsmith. London, John Murray, 1862, in-8. pp. xv-380.

Nineteen Chapters and Appendices.

App. V : Geological Specimens from the Yang-tsze-Kiang, pp. 359,360.

App. VI : Sir William Hooker's List of Ferns, Collected on the Yang-tsze-Kiang, in the Province of Sz'chuan, by Lieut.-Col. Sarel, 17th. Lancers, pp. 361/367.

Pub. à 18 s.

On trouvera une notice de cet ouvrage dans *The North China Herald*, 655, Feb. 14, 1863.

— Une partie de cet ouvrage avait paru dans « *The North China Herald* » : Five Months on the Yang-tsze, with a Narrative of the Exploration of its Upper Waters.

By B. [lakiston] :

No 1. Up to Nanking (587, Oct. 26, 1861) forme le Chap. I, pp. 1/16 de l'ouvrage complet.

No 2. A Naval Squadron Inland (589, Nov. 9, 1861) Chap. IV & V, pp. 56/83.

No 3. Junk travelling in Hu-peh, (590, Nov. 16, 1861) Chap. VI, pp. 84/101.

No 4. Shi-Show to I-chang (592, Nov. 30, 1861) Chap. VII, pp. 102/118.

No 5. Gorges and Rapids (593. Dec. 7, 1861) Chap. VIII, pp. 119/137.

— Vide also a letter addressed to the Editor of the *North China Herald*, (580, Sept. 7, 1861) by Capt. Thos. Blakiston, Chung-king, Yang-tsze River, May 1861.

« The Upper Yang-tsze Expedition » Letter to the *North China Herald* (579, Aug. 31, 1861) by H. A. Sarel, Shanghai, July 29th 1861.

— Notes on the River Yang-tse-kiang from Hankow to Ping-shan. By Lieut.-Col. Sarel, B. A., F. R. G. S. Hongkong 11th. August 1861. *(Journal Asiatic Soc. of Bengal*, xxx, No 3, 1861, pp. 222/250).

Même relation que la précédente.

— Notes on the Yang-tsze Kiang, from Han-Kow to Ping-shan. By the Same. *(Journ. R. Geog. Soc.*, Vol. XXXII, 1862, pp. 1/26, Read Nov. 11, 1861'.

— Der Jang-tse-kiang von Hankau bis Ping-schan, nach den Beobachtungen der Englischen Expedition, März bis Juli 1861. Von Oberst-Lieutenant Sarel, pp. 411/426 *(Petermann's Mittheilungen* 1861).

— Notes on the Yang-tsze-kiang, &c. By Dr. Alfred Barton, F. R. G. S. *(Jour. R. G. S.*, Vol. 32, 1862, pp. 26/41, Read March 24, 1862).

Voir aussi *Proc. R. G. S.*, Vol. VI, No III, pp. 85/95.

— Charles Lavollée. Une Expédition européenne sur le Grand Fleuve de la Chine *(Five months on the Yong-tze*, par Thomas W. Blakiston) *(Revue des Deux Mondes*, 15 juillet 1863).

— Aufnahme des Jangtze kiang bis Hankau (Englische Aufnahmen im Innieren von China. *(Petermann's Mittlı.*, 1861, pp. 106/107.)

« Up the Yang-tsze » by « C'est Moi ». No I (*N. C. Herald*, 1862, No 634, Aug. 30), Il

(YANG-TZE.)

Ibid., 634, Sept. 20), III. (*Ibid.*, 636, Oct. 4.)

The Yang-tze-Kiang and the New Treaty Ports. By Alex. Bowers, R. N. R., Master of ship « White Adder », belonging to Messrs John Willis & Son.

Réimp. du « *Times* » dans *The Chinese & Jap. Rep.* Dec. 1863, pp. 268/270.

— Note sur la Navigation du Yang-tse-Kiang (fleuve Bleu) p. 20/21, *Ann. du Com. extérieur, Chine, Faits commerciaux*, No 35.

— Navigation et Commerce du Yang-tse-Kiang. Rapport de M. l'Enseigne de vaisseau Laurens [1863]. *Ibid.*, No 36, pp. 24/32. — Voir aussi *La Revue maritime et coloniale*, IX, Oct. 1863, pp. 197/214.

Mr. C. Laurens commandait le *Kien-chan.*

— Observations sur la Navigation du Yang-tse-Kiang, de Woosung à Han kau. Par M. Trèves, lieutenant de vaisseau, commandant le *Kien-chan. Annales hydrographiques*, 1863, 3e trimestre, pp. 138/158.

— J. M. Hockly. Notes on the Yang-tse-Kiang, together with corrections of the existing charts. *(Proc. R. Geog. Soc.* Vol. XI, No VI, pp. 261/9).

— Report of the Delegates of the Shanghai General Chamber of Commerce on the trade of the Upper Yangtsze and Report of the Naval Surveyors on the River above Hankow. Shanghai : Printed at the « Shanghai Recorder » Office. MDCCCLXIX in-fol., pp. 51.

Les délégués étaient Messrs. A. Michie et R. Francis.

La partie de ce Rapport qui traite du voyage de Hankow à Ichang a été réimp. dans *The N. C. Herald*, No. 489, Sep. 23, 1876.

Ce rapport a été réimprimé à Londres et forme le « Blue Book » suivant :

— China. No 8 (1870) Report of the Delegates of the Shanghae Gèneral Chamber of Commerce on the trade of the Upper Yangtsze River. (Presented to Parliament by Her Majesty's Command.) Price 1 s. 8 d. in-fol., pp. 67.

Special Mission up the Yang-tsze-Kiang. By R. Swinhoe, H. M. Consul. Read May 9th, 1870. *(Journ. R. Geog. Soc.*, XL (1870), pp. 268.285. — *Proc. R. Geog. Soc.*, XIV, 1870, pp. 235/243; réimp. dans *The Cycle*, 5 Nov. 1870.)

— « Extracts from Notes taken by a traveller in Szechuen and on the Upper Yangtze during the past year » communicated by the Hankow Chamber of Commerce to the Shanghai Chamber and printed in the *N. C. Herald*, March 16th, 1869.

The Upper Yangtsze (*Shaï. Ev. Courier*, 9 Mars 1869)

(YANG-TZE.)

« From an interesting paper of notes by a recent traveller in Szechuen, communicated by the Hankow Chamber of Commerce to the Shanghai Chamber, the following particulars of the city of Chunking and the Yangtsze above Ichang are extracted. »

— The Towns of the Upper Yangtsze-Extracts from Notes taken by a traveller in Szechuen and on the Upper Yang-tsze during the past year (*Supreme Court, Cons. Gazette*, Vol. V, March 13, 1869, pp. 112/3).

Yoh-chew— Sha-si — Ichang — Chung-king-fu — Su-chew-fu.

— Navigation du Yang-tse-Kiang. Lettre de Francis Garnier, de Shanghai, 12 Déc. 1872 (*Bull. Soc. Géog.*, 6ᵉ Sér., V, 1873, pp. 187 et sq.)

— Voyage dans la Chine Centrale (Vallée du Yang-tzu) fait de Mai à Août 1873 par Francis Garnier, Saigon, le 8 Oct. 1873.

(*Ibid.*, 6ᵉ Sér., VII, 1874, p. 5/43, avec une carte). Il y a eu un tirage à part, br. in-8.

— On the Inundations of the Yang-tse-kiang. By E. L. Oxenham. (*Journ. Roy. Geog. Soc.*, XLV, 1875.)

Les inondations du Fleuve Bleu. (*Année Géographique*, 1876, pp. 484/6.)

— Delta of the Yangtsze River in China. By Samuel Mossman (*The Geog. Mag.*, Oct., 1877, pp. 256/260).

Le HAN KIANG 漢 江

Ce fleuve se jette dans le Yang-tze Kiang à Han Keou (Bouche du Han).

— Notes of a Voyage on the River Han by Mr. A. Wylie (*Missionary Recorder*, 1 July 1867, pp. 51/4, 65/67). — (sent to the *Revue Orientale* of Paris, réimp. dans le *London and China Express*, et dans the *Shanghai Evening Courier*, 4 June 1870.)

—· Letter from Baron von Richtofen on the Han River, near Fanching, Province of Hupe.

Printed in « *The Shanghaï Evening Courier* », June 23, 24 et 28, 1870. (Voir : Hou pè *infra*.)

— The Han (*Shanghai Budget*, Sept. 28, 1872).

— A. David : Journal de mon troisième Voyage (au chap. de l'*Histoire naturelle*).

5° Le HOANG HO. Fleuve Jaune. 黃 河

Voir une lettre du Père Amiot : *Mém. conc. les Chinois*, IX, pp. 25 et seq.

— Das Wassersystem des Hoang ho, pp. 491 et seq., de « Die Erdkunde von Asien... von Carl Ritter. Bd. III. Berlin, 1834. »

— Mémoire sur les Changements du Cours inférieur du fleuve Jaune par Edouard Biot. (*Journal Asiatique*, IV Sé-

rie, T. I (1843), pp. 452-471, — T. II, pp. 84-99).

Un extrait de ce mémoire a été lu, le 26 mai 1843, devant l'Académie des Inscriptions et Belles-Lettres.

— Course and topography of the Hwang ho or Yellow River. By S. W. Williams (*Ch. Repos.*, XIX, 1850, pp. 499,599).

— Notes and Queries on the Drying up of the Yellow River by D. J. Macgowan, M. D. (*N. China Herald*, No 336, January 3, 1857).

Réimp. dans le *Shanghae Miscellany*.
Letter signed W. dated Shanghae, June 2, 1857, addressed to the Editor (*N. C. Herald*, No 359, June 13, 1857).

— Grain Supply of Peking (*Ibid.*, No 418, July 31, 1858).

— Lettre du Dr Macgowan reproduite dans *The N. C. Herald*, July 5, 1867.

— A Journey towards the Yellow River. By Cwmnant (*N. C. Herald*, No 466, July 2, 1859. — 467, July 9, 1859).

— Notes on a Portion of the Old Bed of the Yellow River and the Water Supply of the Grand Canal. By Ney Elias, F. R. G. S. (*Journal N. China B. R. As. Soc.*, N. S., No IV, Dec. 1867, Art. VI, p. 80).

— Report of an exploration of the new course of the Yellow River. By Ney Elias, Jr., F. R. G. S. (*Ibid.*, No V, Dec. 1868, Art. IX, p. 259.)

Cette exploration importante du fleuve Jaune a été faite aux frais de la Société asiatique de Shanghai par MM. Ney Elias et H. G. Hollingworth. Mr Ney Elias est bien connu par les voyages qu'il a faits depuis cette époque en Mongolie et avec l'expédition du Col. H. Browne. On a dressé deux cartes du cours du fleuve Jaune pour accompagner ce rapport. (London, 1872.)

— « The Old Bed of the Yellow River. »

Pièce in-folio de 4 pages, tirée à 6 exemplaires par Ney Elias.

— Notes of a Journey to the New course of the Yellow River, in 1868. By Ney Elias, Esq., (Read Nov. 22, 1869). (*Journ. R. G. S.*, XL, 1870, pp. 1/33, & *Extracts* dans *Proc. R. G. S.*, XIV, 1870, pp. 20/37).

— « The Yellow River » [from a correspondent; voyage du 15 mai 1868] (*N. C. Herald*, June 19, 1868).

— The Fabulous Source of the Hoang-ho, by E. J. Eitel. (*Journal N. C. B. R. A. S.*, N. S., No VI, 1869/70, pp. 45 sq.)

Lettre de Richthofen sur le Honan et le Shansi, Shanghai, 1870 (vide Shan si *infra*), pp. 7,8.

— Les Inondations dans la Plaine du Tien-tsin. Recherches sur leurs causes et les moyens d'y remédier par Guy de Contenson, Capitaine d'état-major. (*Bull. Soc.*

de Géog., 6° Sér., VIII, 1874, pp. 5/11 avec une carte.)

Voir d'Escayrac de Lauture, *supra*, col. 73 ainsi que les trad. de la Gazette de Peking, pub. par le *N. C. Herald*.

6° Le *PEI HO*. Notices of the Pei ho, from Tientsin to the vicinity of Peking, of the avenue to the capital, and of the road to Je ho, or the Hot stream. By E. C. Bridgman *(Ch. Rep.*, XI, 1842, pp. 92 et seq.).

— Réimp. dans le *N. C. Herald*, Nos 402 & 403, Av. 10 & 17, 1858.

— The Pei ho. *(Naut. Mag.*, April 1857.)

— Peking und der Pei-ho oder Weisse Fluss. *(Petermann's Mitth.* 1858, pp. 117/119.)

— Notice sur la baie du Peï-Ho dans le golfe de Pe-Tche-li. Description de la Côte de Chine depuis la rivière de Laumu-ho jusqu'à l'embouchure du Ta-Tsing-Ho, d'après les reconnaissances effectuées par les officiers de la station française de Takou sous le commandement supérieur de S. Bourgois, Capitaine de vaisseau. Accompagnée de deux grandes cartes et quatre plans. Paris, Arthus Bertrand, s. d., in-8, pp. 64.

Extrait de la *Revue coloniale et maritime* [mai 1864, etc.]

— Ch. Grad. La Province de Pétchili et le Peï-ho. *(Nouv. Annales des Voyages*, Fév. 1863, pp. 193/212.)

Let. de Richthofen sur le Ho-nan et le Shan si (*vide* Shan si infra). Shanghai, 1870.

7° Le *YUN HO* 運河
(Le grand Canal).

— Bretschneider, Archæological Researches on Peking, p. 39. — Williams, Middle Kingdom, I, pp. 27 et seq.

— Description du Grand Canal de la Chine, extraite d'ouvrages chinois. (Klaproth, *Mém. rel. à l'Asie*, III, 1828, pp. 312/331.)

Verfall des Kaisercanals in China. *(Globus*, XXV, 1874, No 4.)

————

MERS DE CHINE. — PUBLICATIONS POUR EN FACILITER LA NAVIGATION, ETC.

ALEXANDER DALRYMPLE. A Collection of Charts and Memoirs published by Alexander Dalrymple Esq. in-fol. s. l. n. d., contient, avec titres spéciaux et pagin. diff. :

General Introduction to the Charts and Memoirs pub. by Al. Dalrymple Esq. London: Printed in the Year 1772. — Essay on the most commodious Methods of Marine Surveying. Lond., 1771. — Memoir

of a Chart of the China Sea. Lond., 1771. — Memoir of the Chart of Part of the Coast of China, and the adjacent islands near the entrance of Canton River. Containing Observations in the Schooner *Cuddalore* in 1759 and 1760. And in the ship. London, 1764. With several Views of the Lands. Lond. 1771. — Journal of the Schooner *Cuddalore*, Oct. 1759. on the Coast of China. Lond. 1771. — Journal of the Schooner *Cuddalore* on the Coast of Hainan 1760. London, 1771. — Memoir of the Chart of the West Coast of Palawan, or Paragua. containing the Journal of the Schooner *Cuddalore*, in Dec. 1761. Lond. 1771. — Memoir of a Chart of the Southern Ocean.

General Introduction, to the Charts and Memoirs. published by Dalrymple. Originally printed in 1772. Second Edition. London: Printed by George Bigg, 1786, in-fol.

Une 2e éd. des autres mémoires a été également donnée en 1786 par G. Bigg.

Vide infra : Mannevillette.

MANNEVILLETTE. Cartes des costes et des mers des Indes orientales & de la Chine, avec des Mémoires sur ces Côtes & sur ces Mers, & des Instructions concernant les voyages qu'on y peut faire. *(Rec. de l'Ac. des Sc.*, Hist., (année 1743), 1746, pp. 154/163).

D'après les voyages et les observations de M. d'Après de Mannevillette, Lieutenant des Vaisseaux de la Compagnie des Indes.

— Le Neptune Oriental, dédié au Roi, par M. d'Après de Mannevillette, Chevalier de l'Ordre du Roi, Capitaine des Vaisseaux de la Compagnie des Indes, Correspondant de l'Académie Royale des Sciences, & Associé de l'Académie Royale de Marine. A Paris, chez Demonville... et à Brest, chez Malassis, M.DCC.LXXV. gr. in-fol. à 2 col.

Sur la Chine, voir pp. 160 sq. de ce superbe ouvrage. — Pp. 191 seq. « Mémoire sur la Carte des Mers de la Chine par M. Alexandre Dalrymple, Ecuyer. »

La première édition du *Neptune Oriental* est de 1745, gr. in-folio. La Bibl. du Dépôt de la Marine en possède un ex. provenant du cabinet particulier de Louis XVI ; les cartes, au nombre de 24, sont coloriées. Un supplément à cette éd., publié à Paris, en 1781, gr. in-folio, renferme 18 cartes ; il a été publié par D'Après de Blangy. On y trouve une vie de l'auteur, un mémoire de Mengaud de la Hage, et un autre de Fontaine.

DANIEL ROSS. This Survey of part of the South Coast of China is dedicated to the Honorable the Court of Directors for the affairs of the United East India Company at whose desire it was executed by their most obedient humble servants Daniel Ross and Philip Maughan Lieutenants of the Bombay Marine 1807... *Atlas* in-folio.

* PIDDINGTON. Handbook of storms for the Indian and China Seas. Calcutta, 1807, in-8.

JAMES HORSBURGH. Directions for Sailing to and from the East Indies, China, New Holland, Cape of Good Hope, and the interjacent ports; compiled chiefly from original journals at the East India House, and from Journals and Observations, made during twenty-one years experience navigating in those seas. By James Horsburgh, F. R. S. London, 1809-1811, 2 vol. in-4.

The Same, second ed. — Supplement to the India Sailing Directory. London, 1817-1818. 2 vol. in-4.

Le supplément qui porte la date de 1818 a 61 pages. L'Atlas a 25 feuilles.

The Same, third ed. London, 1826-27. 2 vol. in-4. L'Atlas a 32 feuilles.

The Same, 4th. ed. London, 1836, 2 vol. in-4. 5th. ed., Lond., 1841-3, 2 vol. in-4. — 6th. ed., Lond., 1852, 2 vol. in-4. — 7th. ed., Lond., 1855, 2 vol. in-4.

Traduit en français par le Prévour. Paris, Imprimerie royale, 1824, in-8.

Le même, 1836-9, 5 vol. in-8.

Le même, révisé sur la 5e éd. anglaise de 1843 par B. Darondeau, Ing. hyd., et G. Reille, lieut. de vaisseau. Paris, P. Dupont, 1851, in-4.

Le même, 2e éd. rev. sur les 5e et 6e éd. anglaises et augmentée par Darondeau, Ing. hyd., Reille, lieut. de vais., et X. Estignard. Paris, P. Dupont, 1851-1860, 3 vol. in-4.

Le même, 3e éd. revue par J. Lafont, capitaine de frégate, et Ch. Pigeard, Cap. de vaisseau. Paris, Paul Dupont, 1861-2, 2 vol. in-4.

— Mémoire sur l'extension progressive des côtes orientales de la Chine, depuis les anciens temps; par M. Edouard Biot. (Journ. As., IVe S., t. IV, pp. 408-445.)

COLLINSON. Typhoon in the China Seas. — Nautic. Mag. 1841, pp. 859/860.

— Survey of the harbor of Amoy. By Commander R. Collinson. From the Nautical Magazine (Ch. Rep., XII, 1843, pp. 121 et seq.).

— Sailing Directions to accompany seven charts of the coast of China, between Amoy bay, and the Yangtz' kiang. (Ibid., pp. 401 et seq.)

— Errata and additions to the Sailing Directions for Coast of China, by Captains Kellet and Collinson, on pages 401/435. (Ibid., pp. 476 et seq.)

— Addenda to the Sailing Directions for the Coast of China. From the Hongkong Gazette. (Ibid., XIII, 1844, pp. 123 et seq.)

— Sailing Directions for the Pang hú, or Pescadore Archipelago, with notices of the islands. By Captain Richard Collinson, C. B. (Ibid., XIV, pp. 249 et seq.)

From the Hongkong Register.

(MERS DE CHINE.)

— Sailing Directions for the Coast of China; from the Cape of Good Hope to Amoy. By Capt. Richard Collinson, C. B. From the Hongkong Register, and revised Capt. Collinson (Ibid., XIV, 1845, pp. 258 et seq.)

Austen. The Hasting and Sphinx Hurricane of Sep. 30 and Oct. 1 in the China Sea. (Naut. Mag., 1852, p. 34.)

* Navigation of the Indian Ocean, China and Australian Seas, containing a brief Account of the Winds, Weather and Currents prevailing therein, etc. Lond. 1859, 2e édit.

* Beecher (A. B.) Directions for navigating the Atlantic and Indian Oceans, China and Australian Seas, wits a brief Account of the Winds and Currents prevailing therein throughout the year. London, 1864 (?).

Iles diverses : Notice sur l'archipel de Jean Potocki, situé dans la Partie septentrionale de la Mer Jaune. Par Jules Klaproth. Avec une carte. Paris, J.-M. Eberbart, 1820, in-4, pp. 8.

Réimp. dans les Mém. rel. à l'Asie, I, pp. 310/321.

— Chinese Islands (Hai-nan, Tai-wan, etc.) (The Canton Register, Vol. 10, 1837, Nos 1, 2 et 3.)

* A. Petermann : Die südlichen Inselgruppen des Chinesischen Reiches. Ausland. No 25, 1858.

Léon de Rosny. Notices sur les îles de l'Asie orientale. (Voir le chap. consacré aux îles Lieou Kieou dans la 5e Part. de cet ouvrage.)

— Report on the appearance of the Rugged Islands. By Edwards Wilds Esq. Master Commanding H. M. 's Survey in Ship Swallow. (Journ. N. C. B. R. A. S., N. S., No I, pp. 139/143.)

— A Visit to the Island of Hai-tan. By Rev. N. J. Plumb (Chinese Recorder, VII, 1876, pp. 204/207).

Voir la description particulière de Tai-ouan, Hai-nan, etc.

———

— Bay of Foo-ming foo (Fokien) (Canton Press, No 27, Vol. 4).

— Gulf of Liau-tung (N. C. Herald, No 545, January 5, 1861).

— Coast of China, division, etc. (By J. R. Morrison, Chinese Repository, V, pp. 337 et seq; VI, pp. 8 et seq.)

— Coast of China, etc. : « Sailing directions derived from nautical observations made by H. B. M. 's Squadron in 1840. » *(Chinese Rep.* X, pp. 371 et seq.)

Morskoe soobschtchenié mejdou Tientsinem i Shanhaem. La Navigation entre Tientsin et Shanghai, par l'Archimandrite Palladius. *(Trav. de la Mission Russe,* III, No 10.)

— « Sailing Directions for the Coast of China, the Japanese Islands, and the Gulf of Siam » Williams' *Commercial Guide,* Appendix.

— Renseignements nautiques recueillis à bord du *Duperré* et de la *Forte* pendant un voyage en Chine 1860-1862. Par M. S. Bourgois, capitaine de vaisseau. (Extrait de la *Revue maritime et coloniale,* mars 1863) Paris, librairie Challamel aîné, 1863, in-8, pp. 76, 1 Carte.

Ce même ouvrage a été publié avec des corrections dans les *Annales hydrographiques.* T. XXIII, 1er trimestre 1863, pp. 81/165.

— Mer de Chine. Observations sur la route

(MERS DE CHINE)

de l'Est. *Ann. hyd.,* T. XXIII, 1863, pp. 372/375.

Lettre du Capt. P. A. Polack, de la barque *Esmeralda,* publiée dans le *Nautical Magazine.*

— The China Pilot.... compiled.... by Staff Commander John W. King, R. N. 4th ed. London, 1864, in-8.

— Quelques observations sur les typhons ressentis dans la mer de Chine pendant les mois d'Août, Septembre et Octobre 1867. *(Mém. de la Soc. des Sc. nat. de Cherbourg,* XIII, 1868, p. 29; reproduit duit en partie dans les *Annales hydrographiques.)*

— The China Coast Signal Book being an Addenda to Marryat's [the universal] Code : for the use of vessels trading on the coast of China and Japan, with flags arranged both for the commercial & universal signals. Shanghai : Printed at the « North China Herald » Office, 1873. in-8, pp. XVIII-64.

By Capt. H. V. Russell, of the Str « Appin ».

(MERS DE CHINE.)

CARTES PUBLIÉES PAR L'AMIRAUTÉ ANGLAISE

Nᵒ	SIZE	SCALE	TITLE OF THE CHART	PRICE s.	d.
2660 a, b	DE	$m = 0.05$	China Sea, Southern portion, Singapore to Calamion; *corrections* to 1873........................	5	0
2661 a, b	DE	$m = 0.05$	China Sea, Northern portion, Cam-ranh Bay to Formosa Strait, including Luzon Island and Mindóra Strait, with plans of Macao and Hong Kong, 1867 ; *corrections* to 1874........................	5	0
1262	DE	$m = 0.03$	China General, from Hong Kong to Liautung Gulf. — *Various Authorities* 1860 ; *corrections* 1874...	3	0
1246	$\frac{DE}{2}$	$m = 0.23$	.... Hainan Island to Macao ; *corrections* to 1869..	1	6
96	A	$m = 2.5$	.... Tihen-pien or Tien-pack Harbour, with Views.—*Lieut. Ross,* I. N.; *corrections* to 1868.	1	8
97	A	$m = 2.0$	.... Hui-ling-san Harbour, with View. — *Lieut. Ross,* I. N.; *corrections* to 1866............	1	6
98	$\frac{DE}{2}$	$m = 2.5$	.... Namo Harbour, with View. — *Lieut. Ross,* I. N.; *corrections* to 1866................	1	0
1022	$\frac{DE}{8}$	$m = 1.6$	.... Shitoe Bay, St. John's Island. — *J. P. Larkins,* 1786........................	0	6
2212	$\frac{DE}{2}$	$m = 0.23$	Sheet 1 : Mongchow to Hongkong. — *Capt. Sir E. Belcher, Coms. Bate* and *D. Gordon,* R. N ; *corrections* to 1873..................	1	6
1023	$\frac{DE}{4}$	$m = 12.0$	.... Boddam Cove. — *Staff Com. Reed,* R. N. 1868........................	0	6
1253	$\frac{DE}{2}$	$m = 3.0$	.... Cum-sing-mun Harbour — *J. Rees* and *F. Jauncey,* I. N........................	1	0

(CARTES DE L'AMIRAUTÉ ANGLAISE.)

Nᵒ	Size	Scale	Title of the chart	Price s. d.
2562	DE & $\dfrac{DE}{2}$	$m = 0{\cdot}5$	.... Canton river, with its Western Branches to Sham sui, &c. — *British Surveys, 1861; corrections* to 1872............	3 6
1782	DE	$m = 1{\cdot}5$	.... Sheet 1 : Lantao to Lankeet Islands. — *Capt. Sir E. Belcher*, R. N., C. B. 1840.....................	2 6
1741	DE	$m = 3{\cdot}0$	.... Sheet 2 : Lankeet to Tiger Islands, with Chuenpee and Bocca Channels. — *Capt. Sir E. Belcher*, R. N., C. B. 1840; *corrections* to 1865............	2 6
1740	DE	$m = 3{\cdot}0$	.... 3 : Tiger Island to Second Bar Pagoda. — *Capt. W. T. Bate*, R. N. 1857....	2 6
1742	DE	$m = 3{\cdot}0$	.... Canton river, 4 : Second Bar Pagoda to Whampoa.—*Capt. W. T. Bate*, R. N. 1857.....................	2 6
1739	DE	$m = 3{\cdot}0$	.... 5 : Whampoa Channel to Canton. — *Capt. W. T. Bate*, R. N. 1857; *additions* to 1873.....................	2 6
2734	DE	$m = 0{\cdot}7$	.... Si-kiang, Kau-Kong to Chau-sun.-Sheet 2 : Sketch by *Lieut. Bullock*, R. N. 1859..	2 0
2735	DE	$m = 0{\cdot}7$	.... Chau-sun to Wu-chau-fu. — Sheet 3 : Sketch by *Lieut. Bullock*, R. N. 1859..	2 0
1962	$\dfrac{DE}{2} m = 0{\cdot}24$		Sheet 2 : Hong Kong to Chelang Point, with Ty-sami enlarged. — *Capt. Collinson*, R. N., C. B. 1845; *additions* to 1873................	1 6
1466	DE	$m = 2{\cdot}0$	.... Hong-Kong. — *Capt. Sir E. Belcher*, R. N., C. B. 1841, with plan of Hongham Bay and Kow Coon Docks; *corrections* to 1874.....................	3 0
1696	DE		.... Views. — *Lieut. G. P. Heath*, R. N. 1846.....................	3 0
362	$\dfrac{DE}{2} m = 1{\cdot}0$		.... Pratas Reef and Island. — *J. Richards*, Master, R. N. 1858; *corrections* to 1868........	1 0
1964	$\dfrac{DE}{2} m = 0{\cdot}8$		.... Mirs Bay. — *Capt. Collinson*, R. N., C. B. 1846; *corrections* to 1874..................	1 6
1963	$\dfrac{DE}{2} m = 0{\cdot}24$		Sheet 3 : Chelang Point to Chauan Bay, with Plans of Chino Bay, Cupchi Point, Haimun, and Breaker Pt., with View. — *Capt. Collinson*, R. N., C. B. 1845; *corrections* to 1874......	1 6
2789	$\dfrac{DE}{2} m = 0{\cdot}7$		.... Han River entrance, including Swatow Port. *Capt. Collinson*, R. N. 1844; *corrections* to 1874....................	1 6
854	DE	$m = 3{\cdot}1$	.... Swatow Port and Views. — *E. Wilds*, Master, R. N. 1865; *corrections* to 1874........	2 6
1957	$\dfrac{DE}{2} m = 0{\cdot}7$		.... Namoa Island.— *Capt. Collinson*, R. N., C. B. 1846; *corrections* to 1874..................	1 6
1760	DE	$m = 0{\cdot}24$	Sheet 4 : Chauan Bay to Matheson Port, including the Pescadores Islands, with Red Bay and Rees Pass enlarged. — *Capts. Kellett* and *Collinson*, R. N., C. B. 1844; *corrections* to 1874....................	2 6
1958	$\dfrac{DE}{2} m = 1{\cdot}0$		.... Tongsang Harbour and Hutau Bay. — *Capt.*	

N°	SIZE	SCALE	TITLE OF THE CHART	PRICE s. d.
			Collinson, R. N., C. B. 1844; *corrections* to 1865......	1 6
1767	$\frac{DE}{2}$	$m = 1\cdot 0$	.... Amoy Harbour and Approaches. — *Capts. Kellett* and *Collinson*, R. N., C. B. 1843; *corrections* to 1872...............	1 6
1764	$\frac{DE}{2}$	$m = 6\cdot 0$	.... Inner Harbour and Views. — *E. Wilds, Master* R. N. 1863; *corrections* to 1869......................	1 6
1959	$\frac{DE}{2}$	$m = 1\cdot 0$	.... Hoo-i-tau and Chimmo Bays. — *Capt. Collinson*, R. N., C. B. 1844; *corrections* to 1865..	1 6
1769	$\frac{DE}{2}$	$m = 1\cdot 5$	.... Chinchu Harbour. — *Capt. Collinson*, R. N., C. B. 1844; *corrections* to 1873.......	1 6
1961	DE	$m = 0\cdot 8$	.... Pescadores Islands. — *Capt. Collinson*, R. N., C. B. 1844; *corrections* to 1866............	2 0
1968	DE	$m = 0\cdot 1$	Formosa Island and Strait, with Views. — *Capts. Kellett, Collinson*, C. B., and *Edward Wilds, Master* R. N. 1867; *corrections* to 1874.....	2 6
2376	Imp.	$m = $ Various	Formosa Island, Tamsui Harbour, Sau-o Bay, Koksikon, and Ta-kau-kon Ports, and Views, 1855-67; *corrections* to 1871......................	1 6
2618	A	$m = 5\cdot 0$	.... Ke-lung Harbour and View. — *Lieut. Preble*, U. S. Navy, 1854; *corrections* to 1874......	2 0
2409	DE	$m = 0\cdot 5$	.... Tai-wan or Formosa, West Coast, with Pescadores Channel, and View, 1867........	2 0
2105	$\frac{DE}{2}$	$m = 0\cdot 5$	Meiaco-sima group with Plan of Broughton Bay. — *Capt. Sir Edward Belcher*, R. N., C. B. 1845; *additions* to 1873...........................	1 6
1761	DE	$m = 0\cdot 24$	Sheet 5 : Matheson Port to Ragged Point. — *Capts. Kellett* and *Collinson*, R. N., C. B. 1843; *corr.* to 1874...........................	2 6
1985	DE	$m = 1\cdot 0$	.... Hai-tan Strait. — *Capts. Kellett* and *Collinson*, R. N., C. B. 1843; *corrections* to 1870......	2 6
2400	DE	$m = 1\cdot 2$	.... Min-River from the entrance to Fu-chau-fu and View. — *Capts. Kellett, Collinson*, R. N., C. B., and *J. Richards, Master*, R. N., also *Com. Brooker*, R. N. 1868; *corrections* to 1872................................	2 6
1754	$\frac{DE}{2}$	$m = 0\cdot 24$	Sheet 6 : Ragged Point to Pih-ki-shan. — *Capts. Kellett* and *Collinson*, R. N., C. B. 1843; *corrections* to 1872..........................	1 6
1988	$\frac{DE}{2}$	$m = 0\cdot 7$	.... Sam-sah Bay. — *Capt. Collinson*, R. N., C. B. 1846; *corrections* to 1862..................	1 6
1980	$\frac{DE}{2}$	$m = 4\cdot 7$	.... Namquan Harbour. — *Capt. Collinson*, R. N., C. B. 1846; *corrections* to 1862.....	1 6
1759	$\frac{DE}{2}$	$m = 0\cdot 24$	Sheet 7 : Pih-ki-shan to Hie-shan Islands. — *Capts. Kellett* and *Collinson*, R. N., C. B. 1843; *corrections* to 1870..........................	1 6
1199	DE	$m = 0\cdot 25$	Sheet 8 : Hieshan Islands to the Yang-tse Kiang, including the Chusand Islands. — *Capts. Kellett* and *Collinson*, R. N., C. B. 1843; *corrections* to 1872............................	2 6
1994	$\frac{DE}{2}$	$m = 0\cdot 7$	.... San-Mun Bay and Sheipu Harbour. — *Capt.*	

N°	Size	Scale	Title of the chart	Price s.	d.
			Collinson, R. N., C. B. 1843; *corrections* to 1868	1	6
1583	$\frac{DE}{2}$	$m = 0.7$	.... Nimrod Sound. — *Com. the Hon. G. F. Hastings,* R. N. 1843	1	6
1429	$\frac{DE}{2}$	$m = 0.8$	Chusan Archipelago-South Sheet. — *Capt. Collinson,* R. N., C. B. 1844; *corrections* to 1867.	1	6
1395	$\frac{DE}{2}$	$m = 4.0$	.... Ting-hai Harbour with Views. — *Lieut. Collinson,* R. N. 1840; *corrections* to 1867	1	6
1969	$\frac{DE}{2}$	$m = 0.8$	.... North Sheet. — *Capt. Collinson,* R. N., C. B 1844; *corrections* to 1867	1	6
1744	$\frac{DE}{2}$	$m = 1.2$	.... North Bay. — *Lieut. B. Drury,* R. N. 1842	0	6
1770	$\frac{DE}{2}$	$m = 1.2$	.... Kintang Channel. — *Capt. Collinson,* R. N., C. B. 1849; *corrections* to 1871	1	0
1592	DE	$m = 3.0$	. ... Yung River, from the Mouth to Ning-po. — *Com. Collinson* and *Lieut. Bate,* R. N. 1841; *corrections* to 1872	2	6
1453	$\frac{DE}{6}$	$m = 2.0$	.... Chapoo Road. — *Coms. Kellett,* and *Collinson,* R. N. 1842	0	6
1418	$\frac{DE}{4}$	$m = 2.2$	.... Saddle Group, South and East Islands of. — *Lieut. M. Nolloth,* R. N. 1842; *corrections* to 1865	0	6
1480	DE	$m = 0.2$	Sheet 9 : Yang-tse Kiang to Nanking, with a Sketch of Silver Island. — *Capts. Bethune, Kellett,* and *Collinson,* R. N., C. B. 1842; *corr.* to 1874.	2	6
1601	DE	$m = 3.0$	.... Wusung River, with an enlarged Plan of the Entrance. — *Com. Ward,* R. N. 1858; *corr.* to 1873	2	6
389	DE	$m = 11.0$	.... Shangbai City and Environs. — *S. A. Viguier* and *J. M. Hockley,* Harbour Master, 1866	2	6
1602	DE	$m = 0.5$	.... Yang-tse kiang, Entrance. — Sheet 1 : *Edwd. Wilds,* Master, R. N. 1864; *corrections* to 1873	2	0
115	$\frac{DE}{2}$	$m = 1.9$	.... Plans of Ports in the Upper Yang-tse Kiang, and Sha-sze anchorage. — *Messrs. Dawson* and *Palmer,* R. N. 1869	1	6
2809	DE	$m = 0.5$	.... Shanghaï to Nanking. — Sheet 2 : *Various,* 1861; *corrections* to 1874	2	6
2678	DE	$m = 0.5$	.... Nanking to Tung-lin. — Sheet 3 : *Com. J. Ward,* R. N. 1858; *corrections* to 1872	2	6
2695	DE	$m = 0.5$	.... Tung-lin to Hankau. — Sheet 4 : *Com. Ward,* R. N. 1858; *corrections* to 1874	2	6
2849	DE	$m = 0.5$	.... Hankau to Yo-chau-fu. — Sheet 5 : *Com. J. Ward,* R. N. 1861, Poyang Lake, and Kan River; *corrections* to 1874	1	6
1115 D	Imp.	$m = 0.5$	.... Upper Yang-tse Kiang; Yoh-chau-fu to Kwei-chau-fu. — *Sub. Lieut. Dawson,* R. N. 1870; *corrected* to 1871	2	6
1116 *a, b, c, d, e*	DE	$m = 1.0$	.... Upper Waters, from Yoh-chau-fu to		

(CARTES DE L'AMIRAUTÉ ANGLAISE.)

GÉOGRAPHIE

Nᵒ	Size	Scale	Title of the chart	s.	d.
			Kweichau-fu. — *Sub. Lieut. Dawson,* R. N. 1871. each	2	0
857	DE	$m = 1\cdot3$	Kyau-chau Bay and Views. — *E. Wilds,* Master R. N. 1863; *corrections to* 1866........................	2	6
1256	DE	$m = 0\cdot1$	Pe-chili and Liau-tung Gulfs, and Plans of Hope Sound, Chifu Is. Anchorage, Thornton Haven, Li-tsin-Ho, and Ta-san-Ho. — *Com. Ward,* R. N. 1860; *corr. to* 1874..........	2	6
2823	$\frac{DE}{2}$	$m = 2\cdot0$	.... Wei-hai-wei Harbour and View. — *Com. Ward,* R. N. 1860; *corrections to* 1868......	1	6
1260	$\frac{DE}{2}$	$m = 1\cdot0$	.... Chifu ov Yen-tai with Views. — *Com. Ward,* R. N.; *corrections to* 1872.................	1	6
2846	$\frac{DE}{2}$	$m = 9\cdot0$	...... Lung-mun Harbour. — *Lieut. Bullock,* R. N. 1860; *corrections to* 1868.................	1	0
1392	$\frac{DE}{2}$	$m = 0\cdot4$	.. .. and Liau-tung Gulfs; Strait, Channels, and Anchorage of Hope Sound. — *Com. J. Ward,* R. N. 1860; *corrections to* 1873......	1	6
2732	DE	$m = 0\cdot2$ } $1\cdot5$ }	...... Gulf. Chi-kau to Ning-hai, with Plans of Entrances to Chi-ho, Pehtang-ho, Ching-ho, Lau-mu-ho, Tai-cho-ho, and Tang-ho. — *Major A. Fisher,* R. E. 1859; *corrections to* 1868.............................	2	0
2653	DE	$m = 2\cdot4$	. ..... Peiho or Peking River, Sheet 1, from the Entrance to Ko-ku. — *A. E. Ploix,* F. I. N. 1858; *corr. to* 1868....................	2	0
2654	DE	$m = 2\cdot4$	.... Sheet 2, Ko-ku to Tien-tsin 1858; *corrections to* 1863.........................	2	0
257	DE	$m = 2\cdot2$	. ... Tien-Tsin to Tung-chow. — *Lieut.-Col. Wolseley,* R. E. 1860.....................	2	0
258	DE	$m = 2\cdot2$	.... Tung-chow to Peking. — *Lieut.-Col. Wolseley,* R. E. 1860....................... .	2	6
2894	DE	$m = 1\cdot0$	Liau River entrance to Niu-chwang. — *Com. Ward,* R. N. 1860; *corrections to* 1874...................	2	0
2833	DE	$m = 1\cdot0$	Adams Port, Society Bay, with Plan of Hulu-shan Bay. — *Com. J. Ward,* R. N. 1860; *corrections to* 1874.....	2	6
2827	$\frac{DE}{2}$	$m = 1\cdot0$	Ta-lien-whan Bay, with a View. *Com. J. Ward,* R. N. 1860; *corrections to* 1868......................	1	6
2847	$\frac{DE}{2}$	$m = 3\cdot0$	Hai-yun Island, including Thornton Haven. — *Lieut. Bullock,* R. N. 1860; *corrections to* 1868.............	1	0
1257	Imp.	$m = 0\cdot6$	Ping Yang Inlet and Tatong River Approach. — *Comdrs. Febiger* and *Shufeldt,* U. S. Navy, 1867-8; *corrections to* 1872................................	1	6
1258	DE	$m = 0\cdot7$	Séoul and Salée River, Approaches to. — *Rear Admiral Roze,* F. I. N. 1867.............................	1	6
104	DE	$m = 0\cdot16$	Korean Archipelago, Southern portion, with Views, 1845 and 1863; *corrections to* 1873.........	2	6
1280	$\frac{DE}{2}$	$m = 3\cdot0$	.... Hamilton Port, with Views. — *Capt. Sir E. Belcher,* R. N., C. B. 1845; *corrections to* 1871...............................	1	0
2710	DE	$m = 3\cdot0$	.... Tsu-sima Sound. — *Com. Ward,* R. N; *corrections to* 1871.............................	2	0

(CARTES DE L'AMIRAUTÉ ANGLAISE.)

N°	Size	Scale	TITLE OF THE CHART	Price s.	d.
1259	DE	$m = 2.0$	.... Tsau-liang-hai (Chosan Harbour) with adjacent Coast of Tchoo-sian, with View. — Com. *John Ward*, R. N. 1859; *corrections* to 1872....................................	2	0
2412	DE	$m = 0.05$	Formosa and Japan, Islands between them, with the adjacent Coast of China, and Views, 1869; *corrections* to 1874..	2	6
2416	$\frac{DE}{2}$	$m = 0.17$	Loo Choo or Liu kiu and adjacent Islands, with Plans of Tubootch and Suco Harbours, also Shah Bay, with Views, 1855-63; *corrections* to 1873....................................	1	6
990	$\frac{DE}{2}$	$m = 3.0$	.... Na Fa Kiang Road and Views. — *Capt. F. W. Beechey*, R. N. 1827; *corrections* to 1865.	1	6
2436	$\frac{DE}{2}$	$m = 3.4$	.... Ooning Port, with Views. — *French Survey*, 1846; *corrections* to 1865.................	1	6

Abreviations Showing the Size, and the Scale.

Inches.

D. Imp.	Double Imperial................................	44×30
Imp.	Imperial.......................................	30×22
A	Atlas...	34×27
DE	Double Elephant...............................	40×27
$\frac{DE}{2}$	Half of ditto.................................	20×27
$\frac{DE}{3}$	Third of ditto................................	$27 \times 13\ ^{1}/_{3}$
$\frac{DE}{4}$	Quarter of ditto.............................	$20 \times 13\ ^{1}/_{3}$
$\frac{DE}{8}$ m	Eighth of ditto...............................	$10 \times 13\ ^{1}/_{2}$
	Geographic or Nautic Mile.	

The Figures signify inches and tenths of an inch.

Thus, $\frac{DE}{4}$ m 1.5 implies that the Chart is printed on a quarter of a sheet of double elephant paper, and that its scale is one and a half inches to a minute of Mid-Latitude.

From Sect. XIII, pp. 133, 135/141, of « Admiralty Catalogue of Charts, Plans, Views, and Sailing Directions, &c. Published by order of the Lords Commissioners of the Admiralty. London ; 1875, » in-8, pp. 217.

LIVRES PUBLIÉS PAR L'AMIRAUTÉ ANGLAISE

—China Sea Directory, Vol. 1, Approaches to the China Sea and Singapore, by the Straits of Sunda, Banka, Gaspar, Carimata, Rhio, Varella, Durian, and Singapore. — *Staff Commanders J. W. King* and *J. W. Reed*, R. N. 1867.   4. 6.

— Vol. 2, Between Singapore and Hongkong. — *Staff Commanders J. W. King* and *J. W. Reed*, R. N. 1868.   7. 6.

— Vol. 3, Coast of China from Hong kong to the Korea, and the Babuyan, Bashee, and Meiaco Sima Groups. — Edited by *Capt. C. J. Bullock*, R. N.   10. 6.

— Vol. 4, Coasts of Korea, Russian Tartary, Japan Islands, Gulfs of Tartary and Amur, and the Sea of Okhotsk, &c. — *Nav. Lieut.* F. W. Jarrard, R. N. 1873.   6. 0.

(Admiralty Catalogue, 1875, p. 165).

CARTES PUBLIÉES PAR LE DÉPÔT DES CARTES ET PLANS DE LA MARINE ARRANGÉES
PAR ORDRE CHRONOLOGIQUE.

Numéro.		Format.	Ech. en mill.
438	Carte d'une partie de la mer de la Chine 1798...............		*Suppr.*
439	Partie de la côte méridionale de l'île d'Hainan. — A. de Kergariou. Pub. 1819..	1/2	$m = 5$
530	A Chart of the China Sea.................................		*Suppr.*
531	Carte d'une partie des côtes de la Chine et des îles adjacentes.	1/2	*Suppr.*
557	Carte générale des découvertes faites, en 1787, dans les mers de Chine et de Tartarie, depuis Manille jusqu'à Avatscha...		*Suppr.*
558	Carte des découvertes faites, en 1787, dans les mers de Chine et de Tartarie. — Première feuille......................		*Suppr.*
559	Plan de la partie des îles ou archipel de Corée, vues au mois de mai 1787..		*Suppr.*
560	Plan de la partie S. de l'île Quelpaert. — Plan de l'île Hoapinsu et des îlots qui l'environnent. — Plan de l'île Dagelet. — Plan de la partie S. de l'île Botol. — Plan d'une partie do l'île Botol. — Plan de l'île de Kumi....................	1/2	*Suppr.*
561	Carte des découvertes faites, en 1787, dans les mers de Chine et de la Tartarie. — Deuxième feuille....................		*Suppr.*
	Les cartes 557/561 appartiennent au Voyage de La Pérouse publié en 1797...		*Suppr.*
865	Carte de la mer de Chine. — Daussy, 1838.................		*Suppr.*
957	Côtes orientales de Chine. — Pub. 1842. Corr. 1870.........	1	$d = 37$
1017	Port de Chin-Hae. — Port de Chin-Hae et rivière de Ning-Po ou Tahea. — J. de Rosamel et Fisquet. — 1841. Pub. 1844. Corr. 1870.....................................	1/2	$m = 55$
1035	Carte de la rivière de Canton. — Plan de la ville de Canton. — Plan de la passe de Boca-Tigris. — Plan de Macao. — Plan du mouillage de Hong-Kong. — Pub. 1844. Corr. Août 1869..	1	$m = 10$
1149	Carte des îles Mariannes et des terres environnantes (îles Philippines, Formose, Madjico-Sima, Lou-Chou, Bonin-Sima). — L'*Astrolabe* et la *Zélée*. — Vincendon-Dumoulin. Pub. 1847. Corr. 1872..................................	1	$d = 32$
1173	Presqu'île de Corée. — J. de La Roche-Poncié. Pub. 1848. Corr. 1872...	1	$d = 140$
1174	Archipel Lou-Tchou et partie S. du Japon. — De La Roche-Poncié, Estignard et Delbalat. Pub. 1848. Corr. 1871......	1	$d = 135$
1175	Plan du port et de la rade de Nafa (Archipel Lou-Tchou). — Les mêmes. — 1846. Pub. 1848.	1	$m = 107$
1176	Port de Ounting (Archipel Lou Tchou). — Les mêmes. — 1846. Pub. 1848.	1	$m = 107$
1177	Bouches du Tigre. — Les mêmes. — 1844. Pub. 1848........	1/2	$m = 92$
1240	Plan de la rivière de Woosung. — H. Kellett et R. Collinson. Pub. 1850...		*Suppr.*
1434	Mer de Chine (feuille 3). D'Hainan à Namoa. — J. de La Roche-Poncié, d'après les cartes anglaises. Pub. 1853. Corr. Oct. 1872..	1	$d = 128$
1435	Mer de Chine (feuille 4). Détroit de Formose. — J. de La Roche-Poncié, d'après les cartes anglaises. Pub. 1853. Corr. 1872..	1	$d = 128$

(CARTES DU DÉPÔT DES CARTES ET PLANS.)

4

Numéro.		Format.	Ech. en mill.
1436	De Formose au Yang-Tze-kiang. — J. de La Roche-Poncié, d'après les cartes anglaises. Pub. 1853. Corr. Nov. 1872....	1	$d = 135$
1691	Rade de Macao. — Mouchez. Pub. 1856. Corr. 1869.........	1	$m = 60$
1692	Canal Sud de Lantao (Riv. de Canton). — Mouchez. Pub. 1856.	1	$m = 45$
1693	Canal Nord de Lantao (Riv. de Canton). — Mouchez. Pub. 1856. Corr. 1858...	1	$m = 60$
1708	Embouchure du Tigre (Riv. de Canton). — Souzy et Mouchez. Pub. 1857. — Corr. Sept. 1872...........................	1	$m = 15$
1811	Reconnaissance de la baie Younghin (Corée). — Montaru. Pub. 1859...	1/4	$m = 17$
1814	Passe Sud de la Typa (rivière de Canton). — E. Ploix. — 1857. Pub. 1860...	1/2	$m = 183$
1842	Port de Yu-lin-kan (côte S. d'Hainan). — E. Ploix. — 1858. Pub. 1860...	1/2	$m = 192$
1844	Partie des côtes de la Chine et de Cochinchine (golfe du Tonquin et détroit d'Hainan). — Pub. 1860. Corr. août 1872.....	1	$d = 125$
2041	Havre de Thornton (île Hai-Youn-Tao). — Entrée du Ta-San-Ho ou Ta-ko-Ho. — Entrée et barre du Li-Tsin-Ho. — Canal de Hope (îles Mia-Tao). — Port de Wei-Hai-Wei. — Ward et Bullock. Pub. 1863. Corr. 1872	1/4	*diverses.*
2048	Golfes de Pe-Tche-li et de Leao-Tong (partie N. de la mer Jaune). — Ward et Bullock. Pub. 1863. Corr. 1872........	1	$d = 130$
2061	Baie de Tche-fou. — Manen. Pub. 1863. Corr. 1872..........	1/2	$m = 31$
2106	Rivière du Pei-Ho. — E. Ploix. Pub. 1864..................	1	$m = 59$
2177	Ile de Hong-kong. — Belcher. — 1861. Pub. 1865. Corr. 1872..	1/2	$m = 37$
2196	Port Nimrod. — G. F. Hastings. — 1843. Pub. 1865.........	1/2	$m = 19$
2197	Baie San-Moon et port Sheipoo. — R. Collinson. — 1863. Pub. 1867. Corr. 1869.....................................	1/2	$m = 18$
2198	Port Nanquam. — R. Collinson. — 1862. Pub. 1865..........	1/2	$m = 45$
2199	Baie et anse Samsah. — R. Collinson. — 1862. Pub. 1865.....	1/2	$m = 19$
2200	Port Tong-Sang et baie Hutau. — Collinson. — 1844. Pub. 1865. Corr. 1869.................................	1/2	$m = 25$
2221	Port de Ting-Hae (archipel des Chusan). — R. Collinson. — 1840. Pub. 1865....................................	1/2	$m = 96$
2231	Iles Pescadores (Canal de Formose). — R. Collinson. — 1844. Pub. 1866. Corr. 1870.......................,..........	1	$m = 18$
2232	Port Chinchew et baie Chimmo. — Collinson. — 1843-1844. Pub. 1865...	1/2	$m = 20$
2233	Détroit de Hai-tan. — Kellett et Collinson. — 1863. Pub. 1865. Corr. 1872................................	1	$m = 24$
2234	Baie Mirs. — Collinson. — 1845. Pub. 1865................	1/2	$m = 21$
2235	Rivière Min, de l'embouchure à Fu-Chau-Fu. — Passe de Goa. — Kellett, Collinson, Richards. — 1862. Pub. 1865. Corr. 1870....................................	1/2	$m = 29$
2236	Baie d'Amoy et baie Hoo-E-Tow. — Ile Quemoy. — Kellett et Collinson. — 1863. Pub. 1865. Corr. 1869................	1 2	$m = 20$
2237	Ile Namoa; entrée de la rivière Han et port de Swatow; baie Hope et baie Hai-mun. — Collinson. — 1844. — Wilds. — 1865. Pub. 1865....................................	1	$m = 16$
2238	Port d'Amoy. — Wilds. — 1863. Pub. 1865. Corr. 1869.......	1/2	$m = 150$

(CARTES DU DÉPÔT DES CARTES ET PLANS.)

Numéro.		Format.	Ech. en mill.
2239	Attérages et entrée de la rivière Min (Rivière de Fu-Chau-Fu). — Kellett, Collinson, Richards. — 1862. Pub. 1865. Corr. 1870	1	$m = 29$
2244	Chenal Kintang. — R. Collinson. — 1865. Pub. 1865	1/2	$m = 30$
2245	Archipel des Chusan (partie S.). — R. Collinson. — 1844. Pub. 1865	1/2	$m = 21$
2246	Archipel des Chusan (partie N.). — R. Collinson. — 1844. Pub. 1865	1/2	$m = 21$
2257	River Yung ou de Ning-Po. — Entrée de la rivière Yung. — R. Collinson. — 1862. Pub. 1865	1/2 {	$m = 75$ $m = 50$
2319	Port de Swatow (entrée de la rivière Han). — Wilds. — 1865. Pub. 1866	1	$m = 72$
2329	Rivière de Canton ou Chou-kiang (1re feuille), de l'île Lankeet à l'île Pottinger. — Belcher et Thornton Bate. Pub. 1866	1	$m = 48$
2330	Rivière de Canton ou Chou-kiang (2e feuille), de l'île Pottinger à Canton. — Belcher et Thornton Bate. Pub. 1866	1	$m = 48$
2335	Des îles Tai-chow à l'île Tung-Ying. — Kellett et Collinson. — 1843. Pub. 1866. Corr. 1870	1	$m = 6$
2336	De l'île Tung-Ying aux îles Ockseu. — Kellett et Collinson. — 1843. Pub. 1866. — Corr. 1870	1	$m = 5$
2361	Des îles Ockseu aux îles Lamock; îles Pescadores. — Kellett et Collinson. — 1844-45. Pub. 1866. Corr. 1871	1	$m = 5$
2362	Des îles Saddle aux îles Taichow. — Kellett et Collinson, etc. Pub. 1866. Corr. 1871	1	$m = 6$
2364	Embouchure du Yang-Tze-kiang et îles Saddle. — Kellett et Collinson, etc. Pub. 1866. Corr. 1872	1	$m = 6$
2365	Côtes orientales de la Chine, des îles Lamock à Hong-kong. — Collinson. — 1845. Pub. 1866. Corr. oct. 1872	1	$m = 5$
2555	Mouillage de l'île Fernande. — Bochet. — 1866. Pub. 1867. Corr. 1868	1/2	$m = 55$
2556	Kang-Hóa. — Bochet. — 1866. Pub. 1867	1/2	$m = 339$
2557	Mouillage de Kang-Hóa. — Humann, Suenson, Desfossés, Marliave. — 1866. Pub. 1867	1/2	$m = 369$
2562	Baie de Kyau-Chau (Province de Chantung). — E. Wilds. — 1866. Pub. 1867	1	$m = 30$
2564	Baie N. de l'île Chusan. — Byron Drury. — 1842. Pub. 1867	1/8	$m = 41$
2571	Plan du mouillage de l'île Boisée (côte occidentale de Corée). — Pub. 1867	1/2	Suppr.
2572	Iles Saddle du Sud et de l'Est. — M. Nolloth. — 1842. Pub. 1867	1/8	$m = 56$
2604	Port de Ty-Sami; pointe Breaker ou des Brisants; pointe Cup-chi; baie Chino; entrée de Hai-Mun; passe Rees; baie Rouge. — Cartes anglaises. Pub. 1867. Corr. 1871	1/4	$m = 25$
2618 2619	Rivière Salée. — Humann, Suenson, Desfossés, Marliave. — 1867. Pub. 1867. Corr. 1868	2	$m = 163$
2630	Port de Ke-lung (île de Formose). — Preble, Jones et Collinson. Pub. 1867	1/2	$m = 92$
2643	Côte-Ouest de Formose : port de Tam Sui. — D. M. Gordon. — 1847. Pub. 1867	1/4	Suppr.
2646	Rivière de Wousong, entre le Yang-Tze-kiang et Shanghai.		$m = 70$

(CARTES DU DÉPÔT DES CARTES ET PLANS.)

		Format.	Ech. en mill.
	Mouillage de Wousong.................................... Manen et Ward. Pub. 1867. — Corr. Nov. 1872.		$m = 119$
•2745	Rivière Han-kang ou de Séoul. — Bochet. — 1866. Pub. 1868.	1	$m = 30$
2747	Mouillage de l'île Boisée et bassin de Siérou. — Bochet. — 1866. Pub. 1867...	1/2	$m = 97$
2750	Attérages S. O. de la rivière de Séoul. — Bochet. — 1866. Pub. 1868......................................	1	$m = 12$
2772	Grande Lou-Tchou : Plan du mouillage de l'île Succo ou Setei. — D'après le plan américain de 1854 et les travaux exécutés en 1866 par les officiers du *Primauguet*. Pub. 1869.........	1/4	$m = 90$
2777	Baie de Talien-Whan (détroit de Pe-Tche-li). — J. Ward. — 1860. Pub. 1869..	1/2	$m = 25$
2782	Côtes orientales de Corée : Tsau-Liang-Haï (Havre Chosan, de Broughton) et côte adjacente de Tchao-Sian. — J. Ward.. — 1859. Pub. 1869.....................................	1	$m = 55$
2855	Tsu-Sima Sound (détroit de Corée). — J. Ward. — 1863. Pub. 1870..	1	$m = 3, 6$
2862	Baies Expédition et Novogorod (Côte orientale de Corée). — D'après les cartes anglaises. Pub. 1870...................	1/4	$m = 33$
2896	Port Kok-si-Kon (Côte O. de Formose). — M. S. W. Reed. — 1855. Pub. 1870..	1/8	$m = 137$
2897	Port Ta-kau-kon (Côte O. de Formose). — W. Stanley. — 1865. Pub. 1870...	1/8	$m = 187$
2898	Baie Sau-o (Côte E. de Formose). — Commodore E. Brooker, — 1867. Pub. 1870..	1/8	$m = 91$
2899	Anse Ping-Yang (Côte occidentale de Corée). — Commodore Febiger. U. S. Navy. — 1868. Pub. 1870. Corr. 1871......	1/4	$m = 14, 5$
2900	Entrée de la rivière Ta-Tong (côte occidentale de Corée). — Commodore Shufeldt, U. S. Navy. — 1867. Pub. 1870.....	1/4	$m = 13$
2916	Port de Tamsui (île de Formose). — Brooker. — 1867. Pub. 1870...	1/8	$m = 92$
2930	Entrée et approches de la rivière Liau (golfe de Leao-Tong). — F. Ward. — 1860. Pub. 1870...........................	1/2	$m = 15$
2980	Port Hamilton (Archipel de Corée). — E. Belcher. — 1866. Pub. 1871...	1/2	$m = 73$
2981	Carte de la partie de la côte de Chine comprise entre Ning-Hau et Chi-Kau. — Banc Sha-Lui-Tien. — Entrée du Peiho et du Peh-Tang. — Travaux anglais et français. — 1858-1860. Pub. 1871.....................................	1/2	$m = 5$
2982	Baie Hulu-Shan, port Adams et baie Société. — J. Ward. — 1860. Pub. 1871..	1	$m = 16$
3002	Mer de Chine. — Documents récents. — Pub. 1871. Corr. 1873..	1	$d = 30$
3004	Détroit de Pe-Tche-li et ses divers chenaux. — J. Ward. Pub. 1871..	1/2	$m = 9$
3158	Rade de Chapou. — Commodores Kellett et Collinson. Pub. 1872.	1/8	$m = 50$
3159	Iles Kokiensang et Patchung. — (Archipel Majico-Sima). — Belcher. Pub. 1872......................................	1/2	$m = 12, 5$
3160	Anse Bodam (îles Ladrones). — Reed. Pub. 1872............	1/4	$m = 30$
3162	Port Cung-sin-Mung (rivière de Canton). — John Rees et Jauncey...	1/8	$m = 35$

(CARTES DU DÉPÔT DES CARTES ET PLANS.)

3163 Côte O. de Formose et canal des Pescadores. — Pub. 1873.... $1/2$ $m = 8, 5$

3164 Iles Lou-Tchou et îles environnantes. — Doc. récents. Pub.
1872... $1/2$ $d = 265$

Avis. — Le chiffre des échelles donne, en millimètres, soit la longueur du degré moyen de latitude, soit la longueur du mille marin. L'initiale *d* ou *m*, qui précède le chiffre, fera connaître à laquelle des deux mesures s'applique la longueur exprimée.

Prix des Cartes :

Feuille dite grand-aigle. . . . . 2f »
Demi-feuille . . . . 1 »
Quart de feuille. . . . . » 75
Huitième de feuille. . . . . » 50

Feuille dite colombier. 1 50
Demi-colombier . . . . » 75

D'après le « Catalogue par ordre géographique des Cartes, plans, vues de côtes, mémoires, instructions nautiques, etc. qui composent l'hydrographie française. Paris ; Imprimerie nationale. M.DCCC.LXXIII, » in-8, N° 514 ; — et le « Catalogue chronologique des cartes, plans, vues de côtes, mémoires, instructions nautiques, etc., qui composent l'hydrographie française. Paris ; Imprimerie nationale. M.DCCC.LXXIII, » in-8, N° 515.

OUVRAGES PUBLIÉS PAR LE DÉPÔT DES CARTES ET PLANS [1].

395 LEGRAS (A.) : Mer de Chine... 1re partie.

Instructions nautiques sur la Côte Est de la Malaisie, le golfe de Siam, les côtes de la Cochinchine, le golfe de Tonquin et la côte sud de la Chine. (Fig.) Paris, P. Dupont, 1863, in-8. — 3. 0.

373 Mer de Chine... 2e partie.

Instructions nautiques sur les Côtes Est de la Chine, la Mer Jaune, les golfes de Pé-ché-li et de Liau-tung, et la Côte Ouest de la Corée. Traduit de la dernière édition du *China Pilot* par de Vautré, et annoté par Legras. Paris, P. Dupont, 1863, gr. in-8. — 3. 0.

404 Supplément aux instructions sur la mer de Chine ; contenant des instructions

sur les côtes Est de la Chine, la mer Jaune, les golfes de Pé-ché-li et de Liau-tung, et la Côte Ouest de la Corée. Traduit de la dernière édition du *China Pilot* par Costa. Paris, P. Dupont, 1863, in-8. — 2. 0.

434 Deuxième Supplément aux instructions sur la mer de Chine.

Contenant des renseignements nautiques sur la Côte Ouest de la Corée et la rivière de Seoul, recueillis pendant l'exploration faite en Septembre et Octobre 1866, par la division navale aux ordres de C. A. Roze. Paris, Lainé & Havard, 1867, in-8 (Cartes). — 2. 0.

426 Mer de Chine... 3e partie.

Instructions sur les Iles et les Passages entre les Philippines et le Japon, et les îles du Japon,... etc. Compilées par Legras. Paris, Didot, 1867, in-8. — 8. 0.

489 Supplément à la 3e partie. Iles du Japon. Paris, Lainé, 1871, in-8. — 1. 0.

447 Mer de Chine... 4e partie.

Instructions nautiques pour naviguer sur les Côtes Ouest et N. O. de Bornéo, les détroits de Balabac, les Côtes O. et E. de Palawan, les Iles Calamianes, le Détroit de Mindoro et les Côtes S. O. et Ouest de l'île Luçon ; suivies d'une description des bancs de la Mer de Chine... rédigées par Legras. Paris, Lainé & Havard, 1868, in-8 (Cartes et fig.) — 9. 0.

488 Supplément à la 4e partie. Paris, Lainé, 1871, in-8. — 1. 0.

432 Mer de Chine... 5e partie.

Instructions nautiques sur la mer du Japon... Côte Ouest de Nippon... Côte est de Corée et Côte de Tartarie... Manche de Tartarie... Détroit de Tsugar... îles Kouriles... Détroit

---

1. *Amirauté allemande.* — Outre ces publications, on consultera les recueils édités par l'Amirauté allemande que nous avons cités plusieurs fois dans cet ouvrage : Hydrographische Mittheilungen. Herausgegeben von dem Hydrographischen Bureau der Kaiserlichen Admiralität. I. Jahrgang. 1873. Berlin, gr. in-8, et : Annalen der Hydrographie und Maritimen Meteorologie. Organ des Hydrographischen Bureaus und der Deutschen Seewarte. Herausgegeben von der Kaiserlichen Admiralität, qui a atteint sa quatrième année en 1876.

Le recueil suivant contient de courtes notices numérotées dont nous donnons la liste depuis 1872 :

Nachrichten für Seefahrer (Beiblatt zum Marine-Verordnungs-Blatt) Mittheilungen des Hydrographischen Bureaus der Kaiserlichen Admiralität : Berlin :

— 1872. Dritter Jahrgang : *Küste von China* : Nos 70, 71, 477, 494, 627. — *Corea*, Nos 359, 419.

— 1873. Vierter Jhrgg. : *Küste von China* : Nos 29, 121, 149, 288, 328, 329, 330, 360, 361, 362, 363, 364, 365, 408, 409, 418, 458, 471, 472, 551, 566, 567, 568, 590, 591, 594.

— 1874 : Nos 25, 48, 159, 223, 240, 286, 322, 355, 378, 421, 422, 447, 573, 736.

— 1875 : Nos 73, 86, 133, 202, 214, 215, 216, 277, 389, 419, 441, 448, 463, 477, 503, 526, 577, 591, 628, 629, 677, 698, 731, 732, 769, 770, 799, 800, 801, 802, 817, 818.

— 1876 : Nos 107, 125, 143, 144, 146, 184, 206, 259, 260, 357, 383, 403, 441, 488, 518, 559, 581, 643, 644, 682, 694, 757, 738, 840.

de La Pérouse... Mer d'Okhotsk et Kamschatka, rédigées par Legras. Paris, Lainé & Havard, 1867, in-8. — 5. 0.

277 Renseignements hydrographiques sur les îles Formose et Leou-chou, la Corée, la mer du Japon, les îles du Japon et la mer d'Okhostk. Paris, P. Dupont, 1859, gr. in-8. — *Suppr.*

298 Renseignements hydrographiques sur les îles Bashees, les îles Formose et Leou-chou, la Corée, la mer du Japon, les îles du Japon et la mer d'Okhostk. 2e édition. Paris, P. Dupont, 1860, gr. in-8. — *Suppr.*

238 Description des îles et des passages compris entre la partie nord de l'île de Luçon et les îles du Japon. Paris, P. Dupont, 1857, gr. in-8 (Extrait des Annales hydrographiques). — *Suppr.*

143 Rapport sur la campagne de *la Bayonnaise* dans les mers de Chine.— E. Jurien de la Gravière, in-8, 1851. — 0. 75.

Voir : Voyages.

Phares des mers des Indes et de Chine, de l'Australie, terre de Van-Diemen et Nouvelle-Zélande, corrigés en Novembre 1872 ; par M. A. Legras. Paris, P. Dupont, in-8, pp. 77.

OUVRAGES DE GÉOGRAPHIE GÉNÉRALE.

— Novus Atlas Sinensis a Martino Martinio Soc. Iesv Descriptvs et Seren^mo Archidvci Leopoldo Gvilielmo Avstriaco dedicatvs.

Ce titre est gravé, sans lieu ni date, mais le privilége est daté de Vienne le 7 Janvier 1655. Cet atlas forme la dixième partie de l'Atlas édité par Jean Blaeu à Amsterdam ; il comprend : Dedicace et Privilegium Caesareum (8 pages). — Atlas (17 cartes et 171 pages). — Catalogus Longitudinum ac Latitudinum (19 pages). — Index (6 pages). — De Regno Catayo Additamentum [par Jacob Golius, XII pages]. — De Bello Tartarico Historia (36 pages).

Il y a deux éditions latines : celle que nous venons de décrire est la plus belle ; — le format en est plus grand, et l'ouvrage est orné de culs de lampe que l'on ne retrouve pas dans l'éd. suivante qui comprend :

Dedicace (6 pages). — Atlas (134 pages). — Catalogus (18 pages). — Index (4 pages). — Golius (x pages). — De Bello Tartarico Historia (26 pages).— Indices (2 pages).

Dans cette édition, le privilége n'est pas reproduit en entier comme dans la précédente.

Nous n'avons pas à insister sur la valeur de l'ouvrage de Martini qui a conservé une grande réputation, même après la publication des cartes de d'Anville. Il se compose, comme nous l'avons vu, de 171 ou 134 pages de texte suivant l'édition, et de 17 cartes : les 15 provinces de la Chine, la Chine générale, le Japon.

L'Atlas de Martini a été publié en plusieurs langues :

En français : même frontispice gravé, in-folio, de pp. 232

(M. MARTINI.)

(Atlas, pp. 1.212. — Catalogue, pp. 213/232). — 44 (Ces 44 dernières pages sont consacrées à la guerre des Tartares.

Vend Rémusat, 901, Fr. 27.50.

Thévenot a donné le texte français, sans les cartes, dans son *Recueil*, II, 1696, pp. 1/214.

— Nieuwe Atlas van het groote Ryck Sina, in latyn beschreven door P. M. Martinium Soc. J. en uytgegeven by Joh. Blaeu, 1656, gr. in-fol.

— Atlas nuevo de la Extrema Asia, o Descripcion geographica del Imperio de los Chinas ; por el R. P. Martino Martinio, de la Compañia de Iesu. A Amsterdam En costa y en casa de Jvan Blaev. M.DC.LVIIII, in-folio.

Voir sur cet ouvrage de Martini : Camus, *Mém. sur la coll. des Voyages de Thévenot*, 1802, pp. 317/324.

« The Atlas Sinensis and other Sinensiana » by H. Yule (*The Geographical Magazine*, July 1, 1874, pp. 147/148.

— Andreae Mülleri Greiffenhagii de Sinarum Magnaeque Tatariae Rebus Commentatio Alphabetica, ex *Auctoris* Commentariis super *Marci Poli Veneti* Historia Orientali aliisque magno numero Manuscriptis excerpta ac saltim delibata [72 pages — à la suite d'Abdallae Beidavaei *Historia Sinensis*].

— Imperii Sinensis Nomenclator geographicus, ut & ejusdem Imperii Mappa geographica plane nova, eaque è multò ampliore Tabula, quam scil. ipsi Sinae ediderunt, in arctiorem formam redacta, plurimisque Locorum partim *Nominibus,* partim *Numeris* nomina indicantibus, in Romano literarum *habitu* vestita, unà cum Praefatione de Re Geographicâ Sinensium déq. ; Mappâ Witseniana. Auct. Andreâ Müllerô Greiffenhagio. in-4 (à la suite d'A. Beidavaei *Historia Sinensis*).

On trouve quelquefois une partie de cet opuscule avec le titre : « Imperii Sinensis Nomenclator Geographicus, Prior, Alphabeticus, ad Aetatem Tai-Mingarum. » in-4, s. l. n. d. ni nom d'auteur.

— Positions de quelques Villes de la Chine. (*Rec. de l'Ac. des Sc., Hist.* (1699), 1702, pp. 83/5.)

— Sur la Chine ancienne et moderne. (*Ibid.* (1718), 1719, pp. 71/3.)

Rapport sur une carte chinoise de la Chine envoyée par le Duc d'Escalone, associé étranger de l'Académie.

Cartes des Pères de la Compagnie de Jésus.

Le travail immense de la carte de la Chine, entrepris par ordre de l'empereur Kang Hi par les missionnaires de la Compagnie de Jésus, est encore aujourd'hui la base des cartes de l'Empire du Milieu, publiées par les Européens. On a trouvé des erreurs dans ces cartes, mais, eu égard à la difficulté d'exécuter ce travail, au temps relativement court pendant lequel il a été mené à bonne fin, aux fatigues et aux périls de voyages dans les provinces éloignées, on doit s'étonner que les imperfections ne soient pas plus grandes et plus nombreuses.

Dans la Préface de sa Description de la Chine, Du Halde donne des détails très-intéressants sur la Carte de la Chine par les Jésuites. Je crois qu'il sera utile de les résumer en un tableau :

(1656-1710.)

No D'ORDRE	AUTEURS	CARTES	COMMENCÉES	FINIES
1°	....	*Environs de Pékin*.........	....	....
2°	Bouvet, Régis et Jartoux : Le père Bouvet tomba malade après deux mois de travail..........	Grande Muraille..........	4 juillet 1708	10 janv. 1709
3°	Régis, Jartoux et Fridelli (*Autrichien*)....	Mandchourie............	8 mai 1709	....
4°	Régis, Jartoux et Fridelli............	Pe Tche-li..............	10 déc. 1709	29 juin 1710
5°	Régis, Jartoux et Fridelli............	Saghalien Oula..........	22 juillet 1710	14 déc. 1710
6°	Régis et Cardoso (*Portugais*)............	Chan toung.............	1711	....
7°	Jartoux, Fridelli et Bonjour (*Augustin*)..	Pays d'*Hami*............	1711	janvier 1712
8°	Cardoso et de Tartre.	Chan si et Chen si........	....	....
9°	Mailla, Henderer et Régis............	Ho nan, Kiang nan, Tche kiang et Fo kien.........	....	....
10°	De Tartre et Cardoso.	Kiang si, Kouang toung Kouang si.............	....	....
11°	Fridelli et Bonjour...	Se tchuan..............	....	....
12°	Fridelli, Bonjour et Régis............	Yun nan..............	1715	....
13°	Fridelli et Régis.....	Kouei tcheou, Hou Kouang.	....	....

« Après leur retour à Péking [des Pères Fridelli et Régis], qui fut le premier de janvier de l'année 1717, il ne resta plus qu'à réunir les Cartes des Provinces dans une Carte générale : ce travail étoit déjà fort avancé sous la direction du Père Jartoux, qui, étant retenu à Peking par ses infirmitez, présidoit à tout l'ouvrage, qu'on offrit enfin à l'Empereur en l'année 1718 » (du Halde, I, p. xxxv.

« Vous souhaitez savoir en détail (écrit le Père Gaubil à M. de l'Isle, Pekin, ce 13 août 1752 — Let. éd. *Pant. litt.* IV, p. 60) ce qui s'est fait pour la carte de Chine et Tartarie; le père Patouillet doit avoir tous ces mémoires dans les écrits du feu père du Halde. Quand on fit cette carte, j'étois jeune régent de classes en France; étant arrivé ici, nos Pères me dirent que tous leurs mémoires, opérations, observations avoient été envoyés en France. J'ai quelques mémoires, tous mutilés et épars, du feu père Jartoux sur cette carte; c'est lui qui l'a rédigée et envoyée. Ces manuscrits mutilés du père Jartoux en supposent d'autres que je n'ai pu trouver. »

Les Cartes originales des Pères de la Compagnie de Jésus sont déposées aujourd'hui aux Archives des Affaires Etrangères. Elles furent achetées de d'Anville, par M. de Vergennes, moyennant une rente viagère de 3000 francs.

Ces cartes forment un grand Atlas (No 1648 ²); elles sont sur papier de Chine, montées sur du papier fort et entourées d'une bordure de soie bleue chinoise. Les noms des villes

sont marqués en caractères chinois, mais on a ajouté à l'encre rouge la prononciation *russe* du plus grand nombre.

Il y a 31 de ces cartes arrangées dans l'ordre suivant :

1 Pe Tche-li. — 2 Ching king. — 3 Chan toung. — 4 Ho nan. — 5 Kiang nan. — 6 Tche kiang. — 7 Kiang si. — 8 Fo kien.— 10 Kouang toung.— 11 Kouang si.— 12 Kouei tcheou. — 13 Se tchouan. — 14 Yun nan. — 15 Chen si. — 16 Chan si. — 17 Partie supérieure du Hoang Ho. — 18 Rivière jaune d'Izloutchina. — 19 Lieux de la Féxioskia. — 20 Terre de Tchousianskaia ou Golskaia (Corée). — 21 Rivière d'Ouzoulidzian (Yu pi). — 22 Embouchure de la Rivière d'Amour ou Holoungdzian. — 23 Milieu de la Rivière d'Amour. — 24 Partie supérieure de la Rivière d'Amour. — 25 Rivière de Salenga. — 26 Terres des Tartares Hamiski — 27 Terres des Tartares Hamigaski. — 28 Partie de la Terre de Tselan Araptan. — 29 Partie sup. de la Rivière de Dzincha, Lanztsan et d'autres rivières. — 30 Terre de Ladzanski. — 31 Les Rivières de Jaloudzan et Boudzianski. — 32 Montagnes de Gandisisk.

Cette orthographe russe est celle de l'index, ms. placé en tête de l'Atlas. — On remarquera que la Carte No 9 manque : c'est celle du Hou kouang.

Les cartes des quinze provinces de la Chine, de la Mandchourie, etc., dressées par les Jésuites, ont été gravées sur de minces lames de jade blanc, larges de deux pieds et demi environ. Les contours et les noms de villes étaient marqués par des traits dorés. On conservait ces planches au palais du Yuen ming yuen; elles existaient encore à l'époque du pillage, mais on ignore ce qu'elles sont devenues depuis.

— **Nouvelle Géographie de la Chine et de la Tartarie Orientale.**

Ms. du XVIIIe S., papier de Chine, Bib. nat. Fr. 17242; 40 feuillets de 4 pages in-folio; le f. 30 manque; l'auteur de ce Ms., un jésuite, donne de grands détails sur la Carte dressée par les missionnaires sur l'ordre de Kang Hi.

Le P. du Halde a puisé une grande partie des renseignements contenus dans sa *Description de la Chine,* dans ce manuscrit intéressant.

Catalogue d'une partie des latitudes observées et des longitudes qui résultent des mesures géométriques dont on s'est servi pour dresser la carte de l'Empire de la Chine faite par les PP. Missionnaires de la Compagnie de Jesus, suivant les ordres de l'Empereur Cang hi (Du Halde, *Description,* IV, pp. 473-488).

Cartes de d'Anville. — Nous avons vu (Du Halde, col 32) que les cartes de d'Anville, qui ont pour base celles des Jésuites, ont été publiées dans le Du Halde de Paris, et sous forme d'Atlas par Scheurleer à la Haye, et Dezauche à Paris.

Les cartes originales de ce célèbre géographe, achetées de M. Demanne, sont aujourd'hui déposées à la Bib. nationale à Paris; celles qui sont relatives à la Chine sont conservées dans le portefeuille marqué « 5. *d'Anville. E. Manusc. g. mod.* 2e *part. 3.* » Plusieurs de ces cartes sont endommagées : la Carte générale de la Chine (Mars 1730), dont la partie supérieure est enlevée; celle du Chen si, avec une brûlure au milieu; et celle du Hou kouang avec de grosses taches; les autres cartes sont en très-bon état.

Voici la Liste des cartes de la Chine dressées par d'Anville, qui se trouvent à la Bib. nationale, avec le No. du Cat. de M. Demanne et leur date d'après la « Liste générale des Cartes de d'Anville » (insérée au commencement de la collection de ses cartes publiée) :

Jean-Baptiste Bourguignon d'Anville, né à Paris le 11 juillet 1697, est mort le 28 janvier 1782. On consultera sur ce savant géographe :

— **Notice des Ouvrages de M. d'Anville, Premier géographe du roi, Membre de l'Académie des Inscriptions et Belles-Lettres, et de l'Académie des Sciences de Paris, de celle des Sciences de Saint-Pétersbourg, de la Société des Antiquaires de Londres, et Secrétaire ordinaire de M. le Duc d'Orléans; précédée de son Eloge. A Paris. Chez Fuchs..... Demanne... de l'Imprimerie de Delance. An x (1802) in-8, pp. 120.**

L'éloge est celui de Dacier. Il avait paru dans le *Recueil de l'Ac. des Inscr.,* Hist., XLV, 1793, pp. 160/174.

— **Mémoire de M. d'Anville, Premier géographe du Roi, des Académies Royales des Belles-Lettres, et des Sciences. sur la Chine. A Pe-kin, et se trouve à Paris chez l'auteur, aux galeries du Louvre, rue de l'Ortie. M.DCC.LXXVI, petit in-8, pp. 47.**

L'ouvrage a comme second titre à la première page : « Mémoire de M. d'Anville, sur les Cartes géographiques, insérées dans l'Ouvrage composé par le P. Du Halde sur la Chine. »

— JACOB VON STAEHLIN, Russ. kaiserl. Staatsraths, und Secretärs der Akademie der Wissenschaften zu St. Petersburg, Atlas von China, nebst einer geographischen Erläuterung desselben; abgefasset von einem gebohrnen Chinesen zu Pekin.1746, und aus der Chinesischen sprache zu St. Petersburg 1756 von *Rossochin* in die russische, aus dieser aber in die teutsche übersetzt, in Buschingii *Magazin für die Neue Historie und Geographie* (1769). T. III, pp. 575-604. Cum tab. geog. (Meusel.)

— **Atlas von China nach der Aufnahme der Jesuiten Missionare herausgegeben von Stephan Endlicher. Wien, 1843, in-folio (Fr. Beck's Universitäts-Buchhandlung), frontispice gravé.**

Cet Atlas est accompagné d'un index in-4, qui comprend les indices particuliers de chaque carte; ces indices ont une pagination et un titre spéciaux, ainsi :

— VIII. Index zur Karte der provinz Ho nan. Nach der aufnahme der PP. Regis, de Mailla und Henderer herausgeben von Stephan Endlicher. Wien, 1843, Gedruckt bei den PP. Mechitaristen, in-4, pp. 24.

— **Bemerkungen über die Chinesich — Russische Gränze gesammelt auf einer reise an derselben, im jahre 1806. (Klaproth, *Archiv für Asiat. Lit.* [1], St. Petersburg, 1810, pp. 159/224.)**

De la frontière russe et chinoise. Notes recueillies pendant un voyage en Sibérie en 1806. *(Mém. rel. à l'Asie,* I, pp. 1/80.)

— **Remarques sur l'extension de l'Empire chinois du côté de l'Occident. Par M. Abel Rémusat. *(Mém. de l'Ac. des Inscr. et B. L.,* VIII, pp. 60/130.)**

Lu le 8 mai 1818.

I. Possessions chinoises dans la Tartarie occidentale, sous la dynastie actuelle. — II. Sous les Ming. — III. Sous les Mongols. — IV. Sous la dynastie des Soung. — V. Sous la dynastie des Thang. — VI. Sous la dynastie des Wei. — VII. Sous les Tsin. — VIII. San Koue, ou les trois Royaumes. — IX. — Dynastie des Han.

Il a paru un abrégé en anglais de ce mémoire dans The As. Journ. & Month. Reg., XVIII, 1835, pp. 49/60.

Map of Asia, by Arrowsmith, London, 1818, 4 feuilles gr. aigle. — Observations sur la Carte de l'Asie publiée en 1822, par M. Arrowsmith, par M. Klaproth, Paris, Dondey-Dupré, 1826, in-8.

— **Atlas historique de la Chine, en 21 cartes,**

---

1. Archiv für Asiatische Litteratur, geschichte und Sprachkunde. verfasst von Julius von Klaproth. Erster Band. Herausgegen auf befehl der Kaiserlichen Academie der Wissenschaften. St. Petersburg. Im Academischen Verlage, 1810, in-4, pp. 224 s. les prél., 5 Pl.
Le seul vol. paru.

par Klaproth. (En allemand), 1821, in-fol.

Texte explicatif en quatorze feuillets, manuscrit original et inédit. (Vend. Klaproth, 2e Partie, No. 117, Fr. 90.)

— « Ta Tsing Wan-neën Yih-tung King-wei Yu-too. » A general geographical map, with degrees of latitude and longitude, of the Empire of the Ta-Tsing Dynasty-may it last for ever. By Le Ming che Tsing lae.

Notice par J. R. Morrison dans *The Chinese Repository*, I, pp. 33, 113 et 170.

Cette carte a été publiée vers 1825 ou 1826.

— Topography of China proper : names of the eighteen provinces and their principal subdivisions ; notice of a new native map of the whole empire. By E. C. Bridgman (*Chinese Rep.*, XI, 1842, pp. 44/46).

— On the Geographical and Statistical Atlas of China, entitled « Kwang yu thoo », and on Chinese Maps in general. *(The Asiat. Jour.*, Vol. IX, 1832, pp. 161/166, 321/325.)

— Catalogue des latitudes et des longitudes de plusieurs places de l'Empire chinois, par M. le professeur Ch. F. Neumann, de Munich. (*N. J. As.*, XIII, 1834, pp. 87/94.)

(Extrait du Liv. 62 du *Ta tsing hoei tien*, 1818.

— Dictionnaire des Noms anciens et modernes des Villes et arrondissements de premier, deuxième et troisième ordre compris dans l'Empire chinois indiquant les latitudes et les longitudes de tous les chefs-lieux de cet Empire et les époques auxquelles leurs noms ont été changés par Édouard Biot, Membre du Conseil de la Société Asiatique. Ouvrage accompagné d'une carte de la Chine dressée par M. Klaproth. Paris, imprimé par autorisation du roi à l'Imprimerie royale. M.DCCC.XLII. In-8, pp. XVI-314.

Avertissement. — Tableau comparatif de l'orthographe des Sons chinois dans les trois langues française, portugaise et anglaise. — Epoques principales de la Chronologie chinoise, date du commencement et durée de chaque dynastie. — Dictionnaire. — Appendice pour les noms des principaux districts de l'Tartarie et de quelques autres pays voisins de la Chine.—Note sur la Carte de la Chine jointe à cet ouvrage.

Consulter la géographie *Kouang yu ki* 廣輿記 qui a servi pour la compilation de ce Dictionnaire.

— On Chinese and European Maps of China by Mr. William Huttmann. *(Journ. R. G. S.*, XIV, 1844.)

— Alphabetical list of the provinces, departments, and districts in China, with their latitudes and longitudes. by S. Wells Williams (*Chinese Repository*, XIII, pp. 320, 357, 418, 478, 513).

— Appendix to the alphabetical list of provinces, departments, &c., in China, containing the names of the divisions, towns, tribes, &c. in the empire beyond the eighteen provinces by S. Wells Williams (*Ibid.*, p. 561).

— Chinese Topography, being an alphabetical list of the Provinces, Departments and Districts in the Chinese Empire, with their latitudes and longitudes. Reprinted from the *Chinese Repository*, 1844, br. in-8, pp. 102 s. l. p.

Réimpression de l'article précédent.

— Topography of the Chinese Empire beyond the provinces ; the names and boundaries of the principal divisions, survey of the county, and character of the mountain Ranges. by S. Wells Williams *(Ch. Repos.*, XX, pp. 57/77.

— The Ying Hwan Chi-lioh 瀛環志畧 or General Survey of the Maritime Circuit, a Universal Geography by His Excellency Sü ki yü of Wutai in Shansi, the present Lieutenant-governor of Fuh kien. In 10 Books. Fuhchau, 1848. — Described by S. W. Williams. *(Ch. Rep.* XX, pp. 169/194).

— Missionary Map of China, embracing chiefly the eighteen provinces from the latest and best authorities, by O. B. Bidwell, New-York, 1850.

— Nouvelle Carte de l'Empire Chinois dressée d'après les documents les plus récents, par H. Dufour, avec les plans de Pékin et de Canton, accompagnée d'une notice historique et géographique, par A. Leroy. s. l. n. d. pièce [1858].

Cette carte ne paraît pas avoir été gravée ; la notice historique et géographique a été seule imprimée sur une grande feuille au milieu de laquelle devait être publiée la carte. Bib. nat. O²n. 158

Catalogus omnium civitatum in singulis imperii Sinarum provinciis existentium, cum orthographia, qua ipsarum nomina exprimere solent ex diversis nationibus missionarii ibidem commorantes, in commodum S. C. de Propaganda Fide digestus a Fr. Josepho Novella ordinis Minor. S. Francisci reformator. Episcopo Patarensi, ac in eodem Imperio jam Missionario apostolico. Romae. Lithog. Danesi. 1854. Superiorium venia. Petit in-fol., pp. IV-153.

Le *J. As.*, 6e S., Juin 1866, pp. 556/7, contient une note d M. de Rosny sur cet ouvrage.

Road Map from Pekin to Kiachta, by the Great Canal Route, based on an English Map, chiefly taken from a Russian sketch, made in 1858. Pekin, 1864.

Une feuille se pliant en huit. Par le Rév. J Edkins.

— Etat actuel des Provinces du Yang-tze-Kiang. *(Rev. Mar. et Col.,* XI. 1864, pp. 759/767).

— Topography of China and Neighbouring States; with degrees of Longitude and Latitude. Hongkong. Printed at Noronha's office. 1864. br. in-8. pp. 102.

— Notes on the North of China, — its Productions and Communications, by the Rev. A. Williamson. Read, March 13 th. and April 18th, 1867. *(Journ. N. C. B. R. As. Soc.,* New Series, No IV, Art. III, pp. 33 et seq.)

— Mnemonic Geography by Thomas Jenner. Part I. The Provinces of China. London, Brace, Brace & Co, MDCCCLXIX. pet. in-8, pp. IV-10. 1 carte.

— A Vocabulary of Proper Names, in Chinese and English, of Places, Persons, Tribes, and Sects, in China, Japan, Corea, Annam, Siam, Burmah, the Straits and adjacent Countries compiled by F. Porter Smith, M. B. Lond. Medic. Miss. in China. Shanghai, 1870, in-8.

Pub. à Dol. l. 50,

Notices : *Shanghai Evening Courier,* 10 Jan. 1871; une lettre signée « A Constant Reader » réclamant pour le Dict. de Biot la priorité dans ce genre de travail à également paru dans ce journal, 28 feb. 1871 (réimp. dans *The Shanghai Budget,* 1 Mars 1871.) — *Ch. Recorder,* III, p. 228.

Positions géographiques de douze points de l'empire chinois situés dans le Tcheu-li, la terre des Herbes et le Chan-si, par E. Lépissier. *(Bull. de la Soc. de Géog.* XX, 5ᵉ Sér., 1870, pp. 53/60.)

— Cours complémentaire de Géographie, d'Histoire et de Législation des États de l'Extrême Orient à l'école spéciale des langues orientales vivantes. — Discours d'ouverture prononcé le 16 janvier 1873 par M. G. Pauthier. Paris, Ernest Leroux, 1873, br. in-8, pp. 48.

Geographical Terms. By Rev. C. A. Stanley (Doolittle's *Vocabulary,* II, No. XV.)

* Carte de la Chine septentrionale, de la Mongolie, de la Mantchourie, du pays de l'Amour et dé l'Oussouri, compilée d'après des observations astronomiques faites dans les années 1869-73 pendant 13 différents voyages, par le Dr. H. Fritsche, directeur de l'Observatoire météorologique russe à Pékin. (St-Pétersbourg, 1874.)

— Stanford's Map of the Empires of China and Japan with the adjacent parts of the Russian Empire, India, Burma, &c. London, Edward Stanford, Oct. 1st., 1875. 10s. 6d.

Lothungen im Chinesischen Meere. *(Annal. der Hyd.,* Berlin, 1875, No 23–24.)

(1864-1875.)

Einige Winke für die praktische Navigirung der China-See nebst einer kurzen Abhandlung über die physicalischen Verhältnisse dieses Meeres. Von W. Wagner. *(Ann. der Hydrogr.,* Berlin, 1876, pp. 286/298.)

華法地理志 Hôa-Fa-Ti-li-tchi. Géographie chinoise et française par Isidore Hedde, Délégué du Ministère de l'Agriculture et du Commerce, de 1843 à 1846, pour l'étude de la soie, en Chine. Paris, Paul Dupont, 1876, gr. in-8, pp. lxxxvii-365.

Voir l'*Explorateur,* III, 1876, pp. 447/449; art. sig. A. R. — *Bull. de la Soc. de Géog. de Lyon,* t. I, p. 491.

— A general list of the Foo, Ting, Choo and Heen (Gützlaff, *China opened,* II, p. 505, et seq.)

— List of Cities and Places, of which the Latitude and Longitude have been determined by the Jesuits — Peking Meridian *(Ibid.,* pp. 556 et seq.)

— « Villes de l'Empire Chinois » *App.* No XVIII de l'App. au *Dict.* du Père Perny, pp. 224/270.

« Nous avons rédigé notre tableau des villes durant notre séjour en Chine. Nous ne connaissions point alors le travail de M. E. Biot, ni celui de Mgr Novella, imprimé à Rome en 1854? Ce dernier ouvrage est peu commode, à cause de la méthode de classer les villes par province et par département », p. 224.

— The Cities of China *(Notes & Queries for C & J.,* April 1869 ; réimp. dans « The S'hai News Letter,» May 18, 1869).

— Changes in Chinese Topographical Nomenclature *(The Cycle,* 9th July 1870.)

— La Grande Muraille de Chine. *(Miss. Cath.,* IV, 1872, pp. 460/2.)

Der Busen von Petcheli. *(Hyd. Mitth ,* Berlin, II, 1874, pp. 42/5.)

DIVISIONS DE LA CHINE.

La Chine proprement dite se divise, depuis la période Kien long, en dix-huit provinces 省, à savoir :

	Provinces :	Capitales :	
Nord.	1 Tche li.	Paou ting.	
	2 Chan toung.	Tsi nan.	
	3 Chan si.	Tai youen.	
	4 Ho nan.	Kai foung.	
Est.	5 Kiang sou.	Kiang ning,	Ces deux provinces formaient autrefois la province de : Kiang nan.
	6 Ngan houei.	Ngan king,	
	7 Kiang si.	Nan tchang.	
	8 Tche kiang.	Hang tcheou.	
	9 Fo kien.	Fou tcheou.	
Centre	10 Hou pé.	Wou tchang,	Ces deux provinces formaient autrefois la province de : Hou kouang.
	11 Hou nan,	Tchang cha,	
Sud.	12 Kouang toung.	Kouang tcheou.	
	13 Kouang si.	Kouei lin.	
	14 Yun nan.	Yun nan.	
	15 Kouei tcheou.	Kouei yang.	
Ouest.	16 Chen si.	Si ngan.	
	17 Kan sou.	Lan tcheou.	
	18 Se tchouan.	Tching tou.	

(1876.)

On consultera la table insérée p. 54 du *Middle Kingdom*) de Williams, Vol. Iᵉʳ, & « Political divisions of China », art. de J. R. Morrison, dans le *Chin. Rep.*, IV, pp. 49 et seq.

Grosier, dans sa *Description de la Chine*, donne, après la description de chaque province, les « Latitudes et Longitudes des principaux lieux de cette province. »

Verzeichniss der Kiun..... Catalogue des Kiun (provinces chinoises), en chinois et en allemand. Pet. in-8.

Ms. autog. de Klaproth ; Cat. de sa vente, No 1642, Fr. 16.50.
Après avoir indiqué le mode de gouvernement des provinces à la Chine, nous donnerons la liste des ouvrages relatifs à chaque province. Nous ne citerons ni les ouvrages généraux comme ceux de Martini, de du Halde, de Grosier, de Davis, de Williams, déjà décrits, ni les voyages en plusieurs parties de ce vaste empire que l'on trouvera marqués dans la seconde partie de cette bibliographie.

Gouvernement des provinces.

A la Chine le gouvernement des provinces est confié à des *Tsong tou* 總督 (Vice-roi, gouverneur-général) et à des *Fou tai* (gouverneur).

Les *Tsong tou*, au nombre de huit, sont à la tête des provinces suivantes :

1° Le *Tsong tou*.......... de 1 Tche li.

2° Le *Liang* (deux) *Kiang Tsong tou*............ { 2 Kiang sou. 3 Nganhouei 4 Kiang si.

3° Le *Min Tche Tsong tou*.... { 5 Fo kien. 6 Tche kiang

4° Le *Liang Hou Tsong tou*... { 7 Hou pé. 8 Hou nan.

5° Le *Liang Kouang Tsong tou* { 9 Kouang toung 10 Kouang si.

6° Le *Yun Kouei Tsong tou*... { 11 Yun nan. 12 Kouei tcheou.

7° Le *Chen Kan Tsong tou*.... { 13 Chen si. 14 Kan sou.

8° Le *Tsong tou*.......... de 15 Se tchouan

Il y a un *Fou tai* dans chaque province (le Tche li, le Kan sou et le Se tchouan n'en

ayant pas, il y a donc 15 *Fou tai* dans la Chine proprement dite). Les *Fou tai*, à l'exception de ceux du Chan toung, du Chan si et du Ho nan qui sont à peu près indépendants, sont sous les ordres des *Tsong tou*.

Au-dessous des *Fou tai* viennent les *Tao tai* (intendants), dont le nombre varie suivant les provinces.

Les provinces étant divisées en *Fou, ting, tcheou* et *hien*, chacune de ces divisions territoriales est administrée par un *Tche fou*, un *Toung tche*, un *Tche tcheou* ou un *Tche hien* (du mot *tche* 知 *savoir*, celui qui connaît) ; le *tche fou* reçoit les rapports des autres officiers pour les faire parvenir au gouvernement provincial ou plutôt au *Tao tai*.

Cependant les administrateurs de quelques *ting* et *tcheou* sont indépendants, c'est-à-dire qu'ils ne dépendent pas d'un *tche fou*, mais qu'ils relèvent directement d'un *Tao tai* ou du gouvernement provincial. On fait précéder les noms de leurs titres par les mots *Tche li* 直隸 (qui indiquent qu'ils ne sont pas subordonnés à un *tche fou*) ; ces officiers indépendants sont par conséquent appelés *Tche li toung tche* et *Tche li tche tcheou*.

Puis viennent, au-dessous du *Toung tche* : le *Toung pen* ; du *Tche tcheou* : le *Tcheou toung* et le *Tcheou pen* ; du *Tche hien* : le *Hien tchun* 縣丞, etc.

De même qu'il y a des *Tche li toung tche* et des *Tche li tche tcheou*, il y a des *Tche li toung pen*, des *Tche li tcheou toung* et des *Tche li tcheou pen*, officiers indépendants des *Toung tche* et des *Tche tcheou*.

Nous indiquons le nombre de ces fonctionnaires dans chaque province de la Chine proprement dite, dans la table ci-jointe.

TABLEAU des principaux fonctionnaires des provinces de l'empire l'empire), publié à

PROVINCES	總督 TSONG TOU	巡撫 (FOU TAI) TSIEN FOU	學院 HIO YUAN	布政 (FAN TAI) POU TCHING	按察 (NIE TAI) NGAN TCHA	道台 TAO TAI	知府 TCHE FOU
1° Tche li...................	1	»	1	1	1	7	10
2° Chan toung..............	»	1	1	1	1	6	10
3° Chan si............. ...	»	1	1	1	1	4	9
4° Ho nan............. ...	»	1	1	1	1	5	9
5° Kiang sou..............	1	1	1	2	1	9	8
6° Ngan houei..............	»	1	1	1	1		8
7° Kiang si.................	»	1	1	1	1	4	13
8° Tche kiang.	»	1	1	1	1	6	11
9° Fo kien	1	1	1	1	1	6	10
10° Hou pé	1	1	1	1	1	5	10
11° Hou nan........	»	1	1	1	1	5	9
12° Kouang toung...........	1	1	1	1	1	6	9
13° Kouang si...	»	1	1	1	1	3	12
14° Yun nan.................	1	1	1	1	1	5	14
15° Kouei tcheou...........	»	1	1	1	1	3	12
16° Chen si.................	»	1	1	1	1	5	7
17° Kan sou.............. ...	1	»	»	1	1	8	9
18° Se tchouan	1	»	1	1	1	5	12
TOTAL.............	8	15	17	19	18	92	182

Chinois, d'après le *Ta tsing kin shin* 大清搢紳 (Annuaire de l'automne de 1875.

直隸同知 TCHE LI TOUNG TCHE	直隸知州 TCHE LI TCHE TCHEOU	同知 TOUNG TCHE	知州 TCHE TCHEOU	直隸通判 TCHE LI TOUNG PEN	通判 TOUNG PEN	直隸州同 TCHE LI TCHEOU TOUNG	州同 TCHEOU TOUNG	直隸州判 TCHE LI TCHEOU PEN	州判 TCHEOU PEN	知縣 TCHE HIEN
»	6	4	17	»	4	3	1	5	8	123
»	2	11	9	»	11	2	7	2	4	96
»	10	10	6	»	12	»	»	4	»	85
»	4	9	6	»	12	1	2	3	5	96
»	3	19	3	»	18	»	»	»	»	62
»	5	7	4	»	8	6	6	5	3	50
»	1	9	1	»	8	»	1	1	»	75
2	»	15	1	»	9	»	»	»	1	75
»	2	10	»	»	7	2	»	»	»	62
»	1	10	7	»	10	1	»	»	5	60
3	4	8	3	1	6	1	1	2	1	64
3	4	8	7	»	7	1	1	1	1	78
»	2	8	16	»	6	1	12	1	5	47
4	4	10	26	»	6	»	1	»	5	39
3	1	5	13	»	6	»	1	»	3	33
»	5	7	5	»	5	2	2	2	1	73
»	6	8	7	»	6	2	2	4	2	50
1	8	7	11	»	10	3	1	7	2	120
16	68	163	142	1	151	25	38	37	46	1,288

DESCRIPTION PARTICULIÈRE DES PROVINCES :

1° *TCHE LI* 直 隸 Topography of Chili : boundaries and situation of the province ; its area and population ; its subdivisions, rivers, lakes, mountains, plains, productions, &c. by E.C. Bridgman (*Chinese Repository*, XI, pp. 438 et seq.)

Sur le climat de cette province, voir les *Mém. conc. les Chinois*, VI, pp. 339 et seq.

— Narrative of a Journey beyond Peking, to the Coal Mines. Letter to the Editor of the *N. C. Herald* (No 594, Dec. 14, 1861) signed « Viator ».

— Notes on Dust-Storms occuring at Tien tsin communicated by Dr Lamprey, Surgeon, 67th. Regiment. (*Ibid.*, No 613, April 26, 1862.)

— On the Road. Tientsin to Peking. By « C'est Moi ». (*N. C. Herald*, Nos 644 et 645, Nov. 29 et Dec. 6, 1862.)

* Carte détaillée de la province chinoise de *Tchi li*, par C. Waeber [Consul de Russie à Tien tsin]. St Petersbourg, 1871, [en russe].

Voir Ch. Grad, « Peiho » supra (col. : 81).

— From Peking to Lama Miao.

Voyage fait en Septembre et en Octobre 1869 dans la partie septentrionale de la province de Tche li. Imprimé dans « The Cycle » Nos du 21 et du 28 Mai et du 4 Juin 1870.

— A recent visit to the Yün-shui tung, by Rev. S. E. Meech. (*Chin. Rec.*, V, pp. 339/47.)

Visite à une cave située dans la montagne Chang fang, dans le district Fang chan, à 140 li environ au sud-ouest de Pe king.

— Eine Wanderung durch die Chinesische Provinz Tschili im März 1874. (*Globus*, xxx, 15-17).

— A Tour through the Province of Chihli. (*N.-C. Herald,* 13 Dec. 1877.)

PEKING 北 京 (Chun-tien fou) 順 天 府

Marco Polo. Ed. de Pauthier : Chap. LXXXIII : *Ci devise du palais du grant kaan* (à Cambalu, Khan-baligh) pp. 265/270. — LXXXIV : *Ci dist du palais du filz au grant kaan*, pp. 271/276, etc. — Magalhaens (col. : 29). Chap. XVIII-XXI, avec un plan. — Gemelli Careri. Giro del Mondo. (Voir : Voyages.)— Du Halde (col. : 30). Vol. I. — Grosier (col. : 43). I, pp. 40/57. — Pauthier (col. : 62). Chine moderne, II, pp. 8/31. — Williams (col. : 61). Middle Kingdom, I, pp. 53 et seq.

— Description de la Ville de Peking, pour servir à l'intelligence du Plan de cette Ville, gravé par les soins de M. de l'Isle. Par M. de l'Isle, Doyen de l'Académie des Sciences.... & M. Pingré, Chanoine régulier, & Bibliothécaire de Sainte Geneviève. A Paris, 1765, in-4, pp. II-44, 6 planches.

— « ... le P. Gaubil envoya, en 1752, au célèbre géographe *Delisle*, une description de la partie de *Peking*, que l'on nomme ordinairement la *Ville mandchoue* ou *tartare*. Il avait adressé une pareille description à la Société royale de Londres, qui la fit traduire en anglais et l'inséra dans le cinquantième volume des *Philosophical Transactions*. Cette description renferme l'explication d'un grand plan chinois de *Peking*, que Delisle a réduit et publié dans son ouvrage intitulé : *Description de la ville de Peking* (Paris, 1765, in-4).»

« Il y a également reproduit le travail du P. Gaubil, qu'il a augmenté et corrigé d'après un grand nombre d'observations astronomiques. »

« Il paraît que le P. Gaubil avait aussi envoyé en Russie une copie de sa description de la capitale chinoise ; car, en 1781, il en parut, dans l'*Almanach historique et géographique de l'Académie de Saint-Pétersbourg*, une traduction en russe par Stritter et une en allemand dans le recueil de Pallas intitulé : *Nordische Beitraege* (vol. II, pag. 208 et suiv.); mais le plan auquel cette description s'applique, manque dans les deux traductions, et il y est remplacé par une esquisse de si petite dimension qu'elle est presque inutile. Celle-ci a été réduite d'après un dessin fait à *Peking* par un prêtre russe. M. *Malte-Brun* (*Précis de géographie*, vol. III, pag. 519) a mal à propos attribué cette description à *Laurent Lange*, parce que dans le recueil de Pallas elle suit la relation de ce voyageur. (Klaproth, *Nouv. J. As.*, IV, 1829, pp. 358/359.)»

— Voir dans les *Observations* publiées par le P. Souciet, Vol. I, pag. 134/7, le Plan de Peking et les explications du P. Gaubil.

Ancien cimetière catholique. — Lettre du Père de Fontaney, Miss. de la Compagnie de Jésus à la Chine, au Rév. P. de la Chaise. (Voir *Let. édif.*, n° 10, au chap. des *Missions catholiques*.)— Lettre de Mgr. Mouly. (Voir *Ann. de la Prop. de la Foi*, ibid.) — The old Roman catholic cemetery at Peking. By Rev. J. Edkins. (*Chin. Rec.*, II, pp. 73/75.)

Voir les plans des cimetières catholiques de Pe king au chap. des Missions catholiques.

Jardins de l'empereur près de Pe king — Lettre du frère Attiret, de la Compagnie de Jésus, peintre au service de l'Empereur de la Chine, à M. d'Assaut. A Peking, le 1er novembre 1743. (Dans les *Lettres édifiantes*, anc. éd. Rec. XXVII, p. 1. — Éd. de Mérigot, XXII, pp. 490-528. — Éd. du *Pant. litt.*, III, p. 786.)

Voir Ms., Bib. nat. Fr. 17240 décrit infra à l'art. *Attiret* (Vies des Missionnaires).

A Particular Account of the Emperor of China's gardens near Pekin : In a letter from F. Attiret, a *French* Missionary, now employ'd by that Emperor to Paint the Apartments in those gardens, to his Friend at *Paris*. Translated from the French, By Sir Harry Beaumont. London : Printed for R. Dodsley, in Pall Mall ; and sold by M. Cooper, in Pater-noster-Row, M.DCC.LII. pet. in-8., pp. VI-50.

Sir Harry Beaumont = Rev. Joseph Spence.

A Description of the Emperor's Gardens and Pleasure-Houses near Peking, from the French of frere Attiret, Jesuit. (*Miscel Pieces*, Lond., 1762, II, supra col. 36.)

— A particular Account of the Emperor of China's gardens, near Pekin : in a Letter from F. Attiret, a French Missionary, now employed by that Emperor to paint the Apartments in those gardens, to his Friend at *Paris*. Translated from the french ; By Sir Harry Beaumont. pp. 61/88 of « *Fugitive Pieces, on Various Subjects*. By several authors. Vol. I. London, Printed for J. Dodsley, in Pall-mall : MDCCLXV, in-8. »

Retraduite dans *The Canton Register*, Vol XI, 1838, No 10 sq ; et dans *The North-China Herald*, No 536, 3 Nov. 1860.

Trad. en allemand dans le *Welt-bott* de Stocklein, XXXIV, 679.

Une visite à *Youen-Ming-youen*, Palais d'été de l'empereur Khien-loung, par M. G. Pauthier, 1862. Texte et dessins inédits. (*Le Tour du monde*, 1864, 2ᵉ sem., pp. 97/112.)

Plan de la ville tartare et chinoise de Pékin, par Buache, 1764.

Ms. colorié et collé, très-grand format. — Vend. Klaproth (983). Fr. 66.

Описаніе пекина, съ приложеніемъ Плана сей столицы, снятаго въ 1817 году. Переведеносъ Китайскаго Монахомъ Іакинѳомъ

St-Pétersbourg, 1829, pet. in-8. pp. xvi-130, sans les errata.

— Description de Pékin avec un plan de cette capitale. Ouvrage traduit du chinois en russe par le Rév. P. Hyacinthe, traduit du russe par Ferry de Pigny. St-Pétersbourg, de l'Imprimerie de Charles Kray, 1829, in-8, pp. xvi-175.

C'est la traduction d'une grande partie de l'ouvrage Chinois : 宸垣識畧 *Tchen yuen tchi lio*, publié pendant le xviiiᵉ siècle.

— Rapport sur le plan de Peking, publié à Saint-Pétersbourg en 1829 [par le P. Hyacinthe]. par Klaproth. (*Nouv. Journ. As.*, IV, 1829, pp. 356/374.)

* Trad. all. *Krit. Wegweiser der Landkartenkunde*, II, 1830.

— The Court and Tribunals of Peking. (*As. Jour.*, Vol. XII, 1833, pp. 37/39.)

— Description of the City of Peking. By Ira Tracy (*Chinese Repository*, II, pp. 433 et seq., 481 et seq. — Réimp. dans *The Cycle*, 12 & 19 Nov. 1870).

— Description of Peking. By Q. (*North-China Herald*, 1858, No 404, April 24.-405, May 1.-407, May 15.-408, May 22.-411, June 12.)

— Local Government of Peking. Offices at Peking of a local nature : the City government; the Taechang sze, a sacrificial court; the Taepuh sze, for rearing horses; the Kwangluh sze, for the direction of imperial banquets; the Hungloo sze, a ceremonial office; the Kwô-tsze Keën, a national college; the Kin Teën Keën, or astronomical college; the Tae E yuen, or medical hall; the Tsungjin foo, for governing the imperial kindred; the Nuy-woo foo, for controling the imperial household; the guards; the military court of the eight banners; with other subdivisions of the Tartar forces. (By. J. R. Morrison, *Chin. Repos.*, IV, pp. 181 et seq.)

— Notice historique sur le collége médical de Péking d'après le Taï-Thsing-Hoeïtien, par M. Bazin. (*J. As.*, 5ᵉ sér., VIII, nov.-déc. 1856, pp. 393/427.) — Recherches sur l'histoire, l'organisation et les travaux de l'académie impériale de Péking, par M. Bazin. (*Ibid.*, XI, janv. 1858, pp. 5/105.)

The Great Medical College at Peking, by J. Dudgeon, M. D. (*Chin. Rec.*, II, pp. 237/240.) — The Kwo-Tsze-Tien. (*Chin. Rec.*, IV, pp. 85/90.)

' Grundplan u. Beschreibung der Stadt Peking nebst Bemerkungen über die Anlage der chinesischen gärten. Wien, Förster, 1860, pp. 28. Text in gr. 4. u. 2 lith. Bl. qu. gr. Fol. (*Bib. hist.-géog.*, 1860.)

— Pé-king et la Chine. Mesures, monnaies et banques chinoises, par M. Natalis Rondot, ancien délégué du Commerce attaché à la Mission de France en Chine. (Extrait du *Dictionnaire du commerce et de la naviga-*

tion.) Paris, Guillaumin, 1861, gr. in-8, pp. 19 à 2 col.

— Péking et ses habitants. Mœurs, coutumes, religion et arts des Chinois, d'après des documents authentiques recueillis pendant l'expédition de Chine. Mis en ordre par Alexandre M....., Paris, Ledoyen, 1861, in-12, pp. 142.

Alexandre M....., = Alexandre Michaux.

— Météorologie de Pékin. — Observations de M. Morache, médecin aide-major de 1ʳᵉ classe, attaché à la légation de France. (*Rec. de Mém. de Méd...., mil.*, IIIᵉ sér., XII, 1864, pp. 78/80, et 4 tab.) — Tableau général de l'année 1864. (*Ibid.*, XIII, 1865, pp. 430/1.)

— Huit jours à Pékin en 1865 par Olivier de Beaumont. Paris, Typographie Walder, 1866, in-8, pp. 66.

Notes on Peking and its Neighbourhood by W. Lockhart Esq. (Read April 23, 1866) (*Jour. R. Geog. Soc.*, XXXVI, 1866, pp. 128/156) — 1 plan.

— Descriptive Notes on Peking. Shanghai, 1866, pet. in-4, pp. 19. By Henry Kopsch & E. C. Taintor. (Chinese Customs' service.)

Tiré à 25 exemplaires qui n'ont pas été mis dans le commerce. — Cette notice a été écrite pour accompagner un plan de Péking envoyé à la Société Royale de Géographie de Londres; on trouvera une mention de ce plan dans *The Journal of the R. G. Soc.*, Vol. XXXVII, 1867, p. C.

— Notes of a Journey in the North-West neighbourhood of Pekin. By Jones Lamprey Esq. M. B. Read June 24, 1867. (*J. R. G. S.*, XXXVII, pp. 239 sq.)

— Pékin et ses habitants. — Etude d'Hygiène par le Dr. G. Morache, Médecin-major de l'armée.... Paris, J.-B. Baillière et Fils. 1869, in-8, pp. 164.

— « Peking », by the Rev. Joseph Edkins, B. A., London University (*Journeys in North China*, by Williamson, Vol. II, chap. xvi, pp. 312/392).

H. Fritsche. Ueber die geographischen Constanten Pekings. *Bull. de l'Ac. Imp. de St-Pétersbourg*, 1871, in-4, XVI, No 6, pp. 465/486.

— Pékin, sa Météorologie, son édilité, sa population par le Docteur Martin, Médecin de la légation de France. (*Bull. Soc. Géog.*, 6ᵉ Sér., VI, 1873, pp. 290/317.)

— Pékin ou Chun-tien-fou, levé en 1875, par Mr. Lapied, Enseigne de Vaisseau sous la direction de Mr. Fleuriais, Lieutenant de Vaisseau, chef de la Mission Française envoyée à Pékin pour l'observation du passage de Vénus sur le Soleil. 1 feuille.

— L'Observation du passage de Vénus à Pékin par M. Fleuriais, lieut. de Vaisseau. (*Comptes rendus de l'Ac. des Sc.*, t. LXXX. séance du 10 mai 1875, 10 pages; réimp.

Rev. mar. et col., juillet 1875, pp. 57/56. — Voir aussi cette *Revue,* sept. 1875, pp, 673/681.)

— G. C. Stent : The « Legend of the Bell Tower of Peking ». (*Jour. N. C. B. R. As. Soc.*, VII, 1873, pp. 185/189.) — La légende de Mr. S. a été mise en vers anglais dans *The China Review*, V, pp. 241/3, par Mr. G. M. H. Playfair. — Elle est également racontée par Mr. Dabry de Thiersant dans son livre sur la *Piété filiale,* Paris, 1877, pp. 217/220.

G. C. Stent : Legend of the Building of Peking or the Pursuit of the Water. (*China Review,* IV, pp. 168/173).

— Shop-signs and Street-names at Peking. Collected by J. Dudgeon, Esq. M. D. — 1. Translated by Mr. Ho Achun, Linguist ; 2 and 3. transl. by Dr. Dudgeon. (Doolittle's *Voc.,* II, No 59.)

Archaeological and Historical Researches on Peking and its environs. By E. Bretschneider, M.D. Physician to the Russian Legation at Peking. Shanghai : American Presbyterian Mission Press. 1876, in-8, pp. 63, avec 5 cartes, dont une dans le texte.

Preliminary Remarks — History of Peking and its names at different times — The position and the remains of ancient Peking — On the Water conveyances connecting Peking in ancient times with the great river system of China. — The bridge *Lu-kou k'iao* and the *Hun Ho* or *Sang-kan* river, with the road to Shang-tu.

On trouvera dans les remarques préliminaires la description des ouvrages chinois qui traitent de Péking.

Cet ouvrage intéressant a d'abord paru dans *The Chinese Recorder,* 1875, Vol. VI, No 3 5 & 6.

— Ancient Peking. By O. F. von Möllendorff. (*China Review,* V, pp. 383/6.)

Addenda et corrigenda à l'ouvrage du Dr. E. Bretschneider.

— Die Pekinger Ebene und das benachbarte gebirgsland. von Dr. E. Bretschneider, Arzt der kaiserl. Russischen Gesandtschaft in Peking. Mit eine originalkarte. (Ergänzungsheft No. 46 zu *Petermann's « Geographischen Mittheilungen.* ») Gotha : Justus Perthes, 1876, br. in-4°.

Notice dans *The Chinese Recorder,* VII, pp. 309/310.

— Pékin et le Nord de la Chine, par M. T. Choutzé. 1873.— Texte et dessins inédits.

Tour du Monde, XXXI, pp. 305/388; XXXII, pp. 193/256. (1876.)

T. Choutzé. = G. Devéria, premier interprète de la légation de France à Peking.

* Guide for Tourists to Peking and its Environs. Hongkong, China Mail office, 1876.

Notice : *China Review,* V, p. 137.

— Voir Renniés Peking and the Pekingese, 2 vol. in-8, London, Murray, 1865. — Swinhoe's Narrative of the North China Campaign, London, 1861, in-8, pp. 353 et seq. (décrits dans la 3e partie de cet ouvrage).

— Grain Supply of Peking (*N. C. Herald,* No 418, July 31, 1858).

— Queer sights and ways in Pekin (by Spencer C. Browne, *The Overland Monthly,* San Francisco, Vol. VII, No 3, sept. 1871, pp. 242/9).

* Peking und seine Umgebung (*Ausland*, 1873, No 27).

— « Pekin » rep. from *Chambers' Journal* in *Every Saturday,* 1873, p. 666.

2° CHAN TOUNG 山東 Topography

of Shantung : boundaries and situation of the province ; its area and population :

with its subdivisions, rivers, lakes, mountains, plains, productions, &c. By E. C. Bridgman (*Chinese Rep.* XI, 1842, pp. 557 et seq.).

— Extrait d'un rapport adressé au médecin en chef du corps expéditionnaire en Chine, par M. Gerrier, médecin-major de 1re classe. (*Rec. de Mém. de médecine....,* milit., 3e Sér., IV, 1860, pp. 310/314.)

Sur la rade de Tche-fou.

— Note sur la composition des eaux de quelques puits de Tche-fou, par M. Berquier, pharmacien aide-major de 1re classe. (*Rec. de Mém. de médecine... milit.,* 3e Sér., VII, 1862, pp. 52/7).

« A Trip through the Shantung Province : Confucius' Tomb. » Extrait d'une lettre d'un médecin de Tchéfou inséré dans *The North China Herald,* April 9, 1864.

— Notes on the Productions, chiefly mineral of Shan-tung. By the Rev. A. Williamson. (*Journal of the North-China Branch of the Roy. As. Soc.,* IV, Déc. 1867, Art. IV, pp. 64/73.)

Read 26th June 1867.

— Reprinted in the *N. C. Herald ;* what is relating to Cotton, Hemp, China Grass, Dyes, excepted., June 29, 1867.

— Voir dans le *N. C. Herald,* 14 août 1868, le récit d'une excursion au district aurifere de Mo Chan 磨 山

— « The Chefoo Hot Springs » Reprinted from the *Shanghai Recorder* in the *Supreme Court & Cons. Gazette,* Vol. VI, sep. 25, 1869, pp. 210/3.

— Notes on the Shantung Province, being a Journey from Chefoo to Tsiuhsien, the City of Mencius. By John Markham, Esquire, H. B. M.'s Consul, Chefoo. (*Journal N.-C. B. R. Asiatic Society,* for 1869 & 1870, No VI, Art. I, pp. 1/29.)

— Notes of a Journey through Shantung. By J. Markham. Read Feb. 28, 1870. (*Journ. R. G. S.,* XL, 1870, pp. 207/228 ; Extraits dans *Proc. R. G. S.,* XIV, 1870, pp. 137/144.)

— Réimp. dans *The Cycle,* 3rd sept. 1870.

(Notice dans *The Shanghai Budget,* 22 sept. 1871.)

— A Visit to the City of Confucius. By the Rev. J. Edkins, B. A. — Read 2nd June 1873. (*Journal N.-C. B. R. Asiatic Society,* No VIII, Art. VI, pp. 79/92.)

Le Dr. Legge accompagnait Mr. Edkins.

— Tour in Shantung by C. W. M.[ateer] : — Tour in Shantung — The T'ai Mountain. (*Shanghai Budget,* Aug. 9, 1873.) — Tsi-nan-foo — Ch'ing-chew-foo (ibid., Aug. 16, 1873).

Dr. J. H. Plath : Die Chinesische Provinz Schantung. Bruchstück einer noch ungedruckten Geographie China's. (*Das Ausland,* 1873, No 4, pp. 66/70 ; No 6, pp. 109/112 ; No 8, pp. 148/151.)

Renseignements sur la baie de Tchefou et sur Tientsin. (*Annales hydrographiques,* 1873. p. 214.)

— The Emeute at Chimi. (Voir les nombreux articles du *N. C. Herald,* et surtout du « *Shanghai Budget* » pour 1874.)

The late emeute at Chi-mi. Compiled from the « Supreme Court and Consular Gazette « and Shanghai Budget ». By A. G.[ordon]. *Chin. Rec.* 1874, pp. 270/3.)

— The Province of Shantung : its Geography, natural History, &c. By A. Fauvel, of the Chinese Imperial maritime Customs (reprinted from the *China Review*). Hongkong : « *China Mail* » Office. 1875. Pièce in-8, pp. 13.

Ce Mémoire avait paru dans *The China Review*, Vol. III, No. 6 (May & June 1875), pp. 364/377.

M. Fauvel a sous presse à Paris (Déc. 1877) une carte étendue de cette province.

— Bericht des Lieutenant z. See von Prittwitz und Gaffron über die Rhede von Tschifu und die Kung-kung-tau Inseln. *(Ann. der Hydrog.* 1876, pp. 497/498.)

Famine. Dr. Nevius' Report to the Contributors of the Relief Fund [Shantung famine]. Chefoo, 23rd June, 1877. *(N. C. Herald,* 7 July, 1877.) — Lettre de Mgr. Cosi [trad. en partie en anglais]. *(Ibid.,* 23 Juin 1877.)

— A Journal of Travel into the Region around the T'ai-shan. — (The most famous sacred mountain in China.) By J. F. Crossette. *(N. C. Herald,* 8 Nov. 1877.)

3° *CHAN SI* 山 西 Topography of Shan si; situation and boundaries of the province; its area and population; its subdivisions, mountains, rivers, lakes, plains, productions, &c. By E. C. Bridgman. (*Ch. Rep.*, XI, pp. 617 et seq.)

— No III. Report by Baron von Richthofen on the provinces of Honan and Shansi. Shanghai : Printed at the « North-China Herald » office, 1870, br. in-fol., pp. 25.

Datée Peking, June 1870.

Reprinted at the « Lee Nam » office, 1875, in fol.

— Notes of a Bible Tour in Shansi. By J. Dudgeon. *(Chin. Rec.,* II, p. 134.) — Notes of a Bible Tour in South-Eastern Shan-si. By J. Dudgeon. M. D. *(Ibid.,* III, pp. 212/215, 239/241.)

— The colonised tract of South-Eastern Mongolia which is officially annexed to Shansi.

Imprimé dans « *The Cycle* ». (Nos du 24 sept. et du 1er octobre 1870.)

4° *HO NAN* 河 南 Chronique météorologique de Kai-fong-fou, aujourd'hui capitale de la province de Ho-nan, autrefois capitale de l'empire sous plusieurs dynasties. Traduite du chinois. (*Mémoires conc. les Chinois,* XI, pp. 22/34.)

Cette chronique s'étend de 180 av. J.-C., à 1695 après lui.

— Topography of the Province of Honan : its boundaries, rivers, cities, productions, etc. [By S. W. Williams.] — (*Chinese Rep.*, XX, pp. 546/563).

Réimp. dans le *N. C. Herald,* No 96. (May 29, 1852.)

Voir : Let. de Richthofen, Chan si, *supra.* col. 129.

Sur les Juifs à Kai-foung fou, voir le chapitre consacré au *Judaïsme en Chine.*

5° *KIANG SOU* 江 蘇 Topography of Kiangsu; boundaries and situation of the province; its area and population; departments and districts; rivers, lakes, &c.

By E. C. Bridgman. (*Chinese Rep.*, XI, pp. 240 et seq.)

(Réimp. dans *The Chin. & Jap. Rep.*, Dec. 1861.)

An Excursion to the city of Suchau, made in the autumn of 1845 by Isidore Hedde, commercial delegate, attached to the French Legation. Communicated for the Repository *(Chin. Rep.* XIV, pp. 584 et seq.)

Su sang yü ti ying wú Ts'iuen Tu. A Complete Map of the military stations of Kiangsu. By Chin and Li. By E. C. Bridgman. *(Chinese Rep.*, XVII, pp. 526/7).

A Day at Su chau. (*N. C. Herald,* No 17, 23 Nov. 1850.)

Years of Famine, Floods and other remarkable events connected with the history of Soochow Foo. *(Ibid.,* No 31, 1 March 1851.)

— Letters on the Interior of China to the Editor of the North China Herald by O. P. Q. [B. Jenkins.] *N. C. Herald.* No 87, March 27, 1852 et seq. — Réimp. dans le *Shanghae Almanac for 1853 and Miscellany.*

— Remarkable cave, situated in the Western Tung-ting-san. By W. H. Medhurst. *(N.-C. Herald.* — Réimp. dans *The Shanghai Alm. and Miscel. for 1856*)

— Le Kiangnan en 1869. (Voir le chap. des Missions catholiques à la Chine.)

— Biernatzki : Der Tai hu oder Grosse See. *(Zeit. für allg. Erdk.,* 1858, Nov. u. Dec.)

— La Ville de Tchen-kiang-fou, par le P. Pfister. *(Miss. Cath.,* III, pp. 146, 8, 1870.)

— Kiang nan (avec une carte). *(Ibid.,* IV, 1872, pp. 449, 451.)

— Mœurs chinoises au Kiangsou, par le P. Desjacques, S. J. *(Ibid.,* III, pp. 160, 173, 210, 222, 232, 245, 268, 280, 304, 328, 365.)

— J. L. M.—Notes of a trip to Soochow. *(Chinese Rec.,* VI, pp. 362/368.)

— C. F. R. Allen. The Chung-ling-ch'üan. [Source près de Tchin kiang.] *(China Review,* II, pp. 351/3.)

The Woosung Forts. *(N. C. Herald,* 7 July, 1877.)

(Ces forts, commencés en juillet 1874, furent terminés en 1877.)

— The Lake Country to the South East of Soochow. *(Ibid.,* Déc. 20, 1877.)

— *Tson ming.* Lettre du P. Jacquemin, S. J., 1er Sept. 1712. *(Let. éd.,* anc. éd. XI, p. 234; éd. Mérigot, XVIII, p. 179 ; éd. Pant. litt., III, p. 196.) — *Annal. de la Prop.,* sept. 1867, et seq.—Lettres du P. Croullière, S. J. *(Miss. Cath.,* I, p. 62, II, pp. 162/4, III, pp. 2/3, pp. 315, 6.)

KIANG NING 江 寧 ou 南 京 NAN KING :

— Extrait d'une lettre écrite par M. Bourgeois, missionnaire, sur l'étendue de la ville de Nanquin, et la population de la Chine. Peking, 1er Nov. 1777. (*Mém. conc. les Chinois,* IX, pp. 431/440.)

— Chroniques météorologiques de Kiangning-fou, aujourd'hui capitale de la province de Kiang-nan, autrefois capitale de l'empire sous plusieurs dynasties , traduites du chinois. (*Mém. conc. les Chinois,* XI, pp. 2/22.)

Elles s'étendent de l'année 190 av. J.-C. à l'année 1667 ap. lui.

— A picture of the Precious Porcelain Pagoda in the Recompensing Favor monastery of Kiangnan (commonly known as the Porcelain Tower). By E. C. Bridgman, avec 1 dessin. *(Chin. Rep.,* XIII, pp. 261/265.)

— A trip to Nanking [from Shanghai] [by the Rev. C. Taylor]. *(N. C. Herald,* No 97, 5 June 1852 et seq. — Réimp. dans *The Shanghae Almanac for 1853 & Miscel.)*

— The Ming Tombs near Nanking. *(N. C. Herald,* No. 571, July 6, 1861.)

— Nanking and the inhabitants thereof. *(Ibid.,* No 570, June 29, 1861.)

Ces deux art. sont de R. J. Forrest, et ils sont reproduits

(Chap. ii et iii) de l'ouvrage de Blakiston sur le Yang-tze, q. v. col. : 77.

— Nankin and its rulers. *(Church Miss. Intel.* Aug. 1861, pp. 188/193.)

— Notes of a Journey from Nanking via Wuhu and the Hu and T'ui Lakes to Shanghae in June, 1865, by Thomas W. Kingsmill Esq. *(Shanghae Evening Courier,* February 3, 5, 7, 1870.)

— Sulphur Springs at Nanking. [by T. W. Kingsmill]. *(N. C. Herald,* n. s., VIII, 364.)

— No. V. Letter by Baron von Richthofen on the Regions of Nanking and Chinkiang. Shanghai : Printed at the « Evening Courier » office. 1871. br. in-fol. pp. 19.

(Imp. aussi dans *The Shanghai Budget,* 22 Sept. 1871.)

— A Week in Nanking, the old Metropolis of China. By the Rev. Thomas Bryson, Missionary in Wuchang. *(The Phœnix,* No 28, Oct. — 29, Nov. — & 30, Déc. 1872.) — *(Shanghai Budget,* 1873, July 26, Aug. 2 & 16.)

The Same, London, 1872; in-32, pp. 53. — 1s. 6d.

CHANG HAI [1] (ville chinoise).

上海縣志 *Shang-hai hien tche.* Description topographique du district de Shanghai en 16 pen.

Voir :

« Historical sketch of Shanghai; extracted from the Kia king Shang-hai hien chi or Statistics of Shanghai ». Translated by *.*. [C. Shaw] *(Chinese Repository,* XVIII, pp. 18 et seq.)

Et surtout :

General description of Shanghae and its environs, extracted from Native Authorities. Shanghae : Printed at the Mission Press, 1850, in-8, pp. 168.

[By W. H. Medhurst, DD.] Cet ouvrage est le n° 4 de » *The Chinese Miscellany* ». — Pub. à 1 dollar.

Il y a des extraits de cette traduction du Dr. Medhurst dans *The North-China Herald,* No 5, Aug. 31, 1850 et No 7, Sept. 14, 1850.

— Extracts from the History of Shanghai by the Rev. C. Schmidt. *(Journal of the N. C. B. R. A. S.,* No. VIII, art. iii, pp. 31-43.)

Read before the Society on the 26th March, 1873.

— « Aus der Geschichte von Schanghai. » *(Mitth. der D. Ges... Yokohama* 1874.) (Von K. Schmidt.)

— The district of Shanghai as described by native authors, and more especially in the Tai-tsing-yi-tung-chi *i. e.,* Complete account of (the chinese Empire under) the

Ta-tsing. (Manchou) dynasty. *(Chinese and Jap. Rep.,* Dec., 1864, — July, 1865.)

E. C. Bridgman : Notices of Shang-hai : its position and extent; its houses, public buildings, gardens, population, commerce, &c. *(Chin. Rep.,* XV, 1846, pp. 466 et seq.) — Description of Shanghai; its position; early history; walls ; gates......; population; and Christian Missions. *(Ibid.,* XVI, 1847, pp. 529 et seq.) — What I have seen in Shanghai... *(Ibid.,* XVIII, 1849, pp. 384 et seq.)

Walks about Shanghai, with notices of the city and its inhabitants. From a Private Journal, by Viator. *(Chin. Rep.,* XVII, pp. 468/477, 530/6.)

Men and things in Shanghai. From a correspondent. *(Chin. Rep.,* XIX, pp. 105/110, 227/231, 390/4.)

Notice of the years of famine and distress which have occurred at Shanghai, recorded in the statistics of Shanghai. *(Chin. Rep.,* XIX, pp. 113/117.)

— Sur l'évacuation de Shanghai par les Triades, voir le *N. C. Herald,* 239, 24 février 1855.

Sur l'occupation de Shanghai par les rebelles, voir le chapitre consacré à la rebellion des Tai-ping.

— Dans le *N. C. Herald,* 439, Dec. 25, 1858, on trouvera une lettre signée « *City Correspondent* » qui donne les noms chinois des principaux endroits de la ville indigène de Shanghai.

— Esquisse topographique de la ville de Shanghai et de ses environs, par M. Castano, médecin principal de 2e classe, chef du service médical du corps expéditionnaire en Chine. *(Rec. de Mém. de médecine..,* milit., 3e sér., IV, 1860, pp. 289/303.)

— Notice sur la ville de Shanghai et son hôpital militaire, par M. France, médecin-major de 2e classe. *(Rec. de Mém. de médecine... milit.,* 3e sér., IV, 1860, pp. 304/310.)

— Records of Famines in the District of Shanghai. Translated from Chinese authors. (by C. Shaw. *Chin. Rep.,* XIX, pp. 113 seq. et *Chinese & Jap. Rep.,* Janv. 2, 1865.)

— Military Plan of the Country around Shanghai, from surveys made in 1862, 63, 64 and 65, by Lieut. Col. Gordon. C. B.; Major Edwardes ; Lieuts. Sanford, Lyster and Maude, Royal Engineers ; Lieuts. Danyell and Bateman, H. M. 31st, Regt. Assist. Engineers. Topog. Dep., War office, Southampton, 1865, en feuilles.

On a publié des réductions de cette carte.

— Rapport sur la longitude de Shanghai, déduite des observations méridiennes de la Lune, faites par M. G. Fleuriais, lieutenant de vaisseau. (Dans les *Additions* de la *Connaissance des Temps* pour l'an 1874.)

---

1. Il est bien entendu que nous ne traitons ici de cette ville, ainsi que plus loin de Canton, etc., qu'au point de vue chinois exclusivement; les *ports ouverts* aux étrangers sont l'objet d'une étude spéciale dans la IIe partie de cet ouvrage.

— Nooks and corners about Shanghai. (By an Occasional and Peripatetic Correspondent.)

Ces lettres sont signées « Mina ». = W. B. Pryer, — et imprimées dans le *Shanghai Budget*. Elles avaient d'abord paru dans le *Shanghai Evening Courier*.

No. 1. The Baby Tower, Feb. 8, 1872. — No. 2. The Cockpit, Feb. 22, 1872. — No. 3. Antiquities of Shanghai, and a Walk through the Chinese Miscellany, March 7, 1872. — No. 4.? Ne paraît pas avoir été imprimé. — No. 5. A Flower show in the City, May 18, 1872. — No. 6. The Tea gardens and prisons in the City, May 25, 1872. — No. 7. The Thermotroph, Aug. 17, 1872. — No. 8. Laou-ke-chong, Aug. 24, 1872.

— Der Welthafen Shanghai in China. *(Globus,* XXI, 1872, No. 17, pp. 268/70.)

— Shanghai City. By J. R. B[lack]. *(The Far East,* I, No. 1, 1876, pp. 8/12.)

— Chinese Tea House, Shanghai City. *(Ibid.,* July 1876, pp. 12/13, avec une phot.)

— Garden near Ch'en Hwang Temple. *(Ibid.,* p. 13, avec une phot.)

— The « Wen Miaou », commonly styled « The Confucian Temple » in Shanghai. By Chas. Schmidt. *(Ibid.,* Janv. 1877, pp. 11/12, avec une phot.)

Chang hai (environs). — Memoranda and Observations made while on a trip to the Hills during four and twenty hours' absence from Shanghaï, December 12th, 1848. By ****. (E. C. Bridgman.) Communicated for the *Chinese Repository. (Ch. Rep.,* XVIII, pp. 181-186.)

— Notice of a visit to the cities of Kiating and Nantsiang, with a description of the former, accompanied by a facsimile plan taken from a Chinese Map of that city. By E. C. Bridgman. *(Ch. Rep.,* XVII, pp. 462 et seq.)

— Notes on the neighbourhood of Shanghaï, with a Map., containing most of the country-roads, and the names of Places, both in English and Chinese.

— In the *Shanghai Miscellany,* I, 4 pages. Reprinted from the *North China Herald,* No. 70, Nov. 29, 1851.

— Notes of an excursion to the T'ai Hu and its neighbourhood by J. E.

(N. C. Herald, 1855, No 256, June 25. — Réimp. No 17, *Shanghai Miscellany,* 1856.)

— « The Lazar-House at the Bubbling Well. » In the *Daily Ship. & Com. News,* 5th., 6th. & 7th. Aug. — Rep. in the *N. C. Herald,* 628, Aug. 9, 1862.

Reminiscence of an Evening Ride in the Vicinity of Shanghai by 李 *(N. C. Herald,* No 630, Aug. 23, 1862.)

— Sur l'Arsenal de Kaou-Chang-Miao, voir des articles dans « *The Shanghai News-Letter,* Feb. 24th., 1868 [by John Thorne] » — et June 18th., 1869 : « Description of Shanghai Imperial Arsenal, in 1869 ».

— Kaou-Chang-Meaou Arsenal. *(Shanghai Budget,* Oct. 17, 1872.)

6° *NGAN HOUEI* 安徽 Topography of Anhwui ; situation and boundaries of the province; its area and population; departments and districts, rivers, lakes, &c. By E. C. Bridgman. *(Chinese Rep.,* XI, pp. 307 et seq.)

(CHANG HAI. — NGAN HOUEI.)

— No. IV. Letter by Baron von Richthofen on the Provinces of Chekiang and Nganhwei. — Shanghai : Printed at the « North-China Herald » Office, 1871, br. in-fol., pp. 19.

Ueber den Theegenus in China. von F. Frhr. v. Richthofen. *(Petermann's Mitt.,* 1872, XVIII, pp. 228/9.)

7° *KIANG SI* 江西 Topography of Kiang si : situation, extent, and boundaries of the province, &c.; by E. C. Bridgman. *(Chinese Rep.,* XI, pp. 375 et seq.)

— A Visit to the White Deer Grotto

Pih-lu-tung. (Lettre signée *, datée de Kiukiang, Aug. 13, 1861. *N. C. Herald,* 578, Aug. 24, 1861.)

— Account of a Trip to the Potteries of King-Teh Chun. *(The Hankow Times,* Feb. 10, 1866, pp. 23/24.)

Une partie est réimprimée dans *The N. C. Herald,* June 29, 1867.

Voir le chapitre consacré à la Porcelaine.

— From Kiukiang to the Yellow Mountains Hoang-Shan.) — *(The Hankow Times,* May 25th., June 22 & 29, 1867. — Le dernier article est signé H. G. H. W. S.)

— Notes drawn up to assist the Tourist when visiting the Poyang lake « by H. G. H ». (Hollingworth.) — *(The Hankow Times,* July 6 &13 th., 1867.)

— Notes of a Visit to the Coal Mines in the neighbourhood of Lohping *(Supreme Court & Cons. Gaz.,* V, May 29, 1869, pp. 241/2.)

— A Trip to the Poyang lake and its Neighbourhood. (Imprimé dans « *The Cycle* » Nos du 13 et du 20 août 1870.)

— The Fêng-chin Shan, or Interdicted Mountains [in Kiangsi]. Imprimé dans « *The Cycle* » No du 3 sept. 1870.

— Kiukiang and its Vicinity. *(London & China Telegraph.* — Réimp. dans *The Phoenix,* No 9, March 1871.)

— Excursion to T'een-ch'e or the heavenly pool in the Loo Shan. (Imprimé dans « *The Cycle* » No du 3 juin 1871.)

— Notes of a three days' Excursion in the neighbourhood of the Po-yang lake, the Great Orphan, and the College of the Valley of the White Deer.

Lu devant la N. C. Branch R. As. Society par le Dr. Shearer le 4 avril 1874. (Imp. dans le *Shanghai Budget,* May 2, 1874.)

Rev. Cardwell : The Boat-Mission on the Po-yang Lake of Central China. *(Illustrated Missionary News,* 1 Nov. 1872, p. 124.)

— Notes of a visit to Nan-chang foo. By Rev. J. Ing. *(Chinese Rec.,* V, pp. 266/270.)

— Itinerary from Shanghai to the Teen-Muh-Shan, the Moyune and Teen-kai Districts and the Poyang lake. *(Shanghai Budget,* 1874 : July 18, Sept. 12, 19, 26, — Oct. 3, 15, — 1875 : Feb. 18.)

— Around Lü San. By Rev. A. Strittmatter. *(Chin. Rec.,* VI, pp. 263/270.)

— Geographical Notes on the Province of Kiangsi. (Culled from native Sources.) By H. Kopsch. *(China Review,* VI, pp. 115/120, 191/195, 259/264.)

8° *TCHE KIANG* 浙江 Topography of Che kiang ; extent of the province, its population, subdivisions, rivers, lakes, mountains, productions,&c. By E. C. Bridgman. (*Chinese Repository,* XI, 1842, pp. 101/100 — 162/173.)

— Description de la ville de Yen-tcheou fou et de son territoire, en 1742. *(Mém. conc. les Chinois,* IX, pp. 454/479, avec 12 pl.)

Meteorological Register at Ningpo for 1847 & 1848. *(Chinese Repository,* XVIII, p. 514.)

(KIANG SI. — TCHE KIANG.)

Excursion from Shanghae to T'heen Tung going by Chapoo and Ningpo by « Viator ». *(N. C. Herald*, No 6, Sep. 7, 1850.)

Excursions from T'heen Tung to Pootoo by Ningpo, Lookong, and Tinghae. By « Viator ». *(N. C. Herald*, No 8, Sep. 21, 1850.)

Notes of an excursion to Kea-Hing-Foo, &c. By « Viator » *(N. C. Herald*, No 11, Oct. 12 ; No 13, Oct. 26, 1850.)

Piracies, Riots, and Lynch Law at Ningpo (from Dr. Macgowan's Note Book) pp. 25. *(N. C. Herald*, No 82, 21 Feb. 1852 et seq. — Réimp. dans the *Shanghae Almanac for 1853 and Miscel.)*

Notes of an excursion to Hu Cheu and Hang Cheu by J. E. *(N. C. Herald*, 1854, No 226, 25 Nov. — No 228, 9 Dec. — *Shae Almanac for 1855 & Mis.)*

Sketch of a Missionary Journey to Tjen-Muh-San, in Chekiang Province. By W. H. M. [edhurst] *(N. C. Herald*, 230, 23 Dec. 1854 — 232, 6 Janvier 1855. — Réimp. *Shang. Alm.* for 1855 & *Miscel.*)

K. L. Biernatzki. W. H. Medhurst's, Reise von Shanghai nach dem Tien-muh Gebirge. (*Zeit. f. allg. Erdk.*, II', 1857, März.)

Letter of the Rev. R. H. Cobbold on a voyage in Tche kiang addressed to the Editor of the *North China Herald.* Ningpo, November 14th 1855. *(Réimp.* dans le *Shang. Alm. & Miscel.)*

Account of a Tour taken in the months of October and November last year, by Rev. R. H. Cobbold, dated Ningpo, February 28th. 1856 and addressed to the Editor of the *North China Herald. (Ibid.)* Suite de la lettre précédente.

Trip to Ningpo and T'heen Thae. By W. H. Medhurst. *(N. C. Herald*, 1855, No 249 et seq. — Réimp. *Shanghae Miscel.* 1856.)

— Les monuments de Ningpo par C. Lavollée. (*Rev. de l'Or. et de l'Alg.*, VII, 1850, pp. 315/3.)

— Le port chinois de Ningpo. (*Ibid.*, XIII, 1853, pp. 27/34.)
(Ext. du *Voyage en Chine* de C. Lavollée.)

Extracts from a Report upon the present condition of the Sea Wall at the head of Hang-chow bay, by Major Edwards, R. E. — Read, Aug. 5th., 1864. *(Journ. N. C. B. R. A. S.*, New Series, No 1, Dec. 1864, pp. 136/139.)

M. J. Knowlton. Letter, Ningpo, 4 May, 1864. *(N. C. Herald*, 720, 14 May, 1864.)

— Trip into the interior of Che-kiang. *(Chinese Recorder*, I, 1867, pp. 61/63 ; cet article avait déjà paru dans *The Friend of China.)*

— The Mountain Tribes of the Che kiang Province, a Lecture delivered before the Ningpo Book club, in the evening of the 27th January, 1869. *(Chin. Rec.*, I, pp. 241/248. — *N. C. Herald*, Feb. 2, 1869.)

— Notes of a tour from Ningpo to King hwa. *(Chin. Rec.*, V, 1874, pp. 204/207.)

Richthofen : Voir Ngan-houei, supra, col. :

— Notes of a Tour in South Chekiang. By Rev. D. N. Lyon. *(Chin. Rec.*, VI, pp. 256/63.)

— Wan chow. *(N. C. Herald*, 12 Aug., 1869.)

Il a paru de nombreux articles sur ce port, maintenant ouvert au commerce européen, dans le *N. C. Herald* de 1876 et de 1877.

— Province of Chehkiang. Carte qui accompagne le récit du voyage de Mr. L. P. Warren dans cette province ; récit daté de Ningpo, 20 Janv. 1877, et publié pp. 97/102 du « Blue Book » : *China*, No 3. *(1877.)*

Hang tcheou 杭 州 Relatione della gran città del Quinsai, e del Re della China e suo governo et altre particolarità.

Ms. Bib. nat. 418 F. It. (ancien supp. 1884.) On en trouvera la description p. 663 de « I Manoscritti italiani della Regia

(TCHE KIANG.)

Biblioteca Parigina descritti ed illustrati del Dottore Antonio Marsand... Parigi, M DCCC XXXV, in-4.»

Description de la ville de Quinsay (Hang-tcheou fou) capitale de l'empire des Soung comprenant les 151ᵉ et 152ᵉ chapitres du Livre de Marc Pol Citoyen de Venise..... (Extrait de l'édition actuellement sous presse du même Livre....) par M. G. Pauthier. Paris, Firmin Didot, Octobre 1863, pièce gr. in-8.

Tiré à part des pp. 491/518 de l'éd. de Marco Polo par Pauthier.

— Hangchow : Letter signed '" adressed to the Editor of the *North China Herald*. (No 446, Feb. 12, 1859.)

— Hangchow City (as it was). By « Interior ». *N. C. Herald*, Ap. 11, 1868.)

— Hang-chau City (its building and rebuilding). By « Interior ». *(Ibid.*, May 22, 1868.)

— Sketches of Hangchow. By « Interior ». *(Ibid.*, June 27, 1868.)

— A Trip from Hangchow inland. *(Ibid.*, Aug. 14, 1868.)

— Early History of Hang-chou and its surroundings. Read before the Ningpo Book club, April 14th, 1869. By Rev. D. D. Green. *(Chin. Recorder*, II, pp. 156/162, 177/182.)

— Notes on Col. Yule's Edition of Marco Polo's Quinsay, by the Rev. G. E. Moule. *(Journal N. C. B. R. A. S.*, No IX, 1874, p. 1.)

* Notes of a Visit to Hangchow and its neighbourhood. Shanghai, Loureiro & Co. pp. 38.

Notices : *Shanghai Budget*, 3 Oct. 1874 ; *Chin. Rec.*, V. p. 302.

Iles Chousan (Tcheou chan.) Voir sur les Iles Chou san dans *The Chinese Repository* :

Vol. I, pp. 37, 124. — Vol. II. pp. 531, 548. — Vol. IV, p. 333. — Vol. V, p. 339. — Vol. VI, p. 13. — Vol. IX, The Chusan Archipelago ; its situation, magnitude, productions, and advantages for foreign commerce. (June 1840, pp. 101/106 by E. C. Bridgman.)

Cet article est composé surtout d'extraits de Staunton.

Vol. IX. Notices of Chusan by Dr. James Cunningham, F. R. S. Extracted from Harris' *Complete Collection of Voyages*. (July 1840, pp. 133/134.)

Vol. X. Chusan Archipelago : sailing directions, derived from nautical surveys, made by H. B. M. 's squadron in 1840-41. [Collinson.] pp. 251/278.

X. Topographical Account of Chusan ; its territorial divisions, population, productions, climate, &c. &c. by J. R. Morrison, pp. 328/340.

X. Meteorological Observations made at the island of Chusan from the month of September 1840, to February 1841. by Capt. Collinson, pp. 352/371.

X. Notices of Chusan : its geological formation ; climate ; productions ; agriculture ; commerce and capabilities ; people, &c. by W. Lockhart, pp. 425 et seq.

Ce qui, dans cet article est relatif à la géologie, est extrait

(TCHE KIANG.)

d'un mémoire du lieutenant Ouchterlony, Madras Engineers, publié dans le *Calcutta Journal of Natural History*.

X. Report of the Medical Missionary Society's Operations at Chusan in 1840-41. By W. Lockhart, pp. 453/463.

X. Reminiscences of Chusan, during its occupation by the British in 1840-41. From a Correspondent [C. Gützlaff], pp. 481 et seq.

— China; a Visit to Silver Island, near Ningpo by R. F. *(The Athenaeum,* Oct. 12, 1850. — Réimp. *N. C. Herald,* No 26, 25 Jan. 1851.) — Silver Island = Kin-tang, l'une des iles Chousan.

— Chusan, with a Survey Map of the Island. By Sir J. F. Davis, Bart. (Journ. R. G. S., XXIII, p. 242.)

Flora and Fauna of Chusan, by T. E. Cantor, dans les *Annals and Magazine of Natural History,* Vol. IX, et *Journ. As. Soc. of Bengal,* XXIV, 1855.

Voir Zoologie.

* A. W. Loomis. Scenes in Chusan, or Missionary Labours by the Way. Philadelphia, 1857, in-12, pp. 246.

Mem. of Prot. Miss.

— Foreign Cemetery at Chusan. *(Shanghai Budget,* Oct. 10, 1872.)

— Beschreibung der Insel Chusan an der Ost-küste von China. *(Hydrograph. Mitth.,* 1873, pp. 249/250.)

Grosier, *Descrip. de la Chine,* II, Note, p. 430.—Voir le chap. consacré à la guerre de 1842.

Iles Chou san, Pou tou.

The Monasteries at Pu-to. By J. E. *(N. China Herald,* No 345, 7 March, 1856).

Lettre signée H, datée Shanghai, 8th. August 1864. *(N. C. Herald,* 734, Aug. 20, 1864.)

Gleanings about Poo-too. By F[ryer, John]. *(Ibid.,* Aug. 8, 1868.)

Excursion à l'île sacrée de Pou tou, par Jules Arène. (L'*Explorateur,* No 20, Vol. I, 1875.)

Les Européens, en résidence à Changhai et à Ningpo, ont fait, depuis trois ans, pendant la saison d'été, de nombreuses excursions en bateau à vapeur, dont on trouvera le récit dans le *N. C. Herald,* et les autres journaux de Changhai.

Ein Ausflug nach der heiligen Insel Putu. *(Das Ausland,* No 31, 1876.)

* Sketches of Excursions to Chusan, Pootoo, Nanking and Kioto. By R. S. Gundry. Shanghai : *North-China Herald* Office, 1876.

Notice : *Shanghai Evening Courier;* — réimp. dans *The N. C. Herald,* Janv. 11, 1877.

9° *FO KIEN* 福建 Topography of Fukien ; situation and boundaries of the province; &c. by E. C. Bridgman. *(Chinese Rep.,* XI, pp. 651 et seq.)

Fuhkeen. *(Ibid.,* I, p. 151.) — C'est une note.

La Province de Foh-kien en Chine. *(Journal des Missions Evangéliques,* 1876, Nov., pp. 424/6.)

— Memorandum of an excursion to the tea hills, which produce the description of Tea known in commerce under the designation of Ankoy (Ngan ke) Tea by G. J. Gordon Esq. *(Jour. of the As. Soc. of Bengal,* Feb. 1835. — *Chin. Rep.,* IV, June 1835, pp. 72 et seq.)

— Expedition to the Bohea (Wooe) hills : arrival in the River Min ; passage of the capital, Fuhchow foo; communication with a military officer; approach to Mintsing heën; assailed from an ambush ; return; distribution of books. By the Rev. Edwin Stevens, Seamen's Chaplain at the Port of Canton. *(Chin. Rep.,* IV, June 1835, pp. 82 et seq.)

A short historical and statistical account of the Province of Hok-keen (compiled from European and Chinese Authors). *(Canton Register,* X, 1837, Nos 27 & 28.)

Remarks on the Population of Hok-keen. *(Ibid.,* X, 1837, No 28, p. 118 — No 29, p. 122.)

On the Division and subdivisions of Hok-keen. *(Ibid.,* X, 1837, No 29, p. 122. — No 31. p. 130. — No 32, pp. 133/4. — No 33, p. 138.— No 34, p. 142, et No 36, pp. 149/150.)

A General Discourse of the Province of Fuhkeen. *(Ibid.,* No 38, page 158, etc.)

Ces articles ont été réimp. d'après le *Canton Register,* dans le Hok-keen Dictionary, de Medhurst, pp. XIII et seq.

— Narrative of a recent visit to the chief city of the department of Changchau, in the province of Fukien. By W. M. Lowrie. *(Chin. Rep.,* XII, 1843, pp. 523 et seq.)

— Notices of an excursion to Changchau, chief city of one of the principal departments of Fuhkien. By M. Isidore Hedde, an attaché of the late French mission to China. *(Ch. Rep.,* XVI, 1847, pp. 75 et seq.) — *(Ch. & Jap. Rep.,* June 1865.)

— A Visit to the city of Chiang chau. By the Rev. A. Stronach.

Article daté : Amoy, 8th February, 1850, publié dans « *The Journal of the Indian Archipelago* », April, 1850, pp. 169/171.

— A Peep at Amoy. By « Carolus ». *(N. C. Herald,* No 40, 3 May, 1851.)

— Dr. Murray : Trip to Foochow together with instructions for navigating the River Min. *N. C. Herald* Office, 1855, Price 50 cents.

— Koo-san, or Drum Hill. By W. H. Medhurst. *(N. C. Herald,* No 266, 1 sept. 1855 ; réimp. dans *The Shanghae Miscel.* 1856.)

— A Visit to Foo-choo-Foo and the Surrounding Country. *(N. C. Herald,* et *Shae Miscel.* 1856.)

— Zur Topographie der Provinz Fukiän. *(Zeit. für allg. Erdk.,* Juni 1857.)

— Geology of Kulangsu, Amoy. By Cantoniensis. *(Notes & Q. on C. & J.,* Vol. I, pp. 22/3.)

— Incidents of a Country Trip. By Rev. N. Sites, Foochow. *(Miss. Recorder,* Jan. & Feb. 1867.)

— Kushan. By W. T. Lay. *(Ibid.,* pp. 120,122, 134/137.)

— A Trip to Kien-ning. By U. S. M. *(Chin. Rec.,* II, pp. 225/228, 246/9, 279/282, 298/301.)

— A Visit to Yuan-foo Monastery. By J. Thomson. *(Ibid.,* III, 296/299.)

— A Manual of the Amoy Colloquial By Rev. J. Macgowan, of the London Missionary Society. Amoy, 1871, in-8, pp. XVII-200.

Notice dans *The Chin. Rec.,* II, pp. 54/5. — Voir : Langue chinoise.

— Amoy and the Surrounding Districts. Compiled from Chinese and other Records by George Hughes, Commissioner of Imp.

Maritime Customs, at Amoy. — Hong-kong : Printed by de Souza & Co, 1872, pet. in-4, pp. 136-II.

Part. I. Historical, pp. 1/44. — II. Geographical, pp. 45/94. — III. Trade, pp. 95/136. — Errata.

Sur la Faune des environs d'Amoy voir les pp. 90/94.

— Three Weeks in the interior. By the Rev. A. B. Hutchinson, M. A. *(China Review*, II, pp. 242/248, 293/308, III, pp. 21/26.)

FOU TCHEOU. Notices of Fuh chau fù, being an extract from the Journal of the Rev. George Smith, M. A. Oxon., during an exploratory visit and residence at the five Consular ports of China, on behalf of the Church (of England) Missionary Society. *(Ch. Rep.,* XV, 1846, pp. 185 et seq.)

— Notices of Fuh chau fù, by S. Johnson, missionary of the A. B. C. F. M. Communicated for the *Chinese Repository. (Ch. Rep.,* XVI, 1847, pp. 483 et seq., — 513 et seq.)

— Notices of the City of Fuhchau fù, from the *News of the World ,* with remarks on the navigation of the River Min, by Captain Richard Collinson, R. N. (From the *China Mail.) (Ch. Rep.,* XV, pp. 225 et seq.)

— Description of Fuh-chau and its vicinity. *(Church Missionary Intelligencer,* July 1857.)
— Scrolls and Tablets in one or two Sentences. Collected at Foochoow. Translated by Rev. Wm. Muirhead. (Doolittle's *Vocabulary*, II, No. V.)
Tablet-Mottoes from Temples. Collected at Foochow. Translated by Rev. John Preston. *(Ibid.,* No XII.)
Twenty eight Temple Oracles or Stanzes. From a Temple at Foochow. — Fifty-six Temple Oracles or Stanzes. From a Tauist Temple at Foochow. Translated by C. F. R. Allen. *(Ibid.,* Nos 57 et 58.)
Pour l'arsenal, voir le chap. consacré à l'*Art militaire.*

TAI OUAN 臺 灣 *(Formose).* 1° *Ouvrages divers.* — Relation de l'état de l'île Formose, écrite en 1628 par Geo. Candidius, ministre du S. Evangile, envoyé dans cette île pour la propagation de la foi chrétienne. *(Rec. des voyages de la Cie. des Indes,* IX, p. 209.)

— A short Account of the Island of Formosa in the Indies, situate near the Coast of China; and of the Manners, Customs, and Religions of the Inhabitants. By George Candidius, Minister of the Word of God in that Island. [From the High Dutch], pp. 404/411, Vol. I, *Churchill's Collection of Voyages,* 3rd. ed., 1744.

— A Description of the Isle of Formosa, situate on the coast of *China* in the East-Indies ; first written by Mr. George Candidius, a Dutch Minister, who resided at the Factory of that Nation, in the Aforesaid Island, a considerable time; now Abridg'd. *(Harris' Coll.,* II, App., p. 40.)
Georges Candidius a été missionnaire à Formose de 1627 à 1631, et de 1633 à 1637. (Voir Valentyn, p. 92, l. c.)

* M. C. Sibellius. — Of the Conversion of

5900 East-Indians in the Isle of Formosa. London, 1650, in-4.

— Bib. Brit. II, 854 y. — Ternaux, 1745.

— 't verwaerloosde Formosa , of Waerachtig verhael, Hoedanigh door verwaerloosinge der Nederlanders in *Oost-Indien,* het Eylant *Formosa ,* van den Chinesen *Mandorijn,* ende Zeeroover *Coxinja,* overrompelt, vermeestert, ende ontweldight is geworden. Begrepen in twee Deelen : — I. Verhandelende den Aert en Eygenschap deses Eylants / en Discipline des selfs Inwoonders. Der Chinesen toelegh en Oorlogs-preparatien / om het Eylant Formosa t'overvallen; ende der Nederlanders onachtsame / geringe en zwacke voorsorge tot hun tegenweer. — II. Van der Chinesen byanllijcke overkomste op het Eylant Formosa ; Hare belegeringh des Casteels Zeelandia, ende bordere Oorlogsexploiten ende actien / geduyrende deselve belegeringh ten wederzijden voorgevallen. Hier zijn by-gevoeght Eenige Aenmerckelyke Saken , rakende d'oprechte gront der *Sinese Wreetheyt* en *Tyranny,* gepleeght aen de Predicanten, Schoolmeesters ende Nederlanders aldaer. Met by-gevoeghde authentijcke Bewijsen. Alles getrouwelijck uyt deselve by een vergadert, door C. E. S. En met schoone Figuren verciert. - t'Amsterdam, by Jan Claesz ten Hoorn.... 1675, in-4, pp. 45, 72, 38, s. l. préf. — Frontispice gravé.

Trübner, 1874, £ 4-4/-. 1876, £ 2-2/-.

— Die von den hollandern verwarlosete und verlohrne Insul Formosa, oder Wahrhafftige Erzehlung/wie durch Nachlasstgkeit der Niederlander in Ost-Indien/das Enland Formosa von dem Sinesischen Mandarin und See-Rauber Coxinga überrumpelt/bemeistert und uberwaltiget worden.
Dans la collection d'Olearius, *Reise Beschreibung,* Hamburg, 1696, in-fol.

— Relation de la Prise de l'isle Formosa par les Chinois, le cinquiesme Iuillet 1661. traduite de l'Hollandois. *(Coll. de Thévenot,* 1re partie, 1663, pp. 28/40.)

La description de l'île jointe à la relation, est de M. de La Morinière qui y avait demeuré cinq ans.
— Formose négligée ou la prise de cette Isle par les Chinois sur les Hollandois. *(Recueil des Voyages qui ont servi à l'établis. et aux progrez de la Cie des Indes Or.* Nlle Ed., X, Rouen, 1725, pp. 202/331, in-12.)
— Formose négligée ou la prise de cette Isle par les Chinois sur les Hollandois. *(Rec. des Voiages.....* V, Partie II, Seconde Ed., Amsterdam, Isaac Rey, 1754, pp. 528-663, in-12.)
— The Conquest of the Island Tai-wan (Formosa) by the Chinese Kosenya or Coshinga, A. D. 1662. [From the « Nippon » of Von Siebold. Translated by J. S.] [ummers.] *(Ch & Jap. Rep.,* April 1864, pp. 424/8.)

— Lettre du P. de Mailla, S. J., au P. de Colonia, de Kieou Kian fou, août 1715. *(Let. éd.,* anc. éd., XIV, p. 1 ; éd. Mérigot, XVIII, pp. 413/467 ; *Pant. litt.,* III, p. 253.)

Trad. en all. dans Stocklein, VI, 138. — Elle a été traduite en anglais dans *The Celestial Empire* au moment de l'expéd. japonaise à Formose (*vide infra*, col. 149) et a été également tirée à part sous le titre de : The early History of Formosa ; translated from the French of Father de Mailla, S. J., in the « Lettres édifiantes et curieuses », 1715. Reprinted from « The Celestial Empire ». Loureiro & Co., Printers, Shanghai. Br. in-8, pp. 21.

— Oud en Nieuw Oost-Indiën, vervattende een Naaukeurige en Uitvoerige Verhandelinge van Nederlands Mogentheyd in die Gewesten... door François Valentyn, Onlangs Bedienaar des Goddelyken Woords in Amboina, Banda, enz. in vyf deelen. Te Dordrecht, Amsterdam.... M DCC XXIV et seq. [5 parties en 8 vol. in-fol.]

— Beschryvinge van Tayouan, of Formosa, en onzen Handel aldaar, IV Deel, 2 Stuk, 1726, pp. 33/93.

Cette description est fort importante ; noter pp. 63 sq., le mémoire de Pieter Nuyts sur Formose. Il y a, p. 83, une liste des Gouverneurs hollandais de cette île et pp. 92/3 une liste des missionnaires.

— Notices of Formosa, gleaned from the works of François Valentyn. Published at Amsterdam, 1726. From a Correspondent. (C. G. Gützlaff.) — (*Ch. Rep.*, VI, avril 1838, pp. 583/589.)

— Mémoire sur l'Isle Formose. Canton, 20 Décembre 1784. Ms. de 6 feuillets décrit dans la 3e Partie de cet ouvrage : Papiers tirés des Archives des Affaires étrangères, Vol. IV, No 38.

— Lettre du P. Domenge, S. J., sur Formose. (*Lettres éd.*, XVIII, pp. 467/9.)

— Lettre du P. Amiot sur la submersion de Formose. (*Mém. conc. les Chinois*, X, p. 130.)

J. P. J. Dubois. Vies des gouverneurs généraux..... La Haye, 1763, in-4.

— Leven der gouverneurs generaal van Nederlands-India, uit het Fransch. Amst., 1765, in-4.

Voir la 3e part. de cet ouvrage : *Hollande*.

Analyse de quelques mémoires hollandais sur l'île de Formosa ; par le Rédacteur. (*Annales des Voyages*, publiées par Malte-Brun, VIII, 1810, pp. 344/373.)

Avec une carte par P. Lapie, géographe, 1809.

— Description de l'île de Formose, par Klaproth. (*Mém. rel. à l'Asie*, I, 1826, pp. 321, sq. et *Nouv. Ann. des Voy.*, 5e Sér., XX, pp. 193/224.)

— Grosier, *Descript. de la Chine*, I, pp. 321 et seq.

— *Formosa*. Its situation and extent; discovery by the Chinese; occupation by the Dutch; their government there, and expulsion by the pirate Koxinga; its cession to the Chinese; present government and divisions; the late rebellion; its aboriginal inhabitants; productions and population. By E. Stevens. (*Ch. Repos.*, II, pp. 409 et seq.)

Remarks on Formosa, respecting the rebellion of Choo Yihkwei, with suggestions for quelling insurections, and for the improvement of the island. From the works of Luhchow. By E. C. Bridgman. (*Ch. Rep.*, VI, Jan. 1838, pp. 418 et seq.)

— Géographie physique. — Volcans de l'île

de Formose. — Lettre à M. Arago, par M. Stanislas Julien. (*Ctes rend. de l'Ac. des Sc.*, X, 1840, pp. 832/833.)

— Formosa. The Meiacoshima Islands. By Sir E. Belcher. (*Nautical Magazine*, Oct. 1844. — Réimp. China Mail, No 14, May 22, 1845.)

— Observations on Coal in the North-East Part of the Island Formosa. By Lieut. Gordon, R. N. (*Journ. R. Geog. Soc.*, XIX, p. 22.)

— K. L. Biernatzki : Zur kunde der Insel Formosa. (*Zeit. für allg. Erdk.*, III, 1857, pp. 411/27 ; Die Insel Formosa. (*Ibid.*, VII, 1859, pp. 376, 395.)

— Coup d'œil sur l'île de Formose par M. Jomard, Membre de l'Institut, à l'occasion d'une carte chinoise de cette île, apportée par M. de Montigny, Consul général de France à Shang-hai, Membre de la Société de géographie. Extrait du *Bulletin de la Société de géographie* (décembre 1858). Paris, L. Martinet, 1859, in-8, pp. 43.

— The Religion of the Dayaks. Collected and translated into English by the Rev. W. Lobscheid. and the political, social and religious constitution of the Natives on the West Coast of Formosa, before and during the occupation of the Island by the Dutch ; or a contribution to the knowledge of the East. Translated from an old Dutch work by the Rev. W. Lobscheid. Third edition. Hongkong : Printed by J. de Souza. 1866. br. in-8, pp. 12-14.

Mr. Lobscheid a négligé d'indiquer l'ouvrage hollandais dont il a donné la traduction ; ne serait-ce pas, comme le suggère le Catalogue général du British Museum, l'ouvrage suivant : Begin ende Voortgaugh vande Vereenighde Nederlandtsche geoctroyeerde Oost-Indische Compagnie.

— Notes on the Island of Formosa. By Robert Swinhoe. (*Journ. R. Geog. Soc.*, Vol. XXXIV, 1864, pp. 6/18.)

— General Description of the Island of Formosa. (*Chin. & Jap. Rep.* : 1864, Nov. pp. 159/160, Dec. pp. 191/8. — 1865, April, pp. 164/176, May, pp. 217/223.)

D'après les Notes de Swinhoe.

R. Swinhoe : Ein Besuch der Insel Formosa. (*Zeit. f. allg. Erdk.*, März, 1860.)

— *Neau-show*. Birds and Beasts (of Formosa), from the 18th chapter of the revised edition of the *Tai-wan-foo-che*, Statistics of Taiwan, translated by Robert Swinhoe, Esq. H. B. M. Consul at Taiwan, with critical notes and observations. (N. S. No II, December 1865, Art. III, p. 39, du *Journ. N. C. B. R. As. Soc.*)

Les *Notes &. Q. on C., & J.*, II, pp. 149/150, ont donné des extraits par K. de cet article. — Voir : Formosa, *Voyages*. — Zoologie.

Le Dr. Hance dans le *Journal of Botany*, sept. 1874, « On a small collection of Plants from Kiukiang », écrit : « I should except a valuable list of Formosa plants supplied by Sir W. J. Hooker to Mr. Swinhoe, to whom I am obliged for a printed copy ; but whether it be published or not I am unable to say. The late Prof. Miquel's » Prolusio Florae Japonicae also contains a considerable number of Formosa plants collected by Oldham. »

— Vᵗᵉ Brenier de Montmorand. Sources thermales dans l'île de Formose. *(Bull. de la Soc. de Géog. de Paris,* Juillet et août 1865, pp. 135/46).

— [G. Stanley.] Formosa, South and West Coasts, and Japan South Coasts. China Pilot, Notice 1. *Nautical Magazine,* 1867, pp. 153/160.

— Renseignements sur les côtes ouest et sud de Formose, et sur les bancs de Formose. Ann. hydrog., 1867, p. 51.

— Violent Persecution in Formosa. *(Chinese Recorder,* I, p. 65/68.) : — Memorial to sir Rutherford Alcock by J. L. Maxwell and Hugh Ritchie.

— J. L. Maxwell. The Present state of affairs in Formosa. *(Ibid.,* I, p. 258, 9.)

— Commdᵉ E. W. Brooker. Formosa and Islands east of it. *Nautical Magazine,* Sept. 1868, pp. 504/510.

— On the Natives of Formosa by Dr. Schetelig. [Read June 23rd 1868.] From the *Transactions of the Ethnological Society,* Vol. VII. 15 pages.

Aperçu général de l'île de Formose, par M. Vivien de St-Martin. *(Bull. Soc. Géog.* Juin 1868, pp. 525/541.)

Les Aborigènes de l'île de Formose, par M. Guérin, ancien vice-consul de France à Formose, et M. Benard. *(Bull. de la Soc. Géog.,* Juin 1868, pp. 542/568, carte.)

* R. Oberländer : Formosa. *(Der Welthandel.* Stuttgart, 1869, No 10, pp. 537/44.)

* Ein Besuch auf der Insel Formosa, *(Weser-Zeitung,* 25 & 26 Juin 1870.)

• Zur Kolonisation Formosa's. *(Globus,* Vol. XVII, 1870, No 14, pp. 217/220.)

— F. v. Richthofen : Ueber den Gebirgsbau an der Nordküste von Formosa. *(Zeitschrift der Deutschen Geolog. Ges.,* Bd. XII, Hft. 4, pp. 532, 545.)

— Die Häfen auf der Wesküste Formosa's *(Zeitschrift der Gesel. f. Erdk.,* VI, 1871, No 4, pp. 384/388)

E. Greey. Taiwanfu auf Formosa. *(Globus,* XX, 1871, No 15, pp. 231/2.)

— Reports on Amoy and the Island of Formosa, by C. W. Legendre, U. S. Consul at Amoy. Washington : Government Printing Office, 1871, br. in-8, pp. 50.

— General Remarks on the Products and Natives of Northern and Central Formosa. Extracted from the official Report of Chs. W. Legendre Esq., U. S. Consul at Amoy, dated March 7th 1870. *(Shanghai News-Letter,* April 11, 1870.)

Revue Mar. et Col., Oct. 1874.

— Notes on the Rivers in Northern Formosa. By Henry Kopsch, F. R. G. S. *(Proc. Roy. Geog. Soc.,* XIV, 1870, pp. 79/83 ; Réimp. dans *The Cycle,* 14 May 1870).

* Dr. J. Bechtinger. Het eiland Formosa in de Chineesche Zee. Batavia, Bruining en Wijt, 1871, in-8, pp. 24.

Die Insel Formosa im Chinesischen Meere. *(Das Ausland,* 1872, No. 17, pp. 402/5 ; No. 18, pp. 427/9 ; No 20, pp. 463, 8.) C. Caroll. Rambles among the Formosan Savages. *(The Phoenix,* I, p. 133.)

— Native description of Formosa (traduction du chinois par 鈞鈞 dans *N. & Q. on C. & J.,* Vol. II, pp. 23/24.)

— Notes on the Vegetable Kingdom of Formosa. *(Ibid.,* pp. 134/6, art. signé K.)

— Formosa and its Southern Aborigines. by T. F. Hughes. *(Ocean Highways,* N. Series, I, April 1873, p. 44 .

— Aboriginal Savages of Formosa. By W. Campbell. *(Ibid.,* p. 410.)

— Extrait d'un voyage du « Bourayne » commandé par M. le capitaine de vaisseau Senez, sur la côte ouest de Formose. *(Ann. Hydrog.* 1873, p. 226.)

— Formosa as represented at the Vienna Exhibition. (Translated from the German of Friedrich von Helival [sic].) *(Shanghai Budget,* Aug. 30, 1873.)

— Les Négritos à Formose et dans l'archipel Japonais par M. le Docteur E.-T. Hamy. Extrait des Bulletins de la Société d'Anthropologie de Paris. Séance du 21 novembre 1872. Paris, Typographie A. Hennuyer, 1873, br. in-8, pp. 16.

Die Insel Formosa. *(Mitth. d. Kais. k. Geog. G.,* Wien, 1874. No 11.)

— A Gossip About Formosa. By a Former Resident. [P. M.] *(China Rev.,* II, pp. 40/47.)

La pub. de cet article n'a pas été continuée.

— The aborigines of Northern Formosa : a Paper read before the North China Branch of the Royal Asiatic Society, Shanghai, 18th June, 1874, By Edward C. Taintor. A. M., F. R. G. S., Commisioner in the Chinese Customs' Service. Shanghai, 1874, in-8, pp. 54.

On lit p. 2 : Shanghai : [Privately printed at the Customs Press, in advance of publication in the Journal of the Society.]

Tiré à 80 exemplaires.

Réimp. dans le *Journ. of the N. C. B. R. Asiatic Soc.* New Series, No IX, 1874, pp. 53 et seq.— et dans *the Shanghai Budget* (sans le vocabulaire). July 4, 1874.

— Formosa. By E. G. Ravenstein. With a Map. *(The Geographical Magazine,* Oct. 1, 1874, pp. 292/7.)

— Thomson's Straits of Malacca, etc., chap XI et App. : « The Aboriginal dialects of Formosa. »

— Sur Formose et sur les îles appelées en chinois Lieou-Kieou, par M. le Marquis d'Hervey de Saint-Denys. *(J. Asiat.,* 7ᵉ S., Vol. IV, 1874, pp. 107/121.)

— Note complémentaire sur Formose et sur les îles Lieoukieou par le même. *(Ibid.,* Vol. V, 1875, pp. 435/441.)

J. B. Steere, The aborigines of Formosa. *(China Review,* III, pp. 181/184.)

— Einige Notizien ueber Formosa (Nebst einer karte) von F. Knoblauch. *(Mitt. der Deut. Ges.* — *Yokohama,* 8tes Hft., sept. 1875, pp. 35/37.)

— Plan de la Ville de Tae-Wan Fou et de la plaine de An-Ping (Formose) levé et dressé sous la direction de Messieurs P. Giquel et L. Dunoyer de Segonzac officiers de marine par Messieurs Oue-Han, Tcheng - Tchenn, Tcheng - Tshing - Lien, Tchenn - Tchiao - Gnao, Ling-King-Sing, Ling-Jc-Tchang, élèves de l'Arsenal de Fou-tcheou et publié avec l'autorisation de S. E. le Commissaire Impérial Shen-Pao-Tchen. 1874-75.

Cette carte à l'écelle de 1/10000 est déposée au bureau de la Direction de la Mission chinoise à Paris et sera sans aucun doute prochainement publiée.

Seubert. Aus Formosa. *(Die Natur,* 12, 13, 14, 1876.)

— Formosa and Liu-Kiu. *(The Far East,* Vol. II, No. 3, pp. 51/54.)

— Fort Zelandia, Formosa. *(Ibid.,* Vol. III, p. 114, avec 1 phot.)

— Conquest of Formosa. By the Rev. John Ross. *(Ibid.,* Vol. IV, No. 7.)

— **Fort Zelandia, and the Dutch Occupation of Formosa. By H. E. Hobson.** *(Journ. N. C. B. R. As. Soc.,* No. XI, 1877. pp. 33/40.)

L'Ile de Formose (Chine).— *'Missions cathol.,* 1877, No. 426, pp. 373/4. — 427, pp. 386/8. — 429, pp. 411/12. — 'Cartes et vues ; — par les Dominicains de Formose.)

— **A Description of the Island of Formosa. With some Remarks on its Past History, its Present Condition, and its Future Prospects. by James Morrison.** *(The Geog., Mag.,* Oct. Nov. 1877.)

Voir également : The Treaty Ports of China and Japan, Hongkong, 1867, pp. 291/325. — Bax, The Eastern Seas, Lond., 1875 (au chap. des *Voyages).*

PSALMANAZAR (GEORGE) = N. F. B. de Rodes. Il est nécessaire, en traitant de l'ile de Formose, de parler de cet imposteur pour mettre en garde ceux qui pourraient considérer comme un ouvrage sérieux sa description de ce pays lointain. Boucher de la Richarderie, dans sa *Bibliothèque universelle des voyages,* V, pp. 289/291, dont la valeur a été autrefois grandement surfaite, n'a cité qu'un seul ouvrage sur Formose : celui de Psalmanazar qui fournit au naïf bibliographe le sujet d'un long article sur cette ile. Le repentir de Psalmanazar est aussi célèbre que son imposture; « il avait composé, pour un traité de géographie qui fut publié en 1747 *(Complete system of Geography,* 1747, ii, p. 251), l'article *Formose* uniquement afin d'avoir occasion de rétablir la vérité sur ce qui concernait cette ile. »

La *Description de l'île de Formose* parut d'abord en anglais :

— **An historical and geographical Description of Formosa, an Island subject to the Emperor of Japan by George Psalmanaazar, a Native of said Island, now in London. 2nd. ed. London, 1705, in-8.**

Première Édition : London, 1704, in-8. — Roxburghe, 6413, 5s. 6d. — Fonthill, 1460, 15s. — Trübner, 1874, 10s. 6d.

— **Description de l'ile Formose en Asie. Du Gouvernement, des Loix, des Mœurs & de la Religion des habitans : Dressée sur les Mémoires du Sieur George Psalmanaazar, Natif de cette Ile : avec une ample & exacte Relation de ses Voiages dans plusieurs endroits de l'Europe, de la persécution qu'il y a soufferte, de la part des Jésuites d'Avignon, & des raisons qui l'ont porté à abjurer le Paganisme, & à embrasser la Religion chrétienne Reformée. Par le Sieur N. F. D. B. R. Enrichie de Cartes & de Figures. A Amsterdam, aux dépens d'Estienne Roger,.... MDCCV, in-12, pp. xliv-406, s. l. t.**

Trübner, Sept. 1874, ex. aux armes du Comte de Hoym 10s. 6d.

-- Description de l'ile Formosa en Asie. Du Gouvernement, des Loix, des Mœurs & de la Religion des habitans : Dressée sur les Mémoires du Sieur George Psalmanaazar, Natif de cette Isle : avec une ample & exacte Relation de ses voyages...... Par le Sieur N. F. D. B. R. Enrichie de

Cartes et de Figures. A Amsterdam. Chez Pierre Mortier, & Compagnie. MDCCVIII, in-12, pp. xliv-406, s. l. t.

— Description dressée sur les Mémoires du Sieur George Psalmanaazar, contenant une ample Relation de l'Isle Formosa en Asie, du Gouvernement, des Loix, des Mœurs, de la Religion de ses habitans & de ses Voyages dans plusieurs Endroits de l'Europe. Enrichie de Cartes & de Figures. A Paris, aux depens de la compagnie, MDCCXXXIX, in-12, pp. xliv-406, s. l. t.

Quérard, *Franco littéraire,* VII, 1836, p. 367, et *Supercheries littéraires dévoilées,* 2e éd., III, 1870, col. 269, cite des éditions in-12 de 1712, Amsterdam ; et 1737, Paris.

Traduit en allemand par Ph.-Chr. Hübner, Francfort, 1712, in-12 ; 1716, in-8; et en holl., ' 1705, in-8.

« This fictitious narration, dit Allibone, written by Psalmanazar in Latin, and translated for him into English as it went through the press, was partially compiled from the genuine account of Candidius (see Churchill's Voyages, i, 503, 1704) and Dr. Varenius's Latin *Descriptio Japoniae et Siam,* &c., Amst., 1649, in-24 ; Canb., 1673, in-8.»

Voir

Memoirs of ****. Commonly known by the Name of George Psalmanazar ; a Reputed Native of Formosa. Written by himself in order to be published after his Death. Containing An Account of his Education, Travels, Adventures, Connections, Literary Productions, and pretended Conversion from Heathenism to Christianity ; which last proved the occasion of his being brought over into this kingdom, and passing for a Proselyte, and a Member of the Church of England. London : Printed for the Executrix. MDCCLXIV. in-8, pp. ii-364.

Walckenaer, dans la Biog. universelle et dans « *Vies de plusieurs personnages célèbres* », Laon, 1830, II, pp. 80,99. — *Biog. générale.* — Quérard, *locis citatis.* — *Bib. Britannica.* — Brunet. — Allibone, II, col. 1701/2. — Lowndes, col. 1989. — Disraeli, *Curiosities of Literature,* 1851, 487/8. — Boswell's *Johnson,* by Croker, 1848, 2 vol. in-8, 213, 602, 720, 754. — *Handbook of Fictitious Names* by Olpher Hamst Esq. (Ralph Thomas), 1868, in-8, 104. — Philarète Chasles : *Revue des Deux-Mondes,* 1er juin 1844, article sur les pseudonymes anglais ; et les *Études sur l'Angleterre.*

On ajoutera à la *Description de Formose :*

* Éclaircissements nécessaires pour bien entendre ce que le Sr. N. F. D. B. R. dit être à l'Ecluse en Flandres, par rapport à la conversion de Mr. George Psalmanaazaar. par Isaac d'Amalvi. La Haye, 1705, in-8.

* Dialogue between a Japanese and a Formosan. London, 1707, in-8.

* An Inquiry into the objections against George Psalmanaazar with his answer to M. d'Amalvy of Sluice. London, in-8.

2° FORMOSE. *Voyages.* **Voyage de Seyger van Rechteren en 1628 [à Formose en 1630]. *(Rec. des Voy. de la Cie des Indes,* IX, p. 199.)**

— **Borts Voyagie, naer de Kuste van China en Formosa by een gestelt en berijmt door Matthijs Cramer. Amst., P. D. Boetman, 1670, in-12.**

— **Memoirs and Travels of Mauritius Augustus, Count de Benyowsky ; Magnate of the Kingdoms of Hungary and Poland, one of the chiefs of the confederation of Poland, etc., etc. Consisting of his military operations in Poland, his exile into Kam-**

chatka, his escape and voyage from that Peninsula through the Northern Pacific Ocean, touching at Japan and Formosa, to Canton in China, with an Account of the French Settlement he was appointed to form upon the island of Madagascar-written by himself translated from the original manuscripts. London, 1790, 2 vol. in-4. Port. et grav.

Lowndes cite les prix : Roxburghe, 7170, £ 1. 13/- ; Fonthill, 3076, £ 5. 7/6.

* Voyages et Memoires de Maurice Auguste, comte de Benyowsky. Paris, 1791, 2 vol. in-8.

— Le *Canton Register* a publié des extraits des voyages de Benyowski : 1884, 30 Dec.; 1835, 6 Jan., 17 Feb. et une notice : 1839, July 30.

— E. Stevens a consacré à ce voyageur dans le *Chin. Rep.*, III, pp. 496 et seq., un long article reproduit en partie dans *The N. C. Herald*, 1851, Nos 45 et 52.

* v. Benjowsky, Graf Mr. A., Schicksale u. Reisen, von ihm selbst beschrieben ; übersetzt von G. Forster. Leipzig, Dyk, 1791, 2 Bde. Mit kupfern., gr. in-8.

1. Bd. Kriegsoperationen in Polen u. Gefangenschaft in-Kamtschatka.

2. Bd. Reisen in das stille Meer über Japan u. Formosa nach China, u. Errichtung einer französischen Colonie in Madagascar.

— Reisen durch Sibirien u. Kamtschatka, über Japan u. China nach Europa, nebst einem Auszug seiner übrigen Lebensbeschreibung ; aus dem Engl. übers. (Von Dor. Marg. Liebeskind) mit Anmerkungen von J. Rhld. Forster. Berlin, Voss, 1790, gr. in-8.

— Benjowsky's Reise. Neue Ausgabe. 1806. (Magazin von merkwürdigen neuen Reisebeschreibungen ;. Berlin 1790-1839, 3 Bd., gr. in-8) [Engelmann].

— Voyage de La Pérouse autour du Monde,.... A Paris, 1797, 4 vol. in-4.

II, pp. 369 et seq., Navigation. — IV, pp. 110/115, Mémoire sur Formose, par M. de La Pérouse.

— Visit of the U. S. Brig Dolphin to Formosa. By S. Wells Williams. *(Ch. Rep.*, XVIII, pp. 391/2.)

— Dr. Collingwood. A boat journey across the Northern end of Formosa, from Tamsuy, on-the West, to Kee-lung, on the East ; with notices of Hoo-wei, Mangka and Kelung. *(Proc. R. G. S.*, XI, No. IV, pp. 167/173.)

* Expeditionen auf der Insel Formosa. *(Globus*, 12 Bd., 12 Lfg., pp. 365/7.)

— Narrative of a Visit to the Island of Formosa ; By Robert Swinhoe, Esq., of H. B. M. Consulate, Amoy. Read before the Society, July 20th, 1858. (Art. I, *Journ. of the N. C. B. R. A. S.*, No. II, May 1859, pp. 1/164.)

Mr. Swinhoe avait accompagné comme interprète le batiment de guerre, l'*Inflexible*, envoyé à la recherche de MM. Smith et Nye que l'on disait détenus par les sauvages de Formose.

— Notes on some new species of Birds found in the Island of Formosa, by R. Swinhoe, Esq. (Supplementary to Art. I, p. 145.) (Art. VIII, *Ibid.*, p. 225.)

Voir : Zoologie.

— G. A. C. Brooker. Journal of H. M. S. « Inflexible » on a

visit to Formosa in search of Shipwrecked seamen. *(Nautical Mag.*, January 1859.)

— A Visit to the Aborigines of Formosa. By J. L. Maxwell, M. D., Ta-kao. *(Miss. Rec.*, Jan. 1867.)

— Notes of an Overland Journey from Takao to Tamsui in the early part of 1867 by Z. *(Notes and Queries upon C. & J.*, Vol. I, pp. 71/72.)

— Exploration dans la partie méridionale de l'île de Formose par le Vice-Consul d'Angleterre à Ta-kao. *(Bull.Soc.Géog.*, 1868, pp. 140/153.)

— Bericht über Arn. Schetelig's Reise in Formosa. *(Zeit. d. Ges. f. Erdk. zu Berlin*, nouv. Série, Vol. III, 1868, n° 17. pp. 385/97.)

— General Legendre : on trouvera le récit de sa première visite dans l'intérieur de Formose dans la *U. S. Diplomatic Correspondence* for 1868. — Voir : Formose, ouvrages divers, *supra*, col. 143.

— Visit to Tok-c-Tok, Chief of the Eighteen Tribes. [Southern Formosa.] — Printed in « *The Cycle* », Nos du 7 et du 20 mai 1870.

— A Visit to the Interior of South Formosa. [en 1868.] — Imprimé dans « *The Cycle* » No du 27 août 1870.

— Notice of a Journey in Southern Formosa. By J. Thomson, F. R. G. S. *(Proc. Roy. Geog. Soc.*, Vol. XVII, No, III, pp. 144 et seq.) — Notes of a Journey in Southern Formosa. By J. Thomson, F. R. G. S. [Read, March 10th, 1873.] *(Journal of the Roy. Geog. Soc.*, Vol. XLIII, 1873, pp. 97/107.) Avec une carte.

— Thomson's Reise auf Formosa. *(Globus*, XXIX, 1876.)

— H. Ritchie. Notes of a Journey in East Formosa. *(Chin. Rec.*, VI, pp. 206/211.)

— A Journey in Formosa. By Arthur Corner. *(Ib.*, VII, pp. 117/128.)

Voir le Chap. consacré aux *Voyages.*

3° FORMOSE. *Langue.* — * Daniel Gravius. Patar ki Tna'-'msing an ki Christang. Formos. et Belg. Amst. 1662, in-4.

Bib. Brit., 1, 4355.

Dictionary of the Favorlang Dialect of the Formosan Language, by Gilbertus Happart : Written in 1650. Translated from the Transactions of the Batavian literary Society : By W. H. Medhurst. Batavia : Printed at Parapattan. 1840, in-12, pp. 383.

On lit dans l'introduction : The following dictionary was found by the Rev. W. R. van Hoëvel amongst the archives of the Church Council at Batavia......... It bore the title of « Favorlang woord boek, by Gilbertus Happart, 1650 ».

On lit à la p. 383 « Appended to the above Dictionary, in the Volume of Transactions of the Batavian Literary Society from which the translation now given is made, is a tract from the pen of the late Dr. Van der Vlis, exhibiting a list of words, professing to be of Sideish-Formosan origin, extracted from the Asiatic Journal of Paris, of October 1822, by Klaproth, and copied from an original work published by Dan. Gravius, who is said to have laboured as Dutch preacher in Formosa between de years 1647 and 1651. Klaproth has since published a description of the island of Formosa, in which he gives 390 words more. The above-named Dr. Van der Vlis has also cited a manuscript found in the University of Utrecht, containing 1072 Formosan words, which agree in many respects with those extracted from the work of Gravius. »

Pub : à Dol. 2.

— « The original work of Gilbertus Happart occupies nearly the whole of the 18th volume of the « Verhandelingen van het Bataviaasch Genooischap van Kunsten en Wetenschappen ; « butMedhurst's translation appeared before the completion of the above-named volume, which is dated 1842. » *(Mem. of Prot. Miss.*, p. 37.)

Gilbert Happart a été missé. à Formose de 1649 à 1652 et de 1653 à 1656. (Valentyn, *l. c.*, p. 93.)

— Sur la langue des indigènes de l'île de Formose, par M. Klaproth. *(J. As.*, Oct. 1822, I, pp. 193/202.)

— Vocabulaire Formosan par le Même. *(Mém. rel. à l'Asie*, I, 1826, pp. 354/368.)

— Phrases in Formosen. *(Ibid.,* pp. 369, 374.)

— Formosan Vocabularies *(Notes and Queries on C. & J.,* Vol. I, pp. 70/71.)

— Vocabulaire du dialecte Tayal ou aborigène de l'île Formose par M. Guérin. Br. in-8, pp. 42.

Extrait du *Bull. de la Société de Géographie.* (Nov.-Déc. 1868, pp. 466/507.) — Les pages 495/507 sont consacrées à une note de Mr. l'Abbé Favre sur le même sujet.

* A. Schetelig. Ueber formosanische Sprachreste. (*Zeitschrift f. Volkerpsychologie,* 1869.)

— T. L. Bullock. Formosan dialects and their connection with the Malay. *(China Review,* III, pp. 38/46.)

— *Formosan Version* [of the Holy Scriptures]. « The island of Formosa fell into the hands of the Dutch, who expelled the Portuguese thence, in 1651. During their eleven years' possession of it, Robert Junius, a native of Delft, preached the Gospel to the inhabitants, and it is said, with great success. For their use, the Gospels of Matthew and John were translated into the Formosan language, and printed at Amsterdam, with the Dutch translation, in 1661, in quarto. But the Dutch being expelled from that island by the Chinese in 1662, the Formosan version was discontinued : and in all probability the Formosans never received any benefit from the work just noticed ». (T. H. Horne, *Introd. to the Critical study and knowledge of the Holy Scriptures,* 9th ed., Vol. V, 1846, p. 135.)

Evangelia Matthaei et Johannis in linguam Formosanam translata, cum versione Belgica, opera *Dan. Gravii,* cum ejusdem Praefatione. Amstelodami, 1661, in-4.

Titre donné par le Dr. Clarke dans son *Bibliographical Dictionary,* d'où sont extraits les détails donnés par Horne, I, p. 288. (1802.)

Voir Gravius, *supra,* col. 148.

4° FORMOSE. *Expédition japonaise.*

事紀台征 The Japanese Expedition to Formosa by Edward H. House. — Tokio, 1875, gr. in-8, pp. XIII-231.

L'ouvrage se compose de 37 chapitres suivis d'un Appendice. Il est en faveur des Japonais. On le trouve difficilement, l'édition, nous a-t-on dit, ayant été achetée par le gouvernement japonais, peu de temps après la publication. Les premiers chapitres ont paru sous forme de lettres dans le *New York Herald* (1874).

Il a paru dans « *The Spectator* » (Londres, août 28, 1875, pp. 1088-1089) un article sur l'expédition japonaise intitulé « The Island of Formosa », qui est basé principalement sur l'ouvrage de Mr. House.

— Is aboriginal Formosa a part of the Chinese Empire? an unbiassed statement of the question, with eight maps of Formosa. Shanghai, Lane, Crawford & C°, 1874, pet. in-fol., pp. IV-20.

Ce Mémoire du Général Chas. W. Legendre avait paru sans les cartes dans The Celestial Empire, Vol. I, pp. 213.

— General C. W. Le Gendre. *(The Far East,* Vol. III, pp. 87/94, 1 phot., 95/101.)

— Plauchut (E.). — Voir Yunnan, *infra,* col. 159.

10° *HOU PÉ* 湖北, Topography of the province of Hupeh ; list of its departments and districts ; description of its principal towns, notice of its rivers, lakes, produc-

tions, &c. By S. Wells Williams. *(Chinese Rep.,* XIX, pp. 97 et seq.)

— Wu-chang, By Rev. E. Bryant. *(Miss. Rec.,* 1867, pp. 83/4.)

— Letter from Baron von Richthofen on the Province of Hupeh. Printed at the « Shanghai Evening Courier. » Office, 1870, br. in-fol., pp. 5.

The Same. Printed by F. & C. Walsh.... 1874, in-fol. — Let. datée de « March 27th, 1870, on the Han River, near Fan-ching, province of Hupeh ».

Voir : *Han,* Rivière, *supra,* col. 79.

— E. L. Oxenham. History of Han yang and Hankow. *(China Review,* I, pp. 366/370 ; II, pp. 98/103, 282/6.)

Voir dans le Shanghai Budget, mars 20 , 1873, un long art. signé Kung-Mao-Tsze 歸 示 Temple » situé sur le sur le « Kuei-yuen versant occidental de la colline de Han-yang, entre la ville de ce nom et le fleuve Han.

— The Hankow Dialect. By E. H. Parker. *(China Rev.,* II, pp. 308/312.)

11° *HOU NAN* 湖南 Topography of the province of Húnán ; its area, population, &c. By S. Wells Williams. *(Chinese Rep.,* XIX, pp. 156 et seq.)

— Letter from Baron Richthofen on the Province of Hunan. Printed at the « Shanghai Evening Courier » office 1870, in-folio, pp. 12.

— The Same-Shanghai : Re-printed at the « Ching-Foong » Printing Office, 1872, in-folio, pp. 12.

Cette lettre avait paru dans le « *Shanghaï Evening Courier,* » April 1, 2, 4, 1870.

12° *KOUANG TOUNG* 廣東 — Analysis of the Ché-Choo (Geography), of the Province of Canton. Translated from a French Ms. *(Canton Miscellany,* No 3, pp. 142/7.— No 4, pp. 240/5.)

— Topography of Kwang tung ; situation, &c., by E. C. Bridgman. *(Chinese Rep.,* XII, pp. 89 et seq.)

— Kwangtung Tung-chi, or a general Historical and Statistical Account of the province of Canton — Kwangtung Tung sang shuitáu Tú, or Map of the entire Province of Canton. By E. C. Bridgman. *(Ibid.,* XII, pp. 309 et seq.)

— Topography of the Province of Canton : notices of the islands from the borders of Fukien to the frontiers of Cochinchina. by E. C. Bridgman. *(Ibid.,* XII, pp. 477 et seq.)

— List of persons holding office in the province of Kwang tung, over the general government, over the civil and military divisions, over the Tartars, and over the commercial departement. Compiled from the Court Calendar of October 1835. By

J. R. Morrison. *(Ch. Rep.*, IV, Mars 1836, pp. 529 et seq.)

— Memorial on the condition of Kwangtung by J. R. Morrison. *(Ibid.*, VI, April 1838, pp. 592/605.)

Yue tung Tung kwan Lu, or a Catalogue of the Officers in the province of Kwángtung or Canton. Noticed by a Chinese student. [Liang Tsin-teh.] *(Chin. Rep.*, XII, pp. 505/513.)

Ce catalogue est publié annuellement en un volume in-8.

— Souvenirs de Chine. Une excursion de Canton à Whampoa. Par C. A. de Challaye. *(Rev. de l'Orient*, V, 1844, pp. 302/4.)

— A Short account of a visit to the hot springs of Yong-Mak, by J. C. Bowring. *(Trans. China Branch Roy. As. Soc.*, 1847, Art. II.)

— A short account of a visit to the Hot Springs of Yung-mak by J. C. Bowring. — Extracted from the transactions of the China Branch of the R. A. Soc., for 1847. *(Ch. Rep.*, XVIII, pp. 86/90.)
— A Trip to the hot springs of Yung-Mak. By A. N. B. *(Chin. Rev.*, IV, pp. 130/4.)
— A Sketch of the Province of Kwang-Tung, showing its division into Departments, and the subdivision of these latter into Districts by Thos. Taylor Meadows. *(Desultory Notes,* London, 1847, col. 60.)

— Notice of a trip to Fuhshan, in a Chinese fast-boat, on the 12th of March 1847. Written for the Repository by one of the Visitors. [J. G. Bridgman.] *(Chinese Rep.*, XVI, pp. 142 et seq.)

— A passage along the Broadway River from Canton to Macao. — Description of the Silk territory of Shunte. By M. Isidore Hedde. *(Ibid.*, 1848,, XVII, pp. 423 et seq.)

— Pagodas in and near Canton; their names and time of their erection. By S. W. Williams. *(Ibid.*, XIX, pp. 535/543.)

— Canton. *(Rev. de l'Or. et de l'Alg.*, XII, 1852, pp. 23/5.)

Ext. du *Voyage en Chine* de C. Lavollée.

— A Notice of the Sanon district by the Rev. M. Krone. Read before the Society, Febr. 24th 1858. *(Trans. China Br. R. As. Soc.*, Part. VI, Art. V.)

— Trip from Canton to the Coal Hills of Fayune. *(N. C. Herald,* No 596, déc. 28, 1861.)
— Eine Fahrt auf dem Ostfluss in der Provinz Canton. *(Petermann's Mitt.*, 1862, pp. 161/4.)

— A Sketch of the Geology of a Portion of Quang-tung Province, by Thos. W. Kingsmill. *(Journ N. C. B. R. A. S.*, New Series, II, Déc. 1865.)

The Geology of Kwangtung. Being notes on a paper read by Thos. W. Kingsmill before the North China Branch of the Royal Asiatic Society, and published in the journal thereof. *New Series,* No 2, December 1865 « par Cantonensis » *(Notes and Queries on C., & J.* — Vol. 1. No 1, pp. 4, 6) Mr. Kingsmill a répondu à cet article dans une note insérée pp. 12-13 de la même publication.

— Missionary Visit to Ch'ao Choo Foo. By. G. S. *(Miss. Rec.*, 1867, pp. 34/36, 67/70.)
— A Visit to the City of Sun-Oey. By Rev. I. J. Roberts. *(Ibid.*, pp. 2/3.)
— Ancient Pearl Fisheries in the Province of Kwang-Tung (by W. F. Mayers, No 1, pp. 1-2, *Notes & Q. on C. & J.*)
— Lo-Fau shan 羅浮山 sis, *Ibid.*, Vol. 1, pp. (by Cantonien- 148/9.
— Der Lofau-Berg in China. Vom Missionär R. Krone. *(Petermann's Mitt.*, 1864, pp. 283/292.)
— Expédition de M. Moss : article dans le *Daily Press,* de Hongkong; réimp. dans *The Cycle,* 30 juillet 1870.
Voir Col. 74.
— « L'Ile de Sancian » et le tombeau de St. François Xavier, par H. Gaultier de Claubry. *(Miss. Cath.*, IV, 1872, pp. 438, 9.)
— The entrance to the Yiu territory. By Rev. A. Krolczyk *(Chin. Rec.*, III, pp. 62/4, 93, 5, 126/8). Compte rendu d'une visite aux aborigènes du N. O. de la province.

F. HIRTH. * Sketch Map of the Chinese Province of Kwang Tung, with explanatory Appendices; compiled from Chinese and Foreign authorities. — Canton, 1872.

Notice : *China Rev.*, I, pp. 200, 1.

— Die Chinesische Provinz Kuang Tung. Begleiworte zur « Map of the province of Kuang Tung. » *(Petermann's Mitth.*, 1873, p. 258/270.)

— The Peninsula of Lei-chou. A study in Chinese Geography. *(China Review*, II, pp. 149/160, 276/282, 344/351.)

— The Geographical distribution of commercial Products in Kwangtung. (With a Sketch Map.) *(Ibid.*, II, pp. 306/309, 376/382.)

— The National Monuments at Yai-shan. By E. C. Bowra. *(China Review*, I, pp. 127/133, 1 carte.)

Monuments élevés à la suite de la défaite des défenseurs de la Dynastie des Song par les Mongols.

— Tiger Island. By A. L. W. *(Ibid.*, I, p. 337.)

— Trip to the City of Leen Chau. By C. F. Preston. *(Ibid.*, IV, pp. 160/8.)

CANTON. Plan de Canton, sa longitude et sa latitude, sa description par le P. Gaubil. A Canton, 28 Oct. 1723. *(Observations du P. Souciet*, I, pp. 123/5).

Art. « Canton » : *Encyclopædia Americana,* Philad., Carey & Lea, 1830, reprod. et analysé dans le *Chin. Rep.*, I, pp. 161, et seq. — L'art. du *Repos.* est réimp. dans *The Cycle,* 4th. June 1870.
— Climate of Canton and Macao. By E. C. Bridgman. *(Ch. Rep.*, I, pp. 488/491.)
— Walks about Canton and notices of things in it by E. C. Bridgman. *(Ib.*, IV, pp. 42 et seq.)

— Description of the City of Canton : with an Appendix, containing an account of the Population of the Chinese Empire, Chinese Weights and Measures, and the Imports and Exports of Canton. Second edition. Canton. 1839. In-8, pp. v-188.

La première édition est de 1834, in-8, pp. VII-108. Le Rev.

E. C. Bridgman qui est l'auteur de cet ouvrage l'avait d'abord publié dans « The Chinese Repository », II, pp. 145, 193, 241, 289. Les chapitres sur les « Imports and Exports » et les « Chinese Weights and Measures » sont du Dr. S. Wells Williams; ils avaient été insérés dans « The Chinese Repository », II, pp. pp. 444 et seq.; 447 et seq.

La description complète avait déjà été réimprimée dans l'ouvrage de Llungstedt sur les « Portuguese Settlements » (Boston, 1835), pp. 221-323.

On a réimprimé dans « The Cycle », 8 et 15 Octobre 1870, ce qui est relatif aux « Literary Institutions », pp. 48 et seq., et aux « Religions and Charitable Institutions », pp. 65 et seq.

— Public Executions at Canton. Description of Proceedings in the Criminal Court at Canton : By Harry S. Parkes. With an Account of an execution at Canton : By Frank Parish. Read to the Society, 12th. October, 1852. (*Trans. China Branch R. As. Soc.*, Part. III, Art. VI.)

— Translation of an Inscription on a Tablet in the Polo Temple near Canton, erected by Commissioner Seu and Governor Ye : Translated by Harry S. Parkes. Read to the Society, 9th. Nov. 1852. (*Ibid.*, Art. IX.)

Sir John F. Davis : Memoir on the neighbourhood of Canton and Hongkong and the East Coast of China. (*Proc. R. G. Soc.*, 1857, No 9.)

* M. Yvan. Canton. Un coin du Céleste-Empire. [Bruxelles, Schnée & Co, in-32, pp. 231.

— Inside Canton by Dr. Yvan. London, Henry Vizetelly, 1858, in-12, pp. 228.

* Rev. Dan. Vrooman. Map of the City and entire Suburbs of Canton. Canton, 1860, 1 gr. feuille.

Mem. of Prot. Miss , p. 216.

— Canton. [*Chinese Commercial Guide*, 1863, pp. 152 et seq.]

Lieut. Oliver : Excursion to the West of Canton. (*Proc. R. G. Soc.*, Vol. VI, No v, pp. 227/231.)

J. G. Kerr, A. M., M. D. Description of the Great Examination Hall at Canton. (*Jour. N. C. B. R. As. Soc.*, Dec. 1866, pp. 63/70, avec 1 Pl.

Lu le 13 Nov. 1866.

— The Native Benevolent Institutions of Canton. [*China Review*, II, pp. 88/95 ; III, pp. 108/114.]

— The Prisons of Canton. [*Ib.*, IV, pp. 115/ 122.]

« Fire Brigades in Canton. » (*Notes and Queries on C. & J.* Vol. II, pp. 1 et seq.)

— Pawnshops in Canton, by Theos. Sampson. (*Ibid.*, Vol. II, pp. 108/109.)

— Quail Fighting in Canton. — The Great Bell of Canton. (*Ibid.*, III, pp. 22/3.)

Ces deux art. sont réimp. dans *The Shanghai News-Letter*, March 20, 1869.

— Shop Tablets and Shop Signs at Canton.

Collected and translated by F. H. Ewer. (Doolittle's *Voc.*, II, No 50.)

— Some account of Festivals in Canton. By F. H. Ewer. (*Chin. Rec.*, III, pp. 184/188.)

— The Prison Life in China. By O. W. (*Overland Monthly*, San Francisco, Oct. 1873, pp. 314/324.)

— Walks about the City of Canton. By the Very Rev. Archdeacon Gray. Hong-kong, 1874, in-8.

— Canton. (Art. du Prof. R. K. Douglas dans la 9e éd. de l'*Encyclopædia Britannica*, V.)

(CANTON.)

HAI NAN 海南 *(Kioung tcheou fou).* La Mission de l'Isle de Hainan, pp. 115/155 de :

Relation de la Province du Iapon écrite en Portugais par le Pere François Cardim de la Compagnie de Iesus... Tournay, 1645, in-12.

* Libro y relacion de las grandezas del regno de la China hecho por un frayle descalço de la orden de S. Francisco de seys que fueron pressos en el dicho reyno en la isla de Haynam en el año de 1585, s. l. n. d., in-4 (sans titre).

Ternaux, 546.

Grosier, *Description de la Chine*, 3e éd., 1, pp. 197 et seq.

— J. Klaproth. Description de l'isle de Hainan. *(Nouv. Ann. des Voy.*, VI, avec 1 carte.)

— Hainan. *(Chinese Rep.*, I, p. 151/52.)

* Journal of a trip overland from Hainan to Canton in 1819, by J. R., the supercargo of the English Ship « Friendship », Captain Ross. London, 1822, pp. 116.

— Printed for private circulation. — Des extraits de cet ouvrage sont donnés avec des remarques par S. W. Williams dans le *Chin. Rep.*, XVIII, pp. 225/253.

— Ce journal avait d'abord paru dans *The Asiatic Journal and Monthly Register*, XX, 1825, pp, 521/8, 621/8, sous le titre de : *Diary of a Journey from Manchao, on the South coast of Hainan to Canton in the years 1804 and 1805, by Capt. Purefoy.*

— The Island of Hainan. (*Singapore Chronicle*, 3 Mars, 1825; réimp. dans *The Asiatic Journal*, XXI, 1826, p. 15; voir A. J., l. c., p. 156.)

Chinese Commercial Guide, 1863 : Kiung-chau, pp. 181/2.

— « The Aborigines of Hainan » Articles dans *Notes & Queries on C. & J.*, Vol. 1, pp. 83 84, par E. C. Bowra, et Vol. II, pp. 17/19, by E. C. Taintor.

— Geographical Sketch of the Island of Haïnan [by E. C. Taintor, Canton, February 1868], br. in-4, pp. 14, avec une carte.

Voir *Shanghai Budget*, Feb. 1, 1872.

— Hainan, by E. C. Taintor. (*Notes & Q. on China & Japan.* — Réimp. *N. C. Herald*, March 28, 1868.)

— On the Chinese Dialect spoken in Hainan by R. Swinhoe. (*The Phoenix*, No. 6, Dec. 1870. — No. 7, Jan. 1871. — No 8, Feb. 1871.)

— A Historical and Statistical Sketch of the Island of Hainan, by Wm. Frederick Mayers, Esq., F. R. G. S., &c. H. B. M.'s Acting Consul at Chefoo. Read, October 13th., 1871. (*Journ. N. C. B. Roy. As. Soc.*, New Series, No VII, 1871 & 1872, art. I, p. 1.)

Voir : Zoologie.

— The Aborigines of Hainan, by Robert Swinhoe, F. R. G. S., &c. H. B. M's Consul at Ningpo.-Read , March 25th., 1872. (*Ibid.*, art. II, p. 25.)

— Narrative of an exploring visit to Hainan, by Robert Swinhoe, Esq. F. R. G. S., F. Z. S., H. B. M. Consul at Ningpo-

(HAI NAN.)

Read. May 13th., 1872. (*Ibid.*, art. III, p. 41.)

Voir *Shanghai Budget*, June 1, 1872.

— Ueber die Insel Hainan an der süd-küste von China. (*Hydrograph. Mitth.*, 1873, p. 242.)

Stuhlmann (C.-W.). Von der Insel Hainan. Eröffnung eines Hafens.— Christlicher Begräbnissplatz. (Globus, XXX, 1876, pp. 15, 78, 223.)

F. HIRTH. The Port of Hai-kou. (*China Review*, I, pp. 124/7.)

— Topography of the Department of Ch'iung Chou fu, or the Island of Hainan. (*Ibid.*, I, pp. 266/9.)

Die Insel Hainan. /*Mitth. K. K. Geog. Ges.*, Wien, N. F., VI, No 11, 1873).

— E. C. Bowra, Hainan. (*China Rev.*, II, pp. 332/5.)

* Report on the newly-opened ports of K'iung-chow (Hoi-how) in Hainan and of Hai-phong in Tonquin. Visited in April, 1876. By N. B. Dennys, Ph. D., Secretary of the Hongkong General Chamber of Commerce. Hongkong, Noronha & Sons. 1878.

Notice : *China Review*, IV, pp. 397/398.

— Beschreibung der neueröffneten Häfen Hoi-how (K'iung-chow) auf der Insel Hainan und Hai-phong (Hanoi) in Tong-king. (Nach einer Denkschrift des Dr. N. B. Dennys zu Honkong.) (*Annal. der Hydrog. u. Mar. Meteor.*, 1876, pp. 504/515.)

13º *KOUANG SI* 廣 西 Topography of Kwangsi ; situation and extent of the province ; its area and population ; its subdivisions, &c. By E. C. Bridgman. (*Ch. Rep.*, XIV, pp. 171 et seq.)

Voir le chap. consacré à la rébellion des Tai-ping.

14º *YUN NAN* 雲 南 Topography of the Province of Yun nan ; its divisions, area, rivers, mountains, towns, productions, &c. By S. Wells Williams. (*Chinese Rep.*, XVIII, pp. 588 et seq.)

N. C. *Herald*, No 62, 4 Oct. 1851, et seq.; No 101, 3 Juillet 1852, contient de nombreux détails sur cette province, traduits du *Ta-tsing kin-shin* pour 1850, livre rouge publié à l'automne.

— A. Fytche. Memorandum on the Panthays of Yunan. (*Proceed. of the Asiatic Soc. of Bengal*, 4 Dec. 1867.)

— H. Yule. The great rivers of Yunnan and the sources of the Irawadi. — *Ocean Highways*, 1872, p. 249.

— Das neue Reich der Muhammedaner in Yün-nan. (*Ausland*, 1873, No 13.)

— Mr. E. Rocher, des Douanes Impériales chinoises, prépare un grand travail sur cette province où il a résidé pendant plusieurs années.

— Desgodins : voir *Tibet*.

— Voir le chap. consacré à l'*Islamisme*.

APPENDICE. — *Les routes de la Chine par les Indes et l'Indo-Chine.*

— Abstract Journal of an Expedition to Kiang Hung on the Chinese Frontier, starting from Moulmein on the 13th. De-

cember 1836. By Lieut. T. E. Mac Leod, Assistant to the Commissioner of the Tenasserim Provinces, with a route map. [Extracted from a Report to E. A. Blundell, Esq. Commissioner, and communicated by the Right Hon. the Governor of Bengal.] (*Jour. As. Soc. of Bengal*, VI, No 72, Dec. 1837, pp. 989 sep.)

1º Capt. SPRYE. Communication with the South-West Provinces of China from Rangoon in British Pegu. By Capt. R. Sprye, and R. H. Sprye Esq. (*Proc. R. G. S.*, V, 1861, pp. 45/7.

— Correspondence respecting direct commerce with the West of China from Rangoon. Presented to the House of Commons. 1863.

* Through Burmah to Western China ; being a Journey in 1863 to establish the Practicability of a trade Route between the Irrawaddi and the Yang-tse-kiang. By Clement Williams. Edinburgh and London, 1868.

— Memorandum on the question of British trade with Western China viâ Burmah. By Dr. C. Williams. — 1 carte. (*Jour. As. Soc. of Bengal*, 1864, No IV, pp. 407/433.)

2º Major SLADEN. Expedition from Burma, viâ the Irrawaddy and Bhamo, to South-Western China. By Major E. B. Sladen, H. M. Political Resident, Burma. (1 Map.) Read June 26th, 1871. (*Journal Roy. Geog. Soc.*, 1871, pp. 257/281.)

Le Major Sladen quitta la capitale royale de Mandalay le 13 janvier 1868 ; arriva à Bhamo (900 milles de Rangoon, 300 milles de Mandalay) le 21 Janvier ; quitta Bhamo le 26 Fév. 1868 ; séjourna 7 semaine à Momein ; était de retour à Mandalay le 20 Septembre.

— Burma : Exploration viâ the Irrawaddy and Bhamo to South-Western China. By Major E. B. Sladen. (*Proc. Roy. Geog. Soc.*, XV, No V, pp. 343 et seq.)

* Major E. B. Sladen. The official narrative of the expedition to explore the trade routes to China viâ Bhamo. Calcutta, 1870.

* J. Talboys Wheeler, Secretary to the Chief Commissioner of British Burmah. Journal of a Voyage up the Irrawaddy, to Mandalay and Bhamo. London, 1871, in-8, pp. II-102, 3s6d.

— A Report on the Expedition to Western Yunan viâ Bhamô. By John Anderson, M. D., Medical Officer and Naturalist to the Expedition. Calcutta : office of the superintendent of Government Printing, 1871, gr. in-8, pp. 3-XII-458, 5 pl. et 1 carte.

— The Irawaddy and its Sources. By Dr. J. Anderson. Read 13 June 1870. *(Jour. R. G. S.*, XL, 1870, pp. 286/303. — Extraits *Proc. R. G.* S., XIV, 1870, pp. 346/356.)

— Mandalay to Momein : A Narrative of the two expeditions to Western China of 1868 and 1875, under Col. E. B. Sladen and Col. H. Browne. By J. Anderson. London, Macmillan, 1876, in-8.

3º DOUDART DE LAGRÉE & FRANCIS GARNIER. Voyage d'exploration en Indo-Chine effectué pendant les années 1866, 1867 et 1868 par une commission française présidée par M. le Capitaine de frégate Doudart de Lagrée, et publié par les ordres du Ministre de la marine sous la direction de M. le lieutenant de vaisseau Francis Garnier avec le concours de M. Delaporte, lieutenant de vaisseau, et de MM. Joubert et Thorel, médecins de la Marine, membres de la commission. Ouvrage illustré de 250 gravures sur bois, d'après les croquis de M. Delaporte et accompagné d'un Atlas. Paris, librairie Hachette et Cie, 1873. — 2 vol. in-4.

Tiré à 800 exemplaires.

— Vol. I, pp. v-580 : Préface. — I. Aperçu historique sur les découvertes géographiques en Indo-Chine. — II-XXII. Voyage — Appendice — Index alphabétique — Table des gravures, inscriptions, cartes et plans.

Ce premier volume qui contient la « Partie descriptive, historique et politique » du voyage est de M. Francis Garnier.

— Vol. II, pp. 523 : Observations astronomiques et météorologiques, par M. Francis Garnier — Géologie et Minéralogie, par M. le Docteur E. Joubert. — *Tien Nan Kouang Tchang Tou lio* ou traité détaillé des Minerais et des Mines du Royaume de Tien, aujourd'hui Province de Yunnan, traduit par M. Thomas Ko, lettré chinois, annoté par M. Francis Garnier. — Notes anthropologiques sur l'Indo-Chine, par M. le Docteur Thorel. — Agriculture et Horticulture, par M. le Docteur C. Thorel. — Vocabulaires Indo-Chinois, par MM. Doudart de Lagrée et Francis Garnier. — Table des Matières.

Atlas : L'Atlas est composé de deux parties :

— *Première partie :* Cartes et Plans dressés par MM. Doudart de Lagrée, Francis Garnier et M. le lieutenant de vaisseau Delaporte.

— *Deuxième partie :* Album pittoresque, exécuté d'après les dessins de M. le lieutenant de vaisseau L. Delaporte.

Ernest-Marc-Louis-de-Gonzague Doudart de Lagrée est né le 31 mars 1823, à Saint-Vincent-de-Mercure, canton de Touvet (Isère). — Il sortit de l'Ecole polytechnique le 1ᵉʳ octobre 1845 — Enseigne, 1847 — Lieutenant de vaisseau, 8 mars 1854 — Capitaine de frégate, 2 décembre 1864 — Mort le 12 mars 1868.

— Voyage d'exploration en Indo - Chine. Texte inédit par M. Francis Garnier, lieutenant de vaisseau, illustrations inédites d'après les dessins de M. Delaporte, lieutenant de vaisseau. 1866-1867-1868. *(Le Tour du monde*, 1870-1871, 2ᵉ sem., pp. 1/97, 305/416 ; 1872, pp. 353/416, 288/336, etc.)

F. Garnier's Schilderungen aus Yunnan. *(Globus,* 28Bd. Nos 22/4.)

(YUN NAN.)

— Thorel. Notes médicales du Voyage d'exploration du Mékong et de Cochinchine. Paris, 1870, in-8.

— Notice sur le Cᵗ de Lagrée dans la *Revue maritime et coloniale*, p. 761, juillet 1868. — L'expédition française de Mé-kong, Mort de son commandant, M. Dondard de Lagrée, par V. A. Maltebrun. — *Annales des Voyages,* Août 1868, pp. 129/136

— Die Französische Expedition auf dem Mekhong, 1866 und 1867. *(Petermann's Mitt.,* 1868, pp. 10/13.)

— E. Doudart de la Grée (Capitaine de frégate, chef de l'exploration du Mé-kong et de l'Indo-Chine en 1866-67-68) et la question du Tong-king, par B. de Villemereuil. *(L'Explorateur,* 11, 1875, pp. 31, 51, 82, 107.)

— L.-M. de Carné (dans la *Revue des Deux-Mondes),* Exploration du Mékong : I. Les Ruines d'Angcor et les Rapides de Khon, 1 mars 1869. — II. Les forêts d'Attopée, les sauvages et les éléphans, 1 mai 1869. — III. Vien-Chan et la conquête siamoise, 15 juillet 1869. — IV. Le Royaume de Luang-Praban, 15 novembre 1869. — V. La saison des pluies dans le Laos birman, 15 décembre 1869. — VI. La Chine occidentale, 15 janvier 1870. — VII. La Famine et la guerre civile dans le Yunnan, 15 février 1870. — VIII. L'Insurrection musulmane en Chine et le Royaume de Tali, 1 avril 1870. — IX. Le Fleuve-Bleu et les Européens à Shanghai, 1 juin 1870.

— Voyage en Indo-Chine et dans l'Empire Chinois par Louis de Carné, Membre de la commission d'exploration du Mékong, précédé d'une notice sur l'auteur, par le comte de Carné, de l'Académie française. Ouvrage orné de gravures et d'une carte. Paris, E. Dentu, 1872, pp. XIX-522, in-12.

— Travels in Indo-China and the Chinese Empire by Louis de Carné Member of the Commission of exploration of the Mekong with a Notice of the Author by the Count de Carné. Translated from the French. London, Chapman & Hall, 1872, in-8, pp. XXI-365.

Pub. 16 s.

— Notice : *Edinburgh Review,* April 1873.

— Brief Account of the French Expedition of 1866 into Indo-China by S. A. Viguier. Read before the Society on the 2nd June 1873. *(Journ. N. C. B. R. As. Soc.,* 1873, art. V, pp. 67 et seq.)

Tirage à part, br. in-4, à 2 col.

4º T. T. COOPER. Lettre de Ta tsian loo, 26 April 1868. *(N. C. Daily News,* June 15, 1868. — Réimp. *Proc. R. Geog. Soc.* XII, 1868, pp. 336/9.)

—Lettre de Mgr. Chauveau sur ce voyageur, Ta tsien lou, 21 Sep. 1868 ; trad. en ang. dans le *N. C. Herald,* 14 Nov. 1868 ; ce journal, dans le courant de 1868, a publié un grand nombre d'articles sur T. T. C.

— Notes on Western China. *(Proc. As. Soc. of Bengal,* 1869, pp. 143/157.)

— On the course of the Tsan-po and Irrawaddy and on Tibet. *(Proc. R. G. S.*, XIII, 1869, No. 5, pp. 392/5.)

— Travels in Western China and Eastern Thibet. *(Ibid.,* XIV, 1870, pp. 335/356.)

— On the Chinese Province of Yunnan and its borders. *(Ibid.,* XV, No 3, pp. 163/174.)

— Notice : Lettre de l'abbé Desgodins à Francis Garnier, Yerkalo, 15 mars 1872. *(Bull. Soc. Géog.,* Nov. 1872.)

— Travels of a Pioneer of Commerce in Pigtail and Petticoats ; or an Overland

Journey from China towards India... With map and illustrations. London, John Murray, 1871, in-8.

— *The Phoenix*, No 11, May 1871.

— The Mishmee Hills : an account of a journey made in an attempt to penetrate Thibet to Assam to open new routes for commerce.... Illustrated. London, 1873, in-8.

— *L'Explorateur*, III, 1876 ; art. de F. Romanet du Caillaud, pp. 496, 519 et 556.

* Reise zur Auffindung eines Ueberlandweges von China nach Indien. Von T.T. Cooper. Aus dem Englischen. Nebst Anhang, die beiden englischen Expeditionen von 1868 und 1875 unter Sladen und Browne, und Margary's Reise bettrefend, von Dr. H. L. von Klenze. Jena, 1877.

5° DUPUIS et le Tong-king. Une expédition française au Tong-king. (*Missions Catholiques*, V, pp. 434/438.

— Le cours du Hong-kiang ou fleuve rouge au Tong-kin, d'après les notes et renseignements de J. Dupuis, négociant français, par C. Ducos de La Haille. *(Bull. Soc. de Géog.*, 6° sér., VIII, 1874, pp. 449/468, avec une carte.)

— F. Romanet du Caillaud. La France au Tong-king. Réponse à l'article *Les Affaires du Tong-king et le Traité français*, publié dans *le Correspondant*, No. du 10 Juillet 1874. Paris, 1874, in-8, pp. 31.

Extrait du journal *le Monde*, Nos des 20, 30 Juillet, 1,[2, 4, 5, 6, 8 août 1874.

— Edmond Plauchut. Les quatre campagnes militaires de 1874. Les Japonais à Formose, — les Français au Tonkin, — les Anglais à la Côte-d'or, — les Hollandais à Sumatra,—la traite des coulies chinois à Macao. Paris, Michel Lévy, in-18, pp. 348.

(Réimp. de la *Revue des Deux-Mondes.)*

—A Narrative of the Recent Events in Tong-king by Henri Cordier, Honorary Librarian of the North-China Branch of the Royal Asiatic Society. *Sic in Asia versatus est*... For sale at Messrs Kelly & Co. Shanghai : American Presbyterian Mission Press. January 1875, gr. in-8, pp. 74.

Tiré à 200 exemplaires sur pap. ord., et 1 sur gr. papier. — Réimp. dans *The Journal of the N. C. B. Roy. As. Soc.*, New Series, No IX, 1874, art. V, pp. 115/172. — Ce récit avait été lu devant la Soc. le 14 Déc. 1874.

— Notices : *Shanghaï Evening Courier*, Feb. 9, 1875 ; réimp. dans *The Shanghaï Budget and Weekly News Letter*, No 215, vol. V, Thursday, Feb. 11, 1875. — *The Evening Gazette*, Wednesday, Feb. 17, 1875 ; réimp. dans *The Celestial Empire*, vol. III, No 7, Thursday, 18 Feb. 1875.— *Hongkong Daily Press*, Thursday, Feb. 11, 1875.—*Shanghai Courier & China Gazette* du 6 Juillet 1875.

Ce Mémoire, dont un résumé très–fautif a été publié contre le gré de l'auteur dans le *Shanghai Evening Courier* (Vol. VIII, Déc. 1874), copié par le *Shanghai Budget and Weekly News Letter* (24 Déc. 1874, pp. 843/5), a été l'occasion des articles suivants dont quelques-uns sont erronés :

« The French and Tonquin. » *N. C. Daily News* (23 Déc. 1874) et *N. C. Herald* (24 Déc. 1874, pp. 613,'4]. — *Hongkong Daily Press*, Wednesday, 30 Déc. 74, combattu par *The China Mail*, vol. XXXI, No 3599, 3600, Janv. 5 et 6, 1875. — *N. C. D. News*, 19 Jan. 1875 — « The French in Tonquin », *China Mail*, 3rd March 1875.— « Coup d'œil rétrospectif sur le Tonquin et sur les derniers événements qui s'y sont passés. » *Indépendant de Saïgon*, No 108, 15 Mars 1875. — Les Voies commerciales du Tong-king. (*L'Explorateur*, IV, 1876, p. 59,;d'après le *Cosmos* de Guido Cora. XIX, pp. 281/291.]

— Francis Garnier. (In Memoriam.) By H. Yule. *(Ocean Highways*. No 12, vol. I, pp. 487/491.)

— Lieutenant Francis Garnier (French Navy). [By Henri Cordier.]

Imprimé dans *The Shanghai Evening Courier*, No 310, vol. VII, Feb. 14, 1874. — *N. C. D. News*, No 2983, vol. XIII, Feb. 16, 1874.— *N. C. Herald*, pp. 158/9, vol. XII, No 355, Feb. 19, 1874. — *S. Budget & Weekly News Letter*, No 163, vol. IV, 19 Feb. 1874. — *Journal N. C. B. Roy. As. Soc.*, New Series, No VIII, 1874, pp. 185,'7. Cette dernière version est la plus correcte.

Ce Mémoire nécrologique avait été lu devant la Soc. As. de Shanghai, le vendredi 13 Fév. 1874.

— Lettre de A. Rastoul, Saïgon, 28 Mars, adressée à l'*Univers*, relative au déplorable état des affaires au Tong-king après la mort de F. Garnier ; réimp. dans l'*Indépendant de Saïgon*, No 91, 1er Juillet 1874.

— Article sur l'ouverture du Tong-king au commerce européen (par Henri Cordier) dans *The Celestial Empire*, vol. V, No 14, 2d October 1875.

— La France au Tongking (*l'Explorateur*, Nos 8 et 9, vol. I, 1875).

— Doudart de La Grée, Capitaine de frégate, chef de l'exploration du Mékong et de l'Indo-Chine exécutée en 1866-67-68 par ordre et aux frais du gouvernement français et la Question du Tong-king par M. A.-B. de Villemereuil, capitaine de frégate. Deuxième édition (avec une carte). Paris, 1875, br. in-8, pp. 62.

—Projet français d'exploration de la Chine Centrale par F. Romanet du Caillaud. (*l'Explorateur*, II, 1875, pp. 489 sq)
— Lettre de M. Romanet du Caillaud (*Ibid.*, II, 1875, p. 568).
— Lettre de M. B. de Villemereuil. (*Ib.*, p. 617.)
— Lettre de M. Romanet du Caillaud. (*Ib.*, III, 1876, p. 17.)

— China. No 2 (1876). Report by Sir B. Robertson respecting his visit to Haiphong and Hanoi, in Tonquin. Presented to both Houses of Parliament by Command of Her Majesty. 1876. London, Printed by Harrison & Sons. Price 2d. In-fol., pp. 10.

Dans ce rapport, daté de Canton, le 9 mai 1877, Sir B. R a fait usage de notre travail sur le Tongking qui avait été lu à la Soc. As. de Shanghai en Déc. 1874. et imprimé et publié en Janvier 1875. Des passages entiers ont été copiés mot à mot ; inutile de dire que les paragraphes empruntés [sic] ne sont pas renfermés entre guillemets et que la source des renseignements n'est nullement indiquée ! H. C.

— Notice : *Saturday Review*, vol. XLII, Aug. 26, 1876.

— Pétition adressée à MM. les Députés. Mémoire et Documents à l'appui de la pétition présentée à l'Assemblée Nationale. Par M. J. Dupuis. Paris, Juin, 1876. Br. in-4, pp. 40, avec 1 carte.

— Ch. Meyniard. L'expédition française du Fleuve rouge au Tongkin. (*Revue Scient.*, 1876, pp. 348/356.)

— A. P. de Fontpertuis. L'ouverture du Tong-kin au commerce. L'exploration du Songkoï. (*Economiste français*, 1876, pp. 728/730.) — Les ressources naturelles du Tongkin, d'après une source anglaise. (*Ibid.*, pp. 793/749.)

— J. Dupuis. La route commerciale française du golfe de Tongking à la Chine par le Fleuve rouge. (*L'Explorateur*, IV, 1876, p. 59.)

— Voyage au Yun-nan par J. Dupuis. (*Bull. de la Soc. de Géog.*, Juillet & Août 1877, 3 cartes en 1 Pl.)
— M. Dupuis, Exploration in Tong-kin and Yun-nan. (*The Geog. Mag.*, 1 Oct. 1877.)
Résumé en anglais de l'art. précédent.

— Rapport sur la reconnaissance du Fleuve du Tonkin par M. de Kergaradec, lieutenant de vaisseau, consul de France à Hanoï. Paris, Berger-Levrault, 1877, br. in-8, pp. 58.
Ext. de la *Rev. Mar. et Coloniale.*

— Les Français et les Anglais dans l'Extrême-Orient. [par Henri Plessis, *pseud.*]— *Journal du Commerce maritime et des colonies*, 1877, Août 5, 12, 19 & 26 ; etc., etc.)

— La conquête du Delta du Tong-king. Texte inédit par M. Romanet du Caillaud. (*Le Tour du Monde*, 1877, Nos. 879, &c.)

— Szechuen to Burmah. (*N. C. Herald*, Dec. 20, 1877, d'après the *Rangoon Daily Review*.)
Lieut. Gill, R. E.; et Mesny, au service de la Chine.

6° Le Colonel HORACE BROWNE. Assassinat de A. R. MARGARY. — Blue Books : Papers connected with the development of trade between British Burmah and Western China and with the Mission to Yunnan of 1874-5. 1876, in-folio, pp. 78.

— China. No. 1 (1876). Correspondence respecting the attack on the Indian Expedition to Western China, and the Murder of Mr. Margary. In-folio, pp. 108.

— China. No. 4 (1876). Further Correspondence respecting the attack on the Indian Expedition to Western China, and the Murder of Mr. Margary. In-folio, pp. 50.

— China. No. 2 (1877). Report by Mr. Davenport upon the trading capabilities of the country traversed by the Yunnan Mission. In-8, pp. 35.
Réimp. dans *The North China Herald*, 30 Juin 1877.

— China. No. 3 (1877). Further Correspon-

dence respecting the attack on the Indian Expedition to Western China, and the Murder of Mr. Margary. (In continuation of Correspondence presented to Parliament August 1876 : C. 1605). In-fol., pp. 148.

— The Journey of Augustus Raymond Margary, from Shanghae to Bhamo, and back to Manwyne. From his Journals and Letters, with a brief biographical preface : to which is added a concluding chapter. By Sir Rutherford Alcock, K. C. B. With a Portrait engraved by Jeens, and a Route Map. London : Macmillan & Co. 1875. In-8, pp. xxiv-382.
— Notice : *Saturday Review,*Vol. 42, Aug. 26, 1876.
— Notes of a Journey from Hankow to Ta–li–fu, by the late Augustus Raymond Margary, China Consular Service. Shanghaï : Printed by F. & C. Walsh....... 1875, in-8, pp. viii-51.
— Notes of a Journey from Han-Kow to Ta-li-fu. By the late A. R. Margary. Being Extracts from the Author's Diary. Carte. (*Journ. R. G. Soc.*, Vol. XLVI.)
— La Chine Méridionale. Journal de M. Margary. (*L'Explorateur*, III, 1876, p. 57; IV, 1876, p. 10.)
— Margary's Tagebuch auf seiner Reise durch China. Aus der « Bombay Gazette » übersetzt von Jos. v. Hauer. (*Mitt. der K. K. Geog. Ges.*, N. F., 9 Bd., No. 4., Wien.)

7° OUVRAGES DIVERS. On the frontiers of China towards Birmah. By Dr. Gützlaff. (*J. R. G. S.*, XIX, p. 42.)

— Memorandum on the Countries between Thibet, Yunân, and Burmah. By the Very Rev. Thomine D' Mazure [sic], Vicar Apostolic of Thibet; communicated by Lieut.-Col. A. P. Phayre, commissioner of Pegu; (with notes and a comment by Lt.— Col. H. Yule, Bengal Engineers.) With a Map of the N. E. Frontier prepared in the office of the Surveyor Gen. of India, Calcutta, Aug. 1861. (*Jour. As. Soc. of Bengal*, No. 4, 1861, Vol. XXX.)

— On the various lines of Overland Communication between India and China. By Dr. M' Cosh, late of the Bengal Medical Staff. (*Proc. R. G. S.*, Vol. V, 1861, pp. 47/54.)

— On a communication between India and China by the line of the Burhampooter and Yang-tsze. By General Sir Arthur Cotton, R. E. Read June 24, 1867. (*J. Roy. G. S.*, XXXVII, pp. 231 sq.)

* Trade Routes to Western China, by R. G. —Webb, Hunt & Riding, Liverpool, 1872.
« A little brochure of eight pages, accompanied by a sketch map. It advocates a route running N. E. from Rangoon to the Lan San River, and will be found of much interest to all who care for the subject it discusses. » (*China Review*, I, p. 60.)

— Des nouvelles routes de commerce avec la Chine par Francis Garnier. (*Bull. Soc. Géog.*, 6e Sér., III, 1872, pp. 147/160.)

— Trade Routes to Western China. (*Edinburgh Review*, No. 280, April 1873.)

— Léo Quesnel : Les routes du commerce vers la Chine occidentale. *(Revue politique et littéraire,* 12 Juillet 1873.)

— Recent Attempts to find a direct Trade-Road to South-Western China. By F. v. Richthofen. *(Ocean Highways* — réimp. *Shanghai Budget,* March 26, 1874.)

— Récentes tentatives pour trouver une route de commerce directe pour le sud-ouest de la Chine. *(Indépendant de Saïgon,* 1874; trad. de l'art. précédent.)

— On our Prospects of opening a Route to South-Western China, and Explorations of the French in Tonquin and Cambodia. By Lieut. Colonel A. P. Mc. Mahon. *(Proc. Roy. Geog. Soc.,* XVIII, No. IV, pp. 463/7.)

— Die Ueberlandroute nach China über Assam. *(Das Ausland,* No. 42.)

— « Trade Routes to Western China » by Colonel H. Yule, C. B. *(The Geographical Magazine,* April 1875.)

Cet article accompagne une carte de E. G. Ravenstein.

Girard de Rialle. Voies de communication entre le sud de la Chine et la mer. *(Réforme écon.,* 1 et 15 Sept. 1876.)

15° *KOUEI TCHEOU* 貴州 — Topography of Kwei chau; its extent, subdivisions, surface, inhabitants, productions, rivers and mountains. By S. Wells Williams. *(Chin. Rep.,* XVIII, pp. 525 et seq.)

— Province de Kouy-Tcheou. Son aspect physique, son climat, sa population, son industrie, ses richesses, ses curiosités naturelles, par le P. Perny. *(Rev. de l'Or. et de l'Alg.,* Nlle Série, IX, 1859, pp. 330/7.)

— Letters from « W. M. » [W. Mesnier] published on Kwei chow in the *Shanghai Budget* : Kwei-yang foo, 28 Feb. 1872; gives an account of Mesnier's departure from Hankow on 21st June 1868. (Shai. Budget, April 27, 1872.) — 8 March' 72 (Ibid.) — 3 Ap. 1872 (S. B., May 11, 1872). — 21 April, 16 May, 18 May, 1872 (S. B., June 22, 1872). — 23 May, 2 June, 1872 (S. B., July 13, 1872). — 13 June (S. B. July, 27). — Sin-chen-hsien, 7 & 9 July (S. B., Aug. 31); 22 July (Sept. 7). — Kwei-yang fou, 27 Dec. 1862 (S. B., Feb. 6, 1873). — 12 March 1873 (S. B., April 26). — 10 May (S. B. June 21). — 28 June (S. B., July 5). — 15 June (S. B. July 26). 1, 10 & 13 Aug. (S. B., 27 sept.) — 24 Aug. (S. B. 9 oct.) — 29 sept. (S. B., 18 Déc.) — Wei-yang foo, 3rd Jan. 1874 (S. B., 13 Feb. 1874). — Kwei-yang fou, 29 Jan. 1874, etc.

— Le Kouy-tchéou. *(Miss. Cath.,* IV, pp. 352/4.)

Avec une carte commencée par Mgr. Albrand, et dressée sous

la direction de Mgr. Faurie, par M. Bodinier, Miss. au Kouy-tchéou.

16° *CHEN SI* 陝西 — Topography of Shensi ; its boundaries, area, rivers, &c. By S. W. Williams. *(Ch. Rep.,* XIX, pp. 220 et seq.)

— No. VI. Letter by Baron von Richthofen, from Si-ngan-fu, on the Rebellion in Kansu and Shensi. Shanghai : Printed at the Office of the « North China Herald. » 1872. In-fol., pp. 6.

Imp. également dans *The Shanghai Budget,* March 7th, 1872. F. von Richthofen : Reisen im Nördlichen China. Ueber den Chinesischen Löss. Aus einem Schreiben an Herrn Sektionsrath. v. Hauer de dato Si-ngan-fu, Provinz Shen si, 10 Januar, 1872. *(Verhandlungen der K. K. Geolog. Reichs-Anstalt,* 1872, No. 8, pp. 153/160.) Die geographische Lage von Si-ngan-fu und seine Weltstellung. Von Ferd. Frhr. v. Richthofen. *(Petermann's Mitth.,* 1873, XIX, pp. 38/9.) Aus einem Briefe dieses Reisenden an Herrn Sektionsrath v. Hauer in « *Verhandlungen der K. K. Geologischen Reichs-Anstalt.* » 1872, No. 8.

Voir le chap. consacré à la Pierre nestorienne.

17° *KAN SOU* 甘肅 — Topography of the province of Kánsuh ; its boundaries, mountains, lakes, &c. By S. Wells Williams. *(Chinese Rep.,* XIX, pp. 554 et seq.)

18° *SE TCHOUAN* 四川 — Voir sur les puits de sel et sur les puits de feu du Se tchouan les lettres : du P. Imbert. *(Annales Prop.,* III, pp. 369/376, 377/381); du P. Voisin *(Ibid.* IV, pp. 409/411); du P. Imbert. *(Ibid.,* IV, pp. 414/415.)

— Topography of Sz'chuen ; its area, rivers, &c. By S. Wells Williams. *(Chinese Rep.,* XIX, pp. 317 et seq. — pp. 394 et seq.)

— Description de la province chinoise de Sse-tchouen, traduite et résumée du Tay-Tsing Y-tong-tchy, ou Géographie officielle de la dynastie impériale actuellement régnante, par Louis Lamiot, Missionnaire lazariste. Pet. in-8, pp. 51.

Extrait du *Bulletin de la Société de Géographie.*

Routes de Tchhing tou fou à Lassa.

Ms. Vend. Klaproth (985). Fr. 10. 50.

F. v. Richthofen. Reisen in China. Aus einem Schreiben an Herrn Sektionsrath v. Hauer, de dato Tshing-tu fu, Provinz Sz'-tschwan, 29 Februar 1872. *(Verhandlungen der K. K. Geolog Reichs-Anstalt,* 1872, No. 10, pp. 206/8.)

— « Su-tchuen ». Description géographique avec une carte dressée sous la direction de Mgr. Desflèches. *(Missions Catholiques,* V, 1873, pp. 297/9.)

III. — NOMS

Voir : du Halde, *Desc. de la Chine,* I, c. 1; — Grosier *Desc. de la Chine,* Vol. I, pp. 1/2, Note p. 2 ; — Spizelius, *de Re literaria Sin.,* Sectio I ; — Yule, *Cathay and the Way thither,* I, pp. xxxii et seq. — St. Martin, *Mém. sur l'Arménie,* pp. 15/55.

— Sur les noms de la Chine, par Klaproth. *(J. As.,* X, 1827, pp. 53/61, et *Mém. rel. à l'Asie,* III, 1828, pp. 257/270.)

Sur les noms de la Chine, par E. Jacquet *(J. As.,*

X, 1832, pp. 438 sq. ; XI, 1833, pp. 188/9).

Notes and Q. on C. & J., Vol. I, pp. 17/18 ; 123/5, by E. C. T[aintor].

F. von Richthofen, Ueber der Ursprung des namens China. *(Verhandl. des Gesellsch. für Erdkunde zu Berlin,* III, 1876.)

Consulter surtout les auteurs latins aux passages indiqués dans la 2e partie de cet ouvrage.

IV. — ETHNOGRAPHIE

OUVRAGES DIVERS. — ÉTUDES COMPARÉES

— Mémoire sur l'identité des Thou khiu et des Hioung nou avec les Turcs, par Klaproth. *(Journ. As.,* VII, 1825, pp. 267-268.)

— Mountaineers of China. *(Canton Register. — Asiatic Journ.,* II, p. 233.)

— Notice sur les nègres de Kuen lun par Klaproth. *(N. J. As.,* XII, 1833, p. 232/43.)

— On connait sous le nom de *Kuen lun* une montagne de l'Asie centrale fameuse dans les légendes chinoises. Mr. Mayers lui consacre un article dans son *Manual,* No. 330. Voir *Géographie,* col. : 73.

— Where is the Kwan-lun Shan. By E. Faber. *(The China Review,* II, pp. 194/5. — Voir *ibid.,* p. 68.)

— Contribution to the Ethnology of Eastern Asia. By D. J. Macgowan, M.D. Corresponding member of the American Oriental Society; of the Asiatic Society of Bengal, &c., &c. Read November 17th, 1857. (Art. IV, *Journ. of the Shai. Lit. & Scient. Soc.,* No. I, June 1858, pp. 103/106.)

— Dr. Karl Scherzer. Eine Beiträge zur Ethnographie China's, während des Aufenthaltes des ersten österreichischen Erdumseglungs-Expedition, unter den Befehlen des Herrn Commodore B. v. Wüllerstorf-Urbair, in chinesischen Häfen. [Sitzungsber. d. Phil. — Hist. Cl. d. k. Akad. d. Wiss. z. Wien, XXX, 1859, pp. 274/287.]

— Notice sur les cranes chinois ; par M. Mutel, médecin-major de 2ᵉ classe. *(Rec. de Mém. de méd.... milit.,* 3ᵉ Sér., VIII, 1862, pp. 28/31.)

— C. T. Gardner. On the Chinese Race. *(Jour. of the Ethnologiccal Society of London,* April 1870.)

— Extérieur comparé des Chinois et des Japonais par Ed. Madier de Montjau, secrétaire général de la Société d'Ethnographie..... Paris, Antonin Chossonnery, 1874, br. in-8, pp. 16.

Extrait des *Actes de la Société d'Ethnographie,* tome VII, 1873.

Société d'Ethnographie de Paris. M. Ed. Madier de Montjau. Les Chinois et les Japonais. Comparaison de leur type physique. *(Revue Scientifique....* pp. 654,8.)

Ethnological Data from the Annals of the Elder Han. transl. by A. Wylie ; introd.

(DIVERS.)

by H. H. Howorth. *(Anthropological Soc. of Lond.,* 1874.)

J. H. Plath, Die fremden barbarischen Stämme im alten China. *(Sitzgsber. d. k. Akad., München,* 1874.)

MIAO TSEU

Lettre du P. Amiot, Miss. de la Chine, sur la réduction des Miao-tsée, en 1775. *(Mém. conc. les Chinois,* III, pp. 387/412.)

— Il y a une autre relation de cette conquête pp. 412/422.
— Grosier, *Desc. de la Chine,* I, pp. 306 sq.

— Observations on the Meaou-tsze mountaineers. *(Canton Miscel.,* 1831, No. 3, pp. 198/206.)

— Carl Ritter, *Erdkunde,* Vol. IV.

— Notices of the Miau Tsz', or Aboriginal Tribes, inhabiting various highlands in the southern and western provinces of China Proper. [By S. W. Williams.] *(Chin. Rep.,* XIV, pp. 105/115.)

— The Miau-tsz, or Aboriginal Tribes, inhabiting various Highlands in the Southern and Western Provinces of China Proper. (Rep., with alterations, from the « Chinese Repe sitory.») *(Ch. & Jap. Rep.,* No. IV, Oct. 1863, pp. 139 sq.)

— Sketches of the Miau-tsze. Translated for the Society, by Rev. E. C. Bridgman, D. D. Notes by the translator. (Art. I, *Journal N. C. B. R. A. S.,* No. III, Dec., 1859, pp. 257/286.)

« Some of these sketches [il y en a 82], in an altered and abridged, form, were translated some years back and published in the *Chinese Repository,* » p. 258.

— William Lockhart : On the Miautsze, or Aborigines of China. *(Transactions of the Ethnological Soc. of London,* vol. I, N. S., pp. 177-185. Lond., 1861, in-8.)

— *Miaotse. (Année géog.,* 1ʳᵉ an., pp. 297/306.)
— *Penang Gazette,* 22 Aug. 1868.

— Note on the Chihkiang Miautsz' by D. J. Macgowan, M. D. (Art. VII, *Journal N. C. B. R. A. S.,* No. VI, N. S., 1869/70, pp. 123 sq.)

— Spoken Language of the Miau tsze and other Aborigines by Deka. *(Notes and Q. on C. & J.,* Vol. I, pp. 131/132.)
— Dialects of the Miau-tzu and Chong-tze — their affinity to that of the Siamese. *(Ibid.,* Vol. III, pp. 61/2.)

— The Miau Tsze. By Rev. R. H. Graves. *(The Chin. Rec.,* II, pp. 265/7.)

— The Miau tsi Tribes : their History. By Rev. J. Edkins. *(Ibid.,* III, pp. 33/36, 74/6.)

— A Vocabulary of the Miau Dialects. By Rev. J. Edkins. *(Ibid.,* III, pp. 96/9, 134/7, 147/149.)

(MIAO TSEU.)

— Remarks on the preceding Vocabulary. *(Ibid.,* pp. 149/150.)

— The Miau tsi tribes. By the Rev. J. Edkins. With a Vocabulary of the Miau Dialects. Foochow, 1870, in-8, pp. vii-10.

—« Translation of the *Peking Gazette* for 1872 » : Shanghai 1873; donne, pp. 96 sq., des détails intéressants sur l'hist. et la destruction de la rébellion des Miao tsé dans le Kouei tcheou.

Dr. Martin. — Etude ethnographique sur les Chinois et les Miaotze. *(Bull. de la Soc. d'Anthropologie,* 1872.)

— The Miaotzu of Kweichou and Yunnan from Chinese Descriptions. By G. M. H. Playfair. *(The China Review,* V, pp. 92/108.)

Voir au chap. consacré à la *Poésie* le Poëme de Kien Long sur la Réduction des Miao tsé.

HAK-KA 客家

— The Hakka war. *(China Mail.* — Réimp. *N. C. Herald,* 29 June 1867.)

— « Resurrection and Reunion, or the Breaking up of the Sugar Mill », Hakka ballad translated by E. J. E [itel]. *(Notes and Queries on C. & J.,* Vol. I, pp. 37/40.)

Ethnographical Sketches of the Hak-ka Chinese. By the Rev. E. J. Eitel. *(Notes and Queries on China and Japan) :*

I. The different Races inhabiting the Canton Province. (Vol. I, p. 49.)

II. The Hakka Dialect compared with the dialects of the other races inhabiting the Canton Province. (Vol. I, pp. 65/67.)

III-IV. Character, Customs, and Manners of the Hakkas, compared with those of the other races inhabiting the Canton Province. (Vol. I, pp. 81/83-97/99.)

V. Popular Songs of the Hakkas. (Vol. I, pp. 113/114-128/130-145/146.)

VI. The Religion of the Hakkas. (Vol. I, pp. 161/163. — Vol. II, pp. 145/147, 167/169. — Vol. III, pp. 1/3.)

An Outline History of the Hakkas. By E. J. Eitel. *(China Review,* II, pp. 160/4.)

— Auszug aus einem Schreiben des Novara-Reisenden Herrn Dr. Scherzer, vor-

(HAK KA.)

gelegt und mit Anmerkungen begleitet vom dem w. M. Dr. Pfizmaier. Shanghai, Juli 1858. *(Sitzungsber. d. Phil.-Hist. Cl. d. Akad. d. Wiss. z. Wien,* XXVIII, 1858, pp. 357/360.)

Contient pp. 359/360 : Bemerkungen des Herrn Dr. Ph. Winnes in Hongkong zu dem von ihm übersandten Vocabularium des Hakka-Dialekts.

The Hia-k'ah in the Chekiang Province, and the Hakka in the Canton Province. By Rev. Charles Piton. *(Chin. Rec.,* II, pp. 218/220.)

On the Origin and History of the Hakkas. By Ch. Piton. *(China Review,* II, pp. 222/6.)

Le Rév. T. Hamberg a laissé en manuscrit un dictionnaire du dialecte des Hak-ka. *(Mem. of Prot. Mis.,* p. 160.)

LO LOS ET SI FAN

— Sur les Si fan. */Mém. conc. les Chinois,* XIV, pp. 127 sq.)

Grosier, *Desc. de la Chine,* I, pp. 299 sq.

Penang Gazette, 22 août 1868, sur les Si fan.

Les Lolos [du Se tchouan], par le P. Crabouillet. *(Miss. Catholiques,* V, 1873, pp. 71/2, 94/5, 105/7.)

Nous avons fait, en 1876, devant la Société Asiatique de Changhai une conférence sous le titre de « Notes on the Lolos of Szechuen », à l'aide de notes du R. P. Crabouillet; nous ne l'avons pas fait imprimer parce que tout ce qu'elle contenait d'intéressant avait déjà paru dans les *Missions Catholiques.*

MAN TSEU

(Se tchouan.) — Sur les peuples *Mantze,* voir la lettre de l'abbé David adressée au secrétaire général de la Soc. de Géog. *(Bull.* de Déc. 1871.)

IU TSEU

(Kouang toung). — « The Manners and Customs of the Iu Tsz », by A. Krolczyk. *(Notes and Queries on C. & J.,* Art. 78, Vol. IV, pp. 65/69.)

(LO LOS, SI FAN. — MANT SEU. — IU TSEU.)

V. — CLIMAT ET MÉTÉOROLOGIE
(VOIR AUSSI ASTRONOMIE.)

— Note sur la Température de la Chine, par Edouard Biot. *(Culture des Muriers,* de S. Julien, 1837, pp. xix et sq.)

— Course of tyfoons in the Chinese and Japanese Seas, with a chart by Mr. Redfield; statistics and philosophy of storms; Atlantic hurricanes; and Observations at the Madras Observatory. By E. C. Bridgman. *(Chin. Rep.,* VIII, pp. 225 sq.)

— Particulars of the tyfoon, in the Chinese Seas, encountered by the steam-ship Pluto, the bark Nemesis, and the brig Siewa, June 1846. *(Ib.,* XV, 1846, pp. 445/453.)

(DIVERS.)

— Recherches sur la température ancienne de la Chine, par M. Ed. Biot. *(Journ. As.,* 3e S., X, 1840, pp. 530 sq.)

— Note sur un phénomène de mirage indiqué par quelques textes chinois, par Edouard Biot. *(J. As.,* 4e S., XII, 1848, pp. 518/20.)

— Examen de diverses séries de faits relatifs au Climat de la Chine, contenues dans les *kiven* 303, 304, 305, 306 du *Wen-hian-thong-khao,* et dans les *kiven* 221, 222, 223, 224, de la continuation de ce même recueil, par M. Edouard Biot. *(J. As.,* 4e S., XIII, 1849, pp. 212/246.)

(ED. BIOT.)

— Shower of dust or ashes at Shanghai; examination and report upon it by H. Piddington, curator of the Museum of Economic Geology of India. (*Chin. Rep.*, XVII, pp. 521/525.)

-- Remarks on Showers of Sand in the Chinese Plain. By D. J. Macgowan, M. D. Ningpo, April 26th 1850. (*Chinese Rep.*, XIX, pp. 328/330; réimp. *N. C. Herald*, No. 131, Jan. 29, 1853; — *Shae. Miscel.* for 1854.)

— Ehrenberg & Macgowan on the Dust Showers of China. (From the *Proceedings of the Berlin Academy of Sciences.*) (*N. C. Herald*, No. 144, April 30, 1853. — *Shae. Miscel.*, for 1854.)

— Note on Recent Physical Phenomena in Japan and China : By D. J. Macgowan, M. D. — Read before the Society, May 8, 1855. (*Trans. China Br. Roy. As. Soc.*, Part. V, Art. VIII.)

— Memorandum on the Present State of some of the Magnetic Elements in China and places adjacent by Capt. C. F. A. Shadwell, C. B. — H. M. S. « Highflyer ». Read before the Soc., Jan. 18th, 1859. (*Journ. N. C. B. R. A. S.*, Art. VII, No. II, May 1859, pp. 222 sq.)

— Thermometrical Observations taken during a passage from Nagasaki to Shanghai by Capt. J. Fedorovitch of the Russian Steamship « Strelok ». (*Ibid.*, Art. X, p. 247.)

— On the Cosmical Phenomena observed in the neighbourhood of Shanghai, during the past thirteen Centuries. By D. J. Macgowan, Esq., M. D. Read before the Soc., Dec. 23, 1858. (*Journ N. C. B. R. A. S.*, Vol. II, No. I, Sept. 1860, Art. III, pp. 45 sq.)

— Supplemental Memorandum on the present state of the Magnetic Elements in China and places adjacent, (vide *Journ. N. C. B. R. A. S.*, Vol. I, No. 2, p. 222), being observations made during the year 1859. By Capt. Shadwell, R. N., C.B. late of H. M. S. *Highflyer*. (*Ibid.*, art. VII, p. 93.)

— Winds and Weather at Chefoo, during seven months of the year 1859. (*Ibid.*, Art. IX, pp. 97 sq.)

— Notes on some of the physical 'causes which modify climate. By James Henderson, M. D. Read before the Soc., 21 May, 1861. (*Ibid.*, No. I, Dec. 1864, Art. II, pp. 142 sq.)

— Barometric and thermometric observa-

tions taken during the month of sept. 1864, with a view to determining the height of the Lew-shan. By Messrs. Hollingworth and Piry, of H. I. M's Customs, Kiukiang. (*Ibid.*, p. 143.)

— Sur la neige en Chine, voir une lettre signée F (Shanghai, 8th August) dans *The N. C. Herald*, Aug. 16, 1867.

— Meteorological Observations for 1872. (*Journ. N. C. B. R. A. S.*, No. VII, 1871/1872, p. 251.)

— The Floods in North China of 1871; their causes and phenomena. By T. W. Kingsmill. (*N. C. Herald*, VIII, 517; IX, 189.)

Dr. J. Hann. Das Klima des südlichen China.

I. Victoria auf Hongkong. — (*Zeltschft der österr. Ges. für Meteorologie*, VIII, 1873, No. 5, pp. 71/3.)

OBSERVATOIRE MÉTÉOROLOGIQUE ET MAGNÉTIQUE DE LA COMPAGNIE DE JÉSUS A ZI-KA-WEI.

« *Zi-ka-wei*, en mandarin *Siu-kia-hooi*, est un petit village situé dans une vaste plaine à 6 kilomètres au S.-O. de Shang-hai. L'observatoire est bâti à 1 kilomètre du village, dans un jardin complètement isolé ; il domine les habitations voisines à une distance de plus de 200 m. La Latitude de l'Observatoire est de 31° 12' 30" N. ; sa longitude de 7 h. 56 m. 24s. E. de Paris ; l'Altitude de la cuvette du baromètre est de 7 m. environ. »

Observations météorologiques faites en 1873 par les PP. Colombel et Le Lec. Shanghai, 1874, br. in-4.

Bulletin météorologique de Septembre 1874 à Décembre 1874. [Par le P. H. Le Lec.] pp. 51.

Le Bull. de Sept. est précédé d'une note préliminaire sur la position géographique de l'observatoire, les instruments utilisés, les notations employées, etc.

Observations magnétiques faites à partir du mois d'avril 1874 jusqu'au mois d'avril 1875. [Par le Frère Marc Dechevrens.] pp. 24.

Bulletin météorologique de 1875. [Par le P. H. Le Lec.] pp. 147, jusqu'au mois d'août 1875 incl.

Observations magnétiques faites à l'Observatoire de Zi-ka-wei (Chine), en 1875. [Par le F. M. Dechevrens.] pp. 22.

Ces bulletins, sauf le premier (1873), ont été publiés comme App. No. II au *Jour. N. C. B. R. As. Soc.*, No. X, 1876. Le reste du Bull. mét. de 1875 a été pub. à Tou saiwai.

Observatoire magnétique et météorologique des PP. de la Compagnie de Jésus à Zika-wei. [Sous-titre :] Bulletin des Observations de 1876, publié par le P. Marc Dechevrens. Zi-ka-wei, Imprimerie de la Mission Catholique, à l'orphelinat de Tou-sai-wai, 1877. In-8, pp. II-27-209.

Ce Bulletin renferme quatre parties : I. Observations magnétiques, pp. 1/24. Observations horaires faites aux solstices et aux équinoxes, p. 26. Perturbation magnétique du 20 février 1876, p. 27. — II. Observations météorologiques, pp. 1/191. — III. Appendice. Explication des planches, p. 195. Comparaison de 1876 avec les trois années précédentes, pp. 196,201. Principaux orages et tempêtes en 1876, pp. 202/4. Actinométrie à Zi-ka-wei, pp. 204/206. Variations périodiques de la température à Zi-ka-wei, pp. 206/209. Lumière zodiacale observée à Zi-ka-wei, p. 209. — IV. Planches sur le magnétisme, p. 26, et la météorologie, pp. 202/6.

Depuis le mois de Janvier 1877. (No. 29. — 4ᵉ année), le P. Marc Dechevrens publie un *Bulletin mensuel*, in-4, de l'Observatoire magnétique et météorologique ; chaque cahier mensuel de 15 pages est accompagné de pl. autogr. à l'orphelinat de Tou-sai-wai. L'exécution typographique de ce Bull. est très-remarquable.

OBSERVATOIRE MÉTÉOROLOGIQUE DES PÈRES DE LA COMPAGNIE DE JÉSUS A TCHANG-KIA-TCHOUANG. — « Tchang-kia-tchouang est un petit village chinois situé à 38° 17' de latitude N. sur le 114° 50' de longitude E., dans la province du Pe Tché-ly. Ce village, où les missionnaires ont une résidence, avec séminaire, collége, etc., se trouve à 160 kilom. environ au sud de Pe-king, tout près de Shien hien, sous-préfecture de quelques milliers d'habitants, et à 25 kil. environ de la préfecture de Ho-kien fou. Ces deux villes sont traversées par la route impériale allant de Péking vers le Sud »…. « Les résultats n'ont pas été publiés avant le 1ᵉʳ Déc. 1876 ». Le Bull. des Observations de Déc. 1876 est accompagné d'une notice qui est publiée toute entière dans les *Missions Catholiques*, No. 427, 1877, pp. 390/2.

Les PP. de la Compagnie de Jésus, en s'occupant de ces observations météorologiques, suivent l'exemple de leurs devanciers, comme on pourra s'en assurer au chap. consacré à l'*Astronomie*.

(COMPAGNIE DE JÉSUS.)

(COMPAGNIE DE JÉSUS.)

VI. — HISTOIRE NATURELLE

OUVRAGES DIVERS

Artificia hominum miranda naturae in Sinâ et Europâ, ubi eximia quae à mortalium profecta sunt, industriâ sive architectura spectetur, sive politia, et singularia quae Sol uterque in visceribus terrae, aquarum varietate, radicum virtute, florum amoenitate, montium portentis unquam produxit, compendiosè proponuntur, conferuntur. Francofurti ad Mœnum, 1655, in-12.

Qvorum auctor ignoratur adhuc, et in occulto latet. Qvod enim de Preyelio qvodam affert Vincentius Placcius in Theatro Anonymorum, (p. 261. a.), id ita comparatum est ut ipse fluctuet l. c. & ancipiti cogitatione distrahatur.(Reimannus, *Hist. phil. sinensis*, 1741, pp. 41/2.)

Observations de Physique et d'histoire naturelle de l'empereur Kang Hi, par le P. Cibot. (*Mém. conc. les Chinois*, IV, pp. 452 et seq.)

Grosier, *Desc. de la Chine* : Hist. naturelle; Vol. II, Liv. 5, 6, 7. — III, 7, 8. — IV, 8.

— Observations sur l'état des Sciences naturelles chez les peuples de l'Asie orientale. Par M. Abel-Rémusat. (*Mém. de l'Ac. des Insc. et B.-L.*, X, pp. 116/167.)

— Natural History of China; attention paid to it by the Jesuits, subsequently by Osbeck and others, and by the British Embassies ; want of information at the present time ; notices of the geology of the vicinity of Lintin and Canton. By S. Wells Williams. (*Chin. Rep.*, III, June 1834, pp. 83 sq. — Réimp. dans *The Cycle*, 3 Dec. 1870.)

— La Farina, *China*, I, Liv. II, Ch. II-XV. (Voir col. 58.)

— Skizze zu einer Topographie der Producte des Chinesischen Reiches. Von Hrn. Schott. [Gelesen in der Akademie der Wissenschaften am 2. Juni 1842.] In-4,
pp. 245/385 du Journal de l'Ac. des Sciences de Berlin. (*Philos.-histor. Kl.*, 1842.)

— Pauthier et Bazin, *Chine Moderne*, II, pp. 554/587.

— Cuthbert Collingwood : Rambles of a Naturalist on the shores and waters of the China Sea; being observations in natural history during a Voyage to China, Formosa, Borneo, Singapore, etc., 1866/7. London, 1868, in-8, pp. 456.

— *Sat. Review* : May 23, 1868. — Voir Formosa, col. 147.

F. P. Smith's Contrib. towards Mat. Med., and Nat. Hist. 1871, voir : *Médecine*.

HISTOIRE NATURELLE.— Dans l'App. au Dict. de Perny ; ce chap. qui a une pagination spéciale est composé de 173 p. comprenant : Observation. — 1ʳᵉ partie : Synonymie des Noms des Plantes. — 2ᵉ part. : Hist. nat. — Zoologie.— Mammifères.— 3ᵉ p. : Ornithologie. — 4ᵉ p. : Reptiles.— 5ᵉ p. : Ichthyologie. — 6ᵉ p. : Crustacés & Mollusques. — 7ᵉ p. : Entomologie.— 8ᵉ p. : Minéralogie.— Table des Matières.

Voir aux *Voyages* : Osbeck, Sonnerat, Fortune.

ZOOLOGIE

Lettres édif., XIX, pp. 73/76 : sur le musc et le chevreuil musqué.

PÈRE CIBOT, S. J. dans les *Mémoires concernant les Chinois* : sur les Vers à Soie sauvages. (II, pp. 574 et seq.) — Notice du Che-Hiang. (IV, pp. 493 et seq.) — « Les Chinois ont donné le nom de Che-hiang à l'animal célèbre duquel on tire le musc, » p. 493. — Des bêtes à laine en Chine. (XI, pp. 35/72.) — Mémoire sur les chevaux. (XI, pp. 388/469.) — Notice sur les Abeilles et la Cire. (XIII, pp. 376/388.) — Notice sur le Cerf.

(DIVERS.)

(DIVERS.)

(XIII, pp. 402/8.) — Notice sur la Cigale. (XIII, pp. 409/416. — Notice sur l'hirondelle. (XIII, pp. 598/401.)

— Remarques sur le chameau à deux bosses. — Traduction de l'histoire du chameau qui est dans le cinquantième chapitre de l'histoire naturelle ou herbier de la Chine et qui est le premier chapitre des quadrupèdes. — De l'Eléphant. — De la cire blanche faite par des Insectes et nommée *Tchoung pe La*. — De *Lou kieou mou* ou Arbre au suif. — 16 pages. (Bib. nat., Ms. fr. 17240, Mélanges sur la Chine.)

GROSIER, *Descript. de la Chine*; une partie des articles d'hist. nat. (cigale, abeilles, papillons, etc.) de cet ouvrage sont reproduits dans le Vol. II de la *Chine moderne* de Pauthier et Bazin.

— Lettre du P. Imbert sur le chevreuil musqué. *(Annales de la Prop. de la Foi*, VII, p. 672.)

— Sur le Tapir de la Chine. (Abel Rémusat, *Mél. As.*, I, pp. 253/256 et *J. As.*, IV, 1824, pp. 161/165.)

— Fauna Chinensis. Præs. C. P. Thunberg. Resp. P. M. Acksell Dissertat. Upsala, 1823, in-4, pp. 8.

JOHN EDWARD GRAY. Characters of three new genera (Helictis, Paguma, and Rhizomys), including two new species of Mammalia from China. *Zool. Soc. Proc.*, I, 1830, pp. 94/5.

— Description of twelve undescribed species of Birds, discovered by Mr. John Reeves in China. *Zool. Miscell.*, 1831, pp. 1/2.

— Description of three new species of Fish, including two undescribed genera, discovered by John Reeves, Esq., in China. *Zool. Miscell.*, 1831, pp. 4/5.

— Description of two new genera of Frogs (Houlema obscura and Kaoula pulchra), discovered by John Reeves, Esq., in China. *Zool. Miscell.*, 1831, p. 38.

— Characters of three new genera, including two new species of Mammalia from China. *Zool. Soc. Proc.*, I, 1831, pp. 94/96.

— Characters of a new genus (Platysternon) of Freshwater Tortoise from China, *Ibid.*, I, 1831, pp. 106/7.

— Fresh-water Tortoises (Emys nigricans, E. sinensis, and E. tentoria) from India and China. *Ibid.*, II, 1834, pp. 53/4.

— Description of the animal of Cyclina Sinensis. *Ibid.*, XXI, 1853, pp. 25/6; *Ann. Nat. Hist.*, XV, 1855, p. 77.

— Description of Aphroceras, a new genus of calcareous Spongiadae brought from

Hongkong by Dr. Harland. *Zool. Soc. Proc.*, XXVI, 1858, pp. 113/4; *Ann. Nat. Hist.*, II, 1858, pp. 83/4.

— Descriptions of new species of Salamanders from China and Siam. *Zool. Soc. Proc.*, XXVII, 1859, pp. 229/230; *Ann. Nat. Hist.*, V, 1860, pp. 151/2.

— On the Skull of the Chinese Pug-nosed Spaniel or Lapdog. *Zool. Soc. Proc.*, 1867, pp. 40 sq.

— Note on the « Hwang-yang, » or Yellow sheep of Mongolia. *Ibid.*, 1867, p. 244.

— On the Leopardus Chinensis. *Ibid.*, p. 264, with an engraving of the skull.

— Notice of the *Macacus lasiotus*, a new species of Ape from China, in the Collection of the Society. *Ibid.*, 1868, pp. 60/1.

(Voir Swinhoe, *infra.*)

————

— Description of the *Yak* of Tartary, called *Soora-Goy*, or the Bushy-tailed Bull of Tibet. By Lieutenant Samuel Turner. (with a plate, *As. Res.*, IV, No. XXIII, pp. 351/3.)

* Coleopterorum ab illustriss. Bungio in China boreali, Mongolia et montibus Altaicis collect. et ab illustr. Turczaminoffio et Sichuckino e provincia Irkutzh missorum. *(Mém. Acad. Imp. des Sciences de St.-Pétersbourg*, Tom. II, 1835.)

— Illustrations of Exotic Entomology, containing upwards of Six Hundred and Fifty Figures and Descriptions of Foreign Insects, interspersed with Remarks and Reflexions on their Nature and Properties by Dru Drury. — A new Edition brought down to the present state of the Science, with the Systematic Characters of each Species, Synonyms, Indexes, and other additional matter. By J. O. Westwood, F. L. S. London, Henry G. Bohn, MDCCCXXXVII, 3 vol. in-4.

Ouvrage à consulter sur l'entomologie de la Chine.— 1re éd. : Vol. I, 1770; II, 1782.

— Notices in Natural History selected from Chinese Authors by S. Wells Williams : The mih or tapir; and 2, the lingle or scaly ant-eater. *(Chin. Rep.*, VII, pp. 44 et seq.) — The peën fuh or flying rat and 2 the luy shoo, or flying squirrel. (VII, pp. 90 et seq.) — 1 The Rhinoceros, 2 the Camel; and 3 the Elephant. (VII, pp. 136 et seq.) — The Kelin, or Unicorn of Chinese. (VII, pp. 212 et seq.) — 1 The Fung hwang or Phoenix; 2 the Lung or Dragon and 3 the Kwei or Tortoise. (VII, pp. 250 et seq.)— 1 The Ma or horse; 2 the

Loo, or Ass; 3 the Lo or mule; 4 the Lō or Kumiss. (VII, pp. 393 et seq.)— 1 The Fung or Bee, comprising also the various kinds of wasps, and the products of the hive; and 2 the Yē ung or solitary wasp. (VII, pp. 485 et seq.) — The Loo-sze or fishing Cormorant. [Phalacrocorax sinensis.] (VII, pp. 541 et seq.) — The Lion, the Cat., etc. (VII, pp. 595 sq.)

— Conspectus of collections made by Dr. Cantor, Assistant-Surgeon, during his employment with H. M. 26th Regiment on the expedition to China. *(Calcutta Journal of Natural History,* No. 5. — Réimp. avec qq. corrections dans *The Chinese Repository,* X, Aug. 1841, pp. 434/8.)

—General features of Chusan, with remarks on the Flora and Fauna of that Island. By T. E. Cantor. *Annal. Nat. Hist.,* IX, 1842, pp. 265-278, 361-374, 481-494; Froriep, *Notizien,* XXIII, 1842, col. 1-10. — *Jour. As. Soc. of Bengal,* XXIV, 1855.

(Voir : Chou san, col. 137.)

— Natural History of the Insects of China, containing upwards of two hundred and twenty Figures and Descriptions, by E. Donovan, F. L. S. & W. S. — A New Edition, brought down to the present state of the Science, with systematic characters of each Species, Synonyms, Indexes, and other additional matter, by J. O. Westwood... London, Henry G. Bohn, MDCCCXLII. In-4, pp. 96, s. l. préf.

Ibid., 1798, in-4, 50 pl. col.

« A German edition of this work was commenced at Leipzig in 1801, edited by J. G. Grubner, but I am not certain whether the entire work was republished or only one of the parts... » (Préf. of J. O. W., 1842.)

— Note on the « *Flata Limbata* », and the White Wax of China. By Capt. Thomas Hutton, B. N. I. *(Journ. As. Soc. of Bengal,* XII, 1843, pp. 898/903.)

— Notices of the whale fishery in the Chinese seas, as conducted by the inhabitants of the coasts. *(Chin. Rep.,* XII, 1843, pp. 608/10.)

SIR JOHN RICHARDSON. Description of a Genus of Chinese Fish (Hapalogenys). *Ann. Nat. Hist.,* XIII, 1844, pp. 462-464.

— Report on the Ichthyology of the seas of China and Japan. *Brit. Assoc. Rep.,* 1845, pp. 187/320; Froriep, *Notizen,* XXXV, 1845, col. 117/118; *Nuovi Ann. Sci. Nat.,* IX, 1848, pp. 465/471.

———

Chevalier de Paravey. Sur les diverses espèces de Rhinocéros mentionnées dans les livres chinois. Paris, *Comptes-rendus,* XXVI, 1848, p. 423.

—Note sur le nom chinois de l'Hippopotame. Bordeaux, *Soc. Linn. Actes,* XVIII, 1852, pp. 187/189.

— Chinese Entomology. *(N. C. Herald,* No. 65, Oct. 25, 1851.)

Cet article reproduit les suivants :
Rev. F. W. Hope, dans les *Transactions of the Entomological Society,* vol. IV.
A. White Esq., dans les *Annals and Magazine of Natural History,* vol. XIV.

Basilewsky (Stephanus). Ichthyographia Chinae borealis. [1852.] Moscou, *Soc. Nat. Nouv. Mém.,* X, 1855, pp. 215-264.

— B. H. HODGSON, *Bengal Civil Service.* (Journ. As. Soc. of Bengal.) : Notice of the Mammals of Tibet, with descriptions and Plates of some new Species. (XI, pp. 275 sq.)

— On the Tibetan Badger, *Taxidia Leucurus,* N. S., with Plates. (XVI, pp. 763 sq.)

— On the Shou or Tibetan Stag. 1 Pl. (XIX, pp. 466 sq.)

—On a new Lagomys and a new Mustela inhabiting the north region of Sikim and the proximate parts of Tibet. (XXVI, No. 3, 1857.)

ROBERT SWINHOE : *Proceedings of the Scientific Meetings of the Zoological Society of London :*

Extract of a Letter written to the Secretary of the Zool. Soc., dated Amoy, Jan. 1st, 1861. (1861, II, pp. 134/5.)

Notice of a Stag from Northern China sent by Mr. Sw. to the Zool. Soc. By Dr. John Edward Gray, F. R. S., V. P. Z. S., etc. (1861, II, p. 236), & *(Ann. Nat. Hist.,* VIII, 1861, pp. 338/41.)

Ext. of a Letter written to the Sec., Amoy, June 29th, 1861. (1861, III, p. 390.)

Descriptions of Sixteen New Species of Birds from the Island of Formosa collected by Robert Swinhoe, Esq., H. M.'s Vice-Consul at Formosa. By John Gould Esq., F. R. S., etc. (1862, III, p. 280.)

On a Bird supposed to be the female of Crossoptilon auritum, Pallas, from Northern China. By Robert Sw., F. R. S. (1862, III, p. 286.)

On some Tientsin Birds, collected by Mr. Fleming, R. A., in the possession of Mr. Whiteley. (1862, III, p. 315.)

On the Mammals of the Island of Formosa (China). (1862, III, p. 347.)

On new and little-known Birds from China. (1863, I, p. 87.)

On the Species of Zosterops inhabiting China and Japan, with the description of a new Species. (1863, II, p. 203.)

Catalogue of the Birds of China, with remarks principally on their Geographical Distribution. (1863, II, pp. 259/336. — III, pp. 337/339. — 1864, II, p. 271.)

Letter, Formosa, Feb. 9, 1864. (1864, II, p. 168.)

On a new Rat from Formosa. (1864, II, p. 185.)

Extracts from letters to Dr. J. E. Gray on the Zoology of Formosa. (1864, III, p. 378.)

Ext. from a Letter to Dr. Gray, Amoy 6 Oct. 1864, on a Mantchurian Deer from New-chwang. (1865, I, p. 1.)

List of species of Mollusks collected in Formosa. (1865, I, p. 196. — 1866, p. 146.)

Descriptions of Thirteen New Species of Land-Shells from Formosa, in the Collection of the late Hugh Cuming, collected by Mr. Robert Swinhoe. By Dr. Louis Pfeiffer. (1865, pp. 828/831.)

Descriptions of Fifteen New Species of Land and Fresh water shells from Formosa, collected by Robert Swinhoe Esq. By Henry Adams, F. L. S. (1866, pp. 316/9.)

On a Collection of Coleoptera from Formosa, sent home by R. Sw. — By H. W. Bates, F. Z. S. (1866, pp. 339/355.)

List of Lepidopterous Insects collected at Takow, Formosa, by R. Sw. — By Alfred R. Wallace, F. Z. S. and Frederic Moore. (1866, pp. 355/365.)

Notice of a Badger from China (Meles chinensis), sent by Mr. Sw., and Dr. Harland from Hongkong. By Dr. J. E. Gray. (1868, I, p. 206.)

On the Cervine Animals of the Island of Hainan (China). (1869, III, pp. 652/660.)

On a new Deer from China. (1870, I, pp. 89/92.)

Hydropotes inermis.

On the Pied Wagtails of China. (1870, I, pp. 120/4, — 129/130.)

On a new Species of Accentor, from North-China. (1870, I, pp. 124/5.)

Description of Seven New Species of Birds procured during a cruise up the River Yangtsze. (1870, I, pp. 131/6.)

(SWINHOE.)

On the Plovers of the Genus Ægialites found in China. (1870, I, pp. 136/142.)

On the Mammals of Hainan. (1870, II, pp. 224/39.)

List of Reptiles and Batrachians collected in the Island of Hainan (China) with Notes. (1870, II, pp. 239/241.)

Descriptions of Ten new Species of Land and Fresh-Water Shells collected by R. Sw. — By Henry Adams. (1870, II, pp. 377/9.)

Notes on Reptiles and Batrachians collected in various parts of China. (1870, II, pp. 409/413.)

Zoological Notes of a Journey from Canton to Peking and Kalgan. (1870, II, pp. 427/451.)

List of Birds collected by Mr. Cuthbert Collingwood during a Cruise in the China and Japan seas with Notes. (1870, II, pp. 600/4.)

Voir col. 147 et 171.

Catalogue of the Mammals of China (South of the River Yangtsze) and of the Island of Formosa. (1870, III, pp. 615/653.)

On a new Chinese Gull. (1871, III, pp 273/5.)

A revised Catalogue of the Birds of China and its Islands, with Descriptions of New Species, References to former Notes, and occasional Remarks. (1871, II, pp. 337/423.)

Descriptions of two new Pheasants and a new Garrulax from Ningpo, China. (1872, II, pp. 550/4.)

Notes on Chinese Mammalia observed near Ningpo. (1872, III, pp. 813/8.)

On a Scaup Duck found in China. (1873, pp. 411/3.)

On the White Stork of Japan [Ciconia Boyciana]. (1873, pp. 512/4; 1874, p. 306, et Pl. I.)

On Chinese Deer, with the Description of an apparently new Species. [Cervus Kopschi.] (1873, pp. 572/6.)

On the long-tailed Jay of Northern China, with further Notes on Chinese Ornithology. (1873, pp. 687/690.)

On a small, tufted, hornless Deer from the Mountains near Ningpo. (1874, pp. 452/4.)

On trouvera également dans les Proceedings qq. lettres que je n'ai pas indiquées; consulter l'Index of the Proceedings, 1861-1870, pp. 96/7, où sont marquées 87 des publications de M. R. Swinhoe.

(SWINHOE.)

The Ibis, a Magazine of general Ornithology.

R. SWINHOE. The Ornithology of Amoy (China). (Vol. II, 1860, pp. 45/68.)

Additions and Corrections. *(Ibid.,* pp. 130/133.)

Further Corrections and Additions to the above with some Remarks on the Birds of Formosa. *(Ibid.,* pp. 357/361.)

Letter dated « At sea, June, 16th, 1860. » *(Ibid.,* pp. 428/9.)

Notes on the Ornithology of Hongkong, Macao, and Canton, made during the latter end of February, March, April, and the beginning of May, 1860. (III, 1861, pp. 23/57.)

Notes on the Birds observed about Talien Bay (North China), from June 21 to July 25, 1860. *(Ibid.,* pp. 251/262.)

L. from Mr. S. on the Ornithology of Amoy and Foochow. *(Ibid.,* pp. 262/268.)

Notes on Ornithology taken between Takoo and Peking, in the neighbourhood of the Peiho River, Province of Chelee, North China, from August to December, 1860. *(Ibid.,* pp. 323/343.)

Various Letters. *(Ibid.,* pp. 408/414.)

Ornithological Ramble in Foochow, in December 1861. (IV, 1862, pp. 253/265.)

Letter (with 1 Plate). *(Ibid.,* pp. 363/5.)

Additions and Corrections to the Ornithology of Northern China. (V, 1863, pp. 87/97.)

The Ornithology of Formosa, or Taiwan. Part. I. *(Ibid.,* pp. 198/219.) — Pt. II. *(Ibid.,* pp. 250/311.) — Pt. III. *(Ibid.,* pp. 377/435.)

Notes on the Ornithology of Northern Japan. *(Ibid.,* pp. 442/5.)

Descriptions of four new Species of Formosan Birds with further Notes on the Ornithology of the Island. (VI, 1864, pp. 361/370.)

Various Letters. *(Ibid.,* pp. 413/429.)

Various Letters. (New Series, I, 1865 pp. 107/112, 230/4, 346/359, 538/546.)

Letter. (II, 1866, pp. 121/123.)

A Voice on Ornithology from Formosa, *(Ibid.,* pp. 130/138.)

Ornithological Notes from Formosa. *(Ibid.,* pp. 292/316-392/406.)

Jottingson Birds from my Amoy Journal. (III, 1867, pp. 226/237, 385/443, ; IV, 1868, pp. 52/65.)

Letter. *(Ibid.,* pp. 353/4.)

(SWINHOE.)

Letters. (V, 1869, pp. 347/8, p. 463.)

On the Ornithology of Hainan. (VI, 1870, pp. 77/97, 230/256, 342/367.)

On a new Species of Little Bittern from China. (Third Series, III, 1873, pp. 73/4.)

Letter. *(Ibid.,* pp. 95/6.)

On a new Chinese Owl of the genus *Ketupa.* *(Ibid.,* pp. 127/9.)

Letter. *(Ibid.,* pp. 227/31.)

On the Rosy Ibis of China and Japan. *(Ibid.,* pp. 249/253.)

Notes on Chinese Ornithology. *(Ibid.,* pp. 361/372.)

Letter. *(Ibid.,* pp. 423/7).

On some Birds from Hakodadi, in Northern Japan. (IV, 1874, pp. 150/166.)

Letter. *(Ibid.,* pp. 182/3.)

Notes on Chinese Ornithology. *(Ibid.,* pp. 266/70.)

Voir le *Shanghai Budget,* Jan. 29, 1874.

Ornithological Notes made at Chefoo, Province of Shantung, North China. *(Ibid.,* pp. 422/447; V, 1875, pp. 114/140.)

Letter. *(Ibid.,* pp. 143/146).

On the Contents of a second box of birds from Hakodadi. *(Ibid.,* pp. 447/458.)

On the Contents of a third box of birds from Hakodadi. (VI, 1876, pp. 330/5.)

Letter. *(Ibid.,* pp. 507/8.)

On the Contents of a fourth box of birds from Hakodadi. (Fourth Series, I, 1877, pp. 144/7.)

On a new form of Reed-bird from Eastern Asia. *(Ibid.,* pp. 203/5.)

Journal N. C. B. R. As. Soc. — Notes on some new Species of Birds found on the Island of Formosa. By R. Swinhoe, Esq. (Art. VIII, *Journal N. C. B. R. A. S.,* No. II, May 1859, pp. 225/230.)

Supp. à l'art. publié par Mr. S. sur son voyage à Formose. *(Ibid.,* Art. I, p. 145.) — Voir Formose, col. 147.

— The Small Chinese Lark. By Robert Swinhoe, Esq., H. B. M. Consulate, Amoy. Read before the Society, July 19th, 1859. (Art. II, *Journ. N. C. B. R. A. S.,* No. III, Dec. 1859, pp. 287/292.)

Alauda coelivox (Swinhoe) 半天飛

Ncau-Show. Birds and Beasts (of Formosa), by Robert Swinhoe, Esq. Voir Formosa, col. 142.

— *Formosa Reptiles. Annals and Magazine of Natural History,* 1863.

— The Natural History of Hainan by R.

(SWINHOE.)

Swinhoe, F. Z. S., F. R. G. S., H. M. Consul in Formosa. — *Read before the British Association*. — Republished from the « *Field* » of 1870. London, Horace Cox, br. in-8, pp. 20.

Bremer (Otto). Neue Lepidopteren aus Ost-Sibirien und dem Amur-Lande. *St. Pétersb. Acad. Sci. Bull.*, III, 1861, col. 461-496.

ARTHUR ADAMS. On a new genus and some new species of Pyramidellidae from the North of China. *Ann. Nat. Hist.*, VII, 1861, pp. 295/99.

— On some new species of Mollusca from the North of China and Japan. *Ibid.*, VIII. 1861, pp. 135/142, 239/246, 299/309.

— On the habits of a Chinese Myriapod. Newman, *Zoologist*, XIX, 1861, pp. 7660-7662.

— On some new species of Cylichnidae, Bullidae, and Philinidae, from the seas of China and Japan. *Ann. Nat. Hist.* IX, 1862, pp. 150/161.

— On some new species of Scissurellidae from the seas of China and Japan. *Ann. Nat. Hist.*, X, 1862, pp. 346/8.

Ed. von Martens. Ueber einen neuen Polyodon (P. Gladius) aus dem Yantsekiang und über die sogenannten Glaspolypen. Berlin, *Monatsber.*, 1861, pp. 476/479.

— Notes on the Breeding and Rearing of the Chinese Crane (Grus Montignesia) in the Society's Gardens. By A. D. Bartlett. (*Proc. Zool. Soc.*, 1861, III, p. 369.)

— Note on the Deer of Formosa. By P. L. Sclater, M. A., Ph. D., F. R. S.—See to the Soc., (*Ibid.*, 1862, II, p. 150.)

C. J. Maximowicz. Zoologische Nachrichten vom Ussuri und von der Südküste der Mandshurei. [1861.] St. Pétersb. *Acad., Sc., Bull.*, IV, 1862, col. 180-194.

Peter Bleeker. Description de quelques espèces de poissons nouvelles ou peu connues de la Chine. *Nederland. Tijdschr. Dierkunde*, I, 1863, pp. 135/150.

B. a écrit un grand nombre de mémoires sur la zool. des Indes Néerlandaises que l'on devra également consulter. On trouvera une liste de ces mémoires dans le *Cat. of Scientific Papers*, of the Royal Royal Society, I, pp. 422/428.

CROSSE ET DEBEAUX. Diagnoses d'espèces nouvelles du nord de la Chine par H. Crosse et O. Debeaux. (*Journal de Conchyliologie*, XI, 1863, pp. 77/79.)

Note sur l'animal du *Fragilia Yantaiensis*, par P. Fischer. (*Ibid.*, pp. 79/81.)

Diagnose d'un Glauconome nouveau, du nord de la Chine, par H. Crosse et O. Debeaux. (*Ibid.*, p. 177.)

Notice sur la Malacologie de quelques points du littoral de l'empire chinois, par Odon Debeaux, pharmacien aide-major. (*Ibid.*, pp. 239/252.)

Note sur quelques espèces nouvelles ou peu connues du littoral de l'empire chinois, par H. Crosse et O. Debeaux. (*Ibid.*, pp. 253/265.)

Description d'une *Helicine* nouvelle par H. Crosse et O. Debeaux. (*Ibid.*, pp. 266/7.)

Diagnoses d'espèces nouvelles par H. Crosse et O. Debeaux. (*Ibid.*, pp. 386/7.)

Description d'espèces nouvelles de Shanghaï et du nord de la Chine, par H. Crosse et O. Debeaux. (*Ibid.*, XII, 1864, pp. 316/320.)

Description d'une espèce nouvelle par H. Crosse. (*Ibid.*, pp. 321/323.)

Cyclophorus Debeauxi.

— Notice sur les mollusques vivants observés dans le Nord de la Chine ; par M. Debeaux, pharmacien aide-major, attaché à l'armée expéditionnaire. (*Rec. de Mém. de médecine... milit.*, 3° Sér., VI, 1861, pp. 481/7.)

The Reptiles of British India by Albert C. L. G. Günther, M. A., M. D., Ph. D., F. Z. S., etc., etc. ; London, Published for the Ray Society by Robert Hardwicke. MDCCCLXIV ; in-folio, pp. XXVII-452.

Avec un Atlas ; issued to the Subscribers for the year 1863 ; Contient non-seulement les reptiles de l'Inde, mais aussi ceux du Tibet, de la Chine, etc.

— On a new Species of Pucrasia from China. By George Robert Gray, F. L. S., etc. (*Proc. Zool. Soc.*, 1864, II, p. 258.)

— Notes upon some interesting Chinese shells, with a Description of two or three new species of *Unionidae*, collected at Shanghai by Jones Lamprey, M. D., 67th Regiment, C. M. Z. S. By W. Baird, M. D., and H. Adams, F. L. S. (*Ibid.*, II, p. 489.)

— Notice on the Pheasants found in the neighbourhood of Pekin by Dudley E. Saurin. (*Ibid.*, 1866, pp. 436/8.)

H. JOUAN. Description de quelques poissons et de quelques oiseaux du Nord de la Chine. (*Mém. de la Soc. des Sc. nat.* de Cherbourg, XII, 1866, 14 pages.)

Notes sur quelques poissons de mer observés à Hongkong. (*Ibid.*, XIII, 1868, 42 pages.)

Voir Corée.

— Entomology of Shanghaï by W. B. Pryer Esq. *(J. N. C. B. R. A. Soc.*, No. IV, Dec. 1867, Art. V, pp. 74 et seq.)

Mr. Pryer qui a été le premier directeur (curator) du Musée de Shanghai a publié, en une br. in-8, 187-, un catalogue des oiseaux de cet établissement.

— Notes on Chinese Entomology.

Articles signés H. dans le *N. C. Herald*, April 22, 1867, p. 28. — June 6, 1867, p. 95. — Oct. 9, 1867, p. 285.

— Chinese Notions about Pigeons and Doves by T. Watters Esq. *(Journal N. C. B. R. A. S.*, No. IV, Dec. 1867, Art. XI, pp. 225 et seq.)

— Reise des österreichen Fregatte « *Novara* »... Zoologischer Theil :

I Band, Wien 1869 : Säugethiere. (Johann Zelebor). — Vögel. (August von Pezeln). — Reptilien. (Dr. Franz Steindachner. Amphibien. (Le même.) — Fische. (Dr. Rudolf Kner).

II Bd., I Abtheilung.— A ; Wien, 1868 : Coleoptera. (Dr. Ludwig Radtenbacher). — Hymenoptera. (Henri de Saussure). Formicidae.(Dr. Gustav L. Mayr.) — Neuroptera. (Friedrich Brauer.)

II Bd., I. Abt. — B ; Wien, 1868 : Diptera. (Dr. J. R. Schiner.) — Hemiptera. (Dr. Gustav L. Mayr.)

II Bd., III Abt., Wien, 1868 : Crustaceen (Dr. Camil Heller). — Anneliden. (Prof. Ed. Grube.) — Mollusken. (Georg Ritter v. Frauenfeld.)

Abbé ARMAND DAVID, de la Congrégation de la Mission.—Journal d'un Voyage en Mongolie fait en 1866 sous les auspices de S. E. M. Duruy, Ministre de l'Instruction publique par M. l'abbé Armand David, missionnaire de la Congrégation des Lazaristes, Correspondant du Muséum. *(Nouv. Arch. du Museum, Bull.*, III, 1867, pp. 18/96, avec 4 Pl. ; IV, 1868, pp. 3/83, avec 2 Pl. ; V, 1869, pp. 3/13.)

Notice sur quelques poissons inédits de Madagascar et de la Chine par M. Guichenot, Aide-naturaliste au Museum. *(Nouv. Arch. du Mus.*, V, 1869, pp. 193/206.)

Notes sur quelques oiseaux considérés comme nouveaux provenant du voyage de M. l'abbé Armand David dans le Thibet oriental par M. J. Verreaux, Aide-naturaliste au Museum. *(Nouv. Arch. du Mus., Bull.*, V, 1869, pp. 33/6.)

Diagnoses d'espèces nouvelles de Mollusques terrestres et fluviatiles de la principauté de Moupin, Thibet oriental, envoyées au Museum d'histoire naturelle de Paris par M. l'abbé A. David par G.-P. Deshayes. *(Ibid.*, VI, 1870, pp. 19/27.)

Note sur les espèces nouvelles d'oiseaux recueillis par M. l'abbé Armand David dans les montagnes du Thibet chinois par M. J. Verreaux. *(Ib.*, pp. 33/40.)

Catalogue des oiseaux de Chine observés dans la partie septentrionale de l'Empire (au nord du fleuve Bleu) de 1862 à 1870,

par M. Armand David. *(Ibid.*, VII, 1871, pp. 3/14.)

— Description des oiseaux nouveaux ou incomplètement connus, collectés par M. l'abbé Armand David pendant son voyage dans le Thibet oriental et la partie ajacente de la Chine, par M. J. Verreaux, aide-naturaliste. *(Ib.*, pp. 23/66.)

— Rapport adressé à MM. les Professeursadministrateurs du Museum d'histoire naturelle par M. l'abbé Armand David, le 15 déc. 1871. *(Ib.*, pp. 75/100.)

— Journal d'un Voyage dans le centre de la Chine et dans le Thibet oriental par M. l'abbé Armand David. *(Ib., Bull.*, VIII, 1872, pp. 3/128 ; IX, 1873, pp. 13/48 ; X, 1874, pp. 3/82.)

— Remarques sur l'Ibis Sinensis de M. l'abbé A. David par M. E. Oustalet, attaché au laboratoire d'ornithologie. *(Ib., Bull.*, VIII, 1872, pp. 129/137 & 1 Pl.)

— Additions au Journal du Voyage de M. l'abbé Armand David par M. J. Verreaux. *(Ib., Bull.,* VIII, 1872, pp. 137/8.)

— Description de quelques espèces de mollusques nouveaux ou peu connus envoyés de la Chine par M. l'abbé A. David par G. P. Deshayes. *(Ib.*, IX, 1873, pp. 3/14 ; X, 1874, pp. 83/100.)

— Notice sur quelques poissons d'espèces nouvelles ou peu connues provenant des mers de l'Inde et de la Chine par M. H.-E. Sauvage. *(Ib.*, IX, 1873, pp. 49/62.)

— Quelques remarques sur les Lépidoptères du genre *Argynnis* qui habitent les environs de Pékin et description d'une espèce nouvelle appartenant à cette coupe générique, par M. H. Lucas. *(Annales de la Soc. Entom. de France,* 4ᵉ Sér., VI, 1866, pp. 219/222.)

Ces Espèces avaient été recueillies par le R. P. A. David.

Emile Blanchard (dans la *Revue des Deux-Mondes*).

I. Les récentes explorations des naturalistes en Chine (15 février 1871). — II. Un Voyage de Pékin à l'Ourato en Mongolie (15 mars 1871). — III. Voyage dans les provinces centrales et occidentales du Céleste-Empire (15 mai 1871). — IV. Voyage dans les provinces centrales et dans le Thibet oriental (15 juin 1871).

Le *Nouvelliste de Shanghai* (No. 149, 31 août 1872 au No. 172, 21 Nov. 1872) a donné une série d'articles d'après le travail de Mr. Blanchard. Le *Nouvelliste* traduit en anglais par le Dr. Shearer de Kiou kiang, a paru dans le *Shanghai Evening Courier*, puis dans le *Shanghai Budget*. (1873, Feb. 20, 27 ; March 6, 20 ; April 17, 26) sous le titre de : « Natural History of North China. The Reverend Père David's investigations into the Natural History of Pe-che-li and the North of China. »

Les articles du *Budget* ont été réunis en une brochure in-4, Shanghai, 1873.

— A day in the Leu San with the Veteran Naturalist of

China [A. David]. (By Dr. Shearer.) *(Shanghai Budget,*
June 21 & 28, 1873.)

— Voyage de l'abbé David, en Chine ; lettre
au Secrétaire général. *(Bull. Soc. Géog.,*
6ᵉ Sér., 1871, II, pp. 465/478.)

— Voyage en Chine de l'abbé Armand David. Ext. d'une lettre à M. Daubrée. *(Ibid.,*
1873, VI, pp. 537/8.)

— Voyage dans la Chine occidentale,
par l'abbé David. Lettre à M. Daubrée.
Paris, 15 juin 1874. *(Ibid.,* 1874, VIII,
pp. 186/199.)

— Second voyage d'exploration dans l'ouest
de la Chine, 1868 à 1870. *(Ibid.,* 1876,
pp. 24/52.)

Ext. par M. Jules Gros des *Archives du Museum.*
— Lettre du P. David. *(Proc. Zool. Soc.,* 1, 1868, p. 210.)
— Abbé Moigno, *les Mondes,* 2 Juin 1870.

— Quelques renseignements sur l'histoire
naturelle de la Chine septentrionale et occidentale par le Père Armand David,
Missionaire Lazariste. Lettre à M. —
[F. B. Forbes] à Shanghai. Pékin, 12 août
1872. *(Journal N. C. B. R. A. S.,* No. VII,
1871 & 1872, Art. X, p. 205.)

— Extraits d'une lettre du P. David à Mr. R. Swinhoe, Shen
si, Feb. 13, 1873. *(Proc. Zool. Soc.,* 1873, pp. 555/6.)
— Notice of Père David's Travels in China by P. L. Sclater.
(The Ibis, 3rd Series, IV, 1874, pp. 167/172.)

— Note sur quelques oiseaux de la province
de Chen-si par M. l'abbé David. *(Ann.
des Sc. nat.,* 5ᵉ S., Zool. & Pal., XVIII,
1873, Art. 5.)

— *Revue politique et littéraire,* No. 28, 9 Janvier 1875.

— Recherches pour servir à l'histoire naturelle des mammifères comprenant des
considérations sur la classification de ces
animaux par M. H. Milne-Edwards, des
observations sur l'hippopotame de Liberia
et des études sur la faune de la Chine et
du Tibet oriental, par M. Alphonse Milne-
Edwards. Paris, G. Masson, 1868 à 1874 ;
2 vol. in-4. Tome I ; texte, pp. 394.—T. II,
atlas (105 planches).

Les Mammifères de la Chine décrits dans cet ouvrage font
partie des collections du P. David. M. Milne-Edwards
avait déjà publié sur le même sujet :

— Note sur le *Mi-lou,* ou *Sseu-pou-siang,*
mammifère du Nord de la Chine, qui cons-
titue une section nouvelle de la famille
des Cerfs, par M. Alphonse Milne-
Edwards. Présenté à l'Académie des
Sciences, le 14 Mai 1866. *(Ann. des Sc.
Nat.,* 5ᵉ S., Zool. & Pal., II, 1866, pp. 380/2.)

— Observations sur quelques mammifères du Nord de la Chine par le même.
(Ibid., VII, 1866, pp. 375/7 ; VIII, 1867,
pp. 374/6.)

(A. David.)

— Note sur quelques mammifères du Thibet oriental par le même. *(Ibid.,* XIII,
1870, p. 18.)

— Description de quelques oiseaux de la
Chine, par M. l'abbé Armand David.
(Extraite de lettres adressées à M. Milne-
Edwards.) *(Ibid.,* XIX, 1874, pp. 1/5,
Art. 9.)

— Quelques observations sur les productions naturelles, le climat, la constitution
géologique du nord de la Chine. Ecrites
sur la demande de M. Berthemy, ministre
de France à Pékin. Par l'abbé David,
missionnaire lazariste résidant dans le
Tché-li. (Déc. 1864.) — *(Bull. Soc. Accl.,*
Avril 1865, pp. 231/251)

Voir *infra* art. dans le *Bull. de la Soc. d'Ac.,* 1872.

— Espèces nouvelles de lépidoptères recueillis en Chine par M. l'Abbé A. David.
(Etudes d'entomologie. Faunes entomologi-
ques. Descriptions d'insectes nouveaux
ou peu connus par Charles Oberthür.
Rennes, Impr. Oberthür et fils.) Br. in-8,
pp. XI-13/34, et 4 Pl.

— *Propomacrus Davidi,* par M. Henri Dey-
rolle. *(Ann. de la Soc. entom.* de France,
5ᵉ Série, 1874, pp. 448/9, 1 Pl.)

— Journal de mon troisième voyage d'exploration dans l'empire chinois ; ouvrage
contenant 3 cartes, par M. l'abbé Armand
David. Paris, Hachette, 1875, 2 vol.
in-18 jésus.

Notice : *The Athenaeum.* — Voyages en Chine de l'abbé
David par J. Gros *(L'Explorateur,* II, 1875, pp. 373/5,
392/4). — Voir : Géologie.

— Les Oiseaux de la Chine par M. l'abbé
Armand David, M. C. ancien missionnaire en Chine, Correspondant du Museum d'histoire naturelle, etc. Et M. E.
Oustalet, Docteur ès Sciences, Aide-naturaliste au Muséum, Membre correspondant de la Société zoologique de Londres.
Avec un Atlas de 124 Planches, dessinées
et lithographiées par M. Arnoul et coloriées au pinceau. Paris, G. Masson,
M D CCC LXXVII, in-8, pp. VII-573, et Atlas,
pp. VI-124 Pl.

— 807 espèces sont décrites dans cet ouvrage ; dans l'appendice on donne une description des oiseaux observés par
M. Prjevalski d'après l'*Ornithological Miscellany* (1877)
de G. Dawson : « The Birds of Mongolia, the Tangut Country and the Solitudes of Northern Tibet. »

— « Note on the Elaphurus Davidianus »
by S. W. Bushell, M. D. *(Notes and Queries on C. & J.,* Vol. IV, pp. 29/30.)

— On eight new species of Birds from
Western Yunan, China, by John Anderson, M. D. Director of the Indian Museum

(A. David)

Calcutta. *(Proc. Zool. Soc.*, 1871, I, pp. 211/5.)

— Description of three new species of Diurnal Lepidoptera from Western Yunan collected by Dr. Anderson in 1868 by W. S. Atkinson. *(Ibid.,* pp. 215/216.)

— Descriptions of some new Insects collected by Dr. Anderson during the Expedition to Yunan. By Frederic Moore, Francis Walker, and Frederick Smith. *(Ibid.,* pp. 244/9.)

Voir col. 156, 157, 200.

— The Pangolin of the Loo-san. *(The Cycle,* 24th June 1871, pp. 712/3.)

— Pigeons voyageurs de Pe-king et leurs sifflets.

(Chevalier, *Chasse Illustrée*; Paul Champion, communication faite à la *Soc. d'Accl.* dans la séance du 1er juin 1866; reproduite dans le n° 9, sept. 1872.)

— Coup d'œil sur les mammifères de la Chine et du Tibet, oriental par le Dr. Alph. Milne-Edwards. *(Bull. de la Soc. d'Acclim.,* Mai 1872, pp. 239/252.)

— On the Geographical Distribution of Asiatic Birds. By H. J. Elwes. *(Proc. Zool. Soc.,* 1873, pp. 645/82.)

— On the Anatomy of a new Species of Polyodon, the *Polyodon gladius,* of Martens, taken from the River Yang-tsze kiang, 450 miles above Woosung. Part I, being its *External Characters and Structure* by P. D. Handyside, M. D. *(Proc. Roy. Soc. of Edinburgh,* session 1872/3, pp. 50/1.) — Part II, being its *Nervous and Muscular Systems. (Ibid.,* pp. 136/7.)

The third part of Dr. Handyside's paper will consist of an anatomical description of the viscera of organic life; and the fourth part, of the articular system and the endo-skeleton of the *Polyodon gladius,* pp. 136/7.

— Note on the Cranial and Dental Characters of the Northern and Southern Tigers and Leopards of China as affording Marks of their specific Distinction. By George Busk. *(Proc. Zool. Soc.,* 1874, pp. 146/150.)

— Notes sur les poissons des eaux douces de Chine par MM. H. E. Sauvage et Dabry de Thiersant. *(Ann. des Sc. nat.,* 6e S., Zool. & Pal., Vol. I (1874), Art. 5.)

— Spiders. By F. H. E. *(China Review,* III, 1874, pp. 188/9.)

O. F. VON MOELLENDORFF. * Diagnosen neuer Arten aus dem Binnenlande von China. *(Jahrb. der Deutsch. Mal. Ges.,*1874, pp. 78 et seq.)

* Die Landschnecken der Umgegend von Peking. *(Ib.,* 1875.)

— Contributions to the Natural History of North China. *(Mitth. der D. Ges. f. Ostas,* 1876, Hft. 9, pp. 7/19)

* Ueber die « Gemse » Nordchina's, Antelope caudata. *(Mitth. Deutsch. Ges. f. Nat. u. Völkerkunde Ostas.,* Juillet 1876.)

— The Vertebrata of the Province of Chihli with Notes on Chinese Zoological Nomenclature. By O. F. von Möllendorff, Ph. D. *(Jour. N. C. B. Roy. As. Soc.,* No. XI, 1877, pp. 41/111.)

* R. PÈRE HEUDE, S.-J. Description de deux oiseaux de Chine par M. l'abbé Heude. *(Ann. des Sc. nat.,* 5e S., Zool. & Pal., XX, 1874, Art. 2, p. 168.)

— Diagnoses Molluscorum in fluminibus provinciae Nankingensis collectorum, Auctore R. P. Heude, S. J. *(Jour. de Conchyliologie,* XXII, 1874, pp. 112/118.)

— Conchyliologie fluviatile de la Province de Nanking, par le R. P. Heude, de la Compagnie de Jésus. Premier fascicule. Paris, Savy (1875), in-4.

Quatre fascicules ont déjà paru. Le R. P. Heude prépare un travail semblable sur les tortues.

— Denkwürdigkeiten von den Insecten China's. Von Dr. August Pfizmaier.... Wien, 1874, in-8. — (Ext. de *Sitzungsberichte d. phil.-hist. Cl. d. k. Akad. d. W.,* 1874.)

— Description d'un nouveau genre de coquille des mers de la Chine, par P. Fischer. *(Journ. de Conchyliologie,* XXIV, 1876, pp. 232, 6.)

Etudes sur les mœurs, le developpement et les métamorphoses d'un petit poisson chinois du genre Macropode (Macropodus Paradisi, Nobis); par N. Joly, professeur à la Faculté des sciences de Toulouse. Montpellier, imp. Boehm et fils, in-8, pp. 31 et 1 pl.

Extrait de la *Revue des Sciences naturelles.* — Bib. de la France, 1874, 5492.

Etudes sur les mœurs, le developpement et les métamorphoses d'un petit poisson chinois du genre Macropode; par N. Joly. Toulouse, imp. Douladoure, in-8, pp. 31 et Pl.

Extrait des *Mémoires de l'Académie des sciences, inscriptions et belles-lettres de Toulouse,* 7e Série, t. V. — Bib. de la France, 1874, 10327.

— Le Macropode de Chine. *(L'Explorateur,* II, 1875, pp. 307/9.)

* Peters. Neue merkwürdige Art von fliegenden Fischen, Exocœtus cirriger, aus China. *(Monatsb. der Kgl. Preuss. Ak. der Wissenschaften zu Berlin,* Août 1877.)

— Chinese Mosquitos, and how to repel them. By Dr. Macgowan. *(The Far East,* I, No. 2, 1876, pp. 44/6.)

Voir le chap. consacré à la *Pisciculture* et à la *Soie* (pour les *Vers à soie.)*

BOTANIQUE

— Flora Sinensis, Frvctvs Floresqve hvmillime porrigens serenissimo et potentissimo Principi, ac Domino, Domino Leopoldo Ignatio, Hungariae Regi floren-

tissimo, &c. Fructus saeculo promittenti
Augustissimos, emissa in publicum a
R. P. Michaele Boym, Societatis Iesv
Sacerdote. & a Domo professa ejusdem
Societatis Viennae Majestati suae unà
cum faelicissimi Anni appreciatione oblata
Anno salutis M. DC. LVI. Viennae Austriae,
Typis Matthaei Rictij. In-folio.

23 Fig. coloriées.

Vend. : Rémusat (296) ex. incomp. Fr. 30.

Flora Sinensis. ov Traité des Flevrs, des Frvits, des Plantes,
et des animavx particuliers à la Chine. Par le R. P. Michel
Boym, Jesuite. (Pp. 15 et suiv. de la *Briefve Relation* du
même auteur, dans le Vol. II du Recueil de Thévenot,
5 Pl.)

* Andreas Cleyer : Herbarium parvum Sinicis vocabulis indicis insertis constans. Francofurti, 1680, in-4. —
(Pritzel, p. 49.)

— Description de l'oeillet de la Chine. Par
M. Tournefort. (Caryophyllus Sinensis,
Supinus, Leucoii folio, flore vario) (*Rec.
de l'Ac. des Sc.* (1705), 1706, pp. 264/266,
1 gravure.) 29 Aoust 1705.

— Observations sur les Vessies qui viennent aux Ormes, & sur une sorte d'Ex-
croissance à peu près pareille qui nous
est apportée de la Chine. Par M. Geoffroy
le Cadet. (*Rec. de l'Ac. des Sc.*, Mém.,
(Ann. 1724), 1726, pp. 320/6.)

— Lettre du P. d'Entrecolles. (*Let. édif.*,
XXII, pp. 193-245, éd. de Mérigot.)

PÈRE CIBOT, S.-J.: *Mémoires concernant
les Chinois :* Notice du Frêne de Chine
nommé *Hiang-Tchun,* II, pp. 598/601. —
Sur le Bambou, II, pp. 623/642. — Notices de quelques Plantes, Arbrisseaux,
&c., de la Chine, II, pp. 437/499 : 1, Nénu-
phar de la Chine; 2, le Yu-lan; 3, le Tsieou-
hai-tang; 4, le Mo-li-hoa; 5, la Châtai-
gne d'eau; 6, le Lien-kien ou Ki-teou; 7,
le Kiu-hoa, ou la Matricaire de Chine;
8, le Mou-tan, ou Pivoine, arbrisseau de
Chine; 9, le Yê-hiang-hoa; 10, le Pé-gé-
hong; 11, le Jujubier; 12, le Chêne; 13, le
Chataigner; 14, les Oranges-coings (Usage
de la greffe). — Notice du Mo-kou-sin et
du Lin-Tchi, IV, pp. 500 et seq. — Notice
du Pe-tsai, IV. pp. 503 et seq. — Abri-
cotier, V, pp. 505/513. — Armoise [Y-
tsao], V, pp. 514/518. — Le Pêcher, XI,
pp. 280/293. — Notices sur le Mou-chou-
kuo-tsée, le Chou-keou, et le Tsée-tsao,
XI, pp. 294/7. — Notice sur la Pivoine,
XI, pp. 470/492. — Notice sur le Tsao-kia,
ou Fébier Chinois, XI, pp. 493/500.

PÈRE COLLAS, S. J. : Notice sur le Bambou. (*Mém. conc. les Chinois*, XI, pp. 353/4.)

— Observations sur les plantes, les fleurs et
les arbres de Chine, qu'il est possible et

utile de se procurer en France. (*Ibid.*,
XI, pp. 183/268.)

BUC'HOZ. Collection Précieuse et Enluminée Des Fleurs Les plus Belles et les
plus Curieuses Qui se Cultivent tant dans
les Jardins de la Chine que dans ceux de
l'Europe, dirigée par les soins et sous la
conduite de Mr. Buc'hoz, Auteur des
Dictionnaires des 3 règnes de la France,
de l'histoire universelle du règne végétal et de la Collect°n. de Planches enluminées et non enluminées d'histoire
nat^le. Ouvrage également utile aux Naturalistes, aux Fleuristes, aux Peintres,
aux Dessinateurs, aux Directeurs des
Manufactures en Porcelaine, en Fayance
et en Etoffes de Soye, de Laine, de Coton
et autres Artistes. Pour servir de Suite
à l'Histoire Naturelle et OEconomique
des 3 règnes de la Nature. Partie 1re. Plantes de la Chine peintes dans le Pays.
A PARIS, chez Lacombe, Libraire, rue
Christine, Et chez l'Auteur, rue Haute-
feuille. A. P. D. R. — Mlle Niquet scrip.
et sculp. — s. date [1776]; in-fol.

Titre à l'encre rouge et gravé. — Planches I à C, coloriées
à la main, avec des titres chinois.

— Partie II. Plantes les plus belles qui se cultivent dans les
Jardins de l'Europe. A PARIS. Chez Debure l'aiué, Libraire,
Quay des Augustins, Et chez l'Auteur, rue de la Harpe,
vis-à-vis celle qui conduit à la Sorbonne. A. P. D. R.
s. date ; in-fol.

Planches 1 à C, coloriées à la main. — A la fin de ce
deuxième volume, il y a une « Liste des fleurs qui se
cultivent tant dans les Jardins de la Chine que dans ceux
de l'Europe » avec les noms en français.

— Flora Cochinchinensis, sistens Plantas
in regno Cochinchina nascentes ; quibus
accedunt aliae observatae in Sinensi imperio, Africa orientali, Indiaeque locis
variis; omnes dispositae secundum systema sexuale Linnaeanum ; labore ac studio Johannis de Loureiro, Regiae Scientiarum Academiae Ulyssiponensis Socii;
olim in Cochinchina catholicae fidei Prae-
conis : ibique Rebus mathematicis, ac
Physicis in Aula Praefecti. Jussu Acad.
R. Scient. in lucem edita Ulyssipone
MDCCXC. Denuo in Germania edita cum
notis Caroli Ludovici Willdenow, Med.
D. Societ. Natur. Scrut. Turricens. Berol.
Halens. Socii. — Berolini, Impensis Haude
et Spener, MDCCXCIII, 2 vol. in-8.

Tomus I, pp. ι΄xxiv – 1/432. — Tomus II, pp. 433,882 et
« addenda et corrigenda ».

Vend. : Rémusat (298), Fr. 17.

— Flora Cochinchinensis, sistens Plantas....
Ulyssipone, typ. Academiae, 1790 ; 2 vol.
in-4, pp. xx-744.

Vend. : Rémusat (297), Fr. 11. 50. — Klaproth (223).
Fr. 11. — Voir : *Chin. Rep.*, V, p. 118, notice par S. W.
Williams.

* Jussieu : Sur quelques genres de la Flore de Cochinchine de Loureiro. (I-VII) (Paris, 1807-1810.) In-4. [Pritzel.]

— GROSIER, *Description de la Chine*, Vol. II et III; voir surtout : un article sur le *Tchou-tsé*, ou le Bambou, II, pp. 362 et seq. — « Culture des Champignons », III, Chap. xvi ; les détails sont puisés dans un mémoire non publié adressé par le P. Cibot en 1775 à l'Académie de St.-Pétersbourg.

— CLARKE ABEL, dans sa relation de l'ambassade de Lord Amherst, 1818, donne des Notes sur les plantes et les animaux de la Chine ; l'appendice B, p. 374, contient : « Characters and Descriptions of three new species of Plants ; selected from the only part of Mr. Abel's Herbarium that escaped the wreck of the *Alceste;* consisting of a small collection presented by him to Sir George Staunton, at Canton » by Robert Brown, F. R. S.

— Accounts of Chinese Botany. (Letters of John Livingstone.) (In the *Indo-Chinese Gleaner*, Vol. II, pp. 122 et seq.)
Voir également The Chinese Repository, II, pp. 225 et seq.

* Lindley (John, Ph. Dr.). Icones Plantarum sponte China nascentium e Bibliotheca Braamiana excerptae. London, 1821, in-folio, 30 pl. col. £ 2-2/.

Lowndes, I, 439.

* Nicolas Turczaninow : Decades III plant. nov. Chinae boreal. et Mongol. Chin. *Mosquae*, 1830, in-8.

Friedlander, 1873.

— Enumeratio Plantarum quas in China Boreali collegit Dr. Al. Bunge. Anno 1831. In-4, pp. 73 [Lu le 7 Mars 1832]. s. l. [Petropoli].

* Alexander von Bunge : Plantarum mongholico-chinensium Decas I. Casani, 1835, in-8, pp. 29, 3 pl. [Pritzel.]

— Lettre de M. Verrolles sur l'arbre à vernis de Chine dans les *Annales de la Prop. de la Foi*, 1835, p. 458.

Turczaninow, Enumeratio Plantarum Chinae borealis quas collegit Cl. Kirilow. *(Bull. Soc. Mosc.*, 1837, X, No. 7, p. 148 sq.)

— G. T. Lay. Remarks on some Euphorbiaceous Plants. *(Chin. Rep.*, V, p. 437.)

— Blanco's *Flora de Filippinas. (Ib.*, VII, p. 422.)

T. E. CANTOR : Voir Chousan, col. 137; et Zoologie, col. 175.
* Griffith. On the botanical collection brought from the Eastward by Dr Cantor, s. l. n. d. [Pritzel.]

* Karelin et Kirilow : Enumeratio plantarum in desertis Songoriae orientalis et in summo jugo Alatau collectarum. *(Mosquae*, 1842.) In-8.

— Note sur la plante Ko d'après l'Encyclopédie Cheou-chi-t'ong-k'ao, liv. LXXVIII, fol. 16, par S. Julien. *(Ctes rendus de l'Ac. des Sc.*, XVII, 1843, pp. 421/422.)

Cette plante serait une Phaséolée voisine des Dolichos.

S. WELLS WILLIAMS a publié un index botanique dans son *English and Chinese Vocabulary in the Court Dialect*, Macao, 1844 ; cet index a été reproduit par *Bazin, Chine moderne* (1853), II, pp. 565 et seq. (Col. 62.)
— On the Multicaulis or Mulberry tree at Manila. By M. Isidore Hedde. *(Chin. Rep.*, XV, 1846, pp. 527/534.)

— Plants and Gardens of the English at Shanghae in China. (Robert Fortune, *Gardeners'Chronicle*, June 15, 1850. — Réimp. dans The N. C. Herald, No. 12, Oct. 19, 1850.)

— Noms indigènes d'un choix de Plantes du Japon et de la Chine déterminés d'après les échantillons de l'herbier des Pays-Bas, par MM. J. Hoffmann et H. Schultes. *(Journ. Asiatique*, Oct. Nov. 1852, Vol. XX, pp. 237/370.)

— Noms indigènes d'un choix de plantes du Japon et de la Chine, déterminés d'après les échantillons de l'herbier des Pays-Bas à Leyde. Par MM. J. Hoffmann et H. Schultes. Nouvelle édition augmentée. Leyde, E. J. Brill, 1864. In-8, pp. XIII-90.

La préface et le titre sont en hollandais et en français.

— The Rice-Paper Plant and its uses : By J. C. Bowring. Read to the Society, 12th October 1852. *(Transactions China Branch of the R. As. Soc.* Pt. III. Art. IV.)

Tung-tsaou : Rice-paper Plant.

H. F. HANCE. — *Journal of Botany :*

On *Quercus fissa*, Champion, in reference to the distinctive characters of *Quercus* and *Castanea;* with remarks on some of the genera of *Corylaceae*. (I. 173.)

On the occurence of *Cryptotaemia Canadensis*, DC., in Southern China. (III. 340.)

On the genus *Brainea*, J. Sm. (III. 341.)

Descriptions of four new plants from Southern China. (III. 378.)

A few critical, little known, or otherwise interesting plants. (IV. 51.)

Remarks on the modern tendency to combine species. (IV. 84.)

Description of a new species of *Polygala* from Southern China. (IV. 117.)

Stirpium novarum tetras. (IV. 171).

Some remarks on the classification of ferns. (IV. 253.)

On *Liquidambar Formosana*. (V. 110.)

On *Calamagrostis Langsdorffii*, Trin., and *C. Phragmitoides*, Hartm. (V. 233.)

Note on *Eritrichium Guilielmi*, A. Gray. (V. 243.)

On *Adiantum Capillus-Junonis*, Rupr., with descriptions of two new ferns from Northern China. (V. 260.)

Note on *Penthorum Chinense*, Pursh. (V. 275.)

Lysidice, genus novum Lathyraceum ex Caesalpiniearum Subordine. (V. 298.)

Note on *Calimeris*, Rees, and *Heteropappus*,

Less., with description of a new species of the latter genus. (V. 369.)

De nova *Saginae* specie notula. (VI. 46.)

New Chinese *Monochlamydeae*. (VI. 47.)

Diagnoses of two new Chinese *Cyperaceae*. (VI. 89.)

On a new Chinese *Acanthacea*. (VI. 92.)

Note on a critical Chinese grass. (VI. 109.)

Sertulum Chinense : A decade of interesting new Chinese plants. (VI. 111.)

Three new Chinese *Asteraceae*. (VI. 173.)

On two new Chinese Ferns; with some remarks on the genus *Woodwardia*. (VI. 175.)

Description of a new Chinese Larkspur. (VI. 207.)

On the *Commelyna tuberosa* of Loureiro. (VI. 250.)

Note on the genus *Henslowia*. (VI. 252.)

Sertulum Chinense Alterum; a second decade of new Chinese plants. (VI. 296.)

Sertulum Chinense Tertium : A third decade of new Chinese plants. (VI. 328.)

On a new Chinese Orchid. (VI. 371.)

Note on *Elaeagnus Gonyanthes*. (VI. 372.)

On the *Phoenix* of the Hongkong flora. (VII. 15.)

Note on *Panicum Mandshuricum*, Maxim. (VII. 41.)

Note on the *Capparis Magna*, of Loureiro. (VII. 41.)

Note on *Thesium decurrens*, Bl. and *T. Chinense*, Turcz. (VII. 42.)

Note on the genus *Arthrostylis*, R. Br. (VII. 63.)

De nova *Rhamni* specie. (VII. 114.)

Note on *Delima*, Linn. (VII. 115.)

Note on the Chinese name of *Eleusine Coracana*, Gaertn. (VII. 116.)

On *Habenaria Miersiana*, Champ. (VII. 161.)

Sertulum Chinense quartum : A fourth decade of new Chinese plants. (VII. 163.)

Notes on the Fern-Flora of China. (VII. 234.)

Note on *Sambucus Chinensis*, Lindl. (VII. 295.)

Note on *Melastoma Repens*, Desrouss. (VII. 296.)

Note on *Abrus Cantoniensis*. (VII. 336.)

Crassulaceae quatuor novae Chinenses. (VIII. 5.)

(HANCE.)

Sertulum Chinense quintum : a fifth decade of new Chinese plants. (VIII. 71.)

De nova *Pygei* specie. (VIII. 242.)

Viburnum Tomentosum, Thumb., in Southern China. (VIII. 273.)

Exiguitates Carpologicae. (VIII. 312.)

Ternio *Eugeniarum* novarum Sinensium. (IX. 5.)

On the so-called « Olives » (*Canarii* spp.) of Southern China. (IX. 38.)

Sertulum Chinense sextum : a sixth decade of new Chinese plants. (IX. 130.)

Note on *Portulaca psammotropha*. (IX. 201.)

On the genus *Fallopia*, Lour. (IX. 239.)

Castanea vulgaris, Lam., grown in Southern China. (X. 69.)

On the source of the China root of commerce. (X. 102.)

On a Chinese culinary vegetable. (X. 146.)

On a new species of *Iris*. (X. 229.)

On a new Chinese Bignoniad. (X. 257.)

On the Ch'ing Muh Hsiang, or « Green Putchuk » of the Chinese. With some remarks on the antidotal virtues ascribed to *Aristolochiae*.

Reprinted from the « *Journal of Botany* » for March, 1873 br. in-8, pp. 7. (XI. 72.)

Pinus Bungeana Zucc. (XI. 91.)

Lysimachia nova Chinensis. (XI. 167.)

On a Chinese Maple. (XI. 168.)

On the fruit of Galangal. (XI. 175.)

On the fruit of *Lysidice rhodostegia*. (XI. 207.)

Erythrostaphyle : genus novum, *Verbenaceis* affine. (XI. 266.)

Note on *Planera Davidii*. (XI. 273.)

On *Pterocarya Stenoptera*, Cas. DC. — Dec. 1873. (XI. 376.)

Nova *Plectranthi* species. (XII. 53.)

De nova *Asplenii* specie. — May 1874. (XII. 142.)

Note on *Spathodea Cauda-felina*. (XII. 177.)

A new Chinese *Hydrangea*. (XII. 177.)

Native Country of *Serissa*. (XII. 183.)

Erythrostaphyle vitiginea. (XII. 184.)

Distribution of *Cynomorium coccineum*, Linn. (XII. 184.)

On some Asiatic *Corylaceae*. Aug. 1874. (XII. 240.)

On a small collection of Plants from Kiukiang. Sept. 1874. (XII. 258.)

Recueillie par Mr. O. F. von Möllendorff.

(HANCE.)

On three new Chinese *Calami*. Sept. 1874. (XII. 263.)

Scirpus Triqueter, Linn., in Southern China, Nov. 1874. (XII. 329.)

On a new *Symplocos*. (XII. 369.)

De duabus *Ribis* speciebus e China septentrionaria. Feb. 1875. (XIII. 35.)

On a Chinese Screwpine. March, 1875. (XIII. 67.)

De *Iride Dichotoma*, Pall., breviter disceptat. April, 1875. (XIII. 104.)

Uses of the common rush in China. April 1875. (XIII. 106.)

On some mountain plants from Northern China. May 1875. (XIII. 129.)

Recueillies par le Dr. E. Bretschneider.

Two Additions to the Hongkong Flora. (XIII. 196.)

Diagnoses of two new Chinese Ferns. (XIII. 197.)

A fourth new Hongkong *Calamus*. (XIII. 289.)

Analecta Dryographica : Descriptions of a few new, and notes on some imperfectly known *East Asiatic Corylaceae*. (XIII, 361.)

On the structure of the fruit in *Punica*. Henfrey, *Bot. Gazette*, II, 1850, pp. 280/283; *Linn. Soc. Proc.*, II, 1855, pp. 96-97.

Sketch of the Island and Flora of Hongkong, China. *Phytologist*, IV, 1853, pp. 881/891.

Annales des Sciences Naturelles.

— Symbolae ad Floram sinicam adjectis paucissimarum stirpium japonicarum diagnosibus; auctore Henr. F. Hance, Ph. D., M. A.,... in-8, pp. 11.

Extrait des *Annales des Sciences Naturelles*, 4ᵉ Série, T. XIV, Cahier No. 4.

— Note sur deux espèces du genre Scolopia *Schreb.*, par M. H. F. Hance, Ph. D, etc., etc.

A la suite :

Manipulus Plantarum novarum, potissime Chinensium, adjectis notulis nonnullis affinitates, caet., respicientibus : scripsit Henr. F. Hance... In-8, pp. 25.

Extrait des *Annales des Sciences naturelles*, 4ᵒ Série, T. XVIII, cahier No. 4.

— Adversaria in stirpes imprimis Asiae Orientalis criticas minusve notas interjectis novarum plurimarum diagnosibus scripsit Henr. F. Hance, Ph. Dr., Paris, Victor Masson, 1866, in-8, pp. 62.

xtrait des *Annales des Sciences naturelles*, 5ᵒ Série, T. V, p. 202.

(HANCE.)

Journal of the Linnean Society of London.

On the *Fagus Castanea* of Loureiro's *Flora Cochinchinensis* with descriptions of two new Chinese *Corylaceae*. (X. 199.)

On the Silk-worm Oaks of Northern China. (X. 483.)

Extract of a letter from H. F. Hance, Ph. D., to Dr. Hooker. (XI. 454.)

On the source of the *Radix Galangae minoris* of Pharmacologists. (XIII. 1.)

Supplementary note on Chinese Silk-worm Oaks. (XIII. 7.)

— Notes on some Plants from Northern China By Henry F. Hance, Ph. D., etc. [Extracted from the *Linnean Society's*. Journal — Botany, vol. XIII, pp. 74-94.] Br. in-8.

— *Florae Hongkongensis* ΠΡΟΣΘΗΚΗ : A compendious Supplement to Mr. Bentham's description of the Plants of the Island of Hongkong. By Henry Fletcher Hance, Ph. D., etc. [Extracted from the *Linnean Society's* Journal — Botany, vol. XIII, pp. 95-144.] Br. in-8.

Ce supplément se vend aussi relié avec la *Flora Hongkongensis* de Bentham. Voir col. 197,

China Review.

— *(Sophora Japonica*. II, p. 132.)—*Wellingtonia Gigantea. (Ibid.*, p. 133.)

Voir Ginseng *infra* col. 201.

Notes & Queries on C. & J. — Bush Tea. (I, No. 4, pp. 44/5.) — Maize. (I, p. 89.)— Henna. (II, pp. 29/30.) — Chinese Silkworm Oaks. (II, pp. 28/29.) *Chih - k'ü*

枳椇. *(Hovenia dulcis.)* (II, p. 124.)

Voir sur la même plante Siebold's *Flora Japonica*, pl. 73 & 74.

Okgue. (II, p. 173.)

The *Fung* Tree. (III, pp. 31/2.)

Voir supra, col. 192: *Liquidambar Formosana ;* et *Ann. des Sc. nat.*, Mars 1866.

Rhodoleia Championi. (IV, p. 28.)

Grâce à une liste que nous a obligeamment fournie le Dr. Hance, nous croyons avoir indiqué la liste complète des mémoires dus à la plume de l'éminent botaniste.

SIR WILLIAM JACKSON HOOKER. On the Chinese Rice-paper. Hooker, *Lond. Jour. Bot.*, IV, 1852, pp. 50/54.

— Notice of two new ferns from China. *Ibid.*, V, 1853, pp. 236-8.

Voir supra : *Blakiston*, col. 77.

— & GEORGE BENTHAM. * Florula Hongkongensis ; an enumeration of the plants

(HANCE. — HOOKER. — BENTHAM.)

collected in the Island of Hong-Kong, by Major J. G. Champion, 95th Regiment. *Ibid.*, III, 1851, pp. 255/264, 306/312, 326/334; IV, pp. 41/50, 73/81, 116/123, 164/172, 193/199, 232/7, 296/305, 327/335; V, pp. 52/58, 129/137, 193/200; VI, pp. 1/9, 72/78, 112/117; VII, pp. 33/9; IX, 1857, pp. 333/344, 353/363.

Flora Honkongensis : a Description of the Flowering Plants and Ferns of the Island of Hongkong. By George Bentham, V. P. L. S. With a Map of the Island. Published under the authority of Her Majesty's Secretary of State for the Colonies. London : Lovell Reeve, 1861, in-8, pp. 20 *, Ii, 482.

— « Flora of Hongkong », br. in-8, pp. 9, s. l. n. d.

« The following remarks relative to the Flora of Hongkong are summarised from the valuable » *Flora Hongkongensis*, « of Mr. George Bentham, President of the Linnean Society », p. 1.

Voir le supplément à la *Flora Hongkongensis, supra* : Dr. Hance, col. 196 :— et « Remarks on the physical aspect and vegetation of Hongkong » by Mr. R. B. Hinds. (Hooker's *Jour. of Botany*, 1842, I, p. 476.) — « Introduction to the Flora of Hongkong ». By Dr. B. Seamann. (Voyage of H. M. S. *Herald*, 1857.)

CARL JOH. MAXIMOWICZ. Die ersten botanischen Nachrichten über das Amurland. [1856.] *St. Petersb. Acad. Sc.*, Bull. XV, 1857, col. 120-144, 209-211 ; Erman, *Archiv Russ.*, XVII, 1858, pp. 104-144, 145-147.

— Vegetations-Skizzen des Amurlandes. [1856.] *St. Petersb. Acad. Sci.*, Bull. XV, 1857, col. 211-238.

— Primitiae Florae Amurensis. Versuch einer Flora des Amur-Landes von Carl Joh. Maximowicz, Reisenden des kaiserlichen botanischen Gartens zu St. Petersburg. Mit 10 Tafeln und einer karte. (Aus den *Mémoires présentés à l'Académie Impériale de St.-Pétersbourg par divers savants*, T. IX, besonders abgedruckt.) St. Petersburg. Kaiserlichen Akademie der Wissenschaften... 1859, gr. in-4, pp. 504, 9 pl. et 1 carte.

Supplementum. I. Index Florae Pekinensis exclusis plantis cultis, pp. 408/479. — II. Index Florae Mongolicae, pp. 470/486.

— Beschreibung der Gattung Golowninia. [1861.] *St. Pet. Ac. Sc.*, Bull. IV, 1862, col. 252-255.

— Diagnoses breves plantarum novarum Japoniae et Mandshuriae. Scripsit C. J. Maximowicz. Decas prima. 24/5 Juin. 1866 — Decas xix 10/22 Decembre 1874. (*Mélanges biologiques* tirés du *Bulletin de l'Ac. imp. des Sciences* de St. Pétersbourg, VI et seq.)

(BENTHAM. — MAXIMOWICZ.)

E. REGEL. Vegetations-Skizzen des Amurlandes. Erman, *Archiv Russ.*, XVII, 1858, pp. 148/174, 175/190.

— Aufzählung der von Radde in Baikalien, Dahurien und dam Amur sowie der vom Herrn von Stubendorff auf seiner Reise durch Sibirien nach Kamtschatka, und der von Rieder Kussmisscheff und anderen in Kamtschatka gesammelten Pflanzen. I. Abtheilung : Dicotyledonae, Polypetalae, Moscou, Soc. Nat. Bull. XXXIV, 1861 (pte. 2), pp. 1/211, 458/578 ; XXXV, pp. 214/328.

— Tentamen Florae Ussuriensis,.oder Versuch einer Flora des Ussuri-Gebietes. [1861.] St. Pétersb. *Acad. Sci.*, Mém. IV, 1862.

THEOS. SAMPSON.— *Notes & Q. on C. & Japan.* — Henna in China. (II, p. 41, 78.)

The China Pine. (II, pp. 52/3.)

The *Fung* 楓 Tree. (III, pp. 4/7.)

« It was first described by Dr. Hance in the *Ann. des Sc. nat.*, March 1866, and called by him *Liquidambar Formosana* », p. 4. Voir supra : Hance, col. 196.

Chinese Figs. (III, pp. 18/22.)

Grapes in China. (III, pp. 50/4.)

The Banyan or 榕 *Yung* Tree. (III, pp. 72/3.)

The *P'u-ti* 菩提 Tree. (III, pp. 100/5.)

Palm Trees. (III, pp. 115/7. — 129/34. — 147/50. — 170/2.)

Notes and Queries on China & *Japan*. Tobacco in China. (I, pp. 61/2, W. F. Mayers. — P. 93, G. Schlegel. — P. 93, A. F. — P. 141, G. Schlegel.)

Maize in Japan [and China]. (I, p. 78, S. W. Williams. — P. 89, H. F. Hance. — P. 89, W. F. Mayers. — IV, pp. 92/3, S. W. Bushell.)

Henna in China. (II, pp. 11, 32, W. F. Mayers. — Pp. 29/30, H. F. Hance. — P. 41, Theo. Sampson. — Pp. 46/7, E. C. Taintor. — P. 78, C. D.—T. S.[ampson]. — P. 180/1, E. C. Taintor.

The China Pine. (II, pp. 52/3, Theos. Sampson. — P. 93, D. B. Mac Cartee.)

The Betel Tree. (II, pp. 136/9.)

Cet art. avait paru en 1864 dans le *Bangkok Calendar.*

Okgue. (II, p. 172, K[opsch?]. — P. 173, H. F. Hance.

The *Chun* 椿 Tree. (III, p. 46, E. C. T. [aintor]. — p. 73, B. (en français.)

(BOTANIQUE.)

Chinese Names of Plants. (III, pp. 62/3.)

Voir *supra* : Hance, col. 196; Sampson, col. 198; *infra* : Bambou et Gin seng. col. 201.

CHEV. DE PARAVEY. — Recherches relatives à une plante inconnue de la Chine. Bordeaux, *Soc. Linn. Actes*, XV, 1847, pp. 265/258.

— Extrait d'une lettre relative à la botanique chinoise. Bordeaux, *Soc. Linn. Actes*, XVII, 1851, pp. 36/40.

— Mémoire sur l'origine du Succin ou Ambre jaune, du Fou-ling et Truffes diverses, suivant l'antiquité et les livres Assyriens, conservés depuis Cyrus et en ce jour, seulement en Chine. Bordeaux, *Soc. Linn. Actes*, XVII, 1851, pp. 40/53.

— Lettre sur les arbres qui donnent du Succin. Bordeaux, *Soc. Linn. Actes*, XVII, 1851, pp. 54/57.

— Recherches sur le Népenthès des Grecs dans les livres botaniques chinois, par le Cher de Paravey. Extrait des *Annales de Philosophie chrétienne*, n° de Mai 1860, Ve Série, t. I, p. 350. Versailles, Beau Jne, 1860, in-8, pp. 8.

— Sur la végétation de quelques localités du littoral de la Chine ; par M. Debeaux, pharmacien aide-major, attaché à l'armée expéditionnaire. *(Rec. de Mém. de médecine.... milit.*, 3e Sér., VI, 1861, pp. 334/351.)

— Lettre sur la végétation chinoise, par O. Debeaux. *Bull. Soc. Bot.*, Paris, IX, 1862, pp. 159/162.

— On some Species of Oaks from Northern China, collected by W. F. Daniell, Esq., M. D., F. L. S. By William Carruthers, Esq. F. L. S. [Read June 20th, 1861.] *(Journal of the Proc. of the Linnean Society* — Botany. — Vol. VI, No 21.)

Mgr. Guillemin : Productions végétales de la Chine. *(Bull. de la Soc. d'Accl.*, Oct. 1862.)

— Les Phaséolées dans la Flore Chinoise. — Lettre du R. P. d'Argy de la Compagnie de Jésus au Directeur des *Etudes religieuses, historiques et littéraires*. Première Partie [seule publiée]. Paris, Charles Douniol, 1865, br. in-8.

— Sertum Tianschanicum Botanische ergebrusse einer reise im mittleren Tianschan. von Baron Fr. v. d. Osten-Sacken und F. J. Ruprecht. Présenté le 6 Mai 1869.—St. Pétersbourg, 1869, in-4. *(Mém. de l'Ac. des Sciences* de St. Pétersbourg, VII° Série, Tome XIV, N° 4.)

Journal of Botany. Observations on the Rice-paper Tree.— Tetra panax Papyriferum *C. Koch* : its introduction and naturalization in Sydney N. S. W. — Geo. Bennett. *(Journal of Botany*, II, 309.)

Note on the Fern Genus *Brainea* by John Smith. *(Ibid.*, IV, 15.)

Annotationes de Filicibus nonnulis Chinae indigenis. — M. Kuhn. — *(Ibid.*, VI, 268.)

On a few new plants from Yunan. A partial list of Yunan plants collected by Dr. J. Anderson. — S. Kurz. — *(Ibid.*, New Series, II, 193.)

Col. 156, 157, 186, 187.

On a new species of Heleniopsis from Formosa. *(Heleniopsis umbellata*. Baker.) — J. G. Baker. — *(Ibid.*, N. S., III, 278.)

On the Alliums of India, China & Japan. J. G. Baker. *(Ibid.*, N. S., III, 289.)

On a collection of ferns gathered in Central China. By Dr. Shearer. By J. G. Baker, F. L. S. *(Ibid.*, N. S., IV, 199.)

Description of some new phanerogamia collected by Dr. Shearer, at Kiukiang, China. By S. Le Marchant Moore, F. L. S. *(Ibid.*, p. 225.)

On a new tulipa from China, with the habit of an Erythronium. By J. G. Baker. *(Ibid.*, p. 292.)

Dr. E. Bretschneider. — On the Study and Value of Chinese Botanical Works, with Notes on the History of Plants, etc., from Chinese sources. With 8 Woodcuts. Foochow, 1870, in-8.

Ce Mémoire avait paru dans *The Chinese Recorder*, III pp. 157, 172, 218, 241, 264, 281, 290, 293.

— Reise des OEsterreischen Fregatte « *No, vara* »..... Botanischer Theil, I. Band-Wien, 1870.

Algae. (A. Grunow.) — *Fungi, Hepaticae et Musci Frondosi*. (Dr. H. W. Reichardt.) — *Cryptogamae vasculares* (Dr. Georg Mettenius.) — *Ophioglosseae & equisetaceae*. (Dr. Julius Milde.)

Dr. Martin : Etude générale sur la végétation dans le nord de la Chine et son importance au point de vue de la question de l'acclimatation. Paris, 1872, br. in-8.

Bull. de la Soc. d'Acclimatation, mars 1872.

— Index Plantarum : Sinice et Latine. By E. C. Bowra, F. R. C. S. (Doolittle's *Vocabulary*, II, No. 46.)

— Flowers and Fruits according to their time of Blossoming. Compiled and Arranged by the Editor under 12 monthly Parts. *(Ibid.*, No. 31.)

Denkwürdigkeiten von den Früchten China's. Von Dr. August Pfizmaier...: Wien, 1874, in 8, pp. 90.

(Ext. de *Sitzungsberichte d. phil.-hist. Cl. d. k. Akad. d. W.*, LXXVIII Bd.)

Mr. F. B. Forbes, de MM. Russell & Cie, Chang hai, prépare

un index des *Phanerogamia* et des *Filices* découverts en Chine.

GIN SENG

— Iconismus Plantae laudatissimae, Ginseng dictae. (And. Mulleri Greiffenbagii *Hebdomas Observationum de Rebus sinicis*, No. IV, avec une figure sur bois (col. 18.)

— Sur le Gin-seng. *(Rec. de l'Ac. des Sc., Hist.* (1718), 1719, pp. 41/45.)

« En 1697 feu M. Bourdelin lut à l'Académie un Memoire qui lui avoit été communiqué sur le Gin-seng », p. 41.

— Lettre du Pere Jartoux, Miss. de la Cie de Jesus, au Pere Procureur Général des Missions des Indes et de la Chine. A Peking, le 12 d'Avril 1711. (*Lettres édifiantes*, XVIII, pp. 127/143, éd. de Mérigot ; X, p. 159, anc. éd. ; III, p. 183, *Panthéon littéraire.)*

Réimprimée dans le Vol. 4 du *Recueil de Voyages au Nord*, nouv. éd., 1732, Amsterdam.

* Mémoire présenté au Duc d'Orléans, régent, concernant la précieuse plante du gin-seng de Tartarie, découverte au Canada par le P. Jos. Fr. Lafitau. Paris, Mongé, 1718, in-12, fig.

Vend., Rémusat : (299) Fr. 3.
— Mémoire présenté à Son Altesse Royale Mgr. le Duc d'Orléans Régent de France, concernant la précieuse plante du Gin-seng de Tartarie, découverte en Amérique par le Père Joseph-François Lafitau, de la Compagnie de Jesus, missionnaire des Iroquois du Sault St. Louis. Nouvelle édition, précédée d'une notice biographique, par M. Hospice Verreau, Principal de l'Ecole Normale Jacques-Cartier et accompagné d'un portrait du Père Lafitau, d'un fac-simile de son autographe et de la planche représentant le gin-seng. Montréal, Senecal, Daniel & Cie, 1858. In-8, pp. 44.

* Quaestio medica, an infirmis à morbo viribus reparandis Gin-seng? proponebat Lucas-Aug. Folliot de Saint-Vast. Paris, 1736, br. in-4.

Vend. : Rémusat, No. 270.
Ginseng Root *(Panax Ginseng-Meyer).* (J. of Botany, II, 320.)
Grosier, *Desc. de la Chine,* III, p. 295.
H. F. H. [ance]. Ginseng. *(China Rev.,* II, pp. 131/132.)
Nees von Esenbeck : Medicinal Plants, Pl. 112 ; C. A. Meyer, Ganger's *Repertory for Pharmacy and Practical Chemistry,* I, 517.

BAMBOU

— Comparison between the Bamboo and the Palm : Description of the Bamboo ; varieties and cultivation ; partiality of the Chinese for it ; its uses ; mode of manufacturing paper : Description of the cocoa nut palm ; and the uses to which it is applied. *(Chinese Rep.,* III, pp. 261 et seq., Oct. 1834, by S. Wells Williams.)

Palm Trees, by Theos. Sampson, *Notes & Q. on C. & J.* Vide supra, col. 198
Les Palmiers de la Chine par E. Bretschneider, Vol. III, pp. 139-142, 150-152.
Palm Growing Countries, by Geo. Phillips. *(Ib.,* Vol. III, pp. 169, 170.)

(GIN SENG. — BAMBOU.)

* D. Ed. Mène. Des usages du Bambou en Chine. — Des produits végétaux de la Chine et en particulier du bambou. *(Bull. Soc. d'Accl.,* Janv. & Fév. 1869.)

Voir *supra :* Cibot, col. :   — Collas, col. :   — Grosier, col. :

THÉ

* Johannes Gothofredus Herrichen. De Thea, Doricum Melydrion. Lips. 1645, in-4.

* Morisset. Ergo thea Chinensium menti confert. Paris., 1648.

* Philippe Sylvestre Dufour. De l'usage du Caphé, du Thé, et du Chocolat. Lyon, 1671, in-12. — The Manner of making Coffee, Tea and Chocolate. Translated by John Chamberlayne. London, 1685, in-12. — Traitez du Café, du Thé et du Chocolat. La Haye, 1685, 1693, in-12. — Et a D. Manget notis illustrati. Genev. 1699, in-12.

* Coffee, Tea, Chocolate, Tobacco, their Natural History. London, 1682, in-4.

* Joh. Nic. Pechlini [né à Leyde en 1646 ; † en 1706] Theophilus Bibaculus, sive de potu theae dialogus. Kilonii et Francof., Riechelius, 1684, in-4.

* P. Francius. [Né à Amsterdam en 1645, † en 1704.] In laudem Thiae Sinensis Anacreontica duo. Amst., 1685, in-4.

* Petri Petit Thia sinensis. Paris., 1685, in-4.

« Poëme de mille vers dédié à Huet, réimprimé la même année à Leipzig, avec quelques autres opuscules sur le thé, et dans les éditions du recueil intitulé : *Poemata didascalica.»* (Denis, *Nouv. Man. de Bib.,* Paris, 1857.)

* Henry Munday, ou Mundy. (Médecin à Oxford.) Opera omnia Medico-Physica de Aëre Vitali, Esculentis, et Potulentis, cum Appendice de Parergis in Victu et Chocolati, Thea, Coffea, Tobaco. Leyden, 1685, in-8.

* Nicolas de Blégny († à Avignon, en 1722). Le bon usage du thé, du café, du chocolat, pour la préservation et la guérison des maladies. Lyon, 1687, in-12 ; Paris, 1687, in-12.

* Thele. Diss. theologia-medica, id est, de usu et abusu potus calidi cum herba theae. Vitenb., 1687.

* Borrichius (Olaus) [né en 1626, à Borchen, Danemark ; † 3 Oct. 1690]. De usu plantarum indigenarum in medicina, et de Thea. Hafniae, 1690, in-4.

* Mappus. Diss. de potu theae. Argentor., 1691.

* Waldschmid. Diss. de usu et abusu potùs

(THÉ.)

theae in genere, praesertim vero in hydrope. Marburg, 1692.

* John Ovington, M. A. Essay on the Nature and Qualities of Tea. London, 1699, 1703, in-12.

<small>Watt, Bib. Brit.— Lowndes ne cite que Lond. 1697, in-8.</small>

* Tate (Nahum) [né à Dublin en 1652; † 1715]. Panacea; a Poem on Tea. London, 1700, in-8.

* Luther. Dissert. an potus theae exsiccandi virtute potent. Kilon., 1702.

* Consilium de usu herbae et potus thee, et de virtute et usu potionis granorum coffee. Berolini, Papen, 1708, in-4, pp. 12.

* Slevogt. Diss. de theâ romanâ et hungaricâ, sive silesiacâ, aliisque ejus succedaneis. Iena, 1709.

— Joannis Franci Veronica theezans *id est* Collatio Veronicae Europeae cum Thee Chinico, accedit Mantissae loco conjectura de Alysso Dioscorodis ad *Virum Magnificum*, D. D. Jo. Georgium Klosterbaur. *Lipsiae, P. G. Pfotenhauerum*, in-12.

* Andry. Le thé d'Europe, Paris, 1712, in-12.

* Leonh. Ferd. Meisneri De caffe, chocolata, herba thee ac nicotiana naturâ, usus et abusu anacrisis medico-historico diaetetica. Norimb., Rudigerus, 1721, pet. in-8, 1 pl.

* Lohmeier. Diss. de herbae exoticae theae infuso ejusque usu et abusu. Erford., 1722.

* Stenzel. Diss. de salviâ in infuso adhibendo, hujusque prae theae Chinensi praestantiâ. Vittenb., 1723.

* Stahl (Ivo). Diss. de veris herbis theae proprietatibus et viribus medicis. Erf., 1730.

* Quelmatz. De infuso foliorum theae. Lips., 1747.

— Vers sur le Thé. 1746.

<small>Ces vers, composés par l'Empereur Kien long [1746], ont été trad. par le P. Amiot et imprimés, pp. 329 sq., de l'*Eloge de la Ville de Moukden*. (Paris, 1770, in-8.)</small>

* Short (Thomas). Discourse on Thea. Lond., 1749.

* Potus Theae, quem dissertatione praeside C. Linne publ. submittit exam. Petrus C. Tillœus. Upsala, 1765, in-4, pp. 16, 1 grav.

* Fougeroux de Bondaroy. Mémoire sur le thé. *(Acad. des Sciences,* 1773.)

* Lettsom, John Coakley, M. D., F. R. and A. SS., an eminent physician in London,

was born on a small isle called Little Van Dyke, near Tortola in 1744; died 1815. — Observationes ad Historiam Theae Pertinentes. Lugd. Bat., 1769, in-4. — The Natural History of the Tea Tree; with observations on the Medical Qualities of Tea, and Effects of Tea Drinking. London, 1772, in-4; — 2d. ed., London, 1799, in-4.

<small>Watt, Bib. Britannica.</small>

<small>* Histoire pratique du thé, avec des observations sur les qualités et les effets qui résultent de son usage, trad. de l'anglais de J. Coakley Lettsom, par J. Arn. Trochereau de la Berlière, 1773, in-12.</small>

* Twining, Richard, one of the Proprietors of the East-India Company. — Observations on the Tea and Window Act. 1784, in-8. — Remarks on the Report of East-India Directors respecting the sale of Tea. London, 1784, in-8. — Answer to the second Report on the same, 1785, in-8.

<small>Watt, Bib. Britannica.</small>

* Dissertation sur le thé, sur sa récolte et sur les bons et mauvais effets de son infusion, par P. J. Buc'hoz. 1785, in-fol.

* The Tea Purchaser's Guide; or the Lady and Gentleman's Tea Table and Useful Companion, in the Knowledge and Choice of Teas. To which is added, the Art of mixing one quality of Tea with another, as practised by Tea-Dealers. By a Friend to the Public, who has been many years in the East-India Company's service, particularly in the Tea Department. London, Kearsley, 1785, in-8.

<small>Watt, Bib. Britannica.</small>

* Count Belchilgen, Physician to the Empress Queen of Hungary. — An Essay on the Properties and Virtues of Ginseng Tea; with observations on the pernicious effects of Tea Drinking in general. London, 1787, in-8, 1 s. — In Conjunction with J. A. Cope, M. D.

<small>Watt, Bib. Britannica.</small>

J. Rehmann. Sur les briques de thé des Mongoles. (Moscou, *Soc. Nat. Mém.*, II, 1809, pp. 281/6; Liebig, *Annal.*, XIX, 1836, pp. 229/232.)

* Le Thé est-il plus nuisible qu'utile? ou histoire analytique de cette plante et moyens de la remplacer avec avantage, par C. L. Cadet. Paris, Colas, 1808, in-8, pp. 32.

* Bouin (P.). Remarques et observations sur les inconvéniens de l'abus du thé; Paris, 1810, in-4, pp. 25.

* Virey. Histoire naturelle des diverses espèces de thé. (Voir *Journ. de pharmac.*, 1815, t. I, p. 77, et seq.)

— Addition à l'histoire naturelle du thé. (V. *Idem*, p. 132.)

* Cadet de Gassicourt. Note sur cet article. (V. *Idem*, p. 134.)

— Du Thé, ou nouveau traité sur sa culture, sa récolte, sa préparation et ses usages; par F. Marquis, négociant en thés..... Orné de gravures faites d'après nature et d'après les peintures originales de la Chine. Deuxième édition, revue et corrigée. A Paris, chez Nepveu... 1834, in-8, pp. 99.

C. IV : Des relations de la France avec la Chine sous le rapport du commerce du Thé.
La première éd. est de Paris, 1820, in-18.

— Thé. (Dictionnaire des Sciences Médicales, par une Société de Médecins et de Chirurgiens... Paris, C. L. F. Panckoucke, 1821, T. LV, pp. 41/62.)

* Grosier, *Desc. de la Chine*, II, pp. 383 seq.

— Liste des noms des thés les plus célèbres de la Chine (traduite d'un Manuscrit chinois appartenant à M. le Baron de Schilling) par Klaproth. (*J. As.*, IV, 1824, pp. 120/122.)

— Addition à cette liste par Abel-Rémusat. (*Ibid.*, pp. 186/8.)

— Sur l'usage du thé en Chine, et Réglement concernant cette marchandise, par M. Klaproth. (*N. J. As.*, XII, 1833, pp. 82/90.)

— On the use of Tea in China by M. Klaproth. (*As. J. & Month. Reg.*, XIV, 1834, pp. 46/8.)

« Canton Tea. »

Articles trad. du *Kouang toung Sin yu* dans le *Canton Register*, Nos. 16 et 17 (1837).

* Notice sur les essais de culture qu'on pourrait faire du thé en France, par le docteur Mérat. Paris, Madame Huzard, 1837, in-8, pp. 7.

Extrait des *Annales de l'Agriculture française*, février 1837.

* Mémoire sur la possibilité de cultiver le thé en pleine terre et en grand, en France, par le docteur Mérat. Paris, 1844, in-8.

— Economie rurale. — Sur les climats convenables à la culture du thé. Lettre de M. Stanislas Julien. (*Comptes rend. de l'Ac. des Sc.*, VI, 1838). pp. 510/512.

Cette note comprend une lettre de l'abbé Voisin.

— An Account of the Manufacture of the Black Tea, as now practised at Suddeya in Upper Assam, by the Chinamen sent thither for that purpose. With some observations on the culture of the Plant in China, and its growth in Assam. By C. A. Bruce, Superintendent of Tea

Culture. Calcutta : G. H. Huttmann, 1833, in-8, pp. 18 et 2 pl.

— Tea ; its effects, medicinal and moral. By G. G. Sigmond...,. London, Longman, 1839, pet. in-8.

— Description of the Tea Plant; its name; cultivation; mode of curing the leaves; transp. to Canton ; sale and foreign consumption ; endeavors to raise the shrub in other countries. [By S. W. Williams.] (*Chinese Rep.*, VIII, pp. 132/164.)

(Réimp. dans The Canton Press, Vol. IV, No. 49 sq.)

— Chun yuen tsae cha sze. Shan sheih show. A ballad on picking Tea in the gardens in spring time. In thirty stanzas. [By S. W. Williams.] (*Ch. Rep.*, VIII, pp. 195/204.)

Monographie du Thé — Description botanique, torréfaction, composition chimique, propriétés hygiéniques de cette feuille. Orné de 18 gravures par J.-G. Houssaye. Paris, chez l'auteur, 1843, in-8.

Les détails sur le thé donnés par Bazin dans sa *Chine Moderne* sont tirés de cet ouvrage.

— An account of the Cultivation and Manufacture of Tea in China : derived from personal observation during an official residence in that country from 1804 to 1826 ; and illustrated by the best Authorities, Chinese as well as Europeans ; with Remarks on the Experiments now making for the introduction of the culture of the Tea Tree in other parts of the world. By Samuel Ball Esq. Late Inspector of Teas to the Hon. United East-India Company in China. London : Printed for Longman, Brown, Green and Longmans. 1848, in-8, pp. XIX-383.

— Remarks on the Tea Plant. Translated from Chinese Authors by *** [C. Shaw]. (*Ch. Rep.*, XVIII, pp. 13 sq. ; *Ch. & Jap. Rep.*, April 1, 1865.)

Analyses of the Ashes of certain Commercial Teas. (*Silliman's American Journal of Science and Arts*, No. 32, Mars 1851, p. 249. — Réimp. dans The Chinese Rep., XX, pp. 466,8.)

Brick Tea. (Article de C. M. Grant dans *The Friend of China*, 26th July 1866 — réimprimé dans *Notes and Queries on C. & J.*, Vol. II, pp. 30/31.)

The Black Tea Districts of China. (*Church Missionary Intelligencer*, July 1857.)

— Le Thé et le Chocolat dans l'alimentation publique par Eugène et Auguste Pelletier.... Paris... chez les Auteurs, 1861, in-8, pp. 150.

— Russian Tea Manufacture. By F. Porter Smith : Oopack-Congou. (*The Cycle*, 28th May 1870.) — Brick. (*Ib.*, 4th June 1870.)

— Proclamation relating to the Tea Business at Foochow. Translated by Herbert J. Allen. (Doolittle's *Vocabulary*, II, No. 49.)

— Names of Tea-Chops. Selected and arranged by the Editor. *(Ibid.*, No. 69.)

— Terms concerning Tea and the Tea business. Compiled by the Editor. *(Ibid.*, No. 77.)

— Dialogue concerning Tea. *(Ibid.*, No. 80.)

— List of the principal Tea Districts in China and Notes on the names applied to the various kinds of black and green Tea. [By H. G. Hollingworth.] 15 pages. (Inséré comme App. No. I dans le *Jour. N. C. B. R. A. S.*, No. X, 1876.)

ROB. FORTUNE : Report upon the Tea Plantations in the North Western Provinces, etc. [London, 1851.] in-8.

— Lettre de Robert Fortune : Shanghai, 2 Mai 1855, dans *The Athenaeum*, 21st July 1855.

Traduite en allemand dans *Petermann's Mittheilungen,* I, 1855, pp. 167/169 : Die Parfümirung des Thee's in China.

Voir le Chap. consacré aux *Voyages.*

Consulter :

— Thesaurus Literaturae botanicae omnium gentium inde a rerum botanicarum initiis ad nostra usque tempora, quindecim millia opera recensens. Curavit G. A. Pritzel. Lipsiae. F. A. Brockhaus, 1851, in-4, pp. viii-548.

Une seconde éd. a paru depuis, mais elle n'est pas encore terminée.

Walpers : Annales botanices systematicae. — Thunberg : Flora Japonica. — Kaempfer : Amoenitates Exoticae; Lemgov. 1712, in-4. — De Candolle, Prodromus. — Kunth, Enumeratio. — Meyen, Observationes Botanicae — Wight and Arnott, Prodromus Florae peninsulae Indiae Orientalis. — Hooker and Thomson, Flora Indica. — Roxburgh, Flora Indica. — Miquel, Flora Indiae Bataviae. — Voir : Horticulture et économie rurale. — Commerce.

GÉOLOGIE ET MINÉRALOGIE

P. COLLAS, S. J. : Extrait d'une lettre de M. Collas, Miss. à Peking, sur un sel appelé par les Chinois *Kien.* (*Mém. conc. les Chinois*, XI, pp. 314/20.)

Le *Kien* est une matière saline que les Chinois employent communément à laver le linge.

— Extraits d'une lettre du P. C. sur le Hoang-fan ou Vitriol, le Nao-cha ou Sel Ammoniac, et le Hoang-pe-mou. *(Ibid.*, XI, pp. 329/333.)

Cette dernière substance est une écorce d'arbre employée en médecine et dans la teinture.

— Notice sur le Charbon de terre. *(Ibid.*, XI, pp. 334/342.)

— Notice sur le Cuivre blanc de Chine (Pe-tong), sur le Minium et l'Amadou. *(Ibid.*, XI, pp. 347/350.)

P. CIBOT, S. J. : Notice sur le Borax (Pong-cha). — *(Ibid.*, XI, pp. 343/6.)

Ueber den Borax in China. *(As. Mag.*, Klaproth, II, pp. 256/61.)

PIERRE DE YU. — JADE. Notices (2) sur les pierres de *Yu*, par feu M. Cibot, Miss. à Peking. *(Mém. conc. les Chinois*, XIII, pp. 389/395.)

— Notice sur la substance minérale appelée par les Chinois pierre de *Iu.* par J. P. Abel-Rémusat. *(Journ. des Savans*, Déc. 1818, pp. 748/757.)

— Recherches sur la substance minérale appelée par les Chinois *Pierre de Iu*, et sur le *Jaspe* des anciens.

Par Abel-Rémusat; imprimé à la suite de l'*Histoire de la ville de Khotan* (1820), pp. 117 et seq.

Sur le Jade (Yu) Voir dans *Notes and Queries on C. et J.* les articles suivants : Vol. II, p. 173/4, by Thomas W. Kingsmill ; — p. 174, by H. F. W. H. — p. 174, by J. S. — p. 187, by E. C. Taintor. — Vol. III, pp. 63/4, by G. Schlegel. — Vol. IV, pp. 13/14, by F. P. S. (mith); — p. 33, by G. Schlegel.

* The Jade Quarries of Kien-lung. *(Macmillan's Mag.*, Oct. 1871.)

Le Jade, étude historique, archéologique et littéraire sur la pierre appelée *Yu* par les Chinois, par S. Blondel. Paris, E. Le roux, 1875, br. in-8, pp. 30.

* Smithsonian Institute. Annual Report for 1876. Jade. A historical, Archaeological and literary study of the mineral called *yu* by the Chinese, by Prof. F. F. Romer.

— Sur les Aérolithes de la Chine, par J. P. Abel-Rémusat. *(Journal des Savans*, Avril 1819, pp. 243/251.)

* Catalogue des bolides et des aérolithes observés à la Chine et dans les pays voisins, tiré des ouvrages chinois, par M. Abel-Rémusat. Paris, 1819, br. in-4.

A. de Humboldt. Fragmens de géologie.... Paris, 1831, voir col. 72.

Ed. Biot : sur la cause probable des anciens déluges. *(Comptes rendus*, VIII et X.)

Mémoire sur divers minéraux chinois, appartenant à la collection du Jardin du Roi, par Ed. Biot. *(Jour. As.*, 1839.)

Le même : Catalogue général des tremblements de terre, affaissements et soulèvements de montagnes, observés en Chine, depuis les temps anciens jusqu'à nos jours. *(Annal. de Chimie*, II, 1841, pp. 372/415; *Ctes rendus*, VIII, 1839, pp. 705/709; X, pp. 787/794; *Edinb. New Phil. Journal*, XXIX, 1840, pp. 139/144.)

— On the Mines of the Chinese Empire : by the Rev. C. Gützlaff, Principal Chinese Secretary to the British Government in China. Read before the Asiatic Society of China, July 6 and August 3, 1847. *(Trans. of the China Br. R. A. Soc.* No. I, Art. V.)

Geological Specimens from Yang-tsze-kiang. — Voir, Blakiston, *supra*, col. 77.

— On the Mineral Products of the North of China by. 李 *(N. C. Herald*, 1862) : No. 1, Coal. (Sept. 13, 633.) — 2, Iron, Gold and Silver. (Sept. 20, 634.) — 3, Natron, Lime, Slate, Petunse. (Sept. 27, 635.)

— Mining in China.

Article réimprimé du *Mining Journal* dans *The North China Herald*, 714, April 2, 1864.

— Notes on the Geology of the Great Plain by Dr. Lamprey. Surgeon H. M.'s 67th. Reg't. *(Journal N. C. B. R. A. S.*, N. S., No. II, Dec. 1865, pp. 1 sq.)

— Smithsonian Contributions to Knowledge, 202. — Geological Researches in China, Mongolia, and Japan, during the years 1862 to 1865 by Raphael Pumpelly. [Accepted for publication, January, 1866.] Vol. XV, pp. VIII-143, Washington, MDCCCLXVII, in-4.

Preface. — Contents. — Ten Chapters, pp. 1/118. — Appendix : No 1, Description of Fossil Plants from the Chinese Coal-Bearing Rocks. By J. S. Newberry, M. D. p. 119. — No. 2, Analyses of Chinese and Japanese Coals. By James A. Macdonald, M. A. p. 123. — No. 3, Letter from Mr. Arthur Mead Edwards on the Results of an Examination under the Microscope of some Japanese Infusorial Earths, and other Deposits of China and Mongolia, p. 126. — Index. — 9 Plates.

Notice : *Supreme Court & Consular Gazette*, IV, pp. 74, 86 et 106.

— Note sur quelques-unes des recherches que l'on pourrait faire en Chine et au Japon au point de vue de la Géologie et de la Paléontologie par G. Eug. Simon, Consul de France à Ning-Po. *(Journal N. C. B. R. A. S.*, No. V, pp. 85 et seq.)

Isid. Hedde. Aperçu sur la géologie de la Chine. *(Revue maritime & coloniale*, XXIX, juin et juillet 1870, pp. 247/302, 567/606.)

A. Gaudry : Sur des ossements d'animaux quaternaires que M. David a recueillis en Chine. *(Bull. de la Soc. Géol. de France*, 2e Sér., XXIX, 1872.)

A. David : Sur le Tche-Kiang. *(Ibid.*, 3e Sér., I, 1873.)

— Mineralogical and Geological Terms. By Rev. Wm. Muirhead. *(Doolittle's Vocabulary*, II, No. XI.)

CHARBON

Lettre de M. Verrolles sur l'exploitation des mines de charbon dans le Su-tchuen. *(Annales de la Prop. de la Foi*, IX, p. 457.)

— Notices of Coal in China. By D. J. Macgowan, M.D. *(Chin. Rep.*, XIX, pp.385/389.)

— Notes on some outlying Coal-Fields in the South-Eastern Provinces of China By Thos. W. Kingsmill. — Read before the Society, 13th. November 1866).

(Journal of the N. C. B. of the R. Asiatic, Soc.; New Series, No. III, pp. 94/106).

Un résumé de cet article imprimé dans le *Shanghai Recorder* a été reproduit dans le *Hankow Times*, Nov. 24, 1866, pp. 186/7.

— The Bituminous Coal-Mines west of

Peking by Rev. Joseph Edkins. *(Journal, N. C. B. R. A. S.*, No. IV, pp. 243 et seq.)

Articles dans *Notes & Q. on C. & J.*, Vol. II par Thos. W. Kingsmill, pp. 74/75. — W. Lee Silbald, pp. 75/76.

Coal in China. *(N. C. Herald*, 28 March, 1868.)

Kiukiang Coal. *(Ibid.*, 17 June, 1869.)

The Chai tang Coal Mines by a Tientsin Merchant. (Reprinted from *the Customs' Reports* in the *N. C. Herald*, Aug. 12, 1869.)

Notes by Mr. Hollingworth of a Visit to the Coal-Mines in the Neighbourhood of Loh-Ping. (Blue Book, China No. 2, 1870, pp. 11/13.)

* Die reichen Steinkohlanger China's und deren Ausbeutung durch die Chinesen. *(Das Ausland*, 1870, No. 15, pp. 348/351.)

— Coal Mines in China. (Van Nostrand's Engineering Magazine, New York, April 1871.)

Voir *supra* : le P. Collas. — *N. C. Herald*, 1862. — Pumpelly. — Macdonald dans Pumpelly ; *infra*, Richthofen.

THOS. W. KINGSMILL. Notes on the Geology of the East Coast of China. *(Journal of the Geol. Soc. of Dublin*, X, 1863, p. 1; *Dublin Quarterly Journal of Science*, 1863, p. 76.)

Voir *supra* : Pierre de Yu. — Charbon.

Notes on the Geology of China with more especial reference to the Provinces of the Lower Yangtsze. *(Quart. Jour. of the Geol. Soc. of London*, 1868, pp. 119/138.)

— The probable origin of Deposits of « Loess » in North China and Eastern Asia. *(Ibid.* 1871, XXVII pp. 376/384.)

Voir Géographie, col. 151.

A. S. BICKMORE. Some Remarks on Recent Elevations in China and Japan by Albert S. Bickmore. Read before the Soc. 5th. Nov. 1867. *(Jour. N. C. B. R. A. Soc.*, No. V, pp. 58 et seq.)

* Some Remarks on the recent geological changes in China and Japan. *(Silliman's American Journal*, March 1868, pp. 209/217.)

— A few notes on the distribution of Gold in China, and other parts of Asia, by Albert S. Bickmore. *(Notes and Queries on C. & J.*, Vol. I, p. 22, pp. 33/34.)

— Devonian Fossils in China (S. V. J.) *(Ibid.*, I, pp. 50/51.)

F. v. RICHTHOFEN. First preliminary notice of geological explorations in China. By F. Baron V. Richthofen. [In a letter addressed to Professor J. D. Whitney, and communicated to the American Academy of Arts and Sciences, *Proceedings*, Vol. VIII, 1869.] Br. in-8, pp. 12.

Cette lettre est datée de Shanghai, 1er mars 1869.

Baron F. v. Richthofen : Neueste Reisen und Forschungen in China; geologische Untersuchungen seit september 1868. *(Petermann, Mitth.*, 1869, n° 9, Oct., pp. 321/3.)

On the existence of the Nummulitic Formation in China by Baron von Richthofen. *(American Journ. of Science & Art.*, New-Haven, Feb. 1871.)

On the Porcelain Rock of China. *(Ibid.,* March 1871.)

— Le *Bull. de la Soc. de Géog.*, sept. 1872, donne un extrait du *N. C. Herald*, du 15 sept. 1871, relatif aux explorations du Baron R.

(RICHTHOFEN.)

— F. v. Richthofen. — Reisen im nördlichen China. Ueber den chinesischen Löss.— (Vienna. *Verhandlungen der K.-K. geologischen Reichanstalt.* Jahrg. 1872, No. 8.)

Le même : The distribution of Coal in China. *(Ocean Highways,* Nov. 1873.)

— Baron v. Richthofen and the Loess of China. By T. W. Kingsmill. *(N. C. Herald,* IX, 85, 86.)

Voir : Géographie, col. 129, 131, 134, etc. et Voyages.
* Ueber die Bildung des Löss. *(Der Naturforscher,* hrsg. von W. Sklarek, 10 Jahrg , No. 45 u. 46.)

(RICHTHOFEN.)

VII. — POPULATION

— « Si la Chine a dans son sein un peuple si prodigieux, cela ne vient que d'une certaine manière de penser ; car, comme les enfants regardent leurs pères comme des dieux, qu'ils les respectent comme tels dès cette vie, qu'ils les honorent après leur mort par des sacrifices dans lesquels ils croient que leurs âmes, anéanties dans le Tyen, reprennent une nouvelle vie, chacun est porté à augmenter une famille si soumise dans cette vie et si nécessaire dans l'autre ». — Montesquieu, *Lettres persanes*, CXX.

— Gemelli-Careri. *Tour du Monde*, IV, 1719, pp. 222/3. — *Mémoires concernant les Chinois* : VI, le P. Amiot, pp. 277 et seq. — VI, Dénombrement des Habitans de la Chine, pp. 374/380. — VIII, pp. 203/5. — IX, pp. 431/440 : Extrait d'une lettre écrite par M. Bourgeois, missionnaire, sur l'étendue de la ville de Nanquin & la population de la Chine. Péking, 1er Novembre 1777.

— Macartney's Embassy by Staunton ; Vol. II, Appendix, p. 615 : Table of the Population and Extent of China proper, within the Great Wall. Taken in round numbers from the Statements of Chow-ta-zhin.

Population évaluée à 333,000,000 d'habitants.

— Barrow's *Travels*, 2d ed. pp. 574 et seq.
— Grosier : *Description de la Chine* : Vol. II, Liv. V, chap. II.
— Note relative à la population de la Chine (1687.) par A. Rémusat. *(J. As.*, VIII, 1826. p. 381.)
— Une lettre signée Z, datée de Berlin, 3 juillet 1830, publiée dans « The Times » 23rd July 1830.

— Statistics and Population of China. *(Chinese Courier & Canton Gazette,* Vol. I, No. 41.)

— Population of China during the Ming Dynasty from A. D. 1390 to 1619 inclusive, taken from a work published by the Emperor Kien-lung.

About the year 1390
Families 16,052,860
Persons 60,545,812
A. D. 1500
Families 9,113,446
Persons 53,281,158
A. D. 1610
Families 10,621,436
Persons 60,692,856

— *(The Canton Register,* p. 10, Vol. 4. 1831).
Voir la même publication p. 160, 1834.

(DIVERS.)

— Population of the Chinese Empire. By E. C. Bridgman. *(Chinese Repository,* I, pp. 345/363, 385/397.)

— Statement of the Population of China and its Colonies. *(Asiatic Journal,* II, 1833, p. 278.)

Recensement de 1813.
— Reasons for allowing the estimated population of China to be correct. [By C. Gützlaff.] *(Chin. Rep.*, II, p. 92.)

— Mémoire sur la population de la Chine et ses variations, depuis l'an 2400 avant J.-C., jusqu'au XIII° siècle de notre ère, par M. Ed. Biot. *(J. Asiat.*, 3° Sér., I, 1836, pp. 369 sq. ; 448 sq.)

— Addition au Mémoire précédent. *(Ibid.,* II, pp. 74/78.)

— Mémoire sur les recensements des terres consignés dans l'histoire chinoise et l'usage qu'on en peut faire pour évaluer la population totale de la Chine, par M. Ed. Biot. *(Ibid.,* V, 1838, pp. 305/331.)

— Recherches statistiques sur les recensemens officiels de la population de l'empire de la Chine, depuis 4000 ans, Etablies d'après les Mémoires des Sociétés asiatiques de Calcutta, Bombay, Londres, Madras, Paris, et de plusieurs autres corps savans, (Et insérées dans le journal de la Société de Statistique, mois d'Avril, n° 22), par M. le Comte A. Legrand, Membre de la Société de Statistique universelle. s. l. n. d. [1836], pièce gr. in-8, à 2 col., 4 feuillets. (Au bas de la page 7 : Paris, Imprimerie de A. Belin, rue Sainte Anne, 55.)

(DIVERS.)

— Statistische Eintheilung und Bevölkerung des sinesischen Reiches und seiner auswärtigen Besitzungen, nach den neuesten in Europa bekannt gewordenen officiellen Nachrichten. Von C. F. Neumann. *(Zeit. f. d. Kunde des Morg.*,Vol. I, pp. 38/60, 173/184.)

— China : Its population— Trade — and the Prospect of a Treaty. By W.W. G. *(Journal Am. Or. Soc.,* Vol. I, No. II, 1844, pp. 143 et seq.)

W. W. G. = William W. Greenough, the Corresponding Secretary.

— The Population of China. A Letter on the Population of China, addressed to the Registrar general, London : By Sir John Bowring. Read to the Society, 8th August, 1855. Dated : Government House, Hongkong, 13th July 1855. *(Transactions China Branch R. A. Soc.*, Part.,V., Art. I.)

Sir John Bowring : The Population of China. *(Journ. of the Statistical Soc. of London,* March 1857.)

Istoritscheskoe obozrenié narodonasselenia Kitaya. Etude historique sur le dénombrement de la population de la Chine, par T. Zakharoff. (Travaux des Membres de la Mission Russe, I, 1852, Art. 3.)

Traduit en allemand, Berlin, 1858. *(Arbeiten der Kais. Rus. Gesandtschaft.)*

C'est sur cette version allemande que le Rév. Lobscheid a fait sa traduction anglaise:

— The numerical relations of the population of China, during the 4000 years of its historical existence; or the Rise and Fall of the Chinese Population. By T. Sacharoff, Member of the Imperial Russian Embassy in Peking. Translated into English by the Rev. W. Lobscheid. Also, the Chronology of the Chinese, from the mythological times up to the present Ruler. Hongkong : Printed by A. Shortrede & Co [1862], in-8, pp. v-57-39.

Second ed., Hongkong, 1864, [with a new Preface, dated Hongkong, November 25th, 1864.]

The Population of China. Letter to the Editor by W. L. [obscheid], Hong Kong, Aug. 31, 1868. *(Chin. Rec.*, I, p. 89.)

* M. La Chesnais : Population Chinoise. *(Revue du Monde colon.,* Juillet 1862.)

— The Population of China. *(N.-C. Herald,* May 22, 1868.)

— Sur la Statistique relative au dénombrement de la population en Chine, par le Docteur Martin de la légation de France à Pékin. *(Bull. Soc. Géog.,* 6e Sér.. IV, 1872, pp. 120/132.)

Trade Statistics publiées par les Douanes chinoises pour l'Exposition de Vienne, 1873.

Société de Géographie de Berlin. Séance du 2 Janvier 1875. Remarques de Mr. de Richthofen sur la population de la Chine.

Mr. de Richthofen, président de la Soc. de Géog. de Berlin avait combattu les observations faites par l'abbé David dans sa lettre insérée dans le Bull. de la Soc. de Géog. de Paris, août 1874 (le passage de cette lettre relatif à la population de la Chine est reproduit dans l'*Explorateur*, 1875, II, p. 116) ; ce même journal donne, l. c , un extrait en français par L. Vallée du *Verhandlungen der Gesellschaft zu Berlin* relatif aux opinions de Richthofen.

Voir à l'art. Zoologie : les lettres de l'abbé David et son troisième voy. d'exploration ; col. 186.

— Population and Agriculture of China. [By T. W. Kingsmill.] *(N. C. Herald,* V (1870), 258 et VII (1871), 710.)

— *The Population of the Chinese Empire.*

Conférence faite le Vendredi, 9 Mai 1868, à Ningpo par le Rev. M. J. Knowlton, imprimée *in extenso* dans *Notes & Q. on C. & J.*, II, pp. 88, 92, 103/106, 117/120.

— Article signé G. M. C. dans *Notes & Q. on C. & J.*, II, pp. 93, 94.

(DIVERS.)

(DIVERS.)

VIII. — GOUVERNEMENT

« A l'article Chine, on verra que l'empereur est le premier pontife, et combien le culte est auguste et simple. »

(Voltaire, *Œuv. comp.*, 1785, XLVII, *Dict. Phil.* 1, *Adorer*, p. 110).

On trouvera de nombreux renseignements sur le gouvernement de la Chine dans les temps anciens dans le *Chou-king*, notamment dans le Chap. xx. (Tcheou-kouan) de la IVe Partie (Tcheou-chou.)

— Coppie des reuenus du Roy de la Chine que le R. P. Miguel Rogerio a prise des papiers de ses finances, & de sa chambre des Comptes. (Chap. xx de l'*Histoire* de Maldonado, 1622, pp. 449 et seq. — Voir col. : 12.)

(1622.)

— Lettre Ms. du P. de Prémare sur le gouvernement en Chine (Bib. nat. Fr. 17239) : Mon Révérend Père, PC, On ne doit pas s'attendre en lisant les lettres que nous écrivons de la Chine en Europe..... Kientchang, 7 Août 1701, 32 pages in-4.

— Recueil imperial, contenant les Edits, les Déclarations, les Ordonnances & les Instructions des Empereurs des différentes Dynasties, les Remontrances & les Discours des plus habiles Ministres sur le bon ou le mauvais Gouvernement, &c. & diverses autres pièces recuëillies par l'Empereur *Cang hi*, & terminées par de courtes réflexions écrites du pinceau

(1735.)

rouge; c'est-à-dire, de sa propre main. (Du Halde, *Description*, II, pp. 385-612.)

— Revenus de l'Empire de la Chine. *(Mém. conc. les Chinois,* VI, pp. 297 sq.)
— Du Kong Pou, ou du Tribunal des Ouvrages publics. Par le P. Cibot. *(Ibid.,* VIII, pp. 278/282.)

Alexis Leontief, interprète au bureau (Collegium) des Affaires Etrangeres : Taïtsin'-gouroun'i oukheri koli, to iest.... * Lois et réglements de la dynastie mandchoue. St. Petersbourg, 1781, 3 vol. in-8.

Traduction de l'original mandchou, publié en 1690. Dans cet ouvrage sont décrits les réglements de la dynastie mandchoue, relatifs aux différentes branches de l'administration, des rites, des finances, de l'armée, de la justice, des travaux publics.

Vend. Klaproth (168). Fr. 7. 25.

— Recueil des Usages (et cérémonies) établis pour les Offrandes et les Sacrifices des Mantchoux, par ordre de l'Empereur. (ou Rituel des Mantchoux). [Six volumes renfermés dans une enveloppe de carton jaune qui forme le n°. 21 des ouvrages Tatârs-Mantchoux de la Bibliothèque nationale] Par C.^{en} Langlès. *(Notices et Ext. des manuscrits de la Bib. du Roi,* VII, an XII, pp. 241/308.)

Voir la cinquième partie de cet ouvrage.
Grosier, *Desc. de la Chine,* Vol. V.

* Translation of a singular proclamation issued by the Foo-yuen of Canton by Robert Morrison. London, 1824, in-4.

— Ulojenié kitaïskoï Palaty Vniechikh snochenii. ... Institutions du Li fan yuen ou tribunal des relations extérieures. Trad. du mandchou par Et. Lipoftsof. St. Petersbourg, Imp. du Dép. de l'instruction populaire, 1828, 2 part. en 1 vol. in-4.

Cette traduction contient particulièrement les réglements concernant la Mongolie et la frontière russe.

Vend. Klaproth, (169) Fr. 8.
Voir également la trad. russe de Leontief : St. Pétersbourg, 1790, in-8.

— The Chinese Government and Constitution. By J. R. Morrison. *(Chin. Rep.,* IV, pp, 11 seq.)

— Structure of the Chinese Government : by J. R. Morrison. *(Ibid.,* IV.)

1° The Supreme Government, — imperial councils; the six boards ; the office for colonial affairs; the censorate ; the Tung ching Sze, a court of representation and appeal ; the Tale Sze, a Court of criminal justice: the Han lin College, pp. 135 sq.
2° China proper; heads of the provincial government. 1 Civil Government.... 2 Military government, pp. 276 sq.
3° List of persons holding office in China, containing the names of the principal officers of the Chinese government, civil and military. Compiled from the Court Calendar of Oct. 1835, pp. 173 sq.
List of the principal persons holding office at Peking in the imperial government. *Ibid.,* XII, pp. 20 sq.
List of officers belonging to the Chinese government, extracted from the Red Book [by W. H. Medhurst]. *Ibid.,* XIV, pp. 77 sq., 231 sq.

(DIVERS.)

— Notices of Modern China. By R. I. [nglis] *(Ibid.,* IV) :

Literary examinations considered as a proof of ability to serve in the magistracy; manner in which the examinations are conducted, pp. 118 sq.
Various means and modes of punishment; torture, imprisonment, flogging, branding, pillory, banishment and death, pp. 361 sq.
Rebellions among the Mohammedans in Turkestan, among the Meaoutsze and other mountaineers both in China Proper and on the frontiers of the Empire, pp. 489 sq.
— Gützlaff, *China Opened,* II, Chap. XVI-XXVII.

— Documents statistiques officiels sur l'empire de la Chine, traduits du chinois par G. Pauthier. Paris, Didot, 1841, br. in-8, pp. 48.

Traduit du Ta tsing hoei tien.
— *Statistiques de la Chine,* par Mgr. Louis de Besy, vicaire apostolique du Shan-toung, d'après l'un des *Livres rouges* de 1843. *(Ann. de la Propag.,* XVI, pp. 438/442.)

— Organisation et composition actuelle du gouvernement chinois par H. E. de Chonski. *(Rev. de l'Orient,* V, 1844, pp. 69/72.)

— Remarks on some of the characteristics and conduct of the Chinese Government. By a Correspondent [A. R. Johnston]. *(Chinese Rep.,* IX, pp. 9/21.)

— Tsung jin Fu, or Board charged with the control and government of the Imperial Family. By E. C. Bridgman. *(Ibid.,* XIV, pp. 130/4.)

Tsung jin Fu 宗人府

Notices of China, by Padre Serra, communicated by J. F. Davis, Esq., M. R. A. S., &c. Read before the Royal Asiatic Society, July 17th, 1830. (Réimp., *Chin. Rep.,* XIV, pp. 519/525.)

Le P. Serra était missionnaire du Collège de San Jose, Macao ; il a demeuré à Pe king de 1804 à 1827.

— Mémoire sur la Constitution politique de la Chine au XIIe siècle avant notre ère, par M. Ed. Biot. — *Extrait du Tome II de la* 1re *Série des Mémoires présentés par divers savants à l'Académie des Inscriptions et Belles-Lettres.* Paris, Imp. Roy., 1844, in-4.

— On the Rank, Duties, and Salaries of the Mandarins. (No. VIII, Meadows' *Desultory Notes.)*

Des gravures et une table accompagnent les explications de ce chapitre qui sont consacrées aux mandarins en général, et à ceux du Kouang toung en particulier.

— On the Yamun and their various inhabitants (No. IX, p. 101. *(Ibid.)*

— Voir comme complément à cet article le suivant : Chinese Official Ranks by Ho-wei-lin. *(Notes & Q. on C. & J.,* II, pp. 184/7.)

WADE. — Note on the condition and government of the Chinese Empire in 1849 by Thomas Francis Wade, Assistant Chi-

(DIVERS.)

nese Secretary. Hongkong, China Mail Office, 1850, in-8.

Imp. aussi dans le *N. C. Herald*, 1850, Nos. 4 et 6, 24 Aug. et 7 Sept.

Chinese currency and revenue, being a memorial from Chú-tsun to his majesty, together with a report thereon from the Board of Revenue. Translated from the Peking Gazette, (No. 15. Táukwáng 26th y. 2d m., 18th d., and No. 38. 4th m. 5th d.) for the Repository by Hergensis. [T. F. Wade]. *(Chin. Rep.*, XVI, 1847, pp. 273/293.)

Memorial regarding the Currency and Revenue by Ngóh-shun-ngan as the subject was brought under his notice by order from the Board of Revenue. By T. F. Wade. *(Ibid.*, pp. 293/7.)

— Le *N.-C. Herald*, a publié en 1851 une traduction du *Ta-tsing Kin shin* 大清揖紳 ou livre rouge de l'automne de 1850. Cette trad. commencée dans le No. 42, Saturday 17 May 1851, a été terminée dans le No. 68, 15 Nov.

— Pauthier, *Chine Moderne*, II, pp. 130/278.

— Recherches sur les institutions administratives et municipales de la Chine par Bazin. *(J. As.*, 1854, 5e Sér., III, pp. 5/66, 1er Mémoire; IV, pp. 249/348, 2e Mém.; pp. 445/481, 3e Mém.

— *The Friend of China*, Saturday, Nov. 22d. 1856, d'après le livre rouge de l'été de 1856.

— The Imperial Government. *N. C. Herald*, No. 328, 8 Nov. 1856.) — Vide : article précédent.

— Voir une traduction anglaise d'un rapport sur le monopole du sel, dans *The North China Herald*, 817, March 24, 1866.

— Tabular View of Chinese hereditary Ranks and Titles of distinction by Wm. Fred. Mayers. *(Notes and Queries on C. & J.*, Vol. I, pp. 113/115.)

— The Censorate in China. *(Ibid.*, III, pp. 12/14.)

— Chinese Official Ranks. By S. G. W. *(Ibid.*, III, p. 29.)

— Titles of Literary Graduates by W. F. M[ayers]. *(Ibid.*, pp. 177/178.)

— On the competive Examination-System in China. By Rev. Dr. Martin. *(American Or. Soc.*, May 1869, Journal, No. 2, p. liv.)

— Tableau des Mandarins de la Chine. (Perny, *App. au Dict.*, No. XII, pp. 125/139.)

— The Chinese triennal Examinations. [At Wuchang.] *(Shang hai Budget*, 4 Dec. 1873)

Compte-rendu intéressant.

— The Governors of the eighteen provinces of China. By W.T. Lay, Foochow, 28th August, 1867. *(Missionary Recorder*, pp. 90/1.)

— The Governors General and Governors of the eighteen provinces. By W. T. Lay. Foochow, Nov. 25, 1869. *(The Chin. Recorder*, II, pp. 198/200.)

— Les Mandarins. *(Miss. Cath.*, V, pp. 598,9.)

The Grain transport System of China. Notes and Statistics taken from the Ta ch'ing'hui tien. By G. M. H. Playfair. *(The China Review*, III, pp. 354/364.)

I The Personnel of the Transport service. — II. Itinerary of the Grand Canal. — III. Tribute. — IV. White Rice Tribute. — V. The Building and repairing of Junks. — VI. Grain fleets.

Chinese Official Ranks. By E. J. Eitel. *(Ibid.*, pp. 377/9. — IV, pp. 125-130.)

The Chinese Government. A Manual of Chinese Titles, categorically arranged and explained, with an Appendix. By William Frederick Mayers, Chinese Secretary to H. B. M. Legation, Peking..... Shanghai, American Presbyterian Mission Press, 1878, gr. in-8, pp. vi-159.

Notices : *The China Review*, VI, 1878, pp. 242,253. (Sous le titre de *Chinese Official Titles*, by G. M. H. Playfair.) — *N.-C. Daily News*, 12 Janv. 1878. — *The Athenaeum*, 27 Juillet 1878.

Voir Jurisprudence.

GAZETTE DE PE-KING 京報 — Gazettes de l'empire de la Chine. *(Journ. As.*, XI, 1827, pp. 239/252.)

(Extrait d'un Ms. de la Bib. Royale écrit par un Missionnaire.)

— Les *Lettres édifiantes* contiennent des traductions de la G. de Péking par le Père Contancin, XXI, pp. 95/182, 205,384.

— Translations from the Original Chinese, with Notes. Canton, China : Printed by order of the Select Committee; at the Hon. E. I. Co's Press, by P. P. Thoms, 1815, in-8, pp. 42.

Ces traductions sont, comme l'indique la note qui sert de préface, du Rev. Rob. Morrison, et sont la plupart des versions d'édits publiés dans la Gazette de Péking.

Notice : *Quart. Rev.*, XIII, July 1815.

— Extracts from the Pekin Gazette. (App. IV, pp. 253/330, Staunton's *Narrative of the Chinese Embassy*, 1821) & *(Trans. of the R. A. S.*, I.)

— Gazette chinoise. *(J. As.*, XII & XIII, 1833/4.) — Peking Gazettes. *(Chin. Rec.*, III, pp. 10/12.)

— *Fraser's Magazine*, Feb. 1873, art. de Sir Rutherford Alcock.

Le *Lond. & China Express*, 28 Fév. 1873, a donné un compte-rendu de cet art. dans son supplément.

The Peking Gazette. By W. F. Mayers. *(The China Review*, III, pp. 13/18.)

I. Status of the Peking Gazette. — II. Supply of Material to the Gazette. — III. Forms of Issue of the Gazette. — IV. Official Control over the Gazette. — V. Antiquity of the Gazette.

Cet article important a été réimp. en tête de *Translation of the Peking Gazette for 1874. N. C. Herald*. (Vide infra col. 219.)

Les journaux publiés en Chine, tels que le *Canton Register*, le *Chinese Repository*, le *N. C. Herald*, ont donné de nombreuses traductions de cette Gazette. Les traductions de la Gazette qui ont paru de 1853 à 1856 dans le *N. C. Herald* ont été réimprimées dans le *Shanghae Almanac and Miscellany for 1854-1857*. Elles sont du Dr. W. H. Medhurst.

Le *Herald* a depuis, eu la bonne idée de réunir ses traductions en volumes annuels dont le premier a paru sous le titre de :

— Translation of the Peking Gazette for 1872. Shanghai : Reprinted from « The North China Herald, and Supreme Court and Consular Gazette » 1873, pet. in-8, à 2 col. pp. 137.

— Translation of the Peking Gazette for 1873. Shanghai : Rep. from the « N. C. H., and S. C. and C. G. », 1874, pet. in-8, à 2 col. pp. 124.

— Translation..... for 1874. Shanghai : pet. in-8, à 2 col.

Avec un index et l'art. de W. F. Mayers, supra, col. 218.

— Translation of the Peking Gazette for 1875. Shanghai : Rep. from the « N. C. H.,

(Gazette de Peking.)

and S. C. and C. G. » 1876, pet. in-8, à 2 col. pp. xv-165-vii.

Ce vol. est précédé d'un index fort utile et suivi d'un appendice sur la famille impériale de Chine avec un tableau généalogique. Cet ap. et ce tab. avaient paru dans le *N. C. D. News*, le 27 Janv. 1875 et dans le *N. C. Herald*, c'est-à-dire au moment où la succession de l'empereur Toung Tchi était ouverte.

(Gazette de Peking.)

IX — JURISPRUDENCE

La dynastie mandchoue qui règne aujourd'hui en Chine reconnaît trois ouvrages de jurisprudence :
1° Le *Ta Tsing Leu Le*, ou Code Pénal;
2° Le *Tsih Le*, Règlements généraux ;
3' Le *Ta Tsing Hoei Tien*, Recueil de lois passées sous la dynastie Ta Tsing.

— Alexis Leontief. Kнтайское Уложение. Code pénal des Chinois. St. Pétersbourg, 1781, 1 vol. [en russe.]

Traduction faite par ordre de l'impératrice Catherine II de l'original mandchou publié en 1725. C'est un abrégé du Code pénal des mandchous calqué sur le Code chinois.

— Ta Tsing Leu Lee; being the Fundamental Laws, and a selection from the Supplementary Statutes, of the Penal Code of China; originally printed and published in Pekin, in various successive Editions, under the sanction, and by the authority, of the several Emperors of the *Ta Tsing*, or present Dynasty. Translated from the Chinese; and accompanied with an Appendix. consisting of authentic documents, and a few occasional notes, illustrative of the subject of the work; By Sir George Thomas Staunton, Bart. F. R. S. London : Printed for T. Cadell and W. Davies.... 1810, gr. in-4, pp. lxxvi-581.

— Les Sections xxxiv et ccxxiv de cette trad. sont réimp. dans *The Canton Register*, 1834, p. 87.

Vend. : Rémusat (156) Fr. 29; Klaproth (167) Fr. 30.

Notices : *Edinb. Rev.*, XVI, pp. 476/99 (by Lord Jeffrey); — *Lond. Quart. Rev.*, III, pp. 273/319; — *Chinese Repository*, II, pp. 10 sq.; cette note, par E. C. Bridgman, est réimp. dans *The Cycle*, 1870; *Edinb. Rev.* par Sir James Mackintosh.

— Ta-Tsing-Leu-Lée, ou les Lois fondamentales du Code Pénal de la Chine, avec le Choix des Statuts Supplémentaires, originairement imprimé et publié à *Pékin*, dans les différentes Editions successives, sous la sanction et par l'autorité de tous les Empereurs *Ta-Tsing*, composant la Dynastie actuelle : traduit du Chinois, et accompagné d'un Appendix contenant des documens authentiques et quelques notes qui éclaircissent le texte de cet ouvrage; par George Thomas Staunton,

(Ta-tsing Leu Le.)

Baronet, Membre de la Société royale de Londres. Mis en français, avec des notes, par M. Félix Renouard de Sainte-Croix, ancien officier de Cavalerie au Service de France; de l'Académie de Besançon, de la Société Philotechnique de Paris; auteur du Voyage politique et commercial aux Indes Orientales, aux Philippines et à la Chine. A Paris, 1812, 2 vol. in-8.

Vend. : Rémusat (157) Fr. 6. — ' Trad. italienne : Milano, 1812, 3 vol. in-4; citée par *La Farina*, I, p. 20. — Voir col. : 58.

— *Ta Tsing Hoei Tien* 大清會典

Abstract of the General Laws of China; as administered by the Great Tsing Dynasty now on the Throne of that Empire. — Cet extrait du *Ta Tsing Hoei Tien* est imprimé comme appendice au *Report of the Anglo-Chinese College (6th Annual, 1828)*, pp. 40.

— Ta Tsing Hwui Tien, or the Statistics of the Tá Tsing dynasty, in 64 vol., gr. in-8. Reviewed by a Correspondent. [C. Gützlaff.] *(Chin. Rep.*, XII, pp. 57/69. — *Chin. & Jap. Rep.*, Dec. 1863.)

— Consulter sur l'ancienne Jurisprudence, le Chap. xxvii (Liu-hing) de la IVᵉ Partie du *Chou-king*.
— *Mém. conc. les Chinois*, VIII, pp. 220/226.

— Encyclopédie méthodique. Jurisprudence. T. II. A Paris, 1783, in-4 :

Chine, pp. 603/617.

— Translation of an Extract from a Collection of Chinese Law Reports, being the Trial, Appeal, and Sentence upon an Indictment for Homicide by Gun-firing. (Barrow, *Travels*, Ch. VII, pp. 370 sq.)

The Punishments of China, illustrated by twenty-two engravings : with explanations in English and French. London : Printed for William Miller, Old Bond Street. 1801, gr. in-4.

Titre et explications en anglais et en français; grav. coloriées; pub. à £ 3. 13,6. — Vend. Roxburghe, 8895, £ 1. 17.

' Strafen der Chinesen, auf 20 ausgemalten kpfrn. dargestellt u. nach dem Englischen, mit Rücksicht auf die ältern u. neuern Werke über China, beschrieben von Friedrich Hempel. 4 Hfte. Mit 20 color. kpfrn. gr. in-4, Leipzig. (Baumgärtner.)   [Engelmann.]
— Essai sur la législation chinoise; par M. Dollac, avocat à la Cour royale de Paris, pp. 351/393 des *Lettres de M. de Saint-Martin*, Paris, 1822.

(Divers.)

— Sur la Cangue. *(Annales de la Prop* , I, No. IV, Note, p. 31.)

— Remarks on the Penal Code of China. *(Asiat. Journ.,* N. S., III, IV, V, VI.)

— On the Banishment of Criminals in China. By D. J. Macgowan, M. D. Read before the Society, September 21st, 1858. (Art. III. *Journ. N. C. B. R. A. S.,* No. III, Dec. 1859, pp. 293/301.)

— Traces of the *Judicium Dei,* or Ordeal in Chinese Law. Contributed by W. G. Stronach. *(Ibid.,* N. S., No. II, Dec. 1865, p. 176.)

— Chinese Commercial Law. Article du *N. C. Herald,* June 29, 1867, d'après la brochure de M. Alabaster, sur le même sujet — *N. C. Daily News,* 27 & 28 June 1867.

Nous n'avons pas vu la brochure dont il est fait mention ici ; nous supposons qu'elle fait partie des *Commercial Reports* présentés au Parlement. *(Blue Books.)*

— Notes on Chinese Commercial Law. By A. C. D. *(The China Review,* II, pp. 144/148.)

— Chinese Law on Divorces. By C. Hartwell. *(Chin. Recorder,* I, pp. 187/8.)

— Caged to Death. *(Ibid.,* III, p. 77.)

— Chinese Terms for Murder and Manslaughter (Articles dans *N. & Queries on C. & J.,* Vol. II, p. 44, by E. C. Taintor, — pp. 44/45 by W. F. M[ayers].)

— Memorandum on the Li-kin taxing system of the province of Kiangsi. *(The Cycle,* 1870, 30 Juillet et 6 Août.)

— Terms relating to Crimes, Punishments and Law suits, etc. Selected and arranged by the Editor. (Doolittle's *Voc.,* II, No. 72.)

On the execution of State Criminals. By [Miss] L. M. Fay. *(The China Review,* II, pp. 173/5.)

The Administration of Chinese Law. By Lex. *(Ibid.,* pp. 230/4.)

— The Law of inheritance. By Chal. Alabaster. *(The China Review,* V, pp. 191/195, 248/251.)

— Inheritance and « Patria Potestas ». By X. Y. Z. *(Ibid.,* pp. 404/407.)

— Si Yuen luh 洗冤錄

« The *Se yuen luh* is a work on medical jurisprudence, written by Sung Tsze, about the year 1247. It was reprinted in the 15th century, since which time, it has come into general use in the courts of justice as a guide to the duties of coroner, and has been frequently republished. Within the last half century, it has passed through seven editions, with considerable additions. Apart from the imperfect state of medical science in the empire, this forms an interesting record of the theoretical condition of jurisprudence at that early period. » (Wylie, *Notes,* p. 75.)

— Notice du livre chinois *Si-yuen,* par le Père Cibot. *(Mém. conc. les Chinois,* IV, pp. 421 sq.)

— Chinese Medical Jurisprudence. Notice of a Chinese Work on Medical Jurisprudence, entitled *Se-yuen-luh,* or « Records of the Washing away of injuries », —

(Divers. — Si Yuen luh.)

with a collection of cases in illustration, a new edition, with additional notes and explanations : By W. A. Harland, M. D. Read to the Soc. 11th June 1853. *(Trans. China Br. R. As. Soc.,* Pt. IV, Art. V.)

Geregtelijke Geneeskunde, par C. F. M. de Grijs. (Verhand. van het Bataviaasch Genootschap van Kunsten en Wetenschapen, Vol. XXX, Batavia, 1863.)

The Hsi yuan lu, or Instructions to Coroners. [Translated from the Chinese.] By H. A. Giles. *(The China Review,* III, pp. 30/38, 92/9, 159/172.)

Propriété territoriale. — Mémoire sur la condition de la propriété territoriale en Chine depuis les temps anciens, par M. Edouard Biot. *(Journ. As.,* VI, 1838, 3e S., pp. 255/336.)

— Land Tenure in China. Remarks on the acquisition, common-tenure, and alienation of real Property in China, accompanied by a Facsimile and Translation of a Deed of Sale : By Thomas Taylor Meadows, Interpreter to H. M.'s Consulate at Canton. *(Trans. China Br. R. As. Soc.,* No. I, Art. I. — Repr. *China Mail,* No. 187, Sept. 14, 1848 ; and *Chinese Rep.,* XVIII, pp. 561 seq.)

Поземельная собственность въ китаѣ. — La propriété foncière en Chine , par Zakharoff. (Trav. de la Mission Russe, II, 1853, No. 1.)

— The Tenure and Transfer of Land. *(The Cycle,* 1870, 12 & 26 Nov., 31 Dec.)

— Transfers of Property in China. *(Ibid.,* 1871, 28 Janv.)

— On the succession to landed Property. *(Ibid.,* 1871, 15 Avril.)

Code annamite, lois et réglements du royaume d'Annam , trad. du chinois, par G. Aubaret. Paris, Imp. Imp., 1865, 2 vol. gr. in 8.

— Etudes sur le droit annamite et chinois. — Le Code Annamite Nouvelle traduction complète comprenant les Commentaires officiels du Code, traduits pour la première fois ; de nombreuses Annotations extraites des Commentaires du Code Chinois ; des Renseignements relatifs à l'histoire du Droit, tirés de plusieurs Ouvrages chinois ; des Explications et des Renvois. Par P.-L.-F. Philastre, lieutenant de vaisseau. Imprimé par ordre du Gouvernement de la Cochinchine française. Paris, Ernest Leroux, 1876, 2 vol. gr. in-8, pp. 791-755.

Voir Sciences morales & philosophiques.

(Prop. territ. — Code annamite.)

X. — HISTOIRE

CHRONOLOGIE

— Basilicon Sinense, seu Primorum Hominum, Regum & Imperatorum Sinensium Series, Nomina, Cognomina, Aetas, Res quaedam Gestae, aliaque, Ab exordio ad nostra usque tempora. [Auct. And Müller — à la suite d'*A. Beidavaei Hist. Sinensis.*]

— Elenchus Regum Sinicorum ; dans les *Hebd. Obs.* de A. Müller, 1674, col. 18.

P. COUPLET. Tabula chronologica Monarchiae Sinicae juxta cyclos annorum LX. Ab anno ante Christum 2952. Ad annum post Christum 1683. Auctore R. P. Philippo Couplet Belgâ, Soc. Jesu, Sinensis Missionis in Urbem Procuratore. Nunc primùm in lucem prodit è Bibliotheca Regia. Parisiis, M.DC.LXXXVI. Cum privilegio Regis. In-fol., pp. xx-1 à 20.

— Tabula genealogica trium familiarum imperialium Monarchiae Sinicae à Hoam ti primo gentis Imperatore per 86. successores, & Annos 2457. ante Christum. E Sinico 'Latinè exhibita à R. P. Philippo Couplet Belgâ, Soc. Jesu, Sinicae Missionis in Urbem Procuratore. Parisiis, e Bibliotheca regia, M. DC. LXXXVI. in-folio, pp. 8.

— Tabula chronologica Monarchiae Sinicae juxta cyclos annorum LX. Ab anno post Christum primo, usque ad annum praesentis Saeculi 1683. Auctore R. P. Philippo Couplet Belgâ, Soc. Jesu, Sinensis Missionis in Urbem Procuratore. Nunc primùm in lucem prodit è Bibliotheca Regia. Parisiis, M.DC.LXXXVI. Cum privilegio Regis. In-fol., pp. 21 à 106.

Dans *Confucius Sinarum Philosophus.*

* Tabula chronologica Monarchiae Sinicae, a R. P. Philippo Couplet Soc. Jesu concinnata, et Honoribus Illustrissimorum ac Perillustrium Dominorum in Antiquissima ac Celeberrima Universitate Viennensi Promotore R. P. Carolo Granelli Societatis Jesu, AA. LL. et Philosophiae Doctore, ejusdemque Professore ordinario, prima AA. LL. et Philosophiae Laurea condecoratorum a Neo-Baccalaureis Condiscipulis Inscripta et Dicata Anno MDCCIII. Viennae, Typis Leopold Voigt, pet. in-12, pp. 254 et carte.

Léonard des Malpènes a fait quelques remarques sur la

Chronologie chinoise du P. Couplet dans le Tome II de son *Essai sur les Hiéroglyphes des Egyptiens*, etc. Paris, 1745, in-12. La Chronologie de la Chine, donnée en allemand par Chrétien Mentzel, n'est qu'une traduction incomplète de celle du P. Couplet. *(Bibl. germanique,* V, p. 39.) (De Backer, I, 1427.)

— Prologomena ad Synopsim Chronologicam Monarchiae Sinicae. Auctore P. Philippo Couplet Soc. Jesu.

Ms. XVIIe Siècle ; petit in-folio ; 49 ff. chiffrés ; Bib. nat., [Nouv. acq lat. 1076] No. 17804, latin.

Ce traité composé de 9 chapitres est daté (f. 49) : « *Ex Quàm cheü fü* metropoli Prouinciae *Quam tüm* in regno Sinarum die 24 Decembris Anno 1666.

— Kurtze Chinesische Chronologia oder Zeit-Register / aller Chinesischen Kayser / von ihrem also vermeinten Anfang der Welt bis hieher zu unsern Zeiten / des nach Christi unsers Seligmachers Gebuhrt 1696sten Jahres / In einer richtigen Ordnung von Jahren zu Jahren / mit ihren rechten Characteren / Nahmen und Beschreibungen / auch mit zween Chinesischen erklahrten Tafeln der vornehmsten Geschichten von ihrem Anbeginn der Welt / bezogen aus der Chineser Kinder-Lehre *Siao ul Hio* oder *Lun* genande. Nebst einem Kurtzen Anhang einer Moscowitischen Reise - Beschreibung zu Lande nach China, in den 1693/94 und 95sten Jahren / von dem Moscowitischen Abgesandten Hn. Isbrand gehalten. vorgestellet von Christiano Mentzelio, P. & Med. D. Churf. Brandenb. Raht und Leib-Medico Sen. Berlin, Johann Michael Rudiger... Anno 1696, in-4, pp. 145 s. l. p., la tab., etc.

J. F. FOUCQUET. — Tabula chronologica historiae Sinicae connexa cum cyclo qui vulgo *kia tse* dicitur.

Cette table chronologique est une grande planche composée de 3 feuilles : Edebat Ioan. Franc.us Foucquet, S. J. Episcopus Eleutheropolitanus) — Monita :...... 1° Tabulae author vivebat adhuc in Sinis anno 1720. cum Pekino discussimus. Vir erat primarius, e familia nobili inter Tartaros, cognomine Nëen.

On lit au bas du tableau, dans le coin : « Joannes Petroschi sculp. Romae Sup. perm. Aun. 1729. »

On consultera sur cet ouvrage les lettres du P. Parrenin du 15 Octobre 1733 et du 21 Mai 1735. (*Lettres d'un Missionnaire à Pékin*, Paris, 1752, in-8, pp. 44 et seq., col. 40.) et ' *The Philosophical Transactions*, Sept. & Oct. 1730.

Math. Seutter a donné, en 1746, à Augsbourg, une réimpression en deux feuilles in-folio de cette table chronologique. (Rémusat, dans la *Biog. univ.*, Art. *Fouquet.*)

« L'original chinois sur lequel sa traduction [du P. Foucquet] a été faite est dû à l'esprit d'un Tartare illustre par sa naissance, et par son mérite, nommé *Nien hi yao* qui etoit Viceroy de Canton l'an 1721. » (Ext. de l'*Explication de la nouvelle table chronologique de l'histoire chinoise* ff. 50,61. Ms. Fr. 12209, Bib. nat.)

« Le docte Nien qui nous l'a donnée, n'est pas l'auteur [sic] du système chronologique qu'il y expose. Il avertit luy même qu'il l'a tirée de l'histoire aujourdhuy la plus célèbre, et la plus estimée dans son pays. Elle fut publiée vers la fin du XIIᵉ Siècle de l'Eglise, par *Tchu-hi* le plus illustre philosophe qu'ait eu la Chine depuis Confucius, mais *Tchu-hi* en la composant suivit la chronologie de *Sema Wen kong* Philosophe du IIᵉ Siècle qui n'a gueres moins de réputation que luy ». (Ext. du *Mémoire instructif pour la nouvelle table chronologique des Chinois*, ff. 62/68, Ms. Fr. 12209, Bib. nat.)

Explication d'une nouvelle table chronologique de l'histoire chinoise, traduite de l'original chinois en latin, et publiée à Rome l'an 1729, par le Père Jean-François Fouquet, de la Compagnie de Jésus, Manuscrit in-4. (Catal. de la Bibl. de Nismes, II, nᵒ 9937.)

De Backer, I, 1927.

Dissertation pour prouver la conformité de la Cronologie des Chinois avec celle des Chrétiens. 1728.

Cette pièce fait partie de la collection de M. Ch. Schefer et elle occupe les ff. 177/203 dans un Ms. de ff. 393 du XVIIIᵉ siècle; elle est suivie (ff. 205/253) de : « Conformité de la Cronologie des Tartares depuis la création du monde jusqu'à présent avec la nôtre. » In-folio.

— Réflexions sur la Chronologie chinoise par Monsieur Cassini. *(Rec. de l'Ac. des Sc.,* VIII, 1730, pp. 300/311.)

— Dissertation sur les Annales chinoises, où l'on examine leur époque, & la croyance qu'elles méritent. Par M. Fourmont l'Aîné. 18 Mai 1734. *(Rec. de l'Ac. des Insc., Mém.,* XIII, 1740, pp. 507/519.)

FRÉRET. — De l'Antiquité et de la certitude de la Chronologie chinoise. Par M. Freret. (1ᵉʳ de Xᵇʳᵉ 1733. *Mém. de l'A. R. des Insc.,* X, 1736, pp. 377/402.)

— Eclaircissemens sur le Mémoire lû au mois de Novembre 1733, touchant l'antiquité & la certitude de la Chronologie chinoise. Par M. Freret. (20 Février 1739. *Ibid.,* XV, 1743, pp. 495/564.)

— Suite du Traité touchant la certitude et l'antiquité de la Chronologie chinoise; servant d'éclaircissement au Mémoire lû sur la même matière au mois de Novembre 1733. Par M. Freret. *(Ibid.,* XVIII, 1753, pp. 178/295.)

Nicolas Fréret, né à Paris le 15 février 1688, est mort le 8 mars 1749. On consultera sur Fréret son Eloge dans le *Rec. de l'Ac. des Insc., Hist.,* XXIII, 1756, pp. 314/337.

— Catalogue méthodique et raisonné des ouvrages tant imprimés que manuscrits de Nicolas Fréret. *(Rec. de l'Ac. des Insc., Hist.,* XVI, 1850, pp. 256 et seq.) — Voir également ses *Œuvres complètes,* Paris, 20 vol. in-12, an IV.

— Remarques tirées de l'extrait Ms. fait par le P. Foureau [sur la Chronologie chinoise].

Suivies d'une lettre du P. Foureau a M. Guerin : A Paris au Collège le 20 May 1744. — (17 pages dans le Ms. Fr. 12215, Bib. nat.)

J. B. RÉGIS. — Concordia chronologiae Annalium Sinensis Imperii, cum epochis Historiae nostrae sacrae et prophanae, a

creatione mundi usque ad initium aerae Christianae.

Ouvrage du P. J. B. Régis dont un abrégé français a été publié en 1754 à Lyon à la suite de l'*Hist. de la conquête de la Chine* de Vojeu de Brunem (voir col. 258).

Cet abrégé a été traduit en anglais sous le titre de : « *Agreement of the Chronology of the Chinese Annals, with the Epochs of Ancient History...* » et pub. dans *The N. C. Herald,* No. 64, 18 Oct. 1851, No. 66, etc.; puis dans le *Shanghai Miscellany for 1852* (14 p.) *and for 1853.* (12 p.)

DE GUIGNES. — Examen critique des Annales chinoises, ou Mémoire sur l'incertitude des douze premiers siècles de ces Annales, et de la Chronologie chinoise. Par M. de Guignes. *(Rec. de l'Ac., Mém.,* XXXVI, 1774, pp. 164/189.)

—Examen critique des Annales chinoises ou Mémoire sur l'incertitude des 12 Premiers siècles de ces Annales et de la Chronologie chinoise.

Ms. Bib. nationale, Fr. 14684 (ancien Suppl. Fr. 5548), in-4, pp. 55. — (Par de Guignes; imprimé dans les *Mém. de l'Ac.* Vide supra).

— Réflexions sur quelques passages rapportés par les Missionnaires, concernant la Chronologie Chinoise ; avec un tableau fidèle de l'état de l'ancienne Histoire de la Chine, & des sources dans lesquelles les Historiens modernes ont puisé. *ou* Supplément au Mémoire sur l'incertitude des douze premiers siècles des Annales & de la Chronologie Chinoise. Par M. de Guignes. Lû le 15 Janvier 1779. *(Rec. de l'Ac. des Insc., Mém.,* XLIII, 1786, pp. 239/286.)

— Principes de la Chronologie chinoise, pp. 135/140. — Chronologie historique des Empereurs de la Chine depuis l'ère vulgaire, pp. 141/196. — Lexique topographique avec les latitudes et longitudes des principales places de l'empire chinois, pp. 197/215. *(L'Art de vérifier les dates..... 3ᵉ éd.,* II, Paris, 1784, in-folio.)

— Table des Cycles Chinois, pour servir à la Chronologie historique des empereurs de la Chine, p. 373. — Chronologie historique des empereurs de la Chine, pp. 374/387. *(L'Art de vérifier les dates... avant l'ère chrétienne...* par un Religieux de la Cong. de Saint-Maur... mis en ordre par Mr. de Saint-Allais. Paris, 1820, in-folio.)

Краткое хронологическое росписание китайскихъ хановъ; ...... Petite table chronologique des khans chinois, tirée du livre Le Miroir universel, avec indication des dates chinoises et romaines, depuis le commencement de l'empire chinois jusqu'à l'année 1786. Traduit par... Alexis Agathonoff, à Irkoutsk, l'an 1786. Moscou, Imprimerie de la Société typographique, 1788, pet. in-8, pp. 56.

— Teidreekening *(sic)* der Chineesen na het Gevoele der Japanners, Oorspronk der Jappanners, en Jaartelling van de Opvolging der Chineese en Japanse Vorsten tot 1784, in-folio.

Cet ouv. provenant de M. Titsingh a été acheté 23 fr. à la

vente de Klaproth (2e part., No. 100) par Doudey-Dupré ; il figure au No. 7667 du Cat. 235, Sept. 1872 de B. Quaritch auquel j'emprunte le titre ci-dessus et la note suivante : « The Japanese words in both native and Roman characters, autograph Ms. of Titsingh, sent to his brother in 1789, with some lines of continuation to 1705, 128 pp. with preface and Index, completely ready for the press, 1795, 20s. »

— Abriss der alten Chinesischen Geschichte, von Erschaffung des ersten Menschen bis auf die Gründung der Dynastie Hia. Vom Herrn Hofrathe Julius von Klaproth. (Mines de l'Orient, I, 1809, p. 428.)

Chronologie. L'Antiquité de l'empire de la Chine, prouvée par les observations astronomiques ; par M. Biot, membre de l'Institut. (Magasin Encyclopédique, III, 1809, pp. 309/335.)

GAUBIL. Traité de la Chronologie chinoise, divisé en trois parties; composé par le Père Gaubil, Missionnaire à la Chine, et publié pour servir de suite aux Mémoires concernant les Chinois, par M. Silvestre de Sacy. — A Paris, chez Treuttel et Würtz, 1814, in-4, pp. x-291.

Avis de l'éditeur. — Avertissement de l'auteur. — Cat. des Princes de Tsin. — Première Partie : Chronique des Trois Hoang. — Dynastie de Tsin. — Seconde Partie : Chronologie chinoise selon les auteurs chinois. — Troisième Partie : Avertissement. — Examen des époques de l'Histoire chinoise pour fixer la Chronologie de cette histoire. — Lettre du P. Gaubil au P. Foureau.

Quaritch, sept. 1872, No. 285-7591 veau, 15/-

« Le manuscrit de cet ouvrage, le plus important de tous ceux que Gaubil a composés, avait été expédié par lui de Pékin à Paris, le 23 septembre 1749... Il ne fut tiré de l'oubli qu'en 1814, par Laplace, qui en découvrit une copie dans la bibliothèque du bureau des longitudes, parmi les papiers ayant appartenu à Fréret ; et sur ses vives instances, Sylvestre de Sacy en effectua immédiatement la publication, avec l'assistance d'Abel-Rémusat. (Biot, Études sur l'Astronomie, 1862, p. 253.)

Notice : Magasin Encyclopédique ', V, 1815, pp. 218-228.

— Grosier : Desc. de la Chine, Vol. VI, Liv. XIII, chap. III, pp. 112 seq.

Niän-chao, oder Ehrennamen, welche die Chinesischen Kaiser ihren Regierungsjahren beigelegt haben. (Klaproth, Verzeichniss der Chin. u. Mand. Bücher, Paris, 1822, in-fol., pp. 5/32; commence à l'an 163 av. J.-C.)

— Remarks on the History and Chronology of China, from the earliest ages to the present time by Philosinensis. [C. Gützlaff.] (Ch. Rep., II, pp. 74 et seq.)

— An Anglo-chinese Calendar for the year 1844, corresponding to the year of the Chinese Cycle aera 4481, or the 41st year of the 75th Cycle of Sixty; being the 24th year of the reign of Táukváng. Macao, China. Printed at the Office of the Chinese Repository, 1844. Br. in-8. pp. 32 et 1 table. — ..... The Anglo-Chinese Calendar..... Canton, 1848, in-8. — Idem, 1849-54, 1853, 1855...

Cette publication a été commencée en 1831. — John Robert

1. Magasin Encyclopédique ou Journal des Sciences, des Lettres, et des Arts ; rédigé par A. L. Millin.

Morrison a édité : « Companion to the Anglo-Chinese Calendar, 1832, in-12. »

On a Japanese and Chinese Chronology. By J. Klaproth. (As. Jour., N. S., 1831, VI, p. 24.)

— Notice d'une chronologie chinoise et japonaise, par M. Klaproth. (N. J. As., XII, 1833, pp. 402/427.)

Tirage à part : Paris, Imp. Roy., 1833, in-8, pp. 28. — Klaproth (1215), Fr. 2.10.

* Ueber die Zeitrechnung von Chatâ und Igûr.... von Ludwig Ideler. Berlin, 1833, in-4.

— Mémoire sur la Chronologie de Khata et d'Igour par M. Louis Ideler. Extrait du Nouveau Journal Asiatique. Br. in-8, pp. 48. [Imp. Roy., 1835.]

Consulter sur le même sujet l'introduction d'Oulough begh à ses tables astronomiques, que Joh. Gravius a fait imprimer sous ce titre : Epochæ celebriores, astronomis, historicis, chronologis, Chataiorum, Syro-Macedonum, Arabum, Persarum, Chorasmiorum, usitatæ, ex traditione Ulug Beigi, Indiæ citra extraque Gangem principis ; persice et latine. Londini, 1651, in-4.

— Ueber die Zeitrechnung der Chinesen. Eine in der Königl. Preussischen Akademie der Wissenschaften am 16. Februar 1837 gelesene und nachmals weiter ausgeführte Abhandlung von Ludwig Ideler. Berlin, 1839, in-4, pp. 174 sans les errata.

Art. de Biot dans le Journal des Savans : 1839, Déc., pp. 721/733; 1840, Janv., pp. 27/41 ; Fév., pp. 73/93 ; Mars, pp. 142/152 ; Avril, pp. 227/254 ; Mai, pp. 264/279. — Voir, au chap. des Mathématiques et de l'Astronomie, les ouvrages de J. B. Biot.

— A Brief Sketch of Chinese Chronology according to native documents. (Appendix No. I, pp. 567/575. — China : its State and Prospects, by Medhurst, col. : 52.)

— « Chronology of the Chinese ; their era and mode of reckoning by cycles, with a complete series of their successive dynasties and sovereigns » by E. C. Bridgman. (The Chinese Repository, X, pp. 121/159.)

— Cet article est reproduit sans le nom de l'auteur par le Rev. W. Lobscheid à la suite de sa traduction du travail de M. Sacharoff sur la population de la Chine, col. 213.

— Annals of Confucius ; or a survey of the Chronology and Geography of the Chinese Empire during two hundred and forty-two years, the period embraced in the Chun Ts'iú, or Annals of Lú the native State of Confucius. (Notice par E. C. Bridgman, Ch. Rep., XVIII, pp. 392 sq.)

— On the Credibility of Chinese Early Chronology by J. E. [dkins] (N. C. Herald, 170, Oct. 29, 1853 ; et Shanghae Miscell. for 1851.)

— Table chronologique de tous les souverains qui ont régné en Chine, rangées par ordre de cycles, depuis la 61e année du règne de Hoang-ti jusqu'au règne présent. (Pauthier, Chine Moderne, I, pp. 175/188)— (Voir : Amiot, col. 236.)

— Liste alphabétique des Nien hao, 年 號 c'est-à-dire des noms des souverains de la 中 國 Chine ont donné aux années de leur règne, depuis la dynastie des Han jusqu'à la présente dynastie des Thsing ou Tartares mandchoux. Par Eugène de Méritens. (J. As., 5e S., III, 1854, pp. 510/536.)

— Noms des Empereurs de la Chine. (App. au Dict. de Perny, No. VII, pp. 24/93.)

* Dr. J. H. Plath : Chronologische Grundlage der alten Chinesischen Geschichte.
München, 1867, in-8, pp. 83.

— Chinese Chronological tables, by Wm.
Fredk. Mayers. (*Jour. N. C. B. R. A. S.*,
Dec. 1867, p. 159.)

— Ces tables sont réimp. avec des additions et des corrections dans *The Chinese Reader's Manual* du même
auteur, 1874, pp. 361 et seq.

Voir également Doolittle's *Vocabulary*, II, No. VIII.

—English and Chinese Chronological Tables. By F. H. Ewer.
(Doolittle's *Voc.*, II, No. 63.)

— Synoptical Tables of Chinese Dynasties. By L. (*Chin.
Rec.*, III, 1870, pp. 78/9.)

— Chronologie universelle depuis la création jusqu'à l'ère vulgaire. — Concordance des époques avec les Livres
Saints..... Par Thomas Brunton, ingénieur. Aix-en-Provence, Remondet-Au-
bin, 1872, 2 vol. in-4.

Vol. I : Antiquité et certitude de la chronologie chinoise,
pp. 207/224. — Chine. Les Cycles de 60 années, pp. 225,240.
Mr. G. Pauthier est appelé le Père Pauthier en trois
passages différents ! Voir pp. 226/7.

百年曆 — The 100 Years Anglo-Chinese Calendar, 1st Jan., 1776 to 25th
Jan., 1876 corresponding with the 11th
Day of the 11th Moon of the 40th year of
the Reign Kien-Lung, to the end of the
14th year of the Reign Tung-Chi; together with an Appendix, containing several
interesting tables and Extracts by P.
Loureiro. Shanghai : Printed at the
« North China Herald » Office, 1872, in-8,
pp. 262-17.

« The late Mr. John Morrison was the first compiler of the
Anglo-Chinese Calendar [voir col. 227]; and it does not appear that previous to 1832 the comparative statement of the
correspondence of Chinese and Christian dates, in this form,
had ever been attempted. » (Note. Préface.)— Dans l'App.
p. 15 : « Table of the First Day of the Chinese New Years
for 1876 to 2000 A. D. » By Baron Johannes von Gumpach.

Dans l'incendie de « Chingfoong Printing Office » pendant
la nuit du 2 au 3 Sept. 1873, 308 exemp. de cet ouvrage
furent brûlés. L'ouv. avait été tiré à 500 ex., 92 étaient
vendus à l'époque de l'incendie; il en restait donc encore
une centaine dont le plus grand nombre se trouvait au
« North-China Herald office. »

Notice : *Chin. Rec.*, V, p. 98.

— The Anglo-Chinese Calendar Manual.
A Handbook of reference for the determination of Chinese dates, during the
period from 1860 to 1879; with comparative tables of annual and mensual desi-
gnations, &c., &c. compiled by William
Frederick Mayers, Chinese Secretary,
Her Britannic Majesty's Legation, Peking.
Second Edition. Shanghai : Printed at
the « North-China Herald » Office. s. d.
[1873] in-8, sans pag. 29 ff.

La préf. est datée de Peking, Avril 1873 ; la 1re éd. avait
paru environ 6 ans auparavant à Hong kong.

Notice : *Chin. Rec.*, V, p. 98.

— Dans le Dictionnaire de Williams, 1874, il y a p. 33 une

liste des dynasties chinoises compilée d'après le *Li-tai
Ti-wang nien Piao.* 歷代帝王年表
Voir : Astronomie. — Morrisons's *View of China*, col. 46.

ORIGINE ET ANTIQUITÉ DES CHINOIS

— Essai sur l'Antiquité des Chinois. (*Mém.
conc. les Chinois*, I.)

Par le P. Cibot. Voir Grosier, *Biog. universelle.*

— L'antiquité des Chinois prouvée par les
Monumens. (*Ibid.*, II, pp. 1 sq.)

Par le P. Amiot.

DE GUIGNES. Mémoire dans lequel on
prouve, que les Chinois sont une colonie
egyptienne, Lû dans l'Assemblée publique de l'Académie Royale des Inscriptions & Belles-Lettres, le 14 Novembre 1758. Avec un Précis du Mémoire
de M. l'Abbé Barthélemy, sur les Lettres
Phéniciennes ; lû dans l'assemblée publique de la même Académie le 12
Avril 1758. Par M. de Guignes.... A Paris,
chez Desaint & Saillant... M.DCC.LIX. pet.
in-8, pp. 79.

Cette brochure est le précis du Mémoire que de Guignes a
lu à l'Académie des Inscriptions & Belles-Lettres.

— Nouv. éd., Paris, chez Desaint & Saillant, 1760, pet. in-8.

— Doutes sur la Dissertation de M. de
Guignes, qui a pour titre : Mémoire dans
lequel on prouve que les Chinois sont
une Colonie Egyptienne. Proposés à
Messieurs de l'Académie Royale des
Belles-Lettres. Par M. Leroux Deshauterayes.... A Paris. Chez Laurent Prault....
& Duchesne. M.DCC.LIX, pet. in-8, pp. IV-89
s. l'ap., etc.

— Réponse de M. de Guignes, aux Doutes
proposés par Monsieur Deshauterayes,
sur la Dissertation qui a pour titre :
Mémoire dans lequel on prouve que les
Chinois sont une Colonie Egyptienne.
A Paris, Chez Michel Lambert.....
M.DCC.LIX, in-8, pp. 40.

J. des Savans, Fév. 1760, pp. 55 sq.

CORNELIUS DE PAUW (né en 1739 à
Amsterdam ; † 1799). Recherches philosophiques sur les Egyptiens et les Chinois
par Mr. de P***. Berlin, G. J. Decker,
1773, 2 vol. in-8.

Duprat, 1861, Fr. 4.

* Genève, 1744 [sic.] (1771 ?) 2 vol. gr. in-12 (Stuck.)

* Philosophische Untersuchungen über die
Egyptier und Chineser, übersetzt von
(Ioh. Georg) Krünitz. Berlin, 1774, 2 vol.
in-8 (Stuck.)

— Philosophical Dissertations on the Egyp-
tians and Chinese translated from the

French of Mr. de Pauw, Private Reader to Frederic II, King of Prussia by Capt. J. Thomson. London, 1795, 2 vol. in-8.

— Remarques sur un Ecrit de M. P'* (Paw), intitulé : Recherches sur les Egyptiens et les Chinois *(Mém. conc. les Chinois*, II, pp. 365 sq. (par le P. Amiot.)

— Extrait d'une Lettre de M. Amiot, à M.'**, du 28 Septembre 1777. Observations sur le livre de M. P'**, intitulé : Recherches philosophiques sur les Egyptiens et les Chinois. *(Ibid.*, VI, pp. 275 sq.)

— Réfutation de M. de P., Auteur des Recherches philosophiques sur les Americains, les Egyptiens & les Chinois, *(Second Supp. aux Mém. conc. les Chinois*, Paris, Nyon, 1786, Chap. x.)

V. C. Larcher. Réponse *(Jour. des Savans*, Mai, 1774.)

WILLIAM JONES. — The Seventh Anniversary Discourse, delivered 25 February 1790. By the President (of the Asiatic Society of Bengal, Sir William Jones) — sur les Chinois et leur origine. *(As. Res.*, II, No. XXV, pp. 365 et seq.)

FORTIA D'URBAN. — Essai sur l'origine des anciens peuples, suivi d'une Théorie élémentaire des Comètes, appliquée à la Comète de 1807. Par M. de Fortia d'Urban, de l'Académie celtique, de l'Athénée de Vaucluse, de l'Académie de Marseille, etc. A Paris, chez Xhrouet, 1808, in-12.

Cet ouvrage forme le Vol. VI des « Mémoires pour servir à l'histoire du Globe terrestre avant le déluge d'Ogigès ». L'objet principal de ce volume est de combattre Sir William Jones.

— Nouveau Système préadamite, ou Conciliation de la Genèse avec l'Antiquité de l'histoire, précédé de nouvelles observations sur l'antiquité de la Chine; par M. de Fortia d'Urban, de l'Académie celtique..... A Paris, chez Xhrouet, 1809, in-12.

Cet ouvrage forme le Vol. X des « Mémoires pour servir à l'histoire ancienne du globe terrestre ».

— Caractères primitifs des Chinois. (Klaproth, *Mém. rel. à l'Asie*, II, 1826, pp. 97 sq.)

— On Chinese History and Antiquity. By M. Klaproth. *(Chin. Courier*, II, Nos. 23 & 24.)

CHEVALIER DE PARAVEY. — De l'état des sciences chez les anciens. Notes communiquées à l'Académie des Sciences par M. de Paravey, et relatives : 1° A l'action des pointes métalliques sur le tonnerre et la grêle, action connue des Indo-Perses et des Chinois; 2° A l'effet utile des plantes marines et des eaux contenant de l'Iode, sur les Goîtres et autres maladies analogues, effet indiqué dans les livres conservés en Chine. (In-8 de pp. 4, Ext. de l'*Echo du Monde savant*, n° 57.)

— Quelques idées sur les collections de fleurs peintes envoyées de la Chine, et sur les conséquences importantes que l'on peut déduire de ces recueils plus ou moins

(ORIGINE.)

précieux. Par M. le Chev. de Paravey. (Pièce in-8, pp. 4, Ext. de l'*Echo du Monde savant*, 24 avril et 1er mai 1836.)

— Réponse de M. de Paravey à l'article de M. Riambourg sur l'antiquité chinoise, inséré dans les *Annales de Philosophie chrétienne*, No. 77, t. XIII, p. 332. (Pièce in-8, pp. 8, Epernay, 1836.)

— Documens hiéroglyphiques, emportés d'Assyrie, et conservés en Chine et en Amérique, sur le Déluge de Noé, les dix générations avant le déluge, l'existence d'un premier homme; et celle du péché originel : Dogmes qui sont la base de Christianisme, mais qui sont niés en ce jour. Par le Chev. de Paravey.... A Paris, chez Treuttel & Wurtz, 1838, in-8, pp. 56, Pl.

— Traditions anciennes. Du pays primitif du ver à soie et de la première civilisation. Pièce in-8, pp. 6.

Ext. du No. de Nov. 1851 des *Annales de philosophie chrétienne*. — Lettre du Ch. de Paravey, au Sec. perpét. de l'Ac. des Sciences, Paris, 14 Nov. 1851.

— Traditions primitives. De quelques faits bibliques retrouvés dans les hiéroglyphes chinois, et réfutation de quelques assertions de M. Renan, pièce in-8 (par le Ch. de Charavey.)

Ext. des *Ann. de Phil. Chrétienne*.

Ce Mémoire a été reproduit dans *La France littéraire*, Revue de Lyon, dirigée par Adrien Peladan.

— Recherches sur les noms primitifs de Dieu par le Chevalier de Paravey, br. in-8, s. tit.; s. l. n. d. (Roanne. Imprimerie Ferlay.)

* L'histoire du monde antique rétablie, et la véracité de la Bible démontrée par les documents chinois.

Ann. de Philos. Chrétienne, Mars 1872.

Les Civilisations primitives en Orient : Chinois, Indiens, Perses, Babyloniens, Syriens, Egyptiens. Par Louis-Auguste Martin, Membre de la Société asiatique. Paris, Didier, 1861, in-8, pp. IV-556.

Dr. J. H. PLATH (de Munich). Ueber die häuslichen Verhältnisse der alten Chinesen. Nach chinesischen Quellen, 1863, in-8, pp. 48.

Ueber die Verfassung und Verwaltung China's unter den drei ersten Dynastien, 1865, in-4, pp. 142.

Gesetz und Recht im alten China nach chinesischen Quellen, 1865, in-4, pp. 148.

Ueber die Glaubwürdigkeit der ältesten Chinesischen Geschichte, 1866, in-8, pp. 52.

Ueber Schule, Unterricht und Erziehung

(ORIGINE.)

bei den alten Chinesen nach Chinesischen Quellen, 1868, in-8, pp. 72.

Nahrung, Kleidung und Wohnung der alten Chinesen, 1868, in-4, pp. 96.

China vor 4000 Jahren. Nach Chinesischen Quellen. München, F. Straub, 1869, in-8, pp. 166.

Die Beschäftigung der alten Chinesen; Ackerbau, Viehzucht, Jagd, Fischfang, Industrie und Handel, 1869, in-4, pp. 65.

* Die Quellen der alten Chinesischen Geschichte mit Analyse des Sse-ki und I-sse. 1870, in-8, pp. 104.

Quoique tous ces mémoires ne traitent pas de l'*origine* des Chinois, nous les avons réunis ici, car ils forment un ensemble de travaux relatifs aux anciens habitants du Céleste Empire. Ils ont été publiés dans les recueils de l'Académie de Munich. — Voir également les autres travaux du Dr. Piath, col. :

— The Origine of the Chinese : An attempt to trace the connection of the Chinese with Western Nations in their Religion, Superstitions, Arts, Language, and Traditions. By John Chalmers, A. M. Hongkong : Printed by de Souza & Co. 1866, pet. in-8, pp. 78, sans les Errata.

— Mémoires sur l'Antiquité de l'histoire et de la civilisation chinoises, d'après les écrivains et les monuments indigènes, par M. G. Pauthier. (*J. As.*, Sept.-Oct. 1867, pp. 197/337, — Avril-Mai 1868, pp. 293/430.)

— Tirage à part : Paris, 1868. in-8. (Leroux, 1874, Fr. 15.)

— Evidence of the Affinity of the Polynesians and American Indians with the Chinese and other Nations of Asia, derived from the Language, Legends and History of those Races. By the Rev. W. Lobscheid, Hongkong, 1872, in-8, pp. IV-64.

* Pietrement : L'Origine des Chinois et l'introduction du cheval en Chine. (*Revue de Linguistique*, Avril, 1873.)

* Charles Wolcott Brooks. Origin of the Chinese Race. San Francisco, 1876, br. in-8.

Voir : Lettres de Mairan au P. Parrenin, col. : 39. — Fréret, Fourmont et de Guignes à la Chronologie, col. 225/6. — Le P. de Mailla, au commencement de son *Hist. gén.* — Grosier, I, 1818, pp. XXI, sq. — Klaproth, sur les noms de la Chine, *J. As.*, X, 1827 (vide supra col. 163). — Rohrbacher, *Hist. de l'Église*, I, p. 175. — *Globus*, XXIII, 1/3. — Ethnographie, *supra*,, col. 165-166.

HISTOIRE GÉNÉRALE

M. MARTINI. Martini Martinii Tridentini e Societate Jesu Sinicae Historiae Decas prima Res à gentis origine ad Christum natum in extremâ Asiâ, sive Magno Sinarum Imperio gestas complexa. Monachii Typis Lucae Straubii, Impensis Joannis Wagneri Civis.... Cum Privilegio Caesa-

(ORIGINE.)

reo Anno clɔ. lɔ. CLVIII, in-4, pp. 362, sans la dédicace, l'approb. et l'av. au lecteur du commencement, et l'Index de la fin.

. Brockhaus (1872), Th. 2.

— Martini Martinii Tridentini e Societate Iesv Sinicae Historiae Decas prima, Res à gentis origine ad Christum natum in extremâ Asiâ, sive Magno Sinarum Imperio gestas complexa. Amstelaedami, Apud Joannem Blaev. M.DC.LIX, in-8, pp. 413 sans l'index.

Duprat, 1861, Fr. 3. — Quaritch (1872), 285, 2/-.

Le P. Grueber, dans sa lettre du 14 Mars 1665 publiée dans le Recueil de Thévenot, pense que la seconde partie, *Decas secunda*, de l'Histoire de Martini a été publiée comme la première à Munich (1658). Cependant cette seconde partie ne paraît pas avoir été imprimée; elle semble même perdue. Thévenot (II, 1696) publia dans son Recueil un Mémoire sous le titre de : « Synopsis chronologica Monarchiae Sinicae ab anno post diluvium cc. LXXV usque ad annum Christi M.DC.LXVI. » 76 pages. Les dix-neuf premières pages de ce mémoire contiennent des extraits de la *Decas prima* de Martini ; la p. 20 est blanche ; les autres pages 21/76 comprennent une « Historiae Sinicae Decas secunda » qui continue jusqu'au xvᵉ Siècle de notre ère le travail précédent. Ce nouvel ouvrage est de Thévenot qui l'a composé ainsi qu'il le dit lui-même dans la préf. de la 4ᵉ Partie, d'après un Ms. persan.

L'ouvrage de Thévenot a été réimprimé en un pet. vol. in-8 dont je ne connais qu'un exemplaire, qui est défectueux. C'est celui de la Bib. du Dépot des Cartes et Plans de la Marine, No. 6030 ; le titre et les 112 premières pages manquent; il ne reste que les dernières pages: 113/334, cah. H–T, qui suffisent néanmoins à prouver que ce vol. n'est que la reproduction du mémoire donné par Thévenot ; le cah. R, pp. 287, 302, manque également.

— Histoire de la Chine, traduite du Latin du Pere Martin Martini de la Compagnie de Jesus. Par l'Abbé Le Peletier. A Paris, Chez Claude Barbin... et Arnoul Seneuze... M.DC.XCII. Avec Privilege du Roy. 2 vol. in-12, pp. 527 (sans l'Epitre au Duc de Beauvillier, et l'Avertissement) et 462.

C'est la trad. de l'original latin publié à Amsterdam. Il n'y a pas dans l'éd. franc. un index semblable à celui de l'éd. latine. — Duprat, 1861, Fr. 5. — Le P. du Halde s'est beaucoup servi de cet ouvrage pour la composition de la première partie de ses *Fastes*. (Vide infra) col. 285.

Acyquan, oder der Grosse Mogol, das ist Chinesische und Indische Stahts, Kriegs, und Liebens-geschichte. In unterschiedliche Teile verfasset, durch Christ. W. Hagdorn. In Amsterdam, Bey Jacob von Mors, 1670, in-8, front. & grav.

Ternaux, 2163.

— Abdallac Beidavaei Historia Sinensis, *Persicè* è geminô Manuscriptô edita, *Latinè* quoque reddita ab Andrea Mvllero Greiffenhagio accedvnt ejusdem Notae marginales.... Berolini, Typis Christophori Rungii, Anno clɔ lɔ c lxxvii, expressa, nunc verô una cum *additamentis* edita ab *Autoris filio,* quodvvltdeo Abraham Mvllero. Jenae, Prostat apud Johannem Bielkivm, A. C. clɔ lɔ c lxxxix, in-4.

A la page qui suit le titre, on lit : Accedunt Historiae

(HISTOIRE GÉNÉRALE.)

Abdallianae : I Itineraria duo, in Sinas confecta — II Commentatio... III Basilicon Sinense... IV Nomenclator...

I. Ce sont les relations des voyages de Feodor Iskowitz Backhoff et de Zacharie Wagner. Elles sont imprimées en lettres de somme.

On en trouve une traduction anglaise dans le Vol. II de la Collection de Voyages de Churchill.

II. Andreae Mülleri Greiffenhagii de Sinarum Magnaeque Tatariae Rebus Commentatio Alphabetica, ex *Auctoris* Commentariis super *Marci Poli Veneti* Historia Orientali aliisque Magno Numero Manuscriptis Excerpta ac saltim delibata (72 p.]

III. Basilicon Sinense, seu Primorum Hominum, Regum & Imperatorum Sinensium Series, Nomina, Cognomina, Aetas, Res quaedam Gestae aliaque, Ab exordio ad nostra usque tempora. [Voir col. 223.]

IV. Imperii Sinensis Nomenclator geographicus, ut & ejusdem Imperii Mappa geographica plane nova, eaque à Multò ampliore Tabulâ, quam scil. ipsi Sinae ediderunt, in arctiorem formam redacta, plurimisque Locorum Partim *Nominibus*, Partim *Numeris* nomina indicantibus, in Romano habitu vestita, unà cum Praefatione de Re geographicâ Sinensium deq; Mappâ Witseniana. Auct. Andreâ Müllerô Greiffenhagio. [Voir col. : 23.]

Dans son exemplaire des *Opuscula* de A. Müller, (Francfort, 1695), Pauthier avait donné la note suivante : « NOTA. Le premier ouvrage publié dans ce *Recueil* d'André Müller [Historia Sinensis], a été par erreur attribué par lui à *Beidavi*, auteur du *Nizam al-Tawârîkh*. Il a été reconnu depuis que le véritable auteur était *Benaketi*, l'auteur du *Tárîkh–Benâketî*, dont la partie publiée par André Müller forme le VIIIe Livre en 2 chapitres. — Une première édition de cet opuscule avec traduction latine, fût donnée par A. Müller, à Berlin, en 1677 ; une seconde le fut par son fils Abraham Müller, à Jena en 1689 ; celle-ci de 1695 est la troisième. »

— A Chinese Chronicle : By Abdalla of Beyza. Translated from the Persian, with Notes and Explanations. By S. Weston, B. D., F. R. S. S. A. London : Printed for William Clarke. MDCCCXX. In-8, pp. 38.

Tiré à 50 exemplaires. — Vend. Klaproth, No. 1619, acheté Fr. 19, par Ledoyen.

Cette chronique s'étend depuis Pan kou, le premier homme, jusqu'à la naissance de Gengis khan, l'an 549 de l'hégire, A. D. 1154.

— Fastes de la Monarchie chinoise, ou Histoire abrégée et selon l'ordre chronologique de ce qui s'est passé de plus remarquable sous chaque Empereur (du Halde, *Description*, I, pp. 261-556 ; col. 30).

Tiré de l'ouvrage du P. Martini, supra, col. 233-234.

« Ioh. Christophorus GATTERER, saepe a nobis laudatus, epitomen historiae sinensis succinctam, claram, ordinequo lucido procedentem, duce potissimum Deguignesio, exhibuit in *Handbuch der Universal historie*, etc. (Goetting. 1764. 8 mai) P. II., T. I. pp. 335/345. » (Meusel.)

« Joh. Eberhardi FISCHERI, hist. et antiquitatum Prof. P. O. Academiaeque scientiarum, quae Petropol. est, socii († 1771) de variis nominibus imperii sinarum titulisque imperatorum exercitatio ; in *ejusd.* Quaestionibus Petropolitanis ab A. L. Schloezer editis (Goetting. et Gothae 1770. In-8) » (Meusel).

* Friedrich Eberhard BOYSEN, Geschichte der Sineser, vom Ursprunge ihres Reichs an, bis auf unsre Zeiten ; *in* ejusdem Allgemeinen Welthistorie, die in England durch eine Gesellschaft von Gelehrten ausgefertiget worden, in einem vollständigen und pragmatischen Auszuge. (Halle, 1771, 8 mai.) T. IX, pp. 1-533.

« Auctor in hac epitome conficienda secutus est in primis Du Haldium, Deguignesium, Marsyum, Gattererum, Moshemium, postea commemorandum. Tabula geographica, secundum rationes Danvillii et Haasii delineata, adjecta est. » (Meusel.)

(HISTOIRE GÉNÉRALE.)

— Idée générale de la Chine et de ses premières relations avec l'Europe. *(Mém. conc. les Chinois*, V, pp. 1/68.)

Ce Tableau général de la Chine n'est pas l'œuvre des Missionnaires, mais de M.**

— Abrégé chronologique de l'histoire universelle de l'empire chinois, par M. Amiot.

Première Partie : Tems mythologiques ou fabuleux, et regardés comme tels par le corps des Lettrés, qui sont les Savans de la Nation.

Seconde Partie : Tems douteux ou incertains, depuis Fou-hy, fondateur de la monarchie, jusqu'à Hoang-ty, qui en est prononcé le Législateur.

Troisième Partie : Tems historiques ou certains, depuis la 62e année du règne de Hoang-ty, jusqu'à la 35e année de Kien-long ; c'est-à-dire, depuis l'an 2637 avant J. C. jusqu'à l'an 1770 de notre ère vulgaire. *(Mém. conc. les Chinois*, XIII, pp. 74/308, 3 dessins, expl. des dessins, &c.)

On n'a publié que jusqu'au commencement du règne de Yu le Grand.

MAILLA. Histoire générale de la Chine, ou Annales de cet Empire ; traduites du Tong-Kien-Kang-Mou, par le feu Père Joseph-Anne-Marie de Moyriac de Mailla, Jésuite. François, Missionnaire à Pékin : Publiées par M. l'Abbé Grosier, Et dirigées par M. le Roux des Hautesrayes, Conseiller-Lecteur du Roi, Professeur d'Arabe au Collège Royal de France, Interprète de Sa Majesté pour les Langues Orientales. Ouvrage enrichi de Figures & de nouvelles Cartes Géographiques de la Chine ancien ne et moderne, levées par ordre du feu Empereur Kang-hi, & gravées pour la première fois. 13 vol. in-4, 1777-1785.

Tome Premier : A Paris. Chez Ph.-D. Pierres.... Clousier, MDCCLXXVII, Avec Approbation, et privilège du Roi.— Une carte de la Chine au commencement etc.

Noms de Messieurs les souscripteurs par ordre alphabétique. — Approbation. — Privilège. — Discours préliminaire de M. l'Abbé Grosier (XXI-XLVIII). — Observations de M. Deshautesrayes (XLIX-LXXII.) — Préface [du P. de Mailla] (1-LXXIV). — Lettres du P. de Mailla, à M. Freret, de l'Académie des Inscriptions et Belles-Lettres de Paris ; en réponse à ses Dissertations, insérées dans les Mémoires de l'Académie chinoise et Belles-Lettres, Tome X, page 377 ; Tome XV. page 495 ; & Tome XVIII, page 178, sur l'antiquité & la certitude de la chronologie chinoise, &c. [voir col. 225.] Pour servir d'Introduction à l'histoire générale de la Chine (LXXV-CLXV [4 lettres]. — Cinquième lettre du P. de Mailla concernant son histoire manuscrite de la Chine [datée de Péking, 27 Septembre 1730] (CLXVI-CLXXII). — Sixième/Treizième lettre (CLXXIV-CC). — Histoire générale de la Chine (Princes antérieurs à la première dynastie. — Mou-ouang, 957 av. J.-C.)

Tome II. 1777, (Mou-ouang, 966 av. J.-C. (IIIe Dyn. Tcheou). — Hiao-king-ti, 141 av. J.-C. (Dyn. V.)

Tome III. 1777. Suite des noms des souscripteurs. — Histoire... (Han-ou-ti, 140 av. J.-C. (Dyn. V Han.) — Hanhien-ti, 194 ap. J.-C. (Dyn. V).

Tome IV. 1777. Histoire...(Hien-ti, 194). — Tçin-kong-ti, (420) (Dyn. VII).

Tome V. 1777. Suite des noms des souscripteurs. — Huitième Dynastie : les Song (Kao-tsou) (420) — Kong-ti (619) (Dyn. XII).

Tome VI. 1778. Treizième Dynastie : les Tang (Ka.-tsou, 619) (Hi-tsong, 888) (Dyn. XIII).

Tome VII. 1778. Suite des Souscripteurs.— Treizième Dynastie : les Tang (Tchao-tsong, 888). — (Kong-ti, 959) (Dyn. XVIII.)

Tome VIII. 1778. Dix-neuvième Dynastie : les Song (Tai-tsou, 960). — (Ning-tsong, 1208) (Dyn. XIX).

Tome IX. 1770. Extrait d'une lettre du P. Amiot, à M. Der-

(MAILLA.)

tin, Ministre, datée de Pé-king le 19 Novembre 1777. — (Ning-tsong, 1210) (Dyn. XIX.) — (Chun-ti, 1368) (Mongous) (XX Dyn.)

Tome X. 1779 : Vingt-unième Dynastie : les Ming (1368-1649).

Tome XI. 1780 : Vingt-deuxième Dynastie : les Tsing (Chuntchi, 1649.— Kien-long, 1780).

Tome Douzième, Contenant la Table Alphabétique de cet ouvrage, précédée des *Nien-hao*; ou noms que les Empereurs ont donnés aux années de leurs règnes; d'une Nomenclature Géographique et de trois Mémoires historiques sur la Cochinchine, sur le Tong-king, & sur les premières entreprises des Russes contre les Chinois par M. le Roux des Hautesrayes... 1783 :

—Aperçu des Mœurs, des Sciences & des Arts des Chinois considérés relativement à la constitution de leur Gouvernement & à leurs Etudes. — Des Nien-hao ou Des noms que les Empereurs de la Chine ont donnés aux années de leurs règnes. — Nomenclature de tous les anciens & nouveaux Départemens de la Chine & des principales Villes qui en dependent. — Latitudes et Longitudes prises de Péking [déterminées de 1710 à 1718]. — Notice historique sur la Cochinchine. — Mémoire historique sur le Tong-king. — Notice historique sur les premières entreprises des Russes contre les Chinois, jusqu'à l'établissement de Nertchinsk; avec des Notes, dont quelques-unes offrent des détails relatifs à la position actuelle & respective, & au commerce des deux nations. — Table générale des Matières.

Tome treizième et dernier. Contenant : 1° la Description topographique des quinze Provinces qui forment cet Empire, celle de la Tartarie, des Isles, & autres pays tributaires qui en dépendent; le nombre et la situation de ses villes, l'état de sa Population, les productions variées de son Sol, & les principaux détails de son Histoire naturelle; 2° un précis des connaissances le plus récemment parvenues en Europe sur le Gouvernement, la Religion, les Mœurs & les Usages, les Arts & les Sciences des Chinois. Volume de de Supplément, Rédigé par M. l'Abbé Grosier, Chanoine de S. Louis du Louvre. A Paris, chez Moutard..... 1785. Voir col. : 43. — Ajouter l'Atlas des 65 Cartes et Planches, voir également col. 43.

On remarquera que la *Notice historique sur la Cochinchine* et le *Mémoire historique sur le Tong-king* qui se trouvent dans le Vol. XII sont du Père Gaubil et avaient déjà été insérés dans le 31e recueil des *Lettres édifiantes*.

On ajoute généralement à la traduction du P. de Mailla, l'*Histoire de la Dynastie des Ming*, du Père Delamarre. Voir col. 252.

Le *Tong kien* 通鑑綱目 *hang mou* : ne comprend que l'histoire des vingt premières dynasties impériales, et pour terminer son histoire, le Père de Mailla s'est servi des continuations de cet ouvrage.

« En 1787, le père de Mailla fit passer son manuscrit en France... *(Discours préliminaire* de l'abbé Grosier, I, p. xxvii.) Après la destruction de la Société de Jésus le Ms. « qui avait été déposé dans la bibliothèque du grand collège de Lyon » tomba entre les mains du ministre public et fut cédé à l'abbé Grosier » en toute propriété par acte passé par devant Notaire, en date du 3 Août 1775. » *(Ibid.,* p. xxix.)

Ce manuscrit de la traduction de l'Histoire générale de la Chine, relié en 5 vol. in-folio, est maintenant déposé au département de Ms. de la Bibliothèque nationale; il porte les Nos. 12210-12214, Fonds Français (Anc. supp. fr. 4018-1/5).

Il est écrit au pinceau sur papier de soie plié en double à la manière chinoise :

No. 12210 { Tome 1er, pp. 527, jusqu'à la fin de la dynastie des Tsin.
T. 2, pp. 653, Dynastie des Han.

Ces deux Tomes sont reliés en un vol. qui porte au dos : jusqu'à l'an 262.

No. 12211 { T. 3, pp. 342, Dynastie des Tçin.
T. 4, pp. 399, jusqu'à la fin de la Dynastie des Soui.

Ces T. sont reliés ensemble (de 264 à 619).

Au commencement du T. 3 on a inséré l'approbation du P. Regis : « J'ai lu avec soin le manuscrit intitulé Histoire Générale de Chine. Cet ouvrage traduit du texte chinois des annales confronté avec les versions tartares faites par ordre du dernier Empereur, contient non-seulement les révolutions qui sont arrivées au dedans de l'Empire et les guerres qu'il a eu avec les royaumes voisins qu'il nous fait connoître mais encore les maximes de politique qui ont

toujours esté les principes du gouvernement d'une monarchie si ancienne. Il renferme de plus l'ancien Livre *Chouking,* dont on souhaitteroit d'avoir la traduction parce qu'il nous apprend les sentimens des anciens Chinois sur la religion et la morale ; et le *Tchun tsiou* écrit par Confucius pour l'instruction des Princes ; de sorte qu'on a dans ce seul ouvrage presque tout ce qu'on peut souhaitter de sçavoir de ce vaste empire, ainsi je le juge digne de l'attention du public. Fait à Peking 1720, 2 juin. J. B. Regis. J. »

No. 12212 { T. 5, pp. 544. Dynastie des Tang.
T. 6, pp. 265. Jusqu'à la fin de la Dynastie des Tchéou postérieurs.

Ces deux T. sont reliés ensemble (de 619 à 959).

No. 12213 { T. 7, pp. 605. Dynastie des Song.
T. 8, pp. 372. Dynastie des Yuen.

Ces 2 T. sont reliés ensemble (de 960 à 1369).

Les 4 derniers tomes sont également précédés de l'approbation du père Régis.

No. 12214 { T. 9, pp. 135, s. la préf., Dynastie des Ming.
T. 10, pp. 302, s. la préf., Dynastie des Tsing.

Cette histoire est suivie d'une table donnant le « Commencement des règnes des empereurs chinois des trois premières familles depuis l'empereur Tchong-Kang » (1 page) et d'une liste des « Noms tant anciens que nouveaux de tous les departemens et villes de Chine sous ses différentes dynasties. » (171 pages) ; ce dernier travail était indispensable.

Ces pièces et les T. 9 et 10 sont reliés ensemble (de 1344 à 1722. — Tables géogr.)

———

— Le Ms. de la Bib. nat. [Fr. 14687. — Anc. Supp. Fr. 5552. — in-4] contient outre la copie d'une lettre de l'évêque de Conon datée de Fochou le 25 oct. 1700 à Monseigneur de Lionne, évêque de Rosalie, sur l'ancienneté de la nation chinoise [12 pages] et deux autres traités : Antiquae traditionis Selecta vestigia : 1° la Préface de l'hist. de Mailla [30 pages] ; 2° Remarques sur la chronologie et l'histoire chinoise [50 pages].

« La traduction françoise du *Tong-hien-kong-mou,* du père de Mailla, mériteroit d'être remaniée par un homme bien au fait sur la Chine et d'un grand travail, et zélé pour la Chine. Or, cela me paroit bien difficile ; il y a dans cette version du père de Mailla bien des articles à retoucher, et plusieurs qui demandent de la critique. Cet ouvrage a été fait un peu trop vite, et il auroit dû être mieux examiné en Chine ; on se pressa un peu trop de l'envoyer à Lyon. Il contient d'excellents matériaux pour l'histoire ; mais, pour pour bien s'en servir, il faut être au fait sur les affaires de la Chine, et en état de voir ce qu'il y a à retrancher ou à y ajouter. » (Lettre du P. Gaubil à M. de l'Isle. Pékin, 28 août 1752.) — [*Pant. Lit.,* IV, p. 64.]

Voir Wylie. *Notes on Chin. Lit.,* p. 20.

« Grosier laissa en Ms. une nouvelle édition de cet ouvrage, refondu quant au style, au choix et à la disposition des faits, et dans laquelle l'éditeur s'était attaché à la presenter sous la forme que nous donnons à notre histoire moderne. » (De Backer, I, 2301.)

— **Annales de la Chine reduites en abrégé par le P. Janin Augustin sur la Version françoise de J. M. Moyria de Mailla Missionnaire apostolique connu en Chine sous le nom de Fong Ping Tching. M. DCC. LXIX.** 2 vol. in-4, pp. xxviii-408, pp. 409/788.

Ms. de la Bib. de la Ville de Lyon, No. 1164 (ancien 819).

« Cet ouvrage important est l'abrégé de la grande histoire chinoise, par le jésuite J.-M. Moyria de Mailla, connu à la Chine sous le nom de *Fong-Ping-Tching.*

Celui-ci avoit travaillé pendant dix-huit ans aux cartes de l'empire chinois, et logeoit, en qualité de mathématicien de la cour, dans le palais même de l'empereur *Cam-hi,* qui lui témoigna toujours une amitié sincère. La connoissance qu'il avoit acquise des langues chinoise et tartare, lui fit entreprendre de traduire en français les grandes annales de l'historien *Sé-mat-sien.* Il employa plus de six ans, d'un travail assidu, à remplir son dessein ; et lorsque son ouvrage fut fini, il en fit don à la Bibliothèque de Lyon, où il parvint en 1737. Le savant Freret, très-versé dans l'histoire de la Chine, conçut une si haute idée de cet écrit, qu'il désira en être l'éditeur et le faire imprimer aux frais du gouvernement. La mort l'empêcha d'exécuter son projet, et l'ouvrage, en 12 volumes in-4, fut donné, par l'ancien consulat de Lyon, à M. l'abbé Grosier qui l'a publié. Ce manuscrit étoit accompagné de plans et de cartes très-curieuses, faits à la Chine, et qui avoient été collés sur toile, par les soins des magistrats municipaux de la ville de Lyon. Ces soins auroient au moins dû s'étendre jusqu'à faire restituer à leur Bibliothèque, après la publication de l'ouvrage, le manuscrit précieux que les voyageurs et les savans venoient souvent y consulter.

Les deux volumes, qui en renferment l'abrégé, peuvent dédommager de cette perte. Ils sont dûs au P. *Janin*, augustin de cette ville, savant antiquaire, écrivain correct, qui a péri avec courage, dans nos murs, sous la hache des bourreaux révolutionnaires. Il le finit en 1769, et l'offrit à l'archevêque et aux administrateurs des collèges, qui l'ont oublié dans la Bibliothèque publique. Il renferme les 22 dynasties chinoises, depuis la fondation de l'empire, 2941 ans avant l'ère chrétienne, jusqu'en 1722. Ce manuscrit offre une écriture nette, correcte et lisible. Si, à l'imitation du P. de Mailla, il n'a pu y réunir des cartes chinoises, il y a joint du moins des cartes et des estampes gravées en Europe. Celles-ci sont :

I. La carte de la Chine, par *Bellin*, insérée dans l'histoire générale des voyages.

2. La représentation des mandarins civils et militaires, tirée de Du Halde.

3. Une carte manuscrite de la Chine ancienne, telle qu'elle est décrite dans le chapitre *Yu kong*, du livre canonique appelé *Chou-king*.

4. Une autre carte de la Chine et de la Corée, gravée d'après le rapport des Jésuites-missionnaires.

5. Une autre du Cathay, tirée de l'histoire générale des voyages.

6. La mort du dernier empereur chinois, de la race des *Ming*, en 1644, gravure extraite de *Nieuhof*.

7. Carte de la Tartarie orientale, comprenant le pays des Mantcheoux.

8. Le Plan de la ville de Pékin.

9. Une vue de cette ville, prise dans *Nieuhof*.

10. Une autre de la ville de Nankin.

11. L'entrée de la rivière de Canton et de l'île de Macao.

12. Une vue de Canton.

13. La Carte de l'île Formose.

14. Le Plan de la ville et du port de Macao.

15. L'observatoire de Pékin, tiré du P. *Le Comte*.

16. La Carte de la Tartarie occidentale.

17. Les cérémonies de l'hommage rendu à l'empereur de la Chine, par les princes *Kalka*.

18. Les coins des monnoies chinoises sous diverses dynasties.»
(Delandine, *Ms. de la Ville de Lyon*, II, pp. 88/90.)

Une 19e pièce est intercalée p. 298; c'est une carte du Liau toung.

— *Reichsannalen von Sina*, dans le *Journal* de C. G. von Murr, I, 1775, pp. 81 et seq.

Lettres aux Auteurs du *Journal Encyclopédique* sur ce qu'ils ont dit de l'*Histoire générale de la Chine* (signée Deshauterayes); *Journal Encyclop.*, 1778, IV, pp. 128/133. Les Comptes-Rendus en question se trouvent : 1777, VI, pp. 273/286, 448/461; VIII, pp. 390/402. — 1778, I, pp. 57/69; V, pp. 220/236, 397/409. — 1779, II, pp. 244/255, 385/397.

Remarques adressées (par Deshauterayes) aux auteurs de ce journal sur le Compte qu'ils ont rendu des tomes V et VI. — *Journ. Encyclop.*, 1779, I, pp. 121/5.

(De Backer, II, 993.)

* Storia generale della Cina ovvero grandi Annali Cinesi tradotti dal Tong-Kien-Kang-Mou dal Padre Giuseppe-Anna-Maria de Moyriac de Mailla Gesuita Francese Missionnario in Pekin. Pubblicati dall' Abate Grosier e diretti dal Signor Le Roux des Hautesrayes Consiglier-Lettore del Re Professore di Lingua Araba nel Collegio Reale di Francia Interprete di Sua Maestà per le Lingue Orientali. Traduzione italiana dedicata a sua Altezza Reale Pietro Leopoldo Principe Reale di

(MAILLA.)

Ungheria e di Boemia Arciduca d'Austria Gran-Duca di Toscana ec. ec. ec. In Siena, 1777-1781, per Francesco Rossi, 35 vol. in-8. (De Backer, II, 994.)

Le Col. Yule *(Cathay,* I, p. lxvi, note), écrit :

« The Italian translation of Demailla is a curiosity. The editor, finding that the Chinese names were distasteful to the readers of his earlier volumes, changes them all into a more pleasing form. Thus Kublai figures as *Vobalio,* Wang Khan as *Govannio,* Ilchiktai as *Chitalio.* »

綱鑑易知錄 « Another Compendium on the same plan is the *Kang héen é che lüh* by Wôô Shing-keuën, published in 1711; being an abbreviation of the *T'ung këen kang muh,* from the commencement of history to the close of the Ming Dynasty. » (Wylie, *Notes,* pp. 21/22.)

On trouvera une revue (par le Rev. E. C. Bridgman) de cet ouvrage dans *The Chinese Repository,* X, pp. 1/9. Il y a, dans cette revue, une traduction de l'Introduction et de la Préface de ce livre.

— **Faits Memorables des Empereurs de la Chine Tirés des Annales Chinoises, Dédiés à Madame, Orné de 24 Estampes in-4. Gravées par Helman, d'après les Dessins originaux de la Chine, tirés du Cabinet de Mr Bertin, M^tre et Ancien S^re d'Etat. A Paris, chez l'Auteur, Graveur de Madame..... s. d.**

On a tiré également des ex. sur papier vélin et sur pap. de Hollande peints à l'aquarelle, et quelques ex. sur grand papier pour faire suite aux *Batailles de la Chine,* col. 265.

L'ouvrage est divisé en 4 livraisons qui ont paru tous les deux mois à partir du 15 Avril 1788.

— **Résumé de l'histoire de la Chine, par M. de S***. Bruxelles, Auguste Wahlen, MDCCCXXV, in-48, pp. IX-298.**

Réimpression des éditions suivantes :

Paris, Lecointe et Durey, 1824, in-12. — 2e éd., Paris, Lecointe et Durey, 1824, in-12. — Pub. à Fr. 2.50.

De S'" = Etienne Pivert de Sénancour, né à Paris, en Nov. 1770, mort à St.-Cloud, en janvier 1846.

— **Tableaux historiques de l'Asie, depuis la monarchie de Cyrus jusqu'à nos jours; accompagnés de Recherches historiques et ethnographiques sur cette partie du monde; ouvrage dédié à MM. Guillaume et Alexandre de Humboldt, par J. Klaproth. Avec un Atlas in-folio. Paris, Schubart, M.DCCC.XXVI. in-4 et Atlas.**

— Un prospectus de cet ouvrage a été publié à Paris, pièce in-8 de pp. 4.

— Antwort auf eine im hermes abgedruckte recension meiner Tableaux historiques de l'Asie. Pièce s. titre, in-4, pp. 20 : Paris, den 1sten November 1868.

On lit dans le *Journal des Savans,* Nov. 1829, pp. 701/2 :

中 國 史 *History of China,* carefully translated from the Chinese, by P. P. Thoms.

Histoire de la Chine depuis le règne de Füh-he, 3000 ans avant J.-C., selon la chronologie chinoise, jusqu'au règne de Min-te, an 300 de l'ère vulgaire, traduit principalement de Choc-foo-tsze, 1 vol. in-4 qui sera mis sous presse aussitôt qu'il y aura un nombre suffisant de souscripteurs, à Londres, chez le traducteur, 20 King square, et chez les libraires Bagster, Kingsbury, &c. Le prix d'un exemplaire, accompagné d'une carte de la Chine, est de 2 liv. st. 5 sh.

Cet ouvrage ne paraît pas avoir été publié.

— **Character of Chinese historical works; inducements to study them; their mytho-**

logical accounts; vagueness of their early records; accounts of the middle and latter ages; summary of the principal historians; by C. Gützlaff. (*Chin. Rep.*, III, 1834, pp. 53 sq. — Réimp. dans *The Cycle*, 3 Dec. 1870.)

— A Sketch of Chinese History, ancient and modern : comprising a Retrospect of the Foreign intercourse and trade with China. Illustrated by a new and corrected Map of the Empire by the Rev. Charles Gutzlaff, now, and for many years past, resident in that country. London, Smith Elder & Co, 1834, 2 vol. in-8.

Vol. I, pp. vi-433 : I. Geographical Remarks. — II. Government and Laws. — III. Character, Usages, &c., Religion. — IV. Chronology. — V-XVI. History. (Mythological Era-Ming Dynasty.)

Vol. II, pp. v-463 : XVII. Ta-tsing Dynasty. — XVIII. Conclusion. — XIX. Propagation of the Gospel in China. — XX. Foreign intercourse in China. — XXI-XXIV. Emporiums... Appendix. [11 tables de statistique commerciale.]

Réimp. à ' New-York. — Pub. à 28 sh. — Notice peu favorable dans *The As. Jour. & Month. Reg.*, XV, 1834, pp. 120/131.

' Allem. — E. Bauer. Quedlinburg, 1836, 2 vol. in-8.

* Vse obshtchaya istoria Kitaya.

Le Rev. Père Daniel, de la Mission russe, a commencé la publication d'une Histoire générale de la Chine, compilée d'après les ouvrages chinois. 1838. Quatre livraisons seulement ont paru.

— A History of China from the earliest Records to the Treaty with Great Britain in 1842 by Thomas Thornton Esq. (in two vol. 8°). Vol. I, London, Wm. H. Allen & Co, 1844, in-8.

Un seul vol. a paru.

— Gützlaff's Geschichte des Chinesischen Reiches von den ältesten Zeiten bis auf den Frieden von Nanking. herausgegeben von Karl Friedrich Neumann. Stuttgart und Tübingen, 1847, in-8, pp. VIII-912.

Trad. en holl. par K. N. Meppen, La Haye, 1852, 2 vol. in-8.

— A History of China to the present Time including an Account of the Rise and Progress of the present religious insur-

(HISTOIRE GÉNÉRALE.)

rection in that Empire. London, R. Bentley, 1854, pet. in 8.

* Sir Oscar Oliphant. China : A popular History, with a Chronological Account of the most remarkable events from the earliest period to the present day. London, Hope, 1857, in-8.

Duprat, 1861. Fr. 3.50.

— Hist. complète de l'empire de la Chine..... par MM. A. S. et D. Voir supra, col. : 64.

— The Chinese Reader's Manual. A Handbook of Biographical, Historical, Mythological, and general Literary reference. By William Frederick Mayers..... Shanghai : American Presbyterian Mission Press, 1874, in-8, pp. XXIV-440.

Cet ouvrage fort bien fait comprend trois parties : I. Index of Proper Names. — II, Numerical Categories. — III, Chronological Tables of the Chinese Dynasties. — Il se termine par un « Index of Chinese Characters ».

Notices : *The Chinese Rec.*, V, pp. 166,109. — *The Shanghai Budget*, 1874, Juil. 4, 25 ; Août 1. — *China Review*, III, pp. 176/181, [by E. J. Eitel]. — *The Athenaeum*, No. 2458, Déc. 5, 1874. — *Revue Critique*, 1878, No. 15, pp. 237,239 [par Henri Cordier].

Fourmont avait conçu l'idée et avait réuni les matériaux d'un gigantesque dictionnaire de géographie et d'histoire qu'il décrit ainsi dans le Catalogue de ses ouvrages (Amsterdam, 1731, pet. in-8), p. 62 :

« CXI. Dictionnaire Historique, Chronologique, & Géographique de l'Empire de la Chine, où l'on trouve les Noms, les Actions, l'Age. de tous les Empereurs des vingt-deux Familles, des fameux Colao, des grands Capitaines, des Philosophes, des Poëtes, des Historiens, des Auteurs de Sectes : les Noms des Royaumes, des Provinces, des Villes, du premier, du second, du troisième ordre : des Villes de guerre, des Royaumes voisins, des Tours, des Citadelles, des Hospices ; des Montagnes, des Fleuves, des Collines, des Cavernes, des Rochers, des Cascades, des Rivières, des Ruisseaux, des Lacs, &c. Le tout suivant l'arrangement Alphabétique pour les Provinces & les Villages, & suivant l'arrangement des matières avec des Chiffres de renvoy pour les lieux de leur dépendance ; on y voit partout les caractères chinois en marge. Ce Dictionnaire est en 4. *In-folio*, & il est si nécessaire, que si on ne le relit pas sans cesse, on sera arrêté à chaque instant dans la lecture des Livres Chinois. »

Consulter : Lenglet du Fresnoi. Méthode pour étudier l'histoire. — *Histoire universelle* traduite de l'Anglois par une Société de gens de lettres, Paris 1783, Vol. LIII. — *Annuaire des deux Mondes* : Les articles sur la Chine publiés dans cet annuaire qui a cessé de paraître sont de Mr. C. Lavollée ; Mr. L. n'a signé que les derniers articles.

(HISTOIRE GÉNÉRALE.)

HISTOIRE PARTICULIÈRE

TEMPS MYTHOLOGIQUES OU FABULEUX : COSMOGONIE, — PAN KOU, 盤古, LE PREMIER HOMME, — LES 13 ROIS DU CIEL, TIEN HOANG, 天皇. — LES 11 ROIS DE LA TERRE, TI HOANG 地皇. — LES 9 ROIS DES HOMMES, JIN HOANG 人皇 (PREMIER *ki*). — LES DIX PÉRIODES (*ki*), ETC. — TEMPS DEMI HISTORIQUES : ÉPOQUE DES CINQ SOUVERAINS : FOU HI — HOANG TI — LE DÉLUGE DE YAO. — CHUN.

Voir le Chou king et le Tchou tsieou.

— Discours préliminaire, ou Recherches sur les tems antérieurs à ceux dont parle le Chouking. et sur la Mythologie chinoise, par le P. de Prémare.

Chapitre I. De la naissance de l'univers. — II. Les principales

(PRÉMARE.)

époques de l'histoire chinoise. — III. Idée générale de l'ancienne chronique. — IV. De l'ouan-kou et des trois Hoang. — V. Abrégé des six premiers Ki. — VI. Le Septième Ki, appelé Sun-fei. — VII. Le huitième Ki, nommé Yu-ti. — VIII. Neuvième Ki. — IX. Des empereurs suivants jusqu'à Tcho-Yong. — X. Des empereurs depuis Tcho-Yong jusqu'à Fo-hi. — XI. Fo-hi. — XII. Kong-kong. — XIII. Niu-oua ou Niu-va. — XIV. Chin-Nong. — XV. Des Descendants de Chin-nong. — XVI. Ti-i-yeou [Fin

(PRÉMARE.)

des recherches de Prémare]. — Dixième Ki : Hoang-ti [par de Guignes].

Ces Recherches sont imprimées dans l'édition du Chou king (1770) pp. xliv-cxxxviij. — Elles sont réimprimées dans « Les Livres Sacrés de l'Orient », 1841, pp. 13/45.

C'est d'après ces recherches du P. de Prémare que l'on a inséré dans un livre intitulé de l'Origine des Loix, des Arts, & des Sciences, par M. Gogué, tom. III, pag. 315 de l'édition in-4, un morceau qui a pour titre Extraits des Historiens Chinois. (Voir Note de Deguignes, éd. du Chou king, 1770, pp. cxxix.)

— Die Hyperboreer und die alten Schinesen. Eine historische Untersuchung von Aug. Gladisch, Director des Königl. Wilhelms - Gymnasium zu Krotoschin. Leipzig, J. C. Hinrich. 1866, pièce in-4, pp. 32.

Die alten Schinesen und die Pythagorier. Von Aug. Gladisch.... Mit 4 Steindruck blättern. Posen, J. J. Heine, 1841, in-8.

PAN KOU 盤古 Portrait of Pwánkú, the first man. [By E. C. Bridgman.] (Chin. Rep., XI, p. 47.)

— Mayers, Manual, No. 558.

— San Hwang ke, or Records of the Three August Sovereigns, subjects of the early mythological history of the Chinese [by E. C. Bridgman]. (Chinese Rep., X, pp. 231/233.)

Teën hwang. — Te hwang. — Jin hwang.

Portraits of the Three Sovereigns, the immediate successors of Pwánkú, among the Chinese the reputed progenitor of the human family [by E. C. Bridgman]. (Ibid., XI, pp. 100/113, 3 pl.)

Ces souverains forment un trio représentant les trois grandes puissances : ciel, terre, homme.

三才者天地人

FOU HI 伏羲 Portrait of Fuhi, the first of the Five Sovereigns, whose reign commenced two thousand eight hundred and fifty two years before Christ. [By E. C. Bridgman.] (Chin. Rep., XI, pp. 173/176, 1 Pl.)

— Mém. conc. les Chinois, III, pp. 8/9, avec 1 port.
— Mayers, Manual, No. 146.

CHIN NONG 神農 Portrait of Shinnung, or the Blazing emperor, the second of the five sovereigns, with brief notices of his life. [By E. C. Bridgman.] (Chin. Rep., XI, pp. 322/4, avec 1 Port.)

— Mayers, Manual, No. 609.

HOANG TI 黃帝 Portrait of Wang ti, the third of the five emperors, with notices of his life and character. [By E. C. Bridgman.] Chin. Rep., XI. (pp. 386/388, avec 1 Port.)

— Mayers, Manual, No. 295.

(HISTOIRE ANCIENNE.)

CHAO HAO 少昊 Portrait of Sháuháu, the fourth of the five ancient sovereigns, with remarks on Chinese historical writing. [By E. C. Bridgman]. (Chin. Rep., XI, pp. 432/3, avec 1 Port.)

TCHUEN HIU 顓頊 Portrait of Chuen-hiu, one of the ancient sovereigns of China. [By E. C. Bridgman.] (Chin. Rep., XI, pp. 616/7, avec 1 Port.)

YAO 堯

Chou king. — Mém. conc. les Chinois, III, pp. 16/18. — Mailla, Hist. de la Chine, I, pp. 44/85. — Art. de Weiss dans la Biog. univ. — Mayers, Manual, No. 900.

CHUN 舜

— Mayers, Manual, No. 617. — Mailla, I, pp. 85/118.

FORTIA D'URBAN. Histoire de la Chine avant le déluge d'Ogigès, Première Partie, faisant suite aux trois premiers volumes de l'Introduction à l'histoire ancienne de l'Europe. Par M. de Fortia d'Urban, de l'Académie étrusque de Cortone, de l'Academie celtique, de l'Athénée de Vaucluse, etc. A Paris, Chez Xhrouet, 1807, in-12.

— Histoire de la Chine avant le déluge d'Ogigès. Seconde partie, ou cinquième volume de l'Introduction à l'histoire ancienne de l'Europe. Par M. de Fortia d'Urban, de l'Académie celtique, de l'Athénée de Vaucluse, de l'Académie de Marseille, etc. A Paris, chez Xhrouet, 1807, in-12.

Cet ouvrage fait partie de la collection en dix volumes publiés à diverses époques par M. de Fortia d'Urban sous le titre général de « Histoire ancienne du globe terrestre. »

— Essai sur quelques-uns des plus anciens monumens de la Géographie, terminé par les preuves de l'identité des déluges d'Yao, de Noé, d'Ogigès et de l'Atlantide ; et l'explication phisique de ce déluge : Par M. de Fortia d'Urban, de l'Académie celtique..,. A Paris, chez Xhrouet, 1809, in-12.

Cet ouvrage fait partie (Vol. VIII) des « Mémoires pour servir à l'histoire ancienne du Globe terrestre. »

— Histoire et Théorie du déluge d'Ogigès ou de Noé, et de la submersion de l'Atlantide ; par M. de Fortia d'Urban.... A Paris, chez Xhrouet, 1809, in-12.

Cet ouvrage forme le Vol. IX des « Mémoires pour servir à l'histoire ancienne du Globe terrestre. »

L'Art. 461, pp. 281 et seq., est consacré à une « Histoire abrégée du déluge d'Yao. »

— Histoire des tems antédiluviens, ou antérieurs au déluge d'Yao, arrivé l'an 2298 avant notre ère, suivie d'une chronologie

(HISTOIRE ANCIENNE.)

de Jésus-Christ. Paris, H. Fournier, 1837. In-12.

— L'article de Mr. Adolphe Aubenas sur cette Histoire, inséré dans le *Journal de Paris*, est reproduit en tête de l'ouvrage suivant. On trouve aussi dans la *Description de la Chine* du Marquis de Fortia, Tome I, pp. 11-14 [voir col. 54], un article signé E. B. qui a paru dans le *Moniteur* du 2 mars 1839, p. 330 et Tome II, une lettre du Secrétaire de la Société des Antiquaires du Nord sur l'Histoire des tems antédiluviens.

— Histoire antédiluvienne de la Chine ou Histoire de la Chine dans les tems antérieurs à l'an 2298 avant notre ère par M. le Marquis de Fortia d'Urban. Paris, H. Fournier, 1838, in-12, pp. xxiv-68.

On trouve dans le Tome I, pp. 2-10, de la Description de la Chine du Marquis de Fortia une réimpression de l'article de M. Adolphe Aubenas sur cette Histoire inséré dans le *Journal de Paris* du 24 Juillet 1838.

— Ces deux ouvrages sont réunis en un vol. in-12 publié à 5 francs.

— Histoire anté-diluvienne de la Chine, ou Histoire de la Chine jusqu'au déluge d'Yao, L'an 2298 avant notre ère, par M. le Marquis de Fortia d'Urban, de l'Académie des Inscriptions et Belles-Lettres... Paris, chez l'auteur, rue de La Rochefoucauld, 2 vol. in-12, 1840.

Premier Vol. contenant l'Histoire de la Chine depuis son origine jusqu'à l'avènement de l'empereur Yao, l'an 2358 avant notre ère.

Second Vol. contenant : L'Histoire de la Chine depuis l'avènement de l'empereur Yao, l'an 2358 avant notre ère jusqu'à sa mort.

竹書記年 *Tchou - chou - ki - nien*, ou Tablettes chronologiques du livre écrit sur Bambou, ouvrage traduit du Chinois par M. Edouard Biot, br. in-8, pp. xii-83. (J. A. Extr. No. 17 (1841).)

— *Journal Asiatique*, 3e. Sér. Vol. XII, Décembre 1841, pp. 537-578 et Vol. XIII, Mai 1842, pp. 381-431.

— Note supp. à la traduction du 1er livre. *Ibid.*, XIII, pp. 203/7.

Cette chronique a été trouvée, dit-on, l'an 281 ap. J.-C., dans un tombeau des princes de Wei (Ho nan) ; elle présente un abrégé de l'histoire chinoise depuis Hoang ti jusqu'à l'an 299 av. J.-C.

De quelques intercalé des extraits de cet ouvrage entre les différents chapitres du *Chou king* dans son édition de la traduction du Père Gaubil.

— The Annals of the Bamboo Books : The Bamboo Books in general ; — their discovery and subsequent history. The Annals. How far the Annals are to be relied on ; conclusion from them as to the general character of the early records of the Shoo » (Dr. Legge's *Chinese Classics*, Vol. III. — Part I, *The Prolegomena*, chap. iv). Hongkong, 1865.

— Vide Wylie's *Notes*, p. 19.

— Considérations sur les anciens temps de l'histoire chinoise par M. Ed. Biot.

Extrait No. 1 de l'année 1846 du *Journal Asiatique*. br. in-8, pp. 64.

I. Temps antérieurs à la dynastie des Hia. — II. Race souveraine de Hia.-Yu et ses successeurs.— III. Race souveraine de Chang. — Tching-Thang et ses successeurs.

Publié dans le *Journal Asiatique* sous le titre de « *Etudes sur les anciens temps...* » IVe Série, T. VII, pp. 161-188 (Février 1846). — Pp. 389-425 (Mai 1846).

(HISTOIRE ANCIENNE.)

1° DYNASTIE HIA 夏紀

YU LE GRAND 大禹 premier empereur de la dynastie.

Yu le Grand et Confucius. Histoire chinoise par M. Clerc. A Soissons, Ponce Courtois, 1769, 4 part. en 1 vol. in-4.

Duprat, 1861. Fr. 10. — Quaritch, 1872, v. 7/6 ; mar. 20/-.

Art. de Weiss, dans la *Biog. univ.* ; Legge, *Chinese Classics*, proleg. ; Mayers, *Manual*, No. 131. — Mailla, I, pp. 119,123.

Monument de Yu : Voir *Antiquités*, col. 289.

— Das Chinesische Volk vor Abraham's Zeiten, zu gutem Theile als Spiegel für die Völker des 19. Jahrhunderts dargestellt von Dr. Joh. Ernst Rud. Kaeuffer, Königl. Sächs. Consistorialrath, ev. Hofprediger. Dresden, Rudolf Kuntze, 1850, in-8, pp. 136.

2° DYNASTIE CHANG 商紀

— Mémoire sur la Constitution politique de la Chine au xiie Siècle avant notre ère. Par M. Ed. Biot. *(Mém. présentés par divers savants à l'Ac. des Insc.*, 1re Série, II, pp. 4/13.)

Voir Gouvernement, *supra*, col. 236.

HIA. — CHANG.

3° DYNASTIE TCHEOU 周紀

— The Mythical Origin of the Chow or Djow Dynasty, as set forth in the Shoo-king, by Thos. W. Kingsmill. Read, February 4th, 1872. *(Journ. N. C. B. Roy. As. Soc.*, New Ser., VII, 1871 & 1872, p. 137.)

— Lists of the Kings of Chow, and of the Princes of the principal fiefs, from the beginning to the close of the dynasty. *(Chinese classics*, Dr. Legge, Vol. V, Part. I, *Proleg.*, Section III, pp. 102/111.)

— Two Heroes of Chinese History. By Rev. Jas. Legge, LL. D. *(The China Review*, I, pp. 370/381.)

AUGUST PFIZMAIER. Die Zeiten des Fürsten Hoan, Tschuang und Min von Lu. *(Sitzungsber. der Phil.-Hist. Cl. d. k. Akad. d. Wiss. z. Wien*, XIII, 1854 [1].)

Die Zeiten des Fürsten Yin von Lu. *(Ibid.*, XIII, 1854.)

Die Zeiten des Fürsten Hi von Lu. Von dem w. M., Herrn Dr. Pfizmaier. *(Ibid,*, XIV, 1854.)

Die Zeiten des Fürsten Wen von Lu. *(Ibid.*, XV, 1855.)

Die Zeiten des Fürsten Siuen von Lu. *(Ibid.*, XVII, 1855.)

Notizen aus der Geschichte der chinesischen Reiche von der Versammlung der Reichfürsten in Schin bis zu der Versammlung von Ping-khieu. (Vom Jahre 537 bis 529 vor Christo.) Von dem w. M., Herrn Dr. Pfizmaier. *(Ibid.*, XXI, 1856, in-8, pp. 156/220.)

<small>Cette notice est commencée dans les Vol. XVII et XVIII (1855), XX (1856) à l'année 590 av. J.-C.</small>

Die Geschichte des Reiches U. *(Ibid.*, XXIII, 1857, pp. 13/14.)

<small>Zur Geschichte d. Reiches U. *(Denkschr. d. k. Akad. z. Wien*, Phil.-Hist. Cl., VIII Bd. I, 1853, pp. 123/153.)</small>

Geschichte des Hauses Tschaô. *(Ibid.*, pp. 577/9.)

<small>Geschichte des Hauses Tschao. *(Denkschr. d. k. Akad. z. Wien*, Phil.-Hist. Cl., IX Bd. I, 1859, pp. 45/98.)</small>

Notizen aus der Geschichte der chinesischen Reiche vom Jahre 528 bis 510 vor Chr. *(Ibid.*, XXV, 1857, pp. 61/128.)

—Vom Jahre 509 bis 468 vor Christo. *(Ibid.*, XXVII, 1858, pp. 113-163.)

Die Feldherren des Reiches Tschao. *(Ibid.*, XXVIII, 1858, pp. 55/87.)

Berichtigung des Namens einer alten chinesischen Waffe. *(Ibid.*, pp. 88/90.)

Das Leben des Prinzen Wu-ki von Wei. *(Ibid.*, pp. 171/192.)

Wei-jen, Fürst von Jâng. *(Ibid.*, XXX, 1859, pp. 155/164.)

Das Leben des Redners Fan-hoei. *(Ibid.*, pp. 227/273.)

Zur Geschichte des Entsatzes von Han-tan. *(Ibid.*, XXXI, 1859, pp. 65/132.)

Li-sse, der Minister des ersten Kaisers. *(Ibid.*, pp. 311/351.)

Die Gewaltherrschaft Hiang-yü's. *(Ibid.*, XXXII, 1859, pp. 7/67.)

Das Ende Mung-lien's. *(Ibid.*, pp. 134/144.)

Die Anfänge des Aufstandes gegen das Herrscherhaus Thsin. *(Ibid.*, pp. 273/299.)

Die Genossen des Königs Tschin-sching. *(Ibid.*, pp. 332/357.)

Der Redner Tschang-I und einige seiner Zeitgenossen. *(Ibid.*, XXXIII, 1860, pp. 525/583.)

Die Feldherren Han-sin, Peng-yue und King-pu. *(Ibid.*, XXXIV, 1860, pp. 371/435.)

Worte des Tadels in dem Reiche der Han. *(Ibid.*, XXXV, 1860, pp. 207/266.)

Der Abfall des Königs Pi von U. *(Ibid.*, XXXVI, 1861, pp. 17/46.)

Die Menschenabtheilung der wandernden Schirmgewaltigen. *(Ibid.*, XXXVII, 1861, pp. 103/151.)

Zwei Statthalter der Landschaft Kuei-ki. *(Ibid.*, pp. 304/330.)

Sse-ma-ki-tschü, der Wahrsager von Tschang-ngan. *(Ibid.*, pp. 408/419.)

Die Bevorzugten des Allhalters Hiao-wu. *(Ibid.*, XXXVIII, 1861, pp. 213/230.)

Das Ereigniss des Wurmfrasses der Beschwörer. *(Ibid.*, XXXIX, 1862, pp. 50/104.)

Die Antworten Tung-tschung-schü's auf die Umfragen des Himmelssohnes. *(Ibid.*, pp. 345/384.)

Die Könige von Hoai-nan aus dem Hause Han. *(Ibid.*, pp. 575/618.)

Die Würdenträger Tsiuen-pŭ-I, Su-kuang, Yü-ting-kue und deren Gesinnungsgenossen. *(Ibid.*, XL, 1862, pp. 131/163.)

Tschin-thang, Fürst-Zertrümmerer von Hu. *(Ibid.*, pp. 396/437.)

<small>I. Sitzungsberichte der Philosophisch-Historischen Classe der Kaiserlichen Akademie der Wissenschaften. Wien, in-8.</small>

Die Geschichte des Hauses Thai-kung. *(Ibid.,* pp. 645/696.)

Die Geschichte des Hauses Tscheu-kung. *(Ibid.,* XLI, 1863, pp. 90/138.)

Die Geschichte der Häuser Schao-kung und Khang-scho. *(Ibid.,* pp. 433/477.)

Die Geschichte des Fürstenlandes Tsin. *(Ibid.,* XLIII, 1863, pp. 74/152.)

Die Geschichte des Königslandes Tsu. *(Ibid.,* XLIV, 1863, pp. 68/139.)

Keu-tsien, König von Yue, und dessen Haus. *(Ibid.,* pp. 197/219.)

Die Heerführer Li-khuang und Li-ling. *(Ibid.,* pp. 511/544.)

Die Heerführer Wei-tsing und Hò-khiü-ping. *(Ibid.,* XLV, 1864, pp. 139/180.)

Die Unternehmungen der früheren Han gegen die südwestlichen Fremdgebiete *(Ibid.)*

Die Eroberung d. beiden Yue u. d. Landes Tschao-sien durch Han. *(Ibid.,* XLVI, 1864.)

Ces Mémoires forment un ensemble de travaux par le Dr. Pfizmaier sur l'histoire ancienne de la Chine que nous n'avons pas cru devoir séparer.

WEN WANG 文王 (Si pé 西伯).
Fondateur de la dynastie des Tcheou.

(TCHEOU.)

— Art. de Klaproth dans la *Biog. universelle.*
— Mayers, *Manual,* No. 570.

— The Legend of Wên Wang, Founder of the Dynasty of the Chows in China, by Thos. W. Kingsmill. Read, March 26th, 1873. *(Jour. N. C. B. Roy. As. Soc.,* New Ser. VIII, 1873, p. 45.)

WOU WANG 武王, fils de Wen wang.
Premier empereur de la dynastie des Tcheou.
— Art. de Klaproth dans la *Biog. universelle.*
— Mayers, *Manual,* No. 876.

YE WANG 夷 |
— Mailla, II, pp. 15/18.
— Art de Weiss dans la *Biog. universelle.*

YEOU-WANG 幽 |
Mailla, *Hist. de la Chine,* II, pp. 45/50.
— Art. de Weiss dans la *Biog. universelle.*

PAO SZE.

Pao-sze : The Cleopatra of China. A Story of the seventh Century B. C. — By H. Kopsch. *(The China Review,* IV, pp. 104/114, 227/232.)
— Mayers, *Manual,* No. 541.

KAO WANG 考 | (28° emp. 440 av. J.-C.)
— Art. de F. T. dans la *Biog. générale.*

(TCHEOU.)

DEPUIS LA 4° DYNASTIE TSIN 秦紀 JUSQU'A LA DYNASTIE MONGOLE YUAN (1280, KOUBILAI)

始皇帝 CHI HOANG-TI OU HOANG TCHING, premier empereur de la dynastie des Tsin.

— Histoire de Tsin-Ché-Hoang-Ti, Empereur, Incendiaire des Livres. *(Mém. conc. les Chinois,* III, pp. 183-302, avec un port.)
— Mailla, II, pp. 369/405.
— Art. de Klaproth, *Biog. univ.*
— History of She-Hwang-te. *(As. Journ. & Month. Reg.,* XIX, 1835, pp. 262/270.)
— Mayers, *Manual,* No. 597.

KAO TI 高帝 (Chef de la Dynastie des Han.)
— Art. de F. X. Tessier dans la *Biog. gén.*

WEN TI 文帝 (Dynastie des Han).
— Mayers *Manual,* No. 853.

— 三國志 Notice of the San kwo che, or History of the Three Kingdoms, during a period of one hundred and forty seven years, from A. D. 170 to 317. From a Correspondent [Rev. C. Gützlaff.] *(Chinese Repository,* VII, pp. 233 et seq.)

(TSIN. — TROIS-ROYAUMES.)

— The Rebellion of the Yellow Caps, compiled from the History of the Three States (by W. C. Milne). *(Ibid.,* X, pp. 98/103.)
— Vide Wylie, *Notes,* p. 14, on the San kwo Che.

KAO TI 高帝 (fondateur de la Dynastie des Tsi.)
— Art. de F. X. Tessier dans la *Biog. gén.*

WEN TI 文帝 ou KAO TSOU 高祖 fondateur de la dynastie des Soui.
— Mayers, *Manual,* Art. Yang kien, No. 889.

YANG TI 煬帝
empereur, fils de Wen ti, fondateur de la dynastie des Soui.
— Mailla, *Hist. de la Chine,* V, pp. 502/553.
— Art. de Weiss, dans la *Biog. univ.*
— Mayers, *Manual,* No. 800.

— Abrégé de l'histoire de la grande dynastie Tang [par le Père Gaubil]. *(Mém. con-*

(TROIS-ROYAUMES. — TANG.)

cernant les Chinois, Paris, XV, pp. 399/516 (1791) et XVI (1814.)

« Ce qui est dit dans cet abrégé est tiré d'un grand recueil des historiens des dynasties, appelé *Nyen-y-sse* ou *Nyen-y-che*, de l'histoire chinoise de Ssema-kouang, de l'histoire appelée *Tong-kien-kang-mou*, et de celle qui est intitulée *Li-tay-ki-che-nien-piao*. (Préface de l'Abrégé, XV, p. 399.)

Le Ms. autog. du P. Gaubil formant un vol. in-fol. porte le No. 1284 au Cat. de vente de Rémusat.

KAO TSOU 高祖

Empereur de la dynastie des Tang (618-627).

Art. de Ch. Labarthe, dans la *Biog. gén.*

TAI TSOUNG 太宗

empereur de la dynastie des Tang (627-650).

Hist. gén. de la Chine, 5 & 6. — *Mém. conc. les Chinois,* XV, pp. 399/462. — Weiss, dans la *Biog. univ.*

KAO TSOUNG 高宗

empereur de la dynastie des Tang (650-684).

II. Audiffret, dans la *Biog. univ.* — Ch. Labarthe, dans la *Biog. gén.*

WOU HEOU, ou WOU HOANG HEOU, ou WOU TSI-TIEN 武則天, impératrice de la dynastie des Tang. (VII° S. ap. J.-C.)

— Memoir of the Empress Woo How. *(Canton Miscellany,* 1831, No. 4, pp. 246/251.)

— Art. de Klaproth, dans la *Biog. univ.*

— Woo Tsih teen, empress of China : her parentage ; admission to the palace ; kills her daughter with her own hands ; causes the death of the empress, and is elevated in her stead ; takes the title of Queen of Heaven, and reigns absolute. By E. C. Bridgman. *(Chin. Rep.,* III, pp. 543 sq.)

— Mayers, *Manual,* No. 862.

KAO TSOU 高祖 (Dyn. des Tsin Postérieurs).

Art. de L. de R.[osny], dans la *Biog. gén.*

KAO TSOU (Dyn. des Han Postérieurs).

Art. de F. X. Tessier, dans la *Biog. gén.*

— The Liu Family ; or Canton during the period of the five dynasties. By E. C. Bowra. *(The China Review,* I, pp. 316/322.)

— Ping Nan How Chuen, or an Account of the Latter Pacification of the South, an historical work in six volumes.— From a Correspondant [by C. Gützlaff]. *(Chinese Rep.,* VII, pp. 281 sq.)

« The Ping Nan embraces the Epoch between A. D. 1020 to 1050 when the Song dynasty firmly seated upon the throne was either engaged in wars with Tartars or endeavoring to extend the limits of the Empire », p. 281.

— Nan Sung Chi-chuen, or History of the Southern Sung dynasty. 5 vol. in-8. Reviewed by a Correspondent. [C. Gützlaff]. *(Chin. Rep.,* XI, pp. 529/540.)

— History of the Southern Sung Dynasty.

(TANG. — SONG.)

A Translation. *(Chin. Rec.,* I, pp. 46/8, 103/104, 137/139, 160/162, 207/208, 229/230.)

Ne paraît pas avoir été terminé.

— Ungewöhnliche erscheinungen und zufälle in China um die zeiten der südlichen Sung. von Dr. A. Pfizmaier. Wien, 1875, in-8, pp. 82.

Ext. du No. de Fév. 1875 des Mém. de la sect. phil. hist. de l'Ac. des Sciences de Vienne.

— Il y a à la Bibliothèque nationale au dép. des Ms. (Fonds chinois. No. 2149) un petit vol. in-4 qui contient la prononciation en caractères romains d'un fragment de l'ouvrage chinois consacré aux Annales de la Dynastie des Song.

KAO TSOUNG 高宗 (Dynastie des Song).

— Art. de F. X. Tessier dans la *Biog. gén.*

HIAO TSOUNG 孝宗 11° empereur de la Dynastie des Song.

— II. Audiffret dans la *Biog. univ.*

Voir Kouang toung : Tai shan, col. 152. — Biographie : Hoang Ngan-chi, col. 284.

LA DYNASTIE MONGOLE, YUAN, 元紀 (1280-1368)

Voir la cinquième partie de cet ouvrage consacrée à la Mongolie.

WOU TSOUNG 武宗 (emp. de 1308 à 1311).

A. Rémusat *(Nouv. Mél. As.,* II, pp. 1/3, art. Khaisang).

LA DYNASTIE MING 明紀 (1368-1644)

— Histoire de la dynastie des Ming composée par l'empereur Khian-loung traduite du chinois par M. l'Abbé Delamarre des Missions étrangères pouvant servir de supplément à l'Histoire générale de la Chine du P. de Mailla. Première partie comprenant les dix premiers livres. Paris, V° Benjamin Duprat, 1865. In-4, pp. IV-448.

Extrait de la *Revue de l'Orient* dans laquelle cet ouvrage a été publié sous le titre de *Annales chinoises de la dynastie Min.* (Voir Sér. IV, 1865) [1].

Ce volume (le seul publié) s'étend de l'année 1368 (Hong-wou)

---

1. Revue de l'Orient, Bulletin de la Société orientale (Société scientifique et littéraire). Fondée à Paris en 1841, constituée et autorisée en 1842, conformément à la loi. Tome premier. Cahiers 1 à IV. Paris, chez Delavigne, 1843.

Elle devient :

Revue de l'Orient et de l'Algérie, recueil consacré à la discussion des intérêts de tous les États orientaux et des colonies françaises de l'Afrique, de l'Inde et de l'Océanie. Bulletin et Actes de la Société orientale, fondée à Paris en 1841. Rédacteur en chef, M. O. Mac Carthy, secrétaire général de la Société. Tome premier. Paris, chez Just Rouvier, 1817.

Puis, en 1818 :

Revue de l'Orient, de l'Algérie et des Colonies, etc.

Cette publication a été terminée en 1865 à sa 4° Série.

(SONG. — MING.)

à l'année 1505 (Hiao-tsoung). Il y a, à la fin du volume, un appendice sur l'organisation administrative chinoise.

« M. Delamarre (Louis-Charles), de la Société des Missions étrangères, était né à Rouen le 11 juillet 1810. Il partit pour les missions le 15 mars 1835. — Il travailla vingt-huit ans dans la province de Setchuen, en Chine..... En 1860, il quitta le Setchuen pour venir servir d'interprète à l'ambassadeur français, M. le baron Gros..... Depuis cette époque, M. Delamarre s'était retiré à Tchentou, ville principale du Setchuen.... Il partit pour Péking au mois de septembre 1863. Il allait réclamer justice contre le pillage des maisons des chrétiens de Tchongkin. Il mourut en route, à Hankheou, le 3 octobre », pp. I-II.

Ming Shi [明 史], or History of the Ming dynasty. In 68 vol. gr. in-8. Reviewed by a Correspondent. [C. Gützlaff.] (Chin. Rep., XI, pp. 592/614.)

« The Imperial order for the compilation of the History of the Ming dynasty was first issued in 1679, when fifty eight scholars were appointed to engage in the work, and by continued accretions it was brought to a conclusion in 1724. The Ming shë as we now have it was ultimately laid before the emperor in 1742, 張 廷 玉 and his colleaby Chang Ting - yuh gues. It conforms in plan to the former histories, but does not rank high as a literary production. It consists of 4 sections : — 1, Pŭn kė; — 2, Chĕ, including Astronomy, Elemental influence, Chronology, Geography, Rites, Music, Body-guard, Sumptuary regulations, Examinations, Government offices, Political economy, Water-courses, Military, Jurisprudence and Literature ; — 3, Peaou ; — 4, Lëe chuen (Wylie, Notes, p. 19).

— History of the Ming Dynasty. (Ch. & Jap. Rep., Sept. & Oct. 1865.)

— Соопытія при паденіи Минской династіи. — Récit de la chute de la Dynastie Ming par M. Khrapovitsky. (Trav. de la Mission russe, III, 1857, No. 1.)

* Der Fall der Ming Dynasty und die Begründung der Mandschuherrschaft. (Ausland, 1858, No. 11.)

Houng wou [1] 洪 武

Tai tsou [Houng wou], fondateur de la dynastie des Ming. (Sa biographie par Abel-Rémusat se trouve dans les Nouv. Mél. As., II, pp. 4 20.)

Cette biographie a été traduite en anglais par Mrs Coolidge dans The Chinese Repository, IX, pp. 380/398. Consulter dans le même recueil : The eventful Life of Hungwoo, founder of the Ming dynasty ; from the Hungwoo Tsouenchuen, a Chinese Work in ten small volumes. By a Correspondent. [C. Gützlaff], VII, pp. 353,385.

The Tomb of (孔 明) (by G. M. C., Notes & Q. on C. K'ung Ming & J., Vol. III, pp. 36,7. — Biographie, Kung ming, col. 284.

Wan li 萬 歷

13e Empereur de la dynastie Ming ; régna de 1572 à 1619.

— Klaproth, dans la Biog. univ.

Lipoftsof. — « Le même interprète [Lipowzew] s'occupe d'une traduction russe de l'histoire des Ming, dont on assure qu'il y a déjà deux volumes imprimés. » Note d'Abel-Rémusat dans le Jour. As., II, 1823, p. 251. — Je n'ai pas connaissance de cet ouvrage.

---

1. On sait que les empereurs de la Chine prennent, en montant sur le trône, un nom, un titre différent de leur titre dynastique, 廟 諡 ; ce titre Nien hao s'applique à leur Miao hao règne entier ou à une seule période de leur règne ; certains souverains ont donné cinq ou six noms différents aux périodes de leur règne ; c'est pour éviter une confusion facile que jusqu'à présent nous avons indiqué les empereurs par leur Miao hao ; à partir des Ming, nous les désignerons par leur nom de période, Nien hao parce qu'ils sont mieux connus ainsi que par leur Miao hao ; leurs règnes n'ont eu d'ailleurs qu'un seul Nien-hao.

CONQUÊTE DE LA CHINE PAR LES MANDCHOUS

— MART. MARTINI. De Bello Tartarico historia ; In quâ, quo pacto Tartari hac nostrâ aetate Sinicum Imperium invaserint, ac ferè totum occuparint, narratur ; eorumque mores breviter describuntur. Auctore R. P. Martino Martinio, Tridentino, ex Provinciâ Sinensi Societatis Iesv in Vrbem misso Procuratore. Antverpiae, ex officina Plantiniana Balthasaris Moreti. M. DC. LIV. pet. in-8, pp. 156 sans l'app. priv., &c. 1 carte.

— De Bello Tartarico Historia ; In quâ, quo pacto Tartari hac nostrâ aetate Sinicum Imperium invaserint, ac ferè totum occuparint, narratur ; eorumque mores breviter describuntur. Auctore R. P. Martino Martinio, ex Provincia Sinensi Societatis Iesv in Vrbem misso Procuratore. Editio altera, recognita & aucta. Antverpiae, ex Officina Plantiniana Balthasaris Moreti, M. DC. LIV, in-16, pp. 166 s. l. perm., 1 carte.

Ne pas confondre cette édition qui est la seconde avec la première, également publiée par B. Moret, en 1654. Vide supra. Cette éd. se trouve à la Bib. Ste-Geneviève sous le No. G 218 ; elle n'est pas à la Bib. nationale.

— De Bello Tartarico Historia ; In quâ, quo pacto Tartari hac nostrâ aetate Sinicum Imperium invaserint, ac ferè totum occuparint, narratur ; eorumque mores breviter describuntur. Auctore R. P. Martino Martinio, Tridentino, ex Provinciâ Sinensi Societatis Iesv in Vrbem misso Procuratore. Editio Tertia, recognita & aucta. Coloniae, Apud Iodocvm Kalcovivm M. DC. LIV. Cum consensu authoris. in-12, pp. 131, s. la déd., etc, 1 carte.

Le P. de Backer ne cite pas cette éd.

— De Bello Tartarico Historia ; In qua, quo pacto Tartari hac nostra aetate Sinicum imperium invaserint, ac ferè totum occuparint, narratur ; eorumque mores breviter describuntur. Auctore P. Martino Martinio, Tridentino, ex vice Provincia Sinensi Societatis Iesv in Vrbem misso Procuratore. Romae, Typis Ignatij de Lazeris et Sumptibus. M. DC. LV. Superiorum Permissu, in-16, pp. 111, s. la déd., etc.

Ternaux-Compans ne cite pas cette éd.

— De Bello Tartarico Historia, In quâ....... describuntur. Cum Figuris Æneis. Auctore R. P. Martino Martinio S. I. etc. Amstelodami, Apud Iohannem Ianssonium Juniorem. 1655, in-12, pp. 215 s. la perm., etc., 1 carte, Frontispice gravé.

Cette édition n'est pas citée par Ternaux-Compans.

Cet ouvrage a également paru dans les deux éditions latines du Novus Atlas Sinensis publiées par Jean Blaeu à Amsterdam en 1655. Noter dans l'Appendice de l'Atlas les notes de Martini d'après une lettre du P. Francisco Brancato, datée de Changhai le 14 Nov. 1651.

— Regni Sinensis à Tartaris Tyrannicè evastati depopulatique concinna enarratio, Authore Martino Martinii. Vltima hac aeditione, Indice, tabulisque aeneis illustrata. Amstelaedami, Apud Ægidium Ianssonium Valkenier. cIↃ. IↃCLXI pet. in-12, pp. 120 s. l. t. &c. — Frontispice gravé, gravures.

— Histoire de la gverre des Tartares, contre la Chine. Contenant les revolvtions estranges qui sont arrivées dans ce grand Royaume, depuis quarante ans. Traduite du Latin du P. Martini, de la Compagnie de Iesvs, envoyé de la Chine à Rome, en qualité de Procureur de la Province de la Chine. A Paris, chez Iean Henavlt...... M. DC. LIV. Avec Privilege du Roy, in-8, pp. 182, s. l'ép. et l. p., 1 carte.

— Histoire de la gverre des Tartares, contre la Chine....,....

À Dovay. Chez la Vefue Iean Serryrier, à la Salamandre, 1654, in-8, pp. 126, s. l'ép., etc., 1 carte.

* Le Même, 1671. (De Backer, II, 1121.)

— Histoire de la gverre des Tartares contre la Chine. Contenant les Revolvtions estranges qui sont arriuées dans ce grand Royaume, depuis quarante ans. Traduite du Latin du P. Martini, de la Compagnie de Iesvs, enuoyé de la Chine à Rome en qualité de Procureur de la Prouince de la Chine. Seconde Edition augmentée. A Paris, chez Iean Henavlt,... M. DC. LVII. Auec Priuilège du Roy, in-8, pp. 187, s. la déd., etc.

Cet ouvrage a également paru en français dans l'édition de *Semedo*, Lyon, 1667, voir col. 14 — et dans l'éd. franç. du *Novus Atlas Sinensis*, voir col. 107.

— Relation de la Tartarie Orientale. *(Recueil de Voy. au Nord,* IV, nouv. éd., 1732.)

* Historie van den Tartarschen Oorloch, in dewelcke wert verhaelt, hoe de Tartaren in dese onse eeuw in't sineesche Ryck syn gevallen, ende het selve gelyck geheel hebben verovert, mitsgaders hare manieren in't kort werden beschreven. Door den Heer Martinus Martinii. Ende nu uyt het Latyn over-geset, in onse Nederduytsche Tael. Door G. L. S. Tot Delf. By Jacob Jacobsz Pool, Boeck-verkooper woonende op't Mart-velt, in't Musyck-Boeck, 1654, in-12, 4 ff., pp. 240, 1 carte. A la fin : Tot Delff, gedruckt by Aernold Bon, Boeck-verkooper op't Martvelt, 1654. — Utrecht, sans date. (De Backer, II, 1121.)

' Martin Martinius, Beschryving van het verweest Sina. Amsterdam, 1660, in-12. *(Tb.)*

— Histori von dem Tartarischen Kriege / in welcher erzehlt wird/Wie die Tartaren zu unserer Zeit in das grosse Reich Sina eingefallen sind / und dasselbe fast ganz unter sich gebracht haben : samt deroselben Sitten und Weise kürzlich beschriben : durch den Ehrw. P. Martinvm Martinivm, auss Trient / der Societät Jesu auss Sina nacher Rom geschickten Procuratorem. Amsterdam , Bey Iohan Blaev, MDCLV, in-12, pp. 217 s. l'ép., &c. — Frontispice gravé.

Cette éd. n'est pas citée par Ternaux-Compans.

— Der vor kurtzen Jahren zwischen denen Tartarn und Chinesern entstandene Krieg / Wodurch die Chineser überwunden / und unter das Tartarische Joch gebracht worden. 37 pages. — (Dans la collection d'Olearius, *Reise-Beschreibung,* Hamburg, 1696, in-folio.)

— Bellum Tartaricum, or the Conquest of the great and most renowned Empire of China, By the Invasion of the Tartars, who in these last seven years , have wholy subdued that vast Empire. Together with a Map of the Provinces, and chief Cities of the Countries, for the better understanding of the Story. Written Originally in Latine by Martin Martinius, present in the Country at most of the passages herein related, and now faithfully translated into English. London, Printed for John Crook, and are to be sold at his Shop at the sign of the Ship in St. Paul's Church-yard. 1654. pet. in-8, pp. 240, s. l'ép.

* The History of the late Invasion and Conquest of the flourishing Kingdom of the Tartars, with an exact Account of the other Affairs of China, till these present. Lond. 1655, in fol., carte.

Lowndes, qui indique à tort cet ouvrage au nom de *Semedo*,

cite les prix : Bindley, pt. iii. 1442, 10/. — Fonthill, 348, 8/. — de Backer, II, 1121, indique aussi : 1660, in-8.

— A Narrative of the Manchu Conquest 1 abridged from th latin of Martini by W. A. P. Martin *(North-China Herald,* No. 347, March 21, 1857, et seq.)

—— Breve Historia delle Gverre segvite in qvesti vltimianni tra Tartari, e Cinesi. Nella quale si racconta come i Tartari in sette anni hanno occupato quasi tutto il vastissimo Imperio della Cina. E si dà breue contezza de' costumi de' medesimi Tartari. Scritta in Latino dal R. P. Martino Martinio Trentino della Compagnia di Giesù , mandato da suoi Superiori da quelle parti à Roma Procuratore. Et tradotta in Italiano dal Sig. Climaco Latini. In Milano, M. DC. LIV. Per gli Heredi di Gio : Battista Bidelli. In-8, pp. 124, s. l. déd., &c.

— Historia de la Gverra de los Tartaros; Contiene el modo con que en nuestra edad acometieron los desta nacion el imperio de la Sina, y se apoderaron casi de todo el; descrivense brevemente sus costumbres, pp. 44.

A la suite de l'*Atlas nuevo* publié par Blaeu à Amsterdam en 1651, voir col. 108.

— Tartaros en China, Historia, qve escrivio en latin el R. P. Martin Martinio, de la Compañia de Iesvs. y en español El Doctor D. Esteuan de Aguilar y Zuñiga. Al Excelentissimo Señor D. Guillen de Moncada Aragon, Luna y Cardona, Principe de Paternò, Duque de Montalto, &c. Con Licencia. En Madrid, por Ioseph Fernandez de Buendia, año de 1665, in-16, pp. 188 s. l'ép. l. t., &c.

' Diogo Gomes Carneiro, chronista do Estado do Brasil, natural do Rio de Janeiro, traduziu na lingua materna :

Historia da guerra dos Tartaros, em que se refere como n'estes nossos tempos invadiram o Imperio da China, e o têm quasi todo occupado, escripta em latin pelo Padre Martim Martines, da Companhia de Jesus. Lisboa, na Officina de Henrique Valente de Oliveira. 1657, in-16.

(Bibliotheca Nacional de Lisboa, *Papeis Varios* 1/6). D'ella possuimos um exemplar. (Figaniere, No. 909.)

— Martini Martinij S. J. Historia om thet Tartariske krijget uthi konungarijket Sina, sampt ther'as seder. Korteligen beskrifwin pa Latijn / och tryckt uthi Amstelodam Anno MDCLV. Men forswenskat aff

───────────────

1. Il ne faut pas placer la tragédie suivante parmi les ouvrages d'histoire : « Settle (Elkanah). Conquest of China by the Tartars ; a Tragedy. London, 1676, in-4. »
Settle, poète ou plutôt poetaster comme Watt le nomme *(Bib. Britannica,* II, 816 s) né dans le Bedfordshire en 1648, est mort en 1724.

Ambrosio Nidelberg. Wijsingzborg,Iohañ Kankel, MDCLXXIV. In-4 pp. 162, s. l'ép.

JUAN DE PALAFOX Y MENDOÇA. Historia de la Conqvista de la China por el Tartaro, escrita por el Illustrissimo Se-- ñor, Don Juan de Palafox y Mendoça, siendo Obispo de la Puebla de los Angeles , y Virrey de la Nueva-España y a su muerte Obispo de Osma. En Paris, Acosta de Antonio Bertier., M. DC. LXX. pet.in-8, pp. 388, s. l. p. et la tab., front. grav.

Duprat, 1861, Fr. 5. — Brockhaus, 1872, Thr. 1.
— Historia de la Conquista de la China por el Tartaro. Madrid, 1670, in-fol.
　Fait partie des œuvres de P. y M., pp. 409/528, avec titre et Index spéciaux.

— Histoire de la Conqueste de la Chine par les Tartares, Contenant plusieurs choses remarquables, touchant la Religion, les Moeurs. & les Coûtumes de ces deux Nations, & principalement de la dernière. Ecrite en Espagnol par M. de Palafox, eu es-que d'Osma. Et traduite en François par le sieur Collet. Dedie à Monseigneur le Dav-phin. A Paris, chez Antoine Bertier, M. DC. LXX. In-8, pp. 478, s. l. préf., &c.

Ternaux (2338) cite une éd. : Paris, Berthier, 1678, in-8?
— Histoire de la Conqueste de la Chine par les Tartares : contenant plusieurs choses remarquables : Touchant la Religion, les Mœurs, & les Coûtumes de ces deux Nations, Ecrite en Espagnol par M. de Palafox, Evesque d'Osma., & Traduite en François par le Sieur Colle. A Amsterdam, chez Jean Frederic Bernard, 1723, in-12, pp. 477, s. l. préf., &c.
Duprat, 1861, Fr. 3.
— La Chine et les Tartares au XVIIe Siècle. Mœurs et Usages de ces peuples. Ouvrage traduit de l'espagnol par Colle. Limoges, Barbou [1869], in-8, pp. 120.

* Palafox. History of the Conquest of China by the Tartars. London, 1671, in-8.

Un extrait de cette histoire trad. en anglais par Sloth [Thoms] a paru dans The Canton Register, X, 1837, pp. 121 et 126.

— The History of the Conquest of China by the Tartars. Together with an Account of Several remarkable things, concerning the Religion, Manners, and Customs of both Nations, but especially the latter. First Writ in Spanish, by Señor Palafox, Bishop of Osma, and Vice-Roy of Mexico. The Second Edition. And now rendred English. London, Printed by W. Godbid, and sold by M. Pitt,.... 1676, pet. in-8, pp. 588, sans l'av. et la table.

— The History of the Tartars : Being an Account of their Religion, Manners, and Customs ; and their Wars with, and Overthrow of the Chineses. London : Printed, and are to be sold by Thomas Mercer... 1679. pet. in-8, pp. 588, sans l'av. et la table.

Même éd. que la précédente avec un nouveau titre ; cette version anglaise est faite sur la trad. franç. de Colle.

(CONQUÈTE.)

ADRIEN GRESLON. Histoire de la Chine sous la domination des Tartares. Ou l'on verra les choses les plus remarquables qui sont arrivées dans ce grand Empire, depuis l'année 1631 qu'ils ont achevé de le conquérir, jusqu'en 1669. Par le Père Adrien Greslon, de la Compagnie de Iesus, Missionnaire François dans la Chine. A Paris, chez Ican Henault, Libraire Iuré, rue Saint Jacques. 1671, in-8, pp. XIV-352-63.

Ces 63 dernières pages qui sont imprimées avec de plus gros caractères que les précédentes, comprennent la « Suite de l'Histoire de la Chine imprimée en 1671 ».

Ternaux cite également (2210) : 1672 ??

FR. DE ROUGEMONT. Historia Tartaro-Sinica nova Authore P. Francisco de Rougemont Societatis Iesv Belga Evangelii apud Sinas praecone curiosè complectens ab anno 1660. Aulicam Bellicamque inter Sinas disciplinam, Sacrorum Jura, & Sacrificulorum ; Christianae Religionis prospera adversaque, singulari fide, elegantia facili, idoneis testimoniis breviter & clarè describens. Lovanii, Typis Martini Hulle-gaerde, antè Hallas. Anno M. DC. LXXIII, pet. in-8, pp. 327 sans l'épitre dédicat., etc.

Ex Quàm chéu fù Metropoli Provinciae Quàm tûm in Regno Sinarum 16. Decembris 1668 (p. 327).
L'épitre dédicatoire au Général de la Compagnie, Jean Paul Oliva, est datée de Canton le 5 Oct. 1668.
' Sebastião de Magalhães.—Relação do Estado politico e espiritual do Imperio de China pelos annos de 1659 até o de 1666 escripta em latim pelo P. FranciscoRogemont, da Companhia de Jesus Flamengo Missionario Apostolico no mesmo Imperio da China. Lisboa, por João da Costa, 1672, in-4, pp. VIII-229.

PÈRE JOSEPH D'ORLÉANS. Histoire des deux Conquerans Tartares qui ont subjugué la Chine. Par le R. P. Pierre Joseph d'Orleans, de la Compagnie de Jesus. A Paris, chez Claude Barbin... M. DC. LXXXVIII. Avec privilège du Roy. in-8.

— Histoire de deux Conquerans Tartares qui ont subjugué la Chine par le R. P. J. D*** (d'Orléans). Paris, Louis Lucas, 1690, in-8.

— La même, Paris, Louis Lucas, 1689, in-8.
Voir le Recueil des Voy. au Nord, Bernard, 1715, T. 7. — Ibid., 1731, T. 7, in-12.

— History of the two Tartar Conquerors of China, including the two journeys into Tartary of Father Ferdinand Verbiest, in the suite of the Emperor Kang-Hi : from the French of Père Pierre Joseph d'Orléans, of the Company of Jesus. To which is added Father Pereira 's Journey into Tartary in the suite of the same Emperor, from the Dutch of Nicolaas Witsen. Translated and edited by the Earl of Ellesmere. With an Introduction by R. H. Major, Esq., of the British Museum, Honorary Secretary of the Hakluyt Society.

(CONQUÈTE.)

9

London : Printed for the Hakluyt Society.
M. DCCC. LIV, in-8.

Cet ouvrage forme le vol. 17 de la coll. pub. par la Hakluyt
Society. — *The Athenæum*, 1855, No. 1432.

VOJEU DE BRUNEM. Histoire de la Con-
quete de la Chine par les Tartares man-
cheoux ; a laquelle on a joint un accord
chronologique des Annales de la Monarchie Chinoise, avec les Epoques de l'ancienne Histoire sacrée & profane, depuis
le Déluge jusqu'à Jésus-Christ. Par M. Vojeu de Brunem B. & P. D. M. A Lyon, chez
les Freres Duplain, libraires, rue Mer-
cière. M. DCC. LIV. Avec approbation &
privilége du Roi. 2 vol. in-12.

L'accord chronologique est un abrégé en français d'un manuscrit latin du P. Jean-Baptiste Régis : « Concordia chro-
nologiae Annalium Sinensis Imperii, cum epochis Historiae
nostrae sacrae & prophanae, a creatione mundi usque ad
initium Aerae Christianae. » (Voir Chronologie, col. 226.)

L'auteur de cet ouvrage est le P. Jouve (Joseph), de la Compagnie de Jésus, né à Embrun le 1er novembre 1701, mort
à Lyon, le 2 Avril 1758. *(Vojeu de Brunem* est l'ana-
gramme de *Jouve de Embrun.)*—Vend. Klaproth, No. 1633,
Fr. 1. — Dupont, 1877, Fr. 4.

— Une traduction anglaise par le Rev. John Hobson, chape-
lain anglais à Changhai, a été commencée dans *The North
China Herald*, No. 17, Nov. 23, 1850 ; cette traduction continuée dans les numéros 18, 21, 22, 23, 25, 27, 34. 37, 42,
44, 45, 51, 57, 58, 60, 62, 63, n'est pas complete. Dans le
No. 64, Oct. 18, 1851, on trouve un résumé en anglais des
matières de ce livre avec des renvois aux passages traduits. Dans ce même numéro il y a un abrégé en anglais de
la table chronologique dont parle le P. de Backer. Cette
traduction anglaise est continuée dans les Nos 90-92, etc. ;
la suite de la table chronologique est donnée dans les
Nos 66, 68, 70, etc.

Исторія о завоеваніи Китая Манжурскими тата-
рами.... Histoire de la conquête de la Chine
par les Tatars manjours en cinq livres.
Par M. Vogé de Brune B. et P. D. M.
Traduit du français par A. R. Moscou, Imprimerie de la Compagnie typographique.
1788, in-12, pp. 601.

Cette traduction ne comprend pas la chronologie du P. Régis.

— Guerras del Tartaro y Conquista del
grande Imperió de la China.

Ms. xviie siècle ; in-folio, 175 ff. British Museum, No. 28195.
Add.

The Conquest of China by the Tartars. Ms.
2 pages. — (Cat. of the Ms. preserved in
the Library of the University of Cambridge.
1867. Vol. V, p. 182 : Patrick Papers ;
No. 40, Miscellaneous Collection of Letters, 6.)

* Kitaia douleuousa, itoi biblion perïekhon
ton polemon opou oi tataroi tis mpogdoas
esikôsan kata tôn sinôn, dîladi Kitaïtôn...
Le Katai (la Chine) asservi, ou livre contenant la guerre que les Tartares du mont
Bogdo ont faite contre les Chinois, c'est-
à-dire les habitans du Katai, et dans laquelle ils se sont rendus maîtres de tout
leur empire, quelles sont leurs coutumes

(CONQUÊTE.)

dans les guerres, et quels sont leurs vête-
mens ; et en outre la description complète
des lieux qu'habitent ces peuples, et en
réalité tous les Tartares ; et de leurs rites
religieux, de leur Dalaï-lama et de Gog
et Magog. Pet. in-4, mar. dor.

Joli Ms. sur papier, en grec moderne, et d'une belle écriture,
de 68 feuillets ; il est datée de 1695 et signé du nom d'A-
lexandre Demetrius, de Trikka en Thessalie. (Vend. Klaproth, No. 1632, Fr. 50.)

* A. J. L. v. Wackerbarth, Geschichte der
letzten grossen Revolution in China im
Jahre 1644, Hamb., 1821, in-fol.

Oettinger, *Arch. hist.*, 14990.

— Eroberung von China durch die Man-
tscheu im Jahre 1644. *(As. Mag.*, I ; —
pp. 200/220, 328/342, par Klaproth).

— The Manchu Conquest of Canton. By
E. C. Bowra. *(The China Review*, I,
pp. 86/96, 228/237.)

LA DYNASTIE TSING 大清朝

1° Période *Chuen Tchi*.......	順治	
(1644-1662)		
2° Période *Kang Hi*.........	康熙	
(1662-1722)		
3° Période *Young Tching*.....	雍正	
(1723-1736)		
4° Période *Kien Long*........	乾隆	
(1736-1796)		
5° Période *Kia King*........	嘉慶	
(1796-1820)		
6° Période *Tao Kouang*.......	道光	
(1820-1834)		
7° Période *Hien Foung*.......	咸豐	
(1834-1862)		
8° Période *Toung Tchi*.......	同治	
(1862-1875)		
9° Période *Kouang Su*........	光緒	
(1875)		

— The Holy Wars : Tá-tsing Shing Wú Ki,
大清聖政記 or Records of the military Achievements of the Monarchs of
the Great Pure Dynasty. Compiled by Wei
yuen of Sháuyáng of Húnan province. 20
vol. in-8. 3d ed., revised and enlarged,
1846. [by E. C. Bridgman]. *(Chin. Rep.*,
XIX, pp. 241/4.)

(TSING.)

— Начало и первыя дѣла Манчжурскаго дома. Le Berceau et le premier début de la dynastie mantchou, par W. Gorsky. *(Travaux de la Mission russe à Peking*, I, 1852, No. 1.)

О началѣ предковъ нынѣшней династіи и о названіяхъ Манчжурскаго народа. L'origine des ancêtres de la dynastie actuelle et les noms du peuple mantchou, par W. Gorsky. *(Ibid.,* No. 2.)

* Ostasiatische Geschichte vom ersten Chinesischen Krieg bis zu den Verträgen in Peking. 1840-1860, Von Karl Frd. Neumann. Leipzig : Verlag von W. Engelmann, 1861, gr. in-8, pp. xx-532.

CHUEN TCHI (1644-1662). — Voir les ouvrages consacrés à l'Histoire de la Conquête de la Chine par les Tartares, *supra.*

— Art. de Grosier dans la *Biog. univ.*

KANG HI. — Portrait historique de l'Empereur de la Chine, présenté au Roy, Par le P. J. Bouvet, de la Compagnie de Jesus, Missionnaire de la Chine. A Paris, chez Estienne Michallet..., M. DC. XCVII. Avec Privilège du Roy. in-12, pp. 264, s. l'av., etc.

— Portrait historique de l'Empereur de la Chine, présenté au Roy. Par le P. J. Bouvet, de la Compagnie de Jesus, Missionnaire de la Chine. A Paris, chez Robert Pepie..... et Nicolas Pepie.. M. DC. XCVIII. Avec Privilège du Roy. in-12, pp. 264, s. l'av., etc.

* Histoire de l'Empereur de la Chine présentée au Roy. Par le P. J. Bouvet, de la Compagnie de Jesus, Missionnaire de la Chine. A la Haye, chez Meyndert Uytwerf, Marchand libraire, dans le Hofstrael, près la Cour. M. DC. XCIX, in-12, pp. 171.

De Backer, I, 839.

— Icon Regia Monarchae Sinarum nunc regnantis delineata à R. P. Joach. Bouveto Jesuita Gallo, ex Gallico versa. Anno MDCXCIX.

Imprimé à la suite des *Novissima Sinica* de Leibnitz, 2e éd. (q. v.) avec une pagination différente.

— The Present Condition of the Muscovite Empire, Till theYear 1699, in two letters : The First from a Gentleman, who was conversant with the *Muscovite* Ambassadour in *Holland :* The Second from a Person of Quality at Vienna, Concerning the late *Muscovite* Embassy, His present *Czarish Majesty;* the Russian Empire ; and Great Tartary. With the Life of the Present Emperour of China. By Father J.

Bouvet, Missionary. By the Author of the *Antient and Present State of Muscovy.* London, Printed for *F. Coggan,* in the *Inner-Temple-Lane,* MDCXCIX.

« The History of Cang-hy the Present Emperour of China Pesented to the Most Christian King By Father J. Bouvet, of the Society of Jesus, and Missionary into China. London, Printed for F. Coggan, in the *Inner-Temple-Lane,* MDCXCIX » a une pagination spéciale (111 pages sans l'épître, &c.)

— Geschiedenis van den Keiser van China, pp. 1/52, de *Hist. Besch. van het magtige Keyserryk China....* door J. Bouvet en C. Gobien. Utrecht, 1710,

Voir col. 27.

VOYAGES DU P. VERBIEST. — Lettre du P. Ferdinand Verbiest de la Compagnie de Jesus, Ecrite de la Cour de Pekin sur un voyage, que l'Empereur de la Chine a fait l'un 1683, dans la Tartarie Occidentale. A Paris, chez la Veuve P. Boüillerot,... M. DC. LXXXIV. In-4, pp. 22.

A Pekin le 4 d'octobre 1683.

— Voyages de l'Empereur de la Chine dans la Tartarie ausquels on a joint une nouvelle découverte au Mexique. A Paris, Chez Estienne Michallet, ruë S. Jacques, à l'Image S. Paul. M. DC. LXXXV. Avec Approbation. In-12, pp. 110, sans l'epistre au Roy.

Ces deux voyages sont traduits des lettres du P. Verbiest qui a été de l'un et de l'autre.

Voyage l'an 1682, pp. 1/40.—Voyage l'an 1683, pp. 41/74.— Eclaircissement nécessaire pour justifier la géographie qui est supposée dans ces lettres, pp. 75/78.— Nouvelle découverte des Espagnols dans l'isle de la Californie l'an 1683, pp. 79/110.

— Voyages du Père Verbiest à la suite de l'Empereur de la Chine dans la Tartarie orientale (Du Halde, *Description*, vol. IV).

Premier voyage en l'année 1682 (p. 74-80), voir col. 31.

Second voyage l'an 1683 (p. 81-86), voir col. 31.

Cette seconde lettre, traduite en hollandais, avait paru dans l'éd. holl. des *Mémoires* du P. Le Comte (II, pp. 381-391) (col. 27): Brief van Pater Ferdinand Verbiest Jesuit, geschreven uyt het Hof van Peking wegens een reyse, die de Keyser van China in 't jaar 1683, in het West-Tartarien gedaan heeft. (Peking, den 4 october 1683.)

— Brief, van Vader Ferdinandus Verbiest uit Peking, Hooftstad van Sina, na Europa afgezonden : behelzende eene tweede Reize die hy met den Keizer van Sina, over de Groote Sineesche Muur, tot in Tartarye heeft gedaen. — Dans la collection de Witsen, pp. 202/207.

Narrative of a Hunting Excursion performed by the present Emperor of China, beyond the Great Wall, in the adjacent district of West Tartary, written by Father Pereira from his personal observation : from which the condition of these desert Wastes may be in some measure appre-

hended, pp. 132/148. (Voir supra, P. d'Orléans, col. 258.)

Voir Bernard, *Rec. de Voy. au Nord.*
Voir Witsen, *Noord en Oost Tartaryen*, pp. 194 et seq.

**— Le grand Combat et la Victoire remporté
par l'armée de l'Empereur de la Chine sur
Caldan Roy d'Elouth.**

Pièce in-4, s. l. n. d. [1696], 1 feuillet (2 pages). On en
trouvera un exemplaire à la Bib. nationale dans le Recueil
Thoisy, matières historiques 17; cette pièce porte le No.
O2n
249 •

**— Увѣдомленіе о бывшей съ 1677 до 1689 года
войнѣ у китайцевъ св зенгрцами. Выписалъ
изъ книшайской Истоpіи секретарь Леонтіевъ.**
Relation de la guerre qui eut lieu, de l'an
1677 à l'an 1689, entre les Chinois et les
Zengariens. Ext. de l'histoire de la Chine,
par le Secrétaire Léontieff. Saint-Pétersbourg, à l'Académie royale des sciences,
1777. In-8, pp. 103, s. l. p.

Vend. Klaproth, No. 1637, Fr. 12.

**— Narrative of the Chinese Embassy to the
Khan of the Tourgouth Tartars, in the
years 1712, 13, 14, & 24; by the Chinese
Ambassador, and published, by the Emperor's Authority, at Pekin. — Translated from the Chinese, and accompanied
by an Appendix of Miscellaneous Translations. by Sir George Thomas Staunton,
Bart. London : Murray, 1821, in-8, pp.
XXXIX-330, 1 carte.**

Traduit du *I yi lou*, « Description des pays étrangers ».
Notices : par Abel-Rémusat : *J. des Savans*, mai 1821,
pp. 257/269. — *Quarterly Rev.*, XXV, 1821, pp. 414 sq. —
Blackwood's Mag., IX, p. 210. — Vend. Klaproth,
Fr. 20. 50. — Rémusat, Fr. 21. 05. — Rochet (825), Fr. 14.
« Ce vol., qui m'a été envoyé par l'auteur, n'a été tiré qu'à
150 ex. : on ne le trouve plus à Londres, avril 1822. »
(Note de l'ex. de Rémusat, *Cat.* No. 937.)

* Poutechestvie Kitaiskago poslanika Kalmuitskomou Aioake
Khanou se opisaniemm zemell i opuitcheff Rossiiskikh.
St. Pétersbourg, 1782. (Trad. par Léontieff.)

Cité par Wylie, *Notes*, p. xviii.

**— Litterae patentes Imperatoris Sinarvm
Kang-hi. Sinice et latine. Cvm Interpretatione R. P. Ignatii Koegleri, S. I. Pekini
Mathematvm Tribvnalis Praesidis, Mandarini secvndi ordinis, adsessoris svpremi
Tribvnalis Ritvvm , et antistitis Missionvm Sinensivm et Iaponicarvm. Ex Ar-
chetypo Sinensi edidit additis notitiis sinicis Christophorvs Theophilvs de Mvrr.
Cvm Tabvla aenea. Norimbergae et Alt-
dorfii, in Bibliopolio Monathi et Kyssleri
cloloccaii, in-4, p. 58 et 2 Pl. de caractères chinois.**

On trouvera pp. 26/28 : Status Missionis Sinensis Iesuitarum
a.b a. 1766 ad a. 1800; — pp. 28, 32; de P. Ignatio Koeglero ;
— pp. 32/40 : Catalogus librorum mathematicorum, physicorum et philosophicorum, sinice scriptorum editorumque a
Missionariis Societatis Iesu; — pp. 41 et seq. : Notitiae Sinicae.

Life of Khang-He, Emperor of China. By the Rev. C. Gütz-

laff (26 pages à la fin du vol. I. de « China, in a Series of
Views, London, 1843 ». Voir col. : 57).

— A Rémusat. Art. *Kang-Hi*, dans la *Biog. univ.*, et *Nouv.
Mél. As.*, II, pp. 21/44.

— Léon de Rosny. Kang-hi, empereur mandchou : *Var.
orientales*, 3ᵉ éd., pp. 262,276; et *Biog. gén.*, vol. XXVII.

Sur la mort de ce prince célèbre (20 déc. 1722), voir l'Ep. du
P. du Halde, Rec. XVII, Let. éd.

Correction of an error in the account of the last hours of
Kang-Hi, by Sir A. Ljungstedt. *(Chin. Rep.*, I, p. 378.)

« Testament de l'Empereur Kang-Hy, mo-
narque du grand empire de la Chine et
des deux Tartaries, orientale et septentrionale, mort le 20ᵐᵉ décembre 1722, âgé
de 69 ans sept mois vingt-cinq jours, et
de son règne la 61ᵐᵉ année, dix mois,
treize jours. Son quatrième fils, âgé de
quarante et tant d'années a succédé à tous
ses états ; il est surnommé Yon-Tchin. »
Texte chinois et traduction française.

« Nouvelle promulgation faite à la première
année du règne de l'empereur Yon-Tchin,
par laquelle Sa Majesté a la bonté d'or-
donner qu'on pardonne aux criminels. »
Texte chinois et traduction française.

Ces deux pièces, qui ont l'une 24 feuillets et l'autre 38, sont
écrites sur le papier dont on se sert en Chine. Papier. Pet.
XVIIIᵉ siècle. (No. 1472, p. 560 du Catalogue descriptif et
raisonné des Manuscrits de la Bib. de Tours par A. Do-
range, Tours, 1875, gr. in-4).

Une traduction de ce testament plus ou moins authentique a
paru dans : le *Mercure de France*, juillet 1724 ; le *Choix des
meilleurs morceaux des anciens Mercures*, XXV, pp. 67/79;
l'*Hist. gén. de la Chine*, vol. XI, p. 350 et 481 ; le P. de Grammont en a fait également une trad. insérée dans le *Mag.
Encycl.*, oct. 1799, 5ᵉ an., t. 6, pp. 7/29.

— Dernier discours de Kham Xhi, empereur de la Chine.
(*Nouv. choix de pièces tirées des anciens Mercures*,
t. LXXXIII, p. 44.)

YOUNG TCHING (1723-1736). — *Mém. conc.
les Chinois.* — Deshauterayes, dans l'*Hist.
de la Chine*, du P. de Mailla, XI, pp. 369/
509. — Weiss, dans la *Biog. univ.*

* **Kitaiskiia pooutcheniia.....** Instructions
chinoises données par le Khan Young-
tching pour les militaires et le bas peuple, la deuxième année de son règne
(1724), trad. du chinois en russe, par le
secrétaire Leontief. St. Petersbourg,
1778, in-8.

Vend. Klaproth : Fr : 6. 50.

Voir : *Le Saint Edit.* au chap. des Sc. Morales et Phil.

KIEN LONG.

**— Manifeste que l'Empereur de la Chine, à présent régnant,
a fait publier par tous ses Etats au commencement de son
règne, en l'année 1735. (*Mercure de France*, Février 1741;
Nouv. choix de Pièces des anciens Mercures, LI,
pp. 22/32.)

* **G. A. v. Breitonbauch,** Geschichte des
sinesischen Kaisers KinLong, Leipzig,
1788, in-8.

Oettinger, Arch. hist., 14970.

Deshauterayes, dans l'*Hist. gén. de la Chine*, XI, pp. 509/
610.

— An historical Sketch of the Reign of the

Emperor Khëenlung from Chinese and other sources. *(As. Journ. & Monthly Reg.*, IX, 1832, pp. 50/58, 148/156, 213/219.

— Discours sur l'Empereur Kien-Long, suivi des Extraits de six volumes publiés sur l'Empire de la Chine par M. le marquis de Fortia d'Urban. Paris, 1841, in-12.

Duprat, 1861, Fr. 1.

— Kao-Tsoung, empereur de la Chine, de la dynastie des Mandchous. (Biographie par Abel-Rémusat, *Nouv. Mél. As*, II, pp. 45,60 — et *Biog. univ.* Art. *Khian-loung.*)

Cette Biographie a été traduite en anglais dans *The Canton Register*, 1834.

— Léon de Rosny : Kien-Loung, empereur mandchou *(Variétés Orientales*, 3e éd., pp. 277-284 ; et *Biog. gén.*, Vol. XXVII).

Kien Long est l'auteur de poëmes sur la Réduction des Miao tseu et sur la ville de Moukden. (Voir Littérature.)

— Explication du Monument gravé sur la pierre en vers chinois, composés par l'Empereur pour constater à la postérité la conquête du Royaume des Eleuths faite par les Tartares Mant-choux, sous le règne de Kien-long, vers l'an 1757. Par le P. Amiot. *(Mém. conc. les Chinois*, I, pp. 325/328.)

— Monument de la conquête des Eleuths. *(Ibid.*, pp. 329/400.)

— Monument de la transmigration des Tourgouths des bords de la mer Caspienne, dans l'empire de la Chine. [en 1770.] *(Ibid.*, pp. 401/427.)

Le portrait de Kien long gravé par Martinet d'après le dessin fait d'après nature par Panzi, S. J., sert de frontispice au Vol. I, des *Mém. conc. les Chinois.*

— Lettre du P. Amiot, Missionnaire de la Chine, sur la Réduction des Miao-tsée, en 1773. *(Ibid.*, III, pp. 387/422.)

— Extrait d'une lettre d'un Missionnaire, écrite de Pekin le 16 Novembre 1778, sur le retour de l'empereur Kien-long, qu'on avoit cru mort. *(Ibid.*, VIII, pp. 289/90.)

CONQUÊTES DE KIEN LONG. Suite des Seize Estampes représentant les Conquêtes de l'Empereur de la Chine, avec leur Explication.

« L'année 30me de son Règne l'Empereur de la Chine Kien-Long, donna un Décret daté du 13 Juillet 1765. par lequel il ordonna qu'il seroit envoyé en France seize Dessins, des Victoires qu'il avoit remportées dans le Royaume de Chanagar et dans les Pays Nahométans voisins, pour être gravés par les plus Célèbres Artistes. Ce Décret fut accompagné d'une Lettre de recommandation du Frère Joseph Castilhoni datée aussi de Pékin le 13 Juillet 1765. et adressée au Directeur des Arts, avec les quatre premiers Dessins : le tout fut remis à Mr. le Mis. de Marigny alors Directeur de l'Académie Royale de Peinture par Mr. de Mery d'Arcy le 31. Xbre 1766. les autres Dessins arrivèrent l'Année suivante. La Direction générale de ces Gravures fut confiée à M. Cochin Secrétaire-Historiographe de l'Académie qui employa à leur exécution huit Graveurs des plus connus en ce genre. Cet Ouvrage ne fut entièrement terminé qu'en 1774. et les Planches avec cent Exemplaires qu'on en tira, furent envoyés à la Chine, il n'en fut réservé qu'un très-petit nombre pour la Famille

Royale et la Bibliothèque du Roi, ce qui a rendu cette suite de la plus grande rareté. Ces Estampes portent 2. Pieds 9. Pouces de longueur sur 1. Pied 7 Pouces de hauteur : elles furent imprimées pour l'Empereur de la Chine et pour le Roi, sur du Papier fabriqué exprès : nommé Grand Louvois ayant 3. Pieds 4. Pouces 1/2. de longueur sur 2. Pieds 6. Pouces 1/2 de hauteur. » (Extrait de la notice publiée par Helman avec la suite d'estampes gravées par lui ; *vide infra.*)

Ces estampes gravées sous la direction de C. N. Cochin fils avaient pour dessinateurs les missionnaires suivants : 1. Jean Denis Attiret, S. J ; 2. Jean Damascene, Augustin déchaussé ; 3. Joseph Castilhoni, S. J., 1765 ; 4. N. — 5. J. Castilhoni, 1765 ; 6. J. Damascene ; 7. Le même, 1765 ; 8. Ignace Sichelbarth, S. J., 1765 ; 9. N. —; 10. N. —; 11. J. Damascene ; 12. Le même, 1765 ; 13. Le même ; 14. J. D. Attiret, 1761 ; 15. Le même, 1763 ; 16. N —.

Les graveurs étaient : 1. L. J. Masquelier ; 2. J. Aliamet ; 3. J. P. Le Bas 1771 ; 4. Augustin de St Aubin, 1773 ; 5. Le Bas, 1769 ; 6. Franç. Denis Née, 1772 ; 7. A. de St Aubin. 1770 ; 8. B. L. Prevost 1769 ; 9. Le Bas, 1770 ; 10. Prevost 1774 ; 11. P. P. Choffard, 1772 ; 12. N. de Launay, 1772 ; 13. Choffard ; 14. Le Bas, 1774 ; 15. Aliamet, 16. Le Bas, 1770.

On trouvera au Cabinet des Estampes de la Bib. nat. un ex. magnifique de cette suite $\left(\begin{smallmatrix}0\\9\end{smallmatrix}°\right)$; il est relié aux armes de France avec les *Batailles de Pierre le Grand*, en 4 pièces.

Dans l'œuvre de Cochin, j'ai vu une eau-forte de l'estampe 13 de Choffard.

Outre l'exemp. cité, on trouvera également à la Bib. nat., dans l'œuvre de Lo Bas et des autres graveurs, les planches qui leur sont dues.

Brunet dit en parlant de cette suite (V. col. 1178) :

« Suite devenue rare, parce que les pl. ont été envoyées à la Chine, après que l'on en eut tiré quelques épreuves. Vend. bel exemp. *mar. r. tab.* avec un vol. in-4. d'explications ms. 476 fr. Hue de Miroménil ; et en feuilles 176 fr. de Cotte ; 145 fr. Tolosan.

La copie de ces gravures, exécutées dans un moins grand format par Helman, en 1785, a peu de valeur. Un exempl. relié (28 fr. Busche) avec une brochure intitulée :

Précis historique de la guerre dont les principaux événements sont représentés dans les 16 estampes gravées à Paris pour l'empereur de la Chine, sur les dessins que ce prince a fait faire à Pékin. Paris, 1791, in-4.

La réduction de ces 16 estampes faites par Helman, graveur du Duc de Chartres, et élève de Le Bas, est d'une exécution bien inférieure ; elle a été publiée en 4 livraisons de 4 Pl. chacune ; Helman a fait graver au bas de ses Planches, les titres et les explications tels qu'ils étaient écrits en manuscrit au bas de chaque Estampe, dans les Appartements du Roi.

Les grandes Pl. de Cochin n'ont pas ces explications et on y supplée, en collant au bas, des titres qui ont été gravés en petits carrés par Helman pour former la table générale qui sert de frontispice à sa suite.

— Parlant de la Bibliothèque de la famille *Fan* à Ningpo, le Dr. Macgowan écrit *(Journ. of the N. C. B. R. A. S.*, No. II, May 1859, p. 173) :

« The family was induced to open the building, by Sir J. Bowring, a few years ago. On that occasion they displayed with much pride some engravings about which there are various exaggerated rumours. Those printed sheets are said to be masterpieces of Chinese art, equalling anything which foreigners exhibit. The praise was not wholly unmerited ; but a scarcely perceptible inscription, in one corner, showed the sheets to be a gift from Louis XVI, to Kienlung, for whom they were engraved to illustrate the campaign against the Kalmucks in 1756. »

Histoire de la Conquête de la Birmanie par les Chinois, sous le règne de Tç'ienn long (Khien long), traduite du chinois par M. Camille Imbault-Huart. *(Jour. Asiatique*, 7e Sér., XI, 1878, pp. 135/178.)

Tirage à part : Paris, br. in-8, Fr. 2.

Il est nécessaire de reproduire ici les titres des ouvrages suivants pour mettre en garde ceux qui seraient tentés de les considérer comme des livres sérieux :

Epitre au roi de la Chine. (Par Voltaire); 3e édition, purgée de toutes les fautes des premières et accompagnée de notes, s. l. n. d., in-8, pp. 14.

L'Empereur de la Chine et le F. Rigolet. (Par Voltaire.) Reproduit dans le t. II des « Pièces détachées ». (Voir Barbier.)

L'espion chinois, ou l'envoyé secret de la cour de Pékin pour examiner l'état présent de l'Europe. Traduit du Chinois. (Par Ange Goudar.) Cologne, 1765, 1768, 1774, 6 vol. in-12.

KIA KING.

Dernières Volontés et Testament de l'Empereur de la Chine, publiés le 2 Septembre 1820, jour de la mort de ce prince ; traduit de l'anglais [de Morrison, dans l'*Indo-Chinese Gleaner*, No. XV], et revu sur le texte original chinois, par C. Landresse. *(J. As.,* 1822, pp. 175/181.)

Art. de H. Audiffret dans la *Biog. univ.*

TAO KOUANG.

The emperor Taou kwang : his succession to the throne of his father, coronation, with notices of his character and government (by E. C. Bridgman). *(Chinese Rep.,* X, pp. 87-98.)

Décret dégradant Muhchangah et Kiying. *(China Mail,* No. 311, 30 Jan. 1851.

— The Life of Taou-kwang, late Emperor of China : with Memoirs of the Court of Peking; including a sketch of the principal everts in the history of the Chinese Empire during the last fifty years. By the late Rev. Charles Gützlaff. London, Smith Elder et Co. 1852, in-8, pp. xvi-279. Pub. à 10sh.

Il y a des ext. de cet ouvrage dans le *N. C. Herald*, No. 124, 11 Déc. 1852 et seq.

* K. Gützlaff. Leben des Kaisers Taokuang. Memoiren des Hofes zu Peking u. Beiträge zu d. Geschichte Chinas während der letzten funfzig Jahre. Aus d. Englischen von J. Seybt. Leipzig, 1852, in-8.

Pub. à 1Thlr.; Vend. Brockhaus, 1872, 12Ngr.

— China, during the War and since the Peace by Sir John Francis Davis.

Voir col. : 62.

— Recollections of China prior to 1840, by S. Wells Williams, LL. D. Delivered, January 13th, 1873. *(Jour. N. C. B. Roy. As. Soc.,* VIII, 1873, art. I, p. 1.)

— Art. de Rumelin dans la *Biog. univ.*
— Death of Tau-kwàng, and papers connected with the accession of Hienfung to the throne. By S. W. Williams. *(Chin. Rep.,* XIX, pp. 185, 231, 282.)

Voir la IIIe part. de cet ouvrage pour la guerre d'opium et les relat. pol. de Tao Kouang, avec les puissances européennes.

HIEN FOUNG.

Société Orientale de France
— Mémoire secret adressé à l'Empereur Hien-Foung actuellement régnant par un lettré chinois sur la conduite à suivre avec les puissances européennes. Traduit du chinois par M. G. Pauthier Membre de la Société orientale de France. (Extrait

(KIA KING. — TAO KOUANG. — HIEN FOUNG.)

de la Revue de l'Orient.) Paris, 1860, in-8, pp. 32.

N. C. Herald : 3 & 7 Sept. 1861 (annonce de la mort de Hien foung); 21 Sept. 1861 (trad. du décret annonçant la mort de Hien foung et l'avènement de Tsae Ch'un [Tung Chi]); 23 Nov. 1861. (Trad. des documents relatifs à la nomination de l'impératrice-douairière comme régente et du Prince de Kung, comme premier ministre après la mort de Hien foung); 6 déc. 1862 (funérailles de Hien-foung, d'après le *Shanghai Recorder* du 27 Nov. 1862).

Tai-ping (Vide *infra*). — Traités de Tien-tsin, &c. : (Voir 3e partie, Rel. pol.)

TOUNG TCHI. († 12 Janvier 1875.)

— Décret dégradant le Prince de Kung, 2 Avril 1865. (Trad. d'après la Gazette de Péking dans le *N. C. Herald,* et dans le *Chin. & Jap. Rep.,* July, 1865, p. 351.)

— The Marriage of the Emperor of China at Peking on the 16th October, 1872. From the Chinese by L. M. F. Shanghai, « Ching-foong » Printing office, 1872, in-16, pp. 37.

L. M. F. = Lydia Mary Fay.

The Marriage of the Emperor of China at Peking on the 16th October 1872. *(The Far East*, III, No. 6, pp. 115/122.)

INSURRECTION DES TAI PING.

CALLERY ET YVAN. L'Insurrection en Chine depuis son origine jusqu'à la prise de Nankin, par MM. Callery et Yvan. Avec une Carte topographique et le portrait du Prétendant. Paris, Librairie nouvelle, 1853, in-18, pp. 274. 3 fr. 50.

— A Insurreição na China des-de sua origem até á tomada de Nankin : obra composta em Francez por MM. Callery e Yvan, e traduzida em Portuguez por José da Fonseca com um mappa topographico e o retrato do pretendente. Paris, Va. J. P. Aillaud, Monlon e Ca. 1853. In-12, pp. x-272.

— History of the Insurrection in China; with notices of the Christianity, Creed, and Proclamations of the Insurgents by MM. Callery and Yvan. Translated from the French, with a supplementary Chapter, narrating the most recent events by John Oxenford. With a facsimile of a Chinese Map of the course of the insurrection, and a portrait of Tien-té, its chief. 2nd edition. — London, Smith Elder & Co, 1853, in-8, pp. VIII-328.

La trad. du « Trimetrical Classic » par le Dr. Medhurst, se trouve dans le chap. sup. ; la carte et le port. sont ceux de l'éd. franç.

Il a paru une analyse de cet ouvrage dans *The N. C. Herald*, Nos. 183 et 184, 23 Jan., & 4 Feb. 1854, rep. dans le *Shanghae Miscellany*.

Notices : *China Mail*, 488/9, 22 & 29 Juin 1851. — *Quart. Rev.*, 1854, xciv, p. 171.

* Callery & Yvan. Der Aufstand in China von seiner Entstehung bis zur Einnahme von Nanking. Aus d. Französ. von R. Otto Braunschweig, 1854, in-8.

Pub. Th. I. — Brockhaus, 1872, Ngr. 10.

(TOUNG TCHI.— TAI PING.)

Le Dr. Melchior Yvan est mort à Nice en Avril 1873.

L'Insurrection chinoise, par F. Daguin, des Lazaristes. *(Rev. de l'Or. et de l'Alg.,* XII, 1852, pp. 329-332.)

— The Chinese Revolution, with Details of the Habits, Manners, and Customs of China and the Chinese. By Charles Macfarlane. London, Routledge, 1853, pet. in-8, pp. VII-243.

The Chinese Revolution. Prospects, Mercantile and Political. *(Lawson's Merchant's Magazine.* — Réimp. dans the *N. C. Herald,* 189, 11 Mars 1854.)

THÉODORE HAMBERG. The Visions of Hung-siu-Tshuen, and Origin of the Kwang-si Insurrection. By the Rev. Theodore Hamberg, Missionary of the Basle Evangelical Society. Hongkong : Printed at the *China Mail* Office. 1854, in-8, pp. v-63.

— Réimprimé dans The *North China Herald,* No. 212, Aug. 26, 1854 et seq. [voir col. 275]; dans The *Shanghae Almanac for 1856 and Miscellany* (32 pages); dans The *Chinese and Japanese Repository,* No. 1, July 1863, pp. 22/29. — II. Aug. 1863, pp. 53/63 — III. Sept. 1863, pp. 99/111— IV. Oct. 1863, pp. 150/163 ; — et à Londres sous le titre de :

— The Chinese Rebel Chief, Hung-siu-tsuen; and The Origin of the Insurrection in China. By the Rev. Theodore Hamberg, Missionary of the Basle Evangelical Society. With an Introduction by George Pearse, Honorary Foreign Secretary to the Chinese Evangelization Society. London : Walton and Maberly, MDCCCLV, pet. in-8, pp. XIII-98. — Published at 3/6.

« In April, 1852, Hung jin, a relative of Hung sew tseuen, fled from the search of the mandarins to our British colony of Hongkong; was there introduced to Mr. Hamberg ; and gave him some papers respecting Hung sew tseuen, and the origin of the rebellion in Kwang se, which two years later formed the basis of Mr. Hamberg's little book. These papers Mr. Hamberg showed in October, 1852, to Mr. Roberts, who sent a summary of their contents to a London periodical, « *The Chinese and General Missionary Gleaner* », which published it in February 1853 *(Meadow's Rebellion* », p. 191.)

Mr. Hamberg, Suédois d'origine, est mort à Hong kong le 13 Mai 1854. (Voir *Memorials of Prot. Miss.,* pp. 159/160.) — Son ouvrage est la base du Chap. IV du travail de L. Brine sur les Tai ping [col. 271].

Notices dans The *China Mail,* 492, 10 Juill. 1854; Ext. dans le même journal, Nos. 496/499, 17 Août/17 Sept. 1854. — The *Athenaeum,* 1855, No. 1422.

— La Gazette de France. Histoire du Chef de l'Insurrection chinoise Hung-siu-tsuen et origine de cette insurrection, par le Révérend Théodore Hamberg, Missionnaire de la Société évangélique de Bâle. Pièce in-4 à 2 col., pp. 13., s. d. Paris, imprimerie spéciale et en commun pour les journaux de Dubuisson et Cie, rue Coq-Héron, 5.

Traduction de M. Alphonse Viollet.

Charles Lavollée. La Révolution et la Guerre civile en Chine. *(Revue des Deux-Mondes,* 1 février 1854.)

— Impressions of China, and the present

(TAI PING.)

Revolution : its Progress and Prospects. By Capt. Fishbourne, Commander of the Hermes, on her late visit to Nankin. Seeley... London : MDCCCLV, in-12, pp. XII-441.

Avec une carte de la Chine.

Vide « The *North China Herald* », Nos. 146 & 147, May 1853. — The *Athenaeum,* 1855, No. 1452.

Gegenwärtiger Stand der Revolution in China. Von R. Krone in Hoau (China). *(Petermann's Mitth.,* 1856, pp. 462/465.)

— The Chinese and their Rebellions, by Thomas Taylor Meadows. London, Smith Elder & C°, 1856, in-8. (Voir : Sociétés secrètes.)

The *Athenaeum,* 1856, No. 1495.

The Chinese-their Rebellions and Civilisation. *(British Quarterly Review,* July 1857.)

* J. Neumark., Die Revolution in China in ihrer Entstehung, ihrer politischen und religiösen Bedeutung und ihrem bisherigen Verlauf, nebst Darstellung des auf christlicher Grundlage beruhenden Religionssystems der Insurgenten. Nach Meadows' The Chinese and their rebellions, etc. bearb. Mit 1 lith. u. color. Karte von China in fol. Berlin, Schindler, 1857. In-8, pp. XVII/296. (Bib. hist.-geog., 1857.)

— Life of Tai-ping Wang, Chief of the Chinese Insurrection by J. Milton Mackie. New-York, Dix, Edwards & C°., 1857, in-12, pp. XII-370 & Postscript.

Compilation des journaux de Chine, de Hamberg, &c. Les trad. de l'app. sont celles de Medhurst.

* Auguste Haussmann : La Chine; résumé historique de l'insurrection et des événements qui ont eu lieu dans ce pays depuis le commencement de la guerre de l'opium jusqu'en 1857 ; illustré par Charles Mettais, accompagné d'une nouvelle carte de la Chine, par A. H. Dufour. Paris, Barba, 1858, in-4, 1 fr. 70 c.

— Ein Gedicht des Chinesischen Gegenkaisers. Von dem w. M. Herrn Dr. Pfizmaier. *(Sitzungsber. d. Phil.-Hist. Cl. d. k. Akad. d. Wiss. z.* Wien, XXIX, 1858, pp. 26/36.) — Bemerkungen zu einem Maueranschlage der Aufständischen in China. *(Ibid.,* XXXIII, 1860, pp. 233/246.)

* The Chinese Rebellion — The Rev'd. Griffith John's Experience of the Insurgents. Canton, 1861, in-8, pp. 15.

« This is the concluding portion of a lengthy account of Mr. John's visit to Nanking, which was published in several issues of the Friend of China newspaper. It is published as a separate pamphlet » *(Mem. of Prot. Mis.,* p. 238.)

René de Courcy. L'insurrection chinoise, son origine et ses progrès : I. Les Sociétés secrètes, les premières campagnes des insurgés et les deux empereurs du Céleste Empire. *(Revue des Deux-Mondes,* 1 juillet 1861.) — II. Triomphe des insurgés, le nouveau roi céleste et sa doctrine religieuse. *(Id.,* 15 juillet 1861.)

(TAI PING.)

— China. — Speech of Colonel W. H. Sykes, M. P. in the House of Commons, on Tuesday, March 12th 1861. Extracted from Hansard's Parliamentary Debates, vol. clxi, p. 1841.— 1861, br. in-8, pp. 10.

— *The Quarterly Review*. 1862, CXII, p. 501.

* The Tae-ping Rebellion in China ; its origin, progress, and present condition, by Colonel W. H. Sykes, M. P. London, 1863, in-8, pp. 113.

— Considérations sur le passé et l'avenir de la Chine. Examen de la Rébellion actuelle par le Cte d'Escayrac de Lauture — Mémoire lu à l'Académie des Sciences morales et politiques dans la séance du 21 juin 1862. — Offert par l'Auteur, ne se vend pas. Paris, 1862, in-8.

L'insurrection des Taë-pings en Chine, Avec 1 carte. *(Rev. mar. et col.*, Sept. 1862, pp. 37/51.)

The Taiping Rebellion in China; a Narrative of its rise and progress, based upon original documents and information obtained in China. By Commander Lindesay Brine, R. N., F. R. G. S., lately employed in Chinese Waters. With Map and Plans. London, John Murray, 1862, in-8, pp. xvi-394.

L'appendice contient les documents suivants :

Precepts and Odes published by Hung siu Tsuen in the Second and Third Years of the Taeping Rebellion (A. D, 1852-1853). Transl. by Dr. Medhurst. :

— Decalogue. The Ten Celestial Commands which are to be constantly observed. pp. 367 sq.

— The Trimetrical Classic. Each line in the Original containing three words, and each verse four lines. pp. 371/2. [*N. C. Herald*, No. 147, 1853.]

— Ode on the Origin of Virtue and the Saving of the World. pp. 378,385. [*Ibid.*, No. 150, 1853.]

— Ode for Youth. Each line in the Original containing five words, and each Verse four lines. pp. 386,391. [*Ibid*, No. 147, 1853.]

— Survey of China, pp. 392/4.

Notice : *N. C. Herald*, 669, 23 May 1853.

La France en Chine. Le Commerce français dans le Céleste-Empire, les opérations du corps franco-chinois et les Missions en 1863. Par P. Giquel. *(Revue des Deux-Mondes*, 15 Juillet 1864, pp. 962/993.)

— On consultera sur la rebellion Tai ping « Retrospect of Events in the north of China during the years 1861 to 1864 by R. A. Jamieson. » *(Journ. N. C. B. R. A. S.*, No. 1, N. S., Art. VII.)

— The Autobiography of the Chung-Wang. Translated from the Chinese by W. T. Lay. Shanghaï - Presbyterian Mission Press, MDCCCLXV, in-8, pp. 104.

Voir. *N. C. Herald*, No. 743, col. 278.

— Ti-Ping Tien-Kwoh ; the History of the Ti-Ping Revolution, including a Narrative of the Author's Personal Adventures by Lin-le. Formerly honorary officer, Chung-Wang's guards, &c., &c. London, Day & Son, 1866, 2 vol. gr. in-8.

Dans l'app. A, vol. II, pp. 823 sq. : Decalogue. — The Trimetrical Classic. — Ode for youth. (Trad. Medhurst.)

(Taï ping.)

— The Christianity of Hung Tsiu Tsuen, a Review of Taeping Books, By Robert James Forrest, Esq., H. B. M's. Act. Consul, Ningpo. *(Jour. N. C. B. R. A. S.*, Art. IX, No. IV, Dec. 1867, pp. 187 sq.)

— The « ever-victorious Army » a History of the Chinese Campaign under Lt.-Col. C. G. Gordon, C. B., R. E. and of the Suppression of the Tai-ping. Rebellion by Andrew Wilson Author of England's Policy in China' and formerly Editor of the' China Mail'. With six Maps. Blackwood, Edinburgh & London, MDCCCLXVIII in-8, pp. xxxii-393.

Notices : *Pall Mall Gazette*, 26 Août 1868 (Colonel Gordon and the Taipings). — *N. C. Herald*, 17 Oct. 1868. — *Sup. Court. & Cons. Gaz.*, Vol. IV, pp. 161, 170 et 207. — *Atlantic Monthly*, XXII, 1868, p. 636.

— Les Taï-Pings par Armand The-Rule. 1869. Prix : 2 francs. Chez tous les libraires. Rouen, Cagniard, 1869, in-12 de pp. 118 sans la table.

Poëme avec épigraphe : « La politique, c'est l'amour du bien des autres. »

— Suppression of the Taiping Rebellion in the Departements around Shanghai. Shanghai : Published by Kelly & Co. 1871, br. in-8, pp. xiv-94.

By-Conolly ; — Notice : *Shanghai Budget*, 15 Sept. 1871.

Voir : « Translation of the Peking Gazette for 1872, Shanghai 1873, » pp. 106,7, sur deux ouvrages chinois relatifs à la rébellion des Tai ping et à celle des Nien fei.

— Essays in Modern military Biography by Charles Cornwallis Chesney, Colonel in the Army, Lieutenant-Colonel in the Royal Engineers. Reprinted chiefly from the « Edinburgh Review. » London, Longman, 1874, in-8.

Ce volume contient dix essais dont le sixième est consacré à « Chinese Gordon and the Taiping Rebellion, » pp. 163-213.

— The Taï-Ping Rebellion. — A Lecture delivered at the Temperance Hall for the benefit of the Shanghai Temperance Society. Revised and enlarged by the Rev. M. T. Yates, D.D. Shanghai, *Celestial Empire* office, 1876. br. in-8.

Notice : *China Review*, IV, pp. 395/6.

— Memoirs of Generals Ward, Burgevine, and of the Ever-Conquering Legion. In three parts. By D. J. Macgowan, MD. *(The Far East*, 1877, pp. 102/108 (May), 44/50 (Aug.), etc., terminé Vol. III, No. 5, 1877.)

THE NORTH CHINA HERALD. — *The North China Herald* publié à Chang hai contient un grand nombre d'articles intéressants relatifs à la révolte des Tai-ping. On peut presque dire que, depuis le commencement de l'année 1853, la plus grande partie des colonnes de ce journal a été consacrée à cette question; et une liste complète de tous les paragraphes relatifs au Tien wang et à ses sujets serait, pour ainsi dire, un index du *North China Herald* : Je me contente d'indiquer les documents les plus importants :

(Taï ping)

Translation of Proclamations brought from Nanking by the « Rattler ». 212, Aug. 19, 1854 et seq. (Rep. Shae Miscell. 1855.)

The Visions of Hung-siu-tshuen and Origin of the Kwang-si Insurrection. By the Rev. Theodore Hamberg, Missionary of the Basle Evangelical Society.

This pamphlet has been reprinted in the *N. C. Herald*, 212, Aug. 26, 1854 et seq.; finished in No. 231, 30 Déc. 1854 (Rep. Shae Miscellany 1856) Voir supra col. 268.

Land Regulations and Political Economy of the Celestial dynasty. Published in the Kwei-haou, or 3rd year of the Celestial Dynasty of T'haeping (1853), 216, Sept. 16, 1854.

Brochure apportée de Nanking par le « Rattler. » (Rep. Shae Miscell. 1855.)

Denouncement of the Imps' Den, now called the criminally-attached Religion. Published in the 3rd year of the Celestial dynasty of T'haeping. 217, 23 Sept. 1854.

Brochure apportée de Nanking par le « Rattler. » (Rep. Shae Miscell. 1855.)

Important Observations regarding Celestial Principles. 269, 22 sept. 1855 et seq.

Dernière brochure apportée de Nanking par le « Rattler ». Trad. par W. H. Medhurst. (Rep. *Shae Misc.* 1856, with Remarks of the opium trade based on the preceeding View by W. H. Medhurst.)

Note of the Chinese Rebellion by T. F. Wade Esq., Acting Chinese Secretary (July 1855 — February 1856), 300, April 26, 1856 — Reprinted *Shae Miscellany.*

The State and Prospects of the Belligerent Parties in the Chinese Empire, considered in two letters to the Hon. Caleb Cushing, Attorney General of the United States. by W. A. P. Martin, 301, May 3, 1856.-306, June 7, 1856. (Letter No. 2 is rep. in the *Friend of China*, Nos. 58, 60, 63 & 72, 1856 ; et dans le *Shae Miscellany.)*

Affairs at Nanking Aug. 10th 1856 by E. C. Bridgman, 320, Sept. 13, 1856.

Dominion of the Taiping Dynasty in Nganhwui and Keangse. Letter written to the Editor of the *N. C. Herald* by the Rev. W. A. P. Martin, dated Ningpo, Sept. 12th 1856.-323, Oct. 4th, 1856. (Réimp. dans le *Shae Miscellany.)*

Miscellaneous Notices of the Rebels at Nanking in 1853-54. Collected by a native, and published in Shanghaï, June 1855. — Translated for the North China Herald, with Notes by the Translator. — 325, 18 Oct. 1856, et seq. (Réimp. dans le *Shae Miscellany,* 21 pages.)

The Fate of the Manchus foreshadowed in the expulsion of the Mongols from China in the Revolution of 1388. By W. A. P. Martin. Ningpo, 26 Nov. 1856. — 335, 27 Dec. 1856. (Réimp. dans le *Shae Miscellany.)*

Letter signed « Old Cathay » dated Shanghaï 28th January 1857.-340, January 31, 1857.

The Recognition of the Nanking government advocated in two letters to the Hon. Caleb Cushing, late Attorney General of the United States by W. A. Martin. 359, June 13, 1857 & 360, June 20, 1857.

Translation of a Manifesto or Decree addressed by the Head of the Tai-ping Insurgents to Foreigners. (The Manifesto was written by the rebel Lin, and was left at Wuhu.) 443, January 22, 1859.

Extract from a Journal of a Cruize up the Yang-tsze-keang (by A. W.) No. 447, Feb. 19, 1859.-448, Feb. 26, 1859.

Hangchow, 504, March 24, 1860.

Various Notes, 513, May 26, 1860.-519, July 7, 1860.

Letter signed G. J., 520, July 14, 1860.

Various Notes, 521, 21 July 1860.

Letter signed G. J., 522, July 28, 1860.

Proclamation, 525, Aug. 18, 1860.

The Advance of the Tai-ping Insurgents on Shanghai, 526, Aug. 25, 1860.

Letter on a recent trip to Nanking by J. L. Holmes, 527, Sept. 1, 1860.

Extracts from Tsi Cheng Sin Pien the new work by the Kan Wang, Cousin of the Insurgent Chief (begun in No. 524, Aug. 11, 1860, continued in other numbers) by J. E.

Letter from the Chung Wang to the Consuls at Shanghai, 527, Sept. 1, 1860.

Proclamation at Tsing Poo, 528, Sep. 8, 1860.

Letter of the Chung Wang to Lord Elgin, 535, Oct. 27, 1860.

Edict for the toleration of Christianity, given by the young prince, the eldest Son of Hung Siu tsiuen, on solicitation of the Rev. Griffith John, the Rev. H. Z. Kloekers, and others, at Nanking, Nov. 1860. 544, Dec. 29, 1860.

Letters signed H. Yang-tsze-kiang, February 21st, 1861. (553, March 2, 1861. — 554, March 9th 1861.—556, March 23, 1861.)

The declared Will of Tien-Wang [found at Ningpo, during a visit of the « Encounter »], 569, June 22, 1861.

chow, before its capture : Statement of Mark Conroy, a British subject, on the subject of his detention with the Tae ping Rebels during a period of 15 months-taken at H. B. M's Consulate, Shanghai, on the 26th of October, 1864, by John Markham, Esquire, H. B. M's Vice Consul. — Account given by Patrick Nellis, of his detention with the Taeping Rebels during a period of 8 months, 746, Nov. 12, 1864.

Address of the Mercantile Community of Shanghai to Lieut.-Col. C. E. Gordon, R. E. (Shanghai, 24th November 1864.) Reply of Col. Gordon. (Shanghai, 25th Nov. 1864.) — 752, Dec. 24, 1864.

The Kan wang's Sketch of the Rebellion, 781/86, 15 July/19 Aug. 1865.

Statement of Hung-Fu-Tien, Son of the Tien-wang. 781, 22 July, 1865.

Statement of Hung-jen-cheng. *(Ibid.)*

Statement of Huang-wen-ying. *(Ibid.)*

List of Engagements during the Taiping Campaign 1860-64, 806, January 6, 1866.

Compte rendu du plan militaire des environs de Shanghai par Gordon et autres officiers anglais, 810, 815, 823 et 828, 1866 [by Samuel Mossman].
Voir col. 132.

Account of the Gordon Monument (W. Winstanley), 839, Aug. 25, 1866.

Translation of a proclamation in which the Che hien of Shanghai asked for accounts, of people who fell in the imperial cause during the Rebellion to send them to the Han-lin College to compile a history. (May 16, 1868).

The Rebel Occupation of Ningpo by E. C. Lord. Two Lectures delivered at Ningpo. (I, May 1 ; II, May 6 & 13, 1869.)

Mixed Court. — Hill *versus* Taikee (1874, 31 Déc.; 1875, Jan. 14, 21, 28).

— Pamphlets issued by the Chinese Insurgents at Nan-King; to which is added History of the Kwang-se Rebellion, gathered from public documents; and a Sketch of the Connection between foreign Missionaries and the Chinese Insurrection; concluding with a critical review of several of the above pamphlets; compiled by W. H. Medhurst, Senr. Shanghae ; Printed at the office of the « N. C. Herald » 1853, br. in-8. Pub. à 2 dol.
Contient :
The Book of Religious Precepts of the T'hae-Ping Dynasty. (146, May 14, 1853.)

(TAI PING.)

The Trimetrical Classic. (147, May 21, 1853.)
Ode for youth. *(Ibid.)*
The Book of Celestial Decrees and Declarations of the Imperial Will. (148, May 28, 1853.)
Book of Declarations of the Divine Will, made during the heavenly father's descent upon earth. (149, June 4, 1853.)
The Imperial Declaration of T'hae-ping. (150 & 151, June 1853.)
Proclamations published by Imperial appointment, at the request of *Yang* and *Seaou,* Ministers of State and Generals-in-Chief of the T'hae-ping Celestial Dynasty, in the Second Year of our reign (1852). (152, June 25, 1853.)
Arrangement of the Army of the T'hae-ping Dynasty. Published in the Yin-tsze, or Second Year of the Celestial Dynasty of T'hae-ping (1852). (153, July 2, 1853.)
Ces traductions ont paru dans « *The North China Herald* » et nous avons indiqué entre parenthèses les numéros de ce journal dans lesquels elles ont été publiées.

THE CHINA MAIL. — Nous indiquerons également quelques documents intéressants qui ont paru dans ce journal de Hong kong :

Sur les commencements de l'insurrection, voir *The China Mail,* 1850, pp. 138, 158, 166 & 174.

Divers articles dans les Nos. 307 (2 Jan. 1851) et 350 (30 Oct. 1851).

Translation of Tien-teh's Confession. (Ov. China Mail, 23 Aug. 1852.)

— Synopses of the Books of the Rebels : I. « A Collection of the Decrees of Heaven and of the Edicts of the Emperor ». Shanghae, May 24, 1853 (July 7, 1853). — II. « A Record of Communications made by the heavenly father on his descent into this world », on the 29th of the 10th moon of the first year of Hienfung, i. e. 21st December 1851. Shanghae, May 27, 1853 (July 14, 1853). — III. « The Book of Heavenly Rules » for Human Conduct. Shanghae, May 30, 1853 (July 28, 1853). — IV. « The T'ai-ping imperial Declarations » Shanghae, June 30, 1853 (Aug. 4, 1853).—V. « The New Calendar ». Shanghae, May 31, 1853 (Aug. 18, 1853.) — VI. An Ode for youth. Shanghae, June 3, 1853 (Sept. 1, 1853). — VII. « The Three Character Classic ». Shanghae, June 6, 1853 (Nov. 10, 1853) by W. C. M (ilne).

Letters on « The Rebellion in China » by « Conservative » to the Editor of the *China Mail:* No. 1. Claim of the Imperialists, in case of necessity, to foreign assistance. Canton, 11th April 1853. — (April 21, 1853.)

This Letter was replied to by « Progress » under date of China 27 April 1853. (April 28, 1853.)
II. Improbability of the ultimate success of the Rebels–Character of the Present Dynasty. Canton, 21 April 1853. (April 28, 1853.)
III. Character of the Insurgent Chiefs. Canton, 25 Aug. 1853. (May 5, 1853, with « Progress » 2d Reply.)
IV. History and Progress of the Insurrection–Who or what is the new Emperor. Canton, 29 April 1853. (May 12, 1853.)
Ces 4 lettres sont réimp. dans la *China Overland Mail,* May 5, 1853.

(TAI PING.)

V. The Religious Character of the Insurgents. Canton, 14 May 1853. (May 19, 1853; réimp. *Ch. Ov. Mail*, May 26, 1853.)

The Rebels. Their Religion and Organization.— Letter to the Editor of the « China Mail » 3d June 1853 by « Enquirer ». (30 Juin 1853; réimpr. *Ov. Ch. Mail*, 73, Juillet 7, 1853.)

The Rebels and the Opium Trade. Letter to the Editor of the « China Mail », China, 6th June 1853, by « Progress. » (23 Juin 1853; réimpr. *Ov. Ch. Mail*, 7 Juil. 1853.)

Who and What are the Rebels? Letter to the Ed. of the « China Mail. » Canton, 30th June, 1853, by A. P. H. (7 Juil. 1853; réimp. *Ov. Ch. Mail*, 7 Juil. 1853.)

The Rebellion and the Triad Society. Let. to the Ed. of the « China Mail » 2d Aug. 1853, by « Enquirer ». (443, 11 Aug. 1853.)

Capture of Shanghai by the Rebels on the 7th of Sept. 1853. (450, 29 Sept. 1853.)

Journal of occurences during the week following the capture of the City : By the Rev. W. C. Milne of the Lond. Miss. Soc. (451, 6 Oct. 1853.)

Papers respecting the Civil war in China. (Blue Books) 453, 4, 5, 6, Oct. 20, 27. — Nov. 3, 10, 1853.)

Letter of Mr. Edw. Cunningham to the Ed. of the China Mail (Shanghae, 22 Oct. 1853) and sundry correspondence. (455, 3 Nov. 1853.)

A brief Narrative of Nanking Affairs. (456, 10 Nov. 1853.)

A brief Account of my misfortunes upon the capture of the City of Nanking : By a Refugee in Shanghae. (460, 8 Dec. 1853.)

Tien-teh, a Man, and not a Myth. Let. to the Ed. of the China Mail, 7 Dec. 1853. By « Enquirer ». (461, Dec. 15, 1853.)

The Religious and Political creed of the Rebels. Let. to the Ed. of the « China Mail ». China, 2d Feb. 1854 by « A Reader ». (468, Feb. 2, 1854.)

Historical Sketch of the Rebellion in China (from the China Mail) by T. F. Wade. (Réimp. Shae Miscellany, No. I, 5 pages.)

Consulter également : *The Chinese Repository*, XX. — *Shanghai Evening Courier*, 16 Sept. 1870 (General Ward); 3 Mars 1871 (Lettre signée B sur l'endreit où furent enterrés Ward et les officiers de l'Ever Victorious Army). — Lettre de Richthofen sur le Chen si. (Voir : Géographie supra col. 132 & 164 — et Sociétés Secrètes)

BIOGRAPHIE (1)

— Portraits des Chinois célèbres [par le Père Amiot] dans les *Mémoires concernant les Chinois*.

Tome III, pp. 1-386 (52 Biographies arrangées chronologiquement depuis *Tai-hao-fou-hi-che*, fondateur de la Monarchie chinoise). — Tome V, pp. 68-466 (10 Biographies).— VIII, pp. 1-111 (9 Biographies). — X, pp. 1-131 (1 Diographies).

— Abrégé de la Vie des principaux d'entre les disciples de Koung-tsée, qu'on a jugés dignes d'avoir part aux hommages qu'on rend aux Sages de la Nation. [Par le P. Amiot.] Dans les *Mém. conc. les Chinois*, XIII, pp. 1/38.

Yen-Tsée ou Yen-hoei (Tsée-yuen). — Tcheng-tsée (Tsée-yu), auteur du *Hiao-king*, maître de Tsée-sée. — Tsée-sée, petit-fils de Confucius. « il a composé le *Tchoung-young*..... Cet ouvrage avait 49 chapitres quand il sortit de ses mains. Il y a, dans le *Ly ki*, 7 chapitres ou articles qui sont entièrement de lui, » p. 23. — Mong-tsée. Ces 4 Sages « sont les seuls qui, dans le *Ouen-Miao*, ou dans la salle où l'on honore les Sages ont le titre de *Cheng*, qu'on rend communément en français par le mot *Saint*. Ces quatre personnages sont aux deux côtés de *Koung-tsée*, dans le fond de la salle, » p. 24. — Tchoung-tsée (Tchoung-yeou et Tsée-lou)... « le plus ignorant des disciples de Koung-tsée, » p. 36.

Femmes illustres. — Ms. Bib. nat. Fr. 17241. xviiie siècle; Ouvrage traduit du chinois par un missionnaire de la Compagnie de Jésus ; 151 feuillets in-folio doubles ; papier de soie.

— Analecta Sinensia, No. III. Biographical Pencillings. The Wan Seaou Tang, (*As. Journ. & Month. Reg.*, XXXII, 1840. pp. 128/131.)

CONFUCIUS 孔夫子 (551-479 av. J.-C.)

Vie de Koung-tsée, appelé vulgairement Confucius, le plus célèbre d'entre les Philosophes chinois, et le Restaurateur de l'ancienne doctrine. [Par le P. Amiot.] (*Mém. conc. les Chinois*, XII, pp. 1/403.)

Cette vie est suivie d'une « Table chronologique des événemens rapportés dans la vie de Koung-tsée ; d'une « Explication des Planches » de 6 Tables généal. de la maison de Koung-tsée depuis 2637 av. J.-C, jusqu'à 1784 de l'ère chrétienne, et d'une explication de ces Tables généalogiques.

— Voir également : *Mém. conc. les Chinois*, III, pp. 41-3. Trad. en russe, 1790, 1 vol. par Verewkine.

— Abrégé historique des principaux traits de la vie de Confucius, Célèbre Philosophe Chinois, orné de 24 estampes in-4 gravées par Helman, d'après des dessins originaux de la Chine envoyés à Paris par M. Amiot, Missionnaire à Pékin et tirés du Cabinet de M. Bertin, M^{tre} et ancien S^{re} d'Etat. Paris, s. d., in-4.

— La biog. de Confucius par le P. Amiot est la plus importante qui eût paru jusqu'alors, mais ce n'est pas la première :

— Confucii Vita. (Notizie varie.... Firenze,

---

1 Voir le chap. consacré aux *Sciences morales et philosophiques* pour la biog. des philosophes comme Tchu Hi, Han Yu, etc. et le chap. du *Tao kiao*, pour *Lao tseu*.

1697, pp. 122/142, voir le chap. consacré au *Tchoung-young*.)

— Confvcii Vita ex editione operum Confucii Goana. (Bayer, *Museum Sinicum*, II, pp. 214 sq.)

Du Halde, II, pp. 319, 324.

— Des Sinesischen Weltweisen Confucius Lebensbeschreibung und hinterlaszene Lehren der Weisheit / nebst Anhang von den moralischen Grundsätzen der Stoiker. Nürnberg / bey Johann Eberhard Zeh. 1779. In-8, pp. 38.

Yu le Grand et Confucius : Voir col. 216.
— Un précis historique sur Confucius. (Grosier, VII, pp. 408, sq)
Il y a un art. de Grosier sur Confucius dans la *Biog. univ.*

— The Chinese Traveller [Voir Col. 37] : pp. 1/13.

— Leben und Schriften des Kung-fu-dsü (pp. 1/19) du *Lun-yu* du Dr. Schott, Halle, 1826.

— Sketch of the life of Confucius, the Chinese Moralist. By S. W. Williams. *(Chin. Rep.*, XI, pp. 411/425.)

Notice of the Chi-shing Pien Nien-shi Ki, or Annals and Genealogy of the Most Holy Sage, with a translation of the Preface of the Editor K'ung Cháu-hwan, a member of the Confucian family. *(Ibid.*, XVIII, pp. 254/9.)

Life and Times of Confucius : notices of his ancestors, and of the time, place and circumstances of his birth. Selected from the Annals and Genealogy of the Sage, and other Chinese works [by E. C. Bridgman]. *(Ibid.*, pp. 337/342.)

Voir également *The Ch. Rep.*, I, pp. 262, 438, 502; III, p. 99; VI, p. 445; X, pp. 614, 616; XI, p. 411.

— The Life, Times, and Doctrines of Confucius. *(The As. Jour. & Month. Miscel.*, Sér. 3°, I, May-Oct. 1843, pp. 17, 129, 251, 368.)

— Pauthier, art. *Koung-fou-tseu*, dans le *Dict. des Sc. Philosophiques*.

Confucius and his immediate Disciples. Section I, Life of Confucius. — Section II, His influence and opinions. – Section III, His immediate Disciples.

Ces articles forment le chap. v, des *Prolégomènes*, pp. 56/128, du vol. I des *Chinese Classics*, du Dr. Legge.

— A Sketch of the Life of Confucius. By the Rev. Joseph Edkins. *(Journal N. C. B. R. A. S.*, Art. 1, vol. II, No. I, pp. 1/19.)

Sir John Bowring, dans la *Fortnightly Review*, Mai 1868.

— Confucius and the Chinese, or the Prose of Asia. By James Freeman Clarke. *(Atlantic Monthly*, XXIV, 1869, pp. 336/351.)

Plath (Joh. H). Confucius und seiner Schüler Leben und Lehren. 1. Historische

Einleitung. München, 1867, in-4, pp. 106. II. Leben des Confucius, *Ibid.*, 1871, pp. 84. III. Die Schüler d. Confucius. Nach Chines. Quellen. *Ibid.*, 1873, in-4, pp. 78.

« Abhandlungen d. k. b. Akad. d. Wiss. »

Ueber die Quellen zum Leben des Confucius, namentlich seine sogen. Hausgespräche (Kia iö), 1863, in-8, pp. 40. *(Ibid.)*
Mayers, *Manual*, No. : 319.

Confucius. Essai historique, par un Missionnaire. Rome, Imprimerie polyglotte de la Propagande ; Paris, Challamel, 1874, in-12, pp. 123, Prix : 1 fr. 50.

Notice par G. K. dans le *Polybiblion*, Mai 1875, pp. 400/1.
Rohrbacher, *Hist. de l'Eglise*, III, pp. 152 sq.
Voir : Religion : Jou-kiao. — Sciences Morales et Philosophiques.
« The family of Confucius is, in my opinion, the most illustrious in the world. After a painful ascent of eight or ten centuries, our barons and princes of Europe are lost in the darkness of the middle ages; but in the vast equality of the Empire of China, the posterity of Confucius have maintained, above two thousand two hundred years, their peaceful honours and perpetual succession. The chief of the family is still revered , by the sovereign and the people, as the lively image of the wisest of mankind. (Gibbon, *Memoirs of my life and writings*, p. 3, Vol. I, of the *Hist. of the Decline*, 1862.)

FO TOU-TCHING.

— Fo-Thou-Tchhing ; Samanéen Indien. (A. Rémusat, *Biog. univ.*, et *Nouv. Mél. As* , II, pp. 179/188.)

FOUNG TAO (ministre, † vers 960).

Weiss, *Biog. univ.* — A. Rémusat, *J. des Savans*, Sept. 1820, pp. 536/7.

HO KOUAN.

— Sketch of the character of Hokwân, the prime minister of China during the last years of Keënlung ; his impeachment and condemnation ; confiscation of his vast treasures. By E. Stevens. *(Chin. Rep.*, III, pp. 241 sq. ; réimp. dans *The Cycle*, 7 Janv, 1871.)

HOANG NGAN-CHI 王安石 Ministre. (Dynastie des Song.)

Wang An-shih, The « Innovator. » (From an unpublished Paper on the Province of Kiang-si.) By H. Kopsch. *(The China Review*, II, pp. 29/33, 74/80.)

Mayers, *Manual*, No. 807.

KAO YAO 皋陶 (Ministre de l'Empereur Chun, † 2204 av. J.-C.)

Art. de F. X. Tessier dans la *Biog. gén.* — Legge, *The Chinese Classics*, III, pp. 45 et 69. — Mayers, *Manual*, 242.

KIU YOUEN 屈原 4° Siècle av. J.-C. Auteur du *Li-Sao*.

Voir : sa Vie extraite des mémoires historiques de Sse-ma Tien (dans le *Li-Sao* du Mis d'Hervey de Saint-Denys), pp. XVLII-LIII. — Wylie, *Notes*, p. 181. — Mayers, *Manual*, No 326, p. 107.

Memoir of Kiuh-yuen. By L. M. F. [ay.] *(Chin. & Jap. Rep.*, Nov. 1865.)

KUNG MING 孔明 (Epoque des Trois Royaumes, 3ᵉ siècle de notre ère.)

— Voir un article sur ce célèbre ministre dans *The Canton Register*, Vol. 11, 1838, No. 10.

— Notices of Kung Ming, one of the heroes of the Sán Kwoh Chi. By W. C. Milne. *(Chin. Rep.*, XII, pp. 126/133.)

— Brief Sketches from the Life of K'ung-Ming. By G. C. Stent. *(The China Review*, V, pp. 311/319, 362/7; VI, 83/89, 173/180, 236/242.)

Voir Houng Wou, col. 253.

KUO TSEU-I 郭子儀

— Sketch of Kuo-Tze-Ne, Prime Minister under the Emperor Tien Pao, the 6th Sovereign of the Tang Dynasty. *(Shanghai Budget*, Feb. 13, 1873.)

— Mayers, *Manual*, No. 306.

LI TAI-PÉ 李太白. Poète du 8ᵉ siècle ap. J.-C.

Mém. conc. les Chinois, V, pp. 396/404. — T. Pavie : *Contes et Nouvelles*, 1839, in-8.

L. M. F. (ay.) « Distinguished Men of the Tang Dynasty. » *(Ch. & Jap. Rep.*, II, 1864 pp. 19, 22.) — Hervey St-Denys : *« Poésies de l'époque des Thang*, » pp. CVI-CXII. — Wylie, *Notes*, p. 183. — Mayers, *Manual*, No. 361.

LI HUNG-CHANG 李鴻章 (Gouverneur-général du Tche li; homme d'Etat contemporain.)

His Excellency Li Hung-chang. *(The Far East*, I, 1876, No. 3, pp. 73/5, avec une photog., No. 4, pp. 99/100.)

Voir le *N. C. Herald* et la *Gazette de Peking* depuis une quinzaine d'années, ainsi que les publications relatives à la rébellion des Taï ping.

LIN TSE-SU 林則徐 (homme d'Etat, 1785-1850).

— Life and Writings of Commissioner Lin. On the Character and Writings of Commissioner Lin Tsih-seu : By Dr. Bowring. Read to the Society, 14 Dec. 1852. *(Trans. China B. R. As. Soc.*, Part III, Art. VII.)

— Mayers, *Manual*, No. 394.

Voir le chap. consacré aux Relations de la Chine avec l'Angleterre dans la 3ᵉ partie de cet ouvrage.

LO PING-CHANG 駱秉章 (1798-1867).

— Notices of Lok Ping-Cheung late Governor General of Sze chuen. By Rev. C. F. Preston. *(Jour. N. C. B. R. As. Soc.*, Dec. 1868, Art. V, pp. 67/77.)

— Mayers, *Manual*, No. 425.

(BIOGRAPHIE.)

MA TOUAN-LIN 馬端臨 (XIIIᵉ et XIVᵉ Siècles.) Savant Chinois.

(Sa biographie par Abel-Rémusat, se trouve dans les *Nouveaux Mél. Asiatiques*, II, pp. 166/173.)

Cette biographie a été traduite en anglais, par Mrs. Coolidge pour le *Chinese Repository*, IX, pp. 143, 147.

On consultera également sur l'Encyclopédie de ce savant, les *Notes* de Mr. Wylie, pp. 55/56. M. Mayers, dans son *Manual*, ne lui consacre que huit lignes. (Vide No. 476, p. 149.)

MENG KO 孟軻 ou *MENG TSEU* 孟子 plus connu sous le nom latin de *Mencius*.

— *Mém. conc. les Chinois*, III, pp. 45-51. — XIII, *Abrégé*.

— Sa biographie par Abel-Rémusat se trouve dans les *Mél. As.*, II, pp. 115-129. — Elle avait d'abord paru dans la *Biog. univ.*

— Cette biographie a été traduite en anglais dans *The Canton Register*, 1834, pp. 120, etc., et par Mrs. Coolidge pour le *Chinese Repository*, X, 1841, pp. 320-328 ; — en latin par S. Julien dans son édition de *Mencius*. (1824, pp. VII-XVII.)

Voir : Mayers, *Manual*, No. 494, pp. 153-154.

Mencivs sive Mentivs Sinensivm post Confvcivm Philosophvs opt. Max. Ad clarissimos et Praenobilissimos viros Christian. Wilh. Kvstnervm Procos. Lips. G. W. Filivm. A. M et Ioannem Carolvm Steinel A. M Libellus singularis Ioannis Bened. Carpzov. Lipsiae A. D. XXI. Febr. A. I. S. CIƆIƆCCXXXXIII, in-8, pp. 52.

— Pauthier, art. *Meng-tseu*, dans le *Dict. des Sc. Philosophiques*.

— Léon de Rosny. Meng-tsze, philosophe chinois du IVᵉ siècle avant notre ère. *(Variétés Orientales*, 3ᵉ éd., pp. 238, 251.) Il y a en note des listes de versions orientales.

Mencius and his disciples. — Section I, Life of Mencius. — Section II, His Influence and Opinions. — Section III, The Disciples of Mencius. — Appendix : I. That the Nature is Evil. By the Philosopher Seun. — II. An Examination of the nature of man. By Han Wàn-kung.

Ces articles forment le Chap. II, des *Prolégomènes*, pp. 15-94, du Vol. II des *Chinese Classics*, du Dr. Legge.

Very Rev. Dean C. H. Butcher, *Edinburgh Review*, No. 289, July 1875, Art. III, pp. 65-88.

Rohrbacher, III, p. 163. — Voir : *Sc. mor. & phil.*

PAN KOU. Historien du 1ᵉʳ S. ap. J.-C. *Mém. conc. les Chinois*, I, pp. 84/5. — Wylie, *Notes*, p. 14. — Mayers, *Manual*, No. 534.

Cet historien est l'auteur du Tsien Han chou 前漢書

PAN TCHAO (Sœur de l'historien Pan Kou.)

— *Mém. conc. les Chinois*, III, pp. 361, 386, avec port. (L'ouvrage de cette femme célèbre « *Niu-kie-tsi-pien*, » les sept articles sous lesquels sont compris les principaux devoirs des personnes du sexe » est traduit. l. c., pp. 368 sq.)

Mayers, *Manual*, No. 535.

(BIOGRAPHIE.)

PAN TCHAO (Dynastie des Han.)

— Pan-Chau, of the Han Dynasty-the Hero of Thibet by L. M. F. [ay]. *(Chin. & Jap. Rep.*, Oct. 1864, pp. 98/100.)

— Mayers, *Manual*, No. 536.

SIU KOUANG-KI 徐光啓 (1562-1633.)

On consultera sur ce célèbre personnage, protecteur des chrétiens, les ouvrages généraux de Semedo, de Du Halde et les lettres citées au chapitre du Catholicisme où il est également traité de Candide Siu.

— Notice of Seu Kwang-ke (by A. Wylie). *(N. C. Herald*, No. 72, 13 Dec. 1851 sq.); réimp. dans *The Shanghai Miscellany* pour 1852, 10 pages; et pour 1853, 13 pages.)

Mayers, *Manual*, No. 545.

SOU OU. (Dynastie des Han.)

Mém. conc. les Chinois, III, pp. 317/360, avec port.

— Su Wu-The faithful Ambassador to Tartary. By L. M. F. [ay]. *(Chin. & Jap. Rep.*, Nov. 1864, pp. 144/50.)

— Mayers, *Manual*, No. 628.

SOU TOUNG-PO 蘇東坡 Homme d'Etat, poète, etc. (1036-1101 ap. J. C.)

— Notices of the complete Works of Su Tung-po, comprised in twenty-six volumes. 8vo. By a Correspondent. [C. Gützlaff.] *(Chin. Rep.*, XI, 1842, pp. 132-141.)

Voir *The Chin. Rep.*, XX, pp. 207/8.

— Su Tung-p'o. (From an unpublished History of the Kwangtung Province.) By E. C. Bowra. *(The China Review*, I, pp. 32/37.)

— Wylie, *Notes*, pp. 29, 78, 119, 124, 131, 132, 133, 173, 183, 184 et 185.

Mayers, *Manual*, No. 623.

SSE-MA KOUANG 司馬光 XIe Siècle ap. J.-C., ministre et historien chinois. (Abel-Rémusat, *Nouv. Mél. As.*, II, pp. 149/165.)

Cette biographie a été traduite en anglais par Mrs. Coolidge pour le *Chinese Repository*, IX, pp. 274, 283.

On consultera également sur Sse-ma Kouang les *Notes* de Mr. *Wylie*, pp. 8, 9, 20, 22, 64, 60, 152, 183 et la courte notice que lui a consacrée Mr. *Mayers* dans son *Manual*, (No. 656, pp. 199, 200); et sa biographie par le Père Amiot dans les *Mémoires concernant les Chinois*, X, pp. 1/70; voir ce même recueil, I, pp. 85 sq.

SSE-MA TCHING 司馬貞 (historien du 6e et du 7e S. ap. J.-C.)

— *Mém. conc. les Chinois*, I, p. 85. — A. Rémusat. *(Nouv. Mél. As.*, II, pp. 147/148.) — Mayers, *Manual*, No. 653.

SSE-MA TAN 司馬談 historien chinois [2e Siècle av. J.-C.]

Sa biographie par Abel-Rémusat se trouve dans les *Nouv. Mél. As.*, II, pp. 130/131.

(BIOGRAPHIE.)

Cette biographie a été traduite en anglais par Mrs. Coolidge pour le *Chinese Repository*, IX, pp. 210/211.

Voir *Wylie*, p. 14, et *Mayers*. (No. 650, p. 201.)

SSE-MA TSIEN, 司馬遷 historien chinois [fils de Sse-ma Tan, 2e et 1er Siècles av. J.-C.].

Sa biographie par Abel-Rémusat se trouve dans les *Nouv. Mél. As.*, II, pp. 132/146.

Cette biographie a été traduite en anglais par Mrs. Coolidge pour le *Chinese Repository*, IX, pp. 211/219.

On consultera également la biographie du *Père de l'Histoire chez les Chinois* par le P. Amiot dans les *Mémoires concernant les Chinois*, III, pp. 77-89; — dans *Mayers*, No. 660, p. 201; — dans *Wylie*, voir sur ses ouvrages les pages 12, 13, 14, 24, 65.

Szma Tsien, the Historian. *(Chin. & Jap. Rep.*, Jan. 1864, pp. 14/16.)

TA KOU 大姑 (Dynastie des Han.)

— Ta Koo, a Chinese Lady of the Second Century by L. M. F.[ay]. *(Chin. & Jap. Rep.*, Sept. 1864.)

— Mayers, *Manual*, n° 535.

TCHAO KUN, femme célèbre. (Dynastie des Han.)

Mayers, *Manual*, No. 45.

— Memoir of Chau-woo. By L. M. F(ay). *(Ch. & Jap. Rep.*, Dec. 1865).

TCHEN TCHEOU-LI.

Personnage imaginaire. Ne pas considérer comme sérieux l'ouvrage suivant qui n'est qu'une brochure politique française :

— Histoire véritable de Tchen-Tcheou-Li, mandarin lettré, premier ministre et favori de l'empereur Tien-ki, Ecrite par lui-même, et traduite du Chinois; par Alexandre Barginet (de Grenoble). A Paris, Nadau, 1822, in-8, pp. IV-74.

On lit dans le *Catalogue des ouvrages, ... poursuivis, supprimés ou condamnés*, de F. Drujon, Paris, Rouveyre, 1878, p. 198, au sujet de ce livre : « Cet opuscule qui offrait, sous des noms chinois, l'histoire d'un ministre récemment disgracié et celle des personnages qui avaient pris le plus de part à son administration, a été condamné à la destruction, par arrêt de la Cour royale de Paris, du 19 août 1822, confirmatif d'un jugement du Tribunal correctionnel de la Seine, en date du 4 juin précédent, prononçant la peine de 13 mois d'emprisonnement et 1,000 fr. d'amende contre le libraire Jean-Marie-André Nadau, déclaré coupable, à raison de la susdite publication, d'excitation à la haine et au mépris du gouvernement du roi, d'offenses envers les princes et une princesse de la famille royale, d'attaques aux droits que le roi tient de sa naissance et à ceux en vertu desquels il a donné la Charte, enfin, de provocation à la désobéissance aux lois. » *(Moniteur du 26 mars 1825.)*

TCHEOU KONG 周公 (Frère de Wou wang, premier emp. de la dynastie des Tcheou, † 1105, av. J.-C.)

— Weiss, dans la *Biog. univ.* — Legge, *Shoo King*, Pt. II, p. 515. — Mayers, *Manual*, No. 67.

TCHING TCHING-KONG.

Connu des Européens sous le nom de Koxinga.

— Art. de Weiss dans la *Biog. univ.* — Mayers, *Manual*, No. 62 a.

Voir le chap. consacré à *Formose*, col. 140.

(BIOGRAPHIE.)

Magalhaens (G. de). Relação das tyranias obradas por Canghien Chungo famoso ladrão da China em o anno de 1651.

« Da qual extrahio o P. Martino Hist. de bello Tartarico, pag. 185. tudo quanto escreveo nesta materia, como elle ingenuosamente confessa.» (Barbosa).— De Backer.

TCHEN TCHONG-MIN

— A Memoir of Chin Chung-min (the Hero of Wúsung), who always followed a correct line of conduct. Translated for the Repository by [Rev. W. H. Medhurst]. — *(Chin. Rep.* XIII, pp. 247/261.)

I SAO TSAO, Ministre, 3ᵉ S. ap. J.-C.

— Art. de Klaproth, *Biog. univ.*—Mayers, *Manual*, No. 768.

TOU FOU. Poète du 8ᵉ S. ap. J.-C.

Mém. conc. les Chinois, V, pp. 386/396. — A. Rémusat, *Nouv. Mél. As.*, II, pp. 174/178. — Hervey St.-Denys, *Poésies des Thang*, pp. 73/81. — Wylie, *Notes*, pp. 198, 200, 201. — Mayers, *Manual*, No. 680.

TSAOU TSEU-KIEN. (3ᵉ S. ap. J.-C.)

— Biography by P. P. T. (homs) *(Asiatic Journal*, New. Series, III, pp. 72/5.)

TSENG KOUO-FAN (homme d'état, né en 1807, † le 12 Mars 1872.)

— The last days of Tseng-kwo-fan, translated from the *Peking Gazette*, by Miss L. M. Fay, Shanghai. *(The Phoenix*, No. 29, Nov. 1872.) — Mayers, *Manual*, No. 738.

TSENG SEN 曾參 (philosophe chinois, disciple de Confucius, 6ᵉ S. av. J.-C.)

Mém. conc. les Chinois, XIII, *Abrégé de la Vie...* — A. Rémusat, *Nouv. Mél. As.*, II, pp. 106/109. — Mayers, *Manual*, No. 739.

Ce philosophe a écrit les dix derniers des onze chapitres du Ta hio. (Le premier chap. est de Confucius.)

TSEU SSE 子思 (philosophe chinois, du 5ᵉ S. av. J.-C.)

Mém. conc. les Chinois, XIII, *Abrégé de la Vie...* — A. Rémusat, *Nouv. Mél. As.*, II, pp. 110/114. — Mayers, *Manual*, No. 321.

On attribue le *Tchoung Young* à ce philosophe, petit-fils de Confucius.

TUNG YEN.

— Sketch of Tung-yen. A celebrated Court Favourite of the Han Dynasty. *(Shanghai Budget*, 6 Juil. 1872.)

— The Favourite of Gai-wang of the Han Dynasty. By L. M. F.(ay). *(Chin. & Jap. Rep.*, March 1865.)

WANG MANG, usurpateur Chinois, 1ᵉʳ S. ap. J.-C.

— Art. de Klaproth, dans la *Biog. univ.* — Mayers, *Manual*, No. 804.

WEN TIEN-SIANG 文天祥

— The last of the Chinese. An Episode in Oriental History. By E. C. Bowra &

(BIOGRAPHIE.)

Alfred Lister. *(The China Review*, III, pp. 257/269.)

— Sketch of Wen Tien hsiang. The Sung Dynasty. A. D. 1281. By L. M. F. [ay.] *(The Far East*, May 1877, pp. 100/2.)

— Mayers, *Manual*, No. 851.

Y HIANG, astronome Chinois, première moitié du VIIIᵉ S. de l'ère chrétienne.

— Art. de Klaproth, *Biog. univ.*

ANTIQUITÉS

1° ÉPIGRAPHIE

1° INSCRIPTION DE YU

Cette inscription a d'abord été gravée sur un rocher du Heng chan, dans la Province moderne de Hou Kouang ; elle a été ensuite reproduite à Si ngan fou, puis dans d'autres villes. Cette histoire est considérée comme apocryphe.

— Monument de Yu, ou la plus ancienne inscription de la Chine ; suivie de trentedeux formes d'anciens caractères chinois, avec quelques remarques sur cette inscription et sur ces caractères, par Joseph Hager. A Paris, chez Treuttel et Wurtz, libraires, de l'imprimerie de Pierre Didot l'ainé au Louvre. An X. MDCCCII. Infolio, pp. 12 et 29 pl.

Klaproth avait ajouté la note suivante à son exemplaire (Cat. No. 1356. Vend. 10 fr.) : « Les numéros mis aux 32 sortes d'écritures répondent à ceux des volumes de l'édition chinoise, et par conséquent aux explications qu'Amiot a extraites pag. 126 et suiv. de l'*Eloge de Moukden*. J'ai mis les noms chinois et mandchoux dans mon exemplaire. » Quaritch, 1872, 5s.6d.

— Ueber das Monument de Yu des Herrn Dr. Hager auszug eines Schreibens des herausgegeben. an Hrn. M. (As. Mag., Klaproth, II, pp. 473, 6.)

Voir : Hager, Elementary Characters of the Chinese, London, 1801.

神禹碑正義

— Inschrift des Yü, übersetzt und erklärt von Julius von Klaproth. Halle, im Verlage der Waisenhausbuchhandlung 1811, in-4, pp. 49.

Vend. Klaproth (1357) Fr. 12, 50, pap. vél. ; 1358, Fr. 13, avec notes ms. de K.

— Sur l'inscription attribuée à l'empereur Iu. (A. Rémusat, *Mél. As.*, II, pp. 272/276.)

— The Tablet of Yü, by W. H. Medhurst, Esq., H. B. M.'s Consul at Hankow. *(Jour. N. C. B. R. A. S.*, Déc. 1868, No. V, pp. 78/84, 2 Pl.)

— The Tablet of Yü, by Christopher T. Gardner. *(The China Review*, II, 1874, pp. 293/306.)

Une partie de cet article est reproduite dans *The Far East*, Sept. 1877, pp. 71 2. Une photographie d'une impression de l'inscription prise à Chau-hing, par le Dr. D. J. Macgowan est insérée, l. c., p. 70.

Williams' *Middle Kingdom*, II, pp. 204/205. — Voir Yu, col. 246.

(ANTIQUITÉS.)

2° LES TAMBOURS DE PIERRE DE LA DYNASTIE TCHEOU

Sur les tambours de pierre de la dynastie Tcheou, voir un passage d'une lettre du Père de Mailla sur les caractères chinois dans le *Chou-king* de Gaubil (1770), p. 384.

Hager écrit dans le *Panthéon Chinois*, Note, pp. xxix-xxx :

« *Ché-kou*, ou tambours de pierre, sont dix cylindres qui se conservent dans le magnifique temple de Confucius à Pekin. Le P. *Mailla* en envoya une copie en 1725, et le P. *Amiot* une autre en 1769; mais toutes les deux sont égarées. Malgré les soins que nous nous sommes donnés soit à Versailles, au dépôt de la marine, soit à Paris, où M. *Buache* fit faire de nouvelles recherches, nous n'avons pu les découvrir. Ces inscriptions prétendues du huitième ou neuvième siècle avant J.-C., dont 325 caractères seulement sont encore lisibles, ne servent pas plus à constater aucun point historique que le monument de *Yu*. Nous regrettons donc moins la perte de cette antiquité, envoyée déjà à deux reprises de Pékin. Voyez là-dessus une note de M. *Deshauterayes*, dans l'*Hist. gén. de la Chine*, et la lettre du P. *Mailla*, dans le *Chou-king* français; ainsi que l'ouvrage qui a pour titre : *De l'imprimerie*, pag. 653 et 654; et enfin Fréret, *Hist. crit. de l'écrit. chin.* dans le Vol. xv des *Mém. de l'Ac. des Inscriptions.* »

— The Stone Drums of the Chow Dynasty. By S. W. Bushell. B. Sc., M. D. Read before the Society on Nov. 18th. 1873. (*Journ. N. C. B. R. A. S.*, N. Ser. ; VIII, 1873, Art. VIII, pp. 133 sq.)

Art. remarquable par le médecin de la légation anglaise à Pèking; il y en a une not. dans *The Athenaeum*, No. 2443, 22 Aug. 1874.

3° OUVRAGES DIVERS

— Iscrizioni Cinesi di Quàng-cêu ossia della città chiamata volgarmente dagli Europei Canton copiate da un quadro della Collezione del Sig. Direttore Mainoni, e tradotte in lingua italiana con annotazioni dal Cavaliere Hager. Milano, per Giovanni Pirotta, MDCCCXVI, pet. in-fol., pp. VIII-24.

— Epigrafi Cinesi di Quàng-cêu ossia della città chiamata volgarmente dagli Europei Canton copiate da un quadro della Collezione del Sig. Direttore Mainoni; e tradotte in lingua italiana con annotazioni dal Cavaliere Hager. Edizione seconda. Milano, per Giovanni Pirotta, MDCCCXVIII, gr. in-4, pp. X-21.

* Explication d'une Inscription en caractères chinois et en caractères mandchous, gravée sur une plaque de Jade, qui appartient au cabinet des Antiques de la Bibliothèque de Grenoble par M. Abel-Rémusat. Grenoble, 1812, in-8.

— Inscriptions on Porcelain Bottles found in ancient Egyptian Tombs. Remarks upon Facsimiles, sent by Messieurs Julien and Rondot of Paris, of twelve inscriptions on Porcelain Bottles, alleged to have been found in ancient Egyptian Tombs : By W. H. Medhurst, Junior. Read to the Society, 9th November 1852.

(ANTIQUITÉS.)

(*Transactions China Branch R. As. Soc.*, Part III, Art. V.)

— Réimp. sans les caractères chinois dans *The N. C. Herald*, No. 183, 28 Jan. 1854, et dans *The Shanghae Miscel.* for 1855.

— Chinese Porcelain Bottles found in the Egyptian Tombs — their Antiquity and uses : By Harry Parkes. Read to the Society, 9th May 1854. (*Trans. China Br. R. As. Soc.*, Pt. IV, Art. VI.)

— On an ancient inscription in Chinese and Mongol, from a Stone Tablet at Shanghae : By Mr. A. Wylie, printer to the *London Missionary Society*, Shanghae. Read before the Society, May 21st, 1855. (*Trans. China Br. R. A. S.*, Pt. V, Art. III.)

— Remarks on some impressions from a Lapidary Inscription at Keu-yung-kwan, on the great wall near Peking. By A. Wylie Esq. (*Journal N. C. B. R. A. S.*, No. I, N. S., pp. 133/136.)

L'inscription de Keu-yung-kouan est en six sortes de caractères : ancien Devanagari, Tibétain, Mongol Baschpa, Ouïgour, Chinois, et Niou-tchi.

Voir les chap. consacrés à l'Ecriture chinoise et à l'inscription de Si ngan fou.

2° NUMISMATIQUE

— De Re Nvmaria Sinorvm. P. S. Bayer Regiomontanus. (*Miscellanea Berolinensia*, V, 1737, pp. 175/184.) Avec 2 planches.

— Description des Médailles chinoises du Cabinet Impérial de France, précédée d'un Essai de Numismatique chinoise avec des Eclaircissemens sur le Commerce des Grecs avec la Chine, et sur les Vases précieux qu'on y trouve encore. Par J. Hager. Paris, Imp. Imp. An XIII, 1805, in-4.

Vend. : Klaproth, Fr. 9; — J. Baur (1874), Fr. 12. — Notice signée S. de S. [acy] dans le *Magasin Encyclopédique*, III, 1805, pp. 271, 324.

— Notice de la Numismatique chinoise de J. Hager. Par J. D. Lanjuinais, S. [Extrait du *Moniteur*.] Pièce in-8, pp. 15.

— Verzeichniss der Chinesischen und Japanischen Münzen der K. K. Münz- und Antiken - Cabinetes in Wien. Nebst einer Uebersicht der Chinesischen und Japanischen Bücher der K. K. Hofbibliothek, von Stephan Endlicher. Wien, 1837, in-8, pp. VI-140.

— Recueil de Monnaies de la Chine, du Japon, de la Corée, d'Annam et de Java, au nombre de plus de mille, précédé d'une introduction historique sur ces monnaies, par le Baron S. de Chaudoir..... St. Pétersbourg, F. Bellizard & Co,... 1842, in-folio, pp. 80, s. l. table.

Suivi de :

Catalogue des Monnaies de cuivre chinoises,

(ANTIQUITÉS)

japonaises, coréennes, d'Annam, et incertaines, à trous carrés, ronds, &c.; des lingots d'or et d'argent et des papiers-monnaie, comme aussi des médailles des temples ou amulettes de la Chine et du Japon, des sectes de Fo et des Tao ssé. (Avec 61 Pl.)

Quaritch, 1872, £5 — J. Baur, 1874, Fr. 100.

— Chinese Copper Coinage. — Notes on the *Tsien*, or Copper Cash of the Chinese. Extracted from a native publication, the *Ta-tsing Hwuy-tien*, by Mr. C. B. Hillier, and communicated by the President. Read before the Asiatic Society, Nov. 4th, 1847. *(Trans. China Br. R. As. Soc.*, No. I, Art. IV.)

A la fin de l'article se trouvent : « Laws against Forgers. »

Chinese Coinage. A Brief Notice of the Chinese work 錢志新編 (Chronicles of Tsien; a new arrangement) and a Key to its 329 Wood-cuts of the Coins of China and neighbouring nations. — By C. B. Hillier Esq. *(Ibid.*, No. II, Art. I, pp. 1/163.)

* John Williams. Chinese Numismatics. London, 1853, in-8.

Notice of three Chinese silver Medals. By John Williams. (*Numismatic Chronicle*, new series, vol. 1, 1861, pp. 241/5).

Coins of the 大清 Ta-Ts'ing, or present Dynasty of China. By Mr. A. Wylie. (Art. III, *Journ. of the Shai. Lit. and Sc. Soc.*, No. I, June 1858, pp. 44/102.)

Laid before the Society, November 17th 1857.
— Chinese Coinage. (1). Names of Chinese Coins and the Time of their Coinage, taken from a Translation of « Chronicles of Cash ». By C. B. Hillier, Esq. (2). Coins of the Present Dynasty, compiled from an article by Mr. A. Wylie in the Journal of the Shanghai Literary and Scientific Society. Arranged by the Editor. (Doolittle's *Voc.*, II, No. 75.

Wylie, *Notes on Chinese Literature*, pp. 117/118.

Beschreibung der bekanntesten Kupfermünzen von Joseph Neumann. XIV. Heft. Enthält Münzen von China, Japan, Corea und Annam. Mit 18 Tafeln. Prag, 1861, Eigenthum und Verlag des Verfassers. pp. 32.

Bericht über einige von Herrn Dr. Karl Ritter v. Scherzer eingesandte chinesische und japanische Münzen. Von dem w. M. Dr. Pfizmaier. *(Sitzungsber. d. Phil. Hist. Cl. d. k. Akad. d. Wiss. z. Wien*, XXXVII, 1861, pp. 45/55, avec 1 Pl.)

Bericht über 2 Tai-ping Münzen. Von dem w. M. Dr. Pfizmaier. *(Ibid.*, 1866.)

— Sur la numismatique chinoise voir divers articles dans *Notes and Queries on China and Japan*, Vol. I, : p. 61, par N ; — p. 75, by C. F. R. A (llen) and by J. H. G; — Vol. II, pp. 47/48 by N. (Extract from Leslie's Arithmetic); — Vol. II, p. 63 [from *the Friend of China*].

— On a collection of Chinese Coins. By H. F. W. Holt. *(Numismatic Chronicle*, new series, vol. VI, 1866, pp. 68/90).

— Note on the coinage of the Tai-ping or Great-Peace Dynasty. By R. Alex. Jamieson. *(Ibid.*, * pp. 66/67.)

— Chinese Authors on Numismatics. By S. W. Bushell, B. Sc., M. D. *(Chinese Recorder*, IV, pp. 62/64.)

— Roman and Chinese Coinage. By S. W. Bushell; 3 fig. *(China Review*, I, pp. 117/8.)

— Chinese Cash. By S. W. Bushell. *(Ibid.*, I, pp. 397/8.)

— Rare Coins. By A. Wylie *(Ibid.*, III, pp. 127/8.)

La China Review contient également des questions et des réponses sur la numismatique disséminées dans les divers volumes.

On Chinese Currency. Coin and Paper Money. By W. Vissering, LL. D., With fac-simile of a Banknote. Leiden, E. J. Brill, 1877, in-8, pp. xv-219.

Notices : The *Athenæum*. — *Liter. Centralblatt*, No. 43, 20 Oct. 1877. (Par Georg von der Gabelentz.)

Mr. Geo. B. Glover, commissaire des Douanes à Changhai, dont on a pu admirer la collection d'environ 2000 médailles, &c., à l'Exposition universelle, en prépare un catalogue avec gravures qui pourra servir de guide à l'amateur de médailles.

Voir le chapitre consacré aux Monnaies, Poids et Mesures.

3º OUVRAGES DIVERS.

— Mémoire sur quelques anciens monuments de l'Asie analogues aux Pierres druidiques par M. Ed. Biot, membre résidant. — br. in-8, pp. 14.

Extrait du XIXᵉ volume des *Mémoires de la Société Royale des Antiquaires de France*.

— Note supplémentaire à ce mémoire, pp. 3.

Extrait du même volume.

— A dissertation on the Ancient Chinese Vases of the Shang Dynasty from 1743 to 1496, B. C., by P. P. Thoms. London, 1851, in-8, pp. 63.

— Cet ouvrage a paru également dans le *Journal of the R. A. Society*, I, pp. 57 sq., 213 sq.; II, pp. 166 sq., 276 sq.; sous le titre de : « Description of Ancient Vases; with Inscriptions illustrative of the History of the Shang Dynasty of Chinese Sovereigns, who reigned from about 1756 to 1112 B. C. Translated from the original Work entitled Po-Koo-too, by Peter Perring Thoms, Esq. »

Notice par S. W. Williams dans le *Chin. Rep.*, XX, p. 489.

— On Ancient Chinese Vases. By Thos. Joseph Pettigrew, Esq. F. R. S., F. S. A., Vice-President and Treasurer of the British Archeological Association. *(The Journal of the Brit. Arch. Ass.*, 1853, Vol. VIII, pp. 18 27, pl.)

— On Chinese Cinerary Urns. By Henry F.

¹ On consultera avec fruit la collection de « The *Numismatic Chronicle* edited by John Yonge Ackerman. » Vol. I. June 1838 — April 1839. London : Taylor & Walton, 1839, in-8.

Holt, Esq. *(Ib.*, 1871, Vol. XXVII, pp. 343/9, 1 pl.)

Notices of Chinese Seals found in Ireland. By Edmund Getty. M. R. I. A. Read before the Belfast Literary Society, on the 6th May, 1850. London : Thomas Hodgson. — Dublin : Hodges & Smith. — Belfast ; Marcus Ward & Co. 1850, in-4, pp. 40 & 19 plates.

Voir aussi « a Chinese Scholar » in « *The Athenaeum* » No. 648, 20th March 1840.

(ANTIQUITÉS.)

' Janer : Art. sur quelques antiquités chinoises dans le Musée archéologique de Madrid. *(Revista de España,* 1872.)

— Observations sur quelques objets antiques figurés dans les livres chinois et japonais présentées au 1er Congrès des Orientalistes à propos de l'exposition des collections rapportées de l'Extrême-Orient par M. Henri Cernuschi par Adrien de Longpérier. Paris, Vve Bouchard-Huzard, 1874, br. in-8, pp. 16.

Ext. No. 4 du compte rendu du *Congrès international des Orientalistes,* session de 1873 à Paris.

(ANTIQUITÉS.)

XI. — RELIGION*

OUVRAGES GÉNÉRAUX. — MÉLANGES

— Essai historique sur l'étude de la philosophie chez les anciens Chinois, par M. de Guignes. Déc. 1770. *(Rec. de l'Ac. des Insc., Mém.,* XXXVIII, 1777, pp. 269/291.)

— Premier Mémoire. Ecole des *Lettrés,* pp. 271/291. — Second Mémoire. Ecole du *Tao.* Avril 1771. *(Ibid.,* pp. 292/311.)

— Traité des Sectes Religieuses chez les Chinois et les Tonquinois ; par le Frère Adrien de Sainte-Thècle, Missionnaire au Tonquin.

Cet ouvrage inédit a été terminé en Sept. 1750. — Le *Journ. As.,* II, 1823, en contient, pp. 163/175, le plan et des extraits.

— Du Culte des Esprits chez les Tonquinois [extrait du Traité d'Adrien de Sainte-Thècle.] *(Ibid.,* VI, 1825, pp. 154/165.)

— Opusculum de sectis apud Sinenses et Tunkinenses. Gr. in-8, dem. mar. bleu. Ms. sur papier de Chine, de la main d'un missionnaire. 46 feuillets. Vend. Klaproth (158) Fr. 111.

— Panthéon chinois, ou Parallèle entre le Culte religieux des Grecs et celui des Chinois ; avec de nouvelles preuves que la Chine a été connue des Grecs et que les Sérès des auteurs classiques ont été des Chinois par Joseph Hager. Paris, Didot l'aîné, 1806, in-4.

Vend. Klaproth (159). Fr. 59. — L'ouvrage a considérablement diminué de valeur ; se vend de Fr. 5 à 6.

* Horae biblicae ; being a connected series of notes on the Text and literary History of the Bibles, or sacred Books of the Jews and Christians ; and on the Bibles or Books accounted sacred by the Mahometans, Hindus, Parsees, Chinese, and Scandinavians. (By Ch. Butler.) London, Withe, 1807, 2 tom. en un vol. gr. in-8.

Vend. Langlès, No. 149, Fr. 25.

*. Nous indiquerons successivement les ouvrages traitant des trois religions nationales de la Chine : *Jou kiao, Tao kiao* et *Fo kiao* ; puis ceux qui sont relatifs au *Christianisme,* au *Judaïsme* et à l'*Islamisme.*

(OUVRAGES GÉNÉRAUX.)

— On religious opinions in China. *(Indo-Chinese Gleaner,* No. 18. Oct. 1821.)

— On the three principal Religions in China. *(The As. Jour. & Month. Reg.,* IX, 1832, pp. 302/316.)

— Die chinesische Reichsreligion und die Systeme der indischen Philosophie in ihrem Verhältnisz zu Offenbarungslehren mit Rücksicht auf die Ansichten von Windischmann, Schmitt und Ritter, betrachtet von P. F. Stuhr. Berlin, 1835, in-8, pp. vi-109.

Théodore Pavie : Les trois Religions de la Chine, leur antagonisme, leur développement et leur influence. *(Revue des Deux-Mondes,* 1er février 1845.)

— Some Account of Charms, and Felicitous Appendages worn about the person, or hung up in houses, &c., used by the Chinese. By John Robert Morrison, Esq. *(Trans. Roy. As. Soc.,* III. — *Chin. Rep.,* XIV, pp. 229/234.)

— The Religion of the Chinese, without altars, temples, priests, or any proper term to denote the true God. By T. Yeates. *(Chin. Rep.,* XV, pp. 203/207.)

— Sur la Religion et les Divinités de la Chine, par C. Lavollée. *(Illustration,* 16 Janvier 1847. — Réimp. dans la *Rev. de l'Or. et de l'Algérie,* III, 1848, pp. 397/408.)

— A general View of what are regarded by the Chinese as objects of worship by the Revd. Alex. Stronach. *(Journ. of the Ind. Arch.,* 1848, pp. 349 et seq.)

— Christ and other Masters : an historical inquiry into some of the chief parallelisms and contrasts between Christianity and the Religious Systems of the ancient

(OUVRAGES GÉNÉRAUX.)

World. With special reference to prevailing Difficulties and Objections. By Charles Hardwick, M. A. [Archdeacon of Ely.] — 4 Parts [in-8]. Cambridge : Macmillan, 1855-1859.

Part. III, 1858 : Religions of China, America and Oceanica.
— The Same... Second Edition (With a prefatory memoir by F. Procter]. London & Cambridge [printed], 1863, 2 vol. in-8.

— The Religious Condition of the Chinese : with Observations on the prospects of Christian conversion among that People by Rev. Joseph Edkins, B. A. London, Routledge, 1859, in-16, pp. VIII-288.

Republished from the *Beacon* newspaper. — « It was again published in 1861, as a volume for railway reading». *(Mem. of Prot. Miss.*, p. 190.)

Religion in China : containing a Brief Account of the Three Religions of the Chinese : wich Observations on the Prospects of Christian Conversion amongst that People. By Joseph Edkins, D. D.... Second Edition. London, Trübner, 1878, in-8, p. XVI-260.

Pub. à 7/6; notice dans *The Lond. & China Express*, Jan. 4, 1878 : cette éd. contient quatre chap. nouveaux : Chap. II : Imperial Worship; — XVII, XVIII et XIX; Journey to Wootai shan.

Dr. J. H. Plath. — Die Religion und der Cultus der alten Chinesen. Abth. I. Die Religion der alten Chinesen, mit 23 lith. Tafeln. München, 1862, in-4, pp. IV-108. — Abth. II. Der Cultus der alten Chinesen. München, 1863, in-4, pp. 136. — Chinesische Texte zu Dr. J. H. Plath's Abhandl. II : Der Cultus der alten Chinesen, in-4 (46 lith. pl.), 1864.

Godsdienst en Bijgeloof der Chinezen door J. J. C. Francken. *(Tijdschrift voor Indische Taal-Land-en Volkenkunde*, XIV, Batavia, 1863.)

— Creeds in China. By F. Porter Smith, M. B. *(The Chin. Rec.*, II, p. 108.)

C'est une liste des religions connues en Chine avec leurs noms en chinois.
— Serpent Worship in China. By R. S. M. — *(The Chin. Rec.*, IV, pp. 307/8.)

— Studi sulle Religioni dell'Estremo Oriente di Carlo Puini, alunno dell'Istituto di studi superiori pratici e di perfeziomento di Firenze. (Dottrine di *Buddha, Confucio e Lao-ze.) — (Archivio per l'Antropologia e la Etnologia* pubblicato per Dr. P. Mantegazza e Dr. F. Finzi, Vol. I, No. II, p. 214, Firenze, 1871.)

* Carlo Puini : Il Buddha, Confucio e Lao Tse : notizie e studi intorno alle religioni dell'Asia orientale. Firenze, Sansoni, 1877, in-8, pp. LXV- 550, Fr. 5.

* О редпгіахъ въ Китаі. Les Religions en

Chine par W. Wassilyeff. St. Pétersbourg, 1873, 1 vol.

— Terms used in Cosmogony and Mythology. By Rev. Canon McClatchie, M. A. *(Doolittle's Vocab.*, Vol. II, Pt. III, No. 14.)

— The « Nameless Sect ». — An Account of a singular religious Sect in Shantung. (*N.-C. Daily News*, 27 Juillet 1874 & *N.-C. Herald*, 23 Juillet 1874.)

C'est une secte qui semble avoir eu des rapports avec les Nestoriens.

Oriental Religions and their Relation to Universal Religion. By Samuel Johnson. Boston : James Osgood & Co. 1877, 2 vol. in-8.

Vol. 1. India : *Introduction.* — I. *Religion and Life.* The Primitive Aryas, The Hindu Mind, The Rig Veda Hymns, Tradition, Laws of Manu, Woman, Social Forms and Forces. — II. *Religious Philosophy.* Vedânta, Sânkhya, The Bhagavadgitâ, Piety and Morality of Pantheism, Incarnation, Transmigration, Religious Universality. — III. *Buddhism.* Speculative Principles, Nirvana, Ethics and Humanities, The Hour and the Man, After-life in India, Buddhist Civilization, Ecclesiasticism.

Vol. II. China :- — I. *Elements.* The Chinese Mind, Labor Science, External Relations, Ethnic Type, Resources. — II. *Structures.* Education, Government, Language, Literature, History, Poetry. — III. *Sages.* Rationalism, Confucianism, Doctrine of Confucius, Influence of Confucius, Mencius. — IV. *Beliefs.* Foundations, Patriarchalism, The Ancestral Shrine, The Future Life, Fung-Shui, Divination, Theism, Buddhism, Coming of Buddhism, The Development of Buddhism, Chinese Buddhism, Missionary Failures and Fruits, Tao-ism, Lao-Tse, The Tao-sse. — V. *Philosophy.* The Y-king, Metaphysics, Anthropology.

Notices : *China Review*, VI, 1877, pp. 124/128. — *The Academy*, No. 334, 28 Sept. 1878. (Dr. Legge.)

« Mythology of the various races and religions of China, royal folio, 100 magnificent drawings by Native Artists, painted on the finest cotton-paper, and mounted on thick drawing paper, all coloured in the most elaborate and artistic manner, representing the Deities, Demi-gods, Sages, and Heroes, of the various systems of Chinese Mythology, with an explanatory Index in MS. by Mr. John R. Morrison, son of the Lexicographer; bound in red morocco extra, gilt edges, £ 100. China, cir. 1830. »

« A superb volume. It forms such a Gallery of Chinese Mythological Paintings, as could scarcely be collected now in China. The work is done with admirable taste and skill, and could not have cost the original possessor less than £ 200. It would now be more expensive still, as the number of real artists is daily diminishing in China; and the distracting civil wars of late years have worked so much destruction amongst the public monuments and collections, all over the empire. Independently of the pictorial and ornamental attractiveness of this volume, it possesses a high value for the student of Races and Religions. There is a singular interest in examining the ideas embodied in the figures that represent the divinities of the Chinese mind; and in noting how frequently they differ from the ordinary type of Chinese humanity. The obliquity of eyesight peculiar to the Mongolian race is not visible in more than half of these drawings, and it would seem likely that much of the modern Chinese faith or superstition is derived from a source still more ancient than the earliest ages of that ancient people itself—that is, from the aboriginal inhabitants of the country who still hold an independent footing there, and harass the imperial government under the name of the

Miao-tsze Mountaineers. This race is also found in Formosa and some others of the islands in the Chinese seas.

The demi-gods and deities, who appear in the above drawings, are not taken from the calendar of any one religion; but comprise alike Buddhistic figures, Confucian sages, and the idols of the Taou-sze, or Rationalists—the least numerous sect of the three that divide China amongst them. »

Nous avons cru devoir indiquer cette collection intéressante d'après la description qui en est donnée dans le Cat. de Quaritch, No. 285, Sept. 1872 (7787).

— Voir la 3e partie de la *Chine illustrée* de Kircher. (col. : 16.) — Grosier, *Desc. de la Chine*, IV, Livre IX, pp. 342 et seq. (col. : 43.) — Bernard Picart, *Cérémonies et Coutumes religieuses*, Amst., 1723-43, 8 tom. en 9 vol. in-fol., — Amst., 1789-43 ; — Paris, 1741. 7 vol. ; — Paris, 1783, 4 vol. in-fol. ; — Paris, 1810, 13 vol. in-fol. — En anglais, London, 1733-1739, 7 vol. in-fol.

JOU KIAO * 儒 教

Demandez à toute la Chi- 僊 *ju*, on vous répondra qu'on ne ce que signifie la lettre 儒 appelle ainsi ceux qui font profession de suivre la doctrine contenu dans les livres canoniques : mais demandez pourquoy une partie de cette lettre ⼃ *gin*, qui signifie le grand homme — l'hom- 叀 c'est ⼃ me par excellence, et l'autre moitié c'est 而 *sie*, qui veut dire attendre avec espérance, cela passe la connoissance des Chinois, et ils ne peuvent vous rien dire sur cela de certain au lieu qu'un missionnaire, qui est instruit, en voit d'abord la véritable raison, qui est que les anciens sages, qui ont inventé ces lettres mystérieuses, se donnoient à eux mêmes le beau nom de gens attendans le Messie *ju-sperantes ;* et pour exprimer ceux qui viendroient après le Messie, ⼃土 *sin*, qui est com-⼃*gin*, 三 ils employoient la lettre 信 posée de ce même ⼃ et de 言 *yen* , qui si- ⼃土 *Sin credentes*, ils croyoient parce que gnifie parler. 信 cet homme Dieu a parlé. »

(Extrait d'une lettre du P. de Prémare, datée de Kien tchang, le 25 octobre 1707. Bib. nat., Ms. lat. Nouv. acq. 156, feuillet 13.)

— De Secta Litteratorum, seu Philosophorum propriâ, quod illius fundamentum aut principium veteres, quod moderni Interpretes constituerint. *(Confucius Sinarum Philosophus,* Proemialis Declaratio, Paragraphus Quintus.)

— R. Morrison.*View of China*, col. 46 : Joo-keaou, p. 110

— The State Religion of China; objects of the governmental worship ; the ministers or priests, and the preparation required for their service ; sacrifices, offerings and ceremonies ; and penalties for informality. By Robert Morrison. *(Chin. Rep.,* III, p. 49 ; — réimp. dans *The Cycle*, 3rd Dec. 1870.)

— A Confucian tract, exhorting mankind always to preserve their celestial principles and their good hearts. (Trad. par W. J. Pohlman, *Chin. Rep.,* XV, p. 377/385.)

Le texte accompagne la traduction.

---

* On sait que le *Jou kiao* est moins une religion qu'un système de morale ; il faudra compléter les quelques renseignements que nous donnons ici aux chapitres consacrés à : La Question des Rites. — Controverses des Missionnaires protestants.—Sciences morales et philosophiques (Livres canoniques). — Culte des Ancêtres. — Foung choui, etc. — Ce terme de Jou kiao a d'abord été inventé (vers 1150 ap. J. C.) pour désigner l'école du philosophe Tchu Hi.

The Chinese on the Plain of Shinar, or a Connection established between the Chinese and all other Nations through their Theology. By Rev. M. T. M'Clatchie. *(Jour. R. As. Soc.,* XVI, 1856, pp. 368/435.)

— Prières chinoises par C. Lavollée. *(Rev. de l'Or. et de l'Algérie*,VI, 1849, pp. 100/104.)

— A Proclamation against certain idolatrous practices, translated by Rev. S. F. Woodin. *(The Missionary Recorder,* I, 1867, pp. 22/3.)

Texte chinois et trad. d'une proclamation de Tso, Vice-Roi de Fo kien, 5 Mars 1865 (8e jour, 2e lune de la 4e année de Toung tchi).

— Another Proclamation against idolatrous processions, translated by W. T. Lay, Esq. *(Ibid.,* pp. 55/56.)

Texte chinois et trad. d'une proclamation de Wou, Vice-Roi de Fo kien, 21 Avril 1867 [17e jour, 3e lune de la 6e année de Toung tchi.]

— On a Chinese Tablet illustrating the religious opinions of the literary class, by Dr. D. B. Mc Cartee, Missionary of the Presbyterian Board at Ningpo, China. *(Am. Or. Soc. Jour.,* IX, No. 2, p. lxi.)

— A moral [Problem solved by Confucianism. By Rev. William Ashmore. *(The Chin. Rec.,* II, pp. 282/285.)

— Chinese Mythology. By Sinensis. *(The Chin. Rec.*, III, pp. 197/200, 234/238, 299/303, 310/315, 347/353. — IV, pp. 19/23, 46/48, 93/96, 130/132, 192/195, 217/222.)

— Notes concerning the Chinese belief of Evil and Evil Spirits. By Rev. F. Galpin. *(The Chin. Rec.,* V, pp. 42/50.)

— Proclamation against Idol Processions. Translated by C. F. R. Allen, Esq. *(Doolittle's Voc.,* Vol. II, Pt. III, No. 66.)

— Chinese Natural Theology. By John Chalmers. *(The China Review,* V, pp. 271/281.)

Ce mémoire a été écrit pour le Congrès international des Orientalistes, de St-Pétersbourg.

Confucianism. By the Rev. G. E. Moule. *(Church Missionary Intelligencer,* Jan. 1878.)

Lettre inédite du P. Prémare sur le Monothéisme des Chinois : Voir le chapitre consacré à la Question des Rites.

TAO KIAO 道 教

— Brevis Notitia sectae *Li lao Kiun* Philosophi, ejusque sectariorum, quos in Sinis *Tao su* vocant. *(Confucius Sinarum Philosophus,* Proemialis Declaratio, Paragraphus Tertius.)

— Lao-Tsée. *(Mém. conc. les Chinois,* III, pp. 38/41.)

— Notice du *Cong-fou* des Bonzes Tao-sée ; par le P. Cibot. *(Ibid.,* IV, pp. 441 sq.)

(Voir : The *Chinese Rec.,* III, pp. 188-9, note by J. Dudgeon.)

— Lettre du P. Amiot, Peking, 16 Oct. 1787. *(Ibid.*, XV, pp. 208 sq.)

— Account of the Sect Tao-Szu. From « the Rise and Progress of the Three Sects » by Morrison, dans les *Horae Sinicae* : New ed., pp. 166/170.

R. Morrison, *View of China*, col. : 46 ; Taou keaou, pp. 111/2.

ABEL-RÉMUSAT. Mémoire sur la Vie et les Opinions de Lao-Tseu, Philosophe chinois du VIe Siècle avant notre ère. Par M. Abel-Rémusat. *(Mém. de l'Ac. des Insc. et B.-L.*, VII, pp. 1/54.)

— Extrait d'un Mémoire sur Lao-tseu, Philosophe chinois du sixième siècle avant notre ère, qui a professé les opinions attribuées à Platon et à Pythagore. Par M. Abel-Rémusat. *(J. As.*, III, 1823, pp. 1/15.)

Lu à l'Ac. des Insc., le 28 Juillet 1820.

* *Mémoire sur la Vie et les Opinions de Lao-Tseu, Philosophe chinois du VIe siècle avant notre ère, qui a professé les opinions communément attribuées à Pythagore, à Platon et à leurs disciples; par M. Abel-Rémusat. Paris, 1823, in-4. Très-Rare.*

—. Sur la Vie et les Opinions de Lao Tseu, philosophe chinois du sixième siècle avant notre ère. (A. Rémusat, *Mél. As.*, I, pp. 88/99.)

De la Religion des Tao-szu en Chine. (Klaproth, dans les *Nouv. An. des Voyages*, II, 1833, p. 129.)

— J.-J. Ampère. La troisième religion de la Chine, Lao-tseu. *(Revue des Deux-Mondes*, 15 août 1842.)

* De la Métaphysique de Lao-tseu, par Nic. Möller, Prof. honor. à l'université cathol. de Louvain. Tirlemont, 1850, in-8.

Ex. de la *Revue catholique*, IV, 1849-1850.

— Review of the Shin Seën Tung Keën. — 神 仙 通 鑑 A General Account of the Gods and Genii ; in 22 vol. From a Correspondent. [C. Gützlaff]. *(Chin. Rep.*, VII, pp. 505 et seq.)

Voir Wylie, *Notes*, p. 178.

— Liáu Chái I Chi, or Extraordinary Legends from Liáu Chái. Reviewed by a Correspondent. [C. Gützlaff.] — *(Chin. Rep.*, XI, pp. 202/210).

Voir au chap. consacré aux Contes et Nouvelles les trad. de C. F. R. Allen.

一 搜 神 記 Shao Shin Ki.

Cet ouvrage qui traite des Dieux chinois (181 idoles décrites) a été composé sous les Ming. On en trouvera une courte description par le Rev. J. L. Shuck dans le *Chinese Repository*, X, page 87, Note. Ce missionnaire a donné les trois traductions suivantes de descriptions de dieux dans le même vol. du *Ch. Repository*.

— Sketch of Teën Fe, or Matsoo Po, the Goddess of Chinese Seamen. Translated from the Sow Shin Ke. By J. L. S(huck). *(Chinese Rep.*, X, pp. 84/87.)

— Sketch of Kwanyin, the Chinese Goddess of Mercy. Translated from the Sow Shin Ke. By J. L. S(huck). *(Ibid.*, X, pp. 185/191.)

— Sketch of Yuhwang Shangte, one of the highest Deities of the Chinese Mythology. Translated from the Sow Shin Ke. By J. L. S.(huck.) *(Ibid.*, X, pp. 305/309.)

— Mythological Account of Hiuen-tien Shang-ti, the High Ruler of the Sombre Heavens, with notices of the worship of Shangti among the Chinese. [By S. Wells Williams.] *(Ibid.*, XVIII, pp. 102 et seq.)

— Mythological Account of some Chinese Deities, chiefly those connected with the elements. Translated from the Siú Shin-ki. By J. G. Bridgman. *(Chin. Rep.*, XIX, pp. 312/317.)

J. EDKINS. — Tauism. — Phases in the development of Tauism : By the Rev. Joseph Edkins, Shanghae. Read before the Society, 11th July, 1855. *(Trans. China Branch. R. As. Soc.*, Part. V, Art. IV.)

— On early Tauist Alchemy. [By J. Edkins.] *(N. C. Herald ; and Shanghae Miscellany.)*

— Chinese Worship of the Stars. [By J. Edkins.] *(N. C. Her.*, No. 324, 11 oct. 1856 ; & *S. Miscell.)*

— Account of Kwan-ti, the God of War. By J. E[dkins]. — *(N.-C. Herald*, Nos. 313 & 314, 26 Juillet & 2 Août 1856 ; — réimp. dans le *Shae. Miscellany.)*

— Worship of Kwan-ti among the Lamas. *(Notes & Q. on, C. & J.*, I, p. 35.)

— Voir également sur cette divinité : Mayers, *Manual* No. 297.

— A Sketch of the Tauist Mythology in its modern form. By the Rev. Joseph Edkins. Read before the Society, May 17th, 1859. (Art. V, *Journal N. C. B. R. A. S.*, No. III, Dec. 1859, pp. 309/314.)

— Tauism in Japan. By Rev. J. Edkins. *(The Chin. Rec.*, II, pp. 33/46.)

Explication du texte de Lao-tseu sur la Trinité, par M. de Paravey. *(Ann. de Phil. chrétienne*, 4e Sér., VIII.)

—   лоссовъ. — La Secte des Taouists, par Tsvetkoff. *(Trav. de la Mission Russe*, Vol. III, 1857, Art. 13.)

— Certain Gods of the Chinese Pantheon. *(N. C. Herald*, 24 Nov. 1868.)

Conférence faite à Ningpo le 10 Nov. 1868 par D. B. Mac Cartee.

— On Wên-Ch'ang. the God of Literature, his History and Worship. By Wm. Frederick Mayers, Esq. *(Jour. N. C. B. R. A. Soc.*, 1869 & 1870, No. VI, Art. II, pp. 31/44.)

Léon de Rosny. Le Tao-sséisme. *(Variétés orientales*, 3e éd., pp. 171/176.)

— Lao-Tzu. *(Shanghai Evening Courier*, 15 Janv. 1869.)

— Lao-Tzù 老 子. A study in Chinese

Philosophy, by T. Watters, M. A., ... Hongkong : Printed at the « China Mail » Office, 1870, in-8, pp. 114 sans la préface.

Une grande partie de cet ouvrage avait paru dans « The Chinese Recorder and Missionary Journal », Vol. I, pp. 31, 57, 82, 100, 128, 154, 209. Dans sa brochure M. Watters a ajouté deux chapitres (VIII. Lao Tzŭ, and Confucius; IX. Conclusion)

— Buddha and Laou-tsze, by « Sinensis ». (Shanghai Budget, 7 July 1871.)

— Rohrbacher, Hist. de l'Eglise, III, pp. 146/152.

— Tablet Mottoes from Temples. Collected at Foochow. Translated by Rev. John Preston. (Doolittle's Vocab., Vol. II, Pt. III, No. 12.)

— Twenty eight Temple Oracles or Stanzes. From a Temple at Foochow. Translated by C. F. R. Allen, Esq. (Ibid., No. 57.)

— Fifty - Six Temple Oracles or Stanzes. From a Tauist Temple at Foochow. Translated by C. F. R. Allen, Esq. (Ibid., No. 58.)

— Medical Divinities. By J. Dudgeon. (Ibid., Vol. II, Pt. III, No. 16.)

— Tauist Words and Phrases. By Rev. John Chalmers, M. A. (Ibid., Vol. II, Pt. III, No. 7.)

— Tauism. By Rev. J. Chalmers, M. A. (China Review, I, pp. 209/220.)

— The Master of Heaven. By H. Kopsch. (Ibid., II, pp. 226/229.)

— Notes of a Visit to the famous Wu-tang shan (武當山). By Rev. W. Scarborough. (The Chin. Rec., V, pp. 77/82.)

— Ueber einige Gegenstände des Tao-glaubens. Von Dr. A. Pfizmaier. (Sitzung. d. phil. — hist. cl. d. k. Akad. d. Wiss., Wien, 1875.)

TAO TE KING 道 德 經. Premier livre du Tao-te-king, de Lao-tseu. In-8, s. l. n. d., pp. 80. — Traduction de G. Pauthier. — Janvier 1838.

C'est la seule livraison de cette traduction qui ait paru. Voir dans les Vindiciae Sinicae de Pauthier, pp. 91 et seq. : « Parallèle de la nouvelle traduction de Lao-tseu, par M. Julien, et de la mienne. » — Voir également le Supplément aux Vindiciae Sinicae, 1843.

Pauthier a publié un article sur Lao-tseu dans le Dict. des Sciences philosophiques.

— Lao Tseu Tao Te-king. Le Livre de la voie et de la vertu composé dans le VIᵉ siècle avant l'ère chrétienne par le philosophe Lao-Tseu traduit en français, et publié avec le texte chinois et un commentaire perpétuel par Stanislas Julien. Paris, Imp. Roy., 1842, in-8.

— Notice par le Baron d'Eckstein dans le J. As., XIV, 1842, pp. 283 sq., 399 sq.

(Tao Kiao.)

— The Speculations on Metaphysics, Polity, and Morality, of « the Old Philosopher », Lau-tsze, translated from the Chinese, with an Introduction, by John Chalmers, A. M. London : Trübner, 1868, pet. in-8, pp. xx-62. — Pub. à 2 dol. 50.

C'est une traduction anglaise du Tao Te-king; elle est dédiée au Rev. James Legge, D. D.

Notices : N.-C. Herald, Nov. 28, 1868. — N. & Q. on C. & J., II, pp. 143/4.

— Lao-Tse Táo-Tè-king. Der Weg zur Tugend. Aus dem Chinesischen übersetzt und erklärt von Reinhold von Plaenckner. Leipzig, F.-A. Brockhaus, 1870. in-8, pp. xx-xv-423 sans l'errata.

— Laò-Tsè's Taò Tè king. Aus dem Chinesischen ins deutsche übersetzt, eingeleitet und commentirt von Victor von Strauss. Leipzig, Friedrich Fleischer, 1870, gr. in-8, pp. lxxx-357.

Notice : China Review, I, p. 50.

— Mémoire sur l'Origine et la Propagation de la Doctrine du Tao, fondée par Laotseu; traduit du chinois, et accompagné d'un commentaire tiré des livres sanskrits et du Tao-te-king de Lao-tseu, établissant la conformité de certaines opinions philosophiques de la Chine et de l'Inde; orné d'un dessin chinois ; suivi de deux Oupanichads des Védas, avec le texte sanskrit et persan. Par M. G. Pauthier, de la Société asiatique de Paris. Paris, Dondey-Dupré, MDCCCXXXI, in-8, pp. VIII-79 sans la page de variantes et d'errata.

Critique de Klaproth du Mémoire de Pauthier sur la doctrine du Tao. Paris, 1831, (Nouv. J. As., VII, 1831, pp. 465/493.)

Lettre adressée par M. Pauthier au Rédacteur du Journal Asiatique, relativement à un article sur son Mémoire sur la Doctrine du Tao. (Nouv. J. As., VIII, 1831.)

— Observation de la Commission du Journal Asiatique, pp. 129/130.

— Lettre de M. Klaproth à la Commission, pp. 130/131.

— Lettre de M. Pauthier au Journal Asiatique. Ville-Evrart, le 16 juillet 1831, pp. 131/158.

Lettre de M. Klaproth au Rédacteur du J. As. (Ibid., pp. 220/238.)

Seconde lettre de M. Klaproth. (Ibid., pp. 414-439.)

Voir aux Vies des Miss. Cath., le P. Foucquet, à propos d'une trad. du Tao Te King.

— Le Livre des Récompenses et des Peines. Traduit du chinois, avec des Notes et des Eclaircissements, par M. Abel-Rémusat. Paris, A. A. Renouard, 1816, in-8.

— Notice par Chézy. (Journal des Savans, Oct. 1816, pp. 88/93.) — Vend. Rémusat (185). Fr. 11. 25.

— On trouve dans la Chrestomathie mandchou, de Klaproth (1828), pp. 211 et seq. la traduction française du « Traité des Récompenses et des Peines de Thaï-chang ».

— Doctrine of Rewards and Punishments. (Trad. du chinois dans The Canton Register, Vol. III, 1830, No. 14, pp. 58/9.)

Le Livre des Récompenses et des Peines, en Chinois et en Français; accompagné de

(Tao Kiao.)

RELIGION

quatre cents légendes, anecdotes et histoires, qui font connaître les doctrines, les croyances et les mœurs de la Secte des Tao-ssé. Traduit du Chinois par Stanislas Julien, membre de l'Institut. Paris : Printed for the Oriental Translation Fund M.DCCC.XXXV. In-8, pp. xvj-531. Pub. à £ 1.1/-.

— Lettre à M. le Rédacteur du Journal Asiatique. Ce 15 Septembre 1837 par Siao-tseu [Jacquet]. *(J. As.*, 3e Sér., IV, Déc. 1837, pp. 544, 565.)

— Réponse à la lettre de M. Jacquet par S. Julien. *(Ibid.*, V, 1838, pp. 259/297.)

Book of Rewards and Punishments : in Chinese, French and English. French Translation by M. Stanislas Julien. — English Translation by T. Watters Esq. *(Doolittle's Vocabulary.* Vol. II, Pt. III, No. 10.)

Dans le Vol. 1 de *Sketches of China* (1841) par Sir J. F. Davis, il y a pp. 215/244, un choix tiré du « Book of Rewards and Punishments ».

— **Le Livre de la Récompense des Bienfaits secrets,** traduit sur le texte chinois, par L. Léon de Rosny. *(Rev. de l'Or. et de l'Alg.*, XVI, 1854, pp. 202/207 ; et *Annales de Philosophie chrétienne,* Vol. LIII.)

— Le Livre de la Récompense des Bienfaits secrets, Traduit sur le texte chinois, par L. Léon de Rosny... Paris, Imprimerie de H. Carion, 1856, br. in-8, pp. 6.

— **La Visite du Dieu du Foyer à Iu-kong.** Traduit du chinois par Stanislas Julien. *(Rev. de l'Or. et de l'Alg.*, XVI, 1854, pp. 267 76.)— Tirage à part, Paris, 1854, in-8, pp. 14.

Cette traduction avait déjà paru dans l'éd. du *Livre des Récompenses et des Peines* de S. Julien (1835), et dans l'éd. française de la *Chine* de Sir J. F. Davis. (Paris, 1837, Vol. II ; voir col. : 51.)

Cette pièce et le *Li sao* sont les deux premiers poëmes de la collection dite 楚 辭 Tsou ». (Voir le *Li sao* au chap. « Elégies de 楚 辭 consacré à la poésie.)

FO KIAO (1) 佛教 (Bouddhisme).

— **Brevis Notitia** sectae *Foe kiao* dictae, ejusque Sectatorum. *(Confucius Sinarum Philosophus,* Proemialis Declaratio, Paragraphus Quartus.)

— **Lettre de l'Empereur Kien-long au Talai-lama.** *(Mém. conc. les Chinois,* IX, pp. 447 et seq.)

(Trad. en anglais dans *Dalrymple's Oriental Repertory,* 11.)

* **Nachrichten von Tybet aus Erzählungen Tangutischer Lamen unter der Selenginskischen Mongolen. [Von P. S. Pallas.]**

---

1. Nous n'avons pas la prétention de donner ici une liste complète des ouvrages traitant du Bouddhisme ; nous n'indiquerons que les principaux mémoires relatifs à cette religion telle qu'elle est pratiquée en Chine, en Mongolie et au Tibet. Les personnes qui désireront une bibliographie plus étendue consulteront : L'Histoire de Cakya-Mouni, par Foucaux, à la fin. — « Buddha and his Doctrines. A Bibliographical Essay. [By Otto Kistner.] London : Trübner & Co., 1869, in-8, pp. IV-32, » et une note supplémentaire à cette brochure par William E. A. Axon, F. R. S. L., dans le *Trübner's Record,* 15 juillet 1869, p. 513. — Consulter également la IVe partie de notre ouvrage pour les voyages des pèlerins bouddhistes.

(Fo KIAO.)

(Neue Nordische Beitrage, St. Petersb. und Leipzig, I, 1781.)

* **Beschreibung der feierlichen Verbrennung eines Kalmückischen Lamas oder Oberpriesters.** [Von P. S. Pallas.] *(Ibid.,* III, 1782.)

* **Historisch-Kritischer Versuch über die Lamaische Religion.** Von K. D. Hüllmann. Berlin, 1796, in-8.

Voir Schleusner & Staüdlin's *Gœttingische Bibliothek,* II, 1796.

DE GUIGNES. Das Buch des Fo aus der Schinesischen Sprache. In's Deutsche übersetzt. (Sammlung Asiatischer Originalschriften, Zürich, 1791.)

Traduit de l'*Histoire des Huns* de De Guignes.

— **Recherches sur les philosophes appelés Samanéens.** Par M. de Guignes. *(Rec. de l'Ac. des Insc., Mém.,* XXVI, 1759, pp. 770/804.)

— **Observations sur quelques points concernant la Religion & la Philosophie des Egyptiens & des Chinois.** Par M. de Guignes. Lû le 24 Janv. 1775. *(Rec. de l'Ac. des Insc., Mém.,* XL, 1780, pp. 163/186.)

— **Recherches historiques sur la Religion indienne, et sur Livres fondamentaux de cette Religion ; qui ont été traduits de l'indien en chinois.**

Premier Mémoire. Etablissement de la Religion Indienne dans l'Inde, la Tartarie, le Thibet & les Isles. Par M. de Guignes. Lû le 25 Mars 1776, *(Ibid.,* pp. 187/247.)

Second Mémoire. Etablissement de la Religion Indienne dans la Chine, et son Histoire jusqu'en 531 de Jésus Christ. Par M. de Guignes. Lû le 10 Juillet 1776. *(Ibid.,* pp. 247/306.)

Troisième Mémoire. Suite de l'Histoire de la Religion Indienne à la Chine. Par M. de Guignes. Lû le 19 Nov. 1776. *(Ibid.,* pp. 307/355.)

ABEL-RÉMUSAT. Observations sur trois Mémoires de M. Deguignes insérés dans le tome XL de la *Collection de l'Académie des Inscriptions et Belles-Lettres,* **et relatifs à la religion samanéenne, par M. Abel-Rémusat.** *(Nouv. J. As.,* VII, 1831, pp. 241 et seq.)

—Observations sur quelques points de la doctrine Samanéenne, et en particulier sur les noms de la Triade Suprême chez les différens peuples bouddhistes. Par M. Abel-Rémusat. Paris, 1831, in-8.

Notice par Robert Morrison dans *The Chin. Rep.,* I, p. 75.

— Observations sur la Religion Samanéenne. *(Mél. posthumes,* pp. 1/64.)

— **Note sur quelques Epithètes descriptives de Bouddha.** *(Journal des Savans,* Oct. 1819, pp. 625/633) par J. P. Abel-Rémusat.

— Sur quelques épithètes descriptives de Bouddha, qui font voir que Bouddha n'appartenait pas à la race nègre. (Abel-Rémusat, *Mélanges Asiatiques,* 1, pp. 100/112.)

— Sur la Succession des trente-trois premiers patriarches de la Religion de Bouddha. *(Ibid.,* pp. 113/128.)

Ce Mémoire avait paru dans le *Journal des Savans,* Janvier 1820, pp. 6/15.

(Fo KIAO.)

— Aperçu d'un Mémoire intitulé : Recherches chronologiques sur l'origine de la Hiérarchie Lamaïque; par M. Abel-Rémusat (Mai 1824). *(J. As.*, IV, 1824, pp. 257/274.)

— Discours sur l'origine de la hiérarchie lamaïque. *(Mél.'As.,* I, pp. 129/145.)

« Ce résumé d'un travail étendu, a été lu dans la séance générale de l'Institut, le 24 avril 1824. »

Voir Rohrbacher, *Hist. univ. de l'Eglise*, vol. XIX, 1858, pp. 127 et seq. [infra col. 323.]

— Sur l'étendue de quelques-uns des Livres sacrés de Bouddha. *(Mél. As.*, I, pp. 146/152.)

— Essai sur la Cosmographie et la Cosmogonie des Bouddhistes, d'après les auteurs chinois. *(Jour. des Sav.*, 1831, Oct., pp. 597/610; Nov., pp. 608/674; Dec., pp. 716/731. — *Mél. Posthumes*, pp. 65/131.)

* De religione Lamaice cum christiana cognatione. Auct. C. F. Stäudlin. Gœttingae, 1808, in-8.

* Ueber die Lamaische Religion. Von C. F. Stäudlin. *(Magazin für Religions, Moral und Kirchengeschichte*, I, Hannover, 1801.)

* Ueber die Verwandtschaft der Lamaischen Religion mit der Christlichen. Von C. F. Stäudlin. *(Archiv für alte und neuere Kirchengeschichte*, I, Leipzig, 1814.)

* Account of the Lamas and Bonzes. By M. L'Etondac. [En français et en anglais.] *(Dalrymple's Oriental Repertory*, II, London, 1808.)

L'Etondac n'est-il pas mis pour *Létondal*, procureur des missions franç. à Macao ?

* Mythologie grecque, latine et slavonne, suivie d'un Traité sur le Chamanisme, le Lamanisme et l'ancienne religion des différents peuples soumis à la Russie, par M. de Fonvent. Moscou, Vsevolojsky, 1813, in-8.

Vend. Rémusat, n° 130.

— Recherches sur la religion de *Fo*, professée par les bonzes *Ho-chang* de la Chine, par Deshauterayes. *(Journ. As.*, VII, 1825, pp. 150/173. — 228/243. — 311/317. — VIII, 1826, 40/49. — 74/88. — 179/188, — et 219/223.)

— « Account of Foe » translated from the *San-Kiao-Yuen-lew* « The Rise and Progress of the three Sects » by Morrison, dans les *Horae Sinicae :* New ed., pp. 160/165.

— R. Morrison, *View of China*, col. 46 : Fuh-keaou, p. 111.

KLAPROTH. Ueber die Fo-Religion in China. *(As. Mag.*, Klaproth, I, pp. 149/169.)

— Vie de Bouddha d'après les livres Mongols. *(J. As.*, IV, 1824, pp. 9/23, 65/79; et *Mém. relat. à l'Asie*, II, 1826, pp. 55 et seq.)

Cette Vie, trad. de l'allemand, est tirée de l'*Asia Polyglotta* de Klaproth, p. 385.

— Table chronologique des plus célèbres

(Fo Kiao.)

patriarches et des évènemens remarquables de la religion bouddhique; rédigée en 1678 (traduite du mongol), commentée par M. Klaproth. *(Nouv. J. As.*, VII, Mars 1831, pp. 161 et seq.)

— Explication et origine de la formule bouddhique *Om mani padmè hoûm*, par M. Klaproth. *(Ibid.*, pp. 185 et seq.)

— Origin and Meaning of the Buddha Prayer. By M. de Klaproth. *(As. Jour. & Monthly Reg.*, N. S., IV, pp. 271/277.)

Voir également sur cette prière :

— Notice sur la prière bouddhique « Om mani padmé houm » par Gabet. *(Annales de la Prop. de la Foi*, XIX, pp. 309/312 et *Nouv. Jour. As.*, IX, Paris, 1847, pp. 462/464.)

Ueber die Verwandtschaft der gnostisch-theosophischen Lehren mit den Religions-systemen des Orients, vorzüglich dem Buddhaismus. Von I. J. Schmidt. Leipzig, 1828, in-4.

Ueber einige Grundlehren des Buddhaismus Von I. J. Schmidt. *(Mém. de l'Ac. de St. Pétersbourg*, 6ᵐᵉ Série, I, 1832.)

Ueber die sogenannten drei Welten der Buddhaisten. Von I. J. Schmidt. *(Ibid.*, II, 1834.)

Ueber die Tausend Buddhas einer Weltperiode der Einwohnung oder gleichmässigen Dauer. Von I. J. Schmidt. *(Ibid.*, II, 1834.)

Ueber das Mahâjâna und Pradschnâ-Pâramita der Buddhaen. Von I. J. Schmidt. *(Ibid.*, IV, 1837, pp. 123/228.)

Ueber Lamaismus und die Bedeutungslosigkeit dieser Benennung. Von I. J. Schmidt. *(Bull. Scientifique de l'Ac. de St. Pétersbourg*, I, 1836.)

Kritischer Versuch zur Feststellung der Æra und der ersten geschichtlichen Momente des Buddhaismus. Von I. J. Schmidt. *(Ibid.*, VI, 1840.)

Der Index des Kandjur. Herausgegeben von der Kais. Akademie der Wissenschaften und bevorwortet von I. J. Schmidt. St. Petersbourg, 1845.

— The Literature and Religion of the Buddhists. By Brian H. Hodgson, Esq., late B. C. S. *(The Phoenix*, I, pp. 45, 59, 75, 92, 108, 135, 166, 191, 217, etc.).

Réimp. des art. parus en 1828 et en 1838 dans *The Journal of the Asiatic Society of Bengal.*

* Illustrations of the Literature and Religion of the Buddhists. By B. H. Hodgson Serampore, 1841, in-8.

Quaritch (11368), 1876, 7s 6d. — (7856), 1878, 12s.

— Introduction of Budhism in China. Translated from the « Tae-ping-kuang-ke ». *(As. Jour. & Month. Reg.*, V, 1831, p. 71.)

— Sketch of the Buddhic Mythology amongst the Tibetans

(Fo Kiao.)

and Mongols. *(As. Jour. & Month. Reg.,* N. S., VIII, 1832, pp. 282/290.)

— Buddhism and Shamanism. By Professor Neumann. *(As. Jour. & M. Reg.,* XVI, 1835, pp. 124/6.)

Ext. d'un article de Neumann dans le *J. As.,* 1834 ; « Coup d'œil historique sur les peuples et la littérature de l'Orient. »

— The Catechism of the Shamans; or, the laws and regulations of the Priesthood of Buddha, in China. Translated from the Chinese original, with Notes and Illustrations, By Charles Fried. Neumann. London : Printed for the Oriental Translation Fund, 1831, in-8, pp. xxxii-152 [dans « Translations from the Chinese and Armenian... » by Charles Fried. Neumann, London, 1831].

— Un article de Robert Morrison dans *The Chinese Repository,* I, pp. 285 et seq, nous apprend, ce que Neumann a négligé de faire, que ce catéchisme est une traduction du « Sha-me leuh », yaou leo ».

L'article de Morrison est reproduit dans *The Cycle,* 9th July 1870.

Trad. all. : *Zeitschrift für historische Theologie,* Vol. IV, 1834 ; —Voir : *As. Jour. & Month. Reg.,* 1831, VI, pp. 260/266, l'article intitulé « Chinese Buddhism ».

C. GUETZLAFF. Remarks on Buddhism ; together with brief notices of the Island of Poo-to, and of the numerous priests who inhabit it. By Philosinensis. [C. Gützlaff.] *(Chin. Rep.,* II, pp. 214 et seq.)

— Budhism of the Siamese. *(Ibid.,* I, p. 274.) — Budhist Temple at Meichau *(Ibid.,* II, p. 503.) — Remarks on the present State of Buddhism in China. By the Rev. Dr. C. Gützlaff. Communicated by Lieut. Col. W. H. Sykes, F. R. S., etc., etc. *(Jour. R. As. Soc.,* XVI, 1856, pp. 73/92.)

Buddhism in China taken from Gützlaff's *China opened* and Medhurst's *China, its State,* &c. *(The Friend,* III, Colombo, 1838-1839.)

' Gützlaff : On Buddhism in China. Calcutta, (? 1840.)

Quaritch (11365), 1876, 1s.

The « Systems of Budha and Confucius compared » extracted from the *Indo-Chinese Gleaner,* No. 5, Août 1818. *(Chin. Rep.,* II, pp. 265 et seq.)

The Paradise of Fuh. An Exhortation to worship Fuh, and seek to live in the land of joy, situated in the West. *(Indo-Chinese Gleaner,* No. 6, Oct. 1818.)

A Bone of Fuh. *(Ibid.,* No. 12, April 1820.)

The ecclesiastical Language of the Buddhists and Mahomedans. *(Ibid.,* No. 17, July 1821.)

— Exposé des principaux dogmes tibétains-mongols. Extrait de l'ouvrage de B. Bergmann, traduit par M. Moris. *(Jour. As.,* Paris, 1823, III, pp. 493/504.)

Tirage à part : pp. 14.

— A. Budhistic Stratagem. by P. Parker. *(Chin. Rep.,* VIII, p. 263.)

— Translation of a Buddhist print (descriptive of the) one thousand hands, one thousand eyes, the all-prevalent and most merciful To-lo-ni (goddess of mercy). By W. J. Pohlman. *(Chin. Rep.,* XV, pp. 351, 354.)

— Tenets of the [Budhists, and laws respecting their idols in Siam. By A Correspondent. [J. T. Jones.] *(Chin. Rep.,* XIX, pp. 548/551.)

CSOMA DE KOROS. Note on the Origin of the Kála Chakra and Adi-Buddha Systems. By Mr. Alexander Csoma de Körös. *(Jour. of the As. Soc. of Bengal,* II, 1833, pp. 57/58.)

(Fo Kiao.)

— Origin of the Shákya Race, translated from the La, or the 26th Vol. of the mDo class in the Kágyur, commencing on the 161st leaf. By M. Alex. Csoma de Körös. *(Ibid.,* pp. 385/392.)

— Notices on the different systems of Buddhism, extracted from the Tibetan authorithies. By Alexander Csoma Körösi. *(Ibid.,* VII, pp. 142 et seq.)

— Analysis of the Dulva, a Portion of the Tibetan Work entitled the Kah-gyur. By Mr. Alexander Csoma Körösi. *(Asiatic Researches,* XX, Calcutta, 1836, pp. 41/93.)

— Notices on the Life of Shakya, extracted from the Tibetan Authorities. By M. Alexander Csoma Körösi. *(Ibid.,* pp. 285/317.)

— Analysis of the Sher-chin—P'hal-ch'hen-Dkon-séks—Do-dé—Nyáng-dás-and Gyut; Being the 2nd, 3rd, 4th, 5th, 6th, and 7th Divisions of the Tibetan Work, entitled the Kah-gyur. By Mr. Alexander Csoma Körösi. *(Ibid.,* pp. 393/552.)

— Abstract of the Contents of the Bstan-Hgyur. By Mr. Alexander Csoma Körösi. *(Ibid.,* pp. 553/585.)

— Abstract of the Contents of the Dul-vá, or first portion of the Káh-gyur, from the analysis of Mr. Alexander Csoma de Körös. By H. H. Wilson. *(Jour. of the As. Soc. of Bengal,* I, 1832, pp. 1/8.)

On Buddha and Buddhism. By Prof. Wilson. *(Jour. of the Roy. As. Soc.,* XVI, 1856, pp. 229/265.)

Notes of a Correspondence with Sir John Bowring on Buddhist Literature in China. By Prof. Wilson. With Notices of Chinese Buddhist Works translated from the Sanskrit. By Rev. J. Edkins. *(Jour. of the Roy. As. Soc.,* XVI, 1856, pp. 316/339.)

Cosmologie bouddhiste. Par le Prof. Kowalewsky [en russe]. *(Trans. de l'Université de Kasan,* 1837.)

— The Chinese Judges of the Dead. *(As. Jour. & M. Reg.,* XXXI, 1840, pp. 200/214 : *Analecta Sinensia,* No. 1.)

— Specimen du Gya-Tcher-Rol Pa (Lalita Vistara). Partie du chapitre VII, contenant la naissance de Çakya-Muni. Texte tibétain, traduit en français et accompagné de notes par Ph. Ed. Foucaux. Paris, B. Duprat, 1841, in-8, pp. 27 et texte tibétain.

— Rgya Tch'er Rol Pa ou Développement des Jeux contenant l'histoire du Bouddha Çakya-Mouni traduit sur la Version tibétaine du Bkah Hgyour, et revu sur l'original sanskrit (Lalitavistára) par Ph. Ed. Foucaux. Première partie : Texte ti-

(Fo Kiao.)

bétain, Paris, Imp. Roy., MDCCCXLVII, in-4. — Deuxième partie : Traduction française, Paris, Imp. Roy., MDCCCXLVIII, in-4.

Notices : A. Schiefner, *Mélanges asiatiques*, I, 1852 ; — Barthélemy St. Hilaire : *Journal des Savants*, 1854 et 1855 ; — Troyer : *Journal asiatique*, d° Série, Tome XIV.

Voir également sur le Lalita Vistara : « Analyse du Lalita-vistara-pourana, l'un des principaux ouvrages sacrés des Bouddhistes de l'Asie centrale, contenant la vie de leur prophète, et écrit en sanscrit. Par R. Lenz. *(Bull. Sc. de l'Ac. de St. Pétersbourg*, I, 1836) », et : « Lalita-Vistara, or Memoirs of the Life and Doctrines of Sakya Sinha. Edited by Rajendralal Mittra. Calcutta, 1853. »

— Parabole de l'Enfant égaré formant le chapitre IV du Lotus de la Bonne Loi publiée pour la première fois en sanscrit et en tibétain, lithographiée à la manière des livres du Tibet, et accompagnée d'une traduction française d'après la version tibétaine du Kanjour, par Ph. Ed. Foucaux. Paris, B. Duprat, 1854, in-8.

— Léon de Rosny : La parabole bouddhique de l'Enfant égaré. (Notice publiée dans les *Variétés orientales*, 3e éd., pp. 149/156.)

— Voir : Le Lotus de la Bonne Loi. traduit du Sanscrit, accompagné d'un commentaire et de vingt et un Mémoires relatifs au Buddhisme, par M. E. Burnouf. Paris, Imp. Nat., 1852, in-4. — Introduction à l'histoire du Buddhisme indien par E. Burnouf. Tome premier (le seul publié). Paris, Imp. Royale, 1844, in-4.

— Le Sage et le Fou. Extrait du Kan-jour, revu sur l'édition originale, et accompagné d'un glossaire, par Ph. Ed. Foucaux. Paris, 1842, in-8, pp. 74 s. l. préf.

— Le Trésor des Belles Paroles. Choix de Sentences composées en tibétain par le Lama Saskya Pandita, suivies d'une élégie tirée du Kanjour traduites pour la première fois en français, par Ph. Ed. Foucaux... Paris, B. Duprat, 1858, in-8, pp. 46 et texte tibétain.

Csoma de Körös a donné dans le *Jour. of the As. Soc. of Bengal*, 1855 et 1856, une notice de l'ouvrage dont ces stances sont extraites, et le texte tibétain des 234 premières. Le livre entier, composé primitivement en sanscrit par Saskya Pandita, sous le nom de *Soubhâchitaratnanidhi*, comprend 454 stances. — M. Foucaux donne dans son livre 134 stances.

— La Guirlande précieuse des demandes et des réponses publiée en sanskrit et en tibétain, et traduite pour la première fois en français. Par Ph. Ed. Foucaux. Paris, 1867, in-8.

— Iconographie bouddhique. Le Bouddha Sakya-Mouni. Par Ph. Ed. Foucaux.... Ext. des *Mémoires de l'Athénée oriental*, 1871, pp. 79/86 et 3 Pl.

— Le Religieux chassé de la communauté, conte bouddhique traduit du tibétain pour la première fois par Ph. Ed. Foucaux, professeur au Collège de France, pp. 105/122 des *Mémoires de l'Athénée Oriental*, session de 1872, II.)

(FO KIAO.)

Ueber den Doppelsinn des Wortes Schamane und über den Tungusischen Schamanen-Cultus am Hofe der Mandju-Kaiser. Von W. Schott. (Abhandlungen der Akad. der Wissenschaften zu Berlin, 1842.)

Ueber den Buddhaismus in Hochasien und in China. Von W. Schott. Berlin, 1846, in-4.

— An Inscription from a Tablet in a Buddhist Monastery at Ningpo in China. By D. J. Macgowan. *(Jour. of the As. Soc. of Bengal,* XIII, 1844, pp. 113/4, with a plate.)

— Memoir on the History of Buddhism read before the American Oriental Society at their Annual Meeting, in Boston, May 28, 1844. By Edward E. Salisbury, Professor of Arabic and Sanskrit in Yale College. *(Jour. Am. Or. Soc.,* Vol. I, No. II, 1844.)

Un abrégé de ce mémoire a paru dans *The Chin. Rep.*, XIV, 1845, pp. 423/435.

— On a Catalogue of Chinese Buddhistical Works. By H. W. Sykes. *(Jour. R. As. Soc.,* IX, 1848,)

⋅SUTRA EN 42 ARTICLES. — Les quarante-deux points d'enseignement proférés par Bouddha, traduit du mongol par MM. Gabet et Huc, missionnaires lazaristes. *(J. As.,* IVe Sér., XI, 1848, pp. 535/557.)

Une traduction écourtée du *Sutra en 42 articles*, avait été donnée déjà par de Guignes. *(Hist. des Huns*, 2e Part., T. 1, pp. 227/233) ; depuis il a été traduit en allemand par A. Schiefner. *(Bul. Ac. des Sc. de St.-Pétersbourg*, 1852, IX, col. 66/76) ; en anglais par Mr. Beal (voir infra) et en français par Mr. Feer (Le Sutra en 42 articles traduit du tibétain avec introduction et notes par Léon Feer. Paris, E. Leroux, 1878, in-18 ; à la suite du Dhammapada de Mr. Fernand Hû). — M. Feer avait déjà donné : « Le Sûtra en quarante-deux articles. Textes chinois, tibétain, mongol autographiés. Paris, 1868, in-8. »

STAN. JULIEN. Concordance Sinico-Samskrite d'un nombre considérable de titres d'ouvrages bouddhiques, recueillie dans un Catalogue chinois de l'an 1306, et publiée, après le déchiffrement et la restitution des mots indiens par M. Stanislas Julien. *(J. As.,* 4e Sér., XIV, 1849, pp. 353/446). — Réimp. dans les *Mél. de Géog. As.* [1])

— Listes diverses des noms des dix-huit écoles schismatiques qui sont sorties du Bouddhisme. Par M. Stanislas Julien. *(Ibid.,* 5e Sér., XIV, pp. 327/361.)

— Eine Tibetanische Lebenbeschreibung Sa-

1. Mélanges de Géographie Asiatique et de Philologie Sinico-Indienne, extraits des livres chinois. Paris, 1864, in-8. Ce recueil se compose d'articles parus dans le *Jour. Asiatique.*

(FO KIAO.)

kyamuni's, des Begründer's des Buddha-
thums. Deutsch mitgetheilt von A. Schiefner. St.-Pétersbourg, 1849.

Rapport sur un Mémoire intitulé : Eine Tibetanische Lebenbeschreibung Sakyamuni's, des Begründer's des Buddhismus, im Auszug mitgetheilt von O. Boehtlingk. (Bull. hist.
phil. de l'Acad. de St-Pétersbourg, V, 1848.)

Ueber die Verschlechterungsperioden der Menschheit nach
buddhistischer Anschauungsweise. Von A. Schiefner. (Mél.
Asiatiques, I, St.-Pétersbourg, 1852.)

Ueber die hohen Zahlen der Buddhisten. Von A. Schiefner.
(Ibid., IV.)

— Buddhistische Triglotte, d. h. Sanskrit-
Tibetisch-Mongolisches Wörterverzeich-
niss, gedruckt mit den aus dem Nachlass
des Barons Schilling von Canstadt stam-
menden Holztafeln und mit einem kurzen
Vorwort versehen von A. Schiefner. St.-
Pétersbourg, 1859, in-fol. oblong.

— Buddhistischer Gottesdienst in China. (Ausland, 1850.)

Legend of the Burmese Buddha, called
Gaudama. By the Revd. P. Bigandet.

C'est une série d'articles qui a été commencée dans « The
Journal of the Indian Archipelago and Eastern Asia » May
1852, pp. 278 et sq.

— The Life, or Legend of Gaudama, the Buddha of the Burmese, with annotations. The ways to Neibban, and notice
on the Phongyies, or Burmese monks. By the Rt. Rev.
P. Bigandet, Bp. of Ramatha, Vicar ap. of Ava and Pegu.
Rangoon : American Mission Press, C. Bennett, 1866, in-8,
pp. xi-533-v.

C'est la seconde édition de l'ouvrage ; la première est de
1858.

Some Account of the Order of Buddhist Monks or Talapoins.
By P. Bigandet. (Jour. of the Indian Archipelago, IV,
Singapore, 1850.)

Mémoire sur les Phongies ou religieux Bouddhistes, appelés aussi Talapoins. Par Mgr. Paul Bigandet. (Revue de
l'Orient, Sér. IV, 1865.)

Vie ou légende de Gaudama, le Boudha des Birmans, et
Notice sur les Phongyies ou Moines Birmans, par Monseigneur P. Bigandet, Évêque de Ramatha, vic. apostolique
d'Ava et Pégou, traduit en français par Victor Gauvain,
lieutenant de vaisseau. Paris, Ernest Leroux, 1878, in-8,
pp. 540.

— Жизнописаніе Будды. La Vie de Bouddha
par le Père Palladius. (Trav. de la Mission
Russe, Vol. I, 1852, Art. 5.)

Das Leben Buddha's. Vom Archimandriten O. Palladius.
(Arbeiten d. Kais Russ. Ges., II, et Erman's Archiv.)

— Историческій очеркъ древняго Буддизма. Etudes historiques sur le Bouddhisme ancien, par le P. Palladius. (Ibid., Vol. II,
1853, Art. 2.)

Historische Skizze des alten Buddhismus. Von O. Palladius.
(Arbeiten d. Kais Russ. Ges., II, et dans Erman's Archiv
für Kunde Russlands, XV.)

Обѣты Буддистовъ и обрядъ возложенія ихъ у
китайцевъ. Le vœu et l'entrée en religion
des Bouddhistes, chez les Chinois, par le
P. Gury. (Trav. de la Mission Russe, Vol. II,
1853, Art. 4.)

Die Gelübde der Buddhisten und die Ceremonie ihrer Able-
gung bei den Chinesen. Vom Archimandriten O. Gurius.
(Arbeiten der Kais. Russ. Ges. z. Peking, II.)

— Le Bouddhisme, son fondateur et ses
écritures par Félix Nève.... Paris, Ch.

Fo Kiao.)

Douniol, [et] B. Duprat. 1853, in-8.

De l'état présent des études sur le Bouddhisme et de leur application, par F. Nève... (Extrait de la Revue de la
Flandre, tome Ier.) Gand, imprimerie de P. van Hifte, 1846,
in-8, pp. 63.

— Pagodas in China. A General Description of the Pagodas in China. By the Rev.
William Charles Milne. Read to the Society, 9th May 1854. (Trans. China Br.
Roy. As. Soc., Part V, Art. II.)

Voir col. 63, l'ouvrage du même auteur : Life in China.

J. EDKINS. Notices of Chinese Buddhism.
By Rev. J. Edkins, Shanghae : Notices of
Buddhism in China (N. C. Herald, No. 196
et seq, April. 29, 1854). — Relation of Bud-
dhism to the Older Hindoo Mythology
(Ibid., No. 236, 3 Feb. 1855). — The Bud-
dhist Universe (Ibid., No. 238, 17 Feb.
1855). — The extended Universe of the
Northern Buddhist (Ibid., No 239, 24 Feb.
1855). — Description of the Idols in
Buddhist Temples (Ibid., No. 245, April
7, 1855). — Notice of Chi-k'ai and the
T'ian-T'ai School of Buddhism (Ibid.,
No. 259, July 14, 1855). — The Buddhist
Sacred Books. — The Buddhist Moral
System (Ibid., No. 273, Oct. 20, 1855).

Ces articles ont été réimprimés dans The Shanghae
Miscellany for 1855 and for 1856.

— A Buddhist Shastra, translated from
the Chinese : with an Analysis and Notes. By the Rev. J. Edkins, B. A. —Read,
November 17th, 1857. (Journ. of the Shai.
Lit. & Sc. Soc., No. I, June, 1858, Art. V,
pp. 107/128.)

Traduction de 壹輸廬迦論 avec le texte chinois.

— Notice of the Wu-Wei-Kiau, a reformed
buddhist sect : By the Rev. J. Edkins.
Read before the Society 13th January
1858. (Trans. China Branch R. As. Soc.,
Part. VI., Art. IV.)

— Visit to the Chan-t'an-sï, — Monastery
of the Sandal-wood Buddha. By Rev.
J. Edkins, D. D. — (The Chin. Rec., VII,
pp. 431/435.)

— Buddhist Words and Phrases. By Rev.
J. Edkins. (Doolittle's Vocab., Vol. II,
Pt. III, No. 6.)

Voir col. 310.

Buddhist Antiquities in China. By the Rev. J. Stevenson.
(Jour. of the Bombay Branch of the R. As. Soc., V,
1855.)

— Recherches sur l'origine, l'histoire et la
constitution des ordres religieux dans
l'empire chinois, par M. Bazin, Professeur de chinois à l'école des langues
orientales, Secrétaire-Adjoint de la Société Asiatique. Paris, Imprimerie Im-

(Fo Kiao.)

périale, M D CCC LVI, in-8, pp. 70.

Journal Asiatique. Extrait No 11 (1856). [5ᵉ Sér., VIII, Août 1856, pp. 105/174.]

Première Partie : Origine des communautés religieuses. — Deuxième Partie : Coup d'œil sur l'histoire des communautés. — Troisième Partie : Constitution des ordres religieux.

Буддизмъ, его догматы и литература.

C'est le meilleur ouvrage du savant professeur W. Wassilyeff; il traite du Bouddhisme du nord, sujet familier à l'auteur.

Le premier volume, publié en 1857, contient un aperçu du *Hinayana* ou Bouddhisme primitif et du *Mahayana* ou Mysticisme bouddhique, avec des citations tirées de la littérature bouddhique chinoise. Ce remarquable travail peut servir de pendant à l'*Introduction* de Burnouf, qui traite principalement du Bouddhisme du Sud.

Le second volume, qui n'a pas encore paru, contiendra les dogmes bouddhiques exposés dans un commentaire du dictionnaire terminologique *Mahavioupatti*. Ce dictionnaire se trouve compris dans la seconde partie du recueil de livres bouddhiques, en langue tibétaine, connue sous le nom de *Kandjour*.

Le troisième volume, qui a déjà paru (1873), contient l'histoire du bouddhisme dans l'Inde. C'est une traduction de l'ouvrage du lama tibétain *Daranata*. Le contenu de ce traité ne correspond pas exactement à ce que promet le titre, les commentaires étant trop serrés et les termes bouddhiques étant restés inintelligibles pour le commun des lecteurs.

Je dois ces renseignements intéressants à M. le Dr. Bretschneider, de la légation russe à Péking.

Der Buddhismus, seine Dogmen, Geschichte und Literatur, von W. Wassiljew, Professor der chinesischen Sprache an der Kaiserlichen Universität zu St. Petersburg; Erster Theil : Allgemeine Uebersicht; aus dem Russischen übersetzt. St. Petersburg, 1860, in-8, pp. xv-381, par A. Schiefner.

Article de Barthélemy St.-Hilaire, *Journal des Savans*, Février 1861, pp. 65/77. — *Revue germanique*, 1860, Déc. 31. — Schiefner, *Mélanges Asiatiques*, II. — Benfey, *Gœttinger Gelehrte Anzeigen*, 1859, Fév.

Le Bouddhisme, ses dogmes, son histoire et sa littérature, par M. V. Vassilief, traduit du russe, par M. G. A. Lacomme, avec un discours préliminaire, par M. Ed. Laboulaye, membre de l'Institut : Paris, A. Durand et Veuve Benj. Duprat, 1865, in-8, pp. xxxv-362.

Die auf den Buddhismus bezügliche Werke der Universitäts-Bibliothek zu Kasan. Von W. Wassiljew. *(Mélanges Asiatiques*, II, St.-Pétersbourg, 1856.)

Buddhism in India and China. *(Biblical Repertory*, XXXI, Philadelphia, 1859.)

Le Lamaïsme par Michel Nicolas. *(Revue germanique*, XII, Paris, 1860.)

SAMUEL BEAL. 四 十 二 章 經

The Sûtra of the Forty two Sections, from the Chinese. Translated from the Chinese, by the Rev. S. Beal. *(Journ. of the R. As. Soc.*, XIX, pp. 337/349, London, 1862.)

Réimp. avec des changements pp. 190/203 de *A Catena of Buddhist Scriptures*. (Voir col. 316.)

— and Gogerly. — Comparative Arrangements of two Translations of the Buddhist Ritual for the Priesthood, known as the Prátimoksha, or Pátimokhan. By the Rev. S. Beal from the Chinese and the Rev. D. J. Gogerly from the Pali. *(Ibid.*, XIX, London, 1862.)

— Text and Commentary of the Memorials of Sakya Buddha Tathagata. By Wong

(Fo Kɪᴀo.)

Puh. Translated from the Chinese by the Rev. S. Beal. With prefatory notes by the Rev. Spence Hardy. *(Ibid.*, XX, London, 1863.)

— Vajra-chhediká, the « Kin Kong King » or Diamond Sútra. Translated from the Chinese by the Rev. S. Beal. *(Ibid.*, N. S., I, 1, pp. 1/24, London, 1864.)

金 剛 般 若 波 羅 密 經

Une trad. de la version tibétaine par Schmidt a paru dans les *Mém. de l'Ac. des Sciences de St.-Pétersbourg*, VIᵉ Sér., IV, pp. 126 sq.

— The Páramitá-hridaya Sútra, or, the great Páramitá Heart Sútra. Translated from the Chinese by the Rev. S. Beal. *(Ibid.*, N. S., I, 2, pp. 25/28, London, 1864.)

— Brief prefatory Remarks to the Translation of the Amitâbha Sûtra from the Chinese. By the Rev. S. Beal. *(Ibid.*, N. S., II, 1, pp. 136/144, London, 1866.)

— An Attempt to translate from the Chinese a work known as the Confessional Services of the Great compassionate Kwan Yin, possessing 1000 hands and 1000 eyes. By the Rev. S. Beal. *(Ibid.*, N. S., II, 2, London, 1866.)

— The Legend of Dipankara Buddha. Translated from the Chinese (and intended to illustrate Plates XXIX. and L., « Tree and Serpent Worship ».) By S. Beal. *(Ibid.*, N. S., VI, 1873, pp. 377/393.]

— Travels of Fah-hian and Sung-yun..... London, 1869, pet. in-8. (Voir la IVᵉ partie de notre ouvrage.)

— A Catena of Budhist Scriptures from the Chinese by S. Beal, B. A.,..... London, Trübner, 1871, in-8, pp. xɪv-436. Pub. à 15 s.

Notice : *The Phoenix*, I, pp. 222/3.

佛 本 行 縹 經 The Romantic Legend

of Sâkya Buddha : from the Chinese-Sanscrit by Samuel Beal..... London : Trübner & Co, 1875, pet. in-8. pp. xɪɪ-393.

« This work is a translation of the Chinese version of the « Abhinishkramana Sûtra », done into that language by Djnanakuta, a Buddhist priest from North India, who resided in China during the Tsui dynasty, *i. e.*, about the end of the sixth century, A. D. » (Introduction.)

Notice : *The Athenæum*, No. 2483, May 29, 1875.

« Last week Mr. Beal read a paper on Buddhism' at Plymouth. The lecturer grounded his remarks on his translation of the « Abhinishkramana Sûtra » (Fo-pen-hing-tsi-king) from the Chinese. This work forms one of the Chinese Buddhist books in the library of the India Office » *(The Athenæum*, No. 2417, Feb. 21'74).

大 明 三 藏 聖 敎 The Buddhist Tri-

pitaka as it is known in China and Japan.

(Fo Kɪᴀo.)

A Catalogue and Compendious Report. By Samuel Beal, Member of the Royal Asiatic Society. Printed for the India Office by Clarke & Son..... Devonport. 1876, in-fol., pp. 117.

— Texts from the Buddhist Canon, commonly known as Dhammapada, with accompanying Narratives. Translated from the Chinese By Samuel Beal (B. A. Trin. Coll. Camb.) Professor of Chinese, University College, London. — London : Trübner, 1878, in-8, pp. VIII-176.

Cet ouvrage forme le Vol. II de « *Trübner's Oriental Series* ». — Le *Dhammapada* avait été traduit du Pali en 1855 par Fausböll (Dhammapadam. Ex tribus codicibus Havniensibus Palice edidit, Latine vertit, excerptis ex Commentario Palico notisque illustravit V. Fausböll. Havniae, 1855, in-8) ; — par Max Müller en 1870 (en anglais). — par Albrecht Weber en allemand (Das Dhammapadam. Die älteste buddhistische Sittenlehre. Uebersetzt von A. Weber. Leipzig, 1860, in-8, pp. 58. [*Zeit. d. Deutschen Morg. Gesellschaft*, XIV.]) ; par F. Hû (Le Dhammapada avec introduction et notes par Fernand Hû. Paris, Ernest Leroux, 1878, in-18.) — On pourra consulter aussi : « The Buddha and his Religion. — The Golden Verses of the Buddha. [Translations from the Dhammapadam.] By S. E. A. S. [cherb]. (*Christian Register*, Boston, 1861.)

Notice : *The Athenaeum*, No. 2651, Aug. 17, 1878.

La Version chinoise du Dhammapada est fort importante en ce qu'elle complète la version pali composée de 26 chapitres ou sections tandis qu'elle en comprend 39.

On annonçait en préparation dans *Trübner's Record* (24 Feb. 1870) : Outline of Buddhism, from Chinese Sources. By S. Beal, B. A. Trinity College, Cambridge ; a Chaplain in Her Majesty's fleet, etc. *Contents* : 1, Legendary Period. — 2, Buddhism as a Religious System. — 3, Early Scholastic Period. — 4, Mystical Period. — 5, Decline and Fall. in-8. — Cet ouvrage n'a pas été publié.

— Nachweisung einer buddhistischen Recension und mongolischen Bearbeitung der indischen Sammlung von Erzählungen, welche unter dem Namen Vetalapançavinçati bekannt ist. Von Th. Benfey. (*Mél. As.*, III. St.-Pétersbourg.)

E. SCHLAGINTWEIT. Buddhism in Tibet : Illustrated by Literary Documents and Objects of Religious Worship. With an Account of the Buddhist Systems preceding it in India. By Emil Schlagintweit, LL. D. — With a folio Atlas of 20 Plates and 20 Tables of Native Print in the Text. Leipzig, Brockhaus, 1863, gr. in-8, pp. XXIV-404.

Art. de B. St.-Hilaire dans le *Journal des Savants*, 1865, Mai, pp. 273.288. — de Ph. Ed. Foucaux dans la *Revue de l'Orient*, Oct. 1863, pp. 228,245 sous le titre de « Le Bouddhisme au Thibet. »

Die Könige von Tibet. München 1866, in-4, pp. 104. (*Abh. d. Bayer. Akad.*, X.)

On the bodily Proportions of Buddhist Idols in Tibet. (*Jour. R. As. Soc.*, XX, London, 1863.)

Ueber das Mahâyâna Sutra Digpa thamchad shagpar terchoi ; ein buddhistisches Beichtbuch, aus dem Tibetanischen übersetzt und erläutert von E. Schlagintweit. München, 1863, in-8. (*Sitzungsberichte d. Bay. Ak.*, 1863, I. II.)

Ueber den Gottesbegriff des Buddhismus. München, 1864, in-8, pp. 25. (*Ibid.*, 1864, I.)

Tibetische Inschrift aus dem Kloster Heinis in Ladak. Mit

(Fo Kiao.)

Textbeilage von E. Schlagintweit. München, 1864, in-8, pp. 14 et Pl. (*Ibid.*, 1864, II.)

Ueber die Bon-pa Sekte in Tibet. München, 1866, in-8, pp. 12. (*Ibid.*, 1866, I.)

E. J. EITEL. Amita and the Paradise of the West by E. J. Eitel. (*Notes and Q. on C. & J.*, Vol. II, pp. 35/38.)

— A Buddhist Purgatory for women by E. J. Eitel. (*Ibid.*, Vol. II, pp. 66/68, 82/85.)

— The Trinity of the Buddhists in China by E. J. Eitel. (*Ibid.*, II, pp. 115/117.)

— On Dragon-Worship. (*Ibid.*, III, pp. 34/36.)

— The Svastika of the Buddhists v. Thor's Hammer. (*Ibid.*, III ; réimp. dans *The Shanghai News-Letter*, Aug. 20, 1869.)

— The Nirvana of Chinese Buddhists. By the Rev. E. J. Eitel. (*The Chin. Rec.*, III, pp. 1/6.)

— Buddhism versus Romanism. By Rev. E. J. Eitel. (*The Chine Rec.*, III, pp. 142/3, 181/3.)

Handbook for the Student of Chinese Buddhism. By the Rev. E. J. Eitel, of the London Missionary Society. Hongkong : Lane, Crawford & Co, 1870, in-8, pp. VIII-224. — Pub. à 3 dol. 50.

Notices : *The Chin. Rec.*, III, pp. 215/218 (by Rev. J. Edkins) ; *The Phoenix*, I, pp. 155/156.

Three Lectures on Buddhism. By Rev. E. J. Eitel. Hongkong, 1871, br. in-8.

Buddhism : its Historical, Theoretical, and Popular Aspects. In Three Lectures. Second Edition. Hongkong, 1873, in-8, pp. 130.

La première de ces conférences a été imprimée dans *The Shanghai Budget*, 23 Aug., 1873.

Notice : *The Chin. Rec.*, IV, pp. 61/8. (By T. Watters.)

Cet ouvrage a été traduit en japonais et en danois.

— Chinese Views respecting the date of Introduction of Buddhism. (*Notes and Q. on C. & J.*, Vol. II, pp. 51,52. By W. F. Mayers.)

Illustrations of the Lamaist System in Thibet drawn from Chinese Sources, by W. F. Mayers, Esq., H. B. M. Consular Service, China. (*Jour. of the R. A. Soc.*, N. S., IV ; — tirage à part, London, 1869, in-8, pp. 24, 1s. 6d.)

Notice : *N. C. Herald*, Sep. 28, 1869.

— Buddhism ; or the Protestantism of the East, by James Freeman Clarke. (*Atlantic Monthly*, XXIII, 1869, pp. 713.728.)

* Die Weltauffassung der Buddhisten. Ein Vortrag, von Dr. A. Bastian. Berlin, Wiegandt und Hempel, 1870.

— The Buddhistic Literature of Tibet. By the Rev. James Summers. (*The Phoenix*, I, 1870, pp. 9/11.)

— Remarks on some impressions from a Lapidary Inscription at Keu-yung-kwan, on the great Wall near Peking. By A. Wy-

(Fo Kiao.)

lie. *(Jour. N. C. B. R. As. Soc.*, I, Dec. 1864, pp. 133/136.)

Voir la Vᵉ partie de notre ouvrage : Langues tartares.
— Relics of Buddha by A. Wylie. *(Shanghai Budget,* 19 Mars 1874.)

The Wheel of the Law. Buddhism illustrated from Siamese sources by the Modern Buddhist. A Life of Buddha, and an account of the Phrabat. By Henry Alabaster, Esq. M. R. A. S., Interpreter of Her Majesty's Consulate General in Siam : London; Trübner, 1871.

— Notice : *The Phoenix*, I, p. 223.

— Buddhism in China. By T. Watters. *(The Chin. Rec.*, II, pp. 1/6, 38/43, 64/8, 81/8, 117, 145/150.)

— Notes on the *Miao-fa-lien-hua-ching*, a Buddhist Sutra in Chinese, by T. Watters, of H. B. M.'s Consular Service. *(Jour. N. C. B. R. A. S.*, N. S., No. IX, 1874, Art. IV, p. 89.)

— For and against Mongolian Buddhism. By Hoinos [Rev. J. Gilmour]. *(The Chin. Rec.*, V, pp. 3/17.)

— A Lama's Questions about Christianity. By Hoinos. *(Ibid.*, VII, pp. 169/173.)

— Yan Kwo; Yuk Lik, or the Purgatories of Popular Buddhism, by the Rev. T. G. Selby. *(China Review*, I, pp. 304/311.)

— Northern Buddhism. [Note from Colonel H. Yule, addressed to the Secretary.] — *(Jour. Roy. As. Soc.*, N. S., VI, London, 1873, pp. 275/277.)

Ext. d'une lettre de B. H. Hodgson écrite en 1870.

— On the Methods of disposing of the Dead at Llassa, Thibet, etc. By Charles Horne, late B. C. S. *(Jour. Roy. As. Soc.*, VI, 1873, pp. 28/35.)

— Les Religieuses bouddhistes depuis Sakya-Mouni jusqu'à nos jours par Mᵐᵉ Mary Summer avec une introduction par Ph. Ed. Foucaux, professeur au Collége de France. Paris, Ernest Leroux, 1873, in-18, pp. xii-70.

Forme le Vol. 1 de la *Bibliothèque Orientale Elzévirienne.*
Notices : *Shanghaï Budget*, 27 March, 1873; — *Journ. des Savans* (par Ad. Franck), Mai, 1873, pp. 325/6.

— Histoire du Bouddha Sakya Mouni, depuis sa naissance jusqu'à sa mort, par Mᵐᵉ Mary Summer, avec préface et index par Ph. Ed. Foucaux. Paris, Ernest Leroux, 1874, in-18.

Forme le Vol. II de la *Bib. Or. Elzévirienne.*
Notice : *Bull. du Bibliophile et du Biblioth.*, Juin 1874.

— Avalokitecvara Sutra. Traduction italienne de la version chinoise avec intro-

(Fo Kiao.)

duction et notes par Carlo Puini. Texte chinois et transcription japonaise par François Turrettini. Extrait de l'*Atsume Gusa*. Genève, H. Georg, [1873], in-4.

* The Church of Thibet and the historical analogies of Buddhism and Christianity. By W. Wordsworth. London, 1877.

— Pauthier, art. : *Bouddhisme* dans le *Dict. des Sciences philosophiques.*

— Consulter également les ouvrages importants sur le bouddhisme indien, etc., mais qui aident à comprendre la nature de cette religion en Chine : A Manual of Buddhism in its modern Development, translated, from Singalese Mss. By R. Spence Hardy, London, 1860, in-8. — Eastern Monachism, by the Same, London, 1850, in-8. — The Legends and Theories of the Buddhists, compared with History and Science, by the Same, London, 1866, in-8. — The History and Doctrine of Budhism, popularly illustrated, by Edward Upham, London, 1829, in-fol.

CHRISTIANISME

HISTOIRE GÉNÉRALE. — ORIGINE.— MÉLANGES

— Io. Lavrentii Moshemii Historia Tartarorvm Ecclesiastica. Aiecta est Tartariae Asiaticae secvndvm recentiores Geographos in Mappa Delineatio. Helmstadi, apvd Fridericvm Christianvm Weygand. mdccxxxxi, in-4 de 148 pages sans l'avis au lecteur (2 p.). L'histoire est suivie d'un Appendice de 216 p.

Bibliopola lectori, s. — Caput I : Fata rei christianae in Tartaria ante Zingischanvm (1-28). — C. II : Historia rei christianae in Tartaria a Zingis-chano vsqve ad Tamerlanem (29-121). — C. III : Historia rei Christianae in Tartaria a Tamerlane ad nostra vsqve Tempora (121-138).
Ad Historiam Ecclesiasticam Tartarorvm Appendix Monumenta et Epistolas exhibens (1-210). — Index (211-216).
Cet appendice se compose de cent (100) documents ou lettres extraits des ouvrages de Wadding, d'Od. Raynaldus, etc. Cette histoire a été publiée par H.-C. Paulsen, sous la direction de Mosheim. On pourra consulter sur Mosheim la Biog. Michaud, XXIX, pp. 396/399 (art. de Stapfer) et la Nouv. Biog. gén. XXXVI, Col. 723-5 (art. de Michel Nicolas).
Mosheim est né à Lubeck le 9 Oct. 1694; il est mort à Gottingue le 9 sept. 1755.
Voir *Thesavri epistolici Lacroziani,* I, Lipsiae, 1742, pp. 265/310.

— Herrn Johann Lorenz von Mosheim Erzählung der neuesten Chinesischen Kirchengeschichte. (Datée de Gottingue, le six avril 1748.)

Dans l'ed. Il de l'éd. allemande de Du Halde, pp. 1/48, voir col. 34.

Ibid., Rostock, 1748, in-8, [Brockhaus, 1872, Ngr. 10.]

— * Authentic Memoirs of the Christian Church in China with the causes of the declension of Christianity in that Empire. Translated from the German of Mosheim. London, 1750, in-8.

— Authentic Memoirs of the Christian Church in China : from the German of J. L. de Mosheim. (Voir col. : 36; *Miscellaneous Pieces*, 1762, Vol. II, Art. 1.)

Il a été également réimprimé : Edited with an Introduction and Notes by R. Gubbings. Dublin, 1862, in-4.

(Christianisme ; Hist. gén.)

— Kircher, *Chine illustrée*, col. 16 : On trouvera, p. 164 de cet ouvrage, « L'abrégé Chinois et Français de la Loy divine » qui contient les principaux articles de la croyance des Chrétiens en Dieu.

Voir le Recueil XVI des *Lettres édifiantes*, Préface du P. du Halde, pp. XIV et seq. sur deux médailles chrétiennes trouvées à Lin tching tcheou par un chrétien et remises au R. P. Castorano, Religieux de Saint-François. Le P. Castorano parle de cette découverte dans une lettre [écrite en italien, et traduite en partie par du Halde] datée du 8 Sept. 1722 et adressée à la Congrégation de la Propagande.

— Examen de la Question : s'il y a eu des Chrétiens à la Chine avant le septième siècle ? *(Journ. des Sçavans,* Aoust 1760, pp. 509-526.)

» Arnobe, auteur du troisième siècle, compte les Sères [ou Chinois, parmi les peuples qui, de son temps, avaient embrassé la foi ». (Rohrbacher, *Histoire de l'Église,* XXV, p. 69.)

— Recherches sur les Chrétiens établis à la Chine dans le VIIᵉ Siècle. Par M. de Guignes. Lu le 7 Dec. 1753. *(Rec. de l'Ac. des Ins., Mém.,* XXX, 1764, pp, 802/819.)

— Translation from the Chinese of Two Edicts : the one relating to the condemnation of certain persons convicted of Christianity ; and the other concerning the condemnation of certain Magistrates in the Province of Canton. By Sir George Staunton. With Introductory Remarks by the President Sir James Mackintosh. Read 24th February 1806. *(Transactions of the Literary Society of Bombay,* London, 1819, Vol. I, pp. 10 et seq.)

10ᵉ année Kia king. (A. D. 1805.)

* Indian Church History, or an Account of the planting of the Gospel in Syria, Mesopotamia, India and China. By T. Yeates, London, 1818, in-8, pp. 208.

« This work is a brief compilation from Mosheim and other less accessible authorities respecting these subjects. » *(Chin. Rep.,* XVIII, Cat. No. 264.)

— An accurate relation of the first Christian Missions in China, collected from the best authorities extant in the writings of the Oriental and European historians. By Thomas Yeates. London, 1818. *(Chin. Rep.,* XVI, 1847, pp. 153/168.)

— Parallel drawn between Romish and Protestant Missionaries. [By A. S. Keating.] *(Chin. Rep.,* I, pp. 268 sq.)

C'est une réponse à un article inséré dans le No. 10 de la *Foreign Quarterly Review* sur les progrès du christianisme en Chine.

— Early Introduction of Christianity into China. [By E. C. Bridgman.] *(Chin. Rep.,* I, pp. 447/452.)

— Notices of the ancient intercourse with China through Central Asia, and the facilities it afforded for propagating Christianity; account of Jesus-Christ given in the Shin Sien Tung Kien, or Records of

(OUVRAGES GÉNÉRAUX)

Gods and Genii. [By W. Speer.] — *(Chin. Rep.,* XVIII, pp. 485 sq.)

— Vestiges de Dogmes chrétiens retrouvés dans les anciens livres chinois ou analyse d'un ouvrage inédit du P. Prémare, par l'abbé A. Sionnet, de la Société Asiatique, de Paris. Paris, Gaume, 1839, in-8, pp. 54.

Cet opuscule a été inséré en partie dans les *Annales de Philosophie Chrétienne* (1837/9).

Le titre de cet ouvrage du P. Prémare qui existe à la Bibliothèque Nationale est : « Selecta quaedam Vestigia praecipuorum Christianae Religionis dogmatum ex antiquis Sinarum libris eruta ». Il a été traduit en entier et publié par MM. Bonnetty et Perny d'abord dans les *Annales de Philosophie chrétienne,* puis ensuite séparèment avec le titre suivant :

— Vestiges des principaux dogmes chrétiens tirés des anciens livres chinois avec reproduction des Textes chinois par le P. de Prémare, Jésuite Ancien Missionnaire en Chine. Traduits du latin, accompagnés de différents compléments et remarques par MM. A. Bonnetty, Directeur des *Annales de Philosophie chrétienne,* [et] Paul Perny, Ancien Pro-Vicaire apostolique en Chine. Paris, Bureau des *Annales de Philosophie chrétienne,* 1878, in-8, pp. XV-511.

« Le manuscrit du P. Prémare écrit sur papier de Chine compte 329 pages doubles et est daté de Canton, 21 mai 1724. Il porte pour désignation, dans le catalogue de la Bibliothèque [nationale], les signes N. F., 2230 ». p. XIV.

— The Star of China ; or the Imperial Edict, in its political, commercial, and religious Bearings on Protestant and Popish Missions. By Two Friends. London, John Snow, MDCCCXLV, br. in-8.

Ecrit par Robert Philip.

— The Land of Sinim or an Exposition of Isaiah XLIX. 12. together with a brief account of the Jews and Christians in China. By the late Rev. Walter M. Lowrie, a Missionary to China. Second edition. Philadelphia : William S. Martien, 1850, in-12 de 147 pages.

Advertisement.— 1. The Country designated.— II. Fulfilment of the Prophecy of Isaiah concerning the land of Sinim : The Jews in China (pp. 30, 33). — Early Christians in China (p. 33/36). — Nestorians in China (pp. 36/45). — III-IV. Roman Catholics in China. — V. Protestant Missions in China. — Appendix.

« It was published in this country in the year 1845 without the knowledge or the name of the Author. » [Advt.]

Les *Mem. of Prot. Missionaries* citent : Philadelphia, 1846.

Cet ouvrage avait paru dans *The Chinese Repository,* XIII, 1844, pp. 113, 466, 537, 578, 641 : « The Land of Sinim : an examination of Isaiah 49 : 12, with reference to the country designated. »

— The Land of Sinim, or China and Chinese Missions. By the Rev. William Gillespie, for seven years agent of the London Missionary Society at Hong-kong and Canton, and now minister of the United

(OUVRAGES GÉNÉRAUX.)

Presbyterian Church, Shiels, Aberdeen. Edinburgh : Myles Macphail, MDCCCLIV, in-16, pp. x-240.

— The Cross and the Dragon or, the Fortunes of Christianity in China : with Notices of the Christian Missions and Missionaries, and some account of the Chinese Secret Societies. By John Kesson, of the British Museum. London : Smith, Elder, and Co. 1854, pet. in-8, pp. xi-282.

О Христіанствѣ въ Китаѣ. Le Christianisme en Chine par Tsvetkoff. (Trav. de la Mission russe de Peking, Vol. III, No. 7, 1857.)

Histoire universelle de l'Eglise catholique par l'abbé Rohrbacher — précédée d'une notice biographique et littéraire par Charles Sainte-Foi augmentée de notes inédites de l'auteur colligées par A. Murcier, ancien élève de l'Ecole des Chartes, et suivie d'un atlas géographique spécialement dressé pour l'ouvrage par A. H. Dufour. 3º éd. Paris, Gaume, 1857/61, 29 vol. in-8.

Vol. I, 1857 : Concordance de la Bible avec la Chronologie chinoise, pp. 153/155. — De l'origine des Chinois, pp. 175/176. — Vol. III, 1857 : Lao-Tseu, pp. 146/152. — Confucius, pp. 152/163. — Mencius, pp. 163/165. — Doctrines de Confucius et de Mencius, pp. 165/172. — Vol. VI, 1857 : Ambassade de Sapor. — Passage d'Ammien Marcellin relatif à la Sérique, p. 243. — Vol. X, 1857 : Les descendants d'Izdegerd III, dernier roi de Perse, et la Chine, p. 179. — La pierre de Si-gan-fou, pp. 179/184. — Vol. XI. 1857 : La Chine aux viiᵉ et viiiᵉ Siècles, pp. 61/73. — Vol. XVI, 1858 : Alexandre III et les Tartares, pp. 331/332.—Ginguis-Khan, pp. 378/381. — Vol. XVIII, 1858 : Jean de Plan-Carpin, pp. 218 et seq. — Ascelin, pp. 219 et seq. — Rubruquis, pp. 560/571. — Conquête de la Chine par les Mongols, pp. 666 et seq. — Vol. XIX, 1858 : Relations de Koublai et de Grégoire X, pp. 13 et seq. — St. Hyacinthe dans la grande Tartarie, le Thibet et le Kathay, pp. 29,30. — Diverses ambassades de Koublai, grand khan des Tartares et empereur de la Chine, aux Pontifes romains. Diverses lettres de ceux-ci à Koublai, ainsi qu'à d'autres princes, notamment à plusieurs reines chrétiennes parmi les Tartares, pp. 114/123. — Origine et histoire de la hiérarchie lamaïque du bouddhisme dans les montagnes du Tibet, p. 127. — Jugement d'Abel Rémusat sur le bouddhisme. A quoi le bouddhisme ou le lamaïsme paraît appelé de nos jours, 127/129. — Jean de Montcorvin. p. 410/415. — Vol. XX, 1858 : André de Pérouse, pp. 147/149. — Odoric de Frioul, pp. 150/152. — Lettre de Jean XXII, pp. 153/154. — Vol XXIV, 1859 : Saint François-Xavier, pp. 115/132. — Le Christianisme en Chine à la fin du xviᵉ siècle, pp. 727/728. — Vol. XXV, 1859 : La Mission de Chine depuis Matthieu Ricci jusqu'à Adam Schall (1580-1670), pp. 69/75. — Vol. XXVI, 1859 : Histoire des Missions de Chine depuis le père Adam Schall jusqu'à l'année 1730 (Schall, Couplet, Verbiest, Intorcetta, Martini, Bouvet, Gerbillon, Visdelou, Premare, Parrenin). — Question des Rites, pp. 609/642. — Mission de la Corée, p. 653. — Vol. XXVII, 1859 : Etat du Christianisme en Chine, en Corée, etc., pp. 423/428. — Vol. XXVIII, 1860 : Etat du Christianisme en Chine, en Corée. etc., pp. 610/617. — Vol. XXIX, 1861 : Table générale. — Chine, pp. 74/75.

— Annales ecclésiastiques de 1846 à 1860 ou Histoire résumée de l'Eglise catholique pendant les dernières années ; ouvrage complémentaire de l'histoire universelle de l'Eglise catholique, par l'Abbé Rohrbacher par J. Chantrel. Paris, Gaume frères et J. Duprey, 1861, in-8.

Vide pp. 429/430, pp. 501/504, p. 642.

(OUVRAGES GÉNÉRAUX.)

— Annales ecclésiastiques de 1860 à 1866..... Par J. Chantrel. Paris, Gaume frères et J. Duprey, 1867, in-8.

Vide pp. 60/62.

— Le Christianisme en Chine, en Tartarie et au Thibet par M. Huc, ancien missionnaire apostolique en Chine. 4 vol. in-8, 1857-1858.

Tome Premier : Depuis l'Apostolat de Saint Thomas jusqu'à la découverte du Cap de Bonne Espérance. Paris, Gaume frères, 1857, pp. xvi-469.

Tome Second : Depuis le passage du Cap de Bonne Espérance jusqu'à l'établissement de la dynastie tartare-mantchoue en Chine. Paris, Gaume frères, 1857, pp. 455.

Tome Troisième : Depuis l'établissement de la Dynastie Tartare-Mantchoue jusqu'à la mort de l'empereur Khang-hi. Paris, Gaume frères, 1857, pp. xxii-462.

Tome Quatrième : Depuis la mort de l'empereur Khang-hi jusqu'au traité de Tien-tsing en 1858. Paris, Gaume frères et J. Duprey, 1858, pp. 476.

— Notice : Saturday Review, 14 Avril 1858 ; (réimp. dans The North China Herald, No. 416, 17 Juillet 1858.) Christianity in China, Tartary and Thibet, London, 1857, 2 vol. in-8.

— Christian Missions : Their Agents, their Method, and their Results ; by T. W. M. Marshall. London & Brussels, 1862, 3 vol. in-8.

Voir dans le Vol. 1 : « Missions in China », pp. 93-320, Chap. II.

— Les Missions Chrétiennes par T. W. M. Marshall Chevalier de l'ordre de Saint-Grégoire-le-Grand. Ouvrage traduit de l'anglais avec l'autorisation de l'auteur, augmenté et annoté par Louis de Waziers. Paris, Ambroise Bray, 1865, 2 vol. in-8.

« Missions en Chine », Vol. I. — Chap. II, pp. 59-190.

— A public notification for the province of Hoo-nan..

Trad. ang. d'une proclamation contre les étrangers, publiée dans The North China Herald, 844, Sept. 29, & 845, Oct. 6, 1866.

Старинные слѣды Христіанства въ Китаѣ. Anciennes traces du Christianisme en Chine par l'Archimandrite Palladius. Tiré des livres Chinois. (Recueil Oriental, Vol. I, liv. I, St-Pétersbourg, 1872.)

— Traces of Christianity in Mongolia and China in the XIIIth Century. Drawn from Chinese sources. By Archimandrite Palladius. (The Chinese Recorder, VI, 1875, pp. 104/113.)

Ce mémoire est de la plus grande importance pour l'histoire ancienne du Christianisme en Chine.

Sur l'édit de 745 (Tang) voir : Yule, Cathay, I, pp. xci-II.—Pauthier, col. 328, De l'authenticité de l'inscription nestorienne.

APOSTOLAT APOCRYPHE DE ST.-THOMAS.

— Histoire des Choses plvs Memorables advenves tant ez Indes... depuis qu'ils y sont entrés jusques à l'an 1600...., par le

(OUV. GÉN. — SAINT THOMAS.)

P. Pierre Dv Jarric, Tolosain. A Bovr-
deavs. Par S. Millanges, M.D.CVIII.

Liv. II, pp. 498|9.

— Histoire Orientale, des grans progres de
l'Eglise Cathol. Apost. & Rom. en la
reduction des anciens Chrestiens, dits de
S. Thomas, de plusieurs autres Schismatiques & Hérétiques a l'vnion de la vraye
Eglise. Conuersion encor des Mahome-
tains, Mores & Payens. Par les bons
deuoirs du R^me. & Illust^me Sr Don Alexis
de Meneses, de l'Ordre des Eremites de
S. Augustin, Archeuesque de Goa, & Pri-
mat en tout l'Orient. Composée en langue
Portugaise par le R. P. F. Antoine Gouea,
& puis mise en Espagnol par le venera-
ble P. F. François Munoz, & tournée en
François par F. Iean Baptiste de Glen,
Docteur en Theologie, tous Religieux du
mesme ordre. A Bruxelles, Par Rutger
Velpius... 1609, in-8, pp. 748-123, s. l'ind.,
l'ep. &c.

On consultera le Chap. I : De l'origine & accroissement
des Chrestiens, ditz de Sainct Thomas, pp. 1 et seq.
Sur l'Apostolat problématique de St–Thomas, voir : Trigault, Histoire de l'Exp. Chrestienne. Lyon, 1616,
Liv. 1, p. 175, pp. 201/204.— Kesson, Cross and Dragon,
pp. 3/9. — Semedo, Hist. de la Chine, Paris, 1645,
pp. 215/216. — Fabricius, Salutaris Lux Evangelii,
p. 653. — Beausobre, Hist. du Manichéisme, I, Liv. II,
Chap. V, p. 404. — Renaudot, Anciennes Relations,
pp. 228/233. — Mosheim, Hist. Tart. Ec., pp. 5/9. — Asse-
manus, pp. 32, 516. — La Croze, Hist. du Christ. des
Indes. — Henrion, Hist. gén. des Missions, Liv. I, Chap. V,
p. 79. — Huc, Christianisme, 1, pp. 1 et seq.— Traduction
anglaise d'un passage du bréviaire chaldéen de l'église de
Malabar relatif à St–Thomas, dans Yule, Cathay, I,
p. lxxxix.

PIERRE DE SI NGAN FOU

— Dans le Ms. Fr. 14688, Bib. Nat., se trouve la copie d'une
lettre du P. Jean Terencio [Terenz] adressée au P. Gaspar
Ferreira, datée de Pe–kim, le 27 Aout 1629, qui donne les
noms de l'évêque et des prêtres soriens ou arméniens gravés sur la pierre du Chen si.
— Une traduction française de l'inscription de Si ngan fou d'a-
près la version latine de N. Trigault est imprimée pp. 20/27
de « Advis certain, d'vne plvs ample descouverte dv
Royavme de Catai..... 1628, in–8. »
— Explication des mots escrits et gravez svr vne pierre antique, trouvée au Royavme de la Chine, pp. 453/473 de « Histoire de ce qvi s'est passé av Royavme dv Iapon, es annees 1625, 1626, & 1627. A Paris, 1633, in–8. »
— De la Religion Chrestienne establie en la Chine depuis
plusieurs siecles, & d'une pierre fort ancienne descouuerte
depuis peu sur ce subjet. (Chap. XXXI de l'Hist. de Semedo,
1645, pp. 215/220.)
— Briefve Relation de la Chine... par le très–R. P. Michel
Boym. . (Rec. de Thévenot.) [voir col. 351.] Et Flora
Sinensis [col. 188] du même auteur.
— Martini, Atlas [col. 107], p. 55.
— Le Comte, Nouv. Mémoires [col. : 24], t. II, p. 197.
Sur cette inscription on pourra également consulter les
éclaircissemens qui suivent les Anciennes Relations de Renaudot, pp. 231 seq.
Kircher a expliqué le monument syro-chinois dans son Pro-
dromus Coptus sive Aegyptiacus (in–4, 1636). Il a repris ce
travail dans la première partie de la Chine illustrée qui
contient une copie de la fameuse Table, une longue lettre
du Père Michel Boim, Polonais, et trois interprétations. —
Voir Ann. de Phil. Chrét., 1re Sér., XV, p. 123.

— Monumenti Sinici, quod Anno Domini

clɔ lɔ cxxv terris. in ipsâ Chinâ erutum ;
Seculo verò Octavo Sinicè, ac partim Sy-
riacè, in Saxo perscriptum esse, adeoque
dogmatum & rituum Romanae Ecclesiae
(ante annos quippe mille in extremo
Oriente receptorum) antiquitatem magno-
perè confirmare perhibetur, Lectio seu
Phrasis, Versio seu Metaphrasis, Translatio seu Paraphrasis. Planè uti Celeberri-
mus Polyhistor, P. Athanasius Kircherus, Soc. Jesu Presbyter Romanus, in
China sua illustrata Anno clɔ lɔc LXVII.
Singula singulariter edidit. Ceterùm To-
nos vocibus addidit, inq ; nonnullis novae
hujus Editionis Exemplis Kircherianae
Defectus supplevit, Errata sustulit, omnia
verò Minio indicavit Andreas Müllerus,
Greiffenhagius. Berolini, Ex Officina Run-
giana, Anno clɔ lɔc LXXII. — On trouve à la
suite : De Monumento sinico Commentarius novensilis [63 pages] et Historia lapidis [18 pages].

Voir, dans Mosheim, App. ad hist. Eccl. Tart., No. III, pp. 4
seq. : Monumentum Syro-Sinicum, Pars I. Sinica, ex Ath.
Kircheri China illustrata, P. I, c.III, p. 22 et seq. Pars II.
Syriaca. a Ios. Sim. Assemano in Biblioth. Orient. Clem.
Vat. Tom. III. P. II, c.IX, § 7, p. DXLII, accuratior edita.

— Traduction du Monument Chinois, concernant la Religion chrétienne ; par M. Visdelou, Evêque de Claudiopolis. (Journ.
des Sçavans, Juin 1760, pp. 340 et seq.)

— Authenticité du monument chinois concernant la Religion chrétienne. (Ibid., Juin
1760, pp. 397 et seq.)

— Monument de la Religion chrétienne,
trouvé par hasard dans la ville de Si-ngan-
fu, Métropole de la Province de Xensi
en Chine. Traduit en Latin, & accompagné d'une Paraphrase & de Notes, ainsi
que de la Description de l'Empire Romain, selon les Chinois. Par M^r. Claude
Visdelou, Evêque de Claudiopolis. (Supp.
à la Bib. Or. de M. d'Herbelot, 1780,
pp. 164/490.)

— Ann. de Phil. Chrétienne, 1re Sér., XII, pp. 147, 185.

« On prétend que, vers le huitième siècle avant Charlemagne,
la religion chrétienne était connue à la Chine. On assure
que nos missionnaires ont trouvé dans la province de
Kingt-ching ou Quen-sin, une inscription en caractères
syriacs et chinois. Ce monument, qu'on voit tout au long
dans Kirher, atteste qu'un saint homme, nommé Olopüen,
conduit par une nuées bleues et observant la règle des
vents, vint de Tacin à la Chine, l'an 1092 de l'ère des Séleucides, qui répond à l'an 636 de notre ère ; qu'aussitôt
qu'il fut arrivé au faubourg de la ville impériale, l'empereur envoya un colao au-devant de lui, et lui fit bâtir une
église chrétienne.

Il est évident, par l'inscription même, que c'est une de ces
fraudes pieuses qu'on s'est toujours trop aisément permi-
ses. Le sage Navarrete en convient. Ce pays de Tacin,
cette ère des Séleucides, ce nom d'Olopüen, qui est, dit-on,
chinois et qui ressemble à un ancien nom espagnol, ces
nuées bleues qui servent de guides, cette église chrétienne,
bâtie tout d'un coup à Pékin pour un prêtre de Palestine
qui ne pouvait mettre le pied à la Chine sans encourir la
peine de mort, tout cela fait voir le ridicule de la supposition. Ceux qui s'efforcent de la soutenir ne font pas rè-

flexion que les prêtres, dont on trouve les noms dans ce prétendu monument, étaient des Nestoriens, et qu'ainsi ils ne combattent que pour des hérétiques.

Il faut mettre cette inscription avec celle de *Malabar*, où il est dit que S¹ *Thomas* arriva dans le pays, en qualité de charpentier, avec une règle et un pieu, et qu'il porta seul une grosse poutre comme preuve de sa mission. Il y a assez de vérités historiques, sans y mêler ces absurdes mensonges.»—Voltaire, *Essai sur les Mœurs*, Vol. I, Chap. II, pp. 342-343 (1785).

— Abel - Rémusat : *Journal des Savans,* Oct. 1821, pp. 599/601. — Art. *O-lo-pen,* dans la *Biog. univ. et Nouv. Mél. As.,* II, pp. 189/192. — *Ann. de Phil. Chrét.,* 1ʳᵉ Sér., IV, p. 126.

—• K. F. Neumann. Ueber die erdichtete Inschrift von Si ngan fu. *(Zeit. d. Deutsch. Morg. Ges.,* Vol. IV, pp. 23 et seq.)

Одревнемъ Христіанскомъ Памятникѣ, открытомъ въ Китаѣ 1625 года. (*Messager asiatique*, III, St-Petersbourg, 1826, pp. 3/14, 67/94, 133/144, avec une pl.)

* Dsing dsyao lu sing djoung go bëï soung. *Monument chrétien en Chine,* érigé en 781 et trouvé en 1636, traduit en langue russe par Mr. Leontievsky. Sur une feuille de la grandeur du monument. 1 f. gr. in-fol. (Cat. des Ms. et Xylog. de St. Pétersb., 1852, No. 704.)

⁴ Même monument avec des éclaircissements, 1 vol. in-4. Ms. *(Ibid.,* No. 705.)

Traditions chrétiennes. — La Croix instructive et historique trouvée en Chine en 1636 avec une inscription en langue chinoise et syriaque, traduite du chinois en langue russe, par M. Léontiewski, Membre de la Mission russe à Péking, et du russe en français par M. C. Marchal de Lunéville. *(Annales de Phil. Chrét.,* IVᵉ Sér., VII, No. 38, 1853, pp. 139/177.)

Observations préliminaires [par A. Bonnetty]. — Iʳᵉ Partie : Détails historiques sur les diverses prédications du Christianisme en Chine et dans l'Inde. — IIᵉ Partie : Traduction nouvelle de l'Inscription chrétienne, chinoise et syriaque, du monument de Si-ngan-fou.— IIIᵉ Partie : Quelques détails sur l'état actuel des catholiques de Péking.

— The Syrian Monument, commemorating the progress of Christianity in China, erected in the year of the Christian era seven hundred and eighteen, at Singán fú. [by E. C. Bridgman]. *(Chin. Rep.,* XIV, 1845, pp. 201/229.)

— Dans ce mémoire, le Rév. Bridgman donne sur quatre colonnes parallèles : 1º le texte chinois de l'inscription ; 2º sa traduction en anglais ; 3º celle de Kircher en latin ; 4º celle de Dalquié [d'après Kircher] en français.

— Dans le Vol. XIX du *Chin. Rep.,* pp. 552/554, le Rév. Bridgman a corrigé quelques erreurs du texte chinois qu'il avait donné d'après la *China illustrata* de Kircher dans le Vol. XIV de ce recueil.

— On the genuineness of the so-called Nestorian Monument of Singan-fu by Edward E. Salisbury. *(Jour. Amer. Or. Soc.,*

Vol. III, No. II, Art. X, pp. 399 et seq.)

— Letter from D. B. Mc Cartee, M. D,, Ningpo, Feb. 6, 1854· *(Ibid.,* Vol. V, No. I, pp. 260/2.)

Voir une lettre de l'Archimandrite Palladius (Péking, 13 Mars 1875) dans *The Chinese Recorder,* VI, 1875, pp. 147/8.

— The Nestorian Tablet in Se-gan-Foo.

[By A. Wylie]. *(North China Herald,* No. 222 (Oct. 28, 1854), 226 (Nov. 25), 227 (Dec. 2), 232 (Jan. 6, 1855), 278 (Nov. 24), 281 (Dec. 15), 282 (Dec. 22) et 283 * (Dec. 29, 1855.)

Réimp. dans *The Shanghae Miscellany* en 1855 et 1856, et dans le *Jour. of the Am. Or. Soc.,* Vol. V, No. II, Art. II, pp. 275/336.

In the Province of Shen-se, lat. N. 34º16'; long. E. 108º57'.

Несторіанскій памятникъ VII вѣка. Le monument nestorien du viiᵉ siècle, par Tsvetkoff. *(Trav. de la Mission russe de Peking,* Vol. III, No. 8, 1857.)

— De l'Authenticité de l'Inscription nestorienne de Si-ngan-fou relative à l'introduction de la Religion Chrétienne en Chine dès le viiᵉ siècle de notre ère. Par G. Pauthier. Paris, B. Duprat, 1857, in-8.

Extrait des *Annales de philosophie chrétienne,* IVᵉ Série, Tomes XV & XVI.

— Etudes Orientales No. 2. L'Inscription Syro-chinoise de Si-ngan-fou, monument nestorien élevé en Chine l'an 781 de notre ère, et découvert en 1625 ; Texte chinois accompagné de la prononciation figurée, d'une version latine verbale, d'une traduction française de l'Inscription et des commentaires chinois auxquels elle a donné lieu, ainsi que des notes philologiques et historiques par G. Pauthier. Paris, Firmin Didot, 1858, in-8, pp. XVIII-96.

— Le Catholicisme en Chine au viiiᵉ Siècle de notre ère avec une nouvelle traduction de l'inscription de Sy-ngan-fou accompagnée d'une grande Planche, par P. Dabry de Thiersant Consul de France. Au profit de l'œuvre de la Propagation de la Foi en Chine. Paris, Ernest Leroux, 1877, in-8, pp. 59.

Notice : *The Athenaeum,* No. 2599, Aug. 18, 1877, pp. 209, 210

Dans son « Histoire générale et système comparé des langues sémitiques » [4ᵉ éd., revue et augmentée, Paris, Michel Lévy frères, 1863, pp. 288/290], M. Ernest Renan résume de la manière suivante la question des Nestoriens en Chine et de l'inscription syro-chinoise de Si-ngan-fou : « Quant à l'établissement des Nestoriens syriens en Chine, il ne saurait être désormais révoqué en doute. [Pauthier, dans la *Revue de l'Orient,* mai 1862, p. 305 et suiv.] M. Reinaud a le premier signalé un passage de *Kitâb-ci Fihrist* qui donne sur ce point les détails les plus précis. [*Géographie d'Aboulféda,* introd. p. CDI et suiv. — Conf. Assemani, *Bibliotheca orientalis,* t. III, 2ᵉ part. Ch. IX et x. — Renaudot, *Anciennes relations des Indes et de la Chine,* p. 228 et suiv. — De Guignes, dans les *Mémoires de l'Ac. des Insc.,* t. XXX, p. 802. — P. Nève, *Etablissement et destruction de la première chrétienté en Chine;* Louvain, 1846]. Vers la fin du xiiiᵉ siècle, Barhebraeus parle encore d'un métropolitain de la Chine [Assemani, *Bib. or.,* t. II, p. 255, 257; t. III, 2ᵉ part., p. DXXIII.]

M. de Sacy a décrit *(Notices et Extr*, t. XII, p. 277 et suiv.) une copie d'un manuscrit syriaque de la Bible, en caractères estranghelo, trouvé en Chine. (Cf. *Journ. des Sav.* nov., 1825, p. 670); Guillaume de Rubruk [*Recueil de la Soc. de géographie*, t. IV, p. 301 et suiv.] et Marco Polo [Chap. cxlvi et cxlix de sa Relation. La forme syriaque du nom d'un de ces Nestoriens, *Marsarchis* (Mar Sergius), est encore reconnaissable] trouvent une foule de Nestoriens en Mongolie et dans tout l'empire chinois. Quelques faits curieux, recueillis par M. Quatremère, établissent que la langue syriaque était à cette époque une sorte de langue savante en Tartarie [*Mém. sur les Nabat.*, p. 144-145]; enfin Klaproth et Abel Rémusat ont supposé que l'alphabet ouïgour, dont les alphabets mongol, kalmouk et mandchou sont dérivés, venait de l'estranghelo par l'intermédiaire des Nestoriens. [Klaproth, *Abhandlung über die Sprache und Schrift der Uiguren*; Paris, 1820. — Abel Rémusat, *Recherches sur les langues tartares*, t. I, p. 29 et suiv. *Journal des Savants*, octobre 1822, p. 597-598]. M. Reinaud a montré que les Manichéens auraient autant de droits que les Nestoriens à prétendre à cet honneur : les Manichéens, en effet, eurent beaucoup d'importance dans les provinces au delà de l'Oxus, et y portèrent avec eux un alphabet au moins en partie syriaque [*Géogr. d'Aboulféda*, introd. p. cccxli, cccxxv. — Spiegel, *Grammatik der Huzvœreschsprache*, p. 36]. Dans cette dernière hypothèse, par conséquent, l'origine araméenne de l'alphabet en question ne serait pas moins certaine. »

« La célèbre inscription syro-chinoise de Si-'-gan-fou est, sans contredit, le plus curieux témoignage des lointaines pérégrinations exécutées par les Syriens. Les objections graves qui ont rendu longtemps douteuse l'authenticité de ce document ont enfin disparu. M. Stanislas Julien avait fait remarquer [Première édition de cet ouvrage, p. 271] que le nœud de la question était dans un passage de l'écrivain chinois Min-Khieou (xie siècle de notre ère), qui, d'après des témoignages pius modernes, était censé avoir parlé de l'inscription. Il restait quelque incertitude sur cette allégation. Il n'en reste plus depuis que M. Julien a reçu de Chine l'ouvrage de Min-Khieou, où il est bien réellement parlé de l'inscription [Pauthier dans la *Revue de l'Orient*, mai 1862, p. 315. M. Pauthier avait déjà donné sur le même sujet deux mémoires *(De l'authenticité de l'inscrip. nestorienne de Si-ngan-fou*, Paris, 1857, et l'*Inscription syro-chinoise de Si-ngan-fou*, Paris, 1858) qui n'étaient pas encore absolument décisifs]. Les caractères syriaques qui se lisent sur les bords de la pierre sont, du reste, en bel estranghelo du viiie siècle. Le nom d'*O-lo-pen* est sans doute le mot syriaque « docteur. » Le rapprochement tiré de l'inscription hébréo-chinoise de Khaï-fong-fou militait déjà, du reste, pour le sentiment favorable au monument de Si-gan-fou. [*Journal of the American Oriental Society*, vol. III, p. 401 et suiv. (1853), et vol. IV, p. 444-445 (1854).] »

— Navarrete, *Tratados* [col. 18], II, 6, p. 104. — Beausobre, *Hist. du Manichéisme*, Liv. I. c. v, p. 295.— Georgi Horni *De Originibus Americanis* libri qvatvor. Hagae Comitis, Sumptibus Adriani Vlacq, clɔ lɔ clɪɪ, pet. in-8, L.IV, c.XV. —Lacroze, *Hist. du Christianisme des Indes*, Liv. I, p. 42. — Spizelius, *De Re literaria*, Sect. IX, pp. 159/160.— D'Argens, *Lettres chinoises*, t. VIII, p. 745.— De Guignes, *Notices et recherches*, p. 163/4.—Grosier, *Desc. de la Chine*, 3e éd., I, 159. — Henrion, *Hist. gén. des Missions*, Liv. I, Chap. v, pp. 79/80. — Kesson, *The Cross and the Dragon*, chap. II. [Version anglaise faite sur la trad. franç. de Leontiewski.] — Rohrbacher, *Hist. univ. de l'Eglise*, X, pp. 179/184. — Huc, *Le Christianisme en Chine*, I, Chap. II. [Une traduction de l'inscription est donnée pp. 52/68.] — F. Nève, *Revue Catholique de Louvain*, 1840. — Yule, *Cathay*, I, pp. xcii et suiv. — Williamson's, *Journeys in North-China*, Vol. I : Dessin de la pierre nestorienne, — dessin du haut de la pierre, — et fac-simile de l'estampage de la croix par le Rev. Jonathan Lees.

I. — Missions Catholiques.

1°. *OUVRAGES DIVERS.*

— Historia de las Missiones qve han hecho los religiosos de la Compañia de Iesvs, para predicar el sancto Euangelio en la India Oriental, y en los Reynos de la China y Iapon. Escritta por el Padre Lvis de

(Pierre de Si ngan fou.)

Guzman, Religioso de la Misma Compañia. Primera Parte en la qval se contienen seys libros tres de la India Oriental, vno de la China, y dos de Iapon. Dirigida a doña Ana Felix de Gvzman, Marquesa de Camarasa, Condesa de Ricla, Señora del Adelantamiento de Caçorla. Año 1601. Con privilegio. En Alcala, por la Biuda de Iuan Gracian. In-folio à 2 col.

Libro qvarto Del Reyno de la China, y de la disposicion que en el ay para predicarse el Sancto Euangelio, pp. 311/384.

Historia de las Missiones........ para predicar el sancto Euangelio en los Reynos de Iapon. Compvesta por el Padre Lvis de Guzman, Religioso de la misma Compañia. Segunda Parte en la qval se contienen siete libros con los quales se remata la Historia de los Reynos de Iapon, hasta el Año de mil y seyscientos. Dirigida a Doña Ivana de Velasco, y Aragon, Duquesa de Gandia, Marquesa de Lombay, y Condesa de Oliua. Año 1601. Con privilegio. En Alcala, por la Biuda de Iuan Gracian, in-folio à 2 col.

A la fin de ce vol. : *Tratado en qué se responde a algunas obiecciones acerca de la historia.*

Brunet cite les prix suivants : 10 fr. 50 c. La Serna ; 37 fr. 50 c. Gohier ; 2 liv. 3 sh. Heber ; 3 liv. 10 sh. mar. Haurott.

* Chronica ordinis Sancti Francisci observantiae strictioris per christianos orbes et Americam, Peru, Chinas, Chichimecas, etc., diffusae. Ingolstadii, 1625, in-folio, fig.

Ternaux-Compans, No. 1361.

— Dell' Historia della Compagnia di Giesu-La Cina-Terza Parte dell'Asia Descutta dal P. Daniello Bartoli della Medesima Compagnia. In Roma, 1663, in-folio.

— Dell' Istoria della Compagnia di Gesù-La Cina-Terza Parte dell'Asia descritta dal P. Daniello Bartoli della medesima Compagnia. Libro primo. Torino, per Giacinto Marietti, 1825. — Libro secondo. Ibid., — Libro terzo, Ibid., — Libro quarto, Ibid. — 4 vol. in-4.

— La Historia de la Provincia del Santo Rosario de Filipinas, Iapon, y China, de la sagrada orden de Predicadores. Escrita por el ilvstrissimo señor don Fray Diego Aduarte, natural de la Imperial Ciudad de Zaragoça, y Obispo meritissimo de la Nueva Segovia. Añadida por el Mvy R. P. Fray Domingo Gonzalez, Comissario del Santo Oficio, y Regente del Colegio de Santo Thomas de Manila. Se Dedica a la Excelentissima Señora Doña Maria Henriqvez de Guzman... Año 1693. Con licencia : In Zaragoça, Por Domingo Gascon, Infançon, Impressor del Santo Hospital

(Cath. divers ; généralités.)

Real, y General de Nuestra Señora de Gracia. Año 1693. 2 vol. in-fol.

Il n'y a que le 1er vol. qui soit d'Aduarte ; le 2e a été publié par Baltasar. Un 3e vol., composé par le P. Vincent Salazar, a été imprimé au collége de Saint-Thomas de Manille, en 1742, in-fol. — Une quatrième partie « desde el año de 1700 hasta el de 1765, por el M. R. P. F. Domingo Collantes : Manila, año de 1783, » in-fol., faisait partie de la collection Sobolewski. No. 3173.— Je dois ces derniers renseignements à M. Léon Pagès.

— Oriente conquistado a Jesu Christo pelos Padres da Companhia de Jesus da Provincia de Goa. Primeyra Parte, na qual se contèm os primeyros vinte, & dous annos desta Provincia, ordenada pelo P. Francesco de Sousa Religioso da mesma Companhia de Jesus. Lisboa, Na officina de Valentim da Costa Deslandes... MDCCX, in-fol.

— Segunda Parte na qual se contèm o que se obrou desdo anno de 1564. até o anno de 1585..... *Ibid.*

La 3e partie se conservait Ms. au collége de Lisbonne. (De Backer, col. 876.)

— Scriptores ordinis praedicatorum recensiti, notisque historicis et criticis illustrati, opus quo singulorum Vita, Praeclareque gesta referuntur,... Inchoavit R. P. F. Jacobus Quetif S. T. P. absolvit R. P. F. Jácobus Echard..... Lutetiae Parisiorum, 1719/21, 2 vol. in-folio.

— Annales Minorum seu trium ordinum a S. Francisco Institutorum auctore a R. P. Luca Waddingo Hiberno..... Editio secunda, locupletior, & accuratior opera et studio Rmi P. Josephi Mariae Fonseca ab Ebora-Romae, 1731/1747. 22 vol. in-folio.

— Chronicas de la apostolica provincia de S. Gregorio de Religiosos descalzos de N. S. P. S. Francisco en las Islas Philipinas, China, Japon, &c..... escrita por el P. Fr. Jvan Francisco de S. Antonio..... Impressa en la Imprenta del vso de la propria Provincia, sita en el Convento de Nra. Señora de Loreto del Pueblo de Sampaloc, Extra-muros de la Ciudad de Manila : Por Fr. Juan del Sotillo. Año de 1738. — 3 vol. in-fol. : 1738, 1741, 1744.

— « Roman Catholic Church and Missions in China. »

Dans les « Portuguese Settlements » de Ljungstedt (Boston 1836), pp. 145-196.

— Histoire générale des Missions catholiques depuis le XIIIe Siècle jusqu'à nos jours, par M. le Baron Henrion, de l'Académie de la Religion catholique... Paris, Gaume frères... 1847. 4 vol. gr. in-8, imp. sur 2 col., grav. et cartes.

Tome Premier, 1re Partie, pp. I-XVI, 1/344. — Tome Premier,

2e Partie, pp. 345/624. — Tome second, 1re Partie, pp. 1/328. — Tome Second, 2e Partie, pp. 329/688.

— Histoire abrégée des Missions catholiques dans les diverses parties du monde, depuis la fin du XVe siècle jusqu'à nos jours, par J.-J.-E. Roy. Tours, Mame, 1855, in-8.

— Historia de los PP. Dominicos en las Islas Filipinas y en sus misiones del Japon, China, Tung-kin y Formosa, que comprende los sucesos principales de la Historia general de este Archipiélago, desde el descubrimiento y Conquista de estas islas por las Flotas españolas, hasta el año de 1840. Obra original é inédita del M. R. P. Fr. Juan Ferrando, Rector y Cancelario que fué de la Universidad de Santo Tomás de Manila, y corregida, variada y refundida en su plan, en sus formas y en su estilo por el M. R. P. Fr. Joaquin Fonseca, Profesor de Teologia, y Vice-Rector de la misma Universidad con un apéndice hasta nuestros dias. Se imprime por orden del M. R. P. Provincial Fr. Pedro Payo. Con las licencias necessarias. Madrid, M. Rivadeneyra, 1870-1872, 6 vol. in-8.

— Sur les Missions catholiques en Chine, on trouvera deux articles dans le Vol. II de *Notes & Q. on C. & J.*, l'un, p. 70, fort mal fait, signé D. N., l'autre, pp. 132/4, N. B. D(ennys). Un autre article de Mr Dennys sur le même sujet se trouve dans le même volume, p. 163.

IESVS. Cartas qve os Padres e Irmãos da Companhia de Iesus escreverão dos Reynos de Iapão & China aos da mesma Companhia da India, & Europa, desde anno de 1549. até o de 1580. Primeiro Tomo. Nellas se conta o principio, socesso, & bondade da Christandade daquellas partes, & varios costumes, & falsos ritos da gentilidade. Impressas por mandado do Reuerendissimo em Christo Padre dom Theotonio de Bragança Arcebispo d'Euora. Impressas com licença & approuação dos SS. Inquisidores & do Ordinario. Em Euora por Manoel de Lyra. Anno de M.D.XCVIII, in-fol., 481 ff. s. 2 f. prél.

Segvnda Parte das cartas de Iapão que escreverão os Padres, & Irmãos da Companhia de Iesvs. 267 ff.

L'ex. que j'ai examiné est celui de M. Léon Pagès ; il n'a pas de frontispice au commencement de la deuxième partie. « Sahiu sem folha de rosto. fol.-Da primeira e segunda parte d'estas Cartas existem exemplares na Bibliotheca Nacional de Lisboa, e na Real d'Ajuda, nas Livrarias do Archivo Nacional, e da Academia Real das Sciencias. » (Figaniere, No. 1479.)

— Avisi particolari delle Indie di Portugallo. Nouamente hauuti questo Anno del. 1555. da li. R. padri della Compagnia di Iesu doue si ha informatione delle gran cose che si fanno per augmento de la Santa fede. Con la descriptione e costumi delle genti del Regno de la China, & altri paesi incognita nouamente trouati. Romae apud Antonium Bladum Impressorem Cameralem. 1556. In-12 sans pagination.

— L'institution des loix, covstvmes et avtres choses merueilleuses & memorables tant du Royaume de la Chine que des Indes contenues en plusieurs lettres missiues enuoyées aux Religieux de la compagnie du nom de Iesus. Traduictes d'Italien en Francoys. Auec priuilege. A Paris, Ches Sebastien Nyuelle libraire demourant à l'enseigne des Cicongnes, Rue sainct Iacques. 1556. In-16, 119 feuillets.

Les 4 derniers fenillets ne sont pas numérotés.
Information des Loix, coustumes & autres choses notables du Royaume de la Chine raportées par vng homme digne de foy, lequel y a esté captif & prisonnier l'espace de six ans, au pere maistre Melchior miguez au college de la compagnie de Iesu à Malacca (verso feuillet 91 et seq.)

— Avisi particvlari dell'Indie di Portvgallo Nuoamēte hauti quest'anno del 1557. dalli R. Padri della Compagnia di Iesv, doue s'hà informatione, delle gran cose che si fanno per aumento della santa fede & cōuersione de quelle genti infideli à Christo N. Signore. Romae in aedibus Societatis Iesv anno Domini 1557. In-12, s. pagin.

— Avisi particolari del avmento che iddio da alla sua Chiesa Catholica nell'Indie, et septialmēte nelli regni di Giappō, cō informatione della China, riceuuti dalli Padri della Compagnia di Iesv. questo anno del 1558. In Roma nella Casa della Compagnia di Iesv. 1558. In-12, s. pagination.

Lettre du P. Melchior Nugnez, de Macao, port de Chine 23 Nov. 1555.

— Iesvs. Cartas qve los Padres y hermanos de la compañia de Iesus, que andan en los Reynos de Iapon escriuieron a los de la misma Compañia, desde el año de mil y quinientos y quarēta y nueue, hasta el de mil y quinientos y setenta y uno. En las qvales se da Noticia de las varias costumbres y Idolatrias de aquella Gentilidad : y se cuenta el principio y successo y bondad de los Christianos de aquellas partes. Con priuilegio de Castilla y Aragon. En Alcala En casa de Iuan Iñiguez de Lequerica. Año 1575. In-4, 515 ff. chif. s. les ff. prél. et la tab.

— F. 63. Carta del P. Melchior, Macao, 23 Nov. 1555.
— F. 170. Parte de una Carta del P. Manuel Texera, — Canton, 1564.
La lettre du P. Melchior renferme quelques renseignements généraux sur la Chine sous le titre (f. 65) de « Informacion de la China ».— Le P. Melchior Nuñez Barreto † à Goa en 1571.

* Carta escrita do Macao [par Melchior Carneiro, S.J] a 20 de Novembro de 1572. ao P. Geral em que refere o fruto que fizera no Japão, e das esperanças que se tinhão do que se havia de colher na China. [De Backer, col. 1088.]

Traduite en italien :

— Lettere diverse dalle Indie Orientali di Nvovo venvte ; Le quali narrano molte cose notabili del gran Regno del Giappone, ne gli Anni 74. 75. & 76. Scritte dalli Reuerendi Padri della Compagnia di Giesv ; & di Portughese tradotte nel Volgare Italiano. In Tvrino, M.D.LXXIX, in-8, pp. 75.

Cavato da una lettera del Reuerendissimo vescouo Carnero al R. P. Generale, delli 20. di Nouembre 1578. Da Macone porto della China, pp. 40/3.
* La même : In Roma, per Francesco Zanetti, 1578, in-8. (Carayon, No. 593. — de Backer, 1, col. 1089.

—Avvisi del Giapone de gli anni M.D.LXXXII. LXXXIII. et LXXXIV. Con alcuni altri della Cina dell' LXXXIII. et LXXXIV. Cauati dalle lettere della Compagnia di Giesù. Riceuute il mese di Dicembre. M. D. LXXXV. In Roma, Per Francesco Zanetti. M. D. LXXXVI. Con licentia de' Superiori. In-8, pp. 188.

Pp. 169/175. L. del P. Michele Ruggiero, Sciauchino, 7 Fev. 1583.— Pp. 175/176. L. del P. Francesco Pasio Bolognese, 27 Juni 1583. — Pp. 176/177. L. del P. Francesco Cabrale, 20 Nov. 1583. — Pp. 177/179. L. del P. M. Ruggiero, 25 Janv. 1584. — Pp. 179/180. L. del medesimo, Sciauchino, 30 Mai 1584. — Pp. 181/182. L. del medesimo, Amacano, 24 Oct. 1584. — Pp. 182/183. L. del P. Matteo Ricci Maceratese, Cantone, 30 Nov. 1584. — Pp. 183/188. L. del P. F. Cabrale, Amacano, 8 Déc. 1584.

— Nvovi Avvisi del Giapone con alcvni altri della Cina del LXXXIII, et LXXXIV. Cauati dalle lettere della Compagnia di Giesv. Riceuute il mese di Decembre prossimo passato MDLXXXV. In Venetia, appresso i Gioliti. MDLXXXVI, in-8, pp. 181.

Pp. 161 et seq. : Avvisi della Cina del LXXXIII, e del LXXXIV. [en voir la liste ci-dessus].
* Le même ouvrage, Milano, 1586, in-8.
Ternaux-Compans, No. 572.
' Advis du Japon des années 1582, 1583 et 1584, avec quelques autres de la Chine, des années 1583 et 1584. Paris, T. Brumem, 1586, in-8, sous le nom de Gaspar Coello. (Brunet, 589.)
* Advis du Japon des années 1582, 1583 et 1584, avec quelques autres de la Chine, etc., recueillis des lettres de la Compagnie de Jésus, reçues au mois de décembre 1585. Dole, Jean Poyure et Jean Ravoillot, 1587, in-8. [Carayon, 634; Léon Pagès.]
' Fernere Zeitung ausz Japon dess 82-84 Jars sampt Bottschafft ausz China dess 83 u. 84 Jars von dem daselbst angehenden Christenthumb aus Briefen der Societet Jesu, die zu Rom ankommen in 1585. Dilingen, J. Mayer, 1586, in-12.
* Petri Martinez Sendschreiben auss China und India an der Jesuiten General den 9 december 1586 gethan ; sampt Erzählung eines merklichen Schiffbruchs. Diligen, 1859, in-8. [De Backer, II. col. 1117.]
* Peter Martinetz. Sendschreiben aus den weitberuhmten Landschaften China, Japon und India anni 1585, Dillingen G. Willern, in-8, 1589. [Ternaux-Compans, No. 626.]

— Avvisi della Cina et Giapone del fine dell' anno 1586. Con l'arrivo delli Signori

Giaponesi nell' India. Cauati dalle lettere della Compagnia di Giesù. Riceuute il mese d'Ottobre 1588. In Roma, Appresso Francesco Zannetti. 1588. Con Licentia de' Superiori, in-8, pp. 68.

Cavato di vna lettera del P. Al. Valignano, Prov. dell' India, scritta al R. P. Gen. della C. di Giesù da Cocino a 14 Gennaio 1587, p. 3/5.

Copia d'vna del Padre Antonio Dalmeida scritta da Ciquione, città nel mezzo della Cina, al P. Odoardo di Sande superiore di quei che sono nella città di Xauchino della C. di Giesù delli 10. di Febraro 1586, pp. 6/17.

Cauato d'vn altra del P. Prouinciale scritta al Reuerendo P. Generale, da Goa à 19. di Dec. 1587. pp. 17/19.

* Le mème. Milano, 1589, pet. in-8. (Cat. Sobolewski, No. 3190).

— Avvisi della Cina, et Giapone del Fine dell' anno 1587. Con l'arriuo de' Signori Giaponesi nell' India. Cauati dalle lettere della Compagnia di Giesv. Riceuute il mese d'Ottobre 1588. Con licenza de' svperiori. In Venetia, appresso i Gioliti. 1588. pet. in-8, pp. 64.

* Brescia, 1588, in-8 [Carayon, 641.—Ternaux-Compans, 604.]

* Anversa, 1589, in-8 [Carayon, 658. — T. C., 621].

* Advertissement des royaumes de la Chine et de Giapon, avec le retour des princes giaponois aux Indes. Lyon. In-8 1588 [T. C., 611]. — Douay, 1589, pet. in-8. (Cat. Sobolewski, No. 3174.)

* Avisos de la China y del Japon del fin del año de 1587. Madrid, A. Gomez, 1589, in-12 [T. C., 619].

— Nouvelles de l'an 1587 des royaumes de Japon et de Chine situez aus Indes orientales ; tirées d'une lettre du Prouincial de la Comp. de Jesus. Douay, 1588, pet. in-8. Pièce de 4 ff.; fort rare. (Cat. Sobolewski, No. 3325.)

— Algvnos Capitvlos tirados das cartas que vieram este anno de 1588. dos Padres da Companhia de Iesv que andam nas partes da India China, Iapão, & Reino de Angola, impressos pera se poderem com mais facilidade cōmunicar a muitas pessoas que os pedem. Collegidos por o Padre Amador Rebello da mesma Companhia, procurador geral das prouincias da India, & Brasil, &c. Em Lisboa, Impressos com licença do Conselho geral da sancta Inquisiçao, & do Ordinario. Per Antonio Ribeyro, 1588, pet. in-8, 64 feuillets.

Da China (feuillets 16/30) : De cartas que andam na China, & enformações que se teueram do padre visitador da Companhia, do padre Rogerio o primeiro que nella entrou. (f. 16/24). — Capitulos da carta do padre Antonio Dalmeyda (f. 24/30).

— Lettere del Giapone et della Cina de gl' anni M. D. LXXXIX. & M. D. XC. Scritte al R. P. Generale della Compagnia di Giesv. In Venetia, M. D. XCII. Appresso Gio. Battista Ciotti Senese al segno della Minerua. Pet. in-8, pp. 214.

Pp. 187-199. Avvisi della Cina cavati da vna del P. Antonio Dalmeida scritta dalla Citta di Sciauchino alli 8. di Settembre 1588. à Macao al P. Duarte di Sande. — Pp. 199-200. Di vna del Padre Prouinciale dell' India al R. P. Generale delli 22. di Nouembre 1589. — Pp. 200-214. Copia

d'vna del P. Dvarte di Sande Superiore della Casa della Compagnia di Giesv in Macao Porto della Cina scritta al R. P. Generale à 28. di Settembre 1589.

— Le mème. In Milano, Per Pacifico Pontio. M. D. XCII. pet. in-8, pp. 214.

* In Roma, 1591, in-8. (Carayon, 670.) — * In Brescia, 1592, in-8. (Carayon, 671. — De Backer, III, col. 529.)

La lettre du P. de Sande, du 28 sept. 1589 est imprimée en portugais, langue dans laquelle elle fut écrite dans « Relação da Perseg. do Japão » du P. Antoine Vasconcellos. 1588. (De Backer, III, col. 528.)

— Lettres dv Iapon, et de la Chine, des annees 1589. & 1590. Et certains aduis du Peru, des annees 1588. & 1589. Enuoyez au Reuerend Pere General de la Compagnie de Iesvs. A Lyon, par Iean Pillehotte, à l'enseigne du nom de Iesvs. M. D. XCIII. Auec Permission des Superieurs. Pet. in-8, pp. 310.

— Advis de la Chine tirez d'une lettre du Pere Antoine Dalmeida, escrite de la Cité de Sciauchino le 8. Septembre 1588. à Macao au Pere Duarte de Sande, pp. 209/210.

— Copie d'vne Requeste presentee par les Anciens du peuple de la Cité de Cantone, au nom de toute la Prouince, au Visiteur Royal, contre les Peres de la Compagnie de Iesvs, pp. 210/225.

— Extraict d'vne Lettre du Pere Prouincial des Indes, au Reuerend Pere General du 22. de Nouembre, 1589, pp. 225/224.

— Copie d'vne Lettre du Pere Duarte de Sande, Superieur de la maison de la Compagnie de Iesvs en Macao, port de la Chine, escritte au Reuerend Pere General, le 28. de Septembre, 1590, pp. 224/241.

* Le mème ouvrage. Paris, Hierosme de Marne, 1593. [T. C., 665.]

* Sommaire des lettres du Japon et de la Chine de 1589 et 1590. Douai, 1592, in-8. [T. C., 657. — Carayon, 672.]

* Compendio de algvnas Cartas qve este anno de 97. vierão dos Padres da Companhia de Iesv, que residem na India, & corte do Grão Mogor, e nos Reinos da China, & Japão, & no Brasil, em que se contem varias cousas. Collegidas por o Padre Amador Rebello da mesma companhia. Em Lisboa. Com licença do santo Officio, Ordinario, & Desembargadores do Paço. Por Alexandre de Siqueira, Impressor de liuros. Anno de M. D. XC. VIII. In-8, pp. 240. (Figaniere, No. 1439.)

* Copia d'una Lettera del P. Nicolo Longobardi, scritta nel 1598, dalla Cina al Molto R. P. Claudio Acquauiua Generale della Compagnia di Giesu.

Elle est datée de Sciauceo, 18 Oct. 1598, et se trouve dans l'ouvrage :

Copia d'una breve relatione della Christianità di Giappone..... In Roma, 1601, in-8. [Carayon, 719.]

— Recentissima de amplissimo Regno Chinae. Item de Statv Rei Christianae apvd magnvm regem Mogor. Et De morte Taicosamae Iaponiorum Monarchae. Mogvntiae Typis Ioannis Albini. Anno M. DCI. in-12, pp. 132, s. l. préf.

« Exemplvm Epistolae a P. Nicolao Longobardo, anno 1598. ex China conscriptae ad Reuerendvm P. Clavdivm Aquauinam Societatis Iesv Generalem, Pp. 1/49. (Sciauceo, 18 Octob. 1598). »

— Iaponica, Sinensia, Mogarana. Hoc est, De rebus apud eas Gentes à Patribus Societatis Iesv, Ann. 1598. & 99. gestis. A. P. Joanne Orano, eiusdem Societatis, in Latinam linguam versa. Leodii, Apud Arnoldum de Coersvvarenna, Typographum juratum. Anno 1601, in-12, s. pag.

Lettre du P. Longobardi.

— On retrouvera une partie de cet ouvrage dans : De rebvs iaponicis, indicis, et pervanis epistolae recentiores. A Ioanne Hayo Dalgattiensi Scoto Societatis Iesv in librum vnum coacervatae. Antverpiae, Ex Officina Martini Nutij, ad insigne duarum Ciconiarum, Anno m. dc. v, pet. in-8.

Voir dans ce dernier livre : De legatione regis Cinensivm ad Taicosanam, pp. 244 et seq. — Amplissimi potentissimiqve Sinarvm regni brevis et lvcvlenta Descriptio, pp. 879 et seq., etc.

— Novveavx Advis dv grand Royavme de la Chine, Escrits par le P. Nicolas Lombard de la Compagnie de Iesvs. Au T. R. P. Clavde Aqvaviva General de la mesme Compagnie; Et traduits en François par le P. Iean de Bordes Bourdelois de la mesme Société. A Monseigneur de Villars Euesque, & Comte d'Agen. A Paris, chez Rolin Thierry, & Eustache Fovcavlt, ruë S. Iaques, à la Coquille. 1602. Iouxte la coppie imprimée à Agen. Pièce pet. in-8.

Lettre du Père Lombard écrite de la Chine, l'an 1598, 18 Octobre (de Schiauché). Cette même lettre est reproduite pp. 3/56 de :

— Novveavx Advis dv Royaume de la Chine, dv Iappon et de l'Estat du Roy de Mogor, successeur du grand Tamburla & d'autres Royaumes des Indes à lui subiects. Tirez de plvsievrs lettres, memoires & Aduis enuoyez à Rome : Et nouuellement traduits d'Italien en François. A Paris, chez Clavde Chappelet, ruë S. Iaques à la Licorne. m.dciiii, in-12, pp. 264.

De Backer ne cite pas cette édition.

* Newe historische Relation des Orientalischen Indien und Königreich China im Jahr 1598 und 1599, durch die Patres S. J. gestellt. Dillingen, G. Willern, 1602, in-8. [T. C., 863.]

— Lettera del P. Alessandro Valignano. Visitatore della Compagnia di Giesù nel Giappone e nella Cina dé 10. d'Ottobre del 1599. al R. P. Clavdio Aqvaviva generale della medesima Compagnia. In Roma, Appresso Luigi Zanetti, 1603, in-8, pp. 102.

* Le même ouvrage. Milano, 1603, in-8. [Carayon, 783].

* Litterae R. P. Alexandri Valignano Visitatoris Societatis Jesu in Japponia et China, scriptae 10 Octobris 1599. Ad R. P. Claudium Aquaviva ejusdem Societatis Praepositum Generalem a Joanne Hayo Dalgattiensi Scoto, ejusdem Societatis, ex Italico in Latinum conversae. Antver-

piae, apud Joachimum Trognaesium, 1603, in-12, pp. 65. [De Backer, II, col. 69.]

* P. Fernão Guerreiro, Jesuita, natural de Almodovar. Relação Annual das cousas que fizeram os Padres da Companhia de Jesus na India e Japão, nos annos de 600 e 601, e do processo da conversão e christandade d'aquellas partes ; tirada das Cartas geraes que de là vieram. Divida em dois Livros : um das cousas da India, e outro do Japão. Evora, et não Lisboa (como escreve Barbosa), por Manuel de Lyra. 1603, in-4. (Figaniere, No. 274.)

De Backer, I, col. 2324, écrit : « Evora, por Manoel de Luca, 1603, in-4, pp. 259. Barbosa se trompe en citant une édition de Lisbonne 1603. Cette partie seule a été traduite en espagnol par le P. Antonio Colaço. »

— Lettera della Cina dell' anno 1601. Mandata dal P. Valentino Caruaglio Rettore del Collegio di Macao, al. M. R. P. Claudio Acquauiua Generale della Compagnia di Giesv. In Milano, Per l'heredi del q. Pacifico Pontio, & Gio. Battista Piccaglia compagni 1604. Con lic. de' Superiori. Pet. in-8, pp. 90.

Macao alli 25. di Gennaro 1602.

* Même titre. In Roma, nella Stamperia di Luigi Zannetti, 1603, in-8, pp. 108. [De Backer, I, Col. 1098.]
* In Venetia, 1604, in-8. [De Backer, I, Col. 1098.]

* Copie d'une lettre envoyée du grand royaume de la Chine, l'an 1601, par le R. P. Valétin Caruaille, recteur du college de Macao. Au très-Reuerend Pere, le P. Claude Aquauiua, général de la Compagnie de Jesus. Et traduicte nouvellement de l'italien en françois. Liége, chez Ardt de Coerswarem, 1604, in-12. [De Backer, I, col. 1098.]

— Lettre de la Chine de l'an 1601. Escrite par le P. Valentin Caruaglio Recteur du College de Macao au T. R. P. Claude Aquauiua General de la Compagnie de Iesus. Tres-Reuerend Pere en Dieu, la paix de Iesus Christ vous soit donnee. A Paris, Chez Clavde Chappelet, ruë S. Iacques, à la Licorne. 1605, in-12 de 53 feuillets.

Macao le 25. Ianuier 1602.

— Historia de la entrada de la Christiandad en el Iapon, y China, y en otras partes de las Indias Orientales : y de los hechos y admirable vida del Apostolico varon de Dios el Padre Francisco Xauier de la Compañia de Iesus, y vno de sus primeros Fundadores. Escrita en Latin por el Padre Horacio Turselino, y traduzida en Romance Castellano por el P. Pedro de Guzman, Religioso de la misma Compañia. Año 1603. Con Privilegio. En Valladolid, Por Iuan Godinez de Milles, in-4, 354 ff. s. la préf., la tab., etc.

C'est une trad. de la Vie de St. François-Xavier écrite en latin par le P. Tursellinus dont il y a eu plusieurs éditions : Romae, 1594,1596 ; Leodii, 1597 ; Lugduni, 1607, etc.

DIEGO DE PANTOJA. * Carta del Padre Diego Pantoja, para el Padre Luys de Guzman, Provincial de la Compañia de Jesus; en la Prouincia de Toledo..... En Paquin, corte del Rey de la China, a 9 de Março 1602, pp. 539/682 de la « Relacion Anual de las cosas que han hecho los Padres de la Compañia de Jesus en la India Oriental y Japon, en los años de 600 y 601.... Valladolid, 1604. » [De Backer, II, Col. 1718.]

* Relacion de la entrada de algunos Padres de la Compañia de Jesus en la China, particulares successos que tuuieron, y de cosas muy notables que vieron en el mismo Regno. Dirigida a la Excelentissima Señora Doña Teresa de Zuñiga Duquesa de Arces, etc. Con licencia, en Seuilla. Après l'Epit. signée Esteuan Villareal, on lit ce titre : Carta del Padre Diego de Pantoja Religioso de la Compañia de Jesus, para el Padre Luys de Guzman Prouincial en la Prouincia de Toledo. Su fecha en Paquin, corte del Rey de la China, a nueue de Março de mil y seyscientos y dos años, in-8, ff. 131. A la fin : En Seuilla, por Alonso Rodriguez Gamarra. Año de 1605. [De Backer, II, 1718.]

* Advis du Reverend Pere Jacques de Pantoie de la Compagnie de Jesus. Envoyé de Paquin Cité de la Chine au R. P. Loys de Gusman, de la mesme Compagnie. Sur le succez de la religion chrestienne au royaume de la Chine. De l'entrée d'aucuns Peres de ladicte Compagnie en la cour du roy, et de plusieurs choses memorables, qu'ils ont veu en ce Païs là. A Arras, de l'imprimerie de Guillaume de la Rivière, 1607, pet. in-12, pp. 168. La lettre est datée de Paquin ce 9 Mars 1602. [De Backer, II, Col. 1718.]

— Advis dv Reverend Pere Iaqves de Pantoie de la Compagnie de Iesvs. Enuoyé de Paquin Cité de la Chine, au R. P. Loys de Gvsman, de la mesme Compagnie. Sur le succès de la Religion Chrestienne au Royaume de la Chine. De l'entree d'aucuns Peres de ladite Compagnie en la Cour du Roy, & de plusieurs choses memorables, qu'ils ont veu en ce païs la. A Lyon, chez Pierre Rigavd, en rüe Merciere..... M. DCVII. Auec Priuilege du Roy. In-12, pp. 145 s. l. préf., etc.

— Le même. Rennes, Haran, M. DC VII. in-12.

— Advis dv Reverend Pere Iaqves de Pantoie de la Compagnie de Iesvs. Enuoyé de Paquin Cité de la Chine, au R. P. Loys de Gvsman, de la mesme Compagnie. Sur le succez de la Religion Chrestienne au Royaume de la Chine. De l'entree d'aucuns Peres de ladite Compagnie en la Cour du Roy, & de plusieurs choses memorables, qu'ils ont veu en ce pays là. A Rovon, chez Romain de Beauvais, tenant sa.boutique près le grand portail nostre Dame. Iouxte la copie imprimée à Rennes, par Tite Haran. 1608, in-12, pp. 108.

Ces différentes éditions contiennent la traduction de la lettre do Péking, le 9 Mars 1602.

— Relatione dell'Entrata d'alcuni padri della Compagnia de Giesv nella China, Et dé particolari successi, che loro occorsero, Et delle cose notabili, che videro nel medesimo Regno. In Roma, Appresso Bartolomeo Zannetti. M DC VII. Con Licenza de' Svperiori. In-8, pp. 88.

On lit au verso du titre : Lettera del Padre Diego di Pantoja della Compagnia di Giesu al Padre Luigi di Guzman Prouinciale nella Prouincia di Toledo. Scritta in Pachino Corte del Rè della China a 9. di Marzo, dell' anno 1602.

* Historie und eigentliche Beschreibung, erstlich was Gestalt, vermittelst sonderbarer Hülff und Schickung dess Allmächtigen, dann auch der Ehrwürdigen Vätter der Societeit Iesu gebrauchten Fleiss, und aussgestandene Mühe, Arbeit und Gefahr, numehr und vor gar wenig Jahren hero, das Euangelium und Lehr Christi in dem grossen und gewaltigen Königreich China eingeführt, gepflanzt und geprediget wirdt. Am andern, wie sie alle andere Politische und Weltliche Sache unnd Gelegenheiten aldortt beschaffen, gefunden. Alles lustig und nutzlich zu lesen. Durch Egidium Albertinum, auss einem Italianischen, und auss besagtem Königreich China herauss geschicktem Tractät verteutscht. Gedruckt zu München, bey Adam Berg. Anno M. DC. VIII. Mit Röm. Keys. Maj. Freyheit nit nachzudrucken. Cum Licentia Superiorum, in-4, pp. 167. Après l'Epit. déd., p. 7, vient : Copey eines Sendschreibens dess Ehrwürdigen Herrn Didaci de Pantoya der Societet Jesu Priester, an R. P. Ludovicum Guzman ermelter Societet Toletanischen Provincial, zu Pachino an dess Königs in China Hof, den 9. Martij, Anno 1602, aussgegangen. [De Backer, II, Col. 1718.]

* Litterae P. Jacobi Pantogiae e Societate Jesu ad P. Ludovicum Guzmanum Provinciae Toletanae Praepositum, datae Pachino, urbe Regia Sinarum, cIɔ. Iɔ. CII. Idus Martias. pp. 1/123.

Litterae annuae Collegii Macaensis, et cæterorum Domiciliorum apud Sinas a P. Jacobo Antonio, ad P. Provincialem apud Indos datae, anno 1603-4 Kalend. Feb. (Macai), pp. 124/146, des :

Litterae Societatis Jesu, anno MDCII, et MDCIII e Sinis, Molucis, Japone datae, progressum Rei Christianae in ijs oris, aliaque memoratu incunda complexae. Cum Caesareae Maiest. Privilegio, et superiorum concessu. Moguntiaci, E Typographeo Balthasari Lippii. Anno M.DC.VII, in-8, pp. 259. [De Backer, II, 1718 ; Carayon, 763.]

La lettre du P. Diego Antunez [et non pas Jacobus Antonius] avait déjà paru :

— Annva del Collegio di Macao, e Residenze della Cina, scritta dal Padre Diego Antunez, al Padre Prouinciale dell'India alli 29. di Gennaro del 1603. di Macao.

So trouve pag. 121/143 du recueil intitulé : Lettera annva di Giappone del M.DC.III. Scritta dal P. Gabriel de Matos, al R. P. Claudio Acquauiua Generale della Compagnia di Giesv. Con vna della Cina e delle Mollucche. In Roma, appresso Luigi Zanetti, M.DC.V. in-8, pp. 143.

* Et pag. 106/126 de l'édition : In Milano, per gli heredi di Pacifico Pontio, et Gio-Battista Piccaglia, 1606, in-8 pp. 126.

* Lettre annuelle du College de Macao, et residence de la Chine, escrite par le Pere Diego Anthunes au Pere Provincial des Indes, le 29 de Janviers 1603, de Macao. Se trouve pp. 154/187 du recueil :

Lettre annuelle du Japon de l'an mil-six-cens et trois. Escritte par le P. Gabriel de Matos au R. P. Acquaviva General de la Comp. de Jesus. Avec une Epistre de la Chine et des Moluques. Translaté d'Italien en nostre langue vulgaire. Suyuant l'exemplaire imprimé à Rome l'an 1605. A Douay, de l'imprimerie de Baltasar Bellere, 1606, in-12, pp. 187. [De Backer, I, col. 240, et II, col. 1150.]

— A Letter of Father Diego de Pantoia, one of the Company of Iesvs, to Father Lvys De Gvzman, Prouinciall in the Prouince of Toledo ; written in Paquin, which is the Court of the King of China, the ninth of March, the yeere 1602. (Trad. dans Purchas, *His Pilgrimes*, 1625, III, Lib. II, c. 6.)

* P. Fernão Guerreiro. — Relação Annual das cousas que fizeram os Padres da Companhia de Jesus nas partes da India Oriental, e no Brasil, Angola, Cabo Verde e Guiné, nos annos de 602 e 603, e do processo da conversão e christandade d'aquellas partes ; tirada das Cartas dos mesmos Padres que de lá vieram. Dividida em quatro Livros : o primeiro do Japão ; o segundo da China e Maluco ; o terceiro da India ; o quarto do Brasil, Angola e Guiné. Lisboa, por Jorge Rodrigues. 1605, in-4. (Figaniere, No. 1448.)

* P. Fernão Guerreiro.— Relação Annual das cousas que fizeram os Padres da Companhia de Jesus nas partes da India Oriental, e em algumas outras da conquista d'este Reino, nos annos de 604 e 605, e do processo da conversão e christandade d'aquellas partes ; tirada das Cartas dos mesmos Padres que de lá vieram. Dividida em quatro Livros : o primeiro do Japão ; o segundo da China ; terceiro da India ; quarto da Ethiopiá e Guiné. Lisboa, impresso por Pedro Craesbeeck. 1607. in-4. (Figaniere, No. 1448.)

* Historischer Bericht, was sich in dem grossen..... Königreich China, in verkündigung des H. Euangelij und fortpflantzung desz Catholischen Glaubens, von 1604.... zugetragen. Ausz Portugues. Exemplaren ins Teutsch gebracht. Augspurg, 1611, in-4.

Brockhaus,Cat.,1872, Ngr.25.—Quaritch,1878, No. 320, 7s.6d.

* T. Mayor. Simbolo de la fe en lengua y letra China. Binondoc en Philippinas. 1607, in-8. [T.-C., 965.]

* P. Fernão Guerreiro. — Relação Annual das cousas que fizeram os Padres da Companhia de Jesus nas partes da India Oriental, e em algumas outras da conquista

d'este reino, nos annos de 606 e 607, e do processo da conversão e christandade d'aquellas parte ; tirada das Cartas dos mesmos Padres que de lá vieram. Dividida em quatro Livros : o primeiro da provincia de Japão e China ; o segundo da provincia do Sul ; o terceiro da provincia do Norte ; o quarto da Guiné e Brasil. Lisboa, por Pedro Craesbeeck. 1609, in-4. (Figaniere, No. 1448.)

— Annva della Cina del M.DC.VI. e M.DC.VII. del Padre Matteo Ricci della Compagnia di Giesv. Al Molto R. P. Clavdio Acqvaviva Generale della medesima Religione. In Milano, Per l'her. di Pacifico Pontio, & Gio. Battista Piccaglia Stampatori Archiep. 1610. pet. in-8, pp. 47.

Dalla Cina li 18. d'Ottobre 1607.

— Litterae Iaponicae anni M. DC. VI. & M.DC.VII. Illae à R. P. Ioanne Rodrigvez, hae à R. P. Matthaeo Ricci, Societatis Iesv Sacerdotibus, transmissae ad admodum R. P. Clavdivm Aqvavivam eiusdem Societatis Praepositum Generalem, Latinè redditae à Rhetoribus Collegij Soc. Iesv Antuerpie. Antverpiae, Ex officina Plantiniana, Apud Viduam & Filios Io-Moreti. M.DC.XI. In-12, pp. 201.

' Deux lettres envoyées, l'une des îles Philippines, par le P. Gregoire Lopez, et l'autre de la Chine par le P. Mathieu Ricci. Caen, Cavalier, 1614, in-12.

' Deux lettres l'une envoyée des isles Philippines, par le P. Gregoire Lopez, et l'autre de la Chine, par le P. Matthieu Ricci au Reverend Pere Claude Aquaviva General de la Compagnie de Jesus à Rome. A Lille de l'Imprimerie de Pierre de Rache, 1614, pet. in-12, pp. 55. C'est un extrait de la lettre du P. Lopez, datée de Manille, 11 juin 1611, pp. 3/29.— Lettre du P. Matthieu Ricci.... de ce que principalement s'est faict en la residence de Pachino, Cité royale de la Chine l'an 1608, pp. 33/55. Elle est datée de la Court de Pachino ou Cambalu ce 22 d'Aoust 1608. [De Backer, II, col. 796 et I, col. 182.]

* P. Fernão Guerreiro. Relação Annual das cousas que fizeram os Padres da Companhia de Jesus nas Partes da India Oriental, e em algumas outras da conquista d'este Reino, nos annos de 607 e 608, e do processo da conversão e christandade d'aquellas partes ; com mais uma addição á Relação de Ethiopia. Tirado tudo das Cartas dos mesmos Padres que de là vieram. Dividida em cinco Livros : o primeiro da provincia de Goa, em que se contém as Missões de Monomotapa, Mogor e Ethiopia ; o segundo da provincia de Cochim, em que se contém as cousas do Malabar, Pegú e Maluco ; o terceiro das provincias de Japão e China ; o quarto em que se referem as cousas de Guiné e Serra Leoa ; o quinto em que se contém uma addição á Relação de Ethiopia. Lisboa, por Pedro Craes-beeck, 1611, in-4. (Figaniere, No. 1448.)

Traduit en espagnol :

* Historia y anual Relacion de las cosas que hizieron los Padres de la Compañia de Jesus por las partes de Oriente y otras en la propagacion del Santo Evangelio los Años passados de 607 y 608. Sacada, limada, y compuesta de Portugues en Castellano por el Doctor Christoval Suarez de Figueroa. A Don Geronymo Carclla y Mendoça, Conde de Cocentagna, Marques de Almenara, etc. En Madrid, en la Imprenta Real, 1614, pet. in-4, pp. 566, s. l. tab. &c. A la fin : En Madrid, en la Imprenta Real MDCXIII *(sic)*.

Le traducteur ne dit pas de qui il a traduit. Sotwel et Antonio disent que cette traduction a été faite par le P. Ant. Colaço, ce qui n'est pas, ce Père n'a traduit que la 1re partie. Ces relations sont rares et recherchées. (De Backer, I, col. 2324/5.)

Et en allemand :

* Indische neue Relation; was sich in der Goanischen Provintz und in der Mission Monomotapa, Mogor auch in der Provintz Cochim, Malabaria, China, Pegu und Maluco von Anno 1607, zugetragen. Augsburg, Krieger, 1614, in-4. [T.-C., 1133.]

— Ioan. Petri Maffeii, Bergomatis, e Societate Iesv, Historiarvm Indicarvm Libri XVI. Omnia ab Auctore recognitâ & emendata. In singula copiosus Index. Cadomi, Ex typographia Iacobi Mangeant. M. DC. XIIII, pet. in-8, pp. 718. s. l. index.

Cet ouvrage a été trad. en italien, en français et en espagnol. (Voir de Backer, II, col. 952,3)

— Lettera Annva del Giappone del 1609. e 1610 scritta al M. R. P. Clavdio Acqvaviva Generale della Compagnia di Giesv. Dal P. Giouan Rodriguez Girano. In Roma, Appresso Bartolomeo Zannetti, 1615, in-8, pp. 147.

* Litterae Japonicae et Sinicae, annorum 1609 et 1610, ex italicis latinae factae, ab. And. Schotto, S. J. Augustae Vindelicorum. Chr. Mangius, 1615, in-8. [T.-C., No. 1159].

— Antverpiae, apud Petrum et Joannem Belleros, cIɔ Iɔcxv, in-8. (De Backer, III, col. 667.)

— Litterae Societatis Iesv e Regno Sinarvm ad R. P. Clavdivm Aqvavivam eivsdem Societatis Praepositvm Generalem annorum M. DC. X. & M. DC. XI. A. R. P. Nicolao Trigavtio, eiusdem Societatis, conscriptae Antverpiae, apud Petrvm & Ioannem Belleros. M. DC. xv. pet. in-8, pp. 227.

— Litterae Societatis Iesv e Regno Sinarvm annorum MDC X. & XI. Ad R. P. Clav-

(CATH. DIVERS : 1611-1615.)

divm Aquauiuam eiusd. Societatis Praepositum Generalem. Auctore P. Nicolao Trigautio, eiusd. Societatis. Avgvstae Vindelicorvm apud Christophorum Mangium. MDCXV. pet. in-8, pp. 294 s. la déd. : *Romae Calendis Martijs anno* MDCXV.

Litterae annuae societatis Iesu è Regno Sinarum ad R. P. N. Claudium Aquaniuam eiusdem Societatis Praepositum generalem Anni 1610, pp. 1/84 : In Xauceana sede Nouembri mense anni 1611.

Litterae annuae..... anni 1611, pp. 85/294. Nanquini Augusto Mense, anno salutis 1612.

— Lugduni, 1616, in-4. (De Backer, III, col. 1202.)

* Due lettere annue della Cina, del 1610 et del 1611, scritte al R. P. Cl. Acquaviva... del Padre Nicolo Trigaut, della medesima Compagnia. Roma, Zanetti, 1615, in-8. [T.-C.; 1140. — Carayon, 805. — De Backer, III, col. 1202.]

* Due lettere annue della Cina del 1610 e del 1611, scritte al M. R. P. Claudio Acquaviva Generale della Compagnia di Giesù. Del Padre Nicolò Trigault della medesima Compagnia di Giesù. In Roma, 1616, in-8. [Carayon, 818.)

TRIGAULT. De Christiana Expeditione apvd Sinas. Svscepta. ab Societate Jesv. Ex P. Matthaei Ricij eiusdem Societatis Co̅mentarijs. Libri V Ad S. D. N. Pavlvm V. In quibus Sinensis Regni mores, leges atq̄. instituta & nouae illius Ecclesiae difficillima primordia accurate & summa fide describuntur. Auctore P. Nicolao Trigavtio Belga ex eiusdem Societate. Augustae Vind. apud Christoph. Mangium MDCXV, in-4, pp. 646. s. la déd., l'ind., etc.

Frontispice gravé avec portraits de St. F. Xavier et de Ricci.

Quaritch, 1872, 20/.

— De Christiana Expeditione apvd Sinas svscepta ab Societate Iesv, ex P. Matthaei Riccii eiusdem Societatis co̅mentariis, Libri V. Ad S. D. N. Pavlvm V. In quibus Sinensis regni mores, leges atque instituta, & nouae illius Ecclesiae difficillima primordia accurate et summa fide describuntur. Auctore P. Nicolao Trigavtio Belga ex eadem Societate. Editio recens ab eodem Auctore multis in locis aucta et recognita. Lvgdvni. Svmptibvs Horatii Cardon M.DC.XVI, in-4, pp. 688 s. la déd., l'ind., etc. Front. gravé.

On lit au verso de la dernière page : [Lvgdvni, Ex Typographeio Ioannis Iullieron, anno 1616.

Quaritch, 1872, 7/6.

* De Christiana Expeditione apud Sinas...... Coloniae, Sumptibus Bernardi Gualteri, 1617, in-8, pp. 712 s. l'ép. déd., la préf. et les tables. — Ulyssipone, 1623, pet. in-4. — Augustae Vindelicorum, 1628, in-8. (De Backer, III, col. 1200.)

— Histoire de l'expedition chrestienne av royavme de la Chine Entreprinse par les PP. de la Compagnie de Iesvs. Comprinse en cinq liures. Esquels est traicté fort exactement et fidelement des mœurs, Loix et coustumes du pays, et des commencemens tres-difficiles de l'Eglise naissante en ce Royaume. Tirée des co̅mentaires du P. Matthieu Riccius par le P. Nicolas Trigault de la mesme compagnie. Et nouuellement traduicte en françois par le Sr. D. F. de Riquebourg-Trigault. Auec priuilege du Roy. A Lyon

(CATH. DIVERS : EXP. CHRÉT.)

Pour Horace Cardon MDCXVI, pet. in-8, pp. 1096, s. l'ép., etc.

Ternaux-Compans cite No. 1187: « Le même ouvrage, sous le titre de Voyages des PP. Jésuites en Chine. Paris, 1617, in-8. »

— Histoire de l'Expedition Chrestienne av royavme de la Chine entreprinse par les Peres de la Compagnie de Iesvs, comprinse en cinq livres. Esqvels est traicté fort exactement et fidelement des mœurs, loix, & coustumes du pays, & des commencemens tres-difficiles de l'Eglise naissante en ce Royaume, tirée des Memoires dv R. P. Matthiev Ricci, de la compagnie de Iesus, par le R. P. Nicolas Trigavlt Douysien de la mesme Compagnie, depuis n'agueres venu de la Chine en Europe pour les affaires de la Chrestienté dudit Royaume. Et novvellement tradvite en Francois par le S. D. F. de Riqvebovrg-Trigavlt. A Lille, De l'Imprimerie de Pierre de Rache, Imprimeur juré à la Bible d'or 1617. Avec permission des Superieurs, in-4, pp. 559 s. l. déd., etc.

— Histoire de l'expedition chrestienne en la Chine, entreprise par les Peres de la Compagnie de Iesvs. Tirée des commentaires du Pere Mathieu Riccius de la mesme Compagnie, & divisée en 5. Livres. Ausquels les mœurs, loix, & coustumes du Royaume de la Chine, & les commencements tres-difficiles de la nouvelle Église d'iceluy sont exactement & fidelement descrits. Par le Pere Nicolas Trigavlt, de la mesme Compagnie. Traduite de Latin en François par T. C. D. A.-A Paris, De l'Imprimerie de Pierre Le-Mvr, rue Trauersine, près la Porte S. Victor. M.DCXVIII. Avec Privilege dv Roy. pet. in-8, pp. 904, s. l'ép., etc.

Cette édition n'est pas citée par Ternaux-Compans.

* Historie von Einfuehrung der Christlichen Religion, in dass grosse Königreich China durch die Societ. Jesu. Sambt wolgegründten bericht von beschaffenhaitt dess Landts und Volcks auch desselbigen gesatzen, Sitten und gewonheitten. Auss dem Lateinischen R. P. Nicolai Trigautii gemelter Societeyt Jesu. Augspurg, in Verlag Antonii Hierat von Cöllen, 1617, in-4, pp. 527.

Cette traduction est de Paulus Weser. [De Backer.]

Ternaux-Compans ne cite pas cette éd. allemande de 1617, mais il indique la suivante?? (No. 1071.)

* Historie von Einführung des Christenthums in das gross Königreich China samt wohlgegründeten Bericht und Beschaffenheit des Volks auch desselben Gessatzen, Sitten und Gewohnheiten; aus dem lateinischen des N. Trigautius. Cölln, 1611, in-8.

Le P. Carayon (785) a cité ce même titre, probablement d'après Ternaux-Compans.

— Istoria de la China i cristiana empresa hecha en ella : por la Compañia de Iesvs. Qve, de los escritos del Padre Mateo Richo, compuso el Padre Nicolas Trigavlt Flamenco, ambos de la misma Compañia. Donde se descriven las costvmbres, las Leies, i los Estatutos de aquel Reino, i los dificultosissimos Principios de su nueva Iglesia. Tradvzida de Lengva Latina por el Licenciado Duarte, Abogado de las Reales Audiencias de la Ciudad de Seuilla, i Lima. Año 1621. Con Privilegio Real. En Sevilla, Por Gabriel Ramos Veiarano, in-4, 321 ff. sans la préf., la table, &c.

* Entrata nella China de' Padri della Compagnia di Giesù. Tolta da i Commentarij del P. Matteo Ricci, di detta Compagnia. Dove si contengono i costumi, le leggi e ordini di quel Regno, e i principij difficillissimi della nascente Chiesa.

(CATH. DIVERS : EXP. CHRÉT.)

descritta con ogni accuratezza, e con molta fede. Opera del P. Claudio Trigauci Padre di detta Compagnia ed in molti luoghi da lui accresciuta, e rivista. Volgarizzata dal Signor Antonio Sozzini de Sarzana. In Napoli, per Lazzaro Scorrigio, 1622, in-4, pp. 504.

[De Backer, III, col. 1201. — Carayon, 844. — Brockhaus. Cat., 1872, Thr. 1.10.]

Voir col. : 13, Regni Chinensis Descriptio, 1639.

— A Discourse of the Kingdome of China, taken out of Riccivs and Trigavtivs, contayning the Country, People, Gouernment, Religion, Rites, Sects, Characters, Studies, Arts, Acts; and a Map of China added, drawne out of one there made with Annotations for the vnderstanding thereof. (Purchas, *His Pilgrimes,* III, pp. 380 et seq.. Lib. II, cap. 7.)

— Le P. Bartoli consacre un chap. de son ouvrage : La Cina, IV, Torino, 1825, pp. 123/4, à ce livre : « L'Istoria De christiana expeditione apud Sinas non è del P. Nicolò Trigaut, ma del P. Matteo Ricci. »

— Lettere annve del Giapone, China, Goa, et Ethiopia. Scritte al M. R. P. Generale della Compagnia di Giesù. Da Padri dell' istessa Compagnia ne gl' anni 1615. 1616. 1617. 1618. 1619. Volgarizate dal P. Lorenzo delle Pozze della medesima Compagnia. In Milano, Appresso l'her. di Pacifico Pontio, & Gio. Battista Piccaglia Stampatori Archiepiscopali. 1621, in-8, pp. 368.

Pp. 158-232. Lettera annua della Cina scritta [per Camillo di Costanzo] al M. R. P. Mutio Vitelleschi Generale della Compagnia di Giesù dalla Cina per ordine del Padre Francesco Viera visitatore l'anno 1618. [Macao, 15 Janvier 1618.] — Pp. 233-252. Lettera della Cina. Al medesimo R. P. Generale nel 1618. [Per Alfonso Vagnone, Macao, 20 Nov. 1618.] — Pp. 340-352. Let. annua del Collegio di Macao, Porto della Cina. [Per Antonio di Sousa, Macao, 8 Janv. 1618.] — Pp. 353-368. L. an. del Col. di Macao. [Per Francesco Eugenio, Macao, 21 Janv. 1619.]

— In Napoli, per Lazaro Scorrigio, M DC XXI, in-8, pp. 404. « Cette édition est plus complete que l'autre. » (De Backer, II, Col. 2141.)

* Historia y relacion de lo succedido en los reynos de China y Japon, en laqual se continua la gran persecucion que ha havido en aquella Iglesia, desde el año de 1615, hasta el año de 1619. Por Pedro Morejon. Lisboa, Juan Rodriguez. 1621, in-4. [De Backer, II, col. 1376.]

— Narré veritable de la persecvtion excitée contre les Chrestiens au Royaume de la Chine, Extrait des Lettres du P. Aluares Semede de la Compagnie de Iesvs, captif au mesme lieu, l'An 1619. A Paris, chez Sebastien Chappelet, rue S. Iacques, à l'Oliuier. M.DCXX. In-12, pp. 68.

Voir pp. 56 et seq. : Extraict des lettres du Pere Wenceslaus Pantaleon, de la Compagnie de Iesvs, escriptes à Goa le 9. Ianuier 1619.

* Histoire veritable de la persecution excitée contre les Chrétiens au royaume de la Chine, en 1619, extraicte des lettres du P. Alvarez Semmedo. Bourdeaux, S. Millanges, 1620, in-8. [Carayon, 838.]

* Epistola N. Trigavtii é Soc. Jesu de felici sva in Indiam nauigatione : itemque de Statu rei Christianae apud Sinas et Iaponios. Coloniae Agrippinae, Apud Ioannem

(CATH. DIVERS : 1620-1621.)

Kinchivm 1620, in-8. [Carayon, 836 ; de Backer, III, col. 1202.]

Goae, 29 Dec. 1618.

Trad. en all., voir le P. Jacques Rho, Indianische Raiss., aux Vies des Missionnaires.

* Rervm memorabilivm in regno Sinae gestarum litterae annuae Societatis Jesv ; ad Rev. admodum in Christo Patrem P. Mvtivm Vitelleschi, Praepositum generalem ejusdem Societatis. Antverpiae, 1625, in-12.

C'est une lettre du P. Nicolas Trigault, datée de Nanquin, le 21 Août 1621, et par lui, traduite en latin. [Carayon, 865.]

— Relatione di alcvne cose cauate dalle lettere scritte ne gli anni 1619. 1620. & 1621. dal Giappone. Ad molto Reu. In Christo P. Mvtio Vitelleschi Preposito Generale della Compagnia di Giesv. In Roma, Per l'Erede di Bartolomeo Zannetti. M.DC.XXIV. In-8, pp. 232.

* Relatione della Cina de gli anni 1619-1621. Milano, 1625, in-8. [T. C., 1334.]

Lettere Annve del Giappone Dell'Anno MDCXXII. E della Cina del 1621. e 1622. Al molto Reu. in Christo P. Mvtio Vitelleschi Preposito Generale della Compagnia di Giesv. In Roma, Per Francesco Corbelletti, MDCXXVII, in-8, pp. 312.

Voir dans ce recueil :

— Lettera della Cina dell'anno 1621, pp. 159-248. A la fin : Dalla Metropoli di Ham ceu, il giorno dell'Assunta 1622. Signée : Nicolò Trigautio.

— Lettera della Cina dell'Anno 1622, pp. 249-310. A la fin : Di Nan cheù 23 di Giugno 1623. Signée : Aluaro Semedo.

Réimp., Milano, 1627, in-12. [Carayon, 875.]

— Histoire de ce qvi s'est passé a la Chine. Tirée des lettres escrites és années 1619. 1620. & 1621. Adressées au R. P. Mvtio Vitelleschi General de la Compagnie de Iesvs. Traduicte en François par le P. Pierre Morin de la mesme Compagnie. A Paris, chez Sebastien Cramoisy.... M.DC.XXV. pet. in-8, pp. 384, s. le priv., etc.

— Relation de l'année 1619, pp. 1/95, par Emanuel Diaz. De Macao, le 7 Décembre 1619.
— Relation de l'année 1620, pp. 96/158, par Venceslas Pantaleon. De Macao, ce 28 Nov. 1620.
— Relation de l'année 1621, pp. 159/384, par Nicolas Trigault. De Hancian, 24 Aout 1622.

Histoire de ce qvi s'est passé av Royavme de la Chine es années 1621 & 1622.

— Relation de la Chine de l'année 1621. Par le P. Nicolas Trigaut, Hamçeu, le jour de l'Assomption de la Vierge, 1622.

— Relation de la Chine de l'année 1622. Par

le P. Aluare Semedo. De Nancheu, ce 23 juin 1623.

Ces deux relations forment la seconde partie de l'ouvrage suivant

Histoire de ce qvi s'est passé es Royavmes dv Iapon, et de la Chine. Tirée des Lettres escrites ès années 1621. & 1622. addressée au R. P. Mvtio Vitelleschi, General de la Compagnie de Iesvs. Traduite de l'Italien en François, par vn Pere de la mesme Compagnie. A Paris, Chez Sebastien Cramoisy. M.DC.XXVII, in-8, pp. 261-226 s. l'ép.

La traduction est du P. Jean-Baptiste de Machault, S. J.

* De novis Christianae Religionis progressibus et certaminibus in Japonia anno 1622. In Regno Sinarum, 1621 et 1622. Litterae ad Reverendum in Christo Patrem Mutium Vitellescum Praepositum Generalem Societatis Jesu. Monasterii Wesphaliae, ex officina Typographica Michaelis Dalii. Anno 1627, in-4.

— Litterae ex regno Sinarum anni 1621.... Ex Metropoli Ham ceu, die Assumptionis Deiparae, anno Salutis 1622. V. P. Filius et servus in Christo Nicolaus Trigautius.
— Litterae ex regno Sinarum anni 1622.... IX Kalend. jun. Anno Salutis 1623. V. R. P. Filius indignus Alvarus Semedus. [Carayon, 879 ; Brockhaus, Cat. 1872, Ngr. 20.]

* Lettera della Cina dell' anno 1624, datée de Macao, le 27 Octobre 1625, du Père Wenceslas Pantaleone, pp. 59-130 de : Lettere annue del Tibet del 1626 e della China del 1624. Scritte al M. R. P. Mutio Vitelleschi Generale della Compagnia di Giesù. In Roma, Appresso Francesco Corbelletti, 1628, in-8. [Carayon, 882.]

— Histoire de ce qvi s'est passé av Royavme de la Chine En l'année 1624. Tirée des letres écrites & adressées au R. P. Mvtio Viteleschi, General de la Compagnie de Iesvs. Traduite de l'Italien en François par vn Pere de la mesme Compagnie. A Paris, chez Sebastien Cramoisy..... M. DC. XXIX. Auec Priuilege du Roy. Pet. in-8, pp. 102 s. la perm. &c.

« De Macao, ce vingt-septiesme Octobre mille six cens vingt-cinq »... Vencislas Pantaleon.

— A General Collection and Historicall representation of the Iesuites entrance into Iapon and China, vntill their admission in the Royall Citie of Nanquin. (Purchas, Pilgrimes, III, Lib. II, c. 5.)

* Lettere dell' Ethiopia dell' anno 1626 sino al Marzo del 1627. E della Cina dell' anno 1625 sino al Febraro del 1626. Con una breve relatione del viaggio al regno di Tunquim, nuovamente scoperto. Mandate al molto Rev. Padre Mutio Vitelleschi, Generale della Compagnia di Giesù. In

Roma, Appresso l'Erede di Bartolomeo Zannetti. 1629, in-8, pp. 133.

Contient :

— Lettre du P. Almeida, pp. 1/16, datée de Gorgora, 17 avril 1627.
— Lettre de la Chine du P. Emmanuel Diaz, pp. 67/120, datée de Kiatim 1er mars 1626.
— La relation du Voyage au Tunquin par le P. Julien Baldinotti, pp. 121/133, datée de Macao, 12 novembre 1626. [Carayon, 904.]

* Histoire de ce qui s'est passé es royaumes d'Ethiopie, de l'année 1626 jusqu'au mois de Mars 1627. Et de la Chine, en l'année 1625 jusques en Feburier de 1626. Avec une briefve narration du voyage qui s'est fait au royaume de Tunquin nouvellement descouvert ; tirées des lettres adressées au R. Pere Genéral, de la Compagnie de Jesus. Traduits de l'italien en françois, par un Pere de la mesme Compagnie. Paris, Chez Sebastien Cramoisy, 1629, in-8, pp. 210.

Le traducteur signe : D. M. de la C. de J. [De Backer, II, 93.]

* Lettere annve del Giappone de gl'ann 1625. 1626. 1627, aggiontova la dichiaratione d'una pietra antica scritta e scolpita con lettere, retrovata nel regno della Cina. Roma, Corbeletti, 1631, in-8. [T.-C., 1465.]

— Lettere annve del Giappone de gl'anni M DC XXV. M DC XXVI. M DC XXVII. Al Molto Reu. in Christo P. Mvtio Vitelleschi Preposito Generale della Compagnia di Giesv. In Roma, Appresso Francesco Corbelletti. M DC XXXII, in-8, pp. 328.

— Histoire de ce qvi s'est passé av Royavme dv Iapon, es annees 1625. 1626. & 1627. Tirée des Lettres adressées au R. P. Mvtio Viteleschi, General de la Compagnie de Iesvs. Traduite d'Italien en François par vn Pere de la mesme Compagnie. [Jean Vireau, d'après Carayon, No. 918.] A Paris, Chez Sebastien Cramoisy... M. DC. XXXIII, in-8, pp. 465 s. l'ép., &c.

De l'Estat de Macao, p. 313.

Explication des mots escrits et gravez svr vne pierre antique, trouvée au Royaume de la Chine, pp. 453/473.

Franc. Furtado, Societatis Jesu, Vice-Provincialis Sinarum et Japoniae, relatio de statu Sinensis Missionis, scripta ad Summum Pontificem anno 1639, in-8. [De Backer, I, col. 1989.]

' Recopilação (Breve) dos principios, continuação e estado da christandande da China. Lisboa, por Paulo Craesbeeck. 1642, in-4.

« Vem citada a folhas 152 da Bibliographia Historico-Lusitana Fontesiana, manuscripto existente na Bibliotheca Nacional de Lisboa. 4. com a numeração B d/40. » (Figaniere, No. 1650.)

(CATH. DIVERS : 1629-1642.)

* Recveil des commencemens, progrez et estat moderne de la Chrestienté de la Chine. Traduit du Portugais du R. P. Alvare Semedo, Procureur de la Chine. Imprimé à Lisbone l'an 1642. le 22 Sept. A Roven, chez Iean le Bovllenger, près le College des PP. Jesuites. M. DC. XLIII, in-4, pp. 22. (De Backer, III, col. 754.)

' Relação da propagação da fé no reyno da China e' outros adjacentes. Madrid, 1641, in-4 (par A. Semedo). — Cet ouvrage arrangé par Faria i Sousa est celui qui a été publié sous le titre de « Imperio de la China. » Voir col. 14.

— Relation de ce qvi s'est passé depuis qvelques années, iusques à l'An 1644. au Iapon, à la Cochinchine, au Malabar, en l'Isle de Ceilan, & en plusieurs autres Isles & Royaumes de l'Orient compris sous le nom des Prouinces du Iapon & du Malabar, de la Compagnie de Iesvs. Diuisée en deux Parties, selon ces deux Prouinces. Première Partie. Relation de la Province dv Iapon. Escrite en Portugais par le P. François Cardim de la Compagnie de Iesvs, Procureur de cette Prouince. Traduitte et reueuë en François. A Paris, chez Mathvrin Henavlt... et Iean Henavlt. M. DC. XLVI. pet. in-8, pp. 182 s. l'ep., etc.

De la cité et du College de Macao, pp. 6/10.

La Mission de l'Isle de Hainam, pp. 113 et seq.

De l'entrée de nos Peres en l'Isle de Hainam, pp. 119 et seq.

La seconde partie de la Relation relative au Malabar est du P. François Barretto : Henault, 1645.

Traduction du P. Jacques de Machault.

— Relação da conversão a nossa Sancta Fè da Rainha, & Principe na China, & de outras pessoas da casa Real, que se baptizarão o anno de 1648, pet. in-4, pp. 16.

On lit au bas de la p. 16 : Em Lisboa com todas as licenças necessarias. Na Officina Craesbecckiana, anno 1650. Taxado em 10. reis em papel. Lisboa 22. de Outubro de 1650.

Figaniere, No. 942, attribue cet ouvrage qui est sans nom d'auteur au « P. Mathias da Maya, jesuita, natural d'Atalaya ». Il en existe des exemp. à la Bib. « do Archivo Nacional » Relaçoès da India, vol. 2. num. 16 ; à la Bib. Nacional de Lisbonne ; à la Bib. nat. de Paris o⁰n.

352

* Svma del estado del Imperio de la China y Christiandad del por las noticias que dan los Padres de la Compañia de Iesvs, que residen en aquel Reyno hasta el año de 1649. Avnque los alborotos y levantamientos de la gran China no dan lugar a tener plena noticia del estado de la Christiandad en aquellas Provincias ; las que por cartas de los Superiores de la Compañia en aquellas dos Vice-Provincias se han tenido en Filipinas desde el año de 1638, hasta el de 1649. Son las siguientes. A la

(CATH. DIVERS : 1643-1651.)

fin : Con Licencia. En Madrid : Por Pablo de Val. Año M. DC. LI, in-fol., 2 ff.

De Backer, I, col. 1242.

— Relation de ce qvi s'est passé dans les Indes orientales en ses trois provinces de Goa, de Malabar, dv Iapon, de la Chine, & autres païs nouuellement descouuerts. Par les Péres de la Compagnie de Iesvs. Presentée à la sacrée Congregation de la Propagation de la Foy, Par le P. Iean Maracci Procureur de la Prouince de Goa, au mois d'Auril 1649. A Paris, chez Sebastien Cramoisy... et Gabriel Cramoisy. M. DC. LI. Av. Priv. dv Roy. pet. in-8, pp. 114 s. l'ep. etc.

Ternaux-Compans cite No. 1856 : Relation de ce qui s'est passé dans les Indes orientales, dans les trois provinces de Goa, Malabar, Japon, de la Chine et autres pays nouvellement descouverts par les Pères de la Compagnie de Jésus. Paris, 1657, in-8.

— Brevis Relatio de Numero, & Qualitate Christianorum apud Sinas. Avctore P. Martino Martinio Tridentino Vice prouinciae Sinensis Procuratore è Societate Iesu. Romae, Ex Officina Ignatii de Lazzeris. M. DC. LIV. Svperiorvm permissv. in-4, pp. XXVI s. l'ep., etc.

— Brevis Relatio de Numero, et qvalitate... Iuxta Exemplar Romanum. Coloniae. Apud Ioannem Bvsevm Bibliopolam M. DC. LV. Superiorum Permissu, in-12, pp. 49.

— Briefve Relation de la notable conversion des personnes royales & de l'estat de la Religion Chrestienne en la Chine. Faicte par le tres R. P. Michel Boym de la Compagnie de Iesvs, enuoyé par la Cour de ce Royaume là en qualité d'Ambassadeur au S. Siege Apostolique, & recitée par luymesme dans l'Eglise de Smyrne, le 29. Septembre de l'an 1652. A Paris, chez Sebastien Cramoisy..... & Gabriel Cramoisy. M. DC. LIV. Auec Privilege de sa Maiesté. in-8, pp. 75 s. les ép.

Pp. 72/3, on donne une liste de sept ouvrages auxquels tra vaillait le P. Boym. Cette liste est reproduite par le P. d Backer, I, col. 845/6.

— Briefve Relation de la Chine, et de la Notable Conversion des Personnes Royales de cet Estat. Faicte par le tres-R. P. Michel Boym de la Compagnie de Iesvs, enuoyé par la Cour de ce Royaume là, en qualité d'Ambassadeur au S. Siege Apostolique, & recitée par luy mesme dans l'Eglise de Smyrne, le 29. Septembre de l'année 1652. (Dans le Recueil de Thévenot, II, 1096, pp. 30.)

* Relacya o Chinach i nawroceniu tamze rozmaitych stanów osob do wiary swiętey. [Relatio de China et conversione ibidem diversorum statuum personarum ad fidem.] (De Backer, Vol. I, Col. 845.)

* Missi evangelici ad Sinas, Japoniam et oras confines, Integri doctrinae labisque puri, nec ex admissa locutionum mente restrictarum honestate, in foveam acti. Leodegarius Quintinus Heduus s. l. d.,

(CATH. DIVERS : 1651-1659.)

innoxios texit, baubantem lyciscam compescuit, veritati misere dilaceratae praesto fuit. Antuerpiae, 1659, in-8, pp. 137.

Léon Pagès.—¦Ternaux-Compans, No. 1893.
— En français : Missions des JJ. aux Indes-Orientales, Paris, 1659, in-8.

* Antonio Sozzini de Zarzana. Expeditiones Jesuitarum Sinenses. Neapoli, 1662, in-4. [T.-C., 1933.] ? ?

[Voir supra, col. 345/6.]

— Lettre dv R. P. Iacqves Le Favre de la Compagnie de Iesvs, au P. Procureur de la Prouince de France, & des Missions d'Orient de la mesme Compagnie, sur son arriué à la Chine, & l'estat present de ce Royaume. Pièce in-4, pp. 16. s. l. n. d.

De Xäm-hây ville maritime de la Prouince de Nän-kim dans la Chine ce 8. Septembre 1657.

— La même. A Paris, Chez Edme Martin, 1662, in-8, pp. 37.

—Historica Narratio, De Initio et Progressu Missionis Societatis Jesu Apud Chinenses, Ac praesertim in Regia Pequinensi, Ex Litteris R. P. Joannis Adami Schall ex eadem Societate, Supremi ac Regij Mathematum Tribunalis ibidem Praesidis. Collecta Viennae Austriae Anno M. DC. LXV. Typis Matthaei Cosmerovij, Sacrae Caesareae Majestatis Aulae Typographici, pet. in-8.

— Historica Relatio de Ortu et Progressu fidei orthodoxae in Regno Chinensi per Missionarios Societatis Jesu ab anno 1581 usque ad annum 1669. Novissimè collecta ex Literis eorundem Patrum Soc. Jesu Praecipuè R. P. Joannis Adami Schall Coloniensis Ex eádem Societate. Editio altera, & aucta, Geographicâ Regni Chinensis; Compendiosa Narratione de Statu Missionis Chinensis; Prodigiis, quae in ultima Persecutione contigerunt; & Indice. Cum Facultate Superiorum. Sumptibus Joan. Conradi Emmrich Civis et Bibliopolae. Ratisbonae Typis Augusti Hanckwig, 1672, in-8. — Portrait du Père Schall et une carte.

Pp. 353 et seq. Compendiosa Narratio de Statu Missionis Chinensis ab anno 1581 usque ad annum 1669. oblata Eminentissimis DD. Cardinalibus S. C. de P. F. A. R. P. Prospero Intorcetta, Soc. Jesu Sacerdote, & Procuratore V. Provinciae Chinensis. Anno 1671-14 Aprilis, Romae, Permissu superiorum. — Pp. 368 et seq. : Catalogus 30. Sacerdotum qui in hâc Persecutione traditi sunt judicibus in Aulâ Pequini.— Pp. 370 et seq.: Catalogus Prodigiorum apud Sinas, regnantibus Tartaris.— Pp. 395 et seq.: Index Rerum.

* Geschichte der chinesischen Mission unter der Leitung des Paters Johann Adam Schall, Priesters aus der Gesellschaft Jesu. Aus dem Lateinischen übersetzt und mit Anmerkungen begleitet von Ig. Sch. von Mannsegg. Wien, Druck und Verlag der Mechitaristen-Congregations-Buchhandlung, 1834, in-8, pp. 401, s. l. t. ; 1845, 2 vol. in-8. (De Backer, III, col. 590.)

(CATH. DIVERS : 1659-1665.)

— Instrvctiones ad munera Apostolica ritè obeunda Perutiles missionibvs Chinae, Tvnchini, Cochinchinae, atq ; Siami accommodatae, a Missionarijs S. Congregationis de Propaganda Fide, Juthiae Regia Siami congregatis Anno Domini 1665, concinnatae, dicatae Svmmo Pontifici Clementi IX. Romae, per Zachariam Dominicum Acsamitek à Kronenfeld Boëmum Pragensem, Lingvarum Orientalium Typographum, Anno 1669. Svperiorvm permissu. In-8, pp. 260 sans l'ép. des évêques d'Héliopolis et de Beryte au Pape,etc.

Mgr. Luquet a donné une analyse de ces instructions, dans ses « Lettres à Mgr. l'Evêque de Langres, Paris, 1842 » in-8, pp. 515/533 : Note B. Du Livre des *Instructiones*. — J'ai examiné l'ex. de l'East-India Library.

— Instrvctiones..... Nova Editio. Romae MDCCCVII. Apvd Franciscvm Borlié. Superiorum permissu. In-12, pp. XXIV-285.

— Instructiones.... accomodatae, a Missionariis Seminarii Parisiensis Missionum ad exteros.... Juxta Exemplar Romae. s. l. n. d., in-12, pp. XXIV-370.

— Monita ad Missionarios Sacrae Congregationis de Propag. Fide. Editio altera. Romae 1840. Ex typ. S. C. de Prop. Fide Superiorum permissu. In-12, pp. XVI-236.

— Monita ad Missionarios Provinciae Nankinensis. Excudebat A. H. de Carvalho, Shanghai 1871, in-8, pp. 60 et CXX sans les tables.

Prohibitions addressed to Chinese converts of the Romish faith. Translated by P. P. Thoms, with notes illustrating the customs of the country. — From the *Indo-Chinese Gleaner. (Chin. Rep.*, XX, 1851, pp. 85/94.)

— Constitutiones apostolicae brevia, decreta, &c. pro missionibus Sinarum, Tunquini, &c. Ad usum R. R. D. D. Episcoporum, Sacerdotumque à Summis Pontificibus, ab Eminentissimis D. D. Cardinalibus S. Congregationis de propaganda Fide respective in Orientem missorum. Juxta Exemplar Romae. Parisiis, Apud Carolum Angot, M. DC. LXXVI. In-12.

— Recueuil de diuerses choses remarquables qui se sont passées a la cour de Pékim, et en quelques autres lieux du Royaume ces deux dernières années 1666 et 67.

Ms. du XVIIᵉ S., in-4, 18 feuillets ; Bib. nat., anc. supp. fr. 5553 == Fr. 14688. — Ce Ms. contient plusieurs autres documents intéressants : Copie d'une lettre du P. Le Faure (Canton, 1ᵉʳ Nov. 1668); une lettre des PP. Gabriel de Magalhaens, Buglio et Verbiest.

— Relation abrégée des missions et des voyages des evesques francois, envoyez aux Royaumes de la Chine, Cochinchine, Tonquin, & Siam. Par Messire Francois

Pallv Evesque d'Heliopolis. A Paris, Chez Denys Bechet, ruë Saint Iacques, au Compas d'Or, & à l'Escu au Soleil. M. DC. LXVIII. Avec Priv. du Roy, & App., in-8, pp. 148, sans l'ép., le priv. & l'ap.

Relation abrégée des Missions et des voyages des evesques francois envoyez aux Royaumes de la Chine, Cochinchine, Tonquin, & Siam. Par Messire Francois Pallv Evesque d'Heliopolis. A Paris, chez Charles Angot, ruë Saint Iacques, au Lion d'Or. M. DC. LXXII, avec Priv. du Roy, & App., pet. in-8, pp. 51, s. l'ép., l. p., etc.

Breve, e Compendiosa Relatione de' Viaggi di tre Vescovi Francesi, che dalla S. Mem. di Papa Alessandro VII. furono mandati Vicarij apostolici à i Regni della Cina, Cocincina, e Tonchino, Con il Racconto di quanto hanno operato per lo stabilimento delle loro Missioni. Tradotta dalla Francese in lingua italiana, e dedicata alla gloriosa Memoria dell' eccellentiss. Prencipe Tomasso Rospigliosi Nipote della Santità di N. S. PP. Clemente IX. In Roma, per Fabio di Falco 1669, pet. in-8, pp. 170, s. l. p.

— Relation des Missions des Evesques françois avx royavmes de Siam, de la Cochinchine, de Camboye, & du Tonkin, &c. Divisé en quatre parties. A Paris, Chez Pierre Le Petit, Edme Couterot, & Charles Angot. M. DC. LXXIV. in-8, pp. 367, s. l'ép., la préf. et la tab.

— Relation des Missions et des Voyages des evesques vicaires apostoliques, et de leurs ecclesiastiques ès Années 1672. 1673. 1674. & 1675. A Paris, Chez Charles Angot, M. DC. LXXX, in-8, pp. 389, s. l'ép., l. préf., etc.

— La même. *Ibid.*, M. DC. LXXXII, in-8, pp. 389, s. l'ép., etc. Suite de la relation imprimée en 1674.

— Relation..... ès Années 1676. & 1677. Ibid., M. DC. LXXX, pp. 242, s. l'ép., l. préf., etc.

— La même. Ibid., M. DC. LXXXII, in-8, pp. 170, s. l'ép., etc.

— Estat sommaire des Missions de la Chine, et l'enuoy de trois Euesques dans les nouuelles Eglises de cet Empire, in-4, s. l. n. d., pp. 15.

— Relation du Voyage de Monseigneur l'Evesque de Beryte, vicaire apostolique du royaume de la Cochinchine, Par la Turquie, la Perse, les Indes, &c. jusqu'au Royaume de Siam, & autres lieux. Par M. de Bourges Prestre, Missionnaire apostolique. Troisième édition. A Paris, chez Charles Angot, ruë S. Jacques, au Lyon d'Or. M. DC. LXXXIII. Avec Priv. du Roy. & App., in-8, pp. 167 s. l'ép., l. t., etc.

A voir sur la Mission des 3 Evêques en Chine : 1ᵉ *Pallu*, chanoine à St.-Martin de Tours : *Evêque d'Héliopolis*; 2ᵉ la *Motte-Lambert*, ci-devant Conseiller de la Cour des Aydes en Normandie, puis Directeur du Grand Hospital à Rouen : *Evêque de Beryte*; 3ᵉ *Ignace Cotolendy*, curé à Aix : *Evêque de Metellopolis.*

* Reyze des Bishops van Beryt, vertaalt door J. H. Glazemaker. Amsterdam, 1669, in-4.

Ternaux-Compans, No. 2120.

* Erzählung der Reise des Bischofs von Beryte nach Algier

(CATH. DIVERS : 1669-1676)   (CATH. DIVERS : 1678-1683.)

12

durch Syrien, Arabien, Persien und unterschiedene Indische Landschaften in das Reich Siam. Leipzig, 1671, in-4.

Ternaux-Compans, No. 2204.

* Bishop van Beryte Reyse door Syrien, Arabien, Persien en verscheidene Indiaensche Landschappen na China. Amsterdam, 1683, in-4,

Ternaux-Compans, No. 2452.

— L'état present de l'Eglise de la Chine, et des autres roiaumes voisins. A Paris, Chez Sebastien Mabre Cramoisy... M. DC. LXX. Avec Priv., in-12, pp. 233 s. l'ép.

Quand nous avons écrit la note de la col. 17, nous n'avions pas encore connaissance de cet ouvrage que l'on trouvera à la Bib. Ste.-Geneviève, No. H. 335.

* Relacion de la Persecution de los Predicadores de Christo en la China. En Sevilla, Juan de Osuna, 1671, in-4.

Por Francisco Garcia.

* Persecucion que movieron los Tartaros en el Imperio de la China contra la ley de Jesu Christo, y sus Predicadores ; y lo sucedido desde del año de 1664. hasta el fin del año de 1668. Por el Padre Francisco Garcia de la Compañia de Jesus, in-4, pp. 48. A la fin : Con licencia en Alcalà por Maria Fernandez, año de 1671.

* Relacion de la terrible persecucion que nuevamente ha pacedido la Ley de Christo, y sus Predicadores en la China, y de los prodigios que Dios ha obrado para confirmar su verdad, y defender la inocencia. Sacada de las Cartas que han escrito los Padres de la Compañia de Jesus, que residen en aquel Reyno, por el Padre Francisco Garcia de la misma Compañia. Dedicada al Ilustrissimo Señor D. Ambrosio Ignacio de Espinola y Guzman, Arçobispo de Sevilla, al Padre Tirso Gonçalez, Missionero de la Compañia de Jesus en las Provincias de España, dando testimonio de su verdad. Año 1672. Con licencia, en Cadiz, en casa de la viuda de Juan Lorenço Machado. A costa de Francisco de los Rios, mercader de Libros en la Plaça, in-4, ff. 4 et 27. L'épit. déd. est signée : B. L. Planta de V. S. I. su menor Capellan Tirso Gonçalez. [De Backer, I, Col. 2040.)

* Relação do estado politico e espiritual do Imperio da China, pelos annos de 1659 até o de 1666; escripta em latim pelo Padre Francisco Rogemont, da Companhia de Jesus, Missionario no mesmo Imperio da China. Lisboa, na Officina de João da Costa. 1672. in-4, sans nom de traducteur. (Figaniere, No. 1471.)

Le Traducteur est le P. Sebastião de Magalhães, jésuite, né à Tanger.

Imprimée en latin à Louvain, 1673, in-8. (Voir col. 258.)

A Carta escripta de Pekin a 2 de Janeiro de 1679, em que relata a perseguiçao do anno 1664, acha-se vertida em portuguez na Relaçao da China do P. Rougemont, de que foi Traductor o outro jesuita Sebastião de Magalhães, como direi no artigo competente. Esta noticia escapou a diligencia de Barbosa. (Silva, Dic. Bib. Port., III, 1859.)

Traduite, dit de Backer, anc. éd. 2ᵉ S. p. 378, par le P. Intorcetta dans la Compendiosa Relatione dello stato della Missione Cinese, etc. Roma, per Francesco Tizzoni, 1672, in-8, pp. 17/114. (Vide infra.)

— Compendiosa Narratio de Statu Missionis Chinensis ab anno 1581 usque ad annum 1669. oblata Eminentissimis DD. Cardinalibus S. C. de P. F. A. R. P. Prospero Intorcetta, Soc. Jesu Sacerdote, & Procuratore V. Provinciae Chinensis. Anno 1671-14 Aprilis, Romae, Permissu superiorum. pp. 368 et seq. de l'Historica Relatio, du P. Schall. Ratisbonae, 1672, in-8. (Vide supra, col. 352.)

(CATH. DIVERS : 1670-1672.)

* Compendiosa Narratione dello stato della Missione Cinese, cominciando dall'Anno 1581 fino al 1669. Offerta in Roma. Alli Eminentissimi Signori Cardinali della Sacra Congregatione de Propaganda Fide. Dal P. Prospero Intorcetta della Compagnia di Giesù, Missionario, e Procuratore della Cina : Con l'aggiunta de' Prodigij da Dio operati ; e delle Lettere venute dalla Corte di Pekino con felicissime nuoue. In Roma, Per Francesco Tizzoni, 1672, in-8, pp. 126.

Ce volume se termine (pp. 115/126) par : Lettera del Padre Christiano Herdtrich Austriaco della Compagnia di Giesù, scritta dalla Cina a 23. di Novembre 1670. Al P. Prospero Intorcetta della medesima Compagnia.

Ternaux-Compans, No. 2175, cite : Roma, 1671, in-8.

— Incrementa Sinicae Ecclesiae a Tartaris oppugnatae. Accuratâ et contestatâ narratione exhibita Patri Nostro in Christo. R. Joanni Paulo Oliva Societatis Jesu Praeposito Generali per P. Joannem Dominicum Gabiani, Ejusd. Soc. e Sinarum Imperio Anno Salutis 1667. Viennae Austriae. Typis Leopoldi Voigt, Universitatis Typographi, 1673, in-4.

Ouvrage composé de trois parties.

Les dernieres novvelles de la Chrestienté de la Chine. Tirées des Lettres receuës par le Procureur des Missions de ce pays-là. A Paris, Chez Denys Bechet, ruë Saint Iacques, au Compas d'or. M. DC. LXVIII. Avec app. & Permission. Pièce in-12, 25 pages.

Le P. de Backer imprime par erreur 1658, ainsi que Ternaux-Compans, No. 1866.

L'Advis au lectevr, de 2 pages, est du P. Philippe Chahv, (et non pas Chaby, comme l'écrit Ternaux-Compans) Procureur en France des Missions de la Chine, de la Compagnie de Jesus.

Premier Extrait d'une Lettre écrite au Pere Fraguyer, par le R. Pere Iacques le Faure, Provincial de la Compagnie de Iesvs dans la Chine, pp. 1/6.— Nanquin, 3 aoust 1664.

Second Ext. d'une lettre écrite au Procureur des Missions de la Chine par le mesme. Pp. 6/11. Nanquin, 3 Aoûst 1664.

Billet du mesme Pere adjousté à la Lettre susdite 3 mois après, pp. 11-13. — Nanquin, 9 Novembre 1664.

Troisieme Ext. d'une lettre plus recente du R. Pere Victor Riccio de l'Ordre de S. Dominique, Vicaire Prouincial dans la Chine. Escrite au R. P. François des Anges, du mesme ordre, Prouincial dans les Philippines ; dont la copie fidellement traduite en latin, a esté enuoyée à Rome, & de Rome à Paris, où elle a esté mise en François, pp. 14/25. A Binondoc, le 15. de May 1666. [Voir infra : Vies des Missionnaires ; Riccio.]

Le P. Chahu a réimprimé cette collection, pp. 113/139 de l'ouvrage suivant :

— Lettres des Pays estrangers, où il y a plusieurs choses curieuses & d'édification. Enuoyées au Procureur des Missions de ces pays-là. A Paris, chez Denys Bechet, ruë S. Iacques, au Compas d'Or. M. DC. LXVIII. Auec Permission de Monseigneur le Chancelier. pet. in-8, pp. 158, s. l'av. au lecteur (6 p.] et la table (2 p.].

Je note la lettre suivante dans cette collection, pp. 60/64 :

(CATH. DIVERS : 1672-1673.)

— Lettre du Pere Jacques le Faure de la Compagnie de Iesus, escrite de Goa, le premier Novembre 1654, à une sienne
parente à Paris. Elle n'est pas citée par le P. de Backer.

On voit que cette collection est en quelque sorte le précurseur
des recueils de *Lettres édifiantes et curieuses*.

— Nomina Sacerdotum triginta, qui Sinicae
persecutionis tempore stiterunt sese judicibus in Curiâ Pekinensi.

E. Societate Jesu quinque et viginti.

Ex D. Dominici Familia quatuor.

Ex D. Francisci Familia unus.

Rougemont, Hist. Tart.-Sinica, à la suite des approbations.)
[Col. 258.]

— Relation de l'estat où se trouvent les missions de la Compagnie de Jésus à la Chine,
au Tunkin, au Japon et à la Cochinchine
en 1677.

Ms. du P. Tissanier qui se trouvait à la biblioth. pub. de
Lyon. Voir le recueil décrit par Delandine. (Léon Pagès.)

— Epistola D. Ferdinandi Verbiest vice
Provincialis Missionis Sinensis, anno
1678, dié 15ª Augusti ex Curia Pekinensi
in Europam ad Socios missa. Reverendi
in Chro. patres fratresque carissimi Pax
Christi.

Cet ouvrage composé de 10 feuillets formant 20 pages in-folio
a été imprimé à Pékin à la manière chinoise. Il n'est pas
mentionné par le P. Carayon. L'exemplaire que nous avons
examiné se trouve dans la bibliothèque de Siu ca wei. Ternaux-Compans l'indique No. 2351.

Le P. Carton *(Notice biog. sur le P. Verbiest)* écrit, p. 75 :
« Cette lettre, imprimée en latin à Pékin, sur papier de
Chine, existe à la bibliothèque royale de Bruxelles, section
des mss. Elle fut réimprimée en Europe, in-4, sans nom
d'imprimeur ni lieu, et ensuite traduite en français et imprimée à Paris, 1682, in-12. »

— Lettre ecrite de la Chine où l'on voit l'é-
tat présent du Christianisme dans cet
Empire, & les biens qu'on y peut faire
pour le salut des ames. A Paris, Chez Gabriel Martin..... M. DC. LXXXII. Avec permission, pet. in-12, pp. 147 s. l'av.

Avertissement. — Lettre du R. P. Ferdinand Verbiest, de la
Compagnie de Jésus, Vice-Provincial de la mission de la
Chine, Ecrite de la Cour de Pekin à tous les Jesuites d'Europe, le 15 d'Aoust 1678, pp. 1/63. — Trois Lettres de l'Evesque de Munster, pp. 64/88. — Fondation d'une Mission
dans les Indes Orientales pour la Chine & pour le Japon, pp. 89/107. — Bref de nostre S. Pere le Pape au
P. Verbiest, pp. 108/113. — Traduction latine de ces documents, pp. 114/147.

Le Bref du Pape au P. Verbiest est imp. dans les *Missions
Cath.* : VII, 1875, p. 592. — Voir du Halde, III, p. 95.

— Extrait d'une lettre écrite de la Chine à
Rome par le Pere Verbiest datée du
15 Août 1678. *(Mercure de France*, Sept.
1681, pp. 194; *Choix des Meilleurs Morceaux
des Anciens Mercures*, VII, pp. 80/7.)

Ternaux-Compans cite également, No. 2419 : Le même, Paris,
1682, in-4.

* Historia nobilis Feminae Candidae Hiu,
Christianae Sinensis, quae anno aetatis
70, viduitatis 40 decessit anno 1680. [De
Backer, I, Col. 1426.]

— Histoire d'une dame chrétienne de la
Chine. ou par occasion les usages de ces

Peuples, l'établissement de la Religion,
les manières des Missionnaires, & les
Exercices de Piété des nouveaux Chrétiens sont expliquez. A Paris, Chez Estienne Michallet..... M. DC. LXXXVIII. Avec
App. & Permission, in-12, pp. 152, 2 grav.

C'est la vie de Candide Hiu, petite fille de Paul Siu [voir
col. 287], dont le portrait gravé sert de frontispice à cet ouvrage. On lit au-dessous du portrait : « Madame Candide
Hiu petite fille du Grand Chancellier de la Chine, Illustre
pour sa piété. Elle mourut le 2d octobre 1680. agée de
73 ans dans la Province de Nankin » [à Song Kiang].

L'ouvrage « présenté à Madame la Marquise de *** » est signé P. C. [ouplet]. Procureur Général des Missions de la
Chine, de la Compagnie de Jésus.

[Traduction du P. Pierre Joseph d'Orléans, S. J.]

* Historia de vna gran Señora Christiana de
la China, llamada Doña Candida Hiù.
Donde, con la occasion qve se ofrece, se
explican los vsos destos Pueblos, el es-
tablecimiento de la Religion, los proce-
deres de los Missioneros, y los exercicios
de piedad de los nuevos Christianos, y
otras curiosidades, dignas de saberse.
Escrita por el R. P. Felipe Cuplet de la
Compañia de Jesus, Missionero de la
China. Con licencia. En Madrid : En la
Imprenta de Antonio Roman. Año 1691,
pet. in-8, pp. 246, sll., 2 grav.

A la page 216/246, on trouve : Carta àcerca
de la muerte del Padre Fernando Verbiest, Flamenco, de la Compañia de
Iesvs, que sucediò a 28 de Enero del año
de 1688, en Pekin, Corte de la China. Escrita por el P. Antonio Thomas, Flamenco, de la misma Compañia, que en
lugar del P. Fernando, es aora Prefecto
de la Mathematica. [De Backer, I, Col.
1700.]

[Trad. du P. Joseph Echaburu y Alcaraz.]

* Historie van eene groote Christene me-
vrouwe van China met naeme mevrouw
Candida Hiu. In dewelcke (met de gele-
gentheyt die haer nu voorwent) de
gewoonte van dat volck, het vastellen der
Religie, de maniere van handelen der
Verkongdighers des Gheloofs, ende de
oeffeninghen van godvruchtigheyt der
nieuwe Christenen, als oock eenighe andere saecken weerdigh om te weten, uyt-
geleydt worden. Beschreven door den
eerweerdighen Pater Philippus Couplet
van de Societeyt Jesu, Verkondigher des
Gheloofs in het selven Ryck ende in onse
nederlandtsche taele door H. J. D. N. W. P.
overgheset. Tot Antwerpen in de drucke-
rye van Knobbaert, by Franciscus Muller, 1694. Met verlof der oversten, pet.
in-8, pp. 213, s. les lim. et l. t. [De Backer, I, col. 1426.]

* Ragguaglio delle cose più notabili della

Cina di Filippo Couplet. (1687, in-4, s. l. n. imp.)

Haym, *Biblioteca italiana,* Milano, 1803, I, 180, 4.

* Epistola Patris Antonii Thomae Societatis Jesu Missionarii in Imperio Sinarum ad R. P. Thyrsum Gonzalez Praepositum Generalem data Pekini 20 decembris 1696, in-4.

* Epistola Patris Antonii Thomae e Societate Jesu Missionarii Sinensis, ad Patrem Generalem data Pekini 15 Augusti 1697 quae viâ Batavica pervenit Romam 4 Augusti, 1700, in-4, pp. 8. [De Backer.]

* Libertas Evangelium Christi annunciandi et propagandi in Imperio Sinarum, solenniter declarata anno Domino 1692, die 22 Mensis martii ; et Europaeorum notitia descripta, autore P. Josepho Suario Lusitano Societatis Jesu Missionario Sinensi, Collegii Aulici Pekinensis Rectore, in-8, sans autre indication. ●

Traduit en Espagnol par D. Jean de Espinola, sous ce titre :

* La libertad de la Ley de Dios en el Imperio de la China, compuesta por el Reverendissimo P. Joseph Suarez de la Compañia de Jesus, Rector del Colegio de Pekin, Corte de aquel vastissimo Imperio. Y traducida de la lengua Portuguesa à la Castellana, por Don Juan de Espinola, etc. Dedicada al Reverendissimo P. M. Tyrso Gonçalez de Santalla, Preposito General de la misma Compañia de Jesus. Con licencia : En Valencia, por el Heredero de Benito, Macé, junto al Real Colegio del Señor Patriarca. Año 1696, in-8. [De Backer.]

Juan de Espinola, *pseud.* du P. J. Echaburu y Alcaraz.

— De Libertate Religionem Christianam apud Sinas propagandi nunc tandem concessa 1692 Relatio, composita a R. P. Josepho Suario Lusitano collegii Pekinensis Rectore. Dans l'ouvrage intitulé : Novissima Sinica... edente G. G. L. 1697.

Vide infra.

— Novissima Sinica Historiam nostri temporis illustratura In quibus De Christianismo publica nunc primum autoritate propagato missa in Europam relatio exhibetur, deque favore scientiarum Europaearum ac moribus gentis & ipsius praesertim Monarchae, tum & de bello Sinensium cum Moscis ac pace constituta, multa hactenus ignota explicantur. *Edente* G. G. L.[eibnitio]. Indicem dabit pagina versa. Anno MDCXCVII, pet. in-8.

Index eorum quae hoc libello continentur.

1. De Libertate Religionem Christianam apud Sinas propagandi nunc tandem concessa 1692 Relatio, composita a R. P. Josepho Suario Lusitano collegii Pekinensis Rectore.

2. Excerpta ex libro Astronomico R. P. Verbiestii apud Sinas impresso de Studiis Monarchae nunc regnantis.

3. Epistola R. P. Grimaldi ad Leibnitium Goa 6. Decemb. 1693.

4. Epistola R. P. Antonii Thomae Belgae, Pekino 12. Novemb. 1695.

5. Brevis descriptio itineris Sinensis a Legatione Moscovitica annis 1693. 94. 95. confecti, emendatiûs edita.

6. Appendix excerptorum ex literis R. P. Gerbillonii in Moschicae ditionis urbe Nipchou ad confinia Sinensium sita, datis 2. & 3. Septemb. 1689, ubi de bello & pace tandem conclusa inter Sinenses & Moscos.

— Novissima Sinica historiam nostri temporis illustratura in quibus de Christianismo Publica nunc primum autoritate propaganda missa in Europam relatio exhibetur, deqve favore scientiarum Europaearum ac moribus gentis & ipsius praesertim Monarchae, tum & de bello Sinensium cum Moscis ac pace constituta, multa hactenus ignota explicantur. Edente G. G. L. Indicem dabit pagina versa. Secunda Editio. Accessione partis posterioris aucta. Anno MDCXCIX, pet. in-8.

On lit à la page qui suit le titre : Index eorum quae hoc libello continentur. In parte priore jam edita anno praecedente. (Suivent les titres des six articles imprimés dans l'édition précédente.) In parte posteriore quae nunc prodit. 7 Icon Regia Monarchae Sinarum nunc regnantis delineata a R. P. Joach. Bouveto Jesuita Gallo, ex Gallico versa.

L'ouvrage du P. Bouvet a un titre spécial : Icen Regia Monarchae Sinarum nunc regnantis ex Gallico versa. Anno MDCXCIX ; et une pagination différente de celle de la première partie des « Novissima Sinica ». [Voir sur cet ouvrage col. 261.]

L'exemplaire que j'ai consulté est celui qui se trouve dans la bibliothèque de Mr. A. Wylie. Il appartenait à Bayer, et contient beaucoup de notes manuscrites de ce savant. Il est relié avec la « Relatio » du P. Schall et les lettres écrites des Indes (latin). A la fin du volume, il y a une traduction manuscrite de Bayer d'un « Itinerarium Moscovitico-Tattaricum... »

* Lettre sur les progrès de la religion de la Chine, à M. l'abbé de ***. Paris, Lambin, 1697, in-8. [T.-C., 2703.]

* Annua do Collegio de Pekim desde o fim do anno de 1694 até o fim de mayo de 1697 e de algumas outras Residencias, e Christandades da Missao da China, escrita em Pekim, 30 de julho de 1697, in-folio. [Carayon.]

* Jose Suarez. Cartas annuas de la China desde el año 1694 hasta el de 1697. Valencia, 1698, in-8. [T.-C., 2717.]

Histoire de l'édit de l'empereur de la Chine, en faveur de la Religion Chrestienne : avec un eclaircissement sur les honneurs que les Chinois rendent à Confucius & aux Morts. Par le P. Charles le Gobien de la Compagnie de Jesus. A Paris, Chez Jean Anisson Directeur de l'Imprimerie Royale, ruë de la Harpe, à la Fleur de Lis de Florence. M. DC. XCVIII. Avec privilége dv Roy. in-12, pp. 322 s. l. t., l'ép., la préf., &c.

Cet ouvrage est, comme l'indique le titre imprimé sur le pre-

mier feuillet, la « Suite des Nouveaux Memoires de la Chine »
[du P. Le Comte]. — (Voir col. : 241)

L'èdit a été promulgué le 20 Mars 1692. Voir également :

De Libertate Religionem..... Relatio, composita a R. P. Josepho Suario. (Voir col. 359; et *Novissima Sinica*, No. 1,
col. 359.)

— Nouveaux Memoires sur l'etat present de la
Chine. Tome Troisieme. Contenant l'Histoire de l'Edit de l'Empereur de la Chine,
en faveur de la Religion Chrestienne.
Avec un Eclaircissement sur les honneurs
que les Chinois rendent à Confucius &
aux Morts. Seconde edition. A Paris,
Chez Jean Anisson Directeur de l'Imprimerie Royale, ruë de la Harpe. M.DCC.
Avec privilege du Roy. In-12, pp. 322,
s. l. t., l'ép., la préf., &c.

Cet ouvrage a eu une 3ᵉ éd. *(Let. éd.*, éd. Merigot, XVI,
p. 390.)

— Istoria dell'Editto dell'Imperatore della
Cina, in favore della Religione Cristiana.
Coll' aggiunta d'alcune notizie intorno gli
honori, che i Cinesi rendono à Confusio,
& à Defonti. Scritta in Lingua Francese
dal P. Carlo le Gobien della Compagnia
di Giesu. E Trasportata nell' Italiana dal
P. Carlo Giacinto Ferrero della medesima
Compagnia. In Torino, M.DC.IC. Nella
Stampa di Gio : Battista Zappata. Con
Licenza de'Superiori, pet. in-8, pp. 254
s. l. table.

Pp. 171/254 : Dichiarazione fatta al serenissimo dvca del
Maine intorno a gli onori, che i Cinesi fanno a Confusio,
e a i Morti.

— Historie van't Keyzer-ryk China, Benevens een Verklaaringe over de eer-bewijsingen van de Chineesen, aan Confucius
en de Dooden. Door Charles le Gobien,
Jesuit. (Dans *Hist. Besch. van het maqtige
Keyserryk China...* Utrecht, 1710.) — (Voir
col. : 27.)

* Antonio Caetano de Sousa. *Catalogos dos
Arcebispos de Goa, Primazes do Oriente;
dos Bispos de Cochim, Meliapor, China,
Japão, Macau, Nankim, e Malaca; Patriarchas de Ethiopia; Arcebispos de Cranganor
e Serra.*

« Sahiram impressos no tom. 2. da *Collec. dos Docum. e
Mem. da Academ. Real da Hist. Port.* Lisboa Occidental,
na Officina de Paschoal da Silva. 1722, in-fol. » (Figaniere,
No. 895.)

De l'établissement et du Progrès de la
Religion chrétienne dans l'empire de la
Chine. *(Du Halde*, III, pp. 65-127.)

On trouvera à la p. 95 le bref d'Innocent XI au père
F. Verbiest.

* Relação summaria da prisão, tormentos,
e gloriose martyrio dos veneraveis Padres Antonio José, portuguez, e Tristão
de Attimis, italiano, ambos da Companhia
de Jesus, da Vice Provincia da China.

(Cath. divers : 1700-1751.)

Lisboa, na Officina de Francisco da Silva.
1751, in-4, pp. 38. (Figaniere, No. 1482.)

* Lettre écrite de Macao en Chine par un
Missionnaire à un de ses amis. Paris,
1756, in-12.

Cat. de Dondey-Dupré, s. l. n. d., Fr. 6.

* Noticia certa de um successo a contecido
no Imperio da China, a onde se referem
os tormentos, trabalhos e martyrios que
alli padecem os Catholicos, e os que pas-
sou o muito Reverendo Padre Fr. João
de Santa Maria, religioso da Ordem de
S. Domingos, e onde tamben morreram
martyres o Illustrissimo Bispo de Mari-
castro, da mesma Sagrada Religião, e outros religiosos. Lisboa. 1757, in-4, pp. 7.
(Figaniere, No. 1481.)

— Honneurs rendus par l'Empereur de
Chine aux Européens. — Extrait d'une
Lettre de Pékin, du 20 août 1777. *(Mém.
conc. les Chinois*, VIII, pp. 283/8.)

* Jesuiten in China, oder d. Aufkommen
der Religion in dies. Nürnberg, Schmid-
mer, 1782. in-8.

De Backer, 1, col. 1242.

Traduction d'un écrit publié à la fin de l'année 1784 contenant des ordres de l'Empereur au sujet des quatre missionnaires
italiens arrettés dans la province de Hou-
Kouang le 27 Août 1784 faisant route vers
le Chensi.

Trad. d'un autre écrit chinois publié vers le
même temps que le précédent contenant
la réponse de l'Empereur à une lettre du
fou yen de Canton.

Trad. d'un Edit chinois affiché à Macao le
15 Mai 1785 où sont rapportées les sentences du tribunal des Crimes contre les
Missionnaires et contre les Chrétiens.

Ces trois pièces manuscrites se trouvent dans le Vol. IV de la
collection de documents tirés des Archives des Affaires
étrangères décrite dans la 3ᵉ Partie de cet ouvrage.
Le dernier édit est suivi d'un Catalogue des Missionnaires qui
y sont nommés. J'en ai reproduit une partie, *l. c.*

Décret de Kien long du 9 Nov. 1785. *(Nouv.
let. édif.*, II, Paris, 1818, p. 185. — *Miss.
Cath.*, IX, 1877, pp. 550/1.)

— Traduction de la loi de Kia king contre
la religion chrétienne, 1811. *(Nouv. let.
édif.*, IV, pp. 534/6, *Miss. Cath.*, IV, 1872,
pp. 463/4.)

— Décret de Kia king (1815) contre les
Chrétiens du Se tchouan. Trad. du P. Mar-
chini, procureur de la Propagande à
Macao. *(Miss. Cath.*, V, p. 228.)

— Synodus Vicariatus Sutchuensis habita
in districtu Civitatis Tcong King Tcheou

(Cath. divers : 1751-1822.)

Anno 1803. Diebus secunda, quinta et nona Septembris. Romae, MDCCCXXII. Typis Sac. Congreg. de Prop. Fide. In-12, pp. 168.

— Appendix ad Synodum Vicariatus Sutchuensis Habitam an. 1803. Romae, MDCCCXXIII. Typis Sacrae Congregationis de Propaganda Fide. In-8, pp. 40.

— Synodus Vicariatus Sutchuensis..... Romae, 1837, Typis Sac. Cong. de Prop. Fide, in-8, pp. 166 avec l'app.

— Storia della Fondazione della Congregazione e del Collegio de'Cinesi sotto il titolo della *Sagra Famiglia di G. C.* scritta dallo stesso fondatore Matteo Ripa e de' viaggi dalui fatti. *Napoli,* 1832, 3 vol. in-8.

Abrégé et trad. dans l'ouvrage suivant :

— Memoirs of Father Ripa, during Thirteen Years'Residence at the Court of Peking in the service of the emperor of China; with an account of the Foundation of the College for the Education of Young Chinese at Naples. Selected and Translated from the Italian by Fortunato Prandi. London, John Murray, 1846, pet. in-8, pp. VIII-160.

On donne à la suite de cet ouvrage un extrait du livre « Neapel und die Neapolitaner » du Dr. Karl August Mayer, relatif au collége chinois de Naples.

Pub. à 2/. — Réimprimé à New York : Wiley & Putnam, 1846.—Notice dans le *Chin. Rep.*, XVII, 1848, pp. 377/400, par E. C. Bridgman. — Voir le même recueil, I, p. 458.

— La Chine catholique, ou Tableau des Progrès du Christianisme dans cet empire, suivi d'une notice sur les quatre Chinois présentés à S. M. Charles X, avec leurs portraits et un fac-simile de leur écriture. Paris, chez l'auteur, rue de Sèvres, No. 92, et chez les marchands de nouveautés, 1829. in-8, pp. 51.

' P. Jeronimo José da Matta, hoje bispo de Macau. Memoria sobre as Missões Portuguezas na China, offerecida aos Senhores Deputados da Nação. Lisboa, na Typographia de José Baptista Morando. 1839. in-4. pp. 15. (Figanière, No. 1453.)

— Lettres à Mgr l'évêque de Langres, sur la Congrégation des Missions étrangères, par J.-F.-O. Luquet, prêtre. Paris, Gaume frères, 1842, in-8, pp. XXXIV-584.

Cet ouvrage contient neuf lettres. La deuxième et la troisième sont consacrées aux Missions de Chine. Les Missions de Corée, de Mand-tchourie et du Leao-tong ont leur histoire décrite dans le livre huitième. A la fin de l'ouvrage (Note E), pp. 538 et seq., on trouve une « Liste des Missionnaires envoyés en Asie par la Congrégation depuis le temps des premiers vicaires apostoliques. » Une « Table des ouvrages cités » est imprimée pp. 557/565.

L'évêque de Langres auquel cet ouvrage est dédié est Mgr. Parisis, plus tard évêque d'Arras.

— Geschichte der Katholischen Missionen im Kaiserreiche China von ihrem

(CATH. DIVERS : 1823-1845.)

Ursprunge an bis auf unsre Zeit. Wien 1845. Mechitaristen-Congregations-Buchhandlung. 2 vol. pet. in-8, pp. 379 et 339. s. les tab.

— Toleration of Christianity, intimated by the Emperor Táukwáng, December 28th, 1844, in a reply given to a memorial from the imperial commissioner Kiying. By E. C. Bridgman. *(Chin. Rep.,* XIV, 1845, pp. 195/199.)

— Toleration of Roman Catholicism, by a special letter from their Excellencies, Kiying governor-general of Kwángtung and Kwángsi, and Wang Ngantung governor of Kwángtung. By W. H. Medhurst. *(Ibid.,* pp. 539/542.)

— Toleration of Roman Catholicism in a communication [Canton, 22 Déc. 1845] from Kiying to P. S. Forbes [U. S. Consul at Canton]. *(Ibid.,* pp. 587/9.)

— An imperial decree [from Kiying] providing for the further toleration of Christianity, by granting the restoration of real estate to Chinese Christians throughout the empire. By E. C. Bridgman. *(Ibid.,* XV, 1846, pp. 154/156.)

L'Edit de Kiying, Vice-Roi des deux Kouang au sujet des Catholiques (18 Mars 1846), est aussi imprimé dans *The China Mail,* No. 59, Ap. 2, 1846.

— Roman Catholic Missions in China, with particulars respecting the number of missionaries and converts, and the ecclesiastical divisions of the Empire. From a Correspondent [A. P. Happer]. *(Chin. Rep.,* XV, 1846, pp. 398/400.)

— Ludovic [de Besi] the lord bishop of this diocese, takes occasion to issue this all important proclamation for the information of all the friends of the religion (of the Lord of Heaven). *(Ibid.,* XVI, 1846, pp. 246/7.)

Trad. anglaise par le R. W. C. Milne d'une proclamation de Mgr. de Besi dont le texte chinois est donné *l. c.,* pp. 506/508.

— Proclamation [texte chinois et trad. anglaise] from the magistrate of Shánghai, securing to the missionaries of the Roman Catholic Church a residence at Sükiá Hwui [20 juillet 1848]. By E. C. Bridgman. *(Ibid.,* XVII, 1848, pp. 477/479.)

— Translation of Paul Sü's Apology for the Jesuits, addressed to the emperor Wanlih in 1617. By E. C. Bridgman. *(Ibid.,* XIX, pp. 118/135.)

Le texte chinois est donné d'après l'inscription gravée sur une plaque de marbre érigée dans l'église des Jésuites en dehors de la porte Sud de Changhai. — Voir Siu Kouang-ki, col. 287.

Missions of the Romish Church in China,

(CATH. DIVERS : 1845-1848.)

and their accounts of their mode of conducting them. By E. C. Bridgman. *(Ibid.,* XVIII, pp. 574 et seq.)

Coup-d'œil sur l'état des missions en Chine, présenté au saint-père le pape, Pie IX. Poissy, imp. d'Olivier, 1848, in-8.

La dédicace est signée : J. Gabet, missionnaire apostolique. *(Bibliog. univ.,* F. Denis.)

— Edict [8 Aug. 1850] against Christianiyt by the Prefect of Kiáying chau *(Chin. Rep.,* XIX, 1850, pp. 566/568; d'après la *China Mail.,* No. 296.)

— Missions de Chine. Mémoire sur l'état actuel de la Mission du Kiang-nan 1842-1855 par le R. P. Broullion de la Compagnie de Jésus suivi de lettres relatives à l'insurrection 1851-1855. Paris, Julien, Lanier et Cie, 1855, in-8, pp. 487.

Introduction. — Mémoire (10 chap).— Appendice : I. Sur les occupations ordinaires des missionnaires ; II. Singularités des mœurs chinoises ; III. Sur les examens et les grades académiques (P. Gotteland) ; IV. Lettres relatives à l'insurrection.

Edité par le P. Ch. Daniel.

— Charles Lavollée. — Les Jésuites en Chine autrefois et aujourd'hui (le père Alexandre de Rhodes et le père Broullion). *(Revue des Deux-Mondes,* 1er février 1856.)

— Statistic of the Catholic Mission in the Province of Kiangnan, made in July 1858. *(N. C. Herald,* 438, Dec. 18, 1858.)

— Doctrine de la Sainte Religion à l'usage des Missionnaires en Chine et de leurs néophytes. — Ouvrage traduit du chinois par Dabry....... Paris, Henri Plon, 1859, in-8.

— Proclamations du Mandarin Ye 葉 et du Vice-Roi Ho Gouverneur-général des deux-Kiang, Ordonnant la liberté du culte catholique en Chine et la libre circulation des missionnaires chrétiens dans tout l'empire; traduites sur les originaux chinois par M. G. Pauthier. Paris, 1860, br. in-8, pp. 17.

Extrait du numéro de février de la *Revue de l'Orient.* — Cette proclamation avait d'abord paru dans l'*Opinion nationale;* elle a été reproduite par d'autres journaux.

— Bibliographie historique de la Compagnie de Jésus, par le P. Auguste Carayon. Paris, 1864.

— Etablissement d'une Mission belge en Chine placée sous l'autorité de la Sacrée Congrégation de la Propagande de Rome, de l'Archevêque de Malines, et sous les auspices de Leurs Grandeurs les Evêques de Belgique. Décret et Lettres. Bruxelles, H. Goemare, 1864, in-8, pp. 14.

— Les Missionnaires belges en Mongolie.

Deuxième ettre de M. Vranckx. Bruxelles, Victor Devaux, 1866, in-8, pp. 19.

Lettre datée de Sy-Wan-Tse, 15 mars 1866.

— Missions dominicaines dans l'Extrême Orient par le R. P. Fr. André-Marie de l'Ordre des Frères-Prêcheurs, de la province de l'Immaculée-Conception. Lyon [et] Paris, 1865, 2 vol. in-12.

P. Meynard, *Revue Catholique* de Louvain, 1865.

* Missions de l'Extrême Orient, ou Coup d'œil sur les persécutions de la Chine, de la Cochinchine, du Tong-king et de la Corée ; par M. l'abbé Camille Lenfant. Paris, imp. Cosson & Cie; bureaux du Commissionnaire du clergé, 1865, in-12, pp. 129.

Bibliog. de la France, 1865, No. 6205.

Statistics of Romish Missions, and their lessons. [sig. « Protestant »]. *(Chin. Recorder,* I, 1868, pp. 70/72.)

Cet article a été l'objet des réponses suivantes dans le même recueil : Pp. 90/1, par A. E. M(oule), Ningpo, Sept. 1868. — Pp. 141/2, par « Layman ». — P. 166, par « Protestant ». — Pp. 184/7, par « A. Missionary », Amoy, Jan. 1869. — Pp. 216, par « A Roman Catholic ». — Pp. 220/5, par « Presbyter », Hangchow, Jan. 1869.

The Rival Missions *(Shanghai Recorder);* — « The Rival Missions »; or Protestant and Roman Catholic Missions compared. *(Chin. Rec.,* II, pp. 253/257.)

Ces deux articles sont réimprimés de la *China Mail.*

Modern Christian Missions in China (Roman Catholic) [From the « *North China Herald.* » Feb. 15, 1870]. By Rev. M. J. Knowlton. *(Chin. Rec.,* II, April 1870, pp. 312/3, 340/4.)

Du même auteur : « Ancient Christian Missions in China ». *(N. C. Herald,* Feb. 1, 1870.)

Journal de la Mission du Kouy-Tchéou.

Ce journal compilé par ordre de Mgr Faurie, vic. ap. du Koueitcheou, est destiné aux Archives du Séminaire des Affaires Et. ; les *Miss. Cath.* en ont publié des fragments des années 1867 et suiv., II, 1809, pp. 109 et seq., 134 et seq., 159 et seq., etc.).

— Bibliothèque des écrivains de la Compagnie de Jesus.... par Augustin de Backer de la Compagnie de Jesus avec la collaboration d'Alois de Backer et de Charles Sommervogel de la même Compagnie. Nouvelle édition, refondue et considérablement augmentée. I, Liége et Lyon, 1869; II, *Ibid.,* 1872; III, Louvain et Lyon, 1876. 3 vol. in-fol.

Tiré à 200 exemplaires qui n'ont pas été mis dans le commerce.

— Collection Saint-Michel. La Compagnie de Jésus en Chine. Le Kiang-nan en 1869. Relation historique et descriptive par les Missionnaires. Avec deux Cartes. Paris,

E. de Soye, s. d., in-12, pp. 317 sans l'errata et la table.

Il y a, à la fin du vol., deux appendices : A. Pères et Frères de la Compagnie de Jésus qui sont entrés dans la mission du Kiang-nan depuis le rétablissement. B. Religieux de la Compagnie de Jésus qui sont enterrés 1° au cimetière du Sen-mou-tang (près de Chang-haï); — 2° dans le Kiang-nan, mais ailleurs qu'au Sen-mou-tang; 3° dont on a retrouvé les inscriptions tumulaires en dehors du Kiang-nan. Cet ouvrage est du P. Pfister, S. J. — Notice : *Miss. Cath.*, III, pp. 255/6.

— « L'Orphelinat de Tou-cè-wei. » Ext. du « Kiangnan en 1869 » avec des gravures du P. Vasseur. *(Missions Cath.*, V, 1873, pp. 170/1.) — Les app. sont réimp. dans ce recueil, III, pp. 316/317.

Tableau général des Missions Catholiques en Chine en 1869. *(Miss. Cath.*, II, No. 74, 19 Nov. 1869 — et No. 75, 26 Nov. 1869.)

— « Catholic Missions in China, Japan, etc. » Letter to the Editor of the *Courier* signed J. S. Sudiram contains Statistics of Catholic Missions in China compiled from « *Les Missions Catholiques*. No. 72, 74, 75, pour 1869.... . 159 pour 1872 ». *(Shanghai Budget*, Dec. 12, 1872.)

— Death Blow to corrupt Doctrines. A plain Statement of facts published by the Gentry and People. Translated from the Chinese. Shanghai : 1870. In-8, pp. ix-64.

Notices : *The Cycle*, 5 Nov. 1870. — *Shanghaï Evening Courier*, 1 Nov. & 31 Déc. 1870; on lit dans ce dernier article : « The Book a translation of which has been recently published under the title » Death blow to corrupt Doctrines « was written about 1862 by Tang Tse-Shing then Treasurer (Fantai) of the Province of Hupeh. He was a native of Hunan ». — Dans une lettre signée T. B. datée « Wu chang, Jan. 23rd 1873 », publiée dans ce même Journal le 27 Janvier 1873, on attribue l'ouvrage à Peng Yu-lin, Vice-président du tribunal de la guerre, originaire du Hunan. — Cet odieux pamphlet, dirigé contre les missionnaires en général et les catholiques en particulier, causa la plus pénible sensation parmi les étrangers demeurant en Chine, lors de sa publication.

— Le Séminaire des Missions Etrangères de Milan. (Notice dans les *Miss. Cath.*, IV, Déc. 1871, pp. 107/108.)

L'acte de fondation de cette cong. a été signé le 1er Déc. 1850. — Elle a ces missionnaires 1° : en *Mélanésie et Micronésie*; 2° à *Bornéo*; 3° à *Agra* (Hindoustan) et 4° à *Carthagène* (Nouvelle Grenade); elle dessert aujourd'hui cinq vicariats : 1° *Bengale central* (Hindoustan); 2° *Hydérabad* (Hindoustan); 3° *Hong-kong* (Chine): 4° *Birmanie orientale* (Indo-Chine); 5° *Ho-nan* (Chine).

« La mission de Hong-kong, créée en 1843, est sous la dépendance de la Propagande. Le préfet apostolique de la mission est en même temps le procureur général de la Propagande pour les affaires religieuses de la Chine. Les Franciscains italiens se trouvèrent seuls à Hong-kong jusqu'à l'arrivée des missionnaires de Milan rappelés de Woodlark, de Rook et de Bornéo. La mission est maintenant tout entière confiée à ces derniers. Elle a pour préfet apostolique M. Timoléon Raimondi, ancien missionnaire de Woodlark. »

« Le vicariat apostolique du Ho-nan, confié depuis sa création en 1844 à la Congrégation de Saint-Lazare, a été remis en 1869 à la Société des Missions étrangères de Milan. Il est administré par un provicaire, M. Siméon Volonteri, ancien missionnaire de Hong-kong. »

— Un libelle chinois. *(Miss. Cath.*, IV, pp. 114/116, 126/8, 137/140.)

Comprend la trad. des pièces suivantes dirigées contre les Européens en général et les missionnaires en particulier :
— Supplique d'un ministre de la cour à l'empereur pour le prier d'éloigner du palais Tong-ouen-kouan l'assemblée des Mathématiciens. Tong-tché, 6e année, 2e lune, 15e j. (Avril 1867). Pp. 114/116.

— Discours pour la rectification de l'esprit par un ermite appelé *Voyant les iniquités.* P. 116.

— Traité contre la secte abominable tirée d'un auteur anonyme. Pp. 126/128.

— Arguments et témoignages contre la secte dépravée du Seigneur du Ciel. Pp. 137/139.

— Circulaire pour exciter à chasser les Barbares d'Europe par Kouang-sing-jen. Pp. 139/140.

Voir ce même recueil, III, 1870, pp. 29/30.

— Souvenirs de Chine par un Missionnaire. Rome, Imprimerie romaine de C. Bartoli, 1872, pet. in-8, pp. 100.

2e éd., Rome, 1873.

La préface de cet ouvrage est signée F. G., initiales des noms du missionnaire, Félix Gennevoise, qui en est l'auteur. Le Père G., qui est entré chez les Chartreux après avoir quitté les Missions étrangères, a également publié une Vie de Confucius (voir col. : 284; et : Aperçu historique sur la Chine par un Missionnaire. Rome, Imp. polyglotte de la S. C. de la Propagande, 1873, pet. in-8, pp. 125. — (Notice signée E. G. dans les *Miss. Cath.*, V, pp. 626/7.) — La Propagande. Notice historique par un missionnaire. Ouvrage orné de deux gravures. Rome, Imp. polyglotte de la S. C. de la Propagande, 1875, pet. in-8, pp. 78.

— Le Pèlerinage de Notre-Dame-Auxiliatrice, à Zô-sè, dans le Vicariat apostolique de Nan-kin, par le P. Gabriel Palatre, de la Compagnie de Jésus. Chang-Haï, Imprimerie de la Mission catholique, à l'Orphelinat de Tou-sai-vai. 1875, in-8, pp. xii-144.

Zô-sè, en mandarin *Chè Chan* 余 山

D'après la table publiée par le P. Palatre dans cet ouvrage sur *Zô-sè*, p. 44, table basée sur les documents publiés par les *Missions Catholiques* en 1869 et 1872 (N°s 74, 75 et 159, voir supra, col. 367) et des comptes-rendus particuliers, la Chine est divisée de la manière suivante entre les divers ordres religieux catholiques :

NOMBRE APPROXIMATIF DES CHRÉTIENS :

Franciscains	Chan tong............ 10.750	
	Chan si.............. 15.211	
	Hou pè............. 16.800	68.445
	Hou nan............. 2.684	
	Chen si............. 23.000	
Jésuites	Tchè ly oriental....... 21.280	107.930
	Kiang nan............ 86.650	
Dominicains	Fo kien	25.000
Lazaristes	Tchè ly septentrional.. 27.000	
	— occidental.... 20.000	62.000
	Kiang si........... 1.000	
	Tchè kiang 4.000	
Missions étrangères de Paris	Se tchouan oriental.... 38.000	
	— occidental.. 35.000	
	— méridional. 17.000	
	Kouang tong, Kouang si, Hai nan........... 20.000	136.500
	Yun nan 8.500	
	Koué tchéou.......... 10.000	
	Mandchourie.......... 8.000	

A reporter................... 399,875

Report		399,875
Missions étrangè-{ Ho nan	3.200 }	
res de Milan...{ Hong kong	4.270 }	7.470
Missions étrangè-} Mongolie		8.400
res de Belgique.}		
Total		415.745

— Relations de la Mission de Nan-kin confiée aux religieux de la Compagnie de Jésus. I, 1873-1874. Chang-hai, Imprimerie de la Mission catholique à l'orphelinat de Tou-sai-vai, 1875, in-8.

— Relations.... II, 1874-1875, Chang-hai, *ibid.*, 1876, in-8.

Ces relations sont du P. Gabriel Palàtre, † le 13 août 1878.

— Si Ka wei and Su Kwang-chi. [By Chas. Schmidt.] *(The Far East.*, Vol. II, No. I, pp. 12/14, avec 2 phot.)

MANUSCRITS DE VIENNE. — « Les Mss. suivants se conservent dans la Bibliothèque impériale à Vienne. Le P. Schwandter les décrit en ces termes :

Res sinenses a Patribus Soc. Jesu per Varios annos descriptae, ou ch. S. XVII, fol. Tome III, p. 301

Ein Fasciculus verschiedener Relationen von der Chinesischen Nation und glorwürdigen Tod verschiedenen PP. Missionariorum daselbst. Item ein Schreiben aus der Insul Goa und denen anliegenden, in-4, III, 177.

Litterae annuae Provinciae Soc. Jesu Sinensis pro Anno 1751, V, 115.

Codex, nº 1102, in-4, ff. 55. Anonymi brevis Relatio eorum quae spectant ad declarationem Sinarum Imperatoris Kam Hi, circa coeli, Confucii et avorum cultum datam Anno 1700. Accedunt Primatum, doctissimorumque virorum et antiquissimae traditionis testimonia. Opera PP. Societatis Jesu Pekini pro Evangelii propagatione laborantium.

Codex, nº 1270, in-8. Foliorum 572 quibusdam documentis impressis interpolatus. Anonymi Tractatus II Constans IV Partibus de rebus controversis circa Voces ac ritus Sinensibus ab Alexandro VII S. P. Ab Anno 1656 hactenus licitos, rursum infestatos et ad S. Papae Clementis XI sacrum Tribunal Delatos, iterumque Pontificali trutina examinatos.

Codex, nº 1117, in-4, III Tomi. Miscellanea Sinica collecta a C. M. G. S. J. Ex scripta à F. I. C. Viennae, Anno 1719. Tomus I. Foliorum 582. F. 1. Imago Imperatoris Sinarum Cang Hi. f. 71. Relatio sepulchri S. Francisci Xaverii erecti in Insula Sanciano. f. 99. Excerpta ex literis Patris Franchi, datis An. 1701. f. 113. Encyclica P. Antonii Thomas Sinarum Vice-Provincialis de An. 1701. f. 117. Viaggio del P. Franchi de Cantone sino a Nanchamfu. f. 201. Descrizione della gran Tartaria. P. 262. Analecta Argumentorum pro Sententia Missionariorum S. J. circa Voces *Tien* et *Xanti.* f. 345. Informatio Patrum Pekinensium S. J. Missa ad Dñ. Carolum Thomam de Tournon Patriarcham Antiochenum et Visitatorem Apostolicum Missionum Orientalium. f. 377. Supplicatio facta Imperatori Sinarum An. 1705. P. 380. Lettera del Monsignore Tournon al Cardinale Paolucci, An. 1705. P. 384. Relatio Actorum Dñi de Tournon Pekini Romam missa, An. 1706. P. 504. Epistola Patris Fridelli S. J. data ex Sinarum urbe Chin Kian, 1 Maii 1706. f. 529. Decretum Imperatoris Sinarum contra quosdam Europaeos. f. 591. Epistola Patris Castner S. J. data Cantone in Sinis, die 6 Septemb. 1707. f. 543. Excerpta ex binis Epistolis Patris Hieronymi Franchi S. J. Ex Sinis, 19 Octobr. 1707.

Tomus II, foliorum 603. F. 1. Quaesita et responsa Sacrae Congregationis circa ritus Sinicos. f. 31. Decretum Clementis XI. P. M. circa ritus Sinicos de An. 1704. f. 93. Dissertatio de Decreto Xan-Kini die 25 Januar. 1707 a Carolo Thom. de Tournon Patriarcha Antiocheno edito. f. 143. Osservationi intorno all' Esposizione del Riti Cinesi fatta alla S. Congregatione. f. 163. Libellus supplex Patris Provana S. J. Nomine Patrum Societatis Clementi XI. P. M. An. 1709 obla-

tus. f. 183. Supplicatio P. Praepositi Generalis, Societ. Jesu ad Clementem XI Pontif. data An. 1709. f. 187. Lettera del Inviato di Portogallo a Clemente XI Papa data l'Anno 1709. f. 199. Libellus supplex P. Joan. Bapt. Ptolomaei, Clementi XI P. M. oblatus An. 1709. f. 239. Decretum Clementis XI P. M. circa ritus sinicos Dat. An. 1710. f. 243. Estratto d'una lettera scritta dopo la publicatione del precedente decreto. f. 245. Lettera del Compagnia di Giesu, sore del S. Officio al P. Generale della Compagnia di Giesu, 11 Ottol re 1710. f. 247. Libellus supplex P. Ptolomaei post decretum pontificium Anni 1710 Clementi XI Pontif. oblatus. f. 253. Declaratio R. P. Michaelis Angeli Tamburini Praepositi Generalis Societ. Jesu Clementi XI Pontif. oblata An. 1711. P. 260. Praeceptum Clementis XI Pontif. circa ritus sinicos, Dat. An. 1715. f. 277. Compendium actorum Sinensium quae spectant ad An. 1716 et 1717. f. 294. Documenta selecta, quae R. P. Kilianus Stumpf, S. J. in Sinis visitator, An. 1717 mense Junio Pekino in Europa transcripsit.

Tomus III, foliorum 407. F. 1. Chronologica deductio Missionis Sinicae ab anno 1549 ad annum 1706. f. 136. Sententia Episcopi Pekinensis contra Librum pro Societate Jesu scriptum, cui titulus *Informatio*, etc. f. 140. Nullitas praedictae sententiae rationibus probata. f. 162. Narratio eorum quae circa Dominum Pedrini acciderunt Pekini mense Februario An. 1720. f. 181. Diarium Aulae Pekinensis super legatione Domini Patriarchae Mezzobarba. f. 239. Literae Pekino datae, 28 Augusti 1721. f. 262. Epistola P. Joan. Laureati S. J. Pekino 30 Martii 1721 ad Sum. Pontif. data. f. 263. Epistola Cardinalis Georgii Spinola ad P. Joan. Laureatum S. J. data Rom. 11 Octobris 1721. f. 270. Epistola P. Joan. Laureati ad P. Franciscum Noel ex Nancham in Sinis 15 Octobris 1722. f. 280. Epistola Patriarchae Mezzobarba ad quemdam Superiorem Soc. Jesu in Sinis. Macai, 8 Xbris 1721. f. 282. Decretum Patriarchae Mezzobarba dat. Macai, 4 Nov. 1721. f. 289. Epistola P. Ignatii Kögler Soc. J. dat. Pekini, 16 Octobris 1721. f. 296. Fragmentum Epistolae ejusdem Patris 18 Nov. 1721. f. 301. Epistola Patrum Pekinensium Soc. Jesu ad Patrem Praepositum Generalem dat. 17 Julii 1722. f. 347. Riscontri della Cina havuti con lettere scritte sino al Novembre del 1723. f. 363. Excerpta ex Epistola P. Josephi Labbe data Cantoni 19 Febr. 1724. f. 367. Compendio dei successi della Missione Cinese dall' Agosto sino al Decemb. 1724. f. 383. Edictum Generalis Militum Tartarorum Praefecti Cantoni promulgatum 3 Decembris 1724. f. 387. Relatione di Cose accadute nella Cina, l'Anno 1727. f. 398. Sermo quem habuit Imperator Sinorum ad suos Ministros 28 Maii 1727, latine expressus. »

Nous donnons cette liste d'après le P. de Backer, *Bib.*, I, col. 1242 et 1243.

Historia Sinensis.

Ms. composé de 4 vol. appartenant aux Archives de la Compagnie de Jésus. Les deux premiers ont pour titre : Collectanea historiae sinensis ab A. 1641 ad A. 1700. Auctore P. Thomas Dunin Spot, Provinciae Lithuaniae Societatis Jesu, Poenitentiaro ad S. Petrum, Romae 1710.

Les deux autres volumes portent simplement au dos de la reliure : *Historia Sinensis*. C'est une rédaction définitive, tandis que les deux précédents n'étaient en quelque sorte qu'une réunion de matériaux. De cette seconde recension le tome premier reprend l'histoire de la mission chinoise depuis l'origine. (C'est la partie déjà traitée sous une autre forme par Bartoli, Trigault, etc.) Le tome second la continue jusqu'à la mort du P. Ferdinand Verbiest.

TABLEAU GÉNÉRAL DES MISSIONS CATHOLIQUES EN 1878

PROVINCES	MISSIONS	SOCIÉTÉS RELIGIEUSES	VICAIRES APOSTOLIQUES		
			NOMS	EN	ÉVÊQUES DE
1. Tche li.....	Pe Tche li orien- tal	Jésuites.	Dubar, Edouard.............	1864	Canath.
	P. septentrional.	Lazaristes....	Delaplace, Louis-Gabriel.....	1852	Adrianopolis.
	P. occidental....	Id	Tagliabue, François....	1868	Pompeïopolis.
2. Chan toung	Chan toung.... .	Francisc. observ..	Cosi, Louis.	1865	Priène.
3. Chan si......	Chan si..........	Id.......	Moccagatta de Castelazzo, Louis	1844	Zenopolis.
4. Ho nan	Ho nan....... ...	Missions étrang(- res de Milan..	Volonteri, Siméon........	1874	Paleopolis.
5. Kiang sou...	Kiang nan.......	Jésuites.....	Languillat, Adrien..........	1856	Sergiopolis.
6. Ngan houei..					
7. Kiang si.....	Kiang si.........	Lazaristes....	Bray, Géraud...............	1870	Legione
8. Tche kiang ..	Tche kiang	Id	Guierry, Edmond-François....	1864	Danaba.
9. Fo kien......	Fo kien..........	Dominicains..	Calderon, Michel............... Gentili, Thomas, coadjuteur..... ..	1845 1868	Bodona. Dyonisie.
10. Hou pé.....	H. oriental.......	Francisc. réformés	Zanoli, Eustache-Vite-Modeste	....	Eleutheropolis
	H. septent.......	Id........	R. P. Alexis Filippi	....	....
	H. méridional....	Id	R. P. Ezechias Banci........	....	....
11. Hou nan.....	....	Id.......	....	....	....
12. Kouang toung	Kouang toung....	Missions étrangères	Guillemin, Philippe-François-Zéphirin	1857	Cybistra.
13. Kouang si...	Kouang si.......	Id........	Foucard, Pierre-Noël.........	....	Pro-préfet.
14. Yun nan.....	Yun nan........	Id........	Ponsot, Jules............... ..	1843	Philomélie.
15. Kouei tcheou.	Kouei tcheou....	Id...	Lions, François-Eugène	1872	Basilite.
16. Chen si......	Chen si..........	Franciscains..	Chiais, Ephyse...............	1847	Tiène.
17. Kan sou.....	Kan sou..........	Missions belges ..	....	....	....
18. Se tchouan ..	S. oriental.......	Missions étrangères	Desflèches, Joseph-Eugène-Jean-Claude.	1858	Sinite.
	S. occidental	Id	Pinchon, Annet..............	1861	Polémonium.
	S. méridional....	Id	Lepley, Jules.................	1871	Gabala.
Mandchourie.....	Mandchourie....	Id	Verrolles, Emmanuel-Jean-François.	1840	Colombie.
Mongolie........	Mongolie.........	Missions belges ..	Bax, Jean....................	1874	Adras.
Corée...........	Corée	Missions étrangères	Ridel, Félix-Clair........... ..	1870	Philippopolis.
Tibet...........	Tibet...........	Id	Biet, Félix	....	Pro-vicaire.
Hong kong	Hong kong	Missions ét. Milan.	Raimondi, Timoléon	1874	Acanthe.

Les Missions étrangères ont en outre une procure à Chang hai, une procure et un sanatorium à Hong kong.

2° *QUESTION DES RITES.*

« Five years since, in the Province of Fo-kien, / Which is in
China as some people know, / Maigrot, my Vicar Apostolic
there, / Having a great qualm, issues a decree. / Alack,
the converts use as God's name, not / *Tien-chu* but plain
Tien or else mere *Shang-ti*, / As Jesuits please to fancy
politic, / While, say Dominicans, it calls down fire, — / For
Tien means heaven, and *Shang-ti* supreme prince,
While *Tien-chu* means the lord of heaven : all cry,
« There is no business urgent for despatch / As that thou
« send a legate, specially / Cardinal Tournon, straight to
« Pekin, there / To settle and compose the difference ! »
(Robert Browning, *The Ring and The Book*, X , *The
Pope*, Vol. IV, pp. 71/72 (1869).

On s'étonnera moins que le poète anglais ait entendu parler
de la Question des Rites lorsque l'on saura qu'il a appris
ce qu'il en connaissait de la bouche de Sir Thomas
Francis Wade (alors Mr.) chez le Doyen de Westminster,
le Rév. Arthur P. Stanley.

— Le plus singulier exemple de cet abus des mots, de ces
équivoques volontaires, de ces mal-entendus qui ont causé
tant de querelles, est le *King-tien* de la Chine. Des
missionnaires d'Europe disputent entre eux violemment
sur la signification de ce mot. La cour de Rome envoie un
français nommé *Maigrot*, qu'elle fait évêque imaginaire
d'une province de la Chine, pour juger de ce différent.
Ce *Maigrot* ne sait pas un mot de chinois ; l'empereur
daigne lui faire dire ce qu'il entend par *King-tien;*
Maigrot ne veut pas l'en croire, et fait condamner à Rome
l'empereur de la Chine. » (Voltaire, *Œuvres complètes*,
1785, XLVII, Dict. Phil. I, *Abus des Mots*, p. 90.)

Cette controverse stérile est tellement embrouillée que nous
avons essayé d'en éclaircir les points principaux en
dressant les plus importantes de cette fameuse querelle, que
la mauvaise foi, les malentendus et l'ignorance ont, autant
que le désir d'arriver à la vérité, contribué à envenimer :

1610. — 11 Mai. — Mort du Père Ricci à Pekin. Sa Tolérance
pour les cérémonies chinoises. — Le P. Longobardi
qui lui succède comme supérieur général ne partage
pas ses idées. Le *Traité* du P. Longobardi imprimé en
espagnol par Navarrete dans ses *Tratados* (1676) est
publié en français à Paris en 1701.

1631. — Arrivée au Fo kien des dominicains Angelo Coqui
et Thomas Serra.

1633. — Arrivée en Chine du dominicain espagnol Jean-
Baptiste Moralez, et du franciscain Antoine de Sainte-
Marie

1637. — Les dominicains et les franciscains sont chassés de
la Chine.

1639. — Moralez adresse au P. Emmanuel Diaz (senior), Visiteur des Jésuites, un mémoire en douze articles ; la
réponse étant différée, Moralez part pour Rome ; en

1643. — Il arrive et obtient :

1645. — 12 Sept. — Décret d'Innocent X.

1649. — Moralez le notifie au V. P. des Jésuites en Chine.

1651. — Les Jésuites envoie le P. Martini à Rome qui
obtient

1656. — 23 Mars. — Un décret contradictoire d'Alexandre VII.

1661. — Moralez adresse à Rome un nouveau Mémoire à la
Sacrée Congrégation et le

1669. — 13 Nov. — Le P. Jean de Polanco obtient un décret
confirmé le

1669. — 20 Nov. — Par Clément IX.

1664. — Moralez meurt; Navarrete lui succède comme préfet
de l'ordre de Saint-Dominique en Chine.

1665. — Persécution générale ; les missionnaires exilés au
Kouang toung demeurent chez les Jésuites ; Conférences.

1673. — Navarrete se rend à Rome.

1676. — Il publie le premier Volume des *Tratados*.

1686. — 18 Août. — *Traité* du Père Grégoire Lopez, dominicain, évêque de Basilée, et chinois de naissance, en
faveur des Jésuites, adressé à la Sacrée Congrégation.

1687. — *Défense des Nouveaux Chrétiens* par le P. Le Tellier en réponse au P. Navarrete.

1694. — 23 Mai. — *Censure de la Défense des Nouveaux
Chrétiens*, à Rome.

1693. — 26 Mars. — *Mandement* de Mgr. Maigrot, vicaire apostolique du Fo kien.

(QUESTION DES RITES.)

1690. — Le P. Louis de Quemener, des Miss. ét. envoyé
à Rome.

1693. — 10 Nov. — Requête du P. de Quemener.

1696. — Le P. de Quemener présente sa requête et le mandement de Mgr. Maigrot à Innocent XII.

1697. — 15 Janvier. — Bref d'Innocent XII.

1697. — 19 Mars. Nicolas Charmot, envoyé à Rome par
Mgr. Maigrot, évêque de Conon, présente son premier
mémoire au Saint Office.

1697. — 3 Juillet. — Décret du S. Office.

1697. — 6 Août. — Mémoire de Charmot « *Veritas facti* »
suivi de plusieurs autres décrits dans l'*Historia Cultus
Sinensium.*

1699. — Placet des PP. Jésuites à Kang hi. (Mailla, XI,
pp. 300 et seq.)

1699. — 18 Avril. — Première réunion des cardinaux chargés
par Innocent XII d'examiner l'affaire des cérémonies.

1700. — 10 Avril. — Lettre des Missions étrangères.

1700. — 8 Mai. — Déclaration de la Faculté de théologie
de Paris.

1700. — 18 Oct. — *Censure* de la Faculté de Théologie de
Paris contre : les *Nouveaux Mém.* du P. le Comte ;
l'*Hist. de l'Edit* du P. le Gobien : et la *Lettre sur les
Cérémonies.*

1704. — 20 Nov. — Le S. Office ayant publié un décret
prohibant les cérémonies, Clément XI l'approuve. Le
Légat en Chine sera chargé de publier ce décret.

1702. — 2 Juillet. — Charles Thomas Maillard de Tournon,
nommé légat *a latere.*

1705. — 8 Avril. — Il arrive à Canton.

1705. — 31 Déc. — Première audience particulière accordée
au légat par l'empereur.

1705. — 29 Juin. — Audience solennelle.

1705. — 2 Août. — Décret de Kang Hi à Mgr. de Conon.

1705. — 3 Août. — Décret de Kang Hi au légat.

1705. — 28 Août. — Le légat quitte Pe king.

1705. — 17 Déc. — Décret de Kang Hi bannissant l'évêque
de Conon.

1707. — 25 Janvier. — *Mandement* de Mgr. de Tournon à
Nan king.

1710. — 8 Juin. — Mort du Cardinal de Tournon.

1711. — 14 Oct. — Son éloge par Clément XI.

1710. — 25 Sept. — Décret de Clément XI.

1715. — 19 Mars. — Bulle *Ex illa die.*

1720. — 25 Mars. — Mgr. de Mezzabaiba s'embarque à
Lisbonne.

1720. — 26 Sept. — Il arrive à Macao.

1721. — 4 Mars. — Audience de congé accordée au patriarche
d'Alexandrie par Kang hi.

1721. — 3 Mars. — Le légat quitte Pe king.

1721. — 4 Nov. — Mandement publié à Macao par le légat.

1735. — 26 Sept. — Bref de Clément XII.

1742. — 11 Juillet. — Bulle de Benoît XIV.

Voir sur la Question des Rites les ouvrages généraux de : —
Rohrbacher, *Hist. de l'Eglise*, XXVI, pp. 627/643. — Huc,
Hist. du Christianisme, Vol. III. — Dupin, *Hist. ecclés. du*
XVIIe *Siècle*, T. IV. — De Backer, *Bibliothèque des Ecrivains de la Compagnie de Jésus*, à l'art. général *Chine* et
aux articles spéciaux consacrés aux PP. Le Comte, Le Gobien, etc. Le P. Carayon, dans sa *Bibliographie historique de la Compagnie de Jésus*, Paris, 1864, pp. 156/175,
n'a guère fait que de reproduire, en les plaçant dans un ordre différent, les titres donnés par le P. de Backer.

— « Disputes sur les cérémonies chinoises. Comment ces querelles contribuèrent à faire proscrire le christianisme à la
Chine ». Chap. XXXIX du *Siècle de Louis XIV* par Voltaire.

On trouvera quelques remarques sur la Question des Rites
dans les *Mémoires du duc de Saint-Simon* (Ed. de Garnier, 1853) : — Vol. V, Chap. LXXVIII, pp. 8/9 : Renvoi du
Père le Comte qui est remplacé comme Confesseur de la
Duchesse de Bourgogne par le P. de la Rue. — Colère du
Père le Tellier. —Protestation contre la Censure de la Sorbonne. — Vol. XVI, Les Jésuites condamnés par le Pape,
p. 133, Chap. CCLXXXVI. — Vol. XXXVIII, Chap. DCVII,
Voyage du légat Mezzabarba, pp. 146,153.

(QUESTION DES RITES.)

— Copie d'vn escrit adressé de Rome a vn prelat de France, tradvit en François. In-4 à 2 col., pp. 27.

Par Moralez

Dvbitationes grauissimae quae circa nouam Conuersionem & Christianitatem Chynarum occurunt. *A la suite :* Quaesita Missionariorum Chinae, sev Sinarvm, Sacrae Congregationi de Propaganda Fide exhibita, Cum responsis ad ea : Decreto eiusdem Sacrae Congregationis approbatis Romae, Ex Typographia Sacrae Congreg. de Propaganda Fide. M. DC. XLV. Superiorum permissu.

— Quaesita Missionariorum Chinae, seù Sinarum, Sac. Congregationi de Propaganda Fide exhibita, cvm Responsis ad ea.—s. tit., s. l. n. d., pas de pagin., in-4, 12 pages; on lit p. 11 : Romae, Typis Reu. Cam. Apost. M. DC. XLV.

— Le P. Grégoire Lopez, dominicain, évêque de Basilée, fit paraître un petit traité touchant le Culte rendu à Confucius & aux Ancêtres. Ce n'est qu'un Opuscule de vingt pages, écrit par l'auteur en langue chinoise, et traduit en latin par le Père Jean de Léonissa, franciscain. Le P. Touron en donne une analyse, pp. 597/8 du Vol.V de son *Histoire.*

— Innocentia Victrix sive Sententia Comitiorum Imperij Sinici pro Innocentia Christianae Religionis Lata juridicè per Annum 1669. Ivssv R. P. Antonij de Govvea Soc.is Iesv, ibidem V. Provincialis Sinico-Latinè exposita In Quàm cheü metropoli provinciae Quàm tûm in Regno Sinarum. Anno Salvtis Hvmanae M DC LXXI.

L'exemplaire que j'ai examiné est celui de la Bib. nationale où il est placé dans la Réserve. Dans le nouveau Catalogue, il porte le No. Oᵈn, 361. Il provient de la Bibliothèque de Falconet. C'est un petit in-folio, imprimé avec des caractères en bois, à la manière chinoise, c'est-à-dire sur du papier plié en deux, le pli restant blanc intérieurement. Il y a 90 pages imprimées : La première page contient un frontispice imprimé avec un bloc de bois, représentant une couronne de lumière, au centre de laquelle se trouvent les trois caractères I H S, avec trois clous au-dessous. Au-dessus de la couronne on lit : *Innocentia ;* au-dessous : *Victrix ;* et autour : *e tenebris clarivs ipsis promicat.*

— P. 2. Caractères chinois (8) anciens : Xám chù hè liû siuén y yû x'i. Au-dessous : *In conspectv gentivm revelavit Ivstitiam svam.*

— P. 3. Le titre comme nous l'avons donné ci-dessus.

— P. 4. Facvltas R. P. V. Provincialis....... In Quàm cheü metropoli provinciae Quàm tûm. Die 28. Decembris Anni 1670. Antonius de Gouvea.

Les feuilles suivantes sont numérotées; il y en a 43, c'est-à-dire 86 pages.

— P. 5. Libellus svpplex (offert par les PP. Louis Buglio, G. de Magaillans et Ferd. Verbiest).

— P. 18. Responsvm Concilij Ritvvm adpostvlata trivm Patrvm.

— P. 36. Mandatvm Imperatoris quo cavsa nostra Comitijs Imperij traditur examinanda.

— P. 39. Sententia Comitiorvm.

— P. 48. Responsvm Imperatoris ac Sententia.

— P. 53. Elogivm Exeqviale.

— P. 60. Libellvs svpplex.

— P. 68. Mandatum Imperatoris quod prodijt eiusdem anni & mensis die 28.

— P. 69. Consultvm ac Responsvm Concilij Rituum.

(QUESTION DES RITES : 1645-1671.)

— P. 73. Alterum consultum & responsum eiusdem Concilij.

— P. 78. Placitvm Imperatoris ac Sententia data eiusdem mensis dvodecimi die vigesimâ primâ.

Le texte chinois des décrets, etc., est donné avec l'interprétation.

Voir dans les *Acta Sanctorum* (Danielis Papebrochii e Soc. Jesu Paralipomena addendorum, mutandorum, aut corrigendorum in conatu chronico-historico ad catalogue romanorum pontificum) post vol. mensis Maii : Dissertatio XLVIII, pp. 126 et seq. — On trouvera l'*Innocentia victrix*, pp. 131 et seq.

— La Morale pratique des Jésuites, Divisé en sept Parties. Où l'on représente leur conduite dans la Chine, dans le Japon, dans l'Amérique, & dans l'Ethiopie. Le tout tiré de livres très-autorisez, ou de pieces très-authentiques. M. DC. LXXXII, in-12.

*Indicae expeditiones Societatis Iesv calvmniis vindicatae. Id est Apologia S. J. in India Orientali Evangelium praedicantis adversus accusationes Romae factas a Missionarijs Apostolicis S. Congregationis de Propaganda Fide. Quam typis vulgavit Doctor Claudius Van Kessel. Coloniae Agrippinae, 1684, in-4.

Cette apologie est du P. A. Thomas.

— Lettre d'un Docteur en Theologie, à un missionnaire de la Chine. A Paris, chez Estienne Michallet... M. DC. LXXXVI. Avec permission. pet. in-8, pp. 98, s. l'av.

Le Permis d'imprimer est du 26 octobre 1686.

— Defense des Nouveaux Chrestiens et des Missionnaires de la Chine, du Japon & des Indes contre deux Livres intitulez la Morale pratique des Jesuites, et l'Esprit de M. Arnaud. A Paris, chez Estienne Michallet. M. DC. LXXXVII. Avec Approbation & Privilege de Sa Majesté, in-12, pp. 568, s. la préf., la table, etc.

— Defense des Nouveaux Chrestiens et des Missionnaires de la Chine, du Japon, & des Indes. *Contre deux livres intitulez,* La Morale pratique des Jesuites, & l'Esprit de M. Arnauld. Seconde Edition avec une Reponse à quelques plaintes contre cette Defense. A Paris, chez Estienne Michallet, M. DC. LXXXVIII. Avec Approbation & Privilege de Sa Majesté. in-12, pp. li-570 sans la Table et les Approbations.

— *Ibid.,* Seconde partie. A Paris, chez Estienne Michallet... M. DC. LXXXX, in-12, pp. 507 s. l'av., etc.

— Defensa de los nuevos christianos, y missioneros de la China, Japon, y Indias, contra dos libros intitulados, *La Practica Moral de los Jesuitas,* y *El Espiritu de Mr. Arnaldo.* Traducida de Frances en Español... por Don Gabriel de Parraya. Madrid, 1690, in-8.

(QUESTION DES RITES : 1682-1690.)

— La religion des Jesuites, ou Reflexions sur les inscriptions du Père Menestrier, & sur les escrits du Père le Tellier pour les nouveaux Chrestiens de la Chine & des Indes, contre la dix neuvième observation de l'Esprit de Mr. Arnaud. Dans lesquelles on trouvera la défense de *l'Esprit de Mr. Arnaud*, & un jugement sur la contestation entre l'Evêque de Malaga, les Jésuites & les Auteurs de la *Morale pratique des Jesuites*, au sujet des Missionnaires des Indes. A la Haye, Chez Abraham Troyel... M. DC. LXXXIX. in-12, pp. 214, s. l. t.

* Duo responsa centum viginti Doctorum S. Facultatis Theologicae Parisiensis ad Sinarum quaesita in S. Congregat. S. Officii proponenda. Quaesita Causae Sinensis ab Eminentissimis Cardinalibus Casanate, Marescotto, S. Clementis, Noris; R. P. D. Sperello assessore, Reverendissimo P. Commissario S. Officii et Reverendissimo P. a Leonissa Ord. Min. Reform. Vicario Apost. Húquang, electo Episcopo Beritensi, deputatis, post varias Congregationes, lectis utriusque partis Scripturis, anno 1699, confecta, ac deinde S. Congregationi S. Officii proposita, 1700, in-8, pp. 40. (De Backer, 1253.)

— Nouveaux Memoires sur l'Etat présent de la Chine. Par le P. Louisle Comte. (Voir col. : 24 et seq.)

— Hist. de l'Edit de l'Empereur de la Chine... Par le P. Charles le Gobien. (Voir col. 360.)

* Ristretto delle Notizie circa l'uso della voce Cinese *Xam-ti* che significa *Supremus Imperator* ó vero *Alti Dominus*, e della voce *Tien* che significa *Cœlum*. Rappresentato alla Sagra Congregazione del S. Offizio, dalla Compagnia di Giesù, in settembre 1699, in-8, pp. XXIX.

— Breve Ristretto delle Notizie gia dedotte circa l'uso delle Tabelle colle parole Cinesi King-tien *Cœlum colito,* presentato alla sagra Congregatione del S. Officio, in Settembre 1699, in-12, pp. XXIX.

MANUSCRIT. — Il y a un manuscrit in-4 à la Bibliothèque Mazarine (No 2813) qui contient les pièces suivantes relatives à la question des Rites. Ce Ms. est de la fin du XVIIe ou du commencement du XVIIIe siècle ; il est relié en parchemin et porte le titre : « *Affari della Cina. 1699. 1700.* »

— Dilucidatione de fatti Cinesi spettanti a i Riti di Confucio, e de Morti.

— Notizie intorno all'uso delle voci Cinesi *Tien* Cœlum, et *Xamti* Alti Dominus ó vero Supremus Imperator Proposte e presentate alla S. Cong°° del S. Offizio Per parte della Compagnia di Giesù In Agosto 1699. Die 23.

— Ristretto delle notizie circa l'uso della voce Cinese *Xamti,* che significa *Supremus Imperator,* e della voce *Tien* che significa *Cœlum.* 16. Settembre 1699.

— Notizie circa l'uso delle Tabelle colle parole Cinesi *King tien* Cœlum colito, Proposte e presentate alla S. Cong°° del S. Offizio Per parte della Compagnia di Giesù in Agosto 1699. il di 24.

A la fin de cette pièce, la lettre latine suivante (4 pages) :

Copia di una lettera scritta dal P. Giouacchimo Bouvet della Comp° di Giesù. Parisiis die 1° Decemb. anni 1697.

— Breve Ristretto delle Notizie già dedotte circa l'uso delle Tabelle colle parole cinesi *Kingtien, cœlum colito.* Presentato alla S. Cong.°° del S. Offizio, Die 26. Settemb. 1699.

— Memorial et un Ecrit latin des Jésuites présenté au S¹ Office par le P. Baldeglani le 10. feburier 1700.

L'écrit latin est intitulé : Expositio Facti de Controuersijs Sinensibus Secundum Patres S¹° Jesu adjuncta ad Relationem Facti de ijsdem in S. Cong°° l'articulari exhibitam Et ex Mandato SS°¹ D. N. Innocentij XII. ipsis communicatam.

— Sequitur Expositio Facti. De Controuersijs Sinensibus Secundum PP. Societatis Jesu. 17. febur. 1700.

— Sequitur pars antepenult° exposit¹° Facti de Controuersijs Sinensibus Secundum Patres Societatis Jesu, Die 23. febr. 1700.

— Sequitur pars penult° expositionis Facti de Controuersijs Sinensibus Secundum Patres Societatis Jesu. Die 2° Martij 1700.

— Pars vltima Expositionis Facti De controuersijs Sinensibus Secundum Patres Societatis Jesu cum Appendice de Auctoritate Ritualium Sinensium. Die 9° Martij 1700.

Le Ms. a environ 420 pages.

— Ecrits concernant le Culte de Confucius, et les Missions de la Chine, de Siam, des Isles Philippines.

Ms. XVIIe & XVIIIe Siècles ; Autrefois des Jacobins St. Honoré ; Bib. nat., 2 vol. in-folio ; latin 16980-16981.

Pièces relatives à la Chine :

I (16980) — Carolus Maigrot Sacerdos vicarius apostolicus fokiensis sacrae facultatis parisiensis doctor, sociusque sorbonicus, omnibus vicariatûs nostri consacerdotibus salutem in eo qui est omnium vera salus...

Datum in oppido Chang lo Provinciae Fokiensiae die vigesima sextâ mensis Martij anni Domini 1693 Carolus Maigrot P. Vic. ap. Fokiensiae.

— Bulle d'Innocent XII, 15 Oct. 1696.

— Lettre autog. de N. Charmot à Mgr. — A Rome, le 3 9bre 99.

— Resp. ad quaesita.

— L. autog. de Charles [Maigrot] eu. de Conon à Mgr. — A Fou tcheou le 10 decembre 1701.

— Copia di Lettera di D. Gulielmo della Valle scritta da Madraspatao 9 Feb. 1702.

— Notes sur la lettre circulaire des Jesuites ecrite sous le nom du R° P. de la Chaize aux Evêques de France le 12 Sept. 1702.

— Copia d'una Lettera,

— Decretum feria 5. die 25 Sept. 1710.

— Billet escrit par Mgr. Banquieri assesseur du St. Office au P. G. des Jesuites et autres Gnaux d'Ordre qui ont de leurs Religieux aux missions de la Chine du 11 Oct. 1710.

— Lettre du Roy de Portugal à N. S. P. le Pape Clement XI du 12 Aoust 1715 traduite du Portuguais.

— La même en portugais.

— Note en italien.

— Lettre autog. de De Lionne à l'Abbé de Noailles à Paris. — 28 Dec. 1687.

— Decret de Clément XI (pièce imprimée).

— Risposta del Procuratore dell' Emo Sig. Card. di Tournon ad una scrittura in forma di Memoriale che i PP. Gesuiti dicono hauer presentato alla S¹° di Ilro Sig. Clemente XI sopra gl' affari della Cina.

— La même en français ; trad. incomplète.

— Lettres autographes de N. Charmot adressées à Monseigneur — [Card. de Médicis?] et datées de Rome : 8 juin 1700. — 3 May 1701. — 10 May 1701. — 28 Juin 1701. — 2 Août 1701. — 16 Aout 1701. — 26 Aout 1701. — 20 Sept. 1701.

— Copie de la L. de l'Arch. de Cambray au P. de la Chaize, Sept. 1702.

— Copie de la L. du même à Messieurs des Miss. Et., A Cambray, le 5 Octob. 1702.

—Copie d'une lettre écrite d'auprès de Lisbonne le 12 Déc. 1702.

— L. au Card. — [de Medicis?] 24 Nov. 1704.

— Extrait de la L. (italienne) de M. le Cardinal de Medicis du 28 Nov. 1704.

— L. d'Artus [de Lyonne] au S. Père (latin).

— L. (ital.) au S. Père.

— Quelques pièces sans grande importance.

— Notae in obseruationes a RR.ᵘˢ PP. Soc¹ˢ Jesu Sacrae Congregationi Sancti Officii exhibitas in Mandatum Ill^{mi} ac R^{mi} Dni Maigrot Vicarij Apostolici Fokiensis et Episcopi Cononensis electi. A Nicolao Charmot eiusdem R^{mi} Dni Maigrot aliorumque Episcoporum ac Vicariorum Apostolicorum Gallorum Procuratore Generali Sacrae Congregationi S^{ti} Officii oblatae. Mense Julio 1698. 74 pages.

— Breues Notationes In praecipua loca obseruationum residualium Societatis Jesu contra Mandatum R^{mi} D. Caroli Maigrot Vicarij Aplici Prou^{ae} Fokiensis Sinarum et in Episcopum Cononensem nuper electi, A Nicolao Charmot..... Mense Octobri 1698. 39 pages.

— Dispunctio quorumdam locorum libelli supplicis quem Patres Soc¹ˢ Summo Pontifici super rebus et controuersijs Sinensibus obtulerunt, velut compendiolum grandioris voluminis Sac. Congⁿⁱ S^{ti} Officij antea ab eis oblati. Per Nicolaum Charmot..... Oblatum S. C. S^{ti} Officij die 22ta mensis Octobris 1698. 19 pages.

II (16981). S. Congregationis S. Officij Indiarum siue de rebus Sinensibus obseruationes residuales in mandatum 26 Martij 1693. Rmi D. Caroli Maigrot Vicarij Apostolici, In prouincia Fokiensi Regni Sinarum a Societate Jesu exhibitae quae continent duo responsa duobus libellis D. Nicolai Charmot Appendicem de libris Sinensibus et obseruationes in epistolam ejusdem D. Maigrot ad sanctissimum. 112 feuillets.

Cette pièce importante est suivie de plusieurs articles et d'un assez grand nombre de lettres autographes de N. Charmot.

— Eclaircissement sur la denonciation faite à N. S. P. le Pape des Nouveaux Memoires de la Chine, Composez par le Pere Loüis le Comte, de la Compagnie de Jesus, Confesseur de Madame la Duchesse de Bourgogne. In-12, pp. 31, s. l. n. d.

Ibid., M.DCC, s. l., in-12, pp. 31.

* Parallele de quelques propositions, dont les unes ont esté deferées au S. Siége et à la Sorbonne, les autres ne l'ont pas esté, quoy qu'elles meritassent beaucoup plus de l'estre, in-12, pp. 22. Ce sont des Propositions extraites des Memoires de la Chine, et de l'Histoire de l'Edit de l'Empereur de la Chine. Suivent les « Propositions soutenues, ou autorisées par queques (*sic*) Docteurs de la Faculté de Theologie de Paris », pp. 34. Elles forment l'autre partie du Parallèle et sont extraites de l'Historia Flagellantium, etc. — Second Parallele des Propositions du P. le Comte, avec quelques autres Propositions, adressé à Monsieur le Syndic de la Faculté de Theologie de Paris, in-12, pp. 36. Par le P. le Gobien. (De Backer.)

— Apologie des Dominicains Missionnaires de la Chine, ou Réponse au Livre du Pere Le Tellier Jesuite, intitulé : *Défense des Nouveaux Chrétiens ;* et à l'*Eclaircissement* du P. Le Gobien de la même Com-

(QUESTION DES RITES : 1699.)

pagnie, *sur les honneurs que les Chinois rendent à Confucius et aux Morts.* Par un Religieux Docteur et Professeur en Theologie de l'ordre de S. Dominique. A Cologne, chez les Héritiers de Corneille d'Egmond, M.DC.XCIX, in-8 de pp. 503 sans la table.

Bull. du Bouq. (Déc. 1873), No. 7623 (Rel. de Padeloup), Fr. 10.

On trouve à la suite un écrit de pp. 196 sans la permission, l'index, etc., intitulé : Documenta controversiam Missionariorum Apostolicorum Imperii Sinici, de cultu praesertim Confucii Philosophi et Progenitorum Defunctorum spectantia, ac Apologiam Dominicanorum Missionis Sinicae Ministrorum adversus Libros R. R. Patrum Le Tellier et Le Gobien Societatis Jesu confirmantia.

N. B. C'est par erreur que les dernières pages de cet ouvrage sont numérotées 602 et 603 au lieu de 502 et 503.

2ª édition, A Cologne, chez les Héritiers de Corneille d'Egmond, M.DCC, in-8, pp. 503, s. l. t., &c.

— Apologia de Padri Domenicani missionarii della China ; pvre risposta Al Libro del Padre Le Tellier Giesuita, intitolato difesa de nuovi Christiani, e dilucidatione del P. Le Gobien della stessa Compagnia, sopra gli honori, che li Chinesi prestano à Confusio, ed a i morti. Per vn Religioso Dottore, e Professore di Teologia dell'Ordine di S. Domenico. In Colonia, Appresso gli Heredi di Cornelio d'Egmond 1699, pet. in-8, pp. 644, s. l. tab., etc.

Suivie des Documenta, pp. 257 sans l'index.

— Le Père Noel Alexandre, dominicain, né à Rouen le 19 Janvier 1639, mort à Paris en 1724 est l'auteur de l'*Apologie des dominicains* (Voir sur lui le *Dict. de Biog. Chrétienne*, pub. par *Migne*, I, col. 145/146; et surtout Touron, *Hist. des Hommes ill. de S. Dominique*, V.)

— Difesa de' Missionarii Cinesi della Compagnia di Giesu, in risposta all'Apologia de' PP. Domenicani Missionarii della Cina, Intorno à gli onori di Confusio, e de' Morti; opera di un Religioso Teologo della medesima Compagnia. In Colonia. Per il Berges. Con Licenza de' Superiori. 1700. In-8, pp. 553 s. l'ind.

* Seconda Edizione corretta ed accresciuta. In Colonia, per il Berges. 1701, in-8, pp. 549 s. l. p. et les tab.

' Seconda Edizione corretta ed accresciuta. Pavia, 1701, in-8.

* Aggiunta alla difesa de' Missionarii Cinesi della Compagnia di Giesù in risposta ad una picciola sua impugnazione che và sotto titolo di Poscritta. In Colonia, 1701, pp. 152, s. nom d'imprimeur.

Ces deux ouvrages sont du P. J. B. de Benedictis.

— Discrepanze o'contradizioni intorno al fatto tra'moderni impugnatori De'Riti Cinesi. Colonia M.CCC. (pour M.DCC.)

— Introduzione (sans pag.)

— Nota d'alcune discrepanze, e contradizioni intorno al fatto, Nelle quali comparisce, quanto opoco frà loro siaccordino i moderni Impugnatori de'Rite Cinesi Circa i Punti capitali di questa Causa. Colonia Anno M.DCC. pp. 239.

Ouvrage du P. Balthasar Montecatini. (De Backer.)

(QUESTION DES RITES : 1699-1700.)

— Esame Dell'Autorità, e vera intelligenza delle Testimonianze degli Scrittori Giesuiti, allegate in proua del fatto da moderni Impugnatori de Riti Cinesi. Anno M.DCCI. s. l., in-12, pp. 327.

Ouvrage du P. Balthasar Montecatini. (De Backer.)

— Il Disinganno contraposto Da un Religioso dell'Ordine dé' Predicatori alla Difesa de' Missionarii Cinesi della Compagnia di Giesù, Opera d'un Religioso Teologo della medesima Compagnia. Et ad un'altro Libriciuolo intitolato : Esame dell'Autorità, e vera intelligenza delle Testimonianze delli Scrittori Giesuiti allegate in prova del Fatto da'moderni Impugnatori de'Riti Cinesi. In Colonia, per il Berges, MDCCI, pet. in-8, pp. 352.

C'est la première partie de l'ouvrage.

— Il Disinganno contraposto Da un Religioso dell'Ordine de'Predicatori alla Difesa De'Missionarj Cinesi della Compagnia di Giesu. Et ad un'altro Libricciuolo intitolato : *L'Esame dell'Autorità*, &c. Parte Seconda. Conchiusione dell'Opera, e Discoprimento degl'Inganni Principali. In Colonia, per il Berges... MDCCI, pet. in-8, pp. 412 s. l'index.

* L'inganno nascoto nel disinganno, e discopuerto a un Padre della Compagnia di Giesù, in risposta ad un libro intitolato : Il Disinganno, composto da un Religioso dell' Ordine de' Predicatori [*Maria Tabaglio*]. Parte prima, in cui se manifestano gl'inganni nelle false citazioni, e interpretazioni de' testi degli Autori Giesuiti. In Colonia, 1702, in-8, pp. 418, s. l. tab.

Suit : Catalogo degl' Inganni principali, contenuti nella prima parte del Disinganno, pp. 42 (Anon.) (de Backer.)

* Riflessioni sopra alcuni testi estratti da un Libro intitolato *Innocentia victrix*. E mandati ad un amico per saggio delle falsità, e Calumnie contenute nel Libro del Disinganno. Lettera Prima. MDCCII, in-12, pp. 72. — Ad un amico per compimento della risposta alla prima parte del Disinganno. Lettera seconda MDCCII, in-12, pp. 44. — Une note manuscrite attribue cet ouvrage au P. Baldassare Montecatini.(De Backer, col. 1258.)

Lettera prima all'autore del Disinganno soura l'essere ó nó basteuole à render idolatriche le Ceremonie Cinesi l'institutione diuina MDCCII, in-12, pp. 75.

Lettera seconda all' autor del Disinganno soura le Falsità opposte si á Gesuiti, ma commesse dá loro Contradditori. In Colonia, MDCCII, in-12, pp. 71.

Lettera terza... Disinganno sovra due questioni di fatto I. se i Padri Domenicani an mai permesse le ceremonie di Confusio men solenni. II. Se i Gesuiti an sempre vietate le solenni. MDCCII, in-12, pp. 68.

Lettera quarta... Disinganno in risposta a gli argomenti da lui apposti alla sentenza de' Gesuiti sú gli articoli della causa Cinese. Colonia, MDCCII ; in-12, pp. 56. — Une note manuscrite dit que c'est l'ouvrage du P. Gio. Battista de Benedictis.

* Al molto Rever. Padre della Compagnia di Giesù autore della risposta alla Lettera scritta da un Religioso dell' Ordine de' Predicatori a PP. Gesuiti del Collegio di Pechino nella Cina. Muta fiant labia dolosa, quæ loquuntur adversùs justum iniquitatem in superbia, et in abusione. Psal. 30 . v. 29. Tridenti. Superiorum permissu. MDCCII, pet. in-8, pp. 127, sans la préf. (Contre les Jésuites.) A la fin, l'auteur anonyme promet un Appendice del Disinganno, che sara d'altra penna, e di vigore piu sensibile ; il signe : l'Autore del Disinganno Febraro del 1702. Cet ouvrage forme 2 vol. (De Backer.)

— Monumenta Sinica cum Disquisitionibus criticis pro Vera Apologia Jesuitarum contra falsam Apologiam Dominicanorum, et Pro recto totius Causae Sinensis Judicio. Pars prima Historia, et Disqvisitio critica de tribus celeberrimis Conventibus in China habitis, Nempè Chiatinensi, Lankiensi, & Cantoniensi Authore quodam Societatis Jesu Theologo. Anno M. DCC, pet. in-8, pp. 389, sans le Testimonium du commncement, et l'index de la fin.

— Conformité des ceremonies chinoises avec l'idolatrie grecque et romaine. Pour servir de confirmation à l'Apologie des Dominicains Missionnaires de la Chine. Par un Religieux Docteur & Professeur en Theologie. A Cologne, chez les Héritiers de Corneille d'Egmond, 1700. in-12, pp. x-202, s. l. p.

Cet ouvrage est du P. Noel Alexandre, dominicain.

— Conformita delle Cerimonie Chinesi, colla idolatria greca, e romana. In conferma Dell'Apologia de Domenicani Missionarii della China. Opera Di vn Religioso Dottore, e Professore di Teologia. In Colonia, Appresso gl' Heredi di Cornelio d'Egmond 1700. pet. in-8, pp. 207.

' Riflessioni sopra un Trattato, che hà per titolo : Conformità delle Ceremonie Cinesi coll' Idolatria greca e romana del Signor Amato Danio regio consigliere nel Real Consiglio di S. Chiara di Napoli. In Palermo, Agostino Epiro, 1701, in-12, pp. 132.

— Lettre de Mr. l'Abbé de Lionne, Evèque nomé de Rosalie, vicaire apostolique de

Suchuen dans la Chine ; a Monsieur Char-
mot, Directeur du Seminaire des Missions
Etrangeres de Paris, A Canton. A present
Procureur General en Cour de Rome des
Missions des Evêques François dans les
Indes. M. DCC. s'. l. in-12, pp. 173 s. l'avis.

(Lettre du 14 Novembre 1698.)

— Lettre de Mr. l'Abbé de Lionne, Evêque
nommé de Rosalie, vicaire apostolique de
la Province de Suchuen dans la Chine ; a
Monsieur Charmot, Directeur du Seminaire des Missions Etrangeres de Paris,
A Canton. A present Procureur General en
Cour de Rome des Missions des Evêques
François dans les Indes. M. DCC. s. l. in-
12, pp. 257, s. l'avis.

C'est, comme le dit l'avis, une nouvelle édition. Il ne faut
pas la confondre avec la précédente. Cette lettre peut servir
de réponse au livre du P. Le Tellier : *La Défense des
Nouveaux Chrétiens*.

— Copie d'une lettre de Monsieur Maigrot
à Monsieur Charmot, du 11 janvier 1699
reçûë à Paris en Août 1700. Elle montre
la fausseté de ce que le Pere le Comte a
écrit touchant la Religion ancienne des
Chinois. MDCC. in-12.

— Lettre de Monsieur Maigrot a Monsieur
Charmot, du 11. Janvier 1699. Reçue à
Paris en Aout 1700. Elle montre la faussetez de ce que le Pere le Comte a écrit
touchant la Religion ancienne des Chinois. M.DCCI. pet. in-8, pp. 59.

A Foû tcheoû le 11. Janvier 1699.

— Lettera di Monsig. Maigrot, Vescovo
Cononense, E Vicario Apostolico della
Provincia di Fokien nella China al Signor
Nicolo' Charmot Direttore del Seminario
delle Missioni Straniere di Parigi, e Pro-
curator Generale nella Corte di Roma de'
Vescovi e Vicarj Apostolici Francesi dell'
Indie Orientali. Tradotta dal Francese
nell' Italiano. In Colonia, Appresso gli
Eredi di Cornelio d'Egmond. Con appro-
vazione, e licenza de' Superiori. in-12,
pp. 54 s. a.

Lettera, Fou-tcheoum 11 Gennaro 1699.)

— Historia Cultus Sinensium, seu Varia
Scripta de Cultibus Sinarum, inter Vicarios Apostolicos Gallos aliosque Missionarios, & Patres Societatis Jesu controversis, oblata Innocentio XII. Pontifici
Maximo Et Sacrae Congregationi Eminentissimorum Cardinalium dirimendae
huic Causae praepositorum : Adjuncta
Appendice Scriptorum Patrum Societatis
Jesu de eadem Controversia. Coloniae,
M.DCC, in-8, pp. 676, sans les tables, etc.

Typographus lectori. — Emendanda.
— Notae in Observationes à Reverendissimis Patribus Socie-

tatis Jesu, Sacrae Congregationi Sancti Officii exhibitas in
mandatum illustrissimi ac Reverendissimi Domini Maigrot,
Vicarii Apostolici Episcopi Cononensis electi, a Nicolao
Charmot, Aliorumque Episcoporum ac Vicariorum Aposto-
licorum Gallorum Asiae Orientalis Procuratore Generali
Sacrae Congregationi Sancti Officii. Oblatae die 29. mensis
Julii 1698, p. 1.

— Breve Sanctissimi Domini Nostri Innocentii PP. XII. Ad
Reverendiss. Dom. Maigrot Vicarium Apostolicum electum
Episcopum Cononensem, p. 170.

— Breves Notationes in praecipua loca observationum residualium Societatis Jesu contra Mandatum Reverend. Dom.
Caroli Maigrot Vicarii Apostolici Provinciae Fokiensis Sinarum, & in Episcopum Cononensem nuper electi : a Nicolao Charmot ejusdem Reverendissimi Domini Maigrot aliorumque Episcoporum ac Vicariorum Apostolicorm Gallorum
Procuratore Generali Sac. Cong. S. Officii oblatae, die 7.
Mensis Octobris 1698, p. 177.

— Dispunctio quorundam Locorum libelli supplicis, quem patres societatis summo Pontifici, super Rebus & Controversiis Sinensibus obtulerunt, velut compendiolum grandioris
voluminis S. Congregationi Sancti Officii antea ab eis
oblati : per Nicolaum Charmot Reverendissimi Domini
Maigrot aliorumque Episcoporum ac Vicariorum Apostolicorum Gallorum Asiae Orientalis Procuratorem Generalem.
Oblat. S. Cong. S. Officii die 22. Mensis Octobris 1698, p.279.

— Declaratio seu Mandatum provisionale illustrissimi ac rev.
Dom. Caroli Maigrot, Vicarii Apostolici Fokiensis, nunc
Episcopi Cononensis, p. 332 (26 Mars 1693).

Pars Secunda (avec un titre spécial qui permet de relier
l'ouvrage en deux volumes).

— Ejusdem Rev. Dom. Caroli Maigrot, de facta pro Fokiensi
Vicariatu circa nonnulos Sinicos usus declaratione, p. 389,
(10 Nov. 1693.)

— Epistola ill. ac Rev. Dom. C. Maigrot Vic. ap. Fokiensis
nunc Episcopi Cononensis ad Innocentium XII, Summum
Pontificem, p. 402. (10 Nov. 1693.)

— Eadem Declaratio Ill. Dom. Maigrot, publicata a Rev. Domino Joanne Basset Baccalaureo Sorbonico, Provicario
Provinciae Kiansi Sinarum, p. 409. (Fu Cheu 30 Juin 1693.)

— Epistolae Joannis Francisci Aleonessa, Ord. S. Francisci,
p. 411. (Nanking, 11 Sept 1693.) — Joannis Franc. Aleonessa, p. 416. (Nanking, 11 Sept. 1693.)— Philiberti Leblanc,
p. 419. (Mai 4, 1693.)— Salvatoris a Sancto Thoma, p. 421.
(10 avril 1693.) — Jacobi Tarin, p. 424. (24 juillet 1693.) —
Lucae Thomas, p. 426. (16 avril 1693.) — Lucae Thomas,
p. 427. (6 Mai 1693.) — Ejusdem, p. 435. (23 Mai 1693.)

— Sacrae Congregationi Sancti Officii pro Nicolao Charmot,
Episcoporum ac Vic. Ap., aliorumque Miss. Gallorum Asiae
Orientalis Procuratore Generali. Oblatum die 19. Martii
1697, p. 437.

— Veritas facti circa quosdam Sinarum usus controversos,
probata ex ipsis Scriptoribus Societatis Jesu, Juxta Decretum 3. Julii 1697. S. Congregationi Sancti Officii : pro Nicolao Charmot, Episcoporum..... Oblat. die 6. Augusti
1697, p. 473.

— Responsio ad Epistolam Rever. Patris Praepositi Generalis Soc. Jesu, scriptam ad Rev. Dom. Assessorem S. Officii. Sacrae Cong. S. Officii, pro Nic. Charmot, Episcoporum.... Proc. Generali. Oblat. die 6 Augusti 1693, p. 505.

— Sacrae Cong. S. Officii pro Nic Charmot, Proc. Generali,
Responsio ad Libellum Supplicem Reverendi admodum
Patris Procuratoris Generalis Soc. Jesu. Oblata die 23 Sep-
tembris 1697, p. 520.

— Varii Actus a Sinis in cultu Confucii Philosophi, & Progenitorum defunctorum fieri soliti, ob quos idem cultus
Edicto provisionali Rev. Caroli Maigrot, Vic. Ap. Fokiensis prohibetur, unà cum aliis quibusdam ad eorumdem Sinarum Religionem, & doctrinam pertinentibus de quibus in
eodem Edicto statuitur. Traditum Illustrissimo Domino Ber-
nino Assessori die 31 Octob. 1697, p. 535.

— Libellus supplex Rev. admodum Patris Proc. Gen. Soc.
Jesu Sac. Congregationi S. Officii Oblatus die 2 Maii 1697,
p. 545.

— Alter Libellus supplex Proc. Gen. Soc. Jesu Societatis
Jesu, oblatus die 12 Septembris 1697. Alla S. Congregatione
del S. Officio Memoriale con riposta del Procuratore generale della Comp. di Giesù, alle instanze fatte per Parte di
Monsignor Carlo Maigrot, p. 518.

— Epistola Thyrsi Gonzales, Praepositi Generalis Soc. Jesu,
scripta ad Illust. & Rev. Dom. Berninum Assessorem
S. Officii, die vigesima octava Junii 1697, p. 566.

— Libellus Supplex, a Soc. Jesu, sanctissimo oblatus Mense
Maio anni 1698. Super rebus & controversiis Sinensibus

velut compendiolum grandioris voluminis Sacrae Cong.
S. Officii antea exhibiti, p. 573–676.
— Index.
— Typographus Lectori.

Le P. de Backer n'indique pas le dernier article (573/676) de
cet ouvrage dans sa *Bibliothèque*, I, col. 1251.

— Continuatio Historiae Cultus Sinensium,
seu varia scripta De Cultibus Sinarum,
inter Vicarios Apostolicos Gallos aliosque
Missionarios, & Patres Societatis Jesu
controversis, oblata Innocentio XII. Pontifici maximo, Et Sacrae Congregationi
Eminentissimorum Cardinalium dirimendae huic Causae praepositorum. Coloniae,
M. DCC, pet. in-8, pp. 150 sans l'Index.

— De Ritibus Sinensium erga Confucium
Philosophum, et Progenitores Mortuos
Alexandri Papae VII. Decreto Permissis,
Adversûs librum inscriptum, Historia
Cultûs Sinensium, &c. Leodii M. DCC, pet.
in-8, pp. 388 sans l'index.

— Idem. Leodii, & Venetiis. M. DCC, pet.
in-8, pp. 612 sans l'index.

Ces deux éditions existent à la Bib. Sainte-Geneviève sous les
Nos. H 2. 360 et H. 360.

* Status quaestionis Romae nunc temporis
habitae circa honores a Sinensibus exhi-
bitos Confucio et progenitoribus fato
functis. Accedunt Epistolae duae Praepositi Directorum Missionariorum Seminarii
Parisiensis Missionum ad exteros Ad Innocentium XII Pontificem Max. Editio
secunda auctior. Bruxellis, apud Danielem
Wattier, 1700, in-12, pp. 116.

En français et en latin.

* Raccolta di varie principali scritture de'
Padri della Compagnia di Giesù, e de' Signori Missionarij del Clero Secolare di
Francia, sopra la controversia delle idolatrie e superstizioni della China. Molte delle
quali si danno in luce per la prima volta.
In Colonia, 1700, in-8, pp. 240. (De Backer.)

* Decretum Alexandri Papae VII de ritibus
Sinensium permittendis. Mandatum Reverendissimi Domini Maigrot de iisdem
prohibendis. Observationes in utrumque.
Leodii, et Venetiis, 1700, in-12, pp. 612
s. l. t. (De Backer.)

Le mandement de M. Maigrot se trouve pp. 23 et seq.

— Apologia pro Decreto S. D. N. Alexandri VII. Et praxi Jesuitarum circa cae-
rimonias, quibus Sinae Confucium &
Progenitores mortuos colunt, ex patrum
Dominicanorum & Franciscanorum scriptis concinnata. Lovanii, apud Aegidium
Denique. M. DCC, in-8, pp. 94-35 s. l. préf.,
l'index et les addenda, pp. v-8.

— Prejugez legitimes en faveur du decret

(QUESTION DES RITES : 1700.)

de N. S. Pere le Pape Alexandre VII. et
de la pratique des Jesuites. au sujet des
honneurs que les Chinois rendent a Confucius et a leurs ancestres. Tirez des
Ecrits des Peres Dominicains, & des Peres Franciscains, Missionnaires de la
Chine. M. DCC. in-12.

— De Sinensium ritibus politicis Acta. seu
R. P. Francisci Brancati, Societatis Jesu,
Apud Sinas per annos 34. Missionarii.
Responsio Apologetica ad R. P. Domini-
cum Navarrette Ordinis Praedicatorum.
Parisiis, Apud Nicolaum Pepie.... M. DCC.
in-12, pp. 333 sans l'av., l'ind., etc.

— De Sinensium Ritibus politicis Acta seu
R. P. Jacobi Le Favre Parisiensis è Societate Jesu Missionarii Sinensis. Dissertatio Theologico-historica de avita Sinarum pietate praesertim erga defunctos &
eximia erga Confucium magistrum suum
observantia. Lugduni & vaeneunt Parisiis apud Nicolaum Pepie, viâ Jacobaeâ,
sub signo sancti Basilii. M. DCC. Cum privilegio Regis, pet. in-8, pp. 461 sans la
Préf., etc., du commencement et l'Index
de la fin.

Titre de la page 1 : R. Patris Jacobi Le Favre Missionarii
Sinensis e Societate Jesu Compendiaria Responsio ad du-
bitationes a R. P. Fr. Dominico Navarrete propositas au
Brevis Synopsis de Cultu Sinico Confuci ac Mortuorum.

On lit, p. 22, que cette dissertation a été écrite en 1668. —
L'Approbation du Vice-Provincial Antoine de Govea est
datée de Canton, le 4 Mars 1670.

Il y a dans la Préface une lettre (extrait) du Père le Faure
(datée de Xam-hai (Chang hai), 17 Août 1673). Cette préface donne des renseignements historiques sur ce Père qui
est mort à Chang hai le 28 janvier 1676.

— De Sinensium Ritibus politicis Acta seu
R. P. Francisci Xaverii Philipucci Missionarii Sinensis è Societate Jesu, Prae-
ludium ad plenam disquisitionem an bonâ
vel malâ fide impugnentur opiniones &
praxes Missionariorum Societatis Jesu in
regno Sinarum ad cultum Confucii & defunctorum pertinentes. Lugduni & vae-
ñeunt. Parisiis apud Nicolaum Pepie....
M. DCC, in-8, pp. 155 s. l'ind.

Scriptum anno 1682.

— R. P. Prosperi Intorcetta Societatis Jesu
Missionarii Sinensis Testimonium de
cultu Sinensi, Datum anno 1668. Lugduni & vaeneunt, Parisiis apud Nicolaum
Pepie.... M. DCC, pet. in-8, pp. 318 sans
l'index.

* Reverendi Patris Joannis Dominici Gabiani Missionarii Sinensis è Soc. Jesu
Vice-Provincialis Vice-Provinciae Sinicae
dissertatio apologetica scripta anno 1680
de Sinensium ritibus politicis. Leodii,
apud Gugliemum Henricum Streel, 1700,
in-12, pp. 77. (De Backer, 1992.)

(QUESTION DES RITES : 1700.)

13

— Lettre a Monseigneur le Duc du Mayne sur les Ceremonies de la Chine. M.DCC, pet. in-8 de pp. 111 avec une addition de 2 pages. s. l. ni indication de libraire.

Le P. de Backer cite : « Lettre à Monseigneur le Duc du Maine sur les cérémonies de la Chine, pet. in-8, pp. 213 sans date, sans nom de ville et d'imprimeur » et plus loin il indique le « Mémoire des écrits presentez à Rome » comme imprimé à la suite de cette lettre. Il a sans doute confondu la lettre au Duc du Maine avec celle des Missions étrangères, s. l. n. d., in-12, pp. 213 que [nous citons plus loin.

* Lettre a Monseigneur le Duc du Mayne sur les Ceremonies de la Chine. A Liége, chez Guillaume Henry Streel, 1700, in-12, pp. 102. (De Backer, 1349.)

— Des Ceremonies de la Chine. Par le R. P. Louis Le Comte, de la Compagnie de Jesus, Confesseur de Madame la Duchesse de Bourgogne. A Liege, chez Daniel Moumal... M.D.CC, in-12, pp. 183 sans l'avertissement au Lecteur.

Cet ouvrage est écrit sous la forme d'une « Lettre à Monseigneur le Duc du Maine ; sur les Cérémonies de la Chine. »

— Même Titre. A Liege, Chez Daniel Moumal M.D.CC, in-12, pp. 136 sans l'av.

* Même Titre. Suivant la copie imprimée à Liége. A Anvers, chez Henry Thieullier, 1700, in-16, pp. 102. (De Backer, 1350.

* Lettera al Serenissimo Duca del Maine, intorno alle ceremonie della Cina scritta dal Padre Luigi le Comte della Compagnia di Giesù, Missionario Cinese. M.DCC, in-12, pp. 139.

Traduction du P. Carlo Giacinto Ferrero. (De Backer, 1350.)

— Lettre de Messieurs des Missions etrangeres au Pape, sur les idolatries et les superstitions chinoises. In-4, s. l. n. d. pp. 137.

— Lettre de Messieurs des Missions étrangères au Pape, sur les idolatries et sur les superstitions chinoises. A Cologne M.DCC. In-12, pp. 235.

— Lettre de Messieurs des Missions étrangères au Pape, sur les idolatries et sur les superstitions chinoises. s. l. n. d. in-12, pp. 213 avec Frontispice gravé.

Cette lettre est datée « A Paris ce 10 Avril 1700 ». A la suite pp. 124/128, on trouve la « Revocation de l'Approbation donnée en 1687 par M. l'Abbé de Brisacier, supérieur du Seminaire des Missions étrangères, au Livre : De la Défense des Nouveaux Chrestiens, & des Missionnaires de la Chine, par le R. P. le Tellier Jesuite. » Cette révocation est datée « A Paris ce 20 Avril 1700 ». — Pp. 129/169, « Estat de la Question qui se traite presentement [fin 1699] à Rome, sur les honneurs que les Chinois rendent à Confucius et à leurs Ancêtres Morts — ». Pp. 171/213, Addition à la lettre au Pape. — Errata.

Pp. 208/213 on a inséré « Mémoire des écrits presentez à Rome, sur les Idolatries, & sur les Superstitions Chinoises. »

« En 1696. M. Quemener, à present Evêque de Sura, presenta à Rome le Mandement de M. Maigrot, accompagné d'une Requeste, pour demander que le Saint Siege reglât ce qu'il luy plairoit sur ce Mandement.

Le 19. Mars 1697. M. Charmot donna a la sacrée Congregation du Saint Office un Memoire, où il exposoit les raisons qui devoient presser les Cardinaux, de s'appliquer à l'examen & au jugement de cette affaire.

Le second jour de May de la même année, le Procureur Général de la Société, donna une Supplique, où il demandoit que les Jesuites fussent reçus à s'opposer à la confir-

mation du Mandement ; & qu'on leur communiquât toutes les pieces, qui jusqu'alors avoient été produites.

Le 28. de Juin suivant, le Général de la Compagnie de Jesus écrivit à l'Assesseur du Saint Office qu'on luy avoit communiqué les écrits produits par M. Charmot, qu'il chargeroit un de ces Pères d'y répondre, mais qu'il falloit du temps pour cela.

Le 3. Juillet de la même année, la Sacrée Congregation ordonna à M. Charmot, de faire le Traité intitulé, la Vérité du Fait, Veritas facti, prouvée par les Auteurs de la Compagnie.

Le 6. Aoust suivant, M. Charmot presenta une Réponse à la Lettre du Pere General, & le Traité, Veritas Facti.

Le 12. Septembre de la même année, le Procureur General de la Société, donna une autre Supplique, où, après avoir marqué qu'il avoit lû les deux derniers Ecrits de M. Charmot, il demandoit du temps pour répondre plus amplement.

Le 23. du même mois, M. Charmot donna une Réponse à cette Supplique du Procureur Géneral de la Société

Quelque temps après, le Pere Dez presenta un grand Traité de quatre-cens pages intitulé, Observations sur le Mandement. Observationes in Mandatum, &c.

Le 29. Juillet 1698. M. Charmot répondit aux Observations du P. Dez, par son traité intitulé, Remarques sur les Observations, Notae in Observations, &c.

A la fin du mois d'Aoust de la même année, fut mise entre les mains de l'Assesseur du Saint Office, une Supplique de plus de cent pages du Pere Dez au Pape, Libellus Supplex, &c., où il paroit sur tous les points du Mandement. Comme il étoit important pour les Jésuites, de faire croire que cette piece avoit été faite avant qu'ils eussent lû les derniers écrits qu'on avoit fournis contr'eux, quoyqu'elle ne parut qu'à la fin du mois d'Aoust, ils la datterent du mois de May.

Vers ce temps-là, le Pere Dez donna un nouveau Traité de plus de deux cens pages, intitulé, Reste des Observations. Observationes Residuales, &c., avec deux autres pieces qui y étoient attachées ; l'une sur les Livres de la Chine ; l'autre sur la Lettre que M. Maigrot avoit écrite au Pape, pour accompagner le Mandement.

Le 7. Octobre 1698. M. Charmot répondit à ce dernier Traité du Pere Dez, par celuy qu'il intitula, Courtes Remarques, Breves Notationes, &c.

Le 22. du même mois, M. Charmot répondit à la Supplique du Pere Dez, par un écrit intitulé Refutation, &c. Dispunctio, &c.

Quelques mois après, les Jesuites, pour rendre leurs repetitions moins ennuyeuses, changerent de Langue, & presenterent en Italien un nouveau Traité, &c. : Eclaircissement pour la Compagnie de Jesus sur les usages de la Chine.

Monsieur Charmot y répondit par un Traité qu'il appela, la Défense de ses Ecrits, Vindiciae Scriptorum, &c.

Dans l'espace de deux mois, les Jesuites donnerent encore en Italien quatre autres Traitez, dont voicy les dates et les titres. Le 23. Aoust 1699. Notizie intorno all'uso delle voce Cinesi Tien Coelum & Xamti Alti Dominus o'vero Supremus Imperator. Le lendemain : Notizie circa l'uso delle Tabelle colle parole Cinesi King-Tien Coelum Colito, Le 16. Septembre de la même année Ristretto delle Notizie circa l'uso della voce Cinese Xamti Che significa Supremus Imperator o vero Alti Dominus ; & della voce Tien che significa Coelum. Le 26 du même mois : Breve Ristretto delle Notizie già dedotte circa l'uso della Tabelle colle parole Cinesi King-Tien ; Coelum Colito.

Le 16 Novembre suivant M. Charmot répondit tout à la fois à ces quatre Traitez, par un écrit qu'il intitula Secondes Défenses ; Secunda Vindiciae, &c.

La Congrégation reduisit tout ce qui avoit été produit de part & d'autre en une espèce de Sommaire, qu'elle intitula, Questions de la Chine à proposer : Sinarum Quaesita proponenda, &c., & qu'elle mit entre les mains des Qualificateurs.

Les Jesuites entreprirent de combatre l'exposition que les Cardinaux avoient faite ; premierement par un écrit qui avoit pour titre, Instruction & Supplique des Pères de la Compagnie de Jesus ; Informationi e Suppliche. En second lieu par un Traité qu'ils intitulerent ; Exposition du fait : Expositio facti, &c.

Par ces lettres dattées de Rome du 15. juin de cette année, on apprend que les Jesuites avoient présenté depuis peu, six autres Traitez des Pères Brancati, le Favre, Intorcetta, Philippucci, Dez, & le Comte. »

Le *Mémoire* se termine ici et l'*Addition à la Lettre au Pape* finit le volume de la manière suivante :

« Si on ajoûte à tout cela les Informations que le Pere Martini avoit données à Rome en 1656, & où il n'avoit rien omis de ce qui etoit favorable à son sujet : Si on ajoûte aussi la multitude des autres ouvrages qu'ils ont publiez en France depuis quinze ans, on verra s'ils ont raison de repeter sans cesse qu'on ne leur donne pas le temps de se défendre, qu'ils apprennent par la Hollande les écrits qu'on produit contre eux à Rome; que si on a continué d'en user ainsi, ils auront droit de dire, qu'ils n'ont pas été écoutez : & le Public jugera par là quelle créance on doit donner à des gens qui parlent et qui écrivent ainsi. »

Le Père de Backer reproduit ce Mémoire dans sa *Biblio-thèque*, I, Col. 1249/1250, mais c'est sans doute par erreur qu'il dit que ce document se trouve à la suite de la *Lettre à Mgr Duc du Maine*.

L'*Ordonnance* de M. Maigrot, Vicaire apostolique du Fokien, est imprimée, pp. 141/151, dans l'*Estat de la Question....* Elle est datée de « la ville de Chang Lo de la Province de Fokien, le vingt-sixième jour de Mars de l'année 1693. »

* Lettera de' Signori Superiore, e Direttore del Seminario delle Missioni Straniere di Parigi. Al sommo Pontefice Innocenzio XII. Intorno alle idolatrie e superstizioni della China, in-8, pp.107. (De Backer.)

— Controversies of the Missions in China. 1693.

Ms. British Museum, Coll. Egerton No. 2212. Acheté chez Sotheby, Vente de Janv. Février 1873. — Contient des copies en latin des lettres de Maigrot, de sa Déclaration, etc.

— Memorie istoriche Della Controversia de' Cultu Chinesi; Lettera De' Signori Superiore e Direttori del Seminario delle Missioni Straniere di Parigi, Al Sommo Pontefice Innocenzio XII. Intorno all' Idolatrie e Superstizioni della China, In Italiano e in Francese; Due Pareri Di cento venti Dottori dell' Università di Parigi; con una raccolta di varie principali Scritture de' Padri della Compagnia di Giesù, e de' Signori Missionarj del Clero Secolare di Francia, sopra la medesima Controversia, molte delle quali si danno in luce per la prima volta. In Colonia, M. DCC, in-12, pp. 20-107-72-40-240.

Les 240 dernières pages comprennent : Raccolta di varie principali scritture.... avec un titre spécial. In Colonia, M. DCC.

— Réponse a la lettre de Messieurs des Missions étrangeres, au Pape, sur les ceremonies chinoises, s. l. n. d., in-4, pp. 123.

Réimp. dans l'*Hist. ecclésiast.* de Dupin, IV, p. 207.

Réponse à la lettre de Messieurs des Missions étrangères au Pape sur les Cérémonies chinoises. Troisième Edition Augmentée de quelques reflexions generales & d'une lettre à Mr..... Docteur de Sorbonne au sujet de la révocation faite par Mr. Brisacier. M. DCC, in-12.

Réflexions générales sur la lettre, pp. 1/21.
Réponse, pp. 1/157.
Réponse à l'Addition, pp. 158/172.
Lettre à Monsieur ** Docteur de Sorbonne, pp. 1/63.

L'approbation de M. Brisacier est du 23 Novembre 1687, la révocation du 20 Avril 1700. — Jacques-Charles de Brisacier, Supérieur du Séminaire des Missions étrangères, est mort en 1736.

— Lettre de M. Louis de Cicé, nommé par le S. Siege à l'evéché de Sabula, et au Vicariat apostolique de Siam, du Japon, &c. Aux RR. PP. Jesuites sur les Idolatries et sur les Superstitions de la Chine, in-12, pp. 70, s. l. n. d.

Datée de Paris, 15 d'Aoust 1700.

En réponse à la « Reponse des Jesuites à la lettre de Messieurs des Missions étrangères au Pape ».

De Backer cite la même : pp. 31, in-4.

* Lettera ad un' Abate di qualità intorno alla materia d'un Scritto intitolato : Lettera di Monsig. Luigi di Cicé, nominato dalla Santa Sede al Vescovado di Sabula, ec. A i RR. Padri Gesuiti, sulle idolatrie e superstizioni della Cina. In Colonia, 1701, in-12, pp. 124.

— Histoire apologetique de la conduite des Jesuites de la Chine, adressée à Messieurs des Missions etrangeres. M. DCC, in-12, pp. 130 sans l'avert. qui contient une réplique à l'écrit de M. de Cicé contre « la Réponse que les Jesuites ont faite à la Lettre de Messieurs des Missions Etrangères sur les Idolatries chinoises. »

— Ibid., in-12, pp. 83, sans l'avis.

Cet ouvrage est du P. Gab. Daniel. (Barbier, *Anon.*, II, col. 642/3.)

— Remontrance charitable a M. Louis de Cicé nommé à l'Evéché de Sabula & au Vicariat Apostolique de Siam, du Jappon, &c. avec quelques Reflexions sur la *Censure* de l'Assemblée du Clergé. A Cologne, chez Pierre Marteau, M. DCC, in-12, pp. 44.

— Reflexions generales sur la lettre qui paroît sous le nom de Messieurs du Seminaire des Missions Etrangères, touchant les Cérémonies chinoises. M. DCC, pet. in-8, pp. 19.

De Backer cite, col. 1256, une 2e éd. : M. DCC, in-12, sans autre indication, pp. 21.

— Lettre à Monsieur ** touchant les honneurs que les Chinois rendent au Philosophe Confucius & à leurs ancêtres, pp. 1/103.

— Seconde lettre sur le même sujet avec le décret d'Alexandre VII (23 mars 1656), pp. 103/151.

— Lettre du Roy de Portugal au Cardinal Barberini Protecteur de cette couronne (à Lisbonne le 31 d'Aoust 1699), pp. 151/156.

A la suite de la *Relation* de Ghirardini, 1700.

— Ibidem, M. DCC. s. l., in-12, pp. 116.

— Lettre à Monsieur ** Docteur de Sorbonne. Au sujet de la Révocation faite par M. l'abbé de Brisacier de son Approbation donnée en 1687. au Livre intitulé,

Défense des nouveaux Chrestiens & des Missionnaires de la Chine, &c. MDCC, s. l., in-12, pp. 58.

— Recueil des Pieces des Differens de Messieurs des Missions etrangeres, et des religieux de l'ordre de S. Dominique, touchant le culte qu'on rend à la Chine au Philosophe Confucius. A Cologne, chez Jean le Sincere. MDCC., in-12.

— Relation de ce qui s'est passé à la Chine en 1697. 1698. & 1699. à l'occasion d'un établissement que M. l'abbé de Lyonne a fait à *Nien-Tcheou*, Ville de la Province de *Tche-kiang*. A Liege, Chez Daniel Moumal, Marchand Libraire, proche l'Eglise de Saint Lambert. M.DCC. in 12 de pp. 44.

« On m'a assuré que le R. Pere de Fontaney, Superieur des Jesuites François de la Chine en etoit l'auteur... » (Avert.)
Suivie pp. 42/44 de : Lettre ecrite à Monsieur le Baron de...., à Liége. A Fontainebleau le 12. de Novembre 1700.

— Lettre a Madame de Lionne, sur le libelle des Jesuites, Contre M. l'Evêque de Rosalie, son fils. A Rome, ce 10 février 1701. In-12, pp. 84.

Les lettres suivantes sont imprimées dans ce volume :
— Lettre de M. l'Abbé de Lionne, evêque de Rosalie, au P. Grimaldi Jesuite, Ecrite de Nanquin, le troisième de février 1699, pp. 18/22.
— Lettre de M. l'Abbé de Lionne, evêque de Rosalie, aux Jesuites François, Missionnaires dans la Chine, Ecrite de Nanquin, le septième de Janvier 1699, pp. 23/34.
— Lettre de M. l'Eveque d'Argoli au Rev. Pere Grimaldi Jesuite, pp. 36/40 (A Nanquin 4 Janv. 1699.)
— Lettre du Même aux RR. PP. Jesuites François Miss. dans la Chine, pp. 41/51. (A Kiang-Ning, le sixième Janvier 1699.)
Le texte italien de la première lettre de l'évêque d'Argoli est donné, pp. 73/76 ; le texte latin de la seconde, pp. 77/84 de cette brochure.

* Lettre de Madame de Lionne aux Jésuites. *A la fin :* Paris, 23 Avril, 1701, in-12, pp. 36 sans autre indication. (De Backer.)

— Lettre à Messieurs des Missions etrangeres, sur celle qu'ils ont écrite à Madame de Lionne. M.DCCI. In-12, pp. 68.

* L'Apoteosi Melchiorrica fatto curioso avvenuto in Recanati nell'Ottobre del170 0 colla giunta d'una risposta alla Lettera di Madama di Lionne, s. l. et a., in-12, pp. 15.

Une note mss. attribue cette satire sanglante au P. Laurent Sardi. (De Backer, 1257.)

— Breuis Relatio eorū, quae spectant ad Declarationem Sinarū Imperatoris Kam Hi circa Cœli, Cumľucij, et Auorū cultú, datam anno 1700. Accedunt Primatú, Doctissimorúq'. virorú, et antiquissimae Traditionis testimonia. Operā PP. Societ. Jesu Pekini pro Euangelij propagatione laborantium. In-8, de 61 feuillets doubles, pliés à la manière chinoise, numerotés

(Question des rites : 1700-1701.)

avec des caractères chinois. — Imprimé avec des caractères en bois.

On lit à la dernière page (verso du f. 61) :
Cui Protestationi subscribimus Pekini 29 Julij anni 1701. — Antonius Thomas vice Proulis Sinensis. — Philippus Grimaldi Rector Pekinensis. — Thomas Pereyra. — Joannes Franc.ᵉ Gerbillon. — Josephus Suarez. — Joachimus Bouvet. — Kilianus Stumpf. — J. Baptista Regis. — Ludovicus Pernoti. — Dominicus Parrenin. Omnes e Socte Jesu Sacerdotes.
Bib. nat., Fonds Chinois No. 925. — Vend : Regnauld-Bretel, 60 fr ; Libri, *Choicer Portion*, No. 625, 1 liv. 2 s.

— Une Pièce in-4 sans titre de 4 pages (2 feuillets) comprenant IV paragraphes : « A Paris, Chez Louis Josse Imprimeur de son Eminence Monseigneur le Cardinal de Noailles, Archevesque de Paris. 1700. »

— Informatio antiquissima de praxi missionariorum Sinensium Societatis Jesu, circa ritus Sinenses, data in China, jam ab annis 1636. & 1640. à P. Francisco Furtado antiquo Missionario, & Vice-Provinciali Sinensi ejusdem Societatis. Lugduni & Vœneunt Parisiis Apud Nicolaum Pepie... M.DCC. in-8, pp. 18-52 s. les ind., &c., contient :

Epistola Patris Francisci Furtado Vice-Provincialis Sinensis die 10 novembris, anno 1636, scripta admodum Reverendo in Christo Patri P. Mutio Vitelleschi Praeposito Generali Societatis Jesu. s. l. et a. pp. 18 s. l. tab.
Responsio Patris Francisci Furtado Vice-Provincialis Sinensis Societatis Jesu, ad duodecim quaestiones à P. F. Joanne Baptista de Morales ordinis S. Dominici Manilensi propositas Patribus Societatis Jesu laborantibus in praedicatione Sancti Evangelii in Imperio Sinarum, anno 1640, in-8, pp. 52, s. l. tab. et les notes. Cet écrit est daté : In Regno Chinae, 8 Feb. 1640. — Il est dirigé ainsi que le précédent surtout contre Mr. Maigrot.

— Ulterior Expositio, et informatio de factis sinensibus controversis, secundùm PP. Societatis Jesu, Adversùs novam allegationem Textuum Sinicorum Factam praesertim ex Tractatibus PP. FF. Dominici Navarrete, & Francisci Varo Dominicanorum, &c. Anno M.DCC. pet. in-8, pp. 338 sans l'index qui est considérable.

Lettre d'un Docteur de l'ordre de S. Domique sur les Ceremonies de la Chine, au R. P. Le Comte de la Compagnie de Jesus, Confesseur de Madame la Duchesse de Bourgogne. A Cologne, chez les Héritiers de Corneille d'Egmond. M.DCC. in-12, pp. 89 s. l'app. &c.

App. Liege 20 Mai et Bruxelles 14 Mai 1700.
II. Lettre d'un Docteur de l'ordre de Saint Dominique sur les Ceremonies de la Chine, au Reverend Pere Dez Provincial des Jesuites. s. l. n. d. pp. 37.
III. Lettre du même au R. P. Le Comte confesseur de Madame la Duchesse de Bourgogne sur le système de l'ancienne Religion de la Chine. Pp. 29 App. Bruxelles, le 4 de juillet 1700. s. l. n. d.
IV. Lettre du même sur l'idolatrie et les superstitions de la Chine, au Reverend Pere Dez Provincial des Jesuites. A Cologne, chez les Héritiers de Corneille d'Egmond. MDCC, pp. 18. App. Bruxelles 26 juillet 1700.
V. Lettre du même au même. MDCC. pp. 47. App. Bruxelles 10 Août 1700.

(Question des rites : 1700.)

VI. Lettre du même au même. MDCC. avec Approbations, pp. 22.

VII. Lettre du même au même. MDCC. avec Approbations, pp. 24.

Ces lettres sont du P. Noel Alexandre.

— Six lettres d'un docteur ou Relation des Assemblées de la Faculté de Théologie de Paris, tenues en Sorbonne sur les opinions des Jésuites touchant la Religion, les Cultes & la Morale des Chinois avec la Censure de cette Faculté. Seconde Edition corrigée. A Cologne. MDCCI. pet. in-8, pp. 304.

— Lettre d'un Dottore di Teologia dell' Universita' di Parigi dell' Ordine de' Predicatori, intorno alle idolatrie e superstizioni della China. In Colonia, Appresso gli Eredi di Cornelio d'Egmond. M. DCC., pet. in-8.

Trad. des sept. lettres françaises du Dr. de St. Dominique.

* Dimostrazione della Giustizia de' Gesuiti nella causa Cinese, consistente in cento ragioni trà generali, et particolari, apposte partitamente à tredeci Punti, in cui tutta se ne divide la materia. In Colonia, (Roma) 1701, in-12, pp. 118 sans la tab., sans nom d'imp.

C'est l'ouvrage du P. J. B. de Benedictis. (De Backer.)

— Journal historique des Assemblées, tenue en Sorbonne, Pour condamner les Memoires de la Chine, &c. M. DCCI, in-12, pp. 282 s. l. p. [Par le P. Jacques Philippe Lallemant, de la Compagnie de Jésus.]

— Preface.

— Liste des Docteurs, qui parlent, ou dont il est parlé dans ce Journal historique, pp. 3/8.

— Premiere Lettre a un Chanoine de M'''. A Paris ce 22. d'Aoust 1700, pp. 9/38.

— II. Lettre au mesme, pp. 39/65. A Paris ce 29. d'Aoust 1700.

— III. Lettre au mesme, pp. 66/97. A Paris ce 3. de Septembre 1700.

— IV. Lettre au mesme, pp. 98/140. A Paris ce 13. de Septembre 1700.

— V. Lettre au mesme, pp. 139/180. A Paris, ce premier d'Octobre 1700.

— VI. Lettre au mesme, pp. 181/212. A Paris, ce 14. Octobre 1700.

— VII. Lettre au mesme, pp. 213/260. A Paris, ce 24. d'Octobre 1700.

— Censure de la Sacrée Faculté de Théologie, pp. 261/270.

— Acte de Protestation. Signifié aux Sieurs Syndic, Doyen & Docteurs de la Faculté de Theologie de Paris, le dix-huitième jour d'Octobre 1700. par le Pere le Gobien de la Compagnie de Jesus, tant en son nom, que comme se faisant fort du Pere Louis le Comte de la même Compagnie, pp. 271/278.

— Acte d'Opposition, Faite par Monsieur Dumas Docteur de Sorbonne, pp. 279/282.

* Censura Sacrae Facultatis Theologiae Parisiensis lata in propositiones excerptas ex libris, quorum haec est inscriptio : Nouveaux Mémoires sur l'Etat présent de la Chine. Histoire de l'Edit de l'Empereur de

la Chine. Lettre des Cérémonies de la Chine. A la fin : Parisiis apud Ludovicum Josse, 1700, in-4, pp. 8.

— Censure de la Faculté de Theologie de Paris, contre des propositions tirées des Livres intitulez, Nouveaux Memoires sur l'état present de la Chine. Histoire de l'Edit de l'Empereur de la Chine. Lettre des Ceremonies de la Chine. In-4, s. l. n. d., pp. 7. A la fin : A Paris, chez Louis Josse, 1700.

Fait en Sorbonne, le 18 Oct., revu et confirmé le 19 Oct. 1700.

— Judicium unius e Societate Sorbonica Doctoris [le Docteur Coulau, Bibliothécaire du collége Mazarin] De Propositionibus quibusdam circa antiquam Sinarum Religionem ad Sacram Facultatem Parisiensem delatis. In-4, pp. 126.

En faveur des Jésuites.

— Remarques d'un docteur en Théologie, sur la protestation des Jesuites. Avec une Réponse au nouveau libelle de ces peres contre la Censure de Sorbonne. In-12, pp. 30.

— Lettre [d'un Jésuite] a un Docteur de la Faculté de Paris, sur les propositions déférées en Sorbonne par Monsieur Priou. M. D. C. [lisez 1700]. In-12, pp. 23.

— Censure de quelques propositions des PP. le Comte et le Gobien Jesuites, publiée sous le nom de la Faculté de Theologie de Paris. Refutée par les Ecrits des Dominiquains & des Franciscains Missionnaires de la Chine les plus opposez aux Jesuites. M. DCC. In-12.

* Réponse aux Remarques de M ***, sur la Protestation du Père le Gobien. 1700, sans autre indication, in-12, pp. 33. (Pour les Jésuites.) (De Backer.)

* Réfutation d'une prétendue réponse à l'écrit intitulé : Censure de quelques Propositions des Pères le Comte et le Gobien, Jésuites, réfutée par les Ecrits des Dominicains et des Franciscains de la Chine, etc., in-12, Pièce. (De Backer.)

* Lettera di risposta ad un amico del Padre Jvo Anani sopra la Lettera concernente i Riti della China del Padre Luigi le Comte della Compagnia diretta al Serenissimo Duca del Maine. In Colonia, appresso gli Heredi d'Egmond, 1700, in-8, pp. 125.

— Reflexions sur la Censure, publiée sous le nom de la Faculté de Theologie de Paris, Contre les Livres intitulés, Nouveaux Memoires sur l'état present de la Chine : Histoire de l'Edit de l'Empereur de la Chine :

Lettre des Ceremonies de la Chine. M. VCC (pour M. DCC), in-12, pp. 19.

— Défense de la Censure de la Faculté de Théologie de Paris, du 18. Octobre 1700. contre les propositions des Livres intitulez : *Nouveaux Mémoires sur l'état présent de la Chine. Histoire de l'Edit de l'Empereur de la Chine. Lettre des Ceremonies de la Chine.* Par Messire Louis Ellies Du Pin, Docteur en Theologie de la Faculté de Paris, & Professeur Roïal en Philosophie. A Paris, chez André Pralard, rüe Saint Jacques, à l'Occasion. M. DCCI. Avec Approbations & Privilege du Roi. In-12, pp. xxxvj-575 sans la table, &c.

La Censure est imprimée pp. xxiij-xxxvj. Elle est signée « De Champ-Veille, Greffier de ladite Faculté ».

* Jugement d'un grand nombre de Docteurs des Universitez de Castille et d'Arragon, sur les propositions censurées en Sorbonne le 18 d'octobre 1700. Pour servir de réponse au livre de Mr. du Pin, intitulé : *Défense de la Censure, etc.* A Liége, de l'imprimerie de Guillaume Henry Streel, 1701, in-12, pp. 45. (De Backer.)

— Lettera scritta al Sanctissimo Papa Clemente XI. Da PP. della Compagnia di Gesù della Cina con vna Risposta dell' Imperador della Cina data ad essi sopra i Riti Cinesi. Anno M. DCCI, pet. in-8 s. l., sans pag.

* Epistola ad summum Pontificem scripta a PP. Soc. Jesu e Sinis, cum responsione Imperatoris Sinarum ipsis data circa Sinicos Ritus, oblata Sanctissimo D. N. Clementi XI. Anno 1701, pet. in-4, sans pag.; sign. B 3 après A 3. En latin et en italien.

* Epistola ad summum Pontificem scripta a PP. Soc. Jesu e Sinis, cum responsione Imperatoris Sinarum ipsis data circa Sinicos Ritus, oblata Sanctissimo D. N. Clementi XI. Panormi, 1702. In typographia Joseph Gramignani, ff. 4.

— Risposta di vn Religioso della Compagnia di Gesù alla lettera scritta da vn Religioso dell' Ordine de' Predicatori A' PP. Gesuiti del Collegio di Pechino nella Cina. Anno M. DCCI, pet. in-8, s. l., s. pagination.

Attribuée au P. J. de Benedictis. (De Backer.)

— Q. D. B. V. Dissertatio historico-moralis de svperstitioso Mortvorum apvd Chinenses cvltv, quam Rectore magnificentissimo, serenissimo principe ac domino, Dn. Friderico Wilhelmo, regni Borvssici, electoratvsqve et reliqvarvm provinciarvm Brandenbvrgicarvm herede, et reliqva, praeside Io. Francisco Bvddeo, PP. pro svmmis in philosophia honoribvs rite conseqvendis, ervditorvm examini A.D. IVN. A. M.DCC.I. submittit Gvilielmvs Stephani, Mitoa-Semgallus. Halae Magdeb. Typis Chr. Henckelii, Acad. Typogr., br. in-4, pp. 28.

(QUESTION DES RITES : 1700-1701.)

— Epistola **Patrum Societatis** Jesu in Sinensi Missione degentium ad Sanctissimum D. N. Papam Clementem XI, cùm Decreto seu Declaratione authenticâ Magni Sinarum Imperatoris de Ritibus ac Cœrimoniis Sinicis. Lettre des Pères de la Compagnie de Jesus, Missionnaires de la Chine, à Nôtre Tres-Saint Pere le Pape Clement XI. avec la Declaration authentique de l'Empereur de la Chine, touchant les Céremonies Chinoises. Sur la Copie imprimée à Rome en Latin & en Italien. A Liége, chez Daniel Moumal, M.DCCII, in-4, pp. 31.

Carayon, No. 1177, cite une éd. : A Liége, s. l. et a.

— Respvesta breve, sobre las controuersias de el Xang ti, Tien Xin, y Ling Hoen (esto es de el Rey de alto, espiritus, y alma racional, que pone el China) y otros nombres, y terminos Chinicos, para determinarse, quales de ellos se pueden vsar en esta Christiandad, dirigida á los Padres de las Residencias de China, para que le vean, y imbien despues su parecer al P. Visitador de Macao. Pp. 246/289 des *Tratados* de Navarrete (1676) voir col : 18.

Ouvrage du P. Longobardi, traduit en français par L. de Cicé (Vide infra).

— Anciens Traitez de divers auteurs sur les Ceremonies de la Chine, in-12 contient :

Traité sur quelques points de la Religion des Chinois Par le R. Père Longobardi, ancien Superieur des Missions de la Compagnie de Jesus à la Chine. A Paris, chez Louis Guerin... MDCCI, Avec Privilége du Roy. 100 pages.

Traduit par le P. de Cicé, dominicain, de la version espagnole imprimée dans les *Tratados* de Navarrete (Vide supra). — « Publié par les directeurs du Seminaire des Missions étrangères. — Leibnitz en donne une nouvelle édition dans ses Epistolae ad diversos, publiées par Kortholt, 1735, 4 vol. in-8. » (Carayon, nº 1134.) La trad. française du P. de Cicé a été réimprimée dans les œuvres de Leibnitz (t. IV, p. 170 et suiv., édit. de Genève, 1768, 6 vol. in-4), avec des annotations nombreuses de ce grand esprit auquel rien, dans les connaissances humaines, ne restait étranger. Nous possédons une *traduction portugaise manuscrite* de ce même traité, réuni à plusieurs autres, également manuscrits, faisant partie de la fameuse controverse des jésuites et des dominicains..... (Pauthier, *Lettre de Prémare sur le monothéisme*, Note, pp. 2, 3.)

Traité sur quelques points importans de la Mission de la Chine Par le R. P. Antoine de Sainte-Marie, Prefet Apostolique des Missionnaires de l'ordre de Saint François dans ce royaume ; Adressé au R. P. Louis de Gama, Jesuite, Visiteur des Provinces de la Chine et du Japon : Et envoyé à N. S. Père le Pape, & aux Em. Cardinaux de la Sacrée Congregation établie pour les affaires qui regardent la propagation de la Foy. Traduit de l'Espa-

(QUESTION DES RITES : 1701-1702.)

gnol. A Paris, chez Louis Guerin... MDCCI, 152 pages.

D'après le Privilège « achevé d'imprimer pour la première fois le 25 février 1701. »

* Acta de Sinensium ritibus politicis; seu appendix ad Scripta Sarpetri, ex Sancti Dominici ordine; Missionarii Sinensis, de Deo uno, vivo ac vero, a veteribus Sinis per duo annorum millia cognito, adversus Scripta P. Longobardi Societatis Jesu. Parisiis, Nic. Pepie, 1700, in-8.

Appendix ad Acta de Sinensium ritibus, seu R. P. Dominici Sarpetri, Theologi et Sancti Dominici ordinis Missio- narii Sinensis tractatus de Deo uno, vivo ac vero a vete- ribus Sinensibus cognito, adversus scripta P. Longobardi. Parisiis, Nic. Pepie, 1701, in-8.

* Joan. Francisci de Nicolais, Episcopi Beri- tensis, responsum ad Cardinalem Mares- cottum, super scripturam P. Ludovici le Comte, Societatis Jesu, ei communicatam, Coloniae, haeredes Corn. d'Egmond, 1701, in-8.

Scriptum R. P. Ludovici le Comte Societatis Jesu, ad Em Rev. Cardinalem Marescottum, de iis quae geruntur in Sinis circa Confucium et Primogenitores defunctos. (De Backer.)

A la suite du précédent ouvrage.

— Lettre d'une personne de piété. Sur un Ecrit des Jesuites contre la Censure de quelques propositions de leurs PP. le Comte, le Gobien, &c. touchant la Reli- gion & le culte des Chinois, faite par la Faculté de Théologie de Paris. Avec une Réponse de l'illustrissime Navarrette Ar- chevêque de S. Domingue à l'Apologie des Jesuites de la Chine, composée par le P. Diego Moralez de la même Compa- gnie. A Cologne, Chez les Héritiers de Corneille d'Egmond. M.DCCI. Avec Ap- probation. In-12, pp. 129 sans l'app.

Pp. 111 et seq. : L'Apologie des RR. PP. Jesuites Mission- naires de la Chine, par le Pere Diego Moralez de la même Compagnie, Brievement refutée, par l'Illustrissime Navar- rette Archevêque de Saint Domingue. Traduite de l'espa- gnol, avec quelques reflexions de Dom Jean de Palafox Evêque d'Angelopolis sur la conduite des Peres Jesuites dans la Chine.

* Lettera d'una persona pia sopra una scrittura de' PP. Gesuiti, contro la Cen- sura fatta dalla Facoltà di Parigi di alcune proposizioni de' PP. le Comte, le Gobien, etc., circa la religione e culto de' Chinesi; con una risposta dell' ill. Navarrette all' Apologia de'Gesuiti della China, composta dal P. Diego Moralez. In Colonia, gl'her. di Corn. d'Egmond, 1701, in-12.

— Priere pour l'eglise de la Chine. In-4, pp. 33, s. l. n. d.

— Priere pour l'eglise de la Chine et les rai- sons qui ont engagé à donner présente- ment cette Prière, M.DCCII, in-12, pp. 36.

— Raccolta d'alcune Dicisioni ed' Istru-

zioni. Colle qvali si dimostra qval sia stata La Pratica della Chiesa nel Propa- gare la Fede, e nel dicidere Controuersie insorte tra Missionarij. Opera di Daniele del Pico Dottore in Sacra Teologia. Anno M.DCCII, s. l. pet. in-8, pp. 372, s. l. t. &c.

— Lettre de Monsieur Marin Labbé nommé par le Saint Siege Evêque de Tilopolis, et Coadjuteur au Vicariat apostolique de la Cochinchine, au Pape, sur Le Certificat de l'Empereur de la Chine, et sur la nécessité de condamner sans delai toutes les su- perstitions Chinoises. M.DCCII, in-12, pp. 132, s. l'av.

— Lettre de M. Marin Labbé..... A Anvers, chez les Héri- tiers de Jean Keerberg. M.DCCII, in-12, pp. 127, s. l'av.

— Réponse aux Nouveaux Ecrits de Mes- sieurs des Missions etrangeres contre les Jesuites. Par une Lettre de Monseigneur Alvare Benavente, Evêque d'Ascalon, Vi- caire Apostolique de *Kiamsi*; Par la con- duite de Monseigneur Charles Maigrot, Evêque de Conon, Vicaire apostolique de *Fokien*; Et par les attestations des Chres- tiens de *Fo-tcheou*. MDCCII. in-12, pp. 148- 107.

* Particula Epistolae P. Alvari Benevente, ex ordine S. Augustini, olim Provincialis Philippinarum, nunc vero Episcopi Asca- lonensis, et Vicarii Apostolici Provinciae Kiangsi, in Regno Sinarum. Ex Hanganfù 27 novembris 1700. Ad Sac. Congregatio- nem de Propaganda Fide. A la fin : Pa- normi, apud Jos. Gramignani, 1702, in-4.

— Memoriale Circa veritatem, & subsisten- tiam Facti, Cui innititur Decretum san : mem : Alexandri VII editum die 23. Mar- tij 1656. Et permissuum Rituum Sinen- sium. Itèmque Circa vsum vocum *Tien*, & *Xamti*, ac Tabellae *Kim Tien* sanctissimo D. N. Clementi Papae XI. oblatvm a PP. Francisco Noel, & Casparo Castner S. I. Procuratoribus Illustrissimorum, & Reuerendissimorum Episcoporum Ma- caensis, Nankinensis, Ascalonensis, & Electi Andreuillensis, Et pro Missioni- bus S. I. in Imperio Chinae, & adiacenti- bus Regnis Die 27. Martij 1703, in-4, pp. 139.

Voir *Let. édif.*, VI, p. 68 (Paris, 1723), ou XVI, p. 160 (Pa- ris, 1781).

—Observationes in quaesita Sinarum Impe- ratori a Patribus Societatis Jesu propo- sita, et illius ad ea responsionem circa coeli, avorum, et Confucii cultum, sanc- tissimo domino nostro Papae Clementi XI. Ab Episcopo Rosaliensi In Regno Sinarum Vicario Apostolico oblatae. s. l. n. d., in-4, pp. 94.

Suivies de :

Breves notationes ad Memoriale et Summarium Patrum Societatis.

— Lettre sur l'utilité de la recherche des anciennes croyances chinoises (datée du 1er Nov. 1701, adressée par le P. Bouvet à Leibnitz, publiée dans le *Journal de Trévoux,* janvier 1704, no. XI).

— L'épitre du P. Ch. le Gobien, en tête du VIIe Recueil des *Lettres édifiantes,* contient un abrégé du *Mémorial* signé par le P. Philippe Grimaldi, Président du tribunal des Mathématiques, le Père Antoine Thomas, Vice-Provincial des Jésuites Portugais, le Père Jean François Gerbillon, Supérieur général des Jésuites français et le Père Thomas Pereyra ci-devant Recteur du collège de Pékin, présenté à l'empereur de la Chine le 17 juillet 1705 afin d'obtenir pour le Cardinal de Tournon l'autorisation de venir à Pékin. Le Cardinal avait écrit de Canton aux Jésuites pour leur annoncer son arrivée.

Eclaircissements sur les controverses de la Chine, par le P. Ant. Beauvollier, J = Sententia unius Missionarii (P. Hervieu), circa ritus sinicos controversos. In-4, v. br.

Ces manuscrits font partie des Ms. provenant du P. Brotier vendus à la Vente des Livres de Langlès. Ils portent le No. 4356. 30.

Annotations sur la réponse du P. Antoine de Beauvollier aux textes proposés par M. l'Evêque de Conon [Charles Maigrot] à l'empereur Kang-hi comme contraires à la Religion Chrétienne.

Ouvrage écrit et envoyé à Rome par le P. de Visdelou : Voir sa lettre aux Cardinaux de la Propagation de la Foi datée : « A Pondichéri, le 20 Janvier 1728 » insérée dans le Chou king de Gaubil, pp. 404/6.

Visdelou mentionne également dans cette lettre, p. 406, un autre de ses écrits : Histoire de la Religion des Philosophes Chinois. Ces deux ouvrages devront être consultés sur l'Y king. Je ne sais s'ils ont été imprimés.

— *Cu kin kim tien kien.* Liber novus è Sinico idiomate in latinum versus à Patribus Placido Hervieu, & Josepho Henrico de Premare. Auctore P.e Joach. Bouvet e Societate Jesu an 1706. De Cultu Coelesti Sinarum veterum & modernorum. (Bib. nat., Ms. Latin Nouv. Acq. 155.)

Ce Ms. in-8 est écrit de la main du P. de Premare et se compose de 80 feuillets doubles sur papier chinois.

Il n'est pas *imprimé* comme le dit le *Catalogue des manuscrits latins.*

— Bref de Nôtre Saint Pere le Pape, à Monsieur l'Evêque de Cônon Vicaire Apostolique de Fokien dans la Chine, qui lui a été apporté par Monsieur le Cardinal de Tournon.

Clement XI = Rome, 20 Juin 1702.

— Lettre de l'Eminentissime Cardinal de Tournon Patriarche d'Antioche, envoyé par nôtre Saint Pere le Pape Clement XI. à la Chine, en qualité de Légat à latere; écrite de la Ville de Linchin le 6. Octobre

(QUESTION DES RITES : 1704.)

1706, à M. Maigrot Evêque de Conon, Vicaire Apostolique dans la Chine, pour consoler ce Prélat dans la Prison où il étoit retenu chez les Jesuites, par ordre de l'Empereur.

Ces deux pièces (en latin et en français) forment un pet. in-8, s. l. n. d., de pp. 8-29.

— Lettre a un Prelat, sur un ecrit intitulé, *Lettre de M. le Cardinal de Tournon, Patriarche d'Antiochè, &c., à M. Maigrot Evêque de Conon,* &c., pièce in-12, s. l. n. d., pp. 28.

— Reponse a la Lettre des Jesuites a un prelat, Touchant les Cérémonies Chinoises. M. DCCIX, pet. in-8. pp. 92.

On a imprimé à la suite de cette Reponse :

1º Decret de la Congregation de la Propagation de la Foy sur les doutes du Pere Jean Baptiste de Morales, confirmé par le Pape Innocent X. (lat. et franç.) 12 Sept. 1645, pp. 65/71.

2º Decret de la Cong. gén. de la Sainte Inquisition Romaine & universelle sur les demandes du Pere Martini, confirmé par le Pape Alexandre VII (lat. et franç.) 23 Mars 1656, pp. 71/78.

3º Decret de la Cong. gén, de la Ste Inq. Rom. approuvée par Clement IX. du 13 Novembre 1669 (lat. et franç.), pp. 79/82.

4º Bref de Nôtre Saint Pere le Pape Innocent XII, à Messire Charles Maigrot Vicaire Apostolique de Fokien, Evêque nommé de Conon en la Chine (l. & f.) 15...... 1697, pp. 82/85.

5º Copie de la Lettre écrite au Pape Clement XI. par M. Charles Maigrot, Evêque de Conon le 4. Mars 1708 (l. & f.), pp. 85/87.

6º Mandement donné à la Chine par Monseigneur le Patriarche d'Antioche le 25 Janvier 1707 (en franç., « On donne ce mandement tel, qu'on l'a eu, traduit de l'Original Espagnol), pp. 88/92.

— Lettre a Messieurs du Seminaire des Missions etrangeres; Sur ce qu'ils accusent les Jesuites de ne s'être pas soûmis sincerement au nouveau Decret touchant les affaires de la Chine, in-12, pp. 156, s. l. table et l'add., s. l. n. d., avec un supp. in-12 de 46 p. s. l'av.

— Ad Controuersiam de Ritibus Sinensium. Ex litteris R. P. Castner, e S. I. Cantone datis 6ta Sept. 1707 ad R. P. Assistentem Germaniae [Andream Waibl], (pp. 165 et seq. du *Journal* de Murr, VI, 1778). — Litterae Patris Benedicti Werkmaister Soc. Jesu, Bahiâ datae 8 Augusti, anno 1708. Ad R. P. Assistentem Germaniae. *(Ibid.,* pp. 168 et seq.)

Collocutio Cang hi, Imperatoris Sinarum, cum Reuerendmo Carolo Maygrott Episcopo Cononensi, Vicario Apostolico, excerpta ex relatione, e Sinis missa 1707. *(Ibid.,* pp. 180 et seq.)

Atti Imperiali autentici di varj Trattati, passati nella Regia Corte di Pekino tra l'Imperatore della Cina, e M. Patriarca Antiocheno al presente Sig. Cardinale di Tournon negli Anni 1705, e 1706. In-12,

(QUESTION DES RITES : 1707-1709.)

pp. 208. A la fin : In Colonia, per Gio. Herman Schombeck. (De Backer.)

* Decret de M. le Cardinal de Tournon Patriarche d'Antioche, envoié à la Chine par N. S. P. le Pape Clement XI avec les pouvoirs de Legat a latere. Touchant les cultes Chinois que les Jesuites y permettent à leurs nouveaux Convertis. Avec quelques notes pour l'Eclaircissement du Decret. (Sans nom de ville ni d'imprimeur) 15 février 1709, in-12, pp. 12. (De Backer.)

* Difesa del Giudizio formato dalla S. Sede Apostolica nel 20 novembre 1704. E pubblicato in Nankino dal Card. di Tournon alli 7 febbrajo 1707. Intorno a' riti e ceremonie cinesi. Contro un libello sedizioso intitolato : Alcune riflessioni intorno alle Cose presenti della Cina. A cui vengono annesse tre Appendici, contro le tre Scritture latine ultimamente Stampate dalli Difensori de' medesimi Riti condannati. Opera di un Dottore della Sorbona, trasportato dal manoscritto francese da un religioso italiano. Seconda edizione. Accresciuta di varie notizie. In Torino, 1709, in-4. (De Backer.)

L'ex. du collège de Palerme attribue cet ouvrage au P. Jacque Hyacinthe Serry, dominicain.

* Difesa del giudicio formato dalla Sede Apostolica il di 20 novembre 1704.

* Esame Teologico contro un libro ingiurioso intitolato : Difesa del Giudizio formato dalla S. Sede Apostolica nel di 20 novembre 1704.

* Lettere d'Avviso d'un buon amico al Dottore di Sorbona, Autore d'un Libro intitolato : Difesa del Giudizio formato dalla S. Sede Apostolica nel 20 novembre 1704. E pubblicato in Nankino dal Cardinale di Tournon alli 7 febbrajo 1707. Intorno a' Riti, e Ceremonie Cinesi. Contro un libello sedizioso intitolato : Alcune Riflessioni intorno alle Cose presenti della Cina, etc., in-4.

* Continuazione dell' Esame Teologico in cui si responde a due Libri l'uno intitolato : Lettera ad un Amico che contiene come una Risposta a tutte le ragioni, che in sostanza furono addotte in difesa de' Riti della Cina, già condannati con publico decreto della Sede Apostolica. L'altro intitolato : Brevissima controversia, in cui si dimostra, che, dopo il decreto di Clemente XI condannativo delle Cerimonie Cinesi, queste non sono più in fatto di essere pubblicate e difese come innocenti. Con un Appendice nel fine in risposta a trè Dichiarazioni di

Monsig. Maigrot Vescovo Cononense, in-12, pp. 138.

C'est l'ouvrage du P. Girolamo Saccherio. (De Backer.)

* Il secondo Disinganno al Dottore della Sorbona overo Appendice alla Censura del Libello intitolato : Considerazioni in risposta ad un Dottore Sorbonico Autore d' altro Libello intitolato : Difesa del Giudizio formato dalla S. Sede Apostolica, etc., intorno a' Riti, e Ceremonie Cinesi. Edizione seconda, 1710, in-12, pp. 56.

* Contra-risposte o siano Esami di tutte le Scritture pubblicate dai Protettori de' Riti condannati della Cina; intorno ad un fatto accaduto in Scio nell' anno 1694 e riferito come di passaggio in aggiunta alla seconda Edizione della Difesa del giudizio formato della Santa Sede Apostolica. In Torino. A Spese di Gio. Battista Fontana, in-12, pp. 207.

* Risposta ad un libro contro le dodici Riflessioni intitolato Difesa del Giudizio formato dalla S. Sede Apostolica nel di 20 novembre 1704, etc., in-4, pp. 75.— Edizione seconda, in-12, pp. 95. Par le P. Th. Ceva.

* La calunnia convinta cioè risposta ad un libello pubblicato da' Difensori de' riti condannati della Cina. Sotto il titolo di : Lettere d'avviso d'un buon Amico, al Dottore di Sorbona. Autore della Difesa del Giudizio formato dalla Sede Apostolica, etc. In Torino, A Spese di Gio. Battista Fontana, in-12, pp. 92.

* Apologia delle risposte date dal (Fatinelli) procuratore dell' eminentissimo signor Cardinale di Tournone di cinque memoriali del P. Provana, contro le osservazioni fatte sopra di esse da un Autore anonimo. (Roma) 1710, in-4, pp. 230.

Encore de Fatinelli. L'auteur anonyme qu'il combat est, dit-on, le P. Mamiani, S. J. (De Backer.)

* Osservazioni sopra la Risposta fatta dal Procuratore del Sig. Cardinal di Tournon à cinque memoriali del P. Provana Procuratore de' Missionarj della Cina della Compagnia di Giesù, in-4, pp. 32. (De Backer.)

* Protesto pubblicato da i defensori de i Riti Politici, e Civili della Cina, in faccia del mondo Onorato Religioso e Secolare. Seconda Impressione l'anno 1710, in-12, pp. 32. (De Backer.)

' Le même, anno 1710, in-12. pp. 37.

— Reflexions sur les affaires présentes de la Chine. Ecrit traduit de l'Italien, in-12, pp. 51, s. l'av.

L'écrit italien a été imprimé plusieurs fois. « On assure qu'il est d'un cavalier, mais quoy qu'il en soit de l'Auteur, le traducteur est un abbé. » (Avert.)

Cette petite pièce a été traduite du français en anglais sous le titre de : « Reflexions upon the Idolatry of the Jesuits in China » sent in a letter to the Rev. Dr. Francis Atterbury. *(Oxford Collection of Travels,* II, pp. 80 et seq.)

* Alcune riflessioni intorno alle cose presenti della Cina, in-12, pp. 40. Autre ed., s. l. et a., in-8, pp. 32.

* Considerazioni sù la scrittura intitolata Riflessioni sopra la causa della Cina doppo venuto in Europa il Decreto del l'Eminentissimo Card. di Tournon. (Roma) 1709, in-4, pp. 128.

Par J. J. Fatinelli, ou T. Ceva.

* Censura d'un libello intitolato Considerazioni sù la scrittura delle Riflessioni nella causa della Cina. Esposta in una lettera all' autore delle medesime Considerazioni. Edizione seconda, 1710, in-12, pp. 118. — Autre éd., in-4.

— Acta causae rituum, seu caeremoniarum sinensium, complectentia I. Mandatum, seu Edictum D. Caroli Maigrot, Vicarii Apostolici Fokiensis in Regno Sinarum, nunc Episcopi Cononensis. II. Quaesita ex eodem Mandato, seu Edicto, excerpta, Sac. Congregationi S. Romanae, & Universalis Inquisitionis proposita. III. Responsa data iisdem Quaesitis à praefata Congregatione. IV. Decretum à SS. D. N. D. Clemente, Divinâ Providentiâ, Papa XI. in eadem Congregatione, die xx. Novembris, M. DCCIV. editum, quô dicta Responsa confirmantur, & approbantur. Primò Romae, nunc verò Viennae, Impensis Joannis Baptistae Schoenwelter.... s. d., pet. in-8, sans pag.

— Romae, Typographia Reverendae Camerae apostolicae, Genuae, in-4.

— Memoires pour Rome, sur l'etat de la Religion chretienne dans la Chine avec le Decret de nostre S. P. le Pape Clement XI. Sur l'Affaire des Cultes chinois et le Mandement de M. le Cardinal de Tournon sur le même sujet. M.DCC.IX, in-12, pp. 260 s. l. t.

Contient 6 Mémoires, le Decret, le Mandement de Maigrot, celui du cardinal de Tournon, etc.

— Memoires pour Rome sur l'etat de la Religion chretienne dans la Chine, M. DCC. X, in-12, pp. 84, contient un septième mémoire.

— Memoires pour Rome...... M. DCC. X, in-12, pp. 72, contient un huitième mémoire.

— Memoires pour Rome...... M. DCC. X, in-12, pp. 108, contient un neuvième mémoire.

— L'Etat present de l'Eglise de la Chine, Adressé à Monseigneur l'evêque de ***, in-12 de 308 pages sans l'av., s. l. n. d.

En réponse aux *Mémoires pour Rome* publiés par les Missions étrangères.

* Lo stato presente della Chiesa Cinese rappresentato a M. Vescovo di...., tradotto dal francese. Colonia, 1709, in-8.

* A true account of the present State of christianity in China. London, 1709, in-4. (Lowndes, I, p. 438.)

— Copie de la lettre escrite au Pape sur les affaires de la Chine, par l'ambassadeur de Portugal, datée du 21e aoust 1709, traduite de l'italien par un Révérend Pere Jesuite.

— Ms. de la Bibliothèque de la ville d'Avignon, in-4 de 29 feuillets ; rel. ancienne en basane ; anc. Fonds de la ville, n° 431 ; le document que nous venons d'indiquer occupe les vingt premières pages d'un ms. qui se termine par : « Faits particuliers qui me sont arrivés avec un père de l'Oratoire divisés en trois lettres, » etc. Ces trois lettres concernent le jansénisme et sont étrangères à la Chine. Haenel *(Cat. lib. man.:* Lipsiae, 1830) indique ce ms. p. 54.

— Mémorial envoyé en Europe par le P. Thomas, Vice - Provincial des Jésuites en Chine [renferme le récit de la visite de Mgr. Charles-Thomas-Maillard de Tournon]

Article I. [Voyage de M. de Tournon]. — Art. II. Sur les Controverses en matière de Religion. — Art. III. Conduite de M. le Patriarche dans différentes négociations qu'il traita à la cour de Péking. — Art. IV. L'Etat de la Religion à la Chine, depuis le départ de M. le Patriarche. — Art. V. Réponse aux Plaintes que M. le Patriarche prétend avoir, à faire des Jésuites.—Dans les Lettres édifiantes : Ed. de Mérigot, XXVI, pp. 296/354. — Ed. de Grimbert, I, pp. 349/358. — Huc, *Christianisme en Chine* III, pp. 402/443.

— Reflexions sur les Cultes de la Chine avec la réponse à ces reflexions. L'un & l'autre en Italien, & traduit en François. M. DCC. X, in-4, pp. 194 s. la préf. et la tab.

— Decret de Nostre S. P. le Pape Clement XI sur la grande affaire de la Chine. 1709. in-12, pp. 161.

Le Mandement du Card. de Tournon est imprimé pp. 139 et seq.

— Decret de N. S. Père le Pape Clément XI touchant les Cultes Chinois. Avec une declaration En forme de Lettre, écrite par M. l'Assesseur du S. Office aux Généraux de quelques Ordres religieux, & les Réponses desdits Generaux, M.DCC.X, in-12, pp. 24.

Le decret en latin et en français est du Jeudi 25, Septembre 1710.

— La lettre de l'Assesseur au Général de la Compagnie de Jesus est du 11 Octobre 1710. (Elle est en italien et en latin)

— Second Decret de N. S. P. le Pape Clement XI. sur l'Affaire de la Chine. Du 25 Septembre 1710. Qui confirme le premier Decret de Sa Sainteté de 1704. & le Mandement de M. le Cardinal de Tournon de 1707. & qui casse l'appel interjetté de ce Mandement. Avec la Declaration que N. S. P. le Pape a faite du véritable sens de ses Decrets, par la lettre de M. l'Assesseur du S. Office au General des Jesuites, le 11. Octobre 1710. &c. Suivant les Exemplaires imprimez à Rome à la Chambre Apostolique. Pet. in-8, pp. 16 [1710].

— Lettre de Messieurs des Missions étrangères, au Pape. Sur le Decret de Sa Sainteté rendu en 1704 & publié en 1709 contre les Idolatries et les Superstitions Chinoises. M. DCC. X, in-12, pp. 33.

Cette lettre datée « A Paris ce 10 Février 1710 » est de l'abbé Tiberge, directeur du Séminaire des Missions Etrangères.

* La même, 1709, in-8, pp. 33, Carayon, No. 1205.

— Réponse de Messieurs des Missions étrangères à la Protestation et aux Reflexions des Jesuites Seconde édition A la tête dè laquelle on trouve la Protestation de ces Messieurs contre trois Libelles publiez par ces Pères. M. DCC. XI., in-12 pp. 300.

La Protestation est datée « A Paris le 15 Octobre 1709 ». — La réponse est de l'abbé Tiberge.

Cette réponse sans la protestation des Miss. étr. avait paru sous le titre de : Réponse de Mrs des Missions étrangères, à la Protestation et aux réflexions des Jésuites 1710, in-12 pp. 410 sans la table.

* Risposta dei Signori delle Missioni stranieri ulla protesta ed alle riflessioni dei Padri Giesuiti intorno il sacrificio Cinese. Roma 1710. in-4. [*Av.* de l'éd. holl. de *du Halde.*]

— Lettre que Mrs. des Missions etrangeres ont proposé au Rme. Pere General des Jesuite d'ecrire en commun au Pape, depuis que le Certificat de l'Empereur de la Chine a parû. in-4, s. l. n. d., 2 ff.

— Protestation de Mrs. des Missions etrangeres, sur trois nouveaux Libelles anonimes que les Jesuites répandent par-tout. in-4, s. l. n. d., pp. 8.

A Paris le 15 Oct. 1709.

— Relazione della preziosa morte Dell'Eminentiss. e Reverendiss. Carlo Tomaso Maillard di Tournon Prete Cardinale della S. R. Chiesa. Commissario, e Visitatore Apostolico Generale, con la facoltà di Legato a latere nell'Imperio della Cina, e Regni dell' Indie Orientali, Seguita nella Città di Macao li 8. del mese di Giugno dell' anno 1710. E di ciò, che gli avvenne negli ultimi cinque mesi della sua vita. In Roma, M. DCC. XI, Per Francesco Gonzaga al Corso a S. Maria in Via lata, in-4, pp. 1/38.

D'après le P. de Backer cet ouvrage est de Jean - Jacques Fatinelli, procureur des rites chinois à Rome pour le Card. de Tournon.

Cette pièce est suivie des deux suivantes imprimées en plus gros caractères :

— Verba per Sanctissimum Dominum Nostrum Clementem Papam XI. Habita in Consistorio secreto fer. IV. 14. Octobris 1711. de Obitu Cardinalis de Tournon. In-4, pp. 39-47.

— Oratio habita in sacello pontificio V. Kal. Decembris A. D. M. DCC. XI. In Funere Eminentiss. & Reverendiss. Dñi S. R. E. Cardinalis Caroli Thomae Maillard de Tournon Apostolici ad Sinas, & Indias Orientales Legati a Carolo Majello ab intimo SS. Domini Sacello, & altero Bibliothecae Vaticanae Praefecto, in-4, pp. 48/70.

— Oraison funèbre de l'eminentissime

Charles-Thomas Maillard, Cardinal de Tournon, legat apostolique dans la Chine et les Indes-Orientales, Prononcée dans la Chapelle du Pape le 27. de Novembre 1711. par Monsieur Charles Majel, Chapellain secret de Sa Sainteté, & l'un des Bibliothecaires du Vatican. Avec des Réflexions et Explications, qui donnent une idée de la persecution & de la mort de ce pieux Cardinal. Juxta exemplar Romae. M.DCC.XII, in-12.

L'*Oraison* (en français et en latin) s'étend jusqu'à la page 62.— L'*Explication* pp. 63 et seq.

— Le Cardinal [Thomas-Marie Ferrari], toujours zélé pour l'amour de la Religion, travailla selon les intentions du pape [Clément XI]; & fit sur les matières controversées [touchant le culte chinois] un sçavant Ecrit, qu'on a conservé en original, dans notre bibbliothèque [de l'ordre de S. Dominique] de Sainte Sabine à Rome, jusqu'à ce qu'il a plû à N. S. P. le Pape Benoit XIV aujourd'hui régnant, de faire porter ce précieux Monument dans la Bibliothèque du Vatican. L'auteur italien, qui nous apprend ce fait, ajoute qu'on a tiré deux copies fort exactes de ce Manuscrit; & qu'on les conserve à présent, l'une dans la Bibliothèque de Sainte-Sabine, et l'autre dans celle de Casanate à la Minerve. (Touron, VI, p. 505.)

— Philosophia Sinica tribus tractatibus, Primo Cognitionem Primi Entis, Secundo Ceremonias erga Defunclos, Tertio Ethicam Juxta Sinarum mentem complectens, Authore P. Francisco Noël Societ. Jesu Missionario. De speciali licentia SS. D. N. D. Clementis Papae XI. et Superiorum Permissu. Pragae Typis Universit. Carolo-Ferdinandeae, in Collegio Soc. Jesu ad S. Clementem, per Joachimum Joannem Kamenicki Factorem anno 1711. in-4.

— Praefatio ad Lectorem (p. XI). — Index Tractatus Primi de Cognitione primi Entis, seu Dei apud Sinas.— Index Tractatus Secundi De Ceremoniis Sinarum erga Defunctos.— Index Tractatus Tertii De Ethica Sinensi [13 pages pour ces 3 indices].—Tractatus I. (pp. 1/179).—Tractatat II. (pp. 1/240). — Appendix de scopo Rituum Sinensium Controversorum seu Brevis Analogia Rituum Sinensium erga Mortuos cum Ritibus Sin ensiburergœ Vivos usitatis (pp. 220/240).— Tractatus III (pp. 1/259) — Errata.

On remarquera que chaque traité a une pagination spéciale.

— On trouve à la suite de cet ouvrage :

— Historica Notitia Rituum ac Ceremoniarum Sinicarum In colendis Parentibus ac Benefactoribus Defvnctis, ex ipsis Sinensium Authorum libris desumpta a P. Francisco Noël, Soc. Jesu Missionario. De Speciali Licentia SS. D. N. D. Clementis Papae XI. et Sup. Permissu. Pragae, Typis Univ. Carolo-Ferdinand. in Collegio Soc. Jesu ad S. Clementem, per Joachimum Joannem Kamenicky Factorem, anno 1711, in-4.

— Index Capitum & Quaestionum (6 pages).— Praefatio ad Lectorem (pp. 1 6).—Huit Chapitres (pp. 7/91).— Epilogue, p. 91. Ce qui fait 91 pages sans l'Index.

Dans l'exemplaire de Pauthier [il porte le numéro 294 dans le Catalogue de la vente des livres de ce savant où il a été vendu Fr. 41], que nous avons sous les yeux, nous lisons cette note : « Cet ouvrage extrêmement rare, et qui ne passe pas une fois dans les ventes tous les demi-siècles, a été acheté par moi à la vente Quatremère le 12 avril 1859.

On pense que ce livre fut supprimé à son apparition par ordre supérieur, ou retiré de la circulation par son auteur peu de temps après sa publication. G. Pauthier. V. Catalogue des livres de la maison professe des Jésuites p. 181, No. 2936. — V. Mém. de Trévoux, Oct. 1764., 2e vol. aux pages 1049/1050. — L'ex. de Pauthier appartient aujourd'hui à M. Léon Pagès.

Il y a au British Museum un ex du second ouvrage : *Historica Notitia Rituum* sous le numéro 279. c. 29/1.

* Declaratio Reverendissimi Patris Michaelis Angeli Tamburini Praepositi Generalis Societatis Jesu super postulato unanimiter sibi facto à RR. Patribus Assistentibus Nationum, et Procuratoribus Provinciarum ejusdem Soc. Romae congregatis mense novembri 1721. Sanctissimo Domino Nostro Domino Clementi XI Pontifici Maximo humiliter oblata ab eodem P. Praeposito Generali die 20 ejusdem mensis. Romae, typis Rev. Camerae Apostolicae, 1711, in-4.

— Declaration ou Soumission du Reverendissime P. Michel-Ange Tambourin, General de la Compagnie de Jesus, & des Jesuites assemblés à Rome l'an mil sept cens onze Aux Decrets du Pape Clément XI qui condamnent les Ceremonies Chinoises, Avec quelques Reflexions sur cette soumission, La Bulle du même Pape contre l'Evêque de Macao, & l'Etat présent de l'Eglise de la Chine. M.DCC.XII, s. l., in-12, p. 141.

— Voir infra : Anecdotes sur l'état de la Religion dans la Chine. Vol. VI, 1735.

— Acta Pekinensia sive Ephemerides Historiales eorum quae Pekini acciderunt a 4ᵃ Decembris anni 1705. 1ᵃ Adventûs Illᵐⁱ Revᵐⁱ et Excᵐⁱ Dñi D. Caroli Thomae Maillard de Tournon Patriarchae Antiocheni Visitatoris Apostᵉˡ cum potestate legati de latere etc.

Ms. in-folio, commencement du XVIIIᵉ Siècle; papier chinois; les 1289 premières pages sont chiffrées; les dernières qui comprennent ce journal quotidien depuis sept. 1711 ne le sont pas; cette relation importante a été faite sous la direction du P. Kilianus Stumpf, recteur et notaire apostolique, dont la note p. 1289 est suivie du certificat autographe du visiteur le P. Jean P. Gozani, Pekin, 12 Nov. 1710 ; ce Ms. intéressant appartient aux Archives générales de la Compagnie de Jesus.

* Kiliani Stumpfii Compendium Actorum Pekinensium. (Ms. du Hunteriam Museum, Glasgow; Haenel, *Cat. Lib. Ms.* Lipsiae, 1830, p. 794.)

— Relation abrégée de la nouvelle persécution de la Chine ; tirée de la Relation Composée à Macao par les Missionnaires de l'Ordre de Saint Dominique, qui ont été chassés de cette Mission. Traduite de l'Italien Par le R. P. François Gonzalès de S. Pierre, Religieux du même Ordre et Missionnaire Apostolique à la Chine. [1712] in-12, pp. 378 sans la Table.

Cet ouvrage écrit en espagnol a été traduit en italien, puis en français.

— Extraits des Relations et des Lettres

(QUESTION DES RITES : 1712.)

venuës de la Chine & de Macao à Rome, au mois de Septembre 1711, in-12, pp. 48 sans les Errata.

Ces extraits forment la sixième partie de la « Relation abrégée ». Les six parties ont été réimprimées sous le titre de :

Relation de la nouvelle persécution de la Chine, jusqu'à la mort du Cardinal de Tournon : dressée par le R. P. François Gonzales de S. Pierre, Religieux de l'Ordre de S. Dominique, & Missionnaire Apostolique à la Chine, sur Une plus ample Relation des Missionnaires du même Ordre, qui ont été chassés de la Chine. MDCCXIV, s. l. in-12, pp. XVI-392 s. l. t.

On a ajouté une septième partie à l'ouvrage avec le titre de :

— Relation abrégée de la nouvelle persécution de la Chine. Septième Partie. Contenant les Pièces justificatives de tout ce qui a été rapporté, & qui sont annoncées dans les pages suivantes, in-12, pp. 244.

— Constitution de notre Saint-Père le pape Clément XI au sujet des Cérémonies chinoises. Donné à Rome, à Sainte-Marie-Majeure, sous l'anneau du pêcheur, le dix-neuvième jour de mars 1715, de notre pontificat l'année quinzième.

Traduite en français et publiée dans le *Christianisme*, du P. Huc, III, pp. 443/458 ; — dans les *Lettres édif.*, éd. de Grimbert, I, pp. 358/372.

* Examen des Faussetez sur les Cultes Chinois avancées par le P. Joseph Jouvenci Jesuite, dans l'Histoire de la Compagnie de Jesus. Traduit d'un Ecrit latin, composé par le R. P. Minorelli, de l'ordre de S. Dominique, Missionnaire à la Chine, 1714.

Cet ouvrage n'est pas du P. Minorelli qui n'a jamais été en Chine. Voir de Backer et *Mém. de Trévoux*, 1715, p. 2229.

— Informatio pro veritate contra iniquiorem famam sparsam per Sinas cum calumnia in PP. Soc. Jesu, & Detrimento missionis. cõmunicata missionariis in Imperio Sinensi. Anno 1717. [Canton.]

Petit in-folio, imprimé avec des caractères en bois, à la manière chinoise : 94 feuillets numérotés sur la tranche avec des chiffres chinois, plus 1 feuillet pour le titre et 1 feuille de caractères mandchous au commencement,

« Ce vol., dit le P. de Backer, Col. 1263, a été défendu par Décret de la Sainte Inquisition de Rome du 24 janvier 1720. »

L'exemplaire que j'ai examiné est celui du British Museum; il est semblable à l'ex. de la Bibliothèque nationale de Palerme décrit par Mr. Pennino dans son *Catalogo ragionato*, I, 1875, No. 629. — Et il porte le No. 4281, Grenville.

— Esame, e difesa del Decreto pubblicato in pudisceri da Monsignor Carlo Tommaso di Tournon Patriarca d'Antiochia, Commissario, e Visitatore Apostolico,

(QUESTION DES RITES : 1714-1717.)

con Podestà di Legato a latere delle Indie Orientali, Impero della Cina, e Isole adjacenti. Di poi Cardinale della S. R. Chiesa Approvato, e Confermato con Breve dal Sommo Pontefice Benedetto XIII. Presentata alla medesima Santità Sua da Fra Luigi Maria Lucino dell'Ordine de'Predicatori, Maestro di Sacra Teologia, e Commissario Generale del Sant'Uffizio. Edizione seconda rivista dall'autore. In Roma, nella stamperia Vaticana M.DCCXXIX. Con licenza de'Superiori. In-8, pp. LXIII-492.

' Première éd. : Rome, 1728.

— Lettre inédite du P. Prémare sur le Monothéisme des Chinois publiée avec la plupart des textes originaux accompagnés de la transcription, d'un mot-à-mot et de notes explicatives par G. Pauthier. Paris, Benjamin Duprat, 1861, in-8, pp. 54.

Ext. des cahiers de Février et Mai, du tome III (5e Série), des *Annales de philosophie chrétienne*. — Voir également la *Rev. de l'Or. et de l'Algerie*, N. Sér., V, 1857. — Cette lettre est datée de Canton, ce 10 septembre 1728 ; l'original en est conservé à la Bib. nat. de Paris.

— Anecdotes sur l'etat de la Religion dans la Chine. ou Relation de M. le Cardinal de Tournon Patriarche d'Antioche, Visiteur Apostolique ; avec pouvoir de Legat à latere à la Chine, écrite par lui-même. 7 vol. in-12.

Tome premier. A Paris, aux depens de la Société. M.DCC.XXXIII, pp. IX-XLV-287-96.
— Lettre de M. le Cardinal de Tournon à M. le Cardinal Paulucci. Pour servir d'Avertissement à la Relation suivante (Macao, le 2 Novembre 1708) pp. III-IX.
— Preface historique pp. I-XLV.
— Relation de l'entrée de Monsieur le Patriarche d'Antioche à la Chine, et de ce qui est arrivé par rapport aux Ordres dont il etoit chargé depuis l'an 1705, pp. 1/287.
— Abrégé des principaux evenemens de la legation de M. le Cardinal de Tournon pp. 1/96.
Anecdotes....... Chine. Contenant diverses pieces de M. le Cardinal de Tournon, écrites & envoyées à Rome par lui-même Tome second. A Paris, aux depens de la Société M.DCC.XXXIV.
Anecdotes.... contenant l'histoire des Superstitions des Malabares. Tome III. Premiere partie. *Ibid.*, M.DCC.XXXIV.
Anecdotes... contenant ce qui s'est passé à Rome & à la Chine au sujet des Idolatries Chinoises, depuis la mort de M. le Cardinal de Tournon, jusqu'à la Légation de M. de Mezzabarba. Tome III. Seconde partie. *Ibid.*, M.DCC.XXXIV.
Anecdotes.... contenant le Journal de Monseigneur Charles Ambroise de Mezzabarba, Patriarche d'Alexandrie, & Légat du S. Siège auprès de l'Empereur de la Chine. Tome IV. *Ibid.*, M.DCC.XXXIV.
Anecdotes.... contenant les suites de la Légation de M. de Mezzabarba, Patriarche d'Alexandrie, à Rome.. Tome V. Première partie. *Ibid.*, M.DCC.XXXV.
Anecdotes..... contenant les suites de la Légation de M. de Mezzabarba, Patriarche d'Alexandrie, à Rome Tome V. Seconde Partie. *Ibid.*, M.DCC.XXXV.
Anecdotes..... contenant le Memorial du R. P. Michel-Ange Tambourin, & sa soumission au Pape. Tome VI. *Ibid.*, M.DCC.XXXV.
Anecdotes.... .. Tome Septieme, contenant les decisions de la S. Congrégation de la Propagande sous le Pontificat d'Innocent XI. M.DCC.XLII.
Ce volume est suivi d'une *Table des matières contenues dans les six volumes d'Anecdotes*, 60 pages.

(QUESTION DES RITES . 1728.)

Cette collection est de l'Abbé de Villers.

Lettre du Père de Goville, Missionnaire de la Compagnie de Jesus, ancien miss. de la Chine, a M*** : contenant sa declaration au sujet des faits calomnieux qui lui sont imputés par l'*Auteur* des *Anecdotes* sur l'état présent de la Religion dans la Chine. *Lettres édif.*, anc. éd., XXII, p. 325.— Mérigot, XXI, pp. 384/401. — *Panthéon litt.*, III, p. 628.

* In-4, pp. 8. [De Backer, I, col. 2219]. — Réimp. dans les *Mém. de Trévoux*, Déc. 1735, pp. 2623/42.
Voir sur cette lettre l'ép. du P. du Halde, dans le Rec. XXII des *Lettres éd.*

— Réponse à la lettre du P. de Goville ancien missionnaire de la Chine addressée aux RR. PP. Jésuites. A Paris, aux dépens de la Société. M.DCC.XXXIV. In-12, pp. 105 s. l'av.

Seconde lettre du Pere de Goville, Miss. de la Cie de Jesus, ancien miss. de la Chine ; au sujet de la réponse qu'a fait à sa première lettre l'*Auteur* des *Anecdotes* sur l'état de la Religion, à Monsieur***. *Lettres édifiantes*, Anc. éd., Rec. XXIII, p. 442. — Mérigot, XXI, pp. 401/456. — *Pant. litt.*. III, p. 632.

* In-4, pp. 26. [De Backer, I, col. 2219.] Réimp. dans les *Mém. de Trévoux*, Nov. 1736, pp. 2412/28, et Déc., IIe partie, pp. 2768/2815.

* Viri illvstris Godefridi Gvil. Leibnitii epistolae ad diversos, theologici, juridici, medici, philosophici, mathematici, historici et philologici argvmenti, e Msc. Avctoris cum annotationibvs svis primvm divvlgavit Christian Kortholtvs, A. M. Ordinis Philosophici in Academia Lipsiensi assessor, et collegii minoris principvm collegiatvs. Lipsiae, sum. Bern. Christoph. Breitkopfii. 1734-42, 4 vol. in-8. (De Backer.)

On y trouve les traités des P. P. Longobardi et de Ste.-Marie, etc., signalés col. 306.

— Istoria delle cose operate nella China da Monsignor Gio Ambrogio Mezzabarba Patriarca d'Alessandria, Legato apostolico in quell' Impero, i di presente Vescovo di Lodi. Scritta dal Padre Viani servita suo Confessore, e compagno nella predetta Legatione. Edizione seconda. In Colonia MDCCXL. Appresso Enrico Aertssens. Con Privilegio, e Approvizione. In-8, pp. XV-256.

La première édition est : Même titre : In Parigi, 1739, in-8.
On trouvera un extrait de cette relation dans la *Bibliothèque raisonnée des ouvrages des Savans de l'Europe*, Amsterdam, 1740, in-12, 1re et 2e Parties du Vol. XXV. Cet extrait a été traduit en Anglais dans la Collection des Voyages d'Astley, Vol. III, p. 584 : « The Legation of Charles Ambrose Mezzabarba, titular Patriarch of Alexandria, from the Pope to the Emperor Kang hi, in 1720. Written by P. Viani. And now first rendered into English. » Voir également l'*Hist. gén. des voyages*.

(QUESTION DES RITES : 1734-1742.)

Giornale della Legazione di M. Carlo Mez·
zabarba Patriarca d'Alessandria in Cina,
23 Settembre 1720.

Ce Ms. composé de 607 feuillets in-4 a été remis au dépôt
des Affaires étrangères en 1749 ainsi que l'indique une note
à la première page. Ce Vol. est marqué « Chine, 1720 et
1721, 3. »

—Le P. Norbert donne dans ses *Mémoires*, II, pp. 58 et seq.,
une relation de la légation de Mezzabarba d'après le Journal
du P. Viani.

— Le P. Viani, né à Saluces en Piémont en 1690, est mort à
Naples en 1738.

BULLE DE BENOIT XIV. — Ex quo singulari providentia factum est,..... Datum
Romae apud Sanctam Mariam Majorem quinto Idus Julii, Anno Incarnatio-
nis Dominicae millesimo septingentesimo
quadragesimo secundo Pontificatus Nostri Anno II.

Texte latin dans : *Monita ad Miss. Prov. Nankinensis*,
Appendix, pp. XXXI-LIV.

— Confirmation et renovation de la Constitution de Clement XI. Qui commence par
ces mots, *Ex illa die :* Rendue au sujet
des Cérémonies Chinoises ; Et en même-
temps la révocation, rescission, abolition,
cassation, annullation, & condamnation
des Permissions accordées autrefois au
sujet des mêmes Cérémonies, par une
Lettre pastorale de Charles-Ambroise Me-
zabarba Patriarche d'Alexandrie, autrefois Commissaire & Visiteur Apostolique
dans l'Empire de la Chine; Avec une
nouvelle Formule du serment qui doit
être prêté par les Missionnaires de ces
Provinces, tant ceux qui y sont aujour-
d'hui, que ceux qui pourroient y être envoyés dans la suite. A Rome, l'an 1742,
in-4, pp. 40.

En français et en latin.

— Sanctissimi Domini nostri Benedicti
Papae XIV. Constitutio de ritibus, seu
caeremoniis sinensibus : qua confirmatur
Constitutio Clementis XI., incip. *Ex illa
die.* Permissiones quaedam publicatae a
bon. mem. Carolo Ambrosio Mediobarbo
Patriarcha Alexandrino, reprobantur, &
annullantur : Praescribitur nova formula
Juramenti a Missionariis praestandi. A la
fin : Romae MDCCXLIV. Typis Sacrae Congregat. de Propaganda Fide. Superiorum
Permissu. In-4, pp. CXXVI.

— Cette constitution a été fréquemment réimprimée ; une éd.
courante est un pet. in-8, pp. 59, cart., s. tit., s. l. n. d., de
l'imprimerie de H. Vrayet de Surcy.

— Memoires historiques présentés au Souverain Pontife Benoit XIV. sur les Missions des Indes Orientales, Où l'on fait
voir que les PP. Capucins Missionnaires
ont eu raison de se séparer de commu-
nion des RR. PP. Missionnaires Jesuites
qui ont refusé de se soumettre au Decret

de M. le Cardinal de Tournon Légat du
S. Siége, contre les Rits Malabares : Ou-
vrage qui contient une suite complette
des Constitutions, Brefs & autres Decrets
Apostoliques concernans ces Rits ; Pour
servir de règle aux Missionnaires de ces
Païs-là. Par le R. P. Norbert Capucin de
Lorraine, Missionnaire Apostolique, &
Procureur de ces Missions en Cour de
Rome. Luques MDCCXLV. Par Salvateur &
Jean-Dominique Marescandoli. Avec la
Permission des Supérieurs. 4 vol. in-12.

Pierre Parisot, *alias*, Père Norbert, né à Bar-le-Duc en
1697, † près de Commercy le 3 juillet 1769.

— Memoires historiques présentés en 1744,
au Souverain Pontife Benoit XIV. Sur les
Missions des Pères Jésuites aux Indes
Orientales, où l'on voit leur constante
opiniâtreté à défendre & à pratiquer les
Rits idolâtres & superstitieux du Malabar, condamnés & anathématisés par plusieurs Papes, & les continuelles persécutions qu'ils ont faites aux fidèles Ministres
de l'Evangile & du Siége Apostolique,
Avec un détail de ce qui s'est passé depuis que cet Ouvrage a été mis au jour,
& que la Constitution du même Pontife
contre ces Rits a été publiée dans l'E-
glise. Troisième Edition Corrigée & considérablement augmentée & enrichie de
plusieurs planches. Par le R. P. Norbert,
Capucin de Lorraine, Missionnaire Apostolique & Procureur général en Cour de
Rome, de ces mêmes Missions. Besançon, chez Jean Pierre le Fevre, MDCCXLVII,
2 vol. in-4.

* Lettres (deux) à un évêque sur le livre
du Père Norbert, capucin, contre les Jésuites, 1745, in-12. (De Backer.)

* Faure. — Lettres édifiantes et curieuses
sur la visite apostolique de M. de la
Baume, évêque d'Halicarnasse à la Cochinchine, en l'année 1740. Pour servir de
continuation aux Mémoires du R. P. Norbert, capucin. Venise, 1746, in-4. (De Backer.)

— Lettres apologetiques du P. Norbert
Capucin, Où il dévoile les Calomnies que
les PP. Jésuites ont répandu surtout en
Italie & en France, dans un grand nombre de Libelles, contre sa personne et ses
ouvrages présentés à Benoit XIV. A Luc-
ques chez Dominique Ciufetti & Philipe
Marie Bénédini. M.D.CCXLVI Avec Permission & Approbation. 2 vol. pet.
in-8.

* Memorie storiche della legazione e morte
del cardinale di Tournon espoti con mo-

numenti rari ad autentici, non più dati in luce. Roma, 1762, in-8.

Publiés par le Cardinal Passionei.

— Impostvrae CCXVIII. in dissertatione R. P. Benedicti Cetto, Clerici Regularis e Scholis Piis de Sinensivm Impostvris detectae et convvlsae. Accedvnt Epistolae Anecdotae P. P. Avgvstini e Comitibvs Hallerstein ex China scriptae. Bvdae, Typis Regiae Vniversitatis. Anno MDCCLXXXI, in-8, pp. LV/272, s. l. t. et l'ind.

— Georgius Pray Lectori. (4 pag.)
— Index Capitum. (2 pag.)
— Epistolae Anecdotae R. P. Augustini e comitibus Hallerstein ex China scriptae : I. Pekini. 6 Oct. 1743, pp. 1/XVI.— II. Pekini, 28 Nov. 1749, pp. XVII/XXIX. — III. Quam-tum, lat. bor. 24 1/2, 21 Oct. 1753, pp. XXIX/XXXII. — IV. Pekini, 6 Oct. 1757, pp. XXXIII/XXXVII. — V. Pekini, 29 Oct. 1761, pp. XXXVII/XL. — VI. s. d., pp. XL/XLIV. — VII. Pekini 27 Oct. 1765, pp. XLV/XLVIII.— VIII. Pekini 24 Sept. 1766, pp. XLIX/LV.
— Imposturae detectae, et convulsae, pp. 1/272. [par le P. George Pray.]

Ouvrage rarissime; nous n'en connaissons qu'un exemp., celui du British Museum que nous avons examiné ; il porte le No. 817. b. 50.

— Georgii Pray Historia Controversiarvm de Ritibvs sinicis ab earvm origine ad finem compendio dedvcta. Praecedente Epistola ad Benedictvm Cetto. Pestini Budae ac Cassoviae, in Bibliopolio Strohmayeriano, 1789. In-8, pp. XXXII/251 et 1 pag. d'errata.

— Georgius Pray Benedicto Cetto e piis scholis S. P. Pp. 1/XXXII.

Cet ouvrage est rare, moins rare cependant que le précédent ; il se trouve à la Bib. nat. et porte le No. 1656. c. 5.
Geschichte der Streitigkeiten über die chinesischen Gebräuche, in drey Büchern dargestellt von Joseph Nicolaus Doll, 1791, tom. III, 1792, 3 vol. in-8.

Cette édition allemande, publiée par l'auteur, est plus complète que la latine. (De Backer.)

— Bullarium Pontificium sacrae Congregationis de propaganda fide. Tomus I. Romae 1839. Typis Collegii Urbani superiorum permissu. In-4.

— Pp. 123 et seq. contient les décrets des différents papes, dans la question des rites.

— Mémoires historiques sur les Missions des ordres religieux et spécialement sur les questions du clergé indigène et des rites malabares d'après des documents inédits par le P. J. Bertrand de la Compagnie de Jésus, Missionnaire du Maduré. Deuxième édition. Paris, P. Brunet, 1862, in-8, pp. VIII/467.

Cet ouvrage est écrit en réponse à : Lettres sur la Congrégation des missions étrangères, par M. Luquet. (Paris 1843.) — Notice sur l'origine de la Société des missions étrangères. Extraits de cette notice insérés dans l'Ami de la religion. (9 et 11 décembre 1845). — Article intitulé : le Passé et l'avenir des Missions, publié dans le Correspondant (1847, t. XIX, p. 183) — Histoire ecclésiastique de Rohrbacher, t. XXV. — Divers autres écrits.

Dédié à l'évêque de Langres, plus tard évêque d'Arras, Mgr. Parisis.

(QUESTION DES RITES : 1762-1862.)

— Haenel dans son Catalogus (1830) cite, p. 990, les manuscrits suivants qui se trouvaient dans la Biblioteca de la Iglesia Mayor; Tolède :

Cajon. No.

26 15. Anón. resúmen de la controversia sobre los ritos Sinenses acerca de Confucio y progenitores de su familia, en Italiano ; chart. 4.
— 17. Relacion de lo sucedido en la China desde el dia II. de Avril de 1705 hasta 1708 ; chart. fol.
— 18. Papeles en varias lenguas sobre la eleccion de misionarios para la China, su viaje y ministerio, ritos Sinenses etc.; chart. fol.
— 19. Coleccion de papeles sobre las misiones de la China ; chart. 4.

3° LETTRES ÉDIFIANTES—ANNALES, &c.

— Lettres de quelques missionnaires de la Compagnie de Jesus. Ecrites De la Chine, & des Indes Orientales. A Paris. M.DCC.II. Avec permission. In-12, pp. 111.

— [Le Père Charles le Gobien] Aux Jesuites de France. 12 pages.
— Table.
— Permis d'imprimer, ce quatorzième Septembre 1701. M. de Voyer d'Argenson.
— Lettre du P. Martin.... A Dalassor.... pp. 1/29.
— Lettre du P. Mauduit.... A Ponleour.... pp. 30/44.
— Lettre du P. Dolu.... A Pondichery.... pp. 45/54.
— Lettre du P. Bouchet.... A Maduré.... pp. 55/60.
— Lettre du P. Diusse.... A Surate.... pp. 61/68.
— Lettre du P. Pelisson, Missionnaire de la Compagnie de Jesus, au R. P. de la Chaize, de la même Compagnie, confesseur du Roy. A Canton, le 9. de Decembre 1700. pp. 69/111.

Ce livre estrare; je l'ai trouvé à la Bib. nat. où il est classé parmi les ouvrages relatifs à la Chine ; l'exemplaire est aux armes de France et il porte le No 1696 dans l'ancien catalogue, $\frac{O^2 n}{409}$ dans le nouveau. Je n'ai vu ce volume décrit dans aucun traité de bibliographie ; c'est, je crois, la véritable première édition du premier Recueil des Lettres édifiantes.

On remarquera que le titre ne porte pas de nom de libraire ; le P. de Backer, nouv. éd., art. le Gobien, I, col. 2100, indique une édition avec le même titre : A Paris, chez Josse, 12° ; je l'ai vainement cherchée dans les collections de Paris.

Ce recueil a été imprimé de nouveau la même année sous le titre de :

— Lettres edifiantes et curieuses ecrites des Missions Etrangeres par quelques Missionnaires de la Compagnie de Jesus. I. Recueil. A Paris, chez Jean Cusson, ruë Saint Jacques, à l'Image Saint Jean Baptiste. M.DCC.II. Avec Approbation & Privilege du Roy. in-12.

Ce recueil est suivi d'un autre en 1703 :

— Même titre. II. Recueil. A Paris. Chez Jean Cusson.... M. DCC. III.

Ces deux recueils se trouvent dans la Bib. du Dépôt des Cartes et Plans de la Marine, reliés avec d'autres pièces en un vol. qui porte les numéros 5823 et 7376.

En 1703, Nicolas Le Clerc réimprime ces deux recueils et commence la collection que nous allons décrire (31 Recueils, 1703/1776).

Il ajoute au 1er Recueil une lettre du P. Paul Clain (Manille, le 10 de juin 1697, pp. 112 et seq.), dont on trouve un

(LETTRES ÉDIFIANTES : ANC. ÉD.)

abrégé dans l'Epitre du P. Ch. le Gobien insérée en tête du VJ° Recueil, pp. v/vi.

Brunet (III, 1852, col. 1028/9), Barbier (N. E., II, 1263), de Backer (anc. édit., 2ᵉ Série, App., pp. 1/15) sont incomplets ou inexacts.

— **Lettres edifiantes et curieuses, ecrites des Missions Etrangeres par quelques Missionnaires de la Compagnie de Jesus. I. Recueil. A Paris, chez Nicolas Le Clerc, ruë Saint Jacques, proche Saint Yves, à l'Image Saint Lambert. M.DCC.III. Avec Approbation & Privilege du Roy.**

Cette collection des Lettres édifiantes se compose de 34 vol. ou Recueils in-12 (1703-1776). Chaque recueil est précédé d'une épitre aux Jésuites de France. Ces épitres qui n'ont pas été réimprimées dans l'édition de Querbeuf contiennent souvent des détails que l'on ne pourrait trouver ailleurs : nous donnons ces détails dans les chapitres de cette bibliographie auxquels ils appartiennent. On remarquera que la Collection des Lettres édifiantes commencée par le P. Charles le Gobien, a été continuée par les PP. du Halde, Patouillet et Maréchal.

— Ep. du P. Ch. le Gobien.— Le Privilège du Roy est daté du 23 août 1702.

— **II. Recueil. A Paris, chez Nicolas Le Clerc, M. DCC. III.**

— Ep. du P. Le Gobien. — Approbation du 1ᵉʳ et du 2ᵉ Recueils datée du 30 Octobre 1702.

— **III. Recueil. A Paris, chez Nicolas Le Clerc.... M. DCC. III.**

— Ep. du P. Le Gobien.— App. du 7 juillet 1703.

Cette Ep. est à consulter sur le P. Le Royer, supérieur des Missions de la Cie. de Jésus dans le Tong-king.

— **IV. Recueil. A Paris, chez Nicolas Le Clerc.... M. DCC. IV.**

— Ep. du P. Charles Le Gobien.— App. du 12 juillet 1704.

Le voyage d'Ethiopie de Charles Jacques Poncet est imprimé, pp. 251/443.

— **V. Recueil. A Paris, chez Nicolas Le Clerc.... M. DCC. V.**

— Ep. du P. Charles Le Gobien. — App. du 27 janvier 1705.

— **VI. Recueil. A Paris, chez Nicolas Le Clerc.... M. DCC. VI.**

— Ep. du P. Le Gobien.— App. du 15 juillet 1705.

— **VII. Recueil. A Paris, chez Nicolas Le Clerc.... M. DCC. VII.**

— Ep. du P. Le Gobien.— App. 28 février 1707.

— **VIII. Recueil. A Paris, chez Nicolas Le Clerc.... M. DCC. VIII.**

— Ep. du P. Le Gobien.— App. 13 Octobre 1707.

L'épitre est consacrée au P. Antoine Verjus, Instituteur et premier Directeur des Missions Françoises de la Compagnie de Jesus à la Chine et aux Indes Orientales, né à Paris le 24 janvier 1632, mort dans la même ville le 16 may 1706. Le portrait du P. Verjus sert de frontispice au volume.

— **IX. Recueil. A Paris, chez Nicolas Le Clerc.... M. DCC. XI.**

IX. Recueil.

Epitre du P. J. B. Du Halde. App. du 18 juin 1711.
Consulter l'Ep. sur le P. Le Gobien, mort le 5 Mars 1708.

X. Recueil. A Paris, chez Jean Barbou, rüe S. Jacques, vis-à-vis le Collège de Louis le Grand. M.DCC.XIII.

Ep. du P. Du Halde. — App. du 9 Février 1713.

XI. Recueil. A Paris, chez Nicolas Le Clerc... M.DCCXV.

Ep. du P. Du Halde. — App. du 8 Décembre 1714.

XII. Recueil. A Paris, chez Nicolas Le Clerc.... M.DCC.XVII.

Ep. du P. Du Halde. — App. du 28 Oct. 1716.

XIII. Recueil. A Paris, chez Nicolas Le Clerc.... M.DCC.XVIII.

Ep. du P. Du Halde. — App. du 15 Août 718.

XIV. Recueil. A Paris, chez Nicolas Le Clerc.... M.DCC.XX.

Ep. du P. Du Halde. — App. du 18 Février 1720.

XV. Recueil. A Paris, chez Nicolas Le Clerc.... M.DCC.XXII.

Ep. du P. Du Halde. — App. du 18 Décembre 1721.

XVI. Recueil. A Paris, chez Nicolas Le Clerc.... M.DCC.XXIV.

Ep. du P. Du Halde. — App. du 13 Octobre 1723.

XVII. Recueil. A Paris, chez Nicolas Le Clerc... et P. G. Le Mercier Fils, MDCCXXVI.

Ep. du P. Du Halde. — App. du 17 Avril 1726.

XVIII. Recueil. A Paris, chez Nicolas Le Clerc.... et P. G. Le Mercier M.DCCXXVIII.

Ep. du P. Du Halde. — App. du 7 Sept. 1727.

XIX. Recueil. A Paris, chez Nicolas Le Clerc.... et P. G. Le Mercier, M.DCCXXIX.

Ep. du P. Du Halde. — App. du 18 Mai 1729.

XX. Recueil. A Paris, chez Nicolas Le Clerc..., et P. G. Le Mercier, M.DCC.XXXI.

Ep. du P. Du Halde. — App. du 21 Juin 1731.

XXI. Recueil. A Paris, Ibid., MDCCXXXIV.

Ep. du P. Du Halde. — App. du 1 Décembre 1733.

XXII. Recueil. Ibid., MDCCXXXVI.

Ep. du P. Du Halde. — App. du 22 Février 1736.

XXIII. Recueil. Ibid., MDCCXXXVIII.

Ep. du P. Du Halde. — App. du 4 Nov. 1737.

XXIV. Recueil. Ibid., M.DCCXXXIX.

Ep. du P. Du Halde. — App. du 25 Février 1739.

XXV. Recueil. A Paris, rue S. Jacques, chez Le Mercier & Boudet... et chez Marc Bordelet... M.DCCXLI.

Ep. du P. Du Halde. — App. du 23 Mars 1741.

XXVI. Recueil. A Paris, rue S. Jacques, chez P. G. Le Mercier..... et chez Marc Bordelet... M.DCC.XLIII.

Ep. du P. Du Halde. — App. du 25 Avril 1743.

XXVII. Recueil. A Paris, chez les Frères Guerin, rue S. Jacques, vis-à-vis les Mathurins, à Saint Thomas d'Aquin. M.DCC.XLIX.

Ep. du P. L. Patouillet. — App. du 21 Mai 1749.

La publication des Lettres avait été retardée par la mort du P. du Halde arrivée le 18 Août 1743. Il était né à Paris le 1ᵉʳ février 1674. Eyriès lui a consacré un art. dans la *Biog. universelle.*

XXVIII. Recueil. A Paris, de l'Imprimerie de H. L. Guerin & L. F. Delatour..... M.DCC.LVIII.

Ep. du P. Patouillet. — App. du 14 mars 1758.

XXIX. Recueil. A Paris, chez Ruault, Libraire, rue de la Harpe, près de la rue Serpente. MDCCLXXIII.

Epître dédicatoire à Madame la Comtesse de *·* Princesse de *** (signée M. *¹' J.) — Avertissement du Libraire.

XXX. Recueil. *Ibid.*, MDCCLXXIII.

Ep. déd. à Mad. la Comt. de *¹* Princ. de *·* (sig. M. '' J.)

« M.... J, dit Barbier (Dict. des Anonymes, nouv. éd., II, 1268), c'est la signature de l'abbé Maréchal ex-Jésuite.... » — « Nous sommes portés à croire que cet éditeur est le P. Jean Baptiste Geffroy » (App. anc. éd., 2ᵉ S., de Backer.) Le P. de Backer, n. éd., II, 1078, donne par erreur les initiales M.... S., au lieu de M... J.

XXXI. Recueil. A Paris, chez De Hansy, le jeune, rue Saint-Jacques. M.DCC.LXXIV.

Avertissement (sans sig.).

Le P. Patouillet a fourni les lettres qui sont imprimées dans ce Recueil.

XXXII. Recueil. A Paris, chez De Hansy, le jeune, rue Saint-Jacques. M.DCC.LXXIV.

Avertissement (s. sig.)

XXXIII. Recueil. Par M. l'Abbé Patouillet. Se vend à Paris, chez Charles-Pierre Berton, Libraire, rue S. Victor. M.DCC.LXXVI.

Dans l'Avant-Propos, le P. Patouillet parle de son inaction après la publication du 28ᵉ Recueil, inaction causée par la suppression de la Compagnie de Jésus.

XXXIV. Recueil. Par M. l'Abbé Patouillet. Se vend à Paris, chez Charles-Pierre Berton.... M.DCC.LXXVI.

Préface (du P. Patouillet).

Le P. Patouillet (Louis) né le 31 mars 1699 à Dijon est mort à Avignon en 1779. (Voir *Nouv. Biog. gén.*, XXXIX, col. 336/7.)

— Une nouvelle édition a été faite par Le Clerc des premiers recueils de *Lettres édifiantes*, et j'ai noté à la Bib. nat., les réimpressions suivantes que j'ai collationnées avec soin avec la première édition :

I. Recueil. A Paris, chez Nicolas Le Clerc... M.DCC.XVII.

II. Recueil. *Ibid.*, M.DCC.VII.

III. Recueil. A Paris, chez Jean Barbou, ruë S. Jacques, vis à vis le College do Loüis le Grand. M.DCC.XIII. Avec Approb. & Priv. du Roy.

IV. Recueil. *Ibid.*, M.DCC.XIII.

V. Recueil. A Paris, chez Nicolas le Clerc, ruë Saint Jacques, à l'Image Saint Lambert M.DCC.XXIV.

VI. Recueil. *Ibid.*, M.DCC.XXIII.

IX. Recueil. A Paris, chez Nicolas Le

Clerc.... et chez P. G. Le Mercier fils..... M. DCC. XXX.

X. Recueil. *Ibid.*, M.DCC.XXXII.

XII. Recueil. M.DCC.XLI. — Le Mercier & Boudet... et chez Marc Bordelet.

———

— Lettres édifiantes et curieuses écrites des Missions étrangères. Nouvelle édition. Tome Premier. A Paris, chez J. G. Merigot le jeune, Libraire, Quai des Augustins, au coin de la rue Pavée. 1780.

Cette édition publiée par Yves Mathurin Marie de Querbeuf, se compose de 26 volumes in-12. On trouve dans cette collection 139 lettres ou mémoires relatifs à la Chine. Nous en donnons la liste et nous ajoutons, entre parenthèses, le volume et la pagination des articles dans le *Welt-Bott* de Stöcklein, dans l'ancienne édition des *Lettres édifiantes*, et dans l'édition dite du *Panthéon littéraire.*

Tomes I-V, (1780). Mémoires du Levant = VI-IX, (1781). Mémoires d'Amérique = X-XV, (1781). Mémoires des Indes.

XVI, Mémoires de la Chine, 1781, pp. xxxvi-438.

Préface.....

— Lettre du Père de Prémare, Missionnaire de la Compagnie de Jésus, au Révérend Père de la Chaise, de la même Compagnie, Confesseur du Roi (A Canton, le 17 Février, 1699), pp. 338-371 (Ancienne édition II, p. 57. — Stöcklein, II, 39. — Panthéon littéraire, III, p. 1.)

— Lettre du Père Bouvet, Missionnaire de la Compagnie de Jésus, au Révérend Père de la Chaise, de la même Compagnie, Confesseur du Roi (A Péking, le 30 de novembre 1699), pp. 372-392 (A. E., II, p. 119. — S., II, 41. — P. L. III, p. 17.)

— Lettre du Père de Premare, Miss. de la Comp. de Jésus, au Père le Gobien, de la même Compagnie (A Ven-tcheou-fou, en la province de Kiamsi, le 1ᵉʳ de Novembre 1700), pp. 392-407. (A. E., II, p. 151. — S., II, 42. — P. L., III, p. 22.)

— Lettre du Père Pelisson, Miss. de la Comp. de Jésus, au Rev. Père de la Chaise, de la même Comp., Confesseur du Roi (A Canton, le 9 de Décembre 1700), pp. 408-434, (A. E., I, p. 69. — S., II, 43. — P. L., III, p. 26.) — Table.

XVII, 1781, Mémoires de la Chine, &c., pp. 452.

— Lettre du Père de Tartre, Miss. de la Cie de Jesus, à M. de Tartre son père (A Canton, le 17 Décembre 1701), pp. 1/77, (A. E., III, p. 34. — S., III, 65. — P. L., III, p. 32.)

— Lettre du Père de Chavagnac, Miss. de la Cie de Jesus, au Père le Gobien, de la même Cie (A Cho-tcheou, le 30 décembre 1701), pp. 78-90. (A. E., III, p. 147. — S., III, 66. — P. L., III, p. 50.)

— Lettre du Père Fouquet, Miss. de la Cie de Jésus, à Monseigneur le Duc de la Force, Pair de France (A Nan-tchang-fou, capitale de la province de Kiamsi à la Chine, le 26 novembre 1702), pp. 91-159. (A. E., V, p. 129. — S., III, 69. — P. L., III, p. 53.)

— Mémoire sur l'état des Missions de la Chine, présenté en latin à Rome, au Révérend Père Général de la Cie de Jesus, l'an 1703, par le Père François Noel, Miss. de la même Cie, & depuis traduit en François (pp. 160-183, (A. E., VI, p. 68. — S., IV, 83. — P. L., III, p. 70.)

— Lettre du Père de Chavagnac, Miss. de la Cie de Jesus à la Chine, au Père le Gobien, de la même Cie (A Fou-tcheou-fou, le 10 de février 1703), pp. 184-206 (A. E., IX, p. 322. — S., IV, 84. — P. L., III, p. 76.)

— Lettre du Père de Fontaney, Miss. de la Cie de Jesus à la Chine, au Révérend Père de la Chaise de la même Cie, Confesseur du Roi (à Tcheou-chan, port de la Chine, dans la province de Tche-kian, à dix-huit lieues de Ningpo, le 15 de Février 1703) pp. 207-331. (A. E., VII, p. 61. — S., V, 97. — P. L., III, p. 82.)

Pp. 252 et seq. de cette lettre on trouve des détails fort inté-
ressants sur les sépultures des Jésuites à Pékin.
— Lettre du Père de Fontaney, Miss. de la Cie de Jésus, au
Révérend Père de la Chaise, de la même Compagnie, Con-
fesseur du Roi (à Londres, le 15 janvier 1704) pp. 332-450
(A. E., VIII, p. 51 — S., V, 98 — P. L., III, p. 113).
Table.

Tome XVIII, 1781, Mémoires de la Chine, &c., pp. 480.

— Lettre du Père Jartoux, Miss. de la Cie de Jesus à la
Chine, au P. de Fontaney, de la même Cie (à Peking, ce
20 d'août 1704) pp. 1-30 (A. E., IX, p. 376 — S., IV, 88 —
P. L., III, p. 142).
— Lettre du Père Jean-Paul Gozani, Miss. de la Cie de Je-
sus, au Père Joseph Suarez, de la même Cie. Traduite du
Portugais. (A Cai-fum-fou, capitale de la province de
Honan à la Chine, le 5 de Novembre 1704) pp. 31-48 [Lettre
très-importante sur les Juifs en Chine] (A. E., VII, p. 1 —
S., IV, 89 — P. L., III, p. 149).
Remarques sur la lettre du Père Gozani, pp. 48-55 (A. E.,
VII, p. 29 — P. L., III, p. 153).
— Lettre du Père d'Entrecolles, Miss. de la Cie de Jesus, à
Monsieur le Marquis de Broissia, sur la mort du Père
Charles de Broissia, son frère. (A Jao-tcheou, le 15 Novem-
bre 1704) pp. 56-66 (A. E., IX, p. 504, pas imp. dans S.,
P. L., I.I, p. 154 .
— Lettre du Père Gerbillon (à Péking, en l'année 1705) pp. 67-
77 (A. E., X, p. 412 — pas imp. dans S., — P. L. III p. 157].
— Lettre du Père Bouvet (en l'année 1706) pp. 77-83 (A. E.,
X, p. 388 — pas imp. dans S., — P. L., p. 160).
Lettre du Père d'Entrecolles, Miss. de la Cie de Jesus, au
Père Procureur général des Missions des Indes & de la
Chine (A Jao-tcheou, ce 17 juillet 1707) pp. 84-106 (A. E.,
X, p. 119. — S., V, 106 — P. L., 111, p. 161).
Dans Stöcklein, cette lettre porte la date du 17 juillet 1709.
— Explication de trois inscriptions en caractères chinois
écrits par l'Empereur de la Chine pour la nouvelle église
des Jésuites à Péking (24 avril 1711) avec une planche,
pp. 107/8 (A. E., X, p. 156 —S., V. 107 — P. L., 111, p. 167).
— Extraits de quelques lettres écrites ces années dernières
de la Chine : du Père Bouvet.(à Peking, le 10 juillet 1710)
pp. 115/122 (A. E., X, p. 377 — S., VI. 128).
— Lettre du Père Premare (à Peking, en l'année 1710)
pp. 122-127 (A. E., X, p. 405 — S., VI. 129 — P. L. III,
p. 182).
— Lettre du Père Jartoux, Miss. de la Cie de Jesus, au Père
Procureur général des Missions des Indes et de la Chine (à
Peking, le 12 d'avril, 1711) pp. 127-143 [lettre à consulter
sur le gin-seng, accompagnée d'un dessin de cette plante]
(A. E., X, p. 159 — pas imp. dans S., — P. L., III, p. 183.]
— Lettre du Père Dentrecolles, Miss. de la Cie de Jesus, au
Père Procureur des Missions de la Chine et des Indes (à
Jao-tcheou, ce 27 août 1712) pp. 144/179 (A. E., XI, p. 180
— pas imp. dans S., — P. L., III, p. 187).
— Lettre du Père Jacquemin, Miss. de la Cie de Jesus, au
Père Procureur des Missions des Indes et de la Chine (de
l'isle de Tsong-ming, dans la province de Nanking, le 1er
septembre 1712) pp. 179/223 [à consulter sur les sociétés
d'argent]. A. E., XI, p. 234 — pas imp. dans S., — P. L.,
III, p. 196).
— Lettre du Père d'Entrecolles, Miss. de la Cie de Jesus, au
Père Orry, de la même Cie, Procureur des Missions de la
Chine et des Indes (à Jao-tcheou, ce 1er Septembre 1712)
pp. 224/296 [sur King-te-ching et la fabrication de la por-
celaine] (A. E., XII, p. 253 — S., VI, 132 — P. L. III,
p. 207].
— Extrait d'une lettre du Révérend Père Laureati, à M. le
Baron de Zea, écrite de Fokien le 26 juillet 1714, & traduite
de l'Italien, pp. 296-341 [Histoire naturelle — Emouy.]
A. E., XXIX, p. 25 — pas imp. dans S., P. L. III p. 225].
— Lettre du Père Premare, Miss. de la Cie de Jesus (à Peking, le 27 mars 1715) pp. 341-352 (A. E., XIV, p. 431 — S.,
VI, 135 — P. L., III, p. 236).
— Lettre du Père d'Entrecolles, Miss. de la Cie de Jesus,
au Père de Broissia, de la même Cie (à Jao-tcheou, le
10 Mai 1715) pp. 353-412 [sur la manière de guérir la petite
vérole chez les Chinois, voir pp. 376/7] (A. E., XIII,
p. 300 — S., VI, 136 — P. L, III, p. 239).
— Lettre du Père de Mailla, Miss. de la Cie de Jesus, au Père
de Colonia, de la même Cie. (A Kicou-Kiam-fou, dans la
province du Kiam si, au mois d'août 1715) pp. 413/467 [à

consulter sur l'île de Formose] (A. E., XIV, p. 1 — S., VI,
138 — P. L., III, p. 253). Voir col. 140.
— Lettre du Père Domenge, Miss. de la Cie de Jesus (à Na-
piang-fou, de la province de Honan, le 1er juillet 1716)
pp. 467-479 (A. E., XIV, p. 411 — S., VII, 153 — P. L., III,
p. 267).
Table.

Tome XIX, 1781, Mémoires de la Chine, &c., pp. 516.

— Lettre du Père de Mailla, Miss. de la Cie de Jesus (à Peking, le 5 juin 1717) pp. 1-72 (A. E., XIV, p. 86 — S., VII,
158 — P. L. III, p. 270).
— Extrait d'une lettre écrite de Peking (le 2 novembre 1717)
pp. 73-76 [à consulter sur le musc et le chevreuil musqué]
(A. E., XIV, p. 493 — S., VII, 159 — P. L. III, p. 286).
— Lettre d'un Missionnaire de la Chine (De Canton, en l'an-
née 1718) pp. 77-79 (A. E., XVI, p. 373 — S., IX, 220 —
P. L., III, p. 287).
— Lettre du Père Porquet, Miss. de la Cie de Jesus, à Mon-
sieur son frère (De Vousi-hien, le 14 octobre 1719) pp. 80-
91 (A. E., XV, p. 361 — S., VII, 163 — P. L. III, p. 288).
— Lettre du Père d'Entrecolles, Miss. de la Cie de Jesus, à
la Chine (A Peking, le 19 d'octobre 1720) pp. 91-98 (A. E.,
XV, p. 380 — S., VII, 164 — P. L. III, p. 291).
— Lettre du Père d'Entrecolles, Miss. de la Cie de Jesus, à
Madame *** (à Peking, le 19 octobre 1720) pp. 98-164
(A. E., XV, p. 83 — S., VII, 189 — P. L. III, p. 292).
— Lettre du Père Cazier (à Canton, le 5 novembre 1720;,
pp. 165-168. (A. E., XVI, p. 368 — S., IX, 222 — P. L.
IV, p. 703).
— Lettre d'un Missionnaire de la Compagnie de Jesus (De
Peking, en l'année 1721) pp. 168-173 (A. E., XVI, p. 378 —
S., IX, 223 — P. L., III, p. 308.
— Lettre du Père d'Entrecolles, Miss. de la Cie de Jesus,
au Père .. de la même Cie (à Kim-te-chim, le 25 Janvier
1722) pp. 173-203 [à consulter sur la fabrication de la por-
celaine] (A. E., XVI, p. 318 — S., IX, 224 — P. L., III,
p. 309).
— Lettre du Père Jacques, Miss. de la Cie de Jesus, à Monsieur l'Abbé Raphaelis (à Canton, le 1er novembre 1722)
pp. 204-245 (A. E., XVI, p. 1 — S., IX, 226 — P. L., III,
p. 316).
— Lettre du Père Gaubil, Miss. de la Cie de Jesus, à Monseigneur de Nemond, archevêque de Toulouse (De la Province de Quang-tong, à la Chine, ce 4 novembre 1722)
pp. 246-256 (A. E., XVI, p. 300 — S., IX, 227 — P. L.,
III, p. 327).
— Lettre du Père Parennin, Miss. de la Cie de Jesus, à Messieurs de l'Académie des Sciences, en leur envoyant une
traduction qu'a faite en langue Tartare de quelques-uns
de leurs ouvrages, par ordre de l'Empereur de la Chine, &
adressée à M. de Fontenelle, de l'Académie Françoise, &
Secrétaire perpétuel de l'Académie des Sciences (à Peking,
le 1er mai 1723) pp. 257-299 [à consulter sur la langue
mandchoue] [A. E., XVII, p. 344 — S., XII, 288 — P. L.,
III, p. 303). (Voir col. 40.)
— Seconde lettre du même à Messieurs de l'Académie des
Sciences, pp. 300-323 (A. E., XVII, p. 409 — S., XII, 289 —
P. L., III, p. 340]. (Voir col. 40.)
— Lettre du Père de Mailla, Miss. de la Cie de Jesus, au
Père *** , de la même Cie (à Peking, ce 16 octobre 1724)
pp. 324-406 [(A. E., XVII, p. 163 — S., XII, 292 — P. L.,
III, p. 346).
— Lettre du Père Parennin, Miss. de la Cie de Jesus, au
Père** de la même Cie (à Peking, ce 20 août 1724) pp. 406-
514 (A. E., XVII, p. 1 — S., XII, 291 — P. L., III, p. 366).
Table.

Tome XX, 1781, Mémoires de la Chine, &c., pp. 462.

— Lettre du Père Parennin, Miss. de la Cie de Jesus, au
Père***, de la même Cie. (A Peking, ce 20 juillet 1725)
pp. 5-64 (A. E., XVIII, p. 33 — S., XV, 338 — P. L.,
III, p. 393.)
— Autre Lettre du Père Parennin, Miss. de la Cie de Jesus,
au Père ``, de la même Compagnie. (A Peking, ce 24 août
1726) pp. 65-106 (A. E., XVIII, p. 248 — S., XV, 339 —
P. L., III, p. 407.)
— Lettre du Père Parennin, Miss. de la Cie de Jesus, au
Père Duhalde, de la même Cie. (A Peking, ce 26 septem-

bre 1727) pp. 107-238 (A. E., XIX, p. 1 — S., XIX, 411 — P. L., III, p. 417.)

— Lettre du Père Parennin, Miss. de la Cie de Jesus, au Père Duhalde, de la même Cie. (A Peking, ce 15 septembre 1728) pp. 239-266 (A. E., XX, p. 1 — S., XX, 434 — P. L., III, p. 449.)

— Lettre du Père Parennin, Miss. de la Cie de Jesus, au Père Duhalde, de la même Compagnie. (A Peking, ce 15 octobre 1734) pp. 267-302 (A. E., XXII, p. 44 — S., XXVII, 546 — P. L., III, p. 456.)

— Lettre du Père Parennin, Miss. de la Cie de Jesus, au Père Duhalde, de la même Cie. (A Peking, ce 22 octobre 1736) pp. 303-371 (A. E., XXIII, p. 1 — S., XXX, 583 — P. L., III, p. 465.)

— Lettre du Père Contancin, Miss. de la Cie de Jesus, au Père Etienne Souciet, de la même Cie. (A Canton, ce 2 décembre 1725) pp. 371-394 (A. E., XVIII, p. 429 — S., XV, 340 — P. L., III, p. 489.)

— Lettre du Père d'Entrecolles, Miss. de la Cie de Jesus, au Père Duhalde, de la même Cie. (A Peking, ce 26 juillet 1726) pp. 394-428 (A. E., XX, p. 46 — S., XXI-XXII, 430.)

— Motifs du Prince Jean pour embrasser la Religion chrétienne, pp. 428-458. (Cette pièce n'avait pas été imprimée. — P. L., III, p. 481.)

— Notice des ouvrages composés ou traduits en Chinois par les Missionnaires Jésuites. (Cette pièce n'avait pas été imprimée. — P. L., III, p. 489.)

Tome XXI, 1781, Mémoires de la Chine, &c., pp. 526.

— Lettre du Père d'Entrecolles, Miss. de la Cie de Jesus, au Rév. Père Duhalde, de la même Cie. (A Peking, le 11 mai 1726) pp. 5-41 [à consulter sur la petite vérole] (A. E., XX., p. 304 — S., XXI-XXII, 431 — P. L., III, p. 495; le P. L. donne la date du 12 mai au lieu du 11 du même mois.)

— Lettre du Père d'Entrecolles, Miss. de la Cie de Jesus, au Père Duhalde, de la même Cie. (A Peking, ce 7 juillet 1727) pp. 42-55) [sur les fleurs et les fruits artificiels] (A. E., XX, p. 281 — S., XXI-XXII, 432 — P. L. III, p. 544.)

— Lettre du Père Parennin, Miss. de la Cie de Jesus, au Reverend Père Nyel, de la même Compagnie, sous-précepteur de MM. les Infans d'Espagne. (A Peking, ce 8 octobre 1727) pp. 56-95) [très-importante pour l'ambassade de Dom Alexandre Metello Souzay Menezes, envoyé par le roi de Portugal Jean V] (A. E., XIX, p. 206 — S., XIX, 412 — P. L., III, p. 548.)

— Lettre du Père Contancin, Miss. de la Cie de Jesus, au Père Etienne Souciet, de la même Cie. (A Canton, ce 15 décembre 1727) pp. 95-182 [traductions de la Gazette de Peking] (A. E., XIX, p. 265 — S., XIX, 414 — P. L., III, p. 557.)

— Lettre du Père Premare, Miss. de la Cie de Jesus à la Chine, au Père ***, de la même Cie, pp. 183-237 [c'est une réfutation des erreurs contenues dans la Relation des deux voyageurs mahométans publiée par l'abbé Renaudot en 1718). (A. E., XIX, p. 420 — P. L., III, p. 579 — S., XIX, 415.)

— Lettre du Père Etienne le Couteux, Miss. de la Cie de Jesus, au Père ***, de la même Cie. (Au mois de février de l'année 1730) pp. 237-294 (A. E., XXII, p. 99 — P. L., III, p. 592. — Pas imprimé dans S.)

— Lettre du Père Contancin, Miss. de la Cie de Jesus, au Père Duhalde, de la même Cie. (De Canton, ce 19 d'octobre 1730) pp. 295-384 [traductions de la Gazette de Peking] (A. E., XXII, p. 189 — S., XXX, 573 — P. L., III, p. 607.)

— Lettre du Père de Goville, Miss. de la Cie de Jesus, ancien Miss. de la Chine, a M *** : contenant sa déclaration au sujet des faits calomnieux qui lui sont imputés par l'Auteur des Anecdotes sur l'état présent de la religion dans la Chine, pp. 384-401. [Question des Rites] (A. E., XXII, p. 325 — P. L., III, p. 628. — Pas imp. dans S.) (Voir col. 410.)

— Seconde lettre du Père de Goville, Miss. de la Cie de Jesus, ancien Missionnaire de la Chine; au sujet de la réponse qu'a fait à sa première lettre l'Auteur des Anecdotes sur l'état de la Religion à la Chine, à Monsieur ***, pp. 401-456. [Rites] (A. E., XXIII, p. 442. — Cette pièce n'est pas imp. dans S., — P. L., III, p. 632.) (Voir col. 410.)

— Lettre du Père Parennin, Miss. de la Cie de Jesus, à M. Dortous de Mairan, directeur de l'Académie des Sciences. (A Peking, ce 11 août 1730) pp. 457-523 (A. E., XXI, p. 76. — Cette pièce n'est pas imprimée dans S. — P. L., III, p. 645.) (Voir col. 40.)

Tome XXII, 1781, Mémoires de la Chine, &c., pp. 532.

— Lettre du Père de Mailla, Miss. de la Cie de Jesus, au R. P. Hervieu, Supérieur Général de la Mission Françoise de la même Cie. (A Peking, ce 10 octobre 1731) pp. 5-25 (A. E., XXI, p. 184 — S., XXV, 522 — P. L., III, p. 666.)

— Lettre du P. Porquet, Miss. de la Cie de Jesus, au Père de Goville, de la même Cie. (A Macao, ce 11 décembre 1732) pp. 25-63 (A. E., XXI, p. 217 — S., XXV, 523 — P. L., III, p. 671.)

— Lettre du P. de Mailla, Miss. de la Cie de Jesus, au Père...... de la même Cie. (A Peking, le 18 octobre 1723) pp. 64-90 (A. E., XXII, p. 1 — S., XXVII, 547. P. L., III, p. 680.)

— Lettre du Père d'Entrecolles, Miss. de la Cie de Jesus, au Père Duhalde, de la même Cie. (A Peking, ce 4 novembre 1734) pp. 91-126 (A. E., XXII, p. 415 — S., XXX, 574 — P. L., III, p. 687.)

— Lettre du P. Parennin, Miss. de la Cie de Jesus, au Révérend Père ***, de la même Cie. (A Peking, ce 20 octobre 1734) pp. 127-132. [Cette pièce n'avait été imprimée ni dans l'anc. éd. des Lettres édifiantes, ni dans Stöcklein. — P. L., III, p. 696.)

— Lettre du Père Parennin, Miss. de la Cie de Jesus, à M. Dortous de Mairan, de l'Académie royale des Sciences, (A Peking, ce 28 septembre 1735) pp. 132-192 (A. E., XXIV. p. 1 — S., XXXII, 624 — P. L., III, p. 698.) (Voir col. 40.)

— Lettre du Père d'Entrecolles, Miss. de la Cie de Jesus, au Père Duhalde, de la même Cie. (A Peking, ce 8 octobre 1736) pp. 193-245 [à consulter sur la Botanique] (A. E., XXIV, p. 357 — S., XXXII, 627 — P. L., III, p. 713.)

— Etat de la Religion dans l'Empire de la Chine, en l'année 1738, pp. 246-288. (A. E., XXV, p. 234 — P. L., III, p. 726.)

— Lettre du Père Parennin, Miss. de la Cie de Jesus, à M. Dortous de Mairan, de l'Académie Françoise, & Secrétaire perpétuel de l'Académie royale des Sciences. (A Peking, ce 20 septembre 1740.) pp. 289-344 (A. E., XXVI, p. 1. — S., XXXII, 625 — P. L., III, p. 736.) (Voir col. 40.)

— Lettre du Père Parennin, Miss. de la Cie de Jesus, au Père Duhalde, de la même Cie, pp. 344-384 [traduction d'un ouvrage tartare de préceptes et d'instructions]. A. E., XXVI, p. 86 — S., XXXII, 623 — P. L., III, p. 750.)

— Lettre du Père Chalier, Miss. de la Cie de Jesus, au Révérend Père Verchere, Provincial de la même Cie en la province de Lyon. (A Peking, ce 10 octobre 1741) pp. 385-401 [consacrée au Père Parennin qui venait de mourir]. (A. E., XXVI, p. 148 — S., XXXII, 626 — P. L., III, p. 764.)

— Lettre du Père Baborier, Miss. de la Cie de Jesus à la Chine, au Père Baborier, son neveu, de la même Cie pp. 401-408, (A. E., XXVI, p. 412. — S., XXXII, 628. — P. L., III, p. 764.)

— Lettre du Père Gaubil au Père Cairon (De Peking, ce 29 octobre 1741), pp. 409-414, (A. E., XXVI, p. 423. — Cette pièce n'est pas imp. dans S. — P. L., III, p. 766.)

— Lettre du Père Loppin, Miss. de la Cie de Jesus, au Révérend Père Radominski, Confesseur de sa Majesté la Reine de Pologne, Duchesse de Lorraine, pp. 415-456, (A. E., XXVI, p. 281. — S., XXXIV. 671. — P. L., III, p. 767.)

— Lettre du Père de Neuvialle, Miss. de la Cie de Jesus, au Père Brisson, de la même Cie. pp. 457-474. (A. E., XXVIII, p. 356. — S., XXXIV. 670. — P. L., III, p. 778.)

— Lettre du Père Robert, Miss. de la Cie de Jesus, au même (A Pe-tsuen-chan, dans la province de Hou-quang, en l'année 1741), pp. 475-490, (A. E., XXVI, p. 375 .— Cette pièce n'est pas imp. dans S. — P. L., III, p. 782.)

— Lettre du Frère Attiret, de la Cie de Jesus, peintre au service de l'empereur de la Chine, à M. d'Assaut (A Peking, le 1 novembre 1743), pp. 490-528, (A. E., XXVII, p. 1. — P. L., III, p. 786.— S., XXXIV, 679.) (Voir col. 40.)

Cette lettre est traduite en anglais dans The Canton Register, Vol. XI, 1838, No. 10 et seq. (Voir col. 124.)

Table.

Tome XXIII, 1781, Mémoires de la Chine, &c., pp. 619.

— Lettre du Père du Gad, Miss. de la Cie de Jesus à la Chine, au Père Foureau de la même Cie, aussi Miss. à la Chine. (En Chine, le 22 août 1745), pp. 5-20, (P. L., III, p. 796.)

— Lettre du Pere Benoist, Miss. de la Cie de Jesus à la Chine, au Révérend Pere *'*, de la même Cie (A .Peking, le 2 novembre 1746), pp. 21-30. (P. L., III, p. 800.)

— Seconde lettre du Pere Benoist, Miss. de la Cie de Jesus à la Chine, au Révérend Pere *'*, de la même Cie (A Peking, le 2 novembre 1746) pp. 30-40, (P. L., III, p. 802).

— Relation d'une persécution générale qui s'est élevée contre la religion chrétienne dans l'Empire de la Chine en 1746 ; envoyée de Macao à Madame de Sauveterre de Saint-Hyacinthe, Religieuse Ursuline, & insigne bienfaitrice des Missions : par le Pere Jean-Gaspard Chanseaunie, de la Cie de Jesus, pp. 40-125. (A. E., XXVII, p. 79.— P. L., III, p. 804).

— Lettre du Pere Forgeot, Miss. de la Cie de Jesus, au Pere Patouillet, de la même Cie (A Macao, le 2 décembre 1750), pp. 125-146, (A. E., XXVIII, p. 1.— P. L., III, p. 825).

— Mémoire sur la cire d'arbre, envoyée de la province de Hou-quang, par le Pere Chanseaume, de la Cie de Jesus, pp. 146-154, (A. E., XXVIII, p. 158.— P. L., III, p. 830.)

— Lettre du Pere Amiot, Miss. de la Cie de Jesus, au Pere Allart, de la même Cie (A Peking, le 22 octobre 1752), pp. 154-181. (A. E., XXVIII, p. 171).

— Mémoire sur les Isles que les Chinois appellent isles de Lieou-kieou, par le Père Gaubil, Miss. de la Cie de Jesus à Peking, pp. 182-245. (A. E., XXVIII, p. 355. — P. L., III pp. 503).

Ce Mémoire est composé principalement d'après l'ouvrage chinois (en 2 vol., imprimé à Peking) du docteur Su Paokoang ; ce docteur avait été envoyé par Kang hi comme ambassadeur au Roi de Lieou kieou ; il partit dans la 5ª lune de 1719 et revint à Peking dans la seconde lune de 1720. — Ce mémoire est accompagné d'une carte.

— Extrait des lettres de quelques Missionnaires de la Chine, sur l'utilité des livres chinois qui traitent de la religion chrétienne, & combien il est important d'en répandre à la Chine le plus qu'il est possible, pp. 246-274. (A. E., XXXIV, p. 258. — P. L., IV, p. 27).

— Lettre d'un Missionnaire de Peking en 1750, à Monsieur ***, (A Peking, en 1750), pp. 274-285. (A. E., XXXIII, p. 419. — P. L., IV, p. 34.)

— Lettre écrite de Macao le 14 de septembre 1754, pp. 283-302, (A. E., XXXII, p. 1. — (P. L., IV, p. 36).

— Lettre du Pere Amiot, Missionnaire à la Chine, au Pere de la Tour, de la même Compagnie (A Peking, ce 17 octobre 1754), pp. 302-368. (P. L., IV, p. 41).

— Extrait de quelques lettres du Pere Roy, Miss. de Chine, décédé le 8 janvier 1709, au Pere de Brassaud, sur la fin de 1754, pp. 369-374. (P. L., IV, p. 79).

— Lettre du Pere Lamathe, Miss. en Chine, au Pere Brassaud (Ce 6 janvier 1756) pp. 374-382. (P. L., IV, p. 80.)

— Lettre du même au même (Ce 20 Août 1759) pp. 383-389 (P. L., IV, p. 82.)

— Extrait d'une lettre du Pere du Gad, Miss. en Chine, au Pere Brasseau (A Macao, ce 13 décembre 1757) pp. 389-391 (P. L., IV, p. 84).

— Lettre du Révérend Pere Amiot, à M. de l'Isle, de l'Académie des Sciences (A Peking, ce 4 Septembre 1759) pp. 391-407 (P. L., IV, p. 34 — A. E., XXXI, p. 1).

Sur le Père Antoine Gaubil, né à Gaillac, ville du Haut-Languedoc dans l'Albigeois, le 14 juillet 1689, mort à Peking le 24 juillet 1759.

— Lettre du Pere Roy, Miss. en Chine, à Monseigneur l'Evêque Comte de Noyon, Pair de France (En Chine, le 12 septembre 1759) pp. 408-431 (P. L., IV, p. 89).

— Extrait d'une lettre écrite en juillet 1764, par le Pere la Mathe, Miss. à la Chine, au Père de Brassaud pp. 431-440 (P. L., IV, p. 94).

— Extrait d'une lettre écrite de Peking le 7 novembre 1764, par le Pere Cibot, Miss., au Pere Derville pp. 440-443 (P. L., IV, p. 97).

— Lettre du Révérend Pere B***, Miss. à la Chine, à Madame la Comtesse de Forben (A Peking, le 9 septembre 1765) pp. 444-481 (A. E., XXXII, p. 120. — P. L., IV, p. 97).

Sur le mariage des Chinois.

— Lettre d'un Miss. de Chine à un de ses amis (Du 28 Août 1766) pp. 481-484 (P. L., IV, p. 107).

Au même, 8 septembre 1768, pp. 485-497. (P. L., IV, p. 107.)

— Lettre du Pere François Bourgeois, Miss. à la Chine, au Pere Ancemot (A Canton, le 1ᵉʳ de Septembre 1767) pp. 498-534 (A. E., XXIX, p. 105. — P. L., IV, p. 111).

— Lettre du Pere Benoist, Miss., à Monsieur Papillon d'Auteroche (A Peking, le 10 novembre 1767) pp. 534-548. (P. L., IV, p. 120.)

— Lettre du Pere Lamathe, Miss., au Pere Brasseau (En Chine, le 17 juillet 1769) pp. 548-560 (P. L., IV, p. 123).

— Lettre du Père Ventavon, Miss., au Pere Brassaud (En Chine, 1769) pp. 560/575 (P. L., IV, p. 126).

— Lettre du Révérend Pere François Bourgeois, à Madame de*'' (A Peking, le 15 octobre 1769) pp. 575-611 (A. E., XXIX, p. 211. — P. L., IV, p. 130).

— Lettre du Rév. Père François Bourgeois, au Rev. Père Ancemot (Près de Peking, le 1ᵉʳ novembre 1770) pp. 611-615 (A. E., XXIX, p. 275. — P. L., IV, p. 130). Table.

Tome XXIV, 1781. Mémoires de la Chine, &c., pp. 556.

— Mémoire] sur le Thibet et sur le Royaume des Eleuthes, nouvellement subjugué par l'Empereur de la Chine, avec une relation de cette conquête pp. 5-56 (A. E., XXXI, p. 212, — P. L., III, p. 519).

— Mémoire sur les Juifs établis en Chine pp. 56-100 (A. E., XXXI, p. 296. — P. L., IV, p. 140).

— Lettre du Pere de Ventavon, Miss. de la Cie de Jesus, au Pere de Brassaud, de la même Cie (A Hai tien, le 15 sept. 1769) pp. 100-115 (A. E., XXXI, p. 30).

— Lettre du Révérend Père*'*, Miss. de la Cie de Jesus, à M. d'Aubert, premier Président du Parlement de Douai (De Canton, le 16 avril.....) pp. 116-135 (A. E., XXX, p. 115).

— Lettre [du Révérend Pere Dolliers, Miss. de la Cie de Jesus, à Madame... (A Peking, le 8 octobre 1769) pp. 136-150 (A. E., XXX, p. 149. — P. L., IV, p. 159).

— Lettre du Révérend Père Benoit, Miss., au Révérend Pere du Gad (De Peking, le 26 août 1770) pp. 151-221 (A. E., XXXII, p. 161. — P. L., IV, p. 163).

— Lettre sur la mort de Ma Joseph pp. 222-235 (P. L., IV, p. 180).

— Lettre du Révérend Pere Cibot, Miss., au Révérend Père D..... (A Peking, le 3 novembre 1771) pp. 236-247 (A. E., XXX, p. 73. — P. L., IV, p. 183).

— Lettre du Révérend Pere Cibot, Miss. de la Cie de Jesus, à Monsieur...... (A Peking, le 11 juin...) pp. 247-258 (A. E., XXX, p. 94 — P. L., IV, p. 86).

— Lettre du Pere Bourgeois, Miss. de Peking (A Peking, le 18 septembre 1773) pp. 259-279 (A. E., XXXIII, p. 381 — P. L., IV, p. 191).

— Première lettre du Pere Benoit, Miss. à Peking, à Monsieur*'' (le 4 novembre 1773) pp. 280-330 (A. E., XXXIII, p. 1 — P. L., IV, p. 196).

— Seconde lettre du Pere Benoit pp. 330-362 (A. E., XXXIII, p. 91. — P. L., IV, p. 209).

— Troisieme lettre du Pere Benoit pp. 363-395 (A. E., XXXIII, p. 150).

— Lettre d'un Missionnaire de Chine (A Peking, année 1775) pp. 396-430 (P. L., IV, pp. 225).

Sur le Père Michel Benoit né à Autun le 8 octobre 1715, mort le 23 octobre 1774.

— Lettre du Père Ventavon, Missionnaire. (A Peking, ce 15 octobre 1775) pp. 431-435 (P. L., IV, p. 234).

— Lettre d'un Miss. de Chine à M..... (A Peking, année 1777) pp. 435-457.

— Extrait de plusieurs lettres de Missionnaires de la Chine pp. 458-462 (P. L., IV, p. 241).

— Lettre d'un Missionnaire de la Chine (Peking, le 31 juillet 1778) pp. 462-482 (P. L., IV, p. 242).

— Lettre d'un Miss. de Chine (A Peking, année 1778) pp. 483-500 (P. L., IV, p. 247).

Table de ce Volume. — Table des matières contenues dans les Mémoires de la Chine, tomes XVI-XXIV des Lettres édifiantes et curieuses, pp. 504-552. — Approbation. — Privilège du Roi.

Tome XXV. Mémoires des Indes et de la Chine, 1783, pp. lx-444.

Préface pp. i-lx.

Comprend une notice sur le Père Ricci extraite de la vie écrite par le P. d'Orléans pp. iii-xxxi.

— ...... Entretien d'un Lettré Chinois & d'un Docteur Européen, sur la vraie idée de Dieu pp. 111-419 (par le Père Ricci) (P. L., III, p. 380).

Tome XXVI, Mémoires des Indes et de la Chine, 1783, pp. 518.

— ..... Histoire de l'Astronomie chinoise depuis le commencement de la Monarchie chinoise, jusqu'à l'an 206 avant Jesus-Christ; par le Père Gaubil, Miss. à Pékin pp. 65-295 (P. L., III, p. 453).

— Mémorial envoyé en Europe par le P. Thomas, Vice-Provincial des Jésuites en Chine pp. 296-354 (P.L., III, p. 167) : Art. I [Voyage du Cardinal Charles Thomas Maillard de Tournon]. — Art. II. Sur les controverses en matière de Religion. — Art. III. Conduite de M. le Patriarche dans différentes négociations qu'il traita à la Cour de Peking. — Art. IV. L'état de la Religion à la Chine, depuis le départ de M. le Patriarche. — Art. V. Réponse aux plaintes que M. le Patriarche prétend avoir à faire des Jésuites.

— Extrait de la relation de la persécution qu'a essuié M. Gleyo [Glayot, dit le P. L.], Miss. apostolique du Séminaire des Missions étrangères, dans la Province de Sutchuen en Chine. Cette persécution a duré depuis le 20 Mai 1769 (le P. L. dit le 30 Mai) jusqu'au 29 juin 1777, & le récit en a été fait & décrit par lui-même après son élargissement. (Voir le tome XXIV) pp. 355-417 (P. L., IV, pp. 251).

— Lettre de M. Bourgeois, Miss. en Chine, à M. l'Abbé de Charvet, Prévôt de l'insigne Collégiale de Pont-à-Mousson pp. 417-439 (A Peking, le 15 Mai 1775) (P. L., IV, p. 267).

— Lettre du même au même (A Peking, le 15 Septembre 1778) pp. 440-443.

— Lettre de M. Dufrène [lisez Dufresse], Miss. du Séminaire des Miss. étrangères, à M*** (En Chine, dans la Province du Su-tchoun, le 12 Octobre 1779) pp. 444-455 (P. L., IV, p. 272).

— Ext. d'une Lettre de M. Dollieres, Miss. à Pekin, à M. son frère, Curé de Lexie, près Longwi (Le 15 octobre 1780) pp. 456-485 (P. L., IV, p. 275).

— Lettre de M. Bourgeois, Miss. à Peking, au Même (Ce 17 novembre 1781) pp. 486-492 (P. L., IV, p. 282).

— Extrait de quelques lettres de Peking, pp. 493-496.

Vendu : Rivington, 1824, £ 8. 8/. — White, 1844, £ 6. 16/6. — Quaritch, sept. 1872, £ 4. 4/–.

* Lettres edifiantes et curieuses, écrites des missions étrangères. Nouvelle édition, ornée de cinquante belles gravures. A Lyon, chez Vernarel, Et. Cabin et Cie, MDCCC.XIX, in-8, 14 vol. Imprimerie de J. B. Kindelem. T. I, pp. xvi-507; T. XIV, pp. XLVIII-583.

Reproduction de l'éd. de Querbeuf en 26 vol. « On a conservé les notes qui ont été fournies au P. Querbeuf l'abbé Brotier, le savant éditeur de Tacite, de Pline et de Plutarque. Au commencement du premier volume se trouve la préface de Querbeuf ». (De Backer.)

L'édition du P. de Querbeuf fut reproduite sous ce titre :

* Lettres édifiantes et curieuses écrites par des Missionnaires de la Compagnie de Jesus; collationnées sur les meilleures éditions, et enrichies de nouvelles notes. Imprimerie de Béthune. A Paris, au Bureau, place Saint-Sulpice, et chez Gaume frères, rue du Pot-de-fer Saint-Sulpice, 1829-1832, 40 vol. in-18. — Toulouse, chez Sens et Gaude, in-12. (De Backer.)

— Lettres édifiantes et curieuses concernant l'Asie, l'Afrique et l'Amérique, avec quelques relations nouvelles des Missions, et des notes géographiques et historiques. publiées sous la direction de M. L. Aimé-

(LETTRES ÉDIFIANTES : ÉD. MÉRIGOT, ETC.)

Martin. 4 vol. gr. in-8, imprimés sur deux colonnes.

Édition dite du « Panthéon littéraire ».

— Tome premier : Grèce. — Turquie. — Syrie. — Arménie. — Perse. — Egypte. — Amérique septentrionale.

Paris, Auguste Desrez, MDCCCXXXVIII.

— Tome deuxième : Guyanes. — Pérou. — Californie. — Chili. — Paraguay. — Brésil. — Buénos-Ayres. — Indoustan. — Bengale. — Gingi. — Golconde. — Maduré. — Carnate. — Tanjaour. — Marhate.

Paris, Société du Panthéon littéraire, MDCCCXLI.

— Tome troisième : Chine, pp. 844.

Paris, Société du Panthéon littéraire, MDCCCXLIII.

Préface. — Pages 9/32 : réimpression des Lettres pp. 338/431 du Vol. XVI de l'édition de Mérigot. — Pages 32/142 : Vol. XVII. — Pages 142/167 : Vol. XVIII, pp. 1/108. — P. 167/181 : XXVI, pp. 296-354. — P. 182/270 : XVIII, pp. 122/479. — P. 270/307, XIX, pp. 1/161 — P. 308/393, XIX, pp. 163/514. — P. 393/481, XX, pp. 5/371. — P. 481/489, XX, pp. 428-460. — P. 489/503, XX, pp. 371/428. — P. 503/519, XXIII, pp. 182/245. — P. 519/531, XXIV, pp. 5–56. — P. 531/535 : Lettre du Père Ildebrand Grassi (sur le Thibet, à Lassa, le 10 avril 1716). — P. 535/662 : XXI. — P. 662/661, Eloge de l'empereur Kang-hi par un missionnaire. — P. 661 666 : Résumé de la Situation de la Chine au dix-septième siècle. — P. 666/795 Vol. XXII. — P. 796/839, XXIII, pp. 5–181. — P. 839/841 : Lettre du Père de Prémare à M. Fourmont. (A Macao, le 5 octobre 1733. — N'a pas été imprimée dans l'ancienne édition.)

— Tome quatrième : Chine. — Indo-Chine. — Océanie, pp. 723.

Paris, Société du Panthéon littéraire MDCCCXLIII.

Pages 1. — Mission de la Chine. Seconde Partie. — Préface.

2-26. — De l'état actuel de l'empire chinois.

27-57. — XXIII, pp. 246/368.

57-79. — Lettres du Père Gaubil adressées à plusieurs savants de Paris :

     I. Pékin, ce 12 Août 1752. — II. A M. de l'Isle. — III. Pékin, ce 13 Août 1752. — IV. A M. Deshanterayes. — Pékin, ce 10 août 1752. — V. A M. de l'Isle. — Pékin, 28 Août 1752. — VI. Pékin, 25 Octobre 1753. — VII. A M. de l'Isle. — Pékin, 13 Octobre 1754. — VIII. A M. Deguignes. — Pékin, le 31 Oct. 1755. — IX. A M. de l'Isle. — Pékin, 3 Novembre 1755. — X. A M. de l'Isle. — Pékin, 6 Novembre 1755. — XI. A M. de l'Isle.

Ces lettres du P. Gaubil ne se trouvent pas dans l'ancienne édition et ont été tirées du Journal asiatique.

79-139. — Vol. XXIII, pp. 369/615.

140-189. — XXIV, pp. 56/258.

189-191. — Lettre sur la mort d'une dame chinoise convertie à la foi chrétienne.

191-251. — XXIV, pp. 259/500. — Pages 251/273, XXVI, pp. 355/455.

273-275. — Lettre du Père Lamathe au Père Dugad (ce 12 juin 1759).

275-284. — XXVI, pp. 456/496.

285-295. — Lettre de Monseigneur François Pottier, Evêque d'Agathopolis et Vicaire apostolique en Chine, dans la Province du Su-tchuen, à M. Tessier de Sainte-Marie, curé de Genillé, près de Loches. 18 Octobre 1782.

295-310. — Lettres sur l'état des chrétiens en 1783.

310-328. — Histoire abrégée de la persécution excitée en Chine contre la religion chrétienne, en 1784 et 1785.

329. — Extrait d'une lettre du Père Adéodat, Augustin italien, missionnaire résidant à Pékin, à M. Marchini, procureur de la Propagande à Canton. 14 juillet 1785.

329. — Lettre de M. Raux, Lazariste, Supérieur des Missions françoises de Pékin, au Procureur des Missions étrangères, à Macao. Le 22 juillet 1785.

330-336. — Relation de la persécution excitée contre la religion chrétienne dans la province de Su-tchuen, en Chine, en 1784 et 1785, par Monseigneur Pottier, Eveque d'Agathopolis, Vicaire apostolique en ladite province, adressée au Procureur des Missionnaires François à Macao.

336-339. — Extrait d'une autre lettre de Mgr. d'Agathopolis

(LETTRES ÉDIFIANTES : Pant. lit.)

au procureur des Missions étrangères à Macao. Du 10 Décembre 1785.

339. — Copie d'une petite lettre sans date, écrite secrètement par Monseigneur l'évêque de Caradre au prétoire du Lieutenant criminel à Tchin-tou, et reçue par Monseigneur d'Agathopolis, le 21 mars 1785.

340. — Copie d'un billet écrit par M. Devaut, détenu prisonnier, à Monseigneur d'Agathopolis. Le 22 Avril 1785.

340. — Extrait d'une lettre de M. Devaut à Monseigneur l'évêque d'Agathopolis, écrite au commencement de la persécution, le 23 décembre 1784.

340-341. — Lettre de M. Hamel, Missionnaire apostolique et supérieur du collège du Su-tchuen, en Chine, à Messeigneurs d'Agathopolis et de Caradre. Du 6 mars 1785.

341-342. — Extrait d'une lettre de M. Glayot, missionnaire apostolique, à Monseigneur l'évêque d'Agathopolis. Du 27 mai 1785.

342-355. — Relation de Monseigneur de Saint-Martin, Évêque de Caradre, coadjuteur du vicaire apostolique du Su-tchuen sorti de prison le 10 novembre 1785, adressée au séminaire des missions étrangères. Pékin, 21 novembre 1785.

355-356. — Copie d'une lettre du même évêque, et de même date, adressée à M. Descourvières, Procureur des missions étrangères à Macao.

356-365. — Relation de M. Dufresse, missionnaire apostolique en Chine, sorti des prisons de Pékin le 10 novembre 1785, adressée à Messieurs les Directeurs du Séminaire des Missions étrangères.

365. — Extrait d'une lettre de Monseigneur de Saint-Martin, évêque de Caradre. Canton, 25 février 1786.

365. — Extrait d'une lettre de M. Dufresse. Canton, 24 février 1786.

366. — Extrait d'une lettre de M. Letondal, missionnaire apostolique, faisant les fonctions de Procureur à Macao. Le 26 février 1786.

366-367. — Traduction d'un décret de l'empereur de la Chine, du 9 novembre 1785, qui rend la liberté à douze missionnaires européens condamnés à une prison perpétuelle.

367-379. — Traduction d'un écrit chinois affiché à Macao, le 15 mai 1785, contenant les arrêts du tribunal des causes criminelles de Pékin, contre les missionnaires et les chrétiens, qui ont été approuvés de l'empereur le 7 mars 1785.

379-380. — Traduction d'une lettre chinoise écrite le 26 juin 1785, par le mandarin ou gouverneur chinois, qui demeure à Casa-Branca, près de Macao, adressée au procureur de la ville ou du sénat de Macao.

380-453. — Ed. de Mérigot, XXV, pp. 111-419.

453-509. — Ed. de Mérigot, XXVI, pp. 65-295.

509-512. — Réponse à des attaques faites par M. de Sonnerat contre les missionnaires de la Chine.

512-520. — Lettre de M. Lamiot, Missionnaire lazariste en Chine. Ou-tchang-fou, à l'hôtel près de la prison, 19 février 1820.

   Choix de Lettres édifiantes écrites des missions étrangères ; avec des additions, des notes critiques et des observations pour la plus grande intelligence de ces lettres ; précédé d'un tableau géographique de la Chine, de sa Politique, des Sectes religieuses, de la Littérature et de l'état actuel du Christianisme chez ce peuple. Par l'abbé J. B. Montmignon, ancien Archidiacre et Vicaire général de Soissons. A Paris, chez Maradan, Libraire, Rue des Grands-Augustins, n° 9, MDCCCVIII (de l'imprimerie des Sourds-Muets, sous la direction d'Ange Clo.) 8 vol. in-8. T. 1, pp. CVIII/400 ; T. 8, 1809, pp. 514. (De Backer.)

Il en parut une nouvelle édition sous le titre suivant :

— Choix des Lettres édifiantes, écrites des

Missions étrangères, précédé de Tableaux géographiques, historiques, politiques, religieux et littéraires, des Pays de Mission. Seconde édition, Augmentée d'une Notice historique sur les Missions étrangères, avec les Actes des Rois de France concernant les Missions, de nouvelles lettres édifiantes et autres morceaux choisis. Paris, Grimbert M.DCCC.XXIV-XXVI, 8 vol. in-8.

« Ce *Choix*, dont nous donnons une seconde édition, parut en 1809, chez feu Maradan, notre prédécesseur » p. 1, *Avert.*

« Le travail de la première édition avait été confié au vertueux et docte abbé de Montmignon, que l'Eglise et la littérature ont perdu le 31 février dernier (1824). » *(Ibid.)*

Elle contient sur la Chine :

I. Missions de la Chine : Première Partie.

Chine. — Tableau géographique de la Chine. — Tableau politique de la Chine. — Tableau religieux de la Chine. — Tableau littéraire de la Chine. — Tableau hist. du Christianisme à la Chine. — Mémorial de ce qui s'est passé à Pékin, dans le séjour du Cardinal de Tournon, par le Père Thomas. — Constitution de N. S. P. le Pape au sujet des Cérémonies chinoises.

II. M.DCCC.XXIV. Missions de la Chine : Seconde Partie.

Avertissement. — Entretiens d'un lettré chinois et d'un docteur européen, par le Père Ricci. — 24 lettres des missionnaires de la Compagnie de Jésus.

III. M.DCCC.XXV. Missions de la Chine :

Etat (Extrait) de la Religion dans l'Empire de la Chine, en l'année 1738. — Lettre du Frère Attiret à M. d'Assaut, 1er novembre 1743. — Relation d'un Persécution générale en 1746. — Mémoire du Père Chauseaume sur la cire d'arbre. — 23 lettres ou Mémoires. ═══ Tartarie : Tableau de la Tartarie chinoise. — 8 lettres ou Mémoires. ═══ Corée : Tableau de la Corée. — Relation de l'établissement du Christianisme dans la Corée en 1784, par Mgr de Govea. — Lettre de Mgr de Govea, 23 juillet 1801. — Lettre des Chrétiens de la Corée à l'évêque de Pékin, 18 décembre 1811. ═══ Tunquin......

« Cette édition, dit le P. de Backer, App. 2e S., s'écoula lentement ; bon nombre d'exemplaires subirent un changement de titre ainsi conçu :

Choix de Lettres édifiantes écrites des missions étrangères, précédée de tableaux géographiques, historiques, politiques, religieux et littéraires, des pays de mission. Edition augmentée d'une notice historique sur les missions étrangères, avec les actes des souverains concernant les missions, de nouvelles lettres édifiantes et autres morceaux choisis. Bruxelles. Publié par la Société nationale, pour la propagation des bons livres, 1838.

   Mémoires Géographiques, Physiques et Historiques, sur l'Asie, l'Afrique et l'Amérique, tirés des Lettres édifiantes, et des Voyages des Missionnaires Jésuites. Par l'auteur des Mélanges intéressants et curieux (Rousselet du Surgy). A Paris, chez Durand, 1767, 4 vol. in-12. [De Backer.]

— Morceaux choisis des Lettres édifiantes et curieuses, écrites des Missions étran-

gères.... par Antoine Caillot — 4° éd.
Paris, Brunot-Labbe, 1823, 2 vol. in-12.

J. Stöcklein. — L'édition allemande des *Lettres édifiantes*
a été publiée en 36 vol. in-folio de l'année 1726 à l'année
1758. Elle est rare; l'exemplaire que j'ai examiné est celui
de la Bibliothèque de Siu ca wei :

Au commencement du premier volume, il y a une planche
gravée avec ce titre

Der Neüe Welt = Bott mit allerhand Nachrichten deren Missionarien Soc. Iesu.

Le titre complet de ce volume est :

Allerhand so lehr = als geist = reiche brief /
schrifften, und Reis = Beschreibungen /
Welche von denen Missionariis der Gesellschaft Jesu aus Beyden Indien / und
andern über Meer gelegenen Ländern /
seit An. 1642 biss auf das Jahr 1726, in
Europa angelangt seynd. Jetzt zum erstenmal Theils aus Handschrifflichen ur-
kunden / theils aus denen französischen
Lettres édifiantes verteutscht und zusam-
men getragen von Joseph Stöcklein Ge-
dachter Societät Jesu Priester. Erster
Band oder die 8 Erste Theil. — Andere
Edition. Cum Privilegio Caesareo et Superiorum Facultate ac Indice locupletis-
simo. Augspurg und Grätz / im Verlag
Philipp / Martin / und Johann Veith seel.
Erben / 1728.

Dans la *Bibliothèque* des Pères de Backer, la nomenclature
et le sommaire des lettres et des mémoires (723) de cette
édition occupent 86 pages. (Appendice, II° Série, pp. 17-
102.)

Sur ces 723 articles, 182 sont consacrés à la Chine ; nous allons en donner la liste en nous servant du travail des savants jésuites. Nous ajouterons entre parenthèses le volume et la pagination de ces articles dans l'édition française
de Mérigot.

— La première partie ne contient que les préliminaires.

Erster Theil von anno 1642 biss 1687.....
1728 :

Brief aus Sina.

13. Patris Michaelis Boym S. J. als des Sinesischen Hofs Ab-
gesandtens nach Rom, An. 1653.... p. 40.

14. Zwey Brieflein P. Philippi Marini S. J. an Herrn Balthasarem Moretum, von der Begräbnuss Patris Schaal und
dem Ansehen Patris Verbiest. Des ersten Grabschrift.
Beyde Brief seynd datiert zu Macao den 20 Oct. und
8 Dec. 1670, p. 46.

15. Brief Ih. H. Pabsts Innocentii XI an Patrem Ferdinand
Verbiest, geschrieben zu Rom den 3 Dec. 1681, worinn di-
ses Missionarii Thaten angerühmt werden, p. 47.

16. Brief R. P. Joannis Vallat S. J. an R. P. Provincialem zu
Thoulouse geschrieben zu Schinamfu in Sina den 19 Maji
1685.... p. 48.

II von Anno 1688 biss 1700 — 1728 :

38. Lauf-Brief R. P. Antonii Thomas S. J. an alle Jesuiter in
Sina von dem Leben und seeligen Tod R. P. Ferdinandi
Verbiest S. J. so zu Pekin gestorben den 28 Jenner 1688,
dessen Starckmüthigkeit, Liebe, Sanfftmuth, Eyfer und
Geschicklichkeit, page 8.

39. Brief Patris Premare S. J. an den Ehrwürd. Patren la
Chaise S. J. des Königs in Franckreich Ludovici XIV.
Beicht-Vattern ; geschrieben zu Canton in Sina den
17 Febr. 1699.... p. 13. *(Lettres édifiantes*, XVI, pp. 338-
371.)

40. Patris Premare Wegweiser für die Steuer-Leute, welche
durch die Meer-Enge von Malacca und Gubernadur sicher

fahren wollen, geschrieben, wie oben 1699 den 17 Febr.
p. 21.

41. Brief P. Joachim Bouvet S. J. an R. P. de la Chaise, geschrieben zu Pekin den 30 Nov. 1699.... p. 22. (L. E., XVI,
pp. 372-392.)

42. Brief P. Premare S. J. an P. Carl le Gobien, geschrieben
zü Van-Tschu-Fü in Kiamsi den 1 Nov. 1700, p. 25. (L. E.,
XVI, pp. 392-407.)

43. Brief Patris Pelisson S. J. an R. P. la Chaise geschrieben
zu Canton den 9 Dec. 1700, p. 28. (L. E., XVI, pp. 408,434.)

III von Anno 1700 bis 1702 — 1726 :

« Les volumes précédents portent sur le titre *Seconde édition* avec la date de 1728. Je suppose que ces premiers volumes seuls ont été réimprimés. La première édition aura
été tirée à un trop petit nombre d'exemplaires. » Pp. 23
du P. de Backer.

65. Brief Patris de Tartre Soc. Jesu, an seinen Vatter Herrn
von Tartre, geschrieben zu Canton den 17 Decembris 1701....
p. 14. (L. E., XVII, pp. 1-77.)

66. Brief Patris Chavagnac, Soc. Jesu, an R. P. Carolum Gobien, geschrieben zu Schotscheü in Sina, den 30 Dec. 1701,
p. 15. (L. E., XVII, pp. 78-90.)

67. Brief P. Hieronymi Franchi, Soc. Jesu, an seinen gewe-
senen Provintzial in Oesterreich R. P. Franciscum Voglmair, geschrieben zu Nan tschang-fü in Sina, den 30 Sept.
1702.... p. 18.

68. Brief P. Hieronymi Franchi, Soc. Jesu, an R. P. Balth.
Miller, Kayserlichen Beicht-Vattern, geschrieben, wie
oben den 15 octobris, 1702.... p. 23.

69. Brief P. Francisci Fouquet, Soc. Jesu, an Herrn Duc de
Force, Pair von Franckreich, geschrieben zu Nantschangfü,
den 26 Novembris 1702.... p. 23. (L. E., XVII, pp. 91-159.)

IV von Anno 1702 bis 1704 — 1726 :

82. Brief P. Franchi, Soc. Jesu, an R. P. Studena, Soc. Jesu,
geschrieben zu Nantschangfü, den 18 Octob. 1702.... p. 2.

83. Bericht P. Francisci Noël Soc. Jesu, an den Patrem Generalem Soc. Jesu, geschrieben und abgestattet zu Rom Anno
1703.... p. 16. (L. E., XVII, pp. 160-183.)

84. Brief P. de Chavagnac, Soc. Jesu, an R. P. le Gobien,
Soc. Jesu. Geschrieben zu Futscheüfu, den 10 Febr. 1703....
p. 20. (L. E., XVII, pp. 184-206.)

85. Brief P. Franchi, Soc. Jesu, an R. P Voglmair, Soc. Jesu,
geschrieben zu Can-tscheu-fü, den 19 Octobr. 1703....
p. 22.

86. Jahr-Gang der Mission Soc. Jesu, zu Can-tscheu-fü in
Sina, von dem October 1702 bis Octob. 1703 geschrieben
allda den 19 Octobris 1703 von P. Franchi an R. P. Mene-
gati, Soc. Jesu.... p. 23.

87. Bericht R. P. Philippi Grimaldi, Vice-Visitatoris Soc.
Jesu in China, an A. R. P. Generalem Soc. Jesu zu Rom,
geschrieben zu Peking im Herbst-Monat 1703.... p. 27.

88. Brief P. Jartoux, Soc. Jesu, an R. Patrem Fontaney, Soc.
Jesu, geschrieben zu Peking, den 20 Augusti 1704.... p. 32.
(L. E., XVIII, pp. 1-30.)

89. Brief P. Gozani, Soc. Jesu, an Patrem Suarez. Soc. Jesu,
geschrieben zu Cai-fum-fü, den 5 Novembris 1704... p. 37.
(L. E., XVIII, pp. 31-48.)

V von anno 1704 bis 1711..... 1726 :

97. Brief R. P. Fontaney, Soc. Jesu, an R. P. la Chaise, Soc.
Jesu, geschrieben zu Tscheu-schang, den 15 Febr. 1703....
p. 1. (L. E., XVII, pp. 207-331.)

98. Brief R. P. Fontaney, an R. P. la Chaise, Soc. Jesu, geschrieben zu Londen in Engelland, den 15 Jenner 1704....
p. 22. (L. E., XVII, pp. 332-450.)

99. Lebens-Lauf Rev. P. Antonii Verjus, é Societ. Jesu. deren Frantzösischen Missionen Soc. Jesu, in Türckey, Persien, Ost-Indien, China und gantz Morgenland ersten Stif-
ters, gebohren zu Paris im Jahr 1632 gestorben allda den
16 Mertzen 1706 nachdem er achtzig bis hundert Missionarios gestifftet hatte. Beschrieben von Rev. P. Carolo le Gobien, é Societ. Jesu, p. 39.

100. Brief P. Franchi, an R. Miller, Soc. Jesu, geschrieben
zu Tsinamfu, den 15 Octobris 1705.... p. 41.

101. Brief des Tit. Herrn Patriarchen von Tournon, an J. E.
den Herrn Cardinalem, Obrist-Vorstehern der Propaganda,
geschrieben zu Han-Hiang, den 27 Septembris 1705....
p. 42.

102. Brief P. Bakovski, Soc. Jesu, an Rev P. Hevénesi, Soc.

Jesu, geschrieben zu Ebora, auf seiner Reis nach China, den 26 Februar 1706. Von dem Unterschied deren Teutschen und Portugesen, p. 44.

103. Brief P. Frideli, Soc. Jesu, an R. P. Eggendorffer, Soc. Jesu, geschrieben zu Tsching-kiang, in China, den 1 Maji 1706.... p. 47.

104. Brief P. Franchi, Soc. Jesu, an R. P. Studena, geschrieben zu Cinamfù, den 28 Octobris 1706. •

105. Brief P. Franchi, an R. P. Studena, geschrieben zu Peking, den 20 Octobris 1707.... p. 51.

106. Brief P. d'Entrecolles, Soc.Jesu, an deren Französischen Missionen Societ. Jesu General — Procuratorem, geschrieben zu Schactscheu, den 17 julii 1709.... p. 51. *(L. E., XVIII, pp. 84-106.)*

Dans l'éd. de Mérigot, cette lettre porte la date du 17 juillet 1707.

107. Drey Einschrifften, welche der Sinische Käyser dem wahren Gott zu Ehren an den Vorschopf der Frantzösischen Hofkirchen Soc. Jesu zu Peking hat einchneiden lassen, p. 53. *(L. E., XVIII, pp. 107-108.)*

108. Brief P. Franchi, an R. P. Studena, Soc. Jesu, geschrieben zu Tschinamfu, den 20 Octobris, 1710.... p. 55.

109. Brief P. Liebstain, Soc. Jesu, an Rev. P. Stieff, Soc. Jesu, geschrieben zu Peking, den 14 Novembris 1710....p.56'

VI von Anno 1711 biss 1715.... 1728 :

128. Brief Patris Bouvet S. J. geschrieben zu Peking den 10 julii 1710.... p. 6. *(L. E., XVIII, pp. 115-122.)*

129. Brief Patris Parennin Soc. Jesu zu Peking 1710, p. 6. *(L. E., XXII, pp. 122-127.)*

132. Brief Patris d'Entrecolles Soc. Jesu zu Schao-tscheu den 1 Septembr. 1712.... p. 9. *(L. E., XVIII, pp. 224-296.)*

133. Brief P. Franchi Soc. Jesu, Zinanfu 30 Octobr. 1712.... p. 22.

134. Brief P. Franchi S. J. an R. P. Studena S. J. zu Zinanfu 31 Octob. 1714...., p. 24. *(L. E., XVIII, pp. 341-352.)*

135. Brief P. Parennin Societ. Jesu zu Peking den 27 Martii 1715..., p. 24. *(L. E., XVIII, pp. 341-352.)*

136. Brief P. d'Entrecolles Soc. Jesu an P. de Broissia, S. J. zu Schao-tscheu 10 Maji 1715, von der Mission zu Kim-tetschin.... p. 26. *(L. E., XVIII, pp. 353-412.)*

137. Brief V. P. Joan. Baptista Messari S. J. an P. Fait S. J. zu Lientscheu den 19 Junii 1715, p. 32.

138. Brief P. de Mailla S. J. an P. de Colonia S. J. zu Kieukian-fu in Kiamsi 1715 in Augusto.... p. 33. *(L. E., XVIII, pp. 413-467.)*

VII, 1726 :

152. Brief P. Tillisch, Soc. Jesu, geschrieben zu Ye-tscho in der Ost-Tartarey im Julio 1711, p. 9.

153. Brief P. Domenge, Soc. Jesu zu Nanyanfù, den 1 Julii 1716, p. 12. *(L. E., XVIII, pp. 467-479.)*

154. Brief P. Franchi, Soc. Jesu zu Zinanfù, den 11 Octob. 1716, p. 14.

• 155. Brief P. Slaviczek, Soc. Jes. zu Canton, den 8 Nov. 1716, p. 14.

156. Brief, wie oben, datirt zu Peking, den 19 Mertzen 1717..., p. 19.

157. Brief P. Kögler, Soc. Jes. zu Peking, den 18 Oct. 1717..., p. 23.

158. Brief P. Mailla, Soc. Jes. zu Peking, den 5 Junii 1717, p. 24. *(L. E., XIX, pp. 1-72.)*

159. Brief ohne Uberschrifft, datirt zu Peking, den 2 Nov. 1717, p. 41. *(L. E., XIX, pp. 73-76.)*

160. Brief P. Miller, Soc. Jes. zu Macao, den 13 Septemb. 1718, p. 41.

161. Brief P. Hinderer, Soc. Jes. zu Hantscheu, den 27 Septemb. 1719..., p. 44.

162. Brief P. Kögler, Soc. Jes. zu Peking, im Jahr 1710..., p. 45.

163. Brief P. Porquet, Soc Jes. an Herrn Porquet, zu Wusihien in China, den 14 Oct. 1719, p. 46.*(L. E., XIX, pp. 80-91.)*

164. Brief P. d'Entrecolles, zu Peking, den 19 Oct. 1719, p. 47. *(L. E., XIX, pp. 91-93.)*

Dans l'éd. de Mérigot cette lettre porte la date de 1720.

VIII von Anno 1720 biss 1725.... 1728 :

188. Zuschrifft R. P. du Halde vor dem 14 Recueil zu

(LETTRES ÉDIFIANTES : *Well-Boll.*)

Pariss 1720, von einem entsetzlichen Erdbeben in der Landschafft Schensi, p. 4.

189. Brief P. d'Entrecolles, S. J. an ein Englische Edel-Frau, datiert zu Peking den 19 octob. 1720, viel kinder in China, die man gleich nach der Geburt hinwirfft, seynd leicht zu tauffen..., p. 5. *(L. E., XIX, pp. 98-164.)*

190. Brief P. Kögler, Soc. J. Peking den 1 Martii 1720, p. 17.

191. Brief von Peking den 18 Junii 1720, die Hof-Patres allda gehen dem Herrn Patriarchen Mezzabarba an die Hand, p 17.

192. Ein anderer Brief von Peking den 20 Jul. 1720, p. 17.

193. Brief P. Gallenfels, S. J. aus Lisbona, p. 18.

194. Brief P. Engelberti Frideli è S. J. zu Peking den 29 Octobr. 1720, p. 18.

195. Brief von Peking den 25 Nov. 1720, p. 18.

196. Brief P. Kögler, Peking den 2 Dec. 1720, p. 19.

197. Brief P. Petri van Hame, S. J. den 28 Aug. 1721, p. 20.

198. Brief P. Kögler, S. J. an R. P. Hallauer, Peking den 8 Octob. 1722, p. 21.

199. Brief R. P. Hinderer, S. J. zu Canton den 24 Nov. 1722, p. 23.

200. Brief P. Bakowsky, S. J. zu Canton den 9 April 1723, p. 24.

201. Brief R. P. Hinderer, S. J. Canton den 6 Octob. 1723, p. 24.

202. Brief P. Kögler, S. J. zu Canton den 10 Oct. 1723, p. 25.

203. Brief P. Slaviczek, S. J. von Nantschang-fù den 14 Oct. 1723,ꟼp. 26.

IX, 1727 :

219. Brief R. P. Joannis Nadasi, S. J. geschrieben zu Rom den 2 Febr. 1662, p. 2.

220. Brief eines Unbenanten, geschrieben zu Canton im Jahr 1718, p. 3. *(L. E.. XIX, pp. 77-79.)*

221. Auszug etlicher Briefen aus China und Tunkino von Anno 1718, 1719 und 1720, p. 4.

222. Brief P. Philippi Cazier, S. J. geschrieben zu Canton den 5 Novemb. 1720, p. 6. *(L. E., XIX, pp. 165-168.)*

223. Brief eines Unbenanten, geschrieben zu Peking im Jahr 1721, p. 7. *(L. E., XIX, pp. 168-173.)*

224. Brief P. d'Entrecolles, S. J. geschrieben zu Kintetschin, den 25 Jenner 1722..., p. 8. *(L. E., XIX, pp 173-203.)*

225. Brief A. R. P. Caroli Castorano eines Franciscaners an die Congregation de Propaganda, geschrieben zu Lin tschintcheu den 8 Septemb. 1722, p. 15.

226. Brief Patris Jacques, S. J. an den Herrn Abt Raphaëlis, geschrieben zu Canton den 1 Nov. 1722, p. 15. *(L. E., XIX, pp. 204-245.)*

227. Brief P. Gaubil, S. J. an Herrn von Nemond Ertz-Bischoffen von Thoulouse, geschrieben zu Canton den 4 Nov. 1722. *(L. E., XIX, pp. 246-256.)*

228. Zwey Brief P. Ignatii Kögler, S. J. geschrieben zu Peking den 14 Nov. 1724, p. 24.

X, 1727.

XI, 1727 :

280. Auszug unterschiedlicher Brieffen, welche aus dem Reich Sina den 18 Junii 1726, zu Ostenda in Niderland ankommen seynd, p. 83.

XII, 1729 :

286. Stamm-Bäume dern so wol vor diesem als heut in China regierenden Kaysern. Nebst einer Kurtzen Bericht, wie dieses mächtige Reich anno 1644, von denen Tartarn seye erobert worden, p. 1.

287. Nachruhm des grossen Camhi, weiland Kaysers in China, und Tartaria, p. 7.

288. Brief P. Parennin, S. J. an die Königliche Gesellschaft der Wissenschaften, geschrieben zu Peking den 1 May 1723, p. 10. *(L. E., XIX, pp. 257-299.)*

289. Ein anderer Brief P. Dominici Parennin an oberwehnte Königliche Gesellschaft, datiert, wie oben, p. 13. *(L. E., XIX, pp. 300-323.)*

290. Auszug unterschiedlicher Briefen, so aus dem Reich Sina über Ostende zu Rom und Wienn Anno 1724, angelangt seynd, p. 20.

291. Brief P. Parennin è S. J. geschrieben zu Peking den 20 Aug. 1724, p. 23. *(L. E., XIX, p. 406-514.)*

(LETTRES ÉDIFIANTES : *Well-Boll.*)

292. Brief P. de Mailla der Gesellschaft Jesu Missionarii, an R. P. du Halde é S. J. nach Pariss. Geschrieben zu Peking den 16 Oct. 1724, p. 53. (*L. E.*, XIX, pp 324–406.)

293. Brief R. P. Hinderer é S. J. an R. P. Hallauer Provinzial S.J. in Oberteutschland, geschrieben zu Hantscheufu, in der Haubt-Statt des Lands Tschekiang den 28 Julii 1725, p. 175.

294. Brief R. P. Hinderer é S. J. geschrieben wie oben, den 3 Aug. 1725, p. 78.

295. Brief P. Slaviczeck é S. J. an R. Zwicker Provinzial S. J. in Böhmen, geschrieben zu Peking den 20 Novembris 1725, p. 81.

296. Auszug etlicher Briefen und Kundschafften aus China von Anno 1726, p. 91.

297. Brief P. Balthassaris Miller é Soc. Jesu Missionarii in China, geschrieben zu Wienn in dem Profess-Hauss den 2 Nov. 1727, p. 92.

XIII, 1729.

XIV, 1729 :

309. Bericht P. Gasparis Castner, S. J. gedruckt in China anno 1700, von der ersten Grabstatt des H. Franc. Xaverii auf der Insel Sanciano, p. 1.

310. Brief R. P. Parennin, S. J. geschriben zu Peking den 11 Nov. 1724, p. 14.

311. Grabschrifft R. P. Jos phi Provana é S. J. zu Canton, p. 17.

XV, 1729 :

338. Brief P. Dominici Parennin, Soc. Jesu geschrieben zu Peking den 20 Julii 1725, p. 82. (*L. E.*, pp. 5–64, XX.)

339. Brief P. Parennin, S. J. geschrieben zu Peking den 24 Aug. 1726, p. 53. (*L. E.*, XX, pp. 65–106.)

340. Brief P. Contancin der Gesellschafft Jesu Missionarii an P. Sebastianum Souciet S. J. geschrieben zu Canton den 2 Decemb. 1727, p. 67. (*L. E.*, XX, pp. 371–394.)

Dans l'éd. de Mérigot cette lettre porte la date du 2 déc. 1725.

311. Zuschrifft R. P. du Halde Soc. Jesu das ist kurtzer Auszug unterschiedlicher Briefen Patris du Jacques und anderer Missionnarien Soc. Jesu zu finden vor dem XVIII Recueil dern *Lettres Edifiantes*, und gedruckt zu Pariss 1727, p. 75.

342. Brief P. Labbe Soc. Jesu an Patrem Balthassarem Miller Soc. Jesu, geschrieben zu Canton den 27 Decemb.1727, p. 81.

XVI, 1732.

XVII, 1732 :

380. Brief R. P. Suarez, S. J., geschrieben zu Peking den 13 Octobr. 1727, p. 10.

381. Leben und Sterben des Zeugens Christi, und Zwölfften Sunischen Printzen Josephi, welcher Anno 1727 den 14 August zu Peking um Christi willen in einem stinckenden Kercker heilig verschieden ist : beschrieben von R. P. Suarez, S. J., p. 21

XVIII, 1732.

XIX, 1732 :

411. Brief P. Parennin, S. J., von Peking, den 26 Sept. 1727, p. 1. (*L. E.*, XX, pp. 107–238.)

412. Brief P. Parennin Soc. Jesu, aus Peking den 3 Octobris 1727, p. 40. (*L. E.*, XXI, pp. 56–95.)

413. Brief P. Slaviczek, S. J., aus Peking den 28 Novembris 1727, p. 51.

414. Brief P. Contancin S. J. aus Canton den 15 Decembris 1727, p. 58. (*L. E.*, XXI, pp. 95–182.)

415. Brief P. Premare, S. J., aus Canton zu Ende des Jahrs 1723, oder Anfang 1724, p. 81 [sur l'Abbé Renaudot]. (*L. E.*, XXI, pp. 183–237.)

XX, 1732.

XXI-XXII, 1736 :

429. Testament Kaysers Cambi auf gesetz zu Peking den 20 Dec. 1722, p. 1.

430. Brief Patris d'Entrecolles geschrieben zu Peking den 26 Julii 1726, p. 5. (*L. E.*, XX, pp. 304–428.)

431. Brief P. d'Entrecolles geschrieben zu Peking den 11 Maji 1726, p. 14. (*L. E.*, XXI, pp. 5–41.)

432. Brief P. d'Entrecolles, geschrieben zu Peking den 7 Julii 1727, p. 24. (*L. E.*, XXI, pp. 42–55.)

433. Zuschrifft R. P. du Halde vor dem XX Recueil seiner Briefen zu Pariss gedruckt 1731, p. 28.

434. Brief P. Parennin, geschrieben zu Peking den 15 September 1728, p. 37. (*L. E.*, pp. 239–266.)

435. Brief P. Josephi Labbe an P. Balthasarem Miller, geschrieben zu Canton den 18 Dec. 1730, p. 47.

436. Auszug mancherley Briefen, welche von Anno 1723 biss 1731, aus China in Europa angelangt seynd, p. 53.

XXIII-XXIV, 1735.

XXV, 1748 :

« Après la mort du P. Stöcklein, le *Welt-Bott* éprouva une longue interruption ; le père Charles Meyer continua l'œuvre, mais la mort mit fin à son travail. Le P. Pierre Probst après lui reprit l'ouvrage, et publia en 1748 quatre tomes, savoir : 25, 26, 27 et 28. » (De Backer, p. 70.)

521. Zuschrifft R. Patris J. B. du Halde an die Französische Jesuiten, aus der ein und zwanzigsten Sammlung deren aufferbäulichen Brieffen, p. 1.

522. Send-Schreiben des Patris de Mailla eines Missionarii der Gesellschaft Jesu, an den Ehrwürdigen Pater Hervieu, Ober-Vorsteher der Französischen Mission derselbigen Gesellschaft, gegeben zu Pekin den 10 Wein-Monat, 1731, p. 5. (*L. E.*, XXII, pp. 5/25.)

523. Send-Schreiben Patris Porquet, Missionarii aus der Gesellschaft Jesu, an den Ehrwürdigen Pater de Goville aus der selbigen Gesellschaft, geschrieben zu Macao den 11ten Christ-Monat 1732, p. 10. (*L. E.*, XXII, pp. 25/63.)

526. Brief Patris Andreae Perreira eines Portugiesischen Missionarii in China, an den Ehrw. Pater Heinrich Carvalho, des Durchleuchtigsten Prinzen von Brasilien Beicht-Vatter, gegeben zu Pekin den 30 Wein-Monat, 1732, p. 33.

XXVI, sans date.

XXVII, sans date :

546. Brieffe Patris Parrenin, eines Missionarii in China, an den Ehrwürdigen P. Johann Baptist du Halde der Gesellschaft Jesu. Geschrieben zu Pekin den 15ten Wein-Monat 1734, p. 93. (*L. E.*, XX, pp. 267/302.)

547. Send-Schreiben P. de Mailla eines Missionarii der Gesellschaft Jesu an einen Pater derselbigen Gesellschaft, gegeben zu Pekin den 18 ten Wein-Monats 1733, p. 102.

548. Auszug eines Brieffs P. Romau Hinderer, aus der Ober-Teutschen Provinz der Gesellschaft Jesu, anjetzo Missionarii der Sinischen Provinz, gegeben aus China den 25 August-Monats 1735, p. 109.

XXVIII, sans date.

XXIX, 1755.

XXX, 1755 :

573. Brief P. Cyrici Contancin, Missionarii der Gesellschaft Jesu, an P. Joan. Bapt. du Halde, derselbigen Gesellschaft ; geschrieben zu Canton, dem 19ten Wein-Monats 1730, p. 1. (*L. E.*, XXI, pp. 295/384.)

574. Brief P. d'Entrecolles, Missionarii in China aus der Gesellschaft Jesu, an einen Priester aus gemeldter Gesellschafft ; geschrieben zu Pekin, dem 4 Nov. 1734, p.24. (*L.E.*, XXII, pp. 91/126.)

575. Erster Brief R. P. Ignatii Kögler, S. J., Missionarii aus der Oberteutschen Provinz, an P. Andream Cappler, S. J., geschrieben zu Pekin, dem 10 Christ-Monats 1734, p. 32.

576. Zweyter Brief R. P. Ignatii Kögler, an R. P. Franç. Xav. Hallauer, Priestern aus der Oberteutschen Provinz ; geschrieben zu Pekin, dem 19 Nov. 1735, p. 33.

577. Dritter Brief R. P. Kögler, an eben R. P. Franç. Xav. Hallauer geschrieben zu Pekin, dem 5 Weinmonats, 1736, p. 36.

578. Vierter Brief R. P. Ignatii Kögler, an einen Chor-Herrn in dem Stift zu Diessen im Bayrland ; geschrieben zu Pekin, dem 21 Weinmonats 1738, p. 37.

579. Brief R. P. Dominici Pinheyro, S. J., Missionarii und Vorstehers der Vice-Provinz in China, an einen Priester aus gemeldter Gesellschaft ; geschrieben zu Pekin, dem 13 Winter monats 1735, p. 38.

580. Brief R. P. Romani Hinderer, S. J., Missionarii aus der Oberteutschen Provinz, an R. P. Dominicum Pinheyro S. J. geschrieben in der Landschafft Yun-nan, dem 22 Sept. 1735, p. 45.

581. Brief des hochwürdigsten Herrns Francisci Maria Ferreri, Bischoffs von Hephestien, an P. Dominicum Pinheyro, geschrieben zu Mamco, dem 1 Herbst-monats 1735, p. 46.

582. Brief R. P. Joan. Bapt. du Halde, an die Französischen Jesuiten, p. 49.

583. Brief R. P. Parrenin, eines Französischen Missionarii S. J. in China, an R. P. Joan. Bapt. du Halde, gemeldter Gesellschafft; geschrieben zu Pekin, dem 22 Weinmonats 1736, p. 52. (L. E., XX, pp. 303/371.)

584. Erster Brief R. P. Augustini Hallerstein, Missionarii der Gesellschaft Jesu, aus der Oesterreichischen Provinz, an R. P. Franciscum Molindes, selber Provinz vorgesezten Provincial; geschrieben zu Lisabon, dem 7 Christmonats 1735, p. 71.

585. Zweyter Brief R. P. August. Hallerstein, an seinen Brudern Weichardum Hallerstein S. J. Priestern; geschrieben zu Lisabon, dem 24 Aprils 1736, p. 74.

586. Dritter Brief R. P. August. Hallerstein, an gemeldten seinen Brudern P. Weichardum Hallerstein; geschrieben zu Goa, den 13 Jenners 1738, p. 76.

587. Vierter Brief R. P. August. Hallerstein, an R. P. Weichardum, seinen Brudern; geschrieben zu Pekin, den 4 Wintermonats 1739, p. 79.

588. Fünfter Brief R. P. August. Hallerstein, an seinen Herrn Brudern P. Weichardum; geschrieben zu Pekin, den 6 Wintermonats 1740, p. 93.

589. Auszug zweyer Brieffen R. P. Ernberti Fridelli, Missionarii der S. J. in China an zweye Priester aus gemeldeter Gesellschafft, geschrieben zu Pekin dem 20 Wintermonats 1739, und dem 16 desselben 1740, p. 97.

590. Erster Brief R. P. God. Laimbeckhoven, S. J., Missionarii, an seine Excellenz Freyherrn von Sumerau, seinen Schwagern; geschrieben zu Macao, den 4 Christmonats 1738.

XXXI, 1755.

XXXII, 1755 :

623. Erster Brief R. P. Parrenin, eines Französischen Jesuitens, und Missionarii in China, an R. P. Joannem Baptistam du Halde, derselben Gesellschaft; geschrieben zu Pekin, p. 1. (L. E., XXII, pp. 344/384.)

624. Zweyter Brief R. P. Parrenin, an Herrn Dortous de Mairan, Mitglied der Königlichen Gesellschaft derer Wissenschaften zu Paris, geschrieben zu Pekin, den 28 Herbstmonats 1735, p. 12. (L. E., XXII, pp. 132/192.)

625. Dritter Brief R. P. Parrenin, an Herrn Dortous de Mairan; geschrieben zu Pekin, den 20 Herbstmonats 1740, p. 30. (L. E., XXII, pp. 289/344.)

626. Brief R. P. Chalier, Missionarii der Gesellschaft Jesu, in China, an R. P. Verchare, der Lionesischen Provinz gemeldter Gesellschafft vorgesezten Provinzialen; geschrieben zu Pekin, den 10 Herbstmonats 1741, p. 48. (L. E., XXII, pp. 385/401.)

627. Brief R. P. Dentrecolles, eines Französischen Jesuitens und Missionarii in China, an R. P. Joan. Bapt. du Halde, aus derselben Gesellschaft; geschrieben zu Pekin, den 8 Oct. 1736, p. 53. (L. E., XXII, pp. 193/245.)

628. Brief R. P. Barborier, Missionarii aus der Gesellschafft Jesu in China, an P. Barborier, aus derselben Gesellschaft, seinen Enckel; geschrieben in seiner Mission, p. 67. (L. E., XXII, pp. 401/408.)

629. Erster Brief R. P. Floriani Bahr, Missionarii der Gesellschaft Jesu in China, aus der Böheimischen Provinz, an seine Hochgräfliche Excellenz, Frauen Maria Theresia, Gräfin von Fugger, gebohrnen Truchsess zu Wellenburg, geschrieben zu Pekin, den 3 Wintermonats 1739, p. 69.

630. Zweiter Brief P. Bahr an gemeldte seine Excellenz Frau Reichs-Gräffin von Fugger, geschrieben zu Pekin, den 9 Nov. 1740, p. 74.

XXXIII, 1758.

XXXIV von A. 1746 bis 1750 — 1758 :

608. Brief R. P. Philippi Sibin, S. J., Missionarii in China, aus der Unter-Rheinischen Provinz, an einen Priester derselben Gesellschaft und Provinz, geschrieben zu Macao, in China, den 30 December 1732, p. 1.

669. Brief R. P. Ignatii Kögler, S. J., Missionarii in China, au der Ober-Teutschen Provinz, an einen Priester der Gesellschaft in Europa, geschrieben zu Pekin, den 20 November 1740, p. 6.

670. Brief R. P. Neuvialle, Französischen Missionarii der Gesellschaft Jesu, in China, an R. P. Brisson, aus derselben Gesellschaft, geschrieben in der Landschaft Huquam, 1740, p. 9. (L. E., XXII, pp. 457/474.)

671. Brief R. P. Loppin, eines Französischen Missionarii aus der Gesellschaft Jesu in China, an R. P. Radominski, Ihro Majestät der Königin in Pohlen, Herzogin von Lothringen Beicht-Vatern, geschrieben in der Provinz Hu-quam, 1740, p. 15. (L. E., pp. 415/456.)

672. Brief R. P. Godefridi Xaverii Laimbeckhoven, Missionarii S. J. in der Chinesischen Landschaft Hu-quam, aus der Oesterreichischen Provinz, dermalen Hochwürdigsten Bischofs in der Chinesischen Landschaft Nankin, an seine Excellenz, Herrn, Herrn Antonium Thaddaeum Freyherrn von Sumerau, zu alten Sumerau, Ihro Röm. Kayserl. Königl. Majestät bewollmächtigten Hof-Commissarium und Repraesentations-Praesidenten in denen Oesterreichischen Vor-Landen, seinen Gnädigen Herrn Schwagern, geschrieben zu Utschang-fu, den 14 Weinmonats 1740, p. 36.

674. Brief R. P. Erenberti Fridelli, Missionarii der Gesellschaft Jesu in China, an einen aus gemeldeter Societät in Europa, geschrieben zu Peking, den 1 Wintermonats 1741, p. 37.

675. Erster Brief R. P. Augustini Hallerstein, S. J. Missionarii in China, aus der Oesterreicherischen Provinz, an R. P. Weichardum Hallerstein, seinen Brudern, derselben Gesellschaft und Provinz, geschrieben zu Peking, den 10 Wintermonats 1741, p. 39.

676. Dritter Brief R. P. Godefridi Xaverii Laimbeckhoven, Missionarii der Gesellschaft Jesu in dem Reich China, aus der Oesterreicherischen Provinz, an R. P. Franciscum Peickardt, Soc. Jesu, des hohen Doms zu St. Stephan in Wien Predigern, und an seine Freund. geschrieben zu Hu-kin-tien, einem der Stadt Te-gnan-fu untergebenen Flecken, den 29 Augusti 1741, p. 42.

677. Viertes Brieflein R. P. Godefridi Xaverii Laimbeckhoven, an F. Ignatium Heindl, der Gesellschaft Jesu, geschrieben zu U-tschang-fu, den 30 Junii 1743, p. 53.

678. Fünfter Brief R. P. Godefridi Xaverii Laimbeckhoven Missionarii Soc. Jesu, an R. P. Philippum Sibin, derselben Gesellschaft, zu Macao, geschrieben aus Hu-Kin-tien, den 27 Junii 1743, p. 54.

679. Brief des Ehrwürdigen Frater Attiret, Französischen Jesuiten, aus dem Hof zu Pekin, an Herrn von Assaut, geschrieben zu Pekin, den 1 Novembris 1743, p. 57. (L. E., XXII, pp. 490/528.)

680. Erster Brief R. P. Joannis Walter, Missionarii der Gesellschaft Jesu, aus der Böheimischen Provinz, an seine Hoch-Gräfliche Excellenz, Frauen, Frauen Maria Theresia Gräfin Fugger zu Wellenburg, gebohrnen Truchsess zu Zeil, geschrieben zu Peking, den 19 Wintermonats 1743, p. 67.

681. Zweytes Brieflein R. P. Augustini Hallerstein, Soc. Jesu Missionarii in China, aus der Oesterreichischen Provinz, an R. P. Josephum Ritter, derselben Gesellschaft und Provinz, seiner Majestät, der regierenden Königin in Portugal Beicht-Vater, geschrieben zu Peking, den 1 November 1743, p. 74.

682. Brief R. P. Dominici Pinheyro, Missionarii der Gesellschaft Jesu in China, an einen Priester gemeldter Gesellschaft, in Europa, geschrieben zu Peking, im Monat November, 1743, p. 78.

683. Zweyter Brief R. P. Joannis Walter, Missionarii der Gesellschaft Jesu in China, aus der Böheimischen Provinz, an seine wertheste Eltern und Befreundte, geschrieben zu Peking, den 2 ten Christmonats 1744, p. 84.

684. Brief R. P. Floriani Bahr, Missionarii Soc. Jesu, aus der Böheimischen Provinz, an seine Hoch-Gräfliche Excellenz, Frauen, Frauen Maria Theresia Gräfin von Fugger zu Wellenburg, gebohrnen Truchsess zu Zeil, geschrieben zu Peking, den 15 November 1744, p. 92.

685. Brief R. P. Antonii Józe, eines Portugesischen Jesuiten, und Missionarii in China, an R. P. Dominicum Pinheyro, der Chinesischen Provinz Vice-Provinz S. J. vorgesezten Provincial, geschrieben zu Chanxo, den 6 September 1744, p. 101.

686. Dritter Brief R. P. Joannis Walter, Missionarii der Gesellschaft Jesu aus der Böheimischen Provinz, an seine Eltern und Befreundte, geschrieben zu Peking, den 27sten Wintermonats 1745, p. 107.

687. Sechstes Brieflein R. P. Godefridi Xaverii Laimbeckho-

ven, Soc. Jesu, Missionarii in China, an R. P. Josephum Ritter, Soc. Jesu, seiner Majestät, der regierenden Königin in Portugal Beicht-Vatern, geschrieben zu Hu-quam, den 10 Augustmonats, 1746, pp. 119/120.

XXXV, 1758 :

688. Brief R. P. Antonii Gogeisl, der Gesellschaft Jesu Missionarii in China, aus der Ober-Teutschen Provinz, an R. P. Henricum Hiss, derselben Gesellschaft und Provinz, geschrieben zu Peking, den 28 November 1746, p. 1.

689. Brief R. P. Godefridi Xaverii Laimbeckhoven, Missionarii Soc. Jesu in China, an R. P. Erasmum Frölich, derselben Gesellschaft Priestern, beyde aus der Oesterreichischen Provinz, geschrieben zu Tsao-yang-hien, den 18 Julii 1746, p. 25.

690. Brief R. P. Joannis Walter, Missionarii Soc. Jesu in China, aus der Böheimischen Provinz, an seine Hoch-Gräfliche Excellenz, Frauen, Frauen Maria Theresia Gräfin von Fugger, zu Wellenburg, gebohrnen Truchses zu Zeil; geschrieben zu Peking, den 15 November 1747, p. 29.

691. Brief R. P. Godefridi Xaverii Laimbeckhoven. Missionarii Soc. in der Chinesischen Landschaft Hu-quam, und dermaligen Visitatoris der Japonesisch-und Chinesischen Provinzen, an seine Excellenz, Herrn, Herrn Anton Thaddaeus Freyherrn von Sumerau, zu alten Sumerau, Ihro Röm. Kays. Königl. Majestät bevollmächtigen Hof-Commissarium und Repräsentations-Präsidenten in denen Oesterreichischen Vor-Landen, seinen gnädigen Herrn Schwagern, von der, in China, im Jahr 1747, ausgebrochenen blutigen Verfolgung, geschrieben in seiner Mission, p. 47.

692. Auszug zweyer Brieffen R. P. Floriani Bahr, Missionarii Soc. Jesu in China, aus der Böheimischen Provinz, an R. P. Udalricum Probst, derselben Gesellschaft, Dom-Prediger bey S. Moutz, in Augspurg, geschrieben in der Chinesischen Haupt-Stadt Peking, p. 88.

693. Zweyter Brief R. P. Floriani Bahr, Soc. Jesu Missionarii in China, aus der Böheimischen Provinz, an seine Hoch-Gräfliche Excellenz, Frauen, Frauen Maria Theresia Gräfin von Fugger, zu Wellenburg, gebohrnen Truchses zu Zeil, geschrieben zu Peking, den 14 November 1748, p. 91.

694. Kurzer Bericht von der Gefangenschaft, Marter und glorreichen Tod zweyer Priester : Antonii Josephi, eines Portugesen, und Tristani d'Artimis, eines Italiäner, aus der Gesellschaft Jesu, von einem Priester gemeldeter Gesellschaft, bald nach ihrem Hinscheiden, welches sich den 12 September 1748, zu Su-cheu ereignet, zu Machao in China verfasset, erstlich : in Portugesischer Sprach zu Lisabon, nachmalen in Welscher zu Venedig gedrucket, jetzt aber in das Teutsche übersetzet, von dem Verfasser des Welt-Bottens, p. 97.

695. Brief R. P. Floriani Bahr, Soc. Jesu Missionarii in China, aus der Böheimischen Provinz, an R. P. Philippum Volter, Soc. Jesu, aus gemeldeter Provinz, geschrieben zu Peking, den 28 November 1749, p. 122.

696. Brief R. P. Augustini Hallerstein, Soc. Jesu, Missionarii in China, aus der Oesterreichischen Provinz, an R. P. Nicolaum Giampriamo derselben Gesellschaft, aus der Neapolitanischen Provinz, geschrieben zu Peking, den 28 des Wintermonats 1749, p. 125.

697. Brief R. P. Simonis Gumb, Soc. Jesu Missionarii in China, aus der Ober-Rheinischen Provinz, an R. P. Hermanum Goldhagen, derselben Gesellschaft und Provinz, geschrieben zu Macao, den 15 Christmonats 1749, p. 128.

698. Brief R. P. Godefridi Xaverii Laimbeckhoven, Soc. Jesu Missionarii in China, aus der Oesterreichischen Provinz, an R. P. Antonium Höller, derselben Gesellschaft und Provinz, geschrieben zu Königl. Hoheit des Kayserl. Königl. Erb-und Kron-Prinzens Josephi Beicht-Vater, geschrieben zu Hentscheu-fu, den 21 Weinmonats 1750, pp. 132/9.

XXXVI, 1758.

Le P. Stöcklein (Joseph), à qui on doit cette collection importante, est né à Oettingen en Bavière le 30 juillet 1676 et il est mort au collège de Gratz, le 28 Décembre 1733. Il a eu successivement pour continuateurs les Pères Charles Mayer, Pierre Probst et François Keller depuis le Vol. XXV.

Le P. Carayon, pp. 516/570, donne la traduction du sommaire des 723 articles du *Neue-Welt-Bott*.

— Travels of the Jesuits, into Various Parts of the World : Compiled from their Letters. Now first attempted in English. Intermix'd with an Account of the Man-

(LETTRES ÉDIFIANTES : *Welt-Bott.*)

ners, Government, Religion, &c. of the several Nations visited by those Fathers : with Extracts from other Travellers, and miscellaneous Notes. By Mr. Lockman. Illustrated with Maps and Sculptures. London: Printed for John Noon... MDCCXLIII. 2 vol. in-8.

I. P. de Premare, to P. de la Chaise, Canton, Feb. 17, 1699, p. 36.

P. Bouvet, to P. de la Chaise, Peking, Nov. 30, 1699, p. 64.

P. de Premare, to P. le Gobien, Ven-cheu fu, Nov. 1, 1700, p. 80.

P. du Tartre, to Mr. de Tartre, Canton, Dec. 17, 1701, p. 107.

P. de Chavagnac, to P. le Gobien, Cho-tcheu, Decemb. 30, 1701, p. 153.

P. Fouquet, to Duc de la Force, Nan-cham. Nov. 26, 1702, p. 389.

A Relation of the State of the Missions in China, presented at Rome, in 1703, to the General of the Jesuits, by Father Francis Noel, a Jesuit Missionary. Translated from the Latin, p. 447.

II. P. Gozani, to P. Suarez. Cai-fum-fu, 5 Nov. 1704, p. 11.

Remarks on the preceding Letter, p. 23.

P. de Fontaney, to P. de la Chaise, Cheu-Chan, 15 Feb. 1703, p. 50.

A Journey undertaken by the Emperor of China into Eastern Tartary. Anno 1682, p. 126.

A Journey undertaken by the Emperor of China into Western Tartary. Anno 1683, p. 140.

P. de Fontaney, to P. de la Chaise, London, 15 Jan. 1704, p. 180.

P. de Chavagnac, to P. le Gobien, Footchoo-foo, Febr. 10, 1703, p. 302.

P. Jartoux to P. de Fontaney, Peking, Aug. 20, 1704, p. 323.

P. d'Entrecolles, to the Proc. Gen., Jao-Cheu, 17 July 1707, p. 416.

P. Jartoux, to the Proc. Gen., Peking, April 12, 1711, p. 424.

— Lowndes (Bohn's ed.) II, 1208 (1864), cite les prix suivants : Towneley, pt. ii. 585. 7/6. — Fonthill, 2595, £ 1. 4/-.

— Travels of the Jesuits, into various Parts of the World : particularly China and the East-Indies..... translated from the celebrated *Lettres édifiantes et curieuses, écrites des Missions étrangères, par les Missionnaires de la Compagnie de Jésus*... to which is now prefixed an Account of the Spanish Settlements in America, with a General Index to the whole Work by Mr. Lockman, 2nd. ed. London, 1762, 2 vol. in-8.

— Cartas edificantes, y curiosas, escritas de las Missiones estrangeras, por algunos Missioneros de la Compañia de Jesus. Traducidas del idioma francés por el Padre Diego Davin, de la Compañia de Jesus. Tomo primero. Con privilegio. En Madrid : En la Officina de la Viuda de Manuel Fernandez, Imprenta del Supremo Consejo de la Inquisicion, y de la Reverenda Camara Apostolica. Año MDCCLIII, in-4, pp. 380 sans la préface, etc. — 1753-1757, 16 vol. in-4.

* Listy rozne ku chwalebney ciekawosci y chrzescianskiemu zbudowaniu sluzace z Azyi, Afryki, Ameryki, niegdys od Missyonarow Societatis Jesu w rozmaitych

(LETTRES ÉDIFIANTES : TRAD. DIV.)

iezykach do Europy przeslane. Teraz dla pragnacych wiedziec o progressach Wiary S. Katolickiey Rzymskiey w tamtych kraiach, iago tez o obyczaiach, tak odleglych narodow, o sytuacyi Panstw, Miast, Rzek, Gor, etc. Polskiemu swiatu iezykiem oyczystym kommanikowane. R. 1756, przez iednego Kaplana Soc. Jesu. w Warszawie, w Druk Koll. Soc. Jesu, in-4. Cyesc Pierwsza, pp. 190.

* Czesc Druga Listy ex Insulis Marianis et Philippinis, p. 191 a 372 Lysty rozne i A. d. w. rozmaitych iezykach pisane. Teraz dla pragnacych wiedziec o pomnozeniu Wiary naszey i t. d. iako tez y obyczaiach onych narodow do polsku przelozone przez iednego Ziakonnika S. J. (Franciszka Bohomolca). *Ibid.*, 1767, in-4, pp. 541.

— Estratto delle lettere originali spedite a Roma nel 1795. dai Vicarj appostolici, e missionarj della Cina, Tunkino, e Cochinchina scritte in idioma francese sullo stato presente di quelle Missioni. Opuscolo d'un Sacerdote Romano. Roma 1797. Dalle Stampe di Zempel presso Vincenzo Poggioli. In-8, pp. 66.

— Estratto delle lettere originali scritte in idioma francese dai vicarj appostolici, e missionarj della Cina, Tunkino, Cochinchina &c. sullo stato di quelle Missioni. Tomo I. In Roma, MDCCCVI. Nella stamperia Salomoni. Con Permissione. In-8, pp. XVI-256.

— Tome II. *Ibid.*, pp. 240.

* Lettere edificanti scritte dalle Missioni Straniere. Milano, 1825-9, 6 vol. gr. in-8. Planches coloriées.

Nouvelles Lettres édifiantes des Missions de la Chine et des Indes Orientales. A Paris, Adrien Le Clere, 1818/1823, 8 vol. in-12.

I. 1818 :

Chine. De l'état et des progrès de la Religion catholique dans la Mission du Su-tchuen en Chine, etc. (Introduction) p. i.

Lettre de M. Gleyo, mis. ap. au Su-tchuen, en Chine, à M. Bourachot, Sup.-gén. de la cong. de Saint Sulpice. Su-tchuen, en Chine, le 13 août 1767, p. 27.

Ext. d'une lettre de M. Romain, mis. ap., proc. des missionnaires envoyés par le seminaire des Missions-Etrangères de Paris, écrite de Macao, le 10 décembre 1767, p. 41.

Abrégé de la relation de la persécution de M Jean-François Gleyo, mis. ap. du Su-tchuen, depuis le 30 mai 1769 jusqu'au 27 juin 1777, écrite par lui-même, après son élargissement, p. 44.

Lettre de M. Gleyo, mis. ap., à Mgr l'évêque d'Agathopolis, écrite de sa prison, le 8 juin 1775, p. 89.

Autre Lettre de M Gleyo à M. Moye, mis. ap. au Su-tchuen, le vendredi dans l'octave de la Pentecôte, que je compte pour le 9 de juin 1775, p. 92.

Autre Lettre de M. Gleyo à M. Moye, du 18 juin 1776, p. 94.

Ext. d'une Relation de la persécution excitée dans la province du Su-tchuen en Chine, en 1769, écrite au mois d'octobre 1770 par M. Alary, mis. ap. au Su-tchuen, aux directeurs du séminaire des Missions-Etrangères, p. 96.

Relation de la persécution excitée dans la province du Su-tchuen en Chine, en l'année 1769, à l'occasion de la prise de M. Gleyo, écrite par M. Pottier, évêque d'Agathopolis, vic. ap. de de cette province, le 10 octobre 1770, p. 109.

Ext. d'une relation écrite en latin par M. Pottier, évêque d'Agathopolis, vic. ap. du Su-tchuen en l'année 1771, p. 128.

Lettre de Mgr. Pottier, évêque d'Agathopolis, vic. ap. du Su-tchuen, à M. Becquet, supérieur du séminaire du Saint-Esprit, à Paris, p. 160. (Au Su-tchuen, province de Chine, 16 septembre 1772.)

Précis d'une Relation écrite, en 1773, par Mgr. Pottier, év. d'Agathopolis, vic. ap. du Su-tchuen en Chine, et d'une lettre du même à M. Alary, directeur du séminaire des Missions-Etrangères, en date du 1er Octobre 1773, p. 167.

Relation écrite par M. Moye, mis. ap. au Su-tchuen, p. 180. Su-tchuen, 6 août 1774.

Relation des persécutions arrivées au Su-tchuen en 1775 et 1776, écrite par M. de Saint-Martin, missionnaire du Su-tchuen, datée du 12 octobre 1776, p. 204.

Relation de M. de Saint-Martin, mis. ap. au Su-tchuen, écrite vers la fin de l'année 1777, adressée au supérieur et aux directeurs du Séminaire Saint-Louis, à Paris, p. 230.

Ext. d'une let. d'un religieux Dominicain espagnol, mis. ap., écrite au mois de janvier 1777, de la ville de Fogan dans la prov. de Fo-kien, à Mgr. le vic. ap. de la même prov., au sujet d'une femme chrétienne mise à mort en haine de la religion, p. 263.

Ext. d'une relat. de M. de Saint-Martin, mis. ap. au Su-tchuen, écrite au mois d'oct. 1778, p. 266.

Ext. d'une relat. de M. de Saint-Martin, mis. ap. et de quelques let. écrites en 1779, par les autres missionnaires du Su-tchuen, p. 291.

Ext. des let. écrites en 1780, par les miss. de la prov. du Su-tchuen, p. 302.

Ext. des let. écrites en 1781, par les mêmes, p. 316.

Ext. des let. écrites en 1782, par les mêmes, p. 332.

Let. de Mgr. François Pottier, év. d'Agathopolis, et vic. ap. du Su-tchuen, à M. Tessier de Sainte-Marie, curé de Genillé, près de Loches en Touraine (dép. d'Indre-et-Loire), 18 oct. 1782, p. 347.

Relat. d'une persécution excitée dans la partie orientale du Su-tchuen, au mois de sept. 1782, écrite par M. de Saint-Martin, mis. ap. dans la même prov. p 385.

Ext. de deux let. de M. de Saint-Martin, présentement év. de Caradre, et coadj. de Mgr. l'év. d'Agathopolis, vic. ap. en Chine, en date du 1 Avril et du 29 mai 1783 à M. Moye, p. 394.

Abrégé d'une relation de tout ce qui est arrivé à M. Moye miss ap. au Su-tchuen, pendant dix ans qu'il a demeuré en Chine, écrite par lui-même en 1784, p. 401.

Relat. écrite par M. Chaumont, ancien miss. de Chine, p. 450.

II, A Paris, 1818 :

Let. de Mgr. l'év. d'Agathopolis, vic. ap. du Su-tchuen, du 20 sept. 1784, p. 1.

Let. de M. Dufresse, m. ap. dans la prov. du Su-tchuen, achevée d'écrire le 21 sept. 1784, p. 6.

Ext. d'une let. de M. de Ventavon, miss. à Peking, en date du 25 nov. 1784, p. 20.

Précis d'une relat. écrite en chinois, de tout ce qu'a eu à souffrir Marthe Ma, dont il est parlé dans la let. ci-dessus, et des vertus qu'elle a pratiquées dans ses souffrances, p. 28.

Hist. abrégée de la persécution excitée en Chine, contre la religion chrét., en 1784 et 1785, ext. de plusieurs let. écrites en 1785 et 1786, par M. Descourvieres, proc. des Miss. franç. à Macao ; et par M. Létondal, qui lui succéda dans cette place au commencement de 1786, p. 33.

Ext. d'une let. du P. Adéodat, Augustin italien, mis. résidant à Péking, à M. Marchini, proc. de la Prop. à Canton, le 14 juillet 1785, pp. 99.

Let. de M. Raux, laz., sup. des missions franç. de Péking, à M. Létondal, proc. des missions étr. à Macao, le 22 juillet 1785, p. 100.

Trad. d'un écrit chinois affiché à Macao le 15 mai 1785, contenant des arrêts du tribunal des causes criminelles de

III, A Paris, 1818 :

IV, A Paris, 1818 :

Édit de l'emp. Kia king, envoyé au vice-gouverneur de la prov. du Su-tchuen, en 1805, p. 225.

Réponse du vice-gouverneur à l'édit ci-dessus, en date du 25 juin 1805, p. 229.

Let. de M. Létondal à M. Chaumont, 20 Avril 1806, p. 232.

Let. de Mgr. Dufresse, à MM. les Dir. du Sém. des Miss. étr., 13 Oct. 1806, p. 236.

Let. de M. Hamel, m. ap. au Su-tchuen, à M. Chaumont, 27 Sept. 1807, p. 262.

Let. de Mgr. Dufresse... à MM. les Dir. du Sém. des Miss. étr., 29 Sept. 1807, p. 268.

Let. de M. Hamel à M. Chaumont, 29 Août 1808, p. 292.

Let. de Mgr. Dufresse, à MM. les Dir. du Sém. des Miss. étr., 8 Sept. 1808, p. 297.

Let. de M. Hamel à M. Chaumont, 15 Oct. 1809, p. 346.

Let. de Mgr. Dufresse, à MM. les Dir. des Miss. étr., 9 Oct. 1809, p. 354.

Let. de M. Richenet, prêt. de la Cong. de St. Lazare, proc. des miss. laz. en Chine, résidant à Macao; écrite à M. Chaumont, dir. du Sém. des Miss. étr. de Paris, demeurant à Londres, 1er déc. 1809, p. 370.

Let. de Mgr. Dufresse, à MM. les Dir. du Sém. des Miss. étr., 16 Oct. 1810, p. 379.

Relat. de la Mission du Su-tchuen adressée à MM. les Dir. du Sém. des Miss. étr. par Mgr. Dufresse, le 20 Oct. 1811, p. 430.

Let. de M. Richenet à M. Chaumont, p. 551.

V, à Paris, 1820 :

Relat. de la mission du Su-tchuen, écrite le 23 Sept. 1812, par Mgr. Dufresse, p. 1.

Let. de Mgr. Dufresse aux Dir. du Sém. des Miss. étr., 18 Sept. 1813, p. 18.

Lettre du même aux mêmes, 2 Oct. 1814, p. 59.

Let. du même aux mêmes, 21 Nov. 1814, p. 93.

Let. du même à M. Escodéca, m. ap. dans la prov. du Su-tchuen, 29 Mars 1815, p. 108.

Let. du même au même. 7 Avril 1815, p. 117.

Abrégé de la relat. de M. Fontana, mis. ap. au Su-tchuen, adressée à M. Escodéca, pro-vic. ap. de cette mission, 20 Aout 1815, p. 120.

Let. de M. Escodéca, prov. ap. du Su-tchuen, écrite le 20 Sept. 1815 à MM. Marchini (proc. de la Propagande à Macao) et Chaumont (sup. du Sém. des Miss. étr. à Paris), etc., p. 132.

Ext. d'une let. de M. Marchini... à S. Em. le cardinal préfet de la Prop. à Rome, p. 162.

Ex. de la Gazette de Peking, envoyé par M. Marchini... à MM. les Dir. du Sém. des Miss. étr. de Paris, p. 172.

Ext. d'une let. de M. Escodéca... à MM. les dir. du Sém. des Miss. étr. à Paris, p. 181.

Relation du martyre du R. P. Jean Triora, religieux franciscain, miss. dans le Hoû-kouang en Chine, écrite en chinois, par un chrétien nommé André Lo, p. 205.

Let. de M. Escodéca... à MM. les procureurs de Macao, et à MM. les dir. du Sém. des Miss. étr. à Paris. 29 Sept. 1817, p. 208.

Let. de M. Fontana, m. ap. au Su-tchuen, à M. Chaumont, reçue à Paris, le 9 juin 1818, p. 225.

Let. de M. Escodéca... à MM. les dir. du Sém. des Miss. étr.; reçue à Paris le 9 juin 1819, p. 236.

Let. de Mgr. Fontana, nommé év. de Sinite, et vic. ap. du Su-tchuen en Chine, à MM. les proc. des missions à Macao, et à MM. les dir. du Sém. des Miss. étr. à Paris, 10 sept. 1818, p. 246.

CORÉE. — Relation de l'établissement du christianisme dans le royaume de Corée, rédigée en latin par Mgr. de Govea, év. de Peking, et adressée, le 15 août 1797, à Mgr. de Saint-Martin......, traduite sur une copie reçue à Londres, le 21 juillet 1798, p. 259.

Ext. d'une let. de Mgr. de Govea, év. de Peking, datée du 23 juillet 1801, p. 295.

Let. des chrétiens de Corée à l'év. de Peking, écrite le 3 de la onzième lune de l'année sin-ou (8 déc. 1811), p. 299.

Notice historique sur M. Denis Chaumont, protonotaire apostolique, sup. du Sém. des miss. étr., mort à Paris, le 25 août 1819, p. 345.

(LETTRES ÉDIFIANTES : NOUV. ÉD.)

Let. de Mgr. Fontana..., à M. Chaumont, écrite le 2 oct. 1819, p. 594.

VI, à Paris, 1821.

VII, à Paris, 1823.

VIII, à Paris, 1823.

Ces trois derniers vol. sont consacrés à la Cochinchine et au Tong-king.

Notices par Abel Rémusat : Journal des Savants, mars 1819, pp. 174/182 sur les Vol. I et II ; Oct. 1820, pp. 595/601, sur les Vol. III, IV et V ; Fév. 1822, pp. 65/75, sur le Vol. VI ; — et Mélanges asiatiques, I, pp. 51/87.

— Annales de l'Association de la Propagation de la Foi, Recueil périodique des Lettres des évêques et des missionnaires des missions des Deux Mondes, et de tous les documents relatifs aux Missions et à l'Association de la Propagation de la Foi. Collection faisant suite à toutes les éditions des Lettres édifiantes, in-8.

Vendu, A. Aubry (1827 — mai 1864) 34 vol. veau vert et 9 liv. Fcs. 35 (1er juin 1873, Bull. du Bouq.)

I, à Paris.... à Lyon, MDCCCXXVII :

Extraits de lettres de Mgr. Fontana, évêque de Sinite, vicaire apostolique du Su-tchuen (21 Sept. 1821) et de Mgr. Perocheau, évêque de Maxula, coadjuteur (6 Sept. 1821), pp. 12 et seq.

Lettre de Mgr. Perocheau (5 Sept. 1822), pp. 18 et seq. (No. IV.)

Lettre de Mgr. Fontana (14 Sept. 1822), pp. 22 et seq. (No. IV.)

Notice sur Mgr. Dufresse, évêque de Tabraca, vicaire apostolique du Su-tchuen, Martyrisé dans cette province le 14 Septembre 1815. Allocution du Pape Pie VII, etc. No. IV, pp. 48 et seq.

Lettre de Mgr. Dufresse, évêque de Tabraca, vicaire apostolique du Su-tchuen, aux élèves chinois du collège général de Pulo-Pinang (traduit du latin). No. IV, pp. 68 et seq.

Extrait d'une lettre de Mgr. Fontana (15 Sept. 1823) No. VI, pp. 3/8.

Extrait d'une lettre de Mgr. Perocheau (22 Sept. 1823). No. VI, pp. 8/11.

II, 1826 :

Mission du Su-Tchuen, en Chine, pp. 237 et seq.

Lettre de Mgr. Fontana (22 Sep. 1824), pp. 247/57.

Lettre de Mgr. l'évêque de Maxula (15 Sept. 1825), pp. 257/258.

Lettre de Mgr. Fontana (18 Sept. 1826), pp. 259, 261.

III, 1828 :

Mission du Su-Tchuen.

Lettre de Mgr. Fontana (12 Octobre 1827), pp. 359/360.

Lettre de M. Baroudel, procureur des missions, résidant à Macao (18 Dec. 1827).

Lettre de Joseph Sông, chrétien de la province du Su-tchuen, exilé pour la Foi au fond de la Tartarie Chinoise, écrite en février 1824, reçue à Macao en 1827, pp. 361, 368.

Lettre de M. Imbert, missionnaire apostolique, à M. *** (Ou-Tong-Kiao, Kiao-ting-fou, Sept. 1826), pp. 369, 376. [A consulter sur les puits de sel.]

Autre lettre du même, à Monsieur *** (13 Septembre 1827), pp. 376/381.

Lettre de M. Chastan [Jean-Honoré], mis. ap., à M. P. (Macao, le 28 Octobre 1828), pp. 482/481.

IV, 1830 :

Lettre de M. Fontana.... à M. Langlois, supérieur du séminaire des Missions étrangères, à Paris. (Le 2 septembre 1828), pp. 405/409.

Lettre de M. Voisin, missionnaire apostolique, à M. Ducrey, supérieur du séminaire de Mélan. (Chine, 2 septembre 1828), pp. 409/411.

(ANNALES PROP. FOI : 1827-1830.)

sions étrangères, à Paris, (Su-Tchuen, le 16 septembre 1835), pp. 449-454.

Extrait d'une lettre de M. Verrolles, miss. ap., datée de Tchong-kin-Fou en Chine, 9 septembre 1835, à M. Dubois, pp. 454/459.

Lettre de Mgr. de Maxula (9 Sept. 1835), pp. 460/461.

Lettre des Chrétiens de la Chine aux Associés de l'Œuvre de la Propagation de la Foi (1835), pp. 462/463.

Edit de Taou-kwang (16ᵉ année, 24ᵉ jour, 4ᵉ June) contre le Christianisme, pp. 463/465.

X, 1837 :

Missions des Lazaristes en Chine : Lettre de M. Torrette, supérieur des missions des Lazaristes en Chine, à M. le Supérieur général de la Congrégation de St-Lazare (Macao, le 28 mai 1835), pp. 48/56.

Lettre de M. Laribe, miss. ap., en Chine, à M. Etienne, procureur-général de la Congrégation de St.-Lazare, à Paris, pp. 56/66.

Lettre des Chrétiens du Hou-pé à M. Torrette, pp. 66, 69.

Lettre de M. Baldus, miss. lazariste en Chine, à M. Etienne, procureur-général de la Congrégation de St.-Lazare (Hou-pé, le 3 Août 1835), pp. 69/78.

Nouvelles diverses des Missions, pp. 78/80.

Missions de la Chine, pp. 83/95.

Missions des Lazaristes en Chine : Lettre de M. Mouly, miss. ap., à M. le Supérieur général de la Congrégation de St.-Lazare, à Paris (Si-Ouen-Tse ou Sivang, en Tartarie, le 12 octobre 1835), pp. 96/125.

Lettre de M. Sué, lazariste chinois, à M. le Supérieur général de la Congrégation de St.-Lazare, pp. 125/128.

XI, 1839 :

Missions des Lazaristes en Chine : Lettre de M. Perboyre, miss. laz., à M. Torrette... (Du Fo-kien, le 7 mars 1836), pp. 5/15.

Lettre du même à M. Perboyre, son oncle, chanoine de Montauban, pp. 15/26.

Lettre de M. Baldus, miss. laz. en Chine, à M. Grappin, assistant de la Congrégation de Saint-Lazare, pp. 26/31.

Extrait d'une lettre de M. Rameaux, miss. ap., à M. Etienne, pp. 31/35.

Lettre de M. Mouly, miss. laz. en Chine, supérieur de la mission de Pékin, à M. Nozo, supérieur général de la Congrégation de St.-Lazare (Mission de Pékin, Tartarie occidentale, le 6 novembre 1836), pp. 35,55.

Mission du Fo-kien, pp. 56/57.

Lettre du R. P. Calderon, coadjuteur élu de Mgr. Carpena, vicaire apostolique, au R. P. Dominique de Sainte-Marie, prieur du couvent de Saint-Dominique, à Manille (Traduction de l'espagnol), pp. 58/64.

Extrait d'une lettre de Mgr. Carpena, vicaire apostolique du Fo-kien, au R. P. Alvarès del Mausano, procureur des RR. PP. Dominicains à Macao (Traduction de l'espagnol), pp. 64/70.

Mission du Su-Tchuen : Lettre de Mgr. Fontana, évêque de Sinite, vicaire apostolique du Su-Tchuen, à MM. les Directeurs du séminaire des Missions étrangères à Paris. (Su-Tchuen, le 3 septembre 1838), pp. 187/194.

Extrait d'une Lettre de Mgr. l'Evêque de Maxula, coadjuteur de la mission du Su-Tchuen en Chine, à M. Dubois, pp. 194/197.

Extrait d'une Lettre de M. Papin, miss. ap. au Su-Tchuen, au même, en date du 28 août 1837, pp. 197/198.

Mission de Corée : Lettre de M. Maubant, miss. ap. en Corée, à MM. les Directeurs du séminaire des Missions étrangères (Han-Yang, capitale de la Corée, 4 avril 1836), pp. 342/348.

Lettre de M. Chastan, miss. ap. en Corée, à MM. les Directeurs et procureurs des missions étrangères (Schout, 15 septembre 1837), pp. 349/354.

Lettre de Mgr. Imbert, évêque de Capse, vicaire ap. de Corée, à M. B*** à Givors (Mouk-Den, le 7 Décembre 1837), pp. 354/358.

Extrait d'une Lettre du même Evêque à M. Le Grégeois, procureur des missions étrangères à Macao (Fong-Pien-Men, frontière de Corée, le 17 décembre 1837), pp. 358/359.

Extrait d'une Lettre de M. Calleri, miss. en Chine, à M. Dubois, l'un des directeurs du séminaire des Missions étrangères, pp. 359/362.

XII, 1840 :

Missions de MM. les Lazaristes en Chine : Lettre de M. Faivre, miss. laz. en Chine, à M. Legot, assistant de la Congrégation de Saint-Lazare, pp. 140/154.

Lettre de M. Mouly, supérieur de la mission des Lazaristes dans la province de Pékin, à M. Etienne, procureur-général de la Congrégation de Saint-Lazare (Tartarie occidendale, le 16 octobre 1837), pp. 155/162.

Lettre du même, à M. Nozo, supérieur général de la Congrégation de Saint-Lazare (Si-Van, Tartarie, le 10 octobre 1837), pp. 162/172.

Extrait d'une Lettre de M. Rameau, supérieur de la miss. des laz. dans le Hou-pé, à M. Nozo, pp. 172/173.

Lettre de M. Thiou, miss. laz. chinois, à M. Nozo... (Macao, le 8 décembre 1837), pp. 174/182.

Lettre de M. Faivre, miss. laz. en Chine, à M. Etienne (En rade de Lin-Ting, 28 février 1838), pp. 183/192.

Missions de la Chine : Extrait de deux lettres de M. Delamare, miss. ap. au Su-Tchuen (Su-Tchuen, en septembre 1838), pp. 479/483.

Extrait d'une lettre de Mgr. Pérocheau, Evêque de Maxula, aux Associés de l'Œuvre (Su-Tchuen, 24 Septembre 1838), pp. 481/487.

XIII, 1841 :

Missions de la Chine : Extrait d'une lettre de M. Perboyre, miss., à M. Carrole, Curé de Catus (Lot) (Houpé, 12 Septembre 1838), pp. 146-150.

Tartarie chinoise : Lettre de M. Gabet, miss., à sa sœur (Si Vouan, 12 septembre 1838), pp. 150/151.

Missions de la Corée : Lettre de Mgr. Imbert, Evêque de Capse et Vicaire apostolique de la Corée, à MM. les Directeurs du Séminaire des Missions étrangères (Kin-ki-Tao, 24 novembre 1838), pp. 155/166.

Extrait d'une lettre de M. Simian, miss. ap. en Chine, p.172.

Lettre de M. François Tchiou, miss. Chinois, de la Cong. de S. Lazare, à M. Nozo (Macao, le 22 Septembre 1840), pp. 257/262.

Lettre de Mgr. Joseph Rizzolati, Evêque d'Araden et Vicaire apostolique du Hu-Quam, à l'Association de la Propagation de la Foi (U-cham-fu, 28 Octobre 1840), pp. 449/452 [sur le martyre du P. Perboyre].

Lettre d'un séminariste chinois à M. Torrette, procureur de la congrégation de Saint-Lazare à Macao, pp. 453/459.

Mission de la Tartarie : lettre de M. Gabet, miss, ap., à M. Nozo (Sivouan, 15 aout 1838), pp. 512/531.

XIV, à Lyon, 1842 :

Missions de la Chine et du Tong-king : Lettre de M. Huc, mis. ap., à M. Sarrans. Macao, 27 janvier 1841, pp. 12/18.

Mission du Su-tchuen. Lettre de M. Bertrand, miss. ap., à son Eminence le Cardinal de Bonald, Archevêque de Lyon. Su-tchuen, 10 août 1840, pp. 73/80.

Miss. de la Chine. Vicariat apostolique du Huquam. Extrait d'une lettre de Mgr. Rizzolati, Vic. ap. du Huquam. à Mess. les membres des conseils de l'œuvre. U-cham-fu, 10 Janvier 1841, pp. 299/310.

Vic. ap. du Su-tchuen. Ext. d'une lettre de M. Bertrand, mis. ap., à M. Dubois, Kin-Fou, 24 août 1840, pp. 311/313.

Lettre de M. Delamare, mis. ap , à M. Dubois. Su-Tchuen, 12 sept. 1840, pp. 314/319.

Vic. ap. du Leao-Tong et de la Mantchourie. Lettre de Mgr. Verolles, évêque de Colombie et Vic. ap. de la Mantchourie, à M. Langlois, curé d'Argences. Sy-Ouan, en Mongolie, le 19 mars 1841, pp. 320/328.

Ext. d'une lettre de M. Huc, miss. de la Cong. de Saint-Lazare, dans la Tartarie-Mongole, au supérieur de la même Congrégation. Sivan, 16 Septembre 1841, pp. 479/481.

Ext. d'une lettre de M. Blanchin, mis. ap., à M. Jurine, directeur du séminaire des Missions étrangères. Macao, 14 février 1842, pp. 481/484.

XV, à Lyon, 1843 :

Missions de la Chine. Lettre de M. Huc, miss. laz., dans la Tartarie mongole, à M. Donatien Huc, avocat à Toulouse. Si-Wan, 15 sept. 1841, pp. 73/79.

Lettre de M. Huc, mis. ap., à M. Marcou, Directeur du petit séminaire de Toulouse. Kien-Tchang-Fou, province de Kian-si, 2 avril 1841, pp. 211/228.

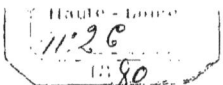

Ext. d'une lettre de M. Baldus, mis. ap., à M. le Sup. de la Congt de St.-Lazare, pp 229/244.

Ext. d'une lettre du P. Joset, procureur de la Propagande, aux membres des Conseils centraux de l'Œuvre. Hong-Kong, 18 Avril, 1842, pp. 245/249.

Ext. d'une lettre du P. Gotteland, de la Compagnie de Jesus, à un de ses supérieurs en France. King-Kia-Hang, 22 juillet 1842, pp. 250/252. — Kiang-Nan, 19 août 1842, p. 252.

Missions de la Mongolie. Lettre de Mgr. Mouly, Vic. ap. de la Mongolie, à MM. les membres des Conseils centraux de l'œuvre. Mongolie, Sivan, 18 Sept. 1842, pp. 446/447.

XVI, à Lyon, 1844 :

Missions de la Chine. Diocèse de Nanking. Lettre de M. Faivre, miss. laz., à M. le Sup. gén. de la Cong. de St.-Lazare. Du séminaire de l'Immaculée-Conception, le 6 mai 1841, pp. 289/295.

Ext. d'une lettre du même au même. Décembre 1841, pp. 296/315. - 2 janvier 1842, pp. 316/7.

Ext. d'une lettre du P. Estève, Miss. de la Cie de Jesus, à son Supérieur, en France Ko-Kiao, 26 mai 1843, pp. 318/320.

Vic. ap. du Su-tchuen. Ext. de deux lettres de M. Bertrand, mis. en Chine, à M. Jurine, Directeur du Séminaire des Miss. étrangères. Tchoung-Kin-Fou, juillet 1842, pp. 311/332.

Lettre de Mgr. Pérocheau, Evêque de Maxula, Vic. ap. du Su-Tchuen, à M. Langlois, Sup. du sém. des Miss. ét. Su-Tchuen, le 1er septembre 1841, pp. 333/5.

Ext. d'une lettre du même au même. Su-Tchuen, 3 septembre 1843, pp. 336/7.

Ces deux lettres ont été trad. en anglais par le Rev. A. P. Happer dans le Chin. Rep., XV, pp. 400/402.

Ext. d'une lettre de M. Freycenon, miss. ap., à M. Freycenon, son oncle, curé de Tiranges, dans le diocèse du Puy, pp. 338/342.

Vicariat ap. du Hou-kouang. Ext. d'une lettre de Mgr. Rizzolati, Vic. ap. du Hou-kouang, à MM. les Directeurs de l'œuvre. Du Hou-Kouang, le 15 mai 1842, pp. 343/5.

Autre lettre du même Prélat au T. R. Père Joseph d'Alexandrie, Général des franciscains. U-cham-fu, 25 Nov. 1842, pp. 346/356.

Trad. en anglais dans le Chin. Rep., XV, 1845, pp. 39/45.

Vic. ap. du Leao-Tong. Ext. d'une lettre de M. de la Brunière, mis. ap., à un de ses confrères. Leáo-Tong, le 10 décembre 1852, pp. 357/9.

Missions de la Chine. Vic. ap. du Xan-tong. Lettre de Mgr. Besy, Vic. ap. du Xan-tong, à MM. les Directeurs de l'œuvre. (Traduct. de l'italien) Nankin, 15 mai 1843, pp. 419/437.

Trad. en anglais dans le Chin. Rep., XV, 1846, pp. 250/262, par le Rev. A. P. Happer.

Statistique de la Chine, pp. 438/442.

Cette statistique a été dressée par Mgr. Louis de Besy d'après le Livre rouge officiel qui est publié tous les trois mois.

Missions de la Mantchourie et de la Corée. Lettre de Mgr. Verroles, Vic. ap. de la Mantchourie, à Miss. les membres des deux conseils centraux de l'œuvre. Kaytchéou, au Leaotong, le 25 mai 1843, pp. 138/165.

Trad. en anglais dans le Chin. Rep., XV, 1846, pp. 453/461, par le Rev. A. P. Happer.

Lettre de Mgr. Ferréol, nommé évêque de Belline et Vic. ap. de la Corée, à MM. les Directeurs du séminaire des Missions Etrangères. Comté de Karlouskout, Mongolie, 5 mars 1843, pp. 166/173.

Trad. en anglais dans le Chin. Rep., XV, 1846: pp. 507/512, par le Rev. A. P. Happer.

Lettre du même, à Mgr. de Drusipara, Vic. ap. de Pondichéry. Mongolie, dans le Comté de Karlouskout, 15 février 1843 contient une lettre du P. Chastan, Corée, 6 Septembre 1839), pp. 280/2.

XVII, à Lyon, 1845 :

Missions de la Chine. Vicariat apostolique du Kiang-si. Extrait d'une lettre de M. Laribe, Miss. ap. de la Cong. de St-Lazare, à M. Martin, Directeur des Novices de la même Soc. Tien-Tcheou, 22 Sept. 1843, pp. 207/238, 286/315.

Miss. de la Tartarie Mongole. Lettre de M. Huc, miss. laz. en Mongolie, à M. Donatien Huc, avocat à Toulouse. Tartarie Mongole, Vallée des Eaux-Noires, le 8 janvier 1844, pp. 369/398.

(ANNALES PROP. FOI : 1844-1845.)

XVIII, à Lyon, 1846 :

Miss. de la Chine. Lettre de Mgr. Ferréol, Vic. ap. de la Corée et du Liéou-Khiéou, à MM. les Membres des Conseils centraux de Lyon et de Paris. Macao, 25 Mai 1845, pp. 76/83.

Ext. d'une lettre de M. Pichon, Miss. ap., à M. Legrégeois, dir. du Sém. des Miss. Et. — Détroit de la Sonde, 26 Août 1845, pp. 97/109.

Let. de M. Chauveau, Mis. ap., à son frère. Macao, 20 Novembre 1845, pp. 110/115.

Let. de M. de la Brunière, Miss. ap., à M. Jurine, dir. du Sém. des Miss. Et., pp. 116/115.

Vicariat Ap. du Chan-si. Mission italienne des Mineurs Observantins. Let. de Mgr. Alphonse, Coadjuteur de Mgr. le Vic. Ap. du Chan-si, aux deux Conseils de l'Œuvre, pp. 131/145.

Let. du P. Clavelin, Miss. de la Cie de Jésus en Chine, à un P. de la même Société. A bord du Thomas-Crisp, à douze lieues de Chang-haï, 13 Octobre 1844, pp. 241/261.

Autre lettre du même Père à M. Cléret, lieut. de vaisseau. Hien-ka-han, Chrétienté à une lieue de Chang-haï, 1er janvier 1845, pp. 262/273.

Autre lettre du même Religieux à un Père de la même Compagnie, pp. 274/282.

Vic. Ap. du Hou-kouang. Let. de Mgr. Rizzolati, Vic. ap. du Hou-kouang, à MM. les Membres des Conseils Centraux de Lyon et de Paris. Ou tcham-fou, 20 Oct. 1845, pp. 340/362.

Miss. des Iles Lieou-kieou. Let. de M. Forcade, Miss. ap. du Lieou-kieou, à M. Libois, proc. des Miss. Et. à Macao. Grande Luchu, Tumaï, Bonzerie d'Amiku, le 12 Août 1845, pp. 363/383.

Miss. de la Corée, p. 283, — Let. d'André Kimaï-Kim, Diacre coréen, à Mgr. Ferréol, Evêque de Belline, Vic. ap. de la Corée et des îles Lieou-Kieou. (Trad. du chinois). Mongolie, 15 Déc. 1844, pp. 284/303. Réimp. dans la Rev. de l'Orient, X, 1846, pp. 40/51.

Ext. d'une let. de M. Daveluy, Prêtre du la Soc. des Miss. Et., à M. Barran, Directeur au Séminaire de la même Cong. — Moutsie en Chine, 28 Août 1845, pp. 304/306.

XIX, à Lyon, 1847 :

Miss. de la Chine. Let. de M. Carayon, Miss. laz. dans la Tartarie-Mongole, à M. Etienne, Sup. gén. de la Cong. de St-Lazare. Macao, 9 Juin 1846, pp. 73/88.

Missions de la Mongolie. pp. 265/269. [Notice]. Let. de M. Huc, Miss. laz., à M. Etienne, Sup. gén. de la Cong. de la Mission. Macao, 20 Déc. 1846, pp. 269/308.

Trad. par E. C. Bridgman en anglais dans le Chin. Rep., XVIII, pp. 617 et seq.

Notice sur la prière bouddhique Om ma ni pot mé houm, par M. Gabet, pp. 309/312. (Voir col. 308.)

Miss de la Corée, pp. 213, 221.

Let. d'André Kim-Hai-Kim, Diacre coréen, à M. Libois, Proc. des Miss. Et. à Macao. (Trad. du latin), Seoul ou Hang-Yiang, capitale de la Corée, le 27 mars 1845, pp. 222/225.

Ex. d'une let. du R. P. Gotteland, de la Cie de Jésus, à un P. de la même Soc., Kiang-nan, 8 juillet 1845, pp. 226/231.

Let. de Mgr. Ferréol, Ev. de Belline, Vic. ap. de la Corée, à M. Barran, Dir. du Sém. des Miss. Etr., Kang-kien-in, dans la prov. mér. de la Corée, 29 Oct. 1845, pp. 232, 242.

Let. de M. Maistre, Miss. ap., à M. Albrand, Dir. au Sém. des Miss. Et. Mongolie, le 3 Mars 1846, pp. 242/246.

Let. de Mgr. Ferréol, Ev. de Belline, Vic. ap. de la Corée, à M. Barran, Dir. au Sém. des Miss. Etr. — Seoul, 27 déc. 1845, pp. 246/248.

Cette lettre avait déjà paru dans ce même vol. pp. 92/94.

Let. du Même au Même. — Souritsi-Kol, vallée de la province de Ishongtseng, 3 nov. 1846, pp. 433/454.

Cette let. en contient une autre trad. du latin d'André Kim : De la prison, le 26 Août 1846.

XX, à Lyon, 1848 :

Missions de la Chine. Notice, pp. 252/266, 385/410.

Miss. de la Mongolie. — Let. de M. Gabet, Miss. laz. en Mongolie, à M. Etienne, Proc. gén. des Laz. à Paris. Tartarie, juin 1846, pp. 5/33.

Miss. de la Chine. — Vic. ap. du Kiang-nan. Let. du

(ANNALES PROP. FOI : 1846-1848.)

P. Estève, Miss. de la Cie. de Jésus, à son Sup. en France. Chang-hai, 1ᵉʳ juin 1846, pp. 34/47.

Ext. d'une let. du R. P. Clavelin, de la Cie. de Jésus, à un P. de la même Cie. Tsong-ming, 31 mai 1845, pp. 47/50.

Let. du R. P. Gonnet, de la Cie. de Jésus, à un P. de la même Soc.-Kiang-nan, 13 Juillet 1845, pp. 51/57.

Autre Let. du R. P. Gonnet, de la Cie. de Jésus, à M. le Curé de**. Kiang-nan, 25 Juillet 1846, pp. 57/63.

Vic. ap. du Yun-nan. Let. de M. Chauveau, Miss. ap., à Messieurs les Directeurs du Séminaire des Miss. Et., Yun-nan, 31 Juillet 1846, pp. 63/71.

Let. de Mgr. Rizzolati, sur le Martyre d'Agathe Ho, vierge, chinoise. (Trad. du latin), pp. 112/117.

Miss. du Thibet. Ext. d'un rapport de M. Gabet, Miss. laz., sur son séjour à Lassa et son expulsion du Thibet, Paris, Déc. 1847, pp. 118/126.

Suite à la lettre du P. Huc dans le Vol. XIX. — Une relation plus complète est indiquée infra.

Miss. de la Mandchourie. Let. de Mgr. de la Brunière, Coadjuteur élu du Vic. ap. du Léao-Tong, à MM. les Directeurs du Sém. des Miss. Etr. Mandchourie, de la rivière de l'Ousouri, 5 Avril 1846, pp. 194/222.

Miss. du Thibet. Relation du voyage de MM. Gabet et Huc, Miss. laz., au Thibet, pp. 223/240, 241/251.

Voir supra une relat. abrégée.

Vic. ap. du Su-tchuen. Note sur le baptême des enfants d'infidèles en danger de mort, adressée à M. l'abbé Voisin par M. Renon, de la Soc. des Miss. Etr., pp. 267/275.

Miss. du Kouei-Tcheou. Let. de M. E. Albrand, Mis. ap. dans le Kouei-tcheou, à MM. les Directeurs du Séminaire des Miss. Etr. — Kouei-Jang-Fou, le 17 Août 1847, pp. 276/280.

Miss. de Tsom-Ming. Let. du P. Werner, Miss. de la Cie. de Jésus en Chine, à MM '''. Tsong-ming, le 28 février 1847, pp. 281/290.

Miss. de la Corée. Let. de M. Daveluy, Miss. Ap., à un de ses Confrères. Eurikool, 18 juillet 1846, pp. 291/308.

XXI, à Lyon, 1849 :

Mission de la Chine au xixᵉ Siècle. Troisième et dernière partie, pp. 5/30.

L. de M. Huc, miss. ap. en Chine, à M. Etienne, Sup. gén. de St. Lazare à Paris. Séjour à Lha-ssa, pp. 38/70, 73/135, 361/484.

Ext. d'une l. de M. Thomine, m. ap., à sa famille, à bord du *Prince-Galles* le 30 mai 1848, pp. 183/200.

L. de M. Pourquié, m. ap. en Mandchourie, à M. Tesson, Dir. du Sém. des Miss. étr., pp. 201/203.

Ext. d'une let. de M. Mesnard, m. ap., à M. Albrand, Dir. du Sém. des Mis. ét., Leaotong, 5 fév. 1848, pp. 204/215.

L. de M. Leturdu, m. ap. de la Cong. des Miss. étr., à MM. les Membres des Conseils centraux de Lyon et de Paris. Hong-kong, 27 janv. 1849, pp. 236/255.

L. de M. Daveluy, m. ap. de la Cong. des M. Etr., à sa famille. Corée, octobre 1847, pp. 256/261.

Ext. d'une let. du R. P. Maxime, m. ap. en Chine, à un de ses confrères, pp. 262/4.

L. de Mgr. Ferréol, Ev. de Belline et Vic. ap. de Corée, à M. Barran, dir. du Sém. des M. Etr., Seoul, cap. de la Corée, 24 Nov. 1847, pp. 285/8.

L. de M. Huot, de la Cong. des M. Etr., à Mgr. de Philomèlie, Vic. ap. du Yun nan. Nohè, 1ᵉʳ août 1848, pp. 292/305.

L. du R. P. Brueyre, m. de la Cie. de Jésus en Chine, à un P. de la même Cie. Tsi-nan-fou, prov. du Chang-tong, 30 sept. 1847, pp. 306/311.

L. du R. P. Estève, m. de la Cie de Jésus, en Chine, au R. P. Provincial à Paris. Som-Kiam-fou, 29 Avril 1847, pp. 312/7.

L. du R. P. Werner, m. de la Cie. de Jésus, en Chine, à sa sœur Philomène. Presqu'île de Hai-men, 20 Oct. 1847, pp. 317/326.

L. du R. P. Roze, m. de la Cie. de Jésus, en Chine, à ses Parents. Wam-Dam, 23 Avril 1847, pp. 435/9.

Autre l. du même P., à ses Parents. Wam-Dam, 11 juillet 1847, pp. 439/443.

XXII, à Lyon, 1850 :

Missions de la Chine (Lazaristes), pp. 22/5.

L. de Mgr. Verrolles, Vic. ap. de la Mandchourie, à MM. les Membres des deux Conseils Centraux de la Prop. de la Foi, à Lyon et à Paris. Mandchourie, Kay-tcheou, 11 nov. 1818, pp. 26/67, 68/70.

L. de Mgr. Perrocheau, Vic. ap. du Su-tchuen, à MM. les Présidents et Membres des deux Conseils de l'Œuvre de la Prop. de la Foi. Su-tchuen, 4 sept. 1848, pp. 125/131.

Ext. d'une l. de M. Pinchon, m. ap. du Su-tchuen, à son Directeur. Ngan-te-fou, Chine, prov. du Su-tchuen, 15 Août 1818, pp. 132/5.

Ext. d'une l. de Mgr. Novella, Coadj. de Mgr. le Vic. ap. du Hou-kouang, à MM. les Dir. de l'Œuvre de la Prop. de la Foi. Yun-Mon-hien, 6 juillet 1849, pp. 136/8.

L. d'un Catéchiste [François Fou] de la Prov. du Hou-Kouang à son Vic. ap. Mgr. Rizzolati (traduite du chinois). Hou-cham-fou, l'an 29 du règne de l'empereur Tao-Kouang, le 14 de la 8ᵉ lune (le 1ᵉʳ Oct. 1849), p. 139.

Ext. d'une l. de M. Franchet, Prêtre du dioc. de Reims et m. ap. de la Mandchourie, à M. ***, Dir. au grand sém. de Reims, pp. 142/6.

Ext. d'une l. de Mgr. Maresca, admᵗ ap. du dioc. de Nan kin, à MM. les Membres des Conseils centraux de Lyon et de Paris, Chang hai, 16 mars 1849. pp. 202/5.

L. de M. Huc, m. ap. en Mongolie, à M. Etienne, Sup. gén. à Paris. (Suite et fin de la Relat. du Voy. au Thibet.) pp. 206/256.

L. de M. Bertrand, m. ap. du Su-tchuen, à M. Legrégeois, Dir. du Sém. des Mis. Etr., Su-tin-fou, 21 Août 1849, pp. 351/6.

Ext. d'une l. de Mgr. Lavaissière, Vic. ap. du Tche-kiang, à M. le Sup. gén. des Lazaristes. Chine, 20 mai 1849, pp. 357/360.

Ext. d'une l. de M. Albrand, m. ap. en Chine, à un de ses Confrères de la Soc. des M. Etr., pp. 360/1.

L. de M. Paul Perny, du dioc. de Besançon, m. ap. en Chine, à M. l'abbé Demandre, Dir. du grand sém. d'Orléans. St-Jacques-les-Kaô-chan, août 1849, pp. 362/6.

L. de Mgr. Maresca, Vic. ap. du Kiang-nan, à MM. les Dir. de l'Œuvre de la Prop. de la Foi. Chang-hai, 12 Avril 1850, pp. 398/9.

Ext. d'une let. de M. Huot, m. ap. dans le Yun-nan, à Mgr. Luquet, Ev. d'Hésebon, 25 Av. 1849, p. 400.

L. de M. Guillemin, m. ap. de la Soc. des Miss. Etr., à sa mère. Canton, le 12 fév. 1850, fête de Ste. Eulalie, et 1ᵉʳ jour de l'année chinoise, pp. 433/450.

Autre l. du même Miss. à sa mère. Canton, 12 fév. 1850, pp. 451/461.

Autre l. du même à la même, même date, pp. 462/472.

XXIII, à Lyon, 1851 :

Rapport sur la Mission du Ho-nan, adressé à MM. les Membres des Conseils centraux de la Prop. de la Foi par M. Delaplace, m. laz., Honan, 26 août 1848, pp. 27/39.

Ext. d'une l. de Mgr. Louis de Castellazzo, Vic. ap. du Chan tong, à MM. les Dir. de l'Œuvre de la P. de la Foi. (Trad. de l'italien), le 25 nov. 1849, pp. 40/2.

L. de M. Combelles, m. laz , à M. Bardou, Aumônier de l'Hôtel-Dieu de Castres. Yang-Kouan (Leao-tong), 23 sept. 1848, pp. 43, 53.

Réimp. dans la *Rev. de l'Orient et de l'Algérie*, IX, 1851, pp. 166/175.

Ext. d'une let. de Mgr. Novella, Coadj. de Mgr. Rizzolati, Vic. ap. du Hou-quouang, au R. P. Louis d'Apricale. Mineur réformé à Turin. (Trad. de l'italien.) Hong-kong, 19 juillet 1848, pp. 54/8.

L. du même aux deux Conseils centraux de Lyon et de Paris. (Trad. de l'italien.) Hou-quouang, 28 Avril 1850, pp. 58/68.

Ext. d'une let. de Mgr. Rizzolati, Vic. ap. de Hou-quouang, à MM. les Dir. de l'Œuvre. (Trad. de l'italien.) Hong-kong, 15 Avril 1850, pp. 69/70.

Let. de Mgr. Ferreol, V. ap. de la Corée, à M. Barran, Dir. du sém. des M. Etr. à Paris. Corée, 30 déc. 1849, pp. 71/8.

L. du R. P. Poissemeux, Sup. de la Cie. de Jésus en Chine au R. P. Prov. à Paris. Zi-ka-wei, 23 Avril 1850, pp. 143/8.

Autre l. du même au même, Zi-ka-wei, 6 juin 1850, pp. 149/153.

L. du R. P. Lemaitre, m. de la Cie. de Jésus, au Proc. de la Mission à Paris, Hai-men, juin 1850, pp. 153/3.

Let. de Mgr. Perrocheau, V. ap. du Su-tchuen, à MM. les

Membres des deux Conseils de l'œuvre de la Prop. de la
Foi. Su-tchuen, le 5 sept. 1850, pp. 221/6.

Ext. d'une l. de Mgr. Ephise Chiais, Mineur-Observantin,
Ev. de Tiene et Vic. ap. du Chen-si, aux Conseils centraux
de l'Œuvre de la P. de la Foi, à Lyon et à Paris. (Trad.
de l'Italien.) Chen-si, 22 sept. 1858, pp. 227/233.

L. de M. Leturdu, m. ap., à MM. les Dir. du sém. des
M. Etr., à Paris. Hong-kong, 17 Nov. 1850, pp. 234/253.

L. de M. Pinchon, m. ap. en Chine, à son ancien Dir.,
pp. 254/5.

L. de M. Bertrand, m. ap., à M. Voisin, Dir. du Sém. des
Miss. ét., Kiu-Hien, 23 Août 1850, pp. 257/267.

L. de M. J.-B. Aimé Franclet, Prêtre de la Cong. des
M. Etr., à M. Tesson, Dir. du Sém. des M. Etr., Hongkong, 20 fév. 1851, pp. 337/354.

XXIV, à Lyon, 1852 :

Let. de M. Amat, de la Soc. des M. Etr., m. ap. en Chine,
à M. Chamaison, membre de la même Soc., Tong-king
oriental, 15 déc. 1850, pp. 33/9.

L. de M. Guillemin, de la Soc. des M. Etr., à MM. les Membres des deux Conseils. Hong-kong en Chine, 20 mai 1851,
pp. 40/59.

Autre l. du même miss. à sa mère, Hong-kong, 10 juillet 1851, pp. 60/6.

L. de M. Berneux, Prov. ap. de la Mandchourie, à MM. les
Membres des Conseils centraux de la P. de la Foi, à
Lyon et à Paris. Mandchourie, 10 mai 1851, pp. 111/133.

- L. de M. Venault à Mgr. de Colombie, pp. 118 et seq.

L. de M. Delaplace, Miss. laz., à un Prêtre du dioc. de
Sens, Mouey-te-fou, 25 sept. 1851, pp. 249/255.

L. de M. Huot, m. ap. de la Cong. des M. Etr., à Mgr. Luquet, ev. d'Hésébon. Yun-nan, ce 10 du mois de Marie 1851,
pp. 255/60.

L. de Mgr. Chauveau, Coadj. du Vic. ap. du Yun-nan, à
MM. les Membres des Conseils centraux de Lyon et de
Paris. Yun-nan, août 1851, pp. 261/7.

L. de Mgr. Daguin, Coadj. de Mgr. le Vic. ap. de la Mongo-
golie, à M. Denavit, dir. du grand Sém. de Lyon. Chang-
hai, le 21 mai 1851, pp. 268/72.

Ext. d'une l. de Mgr. Rizzolati, Vic. ap. du Hou-Kouang,
à MM. les Dir. de l'Œuvre. (Trad. de l'Italien.) Hongkong, 18 fév. 1852, pp. 272/6.

L. de M. Krick, m. ap., à MM. les Dir. du sém. des M. Etr.,
à Paris. Saikwock, 1 déc. 1851, pp. 277/83.

L. de M. Bernard, m. ap. de la Soc. des M. Etr., à M. Albrand, de la même Soc. — Gowahatty, 14 janv. 1852,
pp. 284/7.

Ext. d'une l. de M. Latry, m. ap. de la Cong. des M. Etr.,
à MM. les Membres du Chapitre d'Aire. Su-tchuen,
29 Août 1850, pp. 355/378.

Ext. d'une l. de Mgr. Xavier Maresca, Ev. de Solen et
adm. ap. du dioc. de Nan-kin, à MM. les Dir. de l'Œuvre
de la P. de la Foi, à Lyon et à Paris. Chang-hai,
le 1er Oct. 1851, pp. 379/387.

XXV, à Lyon, 1853 :

Ext. d'une let. de Mgr. Chauveau, Ev. de Sébastopolis,
Coadj. du V. ap. du Yun-nan, à Mgr. l'Ev. de Luçon.
Yun-nan, 20 Oct. 1851, pp. 5/8.

L. de M. Delaplace, m. laz. du Honan, à MM. les Membres
des deux Conseils de la Prop. de la Foi. Kouey-te-fou,
5 déc. 1851, pp. 102/115.

L. de Mgr. Louis de Castelazzo, Vic. ap. du Chan-tong,
aux Membres des Conseils centraux de Lyon et de Paris.
(Trad. de l'italien) Chan-tong, 15 juin 1852, pp. 116/7.

L. collective des Missionnaires ap., à
MM. les Membres des Conseils centraux de la P. de
la Foi, à Lyon et à Paris. Prov. de Kouei-tcheou,
12 Avril 1852, pp. 118/126.

Notice historique sur le vénérable Pierre Ou Koué-chên,
mis à mort pour la Foi dans la province du Kouei-tcheou,
en Chine ; par M. Perny, de la Cong. des M. Etr.,
pp. 127/140.

Ext. d'une l. de Mgr. Rizzolati, V. ap. du Hou-kouang,
à MM. les Membres des Conseils centraux de Lyon et de
Paris. (Trad. de l'italien.) Hong-kong, 18 Oct. 1852,
pp. 141/143.

L. de M. Franclet, m. ap., à M. Barran, sup. du Sém. des

M. Et., Kiang-nan, Chang-hai, 13 sept. 1852, fête de
St-Aimé, mon patron, pp. 232/243.

— Lettre de Mr. A. de Larminat, officier de marine,
9 nov. 1851, pp. 243/8.

L. de Mgr. Delaplace, V. ap. du Kiang-si, à MM. les Membres des Conseils centraux de la P. de la Foi de Lyon et
de Paris, Choui-tcheou-fou, 6 nov. 1852, pp. 280/5.

L. de Mgr. Rizzolati à MM. les Membres des Conseils centraux. (Trad. de l'italien.) Hong-kong, 28 janv. 1853,
pp. 286/291.

Autre l. du même aux mêmes. Hong-kong, 10 mars 1853,
pp. 292/4.

L. de Mgr. Rizzolati aux Membres des Conseils centraux.
(Trad. de l'ital.) Hong-kong, 23 mars 1853, pp. 303/5.

Ext. d'une l. de Mgr. Chauveau, év. de Sébastopolis,
à Mgr. l'év. de Luçon. Montagnes de Piën-kio, le
24 mars 1852, pp. 329/332.

Let. du R. P. Broullion, sup. des Missions de la Cie. de
Jesus en Chine, à sa mère, Chang-hai, 16 juillet 1851,
pp. 333/7.

Let. du R. P. Tinguy de la Cie. de Jésus, à un P. de la
même Cie. en France. Zi-ka-wei, 25 juillet 1851, pp. 337/344.

Ext. d'une let. du R. P. Werner, m. de la Cie. de Jésus,
en Chine, à un P. de la même Soc. en France. Ile de
Tsum-ming, 11 nov. 1851, pp. 345/351.

Ext. d'une let. de Mgr. Maresca, Ev. adm. de Nan-king,
à MM. les Membres des Conseils centraux de Lyon et de
Paris. Chang-hai, 15 Oct. 1852, pp. 352/9.

L. de Mgr. Ferréol, év. de Belline, Vic. ap. de la Corée,
à M. Barran, sup. du Sém. des Miss. étr., Capitale de la
Corée, 19 sept. 1852, pp. 424/6.

L. de M. Daveluy, m. ap. en Corée, à M. Barran,
18 Oct. 1852, pp. 427/433.

Missions du Thibet, pp. 451/7.

Voyage au Thibet en 1852. Ext. du journal de M. Krick, de
la Soc. des M. Etr., adressé à M. Foucaux, prof. de thibe-
tain à Paris, pp. 458/477.

XXVI, à Lyon, 1854 :

Ext. d'une let. latine du P. Thomas Tshoez, prêtre coréen,
à M. Legrégeois, Dir. du Sém. des Miss. étr. à Paris.
Corée, 15 Oct. 1852, pp. 5/17.

Suite de la let. de M. Krick, pp. 52/68 ; Dacca (Inde),
3 août 1852, pp. 73/93.

L. de Mgr. Rizzolati, Vic. ap. du Hou-Kouang, aux Membres des Conseils centraux de Lyon et de Paris. (Trad. de
l'italien.) Hong-kong, 4 août 1853, pp. 109/118.

L. de Mgr. Maresca, év. de Nan-king, aux mêmes. Chang-
hai, 29 Oct. 1853, pp. 124/131.

L. de M. Lalanne, m. ap., à M. Barran, Sup. du Sém. des
Miss. ét., Prov. de Canton, 15 juillet 1853, pp. 231/7.

Ext. d'une let. de Mgr. Verrolles, vic. ap. de la Mandchourie, à M. l'abbé Quillon, chanoine, Sup. de Bagatelles-
Caen. — Mandchourie, 20 mai 1852, pp. 289/308.

Ext. d'un Rapport [sur le Tibet] adressé aux Conseils
de l'Œuvre par MM. les Dir. du Sém. des Mis. étr.,
25 Avril 1854, pp. 309/318.

Ext. d'une l. de M. Goutelle, prêtre des M. Etr., à MM. San-
tallier et Rivière, prêtres du diocèse de Lyon. Fou-tcheou
(ville du Se tchouan), 15 août 1853, pp. 372/85.

Ext. d'une l. de M. Bernom, m. ap. des M. étr., à M. Ger-
mainville. Tchao tcheou fou, prov. de Canton, sept. 1853,
pp. 385/9.

L. de M. Daveluy, à M. Barran. Corée, 6 sept. 1853, pp. 390/8.

Visite de deux mandarins chinois à un oratoire chrétien. Par
M. Perny, 15 oct. 1852, pp. 403/4.

L. de Mgr. Danicourt, vic. ap. du Tche kiang, à MM. les
Dir. de l'Œuvre de la Prop. de la Foi. Ning po, 6 mai 1854,
pp. 418/437.

XXVII, à Lyon, 1855 :

L. de M. Lavigne, des M. étr., à M. l'abbé ***. Hong Kong,
6 juillet 1853, pp. 34/44.

L. de M. Guillemin, des M. étr., à MM. les Dir. de l'Œuvre de
la Prop. de la Foi. Canton, 10 février 1874, pp. 44/60.

L. de M. l'abbé Paul Perny, des M. étr., à M. l'abbé Villemin, prof. de philosophie au sém. de Vesoul. Prov. du Kouy-tcheou, 10 déc. 1853, pp. 60/3.

L. de Mgr. Maresca, à M. le Président du Conseil de la Prop. de la Foi. Chang hai, 29 mai 1854, pp. 63/5.

Ext. d'une l. de Mgr. Delaplace, Vic. ap. du Kiang si, à MM. les Dir. de l'Œuvre de la P. de la Foi. Kiang si, 10 oct. 1853, pp. 66/7.

Ext. d'une l. de Mgr. Mouly, vic. ap. de la Mongolie et adm. ap. de Peking, à MM. les Membres des Conseils centraux de la Prop. de la Foi. Peking, 1er août 1854, pp. 143/153.

L. de M. Bernard, des M. étr., à MM. les Dir. de la même Cong. Saikwah (Haut Assam), 16 nov. 1854, pp. 233/6.

    Sur le massacre de MM. Krick et Boury.

L. de M. Colin, m. ap. dans la Tartarie chinoise, à M. Lam-blé, maire de St.-Dié. Pa-kia-tze, 29 août 1853, pp. 237/41.

Ext. d'une l. de Mgr. Verrolles, vic. ap. de la Mandchourie, à MM. les Membres des Conseils centraux de Lyon et de Paris. Des rives du Saro, en la Vallée Fourchue, au Leao-tong, 3 nov. 1854, pp. 242/5.

Ext. d'une l. de M. Leturdu, des M. étr., à ses parents. Koui-lam, prov. de Canton, 16 oct. 1854, pp. 245/50.

L. de Mgr. Maresca, à MM. les Dir. de l'Œuv. de la Prop. de la Foi. Chang hai, 30 nov. 1854, pp. 278/5.

Ext. d'un Mém. sur l'état des Missions catholiques de la Cie. de Jesus dans la prov. de Nan kin par le R. P. Broullion, pp. 286/93.

Ext. d'une l. de Mgr. Mouly, à MM. les Dir. de la Prop. de la Foi. Prov. de Kiang sou, Chang hai, 22 janv. 1855, pp. 293/9.

XXVIII, à Lyon, 1856 :

L. de M. Daveluy, m. ap., à M. le Sup. du Sém. des M. étr., à Paris. Corée, 22 fév. 1855, pp. 12/27.

Ext. d'une l. de Mgr. Verrolles, vic. ap. du Léao-tong, à Mme. St. François de Sales, sa sœur. N. Dame des Neiges, en la Vallée Fourchue, prov. de Léac-tong, 1er mai 1854, pp. 28/32.

L. de M. Pourquié, m. ap., à M. Tesson, Dir. du Sém. des M. étr., Pa-kia-tze, 5 nov. 1854, pp. 33/8.

L. de Mgr. Maresca, à MM. les membres des Conseils cen-traux de la Prop. de la Foi. Chang hai, 31 mars 1855, pp. 39/6.

L. du R. P. Pingrenom, de la Cie de Jesus, à sa famille. Zi-ka-wei, 16 mars 1855, pp. 47/53.

L. de M. Huot, des M. étr., à M. le Sec. du Conseil central de Lyon. De la prov. de Yun nan, 6 sept. 1854, pp. 130/143.

L. de Mgr. Chauveau, coadj. du vic. ap. du Yun nan, à MM. les Membres des Conseils centraux de la Prop. de la Foi. Yun nan, Ta li fou, 1er déc. 1854, pp. 144/152.

Ext. d'une l. de M. Bariod, m. ap., à M. l'abbé Bariod, curé des Moussières (Jura). Tcheng fong chan. Yun nan, 5 sept. 1854, pp. 153/8.

L. du R. P. Fournier, Vis. des Miss. de la Cie de Jesus en Chine, à MM. les Dir. de l'Œuvre de la Prop. de la Foi. Zi ka wei, 29 sept. 1855, pp. 209/29.

Ext. d'une l. du R. P. Lemaître, de la Cie de Jesus, aux mê-mes. Chang hai, 5 nov. 1855, pp. 230/1.

L. de Mgr. Chauveau, à MM. les Dir. du Sém. des M. étr., à Paris. Yun nan, 12 janvier 1855, pp. 232,36.

Ext. de deux l. de M. Fage, m. ap., à M. Albrand, Dir. du Sém. des M. étr. Yun nan, 23 oct. 1851, pp. 237/8, et Tcha mou tong, 6 déc. 1854, pp. 238/9.

L. de M. Guillemin... à MM. les Dir. du Sém. des M. étr., Hong kong, sém. de St. François, 14 nov. 1855, pp. 254/5.

L. de M. Jacquemin, m. ap., aux mêmes. Hong kong, 15 déc. 1855, pp. 272/286.

L. de Mgr. Spelta, év. adm. de Nan king, à MM. les Mem-bres des Conseils centraux de la Prop. de la Foi. Chang hai, 2 mars 1856, pp. 332/8.

    Mort de Mgr. Maresca.

L. de Mgr. Verrolles à MM. les Membres des Conseils cen-traux. N. D. des Neiges, 15 déc. 1855, pp. 409/423.

Ext. d'une l. du P. Clavelin, m. de la Cie de Jesus, à M. le Consul général de France à Chang hai. Huen-lin, en vue de Nankin, 19 avril 1855, etc., pp. 424/450.

L. de M. Chapdelaine, m. ap., à M. Albrand, Sup. du Sém. des M. étr. Kouang-tsao-pa, prov. du Kouei-tcheou, 10 juil-let 1855, pp. 451/460.

L. de M. Guillemin, préf. ap. des missions du Quang tong et du Quang si, à MM. les Dir. de la Prop. de la Foi. Canton, 8 juillet 1856, pp. 461/481.

Ext. d'une autre l. de M. Guillemin, à MM. les Membres des Conseils centraux de la Prop. de la Foi. Canton, 8 mars 1856, pp. 482/6.

XXIX, à Lyon, 1857 :

Missions de la Chine, pp. 138/141.

Relation du R. P. Helot, de la Cie. de Jesus en Chine, à MM. les Présidents de l'Œuvre de la Prop. de la Foi. Note sur une couleur verte, connue en Chine sous le nom de Lo-kao, renfermant la description des procédés des fabri-ques de Azé, dans le Tche-kiang, pp. 142/157.

L. du R. P. Michel Navarro, prov. ap. du Hou kouang, à MM. les Dir. de l'Œuvre de la Prop. de la Foi (Trad. du latin) 3 juillet 1856, pp. 227/232.

Extrait de deux lettres de M. Fage, de la Cong. des M. étr., à son frère, curé de Lanteuil. Bonga (Thibet), 1855, pp. 317/322.

L. du même, à M. Albrand, Sup. du Sém. des M. étr. Bonga (Thibet), le 26 juin 1856, pp. 323/328.

L. de Mgr. Baldus, vic. ap. du Ho nan, à MM. les Dir. de l'Œuvre de la Prop. de la Foi. Kio chan, 14 nov. 1856, pp. 343/350.

L. de Mgr. Ponsot, év. de Philomélie, vic. ap. du Yun nan, à MM. les Dir. de l'Œuvre de la Prop. de la Foi. Yun nan, 7 juillet 1856, pp. 351/5.

L. de M. Pichon, des M. étr., à M. Albrand. Ssé tchouan, 18 juin 1856, pp. 356/360.

Ext. d'une l. de Mgr. Pérocheau, év. de Maxula, vic. ap. du Su-tchuen, à MM. les membres des Conseils de l'Œuvre de la Prop. de la Foi. Su-Tchuen, 5 sept. 1856, pp. 361/363.

Ext. d'une l. adressée aux Conseils centraux de Lyon et de Paris, par Mgr. Spelta, Ev. de Thespis, vic. ap. du Hou pe. (Trad. de l'italien). Victoria, Hong Kong, 28 août 1856, pp. 363,369.

L. de Mgr. Ephise Chiais, vic. ap. du Chen si, à MM. les Dir. de l'Œuvre de la Prop. de la Foi (trad. de l'italien). Chen si, 6 sept. 1856, pp. 370/8.

Ext. d'une l. du R. P. Clavelin, de la Cie. de Jesus. En vue de Nan kin, juillet 1856, pp. 379/384.

Ext. de l'Empire chinois du P. Hue, pp. 385/391.

L. de Mgr. Berneux, év. de Capse, vic. ap. de la Corée, à MM. les Prés. des Cons. cent. de la Prop. de la Foi, à Lyon et à Paris. Corée, 4 sept. 1856, pp. 392/401.

Ext. d'une l. de M. Rousseille, des M. étr., à M. Albrand. Hong Kong, 14 avril 1857, pp. 402/405.

L. de Mgr. Verrolles, vic. ap. de la Mandchourie, à MM. les Membres des Cons. cent. de la Prop. de la Foi. Vallée de N. D. des Neiges, 5 nov. 1856, pp. 421/436.

Ext. d'une l. du P. Tshoy, prêtre coréen, à M. Legrégeois, Dir. du Sém. des M. étr. (trad. du latin). Sorioul, 13 sept. 1856, pp. 437/443.

XXX, à Lyon, 1858 :

Ext. d'une l. de Mgr. Danicourt, év. d'Antiphelles et vic. ap. du Kiang si, à MM. les Dir. de l'Œuvre de la Prop. de la Foi. Kiou tou, 30 mars 1856, pp. 17/21.

    « Rapport sur l'origine, les progrès et la décadence de la secte des Tao-sse, en Chine. »

Notes sur Lao tseu, pp. 22/24.

L. de Mgr. Danicourt, à M. Salvayre, proc. gén. des Laza-ristes, à Paris. Kiang si, 17 février 1857, pp. 135/9.

Autre l. du même prélat au même Confrère. Kiou tou, au Kiang si, 15 sept. 1857, pp. 139/141.

M. Anot à M. Salvayre, 21 août 1857, p. 142.

L. de M. Le Turdu, des M. étr., à MM. les Dir. de la Prop. de la Foi. Canton, 6 janvier 1858, pp. 249/261.

Mission de Canton, pp. 337/352.

L. de Mgr. Berneux, à M. le Baron Henri de la Bouillerie. Corée, 15 sept. 1857, pp. 427/438.

L. du même, à MM. les Dir. des Conseils cent. de la Prop. de la Foi. Corée, 23 nov. 1857, pp. 438/443.

L. de M. Le Turdu, des M. étr., aux mêmes. Canton, 18 juin 1858, pp. 461/467.

XXXI, à Lyon, 1859 :

L. de M. Perny, pro-vic. ap. du Kouy-tcheou, à MM. les Membres des Conseils centraux de la Prop. de la Foi, à Lyon et à Paris. Rome, 14 sept. 1858, pp. 7/18.

L. du même, à M. l'abbé Jacquemet, dir. du grand sém. de Besançon, 17 juin 1857, pp. 130/141.

Ext. d'une l. de M. Mesnard, m. ap. à M. Albrand, sup. du Séminaire des Miss. étr. Jee-ho (Mongolie), lieu de ma captivité, le 18 janvier 1858, pp. 209/231; 3 fév., p. 231; — Chang hai, 19 avril 1858, pp. 232/7.

Ext. d'une l. du R. P. Gonnet, m. ap. de la Cie de Jésus, au R. P. Nolhac, memb. de la Soc. Zi ka wei, au Kiang nan, 7 juillet 1857, pp. 238/245.

L. de M. Pourthié, m. ap. en Corée, à M. l'abbé Bouteille, prof. au petit Sém. de Lavaur (Tarn), 6 oct. 1856, pp. 301/317.

Ext. d'une l. de M. Féron, des mis. étr., à sa famille. De la vallée des Pins (Tou-Koi), 8 sept. 1858, pp. 317/327.

L. de Mgr. Guillemin, év. de Cybistra, préf. ap. de Quang ton et Quang si, à sa mère. Canton, le 2 fév. 1859, pp. 337/361.

Ext. d'une l. de M. G. Durand, m. ap. du Su tchuen, à M. Rivière, dir. au Grand-Séminaire de Nimes. Syngapore, 2 mars 1859, pp. 382/6.

L. adressée aux Conseils centraux de l'Œuvre de la Prop. de la Foi par Mgr. Spelta, év. de Thespis, vic. ap. du Hou-pé. (Trad. de l'italien.) Jam kia ho, 6 juillet 1858, pp. 387/391.

Ext. d'une l. de Mgr. Daveluy, év. d'Aconès, coadj. du vic. ap. de la Corée, à M. Albrand, sup. du Sém. des mis. étr., à Paris, pp. 392/400.

Relation du martyre de Laurent Pak.

XXXII, à Lyon, 1860 :

Ext. d'une l. de Mgr. Berneux, vic. ap., de la Corée, à Mess. les Dir. du Sém. des m. étr., Corée, 14 août 1858, pp. 114/121.

Ext. d'une l. de M. Pourthié, m. ap., à M. Albrand, sup. du sém. des missions étr., Royaume de Corée, 15 Oct. 1858, pp. 122/5

L. de Mgr. Antoine Daveluy, év. d'Aconès et coadj. du vic. ap. de Corée, à M. Albrand, sup. du sém. des m. étr., à Paris. Corée, Nov. 1858, pp. 125/134.

Ext. d'une l. de M. Anot, m. laz., à MM. les Dir. de l'Œuvre de la Prop. de la Foi. Kiang-si, 15 juillet 1859, pp. 315/324.

XXXIII, à Lyon, 1861 :

Ext. d'une l. de Mgr. Daveluy, coadj. du vic. ap. de la Corée, à M. Albrand, sup. du Sém. des Miss. étr., Corée, fin sept. 1859, pp. 45/52.

Ext. d'une l. du P. Thomas Tshoy, prêtre coréen, à M. Legrégeois, dir. au Sém. des Miss. étr., à Paris. (Trad. du latin.) Ancok, 11 Oct. 1859, pp. 52/54.

L. du R. P. Lemaitre, de la Cie. de Jésus, à MM. les Dir. de l'Œuvre de la Prop. de la Foi. Shang-hai, 3 sept. 1860, pp. 61/4.

Ext. d'une l. de Mgr. Spelta, vic. ap. du Hou-pé, visiteur général de la Chine, aux Conseils centraux de l'Œuvre. (Trad. de l'italien.) Shang-hai, 4 Août 1860, pp. 65/70.

L. de Mgr. Guillemin, vic. ap. du Kouang-tong et du Kouang-si, à M. Voisin, dir. au Sém. des m. étr. à Paris. Hong-kong, 10 sept. 1860, pp. 120/142.

Hong-kong, 10 sept. 1860, pp. 120/142.

Traité de Pékin, pp. 142/146.

L. de M. Delamare, m. ap. de la Cong. des M. étr., à MM. les Membres des Conseils centraux de la Prop. de la Foi. Pékin, 18 nov. 1860, pp. 209/234.

Ext. d'une l. de Mgr. Guillemin, vic. ap. de Canton, à MM. les Dir. de l'Œuvre de la Prop. de la Foi, à Lyon et à Paris. Canton, 25 nov. 1860, pp. 234/240.

Résumé des travaux entrepris depuis quinze ans pour fonder la Mission du Thibet, pp. 339/360.

L. de Mgr. Verrolles, vic. ap. de la Mandchourie, à MM. les Membres des deux Conseils centraux de la Prop. de la Foi, à Lyon et à Paris. Notre-Dame des Neiges, 23 mars 1861, pp. 409/412.

L. de M. Albrand, sup. du Sém. des mis. étr., à MM. les Présidents des Conseils centraux de l'Œuvre, à Lyon et à Paris, Paris, 3 sept. 1861, pp. 417/418.

(ANNALES PROP. FOI : 1859-1861.)

L. de M. Delamarre, m. ap. de la Cong. des M. étr., à MM. les Dir. de l'Œuvre de la Prop. de la Foi. Tchen-tou, métropole du Su-tchuen en Chine, 8 Avril 1861, pp. 419/425.

L. de M. Philippe, m. ap., à M. l'abbé Voisin, Dir. au Sém. des Miss. étr. District de Lotchang (province de Canton), 1er mai 1861, pp. 426/431.

L. de Mgr. Desflèches à M. l'abbé Montagny, du diocèse de Lyon, 25 Oct. 1860, p. 432.

XXXIV, à Lyon, 1862 :

L. de M. Thierry, M. Laz., à Mgr. Mouly, de la Cong. de la Mission, év. de Fussulan, vic. ap. de Pé-king (Tche ly Nord). Pe-king, le 15 juin 1861, pp. 75/79.

L. de Mgr. Faurie, év. d'Apollonie et vic. ap. du Kouy-tcheou, à MM. les Dir. des Conseils centraux de la Prop. de la Foi. Kouy-tcheou, 20 oct. 1860, pp. 106/111.

Ext. d'une l. de Mgr. Alphonse Aguilar, év. de Thébaste et coadj. du vic. ap. du Fo-kien, à MM. les Dir. de l'Œuvre de la Prop. de la Foi. (Trad. de l'espagnol.) Focheou-fou, 8 avril 1861, pp. 112/117.

Sur Formose.

L. de Mgr. Spelta, vic. ap. du Hou-pe et Visiteur général de la Chine, à MM. les Directeurs de l'œuvre de la Prop. de la Foi. (Trad. de l'italien.) Han-keou, 16 mai 1861, pp. 117/123.

L. du R. P. Leboucq, de la Cie. de Jésus, à MM. les Dir. de l'Œuvre de la Prop. de la Foi. Village de Tcham-kia-tchuang, Tche ly méridional, 7 sept. 1861, pp. 124/132.

L. de Mgr. Guillemin, vic. ap. du Quang-tong et du Quang-si, à MM. les Directeurs de l'Œuvre de la Prop. de la Foi, à Lyon et à Paris, pp. 236/241.

Ext. d'une l. du même aux sœurs du P. Leturdu, 25 juillet 1861, pp. 242/244.

Annonce la mort de l'abbé Leturdu, qui a dirigé pendant plusieurs années la mission de Canton, en qualité de Pro-préfet apostolique.

Ext. d'une l. de M. Fenouil, m. ap., à M. Legrégeois, dir. au sém. des mis. étr., à Paris. Yûn-nan, 18 juillet 1861, pp. 319/331.

L. de Mgr. Thomine-Desmazures, ev. de Sinope et vic. ap. du Thibet à M. Legrégeois, dir. au sém. des miss. étr., Kiaomdo (sur les cartes Tsiamdo), Thibet, 27 oct. 1861, pp. 357/351.

Ext. d'une l. de M. Durand, m. ap., à sa famille. Kiang Kâ (Thibet), 9 juin 1861, pp. 352/365.

L. de M. Desgodins, m. ap., à sa famille. Tchâ Mou Tô ou Tsiamdo, 26 Août 1861, pp. 365/374.

Ext. d'une l. de Mgr. Anouilh, de la Cong. de St.-Lazare, et vic. ap. du Pe Tche ly occidental, à MM. les Dir. de l'œuvre de la Prop. de la Foi. Tching Ting-fou, 10 mars 1862, pp. 375/380.

Ext. d'une autre l. du même Prélat, à MM. les Dir. de l'Œuvre. Pékin, 19 Avril 1862, pp. 380/387.

Edit impérial du 6e jour de la 3e lune de la 1re année de Tong-tche (5 Avril 1862).

L. de Mgr. Faurie, vic. ap. du Kouy-tcheou, à MM. les Dir. de l'Œuv. de la Prop. de la Foi. Mission du Kouy-tcheou (Chine), 23 fév. 1862, pp. 387/393.

Martyre de M. Neel.

Extrait du Journal de Mgr. Faurie, adressé à MM. les Dir. de la Prop. de la Foi. Chine, 4 Août 1861, pp. 417/433.

L. de M. Franclet, de la Cong. des Mis. étr., à M. Cuif, curé de La-Croix-aux-Bois, près Vouziers (Ardennes). Mandchourie russifiée, de l'embouchure de l'Amour, ville de Nicolaief, 20 août 1861, pp. 434/479.

XXXV, à Lyon, 1863 :

L. de Mgr. Guillemin, vic. ap. du Quang-tong, à M. Voisin, Dir. au Sém. des Miss. étr., Canton, 6 août 1862, pp. 49/54.

L. de M. Gennevoise, de la Cong. des m. ét., à MM. les Dir. du Sém. de ladite Cong., Hong-kong, 10 août 1862, pp. 54/63.

Ext. d'une l. de Mgr. Berneux, év. de Capse et vic. ap. de la Corée, à M. Henri***. Han-Hiang, 30 août 1861, pp. 293/300.

Ext. d'une l. de Mgr. Zanoli, nouv. vic. ap. du Hou-pe, aux Conseils de l'Œuvre. Ou-tchang, 27 sept. 1862, p. 332.

Extrait de plusieurs l. des RR. PP. Jésuites en Chine. Chang-hai, mars et mai 1862, pp. 362/379.

(ANNALES PROP. FOI : 1861-1863.)

L. du R. P. Lemaitre de la Cie. de Jesus, à MM. les Dir. de l'Œuv. de la Prop. de la Foi. Chang-hai, 14 nov. 1862, pp. 380/6.

L. de M. Huot, pro-vic. ap., à M. Legrégeois, Dir. au Sém. des Mis. étr. Yun-nan, 1 déc. 1861, pp. 387/399.

Ext. d'une l. de Mgr. Chauveau, coadj. de Mgr. le vic. ap. du Yun-nan, à sa mère. Yun-nan, 5 sept. 1862, pp. 399/402.

Missions de la Chine [Rébellion des Tai-ping], pp. 417/423.

Extraits de trois l. de Mgr. Navarro, vic. ap. du Hou-nan, à MM. les Dir. de l'Œuv. de la Prop. de la Foi. (Trad. du latin.) Pékin, 6 sept. et 10 nov. 1862 ; — Han-keou, 19 avril 1863, pp. 423/434.

L. du prêtre chinois Pierre Yan, à MM. les Dir. de l'Œuv. de la Prop. de la Foi. (Trad. du latin) Tching Ting-fou (prov. du Tche-ly), 12 janv. 1863, pp. 435/437.

L. de Mgr. Anouilh, laz., vic. ap. du Tche-ly occidental, aux mêmes. Prov. du Tche-ly, 15 avril 1863, pp. 438/444.

Ext. d'une l. de Mgr. Louis de Castellazzo, vic. ap. du Chantong, aux mêmes. (Trad. de l'italien.) Tien-tsin, 10 juin 1861, pp. 445/447.

L. de Mgr. Baldus, laz., vic. ap. du Ho-nan, aux mêmes. Nan-yang-fou, 3 avril 1863, pp. 447/450.

Ext. d'une l. de M. Chevrier, laz., à M.*** Si-Wan-tze, Mongolie, 6 oct. 1862, pp. 450/458.

Ext. d'une lettre du R. P Leboucq, de la Cie. de Jesus, à MM. les Membres des deux Conseils centraux de la Prop. de la Foi, à Lyon et à Paris. Village de Tcham-kia-tchuang, Tche-ly méridio-oriental, 10 janv. 1863, pp. 459/474.

XXXVI, à Lyon, 1864 :

L. de Mgr. Faurie, èv. d'Apollonie et vic. ap. du Kouy-tcheou, à MM. les Dir. de l'Œuv. de la Prop. de la Foi. Kouy-tcheou, 8 sept. 1863, pp. 220/230.

Pose de la première pierre de l'église catholique de Canton. (Ext. du Moniteur) pp. 230/232.

Mort de M. Huot, Miss. étr., pp. 232/5.

L. de M. Desgodins, m. ap. du Thibet, à sa famille. Songta, 6 juillet 1863, pp. 313 321.

L. du même à M. Voisin, Dir. au sém. des mis. étr., à Paris. Bonga, 10 nov. 1863, pp. 325/327.

L. de M. Goutelle, m. ap. au Thibet, à MM. les Dir. du sém. des Mis. étr., Kiang-ka, 23 oct. 1863, pp. 327/329.

L. deM. Favier, m. laz. à Pekin, à M. Etienne, sup. gén. de la même Cong. à Paris. Pékin, 12 janvier 1864, pp. 330, 333. Incendie de la résidence des lazaristes à Peking.

XXXVII, à Lyon, 1865 :

L. de Mgr. Verrolles, vic. ap. de la Mandchourie, à MM. les Dir. de l'Œuv. de la Prop. de la Foi. Mandchourie, N.-D. des Neiges, sur les bords du Saro, 8 nov. 1863, pp. 32/40.

L. de Mgr. Faurie, vic. ap. du Kouy-tcheou, à MM. les Membres des Conseils centraux de la Prop. de la Foi. Mission du Kouy-tcheou, 10 juin 1864, pp. 40/41.

Extraits des let. de M. Bouchard (district du Nord). Toung-Tse-hien, 31 déc. 1863, pp. 41/42; 15 fév. 1864, pp. 42/3; 1er mars, p. 43; 15 avril, pp. 43/5.

Extraits des let. de M. Lions (district de l'Ouest). Hou-Kia-Pou, 8 mai 1864, pp. 45/8; mai 1864, pp. 48/50 ; 29 mai, pp. 50/51 ; 6 juin, pp. 51/52.

L. de Mgr. Faurie, pp. 52/56.

Ext. d'une l. du R P. Leboucq, de la Cie. de Jesus, à MM. les Dir. de la Prop. de la Foi. Village de Cham-Kia-choum, préfecture de Chien-chien, Tche-ly orient., 29 juillet 1864, pp. 56/62.

L. du P. Durand, m. ap., à ses parents. Bonga (Thibet), 5 juin 1862, pp. 231/249, 280/317.

L. de Mgr. Faurie. Gan-Chouen-Fou, en tournée pastorale, 10 sept. 1864, pp. 249/252.

L. de Mgr. Faurie, à MM. les Membres des Conseils centraux de l'Œuvre de la Prop. de la Foi. Kouy-tcheou, 25 déc. 1864, pp. 416/417.

L. du même à MM. les Dir. du Sém. des Mis. étr., 11 janv. 1865, pp. 417/420.

Thibet. — Tableau des tentatives faites depuis vingt ans pour établir le christianisme au Thibet, etc., pp. 420/445.

XXXVIII, à Lyon, 1866 :

Extrait du journal de la Mission du Kouy-tcheou, par

Mgr. Faurie. (Du 11 juillet au 30 sept. 1864.) Pp. 80/98, 203/222.

Thibet, pp. 282/3.

L. de Mgr. Chauveau, vic. ap. du Thibet, à MM. les Prés. et à MM. les Membres des Conseils centraux de l'Œuv. de la Prop. de la Foi. Ta-tsien-lou, 3 janv. 1866, pp. 284/288.

L. de M. Félix Biet, du 21 nov. 1865, pp. 288/302.

L. de M. Paul Perny, m. ap. au Su-tchuen, à MM. les Dir. du Sém. des Mis. étr., Chang hay, 16 janv. 1866, pp. 303/313.

Martyre du P. Mabileau, † 29 août 1865.

L. de M. F.-C. Ridel, m. ap. en Corée, à M. Libois, proc. gén. des Mis. étr., à Hon-kong. Posengi, district de Hong-Tsiou, 25 avril 1866, pp. 407/413 ; à sa famille ; notices biographiques, pp. 413/431.

Martyre de Mgr. Berneux, de Mgr. Daveluy, de MM. Petit-nicolas, Pourthié, Aumaitre, Beaulieu, de Bretenières, Dorie et Huin.

XXXIX, à Lyon, 1867 :

Histoire de la mission coréenne pendant les quatre années qui ont précédé la persécution de 1866, pp. 5/18.

Ext. d'une let. de Mgr. Chauveau, à M. Rousseille, dir. au Sém. des Mis. étr., à Paris. Ta-Tsien-lou, 26 mai 1866, pp. 19/22.

Situation du Christianisme en Chine. — Revue générale des missions de l'empire chinois : I. Missions des Franciscains italiens, pp. 82/108; II. Missions des Dominicains espagnols, pp. 203/217; III. Missions de la Cie. de Jésus, pp. 359/391 ; IV. Missions des Lazaristes, pp. 423/459.

— L. de Mgr. Navarro, Hang-tcheou-fou, 16 fév. 1866, pp. 100/105. — Ext. d'une l du P. Ravary, S. J., pp. 369 et seq. — Ext. d'une l. du P. Leboucq, Kiao-Ho-chien, 19 août 1866, pp. 386/391. — L. de Mgr. Anouilh, Pao-ting-fou, 16 janv. 1866, pp. 435/448.

L. de M. Féron [Persécution en Corée], pp. 218/231.

L. de Mgr. Verroles, vic. ap. de la Mandchourie, à MM. les Membres des Conseils centraux de l'Œuv. de la Prop. de la Foi. Notre-Dame des Neiges, 2 juillet 1866, pp. 290/302.

XL, à Lyon, 1868 :

L. de Mgr. Guilemin, préf. ap. du Kouang-tong et du Kouang-si, à MM. les Membres des Cons. cent., Canton, 25 janvier 1867, pp. 6/23.

Relation de la persécution contre la religion chrétienne, dans le royaume de Corée, en 1866, par M. Calais. Shang-hai, 13 fév. 1867, pp. 23/72.

L. de M. Calais, 30 août 1867, pp. 331/336.

L. du Fr. Guillon, de la Cie. de Jesus, à M. l'abbé Aimé Guillon, au grand sém. de Blois. Tien-tsing, 13 mars 1868, pp. 348/358; 16 mars, p. 359 ; 26 mars, pp. 359/360.

L. du P. Leboucq, pp. 300/362.

L. de M. Verchere, Mis. étr., à Mgr. Guillemin, Tai-yong, 26 Oct. 1867, pp. 424/438.

XLI, à Lyon, 1869 :

Dispositions malveillantes à l'égard des missionnaires et des chrétiens dans le Pe-Tche-ly oriental, le Kiang-nan et le Kouang-tong, pp. 79, 97.

L. de Mgr. Chauveau, à MM. les Membres des Conseils centraux. Ta-tsien-lou, 7 Oct. 1868, pp. 210, 217.

Martyre de MM. et de plusieurs chrétiens à Yeou-yang-tcheou (Se-tchouan), pp. 260/270.

L. de M. Jolly, Mis. étr., 22 janv. 1869, pp. 270, 274.

L. de Mgr. Guillemin, 20 fév. 1869, pp. 274/6.

L. du même à MM. les Membres des Cons. cent., Canton, 12 juin 1869, pp. 408/425.

Tombeau de St. François-Xavier.

Histoire de la Mission du Ngan-hoei, pp. 425/441.

D'après une let. adressée par le P. Carrère, S. J au P. Della Corte.

XLII, à Lyon, 1870 :

L. de Mgr. Chauveau, v. ap. du Thibet, à M. Rousseille, dir. au Sém. des M. étr., à Paris, Ta-tsien-lou, 26 mars 1869, pp. 5/12.

Etat de la Mission du Kiang-nan au 1er juillet 1869, pp. 12/13.

L. du R. P. Ravary, de la Cie. de Jésus, à MM. les Membres des Cons. cent. de la Prop. de la Foi. Shang-hai, 1er juillet 1869, pp. 14/28.

Mgr. Pinchon, l. du 20 Août 1869, pp. 65,6. Vic. ap. du Su-tchuen oriental, pp. 113/136.

L. de M. Bouchard, des M. étr., à Mgr. Faurie, vic. ap. du Kouy-tcheou, Kouy-yang-fou, 3 août 1869, pp. 137/142.

L. de M. Vielmon au même, 14 août 1869, pp. 142/146.

Ext. d'une l. de M. l'abbé T. Raimondi, préf. ap. de Hong-kong, à MM. les Membres des Cons. cent. de la Prop. de la Foi. Hong-kong, 1er déc. 1869, pp. 217/225.

L. de Mgr. Chauveau, aux mêmes. Ta-tsien-lou, 24 Oct. 1869, pp. 287/301.

L. du R. P. Leboucq, aux mêmes. Village de Tchac-enti-tchouang, 18 janvier 1870, pp. 329/352.

Ext. d'une l. de Mgr. Chauveau à M. Rousseille. Ta-tsien-lou, 28 mai 1870, pp. 468/472.

XLIII, à Lyon, 1871 :

L. du P. Bourdilleau, S. J., à sa famille (mai 1870), pp. 22/32.

L. de M. Vielmon à Mgr. Faurie, 9 mars 1870, pp. 32/39.

Ext. d'une l. de M. Blettery, M. étr., prov. du Su-tchuen oriental, à MM. les Membres des Cons. cent. de la Prop. de la Foi, 8 sept. 1870, pp. 83/95.

L. de Mgr. Cosi, vic. ap. du Chan-tong, Rome, 20 nov. 1870, pp. 95/98.

L. de Mgr. Ponsot, à MM. les Membres des Cons. cent., Yun-nan ; sept. 1870, pp. 98/104.

Extrait du journal de la Mission du Kouang-si, — janvier-avril 1870 (par M. Bazin, M. étr., adressé à M. Chaigneau, curé de la Petite Boissière (dioc. de Poitiers), pp. 171/207.

L. de Mgr. Chauveau, à MM. les Membres des Cons. cent., Ta-tsien-lou, 25 nov. 1870, pp. 253/264.

XLIV, à Lyon, 1872 :

Ext. d'une l. de M. Souchières, miss. au Kouang-si, à MM. les Dir. du Sém. des Miss. étr., à Paris, Chang-tsin, près Sy-lin-hien, 21 juillet 1871, pp. 5/14.

L. de M. Noirjean à M. Maury, dir. au Sém. des mis. étr. de Paris. Pa-kin-tse (Huit familles), 21 mai 1870, pp. 84/88 ; St. Hubert (Passe aux Cerfs), 30 juillet 1871, pp. 88/91.

L. de M. Delaborde à Mgr. Verrolles. Ing-tse, 7 août 1871, pp. 91/92.

L. de M. Simon à Mgr. Verrolles. Moukden, 2 mai 1871, pp. 92/95 ; à M. Rousseille, dir. au Sém. des Mis. étr., Moukden, 13 juillet 1871, pp. 95/98.

L. du R. P. Ravary, m. de la Cie. de Jésus, à un P. de la même Cie. en France. Prov. de Ngan hoei, Ning-ko-hien, 28 mars 1872, pp. 391/404.

Ext. d'une l. de Mgr. Pinchon, des Mis. étr., à MM. les Membres des Conseils centraux de l'Œuv. de la Prop. de la Foi, 24 Avril 1872, pp. 405/415.

XLV, à Lyon, 1873 :

Vicariat apostolique du Pe-Tche-ly Sud-Est. I. Aperçu historique sur la Mission. — II. Moyens d'Apostolat. — III. Missionnaires, résidences, voyages. — IV. Résultats obtenus, conversions. Par le P. Gab. de Beaurepaire, S. J., pp. 79/101.

L. de M. Volonteri à sa mère, Nan-yang-fou, 9 fév. 1872, pp. 102/108.

L. de Mgr. Zanoli, 12 mai 1872, p. 109.

L. du R. P. Pascal Billi, vic. gén., 30 août 1872, pp. 109/111.

L. de Mgr. Lions, Mis. étr., vic. ap. du Kouy-tcheou, à MM. les Membres des Conseils centraux de l'Œuv. de la Prop. de la Foi. Kouy-yang-fou, 1er Août 1872, pp. 240/250.

L. de M. Blettery, Mis. étr., pro-vic. du Su-tchuen oriental, aux mêmes. 1er Août 1872, pp. 337/349.

L. du R. P. Palatre, S. J., aux mêmes. Ta-le-kiao, district de Tsin-pou, 7 janvier 1873, pp. 400/428.

Mission de la Mongolie. Notice historique, pp. 428/433.

L. de M. Bax, provic. ap. de la Mongolie, à MM. les Membres des Cons. cent., Sy-wan-tse, 22 nov. 1872, pp. 433/439.

XLVI, à Lyon, 1874 :

L. du P. Alexis-Marie Filippi, Mineur réformé, provic. ap. du Hou-pe sud-ouest, aux Conseils centraux de l'Œuv. de

la Prop. de la Foi. Kin-tcheou-fou, 14 février 1873, pp. 22/27.

Extraits d'une l. de Mgr. Cosi, Mineur observantin, vic. ap. du Chan-tong, à MM. les Membres des Conseils centraux. Zi-nan-fou, 17 Oct. 1873, pp. 28/31.

Extraits d'une l. du R. P. Pierre-Paul de Marchi, Mineur observantin, aux mêmes. Tche-fou, 27 nov. 1872, pp. 32/34.

L. de M. Provôt, des Mis. étr., à Mgr. Desflèches, vic. ap. du Su-tchuen oriental. Yeou-yang, 19 juillet 1873, pp. 79/88.

L. du même à MM. les Dir. du Sém. des Mis. étr., à Paris. Yeou-yang, 10 sept. 1873, pp. 88/95.

Notice sur les PP. Hue et Tay, pp. 95/6.

L. de Mgr. Chauveau, vic. ap. du Thibet, à M. Chirou, Dir. au Sém. des Mis. étr., à Paris. Ta-tsien-lou, 7 Oct. 1873, pp. 187/191.

Extrait d'une l. de M. Carreau, mis. au Thibet, à M. Lagoutte, curé de Montmort (diocèse d'Autun). Ta-tsien-lou, 8 nov. 1873, pp. 192/196.

L. de Mgr. Chauveau, vic. ap. du Thibet, à MM. les Memb. des Conseils centraux de l'Œuvre de la Prop. de la Foi. Ta tsien lou, 10 nov. 1873, pp. 196/203.

Ext. d'une l. de M. J. Noirjean, mis. en Mandchourie, à M. Maury, Dir. au Sém. des Mis. étr., à Paris. Ing tse, Mandchourie, 4 oct. 1873, pp. 203/218.

L. du R. P. Seckinger, mis. de la Cie. de Jesus, au Ngan hoeï (Kiang nan), à un P. de la même Cie. en France. Ngan kin, 18 déc. 1873, pp. 235/254.

L. de Mgr. Moccagatta, vic. ap. du Chan si, à Messieurs les membres des Conseils centraux de l'Œuvre de la Prop. de la Foi. Tay yuen fou, juin 1873, pp. 400/403.

L. de Mgr. Paul Carnevale, coadj. du précédent, pp. 404/405.

XLVII, à Lyon, 1875 :

L. du R. P. Pascal Billi, vic. gén. du Hou pé nord-ouest, aux membres des Conseils centraux. Han keou, 1er mars 1874, pp. 19/25.

L. du R. P. Alexis-Marie Filippi, provic. du Hou pé sud-ouest, aux mêmes. Kin tcheou fou, 15 fév. 1874, pp. 25/33.

Extrait d'une l. de Mgr. Lions, vic. ap. du Kouy tcheou, à M. Imbert, curé de Faucon (diocèse de Digne). Kouy yang fou, 15 janvier 1874, pp. 34/54.

L. de Mgr. Pinchon, vic. ap. du Su tchuen occidental, à MM. les Membres des Cons. cent., 28 août 1874, pp. 88/95.

L. de M. Coupat, à M. Rousseille, proc. du sém. des Mis. étr., à Rome. Su lin hien, 1er juillet 1874, pp. 95/99.

Extrait d'une l. de Mgr. Elisée Cosi, vic. ap. du Chan tong, à MM. les Membres des Conseils centraux. Zi nan fou, 3 sept. 1874, pp. 187/192.

L. de Mgr. Chauveau, aux mêmes. Ta-tsien-lou, 22 oct. 1874, pp. 192/199.

Rapport de M. Anot, laz., sur le martyre d'Anne Lo, † 4 fév. 1873, adressé par Mgr. Bray à la Cong. de la Propagande, pp. 235/241.

L. de Mgr. Ponsot, vic. ap. du Yun nan, à MM. les Membres des Conseils centraux. Yun nan, 27 juillet 1874, pp. 242/250.

L. de M. Le Guilcher, à M. Delpech, Sup. du Sém. des Mis. étr. Houang kia pin, 9 oct. 1874, pp. 250/256.

Sur la mort de M. Baptifaud.

L. de M. Xavier Bourgeois, mis. au Yun-nan, à M. Chirou, pp. 256/7.

Compte-rendu de la Mission du Kiang nan en 1873-1874, par le R. P. Foucault, S. J., pp. 430/454.

XLVIII, à Lyon, 1876 :

Compte-rendu du P. Foucault (suite), pp. 8/43.

L. de M. Barbier, mis. au Tche kiang, à Mgr. Guierry, 5 sept. 1872, pp. 44/52.

Ext. d'une l. de M. J. Rizzi à Mgr. Guierry. Sia kiao, 1er janv. 1874, pp. 52/60.

L. de Mgr. Bray, de la Cong. des Laz., vic. ap. du Kiang si, à MM. les Memb. des Cons. cent. de l'Œuv. de la Prop. de la Foi, 15 nov. 1875, pp. 235/253.

L. de M. J. Noirjean, mis. en Mandchourie à M. Maury, dir. au sém. des Mis. étr., à Paris. Paien-scusou, prov. mil. de l'Amour, 21 août 1875, pp. 254/264.

Ext. d'une l. de M. J. Aulagne, miss. en Mandchourie, au

même. Achéheo, district de Kirin, 12 oct. 1875, pp. 264/268.

L. de Mgr. Moccagatta, vic. ap. du Chan si, à MM. les Membres des Cons. cent. de l'Œuv. de la Prop. de la Foi. Tay yuen fou, 14 sept. 1875, pp. 374/380.

XLIX, à Lyon, 1877 :

L. du P. Seckinger, S. J., Ning ko fou, 20 mars 1876, pp. 5/7.

L. du P. André, S. J. Ho li ki, 29 avril 1876, pp. 7/8.

L. du P. Le Cornec, S. J., Chouei tong, 14 mai 1876, p. 8.

Persécution dans le Kiang nan, pp. 5/26, 407/421.

Ext. d'une l. de Mgr. Bray, laz., vic. ap. du Kiang si, à MM. les Membres des Conseils centraux. Déc. 1875, pp. 79/87.

L. de Mgr. Delaplace, laz., vic. ap. du Pe Tche-ly sept., aux mêmes. Peking, 18 oct. 1876, pp. 87/92.

L. de M. Bompas à M. Voisin, dir. au Sém. des Mis. étr. Yûn-chân, 2 juin 1875, pp. 92/95. — L. diverses des PP. Eugène Cottin, Dunand, Mgr. Pinchon, Coupat, Lenoir, Provost, Mgr. Desflèches, du Su tchuen, pp. 95/110.

L. de Mgr. Chauveau, à MM. les Membres des Conseils centraux. Yerkalo, déc. 1876, pp. 191/205.

L. de Mgr. Tagliabue, vic. ap. du Pe Tché-ly occidental, à M. Boré, sup. gén. des Laz., Tching-tin-fou, 6 sept. 1876, pp. 235/240.

L. de M. L. Blettery, provic. du Su tchuen oriental, à M. Clavelloux, curé de Mornant (diocèse de Lyon). 27 octobre 1876, pp. 241/251.

Ext. d'une l. de M. Landes, mis. au Su tchuen oriental, à M. Maury, Dir. au Sém. des Mis. étr. Pen choui, 24 janvier 1877, pp. 252/261.

Lettres de Mgr. Cosi, mineur observantin, vic. ap. du Chan tong, à MM. les Membres des Conseils centraux. Zi nan fou, 5 oct. 1876, pp. 333/336 ; 25 janv. 1877, pp. 337/8.

L. du P. Pierre Paul de Marchi, mineur observantin. Zi nanfou, 16 avril 1877, pp. 338/9.

L. de M. Coupat, à M. Rousseille. Kan ki-tchang (Kouang-ngan-tcheou), 26 avril 1877, pp. 422/433.

L, à Lyon, 1878 :

L. de Mgr. Lions, vic. ap. du Kouy tcheou, à MM. les Membres des Conseils centraux. Kouy yang fou, 2 août 1877, pp. 125/136.

L. de Mgr. Ponsot, vic. ap. du Yun nan, aux mêmes. Yun nan, 3 sept. 1877, pp. 238/253.

L. de M. Noirjean, miss. en Mandchourie, à M. Maury. Paiensousou, prov. de l'Amour, 2 sept. 1877, pp. 254/268.

La famine dans les vicariats du Chan si, p. 385 ; du Chan tong, p. 83 et 391 ; du Chen si, p. 91 et 393 ; du Ho nan, p. 92 et 398 ; du Hou pé nord-ouest, p. 404 ; du Hou pé oriental, p. 406 ; du Pe Tche ly sud-est, p. 94 ; de la Mandchourie, p. 98, et de la Mongolie, p. 100.

Outre cette édition française des *Annales de la Propagation de la Foi* publiée à Lyon depuis 1827, il existe actuellement les éditions suivantes de ce recueil :

Une édition polonaise publiée à Posen a cessé de paraître par suite de l'application des lois de Mai, dans l'empire allemand.

Chacune de ces éditions publiées dans le format des *Annales* de Lyon, a eu son volume par an depuis l'époque de première publication. Le titre des diverses éditions est la traduction exacte de celui de l'édition française.

— **Annales de la Congrégation de la Mission, ou Recueil de Lettres édifiantes écrites par les prêtres de cette congréga-**

tion employés dans les missions étrangères. Paris, Imprimerie de E.-J. Bailly et Cie. 1834, in-8 [1] :

I. Lettre de M. Laribe, mis. laz. en Chine, à M. Etienne, proc. gén. de la Cong. de St. Lazare. Macao, le 2 avril 1832, pp. 153/192.

Let. du même au Sup. gén. Macao, 30 juin 1832, pp. 193/197.

Let. de M. Rameaux, Miss. en Chine, à M. Torrette, pp. 198/200.

Let. de M. Torrette, proc. des Missions des laz. en Chine, à M. ... Macao, 15 sept. 1832, pp. 201/204.

Let. de M. Rameaux au Sup. gén.—Prov. de Hou Pé, 4 juillet 1833, pp. 270/281.

Let. de M. Laribe à M. Etienne. En Chine, 1er sept. 1833, pp. 282/325.

Let. de M. Tchiou, laz. chinois, l'un de ceux qui étaient en France en 1830, à M. Etienne. Macao, 14 janvier 1834, pp. 325/330.

Let. d'un chrétien chinois de la prov. du Hou-Pé, à son frère, M. Joseph Ly, laz. chinois, résidant à Macao. 10 juillet 1833, pp. 331/341.

Let. de M. Danicourt, mis. ap., à M. Richenet. Batavia, 2 fév. 1834, pp. 341/390.

II, Paris, Bailly, 1835 :

Mission de la Chine, pp. 1/17.

Let. de M. Clet à M. Richenet. Des Prisons de Ou-tchang-fou, 28 oct. 1819, pp. 4/18.

Let. de M. Ly, laz. chinois, l'un de ceux qui étaient en France en 1830, à M. Etienne. Macao, 15 oct. 1833, pp. 21/26.

Let. de M. Tchiou à M. Etienne. Macao, 14 janvier 1834.

Let. écrite en latin par M. Stanislas Ngai, laz. chinois, au Sup. gén. — De la Mission de Hou-kouang, 10 août 1834, pp. 33/35.

Let. de M. Danicourt, à M. Chanson, prof. de théologie au séminaire d'Amiens. Batavia, 31 janvier 1834, pp. 36/40.

Let. de M. Baldus, miss. laz. en Chine, à M. Etienne. Batavia, 27 juillet 1834, pp. 41/49.

Let. du même au même. Macao, 15 nov. 1834, pp. 49/60.

Let. de M. Mouly, miss. ap. en Chine, à M. Etienne. A bord de l'*Actéon*, 27 déc. 1833, pp. 61/72 ; 1er janvier 1834, pp. 72/76.

Let. de M. Mouly, à M. Le Go, assistant de la cong. de St. Lazare. Macao, 15 nov. 1834, pp. 77/102.

Let. de M. Laribe au Sup. gén. Prov. du Kian-Sy, 1er sept. 1834, pp. 102/109.

Let. du même à M. Etienne. Prov. du Kian-Sy, 1er sept. 1834, pp. 109/117.

Let. de M. Torrette au même. Macao, 13 nov. 1834, pp. 118/121.

Let. de M. Rameaux à M. Martin, Sup. du petit séminaire de Saint-Flour. Hou-pè, 22 juillet 1834, pp. 122/136.

Let. du même à M. Etienne. Hou-kouang, 18 juillet 1834, pp. 137/147.

Let. de M. Torrette, Sup. des missions des Laz. en Chine, à M. Etienne. Macao, 19 janv. 1835, pp. 149/161.

Deuxième partie.

Let. de M. Torrette au Sup. gén. Macao, 28 mai 1834 [1835 ?], pp. 1/18.

Let. de M. Ly à M. Etienne. Macao, 6 sept. 1835, pp. 19/20.

Let. de M. Laribe au même. En Chine, 1er sept. 1835, pp. 21/44.

Let. du même à M. Salhorgne, Sup. gén. En Chine, 1er sept. 1835, pp. 45/50.

Let. de M. Danicourt à M. Etienne. Macao, 14 sept. 1835, pp. 51/57.

Let. de M. Mouly à Mgr. l'Ev. de Nantes. Mission française de Pékin, Mongolie, Si-ouen, etc., ce 12 oct. 1835, pp. 59/73.

Let. de M. Perboyre, Miss. laz. en Chine, au Sup. gén. Batavia, 29 juin 1835.

[1]. Un certain nombre des lettres contenues dans ce recueil ont paru également dans les *Annales de la Propagation de la Foi*.

Let. du même à M. Le Go. Macao, 9 sept. 1835, pp. 83/91.

Let. du même à M. Martin, sous-dir. du séminaire interne de la Cong. de St. Lazare, à Paris. Macao, le 4 sept. 1835, pp. 93/101.

Let. de M. Baldus à M. Etienne. Hou-pé, 3 août 1835, pp. 103/119.

Let. de M. Rameaux au Sup. gén. Hou-pé, 26 août 1835, pp. 121/125.

Let. du même à M. Etienne. Hou-pé, 19 août 1835, pp. 127/138.

Let. écrite en chinois et trad. en latin des Chrétiens du Hou-pé à M. Torrette. Mien-yan, 2 sept. 1835, pp. 139/154.

III, Paris, Bailly, 1837 :

Let. de M. Mouly à M. Etienne. Mongolie, Si-ouen-tse, ce 12 oct. 1835, pp. 1/14.

Let. du même au Sup. gén. Mission de Pékin. Tartarie, le 12 oct. 1835, pp. 15/65.

Let. de M. Rameaux à M. Aladel, Prêtre et Ass. de la Cong. de St.-Laz. Du Hou-pé, 19 juillet 1835, pp. 67/72.

Let. de M. Sué, mis. laz. chinois, écrite en latin, au Sup. gén. Tartarie occidentale, 12 oct. 1835, pp. 73/79.

Let. de M. Ly à M. Torrette. Kian-si, 4 avril 1836, pp. 81/99.

Let. de M. Torrette à M. Etienne. Macao, 8 janv. 1836, pp. 101/108.

Let. de M. Danicourt à la sœur Boulet, Sup. gén. de la communauté des Filles de la Charité. Macao, le 14 sept. 1835, pp. 131/143.

Let. de M. Mouly, Sup. de la Miss. des Laz. de Pékin, à M. Aladel, Assistant de la Cong. de St.-Laz. Si-Ouen-tse, le 9 nov. 1835, pp. 145/159.

Let. de M. Baldus à M. Grappin, Ass. de la Cong. de St.-Laz. Tcha-Yuen-Keou, prov. du Hou-kouang, le 3 juillet 1836, pp. 161/173.

Let. des Séminaristes chinois du Noviciat de Macao, à M. le Sup. gén. de la Cong. de St.-Laz. Macao, 14 janv. 1836, pp. 175/183; — 7 janv. 1836, pp. 185/191.

Let. de M. Torrette à M. Etienne. Macao, 15 nov. 1836, pp. 193/196.

Première let. de M. Perboyre à M. Torrette, reçue le 26 juin 1836. Tu Fo kien, le 7 mars 1836, pp. 197/212.

Deuxième let. du même au même. Du Ho-nan, 18 août 1836, pp. 213/216.

Let. du même à M. Perboyre, son oncle. Du Ho-nan, 10 août 1836, pp. 217/251.

IV, Paris, Bailly, 1838 :

Let. de M. Mouly à M. Nozo, sup. gén. Mission de Pékin, Tartarie occid., 6 nov. 1836, pp. 41/87.

Let. de M. Faivre, miss. partant pour la Chine, à M. Martin. St.-Nazaire, près Nantes, 1er avril 1836, pp. 205/215.

Let. du même à M. Nozo. Ile de France, Port-Louis, le 26 juin 1836, pp. 217/224.

Let. du même à M. Le Go. Macao, 12 juillet 1837, pp. 225/269.

Let. du même à M. Etienne. En rade de Lintin, 28 fév. 1838, pp. 271/309.

Let. de M. Laribe, Sup. de la Mission du Kian-si en Chine, à M. Le Go. Kian-si, 14 avril 1836, pp. 311/324.

Let. de M. Mouly à M. Nozo. Tartarie, 16 oct. 1837, pp. 325/351.

Let. de M. Rameaux au Sup. de la Mission dans le Hou-Pé, à M. Nozo. Hou-Pé, des montagnes de Kou-tchen, 13 oct. 1837, pp. 353/370.

Let. de M. Mouly à M. Etienne. Tartarie occid., 16 oct. 1837, pp. 371/387.

Let. de M. Tchiou à M. Nozo. Macao, 18 déc. 1837, pp. 389/404.

Let. des Etudians et Séminaristes de Macao, aux Etudians et Séminaristes de la maison de Paris. Macao, 3 déc. 1837, pp. 405/411.

Autre lettre des mêmes aux mêmes, pp. 413/417.

Autre let. des mêmes aux mêmes, pp. 419/424.

Let. de M. Joseph Jou, El. de la Maison de Macao, aux mêmes, pp. 425/428.

V, Paris, Adrien Le Clere et Cie, 1839 :

Let. de M. Torrette à nos confrères d'Espagne. Macao, le 6 oct. 1837, pp. 167/171.

Let. de Mgr. Courvesi, Ev. de Bidopolis, Vic. ap. de Siam, à M. Torrette. Syngapour, 20 août 1837, pp. 173/179.

Let. de M. Peschaud, Miss. en Chine, à M. Damance, Dir. au Sém. de Saint-Flour. Macao, 12 oct. 1838, pp. 181/189.

Let. du même à M. Peschaud, son frère, Sup. du petit Sém. de St.-Flour. Kien-tchang fou, prov. du Kiang-si, le 20 nov. 1838, pp. 191/204.

Let. de M. Peschaud à M. Etienne. En rade de Batavia, 10 juillet 1837, pp. 205/215.

Let. du même à M. Martin. Macao, 29 sept. 1837, pp. 217/229.

Let. de M. Thiou, miss. chinois, l'un de ceux qui se trouvaient à Paris en 1830, aux Filles de la Charité de la Maison principale à Paris. Macao, 10 déc. 1837, pp. 231/240.

Let. de M. Danicourt, Dir. du Sém. interne de Chinois à Macao, à la sœur Boulet. Macao, 10 déc. 1837, pp. 241/250.

Let. du même à M. Nozo. Macao, 30 sept. 1838, pp. 251/271.

Let. du même à ses Parens. Macao, 22 déc, 1838, pp. 273/283.

Let. de M. Perboyre à M. Martin. Honan, 25 sept. 1837, pp. 285/303.

Let. de M. Rameaux à M. Martin. Hou-pé, 8 juin 1838, pp. 305/323.

Let. de M. Faivre, Sup. de la Mission de Nankin en Chine, à ses Parens. De la Mission de Nankin, 10 juin 1838, pp. 325/347.

Let. de M. Mouly, Miss. ap., à Madame Angélique Mouly, sa sœur, Religieuse-Hospitalière à l'Hospice de Nérac (Lot-et-Garonne). Tartarie chinoise (Mongolie), 28 sept. 1837, pp. 349/365.

Let. du même à la même. Pékin, le 26 février 1838, pp. 367/376.

Let. du même à M. Le Go. Pékin, le 26 février 1838, pp. 377/397.

VI, Paris, Adrien Le Clere et Cie, 1840 :

Let. de M. Gabet, Miss. en Chine, à sa sœur, Fille de la Charité, à Paris. Le Hâvre, 17 mars 1835, pp. 1/6.

Let. du même à la même. Soura-Baïa, 18 juillet 1835, pp. 7/21.

Let. du même à la même. Macao, 9 sept. 1835, pp. 23/30.

Let. du même à la même. Macao, 15 mai 1836, pp. 31/36.

Let. du même à M. Etienne. Han-Hô, 12 déc. 1836, pp. 37/56.

Let. du même à M. Nozo. Sivouan, le 15 août 1838, pp. 57/129.

Let. du même à sa sœur. Sivouan en Tartarie, 12 sept. 1838, pp. 131/140.

Let. du même à M. Etienne. Sivouan, 17 sept. 1838, pp. 141/143.

Let. de M. Faivre à son frère, au Séminaire de Lons-le-Saulnier. Du port de Tchoen-Tchou-fou, sur les côtes de la prov. du Fo-kien, le 24 mars 1838, pp. 145/166.

Let. du même à M. Constant Nozo, Prêtre de la Mission. Kiang-si, 23 mai 1839, pp. 167/212.

Let. de M. Danicourt à M. Le Go. Macao, 7 mars 1839, pp. 213/217.

« Je vous envoie une pièce qui vous intéressera beaucoup : c'est la relation de la conversion et de la fuite de chez ses parents d'un de nos séminaristes, *Jean Tcheng*. Feu Mgr. de Capse en a parlé dans une lettre qui a été insérée dans les *Annales de la Propagation de la Foi*. M. Mouly en a dit aussi quelque chose. »

Relation dont il est parlé dans la Lettre précédente, pp. 219/230.

Let. de M. Tchiou à M. Etienne. Macao, 16 fév. 1839, pp. 231/236.

Persécution dans la Mission du Hou-pé, pp. 237/238.

Let. de M. Torrette à M. Nozo. Macao, 4 janvier 1840, pp. 239/242.

Let. de M. André Yan, Laz. chinois et Miss. dans le Hou-pé, à M. Torrette. Prov. du Hou-kouang, 8 janv. 1840, pp. 243/247.

Relation de la persécution du Hou-Pé, depuis le mois de septembre 1839, jusqu'au 15 janvier 1840, sous l'empereur Tào-Kouan, suscitée par le vice-roi des provinces du Hou-Kouan; envoyée à Macao par un Missionnaire franciscain [F. Joseph de Clauzeto], pp. 249/267.

Let. de M. Torrette à M. Candèze, Vic. gén. de Saint-Flour. Macao, 14 janvier 1839, pp. 269/291.

Let. de M. Peschaud à M. Etienne. Du Kiangsi, 21 août 1839, pp. 293/301.

Let. du même à son oncle. De la prov. du Kiang-si, 14 sept. 1839, pp. 303/309.

Let. du même à M. Martin. De la prov. du Kiang-si, 1er fév. 1840, pp. 311/320.

Let. de M. Simiand, Miss. en Chine, à M. Martin. Macao, 2 sept. 1839, pp. 321/328.

Lettre du même à M. Fiorillo, Assistant de la Cong. à Paris. Macao, 2 sept. 1839, pp. 329/335.

Let. du même à M. Nozo. Tchan Kia-tchouang, 4 mai 1840, pp. 337/349.

Let. de Mgr. Rameaux, Vic. ap. des deux prov. du Kiang-si et du Tché-kiang en Chine, à M. Etienne. Kiang-si, 25 mars 1840, pp. 351/355.

VII, Paris, Adrien Le Clere et Cie, 1842 :

Notice sur la vie et la mort de M. Jean-Gabriel Perboyre, prêtre de la Congrégation de la Mission de Saint-Lazare, martyrisé en Chine le 11 septembre 1840, pp. 1/27.

Cette notice est suivie de lettres du P. Perboyre et de documents le concernant ; le volume entier lui est consacré ; on en a fait un tirage avec un titre spécial ; voir *Vie des Missionnaires :* Perboyre.

VIII, Paris, Adrien Le Clere et Cie, 1842 :

L. de M. Baldus, miss. en Chine. Ho nan, Lou y shian, 9 sept. 1840, pp. 121/180.

L. de M. Huc, miss. en Chine, à M. Etienne, Proc. gén. Grand-Océan, dimanche de Quasimodo, 1839, pp. 323/4.

L. du même à un de ses confrères. Mer des Indes, 20 mai 1839, pp. 325/361.

L. du même à M. Marcou, Dir. au petit sêm. de Toulouse. Kien tchang fou, prov. du Kian si, 4 avril 1841, pp. 363/395.

L. du même à son frère M. Donatien Huc, Avocat à Toulouse. Si-wan, Tartarie-Mongole, le 15 sept. 1841, pp. 397/408.

L. du même à M. le Sup. gén. Si-wan, 16 sept. 1841, pp. 409/416.

IX, Paris, Adrien Le Clere et Cie, 1843 :

L. de M. Faivre, mis. en Chine, à M. le Sup. gén. Au Sêm. de l'Immaculée Conception, le 6 mai 1841, pp. 135/168.

L. de Mgr. Rameaux, Vic. ap. du Tche-kiang et Kiang-si, à M. Poussou, Vic. gén. de la Cong., Kiang-si, 10 sept. 1842, pp. 169/191.

L. de M. Combelles, Miss. ap. en Chine, à M. Martin, Dir. du Sêm. interne. Macao, 16 mars 1842, pp. 317/334.

L. de M. Danicourt, m. ap. en Chine, à la Sœur Carrère, Sup. gén. des Filles de la Charité. Ting-Hay, dans l'île de Tchou-Chan, 1er janvier 1843, pp. 335/8.

L. de M. Faivre, m. ap. en Chine, à M. le Sup. gén. Tche-kiang, janvier 1843, pp. 339/368, 369/424.

L. de M. Danicourt, aux Sœurs du Secrétariat de la Communauté des Filles de la Charité. Tchou-san, 20 fév. 1844, pp. 425/9.

L. de M. Peschaud, mis. ap. en Chine, à la Sœur Carrère... Mission du Kiang-si, 17 juillet 1843, pp. 431/6.

X, Paris, Adrien Le Clere et Cie, 1845 :

Rapport de Mgr. Alexis Rameaux, Vic. ap. du Tche-Kiang et du Kiang-si, à MM. les Dir. de l'Œuvre de la Prop. de la Foi. Kiang-si, 1844, pp. 238/256.

L. de M. Carayon, m. ap. dans la Tartarie-Mongole, à M. Combelles, m. ap. à Macao, Si-wan, 8 juillet 1843, pp. 257/264.

L. de M. Baldus, m. ap. dans le Ho-nan, à M. Etienne, Proc. gén. Ho-nan, 21 juillet 1843, pp. 265/297.

L. de M. Peschaud, m. ap., Cap. du Kiang-si, 30 janv. 1844, pp. 298/305.

Ext. d'une let. de Mgr. Rameaux... Kiang-si, 29 sept. 1844, pp. 306/8.

L. de M. Than, miss. en Chine, à M. Laribe, Prov. ap. du Kiang-si (trad. du latin). Thay Ho-hien, 19 sept. 1844, pp. 309/312.

L. de M. Ysabel, m. ap. en Chine, à M. Martin, Dir. du Sêm., Macao, 4 nov. 1844, pp. 313/318.

Ext. d'une let. de M. Faivre, Sup. de la Maison de Macao, à M. Etienne, Sup. gén., Macao, 16 déc. 1844, pp. 319/321.

Let. de M. Laribe, m. ap. à M. Martin, Dir. des Novices, Tien-tchu, 22 sept. 1843, pp. 322/474.

L. de M. Huc, à M. Donatien Huc. Tartarie-Mongole, Vallée des Eaux-Noires, 8 fév. 1844, pp. 531/80.

L. de M. Daguin, m. ap. dans la Tart.-Mongole, à M. Martin, Dir. du Sêm. interne de la Mission à Paris. Hay-Chiu, 22 mai 1844, pp. 581/91.

L. de M. Anot, m. ap., à M. Poussou, Assistant à Paris. Cap. du Kiang-si, 16 mai 1844, pp. 592/607.

Attestation authentique d'une guérison subite, opérée en Chine par l'intercession du vénérable J. G. Perboyre, pp. 609/613.

L. de Mgr. Rameaux,... à la Sœur Rochefort, Sup. des Filles de la Charité, à Neuilly. Kiang-si, 10 août 1844, pp. 614/22.

L. du même aux Sœurs de la Communauté des Filles de la Charité à Paris. Kiang-si, 15 oct. 1844, pp. 623/9.

L. de M. Combelles aux Sœurs du Secrétariat de la Communauté des Filles de la Charité. Macao, 5 Nov. 1844, pp. 630/643.

L. de M. Jandard, m. ap., à M. Martin... Macao, 7 mai 1845, pp. 644/653.

L. de M. Combelles... à M. Poussou, Macao, 13 juillet 1845, pp. 654/666.

Requête de Ki-Ing, plénipotentiaire chinois, à l'empereur Tao-Kouang, en faveur de la Religion chrétienne, pp. 667/670. [voir col. 364.]

L. de M. Guillet, Proc. des Missions de Chine, à M. Etienne, Macao, 31 Août 1845, pp. 671/680.

L. de M. Combelles à M. Poussou, Macao, 29 juillet 1845, pp. 681/6.

XI, Paris, Adrien Le Clere, 1846 :

L. de M. E. B. Peschaud à M. Etienne, Batavia, 9 nov. 1845, pp. 372, 381.

L. de M. Delaplace, m. ap. en Chine, à M. Salvayre, Sec. gén. à Paris, Batavia, 10 nov. 1845, pp. 382/392.

L. du même aux Sœurs du Secrétariat à Paris. Manille, 23 février 1846, pp. 393/406.

L. du même à M. Etienne, Macao, 17 mai 1844, pp. 407/411.

L. de M. Peschaud, à M. Salvayre, Macao, 24 mai 1845, pp. 412/419.

L. de M. Anot à M. Etienne, Kien-Tchang-fou, 19 sept. 1845, pp. 533/592.

L. de M. Carayon à M. Etienne, Macao, 9 juin 1846, pp. 460/494.

L. du même au Rev. P. Orcise, abbé de la Trappe d'Aigues-Belles, Hong-kong, 23 juin 1846, pp. 593/598.

L. de M. Danicourt à M. Etienne, Tchou-Chan, 3 sept. 1845, pp. 516/523.

L. du même à la Sœur Carrère, Tchou-Chan, 4 sept. 1845, pp. 524/531.

L. du même à M. Etienne, Tchou-Chan, 18 juin 1848, pp. 599/609.

L. de Mgr. Laribe, Ev. de Sozopolis, Vic. ap. du Kiang-si, à M. Etienne, Kiang-si, 22 sept. 1846, pp. 495, 501.

L. du même aux Sœurs de la Charité à Paris, Kiang-si, 8 déc. 1845, pp. 502/515.

L. de Mgr. Mouly, Vic. ap. de la Tartarie-Mongole, à MM. les Membres du conseil central de Paris pour l'œuvre divine de la Prop. de la Foi, Si-wan, 7 mars 1845, pp. 420/459.

L. du même à MM. les Membres du Conseil de la Prop. de la Foi à Lyon, Si-wan en Mongolie, 8 février 1846, pp. 610/631.

XII, Paris, Adrien Le Clere et Cie, 1847 :

L. de M. Daguin, m. ap., à M. Etienne, Mission des Trois-Tours, 22 août 1845, pp. 5/24.

L. de Mgr. Baldus, Ev. de Zoare, Vic. ap. du Ho-nan, au même. Kio-chan, 26 juin 1846, pp. 25/37.

L. de M. Lavaissière, m. ap. dans le Ho-nan, à MM. les Dir. de l'Œuvre de la Prop. de la Foi, Nan-yang-fou, 3 juillet 1846, pp. 38/52.

L. de M. Peschaud à M. Salvayre... Sem. de San-khiao, 1er oct. 1846, pp. 53/94.

L. de M. Anot au même, Nan-Tchang-fou, 22 Oct. 1846, pp. 95/117.

L. de M. Huc à M. Etienne, Macao, 20 déc. 1846, pp. 118/182.

Rapport sur l'état des enfants en Chine et sur l'œuvre de la Sainte-Enfance, par M. Gabet, m. ap. de Mongolie, Paris, 9 février 1847, pp. 322–348.

L. de Mgr. Laribe à M. Salvayre, pp. 349/360.

L. de M. Paul Thang, étudiant de Si-wan, aux étudiants et séminaristes de Paris. Si-Wan, 30 avril 1847, pp. 361/395.

L. des Etudiants et Séminaristes de Si-wan aux Etud. et Sém. de Paris. Si-wan, 30 Avril 1846, pp. 396/408.

L. de Mgr. Mouly à MM. les Membres du Conseil de l'Œuvre de la Prop. de la Foi. Si-Wan, 8 déc. 1845, pp. 409/450.

L. de Mgr. Mouly, à MM. les Dir. de l'Œuvre de la Prop. de la Foi, Si-Wan, 25 mai 1849, pp. 559/602.

L. de M. Gabet à M. Etienne. Tartarie, juin 1842, pp. 611/658.

L. de M. Combelles à M. Salvayre, 25 nov. 1846, pp. 659/665.

(Donne les noms chinois des PP. lazaristes en Chine.)

L. de M. Delaplace au même. Hong kong, 15 nov. 1846, pp. 666/670.

XIII, Paris, Adrien Le Clere et Cie, 1848 :

L. de M. Anouilh, m. ap., à M. Martin, Dir. du Sém. interne à Paris. Marseille, 20 oct. 1847, pp. 80/94.

L. du même à M. Salvayre, Sec. gén. à Paris. A bord du *Stella Maris*, 23 oct. 1847, pp. 95/100.

L. de M. Guillet, Proc. des Missions de Chine, à M. Etienne. A bord de l'*Etoile de la Mer*, en rade de Madère, 9 nov. 1847, pp. 101/107.

L. de la sœur Thérèse à M. Etienne. A bord du *Stella Maris*, 26 oct. 1847, pp. 108/113.

Rapport sur les Missions de Chine, présenté au pape Pie IX, par M. Gabet, m. ap. en Mongolie, pp. 114/226.

L. de M. Huc à M. Etienne, sur le voyage au Thibet (suite). Séjour à H'Lassa, pp. 227/294, 345/425.

L. de M. Joseph Tching (autrefois Ly), mis. chinois, aux Sœurs de la Charité de Paris. Kien-Tchang fou (Kiang si), 30 oct. 1846, pp. 295/303.

L. de M. Daguin, Pro-vic. de Mongolie, à M. Salvayre. Si Wang, 12 juillet 1847, pp. 304/321.

L. de ma Sœur Thérèse à sa Sœur, Fille de la Charité, à l'Econsmat, à Paris. A bord du *Stella Maris*, 12 janvier 1848, pp. 322/343.

L. de la Sœur Thérèse à la même. *Ibid.*, 13 mars 1848, pp. 426/452.

L. de la Sœur Durand, Assistante de la Cie. des Filles de la Charité, à la Sœur Mazin, Sup. de la même Cie. *Ibid.*, dans la rade d'Apia, mai 1848, pp. 453/463.

L. de M. Anouilh, m. ap., à M. Martin. En mer, le 16 juin 1848, pp. 461/492.

L. de M. Guillet à M. Etienne. Détroit de Formose, 17 juin 1848, pp. 493/501.

L. de la Sœur Thérèse à M. Etienne. Macao, 20 juillet 1848, pp. 503/513.

L. de Mgr. Lavaissière, vic. ap. du Tche kiang, à M. Etienne. Tche kiang, janvier 1848, pp. 514/529.

L. de M. Peschaud, m. ap., à M. Martin. Séminaire du Kiang sy, 11 mai 1848, pp. 530/546.

Trad. de la l. des Séminaristes du Kiang sy aux Etudiants et Séminaristes de Paris. San-skiao, 10 mai 1848, pp. 547/555.

Extrait du rapport de Mgr. Baldus, Vic. ap. du Ho nan, au Conseil central de la Prop. de la Foi. Ho nan, 14 juin 1847, pp. 556/565.

XIV, Paris, Adrien Le Clere et Cie, 1849 :

L. de M. Combelles, m. ap., à M. Etienne. Macao, 27 déc. 1847, pp. 186/188.

L. du même à M. Salvayre. Macao, 23 fév. 1848, pp. 189/199.

L. de M. Joseph Ly, mis. chinois, à M. Etienne. Canton, 26 nov. 1848, pp. 200/207.

L. de M. Guillet à M. Etienne. Macao, 28 déc. 1848, pp. 208/211.

L. de la Sœur Thérèse aux Sœurs du Secrétariat. Macao, 26 déc. 1848, pp. 212/221.

L. de la même à sa famille. Macao, 26 janvier 1849, pp. 222/235.

L. de Mgr. Lavaissière. 6 oct. 1848, pp. 236, 260.

Rapport sur la Mission du Ho nan, adressé à MM. les Mem-

bres du Conseil de la Prop. de la Foi, par M. Delaplace, m. ap. Ho nan, 26 avril 1848, pp. 261/280.

L. de M. Huc à M. Etienne (suite). Départ de H'Lassa, pp. 281/476.

L. de la Sœur Thérèse à sa sœur, à Paris. Macao, 19 mars 1849, pp. 476/489.

L. de M. Anouilh, m. ap., à M. Salvayre. Macao, 27 oct. 1848, pp. 490/497.

L. de M. Simiand, m. ap., à M. Martin. [Peking], mai 1849, pp. 498/524.

L. de Mgr. Lavaissière à MM. les Membres du Conseil de la Prop. de la Foi. 27 juillet 1847, pp. 543/565.

L. de Mgr. Baldus, vic. ap. du Ho nan, à M. Etienne. 8 oct. 1848, pp. 566/582.

L. de Mgr. Daguin, Coadj. du vic. ap. de Mongolie, à M. Salvayre, Sec. gén. à Paris. Sy Wan, 15 nov. 1848, pp. 583/597.

XV, Paris, Adrien Le Clere et Cie, 1850 :

L. de Mgr. Mouly, vic. ap., à M. Etienne. Ngan-Kia-tchouang, 25 janv. 1849, pp. 5/68.

L. de M. Anouilh. m. ap., à M. Martin. Province de Pekin, 29 août 1849, pp. 69/88.

L. de Mgr. Laribe, vic. ap. du Kiang si, à MM. les Membres du Conseil de la Prop. de la Foi. Lin-Kiang-fou, 15 sept. 1849, pp. 89/99.

L. de M. Peschaud, m. ap., à M. Salvayre. Sém. du Kiang sy, 26 janv. 1849, pp. 100/120.

L. de Mgr. Lavaissière à MM. les Membres du Conseil de la Prop. de la Foi. Ning po, 3 oct. 1849, pp. 121/143.

L. du même à M. Choiselat, Trésorier du Conseil central de la Prop. de la Foi. Ning po, 4 oct. 1849, pp. 144/150.

L. du même à M. Etienne, pp. 150/158.

L. de M. Talmier, m. ap., à M. Etienne. Macao, 27 oct. 1849, pp. 159/164.

L. de M. Combelles à M. Salvayre. Chang-Hay, 21 juillet 1848, pp. 199/206.

L. du même à M. Bardou, Aumônier à l'Hôtel-Dieu, à Castres. Yang-Kouan (Leao Tong), 23 sept. 1848, pp. 207/231.

L. du même à M. Salvayre. Mongolie, oct. 1849, pp. 232/276.

L. de M. Sarrans, m. ap., aux Sœurs de la Charité de Macao. Nyng po, 30 juillet 1849, pp. 403/417.

L. de Mgr. Lavaissière à une Sœur du Secrétariat des Filles de la Charité à Paris. Tche kiang, 15 mai 1849, pp. 418/427.

L. de la Sœur Thérèse à la Sœur Mazin, Sup. gén. à Paris. Macao, 25 mai 1850, pp. 428/439.

L. de la même à la même. Macao, 25 juillet 1850, pp. 440/454.

L. de M. Anouilh, m. ap., à M. Martin. Chy-Kia-tchouang, 12 nov. 1849, pp. 455/470.

L. du même à M. Salvayre. Ngan Kia tchouang, 20 déc. 1849, pp. 471/478.

L. de Mgr. Mouly à M. Martin. Kouang-Ping-fou, Oueï-shien, Tchao Kia-tchouang, 22 janvier 1850, pp. 479/486.

L. de M. Peschaud à M. Etienne. Ou Tchang, 25 juillet 1850, pp. 487/492.

L. de M. Jandard, m. ap., à M. Martin, Assistant de la Cong. de St.-Lazare, à Paris. Taï Tze-Chan [Honan], 27 sept. 1849, pp. 493/506.

L. de M. Combelles à une Sœur de Charité à Paris. Mongolie, 20 nov. 1849, pp. 507/515.

XVI, Paris, Adrien Le Clere et Cie, 1851 :

L. de la Sœur Augé, Sup. des Filles de la Charité, à la Sœur Barba, à Paris. Macao, 21 mai 1850, pp. 5/10.

Ext. d'une l. de la Sœur Thérèse à sa famille. Macao, 22 août 1850, pp. 11/13.

L. de la même à sa Sœur, fille de la Charité, à Paris. 28 nov. 1850, pp. 14/23.

L. de M. Montels, m. ap., à M. Salvayre. 24 juin 1850, à bord du *Robert Small*, pp. 24/27.

L. du même à M. Etienne. Macao, 22 nov. 1850, pp. 28/30.

L. du même à M. Salvayre. Macao, 22 nov. 1850, pp. 31/40.

L. de M. Ly, mis. chinois, à M. Etienne. [Kiang si], 29 juillet 1850, pp. 41/49.

Ext. d'une let. de M. Combelles, m. ap. en Mongolie, à une Sœur de Charité à Paris. 7 avril 1850, pp. 50/53.

L. de M. Guillet à la Sœur Mazin. Macao, 25 fév. 1851, pp. 149/154.

Décret du nouvel Empereur de la Chine, Hien-fong, destituant les deux premiers ministres Mouchanga et Ky-In, protecteurs des Européens, pp. 154/160.

L. de M. Anot, Pro-vic. du Kiang si, à MM. les Membres du Conseil de la Prop. de la Foi. Kiang si, 25 oct. 1850, pp. 161/205.

L. du même à Mgr. l'Archevêque de Calcédoine. Kiang si, 25 oct. 1850, pp. 206/211.

L. de M. Anouilh à M. Salvayre. Prov. de Pekin, 6 oct. 1850, pp. 212/227.

Relation du Voyage de M. Poussou, Assistant de la Cong., envoyé en Chine par M. Etienne, Sup. gén., en qualité de commissaire extraordinaire, extraite des diverses lettres qu'il a écrites à St.-Lazare à Paris, pp. 321, 364.

L. de M. Anouilh à M. Martin. — Prov. de Pekin, district de Pao ting fou, 24 août 1850, pp. 365/394.

L. du même au même. Ibid., 10 juin 1851, pp. 395/405.

L. de M. Jandard au même. Kio chan, 12 sept. 1850, pp. 406/412.

L. de M. Delaplace à une Sœur de la Communauté. Tchang Te fou, 25 juin 1850, pp. 413/420.

L. du même à un de ses amis. Ibid., 25 juin 1850, pp. 421/438.

Extrait d'une l. de M. Aymeri, m. ap., à M....., miss., à Paris. Ngan Kia Tchong, 15 juin 1851, pp. 439, 440.

L. de M. Dowling à M. Martin. Shang hai, 30 mai 1852, pp. 441/445.

L. du même au même. Louy shia, Ho nan, 11 juillet 1851, pp. 446/462.

L. du même au même. Nang Yang-fou, Ho nan, 23 juillet 1851, pp. 463/469.

L. de M. Montels à M. Martin. A bord de la frégate française la Capricieuse, 7 mai 1851, pp. 470/492.

L. du même à M. Salvayre. Ibid., 14 mai 1851, pp. 493/499.

L. de M. Gottlicher, m. dans la Tartarie-Mongole, à M. Sturchi, Ass. de la Cong., à Paris, Si wan, 3 juillet 1851, pp. 500/507.

XVII, Paris, Adrien Le Clere et Cie, 1852 :

L. de M. Delaplace, m. ap., à M. Etienne. Lou y shien [Ho nan], jour de la Nativité de saint Jean-Baptiste, 1851, pp. 5/18.

L. du même à M. Salvayre, Proc. gén. à Paris. Lou Y, 24 août 1851, pp. 19/32.

Lettre du même au même. Lou Y Shien, 9 sept. 1851, pp. 33/43.

L. du même au même. Lou Y, 19 sept. 1851, pp. 44/49.

L. du même à M. Sturchi, Assistant de la Cong. à Paris. Lou-y-Shien, 21 sept. 1851, pp. 50/54.

L. du même à M. Etienne. Ibid., 23 sept. 1851, pp. 55/61.

L. du même à un Prêtre de ses amis. Kouey-te-fou, 25 sept. 1851, pp. 62/77.

L. du même à une Sœur du Secrétariat de la Communauté à Paris. Kouey-te-fou, fête des saints Anges gardiens, 2 oct. 1851, pp. 78/84.

L. du même à M. Etienne. Lou-y-shien, 10 oct. 1851, pp. 85/86.

L. de M. Peschaud aux Sœurs du Secrétariat de la Communauté à Paris. Lin Kiang (Kiang si), 22 août 1851, pp. 87/99.

L. de M. Montels, m. ap., à M. Martin. Séminaire de San kiao, au Kiang si, 13 nov. 1851, pp. 100/110.

L. de Mgr. Danicourt, Ev. d'Antiphelles, vic. ap. du Tche kiang, à une Sœur du Sec. de la Communauté à Paris. Ning po, 23 nov. 1851, pp. 111/116.

L. de Mgr. Daguin, Ev. de Troade, vic. ap. de la Mongolie, à M. Martin. Chang Hay, 26 nov. 1851, pp. 117/129.

XVIII, Paris, Adrien Le Clere et Cie, 1853 :

L. de M. Peschaud à M. Salvayre, Proc. gén. à Paris. Ling kiane [Kiang si], 31 déc. 1851, pp. 5/24.

L. du même à la Sœur C*** à la Communauté à Paris. Linkiang, 31 déc. 1851, pp. 25/35.

L. de M. Combelles, m. ap., à M. L. A. Barbou, prêtre. Mongolie, 24 mai 1851, pp. 36/46.

L. du même à la Sœur ***, Fille de la Charité, au Sec. de la Communauté à Paris. Si Ouan, 30 août 1851, pp. 47/57.

L. du même à M. Salvayre. Siao Toung Keou, 14 oct. 1851, pp. 58/75.

L. du même à la Sœur Buchepot, Directrice du Noviciat, à Paris. Mongolie, 10 nov. 1851, pp. 76/84.

L. de M. Anot, mis. en Chine, à la Sœur N***, à la Maison principale, Paris. Kiang si, 9 mars 1852, pp. 85/90.

L. de M. Jandard, m. ap., à M. Poussou, Ass. de la Cong. de la Mission à Ning Po fou. Nang-Yang fou, 23 sept. 1851, pp. 91/100.

L. de M. Delaplace à une Sœur de la Communauté à Paris. Lou-Y [Ho nan], 21 nov. 1851, pp. 101/107.

L. du même à la même. 12 mars 1852, pp. 108/114.

L. du même à MM. les Membres des deux Conseils de la Prop. de la Foi. Kouey Te fou, 5 déc. 1851, pp. 115/140.

L. du même à M. Etienne. Kouey-te-fou, 1er janvier 1852, pp. 141/163.

L. de M. Montels, m. ap., à M. Salvayre. Sém. de San Kiao, 25 mars 1852, pp. 164/185.

L. de Mgr. Delaplace, év. d'Andrinople, vic. ap. du Kiang sy, à son frère. Kiang sy ou Tching, 28 sept. 1852, pp. 423/431.

L. du même à la Sœur Rochefort. Kiang si, 7 oct. 1852, pp. 432/437.

L. du même à la respectable Sœur Mazin, Visitatrice des Filles de la Charité du Piemont. Kiang-sy, 8 oct. 1852, pp. 438/443.

L. du même à M. Monteil, Mis. au Brésil (décédé). Kiang sy, 29 oct. 1852, pp. 444/449.

L. du même à une Sœur de la Charité. Kiang sy, 22 mars 1853, pp. 450/454.

L. de Mgr. Anouilh, Ev. d'Abydos, Coadj. de l'Administ. de Pékin, à M. N., Prêtre de la Mission, à Paris. Prov. de Pekin, 11 mars 1852, pp. 455/468.

L. du même à la Sup. gén. et aux Sœurs de la Communauté de Paris. Prov. de Pékin, 12 mars 1852, pp. 469/480.

L. du même à M. Salvayre. Prov. de Pékin, 2 août 1852, pp. 481/489.

L. du même à M. N...., Prêtre de la Mission à Paris. Prov. de Pekin, 5 août 1852, pp. 490/503.

L. de Mgr. Mouly, Ev. de Fessulanum, Vic. ap. et adm. du diocèse de Pekin, à M. J. B. Etienne. Ho kien, 24 juin 1853, pp. 504/523.

Ext. d'une l. de M. Gottlicher à la Sœur N*** au Sec. de la Communauté à Paris. Mongolie, 28 fév. 1852, pp. 524/535.

L. de la Sœur Marie à la Sœur Buchepot. Ning po, 25 juillet, pp. 536/550.

XIX, Paris, Adrien Le Clere et Cie, 1854 :

L. de Mgr. Delaplace à M. Doumerq, Sec. gén. à Paris. Kiang sy, 13 oct. 1853, pp. 5/10.

L. de M. Peschaud à M. F. Peschaud, Sup. de la Mission d'Aurillac. San Kiao, Sém. du Kiang si, 16 oct. 1853, pp. 11/77.

L. de Mgr. Danicourt aux Séminaristes de la Maison de Paris. Ning po, 26 nov. 1853, pp. 78/83.

L. de la Sœur Augé, Sup. de la Maison de la Sainte-Enfance

Ext. d'une l. de la sœur Thérèse, fille de la Charité, à la sœur Augustine, à Montdidier. Ning-Po, nov. 1853, pp. 97/106.

Ext. d'une autre l. de la même à sa famille. Ning-Po, 1853, pp. 107/119.

L. de M. Tagliabue, allant en Chine, à sa sœur, fille de la Charité, à Constantinople, 21 nov., jour de la Présentation. pp. 237/241. — Manille (île Luçon), 6 avril 1854, pp. 242/7, — Ibid., 8 avril 1854, cinq heures, pp. 248/9.

XX, Paris, Adrien Le Clere, 1855 :

L. de Mgr. Anouilh, év. d'Abydos, coadj. de l'Adm. de Pékin, à M. Etienne. Prov. de Pekin, 29 juin 1853, pp. 119/137.

L. du même à M. N., Prêtre de la Mission. Ibid., 4 juillet 1853, pp. 138/144.

L. du même à M. Chinchon, Dir. du Sém. int. à Paris. Ibid., 11 Oct. 1853, pp. 145/160.

L. du même à M. Etienne. Shuen Hoa fou, 15 fév. 1854, pp. 161/174.

L. de Mgr. Mouly à un confrère de la maison de Paris. De

notre séminaire de Ngan-kia-tchouang, 1er août 1854, pp. 175/241.

L. du même au même. Prov. du Kiang-sou, Chang-haï, 22 janvier 1855, pp. 242/251.

L. de la Sœur Augé, Sup. de la Maison de Ning-po, à M. Etienne. Ning-po, 7 juillet 1853, pp. 252/258.

XXI, Paris, Adrien Le Clere, 1856 :

L. de M. Anot, m. ap., à M. l'abbé N...., du dioc. de Soissons. [Kiang-si] 20 mars 1855, pp. 395/419.

L. de Mgr. Daguin, Ev. de Troade, Coadj. du vic. ap. de la Mongolie, à M. l'abbé Bardou, aumônier à Castres. Des Trois-Tours en Mongolie, 4 oct. 1854, pp. 420/428.

— L. du P. Gottlicher, 12 juin 1853, pp. 422/5 sur la mort du P. Combelles, † 28 mai 1853.

L. de M. Tagliabue à sa sœur, Fille de la Charité. Mer Jaune, hauteur de Pekin, sept. 1855, pp. 429/439.

Ext. d'une l. de Mgr. Delaplace, év. d'Andrinople, vic. ap. du Tche-kiang, à M. l'abbé M., Curé du dioc. de Sens, pp. 440/450.

L. de Mgr. Delaplace, à M. Etienne Ning-po, 26 fév. 1856, pp. 451/460.

L. de M. Montels à M. Salvayre. Kiou-tou [Kiang-si] 30 mars 1855, pp. 461/466.

L. du même au même. Sém. de Kiang-si, 5 mai 1856, pp. 467/471.

L. du même au même. Ibid., 2 juillet 1856, pp. 472/477.

L. de Mgr. Anouilh à M. Chinchon. Prov. de Pékin, 26 août 1855, pp. 478/487.

L. du même au même. Ibid., 22 mai 1856, pp. 488/495.

XXII, Paris, Adrien Le Clere, 1857 :

L. de Mgr. Delaplace à M. l'abbé Jammes. Ning-po, pp. 219/222.

L. de M. Glau à M. Salvayre. Ning-po, 29 nov. 1856, pp. 223/234.

Ext. d'une l. de la Sœur Perboyre à M. J. Perboyre, à Paris. Ning-po, 24 janvier 1857, pp. 235/245.

Ext. d'une l. de la même à M. Etienne. Ibid., 2 avril 1857, pp. 246/8.

Ext. d'une l. de la Sœur Thérèse à sa nièce. Ibid., 25 juillet 1857, pp. 249/257.

L. de la Sœur Gélis à M. Etienne. Ibid., 22 août 1857, pp. 258/262.

L. de M. Jandard à Mgr. Delaplace. Nan-yang-fou [Honan] pp. 263/271.

L. de M. Gottlicher, mis. en Mongolie, à M. l'abbé Jammes, p. 272/8.

L. de Mgr. Anouilh à M. Chinchon. Prov. de Pékin, 3 déc. 1856, pp. 279/290.

L. du même à M. Etienne. Du nouveau vicariat de Tching-sing-fou, 21 janv. 1857, pp. 291/299.

L. de M. Thierry à M. Chinchon. Prov. de Pékin, 7 janv. 1857, pp. 300/305.

L. de M. Smorenburg aux Sœurs du Secrétariat, à Paris. Ngan-kia-tchouang-tzi, 12 juillet 1857, pp. 386/328.

Ext. d'un mémoire adressé par Mgr. Anouilh au Conseil central de l'Œuvre de la Ste Enfance à Paris. Prov. de Pékin, 2 août 1857, pp. 329/346.

Ext. d'une l. de M. Rouger à ses parents. Kiang-si, sém. de Kiou-tou, 8 déc. 1856, pp. 347/372.

L. de M. Anot à M. Etienne. Kien-tchang-fou (Kiang-si), 15 déc. 1856, pp. 373/379.

L. de M. Montels à M. Salvayre. Sém. de Kiou-tou, 20 déc. 1856, pp. 380/403.

Ext. d'une l. de M. Rouger à M. Etienne, Kiang-si, 25 déc. 1856, pp. 404/409.

Ext. d'une l. de M. Anot à M. Etienne. Sém. de Kiou-tou, 23 janv. 1857, pp. 410/414.

L. de Mgr. Danicourt, vic. ap. du Kiang-si, à M. Salvayre. Kiang-si, 17 fév. 1857, pp. 415/422.

L. de M. Montels au même. Kiang-si, 15 avril 1857, pp. 423/453.

Ext. d'une l. de M. Joseph Yeou, Chinois, prêtre de la Mission, au Kiang-si, à Mgr. Danicourt, vic. ap., Kiou-tou, 28 avril 1857, pp. 454/467.

Extraits de différentes l. adressées à M. Salvayre par M. Anot en 1857, pp. 468/474.

L. de Mgr. Mouly à M. Salvayre. Résidence de Kyan-kin-tchouang, 4 août 1857, pp. 475/482.

XXIII, Paris, Adrien Le Clere, 1858 :

L. de M. Anot à M. Salvayre. Kiang-si, 29 déc. 1857, pp. 278/286.

L. du même à M. Glau, m. ap. en Chine. Epiphanie, 1858, pp. 287/289.

L. de M. Glau à sa sœur, Fille de la Charité. Ning-po, 1er janvier 1857, pp. 354/360.

L. du même à ses parents. Kiang-si, 29 Avril 1857, pp. 361/367.

L. de Mgr. Danicourt à M. Salvayre. Kiou-tou, 5 fév. 1858, pp. 368/378.

L. de M. Rouger à M. Etienne. Ibid., fête de l'Annonciation, 25 mars 1858, pp. 379/382.

L. de M. Glau à M. Salvayre. Kiang-si, 14 juillet 1858, pp. 383/7.

L. de Mgr Delaplace à M. Etienne. Hou-pe Te-ngan-fou, 2 juin 1858, pp. 388/398.

L. du même au même. En barque, rivière de Tchang-tcheou, 13 juillet 1858, pp. 399/404.

L. de Mgr. Daguin à M. Etienne. Sywang, en Mongolie, 12 sept. 1857, pp. 452/514.

L. de la Sœur Perboyre à M. Perboyre, Prêtre de la Mission à Paris. Ning-po, 21 juillet 1858, pp. 515/518.

L. de M. Anot à M. Etienne. Kiang-si, 23 sept. 1856, pp. 519/529.

L. de M. Glau à M. Guierry, à Niug-po. Kiou-tou, 11 juin 1858, pp. 530/536.

L. de Mgr. Danicourt à MM. Aimeri et Guierry à Ning-po. Kiou-tou, 10 juin 1858, pp. 537/550.

L. de M. Glau à M. Guierry à Ning-po. Kang-pe 14 juillet 1858, pp. 551/554.

L. de M. Rouger à M. Chinchon, Kiang-si, Kiou-tou, 27 juin 1858, pp. 555/569.

L. de M. Glau à M. Salvayre. Niao-san (Chrétienté du Kiang-si, 1er Oct. 1858, pp. 570/577.

XXIV, Paris, Adrien Le Clere, 1859 :

Ext. d'une l. de la Sœur Augé, à M. le Dir. de l'Œuvre de la Sainte-Enfance. Maison de la Sainte-Enfance, à Ning-po, 30 janvier 1858, pp. 187/153.

L. de M. Glau à M. Salvayre. Chang-hay, 6 janv. 1859, pp. 154/165.

L. de M. Anot à M. Guierry, à Ning-po. Ki-ngan-fou, Ouan-ngan-hien, jour des Cendres, 17 fév. 1858, pp. 167/197.

L. de M. Talmier, à M. Salvayre. Prov. de Pékin, 8 mai 1858, pp. 198/207.

L. de M. Glau, à sa sœur, Fille de la Charité. [Kiang-si], pp. 335/342.

L. de M. Rouger, aux Filles de la Charité de Ning-po et à celles du Secrétariat de Paris. Nan-tchang-fou, capitale du Kiang-si, 30 janvier 1859, pp. 343/352.

L. du même à la Sœur N*.**, au Secrétariat de la Communauté, à Paris. Province du Kiang-si. 29 juin 1859, pp. 353/368.

L. du même à Mgr. le Président et à MM. les Membres du Conseil cent. de la Ste. Enfance. De la résidence de Kiou-tou, 19 juillet 1859, pp. 369/392.

L. de M. Gottlicher à M. Sturchi, Assistant de la Congrégation. Miao-elle-Keou, 29 janvier 1859, pp. 393/398.

L. du même à la Sœur N***. Tchao-yang-sien, 15 juin 1859, pp. 399/409.

L. de M. Bray à M. Salvayre. Résidence de la Prov. du Pékin, 6 fév. 1859, pp. 409/425.

XXV, Paris, Adrien Le Clere, 1860 :

L. de M. Tagliabue à M. le Sup. du grand Séminaire de Soissons, pp. 142/152.

L. de M. Rouger à MM. les Etudiants et Séminaristes de la Maison-mère, à Paris. Nan-tchang-fou, cap. du Kiang-si, 16 janvier 1859, pp. 153/174.

L. du même à M. Chinchon, Kiang-si, district de Fou-tcheou-fou, petite mission de Siao-kong-tou, 18 mars 1859, pp. 175/182.

L. de M. Anot à MM. les Dir. de l'Œuv. de la Prop. de la Foi. Kiang-si, 15 juillet 1859, pp. 183/196.

L. de la Sœur Pasquier à M. le Dir. de la Ste. Enfance. Ning-po, 19 janvier 1860, pp. 197/212.

L. de la Sœur Jaurias au même. *Ibid.*, 21 janvier 1860, pp. 213/220.

L. de Mgr. Anouilh, vic. ap. du Tche-ly (sud-ouest) à M. Etienne, Tching-ting-fou (Tche ly), 7 juillet 1859, pp. 221/235.

L. de Mgr. Anouilh à M. Chinchon. *Ibid.*, 12 juillet 1859, pp. 236/243.

L. du même à M. le Dir. de la Ste.-Enfance. Y Tcheou-fou, (Chan-toung) en route pour l'exil, 12 mars 1860, pp. 244/253.

L. de M. Glau à M. Salvayre, Tchao-kia-tchoang, Chrétienté du Tche-ly oriental, 20 janvier 1860, pp. 254/257.

L. du même à sa sœur, Fille de la Charité, *Ibid.*, 22 janvier 1860, pp. 258/276.

XXVI, Paris, Adrien Le Clere, 1861 :

L. de Mgr. Baldus, vic. ap. du Ho-nan, à M. Etienne. Nan-yang-fou, 14 déc. 1859, pp. 145/152.

L. de M. Jandard à M. Chinchon. Nan-yang, 18 sept. 1860, pp. 153/160.

L. de Mgr. Anouilh à M. Salvayre. De la résidence de Mgr. Mouly, 16 nov. 1859, pp. 161/167.

L. du même aux Membres des Conseils centraux de la Prop. de la Foi. Prov. du Tche-ly, 25 janv. 1860, pp. 168/194.

L. du même au Conseil cent. de la Ste.-Enfance. Chang-hai, 29 juillet 1860, pp. 195/216.

L. de Mgr. Mouly à M. Salvayre. District oriental (Kintong) [Tchely], 3 Oct. 1860, pp. 217/233.

L. du même à M. Etienne. Pékin, 22 fév. 1861, pp. 234/244.

L. de M. Rouger à M. Mourrut, Sup. du grand Sém. de Sens. Du Sém. de Kiou-tou, 26 juillet 1860, pp. 245/267.

L. du même à M. Etienne. *Ibid.*, 6 Août 1860, pp. 268/280.

L. du même à sa sœur, Fille de la Charité. *Ibid.*, 8 déc. 1860, pp. 281/339.

L. de M. Anot, provic. ap. à M. le Dir. de la Ste. Enfance, Kiang-si, 24 août 1860, pp. 340/357.

Extraits de plusieurs l. de M. Salvan à M. Etienne. Le Cap, 8 mai 1860, etc., pp. 358/376.

Extraits de plusieurs l. du même à une Fille de la Charité de la maison mère. Chang-hai, 30 juillet 1860, etc., pp. 377/390.

L. de la Sœur Dutrouilh aux sœurs N. N. Ning-po, 25 sept. 1860, pp. 391/399.

XXVII, Paris, Adrien Le Clere et Cie, 1862 :

Ext. d'une l. de Mgr. Martial Mouly, vic. ap. de Pékin, à M. le Dir. de la Ste. Enfance. Mission Pekino-orientale, 10 sept. 1860, pp. 293/300.

L. de M. Thierry au même. Vic' ap. de Pékin, Ngan-kia-tchouang, 15 sept. 1860, pp. 301/356.

L. de Mgr. Anouilh au même. Chang-hai, 29 août 1860, pp. 357/369.

L. du même au même. Tching-ting-fou, prov. de Pékin, 8 fév. 1861, pp. 370/375.

Ext. d'une l. du même au même. Pékin, 52 août 1861, pp. 376, 380.

L. de la Sœur Pasquier au même. Ning-po, 1er janvier 1861, pp. 381/398.

L de la Sœur Jaurias au même. *Ibid.*, 20 janv. 1861, pp. 399/409.

L. de Mgr. Delaplace au même. Tchou-san, 24 Avril 1861, pp. 410/418.

L. de M. Guierry à M. Etienne. Ning-po, 12 nov. 1861, pp. 419/422.

Extraits de plusieurs l. de Mgr. Delaplace au même. Ning-po, 27 nov. 1861, etc., pp. 423/433.

L. de la Sœur Pasquier au même. Kang-po, 28 déc. 1861, pp. 431/438.

XXVIII, Paris, Adrien Le Clere et Cie, 1863 :

L. de Mgr. Mouly aux Prés. et Membres des deux Conseils centraux de la Prop. de la Foi. Paris, 20 Oct. 1861, etc., pp. 5, 200.

L. de M. Favier à M. Etienne. Aden, 7 Avril 1862, pp. 201/205.

Extraits de plusieurs l. de la Sœur Azaïs au même. Hong-kong, 22 mai 1862, etc., pp. 206/215.

(ANNALES CONG. MISSION : 1860-1863.)

Extraits de plusieurs l. de M. Bray à M. Chinchon. Si-van [Mongolie], 29 mars 1859, etc., pp. 486/502.

L. du même à M. Salvayre. Si-van, 21 déc. 1869, pp. 503/511.

L. de M. Bray à la Sœur N., fille de la Charité, à Paris. Si-van, 24 mars 1861, pp. 512/524.

L. de M. Gottlicher à la Sœur N., — Valpagode [Mongolie], 23 nov. 1860, pp. 525/532.

L. du même à la Sœur Th. Mikolowska. Miao-eul-khcou (Valpagode), 21 juillet 1861, pp. 533/544.

L. de M. Talmier à Mgr. Mouly, à Paris. Pékin, 19 août 1861, pp. 545/549.

L. de M. Smorenburg au même. Pékin, 22 août 1861, pp. 550/553.

Extraits de plusieurs l. de M. Thierry au même. Pékin, 15 juin 1861, etc., pp. 554/579.

Extraits de plusieurs l. de Mgr. Mouly à M. Etienne. Tien-tsing, 9 juillet 1862, pp. 580, 610.

XXIX, Paris, Adrien Le Clere et Cie, 1864 :

Lettres de M. Reiffert à M. Marcus, prêtre de la Cong., à Cologne. (Traduit de l'allemand.) Si-wen-tze, Mongolie, 7 août 1861, pp. 5/75.

L. de M. Thierry à M. Barbarroux, vic. de la paroisse St.-Pierre et Dir. de la Ste. Enfance, à Toulon. Péking, 15 déc. 1862, pp. 75/79.

L. du même aux jeunes élèves du pensionnat de Mme Loucas, associées à l'œuv. de la Ste. Enfance, à Toulon. Péking, 20 nov. 1862, pp. 80/119.

L. de M. Bray à M. Salvayre. Val-Pagode, 15 mars 1862, pp. 200/215.

L. de Mgr. Baldus au Dir. de la Ste. Enfance. Nan-yang-fou [Ho-nan], 28 sept. 1800, pp. 330, 5.

L. du même au même. *Ibid.*, 7 mars 1862, pp. 369/377.

L. du même au même. *Ibid.*, 20 mars 1863, pp. 378/385.

L. du même aux Dir. de la Prop. de la Foi. *Ibid.*, 3 avril 1863, pp. 386/389.

L. de M. Jandard au Dir. de la Ste. Enfance. Nan-yang-fou, Ho-nan, mardi de Pâques, 1861, pp. 330/342.

L. du même au même. *Ibid*, 21 Avril 1861, pp. 353/360.

L. du même à M. Chinchon. Ou-to-chan, 4 oct. 1861, pp. 361/368.

L. de M. Peyralbe au même. Tien-kia-tsin, 1er mars 1861, pp. 343/352.

XXX, Paris, Adrien Le Clere et Cie, 1865 :

L. de M. Thierry à la Sœur N., Fille de la Charité, à Paris, Pékin, 4 fév. 1863, pp. 103/119.

L. du même à S. N., Fille de la Charité à Paris. Tien-tsing, 20 Oct. 1863, pp. 119/135.

Lettres de M. Rouger à M. Etienne. Séminaire de Kiou-tou, 6 janv. 1862, pp. 137/144.

L. du même à sa sœur N., à Paris. Kiang-si, Sém. de St. Joseph, 8 juillet 1862, pp. 145/153.

L. du même à M. Etienne. Port de Kiou-kiang, 12 Oct. 1862, pp. 154/175.

Extraits d'une l. de M. Anot au Dir. de la Ste. Enfance, 25 nov. 1862, etc., pp. 175/190.

L. du même au même. Kiou-kiang, 1er mars 1864, pp. 191/231.

L. de Sœur Marthe au même. Tien-tsin, 28 sept. 1863, pp. 232/241.

L. de M. Montagneux à Mgr. Delaplace. Tchou-san, Sém. de St. Vincent, 21 Avril 1862, pp. 307, 325.

L. de M. Salvan à M. N. Tchou-san, 3 mai 1862, pp. 326/330.

L. du même à M. Salvayre. *Ibid.*, 20 juillet 1862, pp. 351/5.

L. du même au même. Tchou-san, 1er nov. 1862, pp. 336, 340.

L. du même à M. Chinchon. *Ibid.*, 1er août 1863, pp. 341/346.

Extraits de plusieurs l. de Mgr. Delaplace à M. Etienne. Ning-po, 26 nov. 1862, etc., pp. 317, 358.

L. de M. Peschaud à la Sœur N. Chang-hay, 23 avril 1861, pp. 359/370.

L. du même à M. Salvayre. Ning-po, 14 juin 1861, pp. 371, 372.

L. de M. Favier aux Membres du Conseil central de la Prop. de la Foi à Paris. Pékin, 20 Oct. 1863, pp. 493/498.

L. du même. Pékin 12 janvier 1861. [Incendie de la rési-

(ANNALES CONG. MISSION : 1863-1865.)

dence du Pe-Tang], pp. 493/501 ; — *Ibid.*, 20 janvier 1865, pp. 501/505. — *Ibid.*, 2 mai 1865, pp. 505/511.

XXXI, Paris, Adrien Le Clere et Cie, 1866 :

Extrait du rapport de M. de Fresne, Trésorier de l'œuv. de la Ste. Enfance prononcé le 30 mai 1865, pp. 5/16.

Ext. de plusieurs l. de Mgr. Anouilh, pp. 16/91.

L. de la Sœur Pasquier au Dir. de la Ste. Enfance. Ning-po, 3 mars 1863, pp. 315/7.

L. de M. Montagneux au même. Ting-hai, 4 nov. 1863, pp. 318/321.

L. de la Sœur Jaurias au même. Ning-po, 18 Oct. 1863, pp. 321/4.

L. de la Sœur Pasquier au même. *Ibid.*, 29 Oct. 1863, pp. 324/7.

L. de M. Montagneux au même. Hang-tcheou, 6 Oct. 1864, pp. 328/332.

L. de Sœur Antichan au même. Ning-po, 11 Oct. 1864, pp. 332/6.

L. de Sœur Pasquier au même. *Ibid.*, 11 Oct. 1864, pp. 337/340.

L. de Mgr. Mouly à M. Bourrières, Architecte du dép. de Lot-et-Garonne. Pékin, 10 déc. 1865, pp. 645/9.

L. de M. Tagliabue, Prov. ap. en Mongolie, au Dir. de la Ste. Enfance. Mongolie, 30 juillet 1865, pp. 649/652.

L. de M. Anot au même. Kiou-kiang, 3 nov. 1865, pp. 652/6.

L. de la Sœur Azaïs aux associés de la Ste. Enfance, Pékin, 20 août 1865, pp. 656/663.

L. de la Sœur Marthe au Dir. de la Ste. Enfance. Tien-tsin, 8 sept. 1865, pp. 663/674.

L. de M. Jandard au même. Nan-yang [Honan], 23 août 1865, pp. 674/6.

L. de M. Favier à M***, Membre du Conseil central de la Ste. Enfance. Pékin, 25 janvier 1866, pp. 677/683.

XXXII, Paris, Adrien Le Clere et Cie, 1867 :

L. de Mgr. Mouly à M. Etienne. Pékin, 12 janvier 1867, pp. 402/432.

L. de M. Bret, à M. Etienne. Pékin, 31 Oct. 1866, pp. 433/439.

L. de Mgr. Anouilh au frère Génin. Prov. de Pékin, Vict. occidental, 24 mars 1866, pp. 410/5.

L. du même à Mlle. Victorine Daniel à Toulon. *Ibid.*, 3 mai 1866, pp. 446/450.

L. du même à la Sœur N. à Paris. Tching-ting-fou, 14 sept. 1866, pp. 451/5.

L de M. Jandard à M. Boré à Paris. Nan-yang, 25 fév. 1867, pp. 456/6.

L. de M. Bray à M. Salvayre. Tcheng-ting-fou, 6 nov. 1866, pp. 459/467.

L. de la Sœur Stéphanie Clerc à M. Etienne. Pékin, 29 juin 1866, pp. 468/473.

L. de la Sœur Dutrouilh à M Etienne. Tien-tsing, 1er Oct. 1866, pp. 473/8.

L. de Mgr. Anouilh au frère Génin à Paris. Pao-ting-fou, 3 mai 1866, pp. 478/6.

L. de M. Rouger à la Sœur N. à Paris. Du Sém. de Nazareth, près de Kiou-kiang, 29 mai 1865, pp. 483/6.

L. du même à la même. *Ibid.*, 10 sept. 1865, pp. 487/490.

L. de M. Vincent Ou, prêtre chinois de la Mission, écrite en français aux Sœurs de la Charité de la Maison-Mère, à Paris. Mongolie, 4 sept. 1865, pp. 490/2.

L. de M. Delmasure, à la Sœur N. à Paris. Pékin, 25 nov. 1865, pp. 493/6.

L. de Mgr. Anouilh à M. Glau. Pao-ting-fou, 15 janvier 1866, pp. 496/9.

L. du même à M. Jourdan, bienfaiteur. Tching-ting-fou, 27 mars 1866, pp. 500/4.

L. de M. Salvan à M. Chinchon. Ile de Tchou-san. 11 Avril 1866, pp. 504/7.

L. de Mgr. Anouilh, adressée à une Dame qui a fait bâtir une chapelle dans son Vicariat. Tching-ting-fou, 15 juin 1866, pp. 508/513.

L. de M. Favier à M. Devin, actuellement visiteur de la Prov. de Constantinople. Chang-hay-kouan, 10 juillet 1866, pp. 514/522.

L. de M. Jandard à M. Peyrac, assistant. Nan-yang, 28 Août 1866, pp. 523/7.

Extraits d'une l. de la Sœur Marthe au Dir. de la Ste. Enfance. Tien-tsin, 8 sept. 1866, pp. 528/531.

L. de Mgr. Anouilh au Dir. de la Ste. Enfance. Tching-ting-fou, 16 mars 1867, pp. 534/546.

XXXIII, Paris, Adrien Le Clere, 1868 :

L. de Mgr. Delaplace à M. Etienne. Hang-tcheou, 25 janvier 1868, pp. 301/2.

L. de M. Salvan au Frère Génin, à Paris. Ile de Tchou-san, 5 sept. 1865, pp. 303/5.

L. de Mgr. Anouilh au même. Tching-ting-fou, 29 sept. 1865, pp. 306/310.

L. du même au même. *Ibid.*, 18 Oct. 1865, pp. 311/313. — Pao-ting-fou, 15 janv. 1866, pp. 314/5.

L. du même à M. Coursières, prêt. de la Mission, au grand sém. d'Albi. Pao-ting-fou, 12 déc. 1865, pp. 316/320.

L. du même à la Sœur Tamanhan, à Rouen. *Ibid.*, 15 janv. 1866, pp. 320/4.

L. de M. Aymeri, prêtre et proc. de la Mission au Frère Génin à Paris. Chang-hai, 20 janvier 1865, pp. 324/6 ; 21 janv. 1866, pp. 326/7.

L. de Mgr. Anouilh au même. Tching-ting-fou, 16 juin 1866, pp. 328/330 ; 4 sept. 1866, pp. 331/334 ; 24 nov. 1866, pp. 334/9 ; 28 janv. 1867, pp. 340/2 ; 8 mars 1867, pp. 342/314.

L. de Mgr. Mouly à feu M. Nicolas Martin, premier Assistant. Pékin, 24 juin 1867, pp. 344/360.

L. de Mgr. Anouilh au Frère Génin, Tching-ting-fou, 4 mai 1866, pp. 360/2.

L. de M. Bray à M. Salvayre. Pe-hiang, 8 mai 1867, pp. 363/370.

L. de la Sœur Clavelin à M. Boré, Sec. gén., à Paris. Tien-tsing, 8 sept. 1867, pp. 370/4.

L. de la Sœur Azaïs aux jeunes associés de la Ste. Enfance. Pékin, 30 sept. 1866, pp. 375/380.

L. de Mgr. Anouilh aux Membres des Conseils de la Prop. de la Foi, Tching-ting-fou, 8 déc. 1867, pp. 380/7.

L. du même au Dir. de la Ste. Enfance. *Ibid.*, 16 mars 1867, pp. 388/412.

L. de Mgr. Delaplace à M. Boré, Ning-po, 12 mai 1868, pp. 413/421.

XXXIV, Paris, Adrien Le Clere et Cie, 1869 :

L. de S. G. Mgr. Guierry à M. Etienne, Péking, 29 nov. 1868, pp. 259/260.

L. du même au même, 3 déc., pp. 260/1.

L. de S. G. Mgr. Mouly à Mr. le Supérieur général, à Paris. Péking, Eglise septentrionale du Saint-Sauveur, 2 avril 1868, pp. 262/5.

Lettre du même au même. *Ibid.*, 28 mai 1868, pp. 265/270.

Lettre du même au même. Péking, 27 Oct. 1868, pp. 271/278.

Lettre du même à M. Boré. Péking, 28 Oct. 1868, pp. 278/303

Lettre de Mgr. Delaplace à M. Boré. En mer, à bord du *Hoogly*, 20 déc. 1868, pp. 304/307.

L. de M. Favier à MM. les Membres du Conseil central de la Propagation de la Foi, à Paris. Péking, 18 déc. 1868, pp. 309/318.

L. de M. Delemasure à M. le Dir. de l'Œuvre de la Ste. Enfance, à Paris. Péking, 29 déc. 1868, pp. 319/327.

Notice sur Mgr. Mouly, pp. 327/334.

L. de M. Bray au cher frère Génin, Tching-ting-fou, 19 févr. 1869, pp. 334/5.

L. de Mgr Anouilh à M. Chinchon, Tching-ting-fou, 22 janv. 1869, pp. 336/340.

L. de Mgr. Anouilh à M. Boré, Tching-ting-fou, 20 janvier 1869, pp. 341/313.

L. du même au même, Tching-ting-fou, 28 janv. 1869, pp. 344/5.

L. de Mgr. Anouilh à Mme Lallemand, Péking, 6 Oct. 1868, pp. 346/348.

Notice sur Mgr. Anouilh, pp. 348/350.

L. de la Sœur Azaïs à M. Etienne. Péking, 28 janv. 1869, pp. 351/2.

L. de M. Salvan à M. Chinchon, Ile de Tchou-san, 11 janv. 1868, pp. 459/461.

L. de feu Mgr. Anouilh à M. N., Prêtre de la Mission, Tching-ting-fou, 16 juin 1868, pp. 462/4.

L. de M. Humblot à M. Etienne, Pékin, Pe-tang, 28 février 1868, pp. 465/476.

L. de feu Mgr. J. B. Anouilh aux dames bienfaitrices de l'Œuvre apostolique, en France. Tching-ting-fou, 22 juin 1868, pp. 476/479.

L. de Mgr. Anouilh au frère Génin, Tching-ting-fou, pp. 480/483.

L. de Mgr. Anouilh au même. Péking, 6 Oct. 1868, pp. 483/490.

L. de M. d'Addosio au même. Tien-tsin, 6 juillet 1868, pp. 490/2.

L. de M. Bray à M. Boré. Tching-ting-fou, 28 fév. 1868, pp. 492/510.

L. du même à M. N., missionnaire en France. Tching-ting-fou, 10 juillet 1868, pp. 510/514.

L. de la sœur Azaïs aux chers associés de la Sainte-Enfance. Péking, 8 déc. 1868, pp. 514/520.

L. de la sœur Elisabeth à M. le Dir. de l'Œuvre de la Ste. Enfance. Péking, 8 Sept. 1868, pp. 521/528.

L. de M. Chevrier à Mgr. Guierry, Tien-tsin, 13 janv. 1869, pp. 529/533.

L. de Mgr. Guierry à la sœur N., à Paris. Péking, 2 avril 1869, pp. 534/536.

L. de M. Favier à Mgr. Guierry, Suen-hoa-fou, 25 mars 1869, pp. 536/538.

L. de M. Chevrier à Sa Grandeur Mgr. Guierry, Tien-tsin, 26 mars 1869, pp. 538/544.

XXXV, Paris, Adrien Le Clere et Cie, 1870 :

L. de Mgr. Delaplace, év. d'Andrinople, à M. Etienne, Rome, S. Onofrio, 20 juin 1869, pp. 101/103.

L. de M. Peyralbe à M. Chinchon, Ho-Nan, le...., pp. 124/128.

L. de M. J. B. Delamasure à M. Chinchon, Péking, janv. 1868, pp. 129/135.

L. de feu Mgr. Anouilh à Mme N., bienfaitrice de sa Mission. Tching-ting-fon, 1er Avril 1868, pp. 136/7.

L. de feu Mgr. Anouilh au frère Génin, à Paris. Tching-ting-fou, 1er Avril 1868, pp. 138/140.

L. de M. Rouger à M. Salvayre. Séminaire de Kiou-kiang, 3 mai 1868, pp. 141/144.

L. de M. Peyralbe à M. Boré. Kin-kio-kou, 5 juin 1868, pp. 145/7.

L. de M. Salvan à M. Chinchon. Ile de Tchou-san, 17 mai 1868, pp. 148/150.

L. de M. Rouger au même du Sém. de Kiou-Kiang, 22 mai 1868, pp. 150/3.

L. de Mgr. Guierry au frère Génin, à Paris. Péking, 14 juin 1868, pp. 153/5.

Extraits des lettres de Mgrs. Mouly, Anouilh et Baldus, pp. 157/169.

L. de M. Bray au frère Génin, à Paris. Kia-tchoang (Pe-kiang-hien, 2 mars 1868, pp. 170/176.

L. du même au même. De la préfecture de Tcheng-ting-fou, 23 avril 1869, pp. 177/185.

L. de M. Simiond à la Sœur N.. à Paris. Tcheng-ting-fou, 28 fév. 1869, pp. 185/188.

L. de M. Bray à M. Boré. Tcheng-ting-fou, 27 juillet 1869, pp. 189/192.

L. de Mgr. Guierry à M. Etienne. Péking, 30 Août 1869, pp. 192/5.

L. de la Sœur Clavelin à M. Boré. Tien-tsing, 25 Oct. 1869, pp. 196/198.

L. de M. Salvan au frère Génin à Paris. Ile de Tchou-San, 19 Nov. 1868, pp. 199/200.

Lettre du même au même. Ile de Tchou-San, 1er juillet 1869, pp. 201/3.

L. de Mgr. Guierry au frère Génin à Paris. Rome, 6 fév. 1870. pp. 532/541.

L. de M. Salvan à M. le Dir. de l'Œuvre de la Ste. Enfance. Ile de Tchou-San, pp. 542/549.

L. de M. Rouger à M. Etienne. Province de Kiang-si. Du port de Kiou-Kiang, 22 janv. 1870, pp. 550/577.

(ANNALES CONG. MISSION : 1869-1870.)

L. de M. Bray au frère Génin, à Paris. Tcheng-ting-fou, 30 déc. 1869, pp. 577/580.

L. de Mgr. Tagliabue à M. Etienne. Kiou-kiang, 25 janv. 1870, pp. 581/7.

L. du même au frère Génin, à Paris. Tching-ting-fou, 24 av. 1870, pp. 588/593.

L. du même au même. Tching-ting-fou, 25 Av. 1870, pp. 593/5.

L. de M. Thierry à M. Boré. Pékin, 30 mars 1870, pp. 596/8.

XXXVI, Paris, Firmin Didot, 1871 :

L. de M. David, mis., à M. Boré. Tien-tsin, 27 juin 1870, pp. 57/61.

Massacre de Tien-tsin.

L. de M. Thierry, mis., à M. Etienne. Pékin, 25 juin 1870, pp. 62/4.

L. du même à M. Boré. Pékin, 2 juillet 1870, pp. 65/70.

Ext. du N. C. Daily News et des Missions catholiques sur le Massacre de Tien-tsin, pp. 70/83.

L. de la Sœur Jaurias, Fille de la Charité, à M. Etienne. Péking, 23 juin 1870, pp. 83/6.

L. de Mgr. Bray, vic. ap., au Frère Génin, à Paris. Tcheng-ting-fou, 5 Août 1869, pp. 86/9.

L. de M. Rouger au même. Kiang-si, 22 déc. 1869, pp. 89/91.

L. de la Sœur Houlès à M. Etienne. Ning-po, 25 nov. 1869, pp. 92/3.

L. de M. Thierry à M. Etienne Pékin, 18 janv. 1870, pp. 94/5.

L. de Sœur Louise O'Sullivan à M. Etienne. Maison de St. Joseph, Tien-tsin, 4 mai 1870, pp. 95/7.

Relation du Siége de Paris 1870-1871. Paris, Firmin Didot, 1871.

XXXVII, Paris, Firmin Didot, 1872 :

L. de Mgr. Bray au frère de Mgr. Anouilh, décédé le 18 fév. 1869, Tcheng-ting-fou, 17 mars 1869, pp. 121/9.

L. de M. Thierry, à Mgr. Delaplace. Des bords du Peiho, de Tien-tsin à Pékin, 8 août 1870, pp. 130/7.

L. de M. Rouger, mis., à M. Boré. Kiang-si, Sém. de St. Joseph, près de Kien-tchang, 18 août 1870, pp. 137/142.

L. de M. Delamasure, mis., au même. Péking, Pe-tang, 18 août 1870, pp. 142/153.

L. du même au même, Ibid., 15 sept. 1870, pp. 154/158 (avec une l. de M. Chevrier, Tien-tsin, 14 juin 1870, pp. 157/8.)

L. de Mgr. Tagliabue à ma Sœur N., fille de la Charité, à Dublin. Tching-ting-fou, 30 Avril 1871, pp. 158/160.

L. du même au Frère N..., à Paris. Tsing-ting-fou, 12 mars 1871, pp. 161/3.

L. du même, à M. le Dir. de la Ste. Enfance. Tsing-ting-fou, 20 Oct. 1870, pp. 163/172.

L. de M. Anot, mis., au même. Kiang-si, 8 nov. 1870, pp. 172/192.

L. de Mgr. Bray à M. Depeyre, mis. Du séminaire de Tsi-tou (Kien-tchang-fou), 20 Avril 1871, pp. 192/6.

L. de Mgr. Tagliabue au Fr. Génin. Tchély occid., 30 janv. 1871, pp. 197/8.

L. de M. Anot à une Dame bienfaitrice. Kiang-si, 20 fév. 1871, pp. 198/201.

L. de la Sœur Jaurias, de Pékin, à M. O'Sullivan, mis. à Cork, Pékin, 21 juin 1871, pp. 201/3.

Note sur le Massacre de Tien-tsin, pp. 204/6.

L. de M. Favier, Pékin, 1er nov. 1871, pp. 206/214.

L. de Mgr. Delaplace au comte de Rochechouart, chargé d'affaires de France à Péking. Péking, Eglise de St. Sauveur, 3 janvier 1871, pp. 214/219.

Dépêche de M. le Chargé d'affaires de France au Tsong-li-yamen, en réponse à la circulaire concernant les missionnaires. Pékin, 14 nov. 1871, pp. 220/5.

XXXVIII, Paris, Firmin Didot, 1873 :

L. de M. d'Addosio au Fr. Génin. Péking, 20 déc. 1871, pp. 97/99.

L. de faire part de la mort de M. Désauthieux à Mme. Véroudart, sœur du défunt, par Mgr. Guierry. Ning-po, 25 mars 1872, pp. 99/102.

(ANNALES CONG. MISSION : 1870-1873.)

L. de M. Salvan à M. Etienne. Chang-hai, 21 juin 1872, pp. 103/5.

L: de M. Anot à Mme. la directrice de l'Œuvre apostolique. Kiangsi, Fou-tcheou, 24 juin 1872, pp. 106/112.

L. du même à ma Sœur N., à Paris. *Ibid.,* 15 sept. 1872, pp. 112/117.

L. de Mgr. Bray à M. le Dir. de la Revue des Missions catholiques. Kiou-kiang-fou, 10 juillet 1872, pp. 117/3.

L. de Mgr. Tagliabue au Frère Génin, sept. 1872, pp. 123/6.

L. de M. Barbier à Mgr. Guierry. Ning-po, 5 Sept. 1872, pp. 271/287.

L. de M. Anot à M. Etienne. Fou-tcheou, 6 Oct. 1872, pp. 287/290.

L. de M. Anot au Frère Génin, à Paris. Fou-tcheou, 18 janv. 1873, pp. 290/296.

L. de M. Bret à Mgr. Guierry. Tchou-San, 21 mai 1873, pp. 497/502.

L. de M. Favier à M. N., à Paris. Péking, 5 juillet 1873, pp. 502/7.

L. de M. Humblot, missionnaire à Pékin, à M. N., à la Maison-Mère. Péking, 27 juillet 1873, pp. 508/518.

XXXIX, Paris, Firmin Didot, 1874 :

Tentative d'assassinat sur M. Sassi, pp. 295/298.

L. de M. Dellac à M. Etienne. Tching-ting-fou, 4 Août 1873, pp. 298/300.

L. de ma sœur Dutrouilh à Mgr. Guierry. Hang-tcheou, 15 Août 1873, pp. 300/3.

L. de ma Sœur H..., au même. Hang-tcheou, 15 Août 1873, pp. 304/7.

Extrait d'une lettre de ma Sœur N..., à ma Sœur N..., à Paris. Péking, hôpital St. Vincent, 22 Août 1873, pp. 307/9.

L. de Mgr. Guierry au frère N..., à Paris. Ning-po, 6 Sept. 1873, pp. 309/313.

L. de ma Sœur Parada à M. N., à Paris. Ning-po, 8 Sept. 1873, pp. 314/17.

Lettres de ma Sœur Louise à ma Sœur N..., à Paris, 1873, pp. 317/329.

L. de M. Delemasure à M. N., Paris. Tien-tsin, 10 oct. 1873, pp. 329/335.

L. de M. Delaplace à M. Etienne. Péking, 26 fév. 1874, pp. 337/340.

Extrait d'une lettre de Mgr. Guierry, à Mlle N., Paris, 18 Oct. 1873, pp. 340/3.

L. de M. Montagneux à M. le Dir. de l'Œuvre de la Ste. Enfance. Ning-po. 21 Oct. 1873, pp. 343/349.

Extrait d'une lettre de ma Sœur N., à une Sœur de la Maison-Mère. Singapoure, 28 Oct. 1873, pp. 349/51.

L. de M. Barbier à Mgr. Guierry. Hang-tcheou, 28 déc. 1873, pp. 351/354.

L. de M. Lefebvre à M. Chinchon, pp. 354/360.

L. de Mgr. Guierry à M. Etienne. Ning-po, 16 fév 1874, pp. 360/4.

L. de M. Rizzi à Mgr. Guierry. Sa-Kiao, 25 janv. 1874, pp. 364/7.

Lettre à M. Mailly. Péking, 6 janv. 1874, pp. 368/70.

L. de M. Aymeri à M. Chinchon. Shang-haï, 20 juin 1873, pp. 515/6.

Remarques sur notre cher frère Alex. Fournier, décédé le 27 juillet 1872, pp. 516/23.

L. de M. Moloney à M. N., à Paris. Fou-tcheou, 18 mai 1874, pp. 524/31.

L. de M. David au secrétaire général de la Société de Géographie, pp. 531/543.

XL, Paris, Firmin Didot, 1875 :

L. de M. Favier à M. N., Péking, 12 juin 1874, pp. 91/4 (sur la mort de M. Félix Saupurein, † à Péking, 16 fév. 1874).

Rapport de M. Rizzi sur l'introduction de la religion catholique dans les dép. de Tay-tcheou et de Ouen-tcheou (Tche-kiang), pp. 95/103.

L. de la Sœur Pasquier à Mgr. Guierry, Ning-po, 6 juin 1874, pp. 103/106.

L. de de la Sœur Dutrouilh à Mgr. Guierry, Hang-tcheou, 29 juin 1874, pp. 106/114.

(Annales Cong. Mission : 1873-1875.)

L. de la Sœur Allègre au même, Ning-po, 30 juin 1874, pp. 115/119.

Extrait du 3e voyage de M. David dans l'intérieur de l'empire chinois (Kiang-si), pp. 120/6.

L. de M. Anot à Mgr. Bray, Fou-tcheou, 31 mai 1874, pp. 126/131.

L. de Mgr. Tagliabue, pp. 428/441.

L. du même à la Sœur N., pp. 441/443.

L. de M. Sassi à M. Salvayre, Si-hia [Kiang-si], 23 février 1875, pp. 6:6,609.

L. de M. Coursières à M. N., Kiou-kiang, 23 fév. 1875, pp. 609/615.

XLI, Paris, Firmin Didot, 1876 :

L. de la Sœur Valayre à M. Boré, Sup. gén., Péking, 30 déc. 1875, pp. 130/136.

L. de Mgr. Tagliabue au même. Tching-ting-fou, 25 août 1875, pp. 136/142.

L. de M. Anot à Mgr. Bray. Fou-tcheou, 9 fév. 1875, pp. 143/153.

Rapport de M. Rizzi sur l'introduction de la religion catholique dans le dép. de Tay-tcheou et de Ouen-tcheou [Tche-kiang], pp. 302/311.

L. de Mgr. Bray à M. Boré, 1er avril 1875 [Kiang-si], pp. 485/7.

L. de M. Anot, au même. Fou-tcheou, 11 oct. 1875, pp. 487/8.

L. de la Sœur Valayre au même. Péking, 7 juillet 1876, pp. 553/554.

L. de Mgr. Guierry au dir. de la Ste. Enfance. Ning-po, 10 Avril 1876, pp. 555/562.

L. de Mgr. Bray aux Membres du Conseil de la Ste. Enfance. [Kiang-si]. 15 Nov. 1875, pp. 563/590.

— **Mémoires de la Congrégation de la Mission. Tome Premier. Paris, à la maison principale de la Congrégation de la Mission, rue de Sèvres, 95. 1863, in-8.**

Consacré à la Pologne.

— II, 1864, **Tunis & Alger.**

— III, 1864 [1865], Tunis et Alger.

IV, 1865. Livre troisième. — Chap. i. Commencement de la Mission de Chine. — Chap. ii. Légation de Mgr. Charles-Thomas Maillard de Tournon, Patriarche d'Antioche, Légat et Visiteur Apostolique en Chine. — Chap. iii. Entrée de M. Pedrini en Chine.

V, 1865. — Chap. iv. M. Pedrini à la cour de l'Empereur de Chine.

VI, 1865. — Chap. v. Légation de Mgr. Charles Ambroise Mezzabarba, Patriarche d'Alexandrie. — Chap. vi Prison de M. Pedrini. — Chap. vii. Décret du Pape Innocent XIII. — Chap. viii. Mémoire présenté au Pape Innocent XIII. — Chap. ix. Réflexions de Mgr. le Secrétaire de la Sacrée Congrégation de la Propagande.

VII, 1866. — Chap. ix (suite). Réflexions de Mgr. le Sec. de la Sac. Cong. de la Prop. — Chap. x. Prison de M. Pedrini. — Chap. xi. Règne de l'Empereur Yung-Tchin. — Chap. xii. Dernières années de M. Pedrini — Chap. xiii. Mission du Su-tchuen. — Chap. xiv. Constitution de Clément XIV. — Chap. xv. Négociations au sujet de la mission française de Pékin. — Chap. xvi. Mission de Pékin.

VIII, 1866 [1867]. — Chap. xvi (suite). Mission de Pékin. — Chap. xvii. Nouveaux Vicariats apostoliques.

IX, 1866 [1867]. Livre quatrième. Madagascar.

Cette collection est devenue fort rare. On en trouve un ex. à la Bib. nationale au No. Ld. $\frac{45}{19}$

Lettres des Nouvelles Missions de la Chine. Tome I. 1841-1846.

1841 :

1. Le R. P. Gotteland, Supérieur de la Mission de la Compagnie de Jésus en Chine, au Supérieur de la Province en France. Brest, 23 Avril, p. 1.

2. Le même au même. De l'Océan Atlantique, 16 Juin, p. 7.

3. Le même au même. Mer des Indes, 4 Sept., p. 19.

(Lettres Nouv. Missions : 1841.)

Tome II, 1846-1852 :

Tome IV, 1861-1862.

Notice sur le cher frère Jean Vom, entré dans la Compagnie et décédé le 23 juin 1857, dans notre maison de Chang-hai, pp. 1/32.

1861 :

1862 :

414. Le P. Royer au P..., Zi-ka-wei, 5 janvier, p. 163.

415. Relation de la guerre des Zammos, Zi-ka-wei, 28 janvier, p. 171.

416. Le P. Lebbucq au P.... Tchaly S. E., 26 janvier, p. 180.

417. Le P. Lemaître au P. Procureur des Missions, Chang-hai, 19 février, p. 181.

418. Le même à un P. de la Cie, Chang-hai, 20 février, p. 183.

419. Le P. Ravary au P. Procureur, Chang-hai, 21 février, p. 184.

420. Le P. Desjacques..., Chang-hai, 21 février, p. 185.

421. Le P. d'Argy à ses parents, Zi-ka-vei, 21 février, p. 186.

422. Le P. Ravary à un P. de la Cie, Chang-hai, 5 Mars, p. 187.

423. Le même à..., Chang-hai, 8 Mars, p. 192.

424. Le P. d'Argy à une bienfaitrice, Chang-hai, 19 mars, p. 193. ·

425. Le même à un P. de Paris, Chang-hai, 19 mars; p. 196.

426. Mgr. Languillat au R. P. Provincial, Tche-ly S. E., 21 mars, p. 203.

427. Le P. Lemaître au P. Delvaux, Chang-hai, 23 mars, p. 205.

428. Le P. Dubar à..., Chen-kia-hou, 23 mars, p. 207.

429. Le P. Royer à une bienfaitrice, Zi-ka-vei, 30 mars, p. 209.

430. Le même au P. V. Mertian, Zi-ka-wei, 2 avril, p. 210.

431. Le P. Lemaître au R. P. Assistant, Chang-hai, 2 avril, p. 211.

432. Le même au même, Chang-hai, 16 avril, p. 212.

433. Le même à M. l'Amiral Laguerre, Chang-hai, 18 avril, p. 212

433. (bis) Mgr. Languillat au R. P. Provincial, Hien-hien, 26 avril, p. 215.

433 (ter). Le P. Royer aux élèves de la Providence (Amiens), Zi-ka-wei, 25 avril, p. 222.

434. Mgr. Languillat au T. R. P. Général, Tchang-kia-tchuang, 26 avril, p. 227.

435. Le même à un Scolastique, Tché-ly S. E., 28 Avril, p. 228.

436. Le T. R. P. Général à Mgr. Borgniet, Rome, 10 Mai, p. 229.

437. Le P. Lebbucq aux Novices d'Angers, Tchang-kia-tchuang, 2 mai, p. 230.

438. Le P. Launay à..., Zi-ka-wei, 17 mai, p. 232.

439. Extrait de plusieurs lettres, Chang-hai, ...mai, p. 237.

440. Le F. Seckinger à un Scolastique de Metz, Zi-ka-wei, 29 mai, p. 241.

441. Extrait de plusieurs lettres sur la mort de l'Amiral Protet, mai, p. 248.

442. Le P. Ravary à..., 2 juin, p. 249.

443. Le P. Lebbucq à un Supérieur de Séminaire, Tchiang-kia-tchuang, 10 juin, p. 252.

444. Mgr. Languillat au R. P. Provincial, Tché-ly S.-E., 11 juin, p. 253.

445. Le F. Hersant à un F. Coadjuteur, Zi-ka-wei, 13 juin, p. 254.

446. Le P. Lebbucq à M. Degrenne, Curé, Tché-ly S. E., 24 juin, p. 257.

447. Mgr. Languillat à M. Degrenne, Tché-ly S. E., 25 juin, p. 258.

448. Le P. Lemaître au R. P. Rubillon, Chang-hai, 29 juin, p. 260.

449. Le P. Lebbucq au R. P. Fessard, Wei-chien, 29 juin, p. 261.

Mission du Tché ly S.-E. — Sacri ministerii Catalogus, 1861-1862, p. 263.

450. Le P. Sentinier au P. Nizard, Wou-si, 15 juillet, p. 264.

451. Le P. Lemaître au R. P. Assistant, Zi-ka-wei, 17 juillet, p. 272.

452. Le F. Hersant à un F. Coadjuteur, Zi-ka-wei, 18 juillet, p. 273.

453. Extrait de plusieurs lettres sur la mort du P. Clavelin, 27 juillet, p. 277.

454. Le P. Gonnet à M. le Dir. de l'Œuvre de la Ste Enfance, Kiang-nan, 18 août, p. 278.

455. Le P. Lemaître au R. P. Assistant, Kiang-nan, 31 juillet, p. 280.

Mission du Kiang-nan. — Ministères 1861-1862, p. 282.

456. Le P. Lebbucq au R. P. Provincial, 3 Août, p. 282.

457. Extrait de plusieurs lettres, p. 284.

458. M. Fontanier, Consul de France, au P. Lebbucq, Tien-tsin, 6 Août, p. 288.

459. Lettre sur la mort du P. Dovergne, p. 288.

460. Le P. Chevreuil au P. David, p. 289.

461. Le P. Lemaître au T. R. P. Général, Chang-hai, 18 Août, p. 291.

462. Le P. d'Argy à ses parents, Zi-ka-wei, 18 Août, p. 292.

463. Le F. Hersant à un F. de la Cie, Zi-ka-wei, Sept., p. 293.

464. Extrait d'une lettre, Sept., p. 295.

465. Extraits de deux lettres du F. Hersant, Sept., p. 296.

466. Mgr. de St. Dié au R. P. Lemaître, Issenheim, p. 297.

467. Le P. Lebbucq à M. Bourgois, commandant de Vaisseau, 11 sept., p. 298.

468. Mgr. Languillat à M. le Dir. de la Ste-Enfance, Tchang-kia-tchuang, 12 sept., p. 301.

469. Le P. Lebbucq au même, Tchang-kia-tchuang, 12 sept., p. 302.

470. Le P. Lemaître au R. P. Assistant, Chang-hai, 18 sept., p. 305.

471. Le P. Lebbucq au P. V. Mertian, Tche-ly S. E., 29 sept., p. 306.

472. Le F. Hersant au F. Thorin, Zi-ka-wei, 4 Oct., p. 308.

473. Le P. Lemaître au R. P. Assistant, Chang-hai, 5 Nov., p. 309.

474. Le P. Launay à ses parents, Tien-tsin, 14 Nov., p. 310.

475. Le P. Lebbucq au R. P. Foucault, Tcham-kia-tchuang, p. 311.

476. Le P. Lemaître au P. Basulau, Chang-hai, 6 Déc., p. 311.

477. Le F. Ferrand à un Scolastique à Poitiers, Chang-hai, 22 Déc., p. 312.

478. Le même à un Scolastique, Chang-hai, 22 Déc., p. 314.

479. Le P. Lemaître à M. le Colonel Schmitz, Chang-hai, 30 Déc., p. 316.

Cette collection forme ainsi 4 volumes, dont un double, le troisième qui est divisé en deux parties ; ces lettres ne sont pas imprimées, mais autographiées ; elles n'ont pas été mises en circulation dans le public et elles conservent encore le caractère de documents privés.

— Onuitgegeven Brieven van eenige Paters der Societeit van Jesus, Missionarissen in China, van de XVIIde en XVIIIde eeuw, met aanteekeningen, door P. Visschers, R. C. Priester. Arnhem, Josué Witz, 1857, in-8, pp. VI-185-III.

Les lettres suivantes sont relatives à la Chine ; à moins d'indications contraires, elles sont écrites en latin :

1. Le P. Ferd. Verbiest au P. de Rougemont ; Pekin, 23 Janvier 1670 ; en flamand.

2. Le P. Phil. Couplet au P. God. Henschenius ; Canton, 23 Nov. 1670.

3. Extrait d'une lettre du P. Ferd. Verbiest au P. Thomas Valgarneira ; Pekin, juillet 1671 ; en portugais.

4. Le P. Jean Bapt. Maldonado au P. Intoretta ; Macao, 10 Dec. 1671.

5. Le même au P. G. Henschenius ; Macao, 20 Fév. 1672.

6. Le P. Pierre van Hamme, au P. François van Callenberghe, Louvain ; Canton, 25 Mars 1690.

7. Le même aux PP. Conrad Janning et D. Papebroch ; Pekin, 14 Janvier 1703.

8. Le même au P. François van Callenberghe ; Pekin, 16 Oct. 1704.

9. Le même au P. Janning ; Pekin, 15 Janvier, 1706.

10. Le même au P. Janning ; Pekin, 20 Janvier 1706.

11. Le même au même ; Pekin, 18 Oct. 1706.

12. Le même au même ; Pekin, 16 Oct. 1707.

13. Le même au P. Aurelien de Baenst ; Pekin, 20 Oct. 1707.

14. Le même au P. Janning; Pekin, 9 Janvier 1708.

15. Le même au même; Pekin, 22 Oct. 1707 (1708?)

16. Le même au même; Ex Imperio Sinensi, 26 Oct. 1710.

17. Le même au même; *Ibid.*, 5 Nov. 1710.

18. Le même au P............; *Ibid.*, 15 Oct. 1711.

19. Le même au P. Janning; *Ibid.*, 10 Oct. 1713

20. Le même au même; *Ibid.*, 26 Janvier 1714.

21. Le même au même; *Ibid.*, 12 Nov. 1715.

22. Le même au même; *Ibid.*, 26 Sept. 1716.

23. Le même au même; *Ibid.*, 25 Janv. 1717.

> Cette lettre contient aussi le « Testimonium Domini Theodorici Pedrini clerici. » — Pekini, 14 Nov. 1716.

4. Le P. Pierre van Hamme au P. Janning; Ex Imperio Sinensi, 11 Oct. 1717.

25. Le même au même; *Ibid.*, 10 Oct. 1718.

26. Le même au même; *Ibid.*, 16 Janv. 1720.

> Cette lettre contient aussi : Versio mandati imperatoris ad Rdum Dnum Theodorum Pedrini; — et : Versio mandati Imperatoris ad Rdum Pem Joannem Laureati, S. J. Visitatorem.

27. Le même au même; *Ibid.*, 14 Sept. 1720.

— **El Correo Sino-Annamita ó Correspondencia de las Missiones del Sagrado Orden de Predicadores en Formosa, China y Tung-king.** Manila-Imprenta del Colegio de Santo Tomás, á cargo de D. Babil Saló. 1866, in-8, pp. 240.

Volumen Segundo : Ibid., 1867, pp. 259 ; à la fin 5 pages consacrées à : « Estado del Vicariato Oriental del Tungking » (1864). — *Vol. Tercero : Ibid.*, 1868, pp. 179. — *Vol. cuarto :* Imp. del Col. de S. T. á cargo de E. Plana-Jorba, 1869, pp.177. — *Vol. quinto :* Imp. del Col. de S. T. á cargo de A. Aoiz, 1870, pp. 129. — *Vol. sexto : Ibid.*, 1871, pp. 187 — *Vol septimo : Ibid.*, 1871, pp. 210. — *Vol. octavo : Ibid.*, 1873, pp. 225. — *Vol. nono*, à cargo de P. Memije, 1874, pp. 216, sans l'état des Missions.

Ce recueil périodique contient les lettres écrites de Chine, de Formose et du Tong-king par les Dominicains espagnols à leurs supérieurs des îles Philippines.

— **Les Missions Catholiques, Bulletin hebdomadaire de l'œuvre de la Propagation de la Foi.** Lyon et Paris, in-folio à 2 col., avec gravures.

Tome I. Juin-Décembre 1868, 3 fr. 50.
— II. Janvier-Décembre 1869, 6 fr.
— III. Janvier-Octobre 1870, 4 fr. 50.
— IV. Octobre 1871 — Décembre 1872, 10 fr.
— V. Janvier-Décembre 1873, 10 fr.
— VI. Janvier-Décembre 1874, 10 fr.
— VII. Janvier-Décembre 1875, 10 fr.
— VIII. Janvier-Décembre 1876, 10 fr.
— IX. Janvier-Décembre 1877, 10 fr.

Les *Missions Catholiques* paraissent également en plusieurs langues étrangères :

Le *Missioni Cattoliche*, édition italienne des *Missions Catholiques*, paraissant à Milan, depuis 1872.

Las *Misiones Católicas*, édition espagnole des *Missions Catholiques*, paraissant à Barcelone depuis le 5 Avril 1873.

Die Katholischen Missionen, édition allemande des *Missions Catholiques*, paraissant à Fribourg (Bade) depuis le 1er juillet 1873.

De Katholieke Missien geïllustreed-Maandschrift, édition hollandaise des *Missions Catholiques*, paraissant à Bois-le-Duc, depuis le 15 février 1874.

Outre les recueils que nous venons d'indiquer ou de dépouiller, il faudra consulter également :

Les Annales de l'Œuvre de la Sainte-Enfance

Dont on a commencé à publier des extraits sous le titre de :

— **Le Parterre de la Sainte Enfance ou Re-**

(Miss. Cath. — Ste.-Enf.)

cueil de traits édifiants, récits de fêtes, loteries, correspondances, etc., extraits des *Annales de la Sainte-Enfance*, par le R. P. J. Latour de la Compagnie de Jésus. Premier recueil (ce recueil contient les extraits des 23 premiers numéros). Le Mans, Leguicheux-Gallienne, 1874, in-12, pp. 302.

4° *VIES DES MISSIONNAIRES CATHOLIQUES.*

CIMETIÈRES CATHOLIQUES DE PE KING.

Il y a à Pe king trois cimetières catholiques : 1° le cimetière appelé portugais *(Cha la eul)* ; 2° le cimetière dit *français;* 3° le cimetière dit des *Franciscains* ou du *St-tang*.

Le cimetière portugais est le plus ancien ; les tombes qui sont au nombre de 88, se composent de grandes pyramides rectangulaires, plus larges qu'épaisses, surmontées d'une pièce sculptée, représentant, dans la majorité des cas, deux dragons enlacés. Le tombeau de Schall est plus important et comprend, comme pour les sépultures chinoises, divers monuments de marbre rangés symétriquement de chaque côté. Au fond du cimetière, il y a un autel ; deux marches conduisent à une première plate-forme sur laquelle sont placés des vases de marbre de forme chinoise (brûle-parfum surmonté d'une croix, etc.) ; huit autres marches de chaque côté de cette plate-forme conduisent à l'autel proprement dit ; à droite et à gauche de la porte d'entrée, il y a des monuments dédiés à des saints.

Le cimetière des Franciscains est le plus petit des trois ; il est situé près du cimetière précédent, de l'autre côté de la route ; six des pierres tombales n'ont pas d'inscription ; les autres sont incomplètes et difficiles à déchiffrer.

Le cimetière français contient des pierres tombales semblables à celles des deux autres cimetières. Au fond, on y a érigé un autel dans le genre de celui du cimetière portugais. A l'entrée, il y a une rangée de chênes d'une vingtaine d'années environ. Les points noirs sur les deux plans précédents représentent de jeunes cyprès ; le cimetière portugais est envahi d'arbres et d'arbustes que l'on coupe tous les ans pour servir au chauffage de la Mission.

On comprendra sans peine l'intérêt historique qui s'attache à ces monuments ; aussi n'avons-nous pas hésité à en donner les plans qui n'ont jamais été publiés ; ils ont été levés exprès pour nous par deux prêtres de la Congrégation de la Mission, auxquels nous adressons nos bien sincères remerciements. Nous ajoutons ces plans la liste des missionnaires enterrés dans ces cimetières, liste que nous avions commencé à dresser à Pe king, mais qui a été achevée par l'un des missionnaires dont nous parlions plus haut, le P. Provost.

J'avais indiqué col. : 124, à l'article consacré à Pe-king, quelques documents relatifs à l'histoire du cimetière portugais. On pourra y ajouter :

Une lettre de Mgr. Guillemin sur le cimetière français (Voyage à Pekin) insérée dans le recueil des lettres de ce Prélat (voir *infra* à son nom) Mgr. Guillemin donne, pp. 107/108, les inscriptions des tombeaux du P. Parennin et du P. Attiret. Dans le plan que je publie, on a négligé de numéroter le tombeau de ce frère ainsi que celui de Joseph Delpon, des Mis. Et. — La let. de Mgr. Mouly est du 12 Oct. 1835 ; elle a été insérée dans les *Annales de la Prop. de la Foi*, X, pp. 108 et seq.

1° *Cimetière portugais* (Cha la eul).

1. Matteo Ricci, S. J.
2. Ferdinand Verbiest, S. J.
3. Antoine Thomas, S. J.
4. Léopold Liebstein, S. J.
5. Guillaume Bonjour, Aug.
6. Kilianus Stumpf, S. J.
7. François Cardoso, S. J.
8. Rosario (chinois) Frère Coadj., S. J.
9. Cajetan Pires, Ev. Cong. Mission.
10. Jacques Rho, S. J.
11. Dominique Coronatus, Franc.
12. Gabriel de Magalhães, S. J.

(CIMETIÈRES CATH. DE PE KING.)

13. Antoine de Magalhães, S. J.
14. Charles Dolzé, S. J.
15. Louis Pernon, S. J.
16. Charles Slaviszek, S. J.
17. Sans épitaphe.
18. Sans épitaphe.
19. Sans épitaphe.
20. Jean Terenz, S. J.
21. Nicolas Longobardi, S. J.
22. Emmanuel de Sequeira (chinois), S. J.
23. Louis Buglio, S. J.
24. François Simöis, S. J.
25. Charles de Broissia, S. J.
26. Paul de Mesquita, S. J.
27. Paulus Cruce (Prêtre chinois).
28. Sans épitaphe.
29. Christophorus (Chinois), Frère Coadj., S. J.
30. Mendez (Chinois), Frère Coadj., S. J.
31. Pierre Frapperie, Frère Coadj.. S. J.
32. Bernard Rhodes, Frère Coadj., S. J.
33. Jacques Brocard, Frère Coadj., S. J.
34. Joseph Baudino, Frère Coadj., S. J.
35. François Lalado (Macaiste), sous-diacre.
36. François Stadlin, Frère Coadj., S. J.
37. Paul Loefro (Chinois), Frère Coadj., S. J.
38. Gregorius a Cruce (Macaiste), prêtre.
39. Joseph d'Espinha, S. J.
40. Joseph Suarez, S J.
41. Pierre du Tartre, S. J.
42. Pierre Jartoux, S. J.
43. François Tillisch, S. J.
44. Philippe Grimaldi, S. J.
45. Gaspar Castner, S. J.
46. Thomas Pereyra, S. J.
47. Alexandre de Gourea, Ev. Franc.
48. Polycarpe de Souza, Ev. S. J.
49. François Magida Dervio, Ev. Franc.
50. Jean Adam Schall, S. J.
51. Florianus Bahr, S. J.
52. Antoine Gogeisl, S. J.
53. Augustin de Hallerstein, S. J.
54. Ignace Sichelbarths, S. J.
55. Felix da Rocha, S. J.
56. Jean de Seixas, S. J.
57. Eusèbe Acifiadeila, Franc.
58. Crescentianus ab Eporedia, Franc.
59. Jacques Antonini, S. J.
60. Ehrenbert Fridelli, S. J.
61. André Pereyra, S. J.
62. Ignace Kögler, S. J.
63. Dominique Joachim Ferbevia, Cong. Miss.
64. Joseph Ribeiro, Cong. Miss.
65. Antoine Gomez, S. J.
66. Dominique Pinheyro, S. J.
67. Charles de Rezende, S. J.
68. Barthélemy de Azevedo, S. J.
69. Paul Lieou (Chinois), S. J.
70. Antoine Duarte (Chinois), prêtre.
71. Jean Simonelli, S. J.
72. Jean Régis (Chinois), S. J.
73. Joseph de Aguiar (Chinois), S. J.
74. Louis Fan (Chinois), S. J.
75. Jean Walter, S. J.
76. Joseph Bernard de Almeida, S. J
77. Ignace Francesco, S. J.
78. André Rodriguez, S. J.
79. Antonius a Purificatione, Franc.

(Cimetières cath. de Pe king '

80. Joannes a Remediis (Macaiste), prêtre.
81. Joseph Seraiva (Chinois), S. J.
82. Joseph Castiglione, Frère Coadj., S. J.
83. Emmanuel de Mattos, Frère Coad., S. J.
84. Ferdinand Moggi, Frère Coadj., S. J.
85. Ignace Hou (Chinois), S. J.
86. Joseph da Costa, Frère Coadj., S. J.
87. Jean Hou (Chinois), Frère Coadj., S. J.
88. Paul Kia (Chinois), Frère Coadj., S. J.

2° Cimetière français.

1. François Bourgeois, S. J.
2. Jean Collas, S. J.
3. Pierre Martial Cibot, S. J.
4. Hubert de Méricourt, S. J.
5. Pierre de la Baume, S. J.
6. Louis des Roberts, S. J.
7. Joseph de Mailla, S. J.
8. Dominique Parennin, S. J.
9. Jean-Baptiste Régis, S. J.
10. Joachim Bouvet, S. J.
11. Joseph Marie Amiot, S. J.
12. Matthieu de Ventavon, S. J.
13. Dieudonné Dollières, S. J.
14. . . . .
15. Alexandre de la Charme, S. J.
16. Antoine Gaubil, S. J.
17. Pierre d'Incarville, S. J.
18. Valentin Châlier, S. J.
19. François-Xavier Dentrecolles, S. J.
20. Robert Hanna, Cong. Miss.
21. J. Joseph Ghislain, Cong. Miss.
22. Jean François Gerbillon, S. J.
23. Raux, Cong. Miss.
24. Martial Mouly, Ev. Cong. Miss.
25. Etienne Rousset, Frère Coadj., S. J.
26. Léonard de Brossard, Frère Coadj., S. J.
27. Ægidius Thébault, Frère Coadj., S. J.
28. Louis Bazin, Frère Coadj., S. J.
29. Jean Damascene, Ev. Aug.
30. Monument élevé à la mémoire des Français morts pendant l'expédition de Chine :
    Collineau, général de Division. — Diebut, Sous-intendant militaire. — Toulon Granchamps, Colonel d'Artillerie. — Gary, chef d'escadron d'artillerie. — Marie, Cap. d'art. — De Monterrant, Lieut. au 2ᵉ Chasseurs. — De Roquefeuille, Lieut. au 2ᵉ Chasseurs. — De Dumas, Cap. au 2ᵉ Chasseurs. — Vazeilles, Cap. au 101ᵉ. — Drion, Lieut. au 101ᵉ. — Joly, Cap. au 102ᵉ. — Loubet, Cap. au 102ᵉ. — Grand-Perrier, Lieut. au 102ᵉ. — Adez, officier d'administration. — Ozouf, Chasseur au 2ᵉ à pied. — Bouicho, soldat. — Blanquet, Infirmier militaire.
31. Monument à peu près semblable à celui qui se trouve au fond du cimetière portugais.
32. Etienne Devaut, Miss. ètr.

3° Cimetière des Franciscains.

1. Joseph François Deturige, Cong. Miss. ?
2. Archan, Carme déchaussé, Milanais.
3. Pedrini, Cong. Miss.
4. Joannes Crucieris ? Napolitain.
5 Angelus Burgo, Franc.
6. Seraphinus Bapta, Carme déchaussé.

COMPAGNIE DE JÉSUS.

— Catalogus librorum a Patribus nostris in Chinensis Ecclesiae incrementum conscriptorum (Kircheri *China illustrata*, pp. 117 et seq.)

Imprimé pp. 158 et seq. de l'éd. française de l'ouvrage de Kircher ; les pères suivants sont cités : Matthieu Riccius. — Nicolas Trigaut, natif de Douay, en Flandre. — Jacques Rho, Milanais. — Alfonse Vagnonius, Turin. — Jean Térence. — Alvarez Semedo. — Phil. Marin. — Michel Boime. — Martin Martinius de Trente.

— Catalogus Patrum Societatis Jesu..... E sinico latinè redditus a Patre Philippo Couplet Belga sinensis missionis in Urbem procuratore. Parisiis, 1686, in-4.

— Catalogus Patrum Soc. Jesu qui post obitum S. Francisci Xaverii ab anno 1581, usque ad annum 1681 in Imperio Sinarum Jesu Christi fidem propugnârunt, ubi singulorum nomina, ingressus, praedicatio, mors, sepultura, libri sinicè editi recensentur. — E sinico latinè redditus a P. Philippo Couplet.

A la suite de l'*Astronomia europaea*, du P. Verbiest, Dilingae, 1687.

— Catalogus Patrum Societatis Jesu, qui post obitum S. Francisci Xaverii, primo saeculo, sive ab anno 1581, usque ad 1681, in imperio Sinarum Jesu-Christi fidem propagârunt. — Ubi singulorum nomina, patria, ingressus, praedicatio, mors, sepultura, libri Sinicè editi recensentur, in-4 de 38 pages.

Autographié à Paris. Ce Catalogue contient les noms de 105 Pères. On trouve pp. 31 et seq. : « Cat. lib. mathematicorum, physicorum et philosophicorum, sinicè scriptorum editorumque a Missionariis Societ. Jesu » (Ext. de C. de Murr, *Litterae patentes Imperatoris Kang-hi*, pp. 32/40 (voir col. : 263.)

— Catalogus Patrum et Fratrum qui a renata Societate Jesu in Missiones Kiangnan et Tcheli venerunt. Chang-hai, 1863, in-4, autographié.

— Catalogus Patrum ac Fratrum a renata Societate Jesu in Missionibus Kiang-nan et Tché-li. Shang-hai, 1867, in-4.

149 pères.

— Catalogus Patrum ac Fratrum e Societate Jesu qui a morte S. Fr. Xaverii ad annum MDCCCLXXII Evangelio Xti propagando in Sinis adlaboraverunt. Pars prima. Shang-hai, Typis A. H. De Carvalho, 1873, in-8, pp. 94, s. 2 ff. prél., pour le tit. et la préf.

Ce Catalogue, fruit de nombreuses et patientes recherches, a pour auteur le R. P. A. Pfister. — Il est divisé en deux parties : Catalogus Patrum ac Fratrum ab anno 1552 ad annum 1779. (No. 1-456.) — Cat. Pat. ac Fratrum ab anno 1842 ad annum 1873. (No. 457-648.) — Ces Cat. sont suivis de : Index alphabeticus sociorum. — Elenchus I. Episcoporum et Vicariorum apostolicorum Soc. Jesu in Sinis ; II. Visitatorum Missionis sinicae ; III. Vice-Provincialium ; IV. Superiorum Missionis gallicae ; V. Residentiarum in variis provinciis anno 1720 ; — Corrigenda et Addenda.

Les Cat. sont divisés en colonnes comprenant les faits relatifs à chaque missionnaire : Nomina ; Cognomen sinicum ; Praenomen sinicum ; Nomen sinicum ; Pronuntiatio ; Patria ; Ortus ; Ingressus ; Adventus in Mission. ; Gradus ; Obitus ; Locus sepulturae.

— Catalogus librorum venalium in orphanotrophio Tou-sai-vai, prope Chang-hai. Ex typographia Missionis catholicae, 1876, pet. in-8, pp. II-99.

— Tïan djou cheng dsyao djou choudsing dïan ming, Catalogue des livres publiés par les missionnaires catholiques en Chine, 1 cah. in-4. Ms. (Coll. P. Kamensky.) — (*Cat. des Ms. et des Xyl. de St-Pétersb.*, 1852, No. 831.)

— On trouvera dans *Notes and Queries on C. & J.*, les noms chinois de quelques uns des missionnaires catholiques qui vivaient à Péking au XVIIe siècle ; les catalogues que nous venons de citer rendent d'ailleurs ces notes parfaitement inutiles.

Vol. I, p. 108, par W. F. M. (ayers). — Vol. I. p. 125 par E. C. T. (aintor.) — Vol. I, p. 125, par J. E. (dkins.) — Vol. II, p. 171 par H. F. W. H.

ADINOLFI, *François*, né le 5 juin 1831 à Salerne ; † à Siu-ca-wei, le 4 février 1874.

Relations de la Mission de Nan-hin, I, 1873-74, pp. 100/141. — Notice : *Miss. Cath.*, VI, pp. 490/1, avec portrait, p. 481.

ALENI, *Jules*, né à Brescia en 1582, mort le août 1649.

Bartoli, *La Cina*, IV, Torino, 1825, pp. 24 et seq. — Sotwel, *Bib. Soc. Jesu*, pp. 529/530. — *Biog. univ.* Art. de Weiss.

FN. JUAN GARCIA, Dominico, *Carta de el P. Julio Aleni*, escrita en Fogan, por Noviembre 1639. sobre las cosas de la China, esta Ms. *en la libreria del Marquès de Villena*. (Pinelo, I, col. 144.)

— Il y a à la Bibliothèque nationale, Fonds chinois 3284, un volume in-8, composé de 34 feuillets doubles, comprenant une série de figures avec des explications en chinois représentant la Vie de N.-S. Jésus-Christ. On trouve, au commencement du volume, les trois notes suivantes, écrites par des mains différentes à diverses époques :

— « Cet ouvrage est une des plus agréables productions des jésuittes missionnaires à la Chine et des plus curieuses et des plus rares. »

— « Il y a à la Bibliothèque du Roy un exemplaire contenant les figures gravées en bois avec des sentences et explications latines sculptées sur les mêmes planches. L'Ouvrage composé de 46 feuillets collés deux à deux parce qu'ils ne sont imprimés que d'un côté à la manière des Chinois, sans nom de lieu, ni d'imprimeur et sans date, petit in-fol. »

— « Je trouve dans le livre de l'histoire de la gravure au burin de Papillon que cette vie de J.-C. en Figures et plusieurs autres des ouvrages mentionnés cy dessus qui se trouvent à la Bibliot. du Roy sont du Père Jules Alenio Jésuite Vénitien et missionnaire savant dans les mathematiq. Il commença sa mission en professant les mathematiq. à Makao en 1610 et mourut dans l'intérieur de l'Empire Chinois en 1649. »

Ce volume est relié aux armes de Madame de Pompadour. D'après la *Biog. univ.* les planches en bois sont copiées sur celles dont Wierix, excellent graveur, a décoré le bel et rare ouvrage du P. Jérôme Natali.

AMIOT (1) **AMYOT**, *Jean Joseph Marie*, né à Toulon en 1718, le 8 février d'après le *Cat.* No. 389, le 18 Fév. d'après de Backer, I, col. 136 ; † à Peking le 8 Octobre 1793.

Le P. de Backer et le *Dict. de Biog. chrét.* pub. par Migne, I, col. 179, donnent par erreur 1794 comme date de sa mort. — En tête du T. XV des *Mém. conc. les Chinois* se trouve un portrait du P. Amiot, peint en Chine par Panzy et gravé à Paris par Helman.

Sur le voyage du P. A. de Canton à Peking, voir sa lettre au P. Allart (Pékin, le 20 Octobre 1752 ; *Let. éd.*, éd. de Mérigot, XXIII, pp. 154 et seq. : éd. de Grimbert, III, pp. 59 et seq.)

_____

(1) Toutes les lettres originales que nous avons eues entre les mains sont signées Amiot.

Voir Fétis, *Biog. univ. des Musiciens*, 2ᵉ éd., Paris, 1860, I, pp. 89/90. — *Miss. Cath.*, VII, 1875, p. 496 (avec portrait, p. 485).

« L'article du P. Amiot, dit le P. de Backer dans la nouv. éd. de sa *Bibliothèque*, I, col. 142, est un abrégé de celui qui m'a été communiqué par le P. Matthieu Lauras, de la Province de France ; c'est.un fragment d'un ouvrage étendu qu'il se propose d'écrire sur les jésuites de sa nation. Il se trouve en entier dans ma première édition. »

— Le Ms. de la Bib. nat. (F. Chinois 986, 2 vol.) relié à la manière européenne avec le titre « Ecritures des peuples tributaires de la Chine » est composé de 8 cahiers pour le Vol. I et de 9 cahiers pour le Vol. II. Il contient différents ouvrages en caractères tibétains, devanagary, persans, etc. ; avec les caractères chinois correspondants et la prononciation latine par le P. Amiot.

Notice sur des manuscrits inédits du Père Gaubil et du Père Amiot, par feu Edouard Biot, membre de l'Académie des inscriptions et belles-lettres. (Article de M. J.-B. Biot, dans le *Journal des Savans*, Mai 1850, pp. 302/307).

« Les manuscrits du père Gaubil, signalés dans cette notice, appartiennent à la bibliothèque de l'Observatoire de Paris. Le bureau des longitudes les avait confiés à mon fils, en l'autorisant à les publier. Ceux du père Amiot, qu'il avait jugé utile d'y joindre appartiennent à la Bibliothèque nationale. »

Nous aurons l'occasion de reparler de ces ms. dans le cours de notre ouvrage.

— De la doctrine et des livres des Chinois, publication d'un manuscrit inédit d'un ancien missionnaire [le P. Amiot]. (Ann. de Ph. Chrét., 3ᵉ Série, IX.)

— On conserve à la Bibliothèque de l'Institut trois volumes in-folio portant DM. 167 qui proviennent des legs Delessert. Ces trois volumes contiennent des lettres du P. Amiot ; en voici la liste :

— Lettres du Père Amiot Missionnaire à M. Bertin ministre secretaire d'Etat sous Louis XV. Tome Premier.

Au-dessous de ce titre écrit à la main, un portrait gravé du P. Amyot « Peint à la Chine par Panzi » Gravé par N. Au-dessous du portrait ces 4 vers également gravés :

François, Mantchou, Chinois, Homme de Cour, Apôtre,
Il fut, sans deroger, tantôt l'un tantôt l'autre :
S'il est comme ecrivain digne de quelque prix,
Chacun peut le juger en lisant ses écrits.

Une note Ms., à gauche du portrait, nous dit que : « Les 4 vers gravés au bas de ce portrait ont été faits par le père Amyot et envoyés à son neveu A. Amyot dans une lettre qu'il lui adressait de Peking en date de février 1793. »

Une autre gravure de ce même portrait, sans les vers, etc., est collée sur le feuillet qui précède le titre ; et un troisième portrait semblable au précédent, mais peint à la main, occupe le feuillet suivant.

4ᵉ feuillet recto : Mémoires du P. Amiot contenus dans la Collection des Mémoires sur les Chinois, etc.

3 feuillets blancs.

Les feuillets suivants sont numérotés de 1 à 233.

Lettre de J. E. Zeiher, Docteur en medecine et Professeur en Mecanique, au R. P. Amiot, de la Comp. de Jesus, à Peking. St. Petersbourg, le 30 Decembre 1756.

« Très Reverend Père. Je me donne l'honneur de vous repondre à la lettre que vous avez ecrit le 30 Avril 1755 à Mess. Kratzenstein et Richmann : le premier etant presentement professeur a Copenhague, et l'autre ayant eu le malheur d'être tué par la foudre le 26 juillet 1753, en voulant faire une observation sur la force electrique d'une tempête.....

Lettres du P. Amiot

1. A Monseigneur De Bertin Ministre et Secretaire d'Etat &c., &c. A Peking, le 23ᵉ 7ᵇʳᵉ 1766.

Envoi de l'*Art militaire des Chinois*, etc.

Les lettres suivantes sont, comme celle qui précède, adressées à M. Bertin et signées Amiot (pas Amyot).

2. A Peking, le 9ᵉ 8ᵇʳᵉ 1767.

3. A Peking, le 11ᵉ 7ᵇʳᵉ 1768.

Envoi de : les cinq articles de *See-ma-fa* sur la guerre.

En P.S. : je joins icy une petite dissertation sur les 3 hoang que quelques auteurs ont crû sans fondement avoir été des Empereurs qui ont régné en Chine avant *fou-hi*.

4. A Peking, le 5 8ᵇʳᵉ 1771.

Envoi « d'une suite de cent portraits que j'ay fait copier sur ceux dont j'ay fait l'acquisition pour la bibliothèque du Roy.... Vous ne recevrez cette année que la copie de 52 portraits des 110 dix que j'envoie à la Bibliothèque du Roi...»

5. A Peking, le 4ᵉ 8ᵇʳᵉ 1772.

Envoi de :

— 4 portraits de Chinois célèbres.

— « Explication d'un monument gravé sur la pierre en vers chinois, pour constater la conquête du Royaume des Eleuths faite sous l'empire de *Kien-long* par les Tartares-Mant-choux.

6. A Peking, le 12ᵉ 8ᵇʳᵉ 1772.

Portraits de Chinois célèbres.

7. A Peking, le 8 9ᵇʳᵉ 1772.

8. A Peking, le 7 8ᵇʳᵉ 1773.

Envoi de : Dix portraits de Chinois célèbres. — Portrait de Kien-long par le frère Panzi.

9 A Peking, le 15 8ᵇʳᵉ 1773.

Transmigration des Tourgouths.

10. A Peking, le 20 7ᵇʳᵉ 1774.

Envoi de 16 portraits de Chinois célèbres. Lettre très-intéressante sur le bruit que l'on fait courir de la suppression de la compagnie de Jesus par le Pape et sur ce qu'il faudrait faire si le bruit était fondé.

11. A Peking, ce 20 7ᵇʳᵉ 1774.

Monseigneur P. X. je finissois la caisse que nous envoyons à votre Grandeur lorsqu'on m'est venu annoncer la destruction et suppression entière de la Compagnie....

12. A Peking, le 1ᵉʳ 8ᵇʳᵉ 1774.

Lettre de 44 pages suivie d'un post-scriptum de 8 pages datée « à Peking le 12 8ᵇʳᵉ 1774. »

10. portraits de Chinois célèbres. — Liste des morceaux adressés à feu M. Bignon. — Suppression des Jésuites.

13. A Peking, le 1ᵉʳ 9ᵇʳᵉ 1774, à Monsieur.....

Suppression des Jésuites.

« Le P. Hallerstein president du tribunal d'Astronomie est mort quelques jours après le P. Benoit, c'est-à-dire le 29 octobre 1774.

14. A Peking, le 15 7ᵇʳᵉ 1775, à Bertin.

15. A Peking, le 12ᵉ 7ᵇʳᵉ 1776, 30 pages.

Les deux premiers feuillets manquent « parce qu'on a imprimé cette lettre sur l'original, M. l'abbé Batteux ayant cru inutile de la faire copier. »

16. A Peking, le 15 7ᵇʳᵉ 1776.

« L'année dernière, un Carme allemand nommé le P. Joseph de Ste. Thérèse, missionnaire de la Propagande depuis environ une trentaine d'années, et faisant actuellement sa résidence à Peking, se transporta dans notre maison pour nous intimer, par ordre de Mr. l'evêque de Nan-king, le bref de destruction de notre Saint père le Pape....

17. A Peking, le 15 7ᵇʳᵉ 1776, à Monsieur....

Toute cette correspondance témoigne de l'ardent patriotisme du P. Amiot.

18. A Peking, le 15 7ᵇʳᵉ 1776.

Envoi d'instruments de musique.

19. Sans date.

20. A Peking, le 23 7ᵇʳᵉ 1777.

Monseigneur, Devenu par la mort du P. Benoit le doyen de notre mission française, et cette mission, depuis l'extinction de la Société, n'ayant pas comme cy devant des supérieurs qui representent pour tous, mes confreres ont cru devoir me remettre les dernières dépeches de votre Grandeur qui nous étoient communes à tous (quoiqu'inscrites sous les seuls noms de MM. Yang et Ko) et se décharger sur moi du soin d'y répondre.

Lettre fort longue ; d'environ 170 pages ;... « Je ne suis pas l'auteur de l'*Essai sur l'antiquité chinoise*.

...... Je ne suis pas l'auteur de la *lettre sur le génie de la langue chinoise et la nature de leur écriture symbolique comparée avec celle des anciens Egyptiens et adressée à la Société de Londres.* »

Sur les *Recherches* de M. de Pauw (col. 230).

21. A Peking, le 28 7ᵇʳᵉ 1777.

Envoi de Manuscrits : Continuation des Portraits de Chinois célèbres; lettre précédente.

22. A Peking, le 19 9ᵇʳᵉ 1777.

23. A Peking, le 28 7ᵇʳᵉ 1777.

Pour présenter ses neveux à Bertin.

24. A Peking, le 11 9ᵇʳᵉ 1777.

25. A Peking, le 25 9ᵇʳᵉ 1777.

26. A Tcheng-fu-see, le 25 May 1778.

Au P. Bourgeois.

27. A Peking, le 15 7ᵇʳᵉ 1778,

28. A Peking, le 5 9ᵇʳᵉ 1778.

Tome deuxième :

I. A Peking, le 5 7ᵇʳᵉ 1778 (Copie).

2. A Peking, le 5 Xᵇʳᵉ 1779.

3. A Peking, le 16 7ᵇʳᵉ 1779.

4. A Peking, le 13 Août 1780.

5. A Peking, le 16 7ᵘʳᵉ 1779 (Copie), à M. Bignon.

6. Péking, le 8 Xᵇʳᵉ 1780 (Duplicata), à M. de Sartines.

Monseigneur, La lettre du 18 9ᵇʳᵉ 1779, dont votre grandeur m'a honoré, et le brevet du Roi par lequel Sa Majesté me nomme administrateur des Missions françoises de la Chine, en cas de décès, maladie, ou autre empêchement de M. Bourgeois, m'ont été remis le 6 Xᵇʳᵉ 1780.....

7. A Peking, le 26 7ᵇʳᵉ 1780.

Voir dans les *Mém. conc. les Chinois.*

8. A Peking, le 22 Mai 1781.

A Peking, le 10 7ᵇʳᵉ 1780.

Cette lettre, comme plusieurs de celles qui la précèdent, porte cette note de Bertin : presque toute bonne ce me semble pour les Mémoires à imprimer.

10. A Peking, le 4 9ᵇʳᵉ 1780.

11. A Peking, le 8 Xᵇʳᵉ 1780 (Orig. du No. 6).

12. A Peking, le 22 Mai 1781 (Dup. du No. 8).

13. A Péking, le 17 Août 1781.

14. A Péking, le 28 9ᵇʳᵉ 1781.

15. A Péking, le 22 9ᵇʳᵉ 1783.

Voir dans le T. XI des *Mémoires.*

16. A Peking, le 6 juin 1784.

Reçue en Août 1785 par le vaisseau le *Sagittaire.*

Le P. Amiot demande pour son neveu une lettre de recommandation du ministre pour l'Intendant de Provence. Le Ministre écrit la note suivante : « Me faire promptement la lettre de recommandation à M. l'Intendant de Provence et premier Président de façon que nous puissions luy envoyer copie de la Réponse si nous l'avons a tems ».

17. A Peking, le 15 9ᵇʳᵉ 1784.

Voir dans le T. XI des *Mémoires.*

18. A Peking, le 2 8ᵇʳᵉ 1784. = 50 pages.

Voir dans le T. XI des *Mémoires.*

Arrivée par le *Sagittaire* en Août 1785.

19. A Peking, le 24 9ᵇʳᵉ 1784 ⸗ 24 pages.

Voir dans le T. XI des *Mémoires.*

20. A Peking, le 20 9ᵇʳᵉ 1785.

21. A Peking, le 20 May 1786 : 48 pages.

Voir dans le T. XIII des *Mémoires.*

22. A Peking, le 14 7ᵇʳᵉ 1786 : 59 pages. T. XIII des *Mémoires,*

23. A Peking, le 1ᵉʳ 8ᵇʳᵉ 1786.

24. A Peking, le 25 Janvier 1787 : 36 pages.

25. A Peking, le 19 9ᵇʳᵉ 1787 : 20 pages

26. A Peking, le 24 9ᵇʳᵉ 1787.

Tome troisième :

Liste des Jesuites qui après la mort de St. François Xavier

de 1581 jusqu'en 1681 ont été missionnaires en Chine, traduit du Chinois par P. Philippe Couplet procurateur de la Mission Belge en Chine, Parisiis ex typ. de la Caille, 1686, 11 pages.

Ms. du xviiiᵉ siècle (Voir supra, col. 499).

Lettres du P. Amiot :

1. A Peking, le 1ᵉʳ juillet 1788.

2. Lettre de Langlès : A Paris, ce 25 9ᵇʳᵉ 1786.

3. Peking, le 8 Août 1788, à Mr. Langlès.

4. A Peking, le 14 Août 1788 (copie). Mr. Desvoyes.

5. A Peking, le 1ᵉʳ 7ᵇʳᵉ 1788.

6. A Peking, le 1ᵉʳ 8ᵇʳᵉ 1788.

7. A Peking, le 26 Juin 1789 (copie), à Mr. de Brequigny.

8. A Peking, le 1ᵉʳ juillet 1789.

9. A Peking, le 10 8ᵇʳᵉ 1789, 44 pages.

10. A Peking, le 14 9ᵇʳᵉ 1789, avec une planche coloriée, à M. Mellet.

11. A Peking, le 16 9ᵇʳᵉ 1789.

12. A Peking, le 17 9ᵇʳᵉ 1789, à Mr. Desvoyes, Avocat au Parlement.

13. A Peking, le 15ᵉ juin 1790, à Mr. Hanna, Miss. ap. de Macao.

14. A Peking, le 24 7ᵇʳᵉ 1790, à Mr. Mellet.

15. Le 4 8ᵇʳᵉ 1790 : 61 pages.

16. A Peking, le 2 8ᵇʳᵉ 1790.

17. A Peking, le 16 8ᵇʳᵉ 1790.

18. A Peking, le 20 8ᵇʳᵉ 1790.

19. A Peking, le 2 9ᵇʳᵉ 1792, à Mr. Desvoyes

20. A Peking, le 20 sept. 1792 (copie), à son frère;

21. Peking, le 20 7ᵇʳᵉ 1792 (copie), à sa sœur, Marie Victoire.Amiot, religieuse Ursuline.

22. Peking, le 31 Oct. 1792 (copie), Mr. Delatour, ancien Sec. du roi.

23. A Toulon, ce 6 Avril 1778.

24. Lettre du P. Hanna, de la Cong. de la Mission. A Macao, 13 Décembre 1790.

25. Lettre de Mr. Correa à Mr. Desvoyes. Macao, 22 décembre 1791.

26. Lettre de Sœur Marie Victoire Amiot. Du Monastère de Ste Ursule de Toulon. Ce 24 juillet 1774.

27. Lettre de la même. Ce 4 de septembre 1774.

28. Lettre de la même. Ce 1ᵉʳ 9ᵇʳᵉ 1776.

29. Lettre de la même. Ce 9 mars 1776, à Monsieur Parent fils, premier Commis du Departement de Monseigner De Bertin.

30. Lettre de la même. Ce 10 Octobre 1779.

31. Memoire pour les Amiot.

32. Notice sur Mr. Pierre Jules Roch Amyot.

33. Copie d'une lettre du P. Amiot à sa sœur. A Peking, ce 26 mai 1793.

L'original était peint sur gaze. Envoi de son portrait.

34. Copie du Testament olographe de Mr. Amiot. Ce Testament est écrit en Français et en Chinois.

Cette collection d'une importance considérable fut offerte au Baron Benjamin Delessert par le libraire Nepveu dans la lettre suivante qui se trouve (originale) à la fin du Vol. I. de ce Recueil :

Paris, ce 1ᵉʳ juin 1830.

A. Nepveu, Libraire, passage des Panoramas, No. 26, salue Mr. Delessert et lui fait remettre ci-jointe la notice de sa collection de lettres autographes des Missionnaires. Cette notice est peut-être trop succincte, mais dans la lettre à M. Anderdou il y ajoute de plus grands détails. A. N.

Voici la notice :

Lettres autographes manuscrites.

« Correspondance entière et autographe des Jésuites en Chine, avec le ministre Bertin, depuis 1744 jusques y compris 1798, réunie en douze vol., dos de veau et coins en parchemin, plus un carton.

Détails des douze volumes.

80 Lettres du P. Amiot à M. Bertin, de 1766 à 1798 ; plus, une lettre adressée de Pétersbourg à M. Amiot par le docteur Zeiher. Le tout en trois forts vol. in-folio.

Il y a de ces lettres dont une seule formerait un vol. in-12 à l'impression.

68 lettres du P. Lefebvre à M. Bertin, et à M. Parent, de 1767 à 1779.

4 lettres du P. Raux, de 84 à 86.

4 lettres du P. Ventavon, de 1777 à 1779.

4 lettres du P. Poirot, dont deux en italien, de 1777 à 1780.

14 lettres de M. Hutton, datées de 1781 à 1783.

18 lettres de M. Poivre, de 1764 à 1778.

5 lettres de Court de Gébelin, écrites en 1780.

5 lettres du P. Dugad de Vitré, de 1777 à 1788.

2 lettres de M. de Grammont.

5 lettres de M. Bourgogne, de 1778 à 1784.

1 lettre de M. Lagannerie.

5 lettres du P. Panzi, de 1778 à 1784.

5 lettres de Ngien, prêtre chinois, datées de 1784 à 1786.

Une lettre de Kuo, prêtre chinois, missionnaire. Le tout en un vol. in-fol. demi-reliure, dos de veau, coins de parchemin.

6 lettres et un mémoire du P. Collas de 1778 à 1780.

1 lettre signée des PP. d'Ollières, Bourgeois et Collas, en latin, et adressée au Pape.

8 lettres du P. Benoit, supérieur de la résidence des missionnaires français à Pékin, depuis 1766 jusqu'en 1770, écrites de Pékin à M. Bertin.

Une de ces lettres a 25 pages.

1 lettre de Paul Licou, prêtre chinois, à M. Bertin, de 1771.

10 lettres du P. Cibot, depuis 1776 jusqu'en 1780, et son portrait fait par lui aux crayons rouge et noir.

La dernière lettre est du 3 août 1780, et il est mort le 8 de la même année.

85 lettres des PP. Kô et Yang, de 1763 à 1798, précédées de cinq volumes de dessins et de trois études de gravures faites par eux; de cinq lettres de M. Brisson, leur professeur de physique. Le tout en un vol. in-fol. demi-relié.

38 lettres du P. Bourgeois, de 1776 à 1798, entre lesquelles se trouve un Mandement en chinois et en latin; les pièces du procès des PP. Ventavon et Bourgeois. Le tout en un vol. in-fol. demi-relié, veau rouge.

112 lettres de M. Bertin, ministre secrétaire d'état adressées aux missionnaires en Chine, depuis 1764 jusqu'en 1788. Quatre volumes in-folio demi-reliés.

60 lettres relatives aux missionnaires en Chine, écrites de Cadix, de Chandernagor, etc., des états de toutes les curiosités envoyés de Chine en Europe.

30 Pièces diverses, rédigées par divers savants, et adressées aux missionnaires en Chine, par M. Bertin; savoir :

Observations envoyées à M. Amiot, par M. Roussier; Questions sur les richesses, la distribution des terres et la culture, sur l'imprimerie; éclaircissements demandés par M. Perronet sur les canaux et les chemins de la Chine.

Nota. Les sieurs Kô, âgé alors de 18 ans, et Yang, âgé de 19 ans, l'un et l'autre natifs de Pékin, convertis à la religion chrétienne par les jésuites, instruits par eux, passèrent en France en 1754, y restèrent onze ans, y firent des études latines et françaises, et retournèrent en Chine en 1765.»

Un grand nombre de lettres contenues dans les 3 vol. in-fol. de la correspondance du P. Amiot portent les annotations de Bertin. Les passages qui ont été reproduits dans les *Mémoires concernant les Chinois* sont marqués au crayon rouge. Toutes ces lettres n'ont pas été imprimées, comme le croit le P. de Backer, I, col. 140.

Que sont devenus les neuf autres volumes de cette correspondance du ministre Bertin? Je ne saurais le dire; on remarquera que ces douze volumes ne faisaient pas partie des manuscrits provenant du P. Brotier qui furent vendus au libraire Merlin pour 2,400 francs à la vente de Langlès en 1825. Merlin n'était d'ailleurs qu'un intermédiaire : une partie de ces manuscrits se trouvent aujourd'hui à la Bibliothèque nationale; une autre, achetée aux frais de la liste civile du Roi, est rentrée en possession des PP. de la Cie de Jésus; nous donnons plus loin une liste de ces derniers Ms. qui sont gardés dans la Bibliothèque de la Rue Lhomond. Voici la liste des Ms. sur la Chine, provenant de Brotier qui figurèrent à la vente Langlès (1) :

(1). Catalogue des livres imprimés et manuscrits composant la bibliothèque de Feu M. Louis-Mathieu Langlès, dont la vente se fera le jeudi 24 mars 1825 et jours suivants... A Paris, chez J.-S. Merlin, 1825, in-8, pp. xviij-558. — Voir le No. 4356.

Manuscrits provenans du P. Brotier, contenus en 6 cartons et classés par lui dans l'ordre suivant.

1° Chine et pays circonvoisins.

Théologie. — 1. De sacro corde Jesu opuscula quædam pia (en latin et en chinois). Pet. in-4 de 76 pages, sur pap. de la Chine; il est daté de Canton, 1725.

2. De ce qu'il faut croire avant que de venir à l'incarnation (en chinois). 160 pages en 5 cahiers, pet. in-4, pap. de Chine.

3. Antiquæ traditionis selecta vestigia, ex Sinarum monumentis eruta, quibus Paradisus terrestris, Angeli, hominisque casus et mundi Salvator per ænigmata et figuras videntur adumbrari (en chinois et en latin). Pet. in-4 de 61 feuillets, pap. de Chine.

4. Tria opuscula. An missionarii possint et interdum debeant citare gentium monumenta in favorem christianæ religionis. Doctrina 12 propositionum Sinis applicatur. Variæ quæstiones circa libros *King* et eorum usum proponuntur et solvuntur. Pet. in-4 de 52 pages, pap. de Chine.

Autographe du P. Jos.-H. de Premare.

5. Apologia historico-dogmatica pro primævi veri Dei cultûs apud Sinas perennitate et juxta legem naturæ religiosâ observantiâ ab anonymo Pinciano exarata. In-fol., vél.

Pièce originale, revêtue de diverses approbations de 1701.

6. 2 lettres du P. de Mailla; autres du P. Domange; mémoires du même; 3 lettres du P. Gaubil, mémoires du même; et autres lettres et mémoires relatifs aux Juifs de la Chine, sur la chronologie chinoise, sur l'astrologie, avec fig., le tout autographe et sorti de la plume des savants missionnaires de cet empire, de 1723 à 1728.

7. Diverses lettres et mémoires du P. Gollet, à l'appui de son système sur les anciens livres chinois touchant la venue du Messie. Lettre du P. Gaubil, relative à ce système, et autres pièces tant sur la chronologie chinoise que sur l'astronomie.

Le tout autographe.

8. Dissertatio theologico-historica de avitâ Sinarum pietate, præsertim ergâ defunctos, et eximiâ ergâ Confucium observantiâ. In-4 de plus de 400 pages.

Histoire. — 9. [Histoire de la dynastie des Mongous (par le P. Gaubil).

In-fol. de 60 feuillets, sur pap. de Chine. Autographe, paraphé page par du Resnel, censeur.

10. Abrégé de l'histoire des cinq premiers empereurs mogols, tiré de l'histoire chinoise (par le même). In-fol. de 3 feuillets, sur pap. de Chine.

Autographe.

11. Réflexions politiques, extraites d'un écrit de l'empereur Kang-Hi. 4 pages in-fol. sur pap. de Chine.

Ces réflexions roulent sur les divers peuples d'Europe, leurs forces et leur caractère, sur les peuples voisins de la Chine, sur le danger de laisser prendre quelque ascendant aux uns et aux autres.

12. Nova expositio periodi consummationis seculi, seu systematis temporum propheticorum, olim SS. patriarchis et prophetis distincte revelati, subinde permultis seculis altâ oblivione sepulti, ac demum recens feliciter detecti in hieroglyphicis Sinarum monumentis. In-fol. de 58 pages, sur pap. de Chine.

Avec des notes en chinois et des tableaux.

13. Brevis synopsis systematis temporum prophetic. (*sic*), feliciter detecti in vetustis Sinarum monumentis. 192 pages in-fol., sur pap. de Chine.

Avec nombreuses notes en chinois.

14. Vera temporum propheticorum ratio et ingenium, ab annis 15 et ultrà feliciter detecta in hieroglyphicis Sinarum monumentis; pars prior complectens seriem tùm seculorum, tùm generationum ab ipso mundi primordio usque ad Messiam redemptorem mundi completam. In-fol. de 18 pages, sur pap. de Chine.

Avec notes en chinois et tableaux d'une très-belle exécution.

15. Mystici temporum propheticorum numeri, in vetustissimis et hieroglyphicis Sinarum monumentis pluribus abhinc annis feliciter detecti; iidem nuper cum simili felicitate et evidentiâ observati in antiquioribus ponderum et mensurarum tabulis, ex primævâ, ut videtur SS. patriarcharum

traditione, per manus Ægyptiorum ad Græcos et Romanos traducti. In-fol. de 15 pages, sur pap. de Chine.

16. Confirmatio systematis temporum prophetic. *(sic)*, petita ex magicâ constructione et mysticis numeris figuræ *de Kipan tu*, seu Abaci majorum latrunculorum a diluvii tempore usque ad præsentem ætatem in hieroglyphicâ Sinarum traditione servatæ. In-fol. de 18 pag., sur pap. de Chine.

17. Confirmatio majorum periodorum et notabiliorum epocharum prophetici temporum systematis, detecti in Sinarum monumentis, petita ex pluribus ac diversis figuris magicis, ab omni ævo toto orbe dispersis. In-fol. de 37 pages, sur pap. de Chine.

Avec notes en chinois et tableaux.

18. Pièces envoyées de la Chine, sur les antiquités et l'histoire de cet empire, consistantes en 2 lettres du P. Gaubil, 2 du P. de Mailla, l'une d'elles de 16 pages, in-fol., et une du P. de Chavagnac aussi in-fol., avec des figures et des explications en chinois.

Le tout autographe.

19. Rerum sinensium compendiosa descriptio. In-4 de 24 pages.

Astronomie et astrologie. — 20. Observations, calculs, remarques et tables astronomiques, faites en Chine ; quelques-unes d'elles insérées dans le recueil du P. Souciet, indiqué au nᵒ 575 ci-dessus. 13 pièces, in-fol. et in-4.

21. Specimen elementorum arithmeticæ formalis et symbolicæ, in vetustiori Sinarum traditione feliciter detectæ, ex cujus principiis generantur plurimæ ac diversæ numerorum seu figuratorum seu periodicorum formæ, quibus temporum propheticorum characteres et celebriores, ne dicam omnes, epochæ sacræ videntur cum mirâ præcisione et veluti propriis suis sigillis consignari. In-fol. de 125 pag., sur pap. de Chine.

Avec des notes en chinois.

22. Supplementum explicationis speculi astronomici sinensis. In-fol. de 30 pag., sur pap. de Chine.

Avec notes en chinois et tableaux.

23. Pro expositione figuræ Sephiroticæ Kabalæ Hebræorum et generatim demonstrandâ mirâ conformitate primævæ Sinarum sapientiæ hieroglyphicæ, cum antiquiore et sincerâ Hebræorum Kabalâ, ab ipsis mundi primordiis, per sanctos patriarchas et prophetas successive propagatâ. In-fol. de 11 pag., sur pap. de Chine.

Avec notes en chinois et fig.

24. Speculum astronomicum ex quatuor diversis figurarum cœlestum ordinibus concinnatum ; et autres travaux astronomiques, en latin, sur pap. de Chine.

Avec des notes en chinois et des fig.

Géographie. — 25. Situation de la ville de Holin en Tartarie. Gr. in-fol. de 11 pages, sur pap. de la Chine.

26. Sur la situation du Japon et de la Corée; de la situation des pays de Counor, Sifan et Tibet; de la situation des pays compris sur la carte entre Hami, l'Irtis et la mer Caspienne; de la situation de plusieurs lieux de Tartarie qui sont dans la carte, et où les Jésuites, qui ont fait la carte, n'ont pas été. Des limites des Russiens *(sic)* et des Chinois; des limites du roi des Eleuthes ; situation de la grande muraille ; de la situation de quelques lieux de Tartarie, position de quelques lieux de la Chine, en vertu d'observations astronomiques. Des frontières de la province du Yunnen et du Gennen. In-fol. de 42 pag., sur papier de la Chine.

Autographe du P. Gaubil.

27. Lettres et remarques sur la géographie de la Chine et des contrées voisines. Parmi ces lettres, 18 du P. Gaubil, 1 du P. Hervieu et 1 du P. Jacques; toutes autographes.

Missions. — 28. IX Traités latins, relatifs aux missions de la Chine. 232 pag., in-4, rel. en cart.

29. Controversias antiguas y modernas de la mission de la gran China.

In-fol. de 657 pag., rel. en cart.

30. Eclaircissements sur les controverses de la Chine par le P. Ant. Beauvollier, J. ⸗ Sententia unius missionarii (P. Hervieu), circa ritus sinicos controversos. In-1, v. br. (voir col. 399).

31. Journal du P. Abraham Le Royer, J., missionnaire apostolique dans le royaume du Tonquin. In-4 de 99 pag., sur pap. de la Chine. Parait être original et autographe.

32. Des choses entreprises et exploictées par les P. de la comp. de J., pour l'advancement du Christianisme au royaume de la Chine. ⸗ Regulæ de encliticis. In-4, de 350 pag.

Parait original ; il est du xviiᵉ siècle.

33. Apologia e reposta a hum tratado feito pello P. F. Sebast. de S. Pedro da ordem de S. Francisco, que se intitula Recopilacao das causas porque o emperador de Japao desterrou de seus rejnos todos Padres. In-4 de 208 pag. sur pap. de Chine.

34. Détails de la persécution exercée en Chine contre les princes chrétiens de la famille de l'Empereur, en 4 lettres en forme de journal, écrites de Chine par le P. Gaubil en janvier, mai, septembre et octobre 1727, formant 39 pag. in-fol.

Autographe.

35. Lettres et pièces du xviiᵉ siècle, relatives aux missions de la Chine et du Japon ; la plupart des pièces originales écrites du pays, dont des lettres des PP. Trigault, Greslon, Tissanier, Noel, Thomas, de Fontenay. A la suite de ces pièces, diverses autres tant imprimées que mss., relatives au collège des pères de la comp. à Metz : le tout réuni en 1 vol. in-4, rel. en Cart.

36. Lettres édifiantes des missionnaires de la Chine, de 1703 à 1752, dont 34 autographes des PP. Goville, Porquet, Lecouteulx, de Chavagnac, Contencin, de Mailla, Bayard, Jacques et Gaubil.

31. Lettres et pièces des Jésuites espagnols et Italiens, la plupart du xviiᵉ siècle, et relatives tant à l'ordre qu'aux missions orientales. Plusieurs de ces lettres sont autographes ; à la suite, quelques pièces, tant imprimées que mss., relatives aux affaires de l'ordre en Europe. In-fol., rel. en Cart.

38. Relation de ce qui est arrivé de plus mémorable aux Pères de la Comp. de J. en Chine, depuis le temps qu'y fut presché le S. Evangile. In-4 d'environ 160 pages.

II. INDE, 39/48.

III. AMÉRIQUE, 49/73.

IV. LEVANT, 74/97.

— Extraits faits par le P. Brotier de divers Mémoires sur la Chine, tant in-fol. qu'in-4, et in-8.

MS. DE L'ECOLE STE. GENEVIÈVE, S. J. La Bibliothèque de l'Ecole Sainte-Geneviève, de la Compagnie de Jésus, rue Lhomond, à Paris, comprend une série de pièces manuscrites relatives à la Chine du plus grand intérêt ; ces ms. qui étaient en grande partie compris parmi les papiers de Brotier, dispersés à la vente de Langlès, ont été récemment reliés en 34 volumes de formats divers dont voici la description succincte :

— I. *Traditions* : Antiquae traditionis selecta vestigia ex Sinarum monumentis...... gr. in-4. Copie de l'ouvrage de Prémare. (Voir No. 19, *infra*.)

2. Documents relatifs à la question des Rits chinois, No. 1.

3. *Idem*, No. 2.

4. *Idem*, No. 3.

5. *Idem*, No. 4.

6. Journal du P. Leroyer.

Le P. Leroyer était missionnaire au Tong-king ; Voir Catalogue de Langlès, Nᵒ 4356 : Doc. 31.

7. Exemplaire imprimé de la *Brevis relatio*. (Voir *Question des Rites* col. 391.)

8 et 9. Lettres diverses. Nos. 1 et 2.

10. Lettres du P. Bourgeois .

11. Lettres du P. d'Ollières.

12. Histoire de la Mission, No. 1, in-8.

13. Histoire de la Mission, No. 2, in-8.

14. Histoire de la Mission, No. 3, in-8.

15. Lettres du P. Thomas, originales et copies, in-4.

16. Rerum Sinensium compendiosa descriptio, par le P. Michel Boym.

17-18. OEuvres théologiques du P. de Prémare.

19. Antiquae traditionis selecta vestigia ex Sinarum monumentis eruta (61 feuillets). (Voir no. 1); Ms. Autog. du P. de Prémare. Chinois et latin (Langlès, No. 3.)

20. Mémoires historiques, in-4.

L'un des mém. traite de la dignité des mandarins militaires, etc.

21. Antiquités chinoises, in-folio. Contient des Let. du P. de Mailla, du P. de Chavagnac, sur les Juifs de Kai-foung-fou, etc.

22. Rits chinois, No. 6.

23. Rits chinois, No. 7, in-folio.

Controversias antiguas y modernas de la Mission de la gran China. [C'est une copie du 2ᵉ Vol. des *Tratados* de Navarrete; voir col. : 19 et 20.]

24. Rits chinois, No. 8. (Une let. du P. Gregorio Lopez au P. Couplet à Rome, en espagnol, 10 Nov. 1862.)

25. P. Cibot, No. 1, in-folio.

26. P. Cibot, No. 2 (Sciences et Arts des Chinois), in-folio.

27. P. Cibot, No. 3. (Essay sur la langue et les caractères de Chine), etc.

28. P. Cibot, No. 4, in-4. (Essai sur les Jardins de Plaisance, etc.)

29. Voyages, No. 1. (Journal du Voyage à la Chine fait dans les années 1701, 1702, 1703; [*Amphitrite*]; — Extraits du Diarium des Jesuites de St. Pétersbourg touchant la mission de Chine.

30. L'état présent de l'église de la Chine, 1670. (Ed. décrite col. : 355.)

31. Miscellan. in-fol. (Catalogue des objets envoyés de Chine par les missionnaires depuis 1765 à 1789, 21 pag. ; Trad. du *Ta-hio*, etc.)

32-33. Copies de lettres et de pièces provenant de divers dépôts.

34. Voyages, No. 2. Relation du Voyage du P. Bourgeois en Chine parti du Port Louis le 15 mars 1767, et arrivé à Canton le 13 août 1767. A Canton le 1ᵉʳ décembre 1767. Ms. du P. Bourgeois, pp. 67, avec un P. S. A Canton, le 25 déc. 1767.

Outre cette collection comprenant 34 volumes, la bibliothèque de la Rue Lhomond comprend encore d'autres documents relatifs aux Missions de Chine dont voici la description :

A. — P. GAUBIL, S. J. 3 vol. L'un comprenant l'Histoire des Mongoux ; un autre des mémoires d'Histoire et de géographie; et le troisième les lettres de ce missionnaire :

I. Histoire des Mongoux.

In-folio, de 120 feuillets. *Commence :* « Vers le milieu du

12ᵉ siècle après Jesus Christ, le Prince Yesoukai gouvernoit la principale horde des Mongou. » *Finit* au verso du f. 120 par : « Remarques. 1. L'an 1206 fut le premier du règne de Gentchiscan. L'an 1370 fut le dernier du règne de Chunti. ainsi on peut compter 164 ans pour cette dynastie. Ceux qui ne comptent que 102 ans font finir la dynastie des Yuen l'an 1268 [lisez 1368] qui fut le 1ᵉʳ de Hongvou. 2. Si on compte A sou kipa ou tien chun parmi les Empereurs des Yuen, cette dynastie a eu 15 Empereurs. »

Le P. Gaubil a conduit son histoire jusqu'en 1370, époque de la mort de Chun ti à l'âge de 51 ans.

II. Histoire et Géographie.

1. A Canton, ce 12 9ᵇʳᵉ 1722 [une note ms. dit « Receue le 25ᵉ janv. 1724].

Adressée au Père E. Souciet, à Paris. 2 feuillets in-folio. Lettre au recto et au verso du 1ᵉʳ ; adresse au verso du 2ᵉ.

2. La Variation de L'aymant..... 3 feuillets in-folio envoyés avec la lettre précédente.

3. Ce 19 Xᵇʳᵉ 1722 [Receue le 18ᵉ Aoust 1723, du valet de chambre du Cap. de vaiss.]. 2 feuillets in-folio.

Lettre au recto du 1ᵉʳ; addresse [au P. Souciet] au verso du 2ᵉ.

.... Avant-hier on fit la ceremonie de l'enterrement du R. P. Provana mort au Cap de B. Espérance.....

4. Observations faittes a Peking les années 1723 et 1724, par les PP. Jacques et Gaubil, Jesuites François. 2 feuillets in-folio.

5. Extrait d'une Letre [*sic*] du R. P. Gaubil au R. P. Louis Gaillard, Jes. de la Prov. de Toulouse. A Pekin, le 23ᵉ juillet 1725, 4 feuillets gr. in-folio.

6 Extrait d'une letre [*sic*] du R. P. Gaubil a M. le Presid. De Foucaud, a Toulouse. A Pekin, le 25ᵉ Oct. 1725. 2 feuillets gr. in-folio.

7. Juifs de Cai-foug-fou Capitale du Honan. 4 feuillets in-folio.

Commence recto folio 1 : Dans le temps que la dynastie de Tcheou regnoit en Chine, les Juifs de Perse, Et du Corassan venoient dans cet Empire, Et ils y avoient des Sepultures, et des Endroits destinés à honorer leurs parents morts.

Finit verso folio 3 : Si je puis jamais aller à Caifonfou passer quelques jours je tacheray de tirer d'eux ce qu'on peut raisonnablement en attendre. Peking, ce 4 7ᵇʳᵉ 1725.

Verso folio 4 : Pour le R. P. J. B. Du Halde de la Comp. de Jesus. A Paris.

8. Abrégé de l'histoire de 5 premiers Empereurs Mogols, tiré de l'histoire chinoise [Reçu le 19ᵉ Octobre 1726]. 4 feuillets in-folio précédés de 2 feuillets avec ces approbations : « Je soussigné certifie avoir lû l'abrégé de l'histoire de la Dynastie *Tang* composé par le R. P. Antoine Gaubil de la Compagnie de Jesus. Cet abrégé me paroit curieux et interessant même pour l'Europe. [sig.] J : L : Desrobert J. A Peking, ce 24ᵉ Mai 1733. « J'ai lu l'abrégé......... Alexa. de la Charme Jesuit. Peking, ce 20ᵉ Mai 1733.

9. Remarques sur la dissertation de M. Freret insérée dans le 18ᵉ tome de l'Academ. des Inscript. Et belles lettres. 5 feuillets in-folio et 1/2 page. A Peking, le 20 8ᵇʳᵉ 1733.

10. Remarques Astronomiques sur celles qui sont insérées dans le Recueil d'Observations que le R. P. E. Souciet, de la Compagnie de Jesus, a donné au public en 1729. 4 feuillets in-folio.

11. Situation de la ville de *ho-lin* en Tartarie. 6 feuillets gr. in-folio. Très important pour la géographie des Mongols.

Commence : L'histoire de la dynastie des Mongou parle souvent de *ho-lin*. Je ne say d'où vient que le feu 1ᵉ. Souciet n'a pas mis la situation de cette ville à l'édition de l'histoire des mongou. *En Marge :* J'avois envoyé cette situation au P. Souciet.

12. De la Situation du Japon. Et de la Corée [Reçu le 25 sept. 1729]. 3 feuillets in-fol. = De la Situation des pays de Coconor, Sifau, et Tibet. 1 feuillet. = De la situation des pays marqués dans la Carte entre Hami, L'Irtis, le Tibet, et la mer Caspienne, etc., etc. 18 feuillets.

13. Sur la Mission de Corée, 2 feuillets gr. in-folio... Les PP. Fredely [*sic*], Jartoux [*sic*], Regis aussi Jesuites eurent ordre de *Kang-hi* de faire la carte de la Tartarie orientale, ils esperoient qu'ils feroient celle de Corée et esperoient par cette voye fonder une mission en Corée. L'empereur *Kang-hi* ne voulut pas que les Européens

fissent la carte de Corée et par la le projet des 3 jesuites échoua.

III. Lettres.

1. A Poulo Condor ce 23 février 1722 [Receue le 25e sept. 1722]. Note Ms. au Rev. P. E. Souciet.
2. Le P. Gaubil à M. son frère avocat en parlement à Gaillac. Le 27 Juin 1723. Copié sur l'original du P. Gaubil que je reçus en 1724, au mois d'Octobre et que j'envoyai à M. Gaubil le 4e Nov. 1724 (Note).
3. A Canton, ce 12 Xbre 1722 [Reçeue le 28 Juin 1723] au Rev. P. Souciet.
4. Juifs de Cai-fon-fou en Chine (Reçeue le 15 Octobre 1724), Commence : Le P. Ricci découvrit le 1er les Juifs de la Chine. 4 feuillets. A Pekin, ce 18 août 1723.
5. A Pekin, ce 18 août 1723, Reçeue le 15 Octobre 1724, au Rev. P. Souciet.
6. A Pekin, ce 20 Sbre 1723, Reçeue le 15 Octobre 1724, au Rev. P. Souciet.
7. Peking, ce 8 Sbre 1724, Reçeue le 12e juin 1726, au Rev. P. Souciet.
8. Peking, ce 9 7bre 1725, au Rev. P. Du Halde.
9. A Peking, ce 12 7bre 1725, Reçeue le 19 Octobre 1726, au R. P. Souciet.
10. A Peking, ce 25 8bre 1725, Reçeue le 19 Octobre 1726, au Rev. P. Souciet.
11. Peking, ce 31 8bre 1725.
12. A Peking, ce 5 9bre 1725, Reçeue le 1er juillet 1726, au R. P. Souciet.
13. A Peking, ce 5 9bre 1725, Reçeue le 1er juillet 1726, au R. P. Souciet.
14. Ce 9 9bre 1725, Reçeue Paris le 1er juillet 1726, au P. Souciet. — Au verso du 2e feuillet de cette lettre de la main du P. Souciet : Ext. d'une lettre du R. P. Gaubil au R. P. Gaillard de la Cie. de Jesus. A Pekin, le 27 Octobre 1726.
15. A Peking, ce 10 9bre 1725, Reçeue le 12 nov. 1726, au R. P. Souciet.
16. Ce 12 9bre 1725, Reçeue le 19 Oct. 1726, au P. Souciet.
17. A Peking, ce 13 9bre 1725, Reçeue le 20 Octobre 1726, au P. Souciet.
18. Peking, ce 28 Juin 1726, Reçeue le 12 fév. 1728, au P. Souciet.
19. Peking, ce 8 Sbre 1726, Reçeue le 12 fév. 1728.
20. 26 9bre 1725, Reçeue le 19 oct. 1726.
21. A Peking, le 21 8bre 1726, Reçeue le 12e fev. 1728.
22. A Peking, ce 6 9bre 1726, Reçeue le 2 oct. 1728, au P. Magnan.
23. Peking, ce 10 9bre 1726, Reçeue le 2 janv. 1728, au P. Souciet.
24. Sans date, Reçeue le 2 janv. 1728, au P. Souciet.
25. Peking, ce 21 9bre 1726, Reçeue le 12 fév. 1728, au P. Souciet.
26. Copie de la lettre que MM. Cassini et Maraldi écrivent au P. Gaubil et qu'ils m'ont donnée ouverte pour la luy envoyer. Paris, ce 9 Dec. 1726.
27. A Peking, ce 6 8bre 1727, au P. Cayron.
28. A Peking, ce 6 8bre 1727, au P. Cayron. — la Via.
29. Copie de la précédente. — 2a Via.
30. A Peking, ce 4 8bre 1727, au P. Cayron.
31. A Peking, ce 7e 8bre 1727, au P. Cayron.
32. Même date, au même.
33. Nouvelles de Peking. Ann. 1727, au P. Gaillard. A Peking, ce 8 Sbre 1727, suivie d'une feuille : « Voici les missionnaires qui sont à Peking En 8bre 1727 », au P. Gaillard.
34. Remarques sur la Carte de la Tartarie Orientale faite par le P. G.
35. A Peking, ce 8 Sbre 1727, au P. Gaillard.
36. A Peking, ce 11 8bre 1727.
37. A Peking, ce 8 Sbre 1727, au P. Gaillard.
38. A Peking, ce 11 8bre 1727, au P. Gaillard sur l'ambassade portugaise.
39. Pièce sur cette ambassade.
40/41. Duplicata.

42. A Peking, ce 13 8bre 1727, au P. Cayron.

Cette correspondance s'étent jusqu'à l'année 1754.

B. — P. de Gollet, S. J., 4 vol.

I. Je remarque parmi les pièces qui composent ce volume : De Origine Sinarum. — Illorumque Chronologiã abhinc ipso Diluvio ad nostra haec tempora Dissertatio. 12 pages. — Abbrégé de Remarques sur le livre classique Tchun tsieou — Dissertation sur la chronologie chinoise. — Dissertation critique sur l'éclipse de soleil dont parle le Chù-king sous Tchong-lang. — II. Ms. in-fol. de pp. 192, s. l. préf. : Nova Expositio periodi consumationis Saeculi seu Systematis temporum propheticorum, olim SS. Patriarchis et Prophetis distincte revelati, sub inde de permultis saeculis altã oblivione sepulti, ac demum recens faeliciter detecti in Jeroglyphicis Sinarum monumentis. — III & IV, Opuscules chronologiques.

C. — F. Verbiest, S. J., un vol. in-folio ; comprend :

Astronomia Europea sub Imperatore Tartaro-Sinico Cãm Hy appellato ex vmbra in lucem reuocata a P. Ferdinando Verbiest Flandro-Belga Brugensi e Societate Jesu Academiae Astronomicae in Regia Pekinensi Praefecto Anno Salutis m.dclxviii.

In-folio, autographié sur papier plié en double à la manière chinoise ; 6 feuillets sans le titre, contient le : Liber organicus Astronomiae europeae apud Sinas restitutae. Suivi de :

Compendium latinum proponens XII posteriores figuras libri obseruationum nec non priores VII figuras Libri organici. 3 ff. s. l. tit., et 12 ff. simples de figures.

On a intercalé à la suite l'ouvrage suivant en chinois et en mandchou avec le titre latin imprimé avec caractères en bois :

Typús eclipsis lũnae, anno Christi 1671, Imperatoris Cãm Hy decimo, die XVto lunae iiae, id est, die XXVto Martij ; ad meridianũm Pekinensem ; nec non imago adumbrata diuersorum digitorum in horizonte obseruatorum, in singulis Imperij Sinensis prouincijs, tempore quo luna in singulis oritur. Auctore P. Ferdinando Verbiest, Societis Jesu, in Regia Pekinensi, Astronomiae praefecto.

D. — Rits Chinois et Malabares, un vol. in-4 contenant 23 pièces parmi lesquelles nous remarquons No. 7 : Aduertencias sobre o liuro do P. Fr. Dom. Navarrette, par le P. Greslon ; et diverses lettres des PP. Tissanier (No. 8. Macao, 4 nov. 1685), Noel (No. 9, Macao. 4 nov. 1685), Thomas (No. 11, au P. de la Chaise. Macao. 23 Mai 1685), etc.

E. — Vocabularium latino-sinicum ad usum Missionariorum Societatis Jesu.

Ms. de la main du P. de Prémare, ne va que jusqu'au milieu de la lettre D [Demereor] — in-4, pap. chinois, pp. 414.

F. — De Romanâ linguâ Dialogus.

Ms. de Premare ; n'a pas été terminé ; in-4, de pp. 48.

Athenis, Tristan de, né en Sicile le 28 juillet 1707 ; martyrisé à Sou-tcheou le 12 sept. 1718.

Huc, Christianisme en Chine, IV, pp. 136/143 ; rep. dans les Miss. Cath., V, p. 443.

Attiret, Jean Denis, né le 31 juillet 1702 ; † 8 déc. 1768, à Peking.

Voir le Dict. de Biog. chrét. pub. par Migne, I, Col. 326/7. — Mgr. Guillemin donne dans ses Lettres p. 108, l'inscription sur la pierre tombale du P. Attiret dans le cimetière français à Peking. Malheureusement, dans le plan qui nous a été envoyé de ce cimetière, on a négligé de numéroter la tombe de ce frère.

Voir l'extrait d'une de ses lettres adressée à M. d'Assaut (Pekin, le 1er novembre 1743 : Let. éd., éd. de Mérigot, XXII, pp. 490 et seq.; éd. de Grimbert, III, pp. 16 et seq.) [voir col. : 124].

Notice : *Miss. Cath.*, VIII, 1876, p. 588.

Voir sur son voyage en Tartarie à la suite de l'Empereur et sa nomination au mandarinat une lettre du Père Amiot au Père de la Tour (Pékin. le 17 octobre 1754. *Let. éd.*, éd. de Mérigot, XXIII, pp. 302 et seq.; éd. de Grimbert, III, pp. 334 et seq.)

Voir également sur sa nomination au mandarinat (29 juillet 1754), l'Ep. du P. Patouillet, pp. xxxj et seq. dans le *Rec.* XXVIII des *Let. édif.*

— **Lettre du frere Attiret**, peintre missionnaire de la Compagnie de Jesus, au Sr. d'Assaut de Dole. A Pekin, le 1er 9bre. 1743, 19 pages *(Bib. nat., Ms. fr., 17240, Mél. sur la Chine)* [voir col. : 124].

« A la bibliothèque impériale à Paris, on conserve une lettre du P. Amiot concernant la vie et les actions du frère Jean Denis Attiret, peintre et missionnaire, né à Dôle, le 31 juillet 1702, † à Peking le 8 déc. 1768, honoré des regrets de l'empereur Kien-long. Elle a été imprimée par le P. Terwecoren dans ses *Précis historiques.* » (De Backer, col. 141/2.)

Bailly, *Augustin*, Frère coadjuteur, né à Robecq (dioc. d'Arras) le 22 Avril 1827 ; † à Nan-king le 7 mars 1869 ; il était parti pour la Chine le 19 déc. 1868.

Notice *(Miss. Cath.*, II, p. 166).

Basin, *Louis*, frère coadjuteur, chirurgien, né en 1714; † le 15 mars 1774 à Peking.

Cat., No. 428. — Préf. du P. Patouillet, *Let. éd.*, 34e Rec. p. xj.

Basulau, *Hippolyte*, né le 10 janv. 1824.

— Let. de Shang-hai, 21 Juillet 1870. *(Miss. Cath.*, III, pp. 314/5.)

Beaurepaire, *Gabriel de*, né le 18 Avril 1840.

— Ext. d'une lettre de Tcham-kia-tchuan. *(Etudes religieuses*, XIII, 1867, pp. 427/8.)

Beauvollier, *Antoine de*. Porte le No. 236 dans le dernier *Catalogus* ; né en 1656; arrivé en Chine en 1699 ; † en mer (Janvier 1708.)

Miss. versé dans la langue hébraïque ; voir l'épître du 7e Recueil des *Lettres édifiantes.*

Voir *Question des Rites*, col. : 399.

Bedon, *Jean*, né le 24 Août 1833.

Lettre de Ngan-kin, le 25 juin 1872 sur le pillage de la résidence des missionnaires dans cette ville. *(Miss. Cath.*, IV, 1872, p. 553.)

Benoist, *Michel*, né à Autun le 8 Oct. 1715 ; † à Peking, le 23 Oct. 1774.

Cat., No. 375. — De Backer, I, Col. 562. — Préf. du P. Patouillet *(Let. éd.*, 34e Rec.) p. xj.—A consulter sur la mort de ce Père.

Lettre d'un missionnaire de Chine. A Peking, année 1775. *Lettres édif.*, Mérigot, XXIV, pp. 396/430. — *Pant. litt.*, IV, p. 225.

Ce missionnaire a traduit le *Chou-king (Mém. conc. les Chinois*, note, I, p. 311.)

Bernard, *Augustin*, Frère coadj. ; né le 29 janv. 1828; † 27 Mai 1867.

Ext. d'une l., Tom-ka-dou, 15 juillet 1864. *(Etudes religieuses*, VII, p. 95/6.)

Bichon, *Edouard*, né le 7 déc. 1832.

L. de Sou-tcheou, 12 sept. 1876. *(Miss. Cath.*, VIII, p. 603.)

Bies, *Jacques*, né dans le Luxembourg le 27 janv. 1838.

L. de Kouang-te-tcheou, 23 août 1876 *(Miss. Cath.*, VIII, pp. 531/2).

Bourdilleau, *Narcisse*, né le 7 Oct. 1824; † 6 sept. 1872.

— Ext. d'une l. de Tsum-ming, 16 Juin 1864. *(Etudes religieuses*, VII, pp. 96/9.)

Lettre du 3 Juillet 1863 sur le district de Hai-men et l'histoire de la fondation de la chrétienté de Zü-kao-hien. *(Miss. Cat.*, II, pp. 305/7.)

Lettre du 15 Juin 1870 sur Hai-men *(Ibid.*, III, pp. 323/5.)

Bouvet, *Joachim*, né le 18 juillet 1656 d'après le *Catalogus* où il porte le No. 163, ou vers 1662 comme il est marqué

dans le *Dict.* de Migne, I, col. 683, ou le 17 Juillet 1665 suivant la *Bibliographie du Maine* de Desportes. Il quitta Brest pour la Chine le 3 mars 1685 avec les PP. de Fontaney, Tachard, Gerbillon, Le Comte et Visdelou. Arriva à Ning-po (juillet 1687). (Voir le voyage de Ning-po à Peking dans du Halde, I, pp. 61-81.) — Retourna en France (1697) et revint en Chine dans l'*Amphitrite* (Voir la relation de ce voyage par Ghirardini). — Le Père Bouvet est mort à Peking le 28 juin 1732 suivant le *Dict.* de Migne, I, col. 684, le Père de Backer, I, col. 839 et l'Ep. du P. du Halde, XXI Rec. des *Lettres édifiantes.* — le 29 juin 1730 suivant le P. Oudin (cité par le P. de Backer, *loc. cit.*) et la *Bibliog. du Maine*, — ou le 29 juillet 1730 d'après le *Catalogus.* — Il est enterré à Peking.

— **Notice sur le P. Bouvet**, Pe-tsing-ming en chinois. *(Vestiges des princ. dogmes chrétiens*, pp. 12/14.) [col. : 322.]

La *Bibliographie du Maine* par N. Desportes, le Mans, 1844, consacre, pp. 231/2, une notice au P. Bouvet qui était frère puîné d'un conseiller au Présidial, René Bouvet. Desportes, p. 232, cite l'ouvrage suivant du P. B. : « De significatione verborum Sinensium », et ajoute : « Ce manuscrit autographe, petit in-4, écrit en chinois, qui existait à la Bibliothèque du Mans, a été envoyé à celle de l'Institut à Paris.» Nous l'avons vainement cherché dans cette dernière Bibliothèque.

« On trouve son éloge dans les : *Eloges historiques*, par M. J. Poté, de la Société royale des Arts de la ville du Mans. Le Mans, 1817, in-8. — Il a son article dans l'*Histoire littéraire du Maine*, par Barthélemy Haureau, T. IV, pp. 262/7. Paris, 1852, in-8. » (De Backer, I, col. 840).

Biog. univ., art. de Grosier et de Rémusat.

— **Lettre du Père Bouvet à M. l'abbé Bignon**. A Pé-kim, ce 15e 7bre 1704, 39 pages in-folio (Bib. nat., Ms. fr. 17240, *Mélanges sur la Chine*).

— **Lettre du même au Très Reverend Pere de la Chaize**, Confesseur du Roy. En Cour. 10 feuillets. *(Ibid.)*

— **Lettre du R. P. Bouvet**, de la Compagnie de Jesus, a Monsieur Leibnitz. A Pekim, le 4 Nov. 1701. *(Ibid.)* [voir col. : 399].

C'est une copie.

— **Lettre du R. P. Bouvet**. A Pekim, ce 27 oct. 1704. *(Ibid.)*

Lettre de M. Bourgues, professeur de philosophie à Neufchâtel et Membre de l'Académie royale des Sciences de Berlin, écrite au R. P. Bouvet, Mis. Ap., du 6 Mars 1707. (Dans le *Mercure Suisse*, 1734). — Copiée dans le Ms. Fr. 12245 (Anc. Sup. Fr. 5212) de la Bib. nationale.

Ce Ms. contient également des copies de lettres de Mairan, de Fréret, et de Parennin.

Boym, *Michel*, né en Pologne en 1612 ; † en 1659 dans le Kouang-si.

Catalogus, No. 86. — Art. d'Abel-Rémusat dans les *Nouv. Mél. As.*, II, pp. 226/8. — Migne, *Dict. de Biographie chrétienne*, 1851, p. 693.

Broissia, *Charles de*, né en 1660 ; † le 8 septembre 1704.

Catalogus, No. 222.

Lettre du Pere d'Entrecolles, Mis. de la Cie de Jesus, à Monsieur le Marquis de Broissia, sur la mort du Pere Charles de Broissia, son frère. A Jao-tcheou, le 15 nov. 1704. *Lettres édif.* Anc. éd., IX, p. 504; Mérigot, XVIII, pp. 56/66; *Paut. litt.*, III, p. 154.

Buglio, *Louis*, né en Sicile en 1606 (de Backer, et le *Catalogus*, No. 73), le 29 janvier *(De Backer*, de Migne, I, col. 759); arriva en Chine en 1637 ; † à Peking où il est

(Vies des Miss. Cath.)   (Vies des Miss. Cath.)

17

enterré (Cha-la-eul, No. 23) le 7 oct. 1682 (de Backer, *Cat.*, et Migne).

« Le P. Buglio Sicilien, nommé en Chinois *li-lei-se*, est un de ceux qui ont le plus travaillé pour la Religion. — Il a composé 21 ouvrages, dont il n'y en a que 2 ou 3 sur des matières indifférentes. Son nom est sur ses livres, mais M F. [ourmont] ne paroit pas l'y avoir vû. Il est auteur du *tcháo sing hío yao* qu'il indique no. CCXXII, et que je ne traduirois pas (*rerum) naturam superantiem placita*, mais simplement : *supernaturalis et necessaria doctrina*. (Le P. Foureau au sujet de la p. 152 du *Cat. lib. Bib. Reg. Sin.* de Fourmont dans le Ms. Fr. 12215 de la Bib. nat., p. 43.)

— Missale Romanvm auctoritate Pavli V. Pont. M. Sinicè redditum a P. Lvdovico Bvglio Soc. Iesv Pekim In Collegio eiusd. Soc. AN. M.DC.LXX., 5 cahiers.

Le P. Buglio a également publié un « Rituale Romanum » et un « Breviarium Romanum », mais je ne les ai pas vus.

— Let. autog. signée, écrite en italien, datée « Da Hâncham, città metropolitana d'una delle isole Pante di questo Regno, ultimo di Dicembre 1637. » — Let. autog. signée, écrite en italien, datée de « Nanchino, 5 d'Ottobre 1639. »

Nous possèdons des copies de ces deux lettres dont les originaux se trouvent à la *Biblioteca Nazionale*, de Palerme.

Cang, *Philippe Stanislas*, frère coadjuteur, l'un des cinq jeunes Chinois élevés à Louis-le-Grand ; † en juin 1750.

Ep. du P. Patouillet, pp. lxxj. et seq. dans le Rec. XXVIII des *Let. édifiantes*.

Cattaneo, *Lazzero*, né en 1560; † à Hang-tcheou le 19 Janvier 1640.

— Bartoli, *la Cina*, IV, Torino, 1825, pp. 553 et seq. — De Backer, I, col. : 1140/1.

Châller, *Valentin*, Supérieur des Missions françaises en Chine, en 1745, après le P. Hervieu, né le 17 Déc. 1697; † à Peking le 12 Avril 1747.

Catalogus, No 318.— Ep. du P. Patouillet, Rec. XXVII des *Let. éd.*

Cibot, *Pierre Martial*, né à Limoges le 14 Août 1727; † à Peking le 8 août 1780; les *Mém. conc. les Chinois*, VIII, p. 111, le *Dict. de Biog. chrét.*, de Migne, et le P. Sommervogel (*Etudes religieuses*), 21e année, 5e S., XII, 1877, p. 749) disent, 8 août 1780, qui est la date exacte d'après une let. autog. du P. Collas que nous possédons. — Le *Catalogus*, No 415, 8 août 1784. — Le P. de Backer, I, col. 1270, 8 août 1789. — Le Cat. le nomme par erreur *Jean Martial* au lieu de *Pierre Martial*. — Il avait pour surnom chinois : Ko.

— Let. autog. signée, Peking, ce 11 9bre 1779, 8 pag. in-4..... « La grande mission de Chine ne fait que se soutenir sur les flots depuis plus de 18 ans. Perisse plutot ma droite que de reveler à l'Europe jusqu'où vont nos desolations et nos agonies. Mais permettez-moi, Messieurs, de vous demander de faire des informations sures et exactes sur tout ce qui ne vient pas du Souverain Pontife dans les conduites, arrangemens et ordres de la Propagande qui arrivent ici et sur ce que peut y mettre du sien le pouvoir adroit et efficace du peuple dangereux des subalternes... » Ce document important fait partie de notre collection particulière; il provient de la vente des autog. de M. Laurent Veydt, déc. 1878, No 440 du Cat. de vente.

Clavelin, *Stanislas*, né le 31 juillet 1814 ; † à Chang-hai le 15 juin 1862, suivant le *Catalogus*, ou le 9 juin 1862, suivant les *Miss. cath.*, III.

La sœur de ce missionnaire, Marie Clavelin, religieuse de St.-Vincent de Paul, a été massacrée à Tien-tsin le 21 juin 1870.

Collas, *Jean Paul Louis*, né à Thionville, le 13 septembre 1735 ; † à Peking, le 22 janvier 1781. — De Backer, I, col. 1325. — *Mém. conc. les Chinois*, XI, p. 387. Le *Catalogus*, No 425, donne le 12 sept. comme date de la naissance de ce missionnaire; le P. de Backer, d'après les registres de l'état civil de Thionville, indique le 13 sept.

Biog. univ., art. de Grosier.

— Let. autog. signée, A Peking le 2 octobre 1780, 4 pag. in-4.
« Monseigneur, Jamais cette mission n'a eu un plus grand besoin de votre protection, elle est attaquée par une partie de ceux qui ont traversé des mers pour la soutenir..... ». Ce document fait partie de notre collection particulière.

Colombel, *Augustin*, né le 1er août 1833.

Lettre publiée dans les *Variétés des Miss. Cath.*, 11, p. 380, sous le titre de *Nan-king en 1869*.

Lettre de Nanking du 12 octobre 1869. (*Miss. Cath.*, II, pp. 431/2.)

Lettre de Zi-ka-wei, du 4 janvier 1870. sur l'expédition de M. de Rochechouart dans le Yang-tze. (*Ibid.*, III, pp. 91 et seq.)

Les examens de la licence à Nan-king en 1870. (*Ibid.*, IV, pp. 54/56, 62/4).

Contancin, *Cyr*, né le 25 mai 1670; † le 21 nov. 1733.

Epître du P. du Halde, XXI Rec. des *Let. éd.*; l'épitaphe qui a été gravée sur le tombeau du P. Contancin à Cadix est donnée p. xxv.

Catalogus, No 250.

Della Corte, *A.*, né à Naples le 19 avril 1819.

Let. de Shang-hai, 18 juillet 1870. (*Miss. Cath.*, III, p. 314.

Couplet, *Philippe*, né à Malines en 1623 et non en 1622 ou 1628; suivant le *Catalogus*, il serait mort en 1692 [en mer].

Biog. univ., Vol. IX, pp. 351/2 ; art. de Grosier. — *Dict. de Biog. chrét.*, de Migne, pp. 1109/1110.

— Le Père Philippe Couplet, Malinois, S. J., Missionnaire en Chine. (1623-1694.) In-8, pp. 32. — Par le P. C. F. Waldack, S. J.

Ext. des « *Analectes pour servir à l'histoire ecclésiastique de la Belgique.* — Tome IX. 1872. Louvain [et] Bruxelles. » Ce mémoire contient les 7 lettres suivantes qui étaient inédites :

I. Le P. Couplet au P. Thomas Dekens, Provincial ; Anvers, 14 Déc. 1654.

II. Le même au même; Anvers, 19 Déc. 1654, p. 10.

III. Le même à un Père inconnu ; Macao, 4 février 1659, p. 18.

IV. Lettre du P. de Rougemont; 27 juillet 1661, p. 18.

V. Le P. Couplet à un inconnu [probablement le P. Dekens] ; Canton, 10 Nov. 1666, p. 21.

VI. les PP. de Rougemont et Couplet au R. P. Provincial de la Flandre-Belgique N. N., 7 sept. 1671, p. 25.

VII. Les mêmes au même; 11 sept. 1671, p. 27.

« Dissertatio, quibus causis Paulus V indulserit, linguâ Sinensibus eruditis communi per indigenas sacerdotes celebrari sacra; imprimée p. 126 des *Prolegomena ad propylœum Maii*, du P. Daniel Papebroch. Le P. Lebrun, de l'Oratoire, dans son *Explication des Cérémonies de la Messe* (Dissertat. XIV. art. II), dit qu'en 1688, le P. Couplet étant à Paris, montra cette dissertation à quelques savants, et que les Bollandistes n'en donnèrent qu'un précis. Elle parut en italien sous ce titre : Breve Ragguaglio delle cose piu notabili spettanti al grand' Imperio della Cina. In-4, 4 ff. Signé : P. Filippo Couplet della Compagnia di Giesu, 1687. » (De Backer, I, col. : 1426). [voir col. 358.]

* Port. du P. Couplet par Kneller, gr. in-fol , gravé à Londres en 1736, par les soins de R. Mead.

* Reverendo in Christo Patri P. Philippo Couplet Societatis Iesu e Sina in Urbem Procuratori Symbolis applaudunt et gratulantur Scholæ Societatis Iesu Cameracenses, pet. in-8, 4 ff. non chiffrés. (De Backer, I, col. : 1428.)

Nous signalerons ici une collection de pièces relatives à la *Question des Rites* reliées en un vol. in-fol. qui a été vendue fr. 150 en 1873, à la vente des livres de M. Pauthier (No 303).

Recueil de lettres, tant copiées qu'originales, de mémoires, apologies, justifications, etc., pour les PP. jésuites, dans leurs controverses avec les dominicains, relatives au culte rendu par les Chinois à leurs ancêtres et à Confucius. En un vol. in-fol., cart.

Recueil de la plus grande importance. La plupart de ces pièces ont été écrites en Chine, plusieurs sont certifiées par le P. Couplet, qui a mis en tête du volume une introduction écrite et signée de sa main.

Voici le détail des pièces contenues dans ce volume :

1. *Doutes*, etc., par le *P. de Sainte-Marie*, datés du 20 août 1637 *(en espagnol)*. Dominicain.
2. *Extraits* du livre II° de l'Histoire de la province de Saint-Rosaire, etc., imprimé à Manille en 1640 *(en espagnol)*. Dom.
3. *Réponse* des Jésuites aux attaques précédentes *(en espagnol)*.
4. *Réponse* des jésuites par le P. *Roboredo*, Manille, 1638 *(en espagnol)*.
5. *Réponse autographe* du même, signée de lui.
6. *Réplique* attribuée au *P. de Sainte-Marie (en espagnol)*.
7. Lettre autographe d'un missionnaire *(en espagnol)*. Dom.
8. Copie d'une lettre du provincial des *Dominic.* signée Ma-noël Diaz.
9. Copie d'une lettre du *P. de Moralez* au *P. Dias*, Visiteur, 1639.
10. Extrait d'un traité du P. *Furtado (en espagnol)*, 1639.
11. Traité du P. Adam Schall, présenté au tribunal des mathématiciens de Pêking, manuscrit authentique en latin, 1663.
12. Traité du *P. Ant. de Sainte-Marie* à Luis de Gama, esgn. visiteur. (Imprimé et traduit en français avec le P. Longobardi. Paris, 1701, in-12). [Voir col. 396.]
13. *Traduction* portugaise du traité du P. Longobardi, imprimé en espagnol dans Navarrete, p. 248, et traduit en français avec le précédent, etc. [Voir col 396.]

Nota. Ces deux copies manuscrites sont accompagnées des citations chinoises, ce qui leur donne une grande valeur *philologique*.

14. Ecrit du P. Sarpetri *(en espagnol)*, signé et annoté de sa propre main, avec la légalisation du P. Couplet.
15. Copie d'un autre écrit du même *(en espagnol)*.
16. *Traité* du *P. D. de Navarrete*, avec de nombreuses observations marginales de la main du P. Couplet. [Voir col. : 18].
17. *Traité* du même, *signé de sa main*, avec des observations marginales du P. Couplet.
18. Extrait d'un manuscrit du *P. Brancati*.
19. Extrait du *P. Félicien Pacheco* (ad. au P. Navarrete).
20. Extrait du *P. Govea (en espagnol)*.
21. Traité en latin du *P. Favre*.
22. Réponse du *P. Lubelli*, autographe.
23. Deux pièces concernant le P. Navarrete.
24. *De Ritibus Ecclesiae sinicae, apologetica dissertatio*, du *P. Gabiani* (30 feuillets in-folio). [Imp. 1700; voir col. : 386].
25. Grand traité du *P. Prosper Intorcetta en réponse* au P. Navarrete, précédé de l'approbation autographe du *P. Pacheco*. V. Provincial, avec ses cachets.

Nota. Le traité du *P. Intorcetta*, dont une portion paraît écrite de sa main sur papier de Chine, est extrêmement précieux en ce qu'il contient tous les textes chinois cités comme autorités à l'appui.

Crouillère, *François*, né le 28 Avril 1830.
— Lettre de Tsong-min, 20 sept. 1867, sur les Missions protestantes. *(Etudes religieuses*, 15° année, 4° Sér., 1868, pp. 140/143.)
Lettre sur l'île de Tson-ming. *(Miss. Cath.*, I, p. 62.)
Notice sur l'île de Tson-ming. *(Ibid.,* II, pp. 162/164.)
Lettre de Tson-ming, 30 sept. 1869, sur les Miss. protestantes en Chine. *(Ibid.,* III, pp. 2/3.)
Lettre de Tson-ming, 15 juin 1870, à M°° la Sup. des Religieuses de la Providence, à Alençon, sur les obsèques du P. Guibout. *(Ibid.,* III, pp. 315/6.)

Dechevrens, *Marc*. — L. de Zi-ka-wei, 22 Avril 1875, au R. P. Tailhan. *(Miss. Cath*, VII, 1875, p. 502.)
L. de Zi-ka-wei, 1er Août 1876, à son frère le P. Ant. Dechevrens, S. J. *(Ibid.,* VIII, pp. 499/501.)

Dentrecolles, *François-Xavier*, né le 5 février 1662 ; † le 2 juillet 1741.
Biog. univ., Art. d'Eyriès. — *Dict. de Biog. chrét.*, de Migne, pp. 1210, 1211.

— Réflexions sur l'endroit tiré des acta phisico medica de l'Académie des Curiosa naturae, et rapporté dans les mémoires pour l'histoire des Sciences et des beaux-arts au tome de janvier 1729 à la page 157. sig. A Pekim, ce 29 novembre 1732. François Xavier Dentrecolles, S. J. (*Bib. nat.*, *Ms. fr.* 17240), 5 feuillets.

Ms. Bib. nationale, No 17238, Francais-ancien Fonds St. Germain-Rés. (209), in-4. Il contient :

Livres chinois traduits par le P. Dentrecolles.

— Lettre du P. Dentrecolles au Père Du Halde. A Peking, le 8 Oct. 1737. — La lettre est signée Fran. Xavier [Dentrecolles].
— Extraits de la botanique chinoise. Sur l'œil de Bambou. 16 pages. De Pekim, le 12 mai 1737, plus 4 pages de supplément.
— Lettre du P. Dentrecolles. A Jao-tcheou, ce 29 may [1716] (Reçue le 12 juin 1718).

Suivie de : Traductions de quelques endroits d'un livre intitulé, L'Art de rendre le peuple heureux. — Traduction du chapitre des Examens particuliers des jeunes Etudians déjà Maitres ez arts, ou prétendant à ce grade. — Suite du livre cité au commencement des traductions. — Traduction du chapitre *kiang-hio*; Modèle que donne l'auteur d'un discours tel qu'on les prononce dans le *hio*, ou Sale des Assemblees des Lettrez. — Traduction du chapitre ou est proposé le projet, et les réglemens d'une Academie ou Société de Scavans.

Ces Mémoires *arrangés!* ont été publiés par Du Halde dans sa *Description de la Chine*, II.
— Recueil d'Explications.

Tous les manuscrits du P. Dentrecolles sont surchargés de ratures et d'additions; le titre de celui-ci, par exemple, est effacé et remplacé par le suivant :

Du Ginseng plante du 1er ordre dans la médecine chinoise. De sa nature, de ses qualitez et des différentes recettes qui apprennent l'usage qu'on en fait pour les diverses maladies.

Ce Mémoire sur le gin seng a 38 feuillets. Il est fort intéressant.

— Lettre du P. Dentrecolles. A Pekim, le 14 Aoust 1722.
— Mœurs de Chine. Version d'un ouvrage chinois qui n'est pas ancien. 120 pages. Finit par : Lactance, philosophe chretien me fournit un texte propre à estre mis icy pour conclusion de toutes ces leçons de morale,...... »

— Delandine, dans ses *Manuscrits de la Bibliothèque de Lyon*, I, p. 147, indique les ouvrages suivants :

46. Instruction pour un temps de persécution, par le P. d'Entrecolles (en chinois).

Ouvrage sur beau papier de soie, à neuf colonnes, avec frontispice en caractères noirs et rouges.

47. Histoire de Tobie, avec des réflexions pour un temps d'épreuves, par le P. d'Entrecolles, in-4.

Cet ouvrage en beaux caractères chinois, à neuf colonnes, sur papier très-blanc, est d'environ 180 pages : trois caractères du frontispice sont en rouge.

— Delandine ajoute : « C'est lui [Dentrecolles] qui a adressé l'Histoire de Tobie à la Bibliothèque de sa patrie [Lyon], il lui avoit fait don encore d'un traité dont il étoit auteur, sur les monnoies de la Chine, manuscrit dont le P. *Colonia* [*Hist. de Lyon*, t. II, p. 264] a fait mention, mais il ne se retrouve plus. »

Cette *Histoire de Tobie* a été réimp. à Tou-sai-vai [Siu-ca-wei] en 1872.

Desjacques, *M.*, né en Savoie le 13 Oct. 1824.

Lettre de Shang-hai du 24 Mai 1868 *(Miss. Cath.*, I, pp. 154 et seq.)

— Mœurs chinoises au Kiang-sou. (*Miss. Cath.*, IV.) [Voir col. : 130.]

— Le Poutong. (*Miss. Cath.*, VI, pp. 446/9, 458/60, 470/72, 482/86, 506/508, 518/521, 530/534, 542/545, 554/557, 566/569, 578/580).

Diaz, *Emmanuel*, Portugais, né en 1559; † à Macao le 30 Juillet 1639.

— *Biog. univ.*

Diaz, *Emmanuel*, Portugais, neveu du précédent, né en 1590; † le 13 Nov. 1630 au Tibet.

— *Biog. univ.*

Diaz, *Emmanuel*, Portugais, né en 1574; † à Hang-tcheou le 4 mars 1659.

— *Biog. univ.*

Dollières [*ou d'Ollières*], *Jacques François Marie Dieudonné*, né à Longuyon [Moselle], le 30 nov. 1722; † à Peking le 24 Décembre 1780.

Catalogus, No 412. — *Biog. universelle*.

Lettre de M. Bourgeois, Miss. à Peking, à M. Dollieres, Curé de Lexie, près Longwi. Ce 17 Novembre 1781 : *Lettres édif.*, Mérigot, XXVI, pp. 486/492. — *Pant. litt.*, IV, p. 282.

Notice : *Miss. Cath.*, VII, 1875, p. 628. [Ext. des *Let. édif.*]

Dubar, *Edouard*, né le 12 Octobre 1826; † 1878; vic. ap. du Pe Tche-li oriental, év. de Canath.

L. de Tchang-kia-tchuam, 23 sept. 1872, au P. Tailhan. (*Miss. Cath.*, V, pp. 78/9.)

— *Le Français* du 19 Octobre 1878 contient un feuilleton consacré à la biographie de ce prélat.

Edel, *X.*

La Famine en Chine. Chien Chien, 30 juin 1876. *(Etudes religieuses*, 14e année, 5e Sér., X, 1876, pp. 604/7.)

Estève, *François*, né à Paris, dans le château des Tuileries, le 26 mars 1807; † à Siu-ca-wei le 1er juillet 1848.

Le *Catalogus*, No 458, donne le 20 mars 1807 comme date de la naissance de ce Père.

* Notice sur la vie et la mort du P. E. M. F. Estève, Prêtre de la Compagnie de Jésus, Missionnaire de la Chine, décédé à Zi-ka-wei dans la Province de Nankin, le 1er juillet 1848. Paris, Poussielgue-Rusand, 1854, in-12, pp. vi-415. — Par le P. Achille Guidée, de la même Compagnie. 2e édition, revue, corrigée et augmentée. Paris, Douniol (impr. Remquet), 1860, in-18, pp. 411. (De Backer, 1, col. 2331.)

Faure, *Jacques Le*, né à Paris en 1610 ; † à Chang-hai, le 28 Janvier 1676; porte le No 93 dans le *Catalogus* de 1873.

Voir la préface de sa « *Dissertatio Theologico-historica* » (1700). — Voir sa lettre col. 352.

Ferrand *Emile*, né le 24 Août 1839.

L. de Shang-hai, 20 Oct. 1871 [sur Tson-ming] *(Miss. Cath.*, IV, pp. 165 et seq.

L. de Zô-sè, 22 sept. 1876. (*Ibid.*, VIII, pp. 592/3.)

Ferrer, *Jean-de-Dieu*, né en Espagne le 8 mars 1817 ; † à Chang-hai le 31 Déc. 1856.

Notices : *Miss. Cath.*, VII, 1875, pp. 639/640. — *L'Univers*, 23 déc., 1857.

Ce frère était un sculpteur distingué ; les *Miss. Cath.*, l. c., donnent une gravure représentant son groupe de *la Fuite en Egypte*. Il est l'auteur du rétable du maître-autel de l'église

de Ton-ka-dou et l'on conserve à Siu-ca-wei les maquettes de plusieurs de ses œuvres.

Fèvre le, *Etienne*, né à Avignon en 1598 ; † à Hang-tchong, le 10 Mai 1659.

Cat. No 58.

— Fang Tou-ti, divinité chinoise d'origine française. *(Miss. Cath.*, IV, pp. 701/2.)

Fontaney, *Jean de*, né le 17 février 1643 ; † 16 Janvier 1710. A. Rémusat, *Nouv. Mélanges Asiatiques*, II, pp. 240/3.

— Lettre du Pere de Fontenay, Superieur des six Jesuïtes Envoyez par le Roy à la Chine. Ecrite de Siam depuis le départ des Vaisseaux à un autre Iesuïte de ses amis le 26. Février 1686. s. l. n. d., in-12, pp. 39. [Permis d'imprimer. Fait ce 19. Iuin 1687. De la Reynie.]

Voir *Question des Rites*, col. : 391 ; « Relation de ce qui s'est passé en Chine... »

Fort, *Henri du*, né le 17 mai 1838 à Coulommiers ; † à Siu-ca-wei, le 31 janvier 1874.

Relations de la Mission de Nan-kin, I, 1873-74, pp. 85/99.

Foucquet, *Jean François*, né le 12 mars 1663. Il revint en France en 1723. — Ev. d'Eleutheropolis. Il porte le No 237 dans le *Catalogus*.

Il y a dans les *Lettres Juives* (Lettre CXLVII) éd. de 1766, Vol. V, pp. 293/290, une anecdote plus ou moins apocryphe sur un des lettrés qui accompagnèrent le P. Foucquet en France. Voltaire l'a reproduite dans son *Dict. Phil. (Ana, Anecdotes,* œuvres comp., 1785, XLVII, pp. 394/397.)

— Abel-Rémusat, *Nouv. Mél. As.*, II, pp. 258/261.

Notice sur le P. Fouquet, Fou-fang-tsi en chinois. *(Vestiges des princ. dogmes chrétiens,* pp. 14/16). [col. 322.]

Ms. Petit in-folio sur papier. (Recueil.) — 1° Johannis Francisci Fouquet, societ. Jesu, et episcopi Eleutheropolitani, Epistola ad Papam de Sinarum ritibus, christianae religioni contrariis. — 2° Ejusdem tabula chronologica Regum Sinensium, Romae sculpta, anno 1729, cum ipsius expositione gallice conscripta et manu scripta. — XVIIIe Siècle.

Bibliothèque Bouhier. D. 126. Manuscrit de 24 feuillets. (Porte le No 1111, dans le *Cat. des Ms. de la Bib. de Troyes.* — *Cat. des Ms. des Bib. des Dép.*, 11, pp. 456/457.)

Les *Mémoires de Trévoux*, Janvier 1730, p. 179, donnent une analyse détaillée de la table chronologique du P. Fouquet. [voir col. : 224.]

Les *Anecdotes chinoises*, t. IV, Paris, 1734, in-12, contiennent plusieurs lettres du P. Foucquet expliquant son rappel en Europe.

Il a été vendu parmi les livres de Klaproth (Cat. 2e partie, No. 28) un exemplaire interfolié du *Tao-Te-King* contenant un commentaire et une traduction en latin et en français, de la main du P. Foucquet. (Vendu 100 fr., Moore.) Le P. Foucquet a joint des remarques et quelques explications en latin et en français à d'autres ms. de cette bibliothèque (no. 26 †) relatifs aux systèmes religieux et philosophiques de la Chine.

Catalogue des Liures Chinois apportés de la Chine par le Pere Foucquet Jesuite en l'année 1722.

Cahier pet. in-folio de 25 ff., XVIIIe siècle ; British Museum, Add. Ms. No 20583, A. — Papiers du Cardinal F. A. Gualterio.

— Le British Museum possède un Ms. No 20583, B de la même provenance qui contient les pièces suivantes :

1ᵃ Une lettre autog. signée, de Maigrot (Carolo vesc. di Conon) li 26 [Sept. 1715] ; écrite en italien.

2ᵒ Des lettrès de la Chine, et des degrès de littérature où ils entrent après des examens règlès par l'Etat. Par l'évêque de Conon.

3ᵃ Copie d'une lettre écrite en italien au sujet d'une lettre du Pape traitant de la querelle entre les Dominicains et les Jésuites.

4ᵒ Fragment d'un traité de l'évêque de Conon sur les Cérémonies chinoises.

5ᵉ Testament de l'Impératrice mère de l'Empereur chinois qui règne aujourd'hui. (Avec des remarques de l'évêque de Conon.)

6ᵒ Edit de l'Empereur de la Chine mourant.

Parmi les *Additional Ms.* du British Museum, il en est un qui porte le No. 20306 et qui a pour titre : « Papers of Card. F. A. Gualterio. — Papers of J. F. Fouquet Bp. of Eleutheropolis 1723-1727. ». Ce vol. contient une série de lettres autographes du P. Foucquet adressées au Cardinal Gualterio ; il y a une cinquantaine de lettres dont la première est datée du 8 février 1723 ; la dernière est de 1727. Ce recueil qui a été acheté ainsi que les autres papiers du Cardinal Gualterio en Avril 1854 du Marquis F. A. Gualterio a été signalé par M. Armand Baschet dans sa brochure « Le Duc de Saint-Simon et le Cardinal Gualterio. Mémoire sur la recherche de leur *Correspondance* (1708-1728). Paris, 1878 » [extrait du *Cabinet historique*, t. XXIV, pp. 33/71,] pp. 27/29. Nous en avions fait une copie il y a fort longtemps et nous nous proposons de la publier quelque jour. Ces lettres, entre parenthèse, sont signées Foucquet et non pas Fouquet.

Foureau, *Pierre,* né le 13 Nov. 1700 ; † à Paris le 16 Nov. 1749.

Lettre originale du P. Foureau, jésuite missionnaire, datée de Pékin le 16 novembre 1738, sur papier de Chine. — No 29 du Recueil provenant du Collége de l'Oratoire de Troyes décrit sous le No 2240, p. 907 du *Cat. des Ms. de la Bib. de Troyes.* — *Cat. des Ms. des Bib. des Dép.,* II.

« Monsieur, je voudrois que ce que je vous envoye, repondit au livre qui y a donné occasion, je vous m'offrirois encore plus volontiers. Tel qu'il est daignez l'accepter comme une petite marque du vray devouement avec lequel j'ay l'honneur d'être. Monsieur, Votre très-humble et très-obeïssant serviteur. P. Foureau J. le 16 février 1744. »

« Monsieur En vous renvoyant les 2 tomes des Refl. Crit. et toutes celles que vous avez eu la bonté de faire et de me communiquer sur mon petit travail, je vous dois et vous fais bien des remerciments. J'en ay beaucoup profité, comme vous pourrez le remarquer, si vous en êtes curieux, quand mon exemplaire me sera revenu, car celuy que j'ay n'est pas assez correct pour le pouvoir communiquer. J'ay l'honneur d'être avec beaucoup de respect. Monsieur. Votre très-humble et très-obeïssant serviteur P. Foureau. J. Au College de Loüis le Grand le 19. Dec. 1744.» (Ces *deux* lettres autog. sont conservées dans le Ms. de la Bib. nat., Fr. 12215.)

Fourment, *Constance,* né le 10 fév. 1831.

L., 3 Sept. 1872, du Pe Tche-li. *(Miss. Cath.,* V, p. 78.)

Froes, *Jean,* né à Portalegre (Portugal) en 1591; † à Hangtcheou, 11 juillet 1638.

De Backer, I, col. 1975. — *Ménologe de la Cie. de Jésus,* par le P. E. de Guilhermy, Assistance du Portugal, 2ᵉ part., pp. 28-29 ; réimp. dans les *Miss. Cath.,* V, p. 336.

Le *Catalogus,* No. 47, donne 1588 comme date de la naissance de ce Père.

Gandar, *Dominique,* né le 8 fév. 1829.

Ext. d'une lettre, Chang-hai, 13 Aout 1864 *(Etudes religieuses,* N. S., VII, pp. 91/3.

Lettre de Zi-ca-wei, 19 Août 1868, sur les éclipses en Chine. *(Miss. Cath.,* II, p. 320.)

L., du 31 Déc. 1874. *(Ibid.,* VII, pp. 109/200.)

L. de Yang-tcheou, déc. 1875. *(Ibid.,* VIII, p. 150.)

L. du 23 août 1876. *(Ibid.,* VIII, p. 545.)

Gaubil, *Antoine,* né à Gaillac dans le Haut-Languedoc, le 14 juillet 1689 ; † le 24 juillet 1759.

Catalogus, No. 309. — De Backer, 1, col. 2053/4. — A. Rémusat, *Nouv. Mél. As.,* II, pp. 277/290.

Lettre du Révérend Père Amiot, à M. de l'Isle, de l'Académie des Sciences. A Peking, ce 4 Septembre 1759 : *Lettres édif.,* Anc. éd., XXXI, p. 1 ; Mérigot, XXIII, pp. 391/407; *Panthéon litt.,* IV, p. 84.

— Lettres du P. Gaubil, adressées à plusieurs savans de Paris *(Nouveau J. As.,* X, 1832, pp. 315/352, 385/414.)

I. Pèking, ce 12 Août 1752. ═ II. A M. de l'Isle. ═ III. Pèking, ce 13 Août 1752. ═ IV. A M. Deshauterayes. Pèking, ce 10 Août 1752. ═ V. A M. de l'Isle. Pèking, 28 août 1752. ═ VI. Pèking, 15 octobre 1753. ═ VII. A M. de l'Isle. Pèking, le 13 octobre 1754. ═ VIII. A M. Deguignes. Pèking, le 31 octobre 1755. ═ IX. A M. de l'Isle. Pèking, 3 novembre 1755. ═ X. Au même. Pèking, 6 novembre 1755. ═ XI. A M. de l'Isle. Pèking, 14 novembre 1737.

Ces lettres sont réimprimées dans le Vol. IV du *Panthéon littéraire,* pp. 57/79. [Voir col. : 426.]

Voir supra col. : 509/512 la description de ses Ms. à l'Ecole Ste. Geneviève. — Et col. : 501, des Ms. décrits par Biot.

Gerbillon, *Jean François,* né en Lorraine le 11 Juin 1654 ; † 1707.

— *Hist. de l'édit de l'Empereur de la Chine,* pp. 76, 108, 169, 208.

— *Biog. univ.,* Art. d'Eyriès.

— *Desc. de la Chine,* de Du Halde, T. IV.

Gonnet, *Joseph,* né le 31 Déc. 1815.

Lettres de Tcham-kia-tchuang, 8 et 18 juin 1860, à Mgr. Dubar, sur le pillage de la résidence des missionnaires à Kouam-pin-fou *(Miss. Cath.,* 11, pp. 298/9.

Lettre de Tcham-kia-tchuang, du 12 Août 1869, à Mgr. Dubar. *(Ibid.,* p. 368.)

L. du 20 déc. 1876. *(Ibid.,* IX, p. 131.)

Grammont, *Jean-Joseph de,* né en 1737.

1ᵒ. Copie autographe de la lettre du P. de G. au P. de Ventavon. Canton, 15 Février 1787.

2ᵒ. Lettre à d'Entrecasteaux, Canton, 3 Mars 1787.

3ᵒ. Canton, 19 février 1788. Version de la supplique chinoise présentée par les Portugais de Macao au Maire de Canton, le 28 Oct. 1787.

4ᵒ. Canton, 19 Février 1788, Lettre au Ministre de la Marine.

Ces quatre pièces autographes, inconnues au P. de Backer, se trouvent dans le Vol. V des Papiers tirés des Archives des Affaires étrangères. (Voir la 3ᵉ Partie de notre ouvrage.) Le P. de G. avait obtenu l'autorisation de résider à Canton, et il prit une part active aux négociations du Chevalier d'Entrecasteaux avec les Chinois. En 1790, il reçut de l'empereur l'ordre de retourner à Peking.

— Episode d'une persécution dans le Pe Tché-li en 1778. Extrait d'une lettre du P. de Gramont, missionnaire apostolique, à son Père, M. de Gramont, Conseiller d'honneur au Présidial d'Auch. *(Etudes religieuses,* 1863, pp. 466/470.)

Greslon, *Adrien,* né en 1618; † en mars 1697; enterré à Canton. [*Catalogus,* No 96.]

De Backer, I, Col. 2251.

Guibout, *Alexandre,* né dans le diocèse de Sécz, le 17 juin 1830 ; † le 25 juillet 1869, du choléra à Tsou-ming.

Notice : *Miss. Cath.,* II, p. 324.

Voir sur ses obsèques la lettre du P. Croullière du 15 juin 1870. *(Miss. Cath.*, III, pp. 315/6.)

Guillon, *Joseph*, frère coadjuteur, né le 27 Juillet 1830 à Conan (Dioc. de Blois); † à Tchang-kia-tchouan (Tchéli) le 1er février 1869.

— Ext. d'une l. de Chien-Chien, 26 mars 1864. *(Etudes religieuses*, VII, pp. 99/103.) — Tchang Kia-tchouang, 9 oct. 1864. *(Ibid.*, VII, pp. 104,105.)

— Lettre de Tien-tsin, 8 Mars 1868. *(Miss. cath.*, I, p. 3.)

Sur les Tchang-mao (Tai-ping) à Tien-tsin.

Notice : *Miss. cath.*, II, p. 166.

Hallerstein, *Augustin de*, né le 2 août 1703 ; † à Peking le 29 Oct. 1774. Porte le No 353 dans le dernier *Catalogus*. Le *Dict. de Bioq. chrét.* pub. par *Migne*, I, col. 153, le nomme *Allerstain* ou *Hallerstain*, et donne par erreur 1775 comme date de sa mort.

Sur la mort de ce Père, voir la Préf. du P. Patouillet. *Let. éd.*, 3ie Rec , p. xj. Le P. Patouillet l'appelle par erreur Portugais. — Voir ses lettres publiées par le P. Pray. [col : 413.]

Hamme, *Pierre Thomas van*, né le 25 mars 1651 ; † 17 août 1727.

Onuitgegeven Brieven, door Visschers ; Arnhem, 1857. 22 lettres, vide *supra*, col. : 494

— Het Leven van Pater Petrus-Thomas Van Hamme, Missionaris in Mexico en in China. (1651-1727.) Gent, Drukkerij van C. Annoot-Braeckman. 1871, in-8, pp. xxix-141 et 2 pl.

« *Maetschappy der Vlaemsche Bibliophilen*, 3e Série. — Nr 14. »

Tiré à 100 exemplaires.

Henriquez, *Antoine Joseph*, né le 13 Juin 1707; martyrisé à Sou-tcheou le 12 Sept. 1748.

Huc, *Christianisme en Chine*, IV, pp. 136/143 ; réimp. dans les *Miss. Cath.*, V, p. 443.

Hervieu, *Julien Placide*, Supérieur général des missions françaises en Chine, en 1719 et en 1740 ; né le 14 Janvier 1671; † à Macao, le 26 août 1746.

Catalogus, No 253. — Ep. du P. L. Patouillet, *Let. éd.*, Rec. XXVII, p. xvii.

« Le P. J. B. du Halde doit bien-tôt faire imprimer en deux tomes in-4..... un Recueil de divers Ouvrages des plus célèbres Auteurs Chinois, traduits de la Langue Chinoise en françois par le R. P. Hervien *(sic)*, qui demeure depuis plus de 25 ans à la Chine et qui est actuellement Supérieur général des Jésuites François Missionnaires dans ce vaste empire... » *(Mém. de Trévoux*, Juillet 1730, pp. 1292-1295.) [De Backer, II, col. : 139.]

— Le Recueil Ms. de la Bib. nat. Fr. 17239 contient une lettre de ce Père : Reverende Admodum Pater. P. C. Rerum ad hanc Sinensem Missionem..... Canton, 7 Jan. 1727 (sig.) Julianus Placidus Hervieu, 6 pages, in-folio.

Heude, *Pierre*, né le 25 juin 1836.

On trouvera le récit des voyages de ce naturaliste distingué dans les *Lettres de Laval* (1)

* I. *Déc.* 1869, *No*. 6 : Expédition au pays de Yn. — II. *Supp.*, *No*. 2 *de Sept*. 1875 : Relation de deux voyages : 1° au Kiangsi du

(1) On n'ignore pas que les *Lettres de Laval* sont un recueil de lettres autographiées de religieux de la Compagnie de Jésus, publié d'abord dans le format in-4, puis dans le format in-8, qui n'est pas dans le commerce et ne circule que parmi les membres de la Société.

7 mars au 12 juin 1873 ; 2° dans la rivière Hoai, hiver de 1873-74. — III. *Supp. de Déc.* 1875, *No.* 3 : Relation de deux voyages : 1° au Hou-kouang du 16 sept. 1874 au 31 janvier 1875 ; 2° dans le Hou nan, du 16 janvier au 13 mars 1875.

Lettre. A bord de la *Sainte-Marie*, en vue de Kiang-in, 14 janvier 1869. *(Miss. Cath.*, II, pp. 198-199, 208-207.)

Lettre de Si-ka-wei, 20 juillet 1870. *(Ibid.*, III, p. 314.)

Hoeffel.

L. du 19 juin 1876 [Pe Tche-ly sud-est]. *Miss. Cath.*, VIII, pp. 438/9.

Incarville. *Pierre d'*, né le 21 août 1706; † 12 juin 1757 à Peking.

D'Incarville (le père). Voyage à la Chine sur la frégate *la Danaé*. In-fol., pp. 40.

Manuscrit accompagné de deux dessins à la plume représentant des poissons de mer et des oiseaux. (Cat. Bib. Jussieu, vendue Janv. 1858, Labitte 1857, No 3927).

Intorcetta, *Prosper*, né en Sicile à Piazza, en 1625; † à Hang tcheou le 3 Oct. 1696.

Abel-Rémusat, *Nouv. Mél. As.*, II, pp. 229/234.

— *Hist. de l'édit de l'empereur de la Chine*, pp. 50 et seq

Jartoux, *Pierre*.

Porte le No 254 dans le dernier *Catalogus*. Né en 1668 d'après cet ouvrage, † à Peking, le 30 Novembre 1720 (Cha-la-eul, No 42). Sur sa mort, voir l'ép. du Père Du Halde en tête du XV. Recueil des *Lettres édifiantes*, pp. xxviii-ix.

Kögler, *Ignace*, né à Landsberg en Bavière en 1680; † à Peking le 30 mars 1746.

C. T. de Murr : *Litterae patentes Imp. Kang hi*, pp. 28 et seq. [voir col. : 263]. — *Catalogus*, No. 292. — L. du P. Ant. Gogeisl au P. Henri Hiss, 30 Nov. 1746, dans *Reisebeschreibung der Missionarien der Gesellschaft Jesu* du P. F. Keller, 1758, in-8.

Laimbeckhoven, *Godef. Xavier de*, né en Autriche le 9 janvier 1707 ; † le 22 Mai 1787; év. de Nan-king.

* Neue umständliche Reiss-Beschreibung R. P. Godefridi Laimbeckhoven der Gesellschaft Jesu von Wienn nach China abgeschickten Missionarii, darinnen in dessen ungemein beschwär-und gefährliche Schiffart von Genua bis Macao mit beygemengten vielen gar Lehr-reichen Astronomisch-und Geographischen Anmerckungen beschrieben und auf vieler Verlangen ihrer Annehmlichkeit halber, samt zwey von dem Authore selbst eigenen Augenschein fleissig ist verfertigten Wasser-und Land-Charten zum Druck beförderet worden. Wienn, Kurzböck, 1740, in-8; pp. 430, 2 cartes. (De Backer, II, col. 581/2.)

Réimp. dans le *Welt Bott*, No. 554 et 555; voir dans le même recueil les Nos. 590, 591, 592, 672, 673, 676, 677, 678, 687, 689, 691, 698.

Voir une lettre de Nan-king, 25 juillet 1780, dans le *Journal* de C. de Murr, Vol. XI, pp. 193,208.

Languillat, *Adrien*, né le 28 sept. 1808, évêque de Sergiopolis, vic. ap. de Nan-king.

— Lettre du Tché ly méridional, 10 sept. 1861. *(Etudes religieuses*, VII, pp. 110/2.)

— L. de Shang-haï, 12 juillet 1865 *(Ibid.*, IX, 1866, pp. 104/112).

— Lettre de Shanghaï du 7 sept 1858 *(Miss. Cath.*, I, pp. 196/7).

— Lettre de Shanghai du 12 avril 1869 *(Ibid.*, II, pp. 244/5).

Laperrelle, *Victor*, né le 31 mai 1843, à Biéville, diocèse de Coutances ; † à Siu-ca-wei le 14 janvier 1874.

Relations de la Mission de Nan-Kin, I, 1873-74, pp. 80/4.

Launay. *Victor*, né le 23 Mai 1832.

Letter to P. Colombier (from the Laval Letters). Shang-hae, 14 Déc. 1862 *(Letters and Notices*, (1), I, 1863, pp. 269/272.)

Lettre de Shang-hai du 16 mars 1870 sur les manœuvres des mandarins pour ne pas remplir les conditions du traité exigé par M. de Rochechouart. *(Miss. Cath.*, III, pp. 170/2.)

Leboucq, *Prosper*, né le 1er janvier 1823.

— Lettres du R. P. Leboucq, jésuite, missionnaire en Chine, à M. le Curé de Lonlay-L'Abbaye, Flers, F. Folloppe, 1859, br. in-8, pp. 23 : Iles de Java et de Sumatra, 5 Mars 1859. — Shang-hai, 13 Mai 1859.

Un épisode de la guerre de Chine en 1863. L. de la Province de Cham tung (Près de Tum kam fou), 18 avril 1863. *(Etudes religieuses*, Nouv. Sér, II, 1863, pp. 916/932.)

Extraits de plusieurs lettres (25 Déc. 1863-3 mars 1864) *(Ibid.*, V, pp. 514/525).

Ext. d'une L. — Nantze ta, 21 avril 1864. *(Ibid.*, VII, pp. 105/108.)

L. du village de Kia-tsien, 17 mars 1865. *(Ibid.*, IX, 1866, pp. 98/101.)

Les Sociétés secrètes en Chine. *(Ibid.*, VIII, 1875, pp. 197/220.)

Les Sociétés religieuses en Chine. *(Ibid.*, VIII, 1875, pp. 641/664.)

Lettre du Pe-tché-ly oriental, Mars 1868. *(Missions Catholiques*, I, p. 2.)

Lettre du 14 juin 1868 sur les rebelles du Tché-ly. *(Ibid.*, I, pp. 106 et seq.)

Lettre de Chien-chien, du 15 août 1868, au P. Terrier, de Laval *(Ibid.*, I, pp. 180 et seq.)

Lettre à Mgr. Dubar. *(Ibid.*, III, pp. 143/4.)

Lettre du 17 Janvier 1870. *(Ibid.*, III, pp. 161.)

Lettre à Mg. Dubar. *(Ibid.*, III, pp. 235/6.)

Lettre au même. *(Ibid.*, III, p. 269.)

Lettre de Ho-kien, 1er sept. 1871. *(Ibid.*, IV, pp. 93/5.)

Le Cornec, *Guillaume*, né le 9 fév. 1846.

L. de Chouei tong, 14 mai 1876. *(Miss. Cath.*, VIII, p. 464.)

L. de Ou hou, 11 sept. 1876. *(Ibid.*, p. 593.)

L. de Ning ko fou, 15 oct. 1876. *(Ibid.*, IX, p. 23.) — Du 9 nov. 1876. *(Ibid*, IX, p. 479). — de Chouei-tong, 16 nov. 1876. *(Ibid.*, IX, p. 479.)

Le Coulteux, *Etienne*, né le 31 Juillet 1667 ; † le 8 Août 1730.

Ep. du P. du Halde, XXIIe Rec. des *Let. édif.*—Le *Catalogus*, No 251, le nomme Joseph Le Coulteux.

Le Lec, *Henri*, né le 1er Juin 1832.

Lettre du 19 Octobre 1868 au P. de la Gorce sur la chrétienté de Nanking. *(Miss. Cath.*, II, pp. 42/3.)

Lévellé, *Victor*, né le 23 Déc. 1822.

L. du 22 juillet 1876 au P. Tailhan. *(Miss. Cath.*, VIII, p. 452.)

Longobardi, *Nicolas*, né en 1559 ; † 11 Déc. 1654.

Voir col. : 336.

— Let. autog. signée, écrite en italien, datée « Di Xauceo, Città della Provincia di Cantons. Il di 20 d'Ottobre del 1600. » — Nous possédons une copie de cette lettre dont l'original se trouve à la *Biblioteca Nazionale*, de Palerme.

* Ex litteris P. Francisci Clementis 7 Maij anni 1655 ex regno Sinarum missis, de vita et morte P. Nicolai Longobardi So-

cietatis Jesu, in-8, 4 pp. n. ch. [De Backer, I, col. : 1299.)

Magalhaes, *Gabriel de*, né à Pedrogão, près de Coimbre en 1609. — † le 6 mai 1677. — Porte le No. 80 dans le *dernier Catalogus*; le No 12, *Cha-la-eul*; — Voir : le P. de Backer, n. éd., II, col. 956/7. — Art. d'Eyriès dans la *Biog. universelle*.

— Abrégé de la Vie et de la mort du R. Père Gabriel de Magaillans, de la Cie de Jésus, Miss. de la Chine : Fait par le R. Père Louis Buglio, son compagnon inséparable durant trente-six ans ; & envoyé de Pe-kim l'an 1677, pp. 374 et seq., de la *Nouvelle relation de la Chine*... par le R. P. Gabriel de Magaillans, Paris 1688. [voir col. : 22]

— La traduction anglaise de cette biographie publiée dans l'édition de Londres (1688, in-8) de l'ouvrage de Magaillans sur la Chine est réimprimée ou plutôt condensée dans le *Chinese Repository*, X, 1841, pp. 605/613, par E. C. Bridgman.

Mailla, *Joseph Marie Anne de Moyria de*, né le 16 Déc. 1669 ; † à Pe-king le 28 juin 1748.

Le nom de ce missionnaire est écrit différemment suivant différents auteurs :

Le Père de Mailla signe « Jos. Mar. An. de Moyria de Mailla » dans une note datée Pékin, le 23 juin 1727 ajoutée au dernier feuillet de la Copie d'un ouvrage en caractères estranghelo décrit par Sacy *(Notices et Ext. de la Bib. du Roi*, XII, pp. 277 et seq.) Voir une note du *Panth. litt.*, pp. 58/59. — Il est appelé Jean-Marie de Mailla dans l'Ep. du P. Patouillet dans le XXVIIIe Rec. des Let. éd. — Dans le *Catalogus*, No. 264, il porte le nom de Jos. Fran. Moyra de Maillac. — Sur le titre de l'*Histoire générale de la Chine*, on le nomme Joseph-Anne-Marie de Moyriac de Mailla, mais l'éditeur de cette histoire dit en note, I, p. xxv : « Le véritable nom de ce Missionnaire est *Moyria de Maillac*. Il naquit dans la province de Bugey, au Château de *Maillac*, qui depuis cinq cens ans est dans sa famille. Cette maison est très ancienne & a joui des emplois les plus brillans, lorsque les provinces de Bresse et de Bugey étoient sous la domination des Ducs de Savoie. Le P. de Mailla (nous continuons de l'appeler ainsi puisqu'il n'est connu que sous ce nom) a eu deux de ses grands oncles Comtes de Lyon, il y a plus de deux siècles ; & ses neveux & nièces sont encore dans les Chapitres nobles de la province de Franche-Comté. Son neveu, M. le Comte de Moyria de Maillac, possède aujourd'hui les titres de son nom. Nous tenons ces éclaircissemens d'un autre neveu du Missionnaire, M. l'abbé de Moyria de Maillac, Grand Chantre de l'Eglise cathédrale du noble Chapitre de St.-Claude. » D'autre part, le P. Sommervogel écrit *(Etudes religieuses*, 21e année, 5e S., XII, 1877) : « Dans la collection d'autographes des *Etudes* est conservée une lettre de notre missionnaire dans laquelle on lit : «..... le nom de ma famille s'appelle comme vous savés de Moyriac. Mailla est une terre qui en distingue la branche principale ou pour mieux dire directe et l'ainée... »

Voir aussi de Backer, II, col. 993. — L'art de Weiss dans la *Biog. univ.* donne 1679 comme date de la naissance de notre missionnaire, ainsi que le *Dict. de Biog. chrét.*, de Migne.

Maquet.

L. du Pe Tche-ly, 12 et 17 Avril 1877. *(Miss. Cath.*, IX, pp. 417/418.)

Mariot, *Léon*, né le 2 mai 1830.

Lettre de Shang-hai du 3 Octobre 1869 au P. Tournesac. *(Miss. Cath.*, II, p. 419.)

Martini, *Martin*, né à Trente en 1614 ; † 6 juin 1661 à Hang-tcheou.

Art. de Weiss et d'Abel-Rémusat, *Biog. univ.*, Vol. XXVII, pp. 152/3. — Camus, *Mémoire sur la collection des grands et petits voyages....* Paris, 1802, pp. 317 et seq. — Bayer, *Museum Sinicum*, I, préf., p. 23.

— Zeitung auss der newen Welt oder Chinesischen Königreichen. so P. Martinvs Martini der Societet Jesu Priester / ohn-

---

(1) Letters and Notices. Roehampton. Printed for Private Circulation only. In-8.

(VIES DES MISS. CATH.)   (VIES DES MISS. CATH.)

langst auss selbigen Landen in Hollandt anlangendt / mit sich gebracht hat. Gezogen auss den jenigen Brieffen / so jungsthin auss Niderlandt nacher Ingolstatt oberschick worden. Gedruckt zu Augspurg / durch Andream Aperger. Anno M.DC.LIV, in-4, pièce de 8 pages, sans pagination.

Mayer, *Alexis*, né le 25 Juillet 1827; † le 16 Sept. 1871 à Tchum-kia-tcham (Tche-ly).

Notice : *Miss. Cath.*, IV, p. 294.

Mendez, *Pascal*, Chinois; né en 1584; † à Peking le 26 Juillet 1640.

— Bartoli, *la Cina*, IV, Torino, 1825, pp. 556 et seq.

Méricourt, *Hubert de*, † à Peking en 1774.

Cat., No 433. — Préf. du P. Patouillet, *Let. édif.*, 34ᵉ Rec., p. xij.

Noël, *François*, né le 18 Août 1651; † 1729.

Cat., No. 162. — Abel-Rémusat, Art. dans la *Biog univ.* et dans les *Nouv. Mél. As.*, II, pp. 252/257.

Notice sur le P. Noel, Wei-fang-tsi, en chinois. (*Vestiges des princ. dogmes chrétiens*, pp. 16/19 [col. 322].

* Doctrinae sinicae brevis indagatio. (Ms. de la Bib. nat. du P. Noël,)

— On trouvera dans le Recueil Ms. de la Bib. nat. Fr. 17239 la « Copie d'une lettre du P. François Noël, Jesuite, de Xamhay en la Chine le 22 Juin 1688 à son frère le P. Nicolas Noel Jesuite en la province Gallo -Belgique » 37 pages in-folio.

Dans une première lettre le P. Noël racontait son voyage de Lisbonne à Goa; cette nouvelle lettre est la continuation du récit.

Octave, *Pierre*, né le 19 Avril 1827.

Lettre du Tche-ly Sud-Est, 13 juin 1864. (*Etudes religieuses*, VII, pp. 108/109.)

Lettre de Kouam-pin-fou du 1ᵉʳ juillet 1869 au P. Gonnet. (*Miss. Cath.*, II, pp. 347/8.)

Palatre, *Gabriel*, né à Châteaugiron (Ille-et-Vilaine) le 2 Juillet 1830; † à Chang-hai le 13 Août 1878.

L. de Ki-kang-sen, 24 juin 1874. (*Miss. Cath.*, VII, pp. 14/19 sur le *Ieu-kouang*. — « Le Ieu-kouang est une opération magique fort usitée parmi eux [les Chinois] pour retrouver les objets perdus. »

L. du 3 janvier 1875, (*Ibid.*, VII, pp. 109/110.)

L. de Zi-ka-wei, 14 janvier 1875. (*Ibid.*, pp. 197/199.)

L. de Zi-ka-wei, 2 juillet 1875 au P. Tailhan. (*Ibid.*, p. 417.)

Le nouveau Vice-roi des deux Kiang. (*Ibid.*, pp. 434/6.)

Panzi, *Joseph*, Frère coadj., né en 1733 en Italie.

— Extrait des Lettres, qu'un Peintre italien, nommé Joseph Panzi, attaché à la Mission Françoise, a écrites de Pekin à un de ses amis. — Le cas, que l'Empereur de la Chine fait de ce peintre, et des ci-devant Jesuites, qui sont maintenus dans cette mission, mettent un certain intérêt dans ces lettres du 6. et du 11. Novembre 1776. (de Murr, *Journ. zur Kunst u. Litt.*, VII, 1779, pp. 262-264.)

— Neueste Nachrichten von der Mission der Gesellschaft Jesu in Sina. Ex litteris Josephi Panzi, Pictoris Itali, 22. Nov. 1777. Pekini datis, ac Romam transmissis, ubi honores P. Ignatio Sichelbart ab Imperatore Sinarum exhibiti, paulo fusiùs

describuntur, sequentibus, quae ad me perlata sunt, verbis : ... (*Ibid.*, IX, 1780, pp. 93 et seq.)

Parrenin, Parrenin, *Dominique*, né au Grand Bussey, diocèse de Besançon, le 1ᵉʳ sept. 1665; † à Peking le 27 sept. 1741. Nous donnons ces dates d'après le P. de Backer, II, col. 1773, et le *Catalogus*, No 228, mais on lit au bas du portrait du P. Parenin inséré dans le Vol. XIX des *Lettres éd.*, éd. de Mérigot : « obiit Pekini XXIX Sept. MCCXXXXI [lisez M. DCCXXXXI] aet. LXXIX » Mairan donne aussi la date du 29 sept. 1741 (p. 118.) — Mgr. Guillemin donne dans ses Lettres (q. v.), p. 107, l'inscription sur la pierre tombale du P. Parrenin dans le cimetière français de Peking.

Lettre du P. Chalier, Miss. de la Cie de Jesus, au Révérend Pere Verchere, Provincial de la même Cie en la province de Lyon. A Peking, ce 10 octobre 1741, pp. 385-401, XXII, de l'éd. des *Lettres édif.* de Mérigot ; anc. éd. XXVI, p. 145; *Panthéon litt.*, III, p. 760 ; trad. en all. dans le *Welt-Bott*, XXXII, 626.

* Discours sur le Père Parrenin, par le P. Renaud, Jesuite, lu à l'assemblée des académiciens de Besançon le 10 Décembre 1753; imprimé dans la Collection des Précis historiques. Bruxelles, 1855, p. 581.

Ce discours inédit jusqu'alors est extrait du 1ᵉʳ volume des ouvrages des Académiciens de Besançon. Ms. fol. Le P. Renaud, considère surtout le savant dans le P. Parrenin. (De Backer.)

* Dominique Parennin. Discours prononcé au Bussey, le 17 Mai 1864, par M. l'abbé Suchet, membre de l'Académie des Sciences, Belles-Lettres et Arts de Besançon, 1864. Besançon, Jacquin, in-8, pp. 31. (De Backer.)

Du Halde, *Let. édif.*, Rec. XXVI, Préface.

Le récit des funérailles de Parrenin d'après Du Halde est reproduit dans les *Miss. Cath.*, IV, 1872, pp. 665/6.

Art. de Weiss dans la *Biog. universelle*. — Correspondance avec Mairan, voir col. : 39 et 40.

— Lettre du P. Parennin, Missionnaire de la Comp. de Jesus à Mr. de Mairan de l'Académie royale. Peking, ce 30 Sept. 1735. (Bib. nat., Ms. fr. 17240, *Mélanges sur la Chine*.)

43 pages; c'est une copie.

— Version litterale du commencement de l'histoire chinoise depuis Fou-hy jusques à Yao. 108 pages.

Par le P. Dominique Parrenin. A Pekim, 12 aoust 1730. Précédé de la copie d'une lettre du P. Parrenin faite par un Chinois. On a intercalé entre cette lettre et la Version littérale, une lettre du Père Chalier, De Peking, le 16 8ᵇʳᵉ 1736.

Dans la copie de la lettre du P. Parrenin, on lit : « Il est bon encore d'avertir que l'histoire que j'ay traduite est celle qui a pour titre : *Tse Tchi Tom kien kam mou Tsien pien* faite par *Sse ma kouan* historien public de la dynastie des *Som.....*» (Bib. nat , Ms. fr. 17240, *Mélanges sur la Chine*.)

— Lettre du P. Parrenin à M. de Mairan de l'Académie. (A Peking, le 19 Nov. 1739.) (Bib. Nat., Ms. fr. 17240, *Mél. sur la Chine*.)

8 pages. Copie.

Petitfils, *Jean*, né le 14 déc. 1833; † 3 Avril 1874.

Lettres du 7 Mai 1868, etc., sur les rebelles dans le Tché-ly, (*Miss. Cath.*, I, pp. 81 et seq.; p. 110.)

Lettre du 18 Juin 1869 à M. Aubouin, curé de Sainte-Soulle (diocèse de la Rochelle). *(Ibid.*, II, pp. 293/4.)

Let. *(Ibid.*, II, p. 432.)

Let. 26 août 1871. *(Ibid.*, IV, pp. 94/5.)

Lettre de Hao-tsuen du 29 Sept.1871. *(Ibid.*, IV, pp. 190/1.)

L. de Wan-jin-kia-tchuang (Pe Tche-ly), 19 Avril 1872. (*Ibid.*, IV, pp. 453/456.)

Notice. *(Ibid.*, VI, pp. 550/1.)

Pfister, *A* , né le 24 Avril 1833.

— Letter to Fr. Fitz-Simon, Zi-ka-wei, January1868. *(Letters and Notices*, V, 1868, pp. 73/6.) — Zi-ka-wei, May 1868. *(Ibid.*, pp. 189/195.) — Shanghai, June 7th 1869. *(Ibid.*, VI, 1869, pp. 222/6.) — Nan-kin, Nov. 13, 1869. *(Ibid.*, VII, 1871, pp. 33/7.)

Lettre de Shanghai du 7 Juin 1869 au P. Fitz-Simon sur la première Procession de la Fête-Dieu à Si-ca-wei. *(Miss. Cath.*, II, p. 277.)

Lettre de Nanking du 6 Janvier 1870 sur l'expédition du comte de Rochechouart dans le Yang-tze. *(Ibid.*, III, p. 92 et seq.)

Lettre sur Wei-chan [dans le Kiang-sou en face de Wou-si]. *(Ibid.*, III, p. 189.)

Lettre de Nan-king du 16 Juin 1870. *(Ibid.*, III, pp. 291/2.)

Lettre de Si-ca-wei, 20 Sept. 1870, sur la pagode des supplices près de Shang-hai. *(Ibid.*, IV, p. 28.)

L. sur les fêtes religieuses célébrées par les Chrétiens du Kiang-nan à l'occasion de l'avénement de Tong-tche. *(Ibid.*, V, pp. 302/3.)

L. de Shanghai le 5 Mai 1873 sur l'ouverture de l'église de Notre-Dame Auxiliatrice, à Zo-cé, le 1er Mai 1873. *(Ibid.*, V, pp. 398/9.)

Pharazyn, *Arthur*, né le 15 mars 1842 à Poperinghe, diocèse de Bruges; † à Siu Ca-wei le 5 février 1874.

Relations de la Mission de Nan-kin, I, 1873-1874, pp. 142/153.

Pouplard, *Alexandre*, né le 22 Nov. 1834.

— Let. de Sou-tcheou, le 12 Oct. 1871. *(Miss. Cath.*, IV, pp. 142/4.;

L. de Kiang-in, 9 août 1876. *(Ibid.*, VIII, 1876, p. 545.) — De Ou-si, 19 août 1876. *(Ibid.)*

L. de Ou-si, 19 sept. 1876. *(Ibid.*, p. 592.) — 29 sept. *(Ibid.*, pp. 608/4.)

Prémare, *Joseph Marie de*, né le 17 juillet 1666 ; † 1735.

— *Catalogus*, No. 230.

— Art. d'Abel-Rémusat dans la *Biog. univ.*, et dans les *Nouv. Mél. As.*, II, pp. 262/276. — Biographical Notice of Pere Joseph Premare, Translated from Rémusat's *Nouveaux Mélanges asiatiques*, by S. R. [Brown.] *(Chin. Rep.*, X, pp. 668/675.)

Notice sur le P. Prémare, nommé Pe-tsin et Ma-jo-chee en chinois. (*Vestiges des princ. dogmes chrétiens*, pp. 8/12.) [col. 322.]

Klaproth a publié une lettre du P. de Prémare à Fourmont sur sa Grammaire dans les *Annales Encyclopédiques*, 1817, VIII, p. 13. — Voir au chap. de la Langue chinoise notre article sur la *Notitia Linguae Sinicae*.

MANUSCRIT : 1° De rebus sinicis, 5 feuilles.

2° Remarques sur le Tao-te-king, ff. 6 et 7. (Latin.)

3° Lettre :

Mon Reverend Pere. P. C. Je ne parlerai point dans cette lettre du triste état ou cette pauvre mission est réduitte... Sur les *king*. — ff. 8/21. — signée :

A Kien tchang fou ce 25° octobre 1707. Jos. Hen. De Premare.

4° Dissertation sur les lettres et les livres de Chine tirée d'une lettre au R. P. de Briga, Interprète de la Bande d'Isis. ff. 22/51. Incomplet.

5° Lettre du P. de Premare au P. De Lynières ce 1er oct. 1723. ff. 52/53.

6° De tribus antiquis monumentis qui Sinae vocant sam y. ff. 54/57.

7° Lettre du P. de Prémare : A Canton, ce 12 Nov. 1730. ff. 58/60.

(VIES DES MISS. CATH.)

Ce Ms. (ce n'est *pas* un imprimé) appartient à la Bib. nat. Nouv. Acq. 156, Latin ; il est composé de 60 feuillets ; toutes les pièces ne sont pas du P. de Prémare.

Provana, *Joseph Antoine*, né en Italie le 17 Oct. 1662; † le 7 février 1720 à Canton.

Notice dans les *Miss. Cath.*, V, p. 72, avec l'inscription gravée sur le tombeau. — *Catalogus*, No. 199.

Ravary, *François*, né le 27 Janvier 1823.

L. de Chü-tsen, 18 mars 1873. (*Miss. Cath.*, V, pp. 355.)

Le pays de Ning-ko (Kiang-nan). [*Ibid.*, VIII, 1876, pp. 2/5, 14/17. 26/28, 38/42, 50/53, 62/64, 74/77, 86/9, 98·100, 110/114, 122/125, 134/138, 146/148, 158/161.)

— Les tablettes des ancêtres et leurs registres de la famille en Chine. *(Etudes Religieuses*, 18° année ; V° Sér., VI, 1874, pp. 762/8.)

Regis, *Jean-Baptiste*, né à Bourg d'Istres en Provence le 29 Janvier 1664; † à Peking le 24 nov. 1738.

*Catalogus,*No. 257.

Art. d'Abel-Rémusat dans la *Biog. univ.*; et dans les *Nouv. Mél. As.*, II, pp. 235/239.

Rho, *Jacques*, né en 1590; † à Peking le 26 Avril 1638. (De Backer dit 27 Avril 1638.) — *Catalogus*, No. 48.

Bartoli, *la Cina*, IV, Torino, 1825, pp. 486 et seq.

Abel-Rémusat, *Biog. universelle*.

* Lettere due della sua navigazione, e delle cose dell' India. Milano, per il Bidelli, 1620, in-8. (De Backer.)

C'est évidemment le même ouvrage que celui que nous décrivons plus exactement ci-dessous d'après un Ms. de Montpellier.

* Indianische Raiss von dreyen Ehrwürdigen Priestern der Societet Iesv, welche im Jar Christi 1618. neben andern mehr von der Societet, nach Goa in India geschifft, mit beuelch von dannen in das grosse Königreich China zuraisen, den Christlichen Glauben bey denselben Heydnischen Völckern fortzupflantzen unnd ausszubreiten, in etlichen Missiuen kurtzlich beschriben. Auss Italiänischer und Frantzösischer Sprach verteutscht. Ego vos elegi... Ich hab euch erwöhlt... Getruckt zu Augspurg, bey Sara Mangin Wittib, 1620, in-4, pp. 58. Ce recueil contient cinq lettres du P. Jacques Ro *(Rho)* datées de 1618, p. 1/28. Copia Schreibens dess Ehrwürdigen P. Joannis Domini Caiati auss Goa vom 31 Decembris 1618. Auss der Italiänischen Sprach in die Teutsche übergesetzt, pp. 28/50. Elle est signée : Johannes Dominicus Gaiati. — Copia eines Schreibens von dem Ehrwürdigen Herrn P. Nicolao Trigautio, so er den 29. Decembris Anno 1618. Zu Goa datirt, auss dem Lateinischen verteutscht, pp. 51/58. (De Backer, col. 143, III.)[Voir col. :346/7.]

— Copia eines Schreibens von P. Iacobo Ro der Societet Iesu, auss dem Orientalischen Indien / zu Goa, den 27. Februar. 1621. Datiert / an einen herren nach Mailandt abgangen darinn Allerley bericht von Japon / China / und India in kurtzem

(VIES DES MISS. CATH.)

begriffen auss der Italianischen in die Teutsche Sprach ubersetzt. Getruckt zu Augspurg / bey Cara Mangin / Wittib. 1622, in-4, 6 feuillets.

La Bibliothèque de l'Ecole de Médecine de Montpellier contient un Ms. que Haenel indique p. 243 sous le titre de : *Relazione d'un viaggio nell' India, China, etc.* Ce Ms. infol. sur papier, est du XVIIe siècle ; il est écrit de différentes mains et composé de 83 feuillets plus 1 feuillet préliminaire non chiffré *Table du recueil.* Ce volume comprend sept pièces, savoir : 1° Lettere di Filippo Sassetti scritte da Goa e d'altri luoghi. (ff. 1/30.) — Les ff. 31 et 32 sont blancs. — 2° Voyage qui a été fait par terre de Paris jusques à la Chine par le sieur de Montferrand. (ff. 33/49.) — Le f. 50 blanc. — 3° Mémoires et advis donnez au Roy sur le faict de la Navigation et commerce de l'Amérique et les ordres des armées d'Espagne. (ff. 51/64.) — 4° Sous le No 65 se trouve un imprimé in-8 de 30 pages intitulé : Lettere del Padre Giacomo Ro doppo la sua partenza di Lisbona per la Cina, che fù alli 6. d'Aprile 1618. In Milano, 1620. — 5° Relatione sommaria delle nuove che sono venute del Giappone, China, Conchinchina, India & Etiopia quest'anno 1622. cavate d'alcune lettere di persone degne di fede. (ff. 66/72.) — Le f. 73 blanc ; les ff. 74 et 75 manquent ; ils ont été probablement omis par erreur. — 6° J. Terrentii espitola, 22 Aprilis 1622, Joanni Fabro a Sutscheu Romae missa (ff. 76/79.) — 7° Praecipui scientiarum libri quibus Chinenses et Japonenses populi student gradusque suscipiunt litterarios. (ff. 80/83.) — De la Bibliothèque Albani. — La dernière note fut donnée par les Jésuites à Urbain VIII.

Rhodes, *Bernard,* le Fr., médecin de l'emp. Kang Hi ; né en 1645 ; † 10 Nov. 1714 (le 11 Nov. 1715 suivant le *Catalogus,* No 239).

Notice par le P. Parennin. (*Let. édif.,* XXIX, pp. 2/9 ; réimp. dans les *Miss. Cath.,* VIII, pp. 539,540.)

Ricci, *Matteo,* né le 6 octobre 1552 à Macerata ; † à Peking le 11 Mai 1610.

Catalogus, No. 5. — Cha-la-eul, No. 1. — Art. d'Abel-Rémusat dans le *Biog. univ.* ; et dans les *Nouv. Mél. As.,* II, pp. 207/216.

— La Vie du Pere Matthieu Ricci, de la Compagnie de Jesus. Par le Pere d'Orléans de la mesme Compagnie. A Paris, chez George & Louis Josse, M.DC.XCIII, in-12, pp. 254 (chiffré par erreur 434) sans l'avertissement, la permission, etc., 6 p.

Cette histoire, dit le P. de Backer, II, Col. 1628, est peut-être le plus faible des ouvrages du P. d'Orléans.

La préface du Vol. XXV des *Lettres édifiantes,* éd. de Mérigot, contient une notice sur le Père Ricci extraite de la vie écrite par le P. d'Orléans, pp. III-XXXI.

* Leben des Paters Matthäus Ricci, Missionärs in China, aus der Gesellschaft Jesu, 1854, in-8.

Fait partie de la collection : Leben ausgezeichneter Katholiken der drei letzten Jahrhunderte. Schaffhausen, Hurter, in-8 [de Backer].

— Vie du R. P. Ricci, apôtre de la Chine, par Charles Sainte-Foi. Paris, Tournai, Casterman, 1859, 2 vol. in-12.

Charles Sainte-Foi, *pseud.* = Eloi Jourdain, théologien, né à Beaufort (Maine-et-Loire) en 1805 ; † 1861.

Consulter également sur ce célèbre missionnaire « La China » (Vol. I, Chap. XI et seq.) par La Farina qui a eu accès aux Archives du Chevalier Ricci di Macerata (demeurant à Bologne). Le P. de Backer, III, col. 182, dit : « Soixante-six lettres originales du P. Ricci, aussi curieuses qu'intéressantes, ont parué de la bibliothèque du P. Lagomarsini, dans celle de la famille Ricci, à Macerata. (Voy. le *Dizion. Storico,* édit. de Bassano, 1796.) »

Le P. Aleni a écrit en chinois la Vie du P Ricci.

— A propos de Matteo Ricci, Kircher écrit dans la *Chine illustrée,* p. 160 :

« 12. Il a composé le *Dictionnaire chinois* pour l'usage des nostres, dont j'ay l'original, que je donnerais à l'*Europe* et que je fairais imprimer si j'avais de quoy.

13. Il a traduit de *chinois* en latin l'*Histoire des vieux Chinois,* où l'on voit les dogmes et la doctrine des anciens Philosofes de cette nation, dans le dessein de faire voir leurs erreurs, et de mieux combattre les maximes qu'ils avaient, et qui choquaient les loix de la raison.

14. Enfin il a fait l'histoire universelle de 27 ans qui comprent tout le temps qu'il a demeuré dans la Chine. Le *P. Nicolas Trigaut* nous la donna en latin après l'avoir traduite d'Italien en cette langue en 1620, et le P. *Martin Martinius* l'a donnée derechef à l'*Europe,* après l'avoir augmentée de l'histoire des Royx qui avaient esté avant la naissance de Jesus Christ.

Rizzo, *Alphonse,* né le 14 février 1841 en Sicile ; † 3 janvier 1868 à Chang-hai.

Notice dans les *Miss. Cath.,* I, p. 7.

Rodella, *Jacques.*

* Lettere del P. Giacomo Rodella, della C. de J., doppo la sua partenza de Lisbona per la Cina. Milano, Bidelli, 1620, in-12.

Ternaux-Compans, No. 1244. — G. Libri, *Cat. of the Miscellaneous Portion,* No. 1719.

Ce Père n'est pas cité dans le *Catalogus* et n'a probablement jamais existé ; c'est sans doute le P. Ro [Rho] cité plus haut (col. 530) que l'on veut dire et le *della* ajouté à la suite de son nom est l'article qui précède le mot suivant : *della C. de J.* — Ce qui vient à l'appui de notre supposition, c'est le titre de l'imprimé (Milano, 1620) que nous donnons plus haut au nom du P. Ro d'après un exemplaire de la Bibliothèque de l'Ecole de Médecine de Montpellier.

Rodriguez, *André,* né le 2 fév. 1729 ; † 2 Déc. 1796 à Pe-king.

Catalogus, No. 414

— Fidelis Translatio Litterarum, Lusitanicè scriptarum à P. Andrea Rodriguez, Tribunalis Mathematici Praeside tertio, Pekini in Residentia S. Josephi 15 Augusti 1777. (De Murr, *Journ. zur Kunst u. Litt.,* VII, 1779, pp. 264-267.)

Rousseau, *Jean-Baptiste,* né le 11 mars 1835 ; † 18 mars 1867.

— L. de Tom-ka-dou, 20 juin 1865. (*Etudes religieuses,* IX, 1866, pp. 101/104.)

Roy, *Nicolas Marie,* né le 12 Mars 1726 ; † le 8 Janvier 1769.

Catalogus, No. 402.

— Lettres du Père Roy, de la Compagnie de Jésus, mort en Chine le huit janvier 1769. 3° ed. Lyon et Paris, Périsse frères, 1840, 2 vol. in-12.

Carayon cite les éditions suivantes, No 2537 : Lyon, 1822, 2 vol. in-12. — Seconde edition, Lyon, 1824, 2 vol. in-12. — Troisième [?] edition. A Lyon et Paris, 1831, 2 vol. in-12. 4e éd. Lyon, Perisse, 1853, 2 vol. in-12 [De Backer, 1, col. 1682].

Royer, *Maximilien,* né le 29 Mai 1829.

— Ext. d'une l. de Chang-hai, 15 Oct. 1864. (*Etudes religieuses,* VII, pp. 93,5.)

Lettre de Wou-si, 15 Mars 1868 au P. Fessard, supérieur du grand séminaire de Blois. (*Miss. Cath.,* I, pp. 153 et seq.)

L. (*Ibid,* VIII, 1876, p. 545.)

L. du 6 sept. 1876. (*Ibid.,* pp. 591/2.)

— Letter, June, 1, 1874. (*Letters and Notices,* X, 1875, pp. 97/101.)

Schall von Bell, *Jean Adam,* né en 1591, à Cologne ; † le 15 août 1666 à Peking.

Catalogus, No. 44. — Cha-la-eul, No. 50.

* Encomia et tituli quos Imperator Sinensis dedit P. Jo. Adamo Schall ejus parentibus et avis, in tertiam generationem, ob instauratam ab eo apud Sinas Astronomiam. In-4. Voy. Delandine, *Ms. de la Bibl. de Lyon*, t. I, p. 136. [Carayon, p. 347.]

— Adam Schaall, as Chief Minister of State of China By G. Minchin, Esq. *(Chin. Recorder*, IV, Feb. 1872, pp. 247/9.)

* Leben ausgezeichneter Katholiken der drei letzten Jahrhunderte. Herausgegeben unter Mitwirkung Anderer von Albert Werfer 11 Bändchen : Leben des Paters J. A. Schall und sein Wirken in China, und des Paters Ferd. Verbiest und sein Werk, die Blüthe des Christenthumbs in China unter seinem grossen Schüler dem Kaiser Khanghi. Zweite Auflage. Schaffhausen, Fr. Hurter, 1871, in-8, 1 grav. (De Backer, III, col. 591.)

— Rémusat *(Biog. univ.*, et *Nouv. Mél. As.*, II, pp. 217/221) fixe la date de la mort du P. Schall à la 10e l. de la 8e année Kang-hi (15 août 1669) et dit : « Cette date est prise de l'original chinois du Catalogue des Pères de la Société de Jésus, qui ont prêché la religion en Chine. Elle y est sous la double expression *huitième année* Khang-hi, *hi-yeou* du cycle, ce qui ne peut répondre qu'à l'année 1669. D'un autre côté, l'édition latine de ce même ouvrage, et presque tous les missionnaires placent la mort de Schall en 1665 ou en 1666. J'ai lieu de penser qu'il y a erreur dans tous ces auteurs qui ont pris pour l'année de la mort de Schall, celle où il fut attaqué de la maladie qui l'enleva, *cinquième* Khang-hi, *ping'ou* du cycle, en 1666. »

Biog. gén., Vol. XLIII.

Seckinger, *Joseph*, né le 9 Sept. 1829.

Lettre de Mai 1868. *(Miss. Cath*, I, pp. 83 et seq.)

Lettre de Nanking 30 Nov. 1869. *(Ibid.*, III, pp. 25 et seq.)

Relation de la *Persécution au Kien-tée*. *(Ibid.*, III, pp. 265 et seq., 274 et seq.)

L. de Tchen-kiang, 4 mars 1876. *(Ibid.*, VIII, pp. 232/233.) [Pillage de la résidence des missionnaires à Ning-ko-fou.]

L. de Ning-ko-fou, 20 mars 1876. *(Ibid.*, pp. 463/464.)

Sur les troubles de Ning-ko-fou, voir également ce recueil. *Ibid.*, VIII, pp. 518/521, 529/532; IX, pp. 26/8, 478/480.

L. de Nan-king, 10 sept. 1876, au P. Tailhan. *(Ibid.*, p. 545.)

L. de Ngan-king, 18 sept. 1876. *(Ibid.*, p. 503.)

L. de Nan-king, 4 oct. 1876. *(Ibid.*, p. 604.)

Semedo, *Alvaro de*, né en 1585, à Nizza (Portugal) ; † à Macao en 1658.

Moréri, *Dict. hist.*, IX, p. 331.—*Catalogus*, No. 36.— Art. de Blondeau dans la *Biog. univ.*

Sentinier, *Maurice*, né au Mur-de-Barrez (diocèse de Rodez) le 5 Sept. 1823 ; † le 29 juillet 1869 à Siu-ca-wei.

Notice :*Miss. Cath.*, II, p. 325.

Lettre à sa sœur, 21 juillet 1869. *(Ibid.)*

Slaviczek, *Charles*, né en Moravie en 1678 ; † 24 Août 1735 à Pe-king.

Catalogus, No. 296.

— On trouvera une lettre de ce père dans le Recueil Ms. de la Bibl. nat. Fr. 17239 : Reverende in Christo Pater, Blasphemari gentem Sinicam.... 7 Aug. 1723, Nan-tchang, Carolus Slavicek, 8 pages in-4.

Stevani, *Cajetan*, né en Vénétie 28 janv. 1819; † 28 nov. 1875.

Notice : *Miss. Cath.*, VIII, p. 491.

Sylva, *Felicien de*, † le 9 Mai 1604.

Ménologe de la Compagnie de Jésus, par le R. P. Elesban de Guilhermy ; Assistance de Portugal ; 1re partie, p. 426 ; réimp. dans les *Miss. Cat.*, V, p. 227.

Tartre, *Pierre Vincent du.*

Porte le No. 258 dans le dernier *Catalogus* ; né le 22 janvier 1669 en Lorraine ; arriva en Chine en 1701; † le 25 février 1724 ; enterré à Péking *(Cha-la-cul*, no. 41) ; on lit dans les *Let. éd.*, XIX, p. 404, éd. de Mérigot, que ce miss. est mort en mars 1724.

Voir sur son voyage en Chine la lettre adressée à son père datée de Canton, le 17 décembre 1701. *(Let. éd.* ; éd. de Mérigot, XVII, pp. 1 et seq., édit. de Grimbert, II, pp. 215 et seq.)

Terenz, *Jean*, né en Suisse en 1576; † 13 mars 1630 (ou le 11 Mai 1630 suivant le *Catalogus*, No. 41).

— Notice : *Miss. Cath.*, VI, p. 136.

J. Terentii Epistola, 22 Aprilis 1622, Joanni Fabro a Sutscheu Romae missa.

Ms. de la Bib. de l'Ec. de Médecine de Montpellier, No. 104 (p. 323 dans le *Cat. des Ms. des Bib. des Dép.*, I). — De la Bibliothèque Albani, 1275. [Voir supra le P. Rho, col. 531].

Compendium eorum quae a Philippo Paracelso suis in scriptis dispersa sunt; Catalogus in quo quamplurima teofrastica vocabula solita obscuritate referta dilucidantur, studio et opera P. Terentii jesuitae Germani. (Scripsit Theophilus Molitor.

Ms. pet. in-4 sur papier du xviie Siècle, No 461, *Ibid.*, p. 465.— Bibliothèque Albani, 900.

— Persécution de nostre Ste Loy dans le Royaume de la Chine soubs l'empire des Tartares.

Ms. du xviie S., in-4 ; Bib. nat., Fr. 14688.

Ce Ms. contient la copie d'une lettre du P. Jean Terencio adressée au P. Gaspar Ferreira, datée de Pe-kim, ce 27 août 1629 donnant les noms de l'évêque et des prêtres soriens ou arméniens gravés sur la pierre du Chen-si. [col. 325.]

Trigault, *Michel*, né en 1602 à Douai ; † à Canton 30 Sept. 1667.

« P. Michaël Trigaultius, Belga, eodem anno veniens praedicavit fidem in prov. *Xan-si* oppido *Kiam-cheu*, ubi palatium Reguli familiae *Tai-mim* ab Imperatore *Xum-chi* pro novâ Ecclesia extruendâ donatum loco veteris dirutae à loci Praefecto fidei hoste. Anno deindè 4. Imper. *Cam-hi* (1665) ex Aulâ venit in provinciae *Quam-tum* Metropolim, quod in odium fidei unà cum tribus è D. Dominici, et uno è D. Francisci familiâ, viginti è societate nostrâ Pekino fuerant relegati, ibidem obiit (1668). [Lisez 30 sept. 1667, *Cat.* No. 61] aet. 71 [lisez 65]. Sepultusque extra Metropolim ad Austrum fluvii *(Cat. Pat. ac Frat... usque ad 1681*, XXXIX.)

Nous indiquons ici ce Père afin qu'on ne le confonde pas avec son homonyme de la même Soc. : le P. Nicolas Trigault, qui était également de Douai.

Trigault, *Nicolas*, né à Douai le 3 Mars 1577 ; † à Hang-tcheou le 14 Nov. 1628 ; la *Biog. univ.* donne Nan-king comme lieu de sa mort.—*Catalogus*, No. 29.—*Biog. univ.*, Art. de Weiss.

« M. Duthillœul a consacré un article au P. Trigault, pp. 374-384, de sa « Galerie Douaisienne ou Biographie des hommes remarquables de la ville de Douai. Douai, Adam d'Aubers, imprimeur, 1844, in-8, pp. xxi-409, avec portraits. » On y trouve le portrait en pied de notre missionnaire en costume chinois ; il est pris sur le portrait exécuté en 1617, par un des Bellegambe, et qui se conserve au Musée de Douai. La notice bibliographique de M. Duthillœul n'est pas complète. »

« Le P. Adrien de Boulogne, S. J. a fait une épigramme pour son confrère, elle porte le No. 205, dans les « Epigrammatum Libri tres P. Adriani de Boulogne. Tornaci, 1642, in-8. » (De Backer.)

— Coppie de la lettre dv R. P. Nicolas Trigavt Dovysien de la Copag. de Iesvs. Escrite au R. P. François Fleuron, Prouincial de la mesme Compagnie en la Prouince des Païs bas, dattée de Goa en l'Inde Orientale, la veille de Noël 1607. A Paris, Chez Clavde Chappelet... M.DC.IX. Auec Permission. In-12, pp. 108 [voir col. 346 et le P. Rho, col. 530].

— Réimprimée dans la Vie de Trigault, par Dehaisnes, pp. 25/67, 225/253. [Vide infra.]

* Notice sur le P. Trigault, missionnaire en Chine (1578-1628); par l'abbé C. Dehaisnes... Paris, impr. impériale, 1864, in-8. (De Backer, III, col. : 1203.)

— Vie du Père Nicolas Trigault de la Compagnie de Jésus; par l'abbé C. Dehaisnes, Conservateur des Archives de Douai. Paris & Leipzig, — Tournai, Casterman, 1864, in-12, pp. xl-312; Fr. 1. 75.

L'Appendice, pp. 217 et seq., contient une série de lettre inédites et de pièces curieuses peu connues :

1. Note [en latin] écrite par le P. Trigault, extraite de l'Album novitiorum Domûs probationis Tornacensis, reposant aujourd'hui dans la bibliothèque de Bourgogne à Bruxelles.

II. Vers latins adressés par le P. Trigault au P. Gaspard Barzée; ils se trouvent, ainsi que la traduction en vers français par D. F. de Ricquebourg-Trigault, neveu du missionnaire, en tête d'un exemplaire de la vie du P. Barzée, conservé aujourd'hui dans la bibliothèque publique de Cambrai.

III. Suite de la lettre [en français] du P. Trigault, dont la première partie forme le chapitre second. De Goa, la veille de Noël 1607. (vide supra).

IV. Lettres écrites au grand-duc de Toscane, Côme II, au sujet du P. Trigault ou par ce Père lui-même.

V. Lettre du P Trigault [en latin] sur sa seconde navigation. Goa, 29 Dec. 1618; conservée dans les archives du Collège de la Compagnie de Jésus à Anvers.

VI. Ex litteris P. Nicolai Trigault, ad serenissimum Electorem Bavariae et alios Bavariae duces, datis 20 Octob. 1624. Cette lettre se trouve à Bruxelles dans la bib. de Bourgogne.

VII. Lettre : Ex urbe Han-cheu.. 13 Sept. 1627 ad R. P. Montmorenci.
P. S. 25 Nov. 1627.

VIII. Iter P. Nicolai Trigautii ex China in Europam et Chinensium statu.

IX. Indications bibliographiques relatives aux ouvrages du P. Trigault. Extraites en grande partie de la Bibliothèque du P. de Backer.

Vagnoni, Alfonso, né en 1566; † à Kiang-tcheou, le 19 Avril 1640.

— Bartoli, la Cina, IV, Torino, 1825, pp. 558 et seq.

— Notice dans les Missions Catholiques, IV, pp. 306/7, d'après le Ménologe de la Compagnie de Jésus. — Catalogus, No. 22.

Verbiest, Ferdinand, né à Pithens (près de Bruges), le 9 octobre (ou le 7, suivant le Catalogus) 1623; † à Peking le 29 janvier 1688 (Voir lettre du P. de Fontaney (15 février 1703.) L. éd., éd. de Grimbert, II, p. 274.

Le P. Verbiest fut enterré le 11 mars 1688 (loc. cit.) à Peking (Cha-la-eul, No 2.) — Il porte le No. 116 dans le dernier Catalogus.

Voir le Dict. de Biog. chrét. pub. par Migne, III, col. 1469.

Carta àcerca de la muerte del Padre Fernando Verbiest, Flamenco, de la Compañia de Jesvs, que sucediò a 28 de Enero

del año de 1688, en Pekin, Corte de la China. Escrita por el P. Antonio Thomas, Flamenco, de la misma Compañia, que en lugar del P. Fernando, es aora Prefecto de la Mathematica. Pp. 216/246 de Historia de vna gran Señora Christiana de la China..... Madrid, 1691, in-8. [Voir col. : 358.]

Cette lettre avait paru dans le format in-4. [Carayon, 2665.]
Traduite en allemand dans le Welt-Bott, II. 38. « Lauf-Brief R. P. Antonii Thomas S. J. an alle Jesuiter in Sina von dem Leben und seeligen Tod R. P. Ferdinandi Verbiest S. J. so zu Pekin gestorben den 28 Jenner 1688, dessen Starckmüthigkeit, Liebe, Sanfftmuth, Eyfer und Geschicklichkeit.

— Notice biographique sur le Pere Ferdinand Verbiest, Missionnaire à la Chine, par l'abbé C. Carton, chevalier de l'ordre de Léopold, Directeur de l'Institut des Sourds-muets et des Aveugles de Bruges, Président de la Société d'Emulation pour l'histoire des antiquités de la Flandre occidentale. Bruges, 1839, in-8, pp. IV-77.

Deux portraits du P. Verbiest, l'un en prêtre, l'autre en Président du Tribunal des Mathématiques. — Fac-simile d'une lettre. A la fin de l'ouvrage il y a un Appendice contenant : Extractum ex Registro baptizatorum in Pitthem. — Extractum ex libro, in quo novitii Societatem Jesu ingredientes, propria manu scribebant sua nomina, aliasque particularitates eos concernentes.

[Cette notice], dit le P. Carayon, No. 2665, parut d'abord dans les « Annales de la Société d'Emulation pour l'histoire et les antiquités de la Flandre Occidentale, Bruges, 1839, tome I, pp. 83/156. Elle se trouve aussi dans l'Album biographique des Belges célèbres. Bruxelles, 1844, in-4 ; le tirage à part compte 34 pages avec portrait du P. Verbiest par Everard. Cette édition diffère de celle de 1839.

— T. S. Bayer de Ferdinandi Verbiestii, S. J. scriptis, praecipue vero de ejus globo terrestri Sinico. (Miscellanea Berolinensia, VI, pp. pp. 180/192.)

Outre les lettres que nous signalons col. 262 et col. : 357, l'abbé Carton cite les lettres suivantes du P. Verbiest :

— Lettre du 5 Juillet 1660.

Cette lettre se trouve dans Kerkelyke historie, door Cornelius Hazart. S. J., Antwerpen, in-fol. I Vol., VII Deel, VI Cap., p. 242. Elle parle de son rappel à la cour et elle décrit les honneurs qu'il a dû subir en chemin.

— Epistola P. Ferdinandi Verbiest ex Pequino ad P. Gruberum data in Sigan-fu commorantem.

Le P. Verbiest y parle de cette fameuse cloche de Pékin et la compare à celle d'Erfurt. China illustrata, R. P. Kircheri, p. 233.

— Epistola ad Rev. in Chrto. Patrem Provincialem Provinciae Flandro-Belgicae Soc. Jesu. Pekini 3 Septembris 1667.

Cette lettre est écrite de sa prison, elle respire la piété la plus solide et un courage héroïque. C'est de cette lettre, dont l'original repose dans les archives générales du royaume de Belgique, que j'ai fait prendre le fac-simile joint à cette notice.

— Epistola R. P. Ferdinandi Verbiest, Flandro-belgae soc. Jesu ad ser. Lusitaniae regem Alphonsum VI, Pekino, 7 sept. 1678.

Une copie de cette lettre se trouve aux archives générales du royaume et à la bibliothèque royale, no. 16693. Elle a été imprimée en Europe, in-4. Le P. Verbiest y remercie le Roi de Portugal pour les immenses bienfaits que la religion lui doit.

— Copia Epistolae scriptae linguâ hispanicâ a P. Ferdinando Verbiest, societatis Jesu, ad ill. et rever. D. Gregorium De Lopez ex Pekino, die 15 januarii 1683.

Il existe une copie de cette lettre aux archives du royaume et à la bibliothèque royale, écrite par la même main. Cette lettre traite du serment qu'exigeaient les légats. Elle est très-curieuse pour l'histoire des troubles qui ont agité cette célèbre mission, surtout après la mort du P. Verbiest.

— Epistola R. P. Ferdinandi Verbiest, 4 octobr. 1683.

« C'est la relation du voyage que fit l'Empereur, l'année 1683, en Tartarie; elle se trouve aux archives générales du royaume. La traduction en a paru à Paris. » — C'est celle que nous signalons col. ; 202.

Visdelou, Claude de, Vic. ap. du Kouei-tcheou; év. de Claudiopolis (1709) né le 12 Août 1656 en Bretagne; † 11 Nov. 1737 à Pondichéry.

Catalogus, No. 167. — Art. d'Abel-Rémusat dans les Nouv. Mél. As., II, pp. 244/251.

Orazione funebre di M. di Visdelou, Gesuita Vescovo di Claudiopoli Vicario Apostolico nella Cina, ed all' Indie etc. Morto in Pondichery le 11. Novembre 1737. e seppelito nella Chiesa de' RR. PP. Cappuccini Missionarj Apostolici, e Curati. Recitata li 11. Decembre seguente dal R. P. Norberto Cappucino della Provincia di Lorena, Missionario Apostolico, e Procuratore delle loro Missioni dell' Indie alla Corte di Roma. In Lucca, MDCCXLIV, Per Domenico Ciuffetti, e Filippo Maria Benedini, con Licenza de' Superiori, in-4, pp. 148.

(Titre et texte en français et en italien.

— Oraison funèbre de M. de Visdelou Jesuite évêque de Claudiopolis, vicaire apostolique en Chine et aux Indes, &c. Décédé à Pondichéri le 11 Nov. 1737. & inhumé dans l'Eglise des RR. PP. Capucins Missionnaires Apostoliques & Curés, prononcée le onze Décembre suivant par le R. P. Norbert, Capucin de Lorraine, Miss. ap. & Procureur des Missions des Capucins des Indes en Cour de Rome (dans les Mémoires historiques du P. Norbert, pp. 468 et seq.)

On trouvera l'histoire des démêlés du P. de Visdelou avec la Compagnie de Jésus, au sujet de la question des Rites, dans ces mêmes Mémoires.

— K. F. Neumann : Claude Visdelou und das Verzeichniss seiner Werke. (Ztschr. d. D. M. G., Bd. IV (1850), pp. 225/42).

Voir, pp. 235/242 de cet article : Maigrot (Caroli) Epi. Cononiensis, Vicarii Apost. Fokiensis de Religione Synica Dissertationes Quatuor in Tomos VIII distributae.

Xavier, Saint François-de-Xavier, né le 7 Avril 1506 en Navarre; † le 2 Décembre 1552 dans l'île de Sancian; enterré à Goa.

L'Apôtre des Indes et du Japon n'a fait que d'entrevoir la terre de Chine, car il est mort dans l'île de San-cian au mo-

ment où il se préparait à pénétrer dans le Céleste Empire. Nous ne croyons pas devoir, par conséquent, comprendre dans notre ouvrage les nombreuses biographies du Saint qui ont été publiées depuis l'époque de sa mort jusqu'en 1873, date de la Vie publiée en anglais, à Londres, chez Burns & Oates, par le P. H. J. Coleridge, S. J. On en trouvera une liste dans les ouvrages de P. Carayon, pp. 62–64, Nos 550–563 ; pp. 364–376, Nos 2685–2770. — Et du P. de Backer; M. Léon Pagès dans sa Bibliographie Japonaise (1859) indique également de nombreuses éditions.

Le P. Bouhours (Dominique) a écrit la Vie de S. François-Xavier la plus complète peut-être. Publiée d'abord en 1682, chez Cramoisy, in-4, elle a eu un grand nombre d'éditions françaises (de Backer en cite une quarantaine); elle a été traduite en latin par le P. Pierre Python (Munich, 1712), en anglais par Dryden (John), (London, 1683. — Dublin, 1843), en allemand (Frankfurt, 1830. — Münster, 1855), en hollandais (Antwerp, 1853).

Catalogus, No. 1.

Nous nous contenterons de mentionner les ouvrages suivants imprimés en Chine :

— Relatio Sepvltvrae Magno Orientis Apostolo S. Francisco Xauerio erectae in Insula Sanciano. Anno saeculari MDCC.

In-8 imprimé avec des caractères en bois sur papier de Chine plié en double à la manière chinoise. Les feuillets sont chiffrés sur la tranche avec des caractères chinois. J'en ai examiné un exemplaire incomplet qui ne comprenait que 29 feuillets. Cet ex. provenait de la bibliothèque du savant Mr. Norris et était relié à la suite d'un ex. de la Brevis relatio également incomplet et sans titre.

Le P. de Backer, I, col. 1124 écrit : « Cette relation, signée par le P. Gaspar Castner Soc. Jesu se compose de 31 feuillets imprimés à la Chine en caractères Européens sur papier du pays. Le 31e feuillet offre au recto l'Iconographia sepulturae S. Francisci Xaverii, au verso est la carte de l'île Sancian, en chinois Xang-Chuen, située à l'ouest de l'entrée du golfe de Canton, près la côte de la Chine. »

Ternanx-Compans, No. 2792, indique Pekin comme lieu de l'impression de cet ouvrage dont il fait un in-folio.

Bericht P. Gasparis Castner S. J. gedruckt in China anno 1700, von der ersten Grabstatt des H. Franc. Xaverii auf der Insel Sanciano.

Dans le Welt-Bott, XIV, 309, p. 1.

On pourra consulter sur le tombeau de ce Saint à Goa les Missions Catholiques, VI, |pp. 586/8, avec un dessin du tombeau, p. 583.

Une édition sans titre, lieu ni date, a été faite en Chine des lettres de ce Saint. Je ne l'ai pas vue, mais le R. P. Pfister, S. J., me donne la description suivante d'un exemplaire qu'il a eu entre les mains : « Si je ne me trompe, c'est une édition faite à Pékin au siècle dernier avec des planches gravées à la manière chinoise. Elle fourmille de fautes. L'exemplaire que j'ai a 104-248 pages, plus une page qui semble écrite à la main. La 1re page : S. P. Francisci Xaverii Epistolarum Liber I. Epistola I..... Il y a 4 livres. P. 246, finis libri quarti. Du livre V il n'y a que la première lettre qui est terminée comme je l'ai dit par la page non chiffrée et d'une main différente. Il y a 2 paginations ; la 1re de 1 à 104 pour le livre 1er; le 2 de 1 à 248 pour le reste. C'est un in-8 sans registre, ni rappel. Chaque page est de 25 lignes. »

Zottoli, A., né à Naples le 21 Juin 1826.

Ascetica nomenclatio. Res spirituales librum exercitiorum, res societatis, Perfectionem religiosam complectens. Chang-hai, 1877, in-8, pp. 12.

Cette brochure autographiée qui ne porte pas le nom de l'auteur au titre est du P. Zottoli qui a écrit aussi les ouvrages chinois suivant :

Tractatus de Indulgentiis. — Mensis Marianus. — Mensis SS. Cordis Jesu. — Mensis S. Josephi. — Catechismi historici et dogmatici mnemosynon. — Catechismus comparationibus exemplisque adornatus. — Tractatus de vera Religione. — Emmanuelis Alvarez institutio grammatica ad sinenses alumnos accommodata.

Voir au chap. de la langue chinoise le *Cursus Litteraturae Sinicae* de ce Père.

___

CONGRÉGATION DES MISSIONS ÉTRANGÈRES.

* Catalogue des Missionnaires français partis du Séminaire des Missions-Etrangères, situé rue du Bac, n° 120, à Paris : depuis leur première institution, en 1660. In-8.

Autographié à Paris en 1839, par M. Roger, actuellement missionnaire apostolique dans l'Inde. [Luquet, p. 558.]

Le P. Luquet en 1842 [voir col. : 363] a donné pp. 538/555 de ses *Lettres à Mgr. l'Evêque de Langres* « Note E. Liste des Missionnaires envoyés en Asie par la Congrégation depuis le temps des premiers vicaires apostoliques » d'après le Catalogue du P. Jacques Roger.

— Catalogue des Membres de la Congrégation des Missions Etrangères actuellement existants (1er Juillet 1862), in-8 de 56 p. (Autographié chez Lepetit, 2, rue Princesse).

— Liste des Membres de la Congrégation des Missions Etrangères (de Paris) morts pour la foi. *(Miss. Cath.,* II, pp. 71/2.)

— Etat de la Société des Missions-étrangères au commencement de l'année 1878, br. in-12, pp. 24.

La Soc. des Miss. ét. publie chaque année un état qui comprend une liste de ses missionnaires avec l'indication du diocèse auquel ils appartiennent et l'année de leur départ. Cette liste est suivie d'un nécrologe.

Albrand, *Etienne-Raymond,* né à Saint-Crépin, dans les Hautes-Alpes, le 4 Avril 1805 ; † le 22 Avril 1853 à Koueiyang-fou.

— Vie de Mgr. Albrand Evêque de Sura, Vicaire apostolique du Kouy-tcheou par M. J. Dourif. Paris et Lyon, Lecoffre, 1865, in-8, pp. 436.

Aumaître, *Pierre,* † 30 mars 1866.

* Vie de M. Pierre Aumaître, prêtre du diocèse d'Angoulême, de la Société des missions étrangères, mort pour la foi en Corée, le 30 mars 1866, par M. Léandre Poitou, curé-doyen de la Rochefoucauld. La Rochefoucauld, chez l'auteur, 1877, in-12, de pp. XIII-339.

Baptifaud, *Jean-Joseph-Marie,* né le 1er Juin 1845, à Nébouzat (dioc. de Clermont) ; † au Yun-nan dans la nuit du 16 au 17 sept. 1874.

Notice *(Miss. Cath.,* VII, p. 34).

Lettre du P. Le Guilcher, avec port. du P. Baptifaud. *(Ibid.,* p. 209 et *Ann. de la Prop.,* Vol. XLVII, 1875, pp. 250 et seq.)

Bazin, *Séraphin-Michel,* du dioc. de Poitiers ; miss. au Kouang-si.

Lettre du 23 Nov. 1868 au Curé de la Petite-Boissière (Deux-Sèvres). Voyage du Koue-tcheou au Kouang-si ; entrée dans la ville de Si-lin-hien. *(Miss. Cath.,* II, pp. 153/4.)

Lettre du 7 Avril 1869 à Mgr. Guillemin. *(Ibid.,* II, p. 260.)

Bénard, *Jean-Baptiste,* né en 1660 dans le diocèse de Lisieux ; parti en 1689 ; † à Moka dans son voyage à Rome où l'envoyait le Cardinal de Tournon.

— Mémoires sur la Vie de M. Jean-Baptiste Benard, Missionnaire apostolique de la Chine.

Cette relation occupe 20 pages dans le Ms. No 2985 de la Bib. Mazarine (Vide infra : Charmot).

Berneux, *Siméon François,* Evêque de Capse, vic. ap de Corée, né à Château-du-Loir (diocèse du Mans) le 14 mai 1814 ; décapité le 8 mars 1866.

Vie de Monseigneur Berneux Evêque de Capse, in partibus infidelium, vicaire apostolique de Corée par M. F. Pichon, Chan. hon., Secrétaire de l'Evêché du Mans. Le Mans, Imprimerie Edmond Monnoyer, 1867, in-8, pp. IV-222.

Cette 1re éd. a été tirée à un petit nombre d'exemplaires.

Vie de Monseigneur Berneux Evêque de Capse, in partibus infidelium, vicaire apostolique de Corée par M. l'abbé F. Pichon, Chanoine honoraire, secrétaire de l'évêché du Mans. 2e édition revue et augmentée. Le Mans, Leguicheux-Galienne, 1868, pet. in-8, pp. XI-399.

Notice dans les *Miss. Cath.,* II, pp. 311/2.

Voir le P. Calais infra, col. 541.

— In martyrium venerabilis Simeonis Francisci Berneux episcopi Capsensis in Corea rhythmus lyricus. Nonis Octobris. Paris, Imp. A. Lainé et J. Havard, 1867, br. in-8, pp. 15.

Par M. Galbin, Missionnaire diocésain du Mans.

Beaulieu, *Bernard-Louis,* né le 8 oct. 1840 à Langon (Gironde) ; † 8 mars 1866.

* Panégyrique de l'abbé Louis Beaulieu, missionnaire en Corée, martyrisé le 8 mars 1866, prononcé dans l'église de Langon, le 2 mai 1867 ; par l'abbé Félix Laprie, chanoine honoraire. Bordeaux, imp. Vᵉ Dupuy & Cᵉ, 1867, in-8, pp. 47, 1 fr. *(Bib. de la France,* 1867.)

— Vie de Bᵈ L' Beaulieu, prêtre de la Société des missions étrangères, mort pour la foi en Corée, le 8 mars 1866, par l'abbé P.-G. Deydou, prof. de rhétorique au petit séminaire de Bordeaux. Bordeaux, J. Delmas, 1868, in-18, pp. 176, s. les prél.

Biet, *Alexandre,* du dioc. du Kiang ; mis. au Tibet.

L. des 19 et 20 fév. 1877 ; 23 déc. 1876 de Bathang, à Mgr. Chauveau. *(Miss. Cath.,* IX, pp. 334/6.)

Biet, *Félix,* du dioc. de Langres ; provic. de la mission du Tibet.

L. du 12 fév. 1875. *(Miss. Cath.,* VII, 1875, p. 354.)

L. de Yer-ka-lo, 17 avril 1875. *(Ibid.,* pp. 552/3.)

Billouez, *Auguste-César,* né le 10 Sept. 1816, à Maulde (dioc. de Tournai) ; † de la poitrine à Tsen-ny fou (Kouei-tcheou), le 9 juin 1877.

Notice : *Miss. Cath.,* IX, pp. 449/450. — *Etat de l'année 1878.* Missions étrangères.

Birbes, *Jean-Marie-Joseph,* du dioc. de Carcassonne ; mis. au Yun-nan.

L. du Yun-nan, 13 Nov. 1875. *(Miss. Cath.,* VIII, pp. 295/6.)

Bisch, *Xavier-Joseph,* né à Klingental (Bas-Rhin), le 19 mars 1826 ; † à Canton, le 26 Août 1859.

— Vie du P. Xavier-Joseph Bisch missionnaire apostolique du diocèse de Poitiers mort à Canton le 26 Août 1859 victime de son zèle pour la conversion des infidèles, par M. l'abbé de Larnay... Poitiers, Henri Oudin, 1861, br. in-8, pp. 36.

Blanc, *Marie-Jean-Gustave*, du dioc. de Lyon.

L. à M. Delpech, Sup. du Sém. des Mis. étr., à Paris, de Notre-Dame des Neiges (Mandchourie), 20 Oct. 1875. *(Miss. Cath.*, VIII, pp. 62/66.) [Tentative de Mgr. Ridel pour rentrer en Corée.]

Blettery, *Laurent*, du dioc. de Lyon ; provic. du Setchouan oriental.

Lettre de Tchong-king du 27 juillet 1869, à M. L. Guerrin, directeur au Sém. des Miss. Et. *(Miss. Cath.*, II, pp. 353/4.)

Extrait d'une lettre du 23 Sept. 1869. *(Ibid.*, III, pp. 19/20.)

Lettre du 20 Août 1871. *(Ibid.*, IV, pp. 118/119.)

Notice sur M. Eyraud. *(Ibid.*, VII, pp. 8/9.)

Bompas, *Jean-Etienne*, du dioc. d'Angers ; miss. au Setchouan occidental.

L. de Kouang-gan-tcheou, 29 août 1874, à M. Voisin, Dir. au Sém. des Miss. étr. *(Miss. Cath.*, VI, pp. 571/2.)

L. relative à un placard chinois au Se-tchouan. *(Ibid.*, VII, pp. 509/511, avec une reproduction du placard, p. 515.) (Voir Cottin, *infra*, col. 544.)

Bouchard, *Eugène-Charles*, du dioc. de Rouen ; miss. au Kouei-tcheou.

Lettre de Tsen-y-fou, 29 Déc. 1868 à Mgr. Faurie sur la secte des Tsin-lien-kiao. *(Miss. Cath.*, II, pp. 140/1.)

Bourry, *Augustin-Etienne*, né le 26 Déc. 1826 à la Chapelle-Lorgeault (Vendée) ; † Oct. 1853 au Tibet.

— Vie de Augustin-Etienne Bourry Missionnaire apostolique du Diocèse de Poitiers massacré au Thibet pour la défense de la Foi au mois d'Octobre 1853. (Dans « Vie de trois missionnaires apostoliques du Diocèse de Poitiers,... par M. l'abbé de Larnay,... » Poitiers, Oudin, 1856, in-8.)

Braud, *François-Auguste*, né à Vezins (diocèse d'Angers); le 24 mars 1838 ; † à Hong-kong, le 28 janvier 1873.

Notice par L. Guerrin, directeur au Séminaire des Missions-Etrangères; *Miss. Cath.*, V, p. 142.

Bretenières, *Simon-Marie-Antoine-Just Ranfer de*, † en Corée, 8 mars 1866.

— Paroles de Mgr. Mermillod, Evêque d'Hébron, pour l'anniversaire de la mort de Simon-Marie-Antoine-Just Ranfer de Bretenières Prêtre de la Congrégation des Missions étrangères martyrisé à Séoul (Corée) le 8 mars 1866. Paris, Douniol, pp. 40. [s. d. Dijon.]

Bruguière, *Barthélemi*, du dioc. de Carcassonne ; év. de Capse, coadj. de Siam en 1829; vic. ap. de Corée en 1831; † en Tartarie le 20 oct. 1835.

— Relation du Voyage de Mgr. Bruguière, évêque de Capse. A MM. les Directeurs du séminaire des Missions étrangères à Paris. *(Annales de la Prop. de la Foi*, IX, pp. 196/331.) [Voir col. 446].

Cette relation est datée de Si-vang, Tartarie occidentale, le 5 octobre 1835, et Mgr Bruguière est mort le 20 du même mois.

— Voir un article dans *The Athenaeum*, 25 Feb. 1837, reproduit dans *The Chinese Repository*, VI, October 1837, pp. 287 et seq.

Caillot, *Joachim-Marie*, né aux Fougerets, canton de la Gacilly (Morbihan) le 15 janvier 1842 ; parti pour Canton, le 15 mars 1868 ; † 1873.

Lettre du P. Osouf et Notice. *(Miss. Cath.*, V, pp. 562/3.)

Calais.

Lettre du 28 Avril 1869 sur la mission de Corée à M. Caze-

nave, directeur au séminaire des Missions Etrangères. *(Miss. Cath.*, II, pp. 257/60.)

Le Récit du P. Calais sur la mort de Mgr. Berneux dans les *Annales*, XL (1868), pp. 38/41, est reproduit dans les *Miss. Cath.*, IV, p. 236.

Cambier, *Désiré Edouard Joseph*, né à Lille, le 22 janvier 1826 ; † 12 juin 1866.

— Notice biographique sur l'abbé Cambier ancien élève de l'École normale et missionnaire apostolique mort en Chine le 12 juin 1866 par le R. P. Adolphe Perraud, prêtre de l'Oratoire, professeur à la Faculté de théologie de Paris. Lille [et] Paris, 1867, br. in-8, pp. 35.

Chabauty, *Ludovic-Charles*, né dans le dioc. de Poitiers, † au Se-tchouan, le 16 mai 1876.

Notice : *Miss. Cath.*, VIII, 1876, p. 441·

Chagot, *Michel-Gaspard*, du dioc. de Limoges; miss. au Kouang-toung.

L. de Loui-tcheon-fou [Kouang-toung], 21 mai 1877. *(Miss. Cath.*, IX, p. 581.)

Chapdelaine, *Auguste*, né à la Rochelle (dioc. de Coutances), le 6 janvier 1814 ; décapité le 29 février 1856.

— Relation du martyre de M. Auguste Chapdelaine, Missionnaire apostolique de la Congrégation des Missions étrangères. br. in-12, s. l. n. d., pp. 23; *à la fin :* Se trouve : chez Cadine, rue du Bac, 128, à Paris.

C'est un extrait des *Annales de la Prop. de la Foi*, n° de novembre 1856, comprenant la lettre de M. Guillemin, de Canton, 8 juillet 1856.

Charmot, *Nicolas*, † procureur à Rome, le 28 juin 1714.

— Remarques sur la Vie de feu M. Nicolas Charmot prestre, missionnaire apostolique, directeur du seminaire des missions etrangeres, et procureur à Rome pour les affaires de la religion de la Chine.

Cette relation forme les 16 dernières pages du Ms. No 2985, in-4, de la Bib. Mazarine, intitulé : « Vies de plusieurs Missionnaires envoyés dans l'Inde et la Chine; par l'abbé Vachet »; ce ms. contient la vie de 13 missionnaires.

Chaumont, *Denis*, né à Eragny près de Gisors (Oise), le 16 Nov. 1752 ; † à Paris, le 25 août 1819.

— Notice historique sur M. Denis Chaumont, Protonotaire apostolique, Supérieur du Séminaire des Missions-Etrangères. br. in-8, s. l. n. d., pp. 16. [Paris, Ad. Le Clere.]

Voir *Nouv. let. éd.*, V, pp. 345 et seq.

Chausse, *Augustin*, du dioc. du Puy ; miss. au Kouang-toung.

Lettre du 1er juillet 1869, à son frère l'abbé C. Chausse, aumônier à St.-Etienne (Loire), sur la mission du Kouang-toung. *(Miss. Cath.*, II, p. 357.)

Lettre de Chec-cheng, le 16 Déc. 1869, à M. Voisin, directeur des Miss. Et. *(Ibid.*, III, pp. 108/109.)

Lettre de Chec-cheng, le 20 Mai 1870, à son frère. *(Ibid.*, III, pp. 313 et seq.)

L. de Louei-tsiou, 8 mars 1873, à sa mère. *(Ibid.*, V, pp. 461/2.)

L. de Canton, 2 déc. 1873, à sa mère. *(Ibid.*, VI, pp. 298/9.)

L. de Canton, 12 fév. 1874. *(Ibid.*, VI, pp. 299/301.)

L. de Louei-tcheou, 20 déc. 1875. *(Ibid.*, VIII, pp. 127/128.)

Chauveau, *Joseph-Marie*, né à Luçon, le 24 février 1816 ; † à Ta Tsien-lou le 21 Déc. 1877.

Evêque de Sébastopolis, Vic. ap du Tibet.

Lettre de Ta-tsien-lou, 27 Sept. 1867, aux Membres des Conseils de la Prop. de la Foi. (*Miss. Cath.*, I, pp. 49 et seq.)

Résumé de l'hist. du Christianisme au Thibet depuis 1854.

Lettre de Ta-tsien-lou, 20 Janvier 1869, à M. Stanislas Laverrière, Directeur-gérant du Journal *les Missions Catholiques* à Lyon. (*Ib.*, II, pp. 161 et seq.)

Lettre de Ta-tsien-lou, 26 mars 1869 à à M. Rousseille, directeur au Sèminaire des Miss. Etr. (*Ibid.*)

Lettre au Mème. (*Ibid.*, III, pp. 150/1.)

Lettre de Ta-tsien-lou, du 3 Nov. 1869, au mème. (*Ibid.*, III, pp. 202/3.)

Lettre de Ta-tsien-lou, 28 mai 1870, au mème (*Ibid.*, III, pp. 297 et seq.) sur le tremblement de terre qui a détruit Pa-tang, en Avril 1870.

Lettre de Ta-tsien-lou, du 1ᵉʳ Nov. 1871. (*Miss. Cath.*, IV, pp. 225 et seq.)

Lettre de Ta-tsien-lou, le 20 Avril 1872. (*Ibid.*, IV, pp. 562/3.)

L. de Ta-tsien-lou, 17 Août 1872, sur le Memorandum chinois. (*Ibid.*, IV, pp. 26/28, 37/40.)

L. de Ta-tsien-lou, 1ᵉʳ Nov. 1872. (*Ibid.*, V, pp. 181/3.)

L. de Ta-tsien-lou, 29 Nov. 1872; à M. Rousseille, proc. des Miss. Et., à Rome. (*Ibid.*, V, pp. 206/9.)

L. de Cha-pa, pres de Ta-tsien-lou, 25 avril 1873, (*Ibid.*, V, pp. 498/500.)

L. de Ta-tsien-lou, le 6 juillet 1873, sur la prise de Ta-ly. (*Ibid.*, V, pp. 542/5.)

L. de Ta-tsien-lou, 18 oct. 1873. (*Ibid*, VI, pp. 100/1.)

L. de Ta-tsien-lou, 7 oct. 1873, 10 Nov. 1873, sur la destruction de Bathang. (*Ibid.*, VI, pp. 110/115.)

L. de Ta-tsien-lou, 29 nov. 1878. [Trad. d'un libelle chinois.] (*Ibid.*, VI, pp. 166/7.)

L. de Ta-tsien-lou, à M. Chirou, Dir. au Sèm. des Miss. ètr. (*Ibid.*, VI, pp. 258 et seq.)

L. de Ta-tsien-lou, 25 Avril 1874. (*Ibid.*, pp. 386/7.)

L. de Ta-tsien-lou, 12 mai 1874, à M. Chirou, Dir. au Sèm. des Mis. Etr., Paris. (*Ibid.*, pp. 483/5.)

L. de Ta-tsien-lou, 18 juin 1874. [Société des trente villes.] (*Ibid.*, pp. 530/1.)

L. de Ta-tsien-lou, 29 août 1874. (*Ibid.*, VII, pp. 37/39 ; 6 sept. 1874, p. 39; 27 sept. 1879, p. 39.)

L. de Ta-tsien-lou, 17 déc. 1874, à M. H. Desgodins, de Nancy. (*Ibid.*, pp. 213/4.)

L. de Ta-tsien-lou, 24 janvier 1875, à M. Chirou, dir. au Sèm. des Miss. ètr. (*Ibid.*, pp. 260/262.)

L. de Ta-tsien-lou, 15 février et 7 mars 1875. (*Ibid.*, pp. 296/7.)

L. de Ta-tsien-lou, 14 mars 1875. (*Ibid.*, pp. 309/310.)

L. de Ta-tsien-lou, 1ᵉʳ Avril 1875. (*Ibid.*, p. 354.)

Traduction de deux pièces relatives au rétablissement des stations de Bathang, de Bommé et de Yer-ka-lo. (*Ibid.*, pp. 355/6.)

Les *Miss. Cath.* donnent dans leur no. du 23 juillet 1875 une vue des résidences de Bathang et de Bommé telles qu'elles existaient avant 1873.

L. de Ta-sien-lou, 2 juillet 1875. (*Ibid.*, p. 479.)

L. de Ta-sien-lou, 12 juillet 1875. (*Ibid.*, pp. 497/500.)

Le Thibet en 1875. Notes de Ta-tsien-lou, 20 Oct. 1875. (*Ibid.*, VIII, 1876, pp. 79/81, 92/94.)

L. de Ta-tsien-lou, 1ᵉʳ fév. 1877, à M. Desgodins à Nancy. (*Ibid.*, IX, p. 301.)

L. de Ta-tsien-lou, 25 mars 1877. (*Ibid,*, IX, pp. 334/5.)

Chemler, *François,* du dioc. d'Autun; mis. au Kouei-tcheou.

Lettre du Koue-tchéou du 17 juillet 1869. (*Miss. Cath.*, II, p. 354.)

Chouzy, *Jean-Benoît,* du dioc. de Lyon; miss. au Kouang-si.

Lettre d'Amplepuis, du 10 juin 1869, sur le Kouang-toung. (*Miss. Cath.*, II, pp 195/6.)

Lettre d'Amplepuis, du 24 sept. 1869, sur une nouvelle chrétienté dans le Kouang-toung. (*Ibid.*, pp. 330/1.)

Lettre de Kouei-yang-fou, 20 fév. 1871. (*Ibid.*, IV, p. 410.)

Extraits du journal de son voyage de Gan-chouen à Koangtsao-pâ (Kouei-tcheou). 19 mars 1872 — 17 Avril 1872. (*Ibid.*, IV, pp. 644/6, 656/658.)

(VIES DES MISS. CATH.)

Clerc, *Julien Nicolas,* du dioc. de Langres, provic. du Se-tchouan méridional.

L. de Lou-tcheou [Se-tchouan] 22 avril 1877, à M. Rousseille, dir. aux Mis. étr. (*Miss. Cath.*, IX, p. 372.)

Coste

Lettre de Hong-kong, du 11 août 1869 sur les massacres du Se-tchouan. (*Miss. Cath.*, II, pp. 315/6.)

Lettre de Hong-kong, du 18 Août 1869. (*Ibid.*, p. 329.)

Lettre de Hong-kong du 4 Août 1869 sur M. Delavay et les Pirates. (*Ibid.*, p. 332.)

Cotolendi, *Ignace,* † le 16 août 1662 près de Masulipatam, sans avoir visté la Chine.

La Vie de Monseigneur Ignace Cotolendi, de la ville d'Aix, Evêque de Métellopolis, Vicaire apostolique en la Chine occidentale. par Messire Gaspar Augeri, Prédicateur Ordinaire du Roy. A Aix, Charles David, MDCLXXIII, in-4, pp. 284, s. l'ép.

Cottin, *Eugène.*

L. de Duang-kia-tchang, district de Lin-choui, 11 juillet 1874, à son frère, curé de Rossillon (diocèse de Belley). (*Miss. Cath.*, VI, p. 522.)

L. de Kan-ky-teh, 13 oct. 1874 à son frère. (*Ibid.*, VII, pp. 30/1.)

L. de Lay-kia-tchang, 2 avril 1875 au mème. (*Ibid.*, pp. 358/360.)

L. de Tchang-ou-kien, 27 juin 1875 au mème. (*Ibid.*, pp. 511/512), avec reproduction d'un placard chinois et une trad. sur ce placard, pp. 514/5.)

Coupat, *Eugène,* du dioc. de Clermont ; miss. au Se-tchouan occidental.

L. de Su-lin-hien, 1ᵉʳ juillet 1874. (*Miss. Cath.*, VI, pp. 579/82.)

L. du 8 sept. 1876. (*Ibid.*, VIII, pp. 589/590) du 24 sept. (*Ibid.*, p. 590.)

L. de Kan-ky-tchang, 26 Avril 1877, à M. Rousseille. (*Ibid.*, IX, pp. 397/8.)

Croisat, *César-Auguste,* né à Beaufort (dioc. de Moutiers) le 20 Juin 1839; † le 24 sept. 1871 à Tay-pin dans le Se-tchouan oriental.

Notices : *Echo des Alpes,* 31 Déc. 1871 ; *Miss. Cath.*, IV, p. 220.

Daveluy, *M. N. A.,* Ev. d'Acone. Coadj. de Corée ; † 1866.

— Eloge de Mgr. M. N. A. Daveluy Evêque d'Acone, Coadjuteur de Corée, Martyrisé en Corée le vendredi saint 1866, prononcé dans la cathédrale d'Amiens par Mgr. Mermillod, évêque d'Hébron. Lyon, Bauchu, 1867, in-8, pp. VII-40.

Dejean, *Jean François Joseph,* du dioc. de Lyon, miss. au Kouang-toung.

L. du Kouang-toung (1868) à M. Voisin, dir. au Sèm. des Mis. étr. (*Miss. Cath.*, I, pp. 212/4.)

L. de Canton, 15 Nov. 1874, à M. Pernot, dir. au Sèm. des M. étr. de Paris. (*Ibid.*, VII, pp. 15/17.)

Dejean, *Louis Léonard Marie,* du dioc. de Bordeaux; miss. au Thibet.

Lettre de Kouay-tcheou, 6 Août 1872. (*Miss. Cath.*, IV, p. 591.)

L. à M. Desgodins, inspecteur des forêts en retraite. Châ-pa, près de Ta-tsien-lou, 14 mars 1873. (*Ibid.*, V, pp. 413/4.)

L. de Ta-tsien-lou, 14 janvier 1874. (*Ibid.*, VI, p. 248.)

L. de Ta-Tsien-lou, 29 juin 1874, à M. Desgodins, à Nancy. (*Ibid.*, VI, pp. 511/2.)

L. de Chapa, près Kiâo, 22 fév. 1875, au mème. (*Ibid.*, VII, p. 297.)

L. de Ta-tsien-lou, 12 oct. 1875, au mème. (*Ibid.*, VIII, pp. 42/3.)

Delavay, *Jean Marie,* du dioc. d'Annecy ; miss. au Kouang-toung.

Lettre du 31 Janvier 1870 à M. Voisin. (*Miss. Cath.*, III, p. 197.)

(VIES DES MISS. CATH.)

L. de l'île de Houi-tcheou, [Kouang-toung] 23 sept. 1874. *(Ibid.*, VII, pp. 29/30.)

L. de Houi-tcheou (Kouang-toung) 17 oct. 1875. *(Ibid.*, VIII, pp. 82/3.)

L. de Houi-tcheou, 12 et 26 fév. 1876. *(Ibid..* p. 284.)

L. de Houi-tcheou, 18 juin 1877, pp. 578/9. *(Ibid.*, IX, pp. 578/9.)

Deluc, *Dominique*, tué à Pa-li-kao, 21 sept. 1860.

Notice d'après la *Revue de l'Agenais* (par le chanoine Anastase Capot) dans les *Miss. Cath.*, VI, p. 593, avec portrait, p. 595.)

Desflèches, *Joseph Eugène Jean Claude*, Ev. de Sinite; vic. ap. du Se-tchouan oriental (1858).

L. de Tchong-king, 25 déc. 1874. *(Miss. Cath.*, VII, p. 238.)

L. de Tchong-king, 29 sept. 1876 à M. Vinçot, à Chang-hai, *(Ibid.*, VIII, p. 591.)

Desgodins, *Auguste*, du dioc. de Verdun; miss. au Tibet

Lettre de Gunra, frontière du Thibet, 19 décembre 1866, à son frère. *(Miss. Cath.*, I, pp 95 et seq., pp. 102 et seq.)

Organisation politique du Tibet.

L. de Yer-ka-lo, 11 juin 1874, à M. Rousseille, proc. des M. Etr. à Rome. *(Ibid.*, VI, pp. 593/4.)

L. de Yer-ka-lo, 15 sept. 1874, à son frère. *(Ibid.*, VII, p. 66.)

L. des 23 et 28 fév., 1 et 16 mars 1875. *(Ibid.*, pp. 354/5.)

L. de Bathang, 29 mai 1875. *(Ibid.*, pp. 478/9.)

L. de Ta-tsien-lou, 20 juin 1875. [Mort du Talai-lama] *(Ibid.*, pp. 561/2.)

L. de Bathang, 9 sept. 1876, à M. Voisin. *(Ibid.*, IX, p. 57.

L. de Bathang à sa famille, 23 déc. 1876. *(Ibid.*, p. 253.)

Détroyat. *François-Xavier*, né le 21 janvier 1841 à Serre-Nerpol (dioc. de Grenoble); † 20 Août 1871 à Ya-tcheou (Se-tchouan méridional).

Notice : *Miss. Cath.*, IV, p. 137.

Dorie, *Henri*, miss. en Corée; † 8 mars 1866.

* Vie de Henri Dorie, prêtre de la Société des Missions-Etrangères, décapité pour la Foi en Corée, le 8 mars 1866, écrite par l'abbé Ferdinand Baudry, correspondant du ministère pour les travaux historiques. H. Oudin, Parie [et] Poitiers, in-18 jésus, 2 fr.

Dubernard, *Jules Etienne*, du dioc. de Tulle; miss. au Tibet.

L. de Tse-kou, 1er janvier 1875. *(Miss. Cath.*, VII, 1875, p. 354.)

L. de Tse-kou, 1er nov. 1876, à M. Rousseille, proc. des Mis. étr. de Paris, à Rome. *(Ibid.*, IX, pp. 106/108.)

Dufresse, *Louis-Gabriel Taurin*, né en 1751 à Ville-de-Lézoux (diocèse de Clermont dans le Bourbonnais). — Entré au Séminaire des Missions étrangères, le 2 juillet 1774. — Arrivé au Se-tchouan en 1777. — Evêque de Tabraca le 24 juillet 1800. — Vicaire apostolique, 15 Nov. 1801. — Martyrisé le 14 Sept. 1815.

Notice sur Mgr Dufresse, Evêque de Tabraca, vicaire apostolique du Su-tchuen, Martyrisé dans cette province le 14 septembre 1815. *(Annales*, I, No. IV, pp. 48 et seq.)

Dict. de Biog. Chrét., pub. par Migne, 1, col. 1299. — Notice : *Miss. Cath.*, IX, 1877, pp. 450/1. — *Chinese Repository*, I, p. 377.

Dumont, *Jean Alexis*, né dans le diocèse de Verdun; parti pour le Yun-nan le 19 Août 1866 ; † dans cette province le 27 février 1872.

Miss. Cath., IV, 1872, p. 545.

Dumont, *Pierre Hélène*, né à St. Georges d'Aunay, Calvados, le 26 mars 1820 ; † 3 Oct. 1856.

— Notice biographique sur M. l'abbé Dumont missionnaire apostolique de la congrégation des Missions-étrangères prêtre

(VIES DES MISS. CATH.)

du diocèse de Bayeux par l'abbé Faucon Vicaire de Saint-Vigor-le-Grand. Bayeux, A. Delarue, 1858, in-8, pp. 54.

Dunand, *Marie Julien*, du dioc. de Moutiers ; miss. au Se-tchouan occidental.

L. du 21 Nov. 1875 (Se-tchouan) à M. Voisin, dir. au Sém. des Mis. étr., à Paris. *(Miss. Cath.*, VIII, 1876, pp. 105/106.)

Durand, *Gabriel Marie Pierre*, né à Lunel le 31 janvier 1835 ; † 28 Sept. 1865.

— Gabriel Durand né à Lunel élevé dans les Séminaires du diocèse de Nimes mis à mort au Thibet, en haine de la Foi. Sa vocation, son apostolat étudiés et racontés dans ses lettres par l'abbé Prouvèze Vicaire du Chapitre, et Professeur à la Maîtrise de la Cathédrale de Nimes. Nimes, Louis Bedot. 1866, in-8, pp. 105 s. l. tab.

L. de Mgr. Chauveau. *(Annales de la Prop.*, Vol. XXXVIII, 1866, pp. 281 et seq.)

Emonet, *Noël Marie*, du dioc. de Chambéry; miss. en Mandchourie.

L. de Mandchourie, 8 janvier 1877 à M. Armbruster, dir. au Sém. des Mis. ét. à Paris. *(Miss. Cath.*, IX, p. 300.)

L. du 16 juillet 1877 au même. *(Ibid.*, p. 581.)

Esslinger, *Ignace*, du dioc. de Strasbourg; miss. au Kouei-tcheou.

L. de Kouei-yang-fou, à M. Delpech, sup. du séminaire des Miss. ét., 25 février 1873. *(Miss. Cath.*, V, pp. 495/6.)

Eyraud, *Jean*, né à St. Bonnet (dioc. de Gap) 15 mai 1823 ; † à Chang-hai le 4 juillet 1874.

L. de M. Blettery *(Miss. Cath.*, VII, pp. 8/9.)

Faurie, *Louis*, né le 13 juin 1824 dans le diocèse de Bordeaux à Monsegur, Evêque d'Appollonie, vic. ap. du Kouei-tcheou; † 18 juillet 1871 à Kouy-fou dans le Se-tchouan oriental.

Notice : *Miss. Cath.*, IV, pp. 27/8.

Lettres : *Miss. Cath.*, I, p. 45; II, pp. 140/1 ; 156/7 ; 270.

— Eloge de Mgr. Louis Faurie évêque in partibus d'Appollonie Vicaire apostolique du Kouy-tchéou (Chine) prononcé à la distribution des prix du Petit-Séminaire de Bordeaux, le 8 Août 1872. Par M. l'abbé J. H. Castaing, Professeur de Rhétorique. Bordeaux, Imp. de la Guienne, 1872, br. in-8, pp. 32.

— Eloge funèbre de Mgr. Louis Faurie Evêque d'Appollonie Vicaire apostolique de Kouy-tchéou. Bordeaux, J. Delmas, 1872, br. in-8, pp. 14.

Favand, *François-Xavier Victor*, né à Aubenas (Diocèse de Viviers) le 12 Nov. 1809 ; † à Tchong-king (Se-tchouan) le 27 Nov. 1873.

Notice : *Miss. Cath.*, VI, 1874, p. 122.

Fontana, *Louis*, Evêque de Sinite, Né à Ivrée, en Piémont, le 2 juillet 1780. — Arriva en Chine en 1812 ; † le 11 juillet 1838.

Annales de la Prop. de la Foi, XII, p. 484.

Foucard, *Pierre Noël*, Pro-préfet du Kouang-si ; du dioc. d'Orléans.

Lettre de Leing-chan, 16 février 1870, sur le martyre du catéchiste François-Xavier Pierre Yang. *(Miss. Cath.*, III, pp. 249 et seq.)

L. de Canton, 15 mai 1873, à M. L. Guerrin, directeur au séminaire des Miss. Et. *(Ibid.*, V, pp. 351/2.)

L. de Canton, 10 juillet 1873, au même. *(Ibid.*, V, pp. 446/7.)

(VIES DES MISS. CATH.)

Fourey, *François Fulgence Joseph,* † à Kouei-yang-fou le 5 février 1870.

Notice : *Miss. Cath.,* III, p. 174.

Furet, *L.*

L. à M. Léon de Rosny. Hong-kong, le 5 Août 1854. *(Rev. de l'Or. et de l'Alg.,* XVI, 1854, pp. 399/401.)

L. au même. Hong-kong, 12 Octobre 1855. *(Ibid.,* XIX, 1856, pp. 23/28, 127/132.

Sur la grande Lou-Tchou.

Gennevoise, *Félix,* miss. ap. au Kouang-si. [Voir col. : 368.]

Lettre de Canton, 9 Avril 1868, au Sup. des Miss. Et. à Paris. *(Miss. Cath.,* I, pp. 35 et seq.)

Lettre de Shang-hai, 1er décembre 1869, à M. Delpech, Sup. du Sém. des Miss. Et. *(Ibid.,* III, pp. 29 et seq.)

Lettre de Shang-hai du 19 Déc. 1869, au même. *(Ibid.,* pp. 49 et seq.)

Lettre de Shang-hai le 2 février 1870 à son frère M. Lucien G., avoué à la Cour impériale de Douai. *(Ibid.,* III, pp. 253 et seq., 263/4, 271/2. Sous le titre de *Un missionnaire chez les rebelles.)*

Gilles, *Pierre Etienne Amédée,* né le 1er Avril 1829 à Valréas (dioc. d'Avignon); † le 13 Août 1869.

Notice : *Miss. Cath.,* II, p. 395.

Guillemin, *Philippe François Zéphyrin,* du dioc. de Besançon ; Evêque de Cybistra (1857), préfet apostolique du Kouang-toung, Kouang-si et Haï-nan.

Lettre de Canton du 8 Juin 1869 sur les Pirates *(Miss. Cath.,* II, p. 285.)

Lettre de Canton du 12 Sept. 1869. *(Ibid,* p. 421.)

Lettre de Rome, du 10 Juin 1870 sur la chapelle de Saint-François-Xavier à San-cian. *(Ibid.,* III, pp. 217 et seq.) [Voir col. 152, Gaultier de Claubry].

— Lettres de Monseigneur Zéphyrin. Ev. de Cybistra, Préf. apost. de Quang-tong, Quang-si. Pièce in-folio de 37 pages, s. l.n. d. [1859] [Lith. V. Sanson, 18, r. Dauphine. Paris].

Comprend trois lettres lithographiées :

— Canton, 2 février 1859. Fête de la Présentation de N.-S. au Temple, pp. 1/13.

— 2e Lettre, Jerusalem, pp. 14/25.

— 3e Lettre, d'Alexandrie à Canton, pp. 26/37.

Ces trois lettres sont adressées à la mère de l'Evêque de Cybistra.

— Lettres de Mgr. Guillemin, Ev. Préf. Apost. du Quang-tong et Quang-si (Chine) sur l'érection de la Chapelle de S. François Xavier dans l'île de Sancian et quelques autres faits récents de la Mission. 1° Voyage au Tombeau de S. François Xavier ; 2° Construction et bénédiction de la Chapelle ; 3° Emprisonnement d'une baptiseuse de la S. Enfance à Canton ; 4° Voyage à Pekin ; 5° Autres particularités sur l'œuvre de la S. Enfance. Rome, 1870, Imprimerie de la Propagande admin. par le Chev. P. Marietti. in-8, pp. 171, avec 1 phot.

Les lettres 1 et 2 ont paru dans les *Ann. de la Prop. de la Foi* (1867, 25 janvier ; 1869, 1er juin); la 4e dans l'*Union Franc-Comtoise* du 15 mars 1870.

Hamel, *Thomas Julien Charles,* né à Caen ; † au Setchouan le 13 Déc. 1812.

Nouv. let. éd., Paris, Leclerc, 1820, V, pp. 20 et 22. — *Lettres à Mgr. de Langres,* par Luquet, pp. 227/8. — *Miss. Cath.,* IV, 1872, p. 714.

Ho Kay-tché, *Joachim,* † 2 juillet 1839.

Notice historique sur le Vénérable Joachim

Ho-kay-tché, mis à mort pour la foi le 2 juillet 1839, dans la capitale du Kouy-Tchéou, en Chine. Par M. Paul Perny, supérieur de la Mission du Kouy-Tchéou. *(Miss. Cath.,* I, pp. 17 et seq.)

Mouillon, *Jean-Baptiste,* né à Dommartin, près de Remiremont, le 3 Déc. 1825 ; massacré pendant la Commune le 27 mai 1871.

Notice : *Miss. Cath.,* IV, pp. 82/3 et 136. — Maxime du Camp, *Convulsions de Paris.*

Hue, *Jean,* né à Flers, Orne, le 21 janvier 1837 ; † 5 sept 1873 à Kien-kiang.

— Vie de M. Jean Hue, prêtre du diocèse de Séez et membre de la Congrégation des Missions étrangères. Martyrisé en Chine, le 5 septembre 1873. Bar-le-Duc, Typographie des Célestins, 1875, in-8, pp. viii-298.

Notice (avec port.) : *Miss. Cath.,* VI, p. 136.

Lettres publiées dans les *Miss. Cath.,* 23 juillet 1869, p. 231 (sur la mort du P. Rigaud) ; 13 août 1869, p. 260 ; 16 août 1872, p. 504.

Voir sur sa mort la lettre de M. L. Guerrin, directeur des Miss. Et., du 23 Nov. 1873 *(Miss. Cath.,* V, p. 566). — Lettres du P. Provôt. *(Annales de la Prop.,* Vol. XLVI, 1874, pp. 79/95. — Notice : *Ibid.,* pp. 95/6.)

Imbert, *Laurent Joseph Marius,* né à Cabriès ; martyrisé à Séoul, cap. de la Corée, le 21 sept. 1839.

— Travaux et Martyre de Mgr. Imbert, de Cabriès, Diocèse d'Aix, et de ses deux compagnons, MM. Maubant et Chastan. Dédié aux élèves des Séminaires. Marseille, P. Chauffard, 1858, in-8, pp. 93, s. l'ép.

— Sacra Rituum Congregatione em. ac rev. domino Card. Constantino Patrizi relatore. Coreana, Concincinen. Et Tunchinen. beatificationis seu declarationis martyrii servorum dei Laurentii Imbert episcopi Capsensis et aliorum. Positio super introductione causae. Romae, ex typographeo Salviucciano 1857. In-fol.

Les compagnons de martyre de Mgr. Imbert furent les PP. Pierre Philibert Maubant, né à Vassy (dioc. de Bayeux) le 20 sept. 1803, et Jacques Honoré Chastan, né le 7 Oct. 1803 à Marcoux (dioc. de Digne). Ils furent tous les trois déclarés vénérables le 24 sept. 1857.

Notice avec trois portraits dans les *Miss. Cath.,* IX, 1877, pp. 463/4.

Jolly, *Louis,* né à Lencloître (Vienne) le 5 Déc. 1836 ; † à Paris le 16 mars 1878.

Lettre de Canton du 22 janv. 1869 à M. Voisin, Directeur au Séminaire des Miss. étr. *(Miss. Cath.,* II, pp. 90/2.)

Lebrun.

Lettre de Toung-tse [Kouei-tcheou] du 11 juillet 1869 à Mgr. Faurie. *(Miss. Cath.,* II, pp. 338/9.)

Le Formal, *Joachim,* né à Landaule (dioc. de Vannes) le 12 janvier 1848 ; † du typhus le 21 juillet 1877 à Siao-he-chan (Mandchourie).

Notice : *Miss. Cath.,* IX, p. 586.

Le Guicher, *Jean-Marie,* du dioc. de St.-Brieuc, miss. au Yun-nan. (Voir Expédition du Me-kong, par F. Garnier, col. 157 ; et Ponsot, col. 551.)

L. à M. Delpech, Sup. du Sém. des Miss. étr., de Houang-kia-pin, 9 Oct. 1874. *(Miss. Cath.,* VII, pp. 209/211.)

Sur la mort du P. Baptifaud. (Voir col. 539.)

Lemonnier, *Eugène,* du dioc. de Coutances ; Procureur général à Hong-kong.

Lettre de Shang-hai du 5 Août 1869 sur les massacres du Se-tchouan *(Miss. Cath.,* II, p. 315).

Lettre de Shang-hai du 12 Août 1869 *(Ibid.,* p. 329).

Lettre de Shang-hai, du 6 juillet 1870 *(Ibid.,* III, pp. 281 et seq.) sur le massacre de Tien-tsin.

L. de Shang-hai le 3 Avril 1873. *(Ibid.,* V, p. 258.)

Lenoir, *Hubert,* du dioc. de Reims ; miss. au Se-tchouan oriental.

Lettre de Tchong-king, 15 déc. 1875. *(Miss. Cath.,* VIII, pp. 110/112.)

L. relative à la Mission de M. de Roquette au Se-tchouan (meurtre de MM. Hus et Tay). *(Ibid.,* pp. 151/153, 174/176.)

Lions, *François Eugène,* né à Faucon, diocèse de Digne ; Ev. de Basilopolis, vic. ap. du Kouei-tcheou, en remplacement de Mgr. Faurie.

Notice : *Miss. Cath.,* IV, p. 120.

L. à M. Imbert, curé de Faucon, Kouei-yang-fou, 5 juin 1875 *(Ibid.,* VII, pp. 522/3).

Dessins de l'église principale de Kouei-yang-fou *(Ibid.,* IX, No. 428. Voir pp. 393, 396, 399).

Lyonne, *Artus de,* Evêque de Rosalie, premier vicaire apostolique du Se-tchouan ; né en 1655, fils du célèbre ministre, Hugues de Lyonne ; † à Paris le 2 Août 1713.

Biog. univ., Art. de Weiss. — *Miss. Cath.,* IV, 1872, pp. 487/8. — Voir *Question des Rites,* col. 391.

Mabileau, *François,* né le 1er mars 1829 à Paimboeuf ; † 29 août 1865.

— Vie de M. François Mabileau missionnaire apostolique et pro-vicaire au Su-tchuen oriental mis à mort en haine de la religion catholique, dans la ville de Yeou-yang-tchéou, le 29 août 1865. Par l'abbé P. Gaborit. Paimboeuf, E. Fetu, 1867, in-18, pp. 150.

Voir L. du P. Perny. *(Annales de la Prop. de la Foi,* Vol. XXXVIII, 1866, pp. 303 et seq.)

Maigrot, *Charles,* Ev. de Conon ; vic. ap. du Fo-kien ; né à Paris en 1652 ; † à Rome le 21 fév. 1730 (le 28 fév. suivant Migne).

— Copie d'une lettre à Mgr. de Lionne, év. de Rosalie, Fo-cheu le 25 Octobre 1703. 12 p. — Sur l'ancienneté de la nation chinoise. *[Bib. nat.,* Ms. Fr. 14687.]

K. F. Neumann : Voir *Visdelou,* supra, col. 537.— *Dict. de Biog. chrét.,* de Migne, p. 1317.

Mailfait, † à Hai-nan, le 31 mars 1851.

— Voir L. de M. Guillemin, *Ann. de la Prop. de la Foi,* XXIV, 1852, pp. 40/59.

Mallet, *Auguste Louis,* né à Laval le 24 fév. 1826 ; † à An-sin-tai, 25 fév. 1871 ; miss. en Mandchourie.

Miss. Cath., IV, p. 125.

Malluchet, *L.*

L. de Tchen-lin-tcheou (Kouei-tcheou), 15 juillet 1872, à sa famille. *(Miss. Cath.,* V, pp. 305/6.)

Marais, Noyé dans le Yang-tzeu, Déc. 1867.

Notice dans les *Miss. Cath.,* I, p. 13.

Marette, *F. X.*   •

— Relation d'un voyage en Chine, ou Correspondance d'un fils à son père. par F.-X. Marette, missionnaire apostolique. Pontarlier, Laithier, 1836, in-8, pp. 170.

Marizien, *Gervais-Protais,* né à Wassy 16 [déc. 1824 ; † 22 Oct. 1850.

— Recueil de lettres de Gervais-Protais Marizien, prêtre-missionnaire apostoli-

que, né à Wassy (Haute-Marne), le 16 décembre 1824, mort le 22 octobre 1850, à Péné, département de Tchao-Tcheou (Chine). Wassy, chez Durollet. [1851.] In-8, pp. 78.

Mihières, *Simon Jules Alphonse,* né le 12 fév. 1821 ; † 16 Oct. 1871.

Notice : *Miss. Cath,* IV, p. 328 ; avec port., p. 332.

Molneaux, *Jean Baptiste,* Parti de Marseille le 20 février 1869 ; † au collège de Chouy-ya-thang le 14 octobre 1870.

Moye, *Jean-Martin,* né le 27 Janvier 1730 à Cutting, diocèse de Nancy ; † 4 Mai 1793.

— Vie de M. l'abbé Moÿe de la Société des Missions-étrangères fondateur de la Congrégation des Sœurs de la Providence en Lorraine, et des Vierges chrétiennes directrices des écoles de filles au Su-tchuen, en Chine. Par M. l'Abbé J. Marchal, Vicaire général de Saint-Dié. Paris, Bray et Retaux, 1872, in-8, pp. x-634.

Notice de cet ouvrage par le P. Toulemont, S. J., dans les *Etudes religieuses,* 16e année, 5e Série, II, 1872, pp. 129/134.

Néel, *Jean Pierre,* né à Sainte-Catherine-sur-Riverie (diocèse de Lyon) en juin 1832 ; décapité le 18 fév. 1862 à Kay-tcheou (Kouei-tcheou).

L. de Mgr. Faurie. *(Annales de la Prop.,* Vol. XXXIV, 1862, pp. 387/393.)

Notice. *(Miss. Cath.,* VIII, 1876, pp. 82/84 ; et portrait, *ibid.,* p. 73.)

« Missionary mistakes in China ». Art. dans *The Pall Mall Gazette,* 14 Sept. 1868, au sujet de l'exécution (Fév. 18, 1862) du Père Jean Pierre Néel dans le Kouei-tcheou.

Neunkirche, *Louis Remi,* né à Gross-Blittersdorf (dioc. de Metz), le 25 janvier 1848 ; † de la fièvre typhoïde le 21 Mai 1877 à Se-kia-tzé (Mandchourie).

Notice : *Miss. Cath.,* IX, p. 450.

Osouf, proc. gén., des miss. ét. à Hong-kong.

L. de Hong-kong le 19 Sept. 1873 aux directeurs du sém. de Paris sur le P. Caillet. *(Miss. Cath.,* V, pp. 562/3.)

Perny, *Paul,* miss. au Kouei-tcheou.

L. de St. Cloud, le 26 Nov. 1874, à M. Drouyn de Lhuys, Prés. de la Soc. d'Acclimatation, pour proposer la fondation en Chine d'une Académie Europeo-chinoise. *(Bul. de la Soc. d'Acclim.,* Nov. 1874, pp. 726/7.)

L. au *Figaro* sur M. de Villemessant. (Le *Figaro,* Mardi, 22 Avril 1879.)

Peltier, *Victor,* né à Durtal (Dioc. d'Angers), le 1er Sept. 1822 ; † en France le 18 juillet 1870.

— Notice : *Miss. Cath.,* IV, p. 114.

Petitnicolas, *Michel Alexandre,* né au village de Coinches, près de St. Dié, le 21 Août 1828 ; † le 12 mars 1866.

— Un martyr en Corée. Vie de Michel-Alexandre Petitnicolas missionnaire décapité pour la foi le 12 mars 1866 par M. l'abbé Renard. Aumônier des sœurs hospitalières du Saint-Esprit. Tours, Mame, MDCCCLXXIII, in-8, pp. 190.

— Deuxième édition, Tours, MDCCCLXXV, in-8, pp. 190.

Notice de cet ouv. signée E. G. dans les *Missions Cath.,* VI, 1874, pp. 82/83.

Ne pas confondre l'ouvrage suivant qui traite de *Pierre Ni* avec le précédent :

— Un Martyr de Corée, Pierre Ni. Par M. l'abbé H***. Lille [et] Paris, Lefort, MDCCCLXIV, in-12, pp. 108 ; 2e éd., *Ibid.* (1865). — 3e éd., *Ibid.* (1868.)

Plchon, *Pierre Marie Joseph Jullen,* né le 8 Sept. 1816 à Neuilly-le-Vendin (dioc. du Mans), Evêque d'Hélénopolis, vic. ap. du Se-tchouan méridional, † le 12 mars 1871, à Saint-Fraimbault de Lassay (diocèse de Laval.)

Notice : *Miss. Cath.*, IV, p. 18.

Lettre du 12 février 1869 (*Miss. Cath.*, No 34, p. 55.)

Pinchon, *Jean Théophile Annet*, du dioc. de Limoges ; Evêque de Polémonium. — Vic. ap. du Se-tchouan occidental.

Lettre du 20 Août 1869. (*Miss. Cath.*, II, pp. 373/4.)

L. de Tchen-tou, 16 juillet 1872. (*Ibid.*, IV, pp. 632/3.)

L. aux directeurs du Séminaire des Miss. Et., le 22 Sept. 1872. (*Ibid.*, IV, p. 706.)

L. aux Mêmes, 22 Sept. 1873. (*Ibid.*, VI, p. 143.)

L. du 20 Mai 1876. (*Ibid.*, VIII, pp. 398/401.)

L. du 15 août 1876. (*Ibid.*, pp. 554/7.)

L. du 11 sept. 1876 à Mgr. Desflèches. (*Ibid.*, p. 590.)

L. du 8 Oct. 1876. (*Ibid.*, IX, p. 3.)

Pons, *Joseph*, du dioc. de Lyon ; miss. au Se-tchouan oriental.

L. du 24 juin 1876 (*Miss. Cath.*, VIII, pp. 487/8.)

L. du 2 déc. 1876 à sa famille. (*Ibid.*, IX, pp. 110/111.)

L. de Kien-kiang, 2 janv. 1877. (*Ibid.*, pp. 206/7.)

Ponsot, *Joseph*, du dioc. de Besançon ; Ev. de Philomélie (1843) ; vic. ap. du Yun-nan.

Lettre du 6 Sept. 1838 aux Directeurs du Séminaire des Miss. ét., sur la visite du P. Le Guilcher à Ta-ly avec les officiers de l'expédition du Me-kong. (*Miss. Cath.*, II, p. 31. (Voir col. 157).

Lettre du 3 Sept. 1868 sur l'histoire de la mission du Yunnan (*Ibid.*, II, pp. 99/100).

Cette lettre contient la liste des missionnaires enterrés dans cette province.

Lettre du 7 Sept. 1869. (*Ibid.*, III, p. 38.)

Lettre du 29 mars 1871 (*Ibid.*, IV, p. 15).

Sur les invasions des Man tseu et des Miao tseu.

L. du 20 juin 1872. (*Ibid.*, V, pp. 122/3.)

L. de Long-ky du 23 sept. 1873. (*Ibid.*, VI, p. 28.)

L. du 27 juillet 1874. (*Ibid.*, VII, p. 88.)

L. du 28 août 1875. (*Ibid.*, pp. 593/5.)

L. de Yun-nan-fou. (*Ibid.*, VIII, pp. 536/7.)

Pottier, *François*, év. d'Agathopolis, vic. ap. du Setchouan, né à Tours en 1724 ; † à Tchong-king le 28 sept. 1792

Notice : *Miss. Cath.*, IX, pp. 475/6.

Pourquié, *Maurice*, né à Toulouse le 21 janvier 1812 ; † à Paris, au Sém. des Miss. étr. 9 Mai 1871 ; provic. ap. de la Mandchourie.

Notice : *Miss. Cath.*, IV, p. 125.

Provôt, *Paul Pierre*, du dioc. d'Angers, miss. au Setchouan oriental.

Lettre du 19 Mars 1869 à M. Delpech, supérieur du Sém. des Miss. Et., sur le Se-tchouan oriental (*Miss. Cath.*, II, pp. 313/4).

Lettre du 5 Oct. 1869 à M. Guerrin, directeur au Séminaire des Miss. Et. (*Ibid.*, III, pp. 36/38.)

Lettre du 6 Déc. 1869 à M. Delpech (*Ibid.*, III, p. 109).

L. du 26 Août 1872, de Yeou-yang (Se-tchouan oriental). (*Ibid.*, V, p. 3.)

L. de Yeou-yang, 10 Sept. 1873, sur le massacre des PP. Hue et Tay. (*Ibid.*, V, pp. 301/303.) [voir col. 548.]

L. de Tchong-king, 13 sept. 1876. (*Ibid.*, VIII, p. 591.)

Raguit, *Louis Hippolyte Ariste*, du dioc. de Poitiers ; miss. en Mandchourie.

L. de Ing-tze [Mandchourie] 27 fév. 1877. (*Miss. Cath.*, IX, p. 252.)

Retz, *Antoine Louis Auguste de*, du dioc. de Mende ; parti en 1783, † 13 mars 1793 au Se-tchouan.

— Notice : *Miss. Cath.*, IV, p. 136.

Ridel, *Félix Clair*, né à Chantenay (diocèse de Nantes), le 7 juillet 1830. Evêque de Philippopolis, Vic. ap. de Corée (25 Juin 1869).

Notice. (*Miss. Cath.*, II, p. 222.) — Son Sacre (*Ibid.*, III, p. 193). — Son portrait. (*Ibid.*, VI, p. 257.)

L. à M. Renard, 12 janvier 1874. (*Miss. Cath.*, VI, p. 264.)

L. à M. Coste, proc. des Miss étr., à Chang-hai ; de Notre-Dame des Neiges (Mandchourie) 21 Oct. 1875. (*Ibid.*, VIII, pp. 4/5.)

Relation de la captivité & de la délivrance de Mgr. Ridel de la Société des Missions étrangères, Evêque de Philippopolis et Vicaire apostolique de la Corée. Librairie Victor Lecoffre, Paris [et] Lyon, 1879, in-8, pp. 90.

Mgr. Ridel est le 5e vicaire apostolique de Corée ; ses prédécesseurs furent :

Mgr. Bruguière, † le 20 février 1836.

Mgr. Imbert, martyrisé le 21 Septembre 1839.

Mgr. Ferréol, † le 3 février 1853.

Mgr. Berneux, martyrisé le 8 Mars 1866.

Rigaud, *Jean François*, né à Arc-et-Senans (Franche-Comté), assassiné à Yeou-yang tcheou (Se-tchouan oriental) le 2 Janvier 1869.

Notice : *Miss. Cath.*, II, pp. 113/5, — pp. 121/4, — 232/33, — 287.

Rimet, *Joseph Victor*, du dioc. de Besançon ; Provic. du Se-tchouan occidental.

LL. du Se-tchouan, 1er et 12 sept. 1876. (*Miss. Cath.*, VIII, p. 589.)

Roland, *Alfred Augustin*, né à Grandfontaine-Fournets (Doubs) le 28 Août 1840 ; † 23 mai 1875.

Notice : *Miss. Cath.*, VII, p. 505.

— Journal d'un missionnaire ou lettres de l'abbé Roland, ancien Vicaire d'Orchamps-Vennes (diocèse de Besançon) missionnaire apostolique mort au Su-Tchuen oriental en 1875. Besançon, Farey, 1877, in-12, pp. 171.

Roux, *Vincent Joseph*, du dioc. de Nantes ; miss. au Kouei-tcheou.

L. de Tchen-lin-tcheou, 25 Avril 1873, à M. Rousseille. (*Miss. Cath.*, V, pp. 494/5.)

Saint-Martin, *Jean Didier de*, né à Paris le 18 Janvier 1743. — Evêque de Caradre, Vic. ap. du Se-tchouan. — † 15 Nov 1801.

Voir la Notice biographique en tête de ses *Lettres*, Paris, 1822, in-8 (*infra*), et le *Précis historique* [par M. Florens] dans les *Nouv. Let. éd.*, III, pp. 484 et seq. ; cette dernière collection contient un grand nombre de lettres de ce prélat que l'on trouvera indiquées col. : 440/442.

— Lettres de M. de Saint-Martin, Evêque de Caradre, vicaire apostolique du Su-tchuein, à ses père et mère, et à son frère, religieux bénédictin ; précédées d'une notice biographique, et suivies de notes. Par M. l'Abbé Labouderie... On y a joint un *Essai sur la Législation chinoise*, par M. Dellac, avocat à la Cour royale de Paris. A Paris, Théodore Leclerc, 1822, in-8, pp. cvj-393, s. l. préf., rec.

Liste des Lettres : 1o de Lorient, 4 Janvier 1773. — 2o De l'Ile de France, 25 juin 1773. — 3o De l'Ile de France, 25 juin 1773. — 4o De Macao, le 12 sept. 1773. — 5o Même lieu, même date. — 6o Macao, 8 janvier 1773. — 7o Macao, 8 janvier 1774, L. du P. Steiner, Procureur des Missions à Macao, à dom de St.-Martin, prieur de St.-Martin-des-Champs. — 8o Tchin-tou-fou, 1er sept. 1774. — 9o Même ville, même date. — 10o Même lieu, 15 sept. 1775. — 11o Même ville, 15 sept. 1775. — 12o Même ville, 12 oct. 1776. — 13o Même ville, 12 oct. 1776. — 14o Même ville, 13 oct. 1777. — 15o Même ville, même date. — 16o Macao, 26 oct. 1777, L. du P. Steiner à Dom de St.-Martin. — 17o Tchin-tou-fou, 16 oct. 1778. — 18o Même ville, même date. — 19° Même ville, 16. oct. 1779. — *20° Même ville, même date. — 21° Même ville, 15 oct. 1780. — *22° Même ville, 7 oct. 1781. — 23° Même ville, 7 oct. 1781.

Les lettres marquées d'un astérisque* sont adressées au frère du prélat ; les autres, à moins d'indications contraires, sont écrites au père et à la mère de M. de St.-Martin.

Simon, *Philibert Louis André Joseph,* né à Messé, arrondissement de Melle, le 28 août 1842 ; † à Ing-tze (Niou tchouang, en Mandchourie), le 13 déc 1874.

Notice : *Miss. Cath.,* VII, p. 206.

— Philibert Simon, missionnaire en Mandchourie, mort le 13 décembre 1874. Sa vie, sa correspondance, ses œuvres par l'Abbé Emile Briand, curé de Saint-Benoît-de-Quinçay. H. Oudin frères, Poitiers [et] Paris, 1878, in-18, pp. XIX-336.

Souchières, *Joseph Roch Phil.-Aug.,* du [dioc. d'Avignon ; miss. au Kouang-si.

L. de Mi-kang [Kouang-si] 19 Janvier 1876 aux Dir. des Miss. étr. à Paris. *(Miss. Cath.,* VIII, 1876, p. 259.)

Thomine-Desmazures, *Jacques Léon,* né à Caen le 17 février 1804 ; évêque de Sinopolis, vic. ap. du Tibet ; † à Mouen, près de Caen (Calvados), 25 janvier 1869.

Notice : *Miss. Cath.,* II, pp. 45/6.

— Oraison funèbre de Mgr. Thomine-Desmazures Evêque de Sinope Prononcée le 1er février 1869, à ses Obsèques dans l'Eglise Saint-Julien de Caen en présence de Mgr. l'évêque de Bayeux et de Mgr. l'évêque de Coutances par M. l'abbé V. Hugot ancien chanoine titulaire de la Cathédrale de Bayeux Curé de Saint-Pierre de Caen Missionnaire apostolique. Lisieux, Emile Piel, 1869, in-8, pp. 45.

— Notice sur Mgr. Thomine-Desmazures Evêque de Sinopolis Vicaire apostolique du Thibet ; par M. l'abbé Mabire. Chanoine de Bayeux, Directeur de l'Institution Sainte-Marie. (Extrait de la *Semaine religieuse de Bayeux*.) Caen, Chenel, 1869, in-8, pp. 70.

Vachal, *Jean-Baptiste,* né au diocèse de Tulle, en 1812 ; † au Yun-nan, le 11 Avril 1851.

L. de Mgr. Chauveau, août 1851, aux Conseils centraux de l'œuvre de la Prop. de la Foi. *(Annales,* XXIV, pp. 261/7, réimp. dans les *Miss. Cath.,* V, pp. 179/180.)

Verrolles, *Emmanuel Jean François,* du dioc. de Bayeux ; Ev. de Colombie (1840), vic. ap. de Mandchourie ; † à Niou-tchouang le 29 Avril 1878.

Courte not. biog. et photog. dans *The Far East,* aug. 1877.

Vielmon, *Léonard,* né à Saint-Aubin-de-Nabirat, dioc. de Périgueux, le 26 Oct. 1825 ; † à Kouei-yang fou, le 20 Nov. 1870.

Notice : *Miss. Cath.,* IV, p. 125.

Lettre de Kouei-yang fou, 20 juin 1869. *(Miss. Cath.,* II, pp. 337/8.)

Lettres de Kouei-yang fou, 20 juillet et 3 août 1869. *(Ibid.,* pp. 409/412.)

Lettre de Kouei-yang fou, du 25 Sept. 1869, à Mgr. Faurie, à Rome. *(Ibid.,* III, pp. 81/3.)

Lettre au même. *(Ibid.,* III, pp. 100/1.)

Lettre au même. *(Ibid.,* III, pp. 140/1.)

Lettre au même. *(Ibid.,* III, p. 195.)

Lettre au même de Kouei-yang fou le 21 mars 1870. *(Ibid.,* III, pp. 321 et seq.)

Vinçot, *Jacques,* du dioc. de St.-Brieuc ; miss. au Setchouan oriental.

L. de Tchong-king, 6 Avril 1874. *(Miss. Cath.,* VI, pp. 362/3.)

L. de Chang-hai, 1er fév. 1877, à M. Guerrin, dir. des Miss. étr., à Paris. *(Ibid.,* IX, pp. 156/7.)

L. de Chang-hai, 15 mars 1877, au même. *(Ibid.,* pp. 228/9.)

Voisin, *Joseph Etienne Polycarpe,* né le 25 janv. 1797 à Bellevaux (Savoie) ; † 30 janv. 1877 à Paris ; miss. au Setchouan, puis directeur au Sém. des Miss. ét. à Paris.

Notice avec port. : *Miss. Cath.,* IX, 1877, pp. 257/8.

CONGRÉGATION DE LA MISSION (LAZARISTES).

Comme il n'existe pas, à notre connaissance, de liste imprimée des missionnaires lazaristes comme le *Catalogus* des Jésuites et l'*Etat* de la Société des Missions étrangères, nous avons dressé le tableau suivant d'après les registres de la Procure de Chang-hai ; on remarquera que les lazaristes portugais de Macao ne sont pas compris dans cette liste.

NOMS	NATIONALITÉ	ARRIVÉS EN CHINE	MORT	REMARQUES
1. Louis Appiani............	Italien........	1697	29 août 1732*.......	' à Macao.
2. Jean Mullener............	Allemand......	1703	17 déc. 1742........	Vic. ap. du Se-tchouan, Ev. de Myrio.
3. Théodoric Pedrini........	Italien........	1704	10 déc. 1746........	† à Pe king.
4. Gaudon..........	Français.... .	1731		
5. Monet..........	Id..	id.		
6. Trogneux........	Id.........	id.		
7. Nicolas Raux...........	Id........	1785*	16 nov. 1801 ''.....	' à Pe king ; '' à Pe king.
8. Joseph Ghislain	Flamand (Autriche).	id.'	12 août 1813 ''......	' id. '' id.
9. Joseph Paris (frère)........	Français......	id.'	6 sept. 1804 ''..... ..	' id. '' id. horloger.
10. Raymond Aubin	Id........	1788	1er août 1795 '	' de faim, en prison.
11. Robert Hanna............	Irlandais.. ...	id.	10 janv. 1797 '.....	' à Pe king.
12. François Clet...........	Français......	1790	17 avril 1820 ''......	' martyrisé à l'âge de 70 ans.
13. Louis Lamiot.............	Id..........	id.	5 juin 1831 '........	' à Macao.
14. Pêné.............	Id..........	id.	29 juin 1795 '.... ...	' dans le Hou Kouang (Hou pè).

(VIES DES MISS. CATH.)　　　　　　　　　(VIES DES MISS. CATH.)

RELIGION

15. Minguet	Français	1798		
16. Jean F. Richenet	Id	1800	19 juil. 1836 *	* à Paris (revenu en France en 1815).
17. Lazare M. Dumazel	Id	1800	15 déc. 1818 *	* dans le Hou pé.
18. Jean Baptiste Torrette	Id	1829	11 sept. 1840 *	* à Macao.
19. Louis Perboyre	Id	1830	1831*	* en mer.
20. Bernard Laribe	Id	1831	20 juillet 1850	Vic. ap. du Kiang si.
21. Alexis Rameaux	Id	1831	14 juil. 1845	Vic. ap. du Kiang si et du Tche kiang.
22. Martial Mouly	Id	1833	4 déc. 1868*	* à Pe king ; Vic. ap. du Pe Tche-ly.
23. Xavier Danicourt	Id	1833	Janv. 1860 *	* à Paris ; Vic. ap. du Kiang si.
24. Henri Baldus	Id	1834	29 sept. 1869 *	* à Kieu kiang ; Vic. ap. du Honan et du Kiang si.
25. J. Gabriel Perboyre	Id	1835	11 sept. 1840 *	* martyrisé ; né le 6 janvier 1802.
26. Joseph Perry	Id	id.		revenu en Europe.
27. Joseph Gabet	Id	id.	185-*	* au Brésil.
28. Claude Guillet	Id	1836	*	* dans sa famille.
29. Ferdinand Faivre	Id	id.	1863 *	* à Paris.
30. Pierre Peschaud	Id	1837	12 sept. 1844*	* dans le Kiang si.
31. Arn. Juan Jose Sempau	Espagnol	id.	14 août 1837 *	* à Singapore.
32. Pierre Laveissière	Français	1838	19 déc. 1849	Vic. ap. du Tche kiang.
33. J. Antoine Simiand	Piémontais	id.	24 février 1871 *	* dans le Tché ly.
34. Evariste Huc	Français	1839	1861 *	* à Paris.
35. André Vincent Privas	Id	id.	1848 *	* dans le Tché ly.
36. Louis Vautrin (frère)	Id	id.	Sept. 1852 *	* à Ning po.
37. François Daguin	Id	1840	1859	Vic. ap. de Mongolie.
38. Hippolyte Vincent	Id	id.		
39. Joseph Carayon	Id	1841	17 août 1847 *	* dans le Ho nan.
40. Antoine Anot	Id	1842		Miss. au Kiang si.
41. André Jandard	Id	1844	15 nov. 1867 *	* dans le Ho nan.
42. J. Antoine Combelles	Id	1845	28 mai *	* en Mongolie.
43. Ysabel	Id	id.	*	* à Mâcao.
44. L. Gabriel Delaplace	Id	1846		Ev. d'Andrinople ; Vic. ap. de Pe king.
45. Bernard Peschaud	Id	id.		Miss. dans le Tche kiang ; revenu en France
46. Jean Baptiste Anouilh	Id	1848	18 fév. 1869	Vic. ap. du Tché ly.
47. Allara	Piémontais	id.		Miss. du Tche kiang ; à Turin.
48. Ange Aymeri	Id	id.		
49. Sarrans	Français	1849	1850 *	* dans le Kiang nan.
50. Jean Gottlicher	Polonais	id.	1867 *	* à Pe king.
51. Talmier	Français	id.	1862 *	* dans le Tché ly Nord.
52. Ferdinand Montels	Id	1850	1857 *	* massacré par les rebelles dans le Kiang si.
53. Dowling	Irlandais	id.	1858 *	* à Ting hai.
54. Alexandre Fournier (frère)	Français	id.	27 juil. 1872 *	* à Chang hai.
55. Edmond Guierry	Id	1853		Ev. de Danaba ; Vic. ap. du Tche kiang.
56. Wuillaume	Id	id.		en Mongolie ; revenu en France.
57. François Tagliabue	Id	1854		Ev. de Pompeiopolis; Vic. ap. du Tché ly.
58. Edouard Smoremburg	Hollandais	id.		Miss. à Pe king ; retourné en Europe.
59. Adrien Rouger	Français	1855		Miss. au Kiang si.
60. J. Baptiste Thierry	Id	id.		Miss. à Pe king.
61. Joseph Rizzi	Italien	id.		Miss. dans le Tche kiang.
62. Adrien Larousse (frère)	Français	id.	26 sept. 1867 *	* à Ning po.
63. J. Baptiste Glau	Id	1856		Miss. du Tché ly ; revenu en France.
64. André Peyralbe	Id	id.	1871	Miss. du Ho nan.
65. Géraud Bray	Id	1858		Vic. ap. du Kiang si.
66. André Guillot	Id	id.		Miss. au Tché kiang.
67. Alexis Sassi	Italien	1860		Miss. au Kiang si.
68. Claude Chevrier	Français	id.	21 juin 1870	massacré à Tientsin.
69. Henri Salvan	Id	id.	21 mars 1878	Miss. au Tche kiang ; puis à Chang hai.
70. Edouard Reiffert	Allemand	1861		Miss. de Mongolie.
71. Ignace Erdely	Hongrois	id.		Miss. du Tché ly.

72. Armand David.............	Français	1862	....	revenu en France [voir col. 183/186].
73. Thomas Fitz-Patrick......	Irlandais.....	id.	8 déc. 1865.........	Miss. à Pé king.
74. Oreste Larrieu.............	Français.....	id.	....	id. revenu en Europe.
75. Alphonse Favier..........	Id............	id.	....	id.
76. Joseph Marty (frère)......	Id..........	id.	1870 '	' à Paris.
77. Louis Chevrier............	Id.........	id.	....	Miss. à Pé king.
78. Raphaël Moscarella	Italien.........	1863	....	Miss. au Tché ly.
79. J. Baptiste Bret..........	Français	id.	....	Miss. au Tche kiang.
80. Flavien Gambart	Id............	id.	1870.........	Miss. à Pe king.
81. Théodore Neurath........	Allemand.....	id.	16 août 1866	Miss. au Ho nan.
82. Nicolas d'Addosio.........	Napolitain....	id.	....	Miss. à Pe king.
83. Claude Jourde............	Français......	1864	20 octobre 1865	Miss. au Tche kiang.
84. Auguste Humblot..........	Id............	1865	....	Miss. à Pe king.
85. J. Baptiste Delemasure....	Id......	id.	....	id.
86. J. Baptiste Fioretti	Italien.........	1864	....	id.
87. Désiré Duhamel	Français	1866	....	Miss. au Kiang si ; au Pérou.
88. Ambroise Portes.........	Id..........	id.	....	id.
89. Paulin Poustomis.........	Id...........	1868	....	Miss. à Pe king ; rentré en Europe.
90. Félix Saupurein	Id...........	id.	16 fév. 1874...	id.
91. Jacques Grasset...........	Id...........	id.	à Alexandrie..........	id.
92. Jules Garrigues...........	Id... ...	id.	....	id.
93. Joseph Marneff (frère).....	Belge	id.	....	id.
94. Paul Desauthieux..........	Français	1869	16 mars 1872	Miss. au Tche kiang.
95. Joseph Vaissière..........	Id...........	id.	....	id.
96. J. Baptiste Sarthou.......	Id...........	1870	....	Miss. de Pe king.
97. Guillaume Beekman........	Hanovrien.....	id.	....	Miss. du Tché ly.
98. J. Baptiste Barbier........	Français.....	id.	2 août 1875......... .	Miss. du Tche kiang.
99. Patrice Moloney...........	Irlandais	1871	....	Miss. du Kiang si.
100. Hubert Wijnhoven........	Hollandais.....	id.	....	Miss. de Pe king.
101. J. Antoine Dellac.........	Français......	1872	1877............	Miss. du Tché ly.
102. Emile Lefebvre...	Id...........	id.	....	Miss. du Kiang si.
103. Benoit d'Orio	Napolitain....	1873	11 juin 1876..........	id.
104. Justin Lescure............	Français	id.	....	Miss. du Tché ly.
105. Alexis Provost	Id.........	1872	....	Miss. de Pe king.
106. Jean Coursière...........	Id.........	1871	....	Miss. du Kiang si.
107. Maurice Gontharet	Id..........	id.	....	Miss. du Tche kiang
108. Auguste Coqset..........	Id..........	1875	....	Miss. de Pe king.
109. Etienne Coqueugniot......	Id..........	id.	Avril 1875..........	id.

Anouilh, *Jean-Baptiste*, Evêque d'Abydos, vic. ap. du Pé Tché-ly occidental, né le 10 Nov. 1819, dans le diocèse de Pamiers ; † à Tching-ting fou le 18 février 1869.

Notice : *Miss. Cath.*, II, p. 166.

Lettre du 8 Déc. 1867. *(Miss. Cath.,* I, p. 134.)

Lettre du 5e jour de la 3e lune de 1868 à Mgr. Dubar. *(Ibid.,* II, p. 175.)

— Extraits de plusieurs lettres de Monseigneur Anouilh, Evêque d'Abydos, vicaire apostolique en Chine, au Frère Génin, de la Congrégation de la Mission. Paris, Ambroise Bray, 1869, br. in-8, pp. 15.

Appiani, *Louis Antoine*, né à Dogliani, diocèse de Saluces, en Piémont, le 22 mars 1663. — Vice-Visiteur apostolique en Chine (1007) ; † 29 Août 1732.

Consulter le Vol. IV des *Mémoires de la Cong. de la Mission*

Aubin, *Raymond*, Miss. au Chen-si ; † le 1er Août 1795.

Lettre de M. Raux : *Nouv. let. édif.*, III, 1818, pp. 238/241; réimp. dans les *Miss. Cath.*, V, p. 372.

Baldus, *Jean Henri Maximilien*, Evêque de Zoara, vic. ap. du Ho-nan, puis du Kiang-si, né en 1811, à Ally, près de Mauriac (diocèse de Saint-Flour) ; † le 29 sept. 1869.

Notice : *Miss. Cath.*, II, p. 395.

Bray, *Géraud*, Ev. de Legione ; Vic. ap. du Kiang-si.

L. de Kiou-kiang, 10 juillet 1872 ; aperçu historique sur la mission du Kiang-si. *(Miss. Cath.,* V, pp. 218/220.)

L. de Fou-tchcou, 1er avril 1875, à l'abbé Gennevoise. *(Ibid.,* VII, pp. 380/1.)

L. de Kiou-Kiang, 10 déc. 1876. *(Ibid.,* IX, pp. 205/6.)

Chevrier, *Claude Marie*, né à Saint-Symphorien-de-Lay (Dioc. de Lyon) le 10 Août 1820 ; massacré à Tien-tsin le 21 Juin 1870.

— Notice : *Miss. Cath.*, III, p. 310.

Clot, *François*, arrivé eu Chine en 1790. — Etranglé le 17 avril 1820 (date du registre des Lazaristes à Changhaï) ou le 18 avril 1820. *(Annales de la la Prop. de la Foi*, X, pp. 126/127.)

Lettre (inédite) de M. Clet, missionnaire lazariste, adressée à M. Richenet, procureur de la mission de Pékin à Paris. (Des prisons de Ou-tchang-fou, le 28 décembre 1819.) *Let. éd.*, éd. de Grimbert, III, pp. 252 et seq.

— D'après une lettre du P. Lamiot (Ou-tchang-fou, 19 fév. 1820), le P. Clet aurait été tué le 18 février 1820 : c'est, croyons-nous, la date exacte du martyre.—Voir *également* une l. de Mgr. Delaplace, *Ann. de la Mission*, XXXIV, p. 306.

Sur le martyre du P. Clet, voir Huc, *Christianisme en Chine*, IV, pp. 252-256 ; *Miss. Cath.*, V, pp. 191/2.

Delemasure, *Jean-Baptiste.*

L. de Tien-tsin du 16 oct. 1873. *(Miss. Cath.*, VI, 1874, pp. 39/40.)

L. de Tien-tsin, 16 avril 1874. *(Ibid.*, p. 375.)

Goncalves, *Joachim Alphonse,* né en 1780, à Tojal (Portugal) ; † à Macao, le 3 Oct. 1844.

Notice Biographique par J. M. Callery *(Revue Encyclopédique,* 1847; trad. ang. dans le *Chin. Rep.,* Feb. 1846, pp. 69/80;.

— K. F. Neumann. Der Sinologe Alphons Goncalves. *(Ztschr. d. D. M. G.*, Bd. XVIII, 1864, pp. 294/296.)

Guierry, *Edmond,* Ev. de Danaba; Vic. ap. du Tche-kiang.

— Lettre de Monseigneur Guierry, Evêque de d'Anaba, vicaire apostolique en Chine, au Frère Génin, de la Congrégation de la Mission. Paris, Bray et Retaux, 1870, br. in-8, pp. 15.

L. de Ning-po, 21 Déc. 1871. *(Miss. Cath.*, IV, pp. 213 seq.)

L. de Ning-po, 20 Déc. 1875. *(Ibid.*, VII, 1876, p. 90.)

L. de Ning-po, 8 mai 1876. *(Ibid.*, p. 426.)

L. de Ning-po, 7 sept. 1876. *(Ibid.*, IX, p. 220.)

L. de Ning-po, 6 mars 1877, à M. Boré, sup. gén. des [Laz. [Mort du P. Montagneux.] *(Ibid.*, p. 378.)

Lamiot, *Louis,* arrivé en Chine en 1790; † à Macao le 5 Juin 1831.

— Lettres de M. Lamiot, Missionnaire lazariste en Chine. A Paris, Imprimerie de Béthune, 1832, br. in-8 de 20 pages.

Cette brochure contient une lettre du P. Lamiot, datée de « Ou-tchang-fou, à l'hôtel près de la prison, 19 fév. 1820. »

« Nous vîmes [à Macao] dans le respectable P. Amyot, vieillard très-avancé en âge et accablé sous le poids des infirmités, suite des persécutions ainsi que d'un long et honorable apostolat, le seul reste de ces missionnaires jésuites qui avaient joui de la protection du dernier empereur. Il avait beaucoup souffert pour la foi, et cependant son seul désir, le seul but de toutes ses sollicitations auprès de la cour de Pékin, qui, en lui rendant les biens de son ordre, l'avait mis cependant à même de vivre dans un honorable repos, étaient d'aller mourir au milieu du peuple dont il portait le costume et avait adopté les usages. Le bon père, éloigné de la France depuis quarante ans, regardait la Chine comme la plus belle contrée du monde : mais la vue de ses compatriotes, la langue de son ancienne patrie, avaient rajeuni ses vieux souvenirs, réveillé dans son orgueil, cet amour de son pays qui ne s'éteint jamais ; il voulut absolument, malgré la fatigue et les embarras d'une traversée sur la rade, visiter un bâtiment de guerre monté par des enfants de la France, et l'empressement de tout l'équipage fit couler des yeux du vénérable vieillard des larmes d'attendrissement. » (Voyage de la *Favorite,* II, pp. 266/7.) — Lire dans le paragraphe précédent : le P. Lamiot, lazariste, † à Macao le 5 Juin 1831, au lieu du P. Amiot, jésuite, † à Peking le 8 Oct. 1793.

Montagneux, *Régis Protais,* né à St. Etienne, le 5 sept. 1825 ; † à Ning-po, 26 fév. 1877.

Notice : *Miss. Cath.*, IX, 1877, pp. 282/3.

L. de Mgr. Guierry. *(Ibid.*, p. 378.)

Mouly, *Joseph Martial,* né à Figeac, le 2 Août 1807. — Evêque de Fussulan, vic. ap. du Pé Tché-ly septentrional. — † à Peking, le 4 Déc. 1868.

Notice : *Miss. Cath.*, II, pp. 61/2. — *Ann. de la Mission*, XXXIV, 1869, pp. 327/334.

Memorial of the Roman Catholic Bishop Mouly to the Emperor China. (Printed at Hong-kong in November, 1855.)

« Dated on the [14th of the 7th moon, of the 4th year of Heën Fung. (August 1854.) »

Cette traduction faite par le Dr. Medhurst a paru dans le *N. C. Herald*, No. 297, April 5, 1856 ; et dans le *Shanghae Miscellany*.

Mullener, *Jean,* né à Brême, 4 Oct. 1673 ; † 17 déc. 1742.

Consulter le Vol. IV des *Mémoires de la Cong. de la Mission*.

Pedrini, *Theodoric,* né à Fermo, dans la Marche d'Ancône, en 1670 ; † à Peking le 10 déc. 1746.

Consulter les Vols. V, VI et VII des *Mémoires de la Congrégation de la Mission*.

Perboyre, *Jean Gabriel,* né à Mongesty (diocèse de Cahors), le 6 janvier 1802; arrivé à ·la Chine en 1835, martyrisé à Ou-tchang, le 11 Sept. 1840.

Lettre de Mgr. Joseph Rizzolati, Evêque d'Araden et Vic. ap. du Hu-Quam, à l'Association de la Propagation de la Foi, U-cham-fu, 28 Oct. 1840 *(Ann. de la Prop.*, XIII. pp. 449/452.)

Lettre de M. Huc, miss. ap., à M. Sarrans. Macao, 27 Janvier 1841. *(Ibid.*, XIV, pp. 12/18.)

— Notice sur la vie et la mort de M. Jean-Gabriel Perboyre, prêtre de la Congrégation de la Mission de Saint-Lazare, martyrisé en Chine le 11 Septembre 1840, avec le portrait du martyr. Par un prêtre de la même congrégation. Paris, Adrien Leclère, 1842, in-8, pp. xv-286.

— Voir *Ann. de la Cong. de la Mission*, VII, 1842.

Notice : *Miss. Cath.*, VI, pp. 455/6.

Peyralbe, *André,* † 1871.

Lettre du 16 février 1868 sur le Ho-nan *(Miss. Cath.*, I, pp. 139/140.)

Rameaux, *Alexis,* év. de Myre, vic. ap. du Tche-kiang et du Kiang-si; † à Macao, 14 juillet 1845.

Notice : *Miss. Cath.*, VIII, 1876, p. 336.

Rizzi, *Joseph.*

L. du 14 mars 1873, à Mgr. Guierry. *(Miss. Cath.*, V, pp. 373/4.)

Saupurcin, *Félix,* † à Peking le 16 fév. 1874.

Notice : *Miss. Cath.*, VII, p. 189.

CONGRÉGATIONS DIVERSES.

Outre les ouvrages cités col. 329, 330, 331 et 332, tels que ceux de Quétif et Echard, Wadding, etc., consulter les suivants :

V. M. Fontana. Monumenta Dominicana breviter in synopsin collecta... Romae, 1675, in-fol.

Histoire des Hommes illustres de l'Ordre de Saint Dominique... Par le Révérend Père A. Touron, Religieux du même Ordre. A Paris, chez Babuty, 1743-1749, 6 vol. in-4.

Estado geográfico, topográfico, estadístico, histórico-religioso, de la santa y apostólica provincia de S. Gregorio Magno, de religiosos menores descalzos de la regular y mas estrecha observancia de N. S. P. S. Francisco, en las islas Filipinas : comprende el número de Religiosos, Conventos, Pueblos, situacion de estos, años de su fundacion, Tributos, Almas, producciones, industrias, cosas y casos especiales de su administracion espiritual, en el Archipiélago Filipino, desde su fundacion en el año de 1577 hasta el de 1865. Compuesto por el R. P. Fr. Felix de Huerta, Predicador, Lector de Sagrada Teologia, Examinador Sinodal del Arzobispado de Manila, y actual Ministro de S. Lazaro. Mandato dar á luz, en nombre de esta Santa Provincia, por el M. R. P. Ministro Provincial de la misma. Con las licencias necesarias. Binondo : Imprenta de M. Sanchez y Cª. 1865, in-8, pp. 713.

Au moment de mettre sous presse, notre savant ami, M. Ferdinand Denis, administrateur de la Bibliothèque Sainte-Geneviève, nous communique l'ouvrage suivant qui vient de paraître et qui contient l'indication d'un grand nombre de Ms. relatifs à la Chine dont nous faisons le relevé :

Saggio di Bibliografia geografica storica etnografica Sanfrancescana per Fr. Marcellino da Civezza M. O. In Prato Per Ranieri Guasti 1879, gr. in-8, pp. xiv-698.

Cet ouvrage intéressant, outre les Ms. importants, dont nous donnons la liste, contient également la description d'ouvrages publiés en chinois par les Missionnaires et de livres imprimés que nous avons décrits aux chapitres auxquels ils appartiennent :

« No. 16. Aleman.—Historia de todo lo obrado en China por el señor Patriarcha Tournon, y su defensa, año de 1709 : por P. Fr. Martin Aleman de la Provincia de san Juan Bautista.

17. Alenda. — Relacion de mi viage a Pekin : por el P. Fr. Gaspar Alenda de la Provincia de S. Juan Bautista.

19. Alhondiga. — Relacion de los trabajos y frutos apostolicos de los Religiosos Franciscanos en el vasto Imperio de la China por el P. Fr. Roque Alhondiga de la Provincia de S. José.

20. Almaden. — Relacion del hermano Predicador Fr. Antonio de Almaden, de los sucesos de la Mision desde los ultimos del año de 1730 hasta el mes de agosto del año de 1731.

Manoscritto di 5 carte in-8, dell' Archivio del nostro Convento di Manila, inviatomi da què buoni Padri.

— Relacion en que se dize la prision de un Religioso Francisco Descalzo Español, Misionero Apostolico del Imperio de la

Gran China, estando actualmente, despues de dies años cumplidos de persecucion, en la Provincia de Xan-tung.

Manoscritto dell' Archivio del nostro Convento di Manila, inviatomi da què Padri. Sono 17 carte in-4. Il religioso imprigionato fù lo stesso P. Fr. Antonio della Madre di Dio, o Almaden, e sua è la relazione data el año quarto del empendor Kien-Lung, Luna nona. Año de la encarnacion 1739 dia 22 de octubre.

65. Bautista. — Historia de las Islas Filipinas, Japon, China y otros Reinos de la India ; por el Padre Fr. Pedro Bautista de la Provincia de S. Josè.

90. Boxnay. — Relacion de la administracion de los Sanctos Sacramentos en las Villas, Aldeas y demas lugares que pertenecen a la Iglesia de nuestro P. S. Francisco extramuros de la ciudad de Canton : año del 1733.

Manoscritto, nell' Archivio del nostro Convento di Manila, di cui m'inviarono copia què Padri. Conta, questa, 4 carte in-8, e in fine si legge : En este Convento de N. S. P. S. Francisco de la ciudad de Macao, hoy a 29 Abril, 1733 Fr. Ioseph. Boxnay.

104. Burgos. — Relacion historica de los progresos de la christianidad en Filipinas y China : por el P. Fr. Geronimo de Burgos, de la Provincia Franciscana de S. Josè. 1583.

105. Castorano.

I. M. I. Libri sinenses ab Illmo et Rmo D. Archiepiscopo Myrensi Joanne Francisco de Nicolais relicti, de ordine Sanctissimi Dñi Nostri Clementis Papae XII prudenter recuperati, ac de mandato Emi. et Rmi. D. Card. Gentili Pro-Datarii in ordinem et in catalogum digesti, cum brevibus annotationibus, rubricis, seu summis dictorum librorum, etiam de quolibet in parliculari ; et maxime de omnibus Libris Classicis, seu Scripturis Canonicis Sinensibus, deque eorum Philosophia : de quibus rebus videlicet tractent et quid singuli in substantia contineant : studio ac labore P. Fr. Caroli Horatii a Castorano, Regularis Observantiae S. P. Francisci, in Sina per 33 et amplius annos pro Sac. Congregatione de Propaganda Fide Missionarii Apostolici. Acta Romae in Aracoeli, anno Domini MDCCXXXIX.

Un volume in-4, di 632 pagine, di bellissima lettera, et magnificamente legato, ma un po' malconcio, già appartenuto al nostro Padre Michele Navarro (Spagnuolo), morte da qualche anno Vicario Apostolico in Cina, e da lui passato alla cara memoria del nostro Monsignor Rizzolati, parimente Vicario Apostolico per molti anni in quelle regioni, che tornato in Roma ne faceva dono a me poco prima di morire. E un dottissimo ed interantissimo lavoro, che giunge sino alla pagina 434.

..... A questo primo lavoro poi segue :

— Vita Confusii, apud Sinenses philosophi sapientissimi ac sanctissimi magistri.

Sono 76 pagine, cioè dalla 435 alla 510.....E poi segue :

— Additio ad supra positam parvam elucubrationem.

Altre 56 pagine, cioè dalla 510 alla 566.....

— Jesus, Maria, Joseph! Brevi notizie della Cina. Come e quando, da chi e quanto volte è stata predicata nella Cina la Religione Christiana? E dove, quali e quanti Padri Missionarii sono attualmente nell' imperio della Cina? Per il molto Illustre Signore Domenico Baiardi Archivista in *Propaganda Fide*. Date dal P. Carlo Horatii da Castorano della Diocesi Ascolana, Minore Osservante di San Francesco, provetto Missionario Apostolico nell' imperio della Cina. Addi 11 Aprile, Anno Domini 1740.

E un altra importantissima scrittura, che fa parte del manoscritto di cui ci stiamo occupando, e che piglia dalla pagina 567 alla 619... Finalmente il Manoscritto si [conchiude con la scrittura seguente.

— J. M. J. Versio monumenti, seu lapidis sinici, cum notitia de praedicata Religione christiana in Imperio Sinico, litteris seu characteribus sinicis insculpti circa annum Domini N. J. Xti 786, et inventi prope moenia civitatis *Si-ngan-fu* provinciae *Scen-si* in imperio Sinarum.

Sono altre 13 pagine, cioè dalla 649 alla 632...

136. *Chiesa*. — Lettere del Padre Fr. Bernardino della Chiesa, de' Minori Osservanti Riformati, Vescovo di Argoli e Vicario Apostolico nella Cina.

... Un' altra la rinvenni nell' Archivio Mediceo di Firenze, nel carteggio del Canonico Apollonio Bassetti, Segretario di Cosimo III. E indirizzata al Gran Duca di Toscana, e dice così : «..... Quamcheu, 29 novembre 1684. »

Altre sue lettere, ed interessantissime, sono nella Biblioteca Fabronia di Pistoia : vale a dire : 1. *Estratto d'una lettera scritta da Monsignor Bernardino della Chiesa, oggi Vescovo di Pekino a Monsignor Vescovo di Berito, dalla Cina, in data de' 26 ottobre 1698, giunta in Roma e ricapitata nel mese di decembre 1702*. Nella quale lettera esponeva le necessità delle Missioni cinesi, e la guerra che si faceva allo stabilimento di una chiesa Francescana nella corte di Pekino. E data in Nan-king. *Quattro lettere del Re di Portogallo al Vescovo di Pekino, Fr. Bernardino della Chiesa, Francescano*. La prima è data il 22 di marzo 1697 ; la seconda, il 20 marzo 1700 ; la terza, il 10 maggio 1700 ; la quarta, il 6 maggio 1701. Esse riguardano i diritti che il Re di Portogallo pretendeva di avere nella creazione dei Vicariati Apostolici della Cina. 3. *Traslato del capitolo di una lettera del Vescovo di Pekino, Fr. Bernardino della Chiesa, scritta in Lin-chim-chieu ne'12 di maggio del 1701, a D. Rodrigo de Costa, essendo Viceré e Capitano generale dello stato dell' Indie*. Vi parla del Patriarca di Tournon e delle difficoltà gravissime delle Missioni della Cina. 4. *Lettera del Padre Bernardino della Chiesa, in cui dà notizia de' favori avuti dall' Imperator della Cina*. E data in Kian-ning il 14 Agosto 1699.

Un' altra ne trovai nella Laurenziana di Firenze con questo titolo : *Lettera di monsignor Bernardino della Chiesa, Minore Osservante Riformato, Vescovo della Cina, al Patriarca Mezzabarba*. Essa è data in Lin-zin-ceu, addi 17 agosto 1719.

Finalmente una sua lettera pastorale latina trovasi fra' codici latini della Biblioteca Nazionale di Parigi. Essa incomincia così : « *Nos Fr. Bernardinus ab Ecclesia, Ord. Min. S. Francisci, Dei et Apostolicae Sedis gratia Episcopus Pekinensis, omnibus dioecesis nostrae Patribus Missionariis ec.* » Ed è data in Lin-zin-ceu, il 24 settembre 1748.

156. *Copia* de una carta que su Magestad mandò escrivir al Rey de la Cina en recomendacion de ciertos Frayles Franciscos Descalzos, año de 1581.

E in un Manoscritto di *varia* della Biblioteca dell' Episcopio di Cordova. I Padri Francescani, a cui si accenna, sono senza dubbio Pietro Alfaro e suoi compagni, penetrati in quel difficile Impero per ristorarvi la fede di Gesù Cristo.

203. Edictum Imperatoris Iung-tchin, quo die in aulam admissus fuit Lusitaniae Nuntius, adversus S. Religionem solemniter publicatum anno 1727.

Copia inviatomi da' Padri del nostro Convento di Manila. E una traduzione latina dell' originale cinese.

205. *Encarnacion* (de la). — Estado y progresos de la mision de Xang-tun en China por el P. Fr. Bernardo de la Encarnacion de la Provincia de S. Pablo.

Il Padre Huerta *(Estado, ec.)* dice che il Manoscritto è segnato in Ci-nan-fu agli 8 di maggio del 1688.....

209. *Escalona*. — Relacion del viage al Reino de la gran China y de lo que ha sucedido en aquella conversion, y de lo que ha visto en honra de Dios nuestro Señor y de nuestra sagrada Religion Serafica, por el P. Fr. Francisco de Escalona, ec. Año de 1645.

Manoscritto nell'Archivio del nostro Convento di Manila, di cui mi hanno mandato copia quei Padri ; e conta, questa, 34 carte in S. È interessantissima, anche per le notizie geografiche che dà di quell'impero.

220. *Fernandez*. — Diccionario Chinico-Español.

Manoscritto, che probabilmente si conserva nell'Archivio del nostro Convento di Manila. Il P. Giovanni, nativo di Almansa, pervenne dalla Spagna alle Filippine il 1696, e l'anno seguente partì per le Missioni della Cina, dove evangelizzò per 28 anni. Il 1726 poi, chiamato dal Commissario generale delle Missioni, tornò al Messico, e di là in Ispagna ; e morì in Almansa il 3 febbraio del 1735 in età di 80 anni.

— Epistolae R. P. Fr. Joannis Fernandez Ordinis Minorum, Missionarii antiqui in Sina.

Sono due lettere dello stesso Padre, indirizzate *ad R. Patrem Kilianum Stumpf Societatis Jesu, Japoniae et Sinarum Visitatorem*. La prima è data in Nan-pan il 28 agosto del 1705 ; la seconda, in Cantone 23 gennaio 1717. Ve n'è aggiunta anche una del Padre Fr. Martino Aleman Commissario Provinciale de'Francescani in Cina, data parimente in Cantone il 26 novembre 1716, *ad Patrem Hieronymum Franchi Societatis Jesu, Missionarium in provincia Xan-tung*.

221. *Fernandez*. — Exemplar unius epistolae R. P. Fr. Michaelis Fernandez Ordinis Sancti Francisci ad RR. PP. FF. Martinum Aleman et Franciscum a S. Josepho.

E data in Nan-fu il 20 ottobre del 1702. Espone alcuni tratti circa i punti controversi rispetto a riti cinesi. L'esemplare con le due lettere precedenti del Padre Giovanni trovasi nella Biblioteca Fabroniana di Pistoia.

227. *Flores*. — Resolucion moral a varias dudas de los Misioneros de China : por

el P. Fr. Miguel Flores de la Provincia de S. Juan Bautista. 1684.

— Respuesta a los puntos en que los Vicarios Apostolicos de China pretenden sujetar á los Regulares. Año de 1686.

267. *Gouvea*. — Carta (voir infra col. 574).

— Relação fiel da perseguição contra o Christianismo da China em o anno de 1784 : por Fr. Alexandre de Gouvea Bispo de Pekin.

Manoscritto in-4, di 10 carte, ove sono bellissime glorie cattoliche e francescane affatto ignorate : la copiai tutta nella Biblioteca dell'Accademia (già della Congregazione del Terz'Ordine Regolare di San Francesco) di Lisbona.

284. *Hermosa*. — Constituciones para los Misioneros Franciscanos de China y Cochinchina, ec : año de 1769.

294. *Ibanez*. — Tres informes sobre las Misiones de China, en los años de 1673, 1674, y 1675.

— Relacion de los progresos de la Mision de China (data in Macao, il gennaio 1678].

— Vida y virtudes del Apostolico varon Fr. Antonio de S. Maria.

— Relacion de su viaje desde Macao, a Roma, Madrid, Mejico, Filipinas y[China.

302. *Jesus* (de). — Descripcion geografica de China, con espresion de las ciudades de primero y segundo orden, y el numero de villas y pueblos.

— Relacion de su viaje a China, y trabajos sufridos por la predicacion de la santa Ley de Dios.

331. *Leonessa*. — Lettera del Padre Fr. Giovan Francesco Nicolai Vescovo di Berito e Vicario Apostolico di Hu-quang in Cina alli illustrissimi e Reverendissimi signori Cardinali della Sacra Congregazione di *Propaganda Fide*.

Non ha data, e riguarda l'uso delle facoltà concesse dalla Santa Fede ai Vicari Apostolici in Cina.

— Due lettere di Monsignor Fr. Giovan Francesco Nicolai Vescovo di Berito e Vicario Apostolico di Hu-quang in Cina.

Sono copie, e parimente mancano di data.

335. Lettere di Missionari Francescani Spagnuoli delle Filippine, della Cina, della Concincina, di Camboia ec., ed altri documenti riguardanti le Missioni Francescane in dette regioni.

Precioza raccolta di cui mi venne fatto dono. Tutte le lettere sono autografe in carta cinese ; e così i documenti..... Dei 36 Lunghi documenti, de' quali si compone la nostra raccolta, metteremo qui per saggio il più breve, che è il seguente del 1759.....

336. Lettere della Cina dei Padri Francescani Osservanti, Fr. Luigi da Signa, eletto

(VIES DES MISS. CATH.)

Vescovo Anthedonense, Fr. Fortunato Brazzini, Fr. Giovanni Antonio Buocher da Portoferraio, Vescovo Rosaliense, e Fr. Gioacchino Salvetti, Vescovo di Euria.

Un volume in foglio. Sono 32 lettere copiate dagli originali dal P. Facondo Giannotti, M. O. che me ne fece dono....

347. Lista de las christiandades de la Mision de Chan-cheu en la provincia de Canton. Año de 1766.

Manoscritti inviatomi dai nostri del Convento di Manila.

348. Lista de los bauptizados por nuestros Misioneros en nuestras Misiones Seraficas de China, en el año pasado de 1765.

Dono degli stessi Padri.

349. Lista de las christiandades de la Provincia de Xantung, que estan a cargo y administracion de nuestro Hermano Fr. Martin de S. Theresa Alcazar. Año de 1766.

Della medesima provenienza.

354. *Llagas*. — Año de 1685. Descripcion de las cosas en Iglesias que la Mision Serafica tiene al presente año de 1695 en este imperio de China, de los Religiosos que tiene y frutos que hacen, por orden de nuestro Hermano Fr. Jaime Tarin Comissario Provincial de dicha Mision.

Manoscritto dell'Archivio del nostro Convento di Manila, di cui m'inviarono copia que' Padri. Essa contiene 5 carte in foglio ; ed è segnata in fine 28 de octubre de 1695. FR. BERNARDINO DE LAS LLAGAS.

377. *Mantova*. — Relazione del Martirio dei Padri Fr. Pietro Martire Sans, etc. [col. 576].

384. *Marti*. — Origen de las Misiones Franciscanas en China por el P. Fr. Juan Marti de la Provincia de S. Juan Bautista.

414. *Miggenes*. — Missio Seraphica in Imperio Sinarum : sive brevis sinceraque relatio ortus, progressus praesentisque status Missionis Sinensis Fratrum Minorum Strictioris Observantiae S. P. N. Francisci Discalceatorum Provinciae S. Gregorii Magni in Insulis Filippinis : a Fr. Francisco Miggenes eiusdem Apostolicae S. Gregorii Provinciae filio, Pro-Ministro Provinciali nec non in Romana Curia Generali Procuratore concinnata.

Manoscritto in-8, di carte 20 in-4, autografo, firmato die 13 augusti 1762, di cui mi venne fatto dono.....

420. Mision de China. 1735.

Breve memoria inviatomi da' nostri Padri di Manila nelle Filippine.

429. *Monte Corvino*. [Voir au chap. des Voyages dans la 2e partie de notre ouvrage.]

465. *Odoricus* [ut supra].

(VIES DES MISS. CATH.)

475. *Ortuño.* — Copia de la informacion de las christiandades de la Provincia de Kiang-sy hecha por nuestro hermano Ortuño.

Manoscritto dell'Archivio del nostro Convento di Manila, inviatomi da que' Padri. Segnato in fine : *Lo-tuen de Kan-Kien, oy dia 14 de enero de 1759. Fr. Juan Bautista Ortuño Mis. Apost. Ord. Min.*

476. *Osca.* — Vida y trabajos apostolicos en China del V. Fray Antonio de S. Maria Caballero : por el P. Fr. José Osca de la Provincia de S. Juan Bautista. Año de 1725.

— Vida y trabajos apostolicos en China de Fray Bernardo de la Encarnacion, etc. Año de 1722.

503. *Pesaro.* — Viaggio dell'Indie fatto per il R. P. Francescano Scalzo Fr. Gio. Batta da Pesaro insieme con altri Frati di San Francesco, i quali l'anno 1577 v'andarono con l'autorità apostolica e col consenso del Re Cattolico. Diviso in Dialoghi per maggior facilità : dove s'intendono in particolare li successi nel gran Regno della China per la conversione degli infedeli. Sottomesso alla correzzione della sacrosanta Romana Chiesa, offerto alli piedi della Santità di Nostro Signore Clemente VIII.

Un volume in foglio, di carte 324, moltissimo interessante, nella Biblioteca del Reale Palazzo di Ajuda in Lisbona. Dello stesso viaggio egli scrisse una più breve relazione, che trovai in un Manoscritto di *Varia* della privata Biblioteca di Gino Capponi. Il titolo è : *Relatione vera del gran viaggio del grandissimo regno della China fatto dal P. Fr. Gio. Batista Scalzo Pesaress.* La sostanza è la stessa, ed ha la data di Roma del 15 gennaio 1593.....

510. *Piñuela.* — Relacion de las Misiones de China en el año de 1677, por el P. Fr. Pedro Piñuela de la Provincia de San Diego de Mejico.

— Relacion de los progresos de la mision de Lo-yuen-hien, ec. Firmada el 6 de Enero de 1680.

— Dialogo en idioma Chinico, entre un Ministro evangelico, y en letrado Chino, año de 1688.

— Catalogo de los Religiosos Misioneros Franciscanos que entraron en China desde el año de 1579 a 1700.

Tutti questi lavori restano Manoscritti : l'ultimo è in latino. A stampa poi si hanno i seguenti, tutti in lingua cinese.....

518. *Polonia.* — Epistola Patris Placidi a Polonia Ordinis Minorum Missionarii Apostolici.

E nella Biblioteca Fabroniana di Pistoia. Ha la data di Siam 11 novembre 1718. Racconta il suo viaggio dalla Cina al sopraddetto regno in tempi difficilissimi per la cattolica fede in quelle contrade.

543. Razon de las Missiones del Imperio de China a que tiene derecho esta Santa

(Vies des Miss. Cath.)

Provincia de San Gregorio, por haberlas mantenido, y fundado, hasta el tiempo de la persecucion general, que padecieron en dicho Imperio.

Pubblico qui questa breve, ma interessante memoria, inviatami fra molte altre da'nostri Padri di Manila nelle Filippine.....

560. Relatio persecutionis excitatae in Sinis anno 1784 et continuatatae anno 1785.

Manoscritto dello stesso Archivio, di cui que' Padri parimente m'inviarono copia ; e conta questa 24 pagine in-8.

567. Resumen de las noticias extraidas de las cartas que han escrito los venticinco Missioneros Españoles hijos de esta Santa Provincia de San Gregorio de Filipinas de Religiosos Descalzos de N. S. P. San Francisco ; que a espensas de nuestro gran Monarca Felipe V (que Dios guarde) se mantienen en el Imperio de la Gran China y en el adyacente de Conchinchina eyercitando su apostolico zelo en la conversion de las almas, predicacion del Santo Evangelio y administracion de los Santos Sacramentos a los convertidos los que llegaron a estas Islas este año de 1632.

Manoscritto dell'Archivio del Nostro Convento di Manila, di cui m'inviarono copia que' nostri Padri ; e conta quattro carte in foglio.

574. *Rizzolati.* — Notizie dello stato attuale delle Cina, scritte da Monsignor Giuseppe Rizzolati de' Minori Osservanti Riformati Vescovo di Arada, già Vicario Apostolico in Cina.

Sono 22 fogli in carta cinese, che l'egregio Prelato scrisse a mia richiesta, facendomene dono.

— Miei viaggi da Roma alla Cina e dalla Cina a Roma dopo trent'anni di Missione.

Sono 30 fogli parimente in carta cinese, con cui l'autore compì il lavoro di cui lo avevo richiesto.....

575. *Roca.* — Noticias de la Mision de China, por el Padre Fr. Miguel Roca de la Orden de San Francisco de Descalços.

Manoscritto dell'Archivio del nostro Convento di Manila, di cui m'inviarono copia quei Padri. Sono 4 carte in 8, segnate in fine come segue : *8 abril 1743 Fr. Miguel Roca Comisario Provincial de la Mision.*

— Diccionario Chino Español.

Un volume in foglio a due colonne, nella Biblioteca del Reale Palazzo di Madrid.

— Suplemento sobre la pronunciacion de las vozes contenidas en este obra.

Aggiunto al Diccionario...

582. *Roma* — Relacion de las cosas notables y progresos de las Misiones Catolicas en el Imperio de la China : por el P. Fr. Juan Bonaventura de Roma de la Observante Provincia Romana. Año de 1709.

590. *Sacramento* (del). — Arte del idioma chinico. [Ouv. imprimé ; voir au chap. de la *Langue.*]

(Vies des Miss. Cath.)

— Recopilacion de Decretos Pontificios y de la Sagrada Congregacion sobre las Misiones de China.

— Recomendacion del alma, en lengua latina-chinica.

627. *San José* (de). — Relacion de los prodigios y cosas notables de su mision en la Provincia de Foquien, año de 1725 : por el P. Fr. Diego de San José de la Provincia de San Pablo.

— Relacion de la persecucion contra los cristianos en Canton, año de 1733.

— Esplicacion de los ritos Chinicos, año de 1746.

628. *San José* (de). — Defensa de las operaciones de los Misioneros de China en el año de 1714 contra lo dispuesto por el Señor Patriarca D. Carlos Mailard, año de 1707, por el P. Fr. Nicolas de San José de la Provincia de San Pablo.

630. *San Joseph* (de). — Discurso consultivo, propuesto por el R. P. Fr. Francisco de San Joseph, Predicador y Ministro Provincial de la Provincia de San Gregorio de las Islas Philipinas de Descalços de N. P. S. Francisco, tocantes a los Religiosos de su Orden que administran en las conversiones de los reynos de China y sus adiacentes año de 1684.

Manoscritto di 4 carte, nell' *Archivio de Indias* di Siviglia.

632. *San Juan Bautista* (de). — Carta annual de lo que ha sucedido en esta nuestra Mision de reino de China en el año de 1703 segun las noticias que nuestros Religiosos me han remetido a esta Metropoli de Canton sacadas de sus Cartas.

Manoscritto autografo dell' Archivio del nostro Convento di Manila, di cui mi venne mandato copia ; e conta questa 30 pagine in foglio. Segnata in fine : *Canton, 30 de deciembre de 1703. — Fr. Manuel de San Juan Bautista Comisario Provincial.*

— Lo sucedido a nuestra Mision en este año (de 1704) en el reino de China, Tun-Kin, y Conchinchina, segun las cartas remitidas a mi Fr. Manuel de San Juan Bautista, Comisario Provincial.

Altro manoscritto di cui parimente mi hanno mandato copia que' Padri ; e conta questa 3 carte in foglio.

636. *San Pascual* (de). — Relacion de la Mision Serafica en China desde 1677 a 21 de noviembre de 1678.

— Relacion de los atentados del frances Carlos Maygrot.

L'Huerta *(Estado, ec.)* dice che ha data del 4 Aprile 1689.

— Refutacion a las pretensiones del frances Carlos Maygrot.

Con data del 25 luglio 1689.

(VIES DES MISS. CATH.)

— Descripcion estadistica de China y de la Mision Serafica en dicho Imperio.

Data in Canton, il 12 febraio 1690.

647. *Santa Maria* (de). — Apologia de los Religiosos [imprimé].

— Relacion de la entrada de los Religiosos Misioneros Franciscanos en China.

Con la data del 15 novembre del 1637.

— Defensa del sentir de los Religiosos Franciscanos en el modo de evangelizar el nombre de Dios en China.

— Memorial defensorio del modo de evangelizar en China dirigido a la Majestad de Felipe IV.

Di questo Memoriale mandò copia, in latino, alla sacra Congregazione di *Propoganda Fide* in Roma, e un' altra all Eminentissimo Signor Cardinale Francesco Barberino.

— Refutacion de cinco procesos sobre cosas que desdoran nuestra sante Fé catolica.

Porta la data del 1 di maggio del 1638.

— Respuesta a quince dudas graves sobre la conversion y cristiandad de China.

Ha la data dell' 11 di giugno del 1638.

— Refutacion de un manifiesto contra los Religiosos Dominicos y Franciscanos Misioneros en China.

E data il 2 marzo del 1639.

— Defensorio del R. Padre Fr. Benito de Cristo, gobernador eclesiastico de Macao.

E in lingua portoghese, ed ha la data de' 25 luglio del 1641.

— Segundo defensorio.

Con la data del 15 febbraio 1642.

— Tercer defensorio.

Dato il 26 marzo 1642.

— Apologia de la Ley Evangelica contra un sabio Chino, llamado Chin-Han-Sin, Vaupa.

— Informe a la catolica Magestad de Felipe IV sobre la conversion de China.

Informazione lunga, dice l'HUERTA *(Estado, ec.)* e molto particolareggiata, con la data del 21 marzo del 1658.

— Relacion de la segunda entrada en China de los Religiosos Franciscanos, y sucesos de la Mision Serafica desde 1649 a 1659.

Ha la data del 6 marzo 1659.

— Relatio Sinae Sectarum.

Opera divisa in tre parti : la prima tratta delle sètte dei letterati della Cina ; la seconda, delle sètte del popolo, degli idoli e de' templi ; la terza, del conoscimento del vero Dio in Cina, e dell' entrata che vi fecero gli Ordini Religiosi. Ha la data di Chinan–Fu, 18 novembre 1662. Fu tradotta in Francese, e stampata in Parigi nella tipografia di Luis Guerin il 1705. [Lisez 1701, voir col. 396.]

— Comentarios sobre la filosofia etenica de Confucio, maestro de los Chinos.

(VIES DES MISS. CATH.)

— Origen de la persecucion de la ley cristiana y sus ministros en China el año de 1664, con los argumentos de los Chinos y sus respuestas.

— Relaciones de la conversion, progresos y fructus de los Misioneros Franciscanos en China.

Sono 5 Relazioni.

— Historia de la persecucion de la ley evangelica y sus Ministros en China desde el año 1664 a 1666.

Ha la data di Canton, 30 Aprile 1660.

654. *Santa Theresia* (de). — Mision Seraphica Española de Xan-tung, en este imperio de la gran China, parteneciente a la Santa y Apostolica Provincia de San Gregorio de la Regular y mas estrecha Observancia de N. S. P. S. Francisco en las Islas Philipinas, año de 1757, por el Padre Fr. Mathias de Santa Theresia.

Manoscritto dell' Archivio del nostro Convento di Manila, inviatomi da que' Padri. Sono 4 carte in foglio, segnate in fine : *Dada en Chi-nan-fu en 5 de septiembre de 1757. — Fr. Mathias de Santa Theresia y Alcazar, Ord. Min. Ex-Missionarius de Cochinchina y actual de China.*

687. *Serravalle.* — Brieve ragguaglio da Roma sino alla China fatto da Fr. Giambattista da Serravalle Vercellese, sacerdote Minore Osservante Riformato della Provincia di Milano, destinatovi Missionario Apostolico dalla Santità di Clemente XI : inviato al Padre Illuminato da Varallo (di cognome Racchetti) morto nel 1748, e in sua assenza al Padre Gaudenzio da Varallo (di cognome Scagliotto) morto nel 1745, sacerdoti delle Osservante Riformata Provincia di Milano, che Dio conservi lungamente. In Cina, scritto nella città di Sigan-fu, metropoli della vastissima provincia di Xensi, una delle 15 provincie del grande Imperio della Cina, li 18 giugno 1706, regnando *Kang-hi*, tartaro Imperatore, l'anno 45 del suo Imperio, e del primo imperatore della Cina Fo-hi, sino al di d'oggi, 4686, secondo il parere di molti.

Manoscritto nella Biblioteca Brera di Milano, che conta 84 pagine in foglio.

710. *Tarin.* — Historia y relacion breve de la entrada en el reyno de China de la Mision que truxo de España nuestro Hermano Comissario Fr. Buenaventura Ybañez. Escrita por Jayme Tarin Religioso Descalzo de nuestro Padre S. Francisco y compañero de la misma Mision. Año de 1689.

Manoscritto di 35 carte in-8, inviatomi dai nostri Padri di Manila.

— Descripcion de las casas e iglesias que

la Mision Serafica de N. P. S. Francisco tiene el presente año de 1695 en este imperio de China; de los Religiosos que tiene y frutos que hacen; por orden de N. H. Jayme Tarin Comisario Provincial de dicha Mission.

Altro breve Manoscritto inviatomi da Manila.

— Esposizione al Patriarca d'Antiochia del Padre Fr. Jayme Tarin, Vice-Commissario Provinciale delle Missioni Francescane di China, delle angustie in cui si trovava co' suoi soggetti, o di abbandonar le Missioni, o di chiedere licenza di rimanervi all'Interprete di Cina, assoggettandosi a formole che ripugnavano alla loro coscienza.

E' data in Cina il 30 agosto 1708. Sono 12 carte in foglio, sottoscritte dal sopra detto Padre Jayme Tarin, Giuseppe Navarro, Emmanuele di S. Giovanni Battista, Michele Rocca e Nicola da S. Giuseppe. Trovasi nella Biblioteca Fabroniana di Pistoia.

727. *Tordesillas* (de). — Relacion del viage que hicimos en China Fr. Pedro de Alfaro con otros tres Frailes de la Orden de San Francisco, de la Provincia de S. Joseph del año del Señor de mil quinientos setenta y nueve años, hecha por mi Fr. Agustin de Tordesillas, Fraile profeso de la dicha Provincia, testigo de vista de todo lo que aqui va escrito.

Di questo Viaggio abbiamo parlato al cognome *Alfaro* (Pedro). [Voir Mendoza, col. 3 et seq.; et l'art. *Alfaro*, au chap. des *Voyages*.] Questa è una copia del Manoscritto ch'ebbe lasciato l'Autore, appartenente alla Biblioteca della Reale Accademia di storia di Madrid, di cui feci estrarre una copia per me; conta 27 carte in foglio.

773. Vita del Padre Giovan Battista Maoletti da Serravalle, Missionario Apostolico nella Cina, de' Minori Osservanti Riformati di San Francesco della Provincia di Milano, morto il 14 gennaio 1723.

Sono 11 carte in foglio. Copia estratta dall' esemplare che è nella Biblioteca di Brera in Milano. La Vita è preceduta da altre quattro carte di *Cognizioni preliminari :* e sono notizie per la intelligenza delle principali sette, le quali trovansi nella Cina,... rilevate dal dottissimo *Salmon, volum. 4, cap. 8, 1790.* »

Aduarte, *Diego*, de l'ordre de S. Dominique; prédicateur de la foi dans les Philippines; évêque de la Nouvelle Ségovie; né à Saragosse vers 1566; † en 1637.

Touron, V, pp. 181/197. — Quétif et Echard, II, pp. 493/4.

Alcober, *Juan*, de l'ordre de St. Dominique. — Né à Girone en 1694; martyr. 1747.

Touron, VI, p. 759.

Angel de S. Antonio, Domin. escriviò muchas *Relaciones* del estado de la Christiandad en la China, M. S. segun los *Autores de los Escritores Dominicos*, fol. 476. (Pinelo, I, col. III.)

Basilc, *de Glemona*. — [Fra Basilio Brollo, de Gemona] Mineur Observantin; né à Gemona le 25 Mars 1648; partit pour la Chine en 1680; vic. ap. du Chen si en 1700; † dans cette province le 13 Août 1703.

* *Memorie del Padre Basilio da Gemona dell'Ab. Gian. Pietro della Stua.* Udine 1775.— 'Ascoli, *Studii Orientali e linguistici*, I, 115/6.— *'Annotatore Friulano*, 3 articles.

Angelo de Gubernatis, *Matériaux pour servir à l'hist. des Etudes Orientales en Italie*, Paris, 1876, in-8, pp. 400/1.

Bax, *Jean*, de la Cong. belge de Scheutveld ; vic. ap. de Mongolie ; év. d'Adras.

Port. et Notice. *(Miss. Cath.,* IX, 1877, pp. 232/3.)

Benavides, *Michel de*, de l'ordre de St. Dominique.

Quétif & Echard, II, pp. 363/4.

Biagini, *Atto,* Franciscain ; né à Pistoia en 1752; † à Peking en 1785.

Vita del Padre Atto Biagini da Pistoia, Missionario Apostolico Minore Osservante in Cina.

È publicata nell'opera : *Cataloghi dei Santi, dei Beati e di altre persone insigni nella pietà Pistoiesi, pubblicati da diversi agiografi..... opera del P. Ferdinando Panieri...* Pistoia, 1818-1820, 2 vol. in-8 (Marcellino da Civezza).

Billi, *Pascal,* Mineur réformé, vic. ap. du Hou-pé nord-ouest.

L. de Lao-ho-kou (Hou-pé), 29 sept. 1876. *(Miss. Cath.,* VIII, pp. 615/6.)

Notice sur le Yu-hoang tin, montagne du Hou-pé nord-ouest. [Avec grav.] *(Ibid.,* IX, 1877, pp. 366/7.)

L. de Kou-tchem, 29 juillet 1877, au général de l'ordre. *(Ibid.,* IX, p. 568.)

Bottigli *de St. Antoine, Timothée,* [de l'ordre de St. Dominique.

Quétif & Echard, II, pp. 604/605.

Bourneau, de l'ordre de St. Dominique.

L. d'Amoy, 7 mai 1877, au P. Sautel. *(Miss. Cath.,* IX, p. 371.)

Capillas, *François Fernandez de,* de l'ordre de St. Dominique. — Entré en Chine (1642) ; martyrisé le 15 Janvier 1648.

Touron, VI, pp. 732/735.

Castorano. *Car. Hor.*

* Brevissima notizia, o relazione di varii viaggi, fatiche, patimenti, opere, ec. nell' imperio della Cina del R. Padre Fra Carlo Horatii da Castorano, Minore Osservante di San Francesco, Ex-Vicario Generale, Ex-Delegato Apostolico, Missionario di *Propaganda Fide.* In Livorno, 1759. Per gli Eredi Santini, con licenza de' Superiori.

Un volumetto in-8 di 79 pagine, importantissimo per la Storia del Cristianesimo in Cina. N'è un esemplare nella Biblioteca Nazionale di Firenze. (Marcellino da Civezza.)

* Observationes in Bullam S. D. N. Benedicti XII Pont. Maximi qua ritus Sinici iterum damnantur (P. Fr. Caroli Horatii u Castorano) ec. Bononiae, MDCCXXXXII.

Sono otto pagine in-8. N'è un esemplare nella stessa Biblioteca Nazionale di Firenze. *(Ibid.)*

Cattaneo, *Ange,* Miss. étr. de Milan.

L. de Kin-kiou-kan [Ho-nan], 27 sept. 1877, à Mgr. Volonteri. *(Miss. Cath.,* IX, p. 628.)

Chiais, *Ephyse,* Mineur Observantin ; év. de Tiène ; Vic. ap. du Chen si.

L. du 23 Oct. 1874. *(Miss. Cath.,* VII, p. 160.)

L. s. d. *(Ibid.,* VIII, p. 438.)

L. du 20 Août 1877 au R. P. Marie, de Brest. *(Ibid.,* IX, p. 592.)

Christiaens, *Benjamin,* Récollet.

L. de San-tcha-pin, 14 août 1874. *(Miss. Cath.,* VI, p. 605.)

L. de Han-keou, 16 mai 1876. *(Ibid.,* VIII, p. 351) [Sacre de Mgr. Filippi].

Cleaiese, *Gabriel,* Miss. étr. de Milan.

L. de Tien-tchia-tsin [Ho-nan], 1877. *(Miss. Cath.,* IX, p. 592.)

Cobo, *Jean de,* de l'ordre de St.-Dominique.

Quétif & Echard, II, pp. 306/7.

Coronado, *Dominique,* de l'Ordre de St.-Dominique ; † à Peking en prison, le 9 Mai 1665.

Missions dominicaines dans l'Extrême Orient par le P. André-Marie, I, pp. 198/9 ; réimp. dans les *Miss. Cath.,* V, pp. 227/8.

Quétif & Echard, II, p. 614.

Cosi, Mineur observantin ; vic. ap. du Chan toung.

L. de Zi-nan-fou, 5 Oct. 1876. *(Miss. Cath.,* IX, p. 274.) — 25 janv 1877. *(Ibid.,* p. 275.) — 8 mai 1877. *(Ibid.,* p. 625.) — 3 sept. 1877. *(Ibid.,* p. 627.) — 18 sept. 1877. *(Ibid.,* p. 627.)

Cuissart, miss. belge en Mongolie.

L. du 2 sept. 1876, Fleuve Jaune. *(Semaine religieuse,* de Tournai ; réimp. dans les *Miss. Cath.,* IX, p. 63.)

Diaz, *Francisco,* de l'ordre de St.-Dominique ; né à Saint-Cebrian-de-Mayuelas (Vieille-Castille.) ; † le 4 Nov. 1646.

Biog. univ., Art. de Eyriès.

Biog. gén., Vol. XIV, col. 56.

Lacroze, *Miscellanea Berolinensia,* I, pp. 84 et seq.

Quétif et Echard, II, p. 549.

Diaz, *Francisco,* de l'ordre de S. Dominique ; né en 1712 à Ecija, dans l'Andalousie ; martyr. 1747.

Touron, VI, pp. 759/760.

Doleeggio, *Cesar,* Mineur observantin; né le 11 Oct. 1821 ; † 2 Août 1871.

Notice : *Miss. Cath.,* IV, pp. 303/4.

Fernandez, *Francisco,* Espagnol, du Couvent de Valladolid, de l'ordre de St. Dominique ; martyrisé le 15 Janvier 1648.

Touron, V, pp. 324/5.

Filippi, *Marie Alexis,* Mineur ; év. de Panéade (1876); vic. ap. du Hou-pé méridional.

Lettre du 7 Avril 1870 à Mgr. Zanoli. *(Miss. Cath.,* III, pp. 260/1.)

Voir L. du P. Christiaens. *(Ibid.,* VIII, p. 351. (Col. 573.)

Garcia, *Jean,* [de l'ordre de St.-Dominique ; † 8 Déc. 1665.

Quétif & Echard, II, pp. 615/616.

Gonzalez de St.-Pierre, *François,* de l'ordre de St.-Dominique.

Quétif & Echard, II, pp. 780/1. — D'après ces PP., le F. G. de St.-P. aurait écrit un vocabulaire et une grammaire chinoises à l'usage des missionnaires.

Gouvea, *Alexandre de.*

* Carta do Excellentissimo e Reverendissimo Bispo de Pekim, D. Fr. Alexandre de Gouvea, ao Illustrissimo e Reverendissimo Bispo de Calandro, sobre a introducção e progresso do christianismo na Peninsula da Coréa, desde o anno de 1784 até o de 1797. Lisboa, em a nova Officina de João Rodrigues Neves. 1808. in-8 ; em latin et en portugais.

D'ella possuimos um exemplar. (Figaniere, No 1476.)

Jourdan, *Nivard,* franciscain.

L. de Tche-fou, 7 janv. 1877 au P. Général. *(Miss. Cath.,* IX, p. 220.) — 22 sept. 1877. *(Ibid.,* p. 627.)

Lo, *Stanislas,* Prêtre chinois, élève du collège romain de la Propagande.

Lettre (trad. de l'orig. latin) du 18 Déc. 1869 sur les chrétientés du Hou-nan. *(Miss. Cath.,* III, pp. 113 et seq.)

Lopez, *Grégoire,* Chinois, de l'ordre de St.-Dominique ; premier évêque de sa nation, [de Basilée], Vicaire apostolique dans les Missions de Chine. Né à Foutcheou ; † en 1687 à Nan-king, le 27 février. [Voir col. 375.]

Touron, V, pp. 587/599.

Quétif & Echard, II, pp. 708/9.

Marchi, *Pierre-Paul de,* Mineur Observantin.

L. de Zi-nan-fou, 16 Avril 1877. *(Miss. Cath.,* IX, p. 323.)

Moccagata, *Louis,* Mineur observantin ; év. de Zenopolis ; vic. ap. du Chan si.

L. de Tai-yuen-fou, 16 sept. 1874. *(Miss. Cath.,* VII, p. 99.)

Morales, *Jean-Baptiste de,* de l'ordre de St. Dominique ; né vers 1597 à Ecija, ville de l'Andalousie ; † au Fo-kien, le 17 Septembre 1664.

Quétif et Echard, II, pp. 611/613.

Touron, V, pp. 627/630.

Biog. univ., art. de Weiss. Vol. XXIX, pp. 231/2.

Biog. gén., Vol. XXXVI, col. 445.

Les PP. Quétif & Echard donnent une liste de 15 ouvrages de J.-B. de M. parmi lesquels :

« 7. *Vocabulario Chino.*

8. *Arte de Grammatica de la misma lengua,* quam accuratissime calluisse testantur missionarii nostri Sinenses.

9. *Historia Evangelica del Reyno de la China.* »

? La vie du grand apostre de la Chine, le P. Jean-Baptiste de Moralès, Profès du Couvent de Saint-Paul d'Exiga, traduite de l'italien du P. Longobardi, in-8. (De Backer, II, col. 790.)

Un Cat. de Dondey-Dupré, s. l. n. d., indique : Vie du grand apôtre de la Chine, le vénérable J. B. de Morales ; sans titre, in-12.

Mouilleron, des Miss. étr. de Milan.

L. de Nan-yang fou [Ho-nan], 4 juin 1877. *(Miss. Cath.,* pp. 466/7.)

Navarrete, *Domingo Fernandez,* de l'ordre de St. Dominique [voir col. : 18/21].

— F. Dominicus Ferdinandus Navarrete. (Quétif&Echard, *Scriptores Ordinis Praed.,* II, pp. 720/723.)

— Dominique Ferdinand Navarrete, Préfet apostolique des Missionnaires Dominicains à la Chine ; depuis Archevêque de Saint-Domingue dans la Nouvelle Espagne. (Touron, *Hist. des hommes ill. de l'ordre de S. Dominique,* V, pp. 627/638.)

Moréri, VII, p. 943. — *Biog. univ.,* Vol. XXX, pp. 249/250, Art. de Weiss. — *Biog. gén.,* Vol. XXXVII, Col. 537/8.

Nieva, *Dominique de,* de l'ordre de St. Dominique.

Parmi ses ouvrages les PP. Quétif et Echard citent, II, p. 361 : « Linguae Sinicae Grammatica, Dictionarium, poenitentium Examen, & plures eadem lingua pro praedicare incipientibus sermones. »

Novella, *Jacques,* des Frères Mineurs récollets ; évêque de Patare ; né le 13 février 1805 à Carpasio, village entre Vintimille et Albenga ; † le 26 fév. 1872, au couvent de Cimiès près de Nice.

Notices : *Semaine religieuse,* de Nice, 17 mars 1872. — *Miss. Cath.,* IV, pp. 413/4, avec port., par le Chev. Augustin Canron.

Pagnucci, Franciscain ; évêque d'Agathonique, coadj. du vic. ap. du Chen si.

Lettre de Rome du 25 Mars 1870. *(Miss. Cath.,* III, pp. 211/2.)

L. de Si-ngan-fou [sur le P. Delacroix]. *(Ibid.,* VI, pp. 585/6.)

L. *(Ibid.,* VIII, pp. 558/9.)

Piazzoli, *Louis,* de la Cong. des Miss. étr. de Milan.

L. du 22 Avril 1875, à Mgr. Marinoni. *(Miss.) Cath.,* VII, 1875, p. 358.)

Piloti, *Eugenio,* Vic. ap. du Chen si et du Chan si.

* Alcune lettere del Padre Eugenio Piloti, Vescovo Portimense, ora per la prima volta pubblicate. Bassano, Tipografia Baseggio, MDCCCXXXIV.

Un volume di 69 pagine in-8. Vesti l'abito Francescano

il 1715 : parti Missionario per la Cina il 1729, e vi durò 27 anni. Fu fatto Vicario Apostolico di Kensi e Kansi col titolo di Vescovo Portimense il 1739, e morì soffrendo una crudele persecuzione nel 1756. (Marcellino da Civezza, No. 509.)

Raimondi, *Timoléon,* de la cong. des M. Et. de Milan, vic. ap. de Hong-kong et év. d'Acanthe (1874).

L. du 23 janv. 1877. *(Miss. Cath.,* IX, pp. 324/5.)

L. à Mgr. Marinoni, sup. du Sém. des Mis. étr., de Milan. [Pélerinage à Sancian]. *(Ibid.,* pp. 419/420.)

Ricci, *Victor,* Dominicain.

« FR. VICTORIO RICCI, Dominico, *Historia* de la Mision de su Orden en la China, su Progreso, i Misioneros Ilustres, i Christianos, i Christianas Chinos de raro exemplo, i virtud heroica, que florecieron en ella, M. S. *Carta* de los actos, i preciosa muerte de *Fr. Tinoteo,* que *Fontana* incluió en sus *Monumentos Dominicos* el Año de 1662, en Latin : trabajó tambien en la *Historia de la Provincia del Rosario,* que sacó à luz *Fr. Baltasar de la Cruz,* 1682, fol. » (Pinelo, I, col. 111.)

— Relatio, ex Epistola quadam decerpta, quam P. Fr. *Victorius Riccio,* Vicarius Prouincialis Sinarum, P. Fri *De Los Angeles,* Prouinciali Philippinarum Ordinis Praedicatorum, transmisit : in qua referuntur ea, quae in Sinis acciderant, et in Japonia usque ad Januarium anni 1666. (Von Murr, *Journ. zur Kunst u. Litt.,* VII, 1779, pp. 252-261.)

Binondoc 15. Maii. 1666.

— Copye van eenen Brief, gheschreven van P. F. Victorivs Rixio predick-heer ende Vicaris provinciael van Sina, aen P. F. de los Angelos Procureur vande Philippinen uyt de Orden vanden H. Dominicus Inden welcken verhaelt wordt het ghene dat in *Sina,* en *Iaponien* omghegaen is, aengaende de Catholijcke Religie, ende vervolginghen vanden 20. *November* 1661. tot de maent *Ianuarius* des jaers 1666. t'Antwerpen, By Michiel Cnobbaert. 1667. pièce in-12 de 11 pages.

Lettre datée : Binimda, 15 May 1666.

Voir supra, col.: 356 : *Les dernières nouvelles de la Chrestienté,* pp. 14/25.

Rosada, *Manuel,* dominicain, né à Benoverra (dioc. de Lérida) ; † à Amoy 27 juin 1876.

Notice : *Miss. Cath.,* VIII, p. 526.

Royo, *Joachim,* de l'ordre de St. Dominique ; né dans le diocèse de Tervel en 1690 ; martyr. 1747.

Touron, VI, pp. 758/759.

Ruvolo-Ospedale, *Vite,* de la Cong. des Miss. Et. de Milan ; né à Alcamo (dioc. de Mazara, Sicile) le 14 Sept. 1844 ; † à Hong-kong le 19 Nov. 1870.

Notice *(Miss. Cath.,* IV, p. 99).

Ste. Marie, *Antoine de,* Franciscain ; † à Canton juin 1669.

— Mgr. Guillemin donne l'inscription du tombeau de ce missionnaire à Ho-nan (Canton) : *Ann. de la Prop. de la Foi.* XXII, 1850, p. 457 [Voir col. 396] et Ibanez [col. 565].

Marcellino da Civezza, pp. 552 et seq.

Sanz, *Pierre Martyr,* de l'ordre de St. Dominique ; né dans la paroisse d'Asco, diocèse de Tortose, en Catalogne, en 1680 ; évêque de Mauricastre ; martyr. le 26 Mai 1747.

Touron, VI, pp. 736/758. — *Miss. Cath.,* VIII, 1846, p. 252.

— Discours de Notre Très-Saint Père le

Pape Benoit XIV, sur la mort précieuse de Pierre Martyr, Religieux de l'Ordre de Saint Dominique. Traduit du latin en françois. A Paris. Chez Babuty... Quillau. M.DCC.XLVIII, in-4, pp. 23.

— Relazione del Martirio de' Padri F. Pietro Martire Sans Vescovo Mauricastrense. F. Francesco Serrano eletto Vescovo Tipasitano. F. Giovanni Alcober, F. Giovacchino Royo, e F. Francesco Diaz. Dell'Ord. de' Pred. Accaduto nella Provincia di Fokien nell'Impero della Cina negli Anni 1747. e 1748. In Roma MDCCLII. Nella Stamperia di Girolamo Mainardi. In-8, pp. 483.

Voir Marcellino da Civezza, *Saggio di Bibliografia San Francescana*, 1879, No. 577.

Sarpetri, *Dominique Marie,* de l'ordre de St. Dominique; de Palerme.

Son témoignage en faveur des doctrines de Ricci (Canton, Mai 1667). [*Confucius Sinarum Philosophus*, Paris, 1687, p. cix.]

Navarrete, *Tratados.* — *Apologie des Dominicains.* — *Défense des Nouveaux Chrétiens.*

Voir : Quétif & Echard, II, pp. 677/8.

Semprini, *Eusèbe Marie,* Mineur réformé; év. de Tibériopolis (1876).

Portrait *(Miss. Cath.,* VIII, 1876, p. 198).

L. du 20 mai 1877 *Ibid.,* IX, p. 518).

Serrano, *François,* de l'ordre de St. Dominique ; évêque de Tipasa, coadjuteur au Vicariat apostolique du Fo-kien ; martyr. 1747.

Touron, VI, pp. 758, 761 et seq.

Silva, *Eus. L. Carvalho da.*

— Compendio da Vida do Exc^mo e R^mo Senhor D. Eusebio Luciano Carvalho Gomes da Silva, Bispo de Nankin,..... por Nicolao Pedro de Oliveira. Lisboa, Na Regia officina typografica, 1792, pet. in-4.

Tempesta, *David,* Mineur Observantin ; né en 1840 ; † le 1er Oct. 1870 au Hou-pé.

Notice : *Miss. Cath.,* IV, p. 303.

Valle, *Raymond del,* de l'ordre de St. Dominique ; † 1684 ou 1685.

Quétif & Echard, II, pp. 629/630, 756.

Varo, *Francisco,* de l'ordre de St. Dominique.

Quétif & Echard. II, pp. 714/5.— Ces PP. ne parlent pas de sa grammaire.

Verbist, *Théophile,* Provicaire apostolique de la Mission belge en Mongolie.

Lettre de Sy-wan-tzè, 25 Janvier 1868. *(Miss. Cath.,* I, p. 13.)

Volonteri, *Siméon,* ordonné prêtre en 1857 ; entré au séminaire des Miss. Et. de Milan, 1857 ; parti pour Hong-kong le 15 Septembre 1859 ; provicaire apostolique du Ho-Nan 1869 ; nommé évêque de Paléopolis *in part.* et vic. ap. du Ho-nan par bref du 13 Juillet 1873, sacré le 22 fév. 1874.

Lettre de Nan-yan-fou, 25 mars 1872 ; à M. Marinoni, sup. du Séminaire des Miss. Et. de Milan. *(Miss. Cath.,* IV, p. 457.)

L. du 21 juin 1872. *(Ibid.,* IV, p. 647.)

L. du 1er mai 1874. *(Ibid.,* VI, pp. 459/460.)

L. de Nan-yang-fou, 7 juin 1874. *(Ibid.,* VI, p. 604.)

L. du 6 Avril 1877 à Mgr. Marinoni. *(Ibid.,* IX, p. 503.) — Du 21 juin 1877. *(Ibid.,* pp. 503/4.)

L. de Nan-yan-fou, 8 et 18 sept. 1877. *(Ibid.,* p. 592.)

L. du 29 sept. et du 8 oct. 1877. *(Ibid.,* p. 623.)

Notice. *(Miss. Cath.,* V, p. 377.) ; sur son sacre, *Ibid.,* VI,

(Vies des Miss. Cath.)

p. 213.) — Des gravures représentant l'église du Sacré-Cœur, le village où réside Mgr. Volonteri, etc., sont données dans ce recueil Vol. IX, 1877, No. 422.

Vos, *Alphonse de,* Mission Belge de Mongolie.

L. à son frère. *(Miss. Cath.,* V, p. 387.)

Ximenès, *Alphonse,* de l'ordre de St Dominique ; Supérieur des Missions dans les Philippines ; † à Macao le 25 Déc. 1597.

Touron, V, pp. 186/190.

Zanoli, *Eustache Vite Modeste,* Evêque d'Eleuthéropolis ; vicaire apostolique du Hou-pé.

Lettre du 28 Avril 1869 sur la Chrétienté du Hou-pé. *(Miss. Cath.,* II, pp. 268/9.)

Lettre. *(Ibid.,* III, pp. 203/5.)

L. de Ou-tchang, 20 juillet 1873. *(Ibid.,* V, pp. 255/6.)

L. de Ou-tchang, 28 février 1874. *(Ibid.,* VI, p. 223.)

L. de Ou-tchang, 23 juin 1874. *(Ibid.,* VI, pp. 552/7.)

L. de Ou-tchang, 12 mai 1875. *(Ibid.,* VII, pp. 461/463.)

Notice avec gravures de la Tour de l'Emérillon à Ou-tchang et d'une tour à Han-yang. *(Ibid.,* pp. 608/9.)

L. du 2 oct. 1875. [L. du P. Martin Poell] *(Ibid.,* pp. 618/621.)

L. du 2 fév. 1876. *(Ibid.,* VIII, p. 220.)

L. de Yang-kia-ho, 30 juillet 1876. *(Ibid,,* p. 536.)

L. du 30 juillet 1876 [L. du P. Martin Poell]. *(Ibid.,* pp. 566/9.)

L. de Ou-tchang, 2 oct. 1876. *(Ibid.,* p. 582.)

L. de Hollande du 18 sept. 1877. *(Ibid.,* IX, p. 493.)

Zea, *François,* dominicain ; né le 15 fév. 1813 à Benameji (prov. de Cordoue) ; † le 2 fév. 1875 au Fo-kien.

Notice d'après le *Correo sino-annamita* dans les *Miss. Cath.,* IX, 1877, pp. 438/9, avec un port.

II. — Missions Protestantes.

1°. *OUVRAGES DIVERS.*

— The Origin of the First protestant Mission to China and History of the Events Which induced the attempt, and succeeded in the accomplishment of a Translation of the Holy Scriptures into the Chinese language, (At the expense of the East-India Company), and of the casualties which assigned to the late Dr. Morrison the carrying out of this Plan, with copies of the Correspondence between the Archbishop of Canterbury, Bishop of London, Bishop of Durham, Bishop of Sarum, Earl of Spencer, Sir George Staunton, Bart., &c., &c. And the Rev. W. W. Moseley, A. M., LL. D., &c. To which is appended a new account of the origin of the British and Foreign Bible Society, and a copy of the Memoir which originated the Chinese Mission, &c. London : Simpkin and Marshall... 1842, in-8, pp. 116.

Appendix : Note *a :* The most probable Origin of the British and Foreign Bible Society, pp. 91/94. — Note *b :* A Memoir on the importance and practicability of translating and printing the Holy Scriptures in the Chinese Language and of circulating them in that vast Empire : Including an Account of the Introduction, Progress, and present State of Catholic Missions in that Country. By William Moseley, A. M., LL. D., &c., pp. 95/116.

Ce dernier mémoire avait déjà paru en 1800.— La première circulaire de Mr. Moseley qui occupe les dix premières pages de ce vol. était datée à l'origine de « Near Daventry, Northamptonshire, March 7th, 1798. »

(Miss. Prot. — Divers.)

— A Retrospect of the first ten years of the Protestant Mission to China, (now, in connection with the Malay, denominated, the ultra-Ganges Missions.) Accompanied with Miscellaneous Remarks on the Literature, History, and Mythology of China, &c. by William Milne. Malacca : Printed at the Anglo-Chinese Press. 1820, in-8, pp. VIII-376.

« I have lately printed here a small work entitled a 'View of China, for Philological Purposes.' I have also drawn up a'Retrospect of the First Ten Years of the Protestant Mission to China', which Mr. Milne will probably enlarge and print at Malacca. » — (Extrait d'une lettre de Morrison, Canton, 4 Sept. 1817.) *Memoirs*, I, p. 478.

Notice par Abel-Rémusat : *Journal des Savans*, Oct. 1821, pp. 597/608. — *Mél. As.*, I, pp. 31/51.

Quaritch, 1872, 5/-.

— A Review of the first fifteen years of the Mission. In a letter addressed to W. A. Hankey Esq., Treasurer to the Missionary Society [by Dr. Morrison, Canton, Nov. 12, 1822]. *(Memoirs... of R. Morrison*, II, pp. 180/185.)

— Sketch of the first twenty-five years of the Chinese [protestant] Mission, drawn up by Robert Morrison and E. C. Bridgman (Canton, China, Sept. 4th, 1832). *Ibid.*, II, pp. 470/474.)

— State and Prospects of China, viewed in connection with the extension of the Christian religion. By a Correspondent. [C-Gützlaff.] *(Chin. Rep.*, XII, pp. 294/300.)

Vide : Medhurst's China : its State and Prospects, col. 52.

W. Ellis'History of the London Missionary Society. London, 1844, in-8.

* China and her Spiritual Claims. By the Rev. Evan Davies. London, 1845, in-12, pp. IX-134.

* B. v. Watteville, China u. das Evangelium. 3 Vorträge über die evangel. Mission in China, gehalten im Museum zu Genf. Aus dem Franz. Karlsruhe, 1845. gr. in-8. (Mannheim, Bensheimer.) (Engelmann.)

The Star of China. [Voir col. : 322.]

Les Missions protestantes en Chine par M. Yvan. *(Revue nouvelle*, tome XI, 1 Nov. 1846.)

— Ordination of Tsin-shen as a preacher of the Gospel. *(Chin. Rep.*, XV, p. 526; extrait de la *China Mail* du 15 Oct. 1846.)

— Protestant Missions in China : extracts from a printed letter, dated Ning-po, January 1st, 1847. *(Chin. Rep.*, XVI, pp. 147/150.)

— Position and Operations of the Protestant missions at the five ports and Hong-kong in 1849. By S. W. Williams. *(Ibid.*, XVIII, pp. 48 et seq.)

Biernatzki : Beiträge zur Kunde Chinas und Ostasiens. [Voir col. : 63.]

Lowrie's Land of Sinim. [Voir col. : 322.]

Gillespie's Land of Sinim. [Voir col. : 322.]

Kesson's Cross and Dragon. [Voir col. : 323.]

* China, and the Chinese Mission, by the Rev. James Hamilton. London, James Nisbet & Co, 1847. Prix 1 1/2 d. ou 10/6 par 100.

— Remarks on Tracts in Chinese, with a list of books written and printed by the members of the Ultra-Ganges Missions. [By W. J. Pohlman.] *(Chin. Rep.*, XVI, pp. 369/382.)

— Synopsis of two Christian Tracts. [By R. Morrison.] *(Ibid.*, I, p. 77.)

— Synopsis of a Tract called Dialogues between Two Friends. [By E. C. Bridgman.] *(Ibid.*, 11, p. 283.)

— Notice regarding Christian Tracts, in the Chinese language, designed for publication under the patronage of the American Tract Society. [By E. C. Bridgman] *(Ibid.*, XVII, pp. 649/650.)

— Tracts and Tract Societies. By Rev. J. M. Thoburn. *(The Western Christian Advocate;* — réimp. dans *The Chin. Rec.*, 1, pp. 5/6.)

— On the Sale of Books and Tracts to the Chinese ; being the substance of a paper read before the Ning-po Missionary Conference, January 1865. By Rev. A. E. Moule. *(Chin. Rec.*, I, pp. 104/6.)

— Printing Books in Foochow Colloquial. [Two Essays read before the Foochow Missionary Conference July 27th 1869.] First Essay by Rev. Arthur W. Cribb. *(Chin. Rec.*, II, pp. 324/9 ;) Second Essay by Rev. S. F. Woodin. *(Ibid.*, pp. 329/332.)

— Testimony to the truth of Christianity, given by Kiying, late governor-general of Canton, minister plenipotentiary, guardian of the heir apparent, &c., &c. ; and remarks by Bishop Boone. [By S. W. Williams]. *(Chin. Rep.*, XX, pp. 41/8.)

Voir col. : 364.

* M. S. Culbertson. Darkness in the Flowery Land ; or Religious Notions and Popular Superstitions in North China. New-York, 1857, in-12, pp. XII-235.

Missionar Krone : Aus China. *(Berichte der Rheinischen Missions-Gesellschaft*, 1858, Nr. 1.)

— The China Mission. Embracing a History of the various Missions of all denominations among the Chinese. With Biographical Sketches of deceased Missionaries by William Dean, D.D. Twenty Years a Missionary to China. New-York, Sheldon, 1859, in-12, pp. VI-396.

— The War with China. — China and the Chinese : their customs, wants, and claims, considered in a religious aspect. with an appeal to England and Scotland for Missionaries to that extensive field of labour. London, H. J. Tressider, 1860, br. in-8, pp. 40.

* Glimpses of Missionary Work in China, illustrated by engravings from The Chinese Pilgrim's Progress. With Introduction by the Rev. James Johnston, Free St. James'Church, Glasgow, formerly Missionary at Amoy. Edinburgh : William P. Kennedy; London : Hamilton, Adams & Co.; and James Nisbet & Co. 1860, in-12.

— The Medical Missionary in China : A Narrative of Twenty years'experience by William Lockhart, of the Lond. Miss. Society. London, Hurst & Blackett, 1861, in-8, pp. XII-404.

Il y a, pp. 343 et seq., une description d'ouvrages européens en chinois. — Trad. en allemand par H. Bauer. Würzburg, 1863, in-8.

China : its spiritual need and claims, with brief notices of Missionary effort, past and present. By the Rev. J. Hudson Taylor, M. R. C. S., &c. (of Ning po, China.) London : James Nisbet & Co., 1865. Price Six Pence, in-8, pp. 116.

Report on the China Mission of the London Missionary Society by the Rev. Dr. Mullens. London : Printed by W. Stevens, MDCCCLXVI, br. in-8, pp. 27.

* Narrative of the Mission to China of the English Presbyterian Church. By Donald Matheson Esq., formerly of China. With remarks on the social life and religious ideas of the Chinese by the Rev. J. Macgowan. London, 1866, in-8. Prix 1/-.

— Two Letters on Protestant Missions addressed by the Rev. Joseph Edkins to the Editor of the North China Herald, Printed in that newspaper, July 22, 1867.

— China as a Mission Field. (The Miss. Rec., I, Mai 1867.)

Ext. d'un discours de l'Evêque Thomson (Am. M. E. Church) à New-York.

— The Work of Protestant Missions in the rural Districts of China. Portions of a Paper read before a Meeting of Missionaries at Tientsin, North-China, May 1867. By J. L. (Miss. Rec., I, Sept. et Oct. 1867.)

— A Visit to some of the Out-Stations of the Church Mission in the Prefecture of Foochow. By the Bishop of Victoria. (Chin. Rec., 1, June 1868, pp. 17/22.)

— The Trials and Consolations of Missionary Labour. An Address delivered at the Monthly Missionary Conference, Union

Chapel, Shanghai, May 4th 1868, by the Rev. Charles Henry Butcher, M. A., British Consular Chaplain, Shang-hai. (Chin. Rec., I, pp. 43/6.)

Attack on Missionaries at Yangchow. (North China Herald, 28 Août 1868; réimp. dans le Chin. Rec., I, Sept. 1868, p. 88.)

The Yangchow Riot. By Rev. M. J. Knowlton. (Chin. Rec., II, Aug. 1869, pp. 69/73.)

— The Bible in China. Read at the Quarterly Missionary Meeting, in Union Chapel, Shanghae, in April 1868. By A. Wylie. (Chin. Rec., I, pp. 121/8, 145/150.)

Voir col. 603.
— Bible Distribution in China, as a means of Evangelization. By Rev. M. J. Knowlton. (Chin. Rec., II, pp. 209/211.)
— Distribution of the Bible. By Rev. H. Blodget. (Ibid., IV, pp. 312/316.)
— Colportage in China. By A. G. (Ibid., VI, pp. 409/413.)
— On Book distribution. (Ibid., IX, pp. 138/141.)

— On Mission Schools. Read before the Foochow Missionary Conference, Oct. 27, 1868. By Rev. L. B. Peet. (Chin. Rec., I, pp. 132/6, 150/3.)

The present aspects of Missionary Work in China. By Rev. E. W. Syle. (Chin. Rec., I, pp. 193/196.)

On the best Method of presenting the Gospel to the Chinese. By Rev. F. S. Turner. (Ibid., I, pp. 225/9, 255/8; II, pp. 29/31, 88/9, 123, 150/6, 241/4, 272/4, 301/4.)

The Missionary Problem. A reply to « Missionary Theology », an Article by the Rev. Edward White, published in the « Raindow » of July 1, 1869. By F. S. Turner, B. A., Missionary of the London Missionary Society. London : Hodder and Houghton, Paternoster Row, 1870, in-8, pp. 30.

Mr. Turner's Views on « The Missionary Problem » examined. [By Critic.] (Chin. Rec., III, pp. 169/172.)

On teaching English to Chinese Assistants. Read before the Canton Missionary Conference, Feb. 3rd 1869. By Rev. H. V. Noyes. (Ibid., I, p. 249.)

Preparatory Work in Missions by Rev. W. Ashmore. (Ibid., II, pp. 35/8.)

Protestant Missions in China. Letter to Sir Rutherford Alcock by the British Protestant Missionaries of Peking. (Ibid., II, pp. 97/104.)

Study of the Scriptures among Chinese Christians. By Rev. Jno. E. Mahood. (Ibid., III, pp. 315/8.)

Read before the October Meeting of the Foochow missionary Conference.

On the knowledge of a weekly Sabbath in China. By Mr. A. Wylie. (Ibid., IV, pp. 4/9, 40/3.)

Proposed Regulations respecting Missions in China. *(Ibid.,* pp. 29/33, 165/8.)

The Missionary Question by Boomerang. *(Ibid.,* pp. 57/62.)

A Missionary's experience. By John E. Mahood. *(Ibid.,* pp. 108/111.)

Chinese Circular on Missions. By Rev. Carstairs Douglas. *(Ibid.,* p. 111.)

From the *Christian Work*, 1st July 1871.
Voir la III* Partie de notre ouvrage : *Relations des Etrangers avec les Chinois*, pour la question des Missions, les négociations de Sir Rutherford Alcock et les controverses auxquelles elles ont donné lieu.

The use of money, as an aid, and a hindrance to mission work in China. By Rev. John Butler. Read before the Ning-po Missionary Association, January 6th, 1874. *(Ibid.,* V, pp. 18/28.)

Remarks on this paper by Rev. A. E. Moule. *(Ibid.,* pp. 91/98.)

— China and the Gospel by the Rev. William Muirhead, Lond. Miss. Soc., London, James Nisbet & Co., 1870, pet. in-8, pp. VIII-305.

Il y a p. 305 : « List of Protestant Missions in China, and the number of Missionaries (189) connected with them. »
Notices : *Shanghae Evening Courier*, 21 Mai 1870; *The Cycle*, 21 Mai 1870.

— China and her Missionaries. By the Rev. Griffith John. *(Nonconformist.* — Réimp. en partie dans *The Shanghae Evening Courier*, 5 Jan. 1871.)

— Statistics of Protestant Missionary Societies, 1872-3. London : Printed for private circulation by William Nichols, 46 Hoxton Square, 1874, in-8, pp. XXVIII-184.

V. Missions in China, pp. 67/80. — VI. Missions in Indo-China, Thibet, the Indian Archipelago, and Japan, pp. 81/92.

* The Foreign Missionary; his Field and his Work. By Rev. M. J. Knowlton, D. D., Missionary to China. Philadelphia : Bible and Publication Society, 530 Arch Street. 1872, in-8, pp. x-228.

Notice : *Chin. Rec.*, V, pp. 108/9.
China as a Mission Field. By the Same. br. in-8.

— Summary of the Operations of the China Inland Mission, from its Commencement to the year 1872, by the Rev. J. Hudson Taylor, M. R. C. S., F. R. G. S.; With Illustrative Map and List of Stations. London : James Nisbet & Co., 1872, pet. in-8, pp. 31.

— Notes on a recent visit to some out-stations of the China Inland Mission. By A. W. D. *(Chin. Rec.,* VII, pp. 362/4.

* Translation of a letter from Rev. Li Yu-mi, Presiding Elder of the Hok-ch'iang Dis-

(MISS. PHOT. — DIVERS.)

trict, in connection with the Methodist Episcopal Mission at Foochow.

Notice : *Chin. Rec.*, V, pp. 230/1.

* Minutes of the Third Meeting of the Synod of China, convened at Chefoo, August 6th, *A. D.* 1874, and in the reign of *H. I. M.* T'ung che, the 13th year, 6th moon, 24th day. Shang-hai : American Presbyterian Mission Press. MDCCCLXXIV.

Notice : *Chin. Rec.*, VI, p. 237. On trouvera dans ce périodique des comptes rendus des deux premières réunions du synode. La première a été tenue à Chang hai en 1870; la deuxième à Ning po en 1871. [The Synod of China. By Rev. S. Dodd (Shang hai, 20 Oct. 1870.) *Chin. Rec.*, III, pp. 332/3. — Second Meeting. *Ibid.,* IV, pp. 235/7].

The Synod of China. By Rev. J. M. W. Farnham. *(N. C. Herald*, 1878, I, pp. 540, 569; abrégé dans le *Chin. Rec.*, IX, pp. 201/210.)

What is the best form for an address to a heathen audience? By Rev. A. E. Moule. Read before the Ning-po Missionary Conference, July 1, 1872. *(Chin. Rec.,* V, pp. 33/41.)

What are the best means of developing the christian character of our native converts. By Rev. R. H. Graves, M. D. Read before the Canton Missionary Conference, October 7, 1874. *(Ibid.,* VI, pp. 197/205.)

The value of Itinerancy as a Missionary Agency. By Rev. H. H. Lowry. Read before the Peking Missionary Association, December 14th, 1874. *(Ibid.,* VI, pp. 241/7.)

The bearing of the Sabbath upon the national and social customs of China. A paper read before the Peking Missionary Conference. By Rev. W. H. Collins. *(Ibid.,* VII, pp. 248/253.)

Missionary Statistics. *(Ibid.,* VIII, pp. 153/154.)

The Shang-hai Missionary Conference. *(Ibid.,* pp. 239/250.)

Première conférence générale des missionnaires protestants en Chine, le 10-24 Mai 1877.

— Records of the General Conference of the Protestant Missionaries of China, held at Shang-hai, May 10-24, 1877. Shang-hai : Presbyterian Mission Press, MDCCCLXXVIII, gr. in-8, pp. iii-492, s. les ff. prél., et 7 pl. de cartes.

Notice : *Chin. Rec.*, IX, pp. 156/7. — *China Review*, VI, pp. 337/8.

— The Missionary Conference. — Shanghai, May 1877. *(The Far East*, Vol. II, No. 6, pp. 124/131, avec 2 phot. des missionnaires.)

* Missions to the Women of China. Edited

(MISS. PHOT. — DIVERS.)

by Miss Whately. London : 1876, in-8. Prix 2/-.

The Claims of China; also a lettér to the « *Times* ». By the Rev. Alex. Williamson, LL. D., author of « Journeys in North China », etc. Missionary of United Presbyterian Church, and Agent of the Scottish National Bible Society. Edinburgh : William Oliphant and Co. Glasgow : James Maclehose, 1872, in-16, pp. 62.

— China as a Mission Field. By Dr. Williamson : Physical Aspect of the Field. — The Mental Aspects of the People. — The Spiritual Aspects. *(The Far East*, Vol. III, No. 1, pp. 4/9.)

Lu à la Missionary Conference, Mai 1877.

The present strength of Protestant Missions in China. By Rev. Jonathan Lees. *(Chin. Rec.*, IX, 1878, pp. 5/11.)

Statistics of Protestant Missions in China. *(Ibid.*, pp. 108/118.)

The intellectual uses of the Woman's Foreign Missionary work. By Jennie Fowler Willing. *(Ibid.*, pp. 215/221.)

Report of the China Missions of the Presbyterian Church of England for 1877. *(Ibid.*, pp. 266/283.)

E. R. Barrett. — Protestant Missions in China. *(The Congregationalist*, July 1878).

TCHE LI. — Commencement of Protestant Missions in Chihli Province. *(Chin. Rec.*, III, p. 190.)

Statistics of the Protestant Missions of Pèking and North China. *(Chin. Rec.*, VIII, pp. 208/220.)

Statistics of the Peking Branch of the London Missionary Society for 1876. *(Ibid.*, p. 239.)

Statistics of the T'ien-tsin Protestant Mission. *(Ibid.*, pp. 455/462.)

Cet article comprend : Sketch of the History of Protestant Missions at Tientsin, Chihli, North-China by Rev. C. A. Stanley ; Paris Missionary Society ; Brief Sketch of the History of the Methodist New Connexion Mission to China ; London Mission ; American Methodist Episcopal Mission.

CHAN TOUNG. — Protestant Mission in Laoling, Shantung. By Rev. Wm. N. Hall. *(Chin. Rec.*, III, p. 359.)

Rép. à une lettre du P. Leboucq dans les *Annales de la Prop. de la Foi*, de Sept. 1870 [voir col. 461], trad. en anglais dans le *Chin. Rec.*, III, pp. 255/6.

— Misrepresentation versus Facts. *(Ibid.* IV, pp. 9/10.)

Ext. de *The Independent*, 8 Déc. 1870, au sujet de cette même lettre.

Statistics of the Shantung Protestant Missions. *(Ibid.*, VIII, pp. 380/397.)

Cet article comprend : *Chefoo*. London Mission ; Paris Pro-

testant Mission ; Sketch of the English Baptist Mission by Rev. T. Richard ; etc. ; — *Tangchow*. Protestant Missions in Tangchow by Mrs. Crawford ; etc. ; — *Tsenan*.

A Christian movement in the Province of Shantung. By Rev. J. Edkins D. D. *(Ibid.*, IX, pp. 281/3.)

KIANG SOU.—Protestant Missions in Shánghái, and their present operations, 1849. [By E. C. Bridgman.] *(Chin. Rep.*, XVIII, pp. 513/525 ; XIX, pp. 330/343.)

Statistics of the Shanghae and Soochow Protestant Missions. *(Chin. Rec.*, VIII, pp. 302/328.)

Les principaux mémoires compris dans cet article sont : « Brief Sketch of the London Mission » Shang-hai, by Rev. W. Muirhead ; « Brief Sketch of the History of the Shanghae Station of the Church Missionary Society, London » by Rev. Thos. McClatchie ; Statistics of the American Protestant Episcopal Mission ; Seventh Day Baptist Mission ; American Board Mission : Seventh Day Baptist Mission ; Am. (South) Methodist Mission (By Rev. J. W. Lambuth). etc.

TCHE KIANG. — A Chapter of Statistics [of Prot. Missions at Ning-po]. By Rev. M. J. Knowlton. *(Miss. Rec.*, I, Déc. 1867.)

Statistics of the Ningpo Protestant Mission. *(Chin. Rec.*, VIII, pp. 129/139.)

Cet article [comprend : « Statistics of the American Baptist Mission, of the American Presbyterian Mission, of the Church Miss. Society's Mission, of the United Methodist Free-Church Mission » ; « Funghwa station of the China inland Mission » ; « Wanchow station of the China inland Mission ». Cet article, comme les autres du même recueil qui lui sont analogues, se termine par une liste de livres écrits dans le dialecte de l'endroit.

— Statistics of the Hangchow Protestant Mission. *(Chin. Rec.*, VII, pp. 344/354.)

Cet article comprend : « General Sketch of the Rise and Progress of Protestant Missions in Hangchow » by Rev. G. E. Moule ; supplemented by some remarks by Rev. A. E. Moule ; « Statistics of the Church Miss. Soc.'s Mission » ; « Stat. of the American Presb. Mission » ; « Stat. of the Am. Southern Presb. Mission » ; « Shaouhing Church Mission » ; « Shaouhing Branch of the China Inland Mission ».

The Story of the Cheh-Kiang Mission of the Church Missionary Society. By the Rev. Arthur E. Moule..... With Illustrations. London : Seeley, Jackson & Halliday, 1878, in-8, pp. 127 s. les ff. prél.

Notice : *Chin. Rec.*, IX, 1878, pp. 395/396.

FO KIEN.—Foochow Mission of the American Board. By Rev. C. C. Baldwin, Foochow. *(Miss. Recorder*, Jan. 1867.)

Cette Mission a été établie le 2 Janvier 1847 par le Rév. Stephen Johnson, de la Mission de Siam.

— Shao-wu in Fuh-kien ; a Country Station. By Rev. J. E. Walker. *(Chin. Rec.*, IX, 1878, pp. 343/352.)

The Swedish Mission, Foochow. By Rev. C. C. Baldwin. *(Miss. Recorder*, I, Juin 1867.)

Sur MM. Fast et Elgqvist.

The Mission Cemetery and the fallen Missionaries of Fuh-chau, China. With an Introductory notice of Fuh-Chau and its Missions. By Isaac William Wiley. New-York, 1858, in-8, pp. 374.

Foochow Mission of the Methodist Episcopal Church. By R. S. Maclay. *(Chin. Rec.,* IV, pp. 108/9, 168/170.)

Statistics of the Foochow Protestant Mission. *(Ibid.,* VII, pp. 253/262.)

Cet article comprend : « Brief Sketch of the Mission of the American Board » by Rev. S. F. Woodin ; « Statistics of the Miss. Soc. of the Meth. Episcopal Church in the U. S. of America » ; « English Church Mission ».

Pastoral Address of the Foochow Methodist Episcopal Conference. *(Ibid.,* IX, pp. 62/4.)

Reports adopted by the Foochow Conference of the M. E. Church. *(Ibid.,* pp. 210/213.)

* Minutes of the First Session of the Foochow Annual Conference of the M. E. Church, held at Foochow, December 20-25. 1877. M. E. Mission Press. MDCCCLXXVIII,

Notice : *Chin. Rec.,* IX, pp. 243/4.

The Story of the Fuh-kien Mission of the Church Missionary Society. By Eugene Stock. With a Map and thirty-four illustrations. London : Seeley, Jackson & Halliday, 1877, in-8, pp VIII-272.

Notices : *China Review,* V. No. 5, p. 324 ; *Chin. Rec.,* IX, pp. 396/8 ; d'après le *N.-C. Herald.*

— Kúlángsú and Amoy, with notices of Christian missions there, of the manners of the people, infanticide, &c. By D. Abeel. *(Chin. Rep.,* XI, pp. 504/9 ; XII, pp. 266/9 ; XIII, pp. 74/77, 233/8.)

Voir col. : 138.

— Amoy : memoranda of the Protestant missions from their commencement, with notices of the city and island. Prepared by resident missionaries [W. J. Pohlman.] *(Ibid.,* XV, pp. 355/364.)

La mission a été commencée à l'arrivée de MM. Abeel et Boone à Kou-lang-sou, le 24 fév. 1842.

— Church at Amoy, and trip up the river Min. [S. W. Williams.] *(Ibid.,* XVIII, pp. 444-447.)

Ten Years of Missionary Life in Amoy. By the Rev. W. S. Swanson. *(Chin. Rec.,* III, pp. 8/10, 34/2.)

Amoy Missionary Statistics. Statistics of the Amoy Mission of the English Presbyterian Church for the year 1871-72. By Rev. Wm. Mc. Gregor. *(Ibid.,* IV, pp. 234/5.)

Statistics of the Protestant Mission at Amoy. *(Chin. Rec.,* VII, 1876, pp. 106/117.)

(MISS. PROT. — DIVERS.)

Cet article comprend des notes sur la « Mission of the Dutch reformed Church in America » par le Rev. Dr. Talmage ; la « London Mission » par le Rev J. Stronach ; « Medical Missionary Work at Amoy » par le Rev. J. Macgowan ; « Statistics of the English Presbyterian Mission in Formosa » par le Rev. Hugh Ritchie.

HOU PÉ. — Statistics of the Protestant Missions at Hankow and the other River Stations. *(Chin. Rec.,* VII, pp. 418/431.)

Cet article comprend : « Statistics of the London Mission » ; « Brief Sketch of the Hankow Wesleyan Mission » by Rev. W. Scarborough ; Woochang ; Kewkeang, etc.

KOUANG TOUNG. — Protestant Missions in Kwangtung. By J. G. Kerr. *(Chin. Rec.,* I, p. 237.)

— The extension of Missionary effort in the Canton Province. By Rev. G. Piercy. Read before the Canton Missionary Conference, April 3rd, 1874. *(Ibid.,* V, pp. 132/7.)

Sketch of the Canton Protestant Mission. *(Ibid.,* VII, pp. 174/203.)

Cet article comprend : « The London Missionary Society's Mission in Canton » by Rev. John Chalmers ; « Outline of the American Board Mission at Canton » by J. G. Kerr, M. D., « Statistics of the Southern Baptist Convention Mission » by Rev. R. H. Graves, M. D. ; « Memoranda of dates and events connected with the history of the Canton Mission of the Board of Foreign Missions of the Presb. Church in the U. S. of America » by Rev. C. F. Preston ; « Statistics of the Wesleyan Methodist Mission » by Rev. G. Piercy ; « Rhenish Missionary Society » ; « Outline History of Medical Missions at Canton, Hongkong and Macao », by J. G. Kerr, etc.

A Visit to some of the Basel Mission Stations in Kwangtung Province. By Rev. R. Lechler. *(Ibid.,* VII, pp. 276/283.)

— German Mission in Canton Province. By R. Lechler. *(Chin. Rec.,* IV, pp. 137/8.)

— Historical Sketch of the Basel Mission Station at Lilong, in the South of the Province of Kwangtung. By Rev. R. Lechler. *(Ibid.,* VIII, pp. 46/54.)

— Christian Missions in Kwang-tung. (From an unpublished History of the Province.) By E. C. Bowra. *(China Review,* II, pp. 244/254.)

Cet art. traite des Missions catholiques beaucoup plus que des Missions protestantes.

— A Sketch of the English Presbyterian Mission at Swatow. By Rev. H. L. Mackenzie. *(Chin. Recorder,* VII, pp. 29/35.)

Cette Mission a été commencée en 1856 par le Rev. Wm. C. Burns.

— Appendix I. Sketch of the Swatow Medical Mission. By William Gauld. *(Ibid.,* pp. 35/38.)

— App. II. Itinerancy of the Swatow Presbyterian Mission. By Rev. H. L. Mackenzie. *(Ibid.,* pp. 38/40.)

— A Sketch of the American Baptist Mission at Swatow. By Rev. S. B. Partridge. *(Ibid.,* pp. 40/3.)

(MISS. PROT. — DIVERS.)

Cette mission a été commencée à Bangkok (Siam) en 1835 ; les Am. Bapt. établirent leur mission à Swatow en 1860.

HONG KONG. — The Protestant Missions of Hongkong. By Rev. E. J. Eitel, Ph. D. A Lecture delivered in St. Paul's College, Hongkong, on November 30th, 1875. *(Chin. Recorder,* VII, pp. 21/29.)

Depuis l'arrivée de Gützlaff.

Statistics of the Hongkong Protestant Mission. *(Chin. Rec.,* VIII, pp. 30/46.

Cet art. comprend : « Historical Sketch of Protestant Mis-

(MISS. PROT. — DIVERS.)

sions in Hongkong, to January, 1875 » by Rev. A. B. Hutchinson ; Statistics of the American Baptist Missionary Society » ; « Statistics of the London Mission, of the Berlin Ladies' Miss on, of the Basel Mission, of the Church Miss. Soc.'s Mission, of the Am. Baptist Mission to the Chinese at Bangkok in Siam. »

———

Nous donnons, comme pour les Missions Catholiques (voi. col. : 371/2), un tableau général des missions protestante, dressé à l'aide de la *Preface* des *Memorials of Protestant Missionaries ;* de la liste encartée dans le No. 6 du Vol V, du *Chinese Recorder,* de l'article donné dans ce même périodique, Vol. IX. No. 2, pp. 108 et seq., et de nos renseignements particuliers.

(MISS. PROT. — DIVERS.)

TABLEAU GÉNÉRAL DES MISSIONS PROTESTANTES EN 1877

N° D'ORDRE	ARRIVÉE EN CHINE	SOCIÉTÉS REPRÉSENTÉES EN CHINE	PREMIERS MISSIONNAIRES	NOMS DES STATIONS EN 1877	NOMBRE des Missionnaires en 1877			
					MARIÉS	non mariés hommes	non mariés femmes	TOTAL
1	1807	London Missionary Society....................	Robert Morrison....................	Peking, Tien tsin, Han keou, Chang hai, Amoy, Hong kong, Canton....................	38	3	2	43
2	1827	Nederlandsbe Zandelinggenootschap..............	K. P. Gützlaff....................	....	....	....	....	....
3	1830	American Board of Commissioners for Foreign Missions....................	E. C. Bridgman....................	Pe king, Fou tcheou....................	40	3	7	50
4	1834	American Baptist Missionary Union.............. Autrefois, Am. Bapt. Board of Foreign Missions....	William Dean....................	Ning po, Chan teou (Swatow)....................	12	2	2	16
5	1835	Board of Foreign Missions of the Protestant Episcopal Church in the United States....................	Henry Lockwood....................	Pe king, Chang hai, Han keou et Wou tchang......	10	....	2	12
6	1836	British and Foreign Bible Society....................	G. Tradescant Lay....................	Chang hai, un grand nombre de stations dans l'intérieuret dans tous les ports ouverts aux étrangers.	....	2	....	2
7	1837	Church of England Missionary Society............	Edward B. Squire....................	Pe king, Chang hai, Hang tcheou, Ning po, Fou tcheou, Hong kong....................	28	4	1	33
8	1838	Board of Foreign Missions of the Presbyterian Church in the United States....................	Robert W. Orr....................	Pe king, Toung tcheou, Tche fou, Tang tcheou, Tai-nan fou, Chang hai, Sou tcheou, Nan king, Ning po, Hang tcheou, Canton	44	3	12	59
9	1845	General Baptist Missionary Society (England)......	Thomas Hall Hudson.................... Theodore Hamberg....................	Ning po (n'a plus de missionnaires)....................	....	2	....	2
10	1847	Evangelisches Missions-Gesellschaft zu Basel......	Rudolph Lechler.................... Heinrich Küster....................	Hong kong et Kouang toung....................	12	3	....	15
11	1847	Rheinisches Missions-Gesellschaft..............	Ferdinand Genahr....................	Canton, etc	10	1	....	11
12	1847	Board of Foreign Missions of the Southern Baptist Convention in the United States..............	Samuel Cornelius Clopton....................	Tang tcheou, Chang hai, Canton	8	....	3	11
13	1847	Seventh Day Baptist Missionary Society (U. S.)....	Solomon Carpenter....................	Chang hai....................	....	....	....	....
14	1847	American Methodist Episcopal Missionary Society..	Judson Dwight Collins....................	Pe king, Kiou kiang, Fou tcheou....................	26	3	8	37
15	1847	Foreign Mission Board of the Presbyterian Church in England....................	William Chalmers Burns....................	Amoy, Swatow, Tai wan, Ta kao, et d'autres stations dans l'intérieur....................	20	3	....	23
....	....		B. C. Lord (Ningpo)					

17	1848	Missionary Society of the Methodist Episcopal Church in the Southern States of America.............	Benjamin Jenkins.....................	Chang haï et Sou tcheou......................	6	1	....	7
18	1849	Missionary Society at Lund (Suède)................	Karl Josef Fast....................	....				
19	1850	Cassel Missionary Society.........................	Carl Vogel....................	....				
20	1851	Berlin Missionary Society......................	Robert Neumann..................	....				
21	1852	Wesleyan Missionary Society (England)...........	George Piercy....................	Han keou, Wou tchang, Wou suö, Kouang tchi, Canton	20	9	4	33
22	1853	Chinese Evangelization Society (England)...........	James Hudson Taylor...............					
23	1855	Netherlands Chinese Evangelization Society......	Hendrik Z. Kloekers.................					
24	1858	Board of Foreign Missions of the Dutch Reformed Church in the United States...................	Daniel Rapalje................... Alvin Ostrom....................	Amoy	4	1	1	6
25	1858	Mission Union for the Evangelization of China in Pomerania..	Heinrich Eduard Julius Voegler........	Chang haï............................	....	2	....	2
26	1860	English Baptist Missionary Society.......	Charles J. Hall....................	Tche fou, Tching tcheou...................				
27	1860	New Connection Methodist Missionary Society in England	John Innocent.... .... William Neithorpe Hall.................	Tien tsin	8	....	....	8
28	1860	Société des Missions évangéliques de Paris.......	Oscar Rau............................ Bonhoure............................		....	....	....	
29	1860	American United Presbyterian Mission.............	Joseph C. Nevin [Canton]					
30	1862	China Inland Mission............................	James Meadows.....	Kiou kiang, Nan King, Ning po et Chao hing Ta tcheou, Toung Wo, Wentcheou, Yang tcheou, Tchin kiang. (Cette soc. avait 52 stations en 1877 dans les prov. de Tche kiang, Kiang sou, Ngan hoeï, Kiang si et Hou pè.)...........	28	16	10	54
31	1862	Society for the Propagation of the Gospel in Foreign Parts..	Francis Rodon Michell................	Tche fou...............................	....	3	....	3
32	1863	Mission Board of the United Presbyterian Church of Scotland..	John Parker........................	Niou tchouang, Tche fou...................	4	2	....	8
33	1863	National Bible Society of Scotland..................	Alexander Williamson...............	Tche fou et autres stations dans le nord et le centre de la Chine............................	4	....	....	4
34	1864	United Methodist Free Church Missionary Society in England....	William Robert Fuller................	Ning po..............................	2	2	....	4
35	1864	Female Education (Society for Promot.)...........	Miss Oxlad.........................	Hong kong............................	....	....	3	3
36	1865	Independent Baptist Mission [England]..........	S. P. Barchet.......................	Ning po..............................	2	....	....	2
37	1867	Southern Presbyterian Mission (Am.).............	Elias B. Inslee....................	Hang tcheou, Sou tcheou.................	4	3	3	10
38	1869	Woman's Union Mission (Am.)......................		Pé king..............................	....	....	2	2
39	1869	Irish Presbyterian Church		Niou tchouang.......................	4	....	....	4
40	1870	English and Continental Baptist Mission..........	Conrad Bäschlin....................					
41	1874	Canadian Presbyterian Mission....................	Geo. Mackay.......................	Tam sué (Formose).....................	4	....	....	4
42	1876	American Bible Society...........................	Luther H. Gulick....................	Dans toute la Chine...................	2	....	....	2
43	—	Unconnected.......................................		Tchin kiang........................	6	....	1	7
			Totaux..		346	65	63	477

2°. *THE TERM QUESTION.*

Controverses au sujet des Saintes Ecritures et du mot « Dieu » (GOD) *en chinois.*

Sur les versions de la Bible en langue chinoise, voir le chapitre sur les Chinois *(the Chinese),* pp. 9/16 de « Christian Researches in Asia »... by the Rev. Claudius Buchanan, D. D. London : 1811, in-8, 2d ed.

— Remarks on Translations of the Scriptures [by « Servus »]. *(Indo-Chinese Gleaner,* April 1819, pp. 84/8.]

— Sur les traductions de la Bible en langue chinoise par Abel-Rémusat *(Mél. As.,* I, pp. 1/27).

— A Memoir on the importance and practicability of translating and printing the Holy Scriptures in the Chinese Language; and of circulating them in that vast Empire : Including an Account of the Introduction, Progress, and present State of Catholic Missions in that Country. By William Moseley, A. M., LL. D., &c. (Réimp. pp. 95/116 de « The Origin of the first protestant Mission to China, Lond. 1842.) » (Vide supra col. 578.)

Voir de nombreux passages dans le *Retrospect* de Milne (Vide supra col. 579.)

— Horne's *Int. to the Scriptures,* [9th. ed., 1846, Vol. V, pp. 134/5.

Chinese Versions of the Bible. (James Darling's *Cyclopaedia Bibliographica* : Subjects, col. 75 (1859).

— « Some Remarks on the Chinese terms to express the deity » Letter signed Z selected from the *Indo-Chinese Gleaner,* vol. iii, No. 16 for April, 1821, pp. 97/105, in the *Chinese Repository,* vol. VII, October 1838, pp. 314/321.

La lettre de Z est accompagnée de remarques de Morrison et de Milne.

— « Chinese Version of the Bible ; manuscript in the Bristish Museum ; one version undertaken in Bengal, and another in China ; with brief notices of the means and measures employed to publish the Scriptures in Chinese previous to A. D. 1830. » (By E. C. Bridgman.) *(Chinese Repository,* Vol. IV, Oct. 1835, pp. 249/261.)

— « The Bible : its adaption to the moral condition of man ; with remarks on the qualifications of translators and the style most proper for a version of the Scriptures in Chinese. » (By E. C. Bridgman.) *(Chinese Repository,* Vol. IV, Nov. 1835, pp. 297/305.)

— « Revision of the Chinese Version of

the Bible ; necessity for the work ; with suggestions respecting the manner in which it ought to be accomplished. » (By Charles Gützlaff.) *(Chinese Repository,* Vol. IV, January 1836, pp. 393/398.)

* Remarks on a New Version of the Sacred Scriptures in Chinese. By Rev. Samuel Kidd. London, 1836.

* Memorial addressed to the British and Foreign Bible Society on a New Version of the Chinese Scriptures, by W. H. Medhurst. London, 1836, in-8, pp. 44.

« The object of this pamphlet is to demonstrate the necessity for a new translation of the Scriptures into Chinese, which the author endeavours to do, by pointing out the defects in Morrison's, and drawing a comparison between that and the one in which he had been more recently engaged. » *(Mem. of Prot. Miss.,* p. 37.)

— Sur les mots *Shin* et *Shang ti,* voir l'opinion d'Abel Rémusat exprimée dans une lettre adressée par lui de Paris, le 20 mai 1817, à R. Morrison (Traduite dans *Memoirs of R. Morrison,* 1839, I, pp. 490/492).

— Sur la Révision des Ecritures Saintes, voir *China,* par Medhurst, 1838, chap. XXII, pp. 545 et seq. [col. 52.]

Illustrations of Scripture drawn from the Customs of the Chinese. *(Ch. Rep.,* VIII, pp. 639 et seq. ; XVII, pp. 537 et seq., by S. Wells Williams.)

Remarks on the name of Jesus, as expressed in Malay ; addressed to the editor of the *Chinese Repository,* in 1839. By the Rev. W. H. Medhurst, Batavia. *(Chin. Rep.,* 1843, XII, pp. 449 et seq.)

Minutes of a meeting of missionaries of various Protestant denominations, assembled for the purpose of taking into consideration the present State of the Chinese version of the Sacred Scriptures. Held at Hongkong, August 22d., 1843, *(Chin. Rep.,* XII, 1843, pp. 551/553.)

Comparative View of six different versions in Chinese of John's Gospel, Chapter 1. verse 1st. By. E. C. Bridgman. *(Ch. Rep.,* XIV, p. 54.)

Remarks on the translation of the words *God* and *Spirit,* and on the transferring of Scripture proper names into Chinese, in a letter to the editor of the *Chinese Repository. (Ibid.,* pp. 101/103) By W. M. Lowrie.

Queries and Remarks on the translation into Chinese of the words *God, Spirit,* and *Angel.* By E. C. Bridgman *(Ibid.,* pp. 145 et seq.)

Chinese versions of the Holy Scriptures : need revision ; list of words claiming particular attention ; proposed meeting of delegates. By E. C. Bridgman *(Ch. Rep.,* XV, 1846, pp. 108 et seq.)

Revision of the Chinese version of the Bible; remarks on the words for *God, Father, Son, Spirit, Soul, Prophet, Baptism* and *Sabbath*. By E. C. Bridgman. *(Ibid.,* pp. 161 et seq.)

Terms for Deity to be used in the Chinese version of the Bible : the words *Shangti, Tien,* and *Shin* examined and illustrated, in a letter to the Editor of the *Chinese Repository*. By W. M. Lowrie. *(Ibid.,* pp. 311 et seq.)

Remarks regarding the translation of the terms for the Deity in the Chinese version of the Holy Scriptures. By a Correspondent. [By C. Gützlaff.] *(Ibid.,* pp. 464 et seq.)

Remarks on the words and phrases best suited to express the names of *God* in Chinese. Written by a Correspondent at Ningpo. [W. M. Lowrie.] *(Ibid.,* XV, pp. 568 et seq., 577 et seq. ; XVI, pp. 30 et seq.)

Chinese terms to denote the deity : views of Drs. Morrison, Milne, Marshman, and others, communicated in former volumes of the *Chinese Repository*. By E. C. Bridgman. *(Ibid.,* XVI, 1847, pp. 99 et seq., 121 et seq.)

Remarks in favor of *Shangti*. By W. H. Medhurst, Shang-hai, Sept. 14th 1846. *(Ibid.,* pp. 34 et seq.)

Two notes against the use of *Shin*. By C. Gützlaff [a Reader]. *(Ibid.,* pp. 37 et seq.)

An Inquiry respecting the mode of designating the third person of the Godhead in Chinese. By J. Goddard. *(Ibid.,* pp. 351 et seq.)

Revision of the Chinese version of the New Testament : proceedings of the delegates, from the General Committee of Protestant missionaries assembled at Shang-hai. *(Ibid.,* XVII, 1848, pp. 53 et seq.)

A Dissertation on the Theology of the Chinese with a view to the elucidation of the most appropriate term for expressing the Deity in the Chinese language. By W. H. Medhurst, sen. — Printed at the Mission Press, Shanghae. 1847, in-8, pp. 280.

Published at dollar 1.50. — Notice : by E. C. Bridgman. *(Ch. Rep.,* XVII, pp. 414 et seq.)

An Essay on the proper rendering of the words Elohim and Θεος into the Chinese language. By William J. Boone D. D. Missionary Bishop of the Prot. Ep.

Church of the U. S. to China. *(Ch. Rep.,* XVII, 1848, pp. 17 et seq., 57 et seq.)

Le même. [Reprinted from the Chinese Repository, *Vol. xvii,* 1848]. Shang-hai : American Presbyterian Mission Press, MDCCCLXXVI, br. in-8, pp. 58.

Notice : *Chin. Rec.,* VIII, pp. 184/191.

An Inquiry into the proper mode of rendering the word God in translating the Sacred Scriptures into the Chinese language. By W. H. Medhurst. *(Ibid.,* pp. 105 et seq., 161 et seq., 209 et seq., 265 et seq., et 321 et seq.)

— An Inquiry into the proper mode of rendering the word *God* in translating the Sacred Scriptures into the Chinese language. By W. H. Medhurst. Sen. Shanghae : Printed at the Mission Press. 1848, in-8, pp. 170.

— A few plain Questions addressed to those Missionaries, who in their preaching or writing, teach the Chinese to worship *Shang-ti*. By W. J. Boone. *(Ch. Rep.,* XVII, July 1848, pp. 357 et seq.)

— Reply to the few plain Questions of a brother Missionary (Published in the *Chinese Repository* for July 1848). By W. H. Medhurst, sen. — s. l. n. d., br. in-8, pp. 16.

— Remarks on the Notes of z. z. in a letter addressed to the Editor of the *Chinese Repository*. By the Rev. Dr. Medhurst. *(Ch. Rep.,* XVII, Sep. 1848, pp. 459 et seq.)

— Reply to the Essay of Dr. Boone on the proper rendering of the words אלהים and ΘΕΟΣ into the Chinese Language by W. H. Medhurst, D. D. Canton, Press of S. Wells Williams. 1848. in-8, pp. 107.

Voir également *The Chinese Rep.,* XVII, 1848, pp. 489 et seq., 545 et seq., 601 et seq.

— An Inquiry into the proper mode of rendering the word « *God* » in translating the Sacred Scriptures into the Chinese language. With an examination of the various opinions which have prevailed on this important subject, especially in reference to their influence on the diffusion of Christianity in China. By Sir George Thomas Staunton, Bart. M. P. London : Lionel Booth... MDCCCXLIX, in-8, pp. 67.

Il y a un compte-rendu de cet ouvrage dans le « *Chinese Repository* » Vol. XVIII, pp. 604 et seq , par S. W. Williams.

— Explanation and Note upon Art. III in the July No. of Vol. XVII, entitled « A few Plain Questions, » etc. By the writer, Rt. Rev. W. J. Boone, D. D.

Letter to the Editor of the *Chinese Repository* dated Shanghai, Jan. 13th 1849. *(Ch. Rep.*, Art. IV, Vol. XVIII, Feb. 1849, pp. 97/100.)

— Letter to the Editor upon the use of the terms *Shin* and *Shangti*. (By A Lover of Plain Common Sense.) — *(Chinese Repository*, Art. V, Vol. XVIII, Feb. 1849, pp. 100/102.)

— Thoughts upon the manner of expressing the word for God in the Chinese language. By John Bowring, LL. D. — *(Chinese Repository*, Vol. XVIII, pp. 600 et seq.)

Une lettre signée *Sciolus* en réponse à cet article a été adressée à l'éditeur de la *China Mail*. (No. 257, 17 Janv. 1850.)

— On the true meaning of the word *shin*, as exhibited in the quotations adduced under that word, in the Chinese imperial thesaurus, called 佩文韻府 the Pei-wan-yun-foo, transladed by W. H. Medhurst. In-8, pp. 88. (Shanghai, 1849.)

Il y en a un compte-rendu dans le *Chinese Repository*, Vol. XVIII, pp. 605 et seq., par S. W. Williams.

— To the Protestant Missionaries labouring at Hongkong, and the Five Ports of China. In-8, pp. 22.

Lettre datée « Shanghae, January 30th, 1850 » et signée W. H. Medhurst, John Stronach, W. C. Milne, W. Lockhart, W. Muirhead, J. Edkins ».

— Some thoughts on the proper term, to be employed to translate *Elohim* and *Theos*, into Chinese : By an American Missionary in China. Shanghae, Printed at the Mission Press. 1850. in-8, pp. 28.

Par le Rev. Elihu Doty.

Voir *The Chinese Rep.*, XIX, pp. 185 et seq.

— Letters on the rendering of the name *God* in the Chinese language. By Rev. James Legge, D. D. of the London Missionary Society. Hongkong : Printed at the « Hongkong Register » Office, 1850, in-8, pp. 73.

Il y a six de ces lettres ; elles avaient d'abord paru dans le *Hongkong Register*.

Version of the Old and New Testaments in Chinese : Proceedings of the Protestant Missionaries at the several ports, and of their delegates at Shanghai relative thereto ; Resolutions adopted August 1st, 1850. By S. Wells Williams. *(Chin. Rep.*, XIX, pp. 544 et seq.)

Letter to the Editor of the *Chinese Repository* respecting the objects to be had in view in translating *Elohim* and *Theos*. By M. S. Culbertson. *(Ibid.*, pp. 90 et seq.)

Letter regarding the word used for *God* in

Chinese. By a Looker-on. [E. T. R. Moncrieff.] *(Ibid.*, pp. 280/1.)

— An Argument for 上帝 (Shang Te) as the proper rendering of the words Elohim and Theos in the Chinese language : with Strictures on the Essay of Bishop Boone in favour of the term 神 (Shin), etc., etc. By Rev. James Legge, D. D. of the London Missionary Society. Hongkong : Printed at the Hongkong Register office. 1850, in-8, pp. iv-43.

Notice dans *The China Overland Mail*, No. 29, May 23, 1850.

— Defense of an Essay on the proper rendering of the words Elohim and ΘΕΟΣ into the Chinese language by William J. Boone, D. D. Missionary Bishop of the Protestant Episcopal Church of the United States to China. Canton : Printed at the office of the *Chinese Repository*, 1850, in-8, pp. 168 et Errata.

C'est une défense de son « Essay » publiée par l'évêque Boone et une réponse aux brochures précédentes : Medhurst's Inquiry, Staunton's Inquiry, Bowring's article in the *Chinese Repository*, la lettre du 30 janvier, celle de « An American Missionary » et l'Argument de Legge.

Voir egalement *The Ch. Rep.*, XIX, 1850, pp. 345 et seq., 409 et seq., 465 et seq., 569 et seq., 625 et seq.

Letter to the Editor of the *Repository* upon Dr. Legge's Argument of the word for God in Chinese. By a Looker-on. [E. T. R. Moncrieff] *(Ch. Rep.*, XIX, pp. 524 et seq.)

Letter to the Editor of the *Repository*, accompanied with a translation of a Chinese tract upon Nourishing the Spirit by W. H. Medhurst D. D. *(Chinese Rep.*, XIX, pp. 445 et seq.)

— An inquiry into the proper mode of translating *Ruach* and *Pneuma*, in the Chinese version of the Scriptures. By W. H. Medhurst, Sen. Shanghae : Printed at the Mission Press. 1850. in-8, pp. 75.

Voir the *Chinese Rep.*, XIX, p. 478 : Notice by E. C. Bridgman. — Voir un long article signé Δ adressè à l'éditeur de la *China Mail*, No. 287, 15 Août 1850, en réponse au Dr- Medhurst.

— Remarks on the best term for God in Chinese ; also on the proper basis of compromise on this subject. Addressed to the friends of Protestant Missions to the Chinese, by Rev. L. B. Peet, Missionary of the American board of Commissioners for foreign Missions at Fuhchau. Printed at Canton. 1852. In-8, pp. 31.

Cette lettre est datée « Fuhchau, Nov. 27th, 1851 ».

— « Report on the Chinese Version » presented to and adopted by, the Directors of the American Bible Society. signed Sam'l H. Turner [and] R. S. Storrs Jr. *(Chin. Rep.,* XX, pp. 216/220.)

— Resolutions passed in London about the Chinese Version of the Bible. *(Ibid.,* pp. 220 et seq.)

— On the Chinese Version of the Scriptures. To the Editor of the *Chinese Repository.* Letter dated « Shanghae, August 1st, 1851 » and signed « W. H. Medhurst, John Stronach, William C. Milne ». In-8, pp. 16.

Réponse à l'art. du *Chin. Rep.,* XX, pp. 216/224. — Le Dr' Williams a répondu à cette lettre dans le même recueil, *(Ibid.,* pp. 485/488.

— Strictures on the Remarks contained in « Papers relating to the Shang-hae revision of the Chinese scriptures ». By W. H. Medhurst, John Stronach (and)Wᵐ C. Milne. Shang-hae, June 16 th., 1852.

Au commencement : « A paper with the above title, dated «Shang-hae, November 10th, 1851, » has come into our hands. It has no signature, but we have reason to believe, that it is from the pen of the Rev. M. S. Culbertson. »

* Reply to the Strictures on the Remarks made on the Translation of Genesis and Exodus in the Revision of the Chinese Scriptures by M. S. Culbertson. Canton, 1852, in-8, pp. 25.

* Essay on the bearing of the Publications of the Taiping dynasty Insurgents on the Controversy respecting the proper term for translating the words *Elohim* and *Theos* in the Chinese version of the Scriptures. 1853, in-8, pp. 18, s. nom d'auteur, s. l.

Cet ouvrage anonyme est du Rév. M. S. Culbertson.

* A Vindication of Comments, on the Translation of Ephesians, I. in the Delegates' Version of the New Testament. By William J. Boone. Canton, 1852, in-8, pp. 58.

— Reply to Dr. Boone's Vindication of Comments on the Translation of Ephes. I. in the Delegates'Version of the new Testament : by the Committee of Delegates. also, a letter on the same subject from the Rev. J. Legge, D. D. to Dr. Tidman, Secretary of the London Missionary Society. Shang-hae, Printed at the London Mission Press, 1852, br. in-8, pp. x-80.

By W. H. Medhurst, John Stronach & W. C. Milne.

— Memorandum of an interview held on December the 7th, 1850, with His Excellency Seu-ke-yu, the *Foo-yuen* or governor of Fo-keen province, at his official residence in the city of Foo-chow, by the Bishop of Victoria, introduced by C. A.

Sinclair, Esq., H. M. Interpreter and Acting Vice-Consul at Foo-chow.

Printed in the *N. C Herald,* No. 46, June 14, 1851.

Le gouverneur explique dans cette entrevue le sens chinois des noms suivants :

1° *Shang-ti* 上帝.

2° *Tien-tchou* 天主.

3° *Shin* 神.

4° Comparaison de *Shang-ti,* de *Tien-tchou* et de *Shin.*

5° Le gouverneur propose *Shin-tien* et mieux *Tien-Shin* 天神.

6° *Tien-Shin, Ti-Shin* 地 et *Kouei-Shin* 鬼.

7° *Ling-houan* (âme de l'homme vivant).

8° *Shin-ling* et *Shin-ming* (l'âme de l'homme devient *Shin-ling* après la mort = *Shin-ling* et *Shin-ming* ont à peu près le même sens.) 神明.

Les remarques du gouverneur sont reproduites dans *The Athenaeum,* du 1ᵉʳ Mars 1851, et de ce journal dans *The Chinese Repository,* XX, May 1851, pp. 247/250.

* Reply to the Bishop of Victoria's Ten Reasons in favour of T'ëen-shin. By W. H. Medhurst, sen. Shanghae, 1851, in-4, pp. 2. *(Mem. of Prot. Miss.)*

— The Notions of the Chinese concerning God and Spirits : with an Examination of the Defense of an Essay, on the proper rendering of the words *Elohim* and *Theos,* into the Chinese language, by William J. Boone, D. D., Missionary Bishop of the protestant episcopal church of the United States to China. By the Rev. James Legge, D. D., of the London Missionary Society. Hong-kong; Printed at the « Hong-kong Register » Office. 1852, in-8, p. IV-III-166.

Notice dans le *N. C. Herald,* No. 90, april 17, 1852.

* The National Religion of China, as illustrative of the proper Word for translating « GOD » into the Chinese Language. Being an Extract from the Bishop of Victoria's Charge to the Anglican clergy, delivered at Shang-hae, China, on October 20th, 1853. Shang-hae, 1853, in-4, pp. 12. *(Mem. of Prot. Miss.)*

Avait d'abord paru dans deux Nos. du *N. C. Herald.*

* « *Shin v. Shang-Te :* » antagonistic versions of the Chinese Scriptures. A review of the controversy respecting the proper rendering of ELOHIM and ΘΕΟΣ into Chinese, and statement of the evidence showing a large majority for « Shin », &c. By a life-member of the Bible Society, of thirty years'standing. —· Ex. xxiii-13; Isaiah xlii-8; Luke xi-11. London.

« This is an anonymous pamphlet, published about the year

RELIGION

1854 » [by the Rev. Jacob Tomlin]. *(Mem. of Prot. Miss.* p. 51.)

— A Letter to the Right Honourable the Earl of Shaftesbury, President of the British and Foreign Bible Society; on the Pantheistic and on the Buddhistic Tendency of the Chinese and of the Mongolian Versions of the Bible published by that Society. By the Rev. S. C. Malan, M. A., of Balliol College, Oxford, and Vicar of Broadwindsor, Dorset. London : Bell and Daldy, 1856, br. in-8, pp. 38.

— Who is God in China, *Shin* or *Shang-te?* Remarks on the Etymology of אֱלֹהִים and of ΘΕΟΣ, and on the rendering of those terms into Chinese. By the Rev. S. C. Malan, M. 'A...., London, Bagster, s. d. [Feb. 1855], in-8, pp. viii-310.

— On the rendering of the word *God* in Chinese, by Pres. Woolsey, of Yale College.

Communication faite à l'*Am. Or. Soc.*, Mai 1867, Journal, Vol. IX, No. I, p. xvi. — Sur le même sujet, voir une communication du Rév. A. P. Happer, Oct. 1868, *Ibid.*, p. xlii.

— « The Bible in China ». Read at the Quarterly Missionary Meeting in Union Chapel, Shang-hai, in April 1868. By A. Wylie Esq. [Reprinted from the *Chinese Recorder and Miss. Journal*, Nov. & Dec. 1868], br. in-8, pp. 14.

Voir supra col. 582.

— Voir sur le 神 quelques observations du Rév. M. J. mot *Shin* 神, Knowlton dans *Notes and Queries on C. & J.*, Vol. II, p. 125).

* A few thoughts on the Question : What Term can be Christianised for God in Chinese ? [By Rev. C. Hartwell.] Shanghae, 1864, in-fol., pp. 3.

Cet art. a été publié sous le voile de l'anonyme. Il a été réimp. sous forme de br. in-8 de pp. 6, avec la signature « China, Aug. 1865 » à laquelle on avait joint une autre br. de pp. 9, anonyme, la critiquant, précédée d'une lettre de 6 lignes adressée au Rev. S. L. Baldwin, signée *Philadelphos* et datée « China, May 15th 1865 ».

* A few thoughts in reply to a short essay on the question : « What term can be Christianized for God in China? » Shanghae, 1866, in-8, pp. 10.

Signé : *Theophilus* = T. P. Crawford.

* Important Considerations, relative to English translations, in reply to the proposal for a new version of the Sacred Scriptures into the Chinese language. By Thos. H. Hudson. Shanghae, 1866, in-8, pp. v-31.

— On the Meaning and Power of the Term « Jehovah ». By Rev. T. P. Crawford,

Tungchow. *(The Missionary Recorder,* Vol. I, No. 1, Jan. 1867; No. 2, Feb. 1867.)

— On the translation of « Jehovah » by Shang-ti. By Rev. F. S. Turner, B. A. *(Ibid.,* No. 4, April 1867.)

Réponse à l'article précédent.

Confucian Cosmogony... by Rev. Thos. M'Clatchie. 1874. — A Translation of the Confucian 易經... By the Same. 1876.

Ces ouvrages, dont nous aurons l'occasion de reparler au chapitre des *Sciences morales et philosophiques*, ont donné une vigueur nouvelle à la controverse.

— Confucian Cosmogony. By John Chalmers. *(China Review,* 1875, pp. 342/354.) — Rép. du Rev. T. M'Clatchie. *(Ibid.,* pp. 84/95).— One page from Choo Foo-tsze. By John Chalmers. *(Ibid.*, 1876, pp. 243/246.)

— Voir Faber's « Confucianism » sur les mots *Tien, Kouei, Shin, Shang-ti,* pp. 44 et seq.

L. de Bishop Burdon, Hongkong, March 30th, 1875. *(Chin. Rec.,* VI, March-April 1875, pp. 149/150.)

Lettres dans le *Chin. Rec.,* VI, May–June 1875 de : C. Hartwell, pp. 228/9 ; Elachistos, pp. 229/230.

Lettres dans le *Chin. Rec.,* VI, July-August 1875 de : C. F. Preston, pp. 283/9; John Chalmers, p. 290 ; History, pp. 290/2.

L., *Ibid.*, Sept.-Oct. 1875, de : William Dean, pp. 369/371.

The Terms for « God » and « Spirit ». By Carstairs Douglas. *(Ibid.,* Nov.-Dec. 1875, pp. 432/3.)

L. de J. G. Loercher. *(Ibid.,* pp. 436/9.)

L., *Ibid.,* VII, Jan.-Feb. 1876 de : J. G. Loercher, pp. 59/60; Thos. Mc Clatchie, pp. 60/3, en réponse au précédent; J. G. Kerr, pp. 66/8 ; Carstairs Douglas, pp. 68/74.

The Term for « Spirit » in Chinese. By the Rev. Canon Mc Clatchie, M. A. *(Ibid.,* March-April, 1876, pp. 92/99.)

L., *Ibid.*, March-April, de: D. N. Lyon, p. 133; Hampden C. Du Bose, pp. 133/5; John S. Roberts, pp. 136/141.— May-June, de Wm. Muirhead, pp. 212/3; J. S. Roberts, pp. 213/6; John Ross, pp. 216/7; T. Mc Clatchie, p. 217; J. V. N. Talmage, pp. 218/221; T G. Loercher, pp. 221/6. — July-Aug., Enquirer, pp. 294/7 ; Sept.-Oct., de Jew, pp. 369/375 ; Sinim, pp. 379/380.

The Name of God in Chinese. By John Chalmers, A. M. Being the Author's Translation of his Tract on the Terms used for God in the Chinese Language, first printed in 1863. Hong kong : Published by the Committee of the Religious Tract Society. 1876, in-8, pp. 13.

The Question of Terms simplified, or the Meanings of Shan, Ling and Ti in Chinese made plain by Induction. By John Chalmers, A. M., of the London Missionary Society. Canton : E-shing, Printer... Hongkong... Shanghai. 1876, in-8, pp. 128.

Notices : *Chin. Rec.,* VII, p. 386 et pp. 460/3. — *China Review,* V, pp. 135/6.

Jehovah. By Rev. John W. Davis. *(Chin. Rec.,* VII, Nov.-Dec. 1876, pp. 398/403.)

Shen and Shang-ti. By Rev. B. Helm. *(Ibid.,* pp. 436/442.)

L., *Ibid.,* de R. H. Graves & A. P. Happer, p. 444 ; T. P. Crawford, pp. 446/7; Thos. Mc Clatchie, pp. 447/450.

— The meaning of the word « Shin » by
« Inquirer ». *(Chin. Rec.,* VIII, Jan.-Feb.,
1877, pp. 65/93.)

L., *Ibid.,* de : C. W. Mateer, pp. 93/7.

* The Chinese Term for God. A Letter to
His Grace the Lord Archbishop of Canterbury, by J. S. Burdon, Bishop of Victoria, Hongkong. Hongkong : Printed by
De Souza & Co, 1877.

Notice : *Chin. Rec.,* VIII, pp. 191/3.

The Chinese Term for God. A Letter to the
Protestant Missionaries of China. By
J. S. Burdon, Bishop of Victoria, Hong
kong. Printed by De Souza & Co. 1877,
in-8, pp. 17.

— The Chinese Term for God. By Alexander Williamson, D.D. Reprinted from
the *Celestial Empire.* Shanghai, 1877.

Thoughts on the Term Question. By Rev.
R. H. Graves, M. D. *(Chin. Rec.,* VIII,
March–April 1877, pp. 139/146.)

Shall T'ien-chü supersede Shang-te and
Shin? The Argument from experience.
By Rev. A. B. Hutchinson, C. M. S.
(Ibid., pp. 146/152.)

L., *Ibid.,* de : H. Blodget [What would Daniel do ?], pp. 154/160 ;
Carstairs Douglas [Dr. Williams' testimony that *Shin* does
mean *spirit*], pp. 160/163 ; de John Chalmers [Chinese and
Dead Languages], pp. 166/167 ; de Man of Peace, pp. 173/5.

Terms in Chinese for « God », « Gods » and
« Spirit ». By Rev. C. F. Preston. *(Ibid.,*
May–June 1877, pp. 226/239.)

L., *Ibid.,* de : A. E. M.[oule], pp. 250/1 ; A. P. Happer,
pp. 251/3 ; John Chalmers [Inquirer and the Wei kan luh],
pp. 253/5 ; C. W. Mateer [Usus loquendi], pp. 257/259

The Term Question : or an Enquiry as to the
Term in the Chinese Language which
most nearly represents Elohim and Theos
as they are used in the Holy Scriptures.
By William Armstrong Russell, D. D.
Missionary Bishop of the Church of England in North China. Shanghai : American
Presbyterian Mission Press, MDCCCLXXVII,
br. in-8, pp. 57.

Notices : *Chin. Rec.,* VIII, pp. 264/269. — *China Review,* V,
pp. 400/1.

* The Chinese Term for God. — Statement
and Reply. Hongkong : Printed at the
« Daily Press » office, Wyndham Street,
1876, in-8, pp. 11.

By Rev. H. Blodget, DD.

* Protest of the Missionaries of the Rhenish, Basel and Berlin Missionary Societies, 1877.

— Confucianism in relation to Christianity.
A paper read before the Missionary Conference in Shanghai, on May 11th, 1877.

By Rev. James Legge, D. D., LL. D.
Professor of the Chinese Language and
Literature in Oxford University... Shanghai : Kelly & Walsh. 1877, br. in-8,
pp. 12.

Notices : *Chin. Rec.,* VIII, pp. 351/359, by R. Nelson. —
L. de M. A. Wylie, *Ibid.,* p. 531. — *China Review,* V,
pp. 398/400.— *Revue critique,* No.42, 20 Oct.1877, pp. 225/7.
(Par Henri Cordier.) — *London & China Express,* 2 Nov.
1877.

* The Teachings of Experience in the use
of the terms for God and Spirit at Foochow. By the Rev. C. Hartwell, 1877, br.
in-8, pp. 11.

— An Essay on the proper rendering of the
words Elohim and Theos into the Chinese
Language. By Inquirer [Rev. A. P. Hap-
per]. Shanghai : Presbyterian Mission
Press. MDCCCLXXVII, br. in-8, pp. 32 et
19 p. de texte chinois.

Notice : *Chin. Rec.,* VIII, pp. 184/191.

— 上 帝 Part I, Is the Shang-Ti of the
Chinese Classics the same Being as Jehovah of the Sacred Scriptures ? Part II,
What Being is Designated Shang-Ti in
the Chinese Classics and in the Ritual of
the State Religion of China. By Inquirer.
[Rev. A. P. Happer.] Shanghai : Presbyterian Mission Press. MDCCCLXXVII, br.
in-8, pp. 70 & 26 p. de texte chinois.

Chin. Recor., VIII, pp. 411/426, et IX, pp. 74/75. — *China
Review,* VI, pp. 202/3.

God κατ' ἐξοχήν. By Rev. Thos. Mc Clatchie, M. A. *(Chin. Rec.,* VIII, Sept.-Oct.
1877, pp. 398/411 ; Nov.-Dec. 1877,
pp. 476/488.

L. *Ibid.,* Sept.-Oct. 1877 de : C. C. Baldwin, pp. 438/9 ;
J. V. N. Talmage, pp. 439/441 ; — Nov.-Dec. 1877 de : C. W.
Mateer, pp. 534/7.

On the translation of « Faith » and « Sin »
in Chinese by Rev. Carstairs Douglas.
(Ibid., VIII, Nov.-Dec. 1877, pp. 451/5.)

On sacrificial Offerings (by a Chinese pastor). *(Ibid.,* pp. 489/498.)

Too straight is crooked the other way. By
Rev. J. E. Walker. *(Ibid.,* pp. 519/524.)

Some brief reasons for not using *Ling* in
the sense of spirit. By J. Edkins, D. D.
(Ibid., pp. 524/529.)

The Theocratic nature of the Chinese government, and the principles of its administration as stated in the Chinese Classics. By Inquirer [Happer]. *(Ibid.,* IX,
pp. 28/49.)

The Words *Elohim* and *Jehovah* in Genesis.
By Rev. William Aikman, D. D. *(Chin.
Rec.,* IX, pp. 125/138.)

— The Manchu Terms for 上 帝 and

神. By P. G. von Möllendorff. (*China Review*, VI, 1878, p. 273.)

The Controversy among the Protestant Missionaries on the proper translation of the Words God and Spirit into Chinese. By S. Wells Williams, LL. D. Professor of the Chinese Language and Literature in Yale College.

This first appeared as an article in the *Bibliotheca Sacra*, for 1878. (*Vide Ch. Rec.*, vol. X, pp. 78/79.

3°. *PUBLICATIONS PÉRIODIQUES* *.

— *At Home and Abroad*. A Magazine of Home and Foreign Missions for young Helpers in the Work. London : Wesleyan Mission House, Price One Penny.

Cahier in-8 de pp. 24. [No. 3. March 1879.)

— *Baptist (The) Missionary Magazine*. Boston : Published for the American Baptist Missionary Union.

Cahier in-8 de pp. 32. — Un dollar 10 cents par an. [Vol. LVIII. January 1878, No. 1.]

— *China's Millions*. Edited by J. Hudson Taylor. London : Published monthly for the China Inland Mission by Morgan & Scott.

Cah. in-4 de pp. 16 à 2 col. — [No 33, March 1878, Price One Penny.]

— *Chinese Recorder (The)*. Voir la IIe Partie de cet ouvrage : *Les Etrangers en Chine;* Ports ouverts : Fou tcheou.

—*Chinese Repository (The). Ut supra :* Canton.

— *Chronicle (The) of the London Missionary Society*. A Record of its Proceedings at home and abroad. Edited by the Rev. Joseph Mullens, D. D., Foreign Secretary of the Society. London : Sold by John Snow & Co., Price One Penny.

Mensuel. — Un cahier in-8 de pp. 24. [December 1877.] — Continuation de la publication suivante :
The Missionary Magazine and Chronicle; relating chiefly to the Missions of the London Missionary Society. London, 1837–1859, 23 vol. in-8. — New Series, Vol. 24/30, London, 1860–66.

Church (The) Missionary Gleaner. London : Seeley, Jackson & Halliday.

Cah. in-4 de pp. 16 à 2 col. — Illust. — [No. 62, February 1879, Price One Penny]. — Le vol. 1 est de 1841, in-12; une première série terminée en 1850 comprend 10 vol. — Une nouvelle série de 1851 à 1870 forme 20 vol. in-8. — La série in-4 a commencé en 1874.

'Nous donnons ici le titre, non-seulement des revues relatives aux Missions protestantes imprimées en Chine, mais encore des publications des Sociétés religieuses *qui ont des missionnaires en Chine*. Ces Sociétés publient, en outre, des Rapports annuels que l'on devra également consulter. Disons qu'il nous eût été impossible de dresser cette liste sans l'aide bienveillante de Mr. Alex. Wylie. Afin de servir de point de repère, nous avons marqué entre parenthèses le numéro du Journal que nous avons examiné.

— *Church (The Missionary Intelligencer and Record*. London : Seeley, Jackson & Halliday.

Cah. in-8 de pp. 64. — Prix 6s. par an. [Vol. 4. No. 2. February 1879, 6d.] — Première Série 1850–1864. — Deuxième Sér. 1865–1875.

— *Church (The) Missionary Record*, extracted from the *Church Missionary Intelligencer & Record*. London : Seeley, Jackson, & Halliday. Price One Penny.

Cah. in-8 de pp. 24. [No. 2. February 1879]

— *Church (The) Missionary Juvenile Instructor*. London : Seeley's.

Cah. in-16 de pp. 20. [One Half penny — February 1879.] — Vol. 1-10 London, 1842–1851, in-32. — New Series, Vol. 1-13, London 1852–1864, in-32. — New Series, in-16, commencée en 1865.

— *Evangelische (Der) Heidenbote*.

Cah. pet. in-folio de pp. 8 à 2 col. [Sept. 1878. No. 9 51 Jahrg.]

—*Foreign (The) Missionary* of the Presbyterian Church of the United States of America. New York, 23, Centre Street.

[Feb. 1879, Vol. XXXVII, No. 9.]

Gospel (The) in China. London : for the Foreign Missions Committee of the Presbyterian Church of England.

Cah. in-4 à 2 col. de pp. 8. — One Half-penny. — Edité par J. L. Maxwell, M. D. [New Series. — No. VI, June 1878.. A d'abord été trimestriel. Deux numéros (Juillet 2, et Oct. 1, 1877) furent publiés dans le format in-8. La nouvelle série a commencé en Janvier 1878.

— *Heathen Woman's Friend*.

Cahier pet. in-fol. de pp. 22 à 2 col. [Vol. IX. Boston, May 1878. No. 11.]

— *Helping Hand (The)*.

Cahier pet. in-fol. de pp. 8 à 3 col. [Boston, January 1878] Vol. VII, No. 1.]

* *Home (The) and Foreign Missionary Record for the Church of Scotland*. By authority of the Committee of the General Assembly. July 1839 — March 1862. In-8, Vol 1-17. — The Same, Edinburgh, 1862-1878 (still continued).

— *Illustrated Missionary News*, containing Missionary Intelligence from all parts of the World.

Mansuel, 1 cahier in-4 de pp. 16 à 3 col. — 2 pence par mois. — 2 s. 6 d. par an. — London. [No. 159, March 1, 1879]. A dû commencer en Janvier 1866. Autrefois la feuille était plus grande que maintenant. Sans être spécialement l'organe d'une Société, cette publication met ses lecteurs au courant des missions de Chine.

— *Indo-Chinese Gleaner (The)*. For the Years 1817-8. containing Extracts of the occasional correspondence of those Missionaries in the East, who labour Under the Direction of the Missionary Society; together with miscellaneous notices relative to the Philosophy, Mythology, Literature, and History of the Indo-Chinese

Nations : Drawn chiefly from the Native Languages. Published quarterly or as often as matter can be furnished. Malacca : Printed at the Mission Press. 1818, in-8.

Collation du Vol. 1 : Table of Contents Vol. I [6 Nos]. — Introduction, pp. 5/11 [sig. W. Milne, Malacca, April 26, 1817]. — The Indo-Chinese Gleaner. No. I. May, 1817, pp. 12/24. — No. II. August. 1817, pp. 27/42. — No. III. February 1818, pp. 43/84. — No. IV. May 1818, pp. 85/135, — No. V. August 1818, pp. 136/174. — No. VI. October 1818, pp. 175/218.

Vol II. No. VII. January 1819, pp 1/48. — No. VIII. April 1819, pp. 49/116. — No. IX. July, 1819, pp. 117/176, — No. X. October 1819, pp. 177/224. — No. XI. January 1820, pp. 225/288. — No XII. April, 1820, pp. 289/344. — No. XIII. July 1820, pp. 345/402.— No. XIV. October 1820, pp. 403/470. On lit p. 470 : End of Second Volume.

L'ex. que nous avons examiné est celui du British Museum qui porte le no. 11099. d.— Il est incomplet puisque l'Indo-Chinese Gleaner comprend 3 vol. in-8 publiés en 20 numéros jusqu'au mois d'avril 1822.

Le libraire Quaritch de Lond. es en décrit un ex. complet dans ces termes au No. 4717 de son Catalogue No. 283, d'Avril 1872 : « The first and second parts of Vol. I are paged respectively 1-24, and 1-20, but this separate paging of each part was dropped in part 3, which begins at page 44, being the correct paging number since the beginning of the work. The titles and indexes having appeared separately, they are often wanting. The complete collation is as follows : — Vol. I, (nos. 1-6), pp. 226, with title, introduction and index ; Vol. II (nos. 7-14), pp. 482, with title and index ; Vol. III, (nos. 15-20), pp. 314, with title and introduction ; no index to this volume ever appeared. » — Il était marqué £ 4.4/-. Un autre ex. complet (peut-être le même) est marqué £3- par ce même libraire en 1879 [Cat. No. 324.]

C'est le Dr. Milne qui a eu la plus grande part à la publication de ce périodique, précurseur du Chinese Repository. Voir Milne's Retrospect, pp. 190/1. [Col. 579.]

Notice par J. P. Abel-Rémusat dans le Journal des Savans, Juillet 1819, pp. 413/420.

— Juvenile (The) Missionary Magazine. Printed for and Published by the Directors of the London Missionary Society. Sold by J. Snow & Co. Price One Halfpenny.

Un numéro in-12 de pp. 24. [March 1879. Robert Robinson, Editor. New Series.] Edité successivement depuis 1844 par les Rev. — Freeman, E. Prout et R. Robinson.

* Magazin für die neueste Geschichte der protestantischen [ensuite evangelischen] Missions- und Bibelgeseltchaften, etc. (Herausgegeben M. Blumhardt.) Jahrg. 1816-1856. Basel, 1816, etc., in-8.

Continué sous le titre de : Evangelisches Missions-Magazin.

— Missionary Chronicle, Methodist New Connexion.

Cahier in-8 de pp. 8. [New Series, No. LXI. January, 1879.] Publié à intervalles irréguliers, mais généralement trois fois par an.

— Missionary Herald (The). London : Yates & Alexander, Price One Penny.

Cahier in-8 de pp. 32. [March 1, 1878]. Voir auparavant : The Missionary Herald, containing intelligence at large of the proceedings and operations of the Baptist Missionary Society, and recording the principal transactions of other similar institutions. 1819-1821, in-8.

The Missionary Herald ; relating chiefly to the operations of the Baptist Missionary Society. New Series, 1857 et seq.,in-8.

« The Old Series constitutes the latter portion of the monthly numbers of the Baptist Magazine of the year preceding. » (Note du Catalogue du British Museum.)

* Missionary Herald (The) of the Presbyterian

Church in Ireland. Belfast, 12 May Street, in-8.

[1879. New Series, Vol. IX.]

— Missionary (The) Record of the United Presbyterian Church edited by Rev. Dr. Hamilton Macgill. Edinburgh : Published at the Mission House, 5, Queen Street. Price One Penny.

Cahier in-8 de pp. 24. [No. CLVII. New Series. January 1, 1879. Vol. VIII]. — La première série est de 1847-1865.

— Missionary Recorder (The). Vide supra : Chinese Recorder.

— Monthly Reporter of the British & Foreign Bible Society. London : Bible Society House.

Cah. in-8 de pp. 8 [No. 45, February 1, 1879, Vol. X].

* Our China Visitor. Mission of the M. E. Church, South U. S. A. Shang-hai July 1st, 1878. Quarterly. Vol. III, No. 1.

Conducted by the Rev. J. W. Lambuth. — Notice : Chin. Rec., IX, pp. 399/400.

— Our Mission Field : Published by the Ladies'Board of Missions of the Presbyterian Church. Auxiliary to the Home and Foreign Boards. New York : Published for the Society.

Bi-mensuel. — Cahier in-8 de pp. 24. — 60 cents par an [September 1878].

— Our Sisters in other lands : a Record of Mission Work among women. Issued quarterly by the Women's Missionary Association of the Presbyterian Church of England. London : Publishing Office of the Presbyterian Church of England [1879].

* Panoplist (The) (or the Christian Armory) conducted by an Association of Friends to evangelical truth. Boston, 1805-1808, Vol. I-III, in-8.

Continue :

The Panoplist and] Missionary Magazine united. Vol. IV-XIII. (New Series, Vol. I, etc. ; le numérotage des volumes comme formant une nouvelle série cesse après le Vol. V ; et l'on reprend l'ancien numérotage depuis la création de cette publication.) Boston, 1808-17, in-8.

Devient :

The Panoplist and Missionary Herald. Boston, 1818-1820, Vol. XIV-XVI, in-8.

Puis :

The Missionary Herald. Published at the expense of the American Board of Commissioners for Foreign Missions. Boston, 1821, etc., Vol. XVII-XLVI.

Le vol. pour 1879 est le soixante-quinzième.

* Periodical Miscellany (The) and Juvenile Instructor. Malacca, in-8.

« This was a serial conducted by Mr. [John] Evans, each number containing 24 pages, and was issued on the 5th day of each month, beginning with June 1836, being continued during that and the following year. It was intended to be a successor to the Indo-Chinese Gleaner. » (Mem. of Prot. Miss.)

* Presbyterian Record (The) for the Dominion

of Canada. Montreal, 240 St. James Street, in-8.

En cours de publication.

* *Spirit (The) of Missions;* edited for the Board of Missions of the Protestant Episcopal Church in the United States of America. Burlington, New-Jersey and New-York, 1836, etc., in-8.

« Vol. I, only was published at Burlington ; the others were published at New-York. »'(Cat. du British Museum.)

— *Wesleyan Missionary Notices.* London : Wesleyan Mission House, Price One Penny.

Cahier in-8 de pp. 24. [February 1879.]. Continuation de: *Missionary Notices,* relating principally to the Foreign Missions (first established by the Rev. J. Wesley, the Rev. Dr. Coke and others ; and now carried on under the direction of the Methodist Conference). London, 1816-38, 9 vol. in-8.

The Wesleyan Missionary Notices. New Series. Londou, 1839-1853, 11 vol. in-8.

— Third Series. London, 1854 et seq., Vol. 1 et seq.

— *Woman's Work in China.*

In-8. — Shang-hai. — 50 cents par an. Vol. I, No. 1, Nov. 1877.

Notices : *China Review,* VI, pp. 203/4. — *Chin. Rec.,* IX, p. 486.

4°. VIES DES MISSIONNAIRES.

— Lyst der Predikanten van Tayouan. (Fr. Valentyn, *Oud en Nieuw Oost Indiën,* Amst., 1726, Vol. VI; pp. 92/3.)

Liste des missionnaires hollandais à Formose depuis 1627 (Georgius Candidius (jusqu'à 1659) Gulielmus Vinderus).— Voir le *Chin. Rep.,* XX, pp. 541 et seq.

— Notice des travaux littéraires des missionnaires anglais dans l'Inde, par L. Langlès, Paris. Imprimerie de Le Normant, 1817, br. in-8, pp. 63.

Ext. des *Annales Encyclopédiques,* 1817.

— Harris's Great Commission ; — with notices of modern missions, Catholic and Protestant, in China. By E. C. Bridgman. *(Chin. Rep.,* XII, pp. 210/223.)

La p. 223 comprend : « A list of missionaries sent to the Chinese by Protestant Societies. »

— List of the Protestant missionaries in China up to 1847. *(Ibid.,* XVI, pp. 12/14.)

— List of Protestant Missionaries at the several Ports of China, with the names of the Societies to which they belong. *(Ibid.,* XVII, pp. 101/3.)

— List of Protestant Missionaries to the Chinese, with the present position of those now among them. By S. W. Williams. *(Ibid.,* XX, pp. 513/515.)

— Les « Biographical Sketches of deceased Missionaries » à la fin de « *The China Mission* » du Dr. Dean, New York, 1859. (voir col. 580.)

* William Gamble. Statistics of Protestant Missions in China for 1864. Shang-hae, 1865, feuille in-fol.

— Directory of Protestant Missionaries in China. January 1st, 1865. Fuhchau : American Methodist Episcopal Mission Press. 1865, br. in-32, pp. 20.

* The same. June 15th 1866. Including also a list of Protestant Missionaries in Japan and Siam. Fuh-chau, 1866, in-12, pp. 32.

Par le Rev. S. L. Baldwin.

— Memorials of Protestant Missionaries to the Chinese : giving a list of their publications, and obituary notices of the deceased with copious indexes. Shanghae : American Presbyterian Mission Press. 1867, in-8, pp. vi-334.

Chaque biographie comprend le nom et les surnoms du missionnaire, son nom chinois, une notice, une liste de ses publications chinoises, anglaises, etc. L'ouvrage débute par une préface générale et se termine par : « Index I. Names of Missionaries ». — « Index II. Titles of publications, alphabetically arranged ». — « Index III. Classified arrangement of Chinese publications. » Quoique le nom de M. Alex. Wylie ne paraisse pas sur le titre de cet ouvrage, on sait que ce savant a fourni la plus grande partie des matériaux de ce travail dont il n'a jamais accepté la paternité, par modestie sans aucun doute.

Notice : *Chin. Rec.,* I, pp. 9/11.

— The Protestant Missionaries of China. (*Chin. Rec.,* II, Aug. 1869, pp. 57/64.)

· List of Protestant Missionaries in China, Japan and Siam. [Dec. 1874.]

Pièce in-8, de pp. vii, intercalée dans le No. de Déc. 1874 du *Chinese Recorder.*

The number of Missionaries in China in 1875. By Rev. John W. Davis. *(Chin. Rec.,* VI, pp. 340/4.)

Tables faites à l'aide de la liste précédente.

Abeel, *David,* né à New Brunswick, New Jersey, 12 juin 1801 ; † 4 sept. 1846.

*Memoir of the Rev. David Abeel D. D., late missionary to China. By his nephew Rev. G. R. Williamson. New York, R. Carter, 1848, in-12, pp. 315.

Art. de S. W. Williams dans le *Ch. Rep.,* XVIII, pp. 260/275. — Il y a un portrait du Dr. Abeel en tête du Vol. II du *Middle Kingdom.*

Aitchison, *William,* né en Ecosse le 1er janvier 1826.

— Five Years in China; or the Factory Boy made a Missionary. The Life and Observations of Rev. William Aitchison, late Missionary to China. By Rev. Charles P. Bush, A. M. Philadelphia : Presb. Publication Committee, s. d. [1864] in-12, pp. 284.

Ball, *Dyer,* né à West Boylston, Massachussets, 3 Juin 1796 ; † à Canton 27 mars 1866.

— Notice de *The Missionary Herald,* réimp. dans *The Miss. Recorder,* April 1867.

Benham, *Nathan S.,* né à Shardaken (Ulster County,

New-York) le 23 août 1810 ; noyé dans le Mei-nam le 6 avril 1840.

— Obituary Notice by J. Caswell. *(Chin. Rep.,* IX, p. 84.)

Bridgman, *Elijah Coleman,* né le 22 avril 1801, à Belchertown, Massachussets ; † 2 nov. 1861.

* Letters on China. Boston, 1840, in-18, pp. 124.

Obituary Notice. *(N.-C. Herald,* No. 589, 9 Nov. 1861.)

* The Pioneer of American Missions in China. The Life and Labours of Elijah Coleman Bridgman. With an Introductory Note, by Asa D. Smith, D. D. New York, 1864, in-8, pp. xi/296.

« This was written by Mrs. Bridgman during her last visi to America in 1862, 63. *(Mem. of Prot. Miss.,* p. 72.)

Bridgman, *Mrs. (Miss Eliza Jane Gillette)* né à Derby, Connecticut, le 6 mai 1805 ; épousa le Dr. Bridgman en 1845 ; † à Changhai le 10 nov. 1871.

Voir le *Shanghai Budget,* du 13 Déc. 1871, qui donne un compte-rendu de la réunion mensuelle des missionnaires à l'Union Chapel, Changhai, où le Rev. E. W. Syle et d'autres missionnaires ont raconté les détails de la vie de Mrs. B. — The late Mrs. E. C. Bridgman by Rev. Henry Blodget. *(Chin. Rec.,* IV, pp. 261/3, 298/302.)

* Daughters of China ; or, Sketches of Domestic Life in the Celestial Empire, 1852.

« This was published in the United States, with a portrait of Mrs. Bridgman's Chinese pupil King-meh, as a Frontispiece. It was reprinted in Glasgow without the portrait 12 mo. pp. 189. It was written during the short visit of the authoress to her native land in 1852. *(Mem. of Prot. Miss.,* p. 72.)

Bunn, *Mrs. Elizabeth D.,* † à Wou tchang, 28 janvier 1878.

Notice : *Chin. Rec.,* IX, pp. 64/5, par E. J. J.

— The Elizabeth Bunn Memorial Hospital for women and children. *(Chin. Rec.,* IX, pp. 465/6.)

Burns, *William C.,* né à Dun, Ecosse, le 1er avril 1815 ; † à Niou tchouang, 4 avril 1868.

* Memoir of the Rev. William C. Burns, M. A., Missionary to China from the English Presbyterian Church. By the Rev Islay Burns, D.D., Professor of Divinity, Church College. Glasgow.— London. Nisbet & Co, pet. in-8.

— Death of the Rev. W. C. Burns. Conclusion of a Sermon preached by the Rev. W. S. Swanson at Amoy, 24 May 1868. *(Chin. Rec.,* I, pp. 28/31.)

Churchill, *Mrs Jennie Hoyt,* née à Penn Yan, Yates Co. New York, le 16 juillet 1816 ; † à Yokohama, Japon, le 17 déc. 1875.

Notice : *Chin. Rec.,* VII, 1876, pp. 50/5.

Dawson, *Robert.*

* Homeward Bound ; A Seaman's Sunday Book. Containing plain and practical sailing directions for the quarter-deck and forecastle. By a Sailor's Friend. London, 1863, in-12, pp. 126.

* The London Missionary Society and its Supporters. A Letter to the Pastors and Members of the Independent Churches of Great Britain and Ireland. By a Returned

(Miss. Prot. — Vies des Missionnaires.)

Missionary. London, 1863, in-12, pp. 16.

Dean, *Mrs.,* née le 20 Mars 1819 à Thetford (Angleterre) ; † 29 Mars 1843.

— Brief biographical Notice of the late Mrs Dean, wife of the Rev. William Dean. — Communicated (by W. Dean.) *(Chin. Rep.,* XII, pp. 207/210.)

Doty, *Mrs.,* † 5 oct. 1845. — (Voir Pohlman, Mrs.)

Douglas, *Carstairs,* né à la Manse de Kilbarchan, Renfrewshire, le 27 déc. 1830 ; † à Amoy, du choléra, le 20 juillet 1877.

* A Reply to the Charges brought against Protestant Missions in China. In a Letter addressed to the « Times ». By the Rev. Carstairs Douglas, M. A., Amoy, China.

Brochure de pp. 16 signalée dans le *Chin. Rec.,* II, Sept. 1869, p. 111/112.

Notice : *Chin. Rec.,* VIII, pp. 432/436, par Rev. Wm. Mc Gregor, A. M.

— Memorials of Rev. Carstairs Douglas, M. A., LL. D., Missionary of the Presbyterian Church of England at Amoy, China. 1877. London, Waterlow & Sons, in-8, pp. 76.

By his brother, John M. Douglas.

Dyer, *Samuel,* né le 20 janvier 1804 à Greenwich ; † à Macao, 24 oct. 1843.

— Memoir of the Rev. Samuel Dyer, sixteen years Missionary to the Chinese by Evan Davies. London, John Snew, 1846, in-16.

* The Blessedness of those who die in the Lord, a Sermon, occasioned by the death of the Rev. Samuel Dyer, Missionary to the Chinese, (which took place at Macao 24th October 1843) ; preached in the New Mission Chapel Singapore, November 9, 1843. By Rev. John Stronach. With a sketch of Mr. Dyer's Life and Character by his Widow. Singapore, 1843, in-12, pp. 35.

Edkins, *Mrs.*

— Chinese Scenes and People with Notices of Christian Missions and Missionary life in a Series of Letters from various parts of China by Jane R. Edkins. With Narrative of a Visit to Nanking by her Husband the Rev. Joseph Edkins B. A. of the Lond. Miss. Society, Pekin. Also a Memoir of her Father the Rev. William Stobbs, Stromness. London, James Nisbet & Co, 1863, pet, in-8-

Jane Rowbotham Stobbs was born in the United Presbyterian Manse of Stromness, Orkney, on the 28th October 1838. She was married to the Rev. Joseph Edkins at Stromness, on the 7th February 1859 ; she sailed for Shang-hai 1st June 1859 and died at Taku 24th Aug. 1861.

Elgqvist, *Anders* (de la Soc. des Miss., de Lund, Suède).

Lettres de Chine : *Lunds Missions — Tidning,* 1850, no. 2 ; 1851, nos. 2, 3, 4, 5.

[Vide *Swedish Mission,* supra, col. 586.]

(Miss. Prot. — Vies des Missionnaires.)

Fairbrother, *Mrs.*; † 18 sept. 1843.
(Voir Pohlman, Mrs.)

Fast, *Karl Joseph* (de la Soc. des Missionnaires de Lund, Suède, tué par les pirates sur la rivière Min le 12 Nov. 1850).

Lettres de Chine : *Lunds Missions — Tidning,* 1850, nos. 4, 8, 12; 1851, no. 1; — *Missions — Tidning* (Stockholm), 1851, no. 3.

[Vi.e *Swedish Mission,* supra, col. 586.]

Fay, *Miss Lydia Mary.*
— Notice par D. J. Macgowan, avec une phot. *(The Far East,* I, No. 6, 1876, pp. 142/5.)

Gulick, *Mrs Emily Delacour,* née à Bath, Angleterre, en 1833; † 17 Déc. 1875.

Tributes to the memory of Mrs. Emily Delacour Gulick, by R. H. Blodget, D. D. and Rev. Mark Williams. *(Chin. Rec.,* VII, pp. 283/7.)

Gützlaff, *Karl Friedrich August,* né à Pyritz, (Poméranie prussienne), le 8 juillet 1803; † à Hong kong le 9 août 1851.

* Gützlaff, De Apostel der Chinezen, door G. R. Erdbrink, Rotterdam, 1850.

The China Mail, No. 157, 17 Feb. 1848. (Ext. du *Galignani's Messenger.)* — *Chinese Repository,* XX, pp. 511/512; cet art., par S. W. Williams, est reproduit dans le *N. C. Herald,* No. 75, Janv. 1852. — *Literary Gazette,* Oct. 1851.

« M. Gützlaff avait su inspirer aux populations chinoises la plus grande confiance; il était d'une taille moyenne et convenablement gras; son œil, fortement bridé, rayonnait à fleur de l'orbite sous une paupière épaisse ombragée par des sourcils longs, noirs et touffus. Son visage, aux traits arrondis et au teint quelque peu olivâtre, rappelait le pamplemousse près de sa maturité, ou, si on aime mieux, cette variété de la race humaine qu'on désigne sous le nom de race mongole. Sous ses habits chinois, il ressemblait si parfaitement aux indigènes, qu'il aurait pu parcourir, sans être reconnu, les rues de la ville murée de Canton. (Callery et Yvan, *Insurrection en Chine,* p. 115.)

* *Smeekschrift ten behoeve der Heidenen en Mahomedanen, gerigt aan alle Christenen van Nederland.* Plea on behalf of Heathens and Mohamme dans, addressed to the Christians of Holland. Amsterdam, 1826, in-8.

* *Geschiedenis des uitbreiding van Christus Koningrijk op aarde.* History of the extension of Christ's kingdom in the world. Rotterdam, 1828, 2 vol. in-8.

« This publication was the result of information collected by Mr. Gützlaff, during his visit to Paris and London, about the year 1825, when a candidate for the missionary service. »

* *Aaan mijne mede-Christenen in Nederland; afscheidswoord van Dr. K. Gützlaff.* To my fellow-christians in Holland; Valedictory address by Dr. K. Gützlaff. Amsterdam, 1850.

« This was delivered on occasion of his visit to Europe, when about to return to China. »

* Carl Gützlaff, *Missionar Predigt über Apostelgeschichte,* IV. 12. gehalten am 22 Dec. 1822 in Berlin. Carl Gützlaff, Missionary Sermon on Acts, IV. 12, delivered at Berlin. Dec. 22, 1822. Berlin, 1844, in-8.

* *Gaihan's (Karl Gützlaff's) Chinesesche Berichte von der Mitte des Jahres 1841 bis zum Schlusse des Jahres 1846.* Gaihan's (Karl

Gützlaff's) Reports of China, from the middle of the year 1841, to the close of the year 1846, Cassel, 1850, in-8.

» These Letters were first published in the *Calwer Monatsblætter.* »

* *Dr. C. Gützlaff, Die Mission in China vortræge, in Berlin gehalten,* 1-6 *Vortrag.* Dr. C. Gützlaff, The Mission in China. Discourses delivered in Berlin. Discourses 1-6. Berlin, 1850.

* *Dr. C. Gützlaff, Abschiedsworte gesprochen bei der Jahresfeier der Preuss. Haupt-Bibel-Gesellschaft am 9 Oct. 1850.* Dr. C. Gützlaff, Valedictory address delivered at the Annual Meeting of the Prussian Head Bible Society, on the 9th of October, 1850, Berlin, 1850.

Mem. of Prot. Missionaries.

— Dr. Karl Gützlaff's Bericht seiner Reise von China nach England und durch die verschiedenen Länder Europa's im Interesse der Chinesischen Mission. Herausgegeben von der Direction der Chinesischen Stiftung. Cassel, 1851, br. in-8, pp. 44.

« This was translated into Dutch, with the title — *Mijne reis van China naar Engeland,* &c. Rotterdam, 1851. » *(Mem. of Prot. Miss.)*

Hall, *William Nelthorpe,* of the English Methodist New Connexion Mission, Tientsin; né à Sheffield, Yorkshire, le 19 avril 1829; † le 14 mai 1878.

Notice : *Chin. Rec.,* IX, pp. 460/5, by Rev. J. Innocent.

Hamberg, *Theodor,* né en Suède; de la Soc. Evang. de Bâle; † 13 mai 1854 à Hong Kong.

Lettres de Chine : *Missions Tidning* (Stockholm), 1847, nos. 7, 11; 1848, nos. 1, 3, 9, 12; 1849, nos. 3, 8, 12; 1850, nos. 1, 11; 1851, nos. 5, 10; 1852, nos. 1, 9; 1853, nos. 1, 9; 1854, no. 4.

Happer, *Mrs Elizabeth Ball,* née à Saint-Augustine, Floride, 24 Oct. 1829; † 29 Déc. 1805 à Canton.

Notice du *Foreign Missionary* réimp. dans *The Missionary Recorder,* Feb. 1867.

Henderson, *James,* † 30 juillet 1865.

— Memorials of James Henderson, M. D., F. R. C. S. E., Vice-President of the North China Branch of the Royal Asiatic Society, Medical Missionary to China. London : Nisbet, MDCCCLXVII, pet. in-8, pp. 215.

Notice : *The N. C. Herald,* June 22, 1867.

Hobson, *Mrs,* † 22 déc. 1845.
(Voir Pohlman, Mrs.)

Hudson, *Thomas Hall,* né à Burton-on-Trent, Angleterre, le 15 fév. 1800; † à Ningpo, le 7 Sept. 1876.

— Memoir of the late Thomas Hall Hudson by Rev. F. Galpin. From a Sermon preached at Ningpo on Sept. 24th 1876. *(Chin. Rec.,* VII, pp. 364/9.)

* Christian Baptism explained, and modern evasions of Believers' Baptism examined and refuted. In-12, pp. 28.

* A brief Sketch of the Doctrine and discipline of the General Baptist Churches, in-12, pp. 4.

Hunt, *Phineas R.*, né à Arlington, Vermont, 1816 ; † 1878 à Peking.

Notice : *Chin. Rec.,* IX, pp. 305/7, by Rev. H. Blodget.

Jenkins, *Benjamin,* né à Terre-Neuve ; † à Changhai, le lundi 13 mars 1871.

On trouvera sur ce missionnaire, interprète du Consulat général des Etats-Unis à Changhai, une notice nécrologique dans « *The Shanghai News Letter* », 11 April, 1871, p. 126.

Knowlton, *Miles Justice,* né le 8 fév. 1825 à West Wardsboro (Vermont) ; † à Ning po le 10 Sept. 1874.

Notice : *Chin. Rec.,* V, pp. 360/3.

Lloyd, *John,* né dans le Comté de Huntingdon (Pennsylvanie) le 1er Oct. 1813 ; † à Amoy le 6 déc. 1848.

Notice par W. J. Pohlman. *(Chin. Rep.,* XVII, pp. 651/2.)

Lord, *Mrs. E. C. Starr,* [*Lucy E. Collins.*] née à Boston, Mass., le 27 Juillet 1828 ; † à Ning po le 27 fév. 1875.

Notice : *Chin. Rec.,* VI, pp. 137/143.

Lowrie, *Walter Macon,* né à Butler, Pennsylvanie, le 18 fév. 1819 ; † 19 août 1847.

— Memoirs of the Rev. Walter M. Lowrie, Missionary to China edited by his father. Philadelphia.

Notice par M. S. Culbertson. *(Chin. Rep.,* XIX, pp. 491/498.)

— Sermons preached in China by the Rev. Walter M. Lowrie. New-York, R. Carter & Bros., 1851, in-8.

Maclay, *Robert Samuel.*

* Life among the Chinese : with characteristic sketches and incidents of Missionary operations and prospects in China. New York, 1861, in-12, pp. 400.

Marshman, *Joshua,* né à Westbury Leigh, Wiltshire, 20 Avril 1768 ; † à Serampore, le 7 déc. 1837.

* J. C. Marshman. Life and Times of Carey, Marshman and Ward, embracing the history of the Serampore Mission, 1859, 2 vol. in-8.

Pub. à 25 s. — Quaritch, 7442, Sept. 1872, 10 s.

Marshman, *Mrs.*, † 1847.

Notice d'après *The Friend of India* du 11 mars 1847 dans *The Chin. Rep.,* XVI, pp. 297/8.

Medhurst, *Walter Henry,* né à Londres le 29 avril 1796 ; † 24 janvier 1857 à Londres.

— Le *N. C. Herald* du 11 avril 1857, No. 350, contient des extraits de « *The Magazine and Chronicle of the London Missionary Society* » et de « *The Homeward Mail* » du 29 janvier au sujet de la mort du Dr. Medhurst.

* Rev. W. Muirhead. The Parting Charge. A Sermon preached in commemoration of the death of the Rev. W. H. Medhurst, D. D. Shanghae, 1857, in-8, pp. 25.

Mills, *Mrs. C. R.,* née à Belfast, Irlande, le 20 juin 1834 ; † 3 fév. 1874.

Notice : *Chin. Rec.,* V, pp. 274/9.

Milne, *William,* London Missionary Society, né en Ecosse (Aberdeenshire) en 1785 ; arrivé à Macao le 4 juillet 1813 ; † le 2 juin 1822.

— Voir dans *Memoirs... of R. Morrison,* pp. 157/159, la lettre datée de Malacca, 14 juin 1822, dans laquelle Mr. J. H. Huttmann annonce à Morrison la mort de Milne.

* Robert Morrison. Memoirs of Rev. William Milne. Malacca, 1824, in-8, pp. 231. [*Mem.*]

* Memoir of Rev. W. Milne, late Missionary at Malacca. Dublin, 1825, in-24, pp. 36. [*Chin. Rep.*]

— A Brief Sketch of the Life and Labors of the late Rev. William Milne, DD. [By E. Stevens.] *(Chinese Rep.,* I, pp. 316/235.)

The Life and Opinions of the Rev. William Milne, D. D., Missionary to China, illustrated by biographical Annals of Asiatic Missions, from primitive to Protestant Times ; intented as a guide to Missionary spirit. By Robert Philip... London : John Snow, MDCCCXL, in-12, pp. v-488, sans la table.

Le même, 1839, pet. in-8 (Allibone). — Voir *Eclec. Rev.,* 4th Ser., X. 73 ; *Bost. Christ. Rev.,* V. 553.

Milne, *Mrs.,* née à Aberdeen le 23 sept. 1783 ; † 20 mars 1819.

— Memoir of Mrs. Milne. *(Indo Chinese Gleaner,* april 1819, pp. 103/115.

Milne, *William Charles,* fils du Dr. Milne ; né le 22 Avril 1815 ; † 15 mai 1863 à Peking.

Voir son ouvrage « *Life in China* ». Lond., 1857. [Col. 63.]

Morrison, *Robert,* né le 5 janvier 1782 à Buller's Green, Morpeth, dans le Comté de Northumberland. Quitta l'Angleterre le 31 janvier 1807. Arriva à Macao le 4 septembre 1807 ; † à Canton le 1er août 1834.

— Memoirs of the Life and Labours of Robert Morrison, D. D.... compiled by his widow ; with critical Notices of his Chinese works, by Samuel Kidd. and an Appendix containing Original Documents. London : Longman. MDCCCXXXIX, 2 vol. in-8. pp. IX-551, VII-543-50-87.

Les 87 dernières pages du Vol. II sont consacrées à « Critical Notices of Dr. Morrisons's Literary Labours ; by S. Kidd Professor of the Chinese Language and Literature, in University College. »

On trouvera un compte-rendu de ces *Memoirs,* par John Robert Morrison, dans *The Chinese Repository,* X, pp. 25/37. — Voir *Eclec. Rev.,* 4th Ser., VII. 176 ; *Philad. Museum,* XXXVII. 94.

— Consulter dans le même recueil, III, pp. 177 et seq., « Obituary notice of the Reverend Doctor Morrison, with a brief view of his life and labors » by the Rev. Edwin Stevens. Cette notice est réimprimée dans « *The Cycle* », 31 Déc 1870.

— Dans : *The Canton Register,* le No. 32, Vol. VII, 1834.

— J. F. Davis. Epitaph to Robert Morrison, D. D. *(Chin. Rep.,* III, p. 176.)

* A Parting Memorial ; consisting of Miscellaneous Discourses, written and preached in China, at Singapore, on board ship at sea, in the Indian Ocean, at the Cape of Good Hope, and in England, with Remarks on Missions. London. W. Simpkin & R. Marshall, 1826, in-8, 5 . (Lowndes, II, 1618.)

— Lectures on the Sayings of Jesus by Robert Morrison, D. D. Malacca, Mission Press, 1832, deux parties en un vol. in-8.

Morrison, *Mrs. Robert,* née le 24 oct. 1791 à Dublin ; † 1821.

— Notice, d'après l'*Indo-Chinese Gleaner*, dans le *Chin. Rep.*, XVI, pp. 298/300.

Morrison, *Wm. T.*, né à New-York le 13 déc. 1835 ; † à Peking, le 10 déc. 1869.
— Notices : *Chin. Rec.*, II, pp. 259/200, by Jasper S. Mc. Ilvaine. — *Ibid.*, pp. 304/5, by W. A P. M(artin).

Nevius, *Mrs Helen S. C.*
* Our Life in China. New York, 1869, in-8. Prix 1 dol. 50 c.

Peet, *Lyman Birt*, né à Cornwall, Vermont, U. S., le 1ᵉʳ mars 1869.

*Letter to the Friends of Protestant Missions to the Chinese. Fûh-chow, 1853, in-fol., pp. 3.

* Letter to the Friends of Protestant Missions to the Chinese. Fûh-chow, 1864, in-fol., pp. 4.
Mem. of Prot. Missionaries.

Pohlman, *Mrs.*, † 30 sept. 1845.

— Biography and Obituary, with notices of the late Mrs. Pohlman, Mrs. Doty and Mrs. Stronach of Amoy, of Mrs. Fairbrother of Shanghai, and Mrs. Hobson of Hongkong. (Extraits de l'*Indo-Chinese Gleaner* pub. dans *The Chin. Rep.*, XVI, pp. 168/179.)

Preston, *Charles Finney*, né à Galway, Saratoga Co. New-York, le 26 juillet 1829 ; † 17 juillet 1877 à Hongkong.
Notice : *Chin. Rec.*, VIII, pp. 342/4, par B. C. Henry.

Reed, *Alanson*, né à Cummington, Massachussets, le 21 juin 1807 ; † 29 août 1837, à Siam.

— Obituary Notice of the late Reverend Alanson Reed, with a brief notice of his life and character. Communicated from Bankok, Siam, Sept. 14th 1837, by E. G. J. [Mrs. E. G. Jones.] *(Chin. Rep.*, VI, March 1838, pp. 548/551.)

Russell, *William Armstrong.*
— Bishop Russell, of North-China. *(The Far East*, Vol. II, No. 2, p. 47, avec une photog.)

Sandeman, *David* (né à Perth le 23 Avril 1826 ; † le 31 juillet 1858 à Amoy).

— Memoir of the Life and Brief Ministry of the Rev. David Sandeman, Missionary to China by the Rev. Andrew A. Bonar. London, Nisbet, 1861, pet. in-8.

Shaw, *James Metcalf*, né à Chicago, U. S., le 19 fév. 1849 ; † 1876.
Obituary Notice of the Rev. James Metcalf Shaw. From notes by Rev. C. R. Mills. *(Chin. Rec.*, VII, pp. 287/9.)

Shuck, *Henrietta Hall*, née le 28 Octobre 1817 à Kilmarnock (Virginie). — Epousa le Rev. John Lewis Shuck 8 sept. 1835. — † à Hong-kong le 27 novembre 1844.

— A Memoir of Mrs Henrietta Shuck, the First American Female Missionary to China. By J. B. Jeter... Boston, 1846, in-12, pp. xii-251 (un portrait).

— Obituary Notices of Mrs Henrietta Shuck, of the American Baptist Mission in China. Communicated for the Repository. By J. L. Shuck. *(Chin. Rep.*, XIV, pp. 19/25.)
Voir col. : 58.

Stevens, *Edwin*, né à New-Canaan, Connecticut, en 1802 ; † 5 janvier 1837, à Singapore.

— Obituary of the Rev. Edwin Stevens, late Seamen's Chaplain in the port of Canton, with a brief review of the occurences recorded by his own pen during his ministry. [By E. C. Bridgman.] *(Chin. Rep.*, V, pp. 513 et seq.)

Stronach, *Mrs. John*, † 7 mars 1846.
Voir Pohlman, Mrs.)

Sword, *Mary*, né à Philadelphie le 1ᵉʳ oct. 1812 ; † 1845.

— A Funeral Sermon, preached at Macao, on the death of Mrs. Mary Sword. July 27th, 1845. By the Rev. Peter Parker, M. D. *(Chin. Rep.*, XIV, pp. 377/388.)

Tomlin, *Jacob.*
* Journal kept during a voyage from Singapore to Siam, and while residing nine months in that country. Singapore, in-8, pp. 67.
« This is an account of Mr. Tomlin's first visit to Siam, in compagny with Mr. Gützlaff. »

* A Missionary Journal kept at Singapore and Siam ; from May 1830, to January 1832. Malacca, 1832, in-8, pp. 90.

* Missionary Journals and Letters. London, 1845, in-12, pp. 384.
« This embodies much of the information and most of the incidents contained in the two preceding pamphlets ».
Mem. of Prot. Missionaries.

Vrooman, *Mrs. M. W.*, née au Massachussets ; † 29 Août 1866.
Notice de *The Evangel*, de Californie, réimp. dans *The Miss. Rec.*, April 1867.

Whiting, *Albert*, né à Ballston Spa, New-York, le 27 mai 1847 ; † à Tai-youen fou (Chan-si) le 25 avril 1878.
Notice : *Chin. Rec.*, IX, pp. 224/6.

Williams, *Samuel Wells*, né le 22 Sept. 1812 à Utica (New-York).
Notice avec une phot. dans *The Far East*, New Series, Vol. I, No. 6, pp. 140/142, Déc. 1876.

5°. *COLLÉGES, ECOLES, SOCIÉTÉS*, etc.

The Anglo-Chinese College, de Malacca.

La première pierre du Collège fut posée le 11 Novembre 1818. — Principal : Dr. Wm. Milne.
— Voir le Plan de cette Institution dans *Memoirs... of R. Morrison*, I, pp. 512/515.
— Laws and Statutes of the Anglo-Chinese College *(Ibid.*, II, pp. 40/43).
— By-Laws of the Anglo-Chinese College, etc. *(Ibid.*, II, pp. 43/47.)
— Deed *(Ibid.*. II, pp. 47/51). Ce document signé par le Dr. Morrison, fondateur du Collège, est daté de Canton, 20 Mars 1820. — Réimprimé dans *The Chinese Repository*, X, Jan. 1844, pp. 32/34.

— « Anglo-Chinese College at Malacca. »
Br. in-8, pp. 19, on the nature and objects of the Institution, the laying of the foundation stone, etc.
Vide « Anglo-Chinese College, at Malacca, » (Milne, *Retrospect*, Appendix, VII, pp. 349/367. — « Anglo-Chinese College, » *Chin. Rep.*, I, 105.

— Report of the Anglo-Chinese College
and Chinese Mission at Malacca. Printed
at the Mission Press, 1825, br. in-8.
(Disb. 1st January to 30 June 1825.)

— The Fourth Annual Report of the Anglo-
Chinese College. Malacca : Printed at
the Mission Press. 1826. Br. in-8.
(Disbursements 1 July 1825 to 30th June 1826.)

— The Fifth Annual Report of the Anglo-
Chinese College with an Appendix. Malacca : Printed at the Mission Press.
1827, br. in-8.
(Disbursements 1st July 1826 to 30th June 1827.)

— The Sixth Annual Report of the Anglo-
Chinese College. MDCCCXXVIII, with an
Appendix. Malacca. Printed at the Mis-
sion Press, 1828, br. in-8.
(Disb. 1st July 1827 to 30th June 1828.)

— Report of the Eleventh year of the
Anglo-Chinese College, being MDCCCXXIX
with an Appendix concerning the Laws
of China. Malacca : Printed at the Mission Press. 1829, br. in-8.
(Disbursements 1st July 1828 to 31 Dec. 1829)

— A Report of the Anglo-Chinese College,
with an Appendix, From January, 1830,
to June 1831. Malacca; Printed at the
Mission Press. 1831, br. in-8.
(Disb. 1st January 1830 to 30th June 1831.)

— The Ninth Report of the Anglo-Chinese
College; for the years 1832 and 1833.
Malacca : Printed at the Mission Press.
1834, br. in-8.
(Disb. 30th June 1831 to 1st January 1834.)

* The Tenth Report of the Anglo-Chinese
College, for the year 1834 [by Mr. John
Evans].

— The Eleventh Report of the Anglo-Chi-
nese College; for the year 1835. Malacca :
Printed at the Mission Press, 1836, br.
in-8.
(Disbursements for 1835).
Voir Chin. Rep., IV, p. 98 : Report for 1835

— Report of the Chinese Mission at Malacca. Printed at the Mission Press, 1830.

— A Report of the Malacca Mission-station
and the Anglo-Chinese College, from
January, 1830, to June 1831. Malacca :
Printed at the Mission Press, 1831.

— The First Report of the Benevolent Institution or Christian School for all Nations opened at Malacca in March 1834.
Printed at the Mission Press. Singapore,
br. in-8.

(MISS. PROT. — COLLÉGES, ÉCOLES, SOCIÉTÉS, ETC.)

— Report of the Malacca Free School, for
the years 1835 & 1836. Printed at the
Singapore Free Press Office. 1837, br.
in-8.

— The second Annual Report of the Malacca Free School, and other incorporated
Charities for the year MDCCCXXVIII, with
an Appendix. Malacca : Printed at the
Mission Press. 1829.

Morrison Education Society — Procedings re-
lative to the formation of the Morrison
Education Society (by E. C. Bridgman).
(Chin. Rep., V, Déc. 1836, pp. 373 et seq.)

— First annual report of the Morrison Education Society, read before the General
Meeting convened in Canton, September 27th, 1837. (Ibid., VI, Sept. 1837,
pp. 229 et seq.) [E. C. Bridgman.]

— The second annual report of the M. E.
S., read 3rd October 1838. (Ibid., VII,
pp. 301 et seq.) [E. C. Bridgman.]

— The third annual report of the M. E. S.,
read Sept. 29th 1841. (Ibid., X, pp. 564 et
seq.) [E. C. Bridgman.]

— The fourth annual report of the M. E.
S., read Sept. 28th 1842. (Ibid., XI,
pp. 541/557.) [S. R. Brown.]

— Fifth annual report of the M. E. S., for
the year ending Oct. 1st, 1843. (Ibid., XII,
pp. 617/630.) [S. R. Brown.]

— The sixth annual report of the M. E. S.,
with minutes of its meeting. (Ibid., XIII,
pp. 619/641). [S. R. Brown.]

— The seventh annual report of the M. E.
S., with minutes of its meeting. (Ibid.,
XIV, pp. 465/484.) [S. R. Brown.]

— The eighth annual report of the M. E.
S., for the year ending September 30th,
1846. (Ibid., XV, pp. 601/618.) [S. R.
Brown].

— The tenth annual report of the M. E.
S., for the year ending Sept. 30, 1848.
(Ibid., XVIII, pp. 33 et seq.) [W. A.
Macy.]

— Report of the Morrison Education Society for the year 1864-65. Hong-kong,
1865, br. in-8.

— Library of the East India Company for
the M. E. S., by E. C. Bridgman. (Chin.
Rep., IV, p. 97.)

Catalogue of Books in the Library of the
Morrison Education Society. Published
at the Office of the Chinese Repository.
Victoria, Hong-kong, 1845, br. in-8.
Notice dans le Chin. Rep., XIV, pp. 288/291, par E. C.

(MISS. PROT. — COLLÉGES, ÉCOLES, SOCIÉTÉS, ETC.)

Bridgman, de ce Catalogue publié sous la direction de Mr. Brown. Le Cat. précédent avait été préparé par J. R. Morrison en 1838.

— Examination of the School of the Morrison Education Society. *(Chin. Rep.,* XI, pp. 337/340, 520.)

— Remarks on Specimens of literary composition written by pupils in the school of the Morrison Ed. Soc., and exhibited at its annual examination September 24th, 1845. *(Ibid.,* XIV, pp. 497/519.)

— Fund established for the maintenance of the M. E. S *(Ibid.,* XV, p. 56.)

— Report of the Preparatory School and the Theological Seminary, in Hongkong, of the London Missionary Society, for the year 1849. Victoria : Printed at Noronha's Office, Oswald's Terrace, 1850, in-8, pp. 25.

—for the year 1850. Hongkong: Printed at the « Hongkong Register » Office, 1851, in-8, pp. 29.

Berlin Miss. Soc. — *Report for the years of 1863 & 1864... by the Rev. Aug. Hanspach... Hongkong, 1865, in-8, pp. 15.

— Report for the year 1865, of the Chinese Vernacular Schools, established in the Sinon, Kiushen, Fayuen and Chonglok Districts of the Quangtung Province. Superintended by the Rev. Aug. Hanspach, of the Berlin Missionary Society, China. Hongkong : Printed by De Souza & Co, 1866, br. in-12.

Report for the year 1867...

Notice : *Chin. Rec.,* 11, p. 79.

* Report for the year 1873-74, of the Mission Schools, connected with the Rhenish Missionary Society in China, by Rev. F. Hübrig. Hongkong : printed by De Souza & Co.

Notice : *Chin. Rec.,* V, pp. 111/2.

* Report for the year 1874-75... by Rev. F. Hübrig. Canton : Printed by De Souza & Co., Canal Road.

Notice : *Chin. Rec.,* VI, pp. 236/7.

* Report for the year 1877-1878... by Rev. W. Dilthey.

Netice : *Chin. Rec.,* IX, pp. 320/1.

6*. MISSIONS MÉDICALES.

Lockhart's Medical Missionary. (*Vide supra* col. 581.)

— Medical Missionary Work in China. By W. T. M. *(Chin. Rec.,* I, pp. 178/180.)

(MISS. PROT. — MISSIONS MÉDICALES.)

— Medical Missions. By Rev. William Scarborough. *(Ibid.,* V, pp. 137/152.)

— Medical Missions. With reference to the Rev. W. Scarborough's paper. By Wm. Gauld, M. D. *(Ibid.,* VI, pp. 47/57.

On trouvera des notes relatives à l'histoire particulière des missions médicales dans les statistiques des missions citées plus haut col. 585/590.

TCHE LI. — PE KING. — *Peking Hospital.*— (Créé par la London Missionary Society, Wm. Lockhart, 1861.)

* The First Report of the London Missionary Society's Chinese Hospital, at Peking. From October 1st 1861, to December 31st 1862. W. Lockhart, F. R. C. S. 1862, pp. 27.

— Medical Missionary Practice in Peking in 1861-2. By W. Lockhart, Esq. F. R. C. S., etc. *(Chin. & Jap. Rep.,* May & June 1864.)

— The Second Report of the Lond. Miss. Soc.'s Chinese Hospital, at Peking, under the care of W. Lockhart, F. R. C. S. For the year 1863. Shanghae, 1864, in-8, pp. 17.

— Medical Missionary Practice in Peking in the year 1863. By W. Lockhart, Esq. F. R. C. S., etc. *(Chin. & Jap. Rep.,* Vol. II, 1864.)

*The Third Annual Report... under the care of J. Dudgeon, M. D., C. M. for the year 1864. Peking, 1865, in-8, pp. 37.

— Report of the Peking Hospital and Dispensary for 1864. Under the care of J. Dudgeon, Esq., M. D., C. M. *(Chin. & Jap. Rep.,* Nov. 1865.)

The Fourth Annual Report of the Peking Hospital, in connexion with the London Missionary Society, under the care of John Dudgeon M. D., C. M. for the year 1865. Shanghai, Presbyterian Mission Press, 1865, br. in-8, pp. 50.

The Fifth Annual Report... for the year 1866. Tientsin, 1866, br. in-8, pp. 48.

Notice : *Miss. Rec.,* I, Déc. 1867.

The Sixth Annual Report... for the year 1867. Shanghai, 1868, br. in-8, pp. 24.

Notice : *Chin. Rec.,* I, pp. 51/2.

The Seventh Annual Report... for the year 1868. Tientsin, 1869, br. in-8, pp. 25.

Notice : *Chin. Rec.,* II, pp. 113/114.

Tenth Annual Report of the Peking Hospital, for 1871, in connection with the London Missionary Society. By John Dudgeon, M. D., C. M. Shanghai : Presb. Mission Press. 1872.

Eleventh Annual Report... for 1872,... Shanghai, Presb. Miss. Press, 1873.

TIEN TSIN. — First Annual Report of the

(MISS. PROT. — MISSIONS MÉDICALES.)

Chinese Hospital and Dispensary, London Mission, Tientsin, 1869. Shanghai : Presb. Mission Press. 1870.

Fifth Report... 1874-5. Tientsin : Imperial Maritime Customs' Press. 1875.

Notice : *Chin. Rec.*, VII, p. 149.

Sixth Report... 1876-7.

Notice : *Chin. Rec.*, IX, pp. 484/5.

KIANG SOU. — CHANG HAI. — Report of the Medical Missionary Society's Hospital at Shanghai, under the care of W. Lockhart, M. R. C. S. *(Chin. Rep.,* XIII, Aug. 1844, pp. 408/418.)

Cet hôpital a été fondé à Chang hai en février 1844. — Voir Chou san infra, col. 627.

— Report of the Medical Missionary Society's hospital at Shanghai. From 1st of May, 1844, to 30th of June, 1845. By Rev. W. Lockhart, M. R. C. S. *(Ibid.,* XV, pp. 281/291.)

— Report of the Chinese Hospital at Shanghai from July 1st, 1846 to June 30th 1847. By William Lockhart, Esq., M. R. C. S. *(Ibid.,* XVII, pp. 201/206.)

Report of the Public Dispensary, attached to the Poo-yuen-tang at Shanghai, for the 25th year of Taoukwang, or 1845. *(Ibid.,* XVII, pp. 193/201.)

* Statement regarding the Building of the Chinese Hospital at Shanghae. By the Committee. Shanghae, 1848, in-8, pp. 16.

Report of the Committe of the Chinese Hospital, Shanghai, from July 1st 1847, to December 31st 1848. Shanghae, 1849, br. in-8, pp. 22.

Voir *Chin. Rep.*, XVIII, pp. 505 et seq.

— Report of the Committee of the Chinese Hospital, Shanghai, from January 1st to December 31st 1849. br. in-8, pp. 18.

Chin. Rep., XX, pp. 307/311.

— Fourth Report of the Chinese Hospital at Shánghái, for the year ending Dec. 31st, 1850; with a notice of the Hospital at Kam-li-fau in Canton. *(Ibid.,* XX, pp. 152/160.)

The same, Shanghae, 1851, in-8, pp. 21.
Le Dr. Hobson a été médecin de 1858 à 1859.

* The Thirteenth Annual Report of the Chinese Hospital, at Shanghae, from January 1st, 1859, to April 23rd 1860. Shanghae, 1860, in-8, pp. 8.

Par W. H. Collins.

The Fourteenth Annual Report... under the care of James Henderson, M. D., M. R. C. S. Ed., from January 1st, 1860 to December 31st 1860. Shanghai, 1860, br. in-8, pp. 22.

— The Seventeenth Annual Report of the Chinese Hospital at Shanghai, under the care of James Henderson, M. D., F. R. C. S. From January 1st 1863 to Dec. 31st 1863. Shanghai, Presbyterian Mission Press, 1864, br. in-8.

— The Eighteenth..... Jan. 1st 1864 to Dec. 31st 1864. *Ibid.,* 1865, br. in-8.

Le Dr. Henderson a publié les cinq rapports de 1860 à 1864 inclusivement.

The Nineteenth Annual Report of the Chinese Hospital at Shanghai, from January 1st 1865, to Dec. 31st 1865. Shanghai : Presbyterian Mission Press. 1866, br. in-8.

The 22nd Annual Report of the Chinese Hospital at Shanghai under the care of James Johnston, M. D., from January 1st 1868 to December 31st, 1868. Shanghai : Presbyterian Mission Press, 1869, br. in-8, pp. 12.

— The 23rd Annual Report of the Chinese Hospital at Shanghai under the care of James Johnston. M. D., From January 1st, 1869 to December 31st, 1869. Shanghai 1870.

— The 24th Annual Report of the Chinese Hospital at Shanghai under the care of Drs Sibbald and Johnston. From January 1st 1870 to 31st December 1870. Shanghai, 1870.

— The Twenty-eighth Annual Report of the Chinese Hospital at Shanghai under the care of Dr. James Johnston for the year 1874. Shanghai, Am. Presb. Mission Press, 1875, br. in-8, pp. 18.

American Episcopal Hospital. — First Annual Report of the American Episcopal Hospital and Dispensary for the Chinese 1868. Shanghai, F. & C. Walsh, printers, br. in-8, pp. 8.

Fifth Annual Report of the Hospital for Chinese at the American Episcopal Mission. Shanghai. For the year 1872, pp. 14.

Sixth Annual Report..... For the year 1873, pp. 12.

Outre le *Chinese Hospital* et l'*American Episcopal Hospital*, il existe à Chang hai un *Gützlaff Native Hospital* fondé en 1872 qui, à l'origine, devait être consacré aux malades des yeux. Il sert surtout de dispensaire.

TCHIN KIANG. — The Annual Report of the Chinese Dispensary, at Chin-Kiang, from June 23rd, 1864, to June 30th, 1865. Shanghae, 1865, in-8, pp. 5.

Par James Gentle.

TCHE KIANG. NINGPO. — Report of the Hospital at Ningpo under the Medical

Missionary Society in China by Daniel J. Macgowan, M. D. Canton, 1852, br. in-8, pp. 16.

Voir également le *N. C. Herald*, No. 117, Oct. 23, 1852, et seq.

Le *Chin. Rep.* avait déjà publié des rapports du Dr. M. sur l'hôpital de Ningpo qui avait été ouvert en Nov. 1843, avait cessé ses opérations au bout de trois mois, puis les avait recommencées en Avril 1846 :

Report of the Ningpo Missionary Hospital, to the Medical Missionary Society of China. By D. J. Macgowan, M. D., Ningpo, Sept. 1st, 1845. *(Chin. Rep.*, XV, pp. 342/5.)

Voir ce même recueil pour les rapports de l'année 1847, XVII, pp. 242/9; et de l'année 1848, XVIII, p. 505.

HANG TCHEOU. — The Opium Refuge and General Hospital at Hangchow. By Rev. G. E. Moule. *(Chin. Rec.*, V, pp. 256/262.)

CHOU SAN. — Report of the Medical Missionary Society's Operations at Chusan in 1840-41. By W. Lockhart. *(Chin. Rep.*, X, pp. 453/465.)

« The Medical Missionary Society's station at Chusan, which had been relinquished on the departure of all foreigners from that island in February, 1841, was reoccupied, and an hospital opened in July, 1843; and with partial interruption, its operations were carried on till January 1844. At this time, in consequence of the port of Shanghai having been opened to foreign trade, it was thought more desirable to remove the hospital to that city, it appearing to be a much more extensive sphere... » *(Chin. Rep.*, XIII, p. 408.)

FO KIEN. FOU TCHEOU. — Report of the Foochow Medical Missionary Hospital in connection with the A. B. C. F. M. Mission, under the care of Dauphin W. Osgood, M. D. — July 1st, 1874. Foochow Printing Press.

Notice : *Chin. Rec.*, V, pp. 232/3.

Report... July 1st, 1875. *Ibid.*

Notice : *Ibid.*, VI, pp. 304/5.

The Sixth Report... July 1st, 1877. *Ibid.*

Notice : *Ibid.*, VIII, p. 350.

The Seventh Report... June 1st 1878.

Notice : *Ibid.*, IX, pp. 318/320.

* First Annual Report of the Shaowu Medical Missionary Work, in connection with the A. B. C. F. Mission, under the care of Henry J. Whitney, M. D.

Imprimé sur une feuille de papier à lettre.
Notice : *Chin. Rec.*, IX, 1878, pp. 319/320.

AMOY. — Medical Missionary Work at Amoy. By Rev. J. Macgowan. *(Chin. Rec.*, VII, pp. 111/112.)

Report of the Dispensary at Amoy, from the 1st of February 1844, to 1st of July 1845. By J. C. Hepburn, M. D. *(Chin. Rep.*, XV, pp. 181/184.)

* Medical labors amongst the people of this place were first commenced by Dr. W. H. Cummings, about the middle of

June 1842, not quite a year after the taking of Amoy. He opened a Dispensary on Kúlongsú in the house of Rev. D. Abeel, where it was continued about a year and a half, until the last of January 1844 » when it was removed to Amoy.

Report of the Dispensary at Amoy, for the Year 1846 [*i. e.* since June 1845], by Dr. W. H. Cummings. *(Ibid.*, XVII, pp. 250/4.)

* Four Annual Reports of the Medical Missionary Hospital at Amoy : 1861-1864. Hong-kong, 1862-1865, in-8.

Par John Carnegie, M. D.

Report of the Amoy Medical Missionary Hospital for the Year 1871. — Physician and Surgeon in charge, P. Manson Esq., M.D.C.M.

Notice : *Chin. Rec.*, IV, pp. 335/6.

FORMOSE. — The Medical Mission Work in Formosa. Report 1867-8. By J. L. Maxwell, M. D., Edin. — Birmingham, pp. 12.

Notice : *Chin. Rec.*, II, pp. 112/3.

HOU PÉ. HAN KEOU. — The First Annual Report of the Hankow Medical Mission Hospital, in connection with the Wesleyan Missionary Society under the charge of F. Porter Smith, M. B. Lond., M. R. C. S. from July 1st 1864, to June 30th 1865. Shanghai, 1865.

The Second Annual Report...

Notice : *Miss. Recorder*, Feb. 1867.

The Fourth Annual Report...

Notice : *Chin. Rec.*, 1, p. 262.

The Fifth Annual Report... under the charge of F. Porter Smith... from July 1st 1868 to June 30th, 1869. — Hankow, 1869.

Notice : *Chin. Rec.*, II, p. 236.

The Five Annual Reports of the Hankow Medical Mission Hospital, in connection with the Wesleyan Missionary Society; under the charge of F. Porter Smith, M. B. Lond., M. R. C. S., L. A. C., Associate and Scholar of King's College, London. Gold-Medallist of the Apothecaries' Society, London, 1853. From July 1st 1864 to June 30th 1869.

Notice : *Chin. Rec.*, III, pp. 156/7, by J. A. S.

The Sixth Annual Report..... under the charge of F. Porter Smith from July 1st 1869 to June 30th, 1870.

Notice : *Chin. Rec.*, III, pp. 305/6.

The Seventh Report... From July 1st, 1870 to Dec. 31st 1871 by E. P. Hardey, L. R. C. P. Lond., M. R. C. S. Hankow, 1872.

The Eighth Annual Report... for 1872, by
E. P. Hardey. Hankow, 1873.

Notice : *China Review*, 1873, p. 330.

Second Report of the London Mission Hos-
pital, Hankow, by George Shearer, M. D.
From Nov. 1st, 1868, to Dec. 31st 1869.
Printed at the Hankow Printing Office.
Hankow : 1870.

* Report of the London Mission Hospital at
Hankow, for the ten months ending April
30th 1876. Under the care of J. K. Mackenzie, L. C. R. P. — M. R. C. S. Medical Missionary. Shanghai : American
Presbyterian Mission Press, 1876.

Notice : *Chin. Rec.*, VII, pp. 305/6.

* Report..... for the year ending April 30th,
1877. Under the care of J. Kenneth
Mackenzie... *Ibid.*, MDCCCLXXVII.

Notice : *Chin. Rec.*, VIII, pp. 359/360.

* Report for the year ending April 30th,
1878...

Notice : *Chin. Rec.*, IX, pp. 244/5.

KOUANG TOUNG. CANTON ET MACAO. —
Historical Outline of Medical Missions
at Canton, Hongkong and Macao. (By J.
G. Kerr, M. D.) *(China Review*, 1876,
pp. 329/331, et *Chin. Rec.*, VII, 1876,
pp. 199/201.)

Ophthalmic Hospital at Canton : first quarterly report, from the 4th of November
1835 to the 4th of February 1836. Conducted by the Rev. Peter Parker, M. D.
(Chin. Rep., IV, pp. 461 et seq.)

— Second quarterly report, from the 4th of
February to the 4th of May 1836. By the
Same. *(Ibid.*, V, pp. 32 et seq.)

— Third quarterly report, for the term ending on the 4th of August 1836. By the
Same. *(Ibid.*, V, pp. 185 et seq.)

Tirage à part : Canton, China : 1836, br. in-8, pp. 8.

— Fourth quarterly report, for the term ending 4th November 1836. By the Same.
(Ibid., V, pp. 323 et seq.)

Tirage à part : Canton, China, 1836, br. in-8.

— Fifth quarterly report, for the term ending 4th Feb. 1837. By the Same. *(Ibid.*,
pp. 456 et seq.)

Tirage à part : ut supra.

— Sixth quarterly report. *(Ibid.*, VI, pp. 34
et seq.)

— Seventh quarterly report. *(Ibid.*, pp. 433
et seq.)

— Eighth quarterly report. *(Ibid.*, VII, pp. 92
et seq.)

The Ninth Report of the Ophthalmic Hospital at Canton, for the quarterly term
ending Dec. 31st, 1838. By the Rev.
P. Parker, M. D. Canton : Printed at the
Office of the Chinese Repository, 1838,
br. in-8, pp. 22.

Tirage à part du *Chin. Rep.*, VII, pp. 569 et seq. — Le 10ᵉ
rapport est imp. dans le rapport de la *Medical Missionary Society* pour 1839. [Vide infra.] — Voic dans le *Chin.
Rep.*, XIII, pp. 239, 301, les rapports 11 et 12, — XIV,
p. 449, le rap. 13 ; — XVII, p. 133, le rap. 14 ; et XIX le
rap. 15 pour 1848 et 1849.

Suggestions for the formation of a Medical
Missionary Society offered to the consideration of all Christian Nations more especially to the kindred nations of England
and the United States of America. Canton,
China : October 1836, br. in-8, pp. 18.

The Medical Missionary Society in China.
Address with Minutes of Proceedings.
Canton, China : Printed at the office of
the Chinese Repository, 1838, br. in-8,
pp. 29.

First Report of the Medical Missionary Society's Hospital at Macao, for the quarterly term beginning 8th July, and ending
1st october 1838, by the Rev. P. Parker,
M. D. *(Chin. Rep.*, VII, pp. 411 et seq.)

Tirage à part : Canton, China, 1838, br. in-8.

The Hospital Reports of the Medical Missionary Society in China for the year
1839. China : Printed at the office of the
Chinese Repository, 1840, br. in-8, pp. 22.
[By P. Parker.]

Comprend le 10ᵉ rapport de l'hop. ophthalmique de Parker.
Voir le *Chin. Rep*, VIII, p. 624.

The First and Second Reports of the Medical Missionary Society with Minutes of
Proceedings, Hospital Reports, etc. Macao, S. Wells Williams, 1841, br. in-8,
pp. 68.

Report of the Medical Missionary Society
containing an abstract of its history and
prospects and the Report of the Hospital
at Macao for 1841-42; together with
Dr. Parker's statement of his proceedings
in England and the United States on behalf of the Society. Macao. Press of
S. Wells Williams, 1843, br. in-8, pp. 62.

Voir *Chin. Rep,*, XII, pp. 188 et seq.

Minutes of a General Meeting of the Medical Missionary So
ciety in China, held 1st July 1841, with its second annual
Report. *(Chin. Rep.*, X, pp. 448 et seq.)

Report of the Medical Missionary Society s Operations at Macao in 1840–41. By Benjamin Hobson. *(Ibid.*, X, pp. 465/471.)

Annual report for 1841-42, of the hospital at Macao, under
the patronage of the Medical Missionary Society. By
B. Hobson, M. B. *(Chin. Rep.*, XI, pp. 659/672.)

Notices of the Medical Missionary Society
in China, and of the Morrison Education

Society in China. (By E. C. Bridgman.) *(Chin. Rep.,* XI, pp. 335/340, 520.)

* Statements respecting hospitals in China, preceded by a letter to John Abercrombie, M. D., V. P. R. S. E., by Rev. P. Parker, M. D., medical missionary of the American Board of Foreign Missions in China. Glasgow, J. Maclehouse, 1842, pp. 32.

Chin. Rep., XII, pp. 189 et seq.

* Claims of the Missionary Enterprise on the Medical Profession. By D. J. Macgowan, M. D. New York, 1842, pp. 24.

Chin. Rep., XII, pp. 189 et seq.

Proceedings of the Medical Missionary Society in China, as exhibited by a report of its general committee of management with reports of its medical officers, etc. *(Chin. Rep.,* XIII, pp. 369/377.) [By A. Anderson.]

Minutes of three annual meetings of the Medical Missionary Society in China for the years 1854, 1855 and 1856, with Dr. Kerr's Report for 1855-56. Macao, 1857, br. in-8, pp. 24.

Les rapports annuels de la *Medical Miss. Soc.* forment des brochures in-8, imprimées à Canton ou à Hong kong ; le titre de ces brochures est d'ailleurs uniforme, par exemple : Report of the Medical Missionary Society in China, for the year 1864. Hongkong : Printed by A. Shortrede & Co, br. in-8, pp. 30. — Le Dr. Kerr a publié huit rapports de l'hôpital de la Med. Miss. Soc. à Canton de 1855 à 1866.

Le Dr. T. R. Colledge avait fondé à Macao en 1827 un hôpital ophthalmique qui fut fermé en 1827 ; l'hôpital du Dr. Parker fut ouvert à Canton en 1834 ; on consultera sur le premier :

A Brief account of an Ophthalmic Hospital at Macao during the years 1827 to 1832 inclusive. By a Philanthropist. [E. C. Bridgman.] Canton, China, 1834. *(Chin. Rep.,* III, pp. 364 et seq.)

Voir *Chin. Rep.,* II, p. 270.

Suggestions with regard to employing medical practitioners as missionaries in China, by T. R. Colledge, Esq. Br. in-8, s. d., s. titre, pp. 4. *A la fin* : Macao. Impresso por F. F. da Cruz na Typographia Feliciana, 1836.

Voir *Chin. Rep.,* IV, p. 386, 575.

General Report of the Hospital at Kam-li-fau in Canton, from April 1848 to Nov. 1849. By B. Hobson, M. B. Br. in-8, pp. 57.

Chin Rep., XIX, pp. 300/307. — Cet hôpital a été fondé en avril 1848.

Notice of the Hospital at Kam-li-fau (1850). *(Chin. Rep.,* XX, p. 160.)

Cet hôpital ouvert en 1848 par le Dr. Hobson fut dirigé par lui jusqu'en 1856, époque à laquelle il fut fermé ; il fut rouvert en 1858 par le Dr. Hwang qui le garda jusqu'en 1860.

* Report of the Missionary Hospital at Kum-

lee fow, in the western suburbs of Canton, for the year 1858-59. Hongkong, 1859, in-8, pp. 12.

Par Hwang Fun, M. D.

* Report of the Missionary Hospital at Kum-li-fau, in the western suburbs of Canton, for the years 1862-63. Canton, 1863, in-8, pp. 17.

En 1865, le Dr. Kerr prit la direction de cet hôpital qui fut définitivement fermé en 1870.

SWATOW. — Sketch of the Swatow Medical Mission. By William Gauld, A. M., M. D. *(Chin. Rec.,* VII, pp. 35/8.)

« The healing art was first called to the aid of Mission work in Swatow in the year 1856. »

Report of the Medical Missionary Hospital in Swatow, under the care of William Gauld, M. D. For 1866.

— Notice : *Miss. Rec.,* I, p. 96. — Le premier rapport de cette mission est celui de l'année 1864-1865.

Rep. of the Med. Miss. Hospital in Swatow, in connexion with the English Presbyterian Missionary Society, under the care of William Gauld, M. D. For 1867. Hongkong : Printed by De Souza & Co, 1868.

Notice : *Chin. Rec.* 1, pp. 74/5.

Report... for 1873, Hongkong : Printed by De Souza & Co, 1874.

Notice : *Chin. Rec.,* V, pp. 222/3.

Report... for 1874. *Ibid.,* 1875.

Notice : *Ibid.,* VI, pp. 304/5.

Report... for 1875. *Ibid.,* 1876.

Notice : *Ibid.,* VII, pp. 305/6.

Report... for 1876. *Ibid.*

Notice : *Ibid.,* VIII, p. 350.

HONG KONG. — Report of the Medical Missionary Society's Hospital at Hongkong under the care of B. Hobson, M. B. In a letter to the acting Secretary. (June 1844.) *(Chin. Rep.,* XIII, pp. 377/382.)

China Medico-chirurgical Society. — Meeting for the purpose of forming a C. Med. Ch. Soc., held at Hongkong 13th May 1845. Resolutions. *(Chin. Rep.,* XIV, p. 245.)

— An introductory address delivered by Alfred Tucker, esq., surgeon of the Minden's hospital, at the first meeting of the China Medical and Chirurgical Society, on the advantages to be gained by a medical association, and a cursory review of diseases incidental to Europeans in China. *(Ibid.,* XIV, pp. 445/7.)

**

On consultera sur le *Massacre de Tien tsin* la

III° partie de cet ouvrage : *Relations des Étrangers avec les Chinois.* — Et sur les *Imprimeries* protestantes, le chapitre de : *La langue et la littérature.*

III. — MISSION ECCLÉSIASTIQUE RUSSE DE PE KING.

ТРУДЫ ЧЛЕНОВЪ РОССІЙСКОЙ ДУХОВНОЙ МИССІИ ВЪ ПЕКИНѢ. — С.-ПЕТЕРБУРГЪ. Travaux des Membres de la Mission ecclésiastique russe à Peking. St. Pétersbourg, 1852-1866, 4 vol. in-8.

Tome I, 1852, pp. 486.

1° Начало и первыя дѣла манчжурскаго дома. Le Berceau et le premier début de la dynastie mandchoue, par W. Gorsky.

2° О началѣ предковъ нынѣшней династіи и о названіяхъ манчжурскаго народа. L'origine des ancêtres de la dynastie actuelle et les noms du peuple mandchou, par W. Gorsky.

3° Историческое обозрѣніе народонаселенія Китая. Étude historique sur le dénombrement de la population de la Chine, par T. Zakharoff. (Voir col. : 213.)

4° Способъ приготовленія туши, бѣлилъ и румянъ у Китайцевъ. Sur la fabrication de l'encre de Chine et des fards rouges et blancs par les Chinois, par I. Gochkewicz.

5° Жизнеописаніе Будды. La Vie de Bouddha, par le Père Palladius.

Tome II, 1853, pp. 490.

1° Поземельная собственность въ Китаѣ. La propriété foncière en Chine, par Zakharoff.

2° Историческій очеркъ древняго Буддизма. Études historiques sur le Bouddhisme ancien, par l'Archimandrite Palladius.

3° О китайскихъ Счетахъ. L'abaque chinois, par I. Gochkewicz.

4° Обѣты Буддистовъ и обрядъ возложенія ихъ у Китайцевъ. Le vœu et l'entrée en religion des Bouddhistes, chez les Chinois, par le Rev. Père Gury.

5° Китайская Медицина. Études sur la Médecine chinoise par le Docteur A. Tatarinoff.

6° Очерки исторіи сношеній Китая съ Тибетомъ. Histoire des relations de la Chine avec le Tibet par le hiero-diacre Hilarion.

Tome III, 1857, pp. 473, 2 pl.

1° Событія при паденіи Минской династіи. М. Храповицкаго. p. 1. Récit de la chute de la Dynastie Ming par M. Khrapovitsky.

2° Замѣчанія о соляномъ производствѣ въ Китаѣ. Покойнаго Іеромонаха П. Цвѣткова. p. 103. Sur la fabrication du sel en Chine par le prêtre P. Tsvetkoff.

3° О разведеніи шань-ло (dioscoraca alata'l) (картофель). I. Гошкевича. p. 119. Sur la culture de l'igname *(Dioscoraea alata)* par I. Gochkewicz.

4° Императорское или благовонное пшено (скороспѣлое). Его же. p. 125. Le riz impérial ou odoriférant, par I. Gochkewicz.

5° Замѣчанія объ употребленіи болеутолительныхъ средствъ при операціяхъ и о водолеченіи (Гидропатія) въ Китаѣ. А. Татаринова. p. 131. Observations sur l'application des anesthésiques dans les opérations et sur l'hydropathie chez les Chinois, par le Docteur A. Tatarinoff.

6° Записки Китайца о Нангасаки. Покойнаго Іеромонаха П. Цвѣткова. p. 143. Mémoires d'un Chinois sur Nangasaki, par le prêtre Tsvetkoff.

7° О христіанствѣ въ Китаѣ. Его же. p. 183. Le christianisme en Chine par le même.

8° Несторіанскій памятникъ VII вѣка. Его же. p. 205. Le monument nestorien du VIIe siècle, par le même.

9° Домашніе обряды китайцевъ. Его же. p. 213. Les coutumes domestiques des Chinois, par le même.

10° Морское сообщеніе между Тянь-цзинемъ и Шанъ-хаемъ. Архимандрита О. Палладія. p. 381. La navigation entre Tientsin et Changhai par l'Archimandrite Palladius.

11° Хонконъ. I. Тошкевича. p. 393. Hongkong par I. Gochkewicz.

12° О шелководствѣ. Его же. p. 411. L'industrie sérigène par le même.

13° О сектѣ даосовъ Покойнаго Іеромонаха. П. Цвѣткова. p. 451. La Secte des Taouists par P. Tsvetkoff.

14° Докладъ комитета объ ассигнаціяхъ. Переводъ съ китайскаго. Іеромонаха О. Евлампія. p. 460. Traduction d'un rapport présenté à l'empereur Hien-foung par le comité siégeant sous la présidence du Prince Kong, etc., concernant le papier-monnaie par le Rev. Père Eulampius.

Tome IV, 1866, pp. 460, 1 pl.

1° Старинное Монгольское сказаніе о Чингисханѣ. Перевелъ съ китайскаго, съ примѣчаніями Архимандритъ Палладій. p. 3. Ancienne relation mongole de la vie de Tchinghiz Khan par l'Archimandrite Palladius.

2° Си ю цзи или описаніе путешествія на Западъ. Перевелъ съ Китайскаго, съ примѣчаніями, Архимандритъ Палладій. p. 261. *Si you ki* ou Description d'un voyage aux contrées occidentales, par le même.

3° О Магометанахъ въ Китаѣ. Статья Архимандрита Палладія. (Съ планомъ одной изъ Пекинскихъ мечетей). p. 437. Les Mahométans en Chine. Avec le plan d'une mosquée à Peking, par le même.

— Arbeiten der Kaiserlich Russischen Gesandtschaft zu Peking über China, sein Volk, seine Religion, seine Institutionen, socialen Verhältnisse, &c. Aus dem Russischen nach dem in St. Petersburg 1852-57 verössentlichten Original von Dr. Carl Abel und F. A. Mecklenburg, Kaiserl. Russ. Overlehrer. Erster Band. Berlin. Verlag und Druck von F. Heinicke, 1858, in-8, pp. 385 s. l. ff. prél.

— Zweiter Band. *Ibid.*, 1858, pp. 533 s. les tables.

Trad. des trois premiers vol. des *Travaux de la Mission Russe.* Une trad. anglaise des mêmes travaux est annoncée par le Dr. Carl Abel au verso du feuillet qui précède le titre du Vol. I de la trad. allemande. Nous ne croyons pas qu'elle ait paru.

Russian Ecclesiastical Mission. By J. Dudgeon Esq. M.D.

Série d'articles commencée dans le *Chin. Rec.*, III, p. 143, qui, par suite de nouveaux développements, est devenue une véritable histoire des relations de la Russie avec la Chine. Nous en parlerons donc plus longuement dans la troisième partie de notre ouvrage : *Relations des Etrangers avec les Chinois*..

* C. Hale. — Missions of the Russian Church in China and Japan. *(Am. Church Rev.*, Oct. 1878, p. 11.)

JUDAÏSME 刀肋竺教

Lettre du Père Jean-Paul Gozani, Miss. de la Cie. de Jesus, au Père Joseph Suarez, de la même Cie. Traduite du Portugais. (A Cai-fum-fou, capitale de la province de Ho-nan à la Chine, le 5 de novembre 1704.)

Lettres édifiantes, anc. éd., VII, p. 1; Mérigot, XVIII, pp. 31/48; *Pant. litt.*, III, p. 149. — Trad. en allemand dans le *Welt–Bott*, IV, 89.

Remarques sur la lettre du P. Gozani.

Let. éd., anc. éd., VII, p. 29; Mérigot, XVIII, pp. 48/55; *Pant. litt.*, III, p. 153.

— Voir l'épître du P. Ch. le Gobien en tête du VII⁰ Rec. des *Let. édifiantes*.

De Judaeis Sinensibus. (C. Cornelii Taciti Opera recognovit..... Gabriel Brotier, III, Parisiis, 1771, pp. 567/580.)

Mémoire sur les Juifs établis en Chine.

Dans les *Lettres édifiantes*, anc. éd., XXXI, pp. 296 et seq. — Ed. de Mérigot, XXIV, pp. 56/100.—*Panthéon litt.*, IV, p. 140

« Les lettres qu'ils [les PP. Gaubil et Domenge] écrivirent à ce sujet [les Ms. hébreux de Kai-foung fou] contenoient des particularités importantes ; & les savans qui en avoient eu quelque connoissance, regrettoient qu'elles ne fussent pas publiées. Ce fut le motif qui engagea le savant abbé Brottier, depuis membre de l'académie des Inscriptions-et-Belles-lettres, à en donner l'extrait dans une dissertation sur les Juifs, qui se trouve dans le troisième volume de sa belle édition de Tacite, publiée en 1771. Un nouvel extrait des mêmes lettres a été donné depuis au public dans le trente-unième volume du Recueil des Lettres édifiantes : ce n'est presque que la traduction de celui qui se trouve dans l'édition de Tacite de 1771. Quoiqu'il ait été publié sous le nom du P. Patouillet, il est l'ouvrage de l'abbé Brottier, ainsi qu'il l'observe dans sa seconde édition de Tacite, publiée en l'année 1776 (Tome V, p. 303], & dans laquelle il a supprimé la dissertation sur les Juifs de la Chine. L'identité de la dissertation latine & du mémoire françois, est d'ailleurs assez justifiée par la conformité des réflexions critiques qu'on trouve dans l'une et dans l'autre, ce qui m'empêche pas que l'on ne rencontre dans le dernier quelques détails plus circonstanciés ». (S. de Sacy, Notice d'un Ms. du Pentateuque, *Not. et Ext.*, IV, pp. 593/4.)

— Notitiae quaedam circa SS. Biblia Iudaeorum in Cai-fung, metropoli Provinciae Honân in Imperio Sinensi. (D'après Kögler, Murr, *Journ. zur Kunst u. Litt.*, VII, 1779, pp. 240/252.)

— Zusätze zu den Nachrichten P. Ignaz Köglers, S. I. von der heil. Schrift A. T. welche die Juden in Cai-fung-fu, der Hauptstadt der Provinz Honang im Kaiserthume Tai-tsing, oder Sina/in ihrer Synagoge aufbewahren. VII Theil, S. 240 u. f. (*Ibid.*), IX, 1780, pp. 81 et seq.)

(JUDAÏSME.)

— Ignatii Koegleri, S. J. Pekini Mathematici tribvnalis Praesidis, Mandarini secvndi ordinis, adsessoris svpremi tribvnalis Ritvvm, et antistitis missionvm sinensivm et japonicarvm, Notitiae S. S. Bibliorvm Jvdaeorvm in Imperio Sinensi. Editio altera, avctior. Seriem Chronologicam atqve Diatriben de Sinicis S. S. Bibliorvm Versionibvs addidit Christophor. Theophil, de Mvrr. Cvm Tabvla aenea. Halae ad Salam, formis et svmtv I. C. Hendelii. 1805, in-8, pp. 83.

— P. 7 : Designatio Scriptorum in quibus Judaeorum in imperio Sinensi mentio fit.

— Versuch einer Geschichte der Juden in Sina. Nebst P. Ignaz Köglers beschreibung ihrer heiligen Bücher in der Synagoge zu Kai-fong-fu, und einem Anhange über die Enstehung des Pentatevchs. herausgegeben von C. G. von Murr. Halle, J. C. Hendels Verlag. 1806, in-8, pp. 136.

De Murr donne en français, pp. 21 et seq., la Lettre du P. Gozani, de Cai-fum-fou, le 5 Nov. 1704.

— Joh. Dav. Michaelis, Orientalische und Exegetische Bibliothek. Vter Th., Frankfurt am Mayn, 1771, in-8, pp. 70 et seq. ; IXter Theil, p. 40 ; XVter Theil, 1780, no. 20, pp 15 et seq.; et n. 238.

— Observations sur plusieurs familles juives établies anciennement à la Chine. Par J. de Guignes [Lues le 15 Janvier 1790.] (*Mém. de Litt. tirés des registres de l'Ac. des Insc. et Belles-Lettres*, XLVIII, 1808, pp. 763/770.)

Ces observations sont suivies (*Ibid.*, pp. 770/772) d'une notice sur Joseph de Guignes, né à Pontoise le 19 oct. 1721; + 22 mars 1800.

Notice d'un manuscrit du Pentateuque, conservé dans la synagogue des Juifs de Caï-fong-fou. Par A. 1. Silvestre de Sacy. (*Not. et Ext. des Ms. de la Bib. du Roi*, IV, an 7, pp. 592/625.)

Notice d'un manuscrit syriaque écrit à la Chine, contenant une portion de la version syriaque de l'Ancien Testament, des Cantiques, et diverses prières. Par M. le Baron Silvestre de Sacy. (*Not. et Ext. des Ms.*, XII, 1831, pp. 277/286.)

Voir une let. du P. Gaubil à M. de l'Isle, *Pant. litt.*, IV p. 58.

— Jews in China ; notices of those in the East by Josephus, Peritsol, Benjamin of Tudela, Manasseh, and the Jesuits. By E. C. Bridgman. (*Chin. Rep.*, III, pp. 172 et seq., Aug. 1834.)

Réimp. dans *The Cycle*, 31 Déc. 1870.

Epoque de l'entrée des Juifs en Chine ; preuves qu'ils y portent le Pentateuque au 6ᵉ siècle avant notre ère, par M. l'abbé Sionnet. (*Ann. de Phil. chrét.*, 2ᵉ série, XIV.)

* Essai sur les Juifs de la Chine et sur

(JUDAÏSME.)

l'influence qu'ils ont eue sur la littérature de ce vaste empire avant l'ère chrétienne, par M. l'abbé A. Sionnet, Paris, 1837, br. in-8.

— Etablissement des Juifs à la Chine.

Mémoire du Marquis de Fortia d'Urban inséré pp. 51/59 de la *Relation d'Eldad le Danite*... par E. Carmoly. Paris, 1838, in-8.

* The Jews in China : their Synagogue, their Scriptures, their History, etc. By James Finn. London, 1843, in-12, pp. 85.

« A collection of all the information thus far obtained on this subject. » *(Chin. Rep.*, XVIII.) — Notice dans le *Chin. Repos.*, XIV, pp. 305/334, 388/395.

Il y a des ext. de cet ouvrage dans le *N. C. Herald*, Nos. 27 & 28, 1er et 8 Fév. 1851.

— The Jews at K'ae-fung-foo : being a narrative of a mission of inquiry to the Jewish Synagogue at K'ae-fung-foo, on behalf of the London Society for promoting Christianity among the Jews : with an Introduction, by the Right Revd. George Smith D. D. Lord Bishop of Victoria. Shang-hae, London Miss. Society's Press, 1851, br. in-8, pp. 82.

— A Narrative of a Mission of Inquiry to the Jewish Synagogue at Kaifung-fû, on behalf of the London Society for promoting Christianity among the Jews. Shanghai, 1851, pp. 94; with Hebrew facsimiles. Compte-rendu par S. W. Williams dans le *Chin Rep.*, XX, pp. 436/466.

On trouvera dans *Notes & Queries on C. & J.*, II, pp. 57/9, un article signé W. R. B. sur les Ms. hébreux de Kai-foung fou basé sur le compte-rendu précédent et sur l'examen d'un Ms. appartenant à l'évêque de Victoria.

— On Jews in China. *(N. C. Herald*, No. 25, 18 janv. 1851.)

Visite de deux Chinois envoyés à Kai-foung fou par la London Miss. Society. Ils partirent de Chang hai le 15 nov. 1850.

— The K'ae-Fung-Foo Manuscripts. *(Ibid.*, No. 55, 16 Août 1851.)

— Fac-similes of the Hebrew Manuscripts, obtained at the Jewish Synagogue in K'ae-Fung-Foo. Shanghae : Printed at the London Missionary Society's Press 1851, br. in-4.

— On the Jews at Khai-fung-fu. (Art. signé J. W. G. dans le *Jour. of the Am. Oriental Society*, Vol. III, No. I, pp. 235 et seq.)

On lit p. 240 de cet article : « *The Illustrated London News* of Dec. 13, 1851, contains a statement of the preceding facts, together with portraits of Chaou Wan-kwei and Chaou Kin-chiug, two Israelites brought from Khai fung-fu to Shanghai, where the former is studying Hebrew with an English Missionary ».

— On a Hebrew Ms. of the Pentateuch, from the Jewish Congregation at Kaifung-fu in China, by Mr. John W. Barrow of New-York; presented by Dr. Martin. (Communication to the *Am. Or. Soc.*, May, 1869, *Journal*, IX, No. 2, p. liii.

«.... In the 26th Chapter of Davidson's « Biblical Criticism »

(ed. 1866, pp. 366-370), reference is made to the collation of another synagogue roll from the same source, with similar results. Dr. Lee, in the « Prolegomena in Biblia Polyglotta Londinensia Minora », gives extracts from Koegler's « Notitiae S. S. Bibliorum Judaeorum in Imperio Sinensi » (Halle, 1805) in which the Kai-fung-fu manuscripts are discussed ».

Die Juden in China *(Ausland*, Nr. 8, 1858).

— Israelites in China. By Alexander Wylie Esq. *(The Chin. & Jap. Rep.*, 1863 ; No. I, July, pp. 13/22; No. II, Aug., pp. 43/52.)

— Recherches sur l'existence des Juifs en Chine depuis les temps les plus reculés jusqu'à nos jours par Mr. A. Wylie. Mémoire traduit de l'anglais par M. l'abbé Th. Blanc, et annoté par M. G. Pauthier. (Extrait des *Annales de Philosophie chrétienne*, Nos 50 et 51, Février et mars 1864). — Paris, Bureau des Annales de Philosophie, 10, rue de Babylone, 1864, br. in-8, pp. 33.

— Account of an Overland Journey from Peking to Shang-hai, made in February and March 1866. By Rev. W. A. P. Martin, D. D. *(Journal N. C. B. R. As. Soc.*, N. S., No. III, Dec. 1866, pp. 26/39.)

Cet article renferme des notes sur les Juifs.

— The Jews in China. By « Old Mortality » [Henri Cordier.] *(Shanghai Budget*, 13 sept. 1873.)

— Les Juifs en Chine.

Mémoire inédit du P. Cibot publié par le P. Sommervogel dans les *Etudes religieuses*, 21e année, 5e Sér., XII, 1877, pp. 748,758. — Voir également dans les *Mém. conc. les Chinois*, XV, pp. 52/58 : « Digression sur le tems où les Juifs ont passé en Chine. » Par le P. Cibot.

— Notes on the Jews in China. *(The Jewish Chronicle*, July 11, 1879, p. 12.)

[Translated from a portion of a Hebrew Letter addressed by Mr. J. L. Liebermann, to his father in Bielitz, Austrian Silesia, and published in the Annual Report of the Anglo-Jewish Association]. Le voyage de M. Liebermann, négociant de Vienne, fait chez les Juifs du Honan en 1867 est fort intéressant parce que son auteur est le premier juif européen qui ait visité ses coreligionnaires chinois. Ces notes ont donné lieu à un article du *North-China Herald* du 3 Oct. 1879.

— Trigault, *De Expeditione Sinicâ*, libr. I, p. 118; — Semedo, *Relatione della China*, pt. I, p. 193; Du Halde, *Desc. de la Chine*, III, p.64. — Walton, *Biblia Polyglotta*, Tom. I. Prolegomen. III. sect. 41;— Jablonski, *Biblia Hebraica*, Praef. Sect. 38.—Renaudot, *Anciennes Relations*. — *Mém. conc. les Chinois*, V, pp. 57/8.— Grosier, la *Chine*, IV, Liv. IX, chap. xi. — Lowrie's, *Land of Sinim*, voir col. 322.

ISLAMISME 回回教門

Renaudot, *Anciennes Relations* (Voir le chap. consacré aux *Voyages* dans la deuxième partie de notre ouvrage.)

— Notices respecting Mahomedans and Jews (from Mr. Morrison's Journal. (Clarke Abel, Journal of the Embassy of Lord Amherst, 1818, App. pp. 358/362.)

Les Mahométans en Chine par l'Archimandrite Palladius. (En russe ; vide supra, col. 634).

О ДВИЖЕНИИ МАГОМЕТАНСТВА ВЪ КИТАѢ. Thsing tchin tching kiao thiao khoueï. « Réglements de la pure, vraie et correcte doctrine, » c'est-à-dire : *de la Religion musulmane,* avec une traduction russe de M. le professeur Vassilief. Br. in-8, pp. 30 et 13. — St. Pétersbourg, 1867.

— Il y a un article sur les Mahommétans en Chine dans *The North China Herald,* Aug. 31, 1867.
— Voyage d'exploration en Indo-Chine… par Francis Garnier (Vide col. : 157). — Vol. I, chap. XXI. — Voir à la fin de ce même volume « Extrait d'une proclamation en arabe publiée par le gouvernement mahométan de Ta-ly » en français et en anglais communiquée à M. Garnier par M. le Col. Yule.
— *Missions catholiques.* Vol. IV, Note p. 253 sur les musulmans chinois au Kiang nan.

Notes on Mahommedanism in Peking. By Rev. J. Edkins. *(Chin. Rec. ,* Vol. I, pp. 176/7.)

F. P. Smith. The Panthay Mission. *(Ocean Highways,* Sept. 1872, pp. 171/2.)

W. F. Mayers. The Panthays in Yun-nan *(Fraser's Magazine,* Nov. 1872).

De l'insurrection mahométane dans la Chine occidentale, par M. Dabry de Thiersant, Consul de France à Canton. *(J. As.,* 7ᵉ Sér., Vol. III, 1874, pp. 17/45.)

Tirage à part; br. in-8, pp. 31.

* Le présent et l'avenir de l'islamisme en Chine par P. Dabry de Thiersant. *(Revue géogr. intern.,* 1877, No. 25.)

(ISLAMISME.)

— Le Mahométisme en Chine et dans le Turkestan oriental par P. Dabry de Thiersant, Consul général et Chargé d'affaires de France. Ouvrage orné de dessins originaux, par F. Régamey, et d'une carte du Turkestan Oriental. Paris, Ernest Leroux, 1878, 2 vol. in-8.

Notices : par C. Gabriel dans le *Jour. des Débats,* 6 Sept. 1878. — Drouyn de Lhuys à l'Ac. des Sc. mor. et pol.; br. in-8, Orléans.

— Prières des Musulmans chinois traduit sur l'original en arabe et en persan, Da'aouât el Moslemim imprimé à Canton en 1876. Paris, Ernest Leroux, 1878, br. in-8, pp. 45.

Extrait avec des modifications de l'ouvrage précédent, II, pp. 472/509.

Notes on Chinese Mahometan Literature. By T. Watters. *(China Rev.,* I, pp. 195/199.)

L'islamismo in Cina. (C. Puini, dans *Rassegna Settimanale,* No. 67, 13 avril 1879.)

La Province chinoise du Yün-nan, par Emile Rocher. Paris, Ernest Leroux, 1879-1880, 2 parties in-8.

Deuxième partie : Chap. II-VI : La rébellion musulmane au Yün-nan.

Pour la campagne des Chinois contre Kashgar, voir la cinquième partie de notre ouvrage.
— A. Fytche. Panthays of Yunan. Col. 155.
— Das neue Reich der Muhammedaner in Yün-nan. *(Ausland.)* Col. 155.

(ISLAMISME.)

XII. — SCIENCES ET ARTS

SCIENCES MORALES ET PHILOSOPHIQUES.

LIVRES CANONIQUES 經 KING.

— « La lettre 經 *king* signifie la chaine, qui est toute montée sur le métier du tisseran, et qui demeure toujours dans la même situation nord et sud ; tandis que la trême, qu'on apelle 緯 *ouei* ne fait qu'aller et venir et est ouest en passant à travers de la chaine. Dans un sens fi- 經 *king,* signifie les livres qui enguré et plus en usage seignent une doctrine vraye grande et immuable; et *ouei* signifie les divers commentaires qu'on fait sur les *king.* Mais parce que les livres *ouei,* qu'on lisoit encore sous la dynastie de Han, devinrent suspects aux lettrez des âges suivans, qui peut estre ne les entendoient plus, on les a peu à peu laissé perdre, et les interprétations des *king* se 傳 *tchouën,* c'est-à-dire *Cheou cheou* sont appelées donner à la postérité ce qu'on a receû de ses maîtres » (Prémare, *Préface générale* à ses *Notes critiques pour entrer dans l'intelligence de l'Y king,* pp. 1/2, Vide infrà).

Les Livres anciens, *classiques,* ouplutôt 經 sont divisés canoniques des Chinois, appelés *King* 經工 en deux ordres :

(SCIENCES MORALES ET PHILOSOPHIQUES.)

— I. LIVRES CANONIQUES du premier ordre ou GRANDS KING.

1º L'Y KING 易 經 Explication des *Koua* 卦 de Fou hi 伏 犧 24,107 caractères.

2º Le CHOU KING 書 經 58 Chapitres. — 25,700 caractères.

3º Le CHI KING 詩 經 39,234 caractères.

4º Le LY KI 禮 記 99,010 caractères. — 49 chapitres, y compris le *Ta hio* et le *Tchoung young.*

5º Le TCHUN TSIEOU 春 秋

Le Yo KING 樂 經 ou King de la Musique, a été complètement perdu.

— II. LIVRES CANONIQUES du second ordre ou PETITS KING.

1º Les SE CHOU 四 書 ou Quatre Livres comprenant :

　1. Le TA hio 大 學 ou Grande Science.

　2. Le TCHOUNG young 中 庸 ou le Juste Milieu.

Ces livres formaient deux chapitres du *Li ki.*

(SCIENCES MORALES ET PHILOSOPHIQUES.)

3. Le *Lun yu* 論語 11,705 caractères, avec la paraphrase 76,736 caractères.

4. *Meng tseu* 孟子 34,685 caractères, avec le commentaire 209,749.

— 2° DEUX RITUELS.

1. *Y li* 儀禮

2. *Tcheou li* 周禮 45,806 caractères.

3° Le HIAO KING 孝經 ou Livre de la Piété filiale, 1,903 caractères.

4° Les trois anciens COMMENTATEURS du *Tchun tsieou* :

Tso chi 左氏

Kong yang 公羊

Keou lang 穀梁

5° Le Dictionnaire EUL YA 爾雅

Consulter sur les Livres canoniques :

Du Halde, *Description*, II, pp. 286/384. — La notice de Du Halde est écrite d'après un ouvrage du Père Régis, *Notice des King ;* Du Halde cependant n'a pas tiré tout le parti possible de ce document. (Gaubil, Lettre datée de Pékin, 28 août 1752. *Panth. litt.*, IV, p. 63.)

Mémoires concernant les Chinois : I, pp. 54 ; VIII, pp. 193/198. (Nous donnons, d'après cet ouvrage, le nombre des caractères contenus dans les *Kings*); IX, p. 351.

Notes on Chinese Literature (by Wylie), pp. 1/8.

— Essai d'introduction préliminaire à l'intelligence des kings, c'est-à-dire des Monumens antiques conservés par les Chinois. (Bib. nat., Ms. pet. in-folio, Fr. 12209). [Par le P. de Prémare.]

« Cet ouvrage contient trois parties; dans la première, on explique les noms et le nombre des anciens monumens conservés chez les Chinois, et appelés *kings*, quelle est leur origine, quel fut leur auteur; Enfin l'idée generale qu'il se faut former de la doctrine qu'ils contiennent.

« Dans la seconde, on confirme par des exemples choisis le systeme de doctrine, qu'on a dit être renfermé dans les *kings*.

« Dans la troisième, on examine comment les Chinois modernes ont perdu l'intelligence de ce systeme, et par quelz degrez ils sont tombez dans l'abyme d'erreurs, qui leur rendent impenetrable la doctrine des *kings* conservés chez eux. »

Ce Ms., composé de 36 feuillets, ne contient que la première partie de l'*Essai*.

Il est suivi de :

Quindecim Quaestiones Doctis viris propositae, ff. 37 et 38.

Lettre du P. de Premare au Pere Foucquet (Copie) [du 24 Decembre 1725, Canton], ff. 39 et 40.

Lettre au P de Premare. A Rome, le 13 Octobre 1726. Signée Jean François [Foucquet] Evêq. d'Eleutheropolis ff. 41/49 (en réponse à la lettre du P. de Prémare du 24 Dec. 1725).

Explication de la nouvelle table chronologique de l'histoire chinoise, ff. 50/61.

Mémoire instructif pour la nouvelle table chronologique des Chinois, ff. 62/68.

(1um Opusculum) Judicium de quibusdam honoribus funebribus Sinensium, ff. 69/80.

(2um Opusculum). Clausula Disputationum de Cerimoniis Sinensibus, ff. 81/87.

Tertium Opusculum. Lettre de l'evêque d'Eleutheropolis au R. P. N. de la Compagnie de Jesus à Canton.

— Cette Lettre du 8 novembre 1725 est adressée au P. de Prémare en réponse à sa lettre du jour de Noël 1724, ff. 87 verso, 98.

Ce Ms. de 98 feuillets du même format est écrit apparemment par une seule personne. La dernière lettre du P. Foucquet

est fort intéressante au point de vue de la question des rites chinois.

Avec ce Ms. on a relié :

1° Discours de l'empereur regnant aujourd'hui dans la Chine fait à ses grands le 28 mai 1727. après une audience qu'il auoit donné à l'Ambassadeur de Portugal. 5 feuillets, ff. 99/103.

2° Une feuille (imprimée) de la table chronologique du P. Fouquet (voir col. 224).

— Dans la traduction de l'ouvrage du P. de Prémare *(Vestiges des princ. dogmes chrétiens*, col. : 322), M. Bonnetty dit p. XV : « Nous avons dans notre bibliothèque un manuscrit de 68 pages petit in-folio ayant pour titre : *Essai d'introduction préliminaire à l'intelligence des Kings, c'est-à-dire des monuments antiques conservés par les Chinois.* — Nous en donnerons connaissance. »

The Chinese Classics : estimation in which they are held by the Chinese; divided into two parts, the Sze shoo and Wooking; nine subdivisions, with remarks concerning each. [By C. Gützlaff.] *(Chinese Repository*, III, pp. 97 et seq., July 1834.)

Réimp. dans *The Cycle*, 10 Dec. 1870.

On the Golden Rule in the Chinese Classics, by Mr. Ezra Abbot, of Cambridge, Mass. « *What thou hatest thyself, do not thou to another* ». (Communication to the Am. Or. Soc., May 1870, *Journal*, No. IX, p. lxxix.)

JAMES LEGGE. — Specimen of the Chinese Classics; with a Translation : Prolegomena : and a critical and exegetical commentary. By James Legge, D. D., of the London Missionary Society. Hongkong, s. d., in-8, pp. 11.

— The Chinese Classics : with a translation, critical and exegetical Notes, Prolegomena, and copious indexes. By James Legge, D. D., of the London Missionary Society. In Seven Volumes. Gr. in-8.

Vol. I., containing Confucian Analects, the Great Learning, and the Doctrine of the Mean. Hongkong : 1861, pp. xiv-136-376.

— Preface. — Contents. — Errata.

— Prolegomena :

Chap. I. Of the Chinese Classics generally.

Chap. II. Of the Confucian Analects.

Chap. III. Of the Great Learning.

Chap. IV. The Doctrine of the Mean.

Chap. V. Confucius and his immediate disciples.

Chap. VI. List of the principal Works which have been consulted in the preparation of this volume.

— Confucian Analects. [Lun yu.]

— The Great Learning. [Ta Hio.]

— The Doctrine of the Mean. [Tchoung Young.]

— Indexes :

I. Subjects in the Confucian Analects.

II. Proper Names in the Confucian Analects.

III. Subjects in the Great Learning.

IV. Proper Names in the Great Learning.

V. Subjects in the Doctrine of the Mean.

VI. Proper Names in the Doctrine of the Mean.

VII. Chinese Characters and Phrases.

Vol. II., containing the Works of Mencius. Hongkong : 1861, pp. VIII-126-497.

— Advertisement. — Contents. — Errata.

— Prolegomena :

Chap. I. Of the works of Mencius.

Chap. II. Mencius and his disciples.

Chap. III. Of Yang Choo and Mih Teih.

Chap. IV. Works consulted in the preparation of this volume.

— The Works of Mencius.

— Indexes : 1. Subjects ; II. Proper Names ; III. Chinese Characters and Phrases.

Vol. III. — Part I. containing the First Parts of the Shoo-king. or the Books of T'ang ; the Books of Yu ; the Books of Hea ; the Books of Shang ; and the Prolegomena. Hongkong : 1865, pp. XII-208-279.

— Preface. — Contents. — Errata.

— Prolegomena :

Chap. I. The History of the Shoo king.

Chap. II. On the credibility of the Records in the Shoo.

Chap. III. On the determination of the principal Eras in the Shoo.

Chap. IV. The Annals of the Bamboo Books.

Chap. V. The Ancient Empire of China.

Chap. VI. List of the principal works which have been consulted in the preparation of this volume.

— Shoo king.

I. Preface, attributed to Confucius.

II. Part I, The Book of T'ang.

III. Part II, The Books of Yu.

IV. Part III, The Books of Hea.

V. Part IV, The Books of Shang.

Notice : *N. C. Herald*, 802, Dec. 9, 1865.

Vol. III. — Part II. containing the Fifth Part of the Shoo king, or the Books of Chow ; and the Indexes. Hongkong : 1865, pp. 280 à 735.

Vol. IV. — Part I. containing the First Part of the She king, or the Lessons from the States ; and the Prolegomena. Hongkong : 1871, pp. XII-182-243.

— Preface. — Contents. — Errata.

— Prolegomena :

Chap. I. The early history, and the present text of the She King.

Chap. II. The Sources of the Odes as a collection. Their interpretation and Authors. The Prefaces and their Authority.

Chap. III. The Prosody of the She ; the ancient pronunciation of the characters ; and the poetical value of the odes.

Chap. IV. The China of the Book of Poetry, considered in relation to the extent of its territory, and its political state, its religion, and social condition.

Chap. V. List of the principal works which have been consulted in the preparation of this volume.

— Part I : Lessons from the States.

Notice : *Shai. Budget*, Feb. 22, 1872.

Vol. IV. — Part II containing the second, third, and fourth parts of the She king, or the Minor Odes of the Kingdom, the Greater Odes of the Kingdom, the Sacrificial Odes and Praise-Songs ; and the Indexes. Hongkong : 1871, pp. 245/785.

Notice par le Rév. E. J. Eitel dans *The China Review*, I, pp. 2 1/2.

Vol. V. — Part I. containing Dukes Yin, Hwan, Chwang, Min, He, Wan, Seuen and Ch'ing ; and the Prolegomena. Hongkong : 1872, pp. X-147-410.

— Preface. — Contents. — Errata.

— Prolegomena :

Chap. I. The nature and value of the Ch'un Ts'ew.

Chap. II. The Chronology of the Ch'un Ts'ew.

Chap. III. The China of the Ch'un Ts'ew Period : — considered in relation to its territorial extent : the disorder which prevailed ; the growth and encroachments of the larger States ; and the barbarous tribes which surrounded it.

Chap. IV. List of the principal works which have been employed in the preparation of this volume.

— Dukes Yin, Hwan, Chwang, Min, He, Wan, Seuen, Ch'ing.

Notice : *Shai. Budget*, Nov. 28, 1872.

Vol. V. — Part II. containing Dukes Seang, Ch'aou, Ting, and Gae, with Tso's Appendix ; and the Indexes. Hongkong : 1872, pp. 411/933.

The Sacred Books of China. The Texts of Confucianism translated by James Legge. Part I. The Shû-king, The Religious Portions of the Shih king, the Hsiâo King. Oxford, At the Clarendon Press, 1879, in-8, pp. XXX-492.

Cet ouvrage forme le Vol. III de « The Sacred Books of the East translated by various Oriental Scholars and edited by F. Max Müller ».

Le docteur Legge est maintenant Professeur à l'Université d'Oxford et il continue ce grand ouvrage.

Voir infra col. 650, 656, 657 et 662 les réimpressions partielles.

Voir infra col. 650, 656, 657 et 662 les réimpressions partielles.

————

— Les Livres sacrés de l'Orient, comprenant le Chou-king ou le livre par excellence ; — les Sse-chou ou les quatre livres moraux de Confucius et de ses disciples ; — les Lois de Manou, premier législateur de l'Inde ; — le Koran de Mahomet ; traduits ou revus et publiés par G. Pauthier. Paris, chez Firmin Didot — chez Auguste Desrez, MDCCCXLI, in-8, pp. XXX-764.

Édition reproduite exactement dans celle de 1843.

Outre les éd. citées ci-dessous, le *Jour. de la Lib.* indique les suivantes : 1840, No. 4585-1857, No. 11971.

— Les Livres sacrés de l'Orient comprenant le Chou-king ou le livre par excellence, les Sse-chou ou les quatre livres moraux de Confucius et de ses disciples, les lois de Manou, premier législateur de l'Inde ; le Koran de Mahomet ; traduits ou revus et publiés par G. Pauthier. Paris, Société du Panthéon littéraire, MDCCCXLIII, in-8. pp. XXX-764, imprimé sur deux colonnes.

Contient :

— Le *Chou king*, livre sacré de la Chine, traduit en français par le P. Gaubil ; revu soigneusement sur le texte chinois, et augmenté d'un grand nombre de notes par M. G. Pau-thier, pp. 1/136.

— Notice du livre chinois nommé *Y-king*, ou livre canonique des changements, avec des notes, par Claude Visdelou, évêque de Claudiopolis, pp. 137/149.

— Les *Sse-Chou*, ou les quatre livres de philosophie morale et politique de la Chine, traduits du chinois par M. G. Pau-thier, pp. 151/304.

Les Livres sacrés de l'Orient comprenant le Chou-king ou le Livre par excellence ; les Sse-chou ou les quatre livres de Confucius et de ses disciples ; les lois de Manou, premier législateur de l'Inde ; le Koran de Mahomet ; traduits ou revus et corrigés par G. Pauthier. Orléans, H. Her-luison, 1875, gr. in-8 à 2 col. pp. xxx-764.

Ed. du *Panthéon littéraire*.

Y KING 易 經

Premier Livre Canonique du premier ordre.

— On en trouvera une notice dans Du Halde, II, pp. 288/295.

— Y king antiquissimus Sinarum liber quem ex latina interpretatione P. Regis aliorumque ex Soc. Jesu P. P. Edidit Julius Mohl. 2 vol. in-8.

Vol I. Cum quatuor tabulis 1834 Stuttgar-tiae et Tubingae, Sumptibus J. G. Cottae.

Il y a un faux-titre dans ce vol. : Confucii Y king ex latina Patrum Soc. Jesu Interpretatione nunc primum edidit Julius Mohl. Vol. 1 cum quatuor tabulis. Stuttgartiae et Tubin-gae 1831.

Vol. II. 1839 Stuttgartiae et Tubingae, Sumptibus J. G. Cottae.

Klaproth (189), Fr. 9. — *Bulletin* de Leroux, No. 2 (1873). Fr. 14. — Vend. Mohl (1352). Fr. 6.50.

— Notice du livre chinois nommé Y-king, ou livre canonique des changemens, avec des notes, par M. Claude Visdelou, Evê-que de Claudiopolis.

Dans l'éd. du *Chou king* du Père Gaubil (1770), pp. 399/436. — Elle est reproduite dans les éd des *Livres sacrés de l'Orient* de Pauthier, de 1841, de 1843, etc., pp. 137/149. (Supra col. 644).

« Ce petit traité [envoyé en 1728 à la Propagande par M. Visdelou] fait partie d'un volume *in-folio* manuscrit, qui renferme encore plusieurs autres Ouvrages du même Auteur ; tels sont : 1° quelques observations sur la Biblio-thèque Orientale de M. d'Herbelot, en cinq cahiers ; 2° la Notice de l'*Y-king* ; 3° la Traduction du Monument Chinois, avec des notes ; 4° une Table chronologique des Empe-reurs de la Chine. Feu M. de Desnalpeines, peu de tems avant sa mort, a fait présent de ce volume à la Bibliothè-que du Roi, ainsi que de la traduction entière de l'*Y-king*, faite par un Missionnaire. La traduction du Monument Chinois a été publiée [*Journal des Savants*, Juin 1 & Juin 11, Août 1760 & Février 1761], par M. l'Abbé Mignot, de l'Académie des Inscriptions (Note de De Guignes, *Chou king*, 1770, pp. 401/2.) [Col. 326.]

— Idea Generalis Doctrinae libri *Ye kim ;* seu brevis expositio totius Systematis philosophiae Ieroglyphicae, in antiquis-simis Sinarum libris contentae, facta R^{do}. P^i. Joanni Paulo Gozani visitatori hanc exigenti.

Ms. de 6 pages 1/2, in-4, sig. Joach. Bouvet (Bib. nat., Fonds français 17239).

— Dissertationes et Notae criticae in pri-mam partem Commentarij *Y-king* (Bib. Nat., Ms. fr. 17240, *Mélanges sur la Chine*).

Par le Père J. B. Regis.

— Notes critiques pour entrer dans l'intel-ligence de l'Y 易 king 經. (Bib. natio-nale, Fonds chinois, No. 2720), par le P. de Prémare.

Ms. pet. in-4 de 124 feuillets, numérotés écrits au recto, qq. pages exceptées.

Ce Ms. comprend :

— Pp. 1/17 : Préface générale.

— Pp. 18/26 : Notes critiques pour entrer dans l'intelligence de l'Y king. Chapitre Pre-mier, premier couple 乾 kien 坤 koüen. Préface particulière.

— Pp. 27/77 : Première Partie du Chapitre Premier, 1er Sym-bole 乾 kien.

(Article 1. pp. 27/33. — II, pp. 33/43. — III, pp. 44/48. — IV, pp. 48/77.)

— Pp. 77/124 : Seconde Partie du 1er Chapitre. Second Sym-bole 坤 koüen.

(Article 1, pp. 77/84. — II, pp. 84/92. — III, pp. 92/93. — IV, pp. 93/112. — Addition, pp. 113/124.)

— P. 124 : Fin du premier chapitre.

— Appendix de Mysterio Ye kim (pp. 345/360 de « Specimen doctrinae veterum Sina-rum ». Francofurti, 1724).

— Die verbogenen Alterthümer der Chine-ser aus dem uralten canonischen Buche Yeking untersuchet von M. Joh. Heinrich Schumacher Pr. zu Bevenrode, Wag-gen und Bienrode. Wolfenbüttel, Johann Christoph Meissner, 1763, in-8, pp. 208.

— Remarks of a Chinese preacher on the Sabbath, and notice of it in the Yih king. By S. W. Williams. (*Chin. Rep.*, XVIII, p. 159.)

Piper. Ueber das I-King. Die Texte des Confucius, welche sich auf die verschie-denen Reihenfolgen des Kwa beziehen. (*Ztschft. d. D. M. G.*, VII. Bd. (1853), pp. 187/214.)

— Ueber das I-King, die verschiedenen Be-standtheile des Buches u. ihre Verständ-lichkeit. (*Ibid.*, III. Bd. (1849), pp. 273/301. V. Bd. (1851), pp. 195/220.)

Das System der 八 卦 (Pa kua) by Joseph Haas (*Notes & Queries on C. & J.*, III, 1869).

Chinese Cosmogony [by Dr R. A. Jamie-son]. (*The Cycle*, 1870, 25 juin, 2, 9, 16 et 23 juillet.)

— The Symbols of the Yih-king. By T. Mc Clatchie, M. A. *(China Review*, I, pp. 151/163.)

Phallic Worship. By the Same. *(Ibid.,* IV, pp. 257/261.)

* A Translation of the Confucian 易 經 or the « Classic of Change », with Notes and Appendix. By the Rev. Canon Mac Clatchie, M. A., Secretary of C. M. S. Missions in China. Shanghai, 1876. [Voir col. 604.]

Notice : *China Review*, V, pp. 132/5.

CHOU KING 書 經 ou *CHANG CHOU*
Second Livre canonique du premier ordre.

— On en trouvera une notice dans Du Halde, II, pp. 295/297 et des extraits faits par le P. de Prémare, pp. 298/307.

— Consulter également les *Mémoires concernant les Chinois.* Vol. I, pp. 59/76.

Dans une note de ces *Mémoires*, I, p. 311, il est dit : « Le Chou-king a été traduit par le R. P. Benoit, le Chi-king & le Li-ki par le R. P. de la Charme, les manuscrits du Chou-king & du Chi-king sont en Europe. »

— Le Chou-king, un des Livres sacrés des Chinois, Qui renferme les Fondements de leur ancienne Histoire, les Principes de leur Gouvernement & de leur Morale ; Ouvrage recueilli par Confucius. Traduit & enrichi de Notes, par Feu le P. Gaubil, Missionnaire à la Chine. Revu & corrigé sur le Texte Chinois, accompagné de nouvelles Notes, de Planches gravées en Taille-douce & d'Additions tirées des Historiens Originaux, dans lesquelles on donne l'Histoire des Princes omis dans le Chou-king. Par M. de Guignes, Professeur de la Langue Syriaque au Collège Royal de France, de l'Académie Royale des Inscriptions et Belles-Lettres, Interprète du Roi pour les Langues Orientales, Garde de la Salle des Antiques du Louvre, Censeur Royal, & Membre des Sociétés Royales de Londres et de Gottingue. On y a joint un Discours préliminaire, qui contient des Recherches sur les tems antérieurs à ceux dont parle le Chou-king, & une Notice de l'Y-king, autre Livre Sacré des Chinois. A Paris, chez N. M. Tilliard... MDCCLXX, in-4, pp. CXLIV-474 sans le Privilége de l'Académie des Inscriptions & Belles-Lettres.

Préface, pp. i/xliij — Discours préliminaire, ou Recherches sur les tems antérieurs à ceux dont parle le Chouking, & sur la Mythologie chinoise, par le P. de Prémare, xliv-cxxxviij.—Table des Chapitres du Chou-king, cxxxix-cxliv.— Chou-king, pp. 1-318.— Explication des Planches, pp. 319-355.— Différentes observations du P. Gaubil sur le Chou-king, pp. 356-398.— Notice du Livre chinois nommé Y-king, ou Livre canonique des Changemens, avec des

Notes, par M. Claude-Visdelou, Evêque de Claudiopolis, pp. 399-436. - Table des Matières, pp. 437-474. — Errata, p. 474.

Vend. Langlès (319), Fr. 20. — Klaproth (187), Fr. 10.

Le *Chou king* du P. Gaubil est reproduit avec quelques légers changements par Pauthier dans *les Livres sacrés de l'Orient* éditions de 1841 et de 1843, pp. 46/136. Pauthier ne réimprime pas la *Table des Chapitres* de 1770, mais il donne, pp. 1/8, les *Observations* du P. Gaubil.

— Yu-chou der erste Theil des Chou-king. Aus dem Französischen des P. Gaubil und des de Guignes übersetzt und mit Anmerkungen begleitet von Hrn. Dr. Fr. Majer. (Klaproth, *As. Magazin*, I, pp. 456/477.)

La Morale du Chou-king ou le Livre sacré de la Chine. A Paris, chez Victor Lecou, 1851, in-32, pp. VIII-227.

Fait partie de la « Nouvelle Collection des Moralistes anciens publiés sous la direction de M. Lefèvre ». — Trad. du P. Gaubil.

Détails intéressants sur la traduction de Gaubil, dans Grosier, *Desc. de la Chine*, IV, pp. 355 et seq.

Voir dans *du Halde*, II, p. 298, une paraphrase du Chap. III (Ta-yu-mo) de la Ire Partie (Yu-chou) du Chouking. — II, p. 302, une paraphrase du Chap. II (Tchong-hoei-Tchi-kao) de la IIIe Partie (Chang-chou). — II, p. 304, une paraphrase du Chap. VI (Hien-yeou-y-te) de la IIIe Partie. — II, p. 305, une paraphrase du Chap. VIII. (Yue-Ming) de la IIIe Partie. — Ces traductions sont du Père de Prémare.

Le Chap. 1er du Chou king, *Yao tien*, est traduit en anglais à la suite (Appendix, pp. 1/21) du *Sixth Annual Report of the Anglo-Chinese College*, Malacca, 1828 [col. 621].

— Ancient China. 書 經 The Shoo king, or the Historical Classic : being the most ancient authentic Record of the Annals of the Chinese Empire : illustrated by later Commentators. Translated by W. H. Medhurst, Sen. Shanghae : Printed at the Mission Press, 1846, in-8, pp. XVI-413.

Preface by the Translator. — Preface by the Commentator Tsae Ch'hin, the disciple of Choo-Wan-kung. — Contents-Genealogical Table of Yaou and Shun (1-xvi). — Shoo-king (1-328). — Extract from the Mirror of Chinese history, beginning with the reign of Yaou. Illustrative of the facts related in the Shoo-king (329-398).— Appendix A. List of the 28 Constellations according to the Chinese (399-402).— Appendix B. Astronomy of the Shoo-king (from the *Chin. Rep.*) (403-408). — The Chinese Zodiac (409-413).

Publiée à Dol. 3. — B. Quaritch, 1872-18/-.

— Mémoire sur l'état politique et religieux de la Chine, 2300 ans avant notre ère, selon le *Chou-king*, par H. Kurz. *(N. J. As.,* V, 1830, pp. 401/436 et VI, 1830, pp. 401/451.)

Astronomy of the Shú-King by W. J. Boone. *(Chin. Rep.*, IX) . [Voir le chap. des *Sciences mathématiques.*]

— The *Shoo king,* or Book of Records ; its character, antiquity, and summary of its contents. By a Correspondent. (C. Gützlaff. *(Chinese Repository*, VIII, pp. 385 et seq.)

— Chinese sacrifices, illustrated by quotations from the Shú King. Translated for the *Chinese Repository*. (By E. C. Bridgman.) *(Ibid.*, XVII, pp. 97/101.)

— Some Notes on the Yü-kung, or Tribute of Yü. By Thos. W. Kingsmill. *(China Review,* IV, pp. 13/18.)

Voir Legge supra col. 643.— Biot, *Considérations sur les anciens temps.* [col. 245.]

CHI KING 詩經

Troisième livre Canonique du premier ordre.

Le *P. Cibot* a traduit 10 odes du *Chi king* dans les *Mém. conc. les Chinois :*

— IV : *Doctrine des Chinois sur la Piété filiale*, pp. 171/176 : 7 odes.

— VIII : *Essai sur la Langue des Chinois*, pp. 198, 199 ct 240 : 3 odes.

Le *Père de Prémare* a traduit 8 odes (dans *Du Halde*, II, pp. 309/317).

M. Mohl, éditeur de la version du *Chi king* de Lacharme, dit (parlant des odes trad. par Prémare) en note, p. VIII : « *Esse patris Intorcetta crediderim* »; à la même page, il dit aussi que du Halde a publié 7 odes ; l'erreur est double : il faut lire que le savant jésuite en a publié 8, et qu'elles ont été traduites par Prémare, ainsi qu'on peut le voir au bas de la page 308 de la *Descr. de la Chine*, II.

— *Morrison*, sans compter des fragments épars dans son *Dictionnaire*, a donné dans la première partie de ce grand ouvrage des traductions d'odes du *Chi king*, pp. 452, 452/453, 493, 526, 529, 607, 631, 685, 836.

Voir le *Chi king*, la *Clavis Sinica* de Marshman, pp. 548 et seq.

Landresse a traduit la 7e ode de la 2e partie du 4e livre dans le *Jour. As.*, Vol. I, pp. 78/87.

Une ode est traduite par Sinensis dans *the North China Herald*, No. 16, Nov. 16, 1850.

— Il y a des fragments de 3 odes du *Chi king* dans l'article suivant de Sir W. Jones : *On the second Classical Book of the Chinese. (Asiatic Researches,* London, 1799, Vol. I, p. 195/204.)

— Essai sur le Chi-king, et sur l'ancienne poésie chinoise. Par M. Brosset jeune, élève de M. Rémusat, Membre de la Société royale Asiatique de Paris. Paris, de l'imprimerie de Firmin Didot... 1828, in-8, pp. 30.

— Confucii Chi-king sive Liber Carminum. Ex latina P. Lacharme interpretatione edidit Julius Mohl. Stuttgartiae et Tubingae. Sumptibus J. G. Cottae, 1830. In-8, pp. XXII-322-XVI.

Pauthier (290), Fr. 10. — Jos. Baer & Cie. *(Bib. de la France,* Annonce, 1873.) Fr. 1. 60. — Vend. Mohl : Fr. 5.

* *Chi king si y.* Libri *Chi king* Sinensis interpretatio latina, (auct. P. de la Charme). Manuscrit in-4. cart.

Ce manuscrit, d'une écriture très soignée, date du siècle dernier. Il comprend 318 pages pour la traduction du *Chi king*, et 138 pages pour les Notes. (Cat. Pauthier (289), vend. Fr. 21.)

* Schi-king, oder chines. Lieder, gesammelt von Confucius. Neu u. frei nach P. La Charme's latein. Uebertragung. bearb. Herausgeg. von Joh. Cramer. Crefeld, 1844, Funcke.

* Schi-king. Chinesische Liederbuch, ge-

sammelt von Confucius, dem Deutschen angeeignet von Fr. v. Rückert, Altona, 1838, in-8.

Bib. Sinol., p. 35.

« The German Poet Rückert turned Lacharme into German verse, paraphrasing his imperfect translation and using the utmost poetical license, omitting that was too prosy and remodelling what was not poetical enough in itself with the help of his own rich store of poetic imagination. The consequence of course is, that it is difficult, even for the best Chinese Scholar, to recognize any single Chinese Ode as translated by Rückert. We can scarcely call them translated at all, unless we use the word in the sense which Quince gives to it, « Bless thee, Bottom ! bless thee ! thou art translated. »

« Bunsen's prolific and versatile genius could not resist the temptation to make capital of Rückert's German « translation » of the She-king. Accordingly he re-wrote a selection from Rückert's poems, translated them into English and published his version abroad as « The Book of Sacred Songs ». (Eitel, *China Review*, I, p. 3.)

— The She king ; or the Book of Ancient poetry, translated in English verse, with Essays and Notes. By James Legge, D. D., LL.D.,... London : Trübner & Co, 1876, in-8, pp. VI-431.

Dr. Legge's Metrical Shi king. By Alfred Lister. *(China Review*, V, pp. 1/8.) — T. W. Kingsmill, *Celestial Empire*, 9 sept. 1876.

(Voir supra col. 643.)

Chi-king ou Livre des Vers ancien livre canonique des Chinois précédé de la Grande Préface attribuée à Confucius et de celle du commentateur Tchou-hi. Traduction de M. G. Pauthier.

Inséré pp. 247/398 du Vol. II de la *Bibliothèque orientale*, Paris, Maisonneuve, 1872, gr. in-8.

— On lit dans le *London & China Express* du 22 oct., et le *N. C. Daily News* du 9 déc. 1875 :

« As evidence of the much greater interest taken now-a-day throughout Europe generally in matters relating to the Far East, we may mention that in the current number of the Danish periodical, *Det nittende Aarhundrede*, Lieutenant Wolff illustrates with what are considered able translations, a long paper on the « She King, » the book of Odes or Songs, which are said to have been selected and arranged by Confucius. »

— The Rhymes of the Shi-king. By J. Chalmers. *(China Review,* VI, pp. 1/82, 166/172.....)

The Ancient Language and Cult of the Chows : Being Notes Critical and Exegetical on the Shi-king, or Classic of Poetry of the Chinese. By Thos. W. Kingsmill. *(Jour. N. C. B. R. As. Soc.,* N. S. No. XII, pp. 97/125/iii.)

Schi-king. Das kanonische Liederbuch der Chinesen. Aus dem Chinesischen übersetzt und erklärt von Victor von Strauss. Heidelberg, C. Winter, 1880, gr. in-8, pp. 528.

Gabelentz, G. v. d. — Proben aus V. v. Strauss' Schi-King. — Uebersetzung mit Text und Analyse. Mit einer Tafel. *(Ztschft. d. D. M. G.*, XXXII, I, pp. 153/166.)

LI KI 禮記

Quatrième Livre canonique du premier ordre.

— 禮記 *Li ki*, ou Mémorial des Rites traduit pour la première fois du Chinois, et accompagné de notes, de commentaires et du texte original par J. M. Callery. Turin, Imp. Royale; Paris, B. Duprat, 1853, in-4, pp. xxxii-200 et 98 pages de texte chinois.

B. Quaritch, 1872, 30/-.

— Dans les *Mémoires concernant les Chinois* on trouve des extraits du *Li ki* : Vol. IV, pp. 6 et seq., sur la Piété filiale [par le P. Cibot]; Vol. IX, pp. 401 et seq., sur l'éducation des anciens Chinois.

TCHUN TSIOU 春秋

Cinquième Livre canonique du premier ordre.

« Bayer est, je crois, le premier qui ait publié des textes d'une certaine étendue; savoir, dans son *Museum Sinicum*, le commencement du livre *Taï hio*, et celui du *Siaô eül lün*, avec un petit vocabulaire Chinois; et dans les *Commentaria academiae Petropolitanae* [Tome VII, pp. 898 et seq.], le premier *Kiouan* du *Tchhun thsiou* de Confucius. Mais les gravures du *Museum Sinicum* sont si mal exécutées, qu'il est à peu près impossible de lire les caractères qu'elles contiennent. Le fragment du *Tchhun thsiou* est plus correctement gravé, mais les caractères n'en ont pas plus d'élégance »..... (Abel-Rémusat, *Not. et Ext.*, X, pp. 292/3.)

— Tchun Tsieou, Le Printems & l'Automne, ou Annales de la Principauté de Lou, depuis 722 jusqu'en 481 avant l'Ere chrétienne, &c. : Ecrites par le Célèbre Philosophe Confucius l'An 480 avant Jesus-Christ, après qu'il se fut demis de la charge de Ministre d'Etat qu'il possedoit à la Cour de Loù, &c. Et traduites en françois par Le Roux Deshauterayes. 1750.

Cette traduction n'a pas été publiée et se trouve à la Bib. nationale, Ms. Français 14686 [Supp. Fr. 5555], in-4; elle est précédée d'une préface de 30 pages écrite par le traducteur.

La plus grande partie de cette préface et 7 pages consacrées à Yeou ouang, le 12e empereur des Tcheou (règne 11 ans depuis 781 av. J. C.) se trouvet également dans le Ms. Fr. 14685 [Supp. Fr. 5554] in-4, qui contient quelques autres pièces venant de Deshauterayes, à savoir :

— Une « chronique tartare » de 79 pages commençant par : « 984 av. J.-C. la 17e année de Movang: Il fit une chasse vers la source du Hoangho, près du Lac nommé alors *Yao tchi* et aujourdhui par les Tartares de l'ouest *Coconor* », et s'étendant jusqu'à 1697 de notre ère avec un supplément occupant les deux dernières pages.

— Une chronologie.

— Des Extraits des Recueils des Lettres édifiantes.

Une copie de cette traduction faite en juin 1831 sur le ms. original a été payée Fr. 33. 50 à la vente des livres d'Abel-Rémusat (No. 1302); cette copie qui était marquée Fr. 36, No. 190 du Cat. du libraire Dondey-Dupré, s. l. n. d., se trouve aujourd'hui (août 1876) entre les mains de Mr. Trübner, libraire à Londres, et figure dans son catalogue (1876) au prix de £ 5.5/-.

Remarks on the Ch'un ts'ew. By James Legge. *(Chin. Rec.,* III, pp. 335/6.)

On the Ch'un ts'iu. By E. Bretschneider. *(Ibid.,* IV, July 1871, pp. 51/2.)

« Some 40 years ago Father Daniel, of the Russian Ecclesias-

tical Mission at Peking translated the Ch'un ts'iu into Russian, but as far as I know this translation has never been published. The manuscript exists still. Besides this, parts of the Ch'un-ts'iu were translated into Russian and published by other Russian Sinologues. »

(Voir Legge supra col. 644.)— Pour les éclipses voir le chap. des *Sciences mathématiques.*

SE CHOU 四書 ou Quatre Livres (du second ordre).

譯四書小引

Notice sur les quatre Livres moraux attribués communément à Confucius, par M. Abel-Rémusat *(Not. et Ext. des manuscrits de la Bib. du Roi*, X, 1818, pp. 269/426).

Pp. 296 et seq. on trouvera le Tchoung young (texte chinois) avec la traduction française. Pp. 380 et seq. Rémusat en donne la « Version mandchou, composée par ordre de Khang hi, revue par le conseiller Ortaï (en chinois 'O-eül-thaï), et publiée sous la direction immédiate de l'empereur Kian loung, avec le texte chinois, en 1755.» [Voir col. 660.]

Sapientia Sinica Exponente P. Ignatio a Costa Lusitano Soc. Ies. à P. Prospero Intorcetta Siculo eiusd. Soc. orbi proposita. Kién chàm in urbe Sinarū Prouinciae Kiàm Si. 1662 superiorum Permissu, petit in-folio.

Nous avons examiné au British Museum un exemplaire de cet ouvrage qui est fort rare ; en voici la description :

L'ouvrage se compose de 51 feuillets doubles :

— 1er feuillet, *recto* : Titre, *vide supra ;* ce titre est encadré dans une bordure ; au milieu de la page les lettres IHS entourées d'un dessin.

— 1er feuillet, *verso* : Facultas R. P. V. Proulis... signée : Iacobus le Faure.

— 2e feuillet, *recto* : [Epistola] RR. Patribus Extremi Orientis. 建昌 Kién chàm Vr- 江西 Kiàm Datée « Ex be Prouinciae si 13. Aprilis 1662. R. R. VV. Humillimus seruus Prosper Intorcetta.

— 2e feuillet, *verso* ; 3e f., *recto* : Ad Lectorem.

— 3e f., *recto* jusqu'au 4e f. *verso* : Vita Confucij Principis Sapiētiae Sinicae.

— 5e feuillet, *recto et verso* : Missionarijs ad Sinas pergentibus et authori S. P..... daté : « Fo chen fù 25. 8 bris. 1660 Andreas Ferram Soc. Ies. »

Ces 5 feuillets ne sont pas numérotés; les pages suivantes portent des chiffres arabes, 1, 2, 3, 4, et les feuillets (sur la tranche) des chiffres chinois, 一 二 三 四

— Lib. Ta Hio. 七 (7). On lit p. 14 : finis lib. *tá* pp. 1/14 = feuillet *hio.*

— 2 pages blanches = 1 feuillet.

— Lib. Lun Yü, 二 八 38). On lit au bas de la pp. 1/76 = feuillet page 76 comme réclame : « Lib. Lün Yü Pars 6 », le vol. ne comprenant que les 5 premières parties du *Lun yu.*

La Bib. nat. (F. Chinois 208) possède les 38 feuillets du *Lun yu* provenant de la collection de Rémusat, No. 1597, vend. Fr. 100.

Sinarvm
Scientia
Politico-Moralis

毅 yā　　耶 ie
鐸 tō a 穌 sv
澤 çě　　會 hoei

P. Prospero Intorcetta
Sicvlo Societatis
Iesv
in
Lucem edita
箸 chú

pet. in-folio.

Collation :

— 1ᵉʳ ff. double : blanc.

— 2ᵉ ff. recto : titre ut supra.

— 2ᵉ ff. verso :

Moderatores Societatis Iesv in Sinensi V. Prouinciâ Igna-
tius à Costa Lvsitanus — Iacobus le Faure Gallus —
Matthias à Maya Lusitanus — Felicianus Pacheco Lusitanus suo singuli tempore Approbarunt-è Iesv Societate
Antonius de Gouuea Lusitanus — Petrus Caneuari Ge-
nuesis — Franciscus Brancato Siculus — Io Franciscus
de Ferrarijs Pedemontan — Humbertus Augeri Gallus
— Adrianus Grelon Gallus — Iacobus Motel Gallus —
Io. Dominicus Gabiani Pedemontan — Emmanuel Georgius Lusitanus — Philippus Couplet Flandrobelga —
Franciscus Rougemont Flandrobelga — Christianus Herdtrich Austriacus recognoverunt.

Chaque nom est précédé des caractères chinois qui le représentent.

— 3ᵉ ff. recto :

Facvltas R. P. Vice provincialis. Ego infrascriptus Societatis Iesv in Sinis Praepositus Vice provincialis potestate
mihi factâ ab A. R. P. N. Ioanne Paulo Oliua Praep. : Generali, do facvltatem P. Prospero Intorcetta ejusdem Societatis, vt typis excvdendam curet Sinarvm Scientiam
Politico-moralem : quod opvs primvm à P. Ignatio à Costa,
deinde à P. Iacobo le Favre, demvm à P. Matthia à Maya
praedecessorib. meis approbatvm, & à dvodecim alijs
Patrib. Soc⁽ᵗⁱˢ⁾. nostrae in Sinis recognitvm, & pvblicâ lvce
dignvm judicatvm fvit. In qvorum fidem has manu meâ
signatas, & sigillo offícij mei mvnitas dedi. In vrbe Quàm
chěŭ metropoli Sinensis pvinciae Quàm tvm die 31. mensis
Iulij. Anni 1667. Felicianus Pacheco.

— 4ᵉ ff. Ce f. est simple ; il est de 2 pages à la manière européenne, tandis que les précédents sont doubles à la ma-
niére chinoise. Il contient l'avertissement du P. Intorcetta
au lecteur.

— 13 feuillets doubles chinois contiennent le Tchoung
young ; 1 f. est consacré au titre.

— 14 feuillets simples, de 2 pages à la manière européenne,
continuant le Tchoung young ; les pages sont numérotées
sur la tranche avec des chiffres chinois de 13 à 26 ; elles
sont divisées en 2 colonnes ; à gauche le latin ; à droite
le chinois.

— 1 feuillet blanc.

— 4 ff. simples : Confvcii Vita ; au bas de la p. 8, on lit :
« Goae Iterum Recognitum, ac in lucem editum Die. 1. Octobris. Anno 1669. Svperiorvm Permissv. »

En résumé, 36 feuillets dont 16 doubles chinois (1 blanc) imprimés à Canton, et 20 simples (1 blanc) imprimés à
l'européennne à Goa.

Cet ex. appartient à la Bib. nat. de Paris (F. chinois 209) ;
il provient de la collection de Rémusat, No. 1596, vend.
Fr. 40. On verra qu'il est en tous points semblable à l'ex.
de la maison professe des PP. Jésuites de Palerme, passé

(SCIENCES MORALES ET PHILOSOPHIQUES.)

dans la Bib. nationale de cette ville et décrit par le P. de
Backer, et mieux encore pp. 290/1 du Catalogo ragionato (1).

D'après ce qui précède, on verra donc que le nom d'éditions
de Goa donné à ces anciennes publications n'est justifié
que par l'impression de l'avertissement d'Intorcetta, d'une
partie d'une Tchoung young et de la Vie de Confucius
dans cette ville portugaise ; que le reste du Tchoung
young est de Canton ; que le Tahio et le Lun yu (en partie) sont du Kiang si, et que rien n'en a été publié à Goa.

Une note du Cat. de Rémusat, No. 1597, dit que : « L'exemplaire complet, seul connu en Europe, des ouvrages de
Confucius publiés en chinois et en latin par le P. Intorcetta, édition de Goa, existe à la Bibliothèque impériale de
Vienne ».

Il est probable qu'il contient comme comme celui de la Bib.
de Palerme les 2 ouvrages que nous venons de décrire.

La Vie de Confucius publiée dans l'éd. de 1669 est différente
de celle qui est donnée dans l'éd. de 1662.

Il y a un ex. de la première partie du Lun yu au Collège de
Siu-ca-wei formant un cahier de 72 pages ; on a remarqué
que les ex. que nous venons de décrire avaient 38 ff. et
comprenaient les 5 premières parties du Lun-yu ; le nom du
P. Ferran se trouve au bas de la dernière page de l'ex. de
Siu-ca-wei.

Sinarvm Scientia Politico-moralis, sive
Scientiae Sinicae Liber inter Confvcii Libros secvndvs, a P. Prospero Intorcetta
Sicvlo Soc. Iesv e Sinensi Lingva in
latinam versa. Chùm Yvm. Parisiis,
M.D.C.LXXII; in-folio [Fragments publiés
par M. Thevenot dans sa Collection].

— La Science des Chinois Traduite mot
pour mot de la langue Chinoise par le
R. Pere Intorcetta Iesuite. A Paris, chez
Gervais Clovsier... et André Cramoisy...
M.DC.LXXII, in-fol., pp. 24.

Contient une préf. au lecteur (latin), la trad. latine du
Tchoung young, la Vie de Confucius en latin et en français,
et une version française de quelques passages du Tchoung
young.

On lit, p. 18 : « I'ay choisi la vIlle de Goa pour mettre au
iour ce traité, elle est la mère des autres Missions, & c'est
de là que découle, dans le reste de l'Orient, tout ce qui se
fait de grand tous les iours pour l'auancement de la Foy
sous les auspices de S. François Xauier l'Apostre de
l'Orient, ie l'ay fait aussi pour me conformer au sentiment
de mes confrères, que ie laissay dans la Prouince de
Canton qu'on leur auoit marquée pour le lieu de leur exil. »

Ces observations viennent à l'appui de ce que nous disions
plus haut col. 654.

— Confucius Sinarum Philosophus, sive
Scientia Sinensis latine exposita. Studio
& Opera Prosperi Intorcetta, Christiani
Herdtrich, Francisci Rougemont, Philippi
Couplet, Patrum Societatis Jesu. Jussu
Ludovici Magni Eximio Missionum Orien-
talium & Litterariae Reipublicae bono e
Bibliotheca regia in lucem prodit. Adjecta
est Tabula Chronologica sinicae monar-
chiae ab hujus exordio ad haec usque
tempora. Parisiis, Apud Danielem Hor-
themels, viâ Jacobaeâ, sub Maecenate.
M.DC.LXXXVII. Cum privilegio Regis. In-

(1) « Catalogo ragionato dei Libri di prima stampa e delle
edizioni aldine e rare esistenti nella Biblioteca Nazionale di
Palermo compilato dal Sac. Antonio Pennino Assistente di
essa Biblioteca. Vol. I, Palermo, 1875, in-8, pp. 284/302. »

folio, pp. cxxiv-108-159-8-3-xx-106, s. l. p.

— Epistola Ludovico magno regi christianissimo (sig. du P. Couplet.)

— Operis origo et scopus nec-non sinensium librorum, interpretum, sectarum, et philosophiae, quam natutalem vocant, proëmialis declaratio, pp. ix-cxiv (sig. du P. Couplet).

— Portrait de Confucius.

— Philosophorum Sinensium Principis Confucii Vita, pp. cxvij-cxxiv.

— Scientiae Sinicae, Liber primus [Ta hio], pp. 1/39.

— Liber secundus [Chûm yum], pp. 40/108.

— Liber tertius [Lùn Yù, Ratiocinantium Sermones. Versio litteralis unâ cum explanatione], pp. 1/159.

— Tabula genealogica trium familiarum imperalium Monarchiae Sinicae à Hoam ti primo gentis Imperatore per 86. successores, & annos 2457. ante Christum. E Sinico Latinè exhibita à R. P. Philippo Couplet Belgâ, Soc. Jesu, Sinicae Missionis in Urbem Procuratore, pp. 1/8.

— Paradigma XV provinciarum et CLV urbium capitalium sinensis imperij cum templis quae Cruce † signantur et domiciliis S. I. [Auctore Phil. Couplet], 1 page.

— Imperii Sinarum et rerum in eo notabilium Synopsis. 4 pages numérotées 105/108.

— Tabula Chronologica Monarchiae Sinicae juxta cyclos annorum lx. Ab anno ante Christum 2952. ad annum post Christum 1683. Auctore R. P. Philippo Couplet Belgâ, Soc. Jesu, Sinensis Missionis in Urbem Procuratore. Nunc primùm in lucem prodit è Bibliotheca regia. Parisiis, m. dc. lxxxvi. Cum privilegio Regis, pp. xx-106.

— Extrait du Privilege du Roy, 1 page; au bas de cette page on lit : Parisiis, Ex Typographia Andreae Cramoisy Parisiensis Typographi. m. dc. lxxxvii.

Vend. Langlès (433), Fr. 29. — Rémusat (172), Fr. 10.05. — Klaproth (180), Fr. 6.

— **Sinensis Imperii Libri Classici Sex, nimirum Adultorum Schola, immutabile medium, liber sententiarum, Memcius, Filialis Observantia, parvulorum Schola, E Sinico idiomate in latinum traduci a P. Francisco Noël Societatis Jesu Missionario. Superiorum Permissu. Pragae, Typis Universitatis Carolo-Ferdinandeae, in Collegio Soc. Jesu ad S. Clementem, per Joachimum Joannem Kamenicky p. t. Factorem, Anno 1711, in-4, pp. 608, s. les prél., etc.**

— Praefatio, 5 p. — Index et Synopsis capitum et articulorum, 20 p. — Liber primus, etc., pp. 1/608. — Errata, 2 p.

Rare. — Langlès (431), Fr. 59. — Rémusat (170), Fr. 51. — Klaproth (178), Fr. 33.

Exercices de traduction de la langue chinoise en langue latine par le Jésuite Noël, ou, suivant l'inscription sur la feuille servant de titre : Liber sententiarum ex sinico in latinum idioma traductus a P. Francisco Noël Societatis Jesu Missionario Sinensi. — Plus bas : Nancham in Chinâ 1700. Une autre remarque est conçue en ces termes : Tiré de la Bibliothèque privée de Mr. P. J. Baudewyns, anc. Profess. à l'Académie, Direct. act. de l'Ecole seconde à Bruxelles. Acquis et envoyé au Temple de Mémoire à Pulawy, ce 27 Nov. 1810, par moi, Général de division Sokolnicki. — Relié à l'européenne, 3 vol. in-4. Ms. (Cat. des Ms. et Xylog. de St. Pétersb., 1852, No. 842.)

— **Les Livres classiques de l'Empire de la Chine, recueillis par le Père Noel; précédés d'observations sur l'origine, la nature & les effets de la philosophie morale & politique dans cet empire. A Paris, chez De Bure, Barrois aîné & Barrois jeune, 7 vol. in-18, 1783-1786.**

Cette traduction française de l'ouvrage latin du P. Noël est de l'abbé Pluquet, ainsi que l'indique l'Approbation imprimée à la page iii du premier volume.

(SCIENCES MORALES ET PHILOSOPHIQUES.)

Tome Premier, 1784, pp. iv-246 : Préface. — Approbation. — Observations sur la philosophie morale et politique des Législateurs chinois.

Tome Second, 1783, pp. xl-230 : Observations sur les Livres classiques de l'Empire de la Chine. — La Grande Science, ou la Science des Adultes. — Le Juste Milieu, ou le Milieu immuable.

Tome Troisième, 1785, pp. 228 : Avant-Propos. — Le Livre des Sentences.

Tome Quatrième, 1785, pp. 229-428 : Suite du troisième livre classique nommé le Livre des Sentences.

Tome Cinquième, 1786, pp. 213 : Avant-Propos. — Meng tsée, ou le Livre de Memcius.

Tome Sixième, 1786, pp. 266 : Seconde Partie du Livre de Memcius.

Tome Septième, 1786, pp. 230 : Avant-Propos. — Hiao-king, ou le Livre de la Piété filiale. — Siao-hio, ou le Livre de l'Ecole des Enfants. — Approbations. — Avis pour l'ordre des Volumes.

Cet ouvrage a été publié à 12 liv. 12 s. broché ; les exemplaires sur Papier d'Annonay coûtaient 28 livres brochés.

Rémusat (171), Fr. 8.10.

— **The Chinese Classical Work commonly called the Four Books; translated, and illustrated with Notes, By the Late Rev. David Collie, Principal of the Anglo-Chinese College, Malacca. Printed at the Mission Press. 1828, in-8.**

Preface (i-vi). — Memoirs of Confucius (vii-xiv). — Ta Heo (1-14). — Chung Yung (1-31). — Shang lun (1-45). — Hea lun (47-98). — Memoirs of Mencius (i-vi). — Shang Mung (1-96). — Hea Mung (97-185).

Pub. à cinq piastres espagnoles; avec le texte chinois : six piastres espagnoles.

Rémusat (175), Fr. 11, broché. — Klaproth (179), Fr. 35. — Quaritch, No. 285 (1872) 25/.

— **Confucius et Mencius. Les quatre Livres de philosophie morale et politique de la Chine traduits du Chinois par M. G. Pauthier. Paris, Charpentier, 1862, in-18, pp. 465, sans la Table.**

Cette traduction du Se chou est tirée des Livres Sacrés de l'Orient édités par Pauthier chez Didot, 1841, pp. 153/304; elle est précédée d'une « introduction » de Pauthier, pp. 1/32.

Ed. citées par le Jour. de la Lib. : 1841, No. 3572. [Vendu Quaritch. 1872, 3/6.] — 1846, No. 2861.— 1852, No. 6100.

Confucius und Mencius. Die Vier Bücher der Moral=und Staatsphilosophie China's. Aus dem Chinesischen nach der französischen Uebersetzung des Herrn M. G. Pauthier's herausgegeben von Joh. Cramer. Crefeld, 1844, in-18, pp. viii-364.

De heilige Boeken der Chinezen of de vier klassieke boeken van Confucius en Mencius. (Koeng-Tseu en Meng-Tseu.) Voorafgegaan door een inleidend levensberigt van Confucius en Mencius, en voorzien van opheld. aanm. en hist. aantt. naar de beste Europesche vertalingen. Haarl., v. Brederode. 1862, in-8.

Eene nieuwe (titel-) uitgave verscheen Arnh., de Jong. 1864. Beoordeeling : Godg. bijdr. 1864. XXXVIII. 705. (Hensbroek.)

*The Chinese Classics. A Translation By James Legge D. D. of the London Missionary Society. Vol. I. Worcester, Mass., Published by Z. Baker, gr. in-8, 1866.

Contient le texte anglais du Vol. I de l'éd. de Hongkong,

(SCIENCES MORALES ET PHILOSOPHIQUES.)

1861, sans le chinois, les notes, les prolégomènes et le lexi-que, mais avec la table des matières, une Vie de Confucius extraite de *Chambers' Encyclopaedia* et trois pages et de-mie dans l'introduction sur les doctrines de Confucius.

* Chinese Classics, containing selections from the Works of Confucius and Men-cius, translated by James Legge, D. D., of the London Missionary Society. With full indexes. Hurd & Houghton, New-York, 1870, in-8.

Notice : *Atlantic Monthly*, Vol. XXV, 1870, pp. 763/4.

— The Four Books ; or the Chinese Clas-sics in english, and Chinese Text : for the use of those who wish to learn to trans-late english, and those gentlemen who wish to read the words spoken by the Chinese Sages. Compiled from the best previous works, and arranged precisely, according to the pages of the Chinese Text, by a Chinese Compiler. In six volu-mes. Ho-nan : Printed at a Private Press. 1871.

Cette édition des quatre livres est grossièrement imprimée avec des caractères mobiles en bois et formé 6 *peun*, ou ca-hiers chinois. Le texte chinois est imprimé sous la traduc-tion anglaise qui n'est autre que celle qui est donnée par le Dr. Legge dans les Vol. I et II de ses *Chinese Classics*.

— The Four Books ; or the Chinese Clas-sics in english : for the use of those who wish to learn to translate English, and those gentlemen who wish to read the words spoken by the Chinese Sages. Compiled from the best previous works, and arranged precisely, according to the pages of the Chinese Text, by a Chinese Compiler. In Six volumes. Ho-nan : Prin-ted at a Private Press. 1871.

Ces vol. pet. in-12 carré comprennent la traduction anglaise de l'édition précédente imprimée avec les mêmes carac-tères. Le texte chinois est supprimé.

1º **Ta hio** 大 學 ou l'*Ecole des Adultes.*
Premier Livre Canonique du second ordre.

« The *Ta héo* « Great Study » appears to have been retain-ed after the time of Chè-hwâng Tè, among the documents pertaining to the rites, and eventually formed a section in the *Lè ké*, in which it was preserved till the time of Choo He, who erased it from the *Lè ké*, and published it sepa-rately, as one of the Four Books. It consists of eleven chapters, the first of which, called the Classic, contains the words of Confucius, on the fundamental principles requisite in the government of states. The remaining ten by his disciple Tsang Ts'an are merely illustrations of the sayings of the sage ». (Wylie, *Notes*, p. 6.)

— Confvcii Tahio siue Philosophia cvm interpretatione et scholiis quibvsdam. (Bayer, *Museum Sinicum*, II, pp. 237 et seq.)

— Ta-hio, ou la Grande Science.

Traduit par le Père Cibot dans le Vol. I des *Mémoires con-cernant les Chinois.*

* Sy chou gheï, to iest' tchetyre knighi.... (Les quatre Livres, avec les Commentai-res. Premier livre du philosophe Confu-cius, traduit du chinois et du mandchou

(SCIENCES MORALES ET PHILOSOPHIQUES.)

en russe, par Alexis Leontief. Saint-Pétersbourg, Académie imp. des Sc.,1780, in-8.

Bazin (No. 1780). — Rèmusat (176) Fr. 6.05. — Kla-proth (188) Fr. 4.50. — Rosny, *Var Or.*, p. 254.

— Ta-hyoh, with a Translation, and a Praxis, explaining each character as it occurs.

Publié à la fin de la *Clavis Sinica* (1814) de Marshman. La Traduction a été faite par le fils ainé de Marshman. (Voir la Préface de la *Clavis*, p. xv.)

— « Translations of Ta-hio ; the First of the Four Books » dans les *Horae Sinicae* de Morrison : London, 1812 ; — new ed. 1817, pp. 147/159.

— Le Ta-hio, ou la Grande Etude, ouvrage de Confucius et de son disciple Tseng-tseu. Traduit du Chinois par M. G. Pau-thier. Paris, de l'Imprimerie d'Everat, rue du Cadran, No. 16, 1832, br. in-8, pp. 23.

Extrait de la *Revue Encyclopédique*, Mai-Juin 1832.

大 學 Le Tá hio, ou la Grande Etude, le premier des quatre livres de philoso-phie morale et politique de la Chine ; ouvrage de Khoung-fou-tseu [Confucius] et de son disciple Thsêng-Tseu ; Traduit en François avec une version latine et le texte chinois en regard ; accompagné du commentaire complet de Tchôu-hî, et de notes tirées de divers autres commenta-teurs chinois ; par G. Pauthier. Paris, Imprimé par Firmin Didot frères..... avec les types chinois mobiles, gravés sur poinçons d'acier et fondus par Marcellin-Legrand, graveur de l'Imprimerie royale. MDCCCXXXVII. Cura et Sumptibus Inter-pretis, in-8, pp. VIII-104.

Cet ouvrage fait partie d'une collection que devait publier en parties Pauthier sous le titre de « Les anciens Philoso-phes Chinois, traduits et publiés en Chinois, en latin et en François, avec plusieurs commentaires ». Notice *Asiatic Journal*, XVIII, pp. 185/9.

— The Ta heo Classic. — « The Great Lesson of Life. » Translation of the Ta heo Classic « The Great Lesson of Life » : By C. B. Hillier. Read to the Society, 10th August 1852. (*Transactions China Branch Roy. As. Soc.*, Part III, Art. II.)

* Confucius. Tá-hio. Die erhabene Wissen-schaft. Aus dem Chinesischen übersetzt und erklärt von Reinhold von Plaenckner. Leipzig, 1874, in-8.

Voir *Annales Encyclopédiques*, 1818, V, 112 et seq. — *Indo-Chinese Gleaner*, No. XIV, Oct. 1820. — Legge, *supra*, col. 642. — Pauthier, *supra*, col. 644 et 656. — Zottoli, *Cursus litteraturae Sinicae*, II, pp. 141/169.

* Ta hio, premier livre de Confucius, publié à St. Pétersbourg par M. le baron Schil-ling de Canstadt, in-folio [texte chinois].

Vend. Rèmusat (1591), sur pap. anglais, Fr. 6.50. — (1592), sur pap. chinois, Fr. 12.

(SCIENCES MORALES ET PHILOSOPHIQUES.)

* Ta hio, premier livre de Confucius en chinois, gravé en taille douce par les soins de l'abbé Dufayel, in-4.

Cet ouvrage n'a jamais été mis dans le commerce. Vend. Rémusat, (1593), d. rel. dos m. r. Fr. 6.

La Morale de Confucius, philosophe de la Chine (Par J. de La Brune). Amsterdam, Savouret (Paris), 1688, in-12, 10 ff. lim. et pp. 100.

« République des lettres », par J. Bernard, septembre 1710, p. 305.

L'abbé Simon Foucher publia la même année à Paris, avec les seules initiales de son nom, une « Lettre sur la Morale de Confucius », qui a été plusieurs fois réimprimée avant ou après l'ouvrage dont il est ici question. Les deux opuscules ont été réimprimés ensemble à Paris, chez Valade, 1783, in-8.

Malgré l'assertion de Jacques Bernard, l'Avertissement qui précède la « Morale de Confucius » ne me permet pas de croire que l'ouvrage ait été rédigé par un protestant ; il me semble plutôt venir d'un catholique.

Le Catalogue Filheul, n° 379, donne la « Morale de Confucius » au président Cousin ; et j'avoue être très porté à adopter ce nouveau renseignement.

Voy. Barbier. « Examen critique », p. 228, article Cousin ». (Barbier, Dict. des Anonymes, VI, 1875, 351/2.)

La Morale de Confucius, philosophe de la Chine. A Paris, de l'imprimerie de Valade ; et à Reims, chez Cazin, M.DCC.LXXXIII, in-8, pp. 236, s. les prél.

Brunet (II, 222/223) dit en parlant de l'éd. de 1783, Londres (Paris, Valade) : « Edition peu commune, dont il y a des exemplaires in-8, en papier fin d'Annonay : vend. 9 fr. 50 c. mar. Renouard, en 1805. L'ancienne édition de cette traduction de la Morale de Confucius, Amsterdam, 1688, in-12, est à très bas prix. »

Cet ouvrage traite non-seulement du Ta hio, mais aussi du Tchoung young et du Lun yu.

Chossonnery, 1877, No. 20 : Amst., chez Pierre Savouret (à la Sphère), s. d., port., in-12, 3 fr. — Reims, Cazin, 1783, in-18, gr. pap. vergé, port. 5 fr. ; — Paris, 1818, in-18, port. 1 fr. 50.

* The Morals of Confucius. London, 1691 ; in-12. — Lond., 1724, in-12. Roxburghe 1179, 5/. (Lowndes).

2° **Tchoung Young** 中庸 ou le Milieu Immuable. Second Livre Canonique du second Ordre.

— Tchong Yong, ou Juste Milieu.

Traduit par le Père Cibot dans le Vol. I des Mémoires concernant les Chinois.

* Djoun ïoun, to iest Zakon,.... Tchoung-Young, c'est-à-dire la Loi immuable (l'invariable milieu) tirée des traditions du philosophe chinois Koung Tsi, livre II°, traduit du chinois et du mandchou en russe par Alexis Leontief. Saint-Pétersbourg, Acad. des Sciences. s. d., in-8.

Vend. Rémusat, (177), Fr. 6. 05.

Notizie varie dell'Imperio della China e di qualche altro paese adiacente con la vita di Confucio Il Gran Savio della China, e un saggio della sua Morale. All'illustriss. Sig. Marchese Clemente Vitelli. Maestro di Camera del Sereniss. Granduca di Toscana. In Firenze nel Garbo, Da Giuseppe Manni. M. DC. LXXXVII. Per il Carlieri all'Insegna di San Luigi Con Licenza de' Superiori, in-12, pp. XVI-185 sans l'approbation.

On trouve dans ce volume : Relazione della China Cavata

da un ragionamento tenuto Col P. Giovanni Grueber della Comp. di Gesu, pp. 1-122 = Confucii Vita, pp. 122-142. — Scientiae Sinicae liber inter Confucii libros secundus, pp. 143-185 [Tchoung Young].

— Il y a, dans la bibliothèque de M. Alex. Wylie, un manuscrit (pet. in-4) que ce savant a acheté dans une boutique chinoise à Peking et a fait relier. Ce ms. a pour titre : Introductio Necessaria ad latinam linguam Kien long quadragesimo tertio anno duodecimae lunae decima quintâ die europeus 汪遠洪 scriptum traditus Ventavon dit tan min kiou lin veneranter recepit. A la fin de ce volume, il y a une traduction du Tchoung Young qui a pour titre : Tchoung Yung Kien long quadragesimo secundo anno duodecimae lunae vigesima octava die europeus litteratus Ventavon scriptum tradidit Tan Min kiou lin veneranter recepit.

Le recto des pages de cette traduction est numéroté, et la série va jusqu'à 48 ; l'ouvrage a donc 96 pages. On a inscrit les caractères chinois avec de l'encre rouge sous les mots latins des dix premières pages de la traduction qui est, avec peu de différences, la même que celle du P. Intorcetta. Le P. de Ventavon, qui est arrivé en 1766 à la Chine, est mort à Peking le 27 mai 1787. C'est sa trad. qui parait avoir servi pour l'ouvrage précédent. « Notizie, » etc.

— L'invariable milieu, ouvrage moral de Tséu-ssé, en chinois et en mandchou, Avec une Version littérale Latine, une Traduction Françoise, et des Notes, précédé d'une notice sur les quatre livres moraux communément attribués à Confucius, par M. Abel-Rémusat. A Paris, de l'imprimerie royale, 1817, in-4, pp. 160.

— Remarks on M. Rémusat's Translation of the Chung Yung, à Paris 1817. By Aliquis (Indo-Chinese Gleaner), 1820, pp. 337/338).

— Voir supra col. 652.

Vend. Rémusat (178). Fr. 17 ; (179) pap. vél. (Fr. 35.50.) Klaproth (190). Fr. 20 (pap. vél.).

Moral System of the Chinese. The Chung Yung. (Asiatic Journal, XIV, 1834, pp. 114/118, 157/163.)

Confucius. Tchöng-yöng. Der unwandelbare seelengrund. Aus dem Chinesischen übersetzt und erklärt von Reinhold von Plaenckner. Leipzig : F. A. Brockhaus, 1878, in-8, pp. IX-255.

* Tchoung Young, ou l'Invariable Milieu publié à St. Pétersbourg par M. le baron Schiling de Canstadt, in-folio.

Vend. Rémusat (1594), Fr. 13.50.

Sur les éditions chinoises de M. le baron Schilling de Canstadt. (A. Rémusat, J. As., IV, 1824, pp. 165/170 : et Mél. As.)

* Tchoung Young, ou l'Invariable Milieu, second livre de Confucius, lithographié à Paris par M. Levasseur [texte chinois], in-18.

Vend. Rémusat. (1595), Fr. 2.50.

Legge, supra, col. 642.— Pauthier, supra, col. 644 et 656.— Zottoli, Cursus litteraturas Sinicae, II, pp. 170, 209. — Indo-Chinese Gleaner, II, pp. 379/391.

3° **Lun Yu** 論語 ou Livre des Sentences. Troisième Livre canonique du second ordre.

— On trouvera une notice de cet ouvrage par le Dr. Milne, dans the Indo-Chinese Gleaner, January 1820, pp. 271/279.

« A translation of the first volume of the Lun yu, was

published by a Gentleman in Bengal, in 1809 » dit le Dr. Milne dans cette notice.

The Works of Confucius; containing the original text, with a translation. Vol. 1st To which is prefixed a Dissertation on the Chinese Language and Characters. By J. Marshman. Serampore, Printed at the Mission Press, 1807, in-4, pp. XXXIX-CXIII-725.

Contient la *Vie de Confucius*, et la première partie du *Lun yu*.

Vend. Rémusat (173), Pap. de Holl. Fr. 100. — Klaproth (181), Fr. 45.50.— Edwards, 802, £ 3/. — Quaritch, No, 285 (1872), £ 2.10/.

Critique sur l'ouvrage intitulé : « The Works of Confucius, containing the original text, with a translation, by J. Marshman, Serampore, 1809. » (Extrait du *Moniteur*, No 36, 1814) par Abel-Rémusat, in-8.

Voir *Mél. As.*, II, pp. 277/297.

— Werke des tschinesischen Weisen Kung-fu-dsü und seiner Schüler. Zum Erstenmal aus der Ursprache ins Deutsche übersetzt und mit Anmerkungen begleitet von Wilhelm Schott, Doctor der Philosophie und Privatdocenten.

Erster Theil. *Lün-Yü.* Halle. 1826. — Zweiter Theil. Berlin. 1832. 2 vol. pet. in-8.

On trouvera dans le Ier vol. : *Leben* (pp. 1/12) und *Schriften des Kung-fu-dsü* (pp. 12/19).

Vend. Klaproth (182). Fr. 10.50.

Voir sur cette traduction les « Remarques critiques sur la traduction allemande des œuvres de Confucius par M. le Dr. G. Schott » par Klaproth *(Mémoires relatifs à l'Asie*, III, pp. 482/517) ≛ Klaproth prétend que l'ouvrage de Schott n'est qu'une traduction allemande de la version anglaise de *Marshman* (Serampore, 1809).

Dr. Wilh. Schott's Vorgebliche Uebersetzung der Werke des Confucius aus der Ursprache, eine Litterarische Betrügerei, dargestellt von W. Lauterbach (Klaproth). Avec 5 Pl. lith. de textes chinois. Leipzig, Michelsen, et Paris, Ponthieu, 1828, in-8, pp. 69.

Vend. Klaproth (183). Fr. 3.05 ; (184) Fr. 3.50.

Deutsche Uebersetzung des Confucius. Pièce in-4, pp. 2, sans tit. l. n. d.

Par Klaproth. — Paris d. 28 Julius 1828. (British Museum, 753 i. 7/5).

' Réflexions sur l'ouvrage intitulé : Werke des tschinesischen Weisen Kung-fu-dsü, c'est-à-dire Œuvres du philosophe Chinois Confucius, par M. Landresse. Br. in-8, pp. 16.

Ext. du *Jour. As.*, II, 1828, pp. 143/157.

Klaproth (186)

Legge, *supra*, col. 642. — Pauthier, *supra*, col, 614 et 656.— Zottoli, *Cursus litteraturae Sinicae*, II, pp. 210/367.

4⁰ **Meng Tseu** 孟子 ou *le Livre de Mencius. Quatrième livre canonique du second ordre.*

On en trouvera une notice dans Du Halde, II, pp. 334/363. — Dans *the Indo-Chinese Gleaner*, XVI, April 1821, pp. 80 et seq., par le Dr. Milne.

— Meng Tseu vel Mencium inter Sinenses Philosophos, ingenio, doctrina, nominisque claritate Confucio proximum, edidit,

(SCIENCES MORALES ET PHILOSOPHIQUES.)

latina interpretatione, ad interpretationem Tartaricam utramque recensita, instruxit, et perpetuo commentario, e sinicis deprompto, illustravit Stanislaus Julien. Societatis Asiaticae et Comitis de Lasteyrie impensis. Lutetiae Parisiorum, in-8.

— *Pars Prior*, MDCCCXXIV.

Notitia de Mencio ejusque opere Praemonitum editoris Liber Primus, pp. 1/132.

— *Partis Prioris Continuatio*, MDCCCXXVI.

Liber Primus, pp. 133/230.

— *Pars Posterior*, MDCCCXXVI.

Liber secundus, pp. 1/118.

— *Partis Posterioris Continuatio*, MDCCCXXIX.

— Liber secundus, pp. 123/248.
— Indices tum nomina propria, tum Mencianam phraseologiam complectentes, pp. 1/50.
— Clavis utilissima, cujus ope litterae textus ancipites in sinicis lexicis expedite reperiuntur, pp. 5./58.
— Emendationes et Addenda, pp. 59/64.
— Brevis Tractatus in quatuor litteras sinicas quae apud Mencium ejusque interpretes officio maxime notabili funguntur, pp. 65/84.

Le texte chinois lithographié à Paris forme un vol. in-8 de 161 pages.

Le prospectus de l'ouvrage est publié, pp. 314/316 du cahier de Nov. 1833 du *Jour. Asiatique.*

Voir : « Sur la Traduction de Mencius, par M. Stanislas Julien. » (Abel-Rémusat, *Mél. As.*, II, pp. 298/310 ; *Jour. des Savans*, 1825, pp. 79/87.— *J. As.*, V, 1824, pp. 105/111.)

Vend. Rémusat (184), br. Fr. 24. — Klaproth (191). Fr. 35.50.

Extrait du cinquième chapitre de la seconde partie de Meng-tseu, traduit du chinois par M. Stanislas Julien. (*J. As.*, III, 1823, pp. 219/227.)

— The Life and Works of Mencius, With Essays and Notes. By James Legge, D.D., LL. D. London : Trübner & Co, 1875, in-8, pp. VIII-402.

Notices : *The Athenaeum*, No. 2475, April 3, 1875. — *The Academy*, 1875, pp. 135 et seq.— *China Review*, III, p. 252. — *Chin. Rec.*, VI, pp. 158/9.

Leben und Lehren des Mencius. (*Ausland*, No. 5, 1876.)

* Eine Staatslehre auf ethischer Grundlage oder Lehrbegriff des Chinesischen Philosophen Mencius. Aus dem Urtexte übersetzt, in systematische Ordnung gebracht und mit Anmerkungen und Einleitungen versehen. Von Ernst Faber, Missionar der Rheinischen Missions-Gesellschaft. Elberfeld, 1877.

Evangelisches Missionsmagazin, 21e Année, Basel. 1877. — *China Review*, VI, pp. 199/201. — *Lit. Centralblatt*, 10 Nov. 1877. — *Chin. Rec.*, IX, pp. 327/328.

— Etudes sur les anciens temps de l'histoire chinoise. Recherches sur la civilisation chinoise au IVe siècle avant notre ère, d'après le livre de Meng-tseu par M. Ed. Biot, br. in-8, pp. 26.

Extrait No. 15 de l'année 1845 du *Journal Asiatique.*

Legge, *supra*, col. 643. — Pauthier, *supra*, col. 643 et 656. — Zottoli, *Cursus litteraturae sinicae*, II, pp. 368/635. — Voir au chap. *Biographie*, col. 286 de notre ouvrage.

(SCIENCES MORALES ET PHILOSOPHIQUES.)

TCHEOU LI 周禮

— Le Tcheou-li ou Rites des Tcheou, traduit pour la première fois du Chinois par
feu Édouard Biot... Paris, Imprimerie
nationale, MDCCCLI, 2 vol. in-8 de pp. 48,
LXIV, 500. — et 620 ; et une *Table analytique*, Paris, Imprimerie nationale, MDCCCLI,
in-8 de pp. 119.

L'introduction du premier vol. avait été lue à l'Académie des
Inscriptions et Belles-lettres dans les séances des 10 et 17
novembre 1848.
— Notice : Art. de J. B. Biot : *Journal des Savans*, I, (Janvier 1851, pp. 1/12). — II (février, pp. 65/78).
M le Marquis d'Hervey de Saint-Denys a achevé la traduction des dernières sections du *Tcheou li* et a travaillé à la
rédaction des notes de l'ouv. posthume d'Ed. Biot. Voir *Examen des faits mensongers*, St.-Germain, 1875, p. 43.

— The Ceremonial Usages of the Chinese,
B. C. 1121, as prescribed in the « Insti-
tutes of the Chow dynasty strung as
pearls » ; or, Chow le kwan choo being
an abridgment of the Chow le Classic by
胡必相 Hoo Peih scang, (designa-
ted 夢占 Mung chew). Translated from
the original Chinese, with Notes, by
William Raymond Gingell, Interpreter to
Her Majestys' Consulate, Foochow foo.
London : Smith Elder & Co, 1852, in-4,
pp. IV-107, s. l'index.

HIAO KING 孝經 ou du Respect filial.

Noël : Livres classiques de la Chine, *suprà* col. 655.

Doctrine ancienne et nouvelle des Chinois
sur la Piété filiale. [Par le P. Cibot.] *(Mémoires concernant les Chinois*, IV, pp. 1 et
seq.) :

Avant Propos. — Extraits du Li-ki sur la Piété filiale. —
Hiao-King, ou Livre canonique sur la Piété filiale [tra-
duction]. — Piété filiale de l'Empereur. — Placets présen-
tés aux Empereurs. — Détails sur la Piété filiale tirés du
Cheng-hiun de Kang-hi. — Notice de ce qui a rapport à la
Piété filiale, dans le Code des Loix de la dynastie régnante.
— Diverses pièces en vers et en prose, sur la piété filiale.
— Article 1. D'une déclaration de Kang-hi, de l'an 1663. —
Art. II. D'une déclaration de Yong tching, de l'an 1724. —
Notice du livre LXXXVI du Recueil Kou-kin-y-tong. —
Exemples de Piété filiale. — Maximes, Proverbes, Senten-
ces, Pensées et Réflexions Morales sur la Piété filiale. —
Réflexions et Considérations sur la Doctrine de la Piété
filiale des Chinois.

Heaou King, or Filial Duty : author and age
of the work ; its character and object ; a
translation with explanatory notes. [By
E. C. Bridgman.] *(Chinese Repository*, IV,
pp. 344 et seq.)

The Heaou-king, or 'Book of Filial Obedien-
ce'. (As. *Journal*, XXIX, 1839, pp. 302/3.)

Voir Wylie's *Notes*, p. 7. — Legge, *Sacred Books of the East*,
suprà col. 644.

*
* *

A. Pfizmaier. Notiz über das Geschichts-
werk « Tsotschuen » *(Denkschr. d. k.*

Akad. d. W., zu Wien, Phil.-hist. Cl. I.
Bd. I. (1850), pp. 37/50.)

EUL YA

« The *Urh ya*, « Literary Expositor » is a dictionary of terms
used in the classical and other writings of the same period,
and is of great importance in elucidating the meaning of
such words. It is divided into 19 sections, each of which
treats of a separate class of subjects. The authorship is attributed with some probability to Tszĕ-hĕä ; though there
is tradition that a part of this had also been handed down
from the time of Chow Kung. » (Wylie, *Notes*, p. 7.)

— The Urh Yá, or Ready Guide, a Chinese
Dictionary by the Duke of Chau. By
E. C. Bridgman. *(Chin. Rep.*, XVIII,
pp. 170 et seq.)

OUVRAGES DIVERS.

*Dissertations sur Confucius et ses doctrines. —
Philosophes orthodoxes. — Philosophes hé-
térodoxes. — Traités de morale.*

Pauthier : *Chine Moderne*, II, pp. 325/388.

— Specimen Doctrinae veterum Sinarum
moralis et politicae ; tanquam exemplum
philosophiae gentium ad rempublicam
applicatae : excerptum libellis sinicae
genti classicis, Confucii sive dicta, sive
facta complexis. Accedit de Litteratura
Sinensi dissertatio Extemporalis. Opera
Georgii Bernhardi Bülffingeri, Moral. &
Mathes. in Collegio illustri Tubingensi
Prof. ord. Francofurti ad Moenum. Apud
J. B. Andreae & H. Hort. M. DCCXXIV, pet.
in-8, pp. 360, s. la déd., l'ind., etc.

Promulsis specimen doctrinae veterum Sinarum moralis et politicae,
tanquàm specimen philosophiae gentium ad rempublicam
applicatae, delibata à Georg. Bern. Bilfingero. 1723, in-4, br.
Ms. autographe. Rémusat (168), Fr. 6. 10. — Klaproth (177),
Fr. 2. 50.

Historia philosophiae Sinensis nova methodo tradita, eteruditorum omnium, ac in
iis praecipue, Johann. Burchardi Menck-
enii... Reipublicae literariae senatoris
praestantissimi, judicio submissa. Praemissum est auctoris de Historiae philosophicae lacunis, monitum. Brunsvigae,
apud L. Schroeder, 1727, in-4, pp. 30, sans
les addenda, 2 pages.

— Jacobi Friderici Reimanni Historia Literaria Babyloniorum et Sinensium. Illa,
methodo chronologica, haec scientifica
adumbrata. Brunsvigae & Hildesiae,
Apud Viduam Schroederi, 1741, pet. in-8,
pp. 172, s. les tables (6 pages).

Cet ouvrage, composé de 6 chapitres, ne traite pas de la
Chine.

— J. F. R. Historia philosophiae sinensis
nova methodo tradita, emendata, et aucta,
et vice secunda sub prelumire jussa.
Praemissum est auctoris de Historiae
philosophicae lacunis, monitum. Brunsvi-

gae, apud L. Schroeder, 1741. pet. in-8,
pp. 58, s. les index (5 pages).

Voir : Caput IV. De mediis perveniendi ad historiam philoso-
phicam Sinensium.

— Theophili Spizelii de re literaria Sinensium Commentarius, in quo scripturae
pariter ac philosophiae sinicae specimina
exhibentur, et cum aliarum gentium,
praesertim Aegyptiorum, Graecorum, et
Indorum reliquorum literis atque placitis
conferuntur. Lugd. Batavorum, Ex officina Petri Hackii, cIɔ Iɔ cLx, pet. in-12,
pp. 306, sans l'index, etc.

Ce petit ouvrage est divisé en 13 chapitres (Sectio) dont le
plus grand nombre est consacré à la Philosophie des Chinois. — Langlès (1584), Fr. 4.75.

* Christiani Wolfii oratio de Sinarum philosophia practica, notis uberioribus illustrata. Francofurti ad. M., J. B. Andreas,
1726, in-4.

Langlès (1585), Fr. 2.65. — Rémusat (166), Fr. 3.05.

* Christiani Wolfii Oratio de sapientia sinarum Confuciana cum notis elencticis
D. Joachimi Langii, &c. Francof., 1726,
in-4.

Cité dans Hist. Phil. Sin., cap. IV.

— Zoroastre, Confucius et Mahomet, Com-
parés comme Sectaires, Législateurs et
Moralistes; avec le Tableau de leurs Dogmes, de leurs Lois et de leur Morale. Par
M. de Pastoret, Conseiller de la Cour
des Aides... A Paris, Chez Buisson,...
M. DCC. LXXXVII. In-8, pp. 478.

Bull. du Bouq. (1874). Fr. 3.

中 國 學 堂 Lehrsaal des Mittelreiches. Enthaltend die Encyclopädie der Chinesischen Jugend und das Buch des
ewigen Geistes und der ewigen Materie.
Zum erstenmal in Deutschland herausgegeben, übersetzt und erläutert von Carl
Friedrich Neumann. München, 1836,
Dr. Carl Wolf'sche Buchdruckerei. In-4,
pp. 45.

Le texte chinois du San tseu king est donné à la suite de
cet ouvrage.

Notice par S. Julien (J. As., 3ᵉ S., IV, 1837, p. 81/0 et 6 pages de textes chinois.

De la philosophie chinoise. (A. Rémusat,
Mél. Posth., 1843, pp. 160/205.)

— Extrait de la Revue indépendante, Livraisons des 10 et 25 Aout 1844. Esquisse
d'une histoire de la Philosophie chinoise,
par G. Pauthier, in-8, pp. 68.

Chinois (Philosophie des), par Pauthier, dans le Dictionnaire des Sciences philosophiques. Paris, 1844-5, 4 vol.
in-8.

Remarks on the Philosophy of the Chinese,
and the desirableness of having their
Classical and Standard Authors transla-

ted into English. (Chinese Rep., XVIII,
pp. 43 et seq.) [By E. C. Bridgman.]

— Etude historique et philosophique sur
Confucius par M. l'abbé Herval. (Extrait
des Publications de la Société Havraise d'E-
tudes Diverses.) Havre, Imprimerie Lepel-
letier, 1867, in-8, pp. 23.

— Confucius and the Chinese Classics :
Readings in Chinese Literature. — Edited and compiled by Rev. A. W. Loomis.
San Francisco, A. Roman & Co, 1867,
grand in-12, pp. XIII-432.

Comparative Table of the Corresponding
Powers and Functions of Nature, accor-
ding to the Chinese System of Philosophy.
[By W. F. Mayers.] (Notes & Queries on
C. & J., Vol. I, p. 147.)

* Lehrbegriff des Confucius nach 論 語
大 學 中 庸 von Ernst Faber, Rhei-
nischer Missionär, Printed at the « China
Mail » Office, Hongkong, 1872, in-8.

Notices : Shanghai Budget, Nov. 21, 1872. — China Review, I, pp. 135/6 — Ibid., I. pp. 260/266. (By E. J. Eitel.)

* Quellen zu Confucius und dem Confucia-
nismus als Einleitung zum Lehrbegriff
von Ernst Faber. Hongkong, 1873, in-8.

Notice : Shanghai Budget : Sept. 13, 1873.

— A Systematical Digest of the Doctrines
of Confucius, according to the Analects,
Great Learning and Doctrine of the Mean,
with an Introduction on the Authorities
upon Confucius and Confucianism. By
Ernst Faber, Rhenish Missionary. Translated from the German, by P. G. von
Moellendorff, Imp. Germ. Consular Service. Hongkong : Printed at the « China
Mail » office, 1875. Gr. in-8, pp. VIII-131.

Conférence faite à Hongkong le 24 juillet 1872.
Notice : Chin. Rec., VI, pp. 157/8.

Examen critique des jugements portés sur la
valeur des monuments philosophiques,
littéraires et scientifiques des Chinois.
Structure de la langue envisagée sous le
rapport de sa capacité scientifique, par le
Docteur E. Martin. (Revue de linguistique
et de philosophie comparée, Vol. VII, juillet
1874, pp. 16/44.)

The ideal man of Confucius. By Rev. Wm.
Ashmore. (Chin. Rec., III, pp. 89/92,
129/132.)

A discussion of the Confucian Doctrine concerning Man's nature at Birth. By D.
Z. Sheffield. (Chin. Rec., IX, pp. 11/23.)

The Family Sayings of Confucius. By Rev.
A. B. Hutchinson. (Chin. Rec., IX,
pp. 445/453, etc.)

Outlines of a History of Chinese Philosophy by E. J. Eitel, Ph. Dr. (Tubing). *(Trav. de la trois. ses. du Cong. des or.*, II, pp. 1/14.)

— Histoire de Confucius par Jean Sénamaud. Bordeaux [et] Paris, 1878, br. in-8, pp. 212.

Prémare, *Vestiges des Dogmes chrétiens*, col. 322. — Legge : Confucius *(Encyclop. Britannica)*. — Voir Confucius au chap. de la *Biographie*, col. 282 — La *Question des Rites*, col. 373/414. — *The Term Question*, col. 595/607.

ME TI 墨翟 (Ve S. av. J. C.)

Voir une traduction de l'ouvrage d'un disciple de ce philosophe sur l'*amour universel* dans le Vol. II des *Chinese Classics* du Dr. Legge, pp. 103/125 des *Prolégomènes*.
Consulter Wylie : *Notes*, p. 125.

— Notices of the Character and Writings of Meh tsï; By the Rev. Joseph Edkins, B. A. Read before the Society, January 19th, 1858. [Art. II, *Journ. of the N. C. B. R. A. S.*, No. II, May 1859, pp. 165/169.

* Die Grundgedanken des alten chinesischen Socialismus oder die Lehre des Philosophen Micius, zum ersten Male vollständig aus den Quellen dargelegt. Von Ernst Faber. Elberfeld, 1877, in-8.

Lit. Centralblatt, 5 Janv. 1878. — *China Review*, VI, pp. 333/336.

YANG TCHOU 楊朱 (IVe ou Ve S. av. J.-C.)

Sur ce philosophe condamné par Mencius, voir :
Chinese Classics, Dr. Legge, Vol. II, Note, p. 159; Prolegomena : Chap. III, Section I, pp. 95/102.
Mayers' *Manual*, No. 881, pp. 265/266.

LI TSEU 列子 (IVe S. av. J. C.)

* Der Naturalismus bei den alten Chinesen, sowohl nach der Seite des Pantheismus als des Sensualismus, oder die sämmtlichen Werke des Philosophen Licius, zum ersten Male vollständig übersetzt und erklärt. Von Ernst Faber, Missionar der Rheinischen Missionsgesellschaft. Elberfeld, 1877, in-8.

Notice : *China Review*, VI, 1878, pp. 264/269. — On rappelle dans cette notice qu'une exposition du système de Li tseu a été publiée en Juillet 1874 dans le *Cornhill Magazine*. — *Lit. Centralblatt*, 5 Janv. 1878. — *Chin. Rec.*, IX, pp. 245/7.
Legge, *Chinese Classics*. Vol. II, Prol. — Mayers, *Manual*, 887.

TCHOUANG TSEU 莊子 (300 av. J. C.)

Le Rev. E. Faber a préparé un travail sur ce philosophe. (Voir Faber's *Confucianism*, p. vi.)
Rosny, *Textes chinois*, Paris, 1874, pp. 71/82.

SIÜN KOUANG ou SIÜN TSEU 荀子 (IIIe S. av. J.-C.)

That the nature is evil. By the Philosopher Seun. — An examination of the nature of Man. By Han Wán kung.

Ces essais sont traduits en anglais dans le Vol. II des *Chinese Classics* du Dr. Legge, pp. 82/94 des *Prolégomènes*.

(SCIENCES MORALES ET PHILOSOPHIQUES.)

Mayers, *Manual*, 649.
Il y a une notice des essais de Siün tseu et de Han Wenkung, dans l'article :

« The Ethics of the Chinese, with special reference to the Doctrines of human nature and Sin », By the Rev. Griffith John. Read before the Society [North C. B. R. A. S.], November 15th 1859 *(Journal of the N. C. B. R. A. S.*, Vol. II, No. I, Sept. 1860, Art. II, pp. 20/44).

HAN YU ou HEN WEN-KUNG 韓文公 (768-824 ap. J.-C.)

— The Life and Works of Han Yü or Han Wên-kung. By T. Watters. *(Journ. N. C. B. R. As. Soc.* for 1871 & 1872, New S. No. VII, pp. 165/181.)

— Han Wan-kung. A Study in Chinese Biography. By the Rev. J. Chalmers. *(China Review*, I, pp. 275/283, 339/347.)

— Mayers' *Mannal*, No. 153.
Voir *Siün tsou*, supra.

TCHOU HI (Dynastie des Song, XIIe Siècle ap. J. C.)

— Philosophical opinions of Chú futsz', on the immaterial principle and primary matter. Furnished by a Correspondent. [W. H. Medhurst.] *(Chin. Rep.*, XIII, pp. 552/9, 609/619.)

Le Dr. Williams donne un extrait de ces articles : *Middle Kingdom*, I, pp. 550/2.

— Memoir of the Philosopher *Chu*, who flourished during the Sung dynasty in the twelfth century; by Káu Yú, A. D. 1697. Translated from the Chinese, with remarks upon his character, and a list of his writings. *(Chin. Rep.*, XVIII, pp. 187/206.) [By E. C. Bridgman.]

Notices of Chinese Cosmogony : formation of the visible universe, heaven, earth, the sun, moon, stars, man, beasts, &c., Selected from the Complete Works of Chú Hi, of the Sung dynasty [by E. C. Bridgman]. *(Chinese Repository*, XVIII, pp. 342/347.)

« Life of Choo foo tsze » pp. III-VII de la *Confucian Cosmogony*, infra, abrégé de l'art du *Chin. Rep.*
Meadows, *The Chinese*, Chap. 18. — Wylie's *Notes*, p. 68. — Mayers, *Manual*, No. 79. — The Residence of Chu Fu tsze. *(The Far East*, Vol. III, No. 6, pp. 139/140, avec une phot.)
Birth Place of Chu Hi. By Rev R. S. Maclay, D. D. *(Chin. Rec.*, IV, 1872, pp. 309/312.)

— Confucian Cosmogony. — A Translation of Section Forty—Nine of the « Complete Works » of the Philosopher Choo Foo Tze, with explanatory Notes. By the Rev. Thos. M'Clatchie, M. A., Canon of St. John's Cathedral, Hongkong; and Missionary from the C. M. S. to China.

(SCIENCES MORALES ET PHILOSOPHIQUES.)

Shanghai : American Presbyterian Mission Press. MDCCCLXXIV, in-8, pp. XVIII-161, sans les errata.

Avec texte chinois.

Notices : *Shai. Budget*, Feb. 11, 1875. — *China Review*, III, pp. 342/354 (By John Chalmers), etc. [Voir col. 604.] — Cosmogony and Religion. A Philosophical Paradox. By S. (*China Review*, IV, pp. 10/13.) — *Edinburgh Review*, Oct. 1877. Il y a une notice de cet art. de l'*Ed. Rev.*, dans le *N. C. Herald*, Dec. 27, 1877.

* *

Thai-kih-thu, des Tscheu-tsï Tafel des Ur-prinzipes mit Tschu-Hi's Commentare nach dem Hoh-pih-sing-li Chinesisch mit Mandschuischer und Deutscher übersetzung einleitung und anmerkungen herausgegeben von Georg von der Gabelentz.—Promotionsschrift. Dresden, 1876. Im Commissions-Verlag bei R. v. Zahn Schlossestrasse 22, in-8, pp. VII-88.

Notices : *Chin. Rec.*, VII, 1876, pp. 307/8. — *China Review*, V, p. 64.

Tomb of Chow Lëen-ke. By Rev. Canon Mc Clatchie. (*Chin. Rec.*, VII, 1876, pp. 207/210).

TCHENG. Mr. Wylie dans le *Cat. of the London Mission Library*, Shanghae, 1857, p. 36, écrit :

鄢氏遺書 *Ching shé e shoo*. Posthumous Works of the Philosopher Ching. 36 vols. — This collection consists of the doctrinal writings of the moral reformer Ching, who was visited by Dr. Medhurst in the spring of 1845, at his residence in the district of Fow-leang in Ganhwuy ; the narrative of which visit is given in the « Glance at the Interior of China, » published in 1849. There is a chapter from this collection, on « Nourishing the spirit, » translated by Dr. Medhurst, in the *Chinese Repository* for August 1850. [col. 600] Ching was a determined opponent of the views entertained by Choo He, the authorized commentator on the Four Books ; hence he was frowned down by the present rulers of China and died in obscurity. »

The Chung king, or « Book of Fidelity. » (*Asiatic Journal*, XXX, 1839, pp. 153/158.)

Voir également de Rosny, *Textes chinois*, Paris, 1871, pp. 17/50.

聖諭廣訓 *CHING YU KOUANG YUN*, 10,010 caractères.

On trouvera une description de cet ouvrage dans les *Notes* de Mr. Wylie, p. 71. Cet ouvrage a été publié en 1670 par le second empereur de la dynastie actuelle (Kang hi). Il est composé de 16 sections, auxquelles furent ajoutés en 1724 des commentaires de Young tching, fils et successeur de Kang Hi. Le *Ching yu* a servi de base à un petit ouvrage appelé *San Tseu ko* que l'on trouvera décrit avec les autres ouvrages servant à l'éducation des Chinois.

— The Sacred Edict, containing Sixteen Maxims of the Emperor Kang-he, amplified by his son, the Emperor Yoong-Ching ; together with a Paraphrase on the whole by a Mandarin. — Translated from the Chinese Original, and illustrated with Notes, by the Rev. William Milne, Protestant Miss. at Malacca. London, Black, Kingsbury, Parbury, & Allen, 1817, in-8, pp. XXVIII-299.

Lowndes (Ed. de Bohn, I, 438) donne par erreur 1818 comme

(SCIENCES MORALES ET PHILOSOPHIQUES.)

date de la publication de cet ouvrage qui n'est pas cité par Bazin (Cat. de la *Chine Moderne*).

Vend. Klaproth (195) : Fr. 16.

Notice par J. P. Abel-Rémusat : *Jour. des Savans*, Oct. 1818, pp. 593/598 ; et *Mél. Asiatiques*, II, pp. 311/319.

— Second Edition, Shang hai, 1870, in-8.

Publié à Dol. 2.

Le Rev. E. C. Bridgman a consacré un article à la traduction de Milne dans *The Chinese Repository*, I, pp. 297-315. Des extraits de la traduction sont donnés dans cet article qui a été reproduit dans *The Cycle* (2 Juillet 1870).

La paraphrase a été écrite (*loc. cit.*, p. 298) par Wang-Yü-Po, intendant de la gabelle dans le Chen si, on ne sait à quelle époque.

— On trouvera également une description du *Ching Yü* par le Docteur Milne lui-même dans *The Chinese Repository*, XVI, pp. 500/506. Cet article fait partie de la série de notes bibliographiques publiées par Milne dans *The Indo-Chinese Gleaner* (No. VII, Jan. 1819) sous le titre de « *Bibliotheca Sinica* ».

The Sacred Edict, containing sixteen maxims of the Emperor Kang-He, amplified by his son, the Emperor Yung-ching, together with a paraphrase on the whole, by a mandarin. Translated from the Chinese original, and illustrated with notes. By Rev. William Milne. (*Chin. Rec.*, IX, 1878, pp. 249/262.)

— Translation of a portion of the Emperor Yong-tching's Book of Sacred Instructions. (*Miscellaneous Notices relating to China...* by Sir George Thomas Staunton Bart., pp. 1/56.)

C'est la traduction des seize maximes de Kang hi et du développement des neuf premières par Yong tching. Sir G. Staunton l'a écrite en 1812. (Voir Note, p. 55.)

* Manjourskago i kitaïskago khana Kan'-Süa kniga.., Le livre du khan mandchou et chinois Kang-Hi ; préceptes de politique et règles de morale, recueillis par son fils le khan Young-Tching, trad. du mandchou en russe, par Alexis Afaganof. St. Pétersbourg, 1788, pet. in-8.

Vend. Klaproth (206) : Fr. 12.50.

— First Chapter of the *Shéng yü kuang hsün;* or, Amplification of the Sacred Edict.

Cette traduction forme la deuxième partie (pp. 47/59) du *Hsin Ching Lu* de Mr. Wade. Le texte chinois de ce chapitre est également donné dans le même ouvrage. (Hong kong, 1859.)

— Imperial Confucianism. (*China Review*, VI, pp. 148/158, 223/235, 299/310, etc.)

« Four Lectures delivered during the Eastern and Michaelmas Terms of 1877, in the Taylor Institution, Oxford [by James Legge] on « Imperial Confucianism, or the Sixteen Maxims of the K'ang hsi period. »

— Le Saint Edit, étude de Littérature chinoise préparée par A. Théophile Piry, du Service des Douanes maritimes de Chine. Shang hai : Bureau des Statistiques, Inspectorat général des Douanes. MDCCCLXXIX, in-4, pp. XIX-347.

Texte chinois, traduction et notes.

(SCIENCES MORALES ET PHILOSOPHIQUES.)

— *Ta Tsing hwang te Shing Heun,* or Sacred Instructions of the emperors of the Ta Tsing Dynasty. By Philosinensis.

C'est une revue de cet ouvrage important écrite par Gützlaff dans *The Chinese Repository,* Nov. 1841, X, pp. 593/605.

— Reading the Sacred Edict, a system of instruction adopted by the Chinese Government for the moral benefit of the common people. *(Chin. Rep.,* XVII, pp. 586/591.)

* **

— Instructions sublimes et familières de Cheng - Tzu - Quogen-Hoangti [Kang hi]. Dans les *Mémoires concernant les Chinois,* IX, pp. 65/281.

On trouvera le titre mandchou (avec les caractères) de cet ouvrage dans la traduction du *Ts'ing wan hé mung* de Wylie, p. xl.

« Cet ouvrage, — lit-on dans la Préface du Vol. IX des *Mémoires,* pp. vi-vii, — écrit en langue tartare, a été traduit en italien par M. Poirot, Missionnaire à Péking. Nous avons fait imprimer cette version.. nous y avons joint une traduction française de la traduction italienne. Nous devons cette traduction à Madame la Comtesse de M"... »

Le Père L. de Poirot, l'un des derniers Pères de la Mission des Jésuites à Péking, est mort en 1802 dans cette ville. Il porte le No. 430 dans le dernier *Catalogus.*

* Kitaiskiia mysli. (Pensées chinoises), traduites du mandchou en russe par Alexis Leontief. St. Pétersbourg, 1772, in-8.

Bazin.

Pensées, Maximes et Proverbes, extraits et traduits de divers livres chinois, par M. Cibot, Missionnaire à Péking. *(Mém. conc. les Chinois,* X, pp. 144 et seq.)

— Pensées morales de divers auteurs chinois, recueillies et traduites du latin et du russe par M. Levesque. A Paris, Chez Didot l'aîné..... et De Bure l'aîné..... M. DCC. LXXXII, in-18, pp. 167.

— *Ming sin paou keën.* (Indo-Chinese Gleaner, No. V, Aug. 1818, pp. 160/165.)

Cet art. est réimp. dans le No. 16 du Vol. IV de la *Canton Press.*

Dr. J. H. Plath. Proben chinesischer Weisheit, nach dem Chinesischen des Ming-sin-pao-kien. München, 1863, in-8, pp. 62.

Voir sur le *Ming sing pao kien* les *Tratados* de Navarrete.

Hien-Wun-Shoo. — Chinese Moral Maxims, with a free and verbal translation : affording examples of the grammatical Structure of the Language, compiled by John Francis Davis, F. R. S. *London,* 1828, in-8.

* The Same, Macao, 1823.

Anecdotes given by Chinese Authors to inculcate a moral, or to illustrate human

conduct. *(Chinese Rep.,* XVIII, pp. 159 et seq.)

Chinese Moral Sayings compared with those of the Greek Tragedians. By R. H. Graves. *(China Review,* VI, pp. 323/328.)

La Morale chez les Chinois par Louis-Auguste Martin auteur des *Civilisations primitives en Orient.* Paris, Didier, 1862, in-12, pp. iv-299.

EDUCATION

OUVRAGES DIVERS

— Consulter sur l'éducation des Chinois une lettre intéressante du P. de Prémare, 8 pages in-4, (Bib. nat. Fr. 17239) commençant : Mon Révérend Pere, P. C., Lorsque je partis de France V. R. m'ordonna de luy mander de de tems en tems quelque chose de ce pays-cy..... A Nantchang, ce 1er Oct. 1701.

De l'éducation chez les Chinois, par M. Fulgence Fresnel. *(J.As.,* III,1823, pp. 257/271, 321/331 ; IV, 1824, pp. 3/9.)

— Education among the Chinese : its character in ancient and modern times ; in its present state defective with regard to its extent, purposes, means, and results; measures necessary for its improvement. By E. C. Bridgman. *(Chinese Rep.,* IV, pp. 1 et seq.)

— Détails sur l'état de l'Instruction primaire, en Chine, extraits en partie de divers numéros du *Chinese Repository,* de mai 1834 à mai 1836. Par Edouard Biot. *(J. des Savants,* Mai 1838, pp. 273/287.)

— Mémoire sur l'organisation intérieure des écoles chinoises, par M. Bazin aîné. *(J. Asiat.,* 3e S., VII, 1839, pp. 32/81.)

— Essai sur l'histoire de l'instruction publique en Chine et de la Corporation des Lettrés depuis les anciens temps jusqu'à nos jours... par Edouard Biot. Paris, B. Duprat, 1847, in-8.

Compte-rendu par S. W. Williams et extraits dans le *Chin. Rep.,* XVIII, pp. 57/86.— Voir Renan, *Mél. d'hist. et de voy.,* 1878, pp. 353/388.

Memorandum on Education in China drawn up from information afforded by the Ex-Imperial Commissioner Yeh.— By C. Alabaster, Esq. *(Jour. As. Soc. Bengal,* XXVIII, No. 1, 1859.)

Notes on the Provincial Examination of Chekeang of 1870, with a version of one of the essays. By Rev. G. E. Moule, of the Church Missionary Society-Read before the Society on 16th December 1870. *(Jour. N. C. B. R. As. Soc.,* 1869/70, N. S. No. VI, Art. VIII, pp. 129 et seq.)

— A Translation of Examination Papers given at Wu-ch'ang. By E. L. O. *(China Review,* II, pp. 309/314.)

* E. R. Barrett. Chinese Schools and Education. (*Educational Times*, Oct. 1, 1876.)

The Triennial Examination. By F. H. Ewer Esq. (*Chin. Rec.*, III, pp. 330/2.)

女 學 *Neu Heó*, or The Female Instructor; a treatise on the education of females in morals, conversation, manners, and domestic employments. By Luhchow of Fuhkeën, 1730.

On trouvera un compte-rendu et des extraits de cet ouvrage par S. Wells Williams dans *The Chinese Repository*, IX, pp. 535/559. La préface de Luhchow traduite, pp. 542/545, est partiellement reproduite dans *The Middle Kingdom*, I, pp. 454/456.

Il y a une courte notice du *Niu Hio* dans les *Notes* de Mr. Wylie, p. 71.

LIVRES ÉLÉMENTAIRES

1° Divers.

Translations of Chinese School - Books. (*China Review*, VI, pp. 120/124, 195/199, 253/259, 328/330, etc.)

* S. W. Williams. — Primers and Juvenile Books among the Chinese. (*The New Englander*, May 1878.)

San Tsze ko, suh keae, « Songs of three characters, with colloquial explanations, » or the Sacred Edict in rhyme, in-16, 38 ff., 1816.

« This little book was composed and printed under the reign of the late emperor Keäking. The edition before us was prepared, — in imitation of the celebrated school book, called the *San tze king*, or « Trimetrical Classic, » — by Le Laechang, magistrate of the mountaineer district of Leënshan, in Canton Province ; and was chiefly intended for the use of the *Yaou* tribes under his jurisdiction.

« The *Shing Yu*, or Sacred Edict, — the foundation of the little book before us, — has obtained considerable note among European sinologues, from the able translation given of it by the late Dr. Milne of Malacca. That work is divided into sixteen sections, containing Sixteen maxims of the emperor Kang he, followed by amplifications by the Emperor Yungching, and colloquial paraphrases by *Wang Yewpo*, a high officer of State. — The 'Sacred Edict in rhyme' is in like manner divided into sixteen sections. Each section is headed by one of Kanghe's maxims, and consists of twelve stanzas or verses, of twelve characters, or four lines, each. The subject matter of these verses is chiefly taken from the paraphrase of *Wang Yewpo*, but each line consisting of but three characters the conciseness of the style often renders it almost unintelligible, without the aid of the colloquial explanation which follows each verse. This latter is written in a plain and easy style, — and generally shows very clearly the meaning of the text.

« As a specimen of the work, we subjoin a translation of the first section. »... (J. R. Morrison, dans le *Ch. Rep.*, I, pp. 244/6.)

« Keënyun Yewheó Sheteé, or Odes for Children in rhyme, on various subjects, in thirty four stanzas. » (Traduction by E. C. Bridgman.)

Three of the School books in use among the Chinese have already been brought to the notice of our readers : the odes for children, now before us, form the fourth work in their series. It is written in pentameter... (*Ch. Rep.*, IV, pp. 287 et seq.)

Urhsheih-sze Heaou, or Twenty-four examples of Filial Duty : Shun, Wán, Tsáng, Min, Chung...

« This little collection of stories, illustrative of filial duty, belongs to the class of works styled juvenile, or toy-books » p. 130. (*Ch. Rep.*, VI, July 1837, pp. 130 seq.) (S.W. Wells Williams.)

SIAO HIO 小 學   ou *l'école des Enfans.*

On en trouvera une notice dans Du Halde, II, pp. 365/384. — Wylie, *Notes*, p. 68.

P. Noël, *supra*, col. 655.

— Seaou Heó, or Primary Lessons : character and object of the work; tabular view of its several divisions; a translation of Part first, with brief explanatory notes. By E. C. Bridgman. (*Chin. Rep.*, V, pp. 81 et seq.)

Part II, translated (*Ibid.*, V, pp. 305 et seq.; VI, pp. 185 et seq., 393 et seq., 562 et seq.)

« This work, as its title indicates, consists of a series of lessons, which are designed for the instruction of youth..... The lessons are composed almost entirely of short paragraphs, selected from the ancient classics, purporting to contain the maxims of wise men who were contemporary with Abraham, Moses. Solomon, Lycurgus, Solon and Socrates, The work ranks with the Heaou king and Chun king... » *Chin. Rep., l. c.*, p. 81.

2° San tseu king 三 字 經

* San-dzui-gine, to este kniga troeslovnaia *dans* : Boukvare kitaïskoi, de Alexis Leontief. — St. Pétersbourg, 1779, in-8.

Cité par L. de Rosny, *Var. Or.*, 3° éd., p. 168.

A Translation of San-tsi-king 三 字 經 the Three Character Classic.

Dans les *Horae Sinicae* de Morrison : 1812.— New ed. 1817, pp. 122/146. Le texte chinois est également donné en regard de la traduction.

— *Indo-Chinese Gleaner* (No. VIII, April 1819, pp. 88/94.)

САНЪ-ЦЗЫ-ЦЗИНЪ ИЛИ ТРОЕСЛОВІЕ СЪ ЛИТОГРАФИРОВАННЫМЪ КИТАЙСКИМЪ ТЕКСТОМЪ. ПЕРЕВЕДЕНО СЪ КИТАЙСКА-ГО Монахомъ Іакинѳомъ. St. Petersbourg, 1829, in-4, pp. 83 sans la préf.

Le texte chinois est aussi donné.

Klaproth (646), Fr. 16.

— San-tze-king, or Trimetrical Classic; its form, size, author, object, and style; a translation with notes ; the work ill adapted to the purposes of primary education by E. C. Bridgman. (*Chinese Repository*, IV, July 1835, pp. 105/118.)

Une partie de cette traduction est reproduite pp. 9/16 de la *Chinese Chrestomathy* de Bridgman.

Vide infra, col. 676.

— Die Encyclopädie der Chinesischen Jugend : se trouve pp. 19/26 de « Lehrsaal des Mittelreiches... von Carl Friederich Neumann, München. 1836. »

Le texte chinois du San-tseu-king est donné à la suite de cet ouvrage. [Voir col. 665.]

(Sciences morales et philosophiques.)   (Sciences morales et philosophiques.)

22

三字經 The Three-Fold San-Tsze-king or the triliteral Classic of China, as issued I. by Wang Po keou, II. by Protestant Missionaries in that country; and III. by the Rebel Chief, Tae-ping-Wang. Put into English, with Notes, by the Rev. S. C. Malan, M. A., of Balliol College, Oxford, and Vicar of Broadwindsor, Dorset. London : David Nutt, 1856, in-12, pp. 78.

Outre la Version du Rev. S. C. Malan, on trouvera une traduction anglaise du Livre des trois caractères du Tai-ping-wang par le Dr. Medhurst dans « *The North China Herald* », No. 147, May 21, 1853.
La traduction du Dr. Medhurst est reproduite dans :
— « The Life of Tai-ping-Wang, by Mackie, 1857, pp. 324/335.
— « The Taeping Rebellion in China », by L. Brine, 1862, p. 371/7.
— Voir sur le Classique du Tai-ping-wang les articles du Dr. W. H. Medhurst, *N. China Herald*, 162, Sept. 3, 1853, et du Rev. W. C. Milne, *China Mail*, 456, Nov. 10, 1853. [Col. 274 et 280.]

Benjamin Jenkins. * *The Three Character Classic*, or San-tsze-king, romanized according to the reading sound for the vicinity of Shanghai, translated literally, and printed with the Chinese character and translation interlined. Shanghae, 1860.

三字經 Săn-tché-kim. Doctrina trisillaba cum dictionario Sinico-latino. adjuncto. a Joseph M. Kuo, Collegii Sinici Alumno. Neapoli, 1869. In-8, pp. 30 (imprimé à la manière chinoise, ff. doubles).

— San-tseu-king 三字經 Trium litterarum liber a Wang-Pe-Heou Sub finem XIII saeculi compositus ; Sinicum Textum adjecta 214 clavium tabula edidit et in latinum vertit Stanislaus Julien Instituti Gallici Socius. Parisiis Apud Benj. Duprat Anno 1864, in-8, pp. 20-15.

San-tsze-king. The Three Character Classic, composed towards the end of the XIIIth Century by Wang-pih-how ; published in Chinese and English, with the Table of the 214 Radicals, by Stanislas Julien, Paris, 1864, in-8.

San-tseu-king. Le Livre de phrases de Trois Mots en chinois et en français suivi d'un grand commentaire traduit du chinois et d'un petit dictionnaire chinois-français du San-tseu-king et du Livre des Mille Mots par Stanislas Julien de l'Institut de France. Extrait du *Ban-zai-sau*, Genève, H. Georg, 1873, in-8, pp. 111-147.

Notice : *Revue Critique*, 3 Nov. 1873, par Ed. Specht.

— Le Livre classique des Trois Caractères de Wâng Peh-héou en chinois et en fran-

çais accompagné de la traduction complète du commentaire de Wang Tçinchîng par G. Pauthier. Ouvrage traduit et publié à la demande de M. le contre-amiral Dupré, gouverneur de la Cochinchine. Paris, Challamel aîné, 1873, in-8, pp. XII-148.

— Deux Traductions du San-tseu-king et de son Commentaire. Réponse à un article de la Revue Critique du 8 Novembre 1873 par le Marquis d'Hervey de Saint-Denys Chargé du cours de Langue et Littérature chinoise, au Collège de France. Extrait du Ban-zai-sau. Genève, H. Georg, 1873, in-8, pp. 27.
— Rép. de M. Specht, *Revue critique*, 21 février 1873.
— Réplique de M. d'Hervey de St.-Denys, datée du 26 février 1874, à la lettre de M. Specht (*Revue critique*, 21 Mars 1874).

Three Character Classic, in Chinese, German and English. Translation in English by Rev. E. C. Bridgman, D. D. Notes translated by C. F. R. Allen Esq. (*Doolittle's Vocab.*, Pt. III, No. XXXIII.)

— The San tzu ching or Three Character Classic and the Ch'ien tsu wen or Thousand Character Essay Metrically translated by Herbert A. Giles of H. B. M.'s Consular Service. « *Fools rush in where angels fear to tread.* » Shang hai : A. H. de Carvalho, 1873, br. in-8, pp. III-28, s. le tit. et les ff. prél.

Imp. en caractères bleus ; encadrements rouges.
Notice : *China Review*, I, p. 394.

San-ze-king. Les phrases de trois caractères en chinois avec les Versions Japonaise Mandchoue et Mongole suivies de l'explication de tous leurs mots par François Turrettini. Genève, H. Georg, 1876, in-8, pp. IV-104.

Extrait du *Ban-zai-sau*.
Zottoli, *Cursus litteraturae sinicae*, Vol. II, pp. 88/105.
Léon de Rosny. — Les livres élémentaires des écoles chinoises. (*Variétés orientales*, 3ᵉ éd., pp. 163/170.)
Notes sur le *Tsien Tseu Wen* et le *San tseu king*. L'auteur donne une liste des versions orientales et européennes.
A Chinese Primer by H. A. Sawtelle. (*Overland Monthly*, Feb. 1871.)

3° *Pe kia sin* 百家姓

Pih Keă Sing kaou leó, or a Brief inquiry concerning the Hundred Family Names : character and object of the work ; variety of names in China, and the manner of writing them ; degrees of consanguinity, with the terms used to express them. By E. C. Bridgman. (*Chin. Rep.*, IV, pp. 152 et seq.)

« The book... contains in fact four hundred and fifty-four surnames, or names of families, instead of one hundred, as its title seems to indicate. Pih-sing, « the hundred surnames », is used to denote the people collectively. « pih », a hundred, being used according to the Chinese idiom to signify all. The Pih Keă Sing was compiled by Wang Tsin shing, one of the commentators on the Trimetrical Classic ; and in form and size it very much resembles that work, with this difference, that it is composed in tetrameters, while the San tze king contains only three characters in each line. » *Chin. Rep.*, l. c., pp. 152 et seq.

— Livre des Cent familles. (Perny, *Dict.*, App., No. XIV, pp. 156/216.)

Zottoli, *Cursus litteraturae sinicae*, II, pp. 106/111.

4° *Tsien tseu wen* 千字文
— « *The Thousand Character Classic*, » br. in-8, pp. 31.

Traduction anglaise du Livre des Mille Mots, insérée comme appendice au *Report of the Anglo-Chinese College* from January 1830 to June 1831 (1831). — Cette traduction, qui est attribuée au Rev. S. Kidd, principal du collège, est suivie du texte chinois. [col. 621.]

— Tsiän dsü wen, sive mille literae ideographicae. Opus Sinicum origine cum interpretatione kôraiana, in peninsula Kôrai impressum, in lapide exaratum a Sinensi Kotsching dschang et redditum curante Ph. Fr. de Siebold. Lugduni Batavorum 1833.

Das 千字文 Tsiän dsü wen oder Buch von Tausend Wörtern, aus dem schinesischen, mit berücksichtigung der Koraischen und Japanischen übersetzung, ins deutsche übertragen. (Siebold, *Nippon*, Abh. IV, pp. 165/191.)
— Dans « Translation of a Comparative Vocabulary of the Chinese, Corean, and Japanese languages... By Philo-Sinensis (Medhurst), Batavia, 1835 ». On trouvera « the Thousand Character Classic in Chinese and Corean » avec une traduction.

— *Tseën Tsze Wán*, or the Thousand Character Classic : its form, size, object, style and author ; a translation with notes ; new books needed for primary education of the Chinese. (E. C. Bridgman, *Chinese Repository*, IV, pp. 229 et seq.)

Benjamin Jenkins. * *The Thousand Character Classic*, or Tsëen-tse-wan, romanized according to the reading sound for the vicinity of Shanghai, and printed with the Chinese character and translation interlined. Shanghae, 1860.

— Thsien-Tseu-Wen 千字文 Le Livre des Mille mots, le plus ancien livre élémentaire des Chinois publié en Chinois avec une double traduction et des notes par Stanislas Julien, Membre de l'Institut. 1re Partie : Texte chinois. Analyse de tous les éléments des mille mots. Tableau des 214 clefs. 2e Partie : Transcription phonétique. Traduction mot à mot. Traduction développée. Notes philologiques et historiques. Prix : 5 francs. Paris, Benjamin Duprat, 1864, in-8, pp. iv-50-40.

Suivant les Annales des Liang [502 ap. J.-C.] : « Tcheou Hing-sse, l'auteur du *Livre des mille mots*, était surnommé *Sse-tsouan* ; il était né à *Hiang*, dans l'arrondissement de *Tchin*. L'empereur [*Wou-ti*] ayant choisi mille caractères différents dans l'ouvrage de *Wang-i*, célèbre calligraphe, ordonna à *Hing-sse* de les classer de manière à en faire un texte suivi et de les mettre en vers. Après avoir pris connaissance de son travail, il en fut extrêmement satisfait, et

récompensa *Hing-sse* en lui donnant de l'or et des pièces de soie. » P. 1.

Note de J. Mohl dans le *J. As.*, 6e S., Vol. II, 1863, pp. 393/5.

Giles, supra, col. 676. — Zottoli, *Cursus litteraturae Sinicae*, Vol. II, pp. 112/131.

— A Thousand Character Essay. *(China Review*, II, pp. 182/185.)

« Translation of a primer for Chinese *Girls*, written in the reign of Tao Kuang in imitation of the well known « Thousand Character Essay, » and based on what is commonly entitled the « Preceptor. » H. A. Giles. »

SCIENCES MATHÉMATIQUES.

MATHÉMATIQUES PURES. — ASTRONOMIE. — OBSERVATIONS FAITES EN CHINE PAR LES ÉTRANGERS (VOIR AUSSI COL. 167/172 LE CHAP. V : CLIMAT ET MÉTÉOROLOGIE).

I. N. J. — De Mathesi Sinica Amplissimae Facultatis Philosophicae indultu publice disputabunt Praeses M. David Algower, Ulma-suevus ; & respondens Joannes Matthias Has. Aug. Vindel. Decembr. Anni 1702. Typis Georg. Wolffgangi Hammii. Univers. Typogr. In-8, pp. 52.

— « Jottings on the Science of the Chinese ». [By Alexander Wylie]. *(North-China Herald*, 108, Aug. 21, 1852-111-112-113-116-117-119-120-121 (Nov., 20, 1852).

Réimp. dans *The Shanghai Almanac and Miscellany*, 1853, 22 pages. — Dans *The Chinese and Japanese Repository*, April 1864 et seq.
Reproduit en allemand dans *Crelle's Journal für die reine und angewandte Mathematik*, 1856, pp. 59/94, « *Die Arithmetik der Chinesen* » (Von Herrn Dr. K. L. Biernatzki, zu Berlin). Berlin, April, 1855.
Voir sur ce mémoire du Dr. B. deux art. de Mr. J. Bertrand dans le *Journal des Savans*, 1869, Juin & Août.

— Arithmétique et Algèbre des Chinois. *Nouv. Annal. Math.*, II, 1863, pp. 529/540.

— Notice of New Mathematical Works. [« Túy soó këën fa. — Tsaóu ko peaóu këën fa »]. *(From the Shanghae Serial* amplified.) By A. (Wylie). *(N. C. Herald*, No. 366, Aug. 1, 1857.)

— L'abaque chinois par I. Gochkewicz. *(Trav. de la Mission russe*, voir col. 633) (en russe).

Sur le même sujet, voir également Spizelius, *De re literaria Sinensium* [col. 665], p. 215, avec 1 grav.

— Ueber die Chinesisch-Japanische Rechenmaschine. *(Mitt. der Deut. Ges.*, Yokohama, 8tes Hft. Sept. 1875, pp. 27/35.)

Article par le Dr. A. Westphal. — Figures.

周髀算經 *Tcheou pei souan king*.

— Traduction et Examen d'un ancien ouvrage chinois intitulé : *Tcheou pei*, littéralement : « Style ou signal dans une circonférence ; » par M. Edouard Biot. *(Journal asiatique*, Juin 1841, pp. 593/639.)

— Note supplémentaire. *(Ibid.,* Fév. 1842, pp. 198/202.)

La *première partie* de cet ouvrage chinois a été traduite :
— En français par le P. Gaubil.
— En anglais par M. A. Wylie, dans *The North-China Herald*, 108, Aug. 21, 1852. (Jottings on the Science of the Chinese-Arithmetic.)

* *

CHOU KING.—Consulter sur l'Astronomie chinoise le chap. I (Yao tien) de la première partie (Yu chou) et le chap. IV (Yn tching) de la II⁰ Partie (Hia chou), où l'on mentionne la première éclipse du soleil indiquée par les Chinois. Voir également les Observations du P. Gaubil sur ce livre sacré dans l'éd. de 1770 de De Guignes et dans celles de Pauthier, 1841 et 1843 :

IV Astronomie qui se trouve dans le Chou king, pp. 364/371. (1770.)
V. Eclaircissement sur les étoiles du Chapitre Yao tien, pp. 371/372.
VI. Dissertation sur l'éclipse solaire rapportée dans le Chou king, pp. 372/380.

— On trouvera également ces remarques dans les *Observations mathématiques*, etc., du même Père : Nos IV et V dans le tome III, pp. 6 et seq.; No VI dans le tome II, pp. 140 et seq.

— The Shoo King; an extract containing the astronomy of the Yaou Teën, with explanations from the commentary of Tsae Chin. Translated by 文 (W. J. Boone.) *(Chinese Repository,* IX, pp. 573/586.)

On the Astronomy of the Ancient Chinese. By the Rev. John Chalmers, A. M., pp. 90/104 des *Prolégomènes* du Vol. III. Part I (Shoo king) des *Chinese Classics* du Dr. Legge.

— Observations sur le degré de certitude des éclipses de Soleil rapportées par Confucius, dans un ouvrage intitulé : *Tchun tsieou,* depuis l'an 720 jusqu'en 495 avant J.-C. Par M. de Guignes. Lû le 14 mai 1784. *(Rec. de l'ac. des Insc., Mém.,* XLV, 1793, pp. 207/238.)

— Solar Eclipses recorded in the Ch'un Ts'ew, pp. 86 87 des *Prolégomènes* du Vol. V, Part I, des *Chinese Classics* du Dr. Legge.

JOHN WILLIAMS. Notes on Chinese Astronomy. *Astron. Soc. Month. Not.* XV, 1854-55, pp. 19/23.

— On an eclipse of the Sun recorded in the Chinese annals as having occured at a very early period of their history. *Ibid.,* XXIII, 1863, pp. 238/242.

— On the eclipses recorded in the ancient Chinese historical work called Chun Tsew. [1863.] *Ibid.,* XXIV, 1864, pp. 39/42.
— Solar eclipses observed in China from B. C. 481 to the Christian era. *Ibid.,* XXIV, 1864, pp. 185/8.
— Chinese Observations of solar spots. *Ibid.,* XXXIII, 1873, pp. 370/5.

* Observations of Comets from B. C. 611 to A. D. 1640. Extracted from the Chinese Annals. Translated, with introductory remarks, and an appendix, comprising the tables necessary for reducing Chinese time to European reckoning; and a Chinese Celestial Atlas. By John Williams, F. S. A., etc. London : 1871. Price 15/.

Annonce dans *The Phoenix,* No. 29, Nov. 1872. — Notice : *Chinese Recorder,* V, 1874, pp. 98/103.

— De eclipsi sinica Liber singularis Sinorvm de eclipsi solis quae Christo in crucem acto facta esse creditur indicivm examinans et momento suo ponderans Auctore Theophilo Sigefrido Bayero Accedunt Praeceptionvm de Lingva sinica duo Libri eodem avctore. Regiomonte apvd Mart. Hallervordii Heredes cIɔIɔCCXVIII, in-4, pp. 42, s. les prél., et les *praeceptiones;* 1 pl.

— Theophili Sigefridi Bayeri Regiomontani de Horis Sinicis et Cyclo Horario commentationes accedit eivsdem avctoris Parergon Sinicvm de Calendariis Sinicis vbi etiam qvaedam in Doctrina Temporvm sinica emendatvr. Petropoli, Typis Academiae scientiarvm cIɔIɔccxxxv, in-4, pp. 32, s. les prél., 8 pl.

Quaritch, Sept. 1872, No. 285-9139 : 6/-.

— T. S. Bayeri Commercivm Sinicvm. *(Miscellanea Berolinensia,* V, 1737, pp. 185/192.)

I. Excerpta ex prima Epistola A. R. P. Gaubil ad T. S. Bayer, data Pekini 3. Jul. 1732.
II. Ex epistola R. R. P. P. Ignatii Koegler Praesidis in tribunali Mathematico, Andreae Pereyrae, Caroli Slavicek S. I. Missionariorum ad T. S. Bayer. Pekini, 12. Sept. 1732.
III. Ex epistola T. S. Bayeri ad R. P. Koeglerum tribunalis Mathematici Praesidem S. I. Missionarium.
IV. Ex epistola R. P. Ignatii Koegler et R. P. Andreae Pereyrae. Pekini, VII. kal. Sext. 1734.

Alphonsi Des Vignoles Observationes ad Initium primae Epistolae. *(Ibid.,* pp. 193/197.)

— Mémoire concernant l'origine du zodiaque et du calendrier des Orientaux, Et celle de différentes Constellations de leur Ciel astronomique. Par J. de Guignes. Lû le 17 juin 1788. *(Rec. de l'Ac. des Insc., Mém.,* XLVII, 1809, pp. 378/434.)

— Observations chinoises et japonaises sur la chute des corps météoriques (1819). (A. Rémusat, *Mél. As.,* I, pp. 184/208.)

—Uranographie mongole.*(Ibid.,* pp. 212/239.)

—Uranographia Mongolica sive Nomenclatura Siderum, quae ab Astronomis Mongolis agnoscuntur et describuntur. (Excerptum ex opere, Mongolica lingua conscripto, quod in Bibl. Imp. conservatur. par Abel Rémusat. *(Mines de l'Orient,* III, pp. 179/196.)

— Chinese Names of Stars and Constellations collected at the request of the author of this Dictionary by John Reeves Esq. (Morrison's *Dictionary*, Part II, Vol. I, pp. 1063/1081.)

A. Rémusat, *Mél. As.*, II, pp. 202/205. — Voir infra col. Noel, *Observ. Math.*, et col. 683, Perny.

— Notice d'une mappemonde et d'une Cosmographie chinoises, par M. Klaproth. *(Nouv. J. As.*, X, 1832, et XI, 1833.)

« L'original de la mappemonde chinoise, dont la traduction accompagne ce mémoire, se trouve dans un livre publié à Canton, en 1820, sous le titre de *Houan thian thou choue* ou *Explication du tableau de la sphère céleste*. »

— Autres éclaircissements sur le planisphère et la cosmographie chinoise *(Ibid.*, XI, 1833, pp. 285/6), par E. Jacquet.

— Mode d'expression symbolique des nombres, employé par les Indiens, les Tibétains et les Javanais, par E. Jacquet. *(Jour. As.*, Vol. XVI, 1835, pp. 5 et seq., 97 et seq.)

— Connaissance de l'aplatissement des pôles de la terre chez les anciens Chinois par G. Pauthier. *(J. As.*, 3° Sér., I, 1836, pp. 290/4.)

— Note sur l'identité des cycles arabes, indiens et chinois, appliqués aux jours, aux années et aux ères diverses par le Chevalier de Paravey. *(Ibid.*, pp. 394/400.)

ED. BIOT. — Catalogue général des étoiles filantes et des autres météores observés en Chine pendant vingt-quatre siècles, depuis le VII° avant J. C. jusqu'au milieu du XVII° de notre ère, dressé, d'après les documents chinois, par M. Ed. Biot. (Présenté à l'Académie des Sciences les 31 Mai et 26 Juillet 1841.) *(Mém. prés. par divers savants à l'Ac. des Sc.*, X, 1848, pp. 129/352.)

— Note Supplémentaire au Catalogue des Etoiles filantes et des autres météores observés en Chine; par M. Ed. Biot. *(Ibid.*, pp. 415/422.)

— Sur la direction des queues des comètes. Paris, *Comptes Rendus*, XVI, 1843, pp. 751/752.

— Note sur la direction de l'aiguille aimantée en Chine, et sur les Aurores Boréales observées dans ce même pays. *Comptes rendus*, XIX, 1844, pp. 822/829.

— Catalogue des comètes observées en Chine, depuis l'an 1230 jusqu'à l'an 1640. A. D. *(Connaiss. des Temps*, 1846, pp. 44/84.)

— Recherches faites dans la grande collection des Historiens de la Chine sur les anciennes apparitions de la comète de Halley. *(Connaiss. des Temps*, 1846, pp. 69/84.)

Note remise par MM. Stanislas Julien et Edouard Biot, pour répondre à la demande faite pour l'Observatoire à M. le Conservateur des manuscrits chinois de la Bibliothèque royale. *(Comptes rendus de l'Ac. des Sc.*, XV, 1842, pp. 951/953.)

Voir, *Ibid.*, p. 929 : Astronomie. — Note sur la première comète de l'année 1301, tirée de la grande collection des historiens de la Chine ; par MM. Stanislas Julien et Edouard Biot.

— Table générale d'un ouvrage chinois intitulé *Souan-fa-tong-tsong*, ou *Traité complet de l'art de compter* (Fourmont, n° 350), traduite et analysée par M. Ed. Biot. *(Ibid.*, 3° S., VII, 1839, pp. 193 et seq.)

Tirage à part : br. in-8, pp. 27.

Il y a une note de 3 pages sur cet ouvrage chinois dans le *Journ. des Savans* (Mai 1835), à la fin d'un article de J. B. Biot sur l'inventeur des logarithmes. — Voir aussi Libri, *Hist. des Math.*, Vol. I.

— Note sur la connaissance que les Chinois ont eue de la valeur de position des chiffres, par M. Ed. Biot. *(J. As.*, VIII, 1839, pp. 497/502.)

— L. P. E. Am. Sédillot. Matériaux pour servir à l'histoire comparée des sciences mathématiques (astronomie, mathématiques et géographie), chez les Grecs et les Orientaux. 1845-1850, 2 vols. in-8 avec cartes et pl.

Vol. II, 6° partie : Astronomie chinoise.

De l'Astronomie et des Mathématiques chez les Chinois. Lettre de M. L. Am. Sédillot Secrétaire du Collège impérial de France et de l'Ecole des Langues orientales vivantes a D. B. Boncompagni. Extrait du *Bullettino di Bibliografia e di Storia delle Scienze Matematiche e Fisiche*. Tomo I. — Maggio 1868. Rome, Imp. des Sciences mathématiques et physiques. 1868. Br. in-4, pp. 8.

— Modes of keeping time known among the Chinese. By D. J. Macgowan, M. D. *(Chinese Rep.*, XX, pp. 426/432.)

— On the Introduction of European Astronomy by the Jesuits, at Peking.

Articles dans *The North China Herald* : 115, Oct, 9, 1852-116, 117 et 118, Oct. 30, 1852 — signés E.[dkins]— Réimp. dans le *Shanghae Almanac for 1853 and Miscellany*.

— Chinese Divisions of Time. (Williams, *Chinese Commercial Guide*, 1863, p. 288.)

Réimp. dans P. Loureiro's *Calendar*, App. 3 et seq. [Voir col. 229.]

— Noms des Constellations et des principales étoiles. (Perny, *Dict.*, App., No. IX, pp. 95/109.)

— Судьба Китайской астрономіи. Histoire de l'Astronomie chinoise. Introduction. Par M. C. Skatchkoff. 1874.

— Mathematical and Astronomical Terms. By Mr. A. Wylie. (Doolittle's *Vocab.*, Pt. III, No. XXXII.)

Notes on the Opinions of the Chinese with regards to eclipses by Rev. [sic] A. Wylie. (Read before the Society. 13 Oct. 1866.) (Art. IV *a, Journal N. C. B. R. A. S.*, No. III, Dec. 1866, pp. 71 et seq.)

Eclipses recorded in Chinese works. By A. Wylie (Art. VII, *Ibid.*, No. IV, Dec. 1867, pp. 87 et seq.)

The Mongol astronomical instruments in Peking by A. Wylie. Tiré du Vol. II des Travaux de la 3ᵉ session du Congrès international des Orientalistes. Leide, E. J. Brill, 1878, br. in-8, pp. 26, s. les app.

星辰考原 Sing Chin Khao Youen.
Uranographie chinoise ou Preuves directes que l'Astronomie primitive est originaire de la Chine et qu'elle a été empruntée par les anciens peuples occidentaux à la sphère chinoise : Ouvrage accompagné d'un Atlas céleste chinois et grec, par Gustave Schlegel, Docteur en Philosophie... Publié par l'Institut royal pour la Philologie, la Géographie et l'Ethnologie des Indes-Orientales néerlandaises à la Haye. La Haye, Martinus Nijhoff-Leyde, E. J. Brill, 1875, 2 parties grand in-8, pp. xiv-1/646, vi-647/929, et un Atlas céleste composé de 7 planches d'après le *Tien youen li li.*

— Notices : *Journ. des Savans*, Sept. 1875, pp. 557/568, par J. Bertrand. — *The China Review*, on the twenty-eight Constellations, by J. Edkins, III, pp. 319/323. — Wylie, *Chin. Rec.*, VI, pp. 442/447. — Günther, *Vierteljahrsschrift der Astronomischen Gesellschaft*. (1877, pp. 29/40.)

— Réponse aux critiques de l'Uranographie chinoise. Par G. Schlegel. (*Bijdragen tot de Taal-Land-en Volkenkunde von Nederlandsch-Indië*. 1880, pp. 350/372.)

*
* *

* R. P. Joannis Terrentius, e Soc. Jesu, Epistolium ex regno Sinarum ad mathematicos Europaeos missum, cum commentatiuncula Joannis Keppleri. Ejusdem, ex Ephemeride anni 1630 de insigni defectu solis Apotelesmata calculi Rudolphini. Sagani Silesiae, excuderunt Petrus Cobius et Joan. Viske, 1630, in-4.

Ce petit ouvrage est fort rare, Sotwel ne l'a pas connu. (De Backer.)

VERBIEST. Astronomia Europea [Liber Organicus]..... 1668 [Voir col. 512].

Astronomia Europaea sub imperatore Tartaro Sinico Cám Hy appellato ex umbra in lucem revocata a R. P. Ferdinande Verbiest. Dilingae, 1687, in-4.

A la suite on a joint le *Catalogus Patrum* de Couplet, voir col. 499. — Klaproth (259), Fr. 15.

Typús eclipsis lünae [Voir col. 512].

Langlès (579). Fr. 15.

* Typus eclipsis solis anno Christi 1669, imperatoris Cam Hy octavo, die 1° lunae 4ᵃᵉ, id est, die 29ᵐⁱᵒ Aprilis, ad meridianum Pekinensem ; nec non imago adumbrata diversorum digitorum in singulis imperii Sinensis Provinciis obscuratorum. Auctore P. Ferdinando Verbiest, soc. Jesu, in regia Pekinensi astron. praefecto.

Se trouve à la bibliothèque publique d'Anvers. (Carton, *Notice sur le P. Verbiest.*)

— Remarques sur une Comette observée à Pekin le mois de Février de l'année 1699, par le P. de Fontenay de la Compagnie de Jesus. (*Rec. de l'Ac. des Sc.*, (1701), 1704, pp. 47/48.)

— Comparaison des Observations de la Comette de 1699. faites à la Chine par le R. P. Fontenay, rapportées à l'Academie par le R. P. Gouye, le 12. mars 1701. avec celles qui en furent faites à l'Observatoire Royal de Paris. Par Mrs. Cassini & Maraldi. (*Ibid.*, pp. 48 et seq.)

— Reflexions sur les Observations de la variation de l'Aiman, faites dans le voyage du Legat du Pape à la Chine l'an 1703. Par M. Cassini le fils. (*Rec. de l'Ac. des Sc.* (1705), 1706, pp. 8/13.)

— Observations physiques et mathematiques. pour servir a la perfection de l'Astronomie et de la Geographie. Envoyées de Siam à l'Académie Royale des Sciences à Paris, par les Peres Jésuites François qui vont à la Chine en qualité de Mathématiciens du Roy. Avec les Reflexions de Messieurs de l'Academie, & quelques Notes du P. Goüye, de la Compagnie de Jesus. (*Rec. de l'Ac. des Sc.*, VII, 1729, pp. 605/740.) :

— Observations faites aux Indes et a la Chine, Par le Pere Antoine Thomas, de la Compagnie de Jesus, pp. 647 et seq.

— Observations envoyées de Nanquin le 7 d'octobre 1686. Par le Pere Antoine Thomas, de la C. de J., pp. 695 et seq.

Observations physiques et mathematiques. pour servir a la perfection de l'Astronomie et de la Geographie. Envoyées des Indes & de la Chine à l'Académie Royale des Sciences à Paris, par les Peres Jesuites. Avec les reflexions de Messieurs de l'Academie, & les Notes du Pere Goüye, de la Compagnie de Jesus. (Ibid., VII, pp. 741/875.

— Observations faites a la Chine par le Pere François Noël, de la Compagnie de Jesus, pp. 778/ et seq.

— Observations faites par le P. de Fontanay a Si-nghan-fu, Capitale de la Province de Xensi, pour en déterminer la Latitude, pp. 855 et seq.

— Extrait du Livre intitulé Observations Physiques & Mathématiques envoyées des Indes & de la Chine à l'Académie Royale des Sciences, à Paris, par les PP. Jésuités, avec les Notes et les Réflexions du P. Goüye de la Compagnie de Jesus. A Paris, de l'Imprimerie Royale, in-4. Par M. l'Abbé Galloys. 31 Juin 1692. (Rec. de l'Ac. des Sc., X, 1730, pp. 130 et seq.)

— Reflexions sur l'Observation de Mercure dans le Soleil, faite à la Chine par le Pere de Fontanay, Jesuite, l'an 1690, & publiée par le P. Gouye. Par M. Cassini. (Rec. de l'Ac. des Sc., X, 1730, pp. 308/316.)

* Observationes Mathematicae et Physicae in India et China factae a Patre Francisco Noël Societatis Jesu, ab anno 1684 usque ad annum 1708 in lucem datae Superiorum Permissu. Pragae, typis Universit. Carolo-Ferdinandeae in Collegio Soc. Jesu ad S. Clementem, per Joachimum Joannem Kamenicky, 1710, in-4, pp. 133, une carte.

« Cet important recueil, dit Abel-Rémusat, Nouv. Mél. As., II, p. 252, renferme des observations d'éclipses du soleil, de la lune et des satellites de Jupiter, faites en divers lieux de la Chine et des Indes, et notamment dans la ville de Hoai-'an, dans la province de Kiang-nan, avec la table des latitudes et des longitudes d'un grand nombre de villes de la Chine. On y trouve aussi le Catalogue des étoiles australes, beaucoup de détails curieux sur l'astronomie chinoise, sur les années, les mois, les jours, et les heures à la Chine ; la liste des noms chinois des étoiles, avec leur synonymie, établie par la comparaison des planisphères des PP. Verbiest et Grimaldi, et de ceux des PP. Riccioli et Pardies ; une Notice sur les poids et mesures des Chinois, et des Observations sur la déclinaison de l'aiguille aimantée. De tous ces morceaux, le plus précieux est le Catalogue des noms chinois des étoiles et des constellations, qui a été copié et donné comme nouveau, par M. de Guignes fils [Tome X des Mémoires de Savans étrangers, publiés par l'Académie des Sciences], et auquel les Tables de M. J. Reeves n'ont rien ajouté d'essentiel. » [Voir supra, col. 681.]

Klaproth (257), Fr. 21.

KÖGLER. — D'après le P. de Backer, ce père a fait les observations suivantes :

1. Des observations astronomiques qu'il avait envoyées de la Chine au P. Amort, qui les a accompagnées de notes. On les conserve en manuscrit à Munich. Quelques unes ont été publiées dans la province du P. Souciet, dans le Scientia Eclipsium du P. Simonelli. Rome, 1777, in-4, et dans les Observationes Astronomicae, ab anno 1717 ad ann. 1752. A PP. Soc. Jesu Pekini Sinarum factae du P. Hallerstein, publiées par le P. Hell. Vienne, 1768, in-4 ; et dans les Philosophical Transactions. No. 424 (ann. 1732).

Observations de l'éclipse de soleil du 15 juillet 1730, à Pekin et des immersions des satellites de Jupiter depuis 1729

jusqu'à 1730 par les Peres Ignace Kögler et André Pereyra, communiquées, par Jacques de Castro Sarmento. Dans les Transactions philosophiques, années 1731 ou 1732. Paris, 1741.

Observatio Eclipsis Lunae habita in Observatorio regiae Pekinensis. anno 1722 die 2. Jan. post meridiem, a P. Ignatio Koegler Societatis Jesu in Sinis Missionario. — Dans les Mém. de Trev., Nov. 1723, pp. 2246-2252.

2 Scientiae Eclipsium ex imperio et commercio Sinarum illustratae, pars 2. Lucae, 1745, in-4.

C'est la suite de l'ouvrage du P. Simonelli, dont je joins ici la description.

Scientia Eclipsium ex imperio et commercio Sinarum illustrata complectens integras constructiones astronomicas P. Jacobi Philippi Simonelli, observationes Sinicas P. Ignatii Kegler, Investigationes ordinis eclipsium P. Melchioris a Briga, Soc. Jesu, Romae, typis Anton. de Rubeis, et Lucae, apud Salv. et Jos. Dom. Marescandoli 1747. Cum approbatione, in-4, pp. XII, et les Prél. du P. a Briga.

Pars Prima 1744, Pars Secunda 1745, Pars tertia, 1748.

Voir Litterae patentes Kang-hi, p. 30 [col. 263].

— Extrait du Journal Envoyé de Macao, par M. de Guignes le fils, concernant les observations météorologiques faites en ce lieu-là et à Canton, pendant l'année 1787. Par M. Le Monnier. (Rec. de l'Ac. des Sc., Mém. (ann. 1789), an II, pp. 597/599).

Observations mathématiques, astronomiques, géographiques, chronologiques, et physiques, tirées des anciens livres chinois ; ou faites nouvellement aux Indes et à la Chine, par les Pères de la Compagnie de Jésus. Rédigées et Publiées par le P. E. Souciet, de la même Compagnie. 3 vol. in-4.

Langlès (575), Fr. 19.95. — Klaproth (258), Fr. 9.50. — Duprat (1861), Vol. I. Fr. 10.

Tome Ier. A Paris, chez Rollin, 1729. Epistre Dedicatoire. — Preface. — Observations astronomiques. — Observations géographiques. — Remarques chronologiques. — Observations physiques. — Observations diverses. — Additions. — Observations, &c., sur les Indiens. — Table des Longitudes et des Latitudes.

Tome II. Contenant une Histoire de l'Astronomie chinoise, avec des Dissertations par le P. Gaubil. A Paris, chez Rollin, 1732.

Tome III. Contenant un Traité de l'Astronomie chinoise par le P. Gaubil. A Paris, chez Rollin, 1732.

Cet ouvrage n'est pas indiqué par Bazin.

La date d'envoi de l'Astronomie remonte à l'année 1727 d'après la correspondance manuscrite de Gaubil. (Biot, Études sur l'Astronomie, 1862, p 252.)

« Les Mém. de Trév. (probablement le P. Castel) rendent compte des « Observations mathématiques » ; Juin et Juillet 1730, pp. 986/999, et pp. 1133/1149 ; Février 1733, pp. 242/296. Le dernier article est suivi d'une « Lettre du P. C. (Castel) J. sur la fameuse Eclipse observée à la Chine l'an 31 de Jésus-Christ ; et que plusieurs prétendent être l'Eclipse de la Passion... p. 296 à 315. Le P. Gaubil répondit à cette lettre par : « Remarques sur l'Art. XIII (pour XV) de ces Mémoires, Février 1733, Fév. 1733, pp. 337/353. Le Journal des Sav. rendit aussi compte des Observations : Nov. 1729, pp. 657/660 ; Sept. 1732, pp. 524/530. » (De Backer, I, col. 2054.)

— Histoire de l'Astronomie chinoise depuis

le commencement de la Monarchie chinoise, jusqu'à l'an 206 avant Jesus-Christ ;
par le Père Gaubil, Missionaire à Pékin.
(Lettres édifiantes, XXVI, 1783, pp. 65/295.]

Reproduite dans l'édition des *Lettres édifiantes* du *Panthéon littéraire*, III, pp. 453 et seq.

« C'est en grande partie, dit Biot *(Etudes sur l'Astronomie*, 1862), la reproduction, plus régulièrement arrangée,
des deux écrits [ceux qui ont été publiés dans les *Observations* éditées par Souciet] mentionnés çi-dessus. Mais ces
deux premiers contiennent plusieurs documents originaux
d'un grand intérêt, qui manquent dans la nouvelle rédaction. Celle-ci nous offre le dernier travail d'ensemble que
Gaubil ait fait sur l'astronomie chinoise proprement dite »,
p. 253.

« On doit encore à Laplace la découverte d'un autre manuscrit de Gaubil intitulé : *Recherches sur les constellations et les catalogues des étoiles fixes, sur le cycle des
jours, sur les solstices et sur les ombres méridiennes du
gnomon observées à la Chine.* Gaubil avait envoyé cet
écrit en 1734 à l'astronome français Delisle, qui résidait
alors à Saint-Petersbourg. Celui-ci le rapporta à Paris
en 1747, avec d'autres papiers scientifiques qu'il avait
recueillis pendant son séjour en Russie. Il n'en parla point
et n'en donna connaissance à personne. Mais, le considé-
rant apparemment comme sa propriété particulière, il le
céda, ainsi que ses autres papiers, au dépôt de la marine,
en échange d'une pension de 3,000 francs. Toute cette collection avait été transférée depuis à la bibliothèque de
l'Observatoire, pendant nos troubles révolutionnaires, Laplace y découvrit le manuscrit de Gaubil, qui en était de
beaucoup la pièce la plus précieuse. Sur sa demande, les
observations astronomiques qui s'y trouvaient rapportées
furent imprimées en entier dans les additions à la Connaissance des Temps pour les années 1809 et 1810. La partie
uranographique, plus spécialement applicable à des recherches d'érudition dont personne ne s'occupait alors,
resta inédite. Mais mon fils en avait tiré une copie que
j'ai retrouvée dans ses papiers; et je la déposerai prochainement dans la bibliothèque de l'Institut, où l'on pourra
librement la consulter. » (pp. 256/257 des *Etudes sur
l'Astronomie*, de Biot, 1862).

Notice sur des manuscrits inédits du Père
Gaubil et du Père Amiot, par feu Edouard
Biot, Membre de l'Académie des Inscriptions et Belles-Lettres. Article de
M. J.-B. Biot, extrait du *Journal des Savants* (Cahier de Mai) [1850]. Br. in-4,
pp. 6.

Voir col. 501.

Collas. — Réparations et additions faites
à l'observatoire bâti précédemment dans
la Maison des Missionnaires français à
Peking, par M. Collas, missionnaire
(un plan). *(Mém. conc. les Chinois*, XI,
pp. 269/273.)

— Observations astronomiques faites à Péking, dans la maison des Missionnaires
françois par M. Collas, missionnaire, en
1775/1777. *(Ibid.*, pp. 274/277.)

— Observations météorologiques par M. Collas. *(Ibid.*, pp. 278/9.)

— « A Comet observed in China in May 1820
described by J. Reeves Esq. F. R. and
L. S. ».

Cet article est imprimé dans *The Indo-Chinese Gleaner*,
1820, p. 435. Il est suivi, pp. 437/439, de remarques sur
« Chinese doctrine of Comets ».

— Recherches sur l'ancienne Astronomie
Chinoise, publiées à l'occasion d'un Mé-

moire de M. Ludwig Ideler sur la Chronologie des Chinois, lu à l'Académie des
Sciences de Berlin, le 16 février 1837 [par
Biot]. — Extrait du *Journal des Savants*,
in-4, pp. 98. [Voir col. 228.]

— Etudes sur l'Astronomie indienne et sur
l'Astronomie chinoise par J. B. Biot,
membre de l'Académie des Sciences et
de l'Académie française, membre libre de
l'Académie des Inscriptions et Belles-
Lettres. Paris, Michel Lévy frères...
1862, in-8, pp. LII-398.

Le Précis de l'histoire de l'astronomie chinoise occupe les
pages 249/388.

Publié à Fr. 7.50.

— Die vedischen Nachrichten von den naxa-
tra (Mondstationen). Von A. Weber : Aus
den Abhandlungen der Königl. Akademie
zu Berlin, 1860 & 1861.

Erster Theil. Historische Einleitung, Berlin, 1860, in-4,
pp. 283/332.

Zweiter Theil. Berlin, 1862, in-4, pp. 267/400.

— Voir les lettres de J. B. Biot adressées à M. Th. Benfey,
imprimées à la fin, pp. 389 et seq., de son Astronomie (1862).
— La première de ces lettres a été publiée à Goettingue
dans le journal de M. Benfey, *Orient und Occident*, Vol. I,
4º cahier.

— Peter Parker. Observations made at
Canton, China, on the shooting stars of
the 10th and 11th of August 1839. *Silliman, Journ.*, XXXVIII, 1840, pp. 301/6.

H. FRITSCHE. — Geographische, magnetische und hypsometrische Bestimmung-
en an zwei und zwanzig in der Mongolei
und dem nördlichen China gelegenen Orten ausgeführt in den Jahren 1868 und
1869 von H. Fritsche. *(Repertorium für Meteorologie*, Bd. II.)

Même tit. en russe. — Br. in-4, pp. 63 et une carte. — Buchdruckerei der Kaiserlichen Akademie der Wissenschaften.
(St.-Pétersbourg.)

Geog...... an 27 in Nordöstlichen China gelegenen Orten ausgeführt in den Monaten
Juli, August, September und October
1871 von H. Fritsche. St.-Pétersbourg,
1873. *(Rep. f. Met.*, T. III, No. 8.)

Br. in-4, pp. 36.

Geog..... an 59 Orten angestellt auf einer
Reise von Peking durch die östliche Mon-
golei, über bergwerk Nertschinsk, die
Städte Irkutzk, Bornoul, Jekaterinburg
und Perm nach St.-Petersburg in den
Monaten Mai, Juni, Juli, August und Sep-
tember 1873 von H. Fritsche (mit einer
Karte). St. Pétersbourg, 1874. *(Rep. f.
Met.*, T. IV, No. 3.)

Br. in-4, pp. 44.

Geographische und magnetische Bestim-
mungen an 26 Orten erhalten auf einer

Reise von St.-Petersburg nach Peking über Jekaterinburg, Bornoul, Irkutzk, Kiachta und Urga im Jahre 1874 von H. Fritsche. St. Petersbourg, 1875. (*Rep. f. Met.*, T. IV, No. 8.)

Br. in-4, pp. 12.

Ueber die Magnetische Declination Pekings von H. Fritsche (mit einer Karte). St.-Petersbourg.

Ueber die Magnetische Intensität Pekings von H. Fritsche. St. Petersbourg, 1873. (*Rep. f. Met.*, T. III, No. 5.)

Br. in-4, pp. 49.

Ueber die Magnetische Inclination Pekings von H. Fritsche. St.-Petersbourg, 1876. (*Rep. f. Met.*, T. V, No. 5.)

Br. in-4, pp. 27.

Ueber das Klima Pekings von H. Fritsche. St.-Petersbourg, 1876.

Br. in-4, pp. 52.
[Voir col. 126.]

BOUSSOLE.— *Memoria sulla bussola orientale, letta all' università di Pavia da Giuseppe Hager. Sec. ediz. — Pavia, 1810, pp. 31.

— Lettre à M. le Baron A. de Humboldt, sur l'invention de la Boussole, par M. J. Klaproth. Paris, P. Dondey-Dupré, 1834, in-8, pp. 138 et 3 Pl.

En réponse à une demande formulée dans une lettre de Humboldt datée Potsdam, 4 janvier 1834.

Notice par Reinaud. (*J. As.*, 1835, Vol. XV, pp. 580/3.

— On the invention of the Compass by the Chinese. (*Asiatic Journal*, XV, 1834, pp. 105/114.)

« The Mariner's Compass in China » by W. F. Mayers. (*Notes and Queries on C. & J.*, Vol. IV, Art. 11.)

☞ Pingré a inséré dans sa *Cométographie*, d'après Ma Touan-lin, le Catalogue des comètes observées à la Chine. (A. Rémusat, *Nouv. Mél. As.*, II, p. 171.)

Renaudot, *Anciennes relations.* — *Mém. conc. les Chinois*, VI, pp. 311 et seq. — Bailly, *Hist. de l'Astronomie.* — Ferd. Hoefer, *Hist. de l'Astronomie.*

ECHECS, etc.

— De Ludis Orientalibus Libri duo, Quorum prior est duabus partibus, Viz. I, Historia Shahiludii Latinè : Deinde 2, Historia Shahiludii Heb. Lat. Per tres Judaeos. Liber posterior continet Historiam reliquorum ludorum Orientis.

Dans le Vol. II du *Syntagma* de Hyde, 1767.

— Ce recueil avait déjà paru en 1 vol. pet. in-8 : Oxonii, e theatro Sheldoniano, M. DC. XCIV.

— Historia Nerdiludii, hoc est dicere, Trunculorum ; cum quibusdam aliis Arabum,

Persarum, Indorum, Chinensium, & aliarum Gentium Ludis...... Item, Explicatio amplissimi Chinensium Ludi, qui eorum Politiam & modum perveniendi ad Dignitates in Aulâ Regiâ exponit, & egregio ac peramplo Schemate repraesentat.

De Nerdiludio Chinensium, pp. 261/263.
De Ludo Promotionis Mandarinorum, pp. 265/287.
Dans le *Syntagma*, de Hyde, Vol. II, Oxford, 1767.

— Explication sur le Jeu d'Echecs Chinois.

Dans l'éd de Philadelphie du Voy. de Van Braam, Vol. II p. 423, avec une Pl.

* James Christie. An Inquiry into the antient Greek Game supposed to have been invented by Palamedes, antecedent to the Siege of Troy; with Reasons for believing the same to have been known from remote Antiquity in China, and progressively improved into the Chinese, Indian, Persian, and European Chess. Also, two Dissertations : I. On the Athenian Skirophoria. II. On the mystical Meaning of the Bough and Umbrella, in the Skiran Rites. London, 1801, in-4.

Pp. 190. Brocket, 768, £ 1. 3/-. White Knights, 1113, 16/-. Drury, 972, russia, £ 1. 2/-. Roxburghe, 1740, £ 2. 16/-. (Lowndes.)

— On the Burmha Game of Chess ; compared with the Indian, Chinese, and Persian Game of the same denomination. By the late Captain Hiram Cox. Communicated in a letter from him to J. H. Harington Esq. (*As. Res.*, Vol. VII, No. XX, pp. 486 et seq.)

— Bazin donne dans la 2e partie de la *Chine Moderne*, pp. 655/656, une description d'un *échiquier chinois* reproduite du « *Palamède*, Revue mensuelle des échecs et autres jeux », 15 décembre 1842, 2e série, pp. 281/282. (Article de M. Joseph Lavallée, à qui M. S. Julien avait fourni plusieurs renseignements.)

— Chess in England and China.

Articles de H. A. Kennedy, Henry W. Henfrey, etc., dans le Vol. VII, 4th Ser. des *Notes and Queries*, de Londres.

— Chinese Chess. (*China Mail*, June 29th 1865.)

Réimp. dans le *Ch. & Jap. Rep.*, Dec. 1865, pp. 580/585.

— A short sketch of the Chinese Game of Chess, called *Kh'e*, also called *Seang-kh'e*, to distinguish it from *Wei-kh'e* another game played by the Chinese, by H. G. Hollingworth. Read October 13th, 1866. (*Jour. N. C. B. R. As. Soc.*, N. S. No. III, Dec. 1866, Art. VIII, pp. 107 et seq.)

— The Chinese Game of Chess as compared with that practised by Western Nations, by K. Himly Esq. (*Ibid.*, No. VI, 1869/70, Art. VI, pp. 105 et seq.)

— Wei-ch'i, or the Chinese Game of War. By H. A. Giles. (*Temple Bar*, Jan. 1877.)

SCIENCES MÉDICALES.

* Secrets de la médecine des Chinois, consistant en la parfaite connaissance du pouls, envoyés de la Chine par un François. Grenoble, Charvys, 1671, pet. in-12.

Vend. A. Remusat (269), Fr. 3.

— Specimen Medicinae sinicae, sive Opuscula medica ad Mentem Sinensium, Continens I. De Pulsibus Libros quatuor è Sinico translatos. II. Tractatus de Pulsibus ab erudito Europaeo collectos. III. Fragmentum Operis Medici ibidem ab erudito Europaeo conscripti. IV. Excerpta Literis eruditi Europaei in China. V. Schemata ad meliorem praecedentium Intelligentiam. VI. De Indiciis morborum ex Linguae coloribus & affectionibus. Cum Figuris aeneis & ligneis : Edidit Andreas Cleyer Hasso-Casselanus... Francofvrti. Sumptibus Joannis Petri Zubrodt. Anno M.DC.LXXXII, in-4.

Cet ouvrage a quatre paginations différentes. Il y a 30 planches à la fin du volume.

Vend. A. Rémusat (271), Fr. 22. 50.

« [Ces ouvrages] que le P. Couplet avait fait passer à Batavia, en 1658, pour être transportés en Europe, furent, par suite des mécontentemens de la compagnie hollandaise à l'égard des Jésuites de la Chine, privés du nom de leur auteur [Michel Boym], et publiés à Francfort, 1682, in-4, par André Cleyer, de Cassel, premier médecin de la Compagnie des Indes sous le titre de *Specimen Medicinae Sinicae. (Nouv. Mél. As.,* II, pp. 227/8.)

— Clavis Medica ad Chinarum Doctrinam de Pulsibus, autore R. P. Michaele Boymo, è Soc. Jesu, & in China Missionario. Hujus operis ultra viginti annos jam sepulti fragmenta, hinc inde dispersa, collegit & in gratiam Medicae Facultatis in lucem Europaeam produxit Cl. Dn. Andreas Cleyerus, M. D. & Societatis Batavo-Orientalis Proto-Medicus. A quo nunc demum mittitur Totius operis Exemplar, è China recens allatum, & à mendis purgatum, Procuratore R. P. Philippo Copletio, Belgâ, é Soc. Jesu, Chinensis missionis Romam misso. Anno clɔ lɔ c LXXXVI, in-4, pp. 144.

« Secret du Pouls. » traduit du chinois [par le P. Hervieu] (du Halde, III, pp. 384/436.)

Ce qu'en dit le Père Hervieu qu'il « croit que c'est plutôt une Compilation qu'un traité fait par un seul et même Auteur » (p. 384) corrobore ce que dit Mr. Wylie, *Notes on Chinese Literature,* p. 79. La traduction du Père Hervieu n'est pas celle du véritable ouvrage de *Wang-shuh-ho* ou *Ouang chou ho,* médecin de la Cour, sous les Tsin occidentaux, intitulé *Mih-king* mais d'un ouvrage apocryphe écrit sous les Song, qui a été réimprimé sous les Ming avec des notes sous le nom de *T'oö choo mih heuë péén chin.*

Extrait du *Pen tsao Cang Mou* 本草綱目 c'est-à-dire, de l'Herbier chinois ou Histoire naturelle de la Chine, pour l'usage de la médecine. (Du Halde, III, pp. 437 et seq.)

« Cet ouvrage a été entrepris et composé par un Docteur

de la Famille ou Dynastie des *Ming,* appelé *Li che tchin.* Mais la mort ayant surpris cet Auteur, avant qu'il y eût mis la dernière main, son fils, après l'avoir révû et augmenté, présenta à ce sujet une Requête à l'Empereur *Van lie,* la vingt-quatrième année de son règne, & sur cette Requête l'Empereur donna ordre au Tribunal du *Li pou,* ou des Rites, de publier cet Ouvrage, lequel a été réimprimé de nouveau à la vingt-deuxième année du règne de feu l'empereur *Cang hi,* » p. 437.

Cet ouvrage est composé de 52 Livres dont le dernier traite du Corps humain. On trouvera p. 3 de la *Materia Medica* de D. Hanbury « Synopsis of the Contents of the Chinese Herbal *Pun-tsaou-kang-Muh* ».

Recueil de différentes recettes employées par les médecins chinois, pour la guérison de diverses maladies. (Du Halde, III, pp. 460 et seq.)

Du Gin Seng (pp. 460 et seq.) [col. 201].

Du Thé (pp. 474 et seq.).

De la graine de thé (pp. 480).

De l'éléphant (pp. 480 et seq.)

Du chameau (pp. 483 et seq.)

Du Hai ma ou Cheval de Mer (pp. 484 et seq.).

Du Che hiai, ou Cancre pétrifié (pp. 486/7).

Du Musc (pp. 487/489).

De quelques autres drogues employées dans la médecine chinoise (du Halde, III, pp. 490 et seq.) : Du Hia tsao tong tchong. — Du San tsi. — De la rhubarbe. — Du Tang Coue. — Du Ngo kiao. — De la Cire blanche. — Des Ou poey tsé, drogue chinoise. — De l'Ou kieou Mou, ou arbre qui porte le suif. — De l'huile d'Ou kieou. — Remède chinois pour la Dysenterie.

« Tchang Seng ou l'art de se procurer une vie saine et longue. » (Du Halde, III, pp. 509/525.)

Cette traduction est du P. Dentrecolles. L'ouvrage a paru la 36ᵉ année du règne de Kang hi.

Sur la petite vérole et la manière de la guérir. Voir les lettres du P. Dentrecolles dans les *Lettres édifiantes,* XVIII, pp. 353/412. — XXI, pp. 5/41.

* Boissier de Sauvages (François). Medicinae sinensis conspectus. Monspelii, 1759, in-4. [Pauly, col. 499.]

— Dans les *Mémoires concernant les Chinois* on trouvera plusieurs articles relatifs à la Médecine des Chinois :

Vol. IV : De la petite vérole [par le P. Cibot], pp. 392 et seq.

« V : Raisins secs de *Hami* [par le P. Cibot], pp. 481 et seq.

« V : pp. 492/4 : 1° : le *Pao hing che;* 2° le *Kou tsiou* (indigestions, fièvres intermittentes, etc.) « Ces deux remèdes nous sont venus ici des Indes, où ils ont été inventés. Le premier, connu sous le nom de *pierre de Gaspard Antonio,* a été inséré dans la Pharmacopée de Manuel Rodrigues Koelho, imprimée à Lisbonne en 1734. Mais on verra d'abord que la recette qu'il donne est une recette conjecturale, au lieu que celle que nous donnons est la vraie » (pp. 494) [par le P. Cibot].

Vol. VIII : de la page 259 à la page 263.

« VIII : pp. 271/274. Notice du sang de Cerf, employé comme remède [par le P. Cibot].

Vol. XI : p. 304. Notice sur le Cinabre, le Vif-Argent et le Ling-cha, par feu M. Cibot. Miss.

Vol. XIII : pp. 535 et seq. : voir une lettre du P. Amiot.

« XV : pp. VI-XIII : voir une lettre du P. Amiot.

* Buc'hoz. Herbier ou Collection des Plantes médicinales de la Chine. Paris, 1781, in-folio.

— Voir sur la chirurgie chinoise les éclaircissements donnés dans le *Journal de Médecine,* an IX, Vend. et Brum., par M. Sue, prof. et bibliothécaire de l'Ecole de Médecine de Paris.

— De la Médecine chez les Chinois, pp. 247/371. Articles des *Mém. conc. les Chinois,* réimprimés par Delatour dans son Recueil de 1803. [Voir Ouvrages généraux, col. 41.]

* Jets over de Chineesche geneeskundigen. (Nieuwe vaderl. Bibliothek van Wetenschapen, Kunst en Smaack, 1802, Deel VI, 22) [Pauly, col. 499].

— Sir George Staunton's Chinesische Abhandlung über die Kuhpocken. (Klaproth, *Archiv für Asiat. Lit.*, St. Petersburg, 1810, pp. 111/113.)

Mémoire de Staunton sur la vaccine publié à Canton en 1805 en Chinois. — Voir Note d'Abel Rémusat, *Mél. As.*, I, p. 249.

Voir Catalogue of the London Mission Library, Shanghai, 1857, No. 254.

— On the Introduction of Vaccination into China. (*Chin. Rep.*, II, pp. 35 et seq.)

* Lepage (Franç.-Albin). Recherches historiques sur la médecine des Chinois. Thèse, No 149..... Paris, 1813, in-4.

— Notice : Sur la Médecine des Chinois (1813). (A. Rémusat, *Mél. As.*, I, pp. 240/252.) — *Moniteur*, No. 294, an. 1813 ; on a fait un tirage à part de cette notice de Rémusat, in-8, pp. 11.

Rémusat écrit dans sa notice, pp. 248/9 : « Il est étonnant qu'il [Lepage] n'ait pas fait un plus grand usage, pour une maladie [variole] non moins commune à la Chine, d'une dissertation insérée à la fin du Tome 11 de l'ouvrage d'Astruc. Cette dissertation contient des éclaircissemens aussi intéressans qu'authentiques puisqu'ils viennent des PP. Foureau et Parrenin ».

* Dissertatio de glossosemeiotice, sive de signis morborum quae è linguâ sumuntur, praesertim apud Sinenses, auctore Abel-Rémusat. Paris, 1813, in-4. [Cat. A.-Rémusat, No 270.]

Grosier, Description de la Chine, VI, Liv. XIII, Chap. vi et seq.

— The History of Medecine in China. (*Indo-Chinese Gleaner*, commenced, p. 424, XIV, Oct. 1820; p. 1, XV, Jan. 1821; etc.)

The History of Medicine in China. An extract from the *Indo-Chinese Gleaner*, Jan. 1821. (*The Phoenix*, No. 4. Oct. 1870, et seq.)

* Histoire de la médecine en Chine (Gerson und Julius, *Magazin der ausl. Heil Kunde*, 1827, XIV, 1.) [Pauly, col. 499].

* Livingstone (J.). Observations on the epidemic cholera as it appeared in China..... (*Transactions of the Medical and Physical Society of Calcutta*, 1825, I, 204) [Pauly, col. 1483].

— John Reeves. An account of some of the articles of the Materia Medica employed by the Chinese. [1826.] *Med. Bot. Soc. Trans.* 1828, pp. 24/7.

— Description of a Chinese anatomical plate, illustrative of the human body, with explanations of the terms [by W. Lockhart]. (*Chinese Rep.*, IX, pp. 194/200.)

* Parker (Peter). Sur l'établissement d'hôpitaux en Chine (*Gazette médicale*, 1841, IX, 561) [Pauly, col. 1290].

Voir Missions Médicales, col. 629/630/631.

(SCIENCES MÉDICALES.)

* Gützlaff (C.). Nachrichten über die Heilkunst der Chinesen. (*Medicin. Unterhaltungsbibliothek*. V, 123) [Pauly, col. 500].

Peter Bleeker. Bijdrage tot de kennis der Genees-en Artsenijmengkunde onder de Chinezen in het algemeen en onder die te Batavia in het bijzonder. Batavia, *Natuurk. Archief*. I, 1844, pp. 257/284.

-- Physic and Physicians in China. (*The Asiatic Journal and Monthly Miscellany*, 3rd Series, IV, 1845, pp. 27/29.)

— Lettre sur la Pharmacie en Chine, par le Docteur Yvan,.... Paris, Labé, 1847, in-8, pp. 45.

— Chinese Anatomy and Physiology. A Treatise on the Chinese System of Anatomy and Physiology : by Dr. W. A. Harland. Read before the Asiatic Society, September 7th and October 5th, 1847. (*Trans. China Branch R. A. S.* No. I, Art. III.)

Part I : Anatomy. — Part II : Physiology. Avec figures.

Cet article est tiré surtout d'un ouvrage publié en 1743 intitulé « E-tsung-kin-këen » Le miroir d'or des médecins. Il a été réimprimé, moins les figures, dans « The China Mail », No 192, Oct. 19, 1848.

Mr. E. C. Bridgman donne la définition de qq. termes d'anatomie extraits du « *E Tsung kin Keën Yu Tsoan*, or the Golden Mirror of Eminent Medical authors, compiled by imperial authority » dans le « *Ch. Rep.*, IX, pp. 486/488 ».

— Chirurgie chinoise. — Substance anesthétique employée en Chine, dans le commencement du IIIe siècle de notre ère, pour paralyser momentanément la sensibilité ; par M. Stanislas Julien. (*Ctes rendus de l'Ac. des Sc.*, XXVIII, 1849, pp. 195/198.)

Chloroform among the Chinese. By R. J. (*China Review*, I, p. 272.)

— Médecine chinoise. — L'hydrothérapie, ou traitement des maladies par l'eau froide, pratiquée en Chine, au commencement du IIIe siècle de notre ère ; par M. Stanislas Julien. (*Ctes rendus de l'Ac. des Sc.*, XXVIII, 1849, pp. 244/246.)

Julien (Stanislas). Médecine des Chinois. (*Gazette médicale de Paris*, 1849, IV, 275, 315 et 395.)

Le Dr. Daremberg possède un extrait de ce journal suivi de 36 pp. manuscrites faisant suite à l'imprimé et complétant l'ouvrage. [Pauly, col. 500.]

* Wills. Sur l'Etat de la médecine en Chine. (*Gazette médicale de Paris*, 1849, IV, 135.)

Extraits d'un ouvrage sur la Chine publié à New-York, traduits par M. Leroy, d'Etiolles. [Pauly, col. 500.]

— Briau (René). Enseignement et pratique de la médecine en Chine. (*Gazette hebdomadaire de médecine*, 1857, IV, 193.) [Pauly, col. 500.]

(SCIENCES MÉDICALES.)

— On Chinese Poisons. By Dr. Macgowan. (*North-China Herald*, No. 349, April 4, 1857.)

* Daumas (Casimir). Notice sur la médecine et les médecins en Chine. Grasse (1858), in-8° pp. 46. (*Gazette médicale de Paris*). [Pauly, col. 500.]

— A Medical Vocabulary in English and Chinese by Benj. Hobson, M. B. *Lond.* Shanghai, Mission Press, 1858, in-8, pp. 74.

— Anatomical and Physiological Phrases. Selected from Dr. Benj. Hobson's Medical Vocabulary by the Editor. (1) Relating to the Nervous System. (2) Sense of Sight. (3) Sense of Hearing. (4) Sense of Taste. (5) Sense of Smell. (6) Sense of Touch. (7) Organs of Digestion. (8) Digestive Function. (9) Thoracic Viscera. (10) Circulation of the Blood. (Doolittle's *Voc.*, Pt. III, No. XXII.)

— Elements of Natural Science. Selected from Dr. Benj. Hobson's Medical Vocabulary by the Editor. (1) On the Properties of Bodies. (2) The Atmosphere. (3) The Air Pump. (4) The Barometer. (5) The Thermometer. (6) Hydrogen or Light gas. (7) Heat and Light. (8) Solar Light. (9) Electricity. (Doolittle's *Voc.*, Pt. III, No. XXV.)

— Leprosy in China and the East. A Brief account of the Leprosy of China and the East : By Benjamin Hobson, M. B. Read to the Society, 10th August, 1852. (*Trans. China Br. Royal As. Soc.*, Part III, Art. III.)

* Catalogus Medicamentorum Sinensium quae Pekini comparanda et determinanda curavit Alexander Tatarinov, Doctor Medicinae, Medicus Missionis Rossicae Pekinensis spatio annorum 1840-1850. Petropoli, 1856, in-8.

— Etudes sur la Médecine chinoise par le Docteur A. Tatarinoff. (*Trav. de la Mission russe*, voir col. 633) (en russe).

— Observations sur l'application des anesthésiques dans les opérations et dans l'hydropathie chez les Chinois par le même. (*Ibid.*, voir col. 633) (en russe).

— Not. hist. sur le collège médical de Peking par M. Bazin. (Voir col. 125.)

* Kerr (John-G.). La Médecine en Chine. (*Gazette hebdomadaire de médecine*, 1859, VI, 481 et 513.)

Traduction d'un article de la « *North-American medico-chirurgical Review* » mars 1869. [Pauly, col. 500.]

— Classification of Medicines. By J. G. Kerr, M. D. (1) Astringents. (2) Tonics. (3) Mineral Tonics. (4) General Stimulants. (5) Nervous Stimulants. (6) Narcotics and Anodynes. (7) Excito Motor Stimulants. (8) Arterial Sedatives. (9) Nervous Sedatives. (10) Alteratives. (11) Emetics. (12) Cathartics. (13) Diuretics. (14) Expectorants. (15) Diaphoretics. (16) Emmenagogues. (17) Blisters or Epispatics. (18) Rubefacients. (19) Demulcients. (20) Antacids. (21) Anthelmintics. (22) Anaesthetics. (23) Miscellaneous. (Doolittle's *Voc.*, Pt. III, No. XXI.)

Chemical Terms. By the Same. (*Ibid.*, No. LXIV.)

Voir *Missions médicales protestantes*, col. 629.

— Note sur l'état des sciences médico-chirurgicales et recherches sur la météoro-

logie en Chine, par M. Castano, médecin en chef du corps expéditionnaire. (Extrait de sa correspondance.) (*Rec. de Mém. de médecine... milit.*, 3° Sér., V, 1861, pp. 344/348.)

* La Médecine, la chirurgie et les établissements d'assistance publique en Chine ; par M. G. Pauthier, membre de la Société orientale de France. Paris, à la Revue de l'Orient, 1860, in-8, pp. 14. (*Bib. de la France*, 1860, No. 3338.)

Extrait de la *Revue de l'Orient*.

* Rose (John). Medical and topographical Notes on China. (*Lancet*, 1862, I, 631.) [Pauly, *Bib. des Sc. Médicales*, col. 1596.]

— Notes on Chinese Materia Medica by Daniel Hanbury... London, Printed by John E. Taylor, 1862, in-8, pp. 48.

Reprinted, with some corrections, from the *Pharmaceutical Journal and Transactions*, July and Aug. 1860. — May, July & Oct. 1861. — Nov. et Dec. 1861. — Féb. 1862.

Il y a un index à la fin du livre.

* A. Andreozzi. Sulla cura cinese preventiva del vaiolo, e traduzione di alcune ricette cinesi dirette a prevenirlo e a curarlo. Firenze, 1862.

* Larivière (A.). Etude sur la médecine chinoise et sur l'assistance publique dans la ville de Tien-Tsin..... Bordeaux, 1863, in-8°, pp. 20 (*Journal de médecine de Bordeaux*) [Pauly, col. 501.]

— The Medicine and Medical practice of the Chinese. By James Henderson, M. D., F. R. C. S. E. (Art. V, *Journ. N. C. B. R. A. S.*, N. S., No. I, pp. 21/69.)

* Toye (L.-M.-Michel). Note sur l'art médico-chirurgical chez les Chinois. Thèse No. 3. Montpellier, 1864, in-4, pp. 44 [Pauly, col. 501.)

La Médecine en Chine, par M. Morache, médecin aide-major de première classe, attaché à la légation française de Pékin. (*Rec. de Mém. de Méd..... mil..... IIIe Sér., XII, 1864, pp. 451/8.)

* Debeaux (J.-O.) Essai sur la pharmacie et la matière médicale des Chinois... Paris, 1865, in-8. [Pauly, col. 1235.]

* Soubeiran (J.-L.). Etudes sur la matière médicale Chinoise. (*Journal de pharmacie et de chimie*, 1866, IV, 5.) [Pauly, col. 1235.]

— The Great Medical College at Peking by J. Dudgeon, M. D. (Voir col. 125.)

— On the early history of Syphilis in China. By George Thin, M. D., Shanghai. Edinburgh : Oliver & Boyd, MDCCCLXVIII, br. in-8, pp. 6.

Reprinted from *the Edinburgh Medical Journal* for July 1868.

— John Chinaman M. D. By J. W. Palmer. (*Atlantic Monthly*, 1868, Vol. XXI, pp. 257/268.)

— On the Study of Alchemy in China by Rev. William A. P. Martin, D. D. of Peking. (Communicated to the Am. Or. Soc., Oct. 1868, *Journ.*, IX, No. 1, p. xlvi.

Chinese Arts of Healing. By J. Dudgeon, M. D. (*Chin. Recorder*, II, pp. 163/167, 183/186, 267/271, 293/298, 332/339; III, pp. 40/44, 99/103, 120/124; IV, pp. 281/284.)

Ce dernier chapitre est relatif au Cong fou ; voir à ce sujet col. 300.

On the disgusting nature of Chinese Medicines. By J. Dudgeon. (*Ibid.*, II, pp. 285/7.)

* Thorel (C.)... Notes médicales du voyage d'exploration du Mékong et de Cochinchine (de 1862 à 1868). Thèse. Paris, 1870, in-4.

La première partie comprend une topographie de la vallée du Mékong. [Pauly, col. 501.]

Contributions towards the Materia Medica and Natural History of China. For the use of medical missionaries and native medical students. By Frederick Porter Smith, M. B. Lond. medical missionary in Central China, Shanghai, 1871, in-8.

—Notices : *J. As.* (par J. Mohl), 7e Sér., I, 1873, pp. 123/4. — *The Cycle*, 18 Fév. 1871 ; *Shanghai Evening Courier*, Mars 9 et 11, 1871 ; réimp. dans le *S. Budget*, 15 Mars 1871 ; le Dr. Smith a répondu à cette dernière critique par une lettre insérée dans le même journal et dans *The Shanghai Budget*, 18 Oct. 1871.

— Chinese Chemical Manufactures. By F. Porter Smith, M. B. Read before the Society on 25th January 1871. (*Jour. N. C. B. R. As. Soc.*, N. S. Vol. VI, 1869/70, Art. IX, pp. 139 et seq.)

— Chinese Medicine. By J. G. Kerr. (*China Review*, I, 1872, pp. 176/181.)

— Chinese Use of Shad in consumption and Iodine Plants in Scrofula by D. J. Macgowan, Esq. M. D. Read before the Society June 12th 1872. (*Journal N. C. B. R. As. Society*, VII, 1871/2, Art. XI, pp. 235/6.)

— Notes on Chinese Toxicology, No. 1. — Arsenic, by D. J. Macgowan, M. D. Read Dec. 14th 1874. (*Ibid.*, IX, 1874, Art. VI, pp. 173 et seq.)

— Foreign Medicine and Surgery. (Translated from the "Shen Pau"). (*N. C. D. News*, 6 juin 1872, & *N. C. Herald*, 8 juin 1872, pp. 468/9.)

* Gubler (A.). « Etudes sur la matière médicale des Chinois. » Rapport fait à l'Académie de médecine..... Paris, 1872, in-8, pp. 11.

Au sujet de « Etudes sur la matière médicale des Chinois par MM. Dabry de Thiersant et le Dr. Léon Soubeiran ». [Pauly, col. 1235.]
Traduit en anglais dans la *China Review*, III, pp. 119/124.

La Matière médicale chez les Chinois ; par M. le docteur J. Léon Soubeiran, professeur agrégé à l'école de pharmacie, et M. Dabry de Thiersant, Consul de France en Chine. Précédé d'un rapport à l'académie de médecine de Paris, par M. le professeur Gubler. Paris, G. Masson, 1873, in-8, pp. x-323. Pub. Fr. 7.50.

— Note on the use of the root bark of Ailanthus in Disentery. By M. E. Dugat. (Physician to the French Legation in China). (*Medical Reports*, Imp. Mar. Customs, China, April-Sept. 1875).

— The Diseases of China ; their causes, conditions, and prevalence, contrasted with those of Europe. By John Dudgeon, M. D., Pekin. Glasgow : Dunn & Wright, 1877, in-8, pp. 64.

« Read before the Medico-chirurgical Society of Glasgow, February 2nd, 1877, and reprinted from « the Glasgow Medical Journal » of April and July, 1877 ».
— Medical Divinities. By J. Dudgeon, Esq., M. D., C. M. (Doolittle's *Voc.* Pt. III, No. XXVI).
— Shang-haï au point de vue médical... par Paul-Edouard Galle. (Voir la 11e partie de cet ouvrage.)

— Une mission médicale en Chine. La Chine et les conditions sanitaires des ports ouverts au commerce étranger, rapport présenté à M. le Ministre de l'Agriculture et du Commerce, suivi d'une Etude sur les quarantaines en Chine et au Japon par le Dr. Max. Durand-Fardel. Avec Cartes et Plans. Paris, J. B. Baillière & fils, 1877, in-8.

Extrait du *Recueil des travaux du Comité consultatif d'hygiène*, tome VI.

— La Lèpre en Chine. Note pour servir à l'histoire de la lèpre par le docteur Max. Durand-Fardel. Extrait de la *Gazette médicale de Paris*. Paris, Chez Germer-Baillière, 1877, br. in-8, pp. 33.

— Concerning Leprosy at Hankow. (*Chinese Rec.*, II, 1870, pp. 314/315.)
Ext. du *Second Report of the London Mission Hospital*, Hankow, vide col. 629.
— Voir Hobson, supra, col. 695.

— Chinese Medical Practice at Macao. (*The Far East*, Jan. 1877, pp. 3/4.)

— Chinese Dentistry. By J. G. Kerr and G. O. Rogers. (*China Review*, III, 1877, pp. 224/226.)

— Produits chimiques et pharmaceutiques. (*Cat. spécial de la collection exposée au Palais du Champ de Mars, Exp. univ.*, Paris, 1878, pp. 56/98.)

ACUPUNCTURE.

« La première idée de l'acupuncture, telle qu'elle est pratiquée par les Chinois, paraît avoir été apportée en Europe par Ten-Rhyne, chirurgien hollandais de la fin du XVIIe siècle. Il inséra un mémoire relatif à l'acupuncture, à la suite d'une dissertation sur la goutte, laquelle parut à Londres en 1683 ». (A. Rémusat, *Nouv. Mél. As.*, I, p. 359.)

* Curatio colicae per acupuncturam, Japonibus usita. (Kaempfer, *Amoenitates exoticae*, 1712, p. 582.)

*Notice sur l'Acupuncture et observations médicales sur les effets thérapeutiques, par M. Haime. (*Journal Général des Sciences Médicales*, XIII.)

*Mémoires sur les Maladies Chroniques, les Evacuations sanguines et l'Acupuncture, par M. Berlioz. Paris, 1816.

* Note sur les phénomènes electro-magnétiques qui se manisfestent dans l'acu-puncture, par M. Pouillet, in-8, fig. col.

Cat. Rémusat, No. 268.

Journal de Physiologie, de Magendie, V, pp. 5 et sq.

* Traité de l'Acupuncture, ou Zin-king des Chinois et des Japonais ; ouvrage destiné à faire connaître la valeur médicale de cette opération, et à donner les documens nécessaires pour la pratiquer. Par J. Morss Churchill, membre du collége royal des chirurgiens de Londres. Traduit de l'anglais par M. R. Charbonnier. Paris, Crevot, 1825, in-8.

* Memoires sur l'électro-puncture considérée comme moyen nouveau de traiter efficacement la goutte, les rhumatismes et les affections nerveuses, et sur l'emploi du moxa japonais en France ; suivis d'un *Traité de l'acupuncture et du moxa*, principaux moyens curatifs chez les peuples de la Chine, de la Corée et du Japon ; orné de figures japonaises, par le Chev. Sarlandière. Paris, l'auteur, 1825, in-8.

* Mémoire sur l'Acupuncture, suivi d'une série d'observations recueillies sous les yeux de M. J. Cloquet, par M. Morand, 1825, in-4.

Sur l'Acupuncture (1825). (A. Rémusat, *Nouv. Mél. As.*, I, pp. 358/380.)

Ce Mémoire intéressant m'a fourni la plupart des titres cités *supra.*

Voir : *Botanique :* Ginseng.
Jurisprudence : Si yuen luh.
Tao hiao : Cong fou [col. 300].
Missions protestantes : Missions Médicales.
Mœurs et Coutumes : Prostitution.
Changhai : Hygiène.

(SCIENCES MÉDICALES.)

Douanes : Medical Reports.
Rel. pol. avec l'Angleterre.

* Les Eaux thermales en Chine, par le docteur T. D. B. (Le docteur Tibulle Desbarreaux-Bernard), seconde édition, Toulouse, Chauvin, 1870, in-8, pp. 7.

Il ne s'agit pas dans cet opuscule d'eaux thermales *en Chine.* (Voir Barbier, 3e éd., II, col. I.)

AGRICULTURE ET ÉCONOMIE RURALE

(Voir aussi le Chap. de la Botanique.)

— Requête a l'Empereur pour la cérémonie du Labourage. (*Mém. conc. les Chinois*, III, pp. 499/504.)

Par le P. Cibot.

— Ekeberg : Voir Osbeck, au chap. des *Voyages.*

— Agriculture of China ; its antiquity, laws regulating it ; obstacles to improvement ; the soil and temperature of China ; irrigation and manuring ; implements of husbandry. By S. W. Williams. *(Chin. Rep.*, III, pp. 121 et seq.)

Réimp. dans *The Cycle*, 17 Dec. 1870.

— Description of the agricultural Implements used by the Chinese : the plough, harrow, hoe, rake, bill-hook, flail, and the water-wheel. By S. W. Williams. *(Chin. Rep.*, V, pp. 485 et seq.)

— Economie rurale. — Procédés usités en Chine pour l'extraction de la matière colorante du *Polygonum tinctorium (Ctes rend. de l'Ac. des Sc.*, VII, 1838, pp. 703/704), par Stanislas Julien.

Polygonum tinctorium = Lân.
Cette note comprend :
— Extrait du *Thien-kong-khaï-ice*, liv. I, fol. 50.
— Ext. d'un autre ouvrage intitulé : *Kiung-fang-pou*, liv. I, fol. 21 verso, section des Plantes.
— Ext. de l'ouvrage intitulé : *Cheou-chi-thong-khao*, liv. LXIX, fol. 20.
— Ext. de l'ouvrage intitulé : *Pien-min-thou-trouan.*

— О земледѣліи въ Китаѣ. Sur l'Agriculture en Chine, par le P. Hyacinthe [Yakinf], 1842, br. avec dessins.

Bazin, Cat. de la *Chine moderne*, et le *Chin. Rep.* citent un ouvrage russe : L'Agriculture en Chine, accompagnée de 72 figures d'instruments. St. Pétersbourg, 1844, in-8.

— Agriculture et horticulture en Chine, par M. Voisin, Directeur des Missions étrangères. (*Rev. de l'Orient*, V, 1844, pp. 297/302.)

De la naturalisation en France et en Algérie de plusieurs Plantes textiles originaires de la Chine, et de l'application des procédés chinois à la préparation des filasses ; par M. Jules Itier, Membre de la Société d'Agriculture du département de

(AGRICULTURE ET ÉCONOMIE RURALE.)

l'Hérault. Montpellier, Pierre Grollier, 1851, in-8, pp. 27.

Ext. du *Bull. de la Soc. d'Ag. de l'Hérault*, Avril, Mai et Juin 1850.

— De la Chine considérée au point de vue du débouché qu'elle peut offrir à l'industrie viticole; par M. Jules Itier, Directeur des Douanes,.... Ext. du Bull. de la Soc. d'Agriculture de l'Hérault (Mai, Juin et Juillet 1848). Montpellier, Pierre Grollier, 1849, in-8, pp. 28.

On the Agriculture, Commerce, Manufactures, &c. of China.

Art. du Dr. Gützlaff, le 18 Fév. 1850, à la *Statistical Society* de Londres qui a été l'objet d'un long commentaire dans le *N. C. Herald*, No. 4, 24 Août 1850.

— Description de l'Agriculture et du tissage. — Tsong-nong-sang-i-tsou-i-shi. Agriculture de la Chine; par Isidore Hedde, délégué du ministère de l'Agriculture et du Commerce, en Chine, de 1843 à 1846..... Paris, Vᵉ Bouchard-Huzard. 1850, in-8, pp. 142, comprenant 23 planches.

Précédé d'un « Rapport à la Société nationale et centrale d'Agriculture par M. de Gasparin ».
M. Hedde était l'un des délégués qui accompagnèrent M. de Lagrené dans son ambassade.

* Hedde, Isidor, Der Ackerbau in China. Nach dem Franz. Mit 20 (eingedr.) Holzschn. [Aus der deutschen Gewerbzeitung abgedr.]. Leipzig, Dyk, 1856, 2Thle, gr. in-8 (Engelmann).

— Notice sur le métier à tisser le *jông* et le *ho* par M. Natalis Rondot. *(J. As.,* N. S. IV, T. IX, pp. 332 et seq.)

— Recherches sur l'Agriculture et l'Horticulture des Chinois..... par le Baron Léon d'Hervey Saint-Denys. Paris, Allouard & Kaeppelin, 1850, in-8.

L'auteur de cet ouvrage donne en appendice, pp. 221/258, un Syllabus du *Cheou-chi-tong-kao* dont S. Julien a traduit les livres 72-76. (Voir infra : *Résumé des princ. traités sur la Culture des Mûriers.)*
Ce qui est relatif à l'agriculture dans la *Chine Moderne,* de Bazin, est extrait de cet ouvrage.

* G. R. West. Paper upon the Agriculture of China. Washington, 1856, in-4.

* D. S. Green. Report upon the Agriculture of China. Washington, 1856, in-4.

Chev. de Paravey. Note sur l'Igname de Chine. Paris, *Comptes rendus,* XL, 1855, pp. 318/321.

— Mededeelingen aangaande den Chineeschen Aardappel, *Dioscorea Batatas Dne,* (L'Igname Batate),-ook voor ons vaderland tot œconomisch gebruik ter aankweeking aanbevolen, volgens de waarnemingen van J. Decaisne, hoogleraar in de Plantkunde te Parijs. Naar het Fransch

(AGRICULTURE ET ÉCONOMIE RURALE.)

door W. C. Spoor. Met afbeeldingen tusschen den tekst. Utrecht, N. de Zwaan. 1855, in-8, pp. 28.

— Sur la culture de l'Igname par I. Gochkewicz. *(Trav. de la Mission russe,* voir col. 633.) (en russe).

— О китайской батате. La Batate chinoise (Ipomoea Batatas) par M. C. Skatchkoff. *(Jour. de la Soc. économique russe,* 1857.)

— Agriculture chinoise. — Notice sur la Plante 苜蓿 Mou-sou ou Luzerne chinoise *(Medicago Sativa)* par M. Constantin de Skattschkoff, suivie d'une autre notice sur la même plante traduite du chinois par M. G. Pauthier. Paris, Vᵉ B. Duprat, 1864, br. in-8, pp. 16.

Ext. de la *Revue de l'Orient, de l'Algérie et des Colonies,* juillet-août 1864, pp. 69/77.

— Бесѣды о сельскомъ хозяйствѣ въ Китаѣ. Discours sur l'économie rurale en Chine, par M. Skatchkoff. 1866.

— L'igname de Chine et son avenir par Eugène Vavin. *(Bull. de la Soc. d'Accl.,* Janvier 1878, pp. 69/72.)

— Carte agricole générale de l'Empire Chinois, première feuille. par G. Eug. Simon, Consul de France à Ningpo... Texte : Préface, Légende et Répertoire. 1866. 1 cah. lith. pet. in-fol. de pp. 27 s. les tableaux.

— Carte agricole générale de l'Empire Chinois. — Texte, Préface, Légende et Répertoire. Par Monsieur G. Eug. Simon, Consul de France à Ning-Po. *(Jour. N. C. B. R. As. Soc.,* N. S. No. IV, Déc. 1867, pp. 209 et seq., Art. X.)

— L'Agriculture en Chine à propos d'une carte agricole de la Chine par Eugène Simon, Consul de France. *(Bull. Soc. de Géog.,* 6ᵉ Sér., II, 1871, pp. 401/423.)

— L'Agriculture. *(Missions Cath.,* V, pp. 587 et seq., par le P. Couvreur, S. J.)

* Sulle Cavallette, considerazioni estratte dal *nun'-cen'-ziuen-sciu,* ossia Trattato completo sulla agricoltura, e tradotte letteralmente dal cinese dall'Avv. Alfonso Andreozzi, membro della Società asiatica di Parigi. Firenze, Mariani, 1870, in-8, pp. 56.

Die Landwirthschaft der Chinesen und Japanesen im Vergleiche zu der europäischen (von J. H. Plath). I, *(Sitzungb. der k. b. Ak. der Wiss.,* 1873, Heft VI, pp. 753/842.)

Tirage à part : München, 1874, gr. in-8.

VERT DE CHINE

Over de bereiding en het gebruik der Groene Chinesche verfst of Lo kaô (Groene koek). Door Ch. F. M. de Grijs) (daté Amoy, 30 Mei 1857).

Suivi de :

Verdere bijzonderheden over het Chinesche Groen Lo kaô. Medegedeeld door Prof. S. Bleekrode. (*De Volksvlijt*, 1856, 410 en 418.)

Voir infra.

— Note sur une couleur verte, connue en Chine sous le nom de Lo-kao, renfermant la description des procédés des fabriques de Azé, dans le Tche-kiang. (Relation du R. P. Hélot, S. J., aux Prés. de l'Oeuvre de la Prop. de la Foi). (*Annales de la Prop. de la Foi*, XXIX, 1857, pp. 142/157.)

Joseph Decaisne. Note sur les deux espèces de Nerprun. (*Rhamnus chlorophorus* et *R. utilis*) qui fournissent le Vert de Chine. *Comptes Rendus*, XLIV., 1857, pp. 1140/1.)

Note upon a green dye from China. By Daniel Hanbury. (*Pharmaceut. Jour.*, XVI, 1857, pp. 213/4.)

— Chambre de commerce de Lyon. Notice du Vert de Chine et de la teinture en vert chez les Chinois par M. Natalis Rondot Ancien délégué commercial attaché à l'ambassade en Chine Président de classe au Jury international de l'Exposition universelle de 1855 suivie d'une Etude des propriétés chimiques et tinctoriales du *Lo-kao* par M. J. Persoz Professeur au Conservatoire impérial des Arts et Métiers Directeur de la Condition publique des soies et de Recherches sur la matière colorante des Nerpruns indigènes par M. A.-F. Michel Membre de la Chambre de commerce de Lyon. Imprimé par ordre de la Chambre. Paris, Typographie de Ch. Lahure & Cie, 1858, in-4, pp. 207.

Notice : *N. C. Herald*, Aug. 14, 1858, No. 420.

* Het chinesche Groen *lo-kaô* door Natalis Rondot, te Parijs. Medegedeeld door Prof S. Bleekrode. (2 échantillons). Amsterdam, s. d. (1858), br. gr. in-8, pp. 26.

Voir supra

Natalis Rondot. The green dye of China, and green dying of the Chinese. *India, Agric. Soc. Journ.*, X, 1859, pp. 275/338; XI, pp. 139/178.

* The green dye of China, and green dyeing of the Chinese; by Monsieur Natalis Rondot, with sundry papers on the same subject by other authors : translated from the french by Henry Cope, Esq. Calcutta : 1859, in-8.

* Het Chinesche plantengroen *lohao*, bereid uit een' inlandschen heester, den zaagbladigen wegedoorn of den Rhijnbeziëndoorn (*Rhamnus Catharticus*) door Felix Charvin te Lyon. (Ingezonden van wege de Kamer van Koophandel te Lyon door den Heer Natalis Rondot.) Te Rotterdam, 1860, br. gr. in-8, pp. 20; gravure.

(AGRICULTURE ET ÉCONOMIE RURALE.)

CIRE VÉGÉTALE.

— Mémoire sur la cire d'arbre, envoyée de la province de Hou-quang, par le P. Chanseaume, de la Cie de Jesus. (*Let. éd.*, XXIII, pp. 146/154.)

— Uses of the *Stillingia sebifera* or Tallow tree, with a notice of the Pe-la or Insectwax of China. By D. J. Macgowan, M. D. Ningpo, August 1850. (Journal of the Agricultural and Horticultural Society of India, Vol. VII. — Réimp. dans *The Chinese Repository*, XX, pp. 422/6; et dans *The Shanghae Almanac for 1853 and Miscel.*)

Notes & Q. on C. & J. : II; Theos. Sampson, p. 76. — D. B. Mac Cartee, p. 76. — K. p. 77. — A. p. 77. — M. J. Knowlton, p. 112. — IV; X, p. 5. — H. F. Hance, p. 27. — L., p. 64.

— Economie rurale. — Nouveaux renseignements sur la cire d'arbres et sur les insectes qui la produisent, etc. Extraits des auteurs chinois ; par M. Stanislas Julien. (*Ctes rend. de l'Ac. des Sciences*, X, 1840, pp. 618/623.)

Froriep, *Notizien*, XIV, col. 68-72. — *Rev. de l'Or. et de l'Algérie*, Nlle. Série, V, 1857, pp. 218/223. Voir également dans le même volume des *Ctes. rendus* :

Economie rurale. — Sur une substance grasse produite par des insectes, et désignée en Chine sous le nom de cire d'arbre. — Lettre de M. Stanislas Julien à M. Arago, pp. 550/551.

C'est un extrait de la *Description* de Grosier, in-4, p. 326.

— De la Cire d'arbre et des insectes qui la produisent, par A. Hugo. (*Rev. de l'Orient*, V, 1844, pp. 66/8.)

Rédigé en partie d'après le mémoire de S. Julien à l'Ac. des Sciences.

— О растительномъ воскѣ въ Китаѣ. La cire végétale en Chine par M. C. Skatchkoff. 1851.

— О растительномъ салѣ въ Китаѣ. Le suif végétal en Chine par le même. 1851.

Ces deux articles ont paru dans le *Journal d'économie rurale russe*.

Daniel Hanbury. On the Insect-White — Wax of China. *Pharmaceut. Journ.*, XII, 1853, pp. 476/482 ; *Erdm. Journ. Prak. Chem.*, LX, 1853, pp. 434/436 ; *Journ. de Pharm.* XXIV, 1853, pp. 136/142.

— Notice of a specimen of Insect-wax from China. [1856.] *Linn. Soc. Journ.*, I, 1857. (*Zool.*), pp. 103/104.

Cera da China. Coimbra, Instituto, II, 1854, pp. 201/2.

COTON.

— « Sur les Cotonniers » (*Mém. conc. les*

(AGRICULTURE ET ÉCONOMIE RURALE.)

Chinois, II, pp. 602/22, par le P. Cibot.)

— Voir « *Gen. Descrip. of Shanghae* » dans le *Chinese Miscellany*, pp. 52/67.

— Cotton in China. By D. B. Robertson, Esq., H. B. M. Consul at Shanghai. Read before the Society, July 19th, 1859, (Art. IV, *Journ. N. C. B. R. A. S.*, No. III, Dec. 1859, pp. 302/308.)

Cotton 棉花

— Directions for the Cultivation of Cotton, especially in the District of Shanghai. Translated from the 農政全書 Nung Ching Tsiuen-shu, or Encyclopaedia of Agriculture. Chap. xxxv. By .*. (C. Shaw) (*Ch. Rep.*, XVIII, pp. 449/69) (*Ch. & Jap. Rep.*, Dec. 1864.)

Cet ouvrage est de Siu Kouang-ki.

— The Cultivation of Cotton in Shanghai. (*Ibid.*, Jan. 1865.)

W. F. Mayers, dans *Notes & Q. on C. & J.*, II, pp. 72/4, 94/5.

— Extract from a Chinese Botanical Work, or Herbal, entitled *Kuen-fang-poo;* Volume 10th, Page 117/185. (App. III, pp. 249/257, *Narrative of a Chinese Embassy*, Lond., by Staunton.)

Cet ext. comprend : On the character, culture, and uses of the annual herbaceous Cotton plant. — Further Observations on the culture of the herbaceous Cotton plant, extracted from the same work.

CANNE A SUCRE.

— Monographie de la Canne à Sucre de la Chine dite Sorgho à Sucre par le Docteur Adrien Sicard,... 2° édition, revue, corrigée et considérablement augmentée. Paris et Marseille, 1858, 2 vol. in-8.

Le Tome second contient des « Etudes sur les produits industriels et manufacturiers ».

On trouve dans le tome premier, pp. 181 et seq., des « Etudes sur les publications faites en France ».

Du Sorgho sucré (Holcus saccharatus), Kaolien de la province de Kwang-Tong, Chine, par M. Jules Itier. Montpellier, 1857.

— Sorgo, or Northern Sugar-Cane, by Varnum D. Collins. (*Journal N. C. B. R. A. S.*, New Series, No. II, Dec. 1865, Art. V, p. 85.)

CHINA GRASS.

— Chinese grass-cloth ; a series of sketches, illustrating the culture of hemp and the manufacture of grasscloth, from the seed to the state fit for use. By Ting qua, Canton. (By E. C. Bridgman, *Chin. Rep.*, XVI, pp. 209/223.)

(AGRICULTURE ET ÉCONOMIE RURALE.)

— The Cultivation of Chinese Hemp and the Manufacture of Grass-Cloth. Derived chiefly from M. Rondot's Memoir, read before the Rheims Academy, Dec. 18, 1846, By S. W. Williams. (*Ch. Rep.*, XVIII, pp. 209/216, & *Ch. & Jap. Rep.*, Jan. 1865.)

— Notices regarding the plants yielding the fibre from which grasscloth is manufactured. From the *Journal of the Agricultural and Horticultural Society of India*. [By Dr. Macgowan.] (*Chin. Rep.*, XVIII, pp. 554 sq.)

— Renseignemens sur le mâ (Chanvre de Chine). (*Ann. du Com. ext., Faits comm.* No. 35, Nov. 1863), pp. 27 et seq.

mâ = ortie de Siam = chanvre de Chine = China grass. Ces renseignements sont extraits d'un rapport de la Chambre de Commerce de Lille.

Agriculture et Industrie chinoises. — Renseignements sur la plante textile tchouma *(Urtica nivea)*, extraits des livres chinois ; par M. Stanislas Julien. (*Ctes rendus de l'Ac. des Sc.*, XXVIII, 1849, pp. 394/400.) (*Hort. Soc. Jour.*, IV, 1849, pp. 236/241.)

— Culture de l'Ortie blanche *(Urtica nivea)*. Renseignements sur cette plante textile, introduite en Algérie, extraits des livres chinois par S. Julien. (*Rev. de l'Or. et de l'Alg.*, XIX, 1856, pp. 316/322.)

— Sur une étoffe fabriquée en Chine avec les filaments de l'*Urtica nivea*, voir les remarques de S. Julien et d'Adolphe Brongniart dans les *Ctes rendus de l'Ac. des Sc.*, X, 1840, pp. 371/2.

Urtica nivea = A pou.

— Respecting China Grass. By Robert Jarvie. (*Journal N. C. B. R. A. Soc.*, No. II, Dec. 1865, p. 171.)

— Grass Cloth (China Grass) (*Boehmeria nivea, Urtica tenecissima*).

Autorités citées par le Dr. Hance dans un article publié dans *Notes and Queries on C. & J.*, Vol. I, pp. 125/126 :

Weddell : Monographie des Urticées, p. 381. Paris, 1856/7.

Sir W. J. Hooker : Journal of Botany, Vol. III, 1851, p. 312.

Dr. Wight : Icones Plantarum Indiae Orientalis (Madras, 1843) Vol. II, pl. 688.

Royle : The Fibrous Plants of India, London, 1855, pp. 345 seq.

— Voir dans *Notes & Queries for C. & J.*, Vol. IV, pp. 123/4, des extraits d'un article lu par le Dr. Bennet devant la « New South Wales Acclimatisation Society ».

— La Ramie ou Ortie blanche sans dards, synonymes de China grass, de Urtica Boehmeria Nivea, de Rhea, etc. Plante textile sous plusieurs rapports supérieure au lin et au coton. Sa description, son origine. — Comment on la propage et la cultive en grand. — Manière de la désagréger et préparer industriellement pour l'usage de la filature. Par Théophile Moerman à Gand (Belgique). Gand, 1871, gr. in-8, pp. 111.

(AGRICULTURE ET ÉCONOMIE RURALE.)

Riz

— Rice : its varieties ; mode of cultivation, reaping, thrashing, husking, and
bolting; public storehouses, and foreign
importation. By S. W. Williams. *(Chin.
Rep.*, III, pp. 231 et seq.)

Réimp. dans *The Cycle*, 7th Jan. 1871.

— Hygiène. — Régime des cultivateurs de
riz en Chine ; lettre de M. Stanislas Julien, membre de l'Ac. des Insc. et B. Lettres. *(Comptes rend. hebd. de l'Ac. des Sc.,*
IV, 1837, pp. 796/7.)

Cette note comprend une lettre de l'abbé Voisin, pendant
huit années, missionnaire en Chine. [Voir col. 554.]

— Economie agricole. — Riz qui se cultive
à sec dans la Mongolie. — Extrait d'une
Lettre de M. Stanislas Julien. *(Ctes rendus
de l'Ac. des Sc.,* XIV, 1842, pp. 40/42.)

— Le riz impérial ou odoriférant par I.
Gochkewicz. *(Trav. de la Mission russe,* voir
col. 633.) (en russe).

HORTICULTURE.

— Essai sur les Jardins de plaisance des
Chinois. *(Mém. conc. les Chinois,* VIII,
pp. 301/6.) Par le P. Cibot.

Réimp. par Delatour, pp. 97/244 de son recueil de 1803.
(Voir col. 41/42.)

— Serres chinoises. *(Ibid.,* III, pp. 423/437.)
Par le P. Cibot.

— Jardins de l'Empereur près de Pe king.
(Voir col. 124, *Let. du F. Attiret.*)

* A Dissertation on Oriental Gardening ; by
Sir William Chambers. The second edition, with additions. To which is annexed
an Explanatory Discourse, by *Tan Chet
Qua,* of Quang-cheu-fu, Gent. London,
1773, in-4.

Dissertation sur le Jardinage de l'Orient.
Par Mr. de Chambers, Chevalier de l'Etoile
polaire, Controlleur général des Bâtimens
du Roi, Architecte de la Reine, &c. Ouvrage traduit de l'Anglais, avec plusieurs
additions fournies par l'auteur. A Londres : chez G. Griffin.... MDCCLXXII, in-4,
pp. 85 s. 1 f. d'errata.

Langlès (489), Fr. 10.95. — Duprat, 1861, Fr. 6. — Thonnelier
(934), Fr. 1.50.

Voir Architecture, col. 722.

Of the Art of laying out Gardens among the Chinese, by
Mr. Chambers, architect. (Dodsley's *Miscellaneous Pieces,*
Vol. II, voir col. 36.)

Buc'hoz. Collection précieuse et enluminée des Fleurs...
(voir col. 190.)

JOHN LIVINGSTONE. Account of a method
of ripening seeds in a wet season ; with
some notices on the cultivation of certain
vegetables and plants in China. [1818.]
Hortic. Soc. Trans., III, 1820, pp. 483/6.

(AGRICULTURE ET ÉCONOMIE RURALE.)

— Observations on the difficulties which
have existed in the transportation of plants
from China to England, and suggestions
for obviating them. [1819.] *Ibid.,* III, 1820,
pp. 421/9.

— Account of the method of dwarfing trees
and shrubs, as practised by the Chinese.
[1820.] *Ibid.,* IV, 1822, pp. 224/231.

— On the state of Chinese Horticulture
and Agriculture ; with an account of
several esculent vegetables used in China.
[1821.] *Ibid.,* V, 1824, pp. 49/56.

— On « Grafting » see « *Notes and Queries on
C. & J.,* Vol. IV, Art. 8 by K. — Art. 44 by
Caecus.

INDUSTRIES DIVERSES

— « Du Vernis de la Chine » (Du Halde,
Description, II, pp. 173/177).

Le P. d'Incarville a publié un mémoire sur le vernis de la
Chine. (Ac. des Insc. et Belles-Lettres, XV, p. 117.)
— On trouvera dans les *Mémoires concernant les Chinois*
des articles sur diverses industries :

Vol. V : pp. 467 et seq. « Vin, Eau-de-vie, et Vinaigre de
Chine » [par le P. Cibot].

Vol. V : pp. 495/504 : « Teinture chinoise » [par le P. Cibot].

Vol. VIII, pp. 275/277 : « Notice sur la Poterie de Chine »
[par le P. Cibot].

Vol. XI, pp. 73/77: « Préparation du petit Indigo *(Siao lan),*
[Voir sur la préparation de l'Indigo, *The Canton Register.*
Vol. IV, 1831, p. 40.]

Vol. XI, pp. 351/352 : « Notice sur un Papier doré sans or,
par feu M. Colas, Miss. »

Vol. XI, pp. 361 et seq. : « Diverses Remarques de feu
M. Cibot, Miss. à Pèking sur les Arts Pratiques en Chine :
1. Sur les Ouvrages en fer; 2. De l'Art de peindre sur les
glaces ; 3. De l'Art de peindre sur les pierres. »

Vol. XIII, pp. 396/7 : « Notice sur le *Lieou li,* ou tuiles chinoises vernissées par feu M. Cibot, Miss. à Pèking. » On
trouvera Vol. XI, pp. 326/7, une notice sur le même sujet
par feu M. Collas. Ces tuiles sont employées pour orner
les maisons impériales.

— Sur les fleurs et les fruits artificiels, voir
une Lettre du Père d'Entrecolles dans les
Lettres édifiantes, XXI, pp. 42-55.

— Grosier, *Desc.,* Tomes VI et VII.

— Notice sur l'or et sur la manière de l'em-
ployer, tirée d'un ouvrage chinois intitulé : *Description des Arts de l'Empire,* et
traduite par M. C. Landresse. *(Jour. As.,*
II, 1823, pp. 99/105.)

John Edward Gray. On the structure of
Pearls, and on the Chinese mode of pro-
ducing them of a large size and regular
form. Thomson, *Ann. Phil.,* IX, 1825,
pp. 27/29.

— On the Chinese manner of forming artificial pearls. Thomson, *Ann. Phil.,* X,
1825, pp. 389/390.

— Pearls and Pearl-Making in China by
D. J. Macgowan, M. D. Communicated
by his Excellency Sir John Bowring,
LL. D., H. B. M's Plenipotentiary in

(INDUSTRIES DIVERSES.)

China. *(N. C. Herald*, No. 219, Oct. 7, 1854; réimp. dans le *Shae. Almanac & Miscellany for* 1855.)

— On the Natural and Artificial production of Pearls in China. By F. Hague, H. B. M. Consul at Ningpo. *(Jour. of the Roy. As. Soc.*, XVI, 1856, pp. 280/284, avec 1 Pl.)

— Johan Gadolin. Observationes de cupro albo Chinensium Pe-Tong vel Pack-Tong. (*Nova Acta Regiae Societatis Scientiarum Upsaliensis*, Vol. IX, pp. 137/159, 1827.)

— Sur le Vermillon chinois. Traduit du chinois et extrait d'une encyclopédie technologique intitulée *Thian-koung-kai-we*, ou Exposition des merveilles de la nature et des arts; par M. Stanislas Julien. *(Nouv. J. As.*, V, 1830, pp. 208/213.)

— Notice sur le Vermillon chinois, traduite et extraite de l'Encyclopédie technologique intitulée : *Thien-kong-khaï-we*, par M. Stanislas Julien. (*Chine moderne*, 2ᵉ partie par Bazin, pp. 635/7.)

Trad. en anglais dans The *Journal of the Asiatic Society of Bengal*, Vol. 1, 1832, pp. 151 et seq.

— On the Making of Chinese Paper; Translated from the 23rd Volume of the Pun Tsaou Kang Muh. [From the *Trans. Soc. Arts*, xlix, pt. 2.] *(The Jour. of the As. Soc. of Bengal*, III, Sept. 1834, pp. 477/479.)

— Mécanique appliquée. — Description des procédés chinois pour la fabrication du papier ; traduite de l'ouvrage chinois intitulé : *Thien-kong-kaï-we* ; par M. Stanislas Julien *(Ctes rend. de l'Ac. des Sc.*, X, 1840, pp. 697/703.)

Réimp. dans la *Chine Moderne*, 2ᵉ partie par Bazin, pp. 622/6.

Industrie chinoise. Fabrication du papier. *(Revue de l'Orient*, XI, 1846, pp. 20/25.)

Traduit par Stanislas Julien, du *Tien-kong-kaï-we*.

— Fabrication du papier de bambou par S. Julien. *(Rev. de l'Or. et de l'Alg.*, XX, 1856, pp. 74/78.)

On the Origin of Paper Making in China. » *(Notes and Queries on China and Japan*, Vol. I, pp. 67/68) by J. Edkins.

Fabrication du papier *Tse-kien* par le P. Roger, S. J. *(Miss. Cath.*, p. 575.)

Procédés des Chinois pour la fabrication de l'encre, par Stanislas Julien. *(Ann. de Chimie*, LIII, 1833, pp. 308/315.)

— Sur la fabrication de l'encre de Chine et des fards rouges et blancs par les Chinois, par I. Gochkewicz. *(Trav. de la Mission russe*, voir col. 633.) en russe).

Optique et Typographie. — Notice sur les miroirs magiques des Chinois et leur fabrication; suivie de documents neufs sur l'invention de l'art d'imprimer à l'aide de planches en bois, de planches en

pierre et de types mobiles, huit, cinq et quatre siècles avant que l'Europe en fît usage. (Extrait des livres chinois par M. Stanislas Julien.) *(Ctes rendus de l'Ac. des Sc.*, XXIV, 1847, pp. 999-1009.)

La notice sur les miroirs magiques est réimp. par Bazin, *Chine moderne*, II, p. 637.

Metallurgie des Chinois. — Alliages du cuivre, cuivre blanc, gongs et tamtams ; par M. Stanislas Julien. *(Ctes rendus de l'Ac. des Sc.*, XXIV, 1847, pp. 1069/1070.)

Extrait de la petite encyclopédie Tien-kong-khai-we, publiée en 1637 par Song-ing-sing.

— Chinese Method of Making Gongs and Cymbals. *(The Jour. As. Soc. of Bengal*, III, 1834, pp. 595/6.)

Trad. d'un art. de S. Julien qui avait paru dans les *Annales de Chimie* de Nov. 1833.

— Erdm. *Journ. Prak. Chem.*, XLI, 1847, pp. 284/5.

— Voir Bazin, *Chine Moderne*, II, pp. 637/8.

K. F. Neumann : Wie die Chinesen ihre Gong, ihre Tam-tam und Cymbeln machen. *Westermann's Illustr. Deutsche Monatshefte*, Nr. 8, 1857.)

— Notice sur quelques procédés industriels connus en Chine au xvıᵉ siècle par Edouard Biot. *(Jour. As.*, 1835, Vol. XVI, pp. 130/154.)

— Teinture de Ssu-léong par C. A. de Challaye. *(Rev. de l'Orient*, V, 1844, pp. 314/5.)

— Chine et Malaisie. Notice sur divers produits industriels des Philippines et de la Chine, par J. Itier. *(Rev. de l'Or. et de l'Algérie*, 1847, pp. 251/3, 332/4.)

Fils et tissus d'abaca, de nipis et de pina (de Manille). — Tao-fou (fromage de légumine); note sur sa préparation. — Fabrication du cuivre émaillé à Canton. — Fabrication du laque en Chine.

Du soy ou soya, condiment chinois et japonais. — Préparation pour la conservation des œufs. — Fabrication de briques creuses.

— Une promenade dans Canton par M. Natalis Rondot : La manufacture de laques d'*Hip-qua* et l'atelier de tabletterie de *Ta-yu-tong*. *(Jour. As.*, 4ᵉ Sér., XI, 1848, pp. 34/64.)

Un ext. de cet art. sur le laque est donné dans la *Chine moderne*, 2ᵉ partie, pp. 631/5.

Manufacture of Pearl Sago in Singapore (by J. R. Logan). *(The Journal of the Ind. Arch.*, May 1849, pp. 302/306.)

— Manufacture of Magnetic Needles and Vermilion. Extracts from the Tung-Teenshaou 迎天曉 : By Dr. W. A. Harland.—Read to the Society, September 3d, 1850. *(Trans. China Br. R. A. S.*, No. II, Art. II.)

« The work from which the following extracts are taken, is a small cyclopaedia of useful and curious recipes, in four volumes. The first edition was published in Canton in 1816, and the latest in 1837 », p. 163.

— The Industrial Arts of China. *(Supreme*

Court & Cons. Gazette, V, 81. — *N. C. Herald*, VIII, 61.)

By T. W. Kingsmill.

— Industries anciennes et modernes de l'Empire Chinois d'après des notices traduites du Chinois par M. Stanislas Julien, Membre de l'Institut, et accompagnées de notices industrielles et scientifiques par M. Paul Champion, Préparateur de Chimie. Paris, Eugène Lacroix, 1869, in-8.

Très rare.

— De l'Industrie des Chinois au point de vue du [commerce européen par Charles de Labarthe, Secrétaire de la Société d'Ethnographie... Extrait de la *Revue orientale*. Paris, Maisonneuve, 1870, br. in-8, pp. 12.

C'est une notice de l'ouvrage précédent. Voir aussi : *J. As.*, XIV, 1869, pp. 242/214, notice par J. Mohl. — *J. des Savants*, 1870, pp. 723/4.

— Tien Nan Kouang Tchang Tou Lio ou Traité détaillé des Minerais et des Mines du Royaume de Tien aujourd'hui Province de Yun-nan, traduit par M. Thomas Ko, Lettré chinois, annoté par M. Francis Garnier.

« Ce traité de Métallurgie a été écrit vers 1850, sous Taokouang, le grand-père de l'empereur de Chine actuel, par les lettrés Ou Ki-tche et Hu Kin-sen.»

Se trouve dans le II° Vol. du Voyage de F. Garnier, pp. 171/281, voir col. 157.

Sur la métallurgie du Yun-nan, voir également la *Province du Yun-nan*, par Émile Rocher, II° Partie, Chap. vii.

— The Manufacture of Canton Matting. By F. Hirth. *(China Review*, I, 1873, pp. 254/256.)

— La laque, manière de l'obtenir, préparation et application des vernis. (Ext. du *Courrier de Saïgon* dans le *Bull. de la Soc. d'Accl.*, Janvier 1874, pp. 85/88.)

— Le *Tseu ia* ou Matière alcoolisante des Chinois. *(Etudes religieuses*, N. Sér., VII pp. 528/9). — *Tseu-tsiam* ou vin de *Nou mi* (Oriza glutinosa). *(Ibid.*, pp. 529/530.) — Eau de Vie des Céréales (procédés chinois) *(Ibid.*, pp. 530/2.) Par le R. P. L. Hélot, S. J.

Voir *Missions Cath.*, V, pp. 238/9.

— Sur les Vins et Eaux-de-vie fabriqués en Chine par M. Dabry de Thiersant. *(Bull. de la Soc. d'Accl.*, février 1878, pp. 90/102.)

— Caves à raisins et à légumes dans le nord de la Chine. (Traduit de l'anglais.) Par M. J. G. Dunn. (Note communiquée à la Soc. d'Accl. par M. Prosper Giquel.) *(Ibid.*, mars 1878.)

— Exposition universelle. — Les arts et les industries de l'Extrême Orient. I. La Chine, par Léon Rousset. *(Revue politique et littéraire*, No. 49, 8 Juin 1878.)

— L'Extrême Orient. Revue d'ensemble des

Arts asiatiques à l'Exposition universelle par Duranty. *(Gazette des Beaux-Arts*, 1878, II, pp. 1011/1048.)

PORCELAINE.

— Idée générale des différentes manières dont on peut faire la porcelaine; & quelles sont les véritables matières de celle de la Chine. Par M. de Reaumur. 26 Avril 1727. *(Rec. de l'Ac. des Sc.*, Mém. (Ann. 1727), 1729, pp. 185/203.)

— Second Mémoire sur la Porcelaine; ou suite des principes qui doivent conduire dans la composition des Porcelaines de différents genres; Et qui établissent le caractère des Matières fondantes qu'on peut choisir pour tenir lieu de celles qu'on y emploie à la Chine. Par M. de Reaumur. 12 Nov. 1729. *(Ibid.* (Année 1729), 1731, pp. 325/344.)

— Lettre du Père d'Entrecolles, Miss. de la Cie. de Jesus, au Père... de la même Cie. *(Let. édif.*, Vol. XVIII, pp. 224/296 ; XIX, pp. 173/203.)

Col. 419/420.

— « De la Porcelaine. » (Du Halde, *Description*, II, pp. 177/201.)

— Grosier, VII, Chap. V, pp. 15 et seq.

— On the Porcelain Manufacture of China. From Lardner's *Cyclopaedia (Chinese Courier and Canton Gazette*, Vol. II, Nos. 27 & 28).

Art du Porcelainier. — Procédé des Chinois pour craqueler l'émail des vases de porcelaine ; par M. Stanislas Julien. *(Ctes rendus de l'Ac. des Sc.*, XXIV, 1847, pp. 1068/9.)

— Histoire et Fabrication de la Porcelaine chinoise. Ouvrage traduit du Chinois par M. Stanislas Julien, Membre de l'Institut... ; accompagné de notes et d'additions par M. Alphonse Salvétat,... et augmenté d'un Mémoire sur la porcelaine du Japon, traduit du Japonais par M. le Docteur J. Hoffmann, Professeur à Leyde... Paris, Mallet-Bachelier, 1856 ; in-8, pp. cxxiii-320.

Dédicace. — Préface du Traducteur. — Préface de M. Al. Salvétat. — Préface de l'ouvrage chinois. — Postface de l'ouvrage chinois. — Examen des anciennes porcelaines. — Origine des porcelaines de King-te-chin. — Examen des porcelaines antiques qu'on imite à King-te-chin. — Examen des porcelaines fabriquées à King-te-chin. — Explication des procédés relatifs à la Fabrication de la Porcelaine. — Catalogue de tout ce qui concerne la Fabrication de la Porcelaine. — Composition des différentes sortes d'émail. — Des couleurs employées en Chine pour peindre la porcelaine. — Composition des couleurs d'après le P. d'Entrecolles. — Couvertes fusibles colorées. — Notions générales sur la Fabrication de la Porcelaine. — Mémoire sur les principales fabriques de Porcelaine au Japon (par M. Hoffmann.) — Index Général chinois-français. — Carte de la Chine indiquant l'emplacement des manufactures de Porcelaine anciennes et modernes, 1856. — xiv Planches.

Notice : Les Vases chinois et les Vases grecs par M. Beulé. Extrait de la *Revue des Deux-Mondes*. Livraison du

. 1ᵉʳ décembre 1856. Paris, Imprimerie de J. Claye, 1856, br. in-8, pp. 28.

Vend. Rochet (757). Fr. 12. — Se vend Fr. 6.

— Léon de Rosny. — De la Porcelaine en Chine, au Japon et dans les Contrées voisines (Variétés Orientales, 3ᵉ éd., pp. 81/97). — Rev. de l'Or. et de l'Algérie, XIX, 1856, pp 217/224.

— Fabrication de la porcelaine. (Rev. de l'Or. et de l'Algérie, IX, 1851, pp. 355/362.)

Extrait du Journal d'un Voyage, par J. Itier.

— Histoire artistique, industrielle et commerciale de la Porcelaine... par Albert Jacquemart et Edmond Le Blant. Paris, J. Techener, 1861, pet. in-folio.

Chapitre IV : Porcelaine dure artistique. — Chine, pp. 151/273.

— Les Merveilles de la Céramique... par A. Jacquemart. 3ᵉ éd., Iʳᵉ partie, Orient. Paris, Hachette, 1874, in-18.

Chine, pp. 23/110.

* J. Ballmont. Fabrication de la porcelaine en Chine et au Japon. (Musée univ., Mars 3.31, 1877.)

E. Gerspach. Notes sur la Céramique chinoise. (Gazette des Beaux-Arts, 1877, II, pp. 225/238.)

Tirage à part : Paris, Jules Claye, 1877, in-8, pp. 14.

La Céramique de l'Extrême-Orient par Paul Gasnault. (Ibid., 1878, II, pp. 890/911.)

Bethnal Green Branch Museum. Catalogue of a Collection of Oriental Porcelain and Pottery lent for exhibition by A. W. Franks, Esq., F. R. S., F. S. A. Second Edition, London, 1878, pp. XVIII-246, et 25 Pl.

SOIERIES. — CULTURE DU MURIER. — VERS A SOIE.

— « Extrait d'un ancien Livre Chinois, qui enseigne la manière d'élever & de nourrir les Vers à soye, pour l'avoir & meilleure, & plus abondante » (par le P. Dentrecolles) (Du Halde, Description, II, pp. 208 et seq.)

— Conjecture sur l'origine du nom de la soie, chez les anciens; par M. Klaproth. (J. As., II, 1823, pp. 243/5.)

Addition à la note précédente par M. Abel Rémusat. (Ibid., pp. 245, 7.)

— Mémoire sur le Commerce de la Soie chez les Anciens antérieurement au vɪᵉ Siècle de l'ère chrétienne, époque où l'éducation des Vers à soie a été introduite en Europe; par M. Pardessus. (Mém. de l'A. R. des Insc., XV, pp. 1 et seq.)

1ʳᵉ lecture, le 25 mai 1832; 2ᵉ lecture, le 29 juin 1832.

— Résumé des principaux traités chinois sur la culture des mûriers et l'éducation des vers à soie traduit par Stanislas Ju-

(INDUSTRIES DIVERSES.)

lien, Membre de l'Institut, &c. — Publié par ordre du Ministre des travaux publics, de l'Agriculture et du Commerce. Paris, Imprimerie royale, 1837, in-8, pp. XXIV-224 et 10 Pl.

Introduction (par M. Camille Beauvais). — Avertissement du traducteur. — Note sur la Température de la Chine (par M. Edouard Biot). — Spécimen du texte chinois accompagné d'une version littérale. — Culture des Mûriers. — Supplément. — Mémoire sur les Vers à soie sauvages par le P. d'Incarville.

— Notice par Biot dans le Jour. des Savans, Août 1837, pp. 462/473; Janv. 1838, pp. 41/44.

Cet ouvrage est traduit du « King-ting-cheou-chi thong-kao » ou Examen général de l'Agriculture. Dans le supplément (pp. 169/187) se trouvent des extraits de la petite encyclopédie des Arts et Métiers nommée Thien-kong-khaï-we.

Vend. Rochet (758) Fr. 2. — Se vend couramment Fr. 2.

Dans la Préface (ɪv-vɪ) de son Histoire de la Porcelaine chinoise, S. Julien donne la liste suivante des traductions de son Résumé des principaux Traités chinois sur l'Education des Vers à soie :

Dell' arte di coltivare i gelsi, e di governare i bachi da seta, secondo il metodo chinese; sunto di libri chinesi, tradotto in francese da Stanislao Julien, membro dell' Instituto di Francia. Versione italiana con note e sperimenti del cavaliere Matteo Bonafous, etc. Torino, 1837. (In-4, fig.)

Ueber Maulbeerbaumzucht und Erziehung der Seideraupen, aus dem Chinesischen ins Franzoesische uebersetzt von Stanislaus Julien. Auf Befehl Seiner Majestaet des Koenigs von Wuertemberg aus dem Franzoesischen uebersetzt und bearbeitet von Fr. Ludwig Lindner (Sur la Culture des Mûriers et l'Education des Vers à soie; traduit du chinois en français par S. Julien. Traduit du français et revu avec soin par Fr. Ludwig Lindner, en vertu d'un ordre de S. M. le roi de Würtemberg. Stuttgard et Tübingen, 1837 (in-8 fig.)

Le même éditeur (Cotta) en a donné, en 1844, une seconde édition avec des additions et des remarques de M. Theodor Moegling. (Zweite Auflage vermehrt mit Zusatzen und Anmerkungeu von Theodor Moegling.)

— Summary of the principal Chinese Treaties upon the Culture of the Mulberry and Rearing of Silkworms. Translated from the Chinese; Washington: Published by Peter Force. 1838. (in-8, pp. 198 et 10 Pl.

Vend. Rochet (759) Fr.5.

O Kitaïskom chelkobodstvê izvletchenno iz podlinnikh kitaïskikh sotchinenii. Perebedeno na Russkii yasik po prikazaniou Ministra Finanscof, i izdano omt Departementa Manufaktur i Vnoutrenneï Torgobli (c'est-à-dire sur l'Education des Vers à soie en Chine; extrait des textes chinois. Traduit en langue russe par ordre de S. E. le Ministre des Finances et publié par le Département des Manufactures et

(INDUSTRIES DIVERSES.)

du Commerce intérieur). Saint-Petersbourg, 1840, in-8.

Le traducteur russe a profité des observations de M. Matthieu Bonafous et a placé les plus importantes au bas des pages. Il a reproduit, comme les trois premiers, les planches et figures de notre édition.

Η ΣΗΡΟΤΡΟΦΙΑ, ἐκ διαφόρων ἐρανισθεῖσα ὑπό Στεφάνου Μαρτσέλλα, καὶ ἐκδοθεῖσα φιλοτίμῳ δαπάνῃ τῆς ἐν Παρισίῳ ἐλληνικῆς ἑταιρίας. Ἐν Παρισίῳ. Paris, 1847, in-8.

« Cet ouvrage (ainsi que l'indique le titre) est moins une traduction littérale de mon Résumé qu'une compilation de divers Traités; seulement les fragments nombreux qu'en a extraits M. Martzellas, y occupent la plus grande place.
Suivant avis que me donna mon savant confrère M. Jomard (le 19 janvier 1838), [ce résumé] devait même être publié en arabe, par ordre de Méhémet-Ali, pacha d'Egypte, pour l'usage de la Syrie. » [S. Julien.]

— Details of the manufacture and culture of Silk and silkworms; extracted from Allom's Views of China. (Chin. Rep., XVI, pp. 223/236.)

Voir Allom, col. 57.

— Dissertation on the Silk-Manufacture, and the Cultivation of the Mulberry; translated from the works of Tseu Kwang-k'he, called also Paul Siu, a Colao, or Minister of State in China. Shanghae : Printed at the Mission Press. 1849, in-8, pp. 108 et 16 planches.

Cet ouvrage forme le No. 3 du « Chinese Miscellany ».

— Cultivation of the Mulberry, and rearing the Silkworms — Translated from the Tsan Sang Hoh-pien 桑蠶合編 By .*. [C. Shaw]. — (Chin. Rep., XVIII, pp. 303 sq.)

« The following instructions for cultivating the mulberry, and rearing Silkworms, were 文柱 the Treasurer issued by Wan Chü of Kiangsu in order to revive the Silk manufacture in all its branches throughout the province under his jurisdiction...» p. 303.
— On cultivating the Mulberry and Rearing the Silkworm. Translated from the Tsan Sang Ho-pien. (Ch. & Jap. Rep., Feb. 1865.)

— Notes on the Manufacture and Classification of Chinese Raw Silk. (N. C. Herald, Nos. 15 et 16, 9 et 16 Nov. 1850.)

— L'industrie serigène par I. Gochkewicz. (Trav. de la Mission russe, voir col. 634) (en russe).

— О домашнихъ шелковичныхъ червяхъ въ Китаѣ. Des vers à soie domestiques en Chine par M. C. Skatchkoff. (Jour. d'économie rurale de Moscou, 1855.)

— La Récolte de la soie en Chine, par A. Lapareille. (Rev. de l'Or. et de l'Alg., Nlle Sér., IX, 1859, pp. 338/42.)

* De l'éducation des vers à soie en Chine faite et observée sur les lieux par C. B. Castellani. Paris, 1861, in-12, pp. IV/182.

— Carte des districts séricicoles chinois par

(INDUSTRIES DIVERSES.)

Eug. Buissonnet, 1863. Gravé chez Erhard. Paris, Imp. Lemercier, 1 feuille.

— Memorandum respecting the Silk Region in the Newchwang Consular District. Report signed Thos. Taylor Meadows, Consul, and dated British Consulate, Port of Newchwang, 24th October 1864.

Printed in : The North China Herald, 751, Dec. 17, 1864.

Report by Mr. John Major on the Specimens of Cocoons, &c., received from Newchwang. dated Shanghai, 2nd December, 1864, and adressed to Walter Pearson, Sec. of the General Chamber of Commerce in Shanghai.

Printed in : The North China Herald, 751, Dec. 17, 1864.

— L'industrie séricicole par le P. Palatre. (Miss. Cath., V, pp. 116, 177, 190, 202.)

— La Sériculture, le commerce des soies et des graines et l'industrie de la Soie au Japon, par Ernest de Bavier. Lyon et Milan, gr. in-8.

VERS A SOIE SAUVAGES.

— Mémoire sur les vers à soie sauvages, par le P. d'Incarville. (Mém. conc. les Chinois, Vol. II, pp. 579/601.)

Réimprimé, pp. 191 et seq. de l'ouvrage de S. Julien sur la Culture des Mûriers.
— Bazin reproduit dans la Chine moderne, II, pp. 583/4, d'après les Annales forestières, II, p. 644 (1843), une let. du P. Julien Bertrand, missionnaire en Chine, sur les vers à soie sauvages.
— Vers à soie du chêne, par J. Bertrand. (Revue de l'Orient, III, 1844, pp. 68/71.)

— On some Wild Silkworms of China, by D. B. Mc Cartee, A. M., M. D., of Ningpo. (Read before the Soc. April 13th, 1866.) (Jour. N. C. B. R. A. S., No. III, Dec. 1866, Art. V, pp. 75 et seq.)

— The Wild Silk Worm. (Notes & Q. on C. & J., Vol. IV, by Theos. Sampson, pp. 10/2. — By Charles Piton, p. 68.)
— Voir Hance, au chap. de la Botanique, col. 196.

— The wild Silk Worms of the Province of Shantung, By A. Fauvel. (The China Review, VI, 1877, pp. 89/107.)

Tirage à part : Hong-kong, Printed at the « China Mail » Office, 1877, br. in-8 à 2 col , pp. 23.

— Des Vers à soie sauvages de la Province de Shan tong par le R. P. C. Rathouis, S. J. (Etudes religieuses, 22e année, VIe Série, I, 1878, pp. 559/572.)

Analyse de l'article de M. Fauvel.

PISCICULTURE.

— Gold Fish Cultivation (Kin Yü 金魚 Gold Fish), by W. F. Mayers. (Notes and Queries on C. & J., Vol. II, pp. 123 124.)

Eugène Simon. Rapport sur la pêche et la pisciculture dans la Chine. (Moniteur Universel, 24 sept. 1861.)

(INDUSTRIES DIVERSES.)

— Note sur la pisciculture en Chine par P. Dabry. *(Revue maritime et coloniale,* X, 1864, pp. 243/252.)

— La Pisciculture en Chine, par M. Dabry de Thiersant, Consul de France en Chine. Extrait du *Bulletin de la Société d'Acclimatation* (No. d'avril 1872). Paris, Martinet, 1875, br. in-8, pp. 12.)

— La Pisciculture et la Pêche en Chine par P. Dabry de Thiersant, Consul de France, Membre honoraire de la Société d'acclimatation. Ouvrage accompagné de 51 Planches représentant les principaux instruments de pisciculture et engins de pêche employés par les Chinois et quelques nouvelles espèces de poissons recueillies en Chine par P. D. de Thiersant précédé d'une introduction sur la pisciculture chez les divers peuples par le Dr. J. L. Soubeiran, Professeur agrégé à l'Ecole de Pharmacie de Paris, Secrétaire de la Société d'Acclimatation. Paris, G. Masson, 1872, gr. in-4, pp. ix-173. Publ. à Fr. 40.

— Ostriculture in China. By Dabry de Thiersant. *(China Review,* IV, 1875, pp. 38/42.)

— Pisciculture en Chine et au Japon, No. 10, *l'Explorateur*, Vol I, 1875.

— Notes on Pisciculture in Kiangsi. *(Land- and Water*, 30th, October 1875.) By H. Kopsch.

Réimp. dans The *N. C. Daily News*, 19 Janv. 1876 ; et le *N.-C. Herald*, Jan. 20, 1876, pp. 62/3.

— Note sur l'ostreiculture en Chine, par M. Prosper Giquel. (Traduit du Chinois.) *(Bull. de la Soc. d'Accl.*, Mars 1878.)

ART MILITAIRE ET NAVIGATION

Art militaire des Chinois..... Traduit en français par le P. Amiot. Paris, 1772, in-4.

Pub. à 14 liv.; avec fig. enl., 30 liv. — Duprat, 1861, Fr. 6.
Réimp. dans le Vol. VII des *Mém. conc. les Chinois* [vide infra].

— Etat actuel de l'art et de la science militaire à la Chine : tiré des livres militaires des Chinois. Avec Diverses observations sur l'étendue & les bornes des connoissances militaires chez les Européens. A Londres, Et se trouve à Paris, Chez Didot l'aîné, M.DCC.LXXIII, in-12, pp. 288 et 5 pl.

Par de Saint-Maurice de Saint-Leu et le marquis J.-Fr. — Maxime Chastenet de Puységur, revu par le comte Fél.-Fr. d'Espie (Barbier).— Pub. à 3 liv.—Voir les *Mém. conc. les Chinois*, VII, pp. v-xii.

— Voir sur l'Art militaire des Chinois le Tome VII des *Mémoires concernant les Chinois* :

Avertissement, pp. iii-iv.

Remarques critiques sur l'*Art militaire des Chinois*, tirées du Livre intitulé : *Etat actuel de l'Art et de la Science militaire à la Chine*, pp. v-xii.
Avis de l'éditeur (de Guignes), pp. iii-vii.
Table des Chapitres, pp. viii-x.
Discours du Traducteur, pp. 3/12.
Les dix Préceptes adressés aux gens de guerre, par Yong-Tcheng, Troisième Empereur de la Dynastie régnante, pp. 13/44.
Les treize articles sur l'Art militaire. Ouvrage composé en Chinois par Sun-tse, général d'Armée dans le Royaume de Ou, & mis en Tartare–Mantchou par ordre de l'Empereur Kang-hi, l'année 27° du cycle de 60, c'est-à-dire, l'année 1710, pp. 45/160.
Les six articles sur l'Art militaire. Ouvrage composé en Chinois sur les Mémoires d'Ou-tse, général d'Armée dans le Royaume d'Ouei, & mis en Tartare–Mantchou par les ordres de l'Empereur Kang-hi, l'année Keng-yn, 27° du cycle de 60, c'est-à-dire l'an 1740, pp. 161/224.
Les cinq articles du Se-ma fa, ou Principes de Se-ma sur l'art militaire, ouvrage composé en Chinois par Se-ma, Général d'Armée, & mis en Tartare–Mantchou par les ordres de l'Empereur Kang-hi, l'année Keng-yn, 27° du cycle de 60, c'est-à-dire l'an 1710, pp. 225/302.
Extrait du livre intitulé Lou-tao, sur l'art militaire, pp. 303/315.
Instruction sur l'exercice militaire, pp. 317/387.
Table des matières, pp. 388/397.
Il y a un *Supplément* à cet *Art militaire* dans le Vol. VIII des *Mémoires*, pp. 37 et seq. Le Père Amiot est l'auteur des diverses traductions qui composent l'*Art militaire*.

— Military Skill and Power of the Chinese. From a Correspondent. *(Chin. Rep.*, V, 1836, pp. 165 et seq.)

By A. S. Keating.

A brief account of the Mantchou Tartars at Chápú. By G. Tradescant Lay, interpreter to Sir Henry Pottinger's special mission. *(Ibid.*, XI, pp. 425/434.)

Kiáu Ping Siú Chí, or The Soldier's Manual reviewed. by G. Tradescant Lay. *(Ibid.*, XI, pp. 487/496.)

Hiun Ping Yáu-yen, or Important Instructions to soldiers. By Yü, a Commander-in-chief of H. I. M.'s military forces, &c., etc., translated by W. D. [ean]. *(Ibid.*, XII, pp. 69/73.)

— Forces militaires de la Chine, par C. Lavollée. *(Illustration*, 31 juillet 1847, avec grav. — Réimp. dans la *Rev. de l'Or. et de l'Algérie*, IV, 1848, pp. 26/36.)

— Art militaire et Navigation. — Notes sur l'emploi militaire des cerfs-volants et sur les bateaux et vaisseaux en fer et en cuivre, tirées des livres chinois ; par M. Stanislas Julien. *(Ctes rendus de l'Ac. des Sc.*, XXIV, 1847, pp. 1070/1071).

— Du feu Grégeois, des feux de guerre, et des origines de la Poudre à canon chez les Arabes, les Persans et les Chinois, par MM. Reinaud et Favé. *(Jour. As.*, 4e S., XIV, 1849, pp. 257/327.)

— Observations sur le feu Grégeois par Quatremère. *(Ibid.*, XV, 1850, pp. 214 et seq.)

— Nouvelles observations sur le feu Grégeois par Reinaud. *(Ibid., pp.* 371 et
seq.)

— Lettre de M. Natalis Rondot à M. Reinaud sur le même sujet. Paris, 20 déc.,
1849. *(Ibid.,* XVI, 1850, pp. 100/104.)

— Mémoire sur les colonies militaires et
agricoles des Chinois, par Edouard Biot.
(Ibid., XV, 1850, pp. 338 et seq. ; 529 et
seq.)

Tirage à part : Paris. Imprimerie nationale, 1850, br. in-8,
pp. 99.

— The Army of the Chinese Empire : its
two great divisions, the Bannermen or
National Guard, and the Green Standard
or Provincial Troops; their organization,
locations, pay, condition, &c. By T. F.
Wade.

In the *Chinese Repository,* XX (1851), May, pp. 250/280, —
June, pp. 300/340. — July, pp. 363/422.

Cet article est réimprimé dans The *North-China Herald,*
No. 66, 1st Nov. 1851 et seq.)

— Account of the Shui lui, or infernal Machine, described in the 58th volume of
the *Hoi kwak To Chi* : By the Rev. S. Beal,
of H. M. Ship *Sybille. (Trans. China Br.
R. As. Soc.,* Part VI, Art. III.)

Read before the Society 24th June 1857.

— О морскомъ дѣлѣ въ Китаѣ. L'art nautique
chez les Chinois par M. C. Skatchkoff.
(Journal maritime russe, 1858.)

— Organisation militaire des Chinois ou la
Chine et ses Armées suivi d'un Aperçu
sur l'Administration civile de la Chine.
Par P. Dabry, Capitaine d'infanterie,
attaché à l'état-major général du corps
expéditionnaire de Chine, Membre de la
Société asiatique de Paris. Paris, Henri
Plon, 1859, in-8, pp. xix-428.

— Etat général des forces militaires et
maritimes de la Chine. Solde, armes,
équipements, etc. Précédé d'une Etude
sur les rapports commerciaux à établir
avec cet Empire. Ouvrage composé d'a-
près les textes officiels chinois, recueillis
par T. F. Wade, et sur d'autres documents récents par Jules Picard de la Bibliothèque Sainte-Geneviève. Paris, J.
Corréard, 1860, in-8, pp. vii-534.

Notice par H. de Charencey sous le titre : « De la Constitution de l'Armée chinoise » dans la *Revue de l'Orient,*
Mars-Avril 1861, pp. 161/171.

— Note sur les armes chinoises et sur les
blessures qu'elles ont causées (extraite
d'une lettre adressée à M. l'inspecteur
baron Larrey, par M. le docteur Fuzier,
médecin-major de 2° cl. à l'expédition de
Chine). — Quelques caractères ethnolo-
giques et anatomiques du crâne d'une
femme chinoise. (Extrait de la même lettre.) *(Rec. de Mém. de médcine..... milit.,*
3e Sér., V, 1861, pp. 231/2.)

— On the Introduction and Use of Gun-
powder and Firearms among the Chinese.
With Notes on some ancient Engines of
Warfare, and Illustrations. By W. F.
Mayers. *(Jour. N. C. B. R. As. Soc.,*
1869/1870, N. S. No. VI, Art. V, pp. 73
et seq.)

Read before the Society 18th May 1869.
— Il y a des ext. de ce mémoire dans *Trübner's Record,*
Aug. 1873, p. 124.

Das Kriegswesen der Alten Chinesen (von
J. H. Plath. *(Sitzungb. der k. b. Ak. der
Wiss.* 1873, Hft. III, pp. 275/348.)

On « Chinese junk building », voir un article très intéressant
dans *Notes and Queries on C. & J.,* Vol. I, pp. 170/173,
par W. F. M (ayers).

Shipping and Nautical Terms. Selected and arranged by the
Editor. (1) Ships, Steamers, Boats, &c. (2) Chinese Junks,
&c. at Canton. (3) Boats found at Foochow, &c. (4) Appendages and Parts of Ships. (5) Short Nautical Phrases
(Doolittle's *Voc.,* Pt. III, No. LXVIII.)

— On Chinese Names for Boats and Boat
Gear with remarks on the Chinese use
of the Mariner's Compass. By J. Edkins,
D.D., Peking. *(Journ. N. C. B. R. As. Soc.,*
N. S. XI, 1877, pp. 123 142.)

Voir sur la Boussole, col. 689.

— The revival of the warlike power of
China. By Captain Cyprian A. G. Bridge,
R. N. *(Fraser's Magazine,* June 1879,
pp. 778/789.)

— La Chine puissance militaire. *(Revue
Britannique,* 1879.)

— La flotte chinoise en 1879. *(Revue maritime et coloniale,* Janvier 1880, pp. 165/8.)

Extrait du *Messager de Cronstadt.*

— The Chinese Navy. By Chief Engineer
J. W. King. U. S. N. (*The United service,*
a Monthly Review of Military and Naval
Affairs, Vol. II, March 1880, No. 3,
pp. 382/388, Philadelphia.)

ARSENAL DE FOU TCHEOU.

— The Foochow Arsenal. *(N. C. Herald;*
description datée « Foochow, Dec. 10th
1869) et *(Shanghai News Letter,* January 11,
1870.)

— Communication sur l'Arsenal de Fou-
tchéou par M. Prosper Giquel. Extrait
des *Mémoires de la Société des Ingénieurs
civils.* Paris, Imprimerie Viéville et Capio-
mont, 1872, br. in-8, pp. 11, et un plan.

— L'Arsenal de Fou tcheou, ses résultats.
Par Prosper Giquel, lieutenant de vais-

seau, directeur. Shang haï, Imprimerie A. H. de Carvalho, Février 1874, br. in-8, pp. 53 avec une phot. et un plan.

— The Foochow Arsenal, and its Results. From the commencement in 1867, to the end of the foreign directorate, on the 16th February 1874. By Prosper Giquel, *Director*. Translated from the French, by H. Lang. (*Reprinted from the* « Shanghai Evening Courier ».) Shanghai : Printed and Published at the office of the « Shanghai Evening Courier », 1874, br. in-8, pp. 38.

—L'Arsenal de Fou-tcheou par Henri Vigne. *(L'Illustration*, 16 Mai 1874, pp. 321/322. avec port. de M. Giquel et vue de l'Arsenal.)

— M. Prosper Giquel, Director in Chief of Foochow Arsenal. *(The Far East*, Vol. II, No. I, pp. 24/5, avec une phot.)

—Le lieutenant de vaisseau Giquel. (Henry Lauzac, *Galerie historique et critique, du dix-neuvième siècle*, Vol. VII, Paris, 1877, pp. 519/523.)

—Contrat d'engagement des Ingénieurs, Contre-Maîtres et Ouvriers européens.— Pièce lithographiée datée : Fou tcheou, le 3 septembre 1866, in–4, pp. 7; signée : P. Giquel [et] P. d'Aiguebelle ; [Imp. Paindebled, pass. du Caire, 7 et 9].

Il y en a un ex. à la Bib. nat. $\frac{O2n}{281}$

ARSENAL DE CHANG HAI.

Description of Shanghai Imperial Arsenal, in 1869. (*Shanghai News-Letter*, June 1869)

Voir également les nombreuses notices qui ont paru à différentes reprises dans le *N. C. Herald*.

BEAUX-ARTS

— Un peintre chinois et son atelier, par T. Downing. *(Rev. de l'Orient*, V, 1844, pp. 143/7.)

— La Peinture en Chine. — L'atelier de Lam-qua. (*L'Artiste*, 5e S., III, No. 5, 1er Juin, 1849, pp. 65/66.)

Par C. Lavollée.

— Les Peintres européens en Chine et les peintres Chinois par M. F. Feuillet de Conches (Extrait de la *Revue contemporaine*, t. XXV, 98e livraison). Paris, Dubuisson, 1856, br. in-8, pp. 47.

— Des Curiosités chinoises exposées aux Tuileries par M. G. Pauthier. [7 Mars 1861.] Pièce in-8, pp. 7.

Extrait de la *Gazette des Beaux-Arts*; livraison du 15 mars 1861.

— Catalogue of Chinese Objects in the South Kensington Museum. With an Introduction and Notes by C. Alabaster. London : Printed by George E. Eyre and

William Spottiswoode, 1872, Price Six Pence, br. in-8, pp. 80.

Notice : *N. C. Daily News*, 14 Sept. 1872.

— L'Extrême Orient au Palais de l'Industrie. Notices sur les Collections de M. H. Cernuschi par Albert Jacquemart. Extrait de la *Gazette des Beaux-Arts*. (Livraisons des 1er Octobre et 1er Novembre 1873, et 1er Janvier 1874.) Paris, Imprimerie de J. Claye, 1874, gr. in-8, pp. 68.

Owen Jones'Grammar of Ornament, illustrated by examples from various styles of Ornament, gr. in-4. £ 3.10.

Chap. xiv. Chinese Ornament; Pl. 59, 60, 61, Chinese Ornaments painted on Porcelain and on Wood, and from Woven Fabrics ; — Pl. 62, Conventional Renderings of Fruits and Flowers.

Owen Jones'Examples of Chinese Ornament. 1867, gr. in-4, 100 Pl. £ 4.4/-.

ARCHITECTURE.

Designs of Chinese Buildings, Furniture, Dresses, Machines, and Utensils. Engraved by the Best Hands, From the Originals drawn in China by Mr. Chambers, Architect, Member of the Imperial Academy of Arts at Florence. To which is annexed, a Description of their Temples, Houses, Gardens, &c. London : Published for the Author, and sold by him next Door to Tom's Coffee-house, Russel-street, Covent-Garden :... MDCCLVII, grand in-folio de pp. 19 s. l. p.

Suivi de la traduction française :

— Desseins des Edifices, Meubles, Habits, Machines, et Ustenciles des Chinois gravés sur les Originaux dessinés à la Chine par Mr. Chambers, Architecte, Membre de l'Académie Impériale des Arts à Florence. Auxquels est ajoutée Une Description de leurs Temples, de leurs Maisons, de leurs Jardins, &c. A Londres, De l'Imprimerie de J. Haberkorn, dans Gerrard Street ; Se vend chez l'Auteur... MDCCLVII, pp. 19 s. l. p.

Et de 21 planches.

— Traité des édifices, meubles, habits, machines et ustensiles des Chinois, gravés sur les originaux dessinés à la Chine, Par M. Chambers, Architecte Anglois. Compris une Description de leurs Temples, Maisons, Jardins, &c. A Paris, Chez le Sieur le Rouge, Ingénieur-Géographe du Roi, rue des Grands Augustins. M.DCC.LXXVI, petit in-folio, pp. 30 et 20 Planches.

Cette édition est beaucoup moins estimée que celle de 1757.

— Sur les beaux Arts de la Chine, & principalement sur l'Architecture Chinoise. *(Lettres d'un missionnaire à Pekin*, 1782, pp. 168/173.)

— Sur le rapport de l'Architecture Chinoise avec la Grecque, & relativement à l'Architecture Egyptienne. *(Ibid.*, pp. 173/176.)

— De l'Architecture des Chinois, en général et en particulier ; avec quelques descriptions d'Edifices publics remarquables, et principalement celle des Palais de l'Empereur à Pekin, suivis d'éclaircissemens sur les Hôtels des Grands et sur les Maisons particulières, pp. 1/94 du recueil de pièces publiées par Delatour à Paris en 1803 [voir col. 41].

J.-M. Callery. De l'Architecture chinoise. Palais publics, Maisons de plaisance, Habitations commerciales, Jardins, Horticulture. (Extrait de la *Revue d'Architecture)*, in-4, pl. et grav.

— Royal Institute of British Architects-At the ordinary General Meeting of the Institute, held on Monday, the 1st of December 1873, G. Vulliamy Esq., Vice-President, in the Chair, the following Paper was read : — The Architecture of China, by William Simpson, F. R. G. S. ═ brochure in-4, imprimée pp. 33-50 des *Transactions*, 1873-4.

Cet article est accompagné de deux planches :
— Sketch Elevation and Plan of the Tomb [of Yun lo, Ming dynasty, near Peking.
— Temple of Heaven-Peking.-Sketch Plan of North and South Altars.

— Chinese Architecture. *(The Cycle,* 11th Feb. 1871.)

MUSIQUE.

Il n'est que rarement question de musique dans le *Chou king.* Voir des passages de l'éd. de 1770, pp. 15, 38/39, 57, 60 et 270, etc., et les Observation s accompagnées d'une planche, pp. 319 et seq. — Voir le *Tcheou li* et le *Li ki.*

— Notions of the Ancient Chinese respecting Music. A complete translation of the *Yok Kyi,* or Memorial of Music, according to the Imperial Edition. By Dr. B. Jenkins. *(Jour. N. C. B. R. As. Soc.,* No. V, N. S., Dec. 1868, Art. III, pp. 30 et seq.)

Read before the Society, on 9th June 1868.

— Mémoires concernant l'Histoire, les Sciences, les Arts, les Mœurs, les Usages, &c., des Chinois. Par les Missionnaires de Pe-kin. (Musique chinoise) pièce in-4 à 2 col., s. l. n. d., pp. 16.

C'est tout simplement un tirage à part des remarques de De Guignes en annonçant l'ouvrage suivant dans le Vol. VI des Mémoires concernant les Chinois.

— De la Musique des Chinois, tant anciens que modernes ; par M. Amiot, Missionnaire à Pékin. *(Mém. conc. les Chinois,* Vol. VI, pp. 1 et seq.)

Discours préliminaire. — Catalogue des ouvrages où se trouvent les matériaux qui ont servi à la composition du Mémoire sur la Musique des Chinois. — Avertissement. — Première Partie : I. Du son en général. II-IX. Des huit sortes de sons. — Seconde Partie : Des *Lu.* — Troisième Partie : Des Tons. — Observations sur quelques points de la Doctrine des Chinois. — Table des Matières.

Cet ouvrage a été édité et enrichi de notes et d'une table par l'abbé Roussier.

« On en trouve des exemplaires [du *Mémoire sur la Musique des Chinois*] avec un titre particulier, qui en fait un ouvrage séparé. On a ajouté au même volume un *Essai sur les pierres sonores de la Chine,* qui n'est pas du P. Amiot. [Il est du P. Cibot ; vide infra.] Forkel a donné un précis de ce livre dans son almanach musical de 1784, p. 233-275.

Lichtenthal indique *(Bibliogr. della Musica,* t. III, p. 43), d'après un article du *Journal Encyclop.* (Mars 1780, t. II, part. 3, p. 543), une version espagnole de la trad. franç. du traité de musique de *Ly Koang-ti,* par le père Amiot, sous ce titre : *Memoria sobre la Musica de los Chineses;* Madrid, *Imprenta de Bablo y Texero,* 1780. Malgré ces indications si précises, j'avoue que je doute de l'existence de ce livre ; car toutes les recherches que j'ai fait faire à Madrid n'ont pu en faire découvrir un seul exemplaire. La traduction a pu être faite ; mais il est vraisemblable qu'elle n'a point paru. Il est d'ailleurs douteux que ce soit l'ouvrage de Ly koang-ti qui ait été traduit en espagnol ; le titre indique plutôt une traduction du mémoire d'Amiot dont il a été parlé précédemment. Il est, au reste, très fâcheux que la traduction d'Amiot se soit égarée ; car il est certain qu'elle n'existe pas à la Bibliothèque impériale de France, bien qu'elle y fût à l'époque où l'abbé Roussier fut chargé de la publication du *Mémoire sur la musique des Chinois,* puisque celui-ci en a donné l'analyse dans ce mémoire. Quelques manuscrits d'Amiot se trouvent parmi ceux de cette bibliothèque ; mais ce sont les cahiers de l'ouvrage publié et quelques appendices de peu d'intérêt.

L'auteur de ce dictionnaire a extrait d'une correspondance inédite d'Amiot avec le ministre Bertin, qui a appartenu à M. Neveu, libraire de Paris [voir col. 501], une lettre fort longue et intéressante concernant la fabrication du *lo,* vulgairement appelé *tam tam,* et l'a publié dans le premier volume de la *Revue musicale* (p. 385). Cette lettre contient tous les détails nécessaires pour faire connaître les procédés de la fabrication de cet instrument. Cependant le célèbre sinologue M. Julien a publié sur ce sujet un morceau de critique du quel on peut conclure que l'ouvrier qui a fourni au P. Amiot ces renseignements, l'a trompé sur les détails de sa fabrication. (Fétis, *Biog. univ. des Musiciens,* 2ᵉ éd.. Paris, 1860, I, pp. 89/90.)

— Essai sur les pierres sonores de Chine [par le Père Cibot]. *(Mém. concern. les Chinois,* VI, p. 255 et seq.)

— J. C. Hüttner (de la suite de Lord Macartney) a publié quelques observations sur la musique des Chinois en janvier 1796 dans le « Journal des Luxus und der Moden » (Weimar). Il avait joint à ces observations une chanson chinoise reproduite à la suite de la traduction française de son voyage publiée à Paris, chez Fuchs (an VII).

— Barrow's *Travels,* chap. VI.

– Ueber die Musik der Chinesen. Bruckstück eines Briefs aus Copenhagen. *(As. Mag.,* Klaproth, I, pp. 64 et seq.)

— Remarks on the musical instruments of the Chinese, with an outline of their harmonic System. By G. T. Lay. *(Chin. Rep.,* VIII, May 1839, pp. 38/54.)

— Histoire générale de la Musique et de la danse par J. Adrien de la Fage, Paris, au Comptoir des Imprimeurs unis, 1844.

Les pages 1-400 du Vol. I sont consacrées à la « Musique des Chinois ».

— On the Chinese Musical Scale. (Letter Signed S. R. B., *China Mail*, No. 30, Sept. 11, 1845).

— On the musical Notation of the Chinese. By the Revd. E. W. Syle, A. M. Read before the Society, February 16th, 1858. (Art. IV, *Journal N. C. B. R. A. S.*, No. II, May 1859, pp. 176/9, avec 6 planches.)

P. Scudo. — De la Musique chinoise. *(Revue des Deux-Mondes*, 1 Septembre 1860.)

— List of Musical Terms. By Mrs. J. B. Mateer. (Doolittle's *Voc.*, Pt. III, No. XXIII.)

— The Chinese Theory of Music (by the Revd. J. Faber) *(Notes and Queries on China and Japan*, Vol. IV) : I. Philosophy of Music. — II. Numbers (art. 2 et 3).

C'est tout ce qui a paru de ce travail, quoiqu'on lise à la der-

(BEAUX-ARTS.)

nière page du 1ᵉʳ No. de *Notes and Queries* (Vol. IV) : « The fourth volume will contain a valuable work on *Chinese Music*, by the Revd. J. Faber, illustrated by upwards of of seventy Plates and Engravings. »

— Chinese Lyrics. By George Carter Stent. Read 5th June 1871. *(Jour. N. C. B. R. As. Soc.*, N. S., No. VII, 1871/2, pp. 93 et seq.)

— Short Notes on Chinese Instruments of Music. By N. B. Dennys. *(Jour. N. C. B. R. As. Soc.*, N. S., No. VIII, 1873, pp. 93 et seq.)

Read before the Society 21st Oct. 1873.

— Musique des Chinois. (Perny, *Dict.*, App. No. XIV, pp. 143/154.)

(BEAUX-ARTS.)

XIII. — LANGUE ET LITTÉRATURE

ORIGINES. — ÉTUDES COMPARÉES

— An Historical Essay Endeavoring a Probability That the Language of the Empire of China is the Primitive Language. By *John Webb* of *Butleigh* in the County of *Somerset* Esquire. London, Printed for *Nath. Brook*, at the *Angel* in *Gresham Colledge*. 1669. in-8, pp. 212 sans l'ép. à Charles II (6 pages) 1 carte.

Vend. Langlès (1053), Fr. 3. — Quaritch, 1876, 5/.

The Antiquity of China, or an Historical Essay, Endeavouring a probability that the Language of the Empire of *China* is the Primitive Language spoken through the whole World before the Confusion of *Babel*. wherein The Customs and Manners of the *Chineans* are presented, and Ancient and Modern Authors consulted with. By *John Webb* of *Butleigh* in the County of *Somerset* Esquire. Printed for *Obadiah Blagrave*, at the Bear in *St. Paul's* Church-Yard, near the Little North Door, 1678, pet. in-8, pp. 212.

Même édition que celle de 1669, mêmes errata. — Titre différent. — Sans l'épitre et la carte.

— Paralello fra i Turchi, e fra i Cinesi, Del Sign. Abate Hager. *(Mines de l'Orient*, IV, 1814, pp. 321/5.)

— Orientalisch=und Occidentalisches A, B, C = Buch... von Benjamin Schulzen, Königl. Dänischen Missionarii zu Tranquebar... Naumburg, 1769, pet. in-8.

Das Sinesische Alphabet, pp. 99/102.
Das Formosanische Alphabet, pp. 103/106, etc.

(ORIGINES. — ÉTUDES COMPARÉES.)

— Conspectvs Bibliothecae Glotticae vniversalis propediem edendae operis quinqvaginta annorvm. Avctore Christophoro Theophilo de Mvrr. Norimbergae, MDCCCIV, in-8, pp. 32.

Asia polyglotta... par M. J. Klaproth. Paris, Eberhart, 1823, in-4, et Atlas in-fol.

Vend. Klaproth (433), Fr. 7 ; (434) Fr. 10, d. rel. v. ; (435) Fr. 16.50, pap. vél., br. en cart. ; (436 , pap. vél., dem. cuir de Russie [*Duplanil*] ; (437) Fr. 30, dem. mar. v.. non rog., avec des notes ms. de Klaproth.

Notice : Abel Rémusat, *Mél. As.*, I, pp. 267/309.

Asia polyglotta... 2ᵉ édit. corrigée et augm. Paris, Schubart, 1829, in-4.

« Ce n'est pas une nouvelle édition, c'est un titre nouveau, mais l'ouvrage est augmenté de 60 pages, sous le titre de : *Additions et Améliorations.* » (Cat. de Klaproth, No. 438.)

Vend. Klaproth (438), Fr. 27, 50, dem. cuir de Russie.

— Remarks on the connection between the Indo-Chinese and the Indo-Germanic Languages suggested by an Examination of the Sghā and Pghō Dialects of the Karens. By J. W. Laidlay Esq. *(Journ. of the Roy. As. Soc.*, XVI, pp. 59/72.)

— Sinico-Ægyptiaca. Essai sur l'origine et la formation similaire des écritures figuratives chinoise et égyptienne, composé principalement d'après les écrivains indigènes, traduits pour la première fois dans une langue européenne; par G. Pauthier. Paris, Typographie de Firmin Didot frères, 1842, in-8, pp. VIII-149, s. l. table.

La première partie de cet ouvrage *(Histoire et Synthèse)* a été seule publiée. Cet ouvrage est consacré à développer une esquisse publiée en 1838 dans l'*Encyclopédie nouvelle*, article ÉCRITURE.

(ORIGINES. — ÉTUDES COMPARÉES.)

* H. Parrat. Les tons chinois sont sémitiques. Porrentruy, 1854.

Cat. de la lib. Franck, 1864, No. 1342, Fr. 1.

— The Hieroglyphic Character of the Chinese written language by R. A. Jamieson Esq. Read before the Society on November 13th, 1865. *(Jour. N. C. B. R. As. Soc.,* N. S., No. II, Dec. 1865, Art. VII, pp. 113 et seq.)

Pliny Earle Chase. Chinese and Indo-European Roots and Analogues. Philadelphia, 1861, gr. in-8, pp. 48.

Bib. hist. geog., 1861.

The Origin of the Chinese..... By John Chalmers. [Voir col. 233.]

* Sprachvergleichende Studien mit besonderer Berücksichtigung der indo-chinesischen Sprachen. Von Dr. A. Bastian. Leipzig, Brockhaus, 1870, in-8.

— Connection of Chinese and Hebrew. By Rev. J. Edkins. *(Chin. Rec.,* III, pp. 202/205, 323/327; IV, pp. 23, 48, 74, 102, 123, 182, 215, 245, 279, 287.)

— Mr. Edkins and Comparative Philology. *(Ibid.,* IV, pp. 253/257.)

— China's Place in Philology : an Attempt to show that the languages of Europe and Asia have a common origin. By Joseph Edkins, B. A., of the London Missionary Society, Peking ;..... London : Trübner, 1871, in-8, pp. xxiii-403.

Notices : *Shanghai Budget,* Janv. 18, 1872. — *Actes de la Soc. d'Ethnog.,* par L. de Rosny, VII, 1873, pp. 182/188. — *N. C. Herald.* By T. W. Kingsmill, IX. — *China Review,* 1, pp. 53/58, by T. Watters. — Préface de *Sinico-Aryaca,* de Schlegel. — Maurice Grunwald, dans le Vol. III du *Ban-zai-sau.* — Vend. Rochet (643), Fr. 7.50.

— Remarks on the Relation of the Chinese and Mongolian Languages, by Rev. John T. Gulick, Missionary of the A. B. C. F. M. in Mongolia.

Communication à l'*American Oriental Society,* Oct. 1871, *Journal,* Vol. X, No. 1, p. xli.

— Connection between the Gaelic and Chinese Languages. By Ossian. *(Chin. Rec.,* IV, pp. 179/182, 242/245.)

— Sinico-Aryaca ou Recherches sur les Racines primitives dans les langues chinoises et aryennes. Etude Philologique par Gustave Schlegel, Docteur en Philosophie, Interprète pour les langues Chinoises près du gouvernement des Indes-Orientales-Neérlandaises, Directeur de la Société des Arts et des Sciences à Batavia. Tirage à part du XXXVIe Volume des Transactions de la Société des Arts et des Sciences à Batavia. A Batavia, chez

(ORIGINES. — ÉTUDES COMPARÉES.)

Bruining & Wijt, Libraires, 1872, gr. in-8, pp. xvi-181.

Notice : *Northe China Daily News,* 6 et 20 Janv. 1873.— Vend. Rochet (644), Fr. 9.50.

— On the Identity of Chinese and Indo-European Roots. By the Rev. J. Edkins, B. A. Peking. *(The Phoenix,* No. 28, Oct. 1872.)

W. Simpson : China's Future Place in Philology. *(Macmillan's Magazine,* Nov. 1873.)

— Sur l'origine des mots Pagode, Pagoda, Joss House, Vide « *Notes and Queries* », 1 Series, V, p. 415 (Note signée *Eirionnach); VIII, p. 401 (note signée Ph.); VIII, p. 523 (note signée Bishop of Brechin).*

« Chinese and Egyptian Hieroglyphs » in *Notes and Queries on C. & J.*

Vol. III, pp. 65/71–82/85. — G. Schlegel.

Vol. III, Nov. 1869. — C. W. Goodwin.

Vol. IV, Art. 29. — C. W. Goodwin.

Vol. IV, Art. 38. — S(chlegel).

Vol. IV, Art. 56. — Johs. Von Gumpach.

Vol. IV, Art. 85. — Dr. G. Schlegel.

« Etymologies from Chinese Rootwords » by Dr. G. Schlegel *(Notes and Queries on C. & J.,* Vol. IV, Art. 98, pp. 89/96 — et Art. 108, pp. 113/122.)

Объ отношеніяхъ Китайскаго языка къ среднеазіятскимъ. (Les Rapports de la langue chinoise avec les langues de l'Asie Centrale.) Par Vassilief. Br. in-8. 1873.

— Chinese Philology. *(China Review,* I, 1873, pp. 181/100 ; 293/300.)

— Sinico-European Similarities. By F. Hirth. *[Ibid.,* pp. 362/ 366.)

— Words introduced from the Chinese into European Languages. By F. Hirth. *(Ibid.,* II, pp. 95/98.)

— Chinese Etymology. By John Chalmers. *(Ibid.,* V, pp. 296/303.)

— Let. de J. Edkins, Dalston, 22 Nov. 1875, sur trois let. originales de S. Julien publiées p. 111 du Vol. IV des *Chips* de Max Müller. *(The Academy,* 1875, VIII, p. 578.)

* Podhorszky, L. — Etymologisches Wörterbuch der Magyarischen Sprache genetisch aus chinesischen Wurzeln und Stämmen erklärt. Paris. (Budapest, Tettey & C°.) 1877, in-8, pp. 344.

— The Comparative Study of Chinese Dialects. By E. H. Parker. *(Journ. N. C. B. R. As. Soc.,* XII, 1878, pp. 19/50.)

Premier essai sur la Genèse du langage et le Mystère Antique par P.-L.-F. Philastre. Paris, Ernest Leroux, 1879, in-8, pp. xii-248.

Notice : *Revue critique* (par Em. Baudat), 1879, II, pp. 153/4.

LEXICOGRAPHIE

DICTIONNAIRES ET VOCABULAIRES.

— San, si-fan, man, meng, han tsi yao ou Recueil nécessaire des mots Samskrits, Tangutains, Mandchous, Mongols et Chinois, par Mr. A. Rémusat *(Mines de l'Orient,* IV, 1814, pp. 183/201).

Voir *Journ. des Savans,* Nov. 1816, p. 175.

(LEXICOGRAPHIE.)

— *Chine illustrée* de Kircher (F. S. Dalquié).

Il n'y a pas de dict. dans l'éd. latine.

— Sylloge Minutiarum Lexici latino-sinico-characteristici, Observatione sedulâ ex Auctoribus & Lexicis Chinensium Characteristicis eruta, inque Specimen Primi Laboris ulteriùs exantlandi Erudito & Curioso Orbi exposita à Christiano Mentzelio D. Seren. Elect. Brandenb. Consil. & Archiatro. Norimbergae, Anno M DC LXXXV. in-4.

Voir *Mél. As.*, II, p. 69.

Mentzel, né à Fürstenwald le 15 juin 1622, † à Berlin le 17 janvier 1701, « a laissé, dit Weiss dans la *Biog. universelle*, divers manuscrits conservés à la Bibliothèque royale de Berlin et dont les titres sembleraient annoncer des ouvrages importants : Clavis sinica ad Sinensium scripturam et pronunciationem mandarinicam 124 tabulis accurate scriptis praesentata, etc. (on connaît de ce Ms. une copie qui a appartenu à Mentzel lui-même, et qui est maintenant à la bibliothèque publique de Genève. Senebier, qui la décrit *(Cat. raisonné*, p. 216), ajoute que cette grammaire a été imprimée à Berlin, chez Salfeld). — *Specimen* lexici sinici et *grammaticae* institutio ; c'est, selon de Murr, le *Danet* mis en chinois ; — Historia regum Sinensium, etc., 10 vol. in-fol..... » Voir plus loin la description des Ms. de Mentzel conservés à Berlin.

Vend. Rémusat (486), Fr. 8. 50.

Clavis sinica.

Multo labore Bayerus hoc Lexicon Sinicum ex pluribus dictionariis Sinicis congessit & per plus quam XXX Classes disposuit, adeo ut facilis sit verborum Sinicorum investigatio. Unum hujus Libri Exemplar est in Bibliothecâ Academiae Petropolitanae, alterum apud ejus filiam, uxorem Dni. Charii, Praefecti castrorum legionis Borussicae Tettenborn. & non magno, uti credo, poterit redimi pretio. » (G. Sharpe, App. *Syntagma* de Hyde, II, liste des ouvrages de Bayer, pp. 507/508.)

BASILE DE GLEMONA. — Dictionnaire chinois, français et latin, publié d'après l'ordre de Sa Majesté l'Empereur et Roi Napoléon le Grand; par M. de Guignes, Résident de France à la Chine, attaché au Ministère des Relations extérieures, correspondant de la première et de la troisième classe de l'Institut. A Paris, de l'Imprimerie Impériale, MDCCCXIII. In folio, pp. lvi-1114.

Introduction. — Tableau de l'orthographe et de la prononciation. — Préface. — Méthode pour trouver les caractères au moyen de la table des 214 clefs. — Table des 214 clefs sous lesquelles tous les caractères chinois sont rangés. — Dictionnaire par clefs (pp. 1-932). — Caractères numériques. — Caractères joints avec le mot *Tà*. — Caractères qui servent à nombrer. — Supplément. — *Pě-kia sing*, Noms propres des Chinois (pp. 973-980). — Dictionnaire chinois par tons. — Table tonique des particules numériques. — Table tonique des mots joints avec le mot *Tà*. — Table tonique des noms propres — Errata.

..... L'impression [de ce dictionnaire], ordonnée à la fin de 1809, a été terminée en 1813, p. xi.

Tout le monde sait que cet ouvrage est du P. Basile de Glemona, de l'ordre des Mineurs. [Voir col. 572.] Klaproth raconte [voyez son *Supplément*] que, en 1808, on s'était d'abord adressé à M. Antonio Montucci, de Sienne, pour rédiger le Dictionnaire chinois, mais que, comme il était étranger, de Guignes lui fut préféré.

Vend. Langlès (1061), Fr. 36. — Rémusat (495), Fr. 18. — (496) interfolié et notes de Rémusat, Fr. 65. — Klaproth (658), Fr. 75; (659) Fr. 51. — Pauthier (256) Fr. 45 bl., d. mar. r., Fr. 105 ; (257) mar. bl. doublé de satin blanc dans un étui, Fr. 140. — Quaritch, Sept. 1872, No. 285-9160 (£ 2. 2). — Thonnelier (1536), Fr. 67. Vaut de 60 à 70 fr.

Notice : *Quarterly Review*, XIII, April 1815.

Outre les ex. cités, Klaproth en possédait un autre ainsi décrit au No. 196. de la 2ᵉ partie du Cat. de ses livres . « Cet exemplaire, dont M. Klaproth se servait habituellement, peut être considéré comme un véritable manuscrit, à cause des additions qui en couvrent les marges. C'est, en quelque sorte, la première ébauche du nouveau dictionnaire qu'il avait l'intention de publier. On lit, sur le titre, la note suivante : « Les additions que j'ai faites à ce dictionnaire sont presque toutes originales et extraites des livres et commentateurs chinois. Quand j'ai pris quelque chose dans Morrison, je l'ai cité, ou je l'ai laissé en anglais. 31 juillet 1833. H. J. KLAPROTH. »

Il a été vendu Fr. 180.

— *Hán tsǔ sy y pou* ou Supplément au Dictionnaire chinois-latin du P. Basile de Glemona (imprimé, en 1813, par les soins de M. de Guignes), publié, d'après l'ordre de Sa Majesté le roi de Prusse Frédéric-Guillaume III, par Jules Klaproth. A Paris, de l'Imprimerie royale, M.DCCC.XIX, in-folio, pp. x-468.

Dédicace. — Préface. — Examen critique de l'édition du dictionnaire chinois du P. Basile de Glemona publiée par M. de Guignes. [Cet ex. crit. est d'Abel Rémusat] — Additions au *Pě-kia-sing*. — No. 1. Additions à la Table des expressions composées de la Particule *Tá*.—No. II. Table des caractères qu'on emploie, par inadvertance, l'un pour l'autre. — No. III. Table des caractères qui se ressemblent et qu'on doit éviter de prendre les uns pour les autres.... (Pian-szǔ). — IV. Table des caractères *Sou*, ou vulgaires. — V. Table de groupes anciens qui se retrouvent encore dans la composition de certains caractères modernes (Tsǔn-chi). — VI. Table des caractères anciens qu'on emploie encore pour les modernes, tant seuls qu'en composition avec d'autres groupes (Kou-kin thoung-young). — VII. Table appelée Kien-çǔ, où caractères examinés. — VIII. Liste de caractères d'une signification opposée. — Supplément au Dictionnaire chinois-latin.

Notice par J. P. Abel-Rémusat. *(Journal des Savans*, Nov. 1819, pp. 694/8. — Déc. 1819, pp. 736/748, et *Mél. As.*, II, pp. 217/241.)

Vend. Langlès (1062), Fr. 12. — Rémusat (497), Fr. 8.95; (498) pap. vél., Fr. 8.95. — Klaproth (661), avec notes ms. Fr. 13.

— Rapport au nom de la commission chargée d'examiner la demande de M. Jouy, pour la publication d'une seconde édition, lithographiée, du Vocabulaire chinois-latin du P. Basile de Glemona, de format in-8. par Abel Rémusat *(N. Journ. As.*, III, 1829, pp. 313/320).

La commission était composée du comte de Lasteyrie, de Klaproth et de Rémusat qui lut le rapport dans la séance de la Société asiatique du 2 mars 1829. Ce rapport était favorable à la demande de M. Jouy.

— *Dictionnaire chinois-latin*, du P. Basile de Glémona, imprimé, pour la première fois, en 1813 (in-folio), par les soins de M. de Guignes fils ; seconde édition, revue, corr., augm. par M. G. Pauthier, grand in-8 ; *Prospectus*. Ce Dictionnaire aura environ 1280 pages ; il sera publié par livraisons de 5 feuilles, au prix de 5 francs. On souscrit chez MM. Marcellin Legrand, graveur, éditeur, rue du Cherche-Midi, nᵒ 39; Cassin, agent de la Société asiatique ; Duprat, libraire de la même Société, et Terzuolo, imprimeur.

Annoncé dans le *Journal des Savans*, Août 1837, p. 502. N'a pas paru.

漢洋字與   Hán iâm çú tièn. Dictionarium Sinico-Latinum Auctore M. de Guignes Meliori ordine digestum, characteribus Sinicis ad voces in phrasibus appositis, et ad puriorem pronunciationem redactum, etc.etc. servatis, paucissimis exceptis, ipsius auctoris verbis, nonnullis linguae Sinicae notionibus praemissis labore, cura, ac diligentia Fris Hieronymi Mangieri a S. Arsenio Ord. MM. S. Francisci Reformatorum, ac missionarii apost. in Sinis. Hong-Kong. Typis Missionis de Propaganda Fide. 1853, in-4, pp. xviii-1024 sans les 5 pages d'errata.

C'est une réimpression du dictionnaire de 1813 sans le français. — Rare.

Vend. Pauthier (258), Fr. 210. — Thonnelier (1539), Fr. 70.

— Dictionarium sinico-latinum P. P. Bazilii à Glemona mission…; cum indice copioso, characteribus inveniendis accomodato eorumque sinicis elementis ac linearum variè componentium elencho ; his accessere sinensium antithetorum, particularum numeralium, vocum, quibus additur particula *tà*, atque cognominum accurate *(sic)* collectiones, cum Cyclo sinico. Macai, 1733, pet. in-4, cuir de R., fil. et coins.

«Manuscrit extrêmement soigné sur papier de Chine, contenant, outre le Dictionnaire, une grammaire composée par le P. Horace de Castorano, sous le titre de *Grammatica, seu manuductio ad linguam sinicam facilius addiscendam*, fidèlement copiée sur l'original, comme l'atteste l'auteur lui-même à la fin de ce manuscrit.» Cat. Rémusat (491), Fr. 61. — Ce ms. qui provient de la Cong. de S. Lazare a figuré depuis aux ventes Klaproth (657), Fr. 80, à Dondey-Dupré. — Thonnelier (400S). La grammaire de Castorano occupe 41 feuillets.

Han-tseu-si-ye. Dictionnaire chinois-latin, par le P. Basile de Glemona, manuscrit très-soigné, exécuté à la Chine, sur papier du pays, en 1714. In-fol., cuir de Russie, fil., fers à froid, tr. dor.

« C'est le même ouvrage qui a été publié par M. de Guignes ; mais il se retrouve ici dans son ordre original alphabétique.

M. Abel-Rémusat a donné, dans son ouvrage intitulé : *Plan d'un Dictionnaire chinois*, une notice détaillée de ce superbe manuscrit et des tables importantes dont il est suivi. Voyez aussi les *Mélanges asiatiques*, t. 1ᵉʳ, p. 81.»

Cat. Rémusat (492), Fr. 220. — Ce Ms. a depuis appartenu à Klaproth qui y a ajouté une longue note sur quelques dictionnaires chinois manuscrits rapportés de Chine en Europe. *Cat. des liv. de Klaproth*, — 2ᵉ partie (193), vend. fr. 65. — Il a ensuite appartenu à Pauthier (255), Fr. 95, et à M. Jules Thonnelier (4007).

Han-tseu-si-ye. Dictionnaire chinois-latin du P. Basile de Glemona, dans son ordre original alphabétique. In-fol., d.-rel., v. jaspé.

Copie manuscrite de la main de l'abbé Dufayel. Vend. Rémusat (493), Fr. 69. — Klaproth (2ᵉ partie (194), Fr. 49. — Thonnelier (4010).

Dictionnaire chinois-latin, par ordre de clefs, extrait de celui du P. Basile de Glemona, gr. in-8, broché à la chinoise et recouvert en crêpe violet.

Manuscrit de plus de 800 pages sur papier de Chine.

Ce dictionnaire, exécuté avec beaucoup de netteté et de correction, contient, dans un format très portatif, l'explication de plus de 8,500 caractères. M. Abel-Rémusat y a fait quelques additions.

Cat. Rémusat (494), Fr. 79. — Ce dict. a appartenu depuis au Marquis de la Ferté-Senecterre.

Le P. M. da Civezza, parlant (*Bibliog. San francescana*,

No. 252) du dict. publié en 1813 par Deguignes, dit ; « Il prezioso originale è nella Laurenziana di Firenze ». Rémusat dit qu'il appartenait et a été rendu à la Bibliothèque du Vatican. *(Mél. As.*, II, p. 79.) — Voir Langlès, *Notice des ouvrages élém. ms., sur la langue chinoise que possède la Bib. nat.*, pp. 3/6.

Han Tsu-Si Y ; Dictionarium juxta clavium ordinem, auctum et emendatum a J. Klaproth. In-4, cuir de Russie, dor. sur tr., fil., dent. *(Duplanil.)*

« Magnifique et précieuse copie du dictionnaire du P. Basile de Glemona, offrant sur la même page, outre l'explication des mots, les variantes des caractères, les synonymes et les rapprochements entre les signes identiques. Ce manuscrit, de l'exécution la plus soignée, est terminé par différentes tables et nomenclatures, ainsi que par quelques additions utiles que l'on regrette de ne pas trouver dans les ouvrages du même genre composés par les Européens. C'est un travail tout fait, ou tout au moins un excellent modèle à suivre pour la publication d'un nouveau dictionnaire chinois. A la fin du volume on lit : *Concordantiam totius operis ad finem perduxi Dresdœ*, d. 15 sept. 1813. *Fervente gallico marte*. H. J. Klaproth.» (Cat. des liv. de Klaproth, 2ᵉ partie (195), vend. 200 fr.)

*Plan d'un dictionnaire chinois, avec des notices de plusieurs dictionnaires chinois mss. et des réflexions sur les travaux exécutés jusqu'à ce jour par les Européens, pour faciliter l'étude de la langue chinoise, par M. J.-P. Abel-Rémusat. Paris, Pillet, 1814, in-8.

Vend. Langlès (1063), Fr. 15. — Rémusat (485), Fr. 6. — Klaproth (656) Fr. 2. 50.

Voir *Mél. As.*, II, pp. 62/131.

ROBERT MORRISON. — A Dictionary of the Chinese Language, in three Parts. Part the First ; containing Chinese and English, arranged according to the Radicals ; Part the Second, Chinese and English arranged alphabetically ; and Part the Third, English and Chinese. By the Rev. Robert Morrison. 6 vol. in-4, 1815-1823.

Vol. I. *Part I*, Macao : Printed at the Honorable East India Company's Press, by P. P. Thoms, in-4, 1815, pp. xviii-930.

Advertisement. — Introduction. — Radicals (214) shewing their order and Meaning. — A Table of Radicals in the Sung-Pan Form. — A Dictionary of the Chinese language. — An Index of English Words.

Vol. II. *Part I*, London, Pub. and sold by Kingsbury, Parbury & Allen. — Macao, Printed at the Hon. E. I. Co's Press by P. P. Thoms, 1822, in-4, pp. 884.

41st Radical. — 119th Radical.

Vol. III. *Part I*, London & Macao, 1823, in-4, pp. 908.

20th Radical. — 214th Radical.

Part II. Vol. I, Macao, 1819, in-4, pp. xx-1090.

Preface. — Rules for consulting the Dictionary. — Contents. — A Table to assist to find words. — Order and number of the syllables. — A Dictionary of the Chinese language arranged alphabetically. — Chinese names of Stars and Constellations collected at the request of the author of this Dictionary by John Reeves Esq (pp. 1063-1081). — Addenda & Corrigenda.

Part II. Vol. II, Macao, 1820, in-4, pp. vi-178-305.

Contents. — Table of the 214 Radicals. — An Index of the Characters which occur in this volume arranged according to the Radicals. — A Table of Këen-Tze characters for shewing the Radical of complicated characters. — An Index of English Words. — A Synopsis of various forms of the Chinese Character.

Part III; Macao & London, 1822, in-4, pp. 6-480.

Preface. — Brief explanation of an alphabetic language as

exemplified by the English. — Powers of the letters. — An English and Chinese Dictionary.

Vend. Langlès (1065), Fr. 179; (1066) Vol. I1, Pt. I, Fr. 20. — Rémusat (449), Fr. 369. — Klaproth (662), Fr. 305; (663) Pt. II, Fr. 114; (664) Pt. III, Fr. 15.50. — Thonnelier (1540), Fr. 150.

Quaritch donne les prix suivants : Sept 1872 No. 285-9224 : cart. £. 10. 10/– ; d. veau £ 12.12/ = 1847, cart. £ 14 = Ex. de Bunsen, veau, £ 14.15/ = C¹ᵉ de Munster, veau, 1855, £ 12. 15/=. On l'a aujourd'hui à meilleur marché encore.

— « Nov. 18 th [1828]. — I dined to-day at D —'s, in order to meet a surgeon from Japan, whose name is Burgher, in the service of the Dutch. He told me a piece of news which Icannot help communicating to you — it is this. The Japanese translators are rendering Morrison's Dictionary into the Japanese language ! This is a curious and interesting fact; and confirms my doctrine of employing the pressin these parts of the world. I hope the Bible will soon reach the Japanese. Last year, you remember, the Russian government wished to translate the Dictionary into Russian, but our Society threw cold water on the design....

28th... He [Mr. Burgher] says the Japanese write on their fans, at Nagasaki, extracts from Morrison's Dictionary, arranged according to the Alphabet, as an ornament, and present them to each other ! » (Extrait de la correspondance de Morrison. *Memoirs... of R. Morrison*, II, pp. 412/3.)

— Voir les remarques du Dr. Kidd dans *Memoirs... of R. Morrison*, II, pp. 3/31 de la Notice critique.

Notices :
— Par J. Abel Rémusat. — Vol. I, Part I. *(Journal des Savans*, Juin 1817, pp. 370/7.—Août 1817, pp. 463/469.—Vol.II, Part I. *(Ibid.*, fév. 1824, pp. 104/108.) [Réimp. dans le *J. As.*, IV, 1824, pp. 229/235.) — Part II, Vol. I et II *(Ibid.*, juillet 1821, pp. 385/394.) — Vol. I, No. IV. *(Ibid.*, août 1822, pp. 473/479.) — Part III. *(Ibid.*, avril 1823, pp. 222/228.)

— *Quarterly Review*, XV, July 1816.

— Dernier Mot sur le Dictionnaire chinois du Dr. Robert Morisson [*sic*] par M. J. Klaproth. Paris, Lithographie Passage Dauphine No. 28, 1830, br. in-8, pp. 32.

En réponse à l'article de P. P. Thoms dans l'*Asiatic Journal*, de Londres, II, pp. 201/206, Nlle Sér. — Vend. Klaproth (665) Fr. 1.

Voir également *the Asiatic Journal*, Nlle Sér. III, pp. 223/231, 316/317.

Le Dr. Morrison a répondu aux attaques de Klaproth par une lettre datée « China, July 5, 1831 » adressée à l'éditeur du *Jour. As.* et insérée dans le Vol. II, pp. 452,457 de ses *Memoirs*.

— Explication d'une énigme chinoise proposée par le docteur Morrison [*Dict.* Pt. III, p. 142, mot *Enigma*] par A. R. *(Jour. As.*, II, 1823, pp. 365/370.)

五車韻府 A Dictionary of the Chinese Language by the Rev. R. Morrison. D. D. Shanghae, London Mission Press, Reprinted 1865, 2 vol. in-8.

Réimp. de la deuxième partie du grand dictionnaire.
Thonnelier (1541), Fr. 47,

Urh-Chih-Tsze-Tëen-se-yin-pe-keaou, being a Parallel drawn between the two intended Chinese Dictionaries; by the Rev. Robert Morrison, and Antonio Montucci, LL. D. Together with Morrison's Horae Sinicae, a new edition, with the Text to the Popular Chinese Primer 三字經 San-tsi-king. London : Printed for the Author, and sold by T. Cadell and W. Davies. in the Strand ; and T. Boosey.

Old Broad-Street 1817, in-4, pp. 174 sans la lettre à Sir G. T. Staunton.

Letter to Sir George Thomas Staunton (By AntonioMontucci, Berlin, May 22d, 1817). — A Parallel drawn between two intended Chinese Dictionaries, pp. 1/114. — Horae Sinicae :.... by the Rev. Rob. Morrison, pp. 115/174.

L'auteur du *Parallel* est Montucci lui-même.

Vend. Langlès (1064), Fr. 30. — Rémusat (501), Fr. 20. — Klaproth (666), Fr. 11.50. — Thonnelier (1539 bis), Fr. 1.

— Vocabulary of the Canton Dialect. By R. Morrison, D. D. Macao, China, Printed at the Honorable East India Company's Press, by G. J. Steyn, and Brother, 1828, in-8.

— Part I. English and Chinese.

— Part II. Chinese and English.

— Part III. Chinese Words and Phrases.

Pas de pagination.

Vend. Klaproth (469), Fr. 40.50. — Quaritch, Sept. 1872, No 285-9229. £ 2. 2. — Pauthier (245), Fr. 30.— Callery (7), Fr. 20.

* R. Morrison. English and Chinese Vocabulary, the latter in the Canton Dialect. Second Edition. Calcutta, 1840, in-12, pp. 138.

Trübner, *Cat.* 1876, 10/6.

— A Vocabulary containing Chinese Words and Phrases peculiar to Canton and Macao, and to the trade of those Places; together with the titles and address of all the officers of Government, hong merchant, &c., &c. Alphabetically arranged, and intended as an Aid to Correspondence and Conversation in the Native Language. Macao, China : Printed at the Honorable Company's Press, by P. P. Thoms. MDCCCXXIV. Pet. in-8 [in-16], pp. 77.

By John Francis Davis.

J. A. GONÇALVES. — Diccionario Portuguez-China no estilo vulgar mandarim e classico geral composto por J. A. Gonçalves. Sacerdote da Congregaçaõ da Missaõ. M. H. R. A. S. Impresso com licença regia no real Collegio de S. Jose. Macao. Anno de 1831. Pet. in-4 à 2 col., pp. IV-872.

Vend. Klaproth (667), Fr. 60. — Pauthier 261), Fr. 25.— Callery (1), Fr. 19. — Thonnelier (1542), Fr. 15.

— Diccionario China-Portuguez composto por J. A. Gonçalves. Sacerdote da Congregaçaõ da Missaõ. M. H. R. A. S. Impresso com licença regia no real Collegio de S. Jose. Macao. Anno de 1833. Pet. in-4 à 2 col. pp. VI-1028-2-126.

Les 1028 pages du Dictionnaire sont suivies de 2 pages d'errata. Les 126 dernières pages comprennent : Diccionario Tonico, 1/100. — Indice Geral, 101,126.

Vend. Klaproth (668), Fr. 66. — Pauthier (262), Fr. 29. — Callery (2), Fr. 36.

Vocabularium latino-sinicum, pronuntiatione mandarina latinis literis expressa, auctore J. A. Gonsalves, presbytero. Macao, 1836, in-12 carré, pp. 246.

Vend. Thonnelier (1543), Fr. 10.

辣丁中華合字典 Lexicon manuale Latino Sinicum continens omnia vocabula latina utilia, et primitiva, etiam scripturae sacrae. Auctore Joachimo Alphonso Gonsalves Presbytero Volumen Primum. Macai. In Collegio S. Joseph. Ab Emmanuele Rosa typis mandatum. Anno MDCCCXXXIX, in-8, à 2 col., pp. VII-498.

Vend. Pauthier (263). Fr. 25.

辣丁中華合字典 Lexicon manuale Latino Sinicum Auctore Joachimo Alph. Gonsalves Macai anno 1839 primum in lucem editum nunc iterum typis mandatum. Addito duplici supplemento unum de nominibus propriis, alterum de astronomiae geographiae et physices vocabulis. Hokien, 1863. A. M. D. G. In-8.

Notae. — Regulae accentus. — Lexicon (A. — Zythum, pp. 1-498). — Supplementum Primum : Nomina propria (Aaron-Zurich). (Cette liste de noms est suivie de celle des provinces de la Chine avec leurs capitales, pp. 1*-32*). Supplementum Secundum : Astronomia, Geographia, Physica (Acus-Zodiacus, pp. 33*-47*).

— Lexicon Manuale Sinico-Latinum. Juxta numerum et ordinem ductuum [auctore J. A. Gonsalves].

Ce dictionnaire, qui devait former le Vol. II de l'ouvrage imprimé à Macao en 1839, vide supra, n'a pas été publié. On n'en a imprimé que 8 pages (2 colonnes) in-8.

辣丁中華合字典 Lexicon Magnum Latino-Sinicum ostendens etymologiam, prosodiam, et constructionem vocabulorum. Auctore Joachimo Alphonso Gonsalves. Presbytero Regalis Societatis Asiaticae sodalis exter. Macai. In collegio Sancti Joseph. ab Emmanuelle Rosa typis mandatum. Anno MDCCCXLI, gr. in-4, pp. IV-779, à 2 colonnes.

W. H. MEDHURST. — A Dictionary of the Hok-këèn Dialect of the Chinese Language, according to the reading and colloquial idioms : containing about 12.000 characters, the sounds and tones of which are accurately marked ; — and various examples of their use, taken generally from approved Chinese Authors. Accompanied by a short historical and statistical account of Hok-Këèn ; a Treatise on the Orthography of the Hok-këèn Dialect ; the necessary indexes, &c. By W. H. Medhurst, Batavia. Macao, China : Printed at the Honorable East India Com-

(LEXICOGRAPHIE.)

pany's Press, by G. J. Steyn and Brother. 1832, in-4 à 2 col., pp. lxiv-860.

Quoique ce dictionnaire porte la date de 1832, l'impression n'en a été terminée qu'en 1837. Les premiers frais avaient été payés par la Compagnie des Indes Orientales dont le contrat fut terminé en Avril 1834 ; 320 pages seulement avaient été imprimées ; le travail fut continué à l'aide des souscriptions des négociants étrangers, surtout de la maison Olyphant et Co.

C'est le premier travail d'imprimerie dirigé en Chine par M. S. Wells Williams qui a signé la Préface datée de Macao, le 1er juin 1837.

Voir col. 138.

Pub. à Dol. 10. — Quaritch, Sept. 1872. No. 285-9221 : 32/-.— Pauthier (260), Fr. 40.

— Translation of a Comparative Vocabulary of the Chinese, Corean, and Japanese languages : to which is added the thousand character Classic, in Chinese and Corean; the whole accompanied by copious indexes, of all the Chinese and English words occurring in the work. By Philo-Sinensis. Batavia : Printed at the Parapattan Press. 1835, in-8.

Philo-Sinensis=Medhurst.

Pub. à Dol. 4. — Pauthier (246), Fr. 42.

Notice dans The Chinese Repository, IV, pp. 195/6.

W. H. Medhurst. Chinese and English Dictionary ; containing all the words in the Chinese Imperial Dictionary, arranged according to the Radicals. Batavia, 1842-1843, 2 vol. in-8. — English and Chinese Dictionary. In two volumes. Shanghae, 1847-1848, 2 vol. in-8.

Chaque dict. a été publié à Dol. 10. — Quaritch, 1872, les 4 vol. £ 9 ; £ 10.10/. — Pauthier, Chin. and Eng. Dict. (264), Fr. 131. — Trübner, 1876, £ 5.5/.

Notice : Chin. Rep., XII, pp. 496/500, by E. C. Bridgman.

Lui Ho, sive Vocabularium Sinense in Kôraïanum conversum, Opus Sinicum origine in Peninsula Kôraï impressum in lapide exaratum a Sinensi Ko Tsching Dschang et redditum curante Ph. Fr. de Siebold (annexa Appendice Vocabulorum Kôraïanorum Japonicorum et Sinensium comparativa) Lug. Bat., 1838, in-folio.

* Vocabulary of the Hok-kien Dialect. By Rev. S. Dyer. Singapore, 1838, in-12.

— Systema Phoneticum Scripturae Sinicae, auctore J. M. Callery, Missionario Apostolico in Sinis. Macao, 1841, Partes prima et secunda, in-8.

Notice : By G. T. Lay, Chin. Rep., XII, pp. 253-358. — Réponse de Callery à cette notice, Ibid., pp. 371/379.

Trübner, 1876, £ 3.3/- Quaritch, 1876, 32/.- Leroux. 1879, Fr. 60. — Thonnelier (1544), gr. pap., Fr. 37.

— Callery's Phonetics and List of Characters combined. (In Chinese, Latin, French and English.) From Callery's Systema Phoneticum Scripturae Sinicae. About 10 000 Characters. (Doolittle's Voc., Part. III, No. 52.)

— Latin, Chinese and English Phrases. The Latin and Chinese phrases are from Callery's « Phrases stylo vulgari exaratae ». English Translation of the Chinese by Rev. F. Ohlinger. (Ibid., No. 65.)

— Dictionnaire des noms anciens et mo-

(LEXICOGRAPHIE.)

dernes des Villes... par Ed. Biot. Paris, 1842, in-8.

Voir col. 113.

— Chinese and English Vocabulary. Part first. 1 *peun* chinois de 40 ff. numérotés, de 3 ff. prél., et de 2 ff. à la fin, imp. à la chinoise.

L'ouvrage est de R. Thom dont une note à la fin du volume est datée « Canton, 10th April 1843 »; la seconde partie n'a jamais été imprimée. — Vend. Pauthier (248), Fr. 4.50. — Rochet (666,), Fr. 5.50.

Vocabularium Sinicum. Concinnavit Guilelmus Schott, Professor Berolinensis, Regiae Scientiarum Academiae Socius. Berolini ex officina Academica MDCCCXLIV. in-4, pp. IV-82.

Pauthier (249), Fr. 4.50. — Thonnelier (1547), Fr. 1.

S. WELLS WILLIAMS.— Ying Hwá Yunfú Lih kiái. An English and Chinese Vocabulary, in the Court Dialect. By S. Wells Williams. Macao : Printed at the Office of the Chinese Repository. 1844, in-8 à 2 col., pp. lxxxviii-440.

Notice : *Chin. Rep.*, XV, pp. 145/150, by E. C. Bridgman. Vend. Pauthier (250), Fr. 50. — Trübner, 1876, £ 1.15/-.

— Ying Wá Fan Wan' Ts'üt Iú'. A Tonic Dictionary of the Chinese Language in the Canton Dialect. By S. Wells Williams. Canton : Printed at the Office of the Chinese Repository. 1856, in-8, pp. xxxvi-832.

Preface. — Introduction. — [Table of Sounds in the Canton Dialect]. — A Tonic Dictionary. [Imprimé sur deux colonnes.] — Additions and Corrections. — List of the 百家姓 Pàk-kà Sing, [or Family surnames of the Chinese, arranged alphabetically [pp. 729/732]. 雙姓 Shéung Sing, or Double surnames — List of the names of the Chinese [p. 733]. — List of the 214 Radicals, found in Kanghi's Dictionary, with their sounds and meanings [pp. 734-737]. — Index to the Characters in the Fan Wan [pp. 738-832].

Cet ouvrage contient 7,850 caractères [Preface, p. v].

Notices : dans le *N.-C. Herald*, Sept. 27, 1856, par E. C. Bridgman ; — dans le *Journ. of the Am. Or. Soc.*, Vol. VI, No. II, pp. 566 et seq., par le Rev. William A. Macy.

Vend. Pauthier (265), Fr. 50.

A Syllabic Dictionary of the Chinese Language ; arranged according to the *Wu-fang yuen yin*, with the pronunciation of the characters as heard in Peking, Canton, Amoy, and Shanghai, by S. Wells Williams, LL. D. Shanghai, American Presbyterian Mission Press. 1874, in-4 à 3 col., pp. lxxxiv-1252.

Cet ouvrage, commencé en 1863 comprend 53,000 exemples et phrases (p. IX), et 12,527 caractères arrangés dans 10,940 articles et placés sous 522 syllabes (p. IX). Il contient de plus 18 tables.

Notices : *N. C. Daily News*, Shanghai, 2 et 13 Oct. 1874 ; *N. C. Herald*, 15 Oct. 1874. E. C. Taintor, l'auteur de cette notice, en a fait une réimpression à 60 ex. — Une let. de E. C. Taintor à l'éditeur de l'*Evening Gazette*, au sujet du dict. de Williams, insérée dans ce journal, 24 fév. 1875, et dans le *Celestial Empire*, 25 fév. 1875, a été pareillement réimp., mais à 50 ex. seulement. — *China*

Review, III, pp. 138/142, sig. M. — *Ibid.*, III, pp. 226/241, par W. P. Groeneveldt. — Dr. Williams as an authority on Etymology, by J. C. (*Ibid.*, IV, pp. 318/322.) — *Chin. Rec.*, V, 1874, pp. 226/228.

—Dictionnaire Encyclopédique de la langue chinoise, par J. M. Callery, auteur du Système phonétique de l'Écriture chinoise. Paris, Typographie de Firmin Didot frères, 1842, gr. in-8, pp. xv-40.

Prospectus de l'ouvrage suivant.

— Dictionnaire Encyclopédique de la langue chinoise par J. M. Callery. Tome Premier. *Macao*, chez l'Auteur. —*Paris*, B. Duprat. 1845, gr. in-8 à 2 col., pp. VI — XXXVI-212.

Chin. Rep., XII, pp. 300/308. — XIV, pp. 137/145.

Trübner, 1876, 21/-. — Leroux, 1879, Fr. 12.

Dictionarium Latino-Nankinense. Wam-dom A. M. D. G. 1846, scribebant Semin. Nank. Alumni. Autographië, auctore P. Benjamino Brueyre, S. J. in-8, pp. 650.

Suivi de : 1° Nomina propria, pp. XXII. — 2° Grammatica compendiosa de lingua Nankinensi seu Sonkianensi, pp. XXIV. — 3° Propriae Nankinensium locutiones, et de numeralibus, pp. XVI. — 4° Dialogi Nankinensi lingua, Wam-dom, A. M. D. G., 1846, pp. IV-180, 25 dialogues. — Le tout autographié; réuni en un vol. in-8.

* A Chinese and English Vocabulary in the Tié chiú Dialect. By Josiah Goddard. Bangkok, Mission Press, 1847, in-8, pp. IX/248.

Notice by S. W. Williams. (*Chin. Rep.*, XVIII, p. 604.)

— A Medical Vocabulary in English and Chinese. — By Benj. Hobson M. B. Lond. of the London. Miss. Society. Shanghae, Mission Press, 1858, in-8, pp. 74.

Quaritch, Sept. 1872, No. 285-9186 : 7/6.

Voir col. 695.

Ying ü tsap ts'ün or the Chinese and English Instructor by T'ong Ting-kü. Canton, 1862, 6 *peun* gr. in-8.

JOHN CHALMERS. — 英粵字典 An English and Cantonese Pocket-Dictionary, for the use of those who wish to learn the spoken language of Canton Province. By John Chalmers M. A. Hongkong : Printed at the London Missionary Society's Press. 1859, in-12 à 2 col., pp. 159.

英粵字典 An English and Cantonese Pocket-Dictionary, for the use of those who wish to learn the spoken language of Canton Province. By John Chalmers, M. A. Second Edition. — Hongkong : Printed at the London Missionary Society's Press 1862, pet. in-8, pp. VI-163.

— Third edition, Hongkong, 1871, pet. in-8.

— Fourth edition, Hongkong, 1873.

— Notice sur trois dictionnaires chinois-japonais-européens, imprimés récemment au Japon, par G. Pauthier. (*J. As.*, 6e Sér., Vol. II, 1863, pp. 273/285.)

W. LOBSCHEID. — 英華字典 English and Chinese Dictionary, with the Punti and Mandarin Pronunciation. By the Rev. W. Lobscheid, Knight of Francis Joseph ; C. M. I. R. G. S. A.; M. Z. B. S. V., &c., &c., &c., grand in-4, à 2 colonnes.

Part. I : Hongkong : Printed and Published at the « Daily Press » Office, Wyndham Street 1866, pp. 1-38=1-552.
Introduction (pp. 1-38). — Dict. A.-C.
Part. II : Idem. 1867, pp. 553-980.
Dict. : D-H.
Part. III : Idem. 1868, pp. 981-1418.
Dict. : I-Q.
Part. IV : Idem. 1869, pp. 1419-2015.
Dict. : R-Z=Additions and Omissions-Corrections.
Quaritch, 1872, 285, bds, £ 7.10/-.
Notices dans : *The North-China Herald*, 866 & 867, March 1867; May 22, 1868. — *The Cycle*, 29 Avril 1871.

漢英字典 A Chinese and English Dictionary by the Revd. W. Lobscheid Knight of the Order of Francis Joseph Member of several scientific Societies, &c.,&c.,&c. Hongkong. Printed and Published by Noronha and Sons 1871, gr. in-8 à 2 col., pp. IX--592.

On trouvera dans la Préface la table des 214 clefs.
Quaritch, 1872, 285, sd. £ 2.10/-.— Thonnelier (1551), Fr. 43.
Notice : *Shanghae Ev. Courier*, 19 Mai 1871.

A. E. SMOREMBURG. — 法國話料 Éléments de l'idiome français, avec la traduction chinoise par A. E. S., Professeur au Collége impérial des langues et missionnaire à Pékin. Pékin, Imprimerie des Lazaristes. 1867.

Ce vocabulaire forme un cahier chinois in-8 de 73 pages. Chaque page est divisée en deux colonnes. Les noms français sont imprimés en face des noms chinois, mais la prononciation n'est pas indiquée. Les mots sont arrangés par sujets : Ciel, Temps, Globe, Terre, Eaux, Feu, Genre humain, Corps humain, Infirmités, etc. Cet ouvrage du Père Smoremburg a été imprimé avec des caractères mobiles en bois.

Русско-Китайскій Словарь. Dictionnaire russe-chinois de la langue vulgaire parlée à Peking. Par le Rev. Père Isaï. Peking, 1867, in-16, 535 ff. Pl. grav. sur bois.

Accompagné d'un aperçu sur la grammaire chinoise et de quelques autres observations utiles.

Графическая Система Китайскихъ іеро-глифовъ. Опытъ перваго Китайско-русскаго словаря. Dictionnaire chinois-russe arrangé d'après un nouveau système graphique. Par le Prof. Vassilief. St. Pétersbourg, 1867, in-fol. lithog., pp. 456.

Notice : *The Phoenix*, No. 32, Feb. 1873, p. 136.
Vend. Pauthier (266), Fr. 34. — Thonnelier (1548), Fr. 25.

— Dictionnaire étymologique chinois-annamite latin-français par G. Pauthier. 1re livraison, comprenant les 10 premiers radicaux, ou chefs de classe. Paris, Typographie de Firmin Didot frères, fils et Cie. Imprimé avec les types chinois divisibles gravés sur poinçons d'acier par feu Marcellin Legrand, sous la direction de l'auteur de ce dictionnaire. 1867, in-8, pp. XIX-56.

L'ouvrage est imprimé sur deux colonnes numérotées jusqu'à 112. — Notice : — *Jour. des Savans*, 1867, pp. 325/6.
Pauthier avait déjà essayé de publier un Dictionnaire en 1837 et en 1840, mais, faute d'encouragement, il ne continua pas son entreprise. [Voir supra.]
Vend. Thonnelier (1549), Fr. 1.

* J. Bellows. English Outline Vocabulary, for the use of students of the Chinese, Japanese and other Languages ; with Notes on the writing of Chinese with Roman letters, by Prof. Summers. London, 1867, pet. in-8, pp. VI-368.

Trübner, 1876, 6/-.

— An English and Chinese Lexicon compiled in part from those of Morrison, Medhurst and Williams, by Kwong Tsün Fuk. Hongkong. Printed by de Souza & Co. 1868, in-8.

* A Vocabulary of the Shanghai Dialect, by J. Edkins... Shanghai, 1869, in-8, pp. VI/151.

Trübner, 1876, 21/-.

— Dictionnaire français-latin-chinois de la Langue mandarine parlée par Paul Perny, M. A. de la Congrégation des Missions-étrangères. Ouvrage dédié à Sa Majesté l'Empereur des Français. Paris, Firmin Didot, 1869, in-4 à 2 col., pp. 8-459.

On lit, p. 459 : « L'impression de ce Dictionnaire a été commencée en mai 1868, et terminée en avril 1869 ».
Notices : *Missions Catholiques*, II, pp. 413/4 ; extraits, *Ibid.*, III, pp. 14/16 ; *Saturday Review*, réimp. dans the *Evening Courier*, 11 July 1871.

— Appendice du Dictionnaire Français-Latin-Chinois de la Langue mandarine parlée contenant : Une notice sur l'Académie impériale de Pékin ; Une notice sur la Botanique des Chinois ; Une Description générale de la Chine ; La Liste des Empereurs de la Chine avec leur latitude ; Le Tableau des Principales Constellations ; La Hiérarchie complète des Mandarins civils et militaires ; La Nomenclature des Villes de la Chine avec leur latitude ; Le Livre dit des *Cent Familles* avec leurs origines ; Une Notice sur la Musique chinoise et sur le Système monétaire ; la Synonymie la plus complète qui ait été donnée jusqu'ici sur toutes les branches de l'histoire naturelle de Chine, etc., etc., par Paul Perny, M. A. de la Congrégation des Missions étrangères. Paris, Maisonneuve et Cⁱᵉ — Ernest Leroux, 1872, in-4, pp. ɪᴠ-270-ɪɪ-173.

L'histoire naturelle occupe les dernières pages ɪɪ-173.

Notices : par Pauthier *(Bull. de Bibliographie de Leroux,* Juillet, 1872). — *Miss. Cath.,* IV, 1872, pp. 509/510. — *Jour. des Savans,* Juillet 1872, pp. 456/8.

— A Vocabulary of Proper Names..... By F. Porter Smith... Shanghai : 1870 [Voir col. 115].

An Alphabetic Dictionary of the Chinese Language in the Foochow Dialect, by Rev. R. S. Maclay, D. D. and Rev. C. C. Baldwin, A. M. Foochow, 1871, in-8.

Notice : *Chin. Rec.,* Oct. 1870, pp. 132/134.

GEORGE CARTER STENT. — A Chinese and English Vocabulary in the Pekinese Dialect by George Carter Stent, Imperial Maritime Customs. Shanghai : Printed and Published at the Customs Press, 1871, in-8, pp. x-678.

Preface. — A Vocabulary of Chinese and English.— Alphabetical Index. — Radical Index. — Radicals. — Notes. — Errata.

— Le vocabulaire de Stent (Alph. Index) a été photographié et monté en éventails. Un de ces éventails (Pub. à Dol. 4) a été déposé dans la bibliothèque de la N. C. B. of the R. Asiatic Soc. Il a paru une description de ce dictionnaire éventail dans *The Shanghae Evening Courier,* Mercredi, 4 Sept. 1872.

Notice : *Shanghae Budget :* 13 Déc. 1871 ═ Nlle éd., Shanghai, Am. Presbyterian Mission Press, 1877.

— A Chinese and English Pocket Dictionary by G. C. Stent... Shanghai, 1874, in-8, pp. 250.

Printed at the « North-China Herald » Office. — Pub. à Dol. 2.50.

Notices : *Chin. Rec.,* V, 1874, pp. 55/56.— *N. C. D. News,* 21 avril 1874.

— Vocabulary and Hand-book of the Chinese Language. In two volumes. Romanized in the Mandarin Dialect. Vol. I. By Rev. Justus Doolittle. Author of Social Life of the Chinese. Foochow : China, Rozario, Marcal and Company. 1872, in-4, pp. 548 à 2 col. s. l. préf. et les errata.

— A Vocabulary and Hand-book of the Chinese Language, romanized in the Mandarin Dialect. In two volumes comprised in three parts. By Rev. Justus Doolittle..... Vol. II : Parts II and III. Foochow : Rozario, Marcal and Company, 1872, in-4, pp. 695 à 2 col., s. les prél. et les tab.

La troisième partie de ce dictionnaire se compose de 85 listes, tables, etc., de phrases, mots, proverbes, etc., par MM. A. Wylie, Rev. C.C. Baldwin. Dr. W. A. P. Martin, Geo. Phillips,Rev. Wm. Muirhead, Rev. J. Edkins, Rev. John Chalmers, Wm. F. Mayers, Wm. Gamble, T. Watters, S. Julien, Rev. John Preston, Rev. T. P Crawford, Rev. Canon Mc Clatchie, Rev. C. A Stanley, Rev. C. W. Mateer, E. B.

Drew, Mrs. M. F. Crawford, Rev. John Mc Gowan, J. G. Kerr, B. Hobson, Mrs. J. B. Mateer, J. Dudgeon, J. Thomson, Rev. J. T. Gulick, F. Porter Smith, Rev. Arthur E. Moule, F. H. Ewer, S. Wells Williams, Rev. E. C. Bridgman, C. F. R. Allen, P. G. von Möllendorff, Rev. R. Lechler, Rev. Robert Morrison, Rev. J. L. Nevius, Rev. J. C. Nevin, Rev. F. Ohlinger, Rev. Ch. F. Preston, E. C. Bowra, Perny, H. J. Allen, C. Schmidt, Ho Achun, C. B. Hillier, P. Giquel, Justus Doolittle. Nous avons indiqué ces tables aux chapitres auxquels elles appartiennent.

La publication des Dictionnaires de Doolittle et de Stent a donné lieu à des critiques plus ou moins justes qui ont paru sous forme de lettres adressées à l'éditeur du *Shanghae Evening Courier* (ou *Budget);* en voici la liste : Sur le *Dict. de Stent :*

— Hankow, 25th July, 1872, sig. *Hung Maotsz (Shanghai Budget,* 3 Aug. 1872).

— Shanghai, 3rd August, sig. *The Author (S. B.,* Aug. 10, 1872).

— Tien-tsin, 13th August 1872, sig. *Aegidius (S. B.,* Aug. 24, 1872).

— Sans date, sig. « *Shantung* » *(S. B.,* Sept. 7, 1872).

Sur le *Dict. de Doolittle :*

— August 10th, 1872, sig. *Hung Maotsz (S. B.,* Aug. 17, 1872).

— Shanghai, 19th Aug. 1872, sig. *Doctor O'Toole (S. B.,* Aug. 24, 1872).

— Kan-pu, 28th Aug. 1872, sig. *Omikron (S. B.,* Sept. 7, 1872.)

— Tientsin, 27th Aug. 1872, sig. *Ægidius (S. B.,* Sept. 7, 1872).

Sur les *deux dictionnaires :*

— Shanghai, 29th Aug. 1872, sig. *Peace and Quietness (S. B.* 24 Aug. 1872).

— Lettre sans date, sig. *Yen Ching Erh (S. B.,* 24 Aug. 1872).

— Shanghai 5th Aug. 1872, sig. *Oxoniensis (S. B.,* Sept. 7, 1872).

Notices : *Shanghae Budget,* sur le Vol. I, 11 Avril 1872; sur le Vol. II, 27 fév. 1873 ; *China Review,* Vol. I, pp. 269/270, sur le Vol. Il de Doolittle.

* Chinese-English Dictionary of the Vernacular or Spoken language of Amoy, with the principal variations of the Chang-Chew and Chin-Chew Dialects by Rev. Carstairs Douglas, M. A., LL. D. Glasg., Missionary of the Presbyterian Church in England. London, Trübner, 1873, in-4, pp. 632 à 2 col.

Il y a une description de l'ouvrage et un spécimen dans *Trübner's Record,* 1873, pp. 102/103. — Notices : *Shanghai Budget,* Nov. 13, 1874. — *Chin. Rec.,* V, 1874, pp. 50/53.

A Dictionary of Colloquial idioms in the Mandarin Dialect, by Herbert A. Giles of H. B. M. Consular Service. Shanghai, A. H. de Carvalho, 1873, in-4, pp. 65.

Notice : *Shanghai Budget,* Nov. 13, 1873.
Pub. à 3 Dol.

— Vocaboli usuali e domestici con frasi semplici e dialoghi facili e brevi per Francesco Wan del Reale Collegio Asiatico di Napoli. Napoli, Tipografia italiana. 1874, br. pet. in-8, pp. 12.

— Dictionnaire de poche français-chinois suivi d'un dictionnaire technique des mots usités à l'Arsenal de Fou-tcheou. Par Gabriel Lemaire, Consul de France, et Prosper Giquel, lieutenant de vaisseau, directeur de l'arsenal de Fou-tcheou. Shanghae : American Presbyterian Mission Press. 1874, in-32, pp. xv-421.

Notices : *Shanghai Budget*, June 20, 1874. — *Chin. Rec.*, V, p. 169.

— Mechanical and Nautical Terms in French, Chinese and English. By P. Giquel, Esq. Director of the Foochow Arsenal. (Doolittle's *Voc.*, Part III, No. 78.)
— Terms used in Mechanics, with special reference to the Steam Engine. By Mr. A. Wylie. *[Ibid.*, No. 1.)

— An English and Chinese Dictionary compiled from different authors, and enlarged by the addition of the last four parts by Kwong ki Chiu. Hongkong. The Chinese Printing and Publishing Company, 1875, in-8.

Pub. à 6 Dol.
Notice : *The N. C. D. News*, 7 Oct. 1875 ; et *N. C. Herald.* L'auteur est le traducteur officiel de la commission chinoise d'éducation en Amérique.

— An English and Chinese Dictionary with English meaning or expression for every English word by Tam tat hin of Canton, China. Printed at the Office of the Chinese Printing and Publishing Company, limited. Hongkong, 1875, in-8, pp. 741 à 2 col., s. qq. p. d'errata.

Chaque mot anglais est accompagné des caractères chinois équivalents, mais la prononciation figurée n'est pas donnée.

— An Anglo-Chinese Vocabulary of the Ningpo Dialect by Rev. W. T. Morrison. Formerly Missionary of Board of Foreign Missions, Presbyterian Church, U. S. A., in Ning po. Revised and enlarged. Shanghai : American Presbyterian Mission Press, 1876, in-8 à 2 col., pp. xvi/559.

Le Dict. laissé en ms. par le Rév. W. T. Morrison fut revu et augmenté par le Dr. Knowlton. — Notices : *Chin. Rec.*, VII, pp. 145/146.—*N. C. Daily News*, 24 mars 1876.— Pub. à Dol. 5 ; il y a une éd. meilleur marché à Dol. 2.50.

* A Chinese Dictionary in the Cantonese Dialect. Part I. A to K. With Introduction. By Ernest John Eitel, Ph. D. Tübing. London : Trübner. Hongkong, Lane Crawford & Co., 1877.

Notices : *China Review*, V, pp. 252/260, by Alex. Falconer. — *Chin. Rec.*, VIII, pp. 182/184.

— Dictionarium Linguae sinicae latinum, cum brevi interpretatione gallica, ex radicum ordine dispositum. A. M. D. G. Ho Kien fou In missione catholica S. J. 1877, in-8, pp. xii-781 et 3 p. pour les addenda, &c.

C'est l'éd. de Hongkong du Dict. de Deguignes corrigée, retouchée, augmentée.

— Dictionnaire alphabétique chinois-français de la langue mandarine vulgaire par A. M. H. [amelin]. En Vente chez E. Leroux [et] Challamel. Paris, 1877, gr. in-8, à 2 col., pp. 1753 ; autographié.

(Lexicographie.)

DIVERS DICTIONNAIRES MANUSCRITS.

Peking : *Dict. du P. de la Charme.*

Il y a à Peking, dans la bibliothèque du Pe-Tang (Eglise de la congrégation de la Mission), un manuscrit se composant de six gros volumes in-4, de 800 feuillets environ, qui vient de Mongolie où il avait été porté autrefois lors de la dispersion des Jésuites. C'est un ouvrage du P. de la Charme qui a pour titre : *Dictionarium Sinico-Mongolico-Gallicum.*

— Vol. I : On lit au verso de la première page la note suivante écrite au crayon :

« Dictionnaire en 4 langues Française, Chinoise, Tartare-mantchou et Tartare-mongoux. Il est en six volumes in folio fort épais, c'est un travail énorme, mais *indigesta moles*. Le Père La Charme (jésuite) qui l'a composé n'était pas en réputation de grands talents parmi ses confrères. Extrait d'une lettre de Mr Lamiot. Voir page 422, Tome VIII, des Mémoires de la Congen de la Mission. »

Ecrit à l'encre (écriture moderne), on lit au verso de la seconde page : « ex libris missionis gallicae congregationis missionis Sti Vincentii à paulo in Sinis ».

Le dictionnaire commence au recto de la 3e page : généralement la phrase française est écrite horizontalement, les traductions mandchou, chinoise et mongole étant arrangées verticalement au-dessous, l'une à côté de l'autre.

Les phrases suivantes (de la première page) donneront une idée du plan du Dictionnaire : *Aba — A — a : il ne scait ni a ni b — Cela est à moi — C'est à vous à parler, à moi à écouter — trois à quatre cents deniers — à voir l'état des choses je n'augure rien de bon — Abaisser : — abaisser une perche pour pouvoir passer —* Au recto de la deuxième page, les exemples continuent : *abaisser un mandarin — mandarin être abatssé; —* puis viennent les mots *abandon, abandonner,* etc., etc.

Les feuilles restent blanches au verso jusqu'au mot *s'acquitter*; à partir de ce mot, les deux pages d'une feuille sont généralement remplies.

Le premier volume comprend les mots : *A-Dyspesie* (et non pas *Dure* comme il est indiqué au titre manuscrit de la couverture.)

— Vol. II : *E — à jeun (il faut communier à jeun).*
— Vol. III : *Jeune — nécessaire (un philosophe se contente du nécessaire).*
— Vol. IV : *Nécessaire (Un avare se refuse le nécessaire) — prévaloir (se prévaloir de la compagnie de son ami qui a de la force pour attaquer son ennemi).*
— Vol. V : *Profontié, navire — Seulement (il n'a pas seulement dit un mot pour moi).*
— Vol. VI : *Prévaricateur — Zybelline (fourrure, elle est des plus précieuses).*

On s'apercevra immédiatement qu'une erreur a été faite dans la reliure des deux derniers volumes : les trente premières pages environ du Vol. VI, — c'est-à-dire les mots *prévaricateur — profondeur,* — qui sont suivies par la page commençant par le mot *seulet,* auraient dû être reliées au commencement du Vol. V.

Le papier de cet ouvrage est friable. Quelques feuilles sont détachées, d'autres piquées des vers, quelques-unes raccommodées avec des morceaux de papier qui cachent le texte ; mais, somme toute, l'ouvrage est bien conservé.

Le *Père Alexandre de la Charme*, auteur de ce Dictionnaire, est mort à Peking le 27 juillet 1767.

Peking : *Dict. anonyme.*

Il y a à Peking, dans la bibliothèque du Pe-Tang, un manuscrit se composant de deux gros volumes in-4 de cinq à six cents pages chacun qui vient de Mongolie où il avait été porté lors de la dispersion des Jésuites. C'est un Dictionnaire latin-chinois, ou plutôt de phrases latines arrangées par ordre alphabétique ; le chinois est écrit en face de la phrase latine.

— Vol. I : La première page commence par les phrases *Ab ponitur ante vocales — Ab initio usque finem — Animus debet regere corpus non regi a corpore.*

La dernière feuille du premier Volume étant recollée, les deux mots qu'elle indique sont illisibles. Le dernier mot lisible, *hypotheca, ae, s. f.,* est au bas de l'avant-dernière page.

(Lexicographie.)

— Vol. II : *Jam biennium est cum cœpit — uxorius, a, um, adj.*

Rien n'indique l'auteur de ce Dictionnaire.

HONG KONG.

Il y a en dépôt dans la City Hall Library de Hongkong un dictionnaire chinois-latin manuscrit, par un missionnaire catholique inconnu. Ce dictionnaire a appartenu à Robert Morrison qui a écrit au commencement de l'ouvrage la note suivante : « This Dictionary was transcribed in the year 1806 in London from a Ms. belonging to the R. S. which Ms. was obtained in India by the late Sir William Jones, and pronounced by him « inestimable » The Transcript was made by a person in the service of the Missionary Society ».

Dictionnaire du P. Delamarre.

Le Rév. Père Delamarre, de la Congrégation des Missions étrangères, est mort à Han-Keou, probablement d'un poison lent administré par les Chinois, pendant un voyage du Se tchouan à Peking où il allait exposer les griefs des chrétiens contre les mandarins de la Province [voir col. 253]. Le P. Delamarre avait compilé un Dictionnaire Français-Latin-Chinois dont le ms., après la mort du savant missionnaire, resta entre les mains de M. P. Dabry, Consul de France à Han-Keou. M. P. Dabry rendit le ms. du Dictionnaire du P. Delamarre à la Congrégation des Missions étrangères, et ce précieux ouvrage est maintenant (Avril 1876) entre les mains du R. P. E. Lemonnier, Procureur des Missions étrangères à Hongkong. C'est grâce à l'obligeance de ce dévoué missionnaire, qui a bien voulu nous confier le ms. pendant quelques heures, que nous pouvons en donner maintenant la description.

Manuscrit original du Dictionnaire du P. Delamarre.

Le manuscrit, qui est écrit en entier (caractères chinois compris) de la main du P. Delamarre, se compose de deux cahiers in-4 ayant pour couvertures du papier d'emballage sur lequel le P. Lemonnier a écrit : « Dictionnaire Français-Latin-Chinois par Monsieur Delamarre Mis. ap des Missions Etrangères. Manuscrit. Changhày, 1 Mars 1873. E. L. »

Chaque page est divisée en deux colonnes contenant chacune une trentaine de mots. Chaque mot contient non seulement les équivalents chinois et latin, mais aussi les expressions proverbiales qui se rattachent à ce mot et les différentes acceptions dans lesquelles il est pris.

Prenons, par exemple, le mot *bourse*; au-dessous est inscrit le latin *crumena*, puis viennent la prononciation chinoise avec les caractères chinois et une série d'exemples avec l'équivalent chinois (et non pas, comme dans Perny, une traduction littérale, fort souvent vide de sens), le latin et la prononciation chinoise; ainsi :

Ami jusqu'à la bourse — la bourse ou la vie — délier les cordons de la bourse — coupeur de bourse — bourse de commerce...

Les pages du ms. ne sont pas numérotées : le premier cahier a 156 pages et comprend les mots A — Oraison; le second cahier a 71 pages (plus qq. pages qui contiennent un index alphabétique des mots entre la main du P. Lemonnier) et comprend les mots Ouvrir (s') — Zodiaque.

Par suite de changements de mains, ce ms. est maculé et les bords des premiers feuillets du Cahier I sont légèrement endommagés. Le P. Delamarre n'a pas eu le temps de terminer l'insertion des caractères chinois, quoiqu'il donne partout la prononciation des mots. Le mot *cran* est le dernier dont les caractères chinois soient donnés. Il manque une feuille dans le premier cahier du ms., et cette feuille comprenait les mots entre : *Incivil* et *Inférieur* — *Oraison* — *Ne rien oublier*, c'est-à-dire environ trois cents mots ou expressions.

Copie du P. Lemonnier.

Dans la crainte de perdre ce précieux ouvrage, le P. Lemonnier en a fait lui-même une copie. Cette copie comprend trois cahiers in-4 :

I, pages 1-222 : A — Agiter les *dés* pipés.

II, pages 223-526 : Débâcle — Occulte.

III, pages 527-768 : D'une manière *occulte* — Zoophytes.

Avec l'aide d'un Chinois, le P. Lemonnier a terminé l'insertion des caractères; le P. Chicard, prêtre des Missions

étrangères, très versé dans le dialecte mandarin, a comblé la lacune que nous avons signalée dans l'original et a ajouté les mots :

Zône
Zône torride — glaciale — tempérée
Zoologie
Zoophytes.

Le Dictionnaire du P. Delamarre est donc aujourd'hui complet et pourra être livré à l'impression dès que les fonds auront été souscrits (?).

Ce travail est immense et on pourra juger de son étendue par les chiffres suivants : chaque page de la copie est divisée en 4 colonnes : la première contient le mot ou l'expression français ; — la deuxième, le latin ; — la troisième, la prononciation des caractères chinois ; — la quatrième, les caractères chinois. Chaque page a 33 lignes ; chaque ligne contient au moins un mot ou une expression, et l'ouvrage comprend 25,000 expressions ou mots, au *minimum*.

— Le Père E. Lemonnier, de la Congrégation des Missions étrangères, compile en ce moment, à l'aide du travail du Père Delamarre, et du grand ouvrage anglais de Webster, un dictionnaire de poche anglais-chinois qui comprendra le mot ou l'expression anglaise, la prononciation chinoise (mandarin), et les caractères chinois. Ce dictionnaire est arrivé aujourd'hui (avril 1876) au mot *Equivocal.*

PARIS : *P. d'Incarville, S. J.*

— Dictionnaire François-Chinois par le Père d'Incarville écrit a Pekin 17 — et fini le 20 février 1752.

Ms. in-8 de la Bibliothèque nationale : N. F. Chinois 3596.

Le 1er f. de ce Ms. est blanc; au recto du 2e f., on lit une note de la main du P. d'Incarville : « Quand j'ai commencé ce dictionnaire, je sçavois fort peu de chinois ainsi il y a au commencement plus de fautes qu'à la fin. J'ai entrepris depuis de le corriger, j'en ai fait une centaine de pages, si dans une dizaine d'années, en cas que je vive, je le recorrigeois, il seroit mieux. » — Au-dessous de cette note, il y en a une autre de Staunton : « e libris Mstis Georgii Thomae Staunton Armigeri 1798 ».

Au verso du 3e f. est écrit le titre tel que nous le donnons ci-dessus. Puis viennent 1362 pages chiffrées constituant le dictionnaire ; chaque page composée de 2 colonnes comprend dans la colonne de gauche le français avec la prononciation chinoise; dans celle de droite, les caractères chinois; pas de latin. On lit à la suite du dernier mot, au bas de la page 1302 : « Ad majorem Dei gloriam SSæ que Virginis Mariae. Fini ce 20e feb. 1752 ». — A la suite de ces 1362 pages, quelques feuillets blancs suivis de la note suivante de Pauthier :

« *Nota*. On a fait plusieurs copies de ce Dictionnaire en Chine, sans l'attribuer au P. d'Incarville dont celui-ci est le Ms. original autographe. Le Rev. Morrison, l'auteur de plusieurs Dres, en avait une copie qui est conservée dans la Bibliothèque qui porte son nom à Hong-kong [Erreur ; le dict. en question est chinois-latin, et non pas français-chinois ; voir supra col. 745] Le Rever. J. Summers, professeur de chinois au King's College de Londres, en possède aussi une copie faite sur celle de Morrison. J'en ai eu la preuve par un extrait qui m'a été envoyé de la partie chinoise seulement et qui correspond *mot pour mot* aux pages 618 à 627 de ce Ms. Original.

« Une autre *copie* se trouve aujourd'hui à la Bibliothèque impériale de Paris (Dépt des Mss.) cotée 1112, sous le nom de A. Smith : « Dictionnaire français-chinois. 2 vol in-fo. La seule différence qui se trouve entre les deux Dictionnaires, c'est que, dans le dernier, le copiste a rectifié l'ordre alphabétique des mots français, et a ajouté au mot *cycle*, un tableau de concordance de 60 ans des cycles 74e et 75e (cycle actuel). Cette copie, faite au pinceau en Chine pour le chinois, sur papier anglais de Bristol, est fort belle. (Le 1er vol. compr. od A; le 2e de Inc. à Z.)

« Un [sic] autre *copie*, aussi fort belle, faite en Chine, en 3 ou 4 volumes in-4o, se trouve entre les mains d'un homme qui occupe aujourd'hui, à Paris, deux chaires de chinois, aux appointements de 7,500 frs. pour l'une, et 5,000 fr. pour l'autre, et que personne ne fréquente. S'il voulait seulement dans sa seconde chaire, donner lecture de sa copie, en ne s'en attribuant pas la composition, il pourrait attirer à son cours quelques auditeurs. 12 7bre 1866.   G. P.

« P. S. Un autre Dictionnaire français-chinois était en possession de l'abbé Delamarre, mort en Chine il y a un an..... »

⁎

Personne jusqu'ici, à ma connaissance, n'avait encore signalé au public ce dictionnaire, resté manuscrit, du P. d'Incarville. Cependant plusieurs copies en ont été faites en Chine. Il en existe, à ma connaissance, encore une *copie* dans la Bibliothèque du Rév. Morrison, conservée à Hong-Kong; le Rév J. Summers en possède une autre en Angleterre, en 3 vol. in-fol., faite sur celle du Rév. Morrison. Une 3ᵉ copie, qui est à la Bibliothèque nationale, a été faite à Canton, par un Chinois pour le texte chinois, et par M. Arthur Smith pour la partie française, à laquelle copie il a mis son propre nom. Enfin, une 4ᵉ copie, en 3 vol. in-4ᵒ, est entre les mains d'un professeur de chinois de Paris. » (Pauthier, Rapport sur le Dictionnaire de Perny, *Journal Asiatique*, 1871, I, Note, p. 357.)

Le Dict. du P. Delamarre, dont nous parlons plus haut, comprend aussi le latin ; nous l'avons examiné et trouvé différent de celui du P. d'Incarville. Celui-ci est d'ailleurs fort bien fait; il renferme les mots A-Zone, et à chaque mot il donne de nombreux exemples, ainsi : A. A qui est cela ; Je ne sais à qui c'est ; Dis à mon valet de venir ; Il n'est pas à la maison... *Zone* torride ; les zones tempérées; zone glaciale.

Ce Dict. a appartenu successivement à Sir George Thomas Staunton (dont on trouve l'ex libris au verso de la couverture) qui l'avait probablement rapporté de Chine, et au libraire H. G. Bohn, Juin 1866 ; une note de Pauthier au verso du 2ᵉ ff. de la reliure dit : « Reçu par M. Xavier, libraire, le 22 juin 1866 : acheté en juin 1856.» Ce dict. portait le Nᵒ 254 à la vente des livres de Pauthier (Déc. 1873) et il a été payé 295 francs.

— Diccionario de lengva Mandarina Cuyo primer author fue el R. P. Fr. Francisco Diaz Religioso Dominico añadido despues por los RR. PP. desta Mission de sancto Domingo. Traslado, emendado algunas tonadas conforme alos Diccionarios chinicos, puestas algunas letras en las tonadas de otras conforme alos Diccionarios dichos, y añadidas mas tonadas y letras, todo segun los Diccionarios chinicos Por Fr. Antonio Diaz.

Ce dictionnaire, du format pet. in-4, porte le Nᵒ 2157, Fonds chinois, dép. des Ms., à la Bibliothèque nationale. Provient de la Bib. de Rémusat, Cat. Nᵒ 488, Fr. 82, 50. — Voir Klaproth, *Verzeichniss*, p. 131.

PARIS : *Dict. espagnol anonyme.*

— La Bibliothèque de l'Institut possède un petit dictionnaire manuscrit chinois-français-espagnol (pet. in-4) — et une collection de caractères chinois arrangés par clefs (pet. in-4). Ces manuscrits ne sont pas encore (juillet 1876) catalogués ; ils n'ont aucune importance.

— Diccionario de la lengua Chin cheo que contiene los vocablos tambien simples que compuestos, con los caracteres generales y peculiares a questo dialecto, segun l'orden de l'alfabeto español y las cinco tonadas chineses. [sic] (1609).

Ms. in-4, pap. de Chine; 436 ff. écrits s. l. prél. ; le titre est écrit d'une main différente de celle du texte ; ce ms. *précieux*, suivant une note autographe de S. Julien, a été acheté par ce sinologue à la vente d'A. Rémusat pour Fr. 575 ; il porte le Nᵒ 1680 dans le catalogue des livres de ce dernier. Il fait aujourd'hui partie de la collection de M. le Marquis d'Hervey-Saint-Denys. (Déc. 1880.)

Vocabulario *Hai xing phin tsu tsien* puesto en abecedario por F. Antonio Diaz, començose el bozzon ano de 1702, en la yglesia de Funing-cheu, prov. de Fukien. Pusose en limpio ano de 1704, in-fol., cuir de Russie, fil., dent., orn. à froid, tr. dor.

Beau manuscrit sur papier de Chine, 358 feuillets. — Cat. Rémusat, Nᵒ 487, Fr. 100.

Vocabularium latino-sinicum, ad usum missionariorum Societatis Jesu. In-4, cartonné.

Manuscrit précieux de 414 feuillets sur papier de Chine, et de la main du P. de Prémare. Il ne va que jusqu'au milieu de la lettre D. — Cat. Rémusat (489), Fr. 20.50. — Ce Ms. appartient aujourd'hui à la Cie. de Jésus, voir no. 512.

* Lexicon sinico-latinum, in quo characteres et vocabula secundum ordinem alphabeticum componuntur. In-fol. de 845 pages, v. rac. fil.

« Ce Dictionnaire, copié par un Européen, d'après un original écrit en Chine, contient beaucoup d'additions de la main de M. Rémusat, qui a lui-même écrit le titre que nous avons transcrit.»

Rémusat (490), Fr. 185.

Dictionnaire chinois. Contenant les caractères les plus usités, leur prononciation, leur ton et leur signification en français, augmenté de deux tables, l'une des caractères chinois seulement disposés suivant leurs clefs, et l'autre des vocables ou mots avec leur renvoi au Dictionnaire. In-4 de pp. 276 numérotées, suivies de qq. ff. blancs, d. veau ant.

Ms. d'Abel Rémusat qui ne figure pas dans le Cat. de ses livres mais qui était marqué au Nᵒ. 381 du *Catalogue de livres orientaux... provenant de MM. T., de Londres, et P., de San Francisco* vendus à Paris, par E. Leroux, 1878. C'est chez cet éditeur que nous avons pu examiner l'ouvrage. Rémusat dit dans son introduction :

« J'ai donc disposé les 1,500 caractères environ, dont je donne l'explication en 20 classes, suivant le nombre des traits qui les composent. Dans la 20ᵉ j'ai mis tous ceux qui ont 20 traits ou plus. Leur nombre n'est pas très-considérable.

« Chacune de ces classes étant encore très-nombreuses, je les ai partagé [sic] en 5 sections toujours uniformes. Dans la 1ʳᵉ j'ai mis les caractères primitifs ou clefs, écrits en rouge, pour qu'on les retienne plus facilement. La 2ᵉ comprend les caractères qu'une ligne horizontale peut partager naturellement en 2 parties presque égales. La 3ᵉ réunit ceux qui seraient dans le même mais perpendiculairement. Dans la 4ᵉ sont placés ceux qui contiennent une partie recouverte ou enveloppée par une autre. La 5ᵉ enfin comme supplémentaire comprend ceux qui n'ont pu entrer dans aucune des sections précédentes.

« Cette division est artificielle et sans exemple, je l'avoue, mais je la trouve aussi simple et aussi élémentaire qu'il soit possible. »

On lit au bas de la p. 276 : « Fini le 27 Décembre 1808. A. J. P. Rémusat. »

LONDRES : Dictionnaire latin-chinois.

Ms. in-folio, sur papier de Chine de 984 pages chiffrées ; appartient à la Bibliothèque de l'East-India Office et vient (27 Août 1813) de la Bib. de l'East-India Company ; contient le mot latin dans une colonne avec les caractères chinois et l'explication en chinois (sans la prononciation) qui lui correspondent, dans une autre colonne.

— Dictionnaire chinois-latin.

Ms. in-folio sur papier de Chine de 524 pages chiffrées ; suivi d'une table de radicaux, etc., de 145 pages ; même époque, même main que le précédent. — Appartient également à la Bib. de l'East-India Office.

— Vocabulario de la lengua mandarina con el estilo y vocablos conque se habla sin elegancia : compuesto por el Pᵉ Fr. Fraᶜᶜ Varo ord. Pred. ministro en China consumado en esta lengua.

Ms. in-4 à 2 col. Au-dessous du titre une main différente a

écrit : « A uso de Fr. Thomas Hoxtiz año de 1695. » Brit. Mus., Sloane Collection, maintenant dans le Fonds chinois. Voir col. 750.

GLASGOW : *The Hunterian Museum.*

Haenel cite les ms. suivants :

Glossarium Sinicum.

Petri Davetii Lexicon Sinicum, Sinice conversum in usum Gymnasii Pekinensis a domino Parrenini, missionario in Sinis, et Bayero dedicatum.

Parenini lexicon sinico-latinum; in-fol.

Grammatica sinica, Auct. G. S. Bayero ; in-12.

BERLIN : Vocabulario de letra China con la explicacion castellana hecho con gran propriedad y abvndancia de palabras por el Padre F. Francisco Diaz de la orden de Predicadores ministro incansable en esto Reyno de China.

Voir la description de ce Ms. dans l'article suivant de La Croze et dans le *Verzeichniss* de Klaproth, p. 129.

M. V. la Croze, De Libris Sinensibus Bibliothecae Regiae Berolinensis : ubi praecipue de insigni Lexico Sinico-Hispanico R. P. Francisci Diaz, Ordinis Fratrum Praedicatorum. *(Miscellanea Berolinensia,* Berolini, 1710, I, in-4, pp. 84-88.)

Nous l'avons nous-même examiné à la Bibliothèque de Berlin : C'est un in-fol. de 598 pages chiffrées ; on lit à la fin du vocab. page 598 : « Todas as Letras son 7169 » Il est sur papier européen et d'une belle écriture mais une note au recto du f. prél. dit : « La ortografia castellana de este diccionario es defectuosa. El copista era ò un escolar ordinario, ò fraile, ò hombre del vulgo....» Suit une série de fautes commises par le copiste.

Lexicon sinicum.

Mentzel a laissé un travail qui, par ses proportions et son inachèvement, rappelle les entreprises mort-nées de Fourmont. Il se compose de neuf volumes in-fol. reliés en veau plein. Chaque vol. possède le titre suivant imprimé : Chinensium Lexici characteristici, inscripti *çù guéi* h. e. De Literarum generibus & speciebus, Sive literis radicalibus, & earum compositis : primò Characteristicè, Sinicè & Latinè verbotenus explicati, & novis Lexici chim, çu, tum, & aliis necessariis literis plurimis aucti & correcti Volumen VI. Continens [ici à la main le contenu du vol.; pour le vol. en question par exemple : *Hoa cie, h. e. Formationes litterorum cù liacis VII.*] opus Manu-factum & — SS. a Christiano Mentzelio, D.

Dans l'intérieur un squelette de dictionnaire.

Clavis sinica.

Autre travail Ms. de Mentzel ; également in-fol. relié en veau plein. Le titre et la préf. seuls sont imprimés : Clavis Sinica, ad Chinensium scripturam et pronunciationem mandarinicam, Centum & vigenti quatuor Tabulis accuratè Scriptis praesentata, Qua Aperitur modus evolvendi eorum Lexica vasta merè Characteristicè, praesertim *çù goëi* dicta, fabrefacta à Christiano Mentzelio, D. Sereniss. & Potentiss Elector. Brandenburgici Consil. & Archiatro Seniore. Berolini, Ex officina Salfeldiana, cɔ. ɔc. ɪɪc. [la date écrite à la main.]

Ouvrage terminé : composé du titre et de la préf. [2 ff. imprimés], et de 124 tables ms.

Vocabularium Characteristico-Sinico-Latinum ad Chrestomathiam Sinicam quem Gramaticae meae Sinicae subjunxi Heinricus Julius Klaproth. [1800.]

(LEXICOGRAPHIE.)

Enorme in-fol. relié en vélin plein ; se compose de ce titre ms. de Klaproth et de feuilles de papier n'ayant en tête qu'un radical ; le reste de la feuille restant immaculée ; les dernières ff. sont absolument blanches. Ce Ms. et ceux de Mentzel que nous venons de décrire n'offrent absolument aucun intérêt.

Vocabulario de la lengua Mandarina con el estilo y vocablos conq. se habla sin elegancia. compuesto por el Pᵉ. fr. Francᶜᵒ. Varo ord. Pred. ministro de China consumado en esta lengua escriuese guardando el orden del A.B.c.d.º

Ms. de la Bib. royale de Berlin ; petit in-4 sur papier de chine ; 114 ff. simples non chiffrés.

Voir supra, col. 748.

Breue Compendio del Vocabʳⁱᵒ de côpuestos en lengua Mandⁿᵃ.

Ms. de la Bib. royale de Berlin ; pet. in-8 sur papier de Chine.

Bocabularìo de lengua Mandarina.

Ms. de la Bib. roy. de Berlin ; petit in-4 sur papier de Chine ; 138 ff. simples non chiffrés ; au verso du f. prél. une préface au lecteur par l'auteur qui signe : « Fr. Juan de Jesus Maria alias de Albarete Mission. indign. Ordin. Min.» A la fin du Voc. on lit : Finis. Hoc scripsit Fr. Juan de Jesus Maria aliàs de Albaret. Mission. Ordin. Min. Le voc. est suivi de 4 ff. de phrases.

Voc. plus étendu que celui de Varo dont le P. de Albaret a intercalé le travail presque en entier dans le sien.

Dialogues chinois-espagnols.

Ms. de la Bib. royale de Berlin ; petit in-4 sur papier de Chine ; 17 ff. simples non chiffrés ; même écriture que le Ms. précédent.

STOCKHOLM. La bibliothèque royale de Stockholm renferme six dictionnaires manuscrits dont nous devons l'indication à l'obligeance de M. August Strindberg, attaché à cet établissement :

1º. Dictionnaire Chinois-Latin (avec qq. ind. françaises).

Tonique. — Sans registre ni clefs. — In-fol. de pp. 1854. — 18,510 caractères ; relié en cuir; ff. à la chinoise. — Du xvıɪɪᵉ S. — Un morceau de papier placé entre les pages contient ces fragments de notes : « Du... Superieur Compagnie » ; probablement « Du Gad, Supérieur de la Compagnie de Jésus ».

2º. Dictionnaire Chinois-Portugais (et Latin).

Tonique. — Sans registre ni clefs. — In-fol. — Pp. 880; 7,000 caractères — Relié en cuir; ff. à l'européenne. — Main chinoise fort belle.

3º. Dictionnaire Latin-Chinois.

Deux Vol. gr. in-4 ; pap. chine ; ff. à l'européenne ; relié en bois et cuir. Le Iᵉʳ volume contient 936 pages ; le 2ᵉ presque autant ; chacune a dix mots ou phrases ; Sur la première page de chaque vol. on lit : « Autheur de ce Dictionnaire le R. P. Julien Placide Hervieu, traduit du latin de Danet ».

Le premier mot est : « A. Ab., prop. régir abl. » Le texte latin est traduit en français par une main différente jusqu'à *Antiquitas.*

4º. Dictionnaire Chinois-Latin.

Paraît être celui du P. Basile.

5º. Dictionnaire Chinois-Latin (Portugais).

Tonique avec registre après les clefs. — Gr. in-4, relié en cuir.

6º. Dictionnaire Chinois-Latin.

Tonique. — Registre tonique en caractères européens. — In-fol. de 425 pages ; 5,000 caractères ; relié en cuir.

(LEXICOGRAPHIE.)

NOTES SUR DIVERS DICTIONNAIRES.

— « The 佩文韻府 Pei wan yun foo, which was compiled under the special superintendence of the emperor, and published in 1711, is probably the most extensive work of a lexicographical character ever published. It is arranged according to the usual system of 106 finals distributed among the 5 tones. It is usually bound in 110 thick volumes.» (A. Wylie, *Notes on Chinese Lit.*, p. 11.)

— On en trouvera un court compte-rendu dans le *Indo-Chinese Gleaner*, 1820, p. 339, par le Dr. Milne. (*Bib. Sinica*, No. IX).

Choue wen. — Shwoh Wan Kiai-tsz', Sü shi Hi-chuen, Sz'-shih kiuen ; or the Etymologicon [of Hü Shin] with a Supplementary Commentary by Sü, in forty sections. By Philo. [E. C. Bridgman.] (*Chin. Rep.*, XIX, pp. 169/185.)

DIEGO COLLADO. — Dictionarium linguae sinensis cum explicatione latina et hispanica. Romae, 1632, in-4.

Cette indication d'un ouvrage qui n'existe pas est un des nombreux exemples de la facilité avec laquelle une erreur commise par un bibliographe est reproduite sans contrôle par ses successeurs. Le P. Collado, et non Colladi, comme quelques uns l'appellent, de l'ordre de St. Dominique, n'est pas un missionnaire à la Chine, mais bien au Japon, et il a publié un dict. de la langue de ce pays. Quétif et Echard commettent, grâce à Allatius, l'erreur comme les autres bibliographes, tout en indiquant aussi le dict. japonais ; au surplus, voici les ouvrages qu'ils mentionnent au nom du P. Collado (*Scriptores Ord. Praed.*, II, p. 498) :

« 1. *Ars Grammatica Japonicae linguae*, Romae, Propag. 1631 & iterum 1632, in-4, pagg. 75.

2. *Dictionarium sive thesauri linguae Japonicae Compendium*, Ibidem, 1632, in-4, pp. 355.

6. *Dictionarium linguae Sinensis cum explicatione Latina & Hispanica charactere Sinensi & Latino*, Romae, Propag. 1632 : sic Allatius. »

Pinelo, I, col. 147, fait de même : « Fr. Diego Collado, al Misionero Chino, explicado en Chino, i Latin, con Letra correspondiente à ambos Idiomas. *Dicionario* de la Lengua China, con sus Letras, i Explicacion Latina, i Española, en 4 ».

Abel-Rémusat, plus sage, écrit (*Mél. As.*, II, p. 65) :

« Le P. Collado, auteur de plusieurs bons livres sur la langue japonaise, est indiqué par *Leo Allatius* comme étant l'auteur d'un *Dictionnaire de la langue chinoise, avec une explication latine et espagnole en caractères chinois et latins*, imprimé à Rome, 1632, in-4. Cette indication est bien certainement fausse, quant à l'impression de l'ouvrage ; mais il n'est pas impossible que Collado ait effectivement rédigé un dictionnaire chinois, et l'ait envoyé à la *Propagande* pour y être imprimé. Cependant il me paraît encore plus naturel de supposer qu'Allatius aura pris pour un dictionnaire chinois, le dictionnaire japonais qui parut effectivement cette année 1632, mais sans caractères chinois. Il y a eu une méprise du même genre au sujet d'un dictionnaire tartare-chinois, où les caractères étaient ramenés à l'ordre des élémens de notre écriture, et que le P. Trigault avait, dit-on, *fait imprimer* à la Chine, *excusum in Sinis*. On ajoute que l'auteur avait l'intention d'en faire paraître une seconde édition augmentée de quelques volumes, *aliquot voluminum decadibus*. Mais l'ouvrage en question n'est autre chose qu'un syllabaire latin-chinois en trois parties, que ce missionnaire a fait graver à la manière chinoise sous le titre de *Si jou eul mou tseu*, et dont on possède plusieurs exemplaires à la Bibliothèque du Roi. Ce livre ne pouvait être bon que pour des Chinois qui voudraient apprendre à épeler le latin, et l'on peut croire qu'il ne sera jamais d'un grand usage ».

Ternaux-Compans, qui cite le dict. japonais (*Bib As. et Afr.*, No. 1497), évite de mentionner le dict. chinois, mais les auteurs de la *Bibliotheca Sinologica* commencent leur ouvrage par l'indication du dict. chinois avec la date de 1633. MM. de Möllendorff (*Manual of Chin. Bibl.*, No. 40) reviennent à la date de 1632.

(Lexicographie.)

TRIGAULT. — Vocabulaire chinois.

« Cotton (*Typogr. Gazetteer*, p. 186) parle vaguement d'un vocabulaire chinois en trois volumes que le P. Trigaut fit imprimer à Nankin en 1620. »

A cette note de Ternaux-Compans il suffit de répondre ce que nous citons ci-dessus d'après Abel-Rémusat. Le *Sï jou eul mou tseu* dont il est ici question a été imprimé en 1626 ; un ex. a figuré à la vente de Klaproth, 2e partie, No. 192.

— Le P. Semedo travaillait à deux dictionnaires, l'un chinois et portugais, l'autre portugais et chinois ; mais la mort l'empêcha de les publier (de Backer, Anc. éd., 2e S., p. 554.)

FOURMONT. — Ce sinologue, dont les vastes entreprises n'étaient en rapport ni avec son savoir ni avec sa bonne foi, avait commencé un grand dictionnaire ou plutôt une série de grands dictionnaires dont l'un a déjà été décrit par nous, col. 242. Ceux qui voudront avoir à ce sujet d'amples détails, pourront consulter le petit volume assez rare intitulé :

— Catalogue des ouvrages de Monsieur Fourmont l'aîné, Professeur en Langue Arabe au College Royal de France, Associé de l'Académie Royale des Inscriptions & Belles-Lettres, Interprète, & Sou-Bibliothequaire du Roy &c. A Amsterdam, M.DCC.XXI, pet. in-8.

— « M. Fourmont a laissé plusieurs dictionnaires chinois, ou plustôt le même dictionnaire disposé suivant les diverses méthodes à la Chine, & qui ont chacune leur avantage particulier. 1°. Un dictionnaire distribué par l'ordre des clefs, ou caractères radicaux ; 2°. un dictionnaire par tons ; 3°. un dictionnaire latin-chinois ; 4°. un autre françois chinois. Il comptoit de joindre un cinquième historique & géographique, où il auroit fait pour la Chine ce que M. d'Herbelot a fait dans sa Bibliothèque orientale pour les pays de la domination Mahométane. Quoiqu'il eût déjà rassemblé beaucoup d'extraits des écrivains chinois, il reste encore bien des choses à ajoûter. P. 428 de l'*Eloge de M. Fourmont l'aisné*, par Fréret (pp. 413/432. — Hist. de l'Ac. des Insc., XVIII, 1753).

Etienne Fourmont, né à Herbelai, village peu éloigné de Paris, le 23 Juin 1683, est mort le 19 Décembre 1745.

— « A la suite de ce nouveau fonds [tartar-mantchoux de la Bibliothèque nationale] vient se placer naturellement le travail immense du savant Fourmont, sur la langue chinoise. Ce travail est renfermé dans une trentaine de portefeuilles, format grand in-fol. et fort épais. Les matériaux de son *dictionnaire* remplissent dix-huit à vingt de ces énormes porte-feuilles.

Le même savant a fait graver sur bois de poirier, aux frais du gouvernement, plus de 50,000 caractères chinois, pour son grand dictionnaire. Quelques-uns ont servi à l'impression de sa *Grammatica Sinica*, de ses *Meditationes sinicae*, et de la *liste des empereurs de la Chine* qui se trouve à la fin du 2e vol. de ses *Réflexions critiques sur les histoires des anciens peuples*. Les autres, et c'est le plus grand nombre, sont encore adhérents aux petites bandes de bois, sur lesquelles on les a taillés. Un léger trait de scie indique les séparations. On a eu soin, en outre, d'écrire sur la tige de chaque caractère sa valeur et son numéro.

Cette collection de types chinois, absolument unique en Europe, a été déposée à la Bibliothèque nationale, il y a environ cinquante ans ; elle est parfaitement conservée.» (L. Langlès, dans le *Magasin Encyclopédique* de Millin, 1800, II, p. 199.)

Consulter également Abel-Rémusat, *Nouv. Mél. As.*, II, pp. 291/301 : « Etienne Fourmont, savant français ».

— Littérature chinoise. Dictionnaire de la langue chinoise ; un grand volume in-folio, proposé par souscription, par le docteur Hager, de Vienne.

Pour le prospectus de cet ouvrage mort-né, voir le *Magasin Encyclopédique* de Millin, 1800, II, pp. 183/188.

Raper, M. ; A Chinese and English dictio-

(Lexicographie.)

nary, translated from the latin Macao dictionary. London, 1807, 4 vol. in-fol.

Voici un ouvrage qui, à en juger par son titre, devrait être fort important ; il n'en est cependant pas parlé dans les revues spéciales et il n'en est pas fait mention dans les catalogues de libraires et de bibliothèques. Nous l'avons fait vainement chercher au British Museum. Comme il n'est indiqué que par la *Bibliotheca sinologica* recopiée par MM. de Möllendorff, nous croyons pou.oir considérer son existence comme fort douteuse.

RABOUIN.— Dictionnaire français-chinois.

On l'autographie actuellement à l'orphelinat de Tou sai-wei (près Siu ca-wei). En déc. 1877, le titre et la préface n'avaient pas encore pa1u. Ce sera un in-8 de 8 à 900 pages à deux colonnes. De ce dict. franc. chinois qui contiendra les caractères et donnera la prononciation particulière aux pays de Chang hai et de Son kiang, 200 pages avaient paru à cette époque, et l'auteur, le P. Rabouin, S. J., en était au mot *Cher*. Il est précédé de 32 pages qui donnent la liste de tous les sons et sous forme d'introduction d'une petite grammaire du dialecte de Songkiang, Chang hai, &c., comparé au mandarin, en LVIII pages.

.*.

Dans la *Chine Moderne* de Pauthier, II, pp. 338/9, on trouve une liste des grammaires (13) et des dictionnaires chinois (12) publiés par des Européens

« Chinese Lexicography, or a List of the Dictionaries in the Imperial Library at Peking according to the General Catalogue called the *Sz'Fu Ts'iuen Shu*.» (*Chinese Repository*, XVII, pp. 433/459.)

Mention de 218 Dictionnaires.

— Voir sur les Dict. chinois le No. V de l'Appendice au Dict de Perny, pp. 12-15.

L'auteur, inexact suivant sa coutume, estropie les noms étrangers, par exemple : *Médhurts* pour *Medhurst*, Ch. *Wills Williams* pour *S. Wells Williams*.

— Chinese Dictionaries. By T. W. Kingsmill. (*N. C. Herald*, VII, 977.)

— Kanghi's Dictionaries by J. C. (halmers) (*China Review*, II, pp. 335/341.)

— A Chinese Webster. A Study in Chinese Lexicography. By J. Nacken (*China Review*, II, pp. 175/182, 215/222, 354/363).

MANUELS DE CONVERSATION.

— Dialogues and Detached Sentences in the Chinese Language ; with a free and verbal translation in English. Collected from various sources. Designed as an initiatory work for the use of Students of Chinese. Macao : Printed at the Honorable East India Company's Press, by P. P. Thoms. 1816, in-8, pp. VIII-262.

« The Translation of the following Papers was made by the Rev. Robert Morrison, at the commencement of his Chinese Studies. The Text (somewhat altered) of the Pieces marked with a Dagger, were supplied by a gentleman of the Honorable East India Company's Establishment, at China ; and the whole Printed under the inspection of James Bannerman Esq. of the same Establishment »..... (*Preface*).

Vend. Rémusat (795), Fr. 22. — Pauthier (239), Fr. 9. — Thonnelier (1553 *bis*), Fr. 22.

— The English and Chinese Student's Assistant, or Colloquial Phrases, Letters, &c., in English and Chinese : the Chinese by Shaou Tih, a native Chinese Student, in the Anglo-Chinese College, Malacca. Mission Press, 1826 [Malacca], in-8, pp. 102, sans l'index.

« This little Book contains sentences and conversations on

a great variety of subjects, designed for the use of the Students at Malacca ; its Author was government interpreter for several years at Peking in the intercourse with the Russians ». (*Chin. Rep.*, XVIII-407.)

Vend. Klaproth (670), Fr. 26.50.

— A Lexilogus of the English, Malay, and Chinese Languages ; comprehending the vernacular idioms of the last in the Hokkeen and Canton Dialects. Printed at the Anglo-Chinese College Press. Malacca, 1841, in-4, pp. 111 sans la préface, etc.

C'est une collection de phrases arrangées sur cinq colonnes parallèles et verticales :

    — english ;
    — malay ;
    — Chinese ;
    — Hok-keen colloquial ;
    — Canton colloquial.

Cet ouvrage anonyme est du Rev. James Legge.

Quaritch, 285, Sept. 1872, br., 12/-.

— Chinese Dialogues-Questions and Familiar Sentences, literally rendered into English, with a View to promote commercial intercourse and to assist beginners in the Language by W. H. Medhurst, Sen. Shanghai Mission Press, 1844, in-8.

Notice : *Chin. Rep.*, XIV, pp. 395/6.

— Chinese Dialogues, Questions and Familiar Sentences, literally rendered into English, with a View to promote commercial intercourse, and to assist beginners in the Language by the late Rev. Dr. Medhurst, revised by his Son. Shanghai, London Mission Press, 1863, in-8, pp. 225.

Thonnelier (1553 *ter*), Fr. 12.

* A Manual for Youth and Students or Chinese Vocabulary and Dialogues containing an easy introduction to the Chinese language, Ningpo dialect : compiled and translated into English by P. Strenenassa Pilay. Chusan, 1846.

— Manuel pratique de la Langue Chinoise vulgaire... par Louis Rochet. Paris, Marcellin Legrand, 1846, in-8.

Notice : *J. As.*, IVᵉ Sér., VIII, pp. 356/364, par Bazin.
Pauthier (232), Fr. 12.

Phrases in the Shanghai Dialect. (*N. C. Hérald*, Nos. 19, 7 Dec. 1850-23, 4 Janv. 1851, 27, 30, 34, 36, 40, 43, 51, etc., etc.)

— Benj. Hobson. *Dialogues in the Canton Vernacular. Canton, 1850, in-fol., pp. 44.

« This is printed by lithography, on chinese paper, and in the Chinese book fashion. The dialogues are given in English, and in the Chinese character, but without the pronunciation in English letters. » (*Mem. of Prot. Miss.*)

— Chinese Conversations : Translated from native authors. Shanghae : Printed at the Mission Press. 1852, in-8, pp. IV-183, sans l'errata. [By J. Edkins.]

Ces dialogues sont extraits de comédies chinoises, surtout

du *Pi-pa-ki.* P. 1-57, on 借靴 The Borrowed Boots». trouve « Tseay-heue — P. 158 et seq. : « Extract from Chapter 29 of the San-kwo-che : The death of Yu Keih the Magician »..

* S. W. Bonney. Phrases in the Canton Colloquial Dialect, arranged according to the number of Chinese characters in a phrase. With an English Translation, Canton, 1853, in-8, pp. 98.

A second edition was printed. *(Mem. of Prot. Miss.)*

— A Guide to Conversation in the English and Chinese Languages for the use of Americans and Chinese in California and elsewhere by Stanislas Hernisz, M. D. Boston, 1854, in-8 oblong.

Notice : *Jour. Am. Or. Soc.*, Vol. V, No. I, pp. 218 et seq. [By M. C. White]. Pauthier (242), Fr. 8.

— Guide des armées alliées en Chine ou Dialogues sur les reconnaissances militaires en trois langues : français, anglais, chinois avec la prononciation figurée du chinois suivi d'un vocabulaire chinois, français, anglais et précédé de la division des provinces de la Chine et de l'hygiène à observer dans ces contrées par P. Dabry.... Vu et corrigé par un lettré chinois.... Paris, Henri Plon, 1859, in-12.

— El Intérprete Chino. Coleccion de frases sencillas y analizadas para aprender el idioma oficial de China, arregladas al Castellano por Don José de Aguilar, Cónsul de S. M. en Hongkong. Madrid : Imprenta de Manuel Anoz, 1861, in-8, pp. iv/246.

Trübner, 1876, 10/6.— Livres orientaux (Leroux, 1878), Fr. 5

— A Collection of Phrases in the Shanghai Dialect systematically arranged, by Rev. John Macgowan of the London Missionary Society. Shanghai : Presbyterian Mission Press. 1862, in-8, pp. viii-194.

— Ji-Tch'ang-K'eou-T'eou-Hoa. Dialogues Chinois à l'usage de l'Ecole spéciale des Langues Orientales vivantes publiés avec une traduction et un vocabulaire chinois-français de tous les mots par M. Stanislas Julien. Paris, B. Duprat, 1863, in-8, pp. 80.

Dialoghi cinesi. Parte prima. Testo autografato da Paolo Ting cinese, a cura del Prof. S. Julien. Parigi, 1863, in-8, pp. 80.

— Parte seconda. Trascrizione e doppia versione italiana, letterale e libera. Firenze, Nicolai, 1866, in-8, pp. viii-76.

— Dialogues français-chinois. Dialogi Latino-Sinenses alumni Seminarii. S. Joseph Tche-li meridio - orientalis Typis

mandabant. Ho Kien, 1861. A. M. D. G. Petit in-4 de iii-91 pages.

On trouve, pp. 85/88, « Quelques proverbes chinois ».

— The Tourists' Guide and Merchant's Manual being an English-ChineseVocabulary of Articles of Commerce and of domestic use ; also all the known Names connected with the Sciences or Natural History, Chemistry, Pharmacy, &c., &c. Hongkong, Daily Press, 1864.

— Select Phrases and reading lessons in the Canton Dialect, prepared for the press by the Rev. W. Lobscheid. Hongkong, 1864, in-8, pp. 69.

— Easy Phrases in the Canton Dialect, of the Chinese Language. Printed at the Canton Customs'Press, 1866, in-4, pp.75. [making 75 lessons of 22 sentences each].

— Chinese and English Phrase-book, with the Chinese pronunciation indicated in English, specially adapted for the use of merchants, travellers and families by Benoni Lanctot. Second edition revised and enlarged. San Francisco, A. Roman, 1867, in-12, pp. 88.

— Terms used in Diplomatic and Official Intercourse. By W. A. P. Martin, D. D., LL. D. (1) Nations and Governments. (2) Rulers and Nobles. (3) National Officials and Tribunals. (4) Provincial Officers, Civil and Military. (5) International Agents. (6) International Acts and Relations. (7) Public and Official Acts. (8) Public documents. (9) Public Places. (10) Commerce and Navigation. (11) Public and Municipal Law. (12) Peace and War. (Doolittle's *Voc.*, Part. III, No. 3.)

— Dialogues Chinois-Latins, traduits mot à mot avec la prononciation accentuée, publiés par Mgr Paul Perny, M. A. de la Congrégation des Missions étrangères, Paris, 1872, in-8, pp. 232. Prix : 1 franc.

« Le manuscrit publié par Mgr. Perny n'est pas, du reste, nouveau. Il fut composé par un auteur dont le nom est resté inconnu, vers l'an 1722, dans la ville de Canton. » (H. de Charencey, dans le *Polybiblion*, Nov. 1872.)

Chinese without a Teacher : being a collection of easy and useful sentences in the Mandarin Dialect. With a Vocabulary. Shanghai, 1872, in-8, pp. 60.

Pub. à 1 Dol.

Notices : — *Shanghai Evening Courier*, 26 Dec. 1872 ; réimp. *Shai. Budget*, Dec. 31, 1872. — *China Review*, I, p. 203.

GRAMMAIRES, ETC.

* Grammatica linguae sinensis. In-fol., d.-rel., dos de mar. r.

« Pet. in-fol. de 15 pages, sans titre. L'analogie du papier et des caractères nous fait penser qu'il était destiné à la Collection des voyages de Thévenot.

Cette grammaire est tellement rare qu'il n'en est fait mention nulle part, à notre connaissance. »

Cat. Rémusat, (475), Fr. 15.95.

* Grammaire chinoise et espagnole. Fokien. Février de 1682.

Ternaux-Compans qui indique cet ouvrage, No. 2435, ajoute : « Cette grammaire, qui se trouve à la Bibliothèque royale, parait avoir été composée par un religieux de l'ordre de St. François ».

— Arte de la Lengva Mandarina cómpuesto por el M, R°, P°, fr. Francisco Varo de la sagrada Orden de N, P, S, Domigo, acrecentado, y reducido a mejor forma, por N°, H°, fr, Pedro de la Piñuela P°r. y Comissario Pror, de la Mission Serafica de China. Añadiose un Confesionario muy vtil, y provechoso para alivio de los nueos Ministros. Impreso en Canton año de 1703.

Impreso en Canton año de 1703.

Cahier chinois gr. in-8. Collation : — 1er f. verso : titre ut supra encadré ; la date de l'impression est hors du cadre ; — 3 ff. doubles chinois numérotés en chinois sur la tranche : Prologo ; — 50 ff. doubles numérotés en chinois sur la tranche ; les pages sont numérotées en chiffres arabes depuis 1 jusqu'à 99, le verso du f. 50 étant blanc ; elles comprennent la grammaire en espagnol ; — 10 ff. doubles numérotés en chinois sur la tranche et en chiffres arabes en haut du recto de chaque f. ; elles comprennent : Brevis Methodvs confessionis insitvendae. Non solum Confessarijs, ad linguam erudiendam utilis ; sed & necessaria ; praesertim noviter intrantibus, ut eo citius Poenitentiae Sacramentum administrare possint. Composita à R° P. Basilio à Glemona Vicario Apostolico Provinciae Xen si, Ord. Minor. Refor.

En tout 64 ff. doubles. — Le 5e f. de la grammaire est broché à l'envers.

L'ex. que nous avons examiné est celui de M. Thonnelier. Renfermé dans une boite-livre demi-maroquin rouge, il pa-

rait être, sinon le seul, du moins l'un des deux ex. de la grammaire de Varo qui ait paru dans les ventes depuis un siècle. Son histoire mérite donc d'être retracée, car, la bibliothèque de son possesseur défunt étant sur le point d'être dispersée sous le feu des enchères, il est probable qu'il terminera enfin ses pérégrinations en entrant soit à la Bibliothèque nationale, soit au British Museum où il ne se trouve pas encore. Le propriétaire le plus ancien a tracé son nom « Philippi Telli » sur le frontispice (verso du 1er f.). Dans son ouvrage De Studiis sinicis, p. 22, Montucci dit qu'il possède un ex. de cette grammaire ; notre ex. parait être le sien, car sur la couverture on lit : « Emptum à Dom. A. Montucci, H. J. v. Klaproth, Berolini, 23 Feb. 1812 ». D'autre part, l'ex ne figure pas au catalogue des livres de Klaproth (Paris, 1839), et il porte sur le frontispice également le cachet chinois rouge d'Abel-Rémusat ; il y a donc lieu de supposer que l'ex. aura été donné ou cédé par ce dernier à Rémusat. Il n'est pas marqué non plus dans le catalogue de vente de Rémusat (1833) où l'on ne trouve qu'une copie (No. 476) vendue 32 francs. Dans le catalogue de Landresse (1862), on le retrouve au n° 239, la description de la reliure dem.-mar. rouge dans un étui ne saurait laisser subsister aucun doute à cet égard. Landresse avait collaboré au Catalogue de la Bibliothèque de Rémusat (Avert., p. 4) ; il était élève de ce sinologue dont il publia après la mort le Foe koue-ki (avec Klaproth) ; il est donc permis de supposer que l'ex. passa directement de la collection de Rémusat dans celle de Landresse. De celle de Landresse, il est allé à M. F. Villot qui a écrit une longue note historique au verso de la couverture le 23 octobre 1863, et des mains duquel il passa, par l'intermédiaire d'un libraire de Paris, entre les mains de M. Thonnelier. Il vient d'être revendu à la vente de ce savant (1522) au libraire dont nous venons de parler, M. Maisonneuve, de Paris, pour Fr. 615.

D'autres exemplaires de cette grammaire ont été connus, mais il a été impossible d'en suivre la trace :

1° Ainsi Fourmont qui s'est largement servi de la grammaire de Varo pour son propre ouvrage, et lui a consacré une longue notice (Grammatica duplex, 1742, pp. xxvj-xxx) ; mais l'ex. qu'il a entre les mains n'est pas le nôtre, car nous lisons après le titre espagnol de l'Arte de la Lengua Mandarina dans la Grammatica duplex, p. xxvij : « In quo etiam ad marginem inveni, sed manuscriptum. Ad usum R. P. Johannis. P. ob ilice, Mission. Ordinis Minorum Sancti Francisci », indication qui ne se retrouve pas dans notre exemplaire. Le paragraphe suivant de la Grammatica nous apprend que Fourmont avait eu le sien du R. P. Eustache, Augustin, qui l'avait apporté de Rome.

2° Neumann écrit dans une Note de la Préface de son Catechism of the Shamans, 1831, p. xii : « Only three copies are known of this great literary curiosity ; one is in Rome, one in Paris, and one is now in my possession ».

3° A la vente de la Bibliothèque de M. de Guignes (1845), un ex. imprimé a été vendu 50 fr. (No. 501). Nous ne croyons pas qu'il soit celui de Rémusat et qu'il ait passé à Landresse par l'intermédiaire de de Guignes. Il est broché comme le nôtre, mais l'étui de demi-maroquin rouge dont celui-ci est revêtu et qui parait semblable à celui d'une copie de cette grammaire dont nous parlerons plus loin doit être de l'époque de la Restauration. Il n'est donc guère permis de croire que l'ex. de de Guignes sans étui serait passé à Landresse qui l'aurait fait enferm r dans cet étui Il est plus probable que de Guignes, qui avait visité Peking avec une ambassade hollandaise et avait été consul de France à Canton, aura rapporté son ex. de Chine.

Outre son ex. imprimé de la grammaire de Varo, Rémusat en possédait également une copie manuscrite avec une d.-rel., dos de mar. r., fil. qui a figuré au catalogue de la vente de ses livres (No. 476, Vend. fr. 32). Cette copie a depuis appartenu à Landresse (No. 240 du Cat. de ses livres) à la vente duquel elle fut achetée en même temps que l'ex. imprimé par M. Villot.

Nous trouvons également au Cat. de Langlès, 1825, No. 1058, un vol. intitulé : « Arte de lengua mandarina. Addicion al arte de lengua mandarina » vendu 47 fr. La note ajoutée à cette description : « Ms. pet. in-4, sur beau papier de Chine, qui parait avoir été composé par quelque missionnaire jésuite », semblerait indiquer que ce ms. ne portait pas de nom d'auteur. C'est peut-être néanmoins une copie de la grammaire de Varo.

Chose curieuse, les PP. Quétif et Echard, ainsi que nous l'avons dit, col. 577, ne parlent pas de la grammaire de Varo.

Nous avons, par inadvertance, omis l'ouvrage suivant au chapitre de la Question des Rites : Estratto del trattato del

P. Fr. Franc. Varo vescovo di Canton, circa il culto, offerte, riti e cerimonie, che pratticano i Chinesi in honore di
Confusio e progenitori defonti. Colonia, 1700, in-12. (Langlès (2734), Fr. 2.)

Voir Abel Rémusat, *Mél. As.*, II, pp. 108 et seq.

— Theophili Sigefridi Bayeri Regiomon-
tani Academici Petropolitani, Graecarum
Romanarumque Antiquitatum Prof. Publ.
Ord. Societ. Regiae Berolin. Sodalis Mv-
sevm Sinicvm in quo Sinicae Linguae et
Litteraturae ratio explicatur.

Tomvs primvs Praefationem historicam de
progressu litteraturae Sinicae in Europa,
Grammaticae Sinicae duos libros, Grammaticam linguae Chincheo, Missionariorum e Tranquebare epistolam, Andreae
Mulleri propositionem clauis Sinicae et
epistolam ad Io. Heuelium comprehendit.

Tomvs secvndvs Lexicon Sinicum et Dia-
tribas Sinicas comprehendit. Petropoli
Ex typographia Academiae Imperatoriae
clɔlɔccxxx, 2 vol. in-8.

Vend. Rémusat (478), Vol. I, Fr. 1.60; (782), Fr. 21; (783)
Vol. I, Fr. 3. — Klaproth (737), Fr. 12. — Quaritch, 1872,
10/. — Thonnelier (1524), Fr. 3. — Vaut Fr. 10.

* Grammatica seu manuductio ad linguam
sinicam facilius addiscendam a fratre Carolo Horatio a Castorano, regularis observantiae S. P. Francisci ex provincia
Sancti Bernardini de Aquila pro sacrâ
congregatione de Propagandâ fide in Sinâ
per continuos 33 annos missionario compositum et concinnatum.

Ms. vend. parmi les *Papiers laissés par feu M. G. Pauthier*, Leroux, 1877, à la suite des livres persans de feu
M. J. B. Nicolas, No. 75. vii, Fr. 27. — Une autre copie a
figuré à la vente des livres d'Abel Rémusat, No. 491; voir
supra. — Sur cette grammaire inédite voir les *Mél. As.*, II,
pp. 113/114.

— Meditationes sinicae, in quibus :

I°. Consideratur *Linguae Philosophicae* atque
Universalis Natura qualis esse, aut debeat,
aut possit.

II°. Lingua *Sinarum Mandarinica*, tum in
Hieroglyphis, tum in *Monosyllabis* suis, eâ
mente inventa ac talis esse ostenditur.

III°. Datur eorumdem *Hieroglyphorum*, ac
Monosyllaborum, atque inde, *Characterum*
Linguae Sinicae omnium, quamvis innu-
merabilium, & *lectio*, & *intellectio*, seu *Ars
legendi* & *intelligendi* tota, qualis Pekimi ab
ipsis Doctoribus Sinis traditur.

IV°. Idque omne, progressu à Libris merè
Europaeis (de Sinâ tamen) ad Libros merè
Sinicos, facto. Author Stephanus Fourmont.... Lutetiae Parisiorum... Ex Typographiâ Josephi Bullot, MDCCXXXVII, in-
folio, pp. xxx-452 s. les ff. prél.

Vend. Rémusat (781). Fr. 12; (784 bis), en feuilles, Fr. 8. —

(GRAMMAIRES, ETC.)

J. Baur (Paris), br. n. rog., Fr. 15 (1874). — Rochet (591,
Fr. 11. — Thonnelier (1525) avec le suivant, Fr. 3.

— Linguae Sinarum Mandarinicae hiero-
glyphicae Grammatica duplex, Latinè, &
cum Characteribus Sinensium. Item Sinicorum regiae bibliothecae Librorum
Catalogus, Denuò, cum Notitiis ampliori-
bus & Charactere Sinico, Editus Jussu
Ludovici Decimi Quinti Author Stephanus Fourmont.... Lutetiae Parisiorum....
Ex Typographiâ Josephi Bullot. MDCCXLII,
in-folio, pp. xl-iv-516 s. les prél. et 2 ff.
à la fin.

— Le Catalogue occupe les pages 343/511. — Le volume se
termine, pp. 512/516, par « Excerpta è variis Premari ad
amicum suum Fourmontium Epistolis ».

— « On a trouvé dans les papiers de Fourmont une lettre du
P. Prémare qui renferme un jugement très-sévère et très-
fondé sur la grammaire de Fourmont adressée à Fourmont
lui-même, laquelle lettre a été imprimée dans les *Annales
encyclopédiques* de 1817, T. VIII, p. 13. Cet homme (Fourmont) est en sinologie un type d'orgueil, de vanité et de
mauvaise foi qui a fait école. Tout dans ses écrits et dans
sa conduite dénote une personnalité tellement vaniteuse
qu'elle inspire la pitié. Un seul fait en fera juger. Dans une
note de la préface de sa *Grammatica sinica* (p. 5), on y
lisait, entre autres choses, cette déclaration qu'il avait exi-
gée de son frère Michel Fourmont : « Je reconnais envers
mon frère ce qui s'ensuit, savoir : que c'est mon dit frère
qui m'a appris les Langues Latine, Grecque, Hébraïque, Syriaque et Chinoise, etc. »

On ne trouve pas ce passage, avec plusieurs autres de même
genre, dans les exemplaires mis dans le commerce. On a
remplacé le feuillet *b* (p. 5-6) par un carton. L'exemplaire
que je possède provenant de de Guignes le père, celui-ci y
a conservé l. *feuillet* supprimé en même temps que le carton qui l'a remplacè. » *(Cours comp. de Géog... Disc. d'ouverture prononcé le 16 janvier 1873* par M. G. Pauthier,
Note, pp. 33/4.]

Vend. Langlès (1055), Fr. 15. — Rémusat (479), Fr. 15.50. —
Pauthier (220), Fr. 9. — Rochet (592), Fr. 11.

— Le Manuscrit Fr. 12215 (Ancien Supp. Fr. 5212) contient
un ouvrage du P. Foureau relatif à la grammaire de Fourmont. Cet ouvrage est d'autant plus intéressant que le P. de
Backer ne cite aucun écrit du P. Foureau. Nous avons
donné ailleurs (Vies des Miss.) deux lettres de ce Jésuite
[voir col. 521] :

« Réflexions sur la grammaire chinoise de M. Fourmont ».

Ces réflexions commencent ainsi :

« Le P. Foureau s'étant trouvé *depuis onze ans* dans la nécessité d'étudier la langue parlée et la langue écrite de
Chine, a lu avec empressement cette grammaire chinoise,
et, s'il a mis par écrit une partie des réflexions qu'elle lui a
donné occasion de faire, c'est moins par un esprit de critique que pour rendre à la vérité un témoignage qu'elle semble attendre de lui dans un pays où les recherches de peu
de nos sçavans se sont étendues jusqu'à la langue chinoise ».

»... Le P. F. [oureau] regrette que M. F. [ourmont] n'ait pas
eu de meilleurs principes.... p. 1.

«... Si M. F. [ourmont] avoit vu le Dictionnaire latin-chinois
que le P. F. [ourmont] renvia à composé à Peking, et que j'ai entre
les mains, il n'auroit pas manqué d'en parler de même
que de celui des PP. Hervieu et de Prémare; pour les mêmes
raisons, p. 9.»

Ces réflexions se composent de 34 pages in-4, elles sont suivies d'observations sur le « Catalogus librorum Biblioth.
Regiae Sinicorum ».

Ces observations (56 pages) sont suivies de remarques sur
l'envoi du Ms. de l'Orphelin de Tchao que nous avons reproduites au chapitre qui traite de cette pièce de théâtre.

Le Ms. suivant contient l'ouvrage complet du P. Foureau :

— Reflexions sur la grammaire chinoise de
Mr. Fourmont. Ms. Bib. nat., N. F. Chinois, 3422, in-4, pp. 384, s. le titre et la
table : 3 feuillets prél.

« Ces Reflexions qui me paroissent judicieuses et modérées

(GRAMMAIRES, ETC.)

: sont du P. Fourreau, Missionnaire Jesuite. Il avoit amené plusieurs chinois avec lui dont un entre autres etoit habile dans la Littérature de son pais Le Père Fourreau se servit de ses lumières et composa cette critique dont il fit passer une copie à la Bibliotheque du Roi, en 1743 ou 1744. Celle-çi a été transcrite par M. Jault, professeur de syriaque au College Royal de France, et m'a été vendue par son fils en 1779. Deshauterayes.

« Les clefs chinoises qui sont à la fin sont extraites des *Meditationes Sinicae* du même M. Fourmont, imprimées en 1737. »

Note de la première page.

Observations critiques sur la *Grammatica sinica* d'Et. Fourmont, par A. Gigue [lisez Guigue], ou examen de cet ouvrage fait en ordre du Gouvernement, copié par moi, d'après un manuscrit autographe à moi prêté par M. de Tersan, le 6 février 1807, achevé le 17 auguste 1807. In-fol., d.-rel.

Manuscrit de la main de A. Rémusat. Cat. Rémusat (480). Fr. 22. — Voir *Mél. As.*, II, p. 116.

* Some reasons for thinking that the Greek language was borrowed from the Chinese : in notes on the Grammatica sinica of Fourmont, by Webb. London, 1787, in-8.

Vend. Rémusat (785), Fr. 3.50.

* Arte del idioma chinico, por el P. Fr. Manuel del Sacramento de la Provincia de S. Pablo. Impreso en Canton el año de 1781.

Marcellino da Civezza.

— Dissertation on the Characters and Sounds of the Chinese Language : including Tables of the Elementary Characters, and of the Chinese Monosyllables. Serampore, November, 1809, in-4.

By Joshua Marshman.

Notice : *Quarterly Review*, V, May 1811.

Cet ouvrage a été publié comme introduction au livre du même auteur ; « The Works of Confucius » [voir col. 661] ; mais il y en a eu des ex. tirés séparément.

中國言法 *Clavis Sinica*, or Elements of Chinese Grammar, with a Preliminary dissertation on the Characters, and the Colloquial Medium of the Chinese, and an Appendix containing the Ta-hyoh of Confucius with a Translation. By J. Marshman, D D. Serampore : printed at the Mission Press, 1814, in-4, pp. XVI-VIII-566-56.

Preface. — Contents. — Dissertation on the Chinese language — I. On the Characters. — II. On theSounds or the Colloquial Medium. — Part. II. Elements of Chinese Grammar. — Appendix : Tahyoh, with a translation.
— Les chapitres traitant des *Primitifs* : « Of the Primitives », pp. 33/80, ont été reproduits dans *The Chinese Repository*, IX, pp. 587/616, sous le titre de : « Dissertation on the Chinese language. or a particular and detailed account of the primitives, formatives and derivatives. By J. Marshman, D.D. »

Notices : Par J. Abel Rémusat : *Journal des Savans*, Fév. 1817, pp. 83/9 ; Mars 1817, pp. 160/6. — *Mél. As.*, II, pp. 132/151. — *Quarterly Review*, XV, July 1816.

Vend. Langlès (1056), Fr. 95 [Rel. de Thouvenin]. — Rému-

sat (481), Fr. 56. — Klaproth (651), Fr. 69. — Heber, Pt. I (4594 , £ 1.1/. — Quaritch. 1872, No. 285. 12/- et 18/-. — Pauthier (221), Fr. 16. — Thonnelier (1527), Fr. 11.

A Grammar of the Chinese Language by the Rev. Robert Morrison Serampore : Printed at the Mission Press 1815, in-4, pp. VI-280, sans les Errata.

C'est par erreur que *The Chinese Repository*, XVIII, p. 403, donne 1816 comme date de la publication de cet ouvrage.

« The grammar was sent to the Bengal Government by the Select Committee, that it might be printed ; but from some unknown cause the Ms. was kept nearly three years. At lenght, however, it was printed at Serampore, in 1815, at the expense of the Honourable East India Company » *(Memoirs... of R. Morrison*, I, pp. 298.299.) Voir sur cette grammaire une lettre datée 5 juillet 1811, adressée à l'auteur par Sir G T. Staunton, imprimée dans les *Memoirs*, I, pp. 299/300.

Il y a une description de la grammaire par le Dr. Kidd dans le Vol. II des *Memoirs*, pp. 71/75.

Vend. Langlès (1057). Fr. 26. — Rémusat (482), Fr. 29. — Klaproth (652), Fr. 27. — Trübner, 1876, £ 2.2/-. — Quaritch, 1876, 20/-. — Thonnelier (1528), Fr. 15.

Notice : Par J. P. Abel Rémusat : *Journal des Savans*, Fév. 1818, pp. 65/70 ; *Mél. As.*, II, pp. 152/156.
— Le manuscrit original de la Grammaire chinoise de R. Morrison a été déposé, en Octobre1873, dans la City Library de Hongkong : C'est un cahier petit in-fol. de 168 pages sans la Préface (Macao, April 2nd 1811, 3 pages) et la Table des matières (2 pages) qui se trouvent au commencement , et un appendice d'une page.

Elemens de la Grammaire chinoise ou Principes généraux du *Kou-wen* ou style antique, et du *Kouan-hoa*, c'est-à-dire, de la langue commune généralement usitée dans l'empire chinois. Par M. Abel-Rémusat... Paris, Imprimerie Royale, 1822, in-8, pp. XXXII-215.

Préface. — Prolégomènes. — Kou-Wen. — Kouan-hoa. — Appendice. — Table des caractères chinois employés dans ce volume, et dans l'édition du *Tchoung-Young* arrangés suivant l'ordre des 214 clefs. — Table des caractères dont le radical est difficile à reconnaître, arrangés d'après le nombre de traits qui les composent. — Table des mots dissyllabiques et des expressions composées dont l'explication se trouve dans cette grammaire. — Table des abréviations. — Table des Matières.

Dans la préface, Rémusat passe en revue les grammaires qui ont été écrites avant la sienne.

Notices : *Moniteur*, 19 oct. 1822 ; tirage à part, in-8, pp. 7 (par Klaproth). — *J. des Savans*, Juin 1822, par Silvestre de Sacy, pp. 329/341. — *Jour. As.*, I, 1822, pp. 32/44, par J. Saint-Martin.

Cette grammaire a été publiée à Fr. 20. — Quelques ex. de format in-4 sur pap. vélin à Fr. 40. — Vend. Rémusat (483), Fr. 15 ; (484) pap. vél., Fr. 34.50. — Klaproth (653), Fr. 15 ; (654) pap. vél., cuir de Russie, Fr. 49. — Thonnelier (1529), Fr. 8. — Ouvrage devenu peu commun ; se vend Fr. 12.

漢文啓蒙 Elémens de la Grammaire chinoise, ou principes généraux du *Kou-wen* ou Style antique, et du *Kouan-hoa*, c'est-à-dire, de la langue commune généralement usitée dans l'empire chinois. Par Abel-Rémusat, de l'Académie des Inscriptions et Belles-Lettres, Professeur de Langue et de Littérature chinoises et tartares au Collége de France. Nouvelle édition publiée conformément à celle de l'imprimerie royale et augmentée d'une table des principales phonétiques chinoises, par

L. Léon de Rosny, Membre du Conseil de la Société asiatique de Paris. Paris, Maisonneuve, 1857, gr. in-8, pp. xxxij-240.

Le travail de M. Léon de Rosny sur les Phonétiques chinoises occupe les pages 213-235.

Quaritch, 1872 (285), bd. 7/6.

Jean-Pierre-Abel Rémusat né à Paris le 5 sept. 1788; †2 juin 1832; consulter sur lui : Notice historique sur la Vie et les Ouvrages de M. Abel Rémusat par Silvestre de Sacy, Sec. perp. Lu dans la séance publique du 25 juillet 1831. *(Hist. de l'Ac. des Insc.*, XII, pp. 375 et seq.) Cette notice est suivie du Catalogue chronologique des ouvrages de M. Abel Rémusat. — *Jour. Asiatic Society*, Féb. 1834; réimp. dans *The Canton Register*, 20 May 1834. — Son art. biog. dans la *Biog. univ.* est rémp. dans *The Chin. & Jap. Rep.*, Aug. 1863. — Le travail d'Ampère cité plus loin.

— A Grammar of the English Language : for the use of the Anglo-Chinese College by R. Morrison, D. D. Macao, China. Printed at the Honorable East India Company's Press, by P. P. Thoms, 1823, in-8, pp. 97.

— Lettre à M. Abel-Rémusat sur la nature des formes grammaticales en général, et sur le génie de la langue chinoise en particulier, par M. G. de Humboldt. Paris, Dondey-Dupré, 1827, in-8, pp. viii-122.

Vend. Klaproth (644), Fr. 6.75.

— Des passages de cette lettre sont reproduits dans le *J. As.*, IX, 1826, pp. 115/123.

Notice de l'ouvrage intitulé : Lettre à M. Abel-Rémusat sur la nature des formes grammaticales en général, et sur le génie de la langue chinoise en particulier, par M. G. de Humboldt. Par M. le Baron Silvestre de Sacy. In-8, pp. 40.

Extrait du *Journal des Savans*, Février et Mars 1828, pp. 67/80, 141/151.

— Extrait d'une lettre de M. Abel Rémusat adressée à M. le baron G. de Humboldt. *(N. J. As.*, XI, 1833, pp. 273/282.)

辣丁字文 Grammatica latina ad usum Sinensium Juvenum a J. A. Gonsalves Congregationis Missionis presbytero post longam experientiam redacta et Macao in regali collegio Sancti Joseph Facultate regia typis mandata. Anno MDCCCXXVIII, in-12, pp. 232.

Vend. Pauthier (225), Fr. 5.

漢字文法 Arte China constante de Alphabeto e Grammatica comprehendendo Modelos das differentes composiçoens composta por J. A. Gonçalves Sacerdote da Congregaçao da Missao. — Impressa com licença regia noreal collegio de *S. Jose*. Macao. — Anno de 1829. In-4, pp. viii-503-48.

Prologo — I. Alphabeto China. — II. Frases vulgares e sublimes. — III. Grammatica. — IV. Syntaxe. — V. Dialogos. — VI. Proverbios. — VII. Historia e Fabula a que se frequentemente se allude no discurso (1ª Nomes - 2ª Extrac-

(GRAMMAIRES, ETC.)

---

tos; 3º Allusoës). — VIII. Composições China. — Appendice. — Indice.

Vend. Klaproth (655), Fr. 72. — Pauthier (228), Fr. 50. — Thonnelier (1530), Fr. 50.

— Extracts from Histories and Fables to which Allusions are frequently made in Chinese Literature [translated from the « *Arte China* » of Père Gonçalves, by Sir John Bowring, late Governor of Hongkong]. *(Chinese Repository*, 1851, XX, pp. 94/105, 122/152, 194/215.) — Réimp. dans le *Ch. and Jap. Rep.*, Dec. 1863, 1864 & 1865.)

— Cours graduel et complet de chinois parlé et écrit par le comte Kleczkowski, Ancien Chargé d'affaires de France à Pékin, Professeur de Chinois à l'Ecole nationale, spéciale, des langues orientales vivantes. Volume I. Phrases de la langue parlée Tirées de l'*Arte China* du P. Gonçalves. Paris, Maisonneuve, 1876, gr. in-8, pp. lxxij-102-116 (1).

Notice : *La Patrie*, 17 Oct. (par G. de Saint-Valry).

— Dialogues français-chinois traduits du portugais de J.-A. Goncalvès par A. H.[amelin]. Paris, 1878, in-8 autographié.

NOTITIA LINGUAE SINICAE. — *Edition de Malacca.* — Notitia Linguae Sinicae. Auctore P. Premare. — Malaccae : cura Academiae Anglo-Sinensis, 1831, in-4, pp. 262-28.

Les vingt-huit dernières pages sont consacrées à l'Index.

— Le titre que nous donnons ici est exact; mais des ex. portent aussi : *curâ et sumtibus Collegii anglo-sinici.* On trouvera deux ex. dans le Cat. des livres de Klaproth avec ces titres différents. (Nos 649 & 650.)

Vend. Klaproth (649), Fr. 39; (650., Fr. 45. — Pauthier (226), Fr. 58. — Callery (8), Fr. 70. — Thonnelier (1523), Fr. 41. Devenu rare ; a été vendu jusqu'à Fr. 80.

Envoi du Ms. — Sa réception à la Bib. du Roi.

Le Manuscrit de la « Notice de la Langue Chinoise, en cinq tomes », a été envoyé par Prémare à Fourmont. Il est annoncé dans la lettre du 10 Décembre 1728 *(Grammatica Duplex*, p. 513) et il est arrivé à la Bibliothèque du Roi le 11 février 1730. (Lettre de Fourmont à l'abbé Bignon, *Méditationes*, p. 136.)

Voir une lettre de Prémare à Fourmont, datée de Macao, le 5 octobre 1733, insérée dans les *Annales encyclopédiques*, 1817, Vol. VIII, p. 13. Dans cette lettre, Prémare, qui avait connaissance des menées de Fourmont au sujet de sa *Notitia*, écrit à ce savant que la *Notitia* n'avait été « faite que pour rendre l'étude du chinois familière aux missionnaires futurs, et à tous les savans de l'Europe, qui sont, comme vous, curieux des antiquités chinoises ».

Le passage de cette lettre qui est relatif à la *Notitia* est reproduit par Rémusat dans sa biographie de Prémare *(Nouv. Mél. As.*, II, p. 272).

Fourmont travaillait à sa *Grammaire* lorsque Prémare lui annonça l'envoi de la *Notitia*. On pourra voir de quelles précautions F. s'entoura pour sauvegarder ses propres intérêts dans sa biographie et dans celle du P. de Prémare par Abel Rémusat. *(Nouv. Mél. As.*, II.)

On consultera à ce sujet les documents suivants imprimés dans les *Méditationes Sinicae*, 1737 :

— Acte de la déposition de la Grammaire chinoise de M. Fourmont à la Bibliothèque du Roy, pp. 135/136.

Du 14 septembre 1729 devant le bibliothécaire, Jean-Pau Bignon.

— Copie de la lettre de M. Fourmont l'ainé à M. l'abbé Bignon, pp. 136/137.

---

(1) Cours libre de chinois vulgaire et pratique. Bâtiment de la Sorbonne, rue Gerson. — Discours d'Ouverture du 7 Décembre 1869 par M. le Comte Kleczkowski, ancien Chargé d'affaires de France à Pékin. Paris, Typographie de A. Pougin, 1870, br. in-8, pp. 30.

(GRAMMAIRES, ETC.)

Du Samedi, 4 février 1730.

— Copie de la lettre de M. l'abbé Bignon, à M. Fourmont l'aîné, pp. 137/138.

Du 20 février 1730.

Fourmont a écrit une revue de la *Notitia* dans la III° Partie de la Préface de sa *Grammatica Duplex* (1742), pp. XVI-XXIV.

« Mais Fourmont survécut à son ami ; l'ouvrage de celui-ci fut perdu de vue, et il est resté oublié jusqu'à ce que j'aie retrouvé, au Cabinet des Manuscrits orientaux, en dépit du conservateur d'alors, l'original de la Notitia linguae sinicae, et que j'en aie rappelé le souvenir, en publiant les obligations que j'avais au P. Prémare. Le manuscrit autographe que possède la Bibliothèque du Roi, est en trois petits volumes in-4, et non pas en cinq, comme le dit Fourmont, sur papier de Chine plié double : les caractères sont d'une main chinoise ; l'écriture latine en est difficile à lire en plusieurs endroits. Il en a été fait, sur cet original, une copie très exacte, et depuis, sur cette première copie, une seconde, qui a passé en Angleterre, et qu'on disait destinée à l'impression..... (Abel-Rémusat, *Nouv, Mél. As* , 11, pp. 272-273.)

Rémusat ajoute en note, *loco citato* : « J'ai joint à ma copie un *Index* des locutions et idiotismes expliqués par Prémare, travail indispensable à raison de la multiplicité des exemples cités par l'auteur. Cet *Index* a été répété dans la deuxième copie qui devait être publiée à Malacca par les soins des missionnaires anglais, mais dont on n'a plus entendu parler depuis qu'elle leur a été envoyée. »

L'ouvrage a été, comme on l'a vu, imprimé en 1831 par les missionnaires anglais.

Description du Ms. original de la Notitia. — Des cinq tomes dont la *Notitia* était composée lorsqu'elle fut envoyée par Prémare à Fourmont (voir la lettre citée ci-dessus), il n'en reste plus que trois. Ces trois cahiers ont été reliés en 1825, ainsi que l'indique une note signée J. P. A. R. [Rémusat] au commencement du volume qui forme un petit in-4, portant le No. 2.229, fonds chinois, dép. des Ms. à la Bib. nationale.

Le Ms. est écrit sur un papier mince, plié en double à la manière chinoise. Une première série comprend 71 pages (p. 71, *Introductionis finis.*) Une seconde série (pp. 314) contient la première partie de la *Notitia*. Enfin « *Pars secunda* » remplit les 232 dernières pages du Ms. qui se termine p. 382, *Paragraphus Quintus. Selectiores Phrases quinque litterarum.* C'est ce qui a été reproduit dans la copie faite par S. Julien, copie d'après laquelle a été imprimée l'édition de Malacca.

On voit que le manuscrit est incomplet. Que sont devenus les deux autres tomes qui ont été envoyés par Prémare, qui ont été vus par Fourmont, mais qui n'ont pas été vus par Rémusat ? Ne contiennent-ils pas, entre autres choses, un traité du savant jésuite intitulé « *de urbanitate Sinensium* (1) » ? Nous les avons vainement cherchés à la Bib. nationale.

La note raturée, relative à l'évêque de Rosalie dont nous parlons plus loin, comprend le dernier mot de la 2° ligne, les lignes 3 à 7, et le premier mot de la 8° ligne de la page 6 du second cahier.

On a relié dans le Ms., au commencement du vol. : 1° les approbations manuscrites de la *Notitia* par les Pères Noël, de Gollet (Jean Alexis), Jean Domenge, contresignées par le P. Julien Placide Hervieu.

2° Lettre du P. de Prémare (en latin) du 1er nov. 1728, adres-

---

(1) Que veut dire cette indication de la 2° partie du *Cat. des livres* de Klaproth :

« 191. *Notitia linguae sinicae*, auctore P. Premare. 2 cahiers pet. in-4. [Vend. 100 fr.] »

« Manuscrit exécuté en Chine et que l'on croit être l'original même du P. Prémare ; il contient des corrections importantes et des variantes nombreuses qui le font différer, en plusieurs points, de la publication de Malacca exécutée d'après une copie incorrecte. On y trouve notamment un *Caput tertium : de sinicâ urbanitate interloquendum*, de 42 p., qui n'existe pas dans l'imprimé, lequel, comme on sait, n'est pas complet.»

N'est-ce pas de ce côté que l'on devait chercher les 2 cahiers qui manquaient à la Bib. du Roi? Ce Ms. ainsi qu'une autre copie attribuée à S. Julien qui figurait également à la vente de Klaproth (191), se trouve au British Museum (Fonds chinois).

sée à l'abbé Bignon : dédicace de la *Notitia* (Datum Cantone apud Sinas Kal. Nov. 1728).

3° Autre lettre du P. de Prémare, du 3 nov. 1728 adressant la *Notitia* à Messieurs les Membres de l'Académie des Inscriptions & Belles-Lettres.

Cette lettre a été imp. par Pauthier, pp. 30/34 de son Discours d'ouv re prononcé le 16 Janvier 1873. *Cours comp. de Géographie à l'Ecole des Lang. Or. vivantes.*

Dans ce Ms. les caractères chinois sont écrits de gauche à droite. Dans la copie faite par Abel-Rémusat que nous allons décrire, les caractères sont marqués de droite à gauche.

1re Copie faite par S. Julien. — La copie de la *Notitia* de Prémare, d'après laquelle on a imprimé l'édition de Malacca, se trouve aujourd'hui dans la Bibliothèque du savant Mr. Alexandre Wylie, à Changhaï. C'est un volume grand in-folio relié en veau. Nous avons comparé cette copie à l'ouvrage imprimé, et, autant qu'un examen consciencieux quoique rapide puisse nous permettre d'en juger, imprimé et manuscrit sont en tous points semblables.

A la première page du Ms., on lit la note suivante de la main du Dr. Morrison : « This Grammar is presented to « the Anglo-Chinese College, through the President « Dr. Morrison, by « A Gentleman ». The President enga-« ges on the behalf of the college to have this Grammar « Printed from Funds provided by the gentleman aforesaid. « London, Language Institution 27 Bartlett's Buildings. Feb. 15. 1826. »

Comme on l'aura vu d'après l'extrait que nous donnons plus loin d'une de ses lettres, Lord Kingsborough est le *gentleman* dont il est ici question. S. Julien (*Exposé* dans le *Rapport* de 1867) a donc raison contre Pauthier (*Vindiciae Sinicae Novae, No. 1*) lorsqu'il dit que cette grammaire a été imprimée aux frais de Lord Kingsborough.

A la seconde page, on lit : « Manuscrit de la *Notitia* du « P Prémare, avec *Dix* paquets de Cartes. Contenant « l'Index. J. P. A. R. » [J. P. Abel Rémusat] et, au bas de cette note de Rémusat, une autre du Dr. Morrison : « This Grammar is the Property of the Anglo-Chinese College Malacca. Feb. -5. 1826 ».

La *Notitia* occupe 386 pages numérotées de 1 à 386. Au bas de la page 386, au dessous de « Selectiores phrases quinque litterarum », on lit : « Hanc linguae sinicae grammaticam è codice manuscripto exscripsit Stanislas Julien »; une autre annotation datée de Paris, 25 août 1825, enfermée dans un petit cadre, également en latin et de la même main, dit que ce travail de transcription a été terminé après 600 heures de travail assidu.

L'Index écrit sur deux colonnes occupe 24 pages. Une note au bas de la page 24 dit : « L'index transcrit des cartes [de Rémusat] par Rich° Boswell, Mars 20th 1826.

2° Copie faite par S. Julien. — Premari Notitia Linguae sinicae ex Apographo ipsius Premari manu emendato quod in Bibliotheca Regià Parisiensi servato accurate descripsit Stanislaus Julien.

Ms. in-folio entièrement de la main de S. Julien ; contient la matière du Ms. original décrit suprà ; caractères chinois écrits de gauche à droite ; dans la collection de M. le Marquis d'Hervey de Saint-Denys.

Copie faite par Rémusat. — « L'exemplaire de la copie que M. Abel-Rémusat avait faite en 1 vol. in-folio de la *Notitia linguae sinicae* du P. Prémare fut porté au catalogue de vente de sa bibliothèque (qui eut lieu en 1833) sous le n° 477. Cette même copie s'est retrouvée à la vente des livres de feu Landresse (faite en 1862) où elle figure sous le No. 212 du Catalogue..... M. Julien connaît fort bien celui qui s'en est rendu acquéreur.....»

(Pauthier, *Vindiciae Sinicae Novae, No 1*, p. 12, Note).

La copie faite par Rémusat appartient aujourd'hui à M. Léon de Rosny, professeur à l'Ecole des langues orientales. C'est un in-folio de 510 pages relié par Ducastin. Il ne contient que la matière du Ms. original décrit suprà. On a relié avec la copie de la *Notitia* les copies des approbations et de la lettre à l'Académie. On n'a pas reproduit la lettre adressée à Bignon.

Le volume se termine par un « Index Personarum, locorum, vocum difficiliorum, idiotismorum, et omnium denique rerum quae, notatu dignae, apud Premarum occurrunt » de 59 pages, entièrement de la main de S. Julien dont on lit la déclaration au bas de la page 59 : Hunc indicem ordine disposui ac scripsi St. Julien, Parisiis, 7, die 8 bris 1825 ».

La note relative à l'évêque de Rosalie se trouve au bas de la page 62.

Les caractères chinois sont écrits de droite à gauche.

— La phrase raturée qui a causé une nouvelle controverse entre M. Pauthier et M. Julien *(Vindiciae Sinicae Novae,* No 1, pp. 9 et seq.), se trouve *en note* p. 39, de l'édition de Malacca : « Quinque lineae in originali codice seguuntur, sed liturâ deletae, ita tamen ut facilè legantur ; sic se habent ; *hunc* ultimum opusculum (Yo kiaő li) tanti faciebat illustrissimus Dominus de Lione Rozaliensis episcopus, ut omnes ejus phrases in modum dictionarioli disposuerit. Non accedit tamen ad pulchritudinem aliorum trium inter quos magis eldcet *hoâ t'ou yuën).*»

Dans la copie manuscrite de Mr. Wylie, cette phrase est écrite *en note* (cinq lignes) au bas de la page 54.

Publication de la Notitia. — Extrait d'une lettre de Lord Kingsborough au Dr. Morrison (11 Duke Street, St. James's, 8th Mar. 1825) :

« The Notitia Sinica, by Father Premare, the Ms. of which exists in the Royal Library of France is now transcribing ; he (Lord K.) hopes that no accident will befal this copy before it reaches its destination, as it has cost him sixty guineas to have it copied out. M. Abel Remusat was the person who found, among his Chinese pupils, a person qualified for that task. This Ms. consists of 250 leaves, or 500 pages : it is written in Latin, is divided into two parts ; the first of which lays down rules for the composition of Chinese in the Ancient classical style ; the second, for the composition of the modern style. The justness of the rules are verified by innumerable examples taken from the most approved writers, ancient and modern ; hence the book abounds with Chinese Characters. M. Abel Remusat has composed an index for the whole : the labour of making that index required a length of time, and as it will be a great advantage and addition to the work, Lord Kingsborough promised that it should be duly acknow ledged in the pages of the work, &c., &c. He ought now to apologize to Dr. Morrison for writing at such a length to him ; he has however dispatched the subjects of two or three notes in one :—when completed (in a few months) the copy of Premare's work will be sent to Dr. Morrison ; and he thinks the Chinese College, by the publication of a work of this learned Jesuit — confessedly the most profoundly versed in the genius of the Chinese language of the Roman Catholic Missionaries who visited China — will be doing a thing useful to the friends of science, and creditable to themselves. » (Cette lettre est imprimée dans *Memoirs of R. Morrison,* II, pp. 317/318.)

On remarquera que, contrairement à la promesse de Lord K. le nom de l'auteur de l'Index n'est pas indiqué dans l'édition de Malacca de la *Notitia.*

Il est intéressant de suivre l'histoire de la publication de la *Notitia* dans les rapports annuels du collège anglo-chinois de Malacca :

« A copious Chinese and Latin Grammar containing upwards of 400 folio pages, in Manuscript, has been presented to the College by a Nobleman to whom the institution is indebted for the handsome donation of £ 1500 besides a large collection of valuable books, neatly bound. The grammar will go to press as soon as circumstances may permit, and as but a limited number will be printed, those who wish to possess the work will do well to make an early application *(Fifth Annual Report,* 1827, p. 10).

L'année suivante nous lisons :

« The Chinese-Latin Grammar mentioned in the last year's report is going through the Press several pages of it are printed out (p. 10, *Sixth Annual Report,* 1828).

« The Grammatical work, in Latin and Chinese, composed by Catholic Missionaries and presented in Ms. by the Noble Donor of £ 1200. besides Books concerning China, has been unavoidedly delayed. The great number of Chinese Characters required to be engraved, and other circumstances have impeded the completion of the work far beyond the term anticipated by the President ; but daily attention is still paid to it, and it will be published with all practicable despatch *(Report* 1829, p. 7). — Dans les dépenses imprimées à la fin de ce même rapport, il y a un *261.60* piastres espagnoles pour la Notitia.

Enfin, on lit dans le Rapport de Janvier 1830 à Juin 1831 p. 21 : « The Chinese and Latin Work entitled « Notitia Linguae Sinicae, » is now completed. » Suit une description de l'ouvrage. Dans les dépenses de l'exercice 1er janvier 1830 — 30 Juin 1831, on lit « To Printing » Notitia linguae Sinicae « (in part) Spanish Dollars 333.75 ».

La description de la *Notitia,* publiée dans le rapport de 1831, est réimprimée dans *The Chinese Repository,* I. pp. 152-155, avec le titre : « *Notitia linguae Sinicae.* Auctore P. Premare. Malaccae : Cura et Sumtibus Collegii Anglo-Sinici 1831. »

Dans le Catalogue des manuscrits de *Libri* vendus à Londres en Mars et en Avril 1859, nous trouvons les manuscrits suivants :

— 829. Premare (el Padre), Arte del Idioma Sinico (in Spanish and Chinese), 4to, Saec. XIX. on paper. Acheté par Quaritch pour 3/6.

— 830. Premare, Linguae Sinicae Notitia, folio, Saec. XIX. on paper. Acheté par Binda pour 6/-.

— « L'une des particularités, qu'il étoit peut-être assez curieux d'éclaircir, c'est l'existence d'une double copie de la *Notitia,* envoyée dans le temps en Europe par l'auteur. Celle qui a été retrouvée à la bibliothèque du Roi a servi à faire les différentes transcriptions dont il a été parlé, et c'est celle que reproduit fidèllement l'édition de Malacca ; mais elle ne répond pas tout-à-fait à la description de l'exemplaire que Fourmont avoit eu entre les mains. Celui-ci étoit en cinq cahiers ; notre copie n'en avoit que trois. La première partie avoit 322 pages dans le premier ; elle n'en a que 314 dans notre manuscrit. A la suite de la collection de proverbes qui termine la grammaire de la langue vulgaire, Fourmont parle d'un 3e chapitre qui contenoit un traité de la civilité chinoise, en huit paragraphes, et où il étoit question de la manière de suppléer aux pronoms de la première et de la seconde personne, de plusieurs termes employés dans les phrases de courtoisie, des visites, des présens, des repas et de différentes formules en usage chez la nation la plus cérémonieuse de l'univers. Tout ce chapitre, qui occupoit 40 pages dans le manuscrit de Fourmont, manque entièrement dans le nôtre, quoique aucune partie n'en ait été détachée. Il paroit donc certain que celui-ci est un duplicata, comme les missionnaires prenoient ordinairement soin d'en faire pour ceux de leurs ouvrages qu'ils envoyoient en Europe ; et vraisemblablement il est arrivé à la bibliothèque du Roi postérieurement à la mort de Fourmont. Quant au manuscrit qu'il a décrit, on n'en connait pas plus la destinée qu'on ne sait ce que sont devenues les grammaires de Varo, de Castorano, de Diaz et de l'abbé de Lionne, que l'auteur de la *Grammatica sinica* avait eues entre les mains, et dont il ne s'est rien trouvé depuis lui.

Nous extrayons ce passage, pp. 540/1, du compte-rendu consacré par Abel Rémusat à la *Notitia* de Prémare et à *l'Arte China* de Gonçalvez dans le *Journal des savans,* de Sept. 1831, pp. 537/545.

Un Ms. de la Bibliothèque nationale (Lat. Nouv. Acq. 144) du XVIIIe siècle, composé de 30 pages, comprend les 31 premières pages du Ms. original de la *Notitia* de Prémare. *Finit:* Litteras finales [omnes]-ad novem classes revoco et in quâlibet classe terminationes ad marginem noto. [*Caput Tertium Appendix.*]

The Notitia linguae sinicae of Premare. Translated into English by J. G. Bridgman. Canton : Printed at the Office of the Chinese Repository. 1847. in-8, pp. XXXV-328, s. l. p. et l. table.

Chinese Proverbs, selected from a collection in the English version of P. Premare's *Notitia Linguae Sinicae.* (*Chin. Rep.,* XV, 1840, pp. 140/144.)

Pauthier (227), Fr. 31.—Devenu rare.— Notice : *Chin. Rep.* XVI, pp. 136·8.

— Grammatica Linguae Sinensis Auctoribus PP. Varo et De Cremona ex Hispanico in Latinum idioma translata et aucta. Neapoli, 1835. Lithographice impressa, in-24.

Il y en a un ex. à Siu-ca-wei. Voir col. 757.

漢 文 啓 蒙 [Han Wen ki Mung]. Китайская грамматика par le Rev. Père Hyacinthe [Yakinf] St. Petersbourg, 1838, in-folio, pp. XXII-241 sans la Table.

Cet ouvrage est lithographié.

Zenker (6093) donne par erreur 1835 comme date de la publication de cet ouvrage.

— Remarks on the Grammatical Construc-

tion of the Chinese language; particles
generic and euphonic; formation of
nouns; easy flow of expression; in the
use of verbs; &c. By *Anglo-Sinicus*. [S.
Dyer.]

Réimp. dans le *Chinese Rep.*, VIII, pp. 347 et seq., d'après
The Periodical Miscellany and Juvenile Instructor,
Vol. I.

— Chinese Grammar : introductory remarks respecting the principles and rules
on which it is constructed *(Chinese Repository*, IX, Oct. 1840, pp. 329/333).

By E. C. Bridgman.

— Notes on Chinese Grammar : additional
remarks respecting the principles of this
language; with examples and illustrations
of the various kinds of nouns. *(Ibid.*, IX,
Nov. 1840, pp. 518/530.)

By E. C. Bridgman.

— Notices on Chinese Grammar. Part I.
Orthography and Etymology. By Philo-
Sinensis. Batavia : Printed at the Mis-
sion Press. MDCCCXLII. in-8. pp. 148.

By C. Gützlaff. — Notice : by E. C. Bridgman, *Chin. Rep.*,
XI, pp. 317/322. « This little volume of grammatical Notices is a book almost unique in its mode of printing. In 1831
and 1832, Mr. Medhurst, the indefatigable superintendent
of the Batavia Mission and its « mission press », published
two vocabularies, Japanese and Corean, which were printed entirely by lithography. The toil and expense of writing out so many words, and writing them too in a Roman
text hand, induced Mr. Medhurst to try if he could not
use common movable types and lithographic printing in
conjunction; and this little book is the result. All the English portion of it was « set up » (as the printers phrase it)
in movable types with blanks left for the Chinese characters, and an impression was then taken and transferred to
the lithographic stone, on which the blanks for Chinese
writing were afterwards filled in with the pencil, — and
the whole was then printed together in the same manner
as ordinary lithography. *(Chin. Rep.*, XI, pp. 317/318.)

— Anfangsgründe der Chinesischen Grammatik von Stephan Endlicher. Wien,
Carl Gerold, 1845, in-8, pp. XXIV-376.

Vend. Pauthier (231), Fr. 15. — Trübner, 1876, £ 1. —
Quaritch, 1876, 15/. — Thonnelier (1531), Fr. 7.

— Mémoire sur les Principes généraux du
chinois vulgaire par M. Bazin, Professeur
de chinois à l'École des Langues Orientales. Extrait du Journal Asiatique. Paris, Imprimerie royale, MDCCCXLV, in-8,
pp. 120.

Mémoire sur les Principes généraux du chinois vulgaire, par
M. Bazin, dans le *Journal asiatique*, IVᵉ Série, V, pp. 346-
394, 469,500; VI, pp. 89/128.

— Grammaire mandarine, ou Principes généraux de la langue chinoise parlée, par
M. A. Bazin. Paris. Imprimé par autorisation de l'Empereur à l'Imprimerie
Impériale, 1856. in-8, pp. XXX-122.

« Cette grammaire est le développement complet du système
que j'ai exposé, en 1845, dans la quatrième section de mon
*Mémoire sur les principes généraux du chinois vul-
gaire* », p. 1.

Pub. à Fr. 10. — Trübner, 1876, 9/. — Quaritch, 1876, 7/6. —
Se vend Fr. 6.

Notice par T. Pavie, *J. As.*, 5ᵉ Sér., IX, pp. 558/567.

Bazin, né à Saint-Brice (Seine & Oise), le 26 mars 1799; † à
Paris, en 1863.

« Shanghai Prononciation. » Art. signé :
E *(N. C. Herald*, No. 63, 11 Oct. 1851).

« Shanghae Tones. » Art. sig. : E *(Ibid.*,
No. 65, 23 Oct. 1851).

A List of the Syllables in the Shanghaï
Dialect (by the Rev. C. Taylor). *(Shanghae
Almanac for* 1854 *and Miscellany*, 2 pages.)

— A System for the pronunciation of the
Shanghai Dialect (by the Rev. C. Taylor).
(Ibid., 1 page.)

— Elementa Grammaticae Latino-Sinicae
ad usum Alumnorum Sinensium in qua-
ruor [*sic*] partes distributa Cum Appendice de Epistolis. Victoriae Hong-kong.
— Typis Collegii Romano-catholici, 1853,
pet. in-8, pp. X-112-XXXVII.

J. EDKINS. — * A Grammar of Colloquial
Chinese, as exhibited in the Shanghai
Dialect. Shanghae, 1853, in-8, pp. VIII/248.

Notice : *N. C. Herald*, No. 190, March 18, 1854.

* The Same. 2nd ed., Shanghae, 1868, in-8, pp. VIII/225.

Pub. à 4 Dol. — Trübner, 1876, 21/-.

— A Grammar of the Chinese Colloquial
Language, commonly called the Mandarin Dialect. By Joseph Edkins, B. A. Lond.
of the London Missionary Society, Tien-
tsin. Second Edition, revised. Shanghai :
Printed at the Presbyterian Mission
Press, 1863, in-4, pp. VIII/279.

Pauthier (236), Fr. 20. — Trübner, 1876, £ 1.10/. — Quaritch, 28/.

La 1ʳᵉ éd. est de 1857, Shanghai: London Mission Press, in-8,
pp. VIII-264, s. 1 f. d'errata.

Pub. à 5 Dol.

W. SCHOTT. — Chinesische Sprachlehre
zum Gebrauche bei Vorlesungen und zur
Selbstunterweisung von Wilhelm Schott.
Berlin, Ferd. Dümmler, 1857, in-4.

Pauthier (234), Fr. 10.

Zur Chinesischen Sprachlehre. (Aus. d. Abh. d. k. Akad. d.
Wiss.) Berlin, 1868, in-4.

De indole linguae sinicae dissertatio, quam
annuente amplissimo philosophorum ordine pro venia legendi, linguasque et litteras orientales docendi in Academia Fri-
dericiana publico doctorum examini sub-
mittet die XVIII. Maii MDCCCXXVI auctor
Guilielmus Schott Philos. Doct. Art. Liber. Magister. Halis Saxonum in officina
libraria Rengeriana. Pet. in-8, pp. 23.

On the extended use of « the Peking system of Orthography » for the Chinese
language *(Notes and Queries on C. & J.* —
Vol. I. No. II, pp. 10-12, by W. F. M.
(Mayers).

Classifiers-Chinese Grammar. *(Ibid.*, Vol. I, pp. 51/2.)

The P'ing Tsê Pien or Peking Syllabary *(Ibid.*, Vol. I, pp. 149/152) par B.

The Origin of the Chinese [language] by Deka. *(Ibid.*, Vol. I, pp. 152/4.

Curiosities of Chinese Etymology by J. Edkins. *(Ibid.*, Vol. II, pp. 4/8 — 50/1 — 65/66 — 86/88 — 101/103.)

— A Handbook of the Chinese Language. Parts I and II, Grammar and Chrestomathy, prepared with a view to initiate the student of Chinese in the rudiments of this language, and to supply materials for his early studies by James Summers. Oxford : At the University Press, MDCCCLXIII, gr. in-8, pp. xxx-231-105 s. les pl. de chinois.

— The Rudiments of the Chinese Language, with Dialogues, Exercises, and a Vocabulary by the Rev. James Summers, Professor of Chinese in King's College, London. London : Bernard Quaritch, 1864, in-32, pp. ii-159.

Le Rev. J. Summers avait publié le « Prospectus of a complete thesaurus of the Chinese language. In four parts, forming six volumes octavo. » Ce projet, comparable à celui de Fourmont, n'a pas été mis à exécution.

法 國 話 規 Grammaire française, copiée presque entièrement sur celle de Noel et Chapsal, avec la traduction chinoise par un missionnaire lazariste de Pékin. Première partie. Grammaire. Pékin. Imprimerie des Lazaristes, 1864.

Cet ouvrage forme un petit in-8 de 216 pages sans la Préface. Il est imprimé à la manière chinoise, c'est-à-dire sur des feuilles de papier pliées en deux. Il y a eu des exemplaires tirés sur papier fort.

Le père Smoremburg, hollandais, de la Congrégation des Lazaristes, est l'auteur de cet ouvrage qui a été imprimé avec des caractères mobiles en bois. Le Père S. a écrit cette grammaire (voir la *Syntaxe* infra) et un *vocabulaire* [col. 739] pour faciliter l'étude du français aux élèves chinois de l'*Université de Peking* dont il a été le premier professeur. Mr. E. Lépissier lui a succédé dans la chaire de langue française. Le P. S. ayant quitté la Congrégation de St. Lazare, joignit les Missions Belges. Il est maintenant (1875) en Hollande.

國 話 規 Grammaire française copiée presque entièrement sur celle de Noel et Chapsal, avec la traduction chinoise par un missionnaire lazariste de Pékin. Seconde partie. Syntaxe. Pékin. Imprimerie des Lazaristes. 1864.

L'impression de cette seconde partie n'a jamais été terminée. On n'a pas été au delà de la page 50. Cette Syntaxe est rarissime.

Mêmes observations pour l'impression de la *Syntaxe* que pour celle de la *Grammaire* (Vide supra).

— Grammar of the Chinese Language by the Rev. W. Lobscheid in two parts.

Office of the Daily Press, Hongkong, 1864, in-8.

— Chinese-English Grammar by the Rev. William Lobscheid. Part I, Hongkong, 1864, in-8, pp. 45.

— Chinese-English Grammar by the Rev. William Lobscheid. Part II, Hongkong, 1864, in-8, pp. 80.

— Syntaxe nouvelle de la Langue Chinoise fondée sur la position des mots suivie de deux traités sur les particules et les principaux termes de grammaire, d'une table des idiotismes, de fables, de légendes et d'apologues traduits mot à mot par M. Stanislas Julien, de l'Institut. Paris, Maisonneuve, Vol. I, 1869, in-8, pp. x-422.

Syntaxe nouvelle de la Langue Chinoise fondée sur la position des mots confirmée par l'analyse d'un texte ancien, suivie d'un petit dictionnaire du Roman des Deux Cousines et de Dialogues dramatiques traduits mot à mot par M. Stanislas Julien, de l'Institut. Paris, Maisonneuve, Vol. II, 1870, in-8, pp. 438.

Notices : *China Review*, 1, pp 110/116, by Alex. Falconer. — *J. des Savans*, Oct. 1870. par B. St. Hilaire. — 1869, pp 638/9. — Voir pp. 409/435 du Vol. II : Jugements de divers savants sur le Tome premier de la *Syntaxe nouvelle de la langue chinoise.*

— Emmanuelis Alvarez Institutio Grammatica ad sinenses alumnos accomodata. Auctore P. Ange-辣 丁 文 字 Chang lo Zottoli. S. J. hai: MDCCCLXIX, in-8, pp. 210.

On lit au bas de la dernière page : « e typographia A. H. de Carvalho. »

— Gramatica Elemental de la Lengua China, Dialecto Cantones, pór B. Castañeda. Hong kong, Typ. de De Souza y Ca. 1869, gr. in-8, pp. 131.

N'a pas été mis dans le commerce.

— Grammar. By Rev. T. P. Crawford. (1) Orthography. (2) Etymology. (3) Syntax. (4) Elocution. (5) Versification. (6) Punctuation. (Doolittle's *Voc.*, Part III, No. 13.)

— Grammaire de la Langue chinoise orale et écrite par Paul Perny, Auteur du Dictionnaire français-chinois. Paris, Maisonneuve [et] Ernest Leroux, 2 vol. gr. in-8.

Tome premier. Langue orale, 1873, pp. vii-248.

Tome second. Langue écrite, 1876, pp. xvi-547.

Notice : *Polybiblion*, Fév. 1874, p. 83 (par H. de Charencey).

A Grammar of the Chinese Language by professor Léon de Rosny. London, Trübner, 1874, in-8, pp. 48.

Ne contient que les Préliminaires.

— A new Method of learning to read,

write and speak a language by H.-G. Ollendorff, Ph. Dr., adapted to the Chinese Mandarin Language by Charles Rudy... In three volumes. Volume I. Geneva... 1874, in-8.

Extrait du *Ban zai sau.*

— Notes on Chinese Grammar with special reference to the Documentary style. By N. N. *(China Review,* V, pp. 282/286 ; 386/392 ; VI, pp. 107/114.)

— Mandarin Colloquial Syntax. By J. S. Mc Ilvaine. *(Chin. Rec.,* IX, 1878, pp. 194/200.)

— Beitrag zur Geschichte der Chinesischen Grammatiken und zur Lehre von der grammatischen Behandlung der chinesischen Sprache. Von Georg von der Gabelentz. *(Zeit. d. D. M. G.,* XXXII, pp. 601/664).

CHRESTOMATHIES. — MANUELS.

Annonce d'un Recueil de pièces utiles pour faciliter l'étude et l'intelligence de la Langue Chinoise. Ouvrage rédigé par un littérateur. A Rouen, de l'imprimerie-librairie, rue de l'Hôpital, n°. 16, près la Place du nouvel Hôtel-de-Ville. L'an XI de la République. Br. in-4, pp. 8.

Par l'abbé Dufayel.

— Horae Sinicae : Translations from the popular literature of the Chinese. By the Rev. Robert Morrison, Protestant Missionary at Canton. A new edition, with the Chinese Text, of above 1000 Characters, to the Chinese Primer San-tsi-King. In-4, pub. pp. 115/174 du *Parallel* de Montucci. London, 1817.

La première édition est de Londres, 1812, in-8. — Elle ne contient pas le texte chinois du San-tseu-king.

Vend. Rémusat (790), éd. de 1812, Fr. 16.50. — Thonnelier (2036), Fr. 2.50.

Notice : *Quarterly Review (Progress of Chinese Literature in Europe),* XI, July 1814.

— « Besides these various labours, religious and literary, noticed with his characteristic modesty, Mr. Morrison also published this [1817] year, his Horae Sinicae, and Chinese Primer, besides a Parallel between his own, and Dr. Montucci's Dictionary. » *(Memoirs... of R. Morrison,* I, p. 479.)

— Chinese Miscellany; consisting of original extracts from Chinese authors, in the native character; with translations and philological remarks. By Robert Morrison, D. D. M. R. A. S. London : Printed by S. Mc Dowall, Leadenhall Street, for the London Missionary Society. 1825, gr. in-4, pp. 52 et 12 pl.

Vend. Rémusat (791), Fr. 20. — Thonnelier (2037), Fr. Rare.

Chrestomathie chinoise, publiée aux frais de la Société Asiatique. [par J. Klaproth.]

Paris, MDCCCXXXIII, in-4, pp. VII et 185-15 pl. de texte chinois et 1 d'errata.

Vend. Klaproth (845), Fr. 11. — Se vend Fr. 9.

* Æsop's Fables, written in Chinese by the learned Mun Mooy seënshang, and compiled in their present form (with a free and literal translation) by his pupil Sloth. [R. Thom.] Printed at the Canton Press Office, 1840.

Notice : *Chin. Rep.,* IX, pp. 201 et seq. (by E. C. Bridgman).

* Esop's Fables ; as translated into Chinese by R. Thom Esqr. rendered into the Colloquial of the Dialects spoken in the Department of Chiang-chiú, in the province of Hok-kien : and in the department of Tie-chiú, in the province of Canton. Part first.— Hok-kien, in-8, pp. ii-39/40. Singapore, 1843.

The first part of this work, in the Hok-kien (or Fuh-keen) dialect, is the joint production of Messrs. S. Dyer and J. Stronach ; the second, in the Tie-chiu dialect, is entirely the work of Mr. Stronach. » *(Mem. of Prot. Miss.,* p. 106.)

— Lessons in the Chinese Language.

Cette brochure in-8 a été imprimée sans titre et n'a pas été mise dans le commerce. Elle se compose de vingt-quatre pages, chacune étant consacrée à une leçon. Le Dr. Medhurst qui est l'auteur de ce petit travail l'a composé, je crois, peu de temps après son arrivée à Changhai.

— A Chinese Chrestomathy in the Canton Dialect. By E. C. Bridgman. Macao, S. Wells Williams, MDCCCXLI, gr. in-8, — XXXVI-698 sans la Préf. et la t. d. m.

Preface. — Contents. — Introduction. — I. Study of Chinese. — II. The Human Body. — III. The kindred Relations. — IV. Classes of men. — V. Domestic Affairs. — VI. Commercial Affairs. — VII. Mechanical Affairs. — VIII. Architecture. — IX. Agriculture. — X. The Liberal Arts. — XI. Mathematics. — XII. Geography. — XIII. Mineralogy. — XIV. Botany. — XV. Zoology. — XVI. Medicine. — XVII. Governmental Affairs. — General Index. — Index of Chinese Proper Names.

Cet ouvrage est le second qui ait été imprimé par S. W. Williams ; le premier avait été le Hokkëën Dict. de Medhurst (vide supra) ; Mr. Williams a non-seulement imprimé l'ouvrage, mais il en a écrit à peu près la moitié.

* William Dean. First Lessons in the Tiechew dialect. Bankok, 1841, in-4, pp. 48.

« This is the dialect spoken by the natives of Chaou-chow foo, in the province of Kwang-tung, the Ancestral country of most of the Chinese settlers at Bankok. *(Mem. of Prot. Miss.,* p. 87.)

Notice : *Chin. Rep.,* XI, p. 389.

* 恰級大成 *Shih keih tá ching.* Easy lessons in Chinese : or Progressive Exercises to facilitate the study of that language, especially adapted to the Canton Dialect by S. Wells Williams. Macao, 1842, in-8, pp. lx/288.

— Premiers rudiments de la langue chinoise à l'usage des Elèves de l'Ecole des Langues Orientales. Paris, Benjamin Duprat, 1844, br. in-12, pp. VI-38.

— Han Tseu Thso-Yao. Sinensium Litterarum Compendium. Exercices progressifs sur les Clefs et les Phonétiques de la Langue chinoise, suivis de phrases familières et de dialogues. Texte autographié, à l'usage des élèves de l'Ecole des Langues Orientales. Paris, chez Benjamin Duprat... 1845, gr. in-8.

Fait partie de la collection des *Chrestomathies Orientales.*

The Chinese Speaker or Extracts from works written in the mandarin Language, as spoken at Peking. Compiled for the use of students, by Robert Thom, Esq. H. M. Consul at Ningpo. Part I. Ningpo : Presbyterian Mission Press. 1846, in-8, 102 ff.

Addenda : Extract from the *Hung-Low-Mung.* Chap. VI. ff. 62-89.

Extract from the *Kea-Paou Tseuen-Tseih*, On the Harmony which ought to exist between Husbands and Wives, ff. 90 et seq.

Le texte chinois est imprimé sur une page, tandis que la prononciation et la traduction anglaise sont données sur la page en face. Cet ouvrage est imprimé à la manière chinoise, c'est-à-dire que chaque page est pliée en deux. Le Dr. E. C. Bridgman a donné un compte-rendu de cet ouvrage dans *The Chinese Repository*, XVI, pp. 236/242. La Préface et le chap. III du *Chinese Speaker* sont reproduits dans ce compte-rendu qui est suivi, pp. 242/245, d'une notice biographique sur Mr. Thom. Cette notice avait déjà paru dans *The Chronicle.*

Mr. Robert Thom, qui était né à Glasgow le 10 août 1807, es mort à Ningpo le 14 Sept. 1846.

— Rapport fait à la Société Asiatique sur une Chrestomathie chinoise [*Chinese Speaker*], publiée à Ningpo, en 1846, par Bazin. *(Jour As.*, 4ᵉ Sér., XI, 1848, pp. 86/92.)

* Rev. Thomas T. Devan. The Beginner's First Book in the Chinese Language (Canton Vernacular). Hongkong, 1847, in-8, pp. 161.

* The Beginner's First Book, or Vocabulary of the Canton Dialect. Hongkong, 1858, in-8, pp. IX/123.

This is a second edition of Dr. Devan's Book, revised, corrected, enlarged, and toned, by Mr. Lobscheid. A third edition was published at Hongkong in 1861, in-12, pp. VIII/148. *(Mem. of Prot. Miss.*, p. 186.)

The Household Companion and Student's first Assistant by Dr. Devan with many additions, corrections, and Dr. Williams' Orthography by the Rev. W. Lobscheid. Hongkong, 1867, in-8, pp. 140.

* Elihu Doty. Anglo-Chinese Manual with Romanized Colloquial in the Amoy Dialect. Canton, 1853, in-8, pp. XV/214.

* Exercices de traduction de la langue chinoise et mandjoue, en langue russe et latine, par Kamensky ; reliés à l'européenne, 1 vol. in-fol. Ms. *(Cat. des Ms. et Xylog. de St. Pétersb.*, 1852, No. 841.)

* Tsz-Po, ou 214 Clefs chinoises en quelques tableaux mnémoniques, suivis d'un tableau classé d'après le nombre des traits qui les composent, des phrases formées de clefs, des chiffres chinois, de notes, &c., à l'usage des Elèves de l'Ecole spéciale des Langues Orientales. Paris, 1853, in-8.

(CHRESTOMATHIES. — MANUELS.)

— Chinese Manual. Sse Tse ouen tsien-tchou 四字文箋註 Four words literature *(with)* Commentary *(or)* Explication. Recueil de Phrases chinoises composées de quatre caractères, et dont les Explications sont rangées dans l'ordre alphabétique français. London : Printed by Harrison and Sons, 1854, in-folio, pp. VIII-75.

Cet ouvrage se compose de phrases chinoises avec la prononciation figurée dessous les caractères. Une traduction française et une traduction anglaise sont placées en regard de la phrase chinoise. La version anglaise remplace une trad. latine qui avait été ajoutée à l'ouvrage.

Cet ouvrage est de l'abbé de Lionne, évêque de Rosalie, de la Congrégation des Missions étrangères. Ce Ms. provient de la Bibliothèque de Deguignes fils (No. 497 du Cat. de sa Bibliothèque) et c'est lui qui a ajouté le titre français. (Pauthier, *Vindiciae Sinicae Novae*, p. 14, Note.)

L'ouvrage est lithographié sur papier bleu. L'éditeur est, comme l'indique la préface, Mr. H. Stanley, devenu Lord Stanley of Alderley, le 16 Juin 1869.

Vend. Thonnelier.

Proverbs and Phrases in Five Languages. The Chinese, French and Latin of these Sentences taken chiefly from Perny's Chinese Proverbs, and from Stanley's Chinese Manual. Translation in German by Rev. F. Ohlinger. (Doolittle's *Voc.*, Part. III, No. 42).

100 Phrases in Four Languages. The Chinese, French and English Sentences selected from Stanley's Manual by Rev. F. Ohlinger, and translated from the Chinese into German by him. *(Ibid.*, No. 43.)

* LÉON DE ROSNY. — Table des principales phonétiques chinoises, disposées suivant une nouvelle méthode. Paris, 1858, in-8.

錄 津 尋 The Hsin Ching Lu, or Book of Experiments ; being the first of a series of Contributions to the study of Chinese by Thomas Francis Wade, Chinese Secretary. Hong kong, MDCCCLIX, in-folio.

1 page. — Address to Thomas Taylor Meadows.

1 page. — Preface (dated Hong kong, 13th May, 1859).

2 pages. — Errors and Omissions in the English Text.

1 page. — Errors and Omissions in the Chinese Text.

— Part I. Of the Hsin Ching Lu. Tien-lei ; or, the Category of T'ien, heaven, the heavens, &c., pp. 1/43 sans la Table.

— Part II. First Chapter of the Shêng Yü kuang Hsün ; or Amplification of the Sacred Edict of K'ang Hi, pp. 47/59.

— Part III. Exercises in the Tones and pronunciation of the Peking Dialect, pp. 63/86.

Section I. Exercises in the Tones and Pronunciation of the Peking Dialect, pp. 63/74.

Section II. Exercises in the tones phonetically arranged, pp. 74/81.

Section III. On the Tones and Pronunciation of the Peking dialect, pp. 82/86.

— Contents.

— Les 84 pages suivantes sont consacrées au texte chinois des trois parties du *Hsin Ching Lu.*

The Peking Syllabary, being a collection of the characters representing the Dialect of Peking ; arranged after a new orthography in Syllabic Classes, according to the four tones ; designed to accompany the *Hsin Ching Lu*, or Book of Experiments, by Thomas Francis Wade, Chinese Secretary. Hong kong, MDCCCLIX, in-folio, pp. 84, sans l'errata et la Préface.

Le *Hsin Ching Lu* a été tiré à 250 exemplaires.

B. Quaritch, 1872, No. 285, br. 16/-, rel. 24/-. Rare. Vaut de 80 à 100 fr.

語 言 自 邇 集 Yü-yen Tzu-erh Chi,

(CHRESTOMATHIES. — MANUELS.)

A progressive course designed to assist the student of colloquial Chinese, as spoken in the Capital and the Metropolitan department; In Eight Parts; with Key, Syllabary, and Writing Exercises; by Thomas Francis Wade C. B. Secretary to H. B. M. Legation at Peking. London; Trübner, MDCCLXVII, in-folio, pp. 295 s. l. p. et les app. (pp. 15).

Colloquial Series :

Part I. Pronunciation.
Part II. Radicals.
Part III. The Forty Exercises (Chinese Text).
Part IV. The Ten Dialogues (Chinese Text).
Part V. The Eighteen Sections (Chinese Text).
Part VI. The Hundred Lessons (Chinese Text).
Part VII. The Tone Exercises (Chinese Text).
Part VIII. Chapter on the Parts of Speech (Chinese Text) with Supp.

Colloquial Series : Appendices to Parts III, IV, V & VI.

— Key to the Tzu erh Chi. Colloquial Series. Part III. The forty exercises, with Translation and Notes. Part IV. Translation, with Notes, of the Ten Dialogues. Part V. Translation, with Notes, of the Eighteen Sections. Part VI. Translation, with Notes, of the Hundred Lessons. Part VII. Translation, with Notes, of the Tone Exercises. Part VIII. Chapter on the Parts of Speech. London : Trübner : MDCCLXVII, in-folio.

Notice : — *Sup. Court & Cons. Gazette*, 6 juin 1867.

— 平仄編 P'ing - Tsê Pien, a new edition of the Peking Syllabary, designed to accompany the colloquial Series of the Tzù erh chi; being a revised collection of the characters representing the dialect spoken at the Court of Peking, and in the Metropolitan Prefecture of Shun-t'ien Fu, arranged in the order of their Syllables and Tones ; with an Appendix.

— 漢字習寫法 'Han Tzu Hsi Hsieh Fa, A set of writing exercises designed to accompany the colloquial Series of the Tzu erh Chi. London : Trübner. M.DCCCLXVII, in-folio.

— 文件自邇集 Wên-chien Tzu erh Chi, A Series of Papers selected as specimens of Documentary Chinese, designed to assist students of the Language as written by the Officials of China ; In Sixteen Parts, with key, by Thomas Francis Wade C. B. Secretary to H. B. M. Legation at Peking. London : Trübner, MDCCLXVII, in-folio.

Part I. Despatches. — II. Semi-official Notes, 1864-5. — III. Petitions presented at Hongkong, 1845-9. — IV. Forms. — V. Documents taken from the printed correspondence of K'ueilien, Prefect of Pao-ching Fu in 'Hu Nan, at the commencement of the T'ai P'ing Insurrection, 1852. — VI. Documents taken from the printed correspondence of Ch'en 'Hung-mou, an official of the reign Ch'ien Lung, 1735-1796. — VII. Memorials taken from the printed correspondence of 'Hau Wen-chi, an official of the reigns Chia Ch'ing and Tao Kuang, 1797-1836. — VIII. Memorials presented to the Throne by Lin Tsê-hsü, (subsequently Commissioner Lin), 1832-35, with replies from the Emperor. — IX. Selections from the published papers of Lan Yü-lin, an official of the reign K'ang Hsi, 1661-1722. — X. Selections from a volume of unpublished private letters of Ch'ien Ch'ang-ling, styled Ch'ien T'ien-chai, some time a Provincial Commissioner of Finance, in the reign Chia Ch'ing, 1796-1820. — XI. Selections from the published papers of Li Mu-t'ang, an official of the reign K'ang Hsi. — XII. Selections from the published papers of T'ao Shu, a distinguished official of the reigns Chia Ch'ing and Tao Kuang. — XIII. Selections from the published papers of Wu Wên-yung, a distinguished Chinese official of the reigns Tao Kuang and Hsien Fêng. — XIV. Miscellaneous Papers. — XV. Commercial Forms. — XVI. Supplementary.

— Key to the Tzu erh Chi. Documentary Series. Volume I. Containing Translations of Papers 1 to 75, and Notes to Papers 1 to 65, inclusive. London : Trübner, MDCCCLXVII, in-folio.

— Méthode pour déchiffrer et transcrire les noms sanscrits qui se rencontrent dans les livres chinois, à l'aide des règles d'exercices et d'un répertoire de onze cents caractères chinois idéographiques employés alphabétiquement, inventée et démontrée par M. Stanislas Julien. Paris, Imp. imp., 1861, in-8, pp. VI-235.

Notice de Barthélemy St. Hilaire, *Journal des Savans*, 1861, mai, pp. 307/320; juin, pp. 364/376.

— The Analytical Reader a short Method for learning to read and write Chinese, by Rev. W. A. P. Martin, D. D. of the American Presbyterian Mission. Shanghai : Presbyterian Mission Press. Published by the Mission. 1863, gr. in-8, pp. 141.

Suivi de :

A Vocabulary of two thousand frequent characters with their most common significations, and the sounds of the Peking Dialect. pp. 56.

Notices : — *J. As.*, VIe Sér., Vol. III, 1864, pp. 206/7 (par J. Mohl). — *N. C. Herald*, No. 677, July 18, 1863. — Pub. à 4 Dol.

Phonetic Alphabet. for the Canton dialect of the Chinese Language. By Rev. D. Vrooman A. M., in-8, pp. 8. (Canton, China, November, 1863.)

— Textes faciles en Langue chinoise publiés à l'usage des élèves de l'Ecole spéciale des langues orientales, par Léon de Rosny. Prix : 1 fr. Paris chez Chauvin, lithographe, 1864, in-12, 24 pl. de textes chinois.

— Tchoung-hoa Kou-Kin Tsaï. Textes chinois anciens et modernes traduits pour la première fois dans une langue européenne, par Léon de Rosny, professeur à l'École spéciale des langues orientales. Paris, Maisonneuve et Cie, 1874, in-8, pp. 118 et pp. 79 de textes chinois.

Préface, p. 5. — La Doctrine des Taosse en Chine [Yin-tchi-wen], p. 7. — L'École de Confucius [Tchoung-king], p. 17. — Le Bouddhisme [Miao-fah Lien hoa-king], p. 51. — Les Philosophes [Siao-yao-yeou], p. 71. — Les Géographes [Tchu-fan-tchi], p. 83. — Les Sciences naturelles [San-tsaï-tou-hoeï], p. 101. — Les Sciences industrielles [Tiao-tchang. — Mouh-mien], p. 105. — Postface, p. 113. — Errata, p. 115.

— Опытъ Китайскій хрестоматій. Essai d'une Chrestomathie chinoise. Par le Prof. Vassilief. 1868, in-8, lithog.

Accompagné d'un abrégé d'histoire & de géographie de la Chine.

* Progressive Lessons in the Chinese Spoken Language; with Lists of Common words and phrases, and an Appendix containing the laws of tones in the Peking Dialect. By J. Edkins, B. A. Univ. Coll., Lond. of the Lond. Miss. Soc. Peking. Third edition, revised. Shanghai, 1869, in-12, pp. VI-114.

* 1re éd. : Shanghae, 1862; 2d éd. : Shanghae, 1864. — Pub. à 2 Dol.

Jos. Haas. Deutsch Chinesisches Conversations-Buch übersetzt und erläutert, in-8, pp. 200.

Trad. de l'ouv. précédent. — Pub. à 3 Dol.

— Recueil de Textes faciles et gradués en Chinois moderne avec un Tableau des 214 clefs chinoises et un Vocabulaire de tous les mots compris dans les exercices, publié à l'usage des élèves de l'École spéciale des langues orientales par le marquis d'Hervey-Saint-Denys. Paris, Maisonneuve, MDCCCLXIX, in-8, lith., pp. VIII/114.

* A Manual of the Foochow Dialect by Rev. C. C. Baldwin of the American Board Mission : Foochow, Methodist Episcopal Mission Press, 1871, in-8.

Notice : Chin. Rec., July 1871, pp. 45/46.

A Manual of the Amoy Colloquial. By the Rev. J. Macgowan. [Voir col. 138.]

* First Lessons in Chinese. By M. T. Yates, D. D. Printed at the American Mission Press. Shanghai, 1871, gr. in-8, pp. 224.

Notice : Shanghai Budget, Jan. 11, 1872.

Pub. à Dol. 3.50.

— Kim çin hio hôa. Saggio di un corso di lingua Cinese per Giuseppe M. Kuo Alunno del Collegio Cinese. Nozioni preliminari allo studio della lingua Cinese. Napoli, 1872, br. in-8, pp. 36. (Imp. à la manière chinoise, doubles ff.)

— Saggio........ Parte quinta Crestomazia

(CHRESTOMATHIES. — MANUELS.)

fascicolo primo. Napoli, 1869, br. in-8, pp. 127. (Imp. à la manière chinoise.)

— English and Chinese Lessons by Rev. A. W. Loomis, American Tract Society, New York and San Francisco. In-8, s. d. (1873 ?) pp. 188.

Mal imprimé sur mauvais papier.

初學階 Ch'o Hok Kai. — A Handbook of the Canton Vernacular of the Chinese Language. Being a Series of Introductory Lessons, for Domestic and Business Purposes. By N. B. Dennys, M. R. A. S., &c. London : Trübner & Co. — Hongkong : « China Mail » Office. 1874, gr. in-8, pp. II-4-195-31.

Preface I-11. — Introduction 1/4. — Pronunciation, 1. — Lessons (I-IX), 2/195. — Appendix : Vocabulary of Words used in the foregoing lessons, 1/31.

Notices : The North China Herald (by Thos. W. Kingsmill), The Athenaeum, No. 2493, Aug. 7, 1875.

Pub. à 6 Dol.

Handbook of the Swatow Dialect, with a Vocabulary. By Herbert A. Giles. Shanghai : 1877, in-8, pp. 57.

Pub. à 1 Dol.

Mandarin Primer : Being Easy Lessons for Beginners. Transliterated according to the European Mode of Using Roman Letters, by Rev. John Ross, Newchwang..... Shanghai, American Presb. Mission Press, 1877, in-8, pp. VIII-122.

Pub. à 1 Dol. 25. — Notice : Chin. Rec., VIII, pp. 270/1.

Parva rerum sinensium adumbratio scholasticis ad Sinas recens appulsis accommodata. Chang-hai ex authographia Missionis Catholicae in Orphanotrophio Tou-chan-wan, 1879, in-8, pp. 68.

Cursus litteraturae sinicae neo-missionariis accommodatus auctore P. Angelo Zottoli S. J. e Missione Nankinensi.

—Volumen primum pro infima classe Lingua familiaris. Chang-hai ex typographia Missionis catholicae in orphanotrophio Tou-sè-wè (Tou-chan-wan). MDCCCLXXIX, in-8, pp. VIII-819.

Proemium. — Dedicatio. — Introductio. — Tabella Clavium, etc. — Instructiones familiares. — Dialogi comici. — Parvae narrationes. — Descriptiones Romanenses. — Selectae dictiones, etc.

— Volumen secundum pro inferiore classe Studium Classicorum. Ibid., MDCCCLXXVIII, in-8, pp. VII-655.

Proemium. — Notae praeviae. — San Tse-king. — Pe kia sing. — Tsien tse wen. — Cheng Tong che. — Ta hio. — Tchong yong. — Luen-yu. — Mong tse. — Classicorum characteres ex radicum ordine dispositi.

Ce 2e vol. a paru le premier ; on a fait des cartons avec un nouveau titre portant la date de 1879. Le P. Zottoli donne ainsi le plan de son ouvrage qui comprendra 6 volumes dans la préface de [son premier volume, pp. VI/VII :

« Cursus quinque annis absolvitur : in primo, pro infima classe, erit lingua familiaris, et expendentur *Instructiones familiares, Dialogi comici, Parvæ narrationes, Romanenses descriptiones, Selectae dictiones,* quibus omnibus vulgaris aut humilis passim stylus continetur. In secundo, pro inferiore classe, erit studium classicorum, seu post *Elementarios libellos, Magna scientia, Immutabile medium, Confucii sententiæ* et *Liber Mentsii.* In tertio, pro media classe, erit studium canonicorum, quo *Libris Carminum* et *Annalium* ex integro explanatis, *Liber Mutationum* et *Memoriale rituum,* ex parte, ut passim fit, *Chronica* vero *Confucii* vix ad specimen delibabuntur. In quarto, pro suprema classe, erit stylus rhetoricus, et agetur de *Particulis, Selectis prosis, Selectis memoriis, Stylo epistolari,* et *Allusionibus litterariis.* In quinto, pro rhetorices classe, erit pars oratoria et poetica, ageturque de *Compositionibus antiquis et recentibus, de Versibus, de Lucubrationibus poeticis et de Inscriptionibus.* Quinque ergo erunt volumina, quibus sextum accedet, continens totius cursus adminiculum, *Vocum Syntagma* ».

Notice par Henri Cordier dans la *Revue critique,* 18 Oct. 1879.

OUVRAGES DIVERS.—DISSERTATIONS.

— Thresor de l'histoire des Langves de cest Vnivers. Contenant les Origines, Beautés, Perfections, Decadences, Mutations, Changemens, Conuersions, & Ruines des langues Hebraique, Chananeenne........ Chinoise,.... Indienne des Terres neuues, &c. Les Langues des Animaux & Oiseaux, par M. Clavde Dvret Bovrbonnois, President à Moulins. Nous auons adiousté Devx Indices : L'vn des Chapitres ; L'autre des principales matieres de tout ce Thresor. Imprime a Cologny, par Matth. Berjon, Pour la Société Caldorienne. cɔ.ɔc. xɪɪɪ. Auec Priuilege du Roy Tres-Chrestien, in-4. pp. 1030 s. la tab., la pref., &c.

Chap. lxxvii, pp. 900/909 : De la langue des Chinois en général ; — lxxvi, pp. 909/912. De la grande isle du Iapan ou Giapan.— Alphabet de la Chine & du Gyapon, pp. 913/916. Cet ouvrage est, paraît-il, le premier dans lequel on ait employé en Europe des caractères chinois.

Le Même. — Yverdon, 1619, in-4.

De Invento Sinico Epistolae nonnullae Amoebaeae Inventoris & quorundam Soc. Iesu Patrum, aliorumque Literatorum. I. Epistola A. Kircheri. II-III. Epistolae A. Kircheri. IV-V. Ep. Ad. Adamandi. VI. Ep. A. Mulleri. VII. Ep. Ad. Adamandi. VIII. Ep. A. Mulleri, etc. IX. Ep. A. Adamandi. X, Ep. A. Mulleri. XI-XVII. Excerpta [32 pages].

— Sur la Langue chinoise. *(Recueil de l'Ac. des Insc.,* Hist., V, 1729, pp. 303/312), par Fréret.

* Dissertation critique, où l'on tâche de faire voir par quelques exemples l'utilité qu'on peut retirer de la Langue chinoise pour l'intelligence de divers mots et passages difficiles de l'Ancien Testament, par Phil. Masson.

Cité dans l'Avert. de l'éd. de Holl. de Du Halde.

— Mémoire historique et critique sur les

langues orientales. Par M. de Guignes. Lû le 9 Janv. 1767. *(Rec. de l'Ac.,* Mém., XXXVI, 1774, pp. 113/163.)

— Syntagma Dissertationum quas olim auctor doctissimus Thomas Hyde S. T. P. separatim edidit. accesserunt nonnulla ejusdem opuscula hactenus inedita ; necnon de ejus vita scriptisque, ΠΡΟΛΕΓΟΜΕΝΑ. cum appendice de lingua sinensi, aliisque linguis orientalibus una cum quamplurimis tabulis aeneis, quibus earum characteres exhibentur. Omnia diligenter recognita a Gregorio Sharpe LL. D.... Oxonii, e typographeo Clarendoniano. MDCCLXVII, 2 vol. in-4.

— Appendix de Lingua Sinensi, aliisque linguis Orientalibus una cum quamplurimis tabulis aeneis, quibus earum characteres exhibentur. Auctore G. S.

Cet essai de G. Sharpe est imprimé dans le *Syntagma* de Hyde, Vol. II, pp. 505/530.

Etwas von meinem Versuche, die sinesischen Charaktere zur Universalsprache zu gebrauchen (dans le *Journal* de C. G. von Murr, IV, 1777, pp. 151 et seq.).

— Essai sur la langue et les caractères des Chinois. *(Mém. conc. les Chinois,* VIII, pp. 133/266 ; IX, pp. 282/430.)

Par le P. Cibot.

— Bemerkung über die Chinesische Sprache. Par C. J. P. (Klaproth, *Asiat. Mag.,* II, pp. 79/82.)

— Mithridates oder allgemeine Sprachenkunde mit dem Vater Unser als Sprachprobe in bey nahe fünfhundert Sprachen und Mundarten, von Johann Christoph Adelung,.. Berlin, 1806/1817, 4 vol. in-8.

I, 1806, *Sinesisch,* pp. 34/64 :
    Geschichte, pp. 34/40.
    Sprache, pp. 40/46.
    Schrift, pp. 46/49.
    Mangelhafte Cultur, pp. 49/50.
    Mandarinen-Sprache, pp. 50/I.
    Litteratur der Sprache, pp. 51/54.
    Liste de grammaires chinoises, etc.
  Tibetanisch, pp. 61/73.
  Mongolischer Sprach und *Volkerstamm,* pp. 497 et seq.
  Mantchurischer Sprach und *Volkerstamm,* pp. 514 et seq.
IV, 1817, pp. 11 et seq.

— De la langue chinoise, morceau extrait de l'allemand, du *Mithridates* d'Adelung. Par J. D. Lanjuinais. A Paris, de l'Imprimerie bibliographique, 1807, in-8, pp. 37.

Extrait du *Magasin Encyclopédique,* Juin 1807.

— Réflexions sur la langue chinoise, par M. de Guignes, Résident de France à la

Chine, attaché au Ministère des Relations extérieures et Correspondant de la première et troisième Classes de l'Institut. In-8, s. d. [Paris, 1807].

L. à M. A. L. Millin sur le *Pantheon Chinois*, ext. du *Magasin Encyclopédique*, mars 1807.

— De studiis sinicis in imperiali Athenaeo Petropolitano recte instaurandis Dissertatio Isagogica amplissimo praesidi doctissimisque sociis ejusdem Athenaei reverenter oblata ab auctore Antonio Montucci Senensi J. U. D., etc. Excudebat Berolini Ludovicus Quien, Impensis Caroli Quien. MDCCCVIII, in-4, pp. 27.

Suivi d'une let. de Geo Tho. Staunton, Devonshire Street, May 8th 1804. — Montucci donne, p. 22, des détails sur les ouvrages qu'il se propose de publier.

— Remarques philologiques sur les Voyages en Chine de M. de Guignes, Résident de France à la Chine, attaché au Ministère des Relations extérieures, correspondant de la première et de la troisième classe de l'Institut. *Veritas odium parit*, par Sinologus Berolinensis. A Berlin, aux frais de l'auteur, 1809, in-8, pp. 168.

Sinologus Berolinensis = Montucci.
Vend. Rémusat (972). Fr. 4.95.

— Réflexions sur la langue chinoise et sur la composition d'un dictionnaire chinois, français et latin. (Tirées du XXIXᵉ Cahier des *Annales des Voyages,* publiées par M. Malte-Brun.) In-8, pp. 20.

Par De Guignes. Paris, ce 15 janvier 1810.

— *Audi Alteram Partem,* ou Réponse de M. Montucci [1] à la Lettre de M. de Guignes, insérée dans les *Annales des Voyages* publiées par M. Malte-Brun. IIIᵐᵉ Souscription Tom. II. Cah. II. in-8, pp. 46. s. l. n. d. [Berlin, 30 Mai 1810.]

---

1. *Antonio Montucci* donne cette liste de ses publications dans son *Parallel,* pp. 4/5 [voir col. 733] :

1. *Proposals* for publishing an elementary work on the Chinese Language, with an Answer to the *Critical Reviewers,* in-4, 1801, London.
2. A full account of a *Chinese Evangelical* Ms. in the British Museum, with a Specimen and Table of its contents, *Gentleman's Magazine* for Oct. and Nov. 1801.
3. An illustrative and historical Catalogue of a Chinese library, *ibid.,* for February 1804.
4. An Account of a Ms. Chinese Dictionary, with Latin and Portuguese interpretation. *Monthly Magazine* for April 1804.
5. A Complete history of Chinese *Caligraphy,* from the earliest records down to the present times. *Universal Magazine,* No. III. IV. V. & VI. 1804.
6. De Studiis Sinicis, Dissertatio Isagogica, Berolini, 1808, in-4.
7. Remarques Philologiques sur les voyages en Chine de M. de Guignes, à Berlin, 1809, in-8.
8. Audi alteram partem, ou Réponse à la Lettre à M. de Guignes insérée dans les Annales des Voyages publiées par M. Malte Brun, à Berlin, in-8, 1810.

(OUVRAGES DIVERS. — DISSERTATIONS.)

— Siao çu lin or A small collection of Chinese Characters, analysed and decompounded, with the English prefixed In the order of the Alphabet, By way of Introduction to the Language of China, Also The Elementary characters as they are pronounced at Pekin & Canton with a preface & notes of Construction. To which Is added the Chines [sic] Genesis & its agreement with the Mosaic account. *Contentus paucis.* Hor. By Stephen Weston, BD. FRS.SA.RLH. In-8, s. d., gravé sur cuivre. [1812.]

— Grande exécution d'automne. No. I, Weston. Pe-king. Vingtième année Kiä-king, huitième lune, jour malheureux, in-8, pp. 22.
Vend. Rémusat (473). Fr. 8.05.

— Essai sur la Langue et la Littérature chinoises, Avec cinq Planches, contenant des Textes Chinois, accompagnés de traductions, de remarques et d'un commentaire littéraire et grammatical. Suivi de Notes et d'une Table alphabétique des mots chinois. Par J. P. Abel-Rémusat. A Paris, Treuttel et Wurtz, 1811, in-8, pp. x-160, et 4 Pl. et 1 Frontispice gravés.

Notice : par J. D. Lanjuinais, Paris, 1811, in-8, pp. 8. [Extrait du *Moniteur,* No. 154, an 1811.] — Vend. Rémusat (467). Fr. 7.50; (468), pap. hol., Fr. 13.95. — Klaproth (842). Fr. 7.

— Utrum Lingua Sinica sit vere monosyllabica? Disputatio philologica, in qua de Grammatica Sinica obiter agitur; autore Abelo de Remusat. *(Mines de l'Orient* [1], III, 1813, pp. 279/288, et 1 Pl.)

Trad. en français dans les *Mél. As.,* II, pp. 47/61. — Elle avait paru dans le *Mercure de 1814,* et on en fit un tirage à part : 1814, br. in-8, pp. 12.

— Discours prononcé à l'ouverture du Cours de langue et de littérature chinoises, au Collège royal, le 16 janvier 1815; sur l'origine, les progrès et l'utilité de l'étude du chinois en Europe. (Abel-Rémusat, *Mél. As.,* II, pp. 1/18.)

Ce discours avait déjà paru dans la brochure suivante :

Programme du Cours de Langue et de Littérature chinoises et de Tartare-Mandchou ; précédé du Discours prononcé à la première Séance de ce Cours, dans l'une des salles du Collége royal de France, le 16 Janvier 1815. Par M. Abel-Rémusat, Docteur en Médecine de la Faculté de Paris, Lecteur et Professeur royal. A Paris, chez Charles, 1815, in-8, pp. 32.

* Stephen Weston. The Englishman abroad. Part I. Greece, Latium, Arabia, Persia,

---

1. Mines de l'Orient, exploitées par une Société d'amateurs. [sous les auspices de M. le Comte Wenceslaus Rzewusky]. A Vienne, 1809-1818, 6 vol. in-folio.

(OUVRAGES DIVERS. — DISSERTATIONS.)

Hindostan, and China. Part II. Russia, Germany, Italy, France, Spain and Portugal, with Specimens of the Languages of those countries. London, 1824, in-8.

Bohn's Lowndes, IV, 2882.

— An Essay on the Nature and Structure of the Chinese Language ; with suggestions on its more extensive study. By Thomas Myers, of Trinity College, Cambridge. London : Printed by J. Hill... 1825, pièce in-8, pp. 32.

Vend. Rémusat (470). Fr. 1.50. — Klaproth (643). Fr. 11.

Notice par Klaproth : *J. As.*, VII, 1825, pp. 370/3, et *Mém. relat. à l'Asie*, 111, 1828, pp. 109 et seq.

— Méprises singulières de quelques sinologues, par W. Lauterbach. Paris, Dondey-Dupré père et fils, 1827, in-8, pp. 15.

Extrait du *Journal Asiatique*.

C'est une critique de la traduction du Lun-yu par Marshman, du dictionnaire de Morrison, et de l'ouvrage de Titsingh sur le Japon.

W. Lauterbach est un pseudonyme de J. Klaproth.

— Vindiciae philologicae in linguam sinicam. Dissertatio prima de quibusdam litteris sinicis quae nonnunquam, genuina significatione deposita, accusandi casum mere denotant. Conscripsit et exemplis sinice impressis instruxit et illustravit Stanislaus Julien, Philosophi Meng tseu editor et interpres. Parisiis, Dondey-Dupré, M DCCC XXX, in-8, pp. 23.

— Brevis Tractatus in quatuor litteras sinicas quae apud Mencium ejusque interpretes officio maxime notabili funguntur. (pp. 63/84 de la dernière partie du *Mencius* de S. Julien).

— A Short tract respecting four Chinese characters, which perform a very remarkable office in the writings of Mencius and his commentators, published at Paris, A. D. 1830. Translated from the Latin of Stanislaus Julien, by S. R. (Brown). *(Chinese Rep.,* X, pp. 222/231).

— Ueber einige der neuesten Leistungen in der Chinesischen Litteratur sendschreiben an Herrn Professor Ewald in Göttingen von Dr. Heinrich Kurz. Paris, in der Königlichen Druckerei. 1830, in-4, pp. 19.

Critique de travaux de Neumann.

Notice : *Nouv. J. As.*, VII, 1831, pp. 373 et seq. par Klaproth. — *Asiatic Journal*, New Series, III, pp. 17/18.

— Sprache und Schrift der Chinesen (Langue et Ecriture des Chinois). (*Asiatische Studien* von C. F. Neumann ', 1837, pp. 1/34).

— Die Chinesische Sprache in ihren Rechten als Sprache ; oder : Die Chinesische Sprache ihrer allgemeinen Bildung nach,

in Vergleich zu der einiger andern Sprachen verschiedener Stämme, dargestellt von Emil Rautenbach. Darmstadt. Verlag von Ludwig Pabst. 1835 , in-8, pp. VIII-64.

— « Letters on the Chinese Language » signed J. J. J. *(Asiatic Journal,* N. S., Vol. I, pp. 29/36.)

— The Chinese language ; its antiquity, extensive use, and dialects ; its character, and value ; attention paid to it by Europeans ; and the aids and inducements to study it at the present time. By E. C. Bridgman. *(Chin. Rep.,* III, 1834, pp. 1 et seq.)

— The Chinese Oral language ; marked distinction between it and the written language ; degree of affinity wich exists between them ; origin of different dialects ; general character of several of these dialects. By J. R. Morrison. *(Chin. Rep.,* III, pp. 480 et seq.)

Réimp. dans *The Cycle,* 28 Jan. 1871.

On the meaning and use of the Character 夷 E. (*Barbare* ou *Etranger.*)

(*Canton Register,* X, 1837, pp. 128/9. — See the same periodical, pp. 136/138, etc.)

— Remarks on rendering the Chinese word Man « Barbarian », showing that the Chinese do not call Europeans *Barbarians.* By P. P. Thoms.

And.

— Strictures on Mr. P. P. Thoms' Remarks on rendering the Chinese Word 蠻 Man, « Barbarians ». By W. H. Medhurst.

(*N. C. Herald* No. 87, March 27, 1852.)

Also.

Observations on Mr. P. P. Thoms rendering of the Chinese word by *Man.*

Extracted from Mr. H. Parke's Pamphlet in the *N. C. Herald,* No. 105, July 31, 1852 et seq.

On the meaning of the word *E*, used by the Chinese Government to designate Foreigners (By Thos. Taylor Meadows, British Consular Interpreter at Shanghae).

Reprinted from the *N. C. Herald* in the *Shanghae Almanac for 1854 and Miscellany.*

— Remarks on rendering the Chinese word *man* « Barbarian », showing that the Chinese do not call Europeans *Barbarians ;* contradicted! with remarks by a Correspondent ; and Strictures by Dr. Medhurst.

Article de P. P. Thoms imprimé dans *The North China He-*

1. Neumann né en 1793 à Reichmannsdorf près Bamberg, ✝ à Munich le 17 mars 1870.

rald, No. 87, March 27, 1852 et réimprimé dans le *Shanghae Alm. for* 1853 *and Miscellany.*

Answer to Mr. Thoms'Paper on the word 夷 Man, in which he endeavours to show that the Chinese do not call Europeans « Barbarians » (By Thos. Taylor Meadows.)

Reprinted from the *N. C. Herald* in *the Shae Alm. for* 1854 *and Miscellany.*

— Lecture on the Nature and Structure of the Chinese Language, delivered at University College. By the Rev. Samuel Kidd. Professor of the Chinese Language and Litterature in that Institution. London : Printed for Taylor and Walton... 1838, in-8, pp. 37.

— Il y a dans *« Notes & Queries »* Series I, X, p. 29, une question faite par L. H. Watters au sujet de la meilleure manière d'apprendre la langue chinoise. Il y est répondu dans le même vol., pp. 167/168, par Thomas Bellot, Surgeon, R. N., dans une Note pleine de fautes.

— Philological Diversions, illustrating the word *Fung* 風 or *Wind*, in its various meanings and uses, as they are exhibited by Chinese Lexicographers, Poets, Historians, and the Common People. Communicated to the Editor of the *Chinese Repository*, with the following note, by Philo. [E. C. Bridgman]. *(Chin. Rep.,* XVIII, pp. 470/484.)

— Chinese Local Dialects reduced to writing. By Rev. Moses C. White, Missionary of the Methodist Episcopal Missionary Society at Fuhchau. (Read October 26, 1853) to which is appended an outline of the System adopted for romanizing the Dialect of Amoy. By Rev. Charles W. Bradley, late Consul of the United States at Amoy. *(Jour. Am. Or. Soc.,* Vol. IV, No. II, Art. X, pp. 327 et seq.)

* Rev. Moses Clark White. The Chinese Language spoken at Fuh - Chau. New York, 1856, in-8, pp. 32.

Réimp. du *Methodist Quarterly Review,* July 1856, pp. 352/381.

— On ancient Chinese Pronunciation : By the Rev. Joseph Edkins, of the London Missionary Society, Shanghae. Read to the Society, 11th October, 1853. *(Trans. of the China Br. R. As. Soc.,* Part IV, Art. III & IV.)

On diphthongs in the Chinese language. By the Rev. Joseph Edkins. Missionary at Peking. [Written at Peking, August 1872].

Conférence faite devant la Philological Society of London en 1874 et publiée en brochure.

— The Interpretation of some remarkable words in the Chinese Language by the

Rev. T. R. Brown Vicar of Southwick, M.DCCCLIII, br. in-8.

Tiré à très petit nombre. .

Piper (Gottlieb Otto). Meine Stellung zum Chinesischen Alterthume und die Stellung meiner Gegner, der Professoren Schott und Neumann. Bernburg, 1857, in-8.

J. H. Plath. Die Tonsprache der alten Chinesen. Mit. 1 (lith). Tafel. [Aus den *Sitzungsber. d. k. Akad. d. Wiss.*] München, 1862, gr. in-8, pp. 52.

— On the application of the Roman Alphabet to the Languages and Various Spoken Dialects of China and Japan. By the Editor [Summers]. *(Ch. & Jap. Rep.,* Sept. 1863, pp. 112 et seq.)

— Sketch of the Chinese Language and Literature. By the Editor. [Summers.] *(Ibid.,* Sept. 1865.)

— Du système des intonations chinoises et de ses rapports avec celui des intonations annamites par M. Abel Des Michels. Paris, Imp. Impériale, MDCCCLXIX, br. in-8, pp. 19.

Extrait No. 11 de l'année 1869 du *Journal Asiatique.*

— Chinese Slang. *(Shanghai Evening Courier,* 7 Janvier 1869,)

— On Chinese « Numerals », voir *Notes and Queries on C. & J.*, Vol. IV, Art. 7, by S. — Art. 103, by S. W. Bushell.

— De la langue chinoise et des moyens d'en faciliter l'usage, 1869, br. in-8.

Tirage à part de la *Revue moderne ;* par Pierre Jannet. — Voir dans le *Bibliophile français,* Oct. 1873, une notice sur cet éditeur par Maurice Tourneux.

— Remarks on the Style of Chinese Prose, by Pres't W. A. P. Martin, of Peking, China; presented by the Corresponding Secretary.

Communication faite à l'*Am. Or. Soc.,* Oct. 1871. — *Journal,* Vol. X, No. 1, p. XXXIII.

— Analysis of Chinese Characters. *(Chin. Rec.,* IV, pp. 90/3, 119/123.)

— Le Charlatanisme littéraire dévoilé ou la vérité sur quelques professeurs de langues étrangères à Paris. Dédiée à MM. les Professeurs du Collège de France... Versailles, 1874, in-8, pp. 23.

Cette brochure signée Léon Bertin *(pseud.* de M. Perny), est dirigée contre MM. Abel Des Michels et le M¹⁸ d'Hervey de Saint-Denys.

— Projet d'une Académie européenne au sein de la Chine. Paris, Jules Boyer, 1874, pet. in-8, pp. 12.

Par l'abbé Paul Perny, des Miss. Etrangères.

Examen des faits mensongers contenus dans un libelle publié sous le faux nom de Léon Bertin avec le jugement du tribunal correctionnel de Versailles du 30 septembre 1874, confirmé par Arrêts de la Cour de Paris des 16 décembre 1874 et 29 janvier suivant. Note adressée à MM. les Professeurs du Collége de France. Saint-Germain, Imprimerie Eugène Heutte et Cie, 1875, br. in-8, pp. 48.

Réponse de M. le M^ls d'Hervey de Saint-Denys au pamphlet le *Charlatanisme littéraire*.

— Synoptical Studies in Chinese Character. By Herbert A. Giles, of H. B. M.'s Consular Service. Shanghai : Printed by A. H. de Carvalho, and sold by Kelly & Co. 1874, in-8, pp. 118 s. les ff. prél.

Pub. à 2 Dol.

Introduction to the Study of the Chinese Characters. By J. Edkins, D. D. Peking, China. London, Trübner, 1876, in-8.

Notices : *Chin. Rec.*, VII, pp. 386, 459/460. — *The Celestial Empire*, 8 sept. 1877 (by John S. Roberts). — *Goettingische gelehrte Anzeigen*, 14 märz 1877 (par le Prof. Pott, de Halle).

— The Hankow Dialect. By E. H. Parker. *(China Review*, III, pp. 308/312.)

— Tao 道 : An Essay on a Word by T. Watters Esq. *(Chin. Rec.*, IV, pp. 1/4, 33/35, 100/102.)

— Essays on the Chinese Language. By T. Watters. *(China Review*, IV, pp. 207/212, 271/278, 335/343). — V, pp. 9/13, 75/83, 145/152, 209/216.)

The Language and Literature of China : Two Lectures delivered at the Royal Institution of Great Britain in May and June, 1875. By Robert K. Douglas, of the British Museum, and Professor of Chinese at King's College, London. London, Trübner, 1875, in-8.

Notices : *China Review*, IV, pp. 301/306 by E. J. Eitel. — *Chin. Rec.*, VII, 1876, p. 80. — *The Athenæum*, No. 2508, 20 Nov. 1875.

— On the best method of representing the unaspirated mutes of the Mandarin Dialect. By Rev. John Gulick. *(Chin. Rec.*, III, pp. 152/155.)

On the Mandarin Mutes. By Rev. John T. Gulick. *(Chin. Rec.*, VI, 1875, pp. 414/418.)

— Matériaux pour servir à l'histoire des études orientales en Italie par Angelo de Gubernatis, prof. ord. de sanscrit à l'Institut des Etudes supérieures à Florence, délégué officiel du gouvernement italien au troisième congrès international des Orientalistes. Ouvrage présenté le 1er Sept. 1876 au Congrès de St. Pétersbourg. Paris, Ernest Leroux, 1876, in-8, pp. 446 s. l. t.

VII. Langues monosyllabiques et altaïques, pp. 367 et seq.

(OUVRAGES DIVERS. — DISSERTATIONS.)

— Principles of Composition in Chinese, as deduced from the written characters. By the Rev. Dr. Legge, Professor of Chinese at Oxford. Br. in-8, pp. 40.

Tirage à part d'un art. publié en Avril 1879 dans le *Jour. of the Roy. As. Soc. of Great Britain and Ireland*.

The Book Language of China. By Herbert A. Giles. *(The Nineteenth Century*, Nov. 1879, pp. 904/914.)

— Barrow, *Travels*, Chap. VI.

— T. T. Meadows, *Desultory Notes*, 1847 (col. 59).

CONTROVERSES DE MM. S. JULIEN, G. PAUTHIER, &c.

— Examen critique de quelques pages de chinois relatives à l'Inde, traduites par M. G. Pauthier, accompagné de discussions grammaticales sur certaines *règles de position*, qui, en chinois, jouent le même rôle que les inflexions dans les autres langues ; par M. Stanislas Julien, de l'Institut. Paris, Imprimerie royale, M.DCCCXLVI, in-8.

Journal Asiatique, Mai 1841, pp. 401/556.
Réimp. en tête du Vol. II de la *Syntaxe nouvelle* de S. Julien.

— Réponse à l'examen critique de M. Stanislas Julien inséré dans le numéro de Mai 1841 du *Journal Asiatique*, par M. G. Pauthier. Paris, Imprimerie royale. MDCCCXLII, br. in-8, pp. 88.

Avait paru dans le *J. As.*, 3e Sér., Vol. XII, août 1841, pp. 97/148 et Sept.-Oct. 1841, pp. 350/385.

— Exercices pratiques d'analyse, de syntaxe et de lexigraphie chinoise. Ouvrage où les sinologues trouveront la confirmation des principes fondamentaux, et où les personnes les plus étrangères aux études orientales puiseront des idées exactes sur les procédés et le mécanisme de la langue chinoise, par Stanislas Julien... Paris, Benjamin Duprat, 1842, in-8, pp. XXIV-270.

L'int. à ces *Exercices* a été trad. en anglais par Henry Piddington et insérée dans le *Jour. of the As. Soc. of Bengal*, XII, 1843, pp. 816 et seq.
L'Avertissement des *Exercices pratiques* est reproduit pp. 134 et seq. du Vol. II de la *Syntaxe nouvelle* de S. Julien.

— Vindiciae Sinicae. Dernière Réponse à M. Stanislas Julien ; suivie d'un parallèle de sa nouvelle traduction de Lao-tseu, avec une traduction précédente, par G. Pauthier. Paris, 1842, br. in-8, pp. VIII-110.

Datée 25 Sept. 1842.

Simple Exposé d'un Fait honorable odieusement dénaturé dans un libelle récent de M. Pauthier, suivi de la réfutation de sa dernière réponse, du résumé analyti-

(OUVRAGES DIVERS. — DISSERTATIONS.)

que de plus de six cents fautes (commises dans la traduction de douze pages de chinois), qu'il n'a pas su justifier, et de l'examen de certains passages, à l'aide desquels il a prétendu prouver que les Egyptiens ont porté en Chine l'invention de l'écriture 2353 ans av. J.-C., par Stanislas Julien. Paris, B. Duprat, Dec. 1842, br. in-8, pp. 216.

— Supplément aux Vindiciae Sinicae. Br. in-8, pp. 40.

Datée 11 Mars 1843. — En réponse au *Simple Exposé*.

Réponse obligée à un prétendu ami de la justice qui se cache sous le voile de l'anonyme, suivie de barbarismes et de solécismes latins d'un candidat qui a toutes ses sympathies, par M. Stanislas Julien... Paris, Maisonneuvie et Cie, 1871, br. in-8, pp. 16.

— Vindiciae Sinicae Novae No. 1. J.-P. Abel-Rémusat, Premier Professeur de Langue et de Littérature Chinoises et de Tartare mandchou au Collège de France, Défendu contre les imputations mensongères de M. Stanislas Julien, son élève et son successeur dans sa chaire de Chinois audit collège, etc. Par G. Pauthier Ancien élève de M. Rémusat. Paris, Ernest Leroux, 1872, br. in-8 de 24 pages.

Réponse à un article du *Journal Asiatique* (No. de Mai-Juin 1871, p. 341) et à l'*Exposé historique des Etudes chinoises* rédigé par S. Julien et inséré dans les *Rapports sur les progrès des Etudes relatives à l'Egypte et à l'Orient* (1868).

— Mémoire de M. G. Pauthier, homme de lettres, demandeur, contre M. J. M. Callery, interprète attaché au Ministère des Affaires étrangères, défendeur. br. in-8, pp. 20 [1].

----

1. Pierre-Guillaume Pauthier est né à Momirolle, près Besançon, le 4 Oct. 1801 ; † 11 mars 1873. — Notices : G. Dugat. *Hist. des Orientalistes de l'Europe*, II, pp. 212/258.— *Bul. de Bibliographie*, de Leroux, No. 2, Avril 1873. — Notice par L. X. de Ricard, en tête du Cat. des livres de sa Bibliothèque, Paris, E. Leroux, 1873. — Liste de ses ouvrages par A. Wylie dans l'*Evening Courier*, Shanghai, May 1873.

— Mélodies poétiques et chants d'Amour par G. Pauthier de Censay. Paris. Chez F. M. Maurice... MDCCCXXVI, in-12. pp. 244 s. l'av., l'ép. et la table.

— Lettres adressées à l'Académie des Inscriptions et Belles-Lettres, par M. G. Pauthier. Paris, Ad. R. Lainé et J. Havard. Octobre 1862, br. gr. in-8, pp. 20.

— Discours de M. Hauréau, Président de l'Académie des Inscriptions et Belles-Lettres prononcé aux funérailles de M. Stanislas Julien Membre de cette Académie le samedi 15 février 1873. — Discours de M. Elie de Beaumont secrétaire perpétuel de l'Académie des Sciences au nom du Collège de France. — Discours de M. Alfred Maury Directeur général des Archives nationales, Membre de l'Académie. In-4, pp. 12.

— Notice historique sur la vie et les travaux de Stanislas Julien, lue par M. Wallon, secrétaire perpétuel de l'Aca-

(OUVRAGES DIVERS. — DISSERTATIONS.)

— Mémoire d'un bibliophile présenté à la Cour impériale de Paris sur la question de savoir si un ouvrage imprimé, vendu comme complet, ayant été reconnu incomplet à la livraison, le vendeur est en droit de le faire accepter complété par des feuillets manuscrits, suivi d'un autre mémoire sur la question de savoir s'il est défendu de contester historiquement l'existence de l'ordre chinois du *Grand Collier Tartare*, par G. Pauthier. Paris, Imprimerie Simon Raçon et Cie, 1859, br. in-8, pp. 32.

ÉCRITURE

OUVRAGES DIVERS.

— Andr. Mülleri Greiffenhagii Besser Unterricht von der Sineser Schrift und Druck als etwa in Herrn Doct. Eliae Brebnitzen Unterricht... Berlin... 1680.— Andreae Mülleri Greiffenhagii Unschuld wieder Hn. Dr. Elias Brebnitzen Beschuldigung... Stettin, 1683.

— Recherches sur les Caractères chinois [Lettre du Père de Mailla, adressée au Père Souciet, Péking, 1er janvier 1725]. Insérée dans le *Chou king* de De Guignes, pp. 380/398 ; et dans celui de Pauthier (1841), pp. 8/13.

— Réflexions sur les Principes généraux de l'Art d'écrire, et en particulier sur les fondements de l'écriture chinoise. Par M. Freret. (6 de xbre. 1718, *Mém. de l'Ac. R. des Insc.*, VI, 1729, pp. 609/633.)

— Mémoire dans lequel, après avoir examiné l'origine des lettres Phéniciennes, Hébraïques, &c., on essaye d'établir que le caractère épistolique, hiéroglyphique & symbolique des Egyptiens se retrouve dans les caractères des Chinois, & que la nation Chinoise est une colonie Egyptienne. Par M. de Guignes. Lû le 18 Avril 1758. (*Rec. de l'Ac. des Insc.*, Mém., XXIX, 1764, pp. 1/26 avec 3 tables de caractères.

— Voir le Mémoire dans lequel De Guignes veut prouver que les Chinois sont une Colonie Egyptienne (1759) [col. 230].

— Essai sur le moyen de parvenir à la lecture et à l'intelligence des Hiéroglyphes Egyptiens. Par M. de Guignes. [Assemblée publique de Pâques 1766] (Rec. de l'*Ac. des Insc.*, Mém., XXXIV, pp. 1/55).

----

démie des Inscriptions et belles lettres à la séance publique annuelle de cette académie le 5 novembre 1875.

Insérée dans le *Journal Officiel*, 8 Nov. 1875 ; et imprimée en un cahier in-4 pour l'Académie.

— Professor Stanislas Julien. By Old Mortality [Henri Cordier]. (*N. C. Daily News*, 16 Avril 1873.)

— Works of Professor Stanislas Julien. By A. W. (ylie) avec une addition de « Old Mortality » [Henri Cordier]. (*Shai. Budget*, April 26, 1873.)

(ÉCRITURE.)

— Lettre de Pékin, sur le génie de la Langue chinoise, et la nature de leur écriture symbolique, comparée avec celle des anciens Egyptiens ; En réponse à celle de la Société Royale des Sciences de Londres, sur le même sujet : On y a joint l'Extrait de deux Ouvrages nouveaux de Mr. de Guignes, de l'Académie des Inscriptions & Belles-Lettres de Paris, relatifs aux mêmes matières. Par un Pere de la Compagnie de Jesus, Missionnaire à Pekin. A Bruxelles, Chez J. L. de Boubers... M.DCC.LXXIII, Avec Approbation & Permission, in-4, pp. XXXVIII-53 et 29 planches.

Par le P. Cibot. — Contient :

Avis préliminaire par Mr. Needham, de la Société royale des Sciences & de celle des Antiquaires de Londres, pp. III-IX.

Premier Extrait du Journal des Savans, sur le Chou-king, pp. IX-XXVIII.

Second Extrait du Journal des Savans, sur les Moyens de parvenir à la lecture & à l'intelligence des Hieroglyphes Egyptiens, pp. XXVIII-XXXVIII.

Lettre sur les Caractères Chinois, par le Reverend Père****, de la Compagnie de Jesus, Avec Figures. A. Bruxelles, Chez J. L. de Boubers... M.DCC.LXXIII, pp. 36.

(Lettre datée « à Peking, ce 20 Octobre 1764) ».

Notes, pp. 37-49.

Approbation. — Traduction des mots Anglais qui se rencontrent dans les Planches.

Vend. Rémusat (466), F r. 8. — Klaproth (641), Fr. 10 — Dondey-Dupré, s. d. (156), Fr. 12.— Thonnelier (1515), Fr. 1.50.

M. Needham, étant à Turin en 1761, avait cru trouver une ressemblance entre certains caractères marqués sur la figure et la poitrine d'un ancien Buste d'Isis et les caractères chinois. M. Needham recueillit pour faire des comparaisons différents caractères egyptiens, etc., dont l'exactitude est confirmée par un certificat imprimé, pp. V-VI de son Avis préliminaire. L'original de ce certificat se trouve dans la bibliothèque de Mr. Wylie à Changhai relié avec la dissertation suivante dans laquelle M. Needham expose ses vues :

— De Inscriptione quadam aegyptiaca Taurini inventa et Characteribus Aegyptiis olim et Sinis communibus exarata idolo cuidam antiquo in regia universitate servato ad utrasque Academias Londinensem et Parisiensem rerum antiquarum investigationi et studio praepositas data epistola. Romae. MDCCLXI, Ex Typographia Palladis, pet. in-8, pp. 69 sans l'app., 1 Pl.

[Datum Romae septimo Idus Septembris anno 1761. — T. Needham.]

Le certificat est signé : Thos. Le Seur. — François Jacquier. — Ridolfini. — Venuti. — Le Baili de Breteuil. — R. Smith. — R. Lyttleton. — John Hinckliffe, M. A. — Grafton. — F. Tavistock. — Roxburgh. — H. James.

On trouvera des détails intéressants sur cette question dans les Mémoires concernant les Chinois, I, pp. VII-X.

— La lettre du 20 Oct. 1764 est réimprimée dans les Mémoires concernant les Chinois, 1776, I, pp. 275-323.

Dans la préface de ces Mémoires, p. x. 1765 est l'année indiquée comme étant celle pendant laquelle a été faite la publication à Bruxelles, chez Boubers. De Backer reproduit cette date, I, col. 136. L'édition de 1773 que nous avons vue est, nous croyons, la seule qui ait été donnée.

Voici ce que le P. Amiot écrit à la date de Péking, le 28 Sept. 1777, au Ministre Bertin. (Institut, Ms. D. M. 167, Vol. I) :

« Je ne suis pas l'auteur de l'Essai sur l'antiquité chinoise

(ÉCRITURE.)

[voir col. 230], je ne l'ay même pas vû, et je ne connois cet ouvrage que par ce qu'en dit votre grandeur, et par ce que m'en a écrit Mr. de Guignes à qui j'ay dit tout naturellement ce que j'en pensois. j'ay tout lieu de croire, vû la connoissance que j'ay du local et de la capacité en fait de chinois de ceux qui m'environnent, j'ay tout lieu de croire, dis-je, que cet essay n'est autre chose qu'une compilation peut-être mal digérée de quelques mémoires déjà faits par nos anciens missionnaires des Provinces qui les envoyèrent icy pour être examinés et qui y furent mis au rebut par ce qu'on jugea qu'ils ne méritoient pas d'être produits. Celui qui les a tirés de l'oubli au quel ils etoient condamnés, n'a eû garde d'y mettre son nom. Il a eû ses raisons pour en agir ainsi, et ses raisons sont bonnes parce qu'il ne se rend nullement responsable de ce qu'il avance. Cependant malgré le soin qu'il prend de se cacher, il est très-aisé de le reconnoitre quand on connoit celui à qui on a remis tout ce fatras d'écrits laissés par ceux qui nous ont précédés. Si cet ouvrage est imprimé et qu'il parvienne jusqu'à moi, je pourrai mieux l'apprécier encore. Il y a grande apparence que le titre d'essay que le compilateur lui a donné lui convient dans toute l'étendue du terme. Mon mémoire intitulé Antiquité des Chinois prouvée par les monuments que j'ay adressé à votre grandeur en forme de lettre se trouvera peut-être en contradiction sur bien des articles avec ce qui est avancé dans l'essay. La bonté et la multitude des preuves mises dans la balance de l'impartialité fixeront le jugement de votre grandeur qui n'en porta jamais que de très-équitables.

Je ne suis pas l'auteur de la lettre sur le génie de la langue chinoise et la nature de leur écriture symbolique comparée avec celle des anciens Egyptiens et adressée à la Société de Londres. Elle a été faite par celui là même qui a fait l'essay. Je ne l'ay point lue, et il est probable que ce qu'elle contient a été puisé dans des sources dont quelques unes sont assez éloignées de Peking. Il ne seroit pas encore impossible de déterrer ces mêmes sources dans la bibliothèque du Roi, si elle possède certains manuscrits du P. Laffiteau, et des PP. de Prémare et Golet. Je prens cette occasion pour assûrer à votre grandeur que tout ce qui est allé ou ira dans la suite de Chine en France sans être signé de mon nom n'est pas sorti ou ne sortira pas de moi.»

— Essai sur le passage de l'Ecriture hiéroglyphique à l'écriture alphabétique, ou sur la manière dont la première a pu conduire à la seconde. (Mém. conc. les Chinois, VIII, pp. 112/132.)

Par le Père Cibot.

— An Explanation of the Elementary Characters of the Chinese ; with an Analysis of their ancient Symbols and Hieroglyphics, by Joseph Hager, D. D. London, Richard Phillips, 1801, in-folio, pp. LXXXII-44.

Vend. Langlès (1054), Fr. 36. — Rémusat (472), Fr. 10. — Klaproth (647), Fr. 13.

Voir Barrow's Travels, 2d ed., Chap. VI, pp. 239 et seq.

— Leichenstein auf dem grabe der Chinesischen gelehrsamkeit des Herrn Joseph Hager, Doctors auf der Hohen Schule zu Pavia. Gedruck in diesem Jahre, br. in-8, pp. 56, s. l. n. d.

Par Klaproth, 8/20 Avril 1811.

Vend. Rémusat (821), Fr. 1.95.

The title-page reviewed. The characteristic merits of the Chinese Language, illustrated by an investigation of its singular mechanism and peculiar properties ; containing Analytical Strictures on Dr. Hager's Explanation of the Elementary Characters of the Chinese. By Antonio Montucci, L L. D. Occasional Chinese

(ÉCRITURE.)

Transcriber to His Majesty and to the Honourable the East-India Company. London : Printed for the author, by W. and C. Spilsbury, Snowhill ; and sold by Messrs. Cadell and Davies, 1801. Pièce in-4, pp. 2. [Prospectus].

— The Answer of A. Montucci, LL. D. to the Conductors of the *Critical Review* and *Monthly Magazine*, concerning their review of a title-page and prefatory letter, accompaying proposals for a Treatise on the Chinese Language. Pièce in-4 [1801], pp. 9.

Voir : The *Monthly Magazine*, Aug. 1801, and the *Critical Review*, July 1801.

— Letters to the Editor of the *Universal Magazine,* on Chinese Literature ; including Strictures on Dr. Hager's two Works, and the Reviewers'Opinions concerning them. Collected and edited by Antonio Montucci, L L. D. Occasional Chinese Transcriber to His Majesty, and to the Honourable the East-India Company. London : Printed for the Editor, By Knight and Compton, 1804, in-8, pp. 26 pliées en double à la chinoise.

Sur les *Elementary Characters* et le *Monument de Yu.*

— Recherches sur l'Origine et la Formation de l'Ecriture chinoise. Par M. Abel-Rémusat. *(Mém. de l'Ac. des Insc. et B. L.)*

Premier Mémoire : Sur les Signes figuratifs qui ont formé la base des Caractères les plus anciens (VIII, pp. 1 et seq.)

Lu le 11 Août 1820.

Vend. Rémusat (469), Fr. 16.

— Sur les caractères figuratifs qui ont servi de base à l'écriture chinoise. *(Mél. As.,* II, pp. 33/46.)

Voir *J. As.,* II. 1823, pp. 129/142.

— Remarques sur quelques écritures syllabiques tirées des caractères chinois, et sur le passage de l'Ecriture figurative à l'écriture alphabétique. Par M. Abel-Rémusat. *(Mém. de l'Ac. des Insc. et B. L.,* VIII, pp. 34 et seq.)

Lu le 7 Janvier 1820.

Ces deux mémoires ont été tirés à part en une br. in-4, pp. 59.

— Sur les Clefs Chinoises, par M. Klaproth. *(Nouv. J. As.,* I, 1828, pp. 233/236.)

— Sur l'introduction de l'usage des Caractères chinois au Japon, et sur l'origine des différens Syllabaires japonais, par M. Klaproth. *(Ibid.,* III, 1829, pp. 19/48.)

韻字目錄 Tableau des Elémens vocaux de l'Ecriture Chinoise. Divisé en 2 Parties, par J. C. V. Levasseur et H. Kurz, Membres de la Société Asiatique

(ÉCRITURE.)

de Paris. Paris, chez V. Ratier, 1829, br. in-8 lithographiée de 32 pages sans les errata.

Pub. à Fr. 3. — Vend. Rémusat (474), Fr. 4.05. — Klaproth (648), Fr. 4. — Thonnelier (1520), Fr. 1.

— The Chinese written language : origin of Chinese writing ; six classes of symbols or characters ; various modes of writing ; names of characters in the national language, and the orthography best adapted for representing the sounds in English ; modern divisions of the characters into tribes ; list of the heads of tribes, commonly called radicals or keys. By J. R. Morrison. *(Chin. Rep.,* III, 1834, pp. 14 et seq.)

Sin zoo zi lin gjok ben, Novus et auctus literarum ideographicarum thesaurus, sive Collectio omnium literarum Sinensium secundum radices disposita, pronuntiatione Japonica adscripta, opus Japonicum in lapide exaratum a Sinensi Ko tsching dschang, et redditum curante Ph. Fr. de Siebold. Lugduni Batavorum, 1834, in-4.

Tirage à 100 exemplaires.

— A Dissertation on the Nature and Character of the Chinese System of Writing, in a Letter to John Vaughan, Esq. By Peter S. Du Ponceau, LL. D. President of the American Philosophical Society,... to which are subjoined, a Vocabulary of the Cochinchinese Language, By Father Joseph Morrone, R. C. Missionary at Saigon, with references to Plates, containing the characters belonging to each word, and with notes, showing the degree of affinity existing between the Chinese and Cochinchinese Languages, and the use they respectively make of their common system of writing, By M. de la Palun, Late Consul of France at Richmond, in Virginia ; and a Cochinchinese and Latin Dictionary, in use among the R. C. Missions in Cochinchina. Published by order of the American Philosophical Society, by their historical and literary commitee. Philadelphia, 1838, in-8, pp. xxxii-376.

L'Introduction à cet ouvrage (pp. IX-XXXII), par Du Ponceau, porte la date de Philadelphie, 12 Février 1838. Elle est reproduite dans *The Chinese Repository,* VII, pp. 336/353.

— Obituary Notice of Peter S. Du Ponceau, L L. D. [by John Pickering, LL. D.] *(Journal of the Am. Or. Soc.,* Vol. I, No. II, 1844, pp. 161 et seq.)

Du Ponceau, né le 8 Juin 1760 à l'île de Ré, arriva à Portsmouth, New Hampshire, le 1er Déc. 1777. Il est mort à Boston le 1er Avril 1844.

— Sinico-Aegyptiaca. Essai sur l'Origine et la Formation similaire des Ecritures figuratives chinoise et égyptienne, com-

(ÉCRITURE.)

posé principalement d'après les écrivains indigènes, traduits pour la première fois dans une langue européenne ; par G. Pauthier. Paris, Typographie de Firmin Didot frères, 1842, in-8, pp. VIII-149, sans la table.

La base de cet ouvrage est l'article de Pauthier intitulé *Écriture*, inséré dans l'*Encyclopédie nouvelle*, d'après lequel ce savant publie aussi une dissertation dans le Vol. II de la *Chine Moderne*, pp. 278 et seq.

L'ouvrage devait comprendre trois parties dont celle-ci, la première, a été seule publiée [voir col. 726].

Leroux, 1873, *Bull.* No. 2, Fr. 10.

LÉON DE ROSNY. — Calligraphie chinoise. Modèles de Caractères Chinois pour servir de sujet d'exercices à ceux qui veulent apprendre à tracer élégamment les Caractères de cette langue. Paris, Benjamin Duprat [et] Maisonneuve et Cie, s. d., in-8, pp. 16.

Paris, Impr. Orientale Callet, rue de Seine, 53.— Le nom de M. de Rosny ne figure pas sur le titre. — Cette brochure est une table des 214 clefs.

— Notice sur l'Écriture chinoise et les principales phases de son histoire, comprenant une suite de spécimen de caractères chinois de diverses époques, de fragments de textes et d'inscriptions, de facsimile, de tables, etc. Accompagnés d'un texte explicatif par Léon de Rosny... Paris, 1854, in-8, pp. 24 s. les pl.

Dictionnaire des signes idéographiques de la Chine avec leur prononciation usitée en Chine et au Japon et leur explication en français, accompagné d'un vocabulaire des caractères difficiles à trouver rangés d'après le nombre de traits, d'une table des signes susceptibles d'être confondus, de la liste des signes idéographiques particuliers aux Japonais, d'un index géographique et historique, d'un glossaire japonais-chinois des noms propres de personnes, etc., par Léon de Rosny, chargé du cours de japonais à l'École spéciale des Langues orientales. Paris, Benjamin Duprat, 1864, in-8.

* Discoveries in Chinese; or the Symbolism of the Primitive characters of the Chinese System of writing by Stephen Pearl Andrews. Published by Charles B. Norton, New York, 1854, in-8.

Notice : — *Jour. Am. Or. Soc.*, Vol. V, No. 1. pp. 224/5, by M. C. White.

— Propagation des Sciences Européennes dans l'Extrême Orient. — Nouveau Syllabaire et Alphabet chinois phonétique par Mr. Ferdinand Schütz. Nancy, 1856/7, in-8.

Extrait des *Mémoires de l'Académie de Stanislas*.

— A Manual of Chinese Running-Handwri-

ting, especially as it is used in Japan, compiled from Original Sources by R. J. de St. Aulaire and W. P. Groenevelot-Printed for the Authors-Sold by G. M. van Gelder, Amsterdam, 1861, in-4.

Zur Geschichte der Erfindung und des Gebrauches der Chinesischen Schriftgattungen. Von Dr. A. Pfizmaier. Wien, Karl Gerold, 1872, in-8, pp. 62.

Extrait de *Sitzber. d. Ph.-hist. Cl. der K. Ak. der* | *Wissenschaften.*

— Voir les ouvrages sur l'inscription de Yu, col. 290.

— Kircher, *Chine illustrée*, VIᵉ partie.

— *Éloge de la Ville de Moukden*, Paris, 1770 : Origine des différentes sortes de Caractères Chinois, dont on voit le modèle dans les trente-deux volumes de l'édition chinoise, pp. 127/197.

— Pauthier, *Chine moderne*, II, liste des deux-cent-quatorze radicaux, pp. 303/316.

ESSAIS POUR REPRÉSENTER LES CARACTÈRES CHINOIS.

1º *IMPRIMERIE.*

Essai historique sur la typographie orientale et grecque de l'imprimerie royale. Par M. de Guignes. 1787, in-4, pp. 94.

Principes de composition typographique, pour diriger un compositeur dans l'usage des Caractères Orientaux de l'Imprimerie Royale. Par M. de Guignes. 1790, in-4, pp. 78.

* Exemplum typographiae sinicae figuris characterum e typis mobilibus compositum a Joh. Gottl. Imm. Breitkopf. Lipsiae, typ. autoris, 1789.

Langlès (4151). — Klaproth (1836).

— Grosier, livre IV, chap. v, de l'Imprimerie.

— Abel-Rémusat, *J. des Savans*, sept. 1820, pp. 556/7, à propos du ministre Foung tao, † vers 960.

— Weiss, art. sur le même ministre, *Biog. univ.*, Vol. XIV, pp. 507/508.

— Chinese Method of Printing (Milne's *Retrospect*, section XVII, pp. 222 et seq.).

— Chinese Method of Printing. (*Chin. Courier & Canton Gazette*, Vol. I, No. 38.)

— Chinese Printing (*Canton Miscellany*, No. 2, pp. 107/108).

— Chinese Printing. By E. C. Bridgman. (*Chin. Rep.*, I, pp. 414/422.)

— Le Rév. E. C. Bridgman a donné, dans le *Chin. Rep.*, les renseignements suivants sur les presses en Chine à son époque :

« There are now *five* English presses in China; two are in Macao, and three in Canton. Three of these presses are from England, and two are from America. The Honorable E. I. Company's press with a printer arrived in China in 1814. Morrison's Dictionary of the Chinese language, his Vocabulary of the Canton dialect, and his View of China; the translation of a novel by Mr. Thoms ; and the Canton Miscellany, in a series of numbers published in 1831, — are the principal works which have appeared from that press. A Chinese dictionary of the Fuhkeën dialect by Mr. Medhurst of Batavia, is now being printed. The next press arrived here in 1825; from which the first number of the *Canton Register* appeared in November 1827. We have before us a complete series of this paper up to the present time. In addition to a full register of the mercantile transactions of Canton, it contains a great variety of notices of the manners, customs, etc., of the Chinese and other eastern nations. Almost every page of the Register has been filled with original matter; and it is this which has given it particular value abroad. where it has done much to direct public attention to the Chinese. A third press arrived in 1831, and a second periodical, the *Chinese Courier*, appeared shortly after. The Courier has pursued a course different from that of its « cotemporary ». Its pages have been occupied partly with European intelligence, and partly with local news and notices of mechanical arts, manufactures, and such like, among the Chinese. — The two other presses reached China during last year. All these presses are in operation, and are supported solely by foreigners ».

(Chinese Respository, Vol. II, pages 6 et 7) (en 1833).

Puis, plus tard, il écrivait :

« *European presses in China*. With respect to the foreign presses in China, ent few changes worthy of notice have taken place during the last twelve months. The honorable Company's press continues in operation at Macao, being chiefly employed, we believe, with Mr Medhurst's dictionary of the Fuhkeën dialect. The Albin Press, which was enterdicted last June by Portuguese authority in Macao, has been removed to Canton, and is at present employed on a commercial guide. The oldest press in Canton, which has sent forth six volumes of the 'Register', has not only maintained its own ground, but has united with itself that of the late 'Courier'. This latter paper was discontinued early last summer; and the 'Register', since the commencement of the current year, has appeared every week, instead of semi-monthly as formerly. Our own establishment continues in *statu quo*, except some small additions to the fonts of type, which in Chinese words will enable us to mark the intonations, etc. Thus in the course of the year five printing establishments have been reduced to four, one of which is in Macao, and three in Canton. There are also two lithographic presses in Canton; at Macao and connected with the College of St Joseph, there is also a Portuguese Press, which is furnished with a font of Chinese moveable types. From these presses several small publications have been issued during the year. » *(Ch. Rep.*, Vol. III, pp. 43/4. May 1834.)

— A Selection of Three Thousand Characters being the most important in the Chinese language. For the purpose of facilitating the cutting of Punches and casting Metal type in Chinese. Malacca : Printed at the Anglo-Chinese College, 1834, in-12 de 8 pages et 24 feuilles de caractères chinois [by Samuel Dyer].

— Dyer's Circular respecting preparation of movable types. *(Chin. Rep.*, II, pp. 477 et seq.)

— Lettre de Robert Morrison. *(As. Jour. & Month. Reg.*, XV, 1834, pp. 48/49.)

— Estimate of the proportionate expense of Xylography, Lithography, and Typography, as applied to Chinese printing: view of the advantages and disadvantages of each. By *Typographus Sinensis*. [W. H. Medhurst]. *(Chin. Rep.*, III, Oct. 1834, pp. 246 et seq.)

— Notice sur la fonte des types mobiles d'un caractère chinois, gravé sur acier par Marcellin-Legrand, graveur des nouveaux types de l'imprimerie royale; sous la direction de M. Pauthier. Paris, 1836, br. in-8, 8 pages.

— Specimen... 4 pages et 13 pages de texte chinois [1836].

— Chinese Metallic types : proposals for casting a font of Chinese types by means of steel punches in Paris; attempt made in Boston to steorotype from Wooden blocks. *(Chin. Rep.*, III, pp. 528 et seq.)

(ÉCRITURE.)

— Spécimen de caractères chinois gravés sur acier et fondus en types mobiles par Marcellin Legrand. Paris, Marcellin Légrand, rue Lepeletier, 22. 1859, in-8, pp. 56, sans la table.

— Consulter : China : its State and Prospects by Medhurst, Chap. XXII, sur l'imprimerie en Chine. On trouvera dans le même ouvrage, pp. 576/578 : *List of Books printed at Canton and Malaca*, — pp. 579/580, *at Batavia*, — p. 581, *at Penang and at Singapore*.

— « Chinese Metallic types. » Article publié dans le « Missionary Magazine » for February 1840, pp. 96/98.

— Specimen of the Chinese Type belonging to the Chinese Mission of the Board of Foreign Missions of the Presbyterian Church in the U. S. A. Macao : Presbyterian Mission Press, 1844, in-8, pp. 41 [by W. M. Lowrie].

Chin. Rep., XIV, pp. 124/129.

— Specimen of Chinese Type, made by the London Missionary Society. Victoria, London Mission Press, 1849, in-8, pp. 38 [by Richard Cole].

— Specimen of three line diamond Chinese type, made by the London Missionary Society. Victoria : London Mission Press, 1850, in-8, pp. 21 [by Richard Cole].

Voir Note by S. W. Williams, *Chin. Rep.*, XX, pp. 282/4.

— Specimen of the Chinese Type (Including also those cut at Ningpo) Belonging to the Chinese Mission of the Board of Foreign Missions of the Presbyterian Church in the U. S. A. Ningpo : Presbyterian Mission Press, 1852, in-8, pp. 38 [by W. M. Lowrie].

— Bezeichnungen des Welt-und Lebensanfages in der Chinesischen Bilderschrift. Von Dr. Gottfried Otto Piper. Berlin, G. Reimer, 1846. In-8, pp. VIII-168, et 1 pl.

— Documents sur l'Art d'imprimer à l'aide de Planches en bois, de planches en pierre et de types mobiles, inventé en Chine, bien longtemps avant que l'Europe en fît usage; extraits des livres chinois, par M. Stanislas Julien. Br. in-8, Imprimerie Royale, 1847.

Journal Asiatique, Extrait No. 12 (1847). — Réimp. dans la *Chine Moderne*, de Bazin, IIe Partie, pp. 626/631.
Duprat, 1861, No. 72, Fr. 0.75.
— Movable Metallic Types among the Chinese. By S. W. Williams. *(Chin. Rep.*, XIX, pp. 247/253.)

— Mededeeling van J. Hoffmann, aangaande de Chinesche Matrijzen en Drukletters, krachtens magtiging van Z. M. den Koning en op last van Z. E. den Minister van Staat, minister van Koloniën J. J. Rochussen, vervaardigd onder toezigt van

(ÉCRITURE.)

den Hoogleeraar, translateur van het nederlandsch-indisch Gouvernement voor de Japansche en Chinesche Talen, Dr. J. Hoffmann. Amsterdam, C. G. van der Post, 1860, br. in 8, pp. 16.

— Catalogus van Chinesche Matrijzen en Drukletters, krachtens magtiging van Z. M. den Koning en op last van Z. E. den Minister van Staat, Minister van Koloniën J. J. Rochussen vervaardigd onder toezigt van den Hoogleeraar, translateur van het nederlandsch indisch Gouvernement voor de Japansche en Chinesche Talen Dr. J. Hoffmann. 1860. Lettergieterij van N. Tetterode te Amsterdam. Gedrukt bij A. W. Sythoff te Leiden. In-4.

— Letterproeven. Chinesche Tekst in verbinding met Japansche Letterschrift Katakana. Leiden, Gedrukt bij A. W. Sythoff, 1860. Gedrukt 50 Exemplaren. Pièce in-8, pp. 8.

— Chinesche Drukletters vervaardigd in Nederland. Nieuw overzigt, met opgave van de nieuw bijgekemen karakters door Dr. J. Hoffmann, Hoogleeraar. 1864. Lettergieterij van N. Tetterode te Amsterdam. Gedrukt bij A. W. Sythoff te Leiden. In-4.

Titre et préface en anglais et en hollandais.

Catalogus van Chineesche Matrijzen en Drukletters vervaardigd in Nederland op last van den Minister van Koloniën en onder leiding van Dr. J. J. Hoffmann. Derde Druk. 1876. Leiden, E. J. Brill. In-4, pp. xiii-24.

Titre et préface en anglais et en hollandais.

* Two Lists of Selected Characters, containing all in the Bible and Twenty Seven other Books, with Introductory Remarks, by William Gamble, Shanghai, Presbyterian Mission Press, 1861.

Notice : N. C. Herald, No. 677, July 18, 1863.

List of Selected Characters. From a List by Wm. Gamble, Esq. 14 groups. comprising 2285 different Characters. (Doolittle's Voc., Part III, No. 9.)

List of Printer's terms. By Rev. C. W. Mateer. (Ibid., No. 16.)

— Specimen of a new Font of Chinese Movable Type, belonging to the Printing Office of the American Presbyterian Mission. By William Gamble Esq. (Jour. N. C. Br. R. As. Soc., N. S. No. 1, Dec. 1864, p. 145.)

* History of Printing in China and Europe by the Hon. Robert Curzon (Dans le Vol. VI des Miscellanies of the Philobiblon Society.)

— Spécimen des types divers de l'imprimerie nationale. Types étrangers. Paris, Imprimerie nationale, MDCCCLXXVIII. gr. in-4, 138 ff.

— Movable types for printing Chinese. By S. Wells Williams, LL. D. (Chin. Rec., VI, 1875, pp. 22/30.)

— Saggi di Caratteri della Tipografia Orientale del R. Istituto di Studi Superiori. Firenze, 1878, br. in-4, oblong.

AMERICAN PRESBYTERIAN MISSION PRESS.
— Catalogue of Books in the Depository of the American Presbyterian Mission Press at Shanghai, October 1, 1871. Shanghai : American Presbyterian Mission Press. 1871, in-8, pp. 15.

— The American Presbyterian Mission Press Price List and Specimen Book of Types, comprising Chinese, Japanese, Manchu, English and Music. Shanghai : 1872, br. in-8.

— Catalogue of Books in the Depository of the Presbyterian Mission Press at Shanghai, May 1, 1874. Shanghai : American Presbyterian Mission Press. 1874, br. in-8.

— Specimens of Cuts at Presbyterian Mission Press, in-4, s. l. n. d. [Shanghai].

— Annual Report of the Presbyterian Mission Press, at Shanghai, for the Year ending December 31, 1875. 1875, br. in-8.

— Visit to the Presbyterian Mission, Chinese Printing Establishment, in Shanghai. (N.-C. Herald, No. 668, May 16, 1863).

— The American Presbyterian Mission Press at Shanghai, Feb. 10, 1873. (Shai. Budget, 13 March 1873).

2°. TÉLÉGRAPHIE

— Note sur Dr. Macgowan's Philosophical Almanac, by S. W. Williams. (Chin. Rep., XX, pp. 284/5.)

— Telegraphy in China. (N. C. Herald, Mars 30, 1869.)

Correspondance du Dr. Macgowan adressée à Mr. G. F. Seward, Consul des Etats-Unis, et à Mr. Medhurst, Consul d'Angleterre.

— Remarks on the Mode of Applying the Electric Telegraph in connection with the Chinese Language by William A. Macy. (Read Oct. 22, 1851.) (Jour. Am. Or. Soc., Vol. III, No. 1, Art. III, pp. 195 et seq.)

— De la transmission télégraphique et de la transcription littérale des caractères chinois par le Cte d'Escayrac de Lauture. Première Partie, Paris, Avril 1862. — Deuxième Partie, Application. — Paris, Mai 1862. In-4, pp. 16 et 12.

Voir du même auteur: Langage, son histoire, ses lois, in-4, pp. 83 [col. 66].

(ÉCRITURE.)   (ÉCRITURE.)

26

VIGUIER (SEPTIME A.) 電報書籍
— T'een piao shu tsieh
Tableau servant à la transmission télégraphique des dépêches écrites en Chinois
et contenant tous les caractères usuelle-
ment employés dans les correspondances
officielles, commerciales et particulières
de la Chine, et leur représentation en nombres. Dressé par S. A. Viguier, Inspecteur
divisionnaire du Service des Ports. Shanghai, 1871, in-folio oblong.

Cet ouvrage se compose de 7 planches et d'un tableau expli
catif en français, en chinois et en anglais.

Il en a été fait un tirage (in-folio) dont les planches sont
pliées en deux au lieu d'être in-plano. Les planches de ce
tirage (7) sont numérotées avec des chiffres arabes au lieu
de chiffres romains et on lit au bas du tableau explicatif
« Printed at the American Presbyterian Mission Press,
Shanghai ».

Ces tables contiennent 6,389 caractères et 511 cases blanches = 6,900.

Une édition complètement chinoise de ce code a été imprimée
à l'aide de planches stéréotypées en 1875 à l'American
Presbyterian Mission Press. Elle forme un cahier chinois
in-4 de 39 pages.

Une édition complètement chinoise de ce code avait été imprimée à l'American Presb. Mission Press à l'aide de
planches stéréotypées en 1872. Elle forme un cahier chinois in-8 de 51 pages. Cette édition diffère des précédentes

(ÉCRITURE.)

en ce que les chiffres qui accompagnent les caractères sont
chinois au lieu d'être arabes.

Note sur la Télégraphie chinoise. (Pour accompagner l'édition Chinoise du Code.)
[par S. A. Viguier] Shanghai, Avril 1872,
2 pages in-folio [Imprimerie de A. H. de
Carvalho].

Memo. on Chinese Telegraphy. (Relative to
the Chinese edition of the « Code »),
Shanghai, April, 1872, 2 pages in-folio.

C'est la traduction anglaise du précédent.

Mémoire sur l'établissement de lignes té-
légraphiques en Chine par S. A. Viguier
Auteur du Code de Télégraphie chinoise.
Shang-hai. Imprimerie Carvalho & Cie,
1875, petit in-8, 26 pages de texte français,
63 pages de texte chinois et 2 cartes (une
française, une chinoise).

C'est la traduction d'un Mémoire publié en chinois cette même
année formant un cahier chinois de 63 pages (avec une
carte). Ce Mémoire chinois est réimprimé à la suite de la
traduction française qui a été tirée à 120 exemplaires et n'a
pas été mise dans le commerce.

— Proclamation du Tao tai de Formose au sujet de l'introduction de la télégraphie dans cette île, trad. en anglais
dans le N. C. Herald, July, 14, 1877.

(ÉCRITURE.)

LITTÉRATURE

TSAI-TSEU CHOU 才子書

On a traduit Tsai tseu par écrivain de génie, écrivain distingué, bel esprit. D'après Bazin. (Chine moderne, II, 1853),
les anciens Tsai tseu sont :

Dynastie des Tcheou : Tso chi ou Tso Khieou-Ming,
Tchouang-tseu.

Han : Sse-ma tsien.

Tang : Tou-fou, Li Taï-pe, Han-yu, Lieou Tsong-youen.

Song : Sse-ma Kouang, Wang Ngan-chi, Ngheou Yang-Siou,
Sou-che.

Youen : Hiu-Heng, Ou-T'ching.

Les Tsai tseu modernes 才子 sont au nombre de dix :

三國志 1° San kouo tche.

好逑傳 2° Hao kieou tchouan.

玉嬌梨 3° Yu kiao li.

乎山冷燕 4° Ping chan ling yen.

水滸傳 5° Choui hou tchouan.

(TSAI-TSEU CHOU)

西廂記 6° Si siang ki.

琵琶記 7° Pi pa ki.

花箋記 8° Hoa tsien ki.

乎鬼傳 9° Ping kouei tchouan.

三合劍 10° San Ho tsien.

1°. SAN KOUO TCHE

— San-Koué-Tchy Ilan kouroun-i pithé Histoire des Trois Royaumes. Roman historique traduit sur les textes chinois et
mandchou de la Bibliothèque royale par
Théodore Pavie. Paris, Benjamin Duprat,
MDCCCXLV-LI, 2 vol. in-8.

Cette traduction qui n'a pas été terminée comprend : Vol. I.
une introduction de Pavie et les trois premiers livres ;
Vol. II. une préface de Pavie et les Livres IV-VII du
San kouo tche.

∴

« It has been translated [San kouo tche] into Spanish, the
whole or in part, by Padre Segui, many years resident in
China, and now Archbishop of Luconia. There is, besides,

(TSAI-TSEU CHOU.)

an old latin translation belonging to the Royal Asiatic Society » Davis, *Poetry of the Chinese*, 1834, pp. 157/15.

— San kuo chih. By X. Z. *(China Review, III, pp. 191/205.)*

2°. HAO KIEOU TCHOUAN

— Hau Kiou Choaan or the Pleasing History, a Translation from the Chinese Language to which are added,

I. The Argument or Story of a Chinese Play,

II. A Collection of Chinese Proverbs, and

III. Fragments of Chinese Poetry, in 4 vol. in-8.

London, Dodsley, 1761.

« The Author of this translation is not certainly known. The Manuscript was found among the papers of a Gentleman named Wilkinson, who occasionally resided much at Canton, and was a Student of Chinese. The date of the papers, 1719, was the last year he spent in China; and he died in 1736. The three first volumes were in English and the fourth in Portuguese. Dr. Percy, Bishop of Dromore, translated the last volume into English, and edited the work.» Wylie, *Notes on Chinese Literature*, p. XXIII.

Fonthill, 3514, £ 2.1/-. — Roxburghe, 8892, £ 1.5/-. (Bohn's Lowndes, I, 438). — Rémusat (731), Fr. 2.60

Hau Kiou Choaan, histoire chinoise, traduite de l'anglois par M**' (A. Eidous). A Lyon, chez Benoît Duplain, M.DCC.LXVI, 4 vol. in-12, 4 fig.

Vend. Rémusat (732), Fr. 2.— Klaproth (768), Fr. 4.— Thonnelier (2042), Fr. 3.50.

— Voir une analyse dans la *Bibliothèque des Romans*, Juin 1778.

Haoh Kjóh Tschwen, d. i. die angenehme Geschichte des Haoh Kjoh. Ein chinesischer Roman, in vier Büchern. Aus dem Chinesischen in das Englische, und aus diesem in das Deutsche übersetzet. Nebst vielen Anmerkungen, mit dem Inhalte eines Chinesischen Schauspiels, einer Abhandlung von der Dichtkunst, wie auch von den Sprüchwörtern der Chineser, und einem Versuche einer Chinesischen Sprachlehre für die Deutschen. Leipzig, bey Johann Friedrich Junius, 1766, in-8, pp. xxx-660 s. la table.

Chineesche Geschiedenis, behelzende de gevallen van den heer Tieh-Chung-U en de jongvrouw Shuey-Ping-Sin. Nevens het Kort Begrip van een Chineesch Tooneelspel, eenige Chineesche Dichtstukjes, en eene Verzameling van Spreekwoorden der Chineezen. Oorspronglyk in de Chineesche Taale beschreeven. Daar uit in't Engelsch overgezet, en met breedvoerige Aantekeningen, vervattende zeer veele Byzonderheden wegens de Zeden en Gewoonten der Chineezen, verrykt. Nu in't Nederduitsch vertaald en met koperen Plaaten versierd. Te Amsterdam, By de Erven van F. Houttuyn, 1767, in-8, pp. xxviii-628, s. la table.

(TSAI-TSEU CHOU.)

好逑傳 The Fortunate Union, a Romance, translated from the Chinese Original, with Notes and Illustrations. To which is added, a Chinese Tragedy. By John Francis Davis, F. R. S. &c. London: Printed for the Oriental Translation Fund..... 1829, 2 vol. in-8.

Pub. à 16/. — Vend. Klaproth (772), Fr. 18. — Rémusat (734), Fr. 15.50. — Thonnelier (2041), Fr. 6.

Notice : A. Rémusat; J. des Sav., Oct. 1830, pp. 570/592.

Voir « The Sorrows of Han » de Davis [infra, col. 820].

On Translation of Chinese Poetry. *(Asiatic Journal*, New Series, II, pp. 32/37.)

— Hau-kiou-choaan, ou l'Union bien assortie, Roman chinois. Paris, Moutardier, 1828, 4 vol. in-12.

« La traduction qu'on publie aujourd'hui a été faite sur celle d'un anglais qui a été au service de la Compagnie des Indes, et qui a longtemps résidé à Canton », I, p. III.

Vend. Rémusat (733), Fr. 7. — Thonnelier (2043), Fr. 6.

— Hao - Khieou - tchouan, ou la Femme accomplie. Roman chinois, Traduit sur le texte original par M. Guillard d'Arcy, Membre de la Société asiatique de Paris. Paris, Benjamin Duprat, 1842, in-8, pp. x-558.

Rare. — Thonnelier (2045), Fr. 12.50.

3°. YU KIAO LI.

— Abstract of the Four First Chapters of a Chinese Novel, entitled *Yu-kiao lee;* with a concluding Note, respecting the Contents of the remaining Chapters. (App. I, pp. 227/242, Staunton's *Narrative of a Chinese Embassy*, Lond., 1821.)

— Iu-kiao-li, ou les deux Cousines ; Roman chinois, traduit par M. Abel-Rémusat; précédé d'une préface où se trouve un parallèle des romans de la Chine et de ceux de l'Europe. Paris, Moutardier, 1826, 4 vol. in-12.

Chaque vol. est orné d'une gravure.

Notice par Raynouard dans le *J. des Savans*, 1827, pp. 24/40. — Vend. Rémusat (737), Fr. 21.05. — Klaproth (767), Fr. 16. — Thonnelier (2016), Fr. 8.50.

Iu-kiao-li, roman chinois. Traduit par Mr. Abel-Rémusat, Professeur de langue chinoise au Collége de France. Texte autographié et publié par J. C. V. Levasseur Ingénieur Géomètre du Cadastre, Membre de la Société asiatique de Paris. Edition dans laquelle on donne la forme régulière des caractères et des variantes. Paris, 1829. Lithographie de V. Ratier, in-8.

Klaproth (766), Fr. 1.

* Iu-kiao-li, or the two fair Cousins, a Chinese novel, from the french version of M. Abel-Rémusat. London, Hunt, 1827, 2 vol. in-12.

Vend. Rémusat (735), Fr. 51.05.

(TSAI-TSEU CHOU.)

* Iu-kiao-li, ou les deux Cousines, roman chinois traduit en français par M. Abel Rémusat, et du français en allemand (par Geib). Stuttgart, Franck, 1827, 4 tomes in-12.

Vend. Rémusat (739), Fr. 13.05.

Iu-kiao-li, of de twee nichten. Een oorspronkelijk Chineesche roman. Naar het Fransch. Leiden, v. d. Hoek, 1831, 2 vol. in-8.

— Les Deux Cousines. Roman chinois traduction nouvelle accompagnée d'un commentaire philologique et historique par Stanislas Julien... Deuxième Edition. Paris, Didier, 1864, 2 vol. in-12, pp. xxxii/363.

— Dictionnaire des locutions les plus remarquables du roman Yu-kiao-li (les Deux cousines). (S. Julien, Syntaxe nouvelle, II, pp. 140/308).

— Rhymes from the Chinese done into English by Alfred Lister. (China Review, I, pp. 96/104.)

Les vers sont tirés du Iu-kiao-li.

— An hour with a Chinese Romance. By Alfred Lister. (China Review, I, pp. 284, 352.)

A Lecture delivered in S. Andrew's Hall, Hongkong, Jan. 7, 1873.

The two fair cousins, a Chinese Romance. By Sir David Wedderburn, Bart. (The Fortnightly Review, 1 Oct. 1878, pp. 493/508.)

4°. Ping chan ling yen.

乎 山 冷 燕 P'ing-chan-ling-yen. Les Deux Jeunes filles lettrées. Roman Chinois traduit par Stanislas Julien. — Paris, Didier & Cᵉ, 1860, 2 vol. in-12.

Vol. I (dédié au Baron Gros), pp. xviii-361.—Vol. II, pp. 331.
— Ce roman avait paru dans la Bibliothèque choisie (du Constitutionnel), I, pp. 3, 34, 89/120 & 337/388. [1845.]
Notice de Barthélemy St. Hilaire, Journ. des Savans, 1861, mars, pp. 129/148.

5°. Choui hou tchouan.

水 滸 傳 Choui-hou-tchouen ou « l'Histoire des rivages ».

On trouve une analyse détaillée et des extraits étendus de ce roman dans Bazin, Siècle des Youen, p. 108-198, et Chine moderne, pp. 500/519. — Voir aussi l'Histoire de Vousong, infra col. 816.

— The Adventures of a Chinese Giant. (Translated by H. S. from the Shui Hu chuen; voir sur cet ouvrage 水 滸 傳 Wylie, Notes, p. 162.) (China Review, Vol. I, pp. 13/25, 71/86, 144/151, 220/228.)

6°. Si siang ki.

— Si-siang-ki ou l'histoire du pavillon d'Oc-

(Tsai-tseu chou.)

cident. (Atsume Gusa, I, II, III, IV, V, 1873-1878) [par S. Julien.]

Le Si-siang-ki comprend 16 actes; 7 avaient été traduits déjà par Julien et publiés dans l'Europe littéraire.

7°. Pi pa ki.

— Le Pi-Pa-ki ou l'Histoire du Luth Drame Chinois de Kao-Tong-kia représenté à Péking, en 1404 avec les changements de Mao-Tseu traduit sur le texte original par M. Bazin aîné, Membre du Conseil de la Société Asiatique de Paris, traducteur du Théâtre chinois. — Paris, imprimé par autorisation du roi à l'imprimerie royale, MDCCCXLI, in-8, pp. xx-275.

Le Pi-pa-ki, ou l'Histoire du Luth, fut composé, vers la fin du xivᵉ siècle de notre ère, par un écrivain chinois appelé Kao-tong-kia, dont le surnom était Tsè-tching, p. vii.
Notice par Charles Magnin, Journal des Savans, mai 1842, pp. 259/72, oct., pp. 577/91, janvier 1843, pp. 29/42.
Vend. Thonnelier (2052), Fr. 7.

借 靴 « The Borrowed Boots » translated from the Pi-pa-ke 琵 琶 記, a Chinese Farce. By Miss. L. M. Fay. (China Review, II, pp. 325 et seq.)

Ce morceau avait déjà été traduit en anglais, pp. 1/57, de Chinese Conversations, Shanghae, 1852, in-8, par J. Edkins. [Voir col. 754.]

8°. Hoa tsien ki.

花 箋 Chinese Courtship. In Verse. To which is added, an Appendix, treating of the Revenue of China, etc., etc. By Peter Perring Thoms. London, 1824, in-8, pp. xvi-339.

The Appendix occupies pp. 283/339.
Notices : A. Rémusat, J. des Sav., fév. 1826, pp. 65/74. — Quarterly Review, XXXVI, 1827, pp. 496 et seq.
Vend. Rémusat (638). Fr. 17. — Klaproth (811), Fr. 23.50. — Thonnelier (2011), Fr. 13.
Vide : The Canton Register, Vol. 11, 1838, No. 37.

— Das Blumenblatt, eine epische Dichtung der Chinesen, aus dem Original übersetzt von Dr. Heinrich Kurz... Nebst einleitenden Bemerkungen über die chinesische Poesie und einer chinesischen Novelle als Anhang. St. Gallen, 1836, in-8, pp. xxiv-180-44.

—Geschiedenis van het gebloemde Brief Papier. Chinesche Roman, uit den oorspronkelijken text vertaald door G. Schlegel. 1866. (Verh. Bat. Gen. XXXII.)

— Hwa tsien ki. The Flowery Scroll. A Chinese Novel. Translated and illustrated with Notes by Sir John Bowring, LL. D., F. R. S. Late H. B. M. Plenipotentiary in China; President of the Chinese Branch of the Royal Asiatic Society; Phra Maha

(Tsai-tseu chou.)

Yesa of Siam, etc., etc. London : Wm. H. Allen & Co, 1868, in-12, pp. VIII-309.

Un critique du *Saturday Review*, Nov. 21, 1868, pp. 690/1, prouve que la traduction prétendue de Bowring est tout simplement une version anglaise du Hollandais de Schlegel. « As a translation from the Chinese, the *Flowery Scroll* is worse than valueless; as a translation from the Dutch it is imperfect. »

Sir John Bowring né à Exeter (Devonshire) le 17 oct. 1792 est † dans la même ville le 23 nov. 1872.

— Une traduction de la moitié du premier chant de 花箋記 appelé par le Rév. J. Chalmers « The History of the Flowery Billet » a paru dans *Notes and Queries on C. & J.*, Vol. I, pp. 54/6. — Vol. II, pp. 8/10.

Ce poëme est composé de cinq chants.

— Fa-tsien « les Billets doux », poëme cantonais du VIIIe des Tsaï-tsze modernes. Fragments traduits en français par Léon de Rosny. *(Annuaire de la Soc. des Etudes Japonaises*, 1877, pp. 173/182.)

Tirage à part : Paris, Maisonneuve et Cie, 1876, br. in-8, pp. 16.

ROMANS, CONTES ET NOUVELLES.

今古竒觀 KIN KOU KI KOUAN.

Recueil de 40 contes dont voici la liste :

1° 三孝廉讓產立高名

2° 兩縣令競義婚孤女

L'Orpheline.

Expliqué par M. le Mis d'Hervey de St. Denys au Collége de France ; n'a pas été publié.

Mr. C. Gardner a traduit et lu ce conte à la deuxième conférence de Ningpo, le 9 oct. 1868, et un extrait de sa traduction est donné dans le *N. C. Herald*, oct. 17, 1868.

3° 滕大尹鬼斷家私

Le Portrait de famille.

Voir infra, col. 816.

4° 裴晉公義還原配

5° 杜十娘怒沉百寶箱

The Casket of Gems. Translated from the Chinese by Samuel Birch Esq, LL. D. *(The Phœnix*, I, pp. 69, 88, 105.)

Tirage à part : London, 1872.

6° 李謫仙醉草嚇蠻書

Le Poète Ly-Tai-Pe, nouvelle.

Dans le recueil de *Contes et Nouvelles* de T. Pavie.

7° 逞多財白丁橫帶

8° 灌園叟晚逢仙女

Les Pivoines.

Dans le recueil de *Contes et Nouvelles* de Théodore Pavie. La version de Pavie a été mise en anglais par G. T. Olyphant dans *The Chinese Repository*, XX, pp. 225/246.

9° 轉運漢巧遇洞庭紅

10° 看財奴刁買冤家主

Richesse mal acquise.

Expliqué par M. le Mis d'Hervey de St. Denys au Collége de France ; n'a pas été publié.

11° 吳保安棄家贖友

12° 羊角哀捨命全交

12° Yang-kio-ngai fait le sacrifice de sa vie par dévouement pour un ami.

Expliqué par S. Julien au Collège de France ; n'a pas été publié.

13° 沈小霞相會出師表

14° 宋金郎團圓破氊笠

Les tendres époux.

Dans le recueil de *Contes* de Rémusat. I, pp. 133/240.

15° 盧太學詩酒傲公侯

16° 李研公窮邸遇使客

17° 蘇小妹三難新郎

18° 劉元普雙生貴子

19° 俞伯牙捽琴謝知音

Le Luth brisé, nouvelle historique.

Dans le recueil de *Contes et Nouvelles* de T. Pavie.

— Yu-Pe-ya's Lute. A Chinese tale, in English Verse. By Augusta Webster. London : Macmillan, 1874, pet. in-8, pp. 64 s. le tit. et la préf.

Trad. libre de la version de Pavie. — Pub. à 3s. 6d.
Notice dans *The China Review*, III, pp. 184/6.

— The Broken Lute or Friendship's last offering. (Translated from the Chinese.) By L. M. F. (ay). *(The Far East*, Vol. III, 1877.)

20° 莊子休鼓盆成大道

La Matrone du pays de Soung. Trad. par le P. Dentrecolles.

Dans le recueil de Rémusat, III, pp. 144/197.

Voir Grosier, *Desc. de la Chine*, VII, pp. 342 et seq.

— The Chinese Matron. From the French Version published by P. Du Halde, pp. 19/86 de « The Matrons. Six short Histories. London, Dodsley, MDCCLXII », in-16.

Ce petit recueil comprend « The Ephesian, the Chinese, the French, the British, the Turkish, and the Roman Matrons ».

21° 老門生三世報恩

22° 鈍秀才一朝交泰

23° 誇妙術舟客提金

24° 陳御史巧勘金釵鈿

25° 徐老僕義憤成家

26° 蔡小姐忍辱報仇

L'Héroïsme de la Piété filiale. Trad. par S. Julien.

Dans le recueil de *Contes* de Rémusat, I, pp. 3/129.

Nobilia filia *Ça siao kie* passa verecundiam ad vindicandum posteà. Ms. pet. in-4, sur pap. chinois, composé de 26 feuillets, rel. en carton.

« Nouvelle chinoise extraite du recueil intitulé *Kin-kou-ki-kouan* (ou Histoires merveilleuses anciennes et modernes), traduite en latin par un Chinois converti nommé Abel-yen. Ce manuscrit est autographe, comme on peut le juger d'après la note suivante, qu'on lit sur le dernier feuillet, et qui peut servir à donner une idée des progrès du traducteur dans la langue latine :

Obtuli hunc librum domino Gen... doctori (sic) de la frangata francesa dicta Fils de France, etc.

Amicus intimus Abel-yen filius de Peking de imperio Sinarum.

Cette nouvelle a été traduite en français sur l'original par M. Julien, et se trouve la première du recueil intitulé *Contes Chinois*. Il est question de ce ms. dans la préface de ce recueil. (*Cat. Rémusat*, No. 1681.) »

27° 錢秀才錯占鳳凰儔

28° 喬太守亂點鴛鴦譜

29° 懷私怨很僕告主

Le Crime puni.

Dans le recueil de Rémusat, II, pp. 129/147.

La Calomnie démasquée.

Dans le recueil de Rémusat, II, pp. 151/212.

30° 念親恩孝女藏兒

31° 呂大郎還金完骨肉

Les Trois Frères.

Dans le recueil de Rémusat, II, pp. 65/127.

32° 金玉奴棒打薄情郎

33° 唐解元玩世出奇

Le mariage du licencié Thang.

Même remarque que pour le No. 2.

34° 女秀才移花接木

La Bachelière du Pays de Chu.

Même remarque que pour le No. 2.

35° 王嬌鸞百年長恨

* Wang keaou Lwän Pih Nëen Chang Hän, or the lasting resentment of Miss Wang Keaou lwan, a Chinese tale, founded on fact; translated from the original by Sloth. [R. Thom]. Canton, printed at the Canton Press Office, 1839, in-4, pp. VIII-68.

— Wang keaou Lwän Pih Nëen Chang Hän, oder die blutige Rache einer jungen Frau Chinesische erzählung. Nach der in Canton 1839 erschienenen Ausgabe von *Sloth* übersetzt von Adolf Böttger. Leipzig, Wilhelm Jurany, 1846, pet. in-8, pp. 111.

Notice dans le *Chinese Rep.*, VIII, pp. 54/6.

36° 十三郎五歲朝天

37° 崔俊臣巧合芙蓉屏

38° 趙縣君喬送王柑子

39° 賣油郎獨占花魁

Les Alchimistes.

Même remarque que pour le No. 2.

40° 蔣興哥重會珍珠衫

Le Négociant ruiné.

Même remarque que pour le No. 2.

*⁎
⁎ ⁎

Kin-ku-ki-kuan. Neue und alte Novellen der

Chinesischen 1001 Nacht Deutsch von Eduard Grisebach. Stuttgart, Gebrüder Kröner, 1880, pet. in-8, pp. xv/145.

CHE EUL LEOU.

十二樓 She-eul-low : Les douze étages. The Shadow in the Water : a Tale. Translated from the Chinese, pp. 51/106 du recueil de *Contes* de Davis.

Trad. en français dans le recueil de Rémusat. II, pp. 7/64.

The Twin Sisters : a Tale, translated from the Chinese, pp. 107/151 du recueil de Davis.

Trad. en français dans la collection de Rémusat. III, pp. 99/142.

三與樓 San-yu-low : or the three dedicated Rooms. A Tale, translated from the Chinese. By J. F. Davis, Esq. of the Honble. Company's China Establishment. Canton, China : Printed by order of the Select Committee; at the Hon. E. I. Co's Press, by P. P. Thoms. 1815, in-8, pp. 56.

Cette traduction revue par l'auteur a été réimprimée, pp. 155/224, de ses « *Chinese Novels* », Lond., 1822, avec le titre de *The Three Dedicated Chambers*.

« It has also made its appearance, in fragments, through the medium of a periodical journal. » Davis' *Chinese Novels* , p. 12.

Trad. en français par Bruguière de Sorsum, à la suite de *Lao seng-eul* (Paris, 1819) et dans le recueil de Rémusat, III, pp. 7/96.

Yin Seaou low, or the lost Child ; a Chinese Tale. By B. *(Asiatic Journal,* XXXV, 1841, pp. 33/8.)

Abstracted from the *Shih urh low* « Twelve Apartments ». By S. Birch.

Tirage à part, in-8, pp. 16.

*
* *

— Fan-hy-cheu : a Tale, in Chinese and English : with Notes, and a short Grammar of the Chinese Language. By Stephen Weston, B.D., F.R.S.-S.A. London : 1814, in-8, pp. 47.

Cette brochure contient une traduction littérale de Weston, une version libre de Sir George T. Staunton, pp. 21/28.

Trad. en français dans le recueil de Rémusat, II, pp. 214/225.

Vend. Langlès (1510), Fr. 12. — Rémusat (735). Fr. 8.

— Chinese Novels, translated from the originals ; to which are added Proverbs and Moral Maxims, collected from their classical Books and other Sources. The whole prefaced by Observations on the Language and Literature of China. By John Francis

(ROMANS, CONTES ET NOUVELLES.)

Davis, F. R. S. London : John Murray, 1822, in-8, pp. 250.

Contents. — Observations on the Language and Literature of China, pp. 1/50. — The Shadow in the Water : a Tale. Translated from the Chinese, pp. 51/106. — The Twin Sisters : a Tale. Translated from the Chinese, pp. 107/151. — The Three dedicated Chambers : a Tale. Translated from the Chinese, pp. 153/224. — Chinese Proverbs, etc., pp. 225/250.

Vend. Langlès (1512), Fr. 14.05. — Rémusat (728), Fr. 8.

Notices : *Journal des Savants* par A. Rémusat, août 1822, pp. 498/504. — *J. Asiatique*, I, 1822, pp. 168/173, par M***.

— Contes chinois, traduits par MM. Davis, Thoms, le P. d'Entrecolles, etc., et publiés par M. Abel-Rémusat. A Paris, chez Moutardier, 1827, 3 vol. in-18.

I. Avant-propos.

L'héroisme de la piété filiale, pp. 3/129.

Les tendres époux, pp. 133/240.

II. L'Ombre dans l'eau, pp. 7/64.

Les trois Frères, pp. 65/127.

Le Crime puni, pp. 129/147.

La Calomnie démasquée, pp. 151/212.

Histoire de Fan-hi-tcheou, pp. 214/225.

III. San-iu-leou ou les trois étages consacrés, pp 7/96.

Les deux jumelles, pp. 99/142.

La Matrone du pays de Soung, pp. 144/197.

Vend. Rémusat (729). Fr. 13.50.

* Contes chinois, publiés par M. Abel-Rémusat, et trad. en allemand, par 'r. Leipzig, Ponthieu, 1827, 3 tomes in-12, fig.

Vend. Rémusat (730), Fr. 2.

— Choix de Contes et Nouvelles traduits du chinois par Théodore Pavie. Paris, B. Duprat, 1839, in-8, pp. VIII-299.

Avertissement. — Les Pivoines. — Le Bonze Kai-Tsang, sauvé des eaux, histoire bouddhique. — Le poète Ly Tai-pe, nouvelle. — Le Lion de Pierre, légende. — La légende du Roi des Dragons, histoire bouddhique. — Les Renards-Fées, conte Tao-sse. — Le Luth brisé, nouvelle historique.

— Novelle Cinesi tolte dal *Lung-tu-kung-ngan* e tradotte sull' originale Cinese da Carlo Puini. Piacenza, Tipografia Giuseppe Tedeschi, 1872, in-8, pp. 80 sans la préface, etc.

I. La Moglie del baccelliere.

II. Il bonzo e la vedova.

III. La riconoscenza di un frate.

IV. La fidanzata del soldato.

V. Un giudice nell' imbarazzo o lo spillone da capelli.

VI. Il pesce d'oro o la fanciulla dalle camelie.

VII. La palla d'avorio.

Le recueil chinois connu sous le nom de Loung-tou-koung-ngan comprend 100 contes ou nouvelles.

— L'épouse d'Outre-Tombe. Conte Chinois traduit sur le texte original par Léon de Rosny, Chargé du cours de japonais à l'Ecole impériale des Langues orientales, Officier de plusieurs ordres. Paris, chez Jules Gay, 1864, in-12, pp. 44 et 31 pl. de texte chinois.

La traduction est suivie d'une Notice bibliographique des Romans, nouvelles et contes chinois traduits en français et en anglais.

(ROMANS, CONTES ET NOUVELLES.)

Tiré à 200 exemplaires numérotés : 2 sur peau vélin. — 1 sur papier japonais. — 2 sur pap. rose. — 10 sur pap. de Chine — et 185 sur pap. de Hollande.

Deux ex. contiennent 2 pages 44 ; la double page est consacrée à un conte extrait du *Siao-li-siao ;* il a pour titre : La servante qui lâche un vent.

— **L'épouse d'Outre-Tombe. Conte Chinois traduit sur le texte original par Léon de Rosny... Paris, Maisonneuve, 1875, in-8, pp. 15.**

On lit au verso de la page 15 : « Imprimé chez Madame veuve Bouchard-Huzard le treize mars MDCCCLXXV ». [A l'encre bleue.]

Cette éd. ne contient pas la notice bibliographique. Tiré à 98 exemplaires dont : 10 sur pap. rose, 10 sur pap. vert, 30 sur pap. vergé, 48 sur pap. mécanique [plus 1 sur peau de vélin].

C'est le No. 1 de la « Collection des Orientalistes Bibliophiles. »

Ce conte a paru également pp. 93/105 de l'*Annuaire de la Société des études japonaises, chinoises, tartares et indochinoises. Seconde année 1874-75.*

Ce conte est le premier du liv. I du Loung-tou-koung-ngan.

— **Loung-tou-koung-ngan. Un Mari sous cloche. Conte chinois traduit sur le texte original, par Léon de Rosny.... Paris, Maisonneuve, 1874, in-8, pp. 16.**

Extrait du *Bulletin de l'Athénée oriental,* t. I, 1868, et t. III, 1873.

— **Le Lion de Pierre. Trad. dans la collection de Contes de T. Pavie.**

C'est le deuxième conte du liv. II du Loung-tou-koung-ngan.

— **Der weibliche und der männliche Bruder. Eine Novelle aus dem Chinesischen.**

Cette traduction comprend les 44 dernières pages de *Das Blumenblatt* du Dr. H. Kurz, 1836, in-8.

白蛇精記 Pé-ché-Tsing-ki, **Blanche et Bleue, ou les deux Couleuvres-Fées ; Roman chinois, traduit par Stanislas Julien..... Paris, Charles Gosselin, 1834, in-8, pp. xx-326.**

Blanche que ses crimes ont fait transformer en couleuvre blanche par le dieu Fo redevient femme pour donner le jour à l'astre Wen-Sing. Lorsque sa destinée, après de nombreuses vicissitudes, est accomplie, Blanche achève sa punition, puis elle est transportée au séjour des dieux.

Klaproth (773), Fr. 4.50.

— **The Rambles of the Emperor Ching Tih in Këang nan. A Chinese Tale. Translated by Tkin Shen, Student of the Anglo-Chinese College, Malacca. With a Preface by James Legge, D. D. President of the College. London, Longman, 1843, 2 vol. in-12.**

Idem : London, Longmans, 1846, 2 vol. in-12.

On trouvera une revue de ce roman qui est plutôt une histoire des aventures de Tching Tih, empereur au commencement du XVIe siècle, dans le Kiang-nan, dans le *Chinese Rep.,* June 1840, pp. 57/73 (by Ch. Gützlaff).

Réimp. à New-York, 1843.

* **De Keizer Tching Tih en ziine hovelingen.**

Een oorspronkelijk Chineesch verhaal, op aanbeveling en onder medewerking van James Legge, in het Eng. vert. door Tkin Shen, en daaruit in het Nederd. overgebragt Amersfoort, v. Bommel v. Vloten. (Amst., Klinkert.) 1844, 2 vol. in-8.

— **Les Avadânas. Contes et apologues indiens inconnus jusqu'à ce jour suivis de Fables, de Poésies et de Nouvelles chinoises, traduits par M. Stanislas Julien. Paris, B. Duprat, 1859, 3 vol. in-16.**

Notice par B. St.-Hilaire, *J. des Savans,* juin et juillet 1860, pp. 329/342, 406/421.

A la suite de l'*Orphelin de la Chine,* Paris, 1834, et dans ses *Avadânas,* à la fin du Vol. 2 et dans le Vol. 3, S. Julien a publié les contes suivants :

— **La Mort de Tong-tcho, épisode tiré du roman historique : San-koué-tchi.**

— **Hing-lo-tou, ou la Peinture mystérieuse. (Le Portrait de famille.)**

— **Tsé-Hiong-Hiong-ti, ou les deux frères de sexe différent.**

Ce dernier roman a paru également à part, br. in-8, pp. 62.

— **Le Grand Tambour. Fable chinoise dédiée à M. Stanislas Julien par Victor Roussy. *(Revue de l'Orient,* Oct. 1863, pp. 287/8.)**

Imitation poétique d'un des *Avadânas* traduits par Julien.

— **L'Apologue à la Chine et dans l'Inde par Léon de Rosny. Paris, Maisonneuve, br. in-8, pp. 19.**

Extrait du *Journal des Orientalistes.* — Avait paru dans la *Presse.*

Histoire de Wou-song et de Kin-lien. (Extrait du premier chapitre du *Kin-p'hing-mei.)* Publié pp. 545/554 de la 2e partie de la *Chine moderne* de Bazin (1853).

Voir aussi le *Siècle des Youen* de Bazin et le XXIIIe chap. du *Choui hou tchouan.*

紅樓夢 Hung low mung.

Voir Wylie's *Notes,* pp. 162/3. — Il y en a des extraits avec la trad. anglaise sous le titre de « Dreams of the Red Chamber » dans le *Chinese Speaker* de R. Thom, pp. 62/89.

— **The affectionate Pair, or the history of Sung-kin, a Chinese Tale, translated by P. P. Thoms, London, Black, 1820, in-12.**

Notice dans *The Quaterly Review,* XXXVI, 1827, pp. 496 et seq.

Vend. Langlès (1511), Fr. 11.— Rémusat (736), Fr. 5.— Klaproth (771), Fr. 4.50.

Contes et bons mots extraits d'un livre chinois intitulé *Siao li Siao.* Traduits par M. S. Julien. *(J. Asiat.,* IV, 1824, p. 100.)

— **Yue Laou, or « The Moon-Light Old Man », a Tale from the Chinese. By B. *(Asiatic Journal,* XXVII, 1838, pp. 25/8.)**

Voir Morrison's Dictionary, Part I, Vol. I, p. 643.

— The Dragon King's 'Danghter. *(Ibid.,* XXXII, 1840, pp. 59/64.)

The *Kwan te Paou heun. (Ibid.,* XXXIII, 1840, pp. 25/27.) — The *She Fa Sih mun. (Ibid.,* pp. 27/30.)

The Magic Flute. — The disobedient Son. — The Elfin Fox. *(Ibid.,* XXXIV, 1841, pp. 67/71.)

Ces trad. sont du Dr. Birch et font partie, sauf la première, de la série publiée sous le titre d'*Analecta Sinensia.*

Hoa thou youan, ou le Livre mystérieux. Chapitre premier, traduit du chinois, par M. Fulgence Fresnel. *(Journ. As.,* I, Oct. 1822, pp. 202/225.)

Scènes chinoises, extraites du *Hoa-thou-youan,* et traduites du chinois par le même. *(Ibid.,* Sept. 1823, pp. 128/153.)

— Le Léopard vengeur, histoire tirée du livre intitulé *Sing-chi-heng-yan,* et traduite du chinois par M. Stanislas Julien. *(Journ. As.,* V, 1824, pp. 90/97.)

雷峯塔 Lüi-fung Tă « Thunder-Peak Pagoda », or « The Story of Han-wăn and the White Serpent », [translated from the Chinese by H. C., Interpreter in Her Majesty's Civil Service in China.] *(Chin. & Jap. Rep.,* Feb./Oct. 1864.)

— The Pearl-embroidered Garment. Translated from the Chinese by Charles Carroll Esq., H. M. Vice-Consul, Foochow *(The Phoenix,* No. 3, Sept. 1870).

— A Cure for Jealousy. Translated from the Chinese by Charles Carroll Esq., H. M. Vice-Consul, Foochow. *(Ibid.,* No. 4, Oct. 1870 et seq.)

Chinese Fables. *(Shanghai Budget,* May 19, 1871).

Contient 4 courtes fables.

— The Young Prodigy. Translated from the Chinese. By C. F. R. Allen. *(China Review,* II, pp. 20, 65, 135, 197, 261.)

聊齋志異 Tales from the *Liao Chai chih yi.* Transl. by C. F. R. Allen *(China Review) :*

The Apotheosis of Sung Chow, II, pp. 364 et seq.
The Fox's Marriage, II, pp. 366 et seq.
The Fortunes of K'ung Hsüeh Li, III, pp. 18 et seq.
Hsi lin, pp. 99 et seq.
The picous Tiger of Chao-Ch'eng, pp. 103 et seq.
The Frog God, pp 105 et seq.
The Taoist Priest of Lao Shan, pp. 142 et seq.
The An Family, pp. 144 et seq.
The Theft of the Peaches, pp. 205 et seq.
The Fairy K'ung, pp. 208 et seq.
The Lord of the West Lake, pp. 210 et seq.

The Country of the Sea Demons, pp. 215 et seq.
The Sturdy Beggar, pp. 284 et seq.
Kung Ming Ti, pp. 286 et seq.
Painting Skins, pp. 290 et seq.
Ch'in Ta Niang, IV, pp. 26 et seq.
The Brothers, pp. 33 et seq.
An Account of the Porcelain Tower, pp. 37/38.

* Strange Stories from a Chinese Studio By Herbert A. Giles. London, De la Rue & Co., 1880, 2 vol. in 8.

— Le Poirier plante. (C. Imbault-Huart, *(J. As.,* Août-Sept. 1880, pp. 281/284.)

— Voir C. Gützlaff, *Chin. Rep.,* XI, pp. 202/210 [col. 301].

— The Tang kou chi. A Modern Chinese Novel. *(China Review,* V, pp. 367/382 ; VI, pp. 29 et seq., 181 et seq., 311 et seq. etc.)

Par E. L. Oxenham.

— Das schoene Maedchen von Pao. Eine erzaehlung aus der Geschichte China's im 8ten Jahrhundert v. Chr. (aus dem Chinesischen uebersetzt von C. Arendt).

Einleitung]des Historischen Romans «*Geschichte der Fuerstenhuemer zur Zeit der Oestlichen Chou* ».

Publié comme supplément au No. 8 (Sept. 1875) du Recueil de la société allemande de Yokohama.

A suivre.

— Tin-Tun-Ling, Lettré chinois de la province de Chang-si. La petite Pantoufle, traduction de M. Charles Aubert avec six eaux-fortes originales reproduites par Frédéric Chevalier. — Edition franco-chinoise. — Paris, Librairie de l'Eau-forte [Mai 1875. — Meaux. — Imprimerie A. Cochet]. — Gr. in-8 broché à la manière chinoise et revêtu d'une toile jaune.

— The Story of Tit Cheong Yok (translated from the Chinese). *(The Far East,* I, No. 2, 1876, pp. 29/34).

— The Story of Mow ying, from the Chinese. *(Ibid.,* No. 3, 1876, pp. 53/57 ; No. 4, pp. 81/6.)

— The Story of Puk Yok-shong, from the Chinese *(Ibid.,* No. 5, 1876, pp. 116/119 ; No. 6, pp. 132/139.)

— Recompense, or the Mandarin's Vengeance. Translated from the Chinese. *(Ibid.,* Vol. III, No. 6, pp. 122/132.) By L. M. F. (ay).

* Mai-yu-lang-tsu-tchen-hou-kouei. Le Vendeur d'huile qui seul possède la Reine-de-beauté. Roman chinois, traduit par Gustave Schlegel. Leyde, 1877.

— Erh-tou-mei ou les Pruniers merveilleux Roman chinois traduit et accompagné de notes philologiques par A. Théophile Piry du service des douanes impériales de Chine. Paris, E. Dentu, 1880, 2 vol. in-12.

THÉÂTRE.

OUVRAGES DIVERS.

J.-J. Ampère. — Du Théâtre chinois *(Revue des Deux Mondes,* 15 Septembre 1838).

— *Chine Moderne,* 2ᵉ partie, pp. 391/466, M. Bazin donne l'analyse et la traduction de quelques parties de trente-sept pièces.

* Teaou-shin, a Drama from the Chinese, in five Acts. By G. G. Alexander, Major General, C.B. &c. London : Rankin & Co., 1869.

Ce drame n'est pas une traduction du chinois ; c'est un épisode du *San houo tche* adapté à la scène européenne. — Voir *The Phoenix,* I, pp. 31/32.

Chinese Theatricals.

Conférence faite par G. C. Stent à la Temperance Hall, Changhai. 1ᵉʳ Mai 1874, imprimée dans le *Shanghai Budget,* 9 Mai 1874, et *The Far East,* I, No. 4, 1876, pp. 90/6.

Acteurs Chinois.

Voir dans *N. & Q. on C. & J.,* II, p. 56, un article de W. F. Mayers.

— *L'Illustration,* 21 Nov. 1874, No. 1656, contient un dessin de M. Koenig, lieut. de vaisseau, représentant le théâtre chinois de la Canton Road à Changhaï.

— Stage of the Peking Theatre, Canton Road [Shanghai]. *(The Far East,* I, No. 4, 1876, p. 102, avec une photog.)

PIÈCES DIVERSES TRADUITES DU CHINOIS.

— Chon-fon-kau ou la Fidélité récompensée.

Programme de ce drame publié dans le Vol. II, pp. 427/443, de l'éd. de Philadelphie du voyage de Van Braam.

— Fragment einer Chinesischen Comödie.

(Klaproth, *As. Mag.,* I, pp. 91/97.)

— Remarks on the Chinese Theatre ; with a translation of a farce, entitled « The Mender of cracked China-ware ». By W. C. Hunter. *(Chin. Rep.,* VI, 1838, pp. 575/579.)

— A Chinese Farce. By A. Lister. *(The China Review,* I, pp. 26/31.)

C'est la traduction du canevas d'une pièce jouée le 12 Nov. 1869 à Hongkong devant le duc d'Edimbourg.

— Jên Kuei's Return. — A Play. [From the Chinese]. By G. C. Stent. Shanghai. Printed and Published by Da Costa & Co, 1873, br. in-8, pp. 25.

Réimp. dans *The Jade Chaplet.* — Vide le chap. *Poésie,* col. 829.

— The Yellow Stork Tower. A Chinese Historical Drama, in two Acts. By G. C. Stent. *(The Far East,* I, No. 3, 1876, pp. 57/66.)

(THÉÂTRE)

YOUEN JIN PE TCHONG KEU.

元人百種曲 *Youen-jin-pe-tchong-keu* est un répertoire de cent pièces de théâtre composées sous la Dynastie des Youen. Beaucoup de ces pièces ont été traduites, et nous allons donner la liste de ces traductions On trouvera dans le *Siècle des Youen* de Bazin des détails fort intéressants sur cette collection, le titre des cent pièces et une analyse des plus importantes (pp. 198-429).

— Théâtre chinois ou Choix de pièces de théâtre composées sous les Empereurs Mongols traduites pour la première fois sur le texte original précédées d'une introduction et accompagnées de notes par M. Bazin aîné, Membre de la Société Asiatique de Paris. Paris, imprimé par autorisation du roi à l'Imprimerie royale, MDCCCXXXVIII, in-8, pp. lxiii-411.

Cet ouvrage comprend :

Introduction.

« L'histoire de l'art dramatique chez les Chinois peut se diviser, d'après le témoignage des écrivains les plus recommandables, en trois époques distinctes.

« Dans la première, on range ordinairement les pièces de théâtre composées sous la dynastie des Thang, depuis l'an 720 de notre ère jusqu'à l'avènement des cinq petites dynasties, dites postérieures, vers l'an 905, p. I.....

« On appelle les pièces des Thang *Tchhouen-khi.*

« La seconde comprend les pièces de théâtre composées sous la dynastie des Song (960 à 1119 de notre ère) et appelées par les historiens *Hi-khto.*

« La troisième embrasse toutes les pièces de théâtre qui furent composées sous la dynastie des Kin et celle des Youen (1123 à 1341 de notre ère) et qui sont actuellement connues sous les dénominations de *Youen-Pen,* et *Tsa-ki,* » p. II.

Préface de l'Editeur Chinois.

Liste des Auteurs dramatiques de la Dynastie des Youen : d'après cette liste, le nombre des auteurs se monte à 81, des auteurs-femmes à 4 et des pièces à 564, dont 105 par des auteurs anonymes.

Tchao-Meï-Hiang, ou les Intrigues d'une Soubrette. Comédie en prose et en vers composée par Tching-Té-Hoei (pp. 1/134).

Ho-Han-Chan, ou la Tunique confrontée, drame en quatre actes composé par Tchang-Koue-Pin, courtisane chinoise (pp. 135/256).

Ho-Lang-Tan, ou la Chanteuse, drame en quatre actes (sans nom d'auteur) (pp. 257-320).

Teou-Ngo-Youen, ou le Ressentiment de Teou-Ngo, drame en quatre actes, composé par Kouan-Han-King (pp. 321-409).

Table.

Notices : par Charles Magnin : *Journal des Savans,* 1842, Mai, pp. 259/272. — Oct., pp. 577/591. — 1843, Janvier, pp. 29/42. — Par S. W. Williams : *Chinese Repository,* XVIII, pp. 113 et seq.

Aubry, 1874, *Bul. du Bouq.* (2701), Fr. 5.50. — Thonnelier (2049), Fr. 7.

漢宮秋 1ʳᵉ pièce du *Youen jin pe tchong.*

— The Sorrows of Han : a Chinese Tragedy.

Traduite by J. F. Davis et imprimée à la suite de sa version du *Hao kicou tchouan,* Vol. II, pp. 214/262, 1829 [col. 806].

Han koong tsew, or the Sorrows of Han ; a Chinese Tragedy, translated from the original, with Notes, and a Specimen of the Chinese Text. By J. F. Davis, F. R. S., &c. London, 1829, in-4, pp. 18 et 1 Pl. lith.

Pub. par l'Or. Transl. Fund, 5/. — Vend. Rémusat (699),

(THÉÂTRE.)

F. 8.95. — Klaproth (824), Fr. 1.50. — Thonnelier (3051), Fr. 2.50.

Notice par Abel Rémusat : *J. des Savants*, Fév. 1830, pp. 78/89. — *Quarterly Review*, XLI, 1829, pp. 85 et seq.

— Observations critiques sur la traduction anglaise d'un drame chinois, publiée par M. Davis. Par Klaproth *(Nouv. J. As.,* IV, 1829, pp. 3/21).

Davis répondit dans la préface de sa trad. du Hao Kieou tchouan. Klaproth riposta dans le *N. J. As*, V, 1830, pp. 97/144 ; on a fait un tirage à part sous le titre de :

— Réponse à quelques passages de la préface du roman chinois intitulé Hao Khieou Tchhouan, traduit par M. J. F. Davis [par J. Klaproth], in-8, pp. 48.

Extrait du *Nouveau Journal Asiatique*.

Vend. Klaproth (769), Fr. 1.

金錢記 *Kin tsien ki*, 2ᵉ pièce du *Youen jin pe tchong.*

On en trouve une analyse dans Bazin, *Siècle des Youen*, pp. 213/229.

The Chinese Drama. An Extract from the « Siècle des Youên » of the late Professor Bazin : being an Analysis of the Kin-ts'ien-ki 金錢記 or «The Love-token», with passages translated *(Chinese & Jap. Rep.*, April 1864, pp. 435/441).

鴛鴦被 *Youen yang pi*, 4ᵉ pièce du *Youen jin pe tchong.*

On en trouve une analyse dans Bazin, pp. 230/237.

賺蒯通 *Tchan kouai tong*, 5ᵉ pièce du *Youen jin pe tchong.*

On en trouve l'analyse dans Bazin, pp. 237/239.

合汗衫 *Hò han chan*, 8ᵉ pièce du *Youen jin pe tchong.*

Ho-Han-Chan, ou la Tunique confrontée, drame en quatre actes composé par Tchang-Koue-Pin, courtisane chinoise, pp. 135/256 du *Théâtre chinois* de Bazin.

— The Compared Tunic. A Drama in Four Acts. Traduit par S. W. Williams, d'après Bazin, dans *The Chinese Repository*, XVIII, pp. 116 et seq.

來生債 *Laï seng tchaï*, 18ᵉ pièce du *Youen jin pe tchong.*

On en trouve une analyse dans Bazin, pp. 249/261.

薛仁貴 *Sié jin koueï*, 19ᵉ pièce du *Youen jin pe tchong.*

On en trouve une analyse dans Bazin, pp. 261-268.

老生兒 *Lao seng eul*, 22ᵉ pièce du *Youen jin pe tchong.*

— Laou-seng-urh, or, « An Heir in his old age ». A Chinese drama. London : John

(THÉÂTRE.)

Murray, 1817, pet. in-8, pp. xlix-115 [Trad. par Davis].

Advertisement by the Editor. — A brief View of the Chinese Drama, and of their theatrical exhibitions. — Laou-seng-urh. — Notes.

Vend. Langlès (1384), Fr. 13. — Rémusat (697), Fr. 2. — Klaproth (822), Fr. 3.50.

Notices : par J. P. Abel Rémusat, *Journal des Savans*, Janvier 1818, pp. 27/35. — *Quarterly Review*, XVI, Jan. 1817.

— Lao-Seng-Eul, Comédie chinoise ; suivie de San-iu-leou, ou les trois étages consacrés, conte moral ; traduits du chinois en anglais, par J. F. Davis, de la factorerie de Canton ; et de l'anglais en français, par A. Bruguière de Sorsum ; avec additions du Traducteur. A Paris, chez Rey et Gravier. A Londres, chez A. B. Dulau & Cie. 1819, in-8, pp. x-227.

Vend. Rémusat (698), pap. vél., Fr. 3 ; (698 bis), p. vél., Fr. 3.05. — Klaproth (823), Fr. 3.50. — Thonnelier (2050), Fr. 5.50.

鐵拐李 *Tié kouaï li*, 29ᵉ pièce du *Youen jin pe tchong.*

On en trouve une analyse dans Bazin, pp. 276/298.

秋胡戲妻 *Tsieou hou hi tsi*, 32ᵉ pièce du *Youen jin pe tchong.*

On en trouve une analyse dans Bazin, pp. 301/309.

倩女離魂 *Tsien niu li hoen*, 41ᵉ pièce du *Youen jin pe tchong.*

On en trouve une analyse dans Bazin, pp. 315/320.

黃粱夢 *Hoang liang mong*, 45ᵉ pièce du *Youen jin pe tchong.*

On en trouve une analyse dans Bazin, pp. 322/334.

昊天塔 *Hao tien tá*, 48ᵉ pièce du *Youen jin pe tchong.*

On en trouve une analyse et des fragments dans Bazin, pp. 336/348.

忍字記 *Jin tseu ki*, 61ᵉ pièce du *Youen jin pe tchong.*

On en trouve une analyse et des fragments dans Bazin, pp. 367/376.

灰闌記 64ᵉ pièce du *Youen jin pe tchong.*

灰闌記 *Hoeï-Lan-ki*, ou l'Histoire du Cercle de Craie, Drame en prose et en vers, traduit du chinois et accompagné de notes ; par Stanislas Julien. London : Printed for the Oriental Translation Fund of Great Britain and Ireland... 1832, in-8, pp. xxxiv-149.

Dédié à Sir G. T. Staunton, Bart.

...... Nous nous proposons de publier bientôt quatre de ces pièces [de la même collection] que nous venons de traduire : *L'Avare* (91), *Pheng-iu-lan* (100), *Le Ressentiment*

(THÉÂTRE.)

de *Teou-ngo* (86), et *La Chemise confrontée* (8)..... Note, Préface, IX.

Raynouard a rendu compte de cette trad. du *Hoeï Lan hi* dans le *Journal des Savans*, Avril et Août 1832.

Pub. à 7/-. — Klaproth (826), Fr. 7. — Thonnelier (2054), Fr. 11.50.

偈 梅 香 *Tchao meï hiang*, 66ᵉ pièce du *Youen jin pe tchong*.

Tchao-meï-Hiang, ou les Intrigues d'une Soubrette. Comédie en prose et en vers composée par Tching-Té-Hoei, pp. 1/134 du *Théâtre Chinois* de Bazin.

Avait déjà paru dans le *Nouv. Jour. As.*, Vol. XIV, Nov. & Déc. 1834, pp. 433/469, 509/539, et Vol. XV.

Tirage à part, Paris, 1835, Imp. Roy., in-8. — Vend. Klaproth (828), Fr. 3.

En voir l'Analyse par Charles Magnin dans le *Journal des Savans*, Octobre 1842.

慷 八 極 源 *Ou ji tao youen*, 78ᵉ pièce du *Youen jin pe tchong*.

On en trouve une analyse et des fragments dans Bazin, pp. 394/398.

抱 粧 盒 *Pao tchoang ho*, 84ᵉ pièce du *Youen jin pe tchong*.

On en trouve une analyse et des fragments dans Bazin, pp. 402/419.

趙 氏 孤 兒 *Tchao chi kou eul*, 85ᵉ pièce du *Youen jin pe tchong*.

Tchao chi cou ell, ou le petit Orphelin de la Maison de Tchao. Tragédie chinoise.

Cette traduction du P. de Prémare est insérée dans du Halde, III, pp. 339/378.

Traduit en anglais dans les éditions anglaises de Du Halde et dans « *Miscellaneous Pieces relating to the Chinese.* London : Dodsley, 1762, Vol. I » : The Little Orphan of the House of Chao : a Chinese Tragedy, pp. 101/213. Cette traduction est différente des précédentes.

— On trouve dans la *Grammatica* de Fourmont publiée en 1742, parmi les extraits des lettres de Prémare (p. 513) sous la date 4 Décembre 1731 : « Ayant achevé toutes mes lettres, et confié à Mr. du Brossay mes écrits pour vous, j'ai cru avoir encore assez de tems pour vous donner quelque nouvelle connoissance Chinoise, & de peur que vous ne vous imaginiez qu'on ne peut tirer de moi que des hiéroglyphes ou des koua, je vous envoye un Livre Chinois nommé yuēn gīn pě tchong, en 40 vol. C'est un recueil des cent meilleures pièces de Théâtre qu'on ait faites sous la Dynastie des yuēn ».

{Narrat deinde Premarus, à se mei gratiâ versam esse Tragicocomoediam 85, quae gallicè inscripsit : *Le petit Orphelin de la Maison de Tchao.* Et paginis sequentibus addit : *Si vous le jugiez digne de paroître, vous pourriez le faire imprimer sous votre nom, sans craindre qu'on vous accuse de larcin, puisqu'entre amis tout est commun, puisque je vous le donne, & puisque vous y aurez la meilleure part si vous vous donnez la peine de le revoir.* Timuitne hoc Duhaldius? Scilicet, Epistolâ subdolè interceptâ, Librum suum, hâcce meâ, et ad me destinatâ Tragicocomoedia, ornare non dubitavit. Atqui eam, si à me petiisset, dedissem ultrô ; & si me de Linguâ Sinicâ interrogasset, monuissem quoque, neque imaginariis, ac omnino falsis notis, pulchrum illud & nobile volumen conspurcari essem passus.}

« Le P. du Halde ayant vu ces paroles : *timuitne hoc Duhaldius, &c.*, en fut d'autant plus surpris qu'il avoit eu cette tragicomédie, de M. du Velaer. il eut donc recours à lui, et voici le témoignage que M. du Velaer a rendu. je le copie sur l'original : « lorsque j'arrivai a Paris en 1732. je presai (presentai) au P. du Halde plusieurs petits manuscrits que le P. de Premare m'avoit donné à mon depart

(THÉÂTRE.)

---

de la Chine, et parmi lesquels etoit la traduction littérale d'une tragicomedie chinoise, intitulée l'orphelin de la maison de *tchao*. A Paris *le 22 may 1743*. du Velaer.

Le P. du Halde ayant ce temoignage ecrivit à M. F. [ourmont] la lettre suivante : C'est avec la plus grande surprise, Monsieur, que j'ai lu l'accusation calomnieuse que vous formez contre moi dans la Gram. chin. que vous venez de mettre au jour, et c'est par la grande considération que j'ai pour vous que je vous en porte d'abord mes plaintes à vous meme. A la page 514 vous me traduisez dans le public comme un fourbe qui ai intercepté une lettre qui vous etoit adressée, et qui vous ai dérobé la traduction d'une tragicomédie chinoise qui vous appartenoit, et qui vous avoit été envoiée par le P. de Premare. voici vos paroles : *Epistola subdole intercepta librum suum hacce mea et ad me destinata tragicomoedia ornare non dubitavit.* Permettez-moi de vous dire Monsieur que ce peu de paroles contient deux faussetés insignes. 1° je n'ai jamais reçu ni eu entre les mains aucune lettre ni aucun écrit qui vous ait été adressé par le P. de Premare ou par quelqu'autre de nos missionnaires. C'est M. du Velaer, l'un des directeurs de la Compagnie des Indes qui me l'a communiqué. Pendant son sejour à la Chine il fût en liaison avec le P. de Premare, qui lui fit present de quelques manuscrits, et entr'autres de la traduction de cette tragicomédie chinoise. A son retour en France il voulut bien me la preser [presenter], et me permit d'en faire usage. C'est donc uniquement de lui que je la tiens, et il est aisé de vous en éclaircir car heureusement M. du Velaer est à Paris pour quelques mois, et si vous ignorez sa demeure c'est chez M. Tartarin rue de la Verrerie. Cela estant Monsieur, et vous connoissant comme je fais plein d'honneur et de probité, j'ai lieu de m'attendre que vous ne tarderez pas à détruire les impressions odieuses que vous donnés de moi dans un ouvrage public, lesquelles ne peuvent être appuyées que sur des soupçons de votre part tres mal fondés. La voye des journaux vous est ouverte, et de plus il vous est aisé de faire mettre un errata a la fin de votre livre, ou vous me rendiez cette justice. — Je suis avec beaucoup de respect Monsieur. Votre très h. et tres ob. serv.

                     DUHALDE J.

Cette lettre fut remise en main propre a M. Fourmont. L'ayant ouverte, et surpris d'un debut ou on lui demandoit justice contre lui meme, il regarda la signature. Dès qu'il eut vu le nom, il referma la Lettre, et dit en riant à celui qui la lui avoit remise : Oh! le P. du Halde, c'est un de mes amis, je lui répondrai dans quelques jours. Trois mois cependant se passerent sans qu'il fit de reponse, et, le P. du Halde etant mort le *18 Aoust suivant*, il aura cru apparemment être dispensé de faire aucune demarche à ce sujet. Il n'a pas même jugé à propos de voir M. du Velaer et de s'éclaircir avec lui, comme je l'ai sçu il y a quelques jours de M. du Velaer lui-meme — mais la reputation du P. du Halde nous est trop chere pour souffrir l'injure que M. F. lui a faite, et c'est ce meme public, dans l'esprit duquel il a voulu ternir le P. du Halde, que nous rendons juge de son procédé. »

[Extrait du Ms. Fr. 12215, Bib. Nat., pp. 56 et suivantes.]

— Tchao-chi-cou-eulh, ou l'orphelin de la maison de Tchao, tragédie chinoise, traduite par le R. P. de Prémare, Miss. de la Chine, avec des Eclaircissemens sur le Théâtre des Chinois, & sur l'Histoire véritable de l'Orphelin de Tchao. Présentée à Madame *** Par M. Sorel Desflottes. — Le Prix est de 30 sols. — A Peking [Paris] 1755, in-12 de 96 pages.

Dédicace. — Préface (Lettre du P. Du Halde à M. Fourmont l'aîné, &c.) — Essai sur le Théâtre des Chinois. — Lettre du R. P. de Prémare à M. Fourmont l'aîné. — Argument. — L'Orphelin de la Maison de Tchao. — Lettre du Père de Prémare à M. Fourmont l'aîné. — Lettre de L. R. Deshauterayes. — à M. Desflottes, ou l'histoire véritable de l'orphelin de Tchao.

Vend. Rémusat (696), Fr. 6.15.

— Tchao-Chi-Kou-Eul, ou l'Orphelin de la Chine, drame en prose et en vers, accompagné des pièces historiques qui en ont fourni le sujet, de Nouvelles et de Poésies

(THÉÂTRE.)

chinoises: Traduit du chinois, par Stanislas Julien, Membre de l'Institut... Paris, Moutardier, 1834, in-8, pp. xxxii-352.

Dédié au Dr. J. Watson.

Avant-Propos. — Avertissement. — Pièces historiques. — Specimen du texte chinois suivi d'une traduction littérale. — L'Orphelin de la Chine (pp. 1/132). — Nouvelles historiques (pp. 133/322). — Poésies chinoises.

Klaproth (827), Fr. 7.— Thonnelier (2053), Fr. 8.

— L'Orphelin de la Chine, tragédie en cinq actes, composée sous la dynastie des Youen par Ki-kiun-thsiang. Traduction mot à mot des dialogues des trois premiers actes par Stanislas Julien (Syntaxe nouvelle, II, pp. 309/406).

— L'Orphelin de la Chine, tragédie de Voltaire, représentée, pour la première fois, le 20 août 1755, a été inspirée par la traduction par le P. de Prémare de l'Orphelin de Tchao.

— Grosier, VII, pp. 327 et seq., a donné une analyse et quelques scènes de l'Orphelin de la Chine.

寶娥冤 Teou ngo youen, 86e pièce du Youen jin pe tchong.

Teou-Ngo-Youen, ou le Ressentiment de Teou-Ngo, drame en quatre actes, composé par Kouan-Han-King, pp. 321/409 du Théâtre Chinois de Bazin.

Dans « Notices of four Chinese Plays, which form part of a collection, entitled Yuen-jin-pe-tchong » (App. II, pp. 243/8, Narrative of a Chinese Embassy), Staunton a traduit l'argument de cette pièce sous le titre de « The Student's Daughter revenged »; cette trad. a paru également dans The Quarterly Review, CXII, et The Canton Register, X, 1837, No. 7. — Les trois autres pièces dont il est question dans ces Notices sont : II, The Stratagems of the generals whose forces the river divided. — III, Leaving a slipper, on the new moon. — IV, Curing fish on the banks of the river, in autumn.

連環計 Lien hoan ki, 89e pièce du Youen jin pe tchong.

Ou la Mort de Tong tcho ; un épisode du San kouo tche, traduit par S. Julien [voir supra, col. 816], a fourni le sujet de ce drame historique.

看錢奴 Kan tsien nou, 91e pièce du Youen jin pe tchong.

« Cette pièce [l'Avare], dit Bazin, Siècle des Youen, p. 423, a été traduite par M. Stanislas Julien. La traduction de M. Julien n'a pas été imprimée; mais on en trouve une analyse, à la suite de l'Aulularia, dans le théâtre de Plaute de M. Naudet. » — Bazin reproduit l'ar ulyse de Naudet dans la Chine moderne, II. pp. 434 et seq.

偵郎旦 Ho lang tan, 94e pièce du Youen jin pe tchong.

Ho Lang Tan, ou la Chanteuse, drame en quatre actes (sans nom d'auteur), pp. 257/320 du Théâtre Chinois de Bazin.

POÉSIE.

SEMEDO, Hist. univ. de la Chine, Lyon, 1667, Pt. I, pp. 82/4.

— De la Poésie des Chinois (par Fréret, Hist. de l'Ac. R. des Insc., III, 1723, pp. 289/291).

De la Poésie des Chinois [d'après le Mémoire de Fréret, 1714]

(POÉSIE.)

(pp. 301/304 de la Bibliothèque Académique par A. Sérieys, IX, Paris, 1811).

Cibot. — Le Jardin de Sée-ma Kouang, poëme. (Mém. conc. les Chinois, II, pp. 643/650). — L'Hirondelle, fable allégorique de See-ma Kouang (Ibid., IV, pp. 177/8). [Ces deux morceaux ont été mis en vers français par Madame du Bocage, Ibid., XI, pp. xii et seq., et p. xvii]. — Traduction de quelques pièces de poésie chinoise. (Ibid., XIII, pp. 516/534).

— Eloge de la Ville de Moukden et de ses environs; poëme composé par Kien-long, Empereur de la Chine & de la Tartarie, actuellement régnant. Accompagné de Notes curieuses sur la Géographie, sur l'Histoire naturelle de la Tartarie Orientale, & sur les anciens usages des Chinois; composées par les Editeurs Chinois & Tartares. On y a joint une Pièce de Vers sur le Thé, composé par le même Empereur. Traduit en François par le P. Amiot, Missionnaire à Péking; Et publié par M. Deguignes. A Paris, Chez N. M. Tilliard, Libraire... M. DCC. LXX, in-8, pp. xxiv-xxxviij-384, s. les ff. de la fin.

Vend. Langlès (1383), Fr. 11.05. — Rémusat (637), Fr. 5.— Klaproth (813), Fr. 4.75 ; (814), Fr. 4.50. — Thonnelier (2035), Fr. 1.

— On trouvera dans la Chrestomathie mandchou, de Klaproth (1828), pp. 235 et seq., la traduction française de l'Eloge de la ville de Moukden par l'empereur Khian loung; dont le texte mandchou est donné dans le même recueil, pp. 63/99.

STEPHEN WESTON. *Ly Tang, an Imperial Poem in Chinese by Kien Lung, with a translation and Notes. London, 1809, in-8.

— The Conquest of the Miao-tse. — An Imperial Poem by Kien-Lung, entitled a Choral-song of Harmony for the First Part of the Spring by Stephen Weston, F. R. S., S. A., from the Chinese. London, C. & R. Baldwin, 1810, in-8.

Voir, col. 166/167, le chap. consacré aux Miao tseu.

Notice : Quarterly Review, IV, Nov. 1810.

Vend. Langlès (1382), Fr. 50.— Klaproth (812), Fr. 9.

* A Chinese Poem inscribed on Porcelain, in the 33d Year of the Cycle, A. D. 1776, with a double translation and Notes by Stephen Weston. London, 1816, in-8.

* A Specimen of Picturesque Poetry in Chinese, inscribed on a cup in the possession of Lady Banks, and dedicated to her Ladyship, by the translator Stephen Weston.

⁎
⁎ ⁎

— Extracts from the Pih-mei-she-yung « The

(POÉSIE.)

Songs of a Hundred Beautiful Women ».

Ces extraits sont publiés dans le volume qui contient « *Chinese Courtship* » de Thoms, pp. 249-280.

Poeseos Sinensis Commentarii. On the Poetry of the Chinese, by John Francis Davis. London, Cox, 1829, gr. in-4.

Vend. Rémusat (633), Fr. 19.50. — Klaproth (808), Fr. 14.50.
Ext. du Vol. II des *Transactions of the Royal Asiatic Society.*
Notice : *Jour. des Savans*, Oct. 1830, pp. 579/592, par Abel Rémusat.

— Poeseos Sinensis Commentarii. On the Poetry of the Chinese, (from the Royal Asiatic Transactions), to which are added, Translations & Detached pieces. By John Francis Davis, F. R. S., &c., President for the East India Company in China. Macao, China. Printed at the Honorable East India Company's Press, By G. J. Steyn and Brother. MDCCCXXXIV, in-8, pp. 199.

On the Poetry of the Chinese (1-108). — Extracts from an unpublished Journal of the Embassy to Peking 1816 (109-151. — 三 國 志 Translated Extracts from the History of the Three States (152-191). — Notes on Homicides in China 1830 (192-198). — Ode (in cavernam ubi Camoens opus egregium composuisse fertur).

Vend. Klaproth (809), Fr. 18.50.

— The Poetry of the Chinese. By Sir John Francis Davis, Bart., K. C. B., &c., late Governor of Hongkong. *(Chin. & Jap. Rep.*, Jan. & Feb. 1864.)

— Poeseos Sinicae Commentarii. The Poetry of the Chinese. By Sir John Francis Davis, Bart., K. C. B., F. R. S., &c. New and augmented edition. London : Asher and Co ; 1870, in-4, pp. vii-88.

Cette édition ne contient pas les extraits du *San kouo tche* et l'ode.
Notices : *Shanghaï Evening Courier*, 22 Dec. 1870. — *The Phoenix*, I, pp. 17/19.

— Romance de Mou-lan, ou la fille-soldat. — Ballade Ni-kou-sse-fan, ou la religieuse qui pense au Monde. — Kouan-fou-youan. Élégie sur la mort d'une épouse. — Le Village de Kiang. (Poésies chinoises, pub. par S. Julien, à la suite de l'*Orphelin de la Chine*, Paris, 1834 et dans le Vol. II des *Avadânas*.

— Einleitende Bemerkungen über die chinesische Poesie, pp. v-xxiv de *Das Blumenblatt* du Dr. H. Kurz, 1836, in-8.

Pih Jin Ko, or an Ode on Patience, with a translation and explanatory notes [by S. R. Brown]. *(Chinese Repository,* IX, May 1840, pp. 46/53.)

— The Chwang yuen Yew heò she. *(Asiatic Journal*, XXXVII, 1842, pp. 84/86.)

Voir Education, col. 673.

Das Li-sao und die neun Gesänge. Zwei Chinesische Dichtungen aus dem dritten Jahrundert vor der Christlichen Zeitberechnung. Von Dr. August Pfizmaier, Wirklichem mitgliede der Kaiserlichen Akademie der Wissenschaften. (Aus dem III. Bande der Denkschriften der Philosophisch-historischen Classe der Kaiserlichen Akademie der Wissenschaften besonders abgedruckt.) Wien, MDCCCLII, in-fol., pp. 32.

離 騷 Le Li-Sao Poème du IIIe Siècle avant notre ère. Traduit du Chinois accompagné d'un commentaire perpétuel et publié avec le texte original par le Marquis d'Hervey de Saint-Denys. Paris, Maisonneuve, 1870, in-8, pp. LIV-66 sans le texte.

Dédicace à S. Julien. — Table. — Etude préliminaire, pp. IX-XLV. — Vie de Kiu-youen extraite des mémoires historiques de Sse-ma-thien, pp. XLVII-LIII. — Le Li-sao, pp. 1-66. — Texte chinois.
Ce poème et la *Visite du Dieu du Foyer à Iu-kong* (voir col. 305) sont les deux premiers poèmes de la collection dite « Élégies de Tsou ».
Voir supra la trad. de Pfizmaier.
Notices : *China Review*, I, p. 60.— *The Phoenix*, I, pp. 178/9.

— Poésies de l'époque des Thang (VIIe, VIIIe et IXe siècles de notre ère) traduites du chinois pour la première fois avec une étude sur l'art poétique en Chine et des notes explicatives par le Marquis d'Hervey-Saint-Denys. Paris, Amyot, MDCCCLXII, in-8, pp. CXII-301.

Notices : Emile Montégut. La Poésie d'une vieille civilisation, *Poésies de l'époque des Thang*, traduites du chinois par M. d'Hervey de Saint-Denys. *(Revue des Deux Mondes*, 15 mars 1863.) — *J. As.*, 6e Sér., Vol. VI, 1865, pp. 281/8, par Charles de Labarthe. — *J. des Savants*, Oct. 1864, pp. 597/613, par B. St. Hilaire.

John Bowring. — Some poems from the Chinese. *(N. C. Herald*, No. 62, 4 Oct. 1851.) — Words of Wisdom from the Chinese. *(Ibid.*, No. 95, May 22, 1852, et *Shanghae Alm. for 1853 & Miscel.)* — Some translations of Chinese Poetry. *(N. C. Herald*, No. 113, Sept. 25, 1852.)

Voir *Fraser's Magazine*, 1852.

— Ueber die Chinesische Verskunst. Von W. Schott. Aus den Abhandlungen der Königl. Akademie der Wissenschaften zu Berlin 1857. Berlin, 1857, in-4.

— On the various forms in which poetry has been written among the Chinese, pp. 117/126 des *Prolég.* des *Chinese Classics* du Dr. Legge, Vol. IV, Part I.

— A Chinese Ballad, freely done into English Verse. By the Editor [Summers]. *(Chin. & Jap. Rep.*, Sept. 1863, pp. 129/132.)

J. H. Plath : Ueber zwei Sammlungen

chinesischer Gedichte aus der Dynastie Thang, 1863, in-8.

— Chinese Verse. By C. T. Gardner. (*China Review*, I, pp. 248/254.)

— Chinese Lyrics, by George Carter Stent. Read, June 5th, 1871. (*Jour. N. C. B. R. As. Soc.*, VII, 1871 & 1872, Art. IV, pp. 93 et seq.)

— Chinese Legends, by G. C. Stent. Read, June 12th, 1872. (*Ibid.*, Art. VIII, pp. 183 et seq.)

G. C. S. (tent). — Fanning the Grave. — The Wife tested. (*Shanghai Evening Courier & Shanghai Budget*, May 24, 1873.) — The Flute of Chang liang. — Crossing the Ferry or Pickaback Love. — Beautiful Snow. (*Ibid.*, June 14, 1873.) — The Enchanted tree. — Yang-kuei-fei (A Chinese Anacreontic). (*Ibid.*, 28 June 1873). — Silken Meshes. — Dream-Music. (*Ibid.*, July 19, 1873.) — The death of « Yang kuei-fei ». — The Chain Puzzle. (*Ibid.*, July 26, 1873.) — Chang Pan Po or Queen Mi's Devotion. (*Ibid.*, Aug. 9, 1873.) — The Grave of Yang kuei-fei. (*Ibid.*, Aug. 23, 1873.) Buried alive. — The Stone Lions of Lu-kou Bridge. — The Skeleton trees or the Suicides' haunt. (*Ibid.*, Sept. 19, 1874.) — Legend of the Ching Dynasty. (*Ibid.*, Sept. 26, 1874.) — Race for a Throne. (*Ibid.*, Jan. 14, 1875. — Yu-chi's death. — The Emperor's tree. (*Ibid.*, Jan. 28, 1875.) — The Moving Fir. (*Ibid.*, Feb. 18, 1875.) — The Insects' Prophecy or the death of King *Pa*. (*Ibid.*, Feb. 25, 1875.)

— « Fanning the Grave and the Wife tested » by G. C. Stent. Shanghaï. — Printed and Published by Da Costa & Co, at the « Ching-Foong » Printing office, 1873, Price 50 cents Mex. Br. in-8, pp. 12.

Tirage à part de deux pièces supra.

— Meng Cheng's Journey to the Great Wall. By G. C. S. (tent). (*China Review*, III, pp. 114/119, 149/158.)

— The illness, death and funeral obsequies of Mr. Locust. By G. C. S. (tent). (*China Review*, III, pp. 312/346.)

— G. C. Stent. Dame Kuo's Visit to Hsi-ting fair. (*The Far East*, I, No. 1, 1876, pp. 15/17.) — Don't marry a Widow. (Freely rendered into English from the Chinese. (*Ibid.*, I, No. 2, 1876, pp. 34/37.) — Inverted Facts. (*Ibid.*, No. 5, 1876, pp. 123/5.) — Murder will out (*Ibid.*, II, No. I, pp. 9/11.)

— The Jade Chaplet in twenty-four Beads a collection of songs, ballads, &c. (From

(POÉSIE.)

the Chinese) by George Carter Stent MNCBRAS. London, Trübner, 1874, in-8, pp. VIII-166.

Une partie des morceaux de ce recueil avaient déjà paru : Fanning the Grave (No. 3); the Wife tested (No. 4); Crossing the Ferry or Pickaback Love (No. 11) dans le *Shai. Courier* & le *Shai. Budget ;* Jen kuei's Return (No. 12) en brochure [Voir au Théâtre]; the Twelve months many Stories (No. 10) avait été lu à la N. C. B. R. Asiatic Society le 5 juin 1871 [Vide supra] ; the Azalea (No. 22) avait paru dans *The China Review*, 11, pp. 80 et seq.

— Entombed alive and other Songs, Ballads, &c. (from the Chinese.) By George Carter Stent..... London, William H. Allen & Co, 1878, in-8, pp. VIII-252.

— Chinese Poetry. A Lecture delivered at Shanghai. By W. H. Medhurst. (*China Review*, IV, pp. 46/56.)

OUVRAGES DIVERS.

— Principium Libri Sia vl lvn 忄兒論 seu origines sinicae. (Bayer, *Museum Sinicum*, II, pp. 259 et seq.)

— Fragments of Oriental Literature, with an Outline of a painting on a curious China vase... By Stephen Weston... London : Printed for the Author, 1807, in-8, pp. XXVII-152.

« The Great Political and Literary Encyclopaedia of Ma-twan-lin ». Notice étendue dans *The Asiatic Journal*, Vol. VII, pp. 110, 177 et 301.

Notice de l'Encyclopédie de Ma Touan-lin [Wen hian toung kao] par Klaproth. (*Nouv. J. As.*, X, 1832, pp. 4 et seq., 97 et seq.)

Tirage à part, in-8, Paris, Imp. Roy., 1832, pp. 78.

« Cette notice a paru en anglais dans les cahiers de février, mars et avril de l'*Asiatic Journal* de Londres. Nous la reproduisons ici revue par l'auteur et complétée par l'extrait du sommaire de la neuvième section du *Wen hian thoung k'hao*, qu'on a oublié d'imprimer à Londres ».

Notice : *J. des Savans*, Sept. 1832, pp. 572/3.

— Notice de la grande Encyclopédie chinoise, intitulée : *Kou kin thou chu*, par Klaproth. (*Journ. As.*, IX, 1826, pp. 56/58.)

— Poo Nan Che tsàng sin ; a supplementary Sack of Wisdom, new and improved edition, in 10 vols. small octavo. By Scholasticus. [C. Gützlaff.] (*Chin. Rep.*, X, pp. 450 et seq.)

The Yung Yuen Tsiuen Tsih 榕園全集 or Complete Collection of the Garden of Banians.

« The Collection of the Garden of Banians is a fancy title given to a collection of essays, prefaces, memoranda, prayers, edicts, and poems, written by Li Lan-king, a native of Fuhchau fu in Fuhkien, and the prefect of in Kwangsi in 1826, » p. 341 Sz'ngan 思恩府 de la description de cet ouvrage par S. W. Williams dans le *Chin. Rep.*, XX, pp. 340/341 ; voir aussi *Ibid.*, p. 41.

(OUVRAGES DIVERS.)

J. H. Plath : Ueber die Sammlung Chinesischer Werke der Staatsbibliothek aus der Zeit der D. Han u. Wei (Han Wei thsung schu), 1868, in-8, pp. 60.

Voir Wylie's *Notes*, pp. 209/210.

— J. H. Plath : « Die 4 grossen chinesischen Encyclopädien der K. Staatsbibliothek », pp. 83/154 *Sitzung des philos. philol. Classe vom 7 Januar* 1871.

Curiosities of Chinese Street Literature. A lecture by W. H. Medhurst Esq. Shanghai, 1871, br. in-8.

Jules Arène. La Chine familière et galante. Paris, Charpentier, 1876, in-18, pp. 288.

Il a été tiré de cet ouvrage 17 ex. sur papier de chine.

— Géographie historique et descriptive avec cartes des états maritimes par Weïyouen.

Notice sur le *Hai houo tou tche* par G. Pauthier, extraite des *Annales de Philosophie chrétienne*, juillet 1869. — Tirage à part, pièce in-8, pp. 8.

— Ueber einige Chinesische Schriftwerke des siebenten und achten Jahrhunderts n. Chr. von Dr. A. Pfizmaier. Wien, 1879, br. in-8, pp. 82.

LITTÉRATURE PÉRIODIQUE.

— Periodical literature : Chinese Almanacs ; Imperial Court Calendar ; the provincial Court Circular of Canton ; the Peking Gazette ; with remarks on the condition of the press in China. By E. C. Bridgman. (*Chin. Rep.*, V, May 1836, pp. 1 et seq.)

Consulter cet article sur la Gazette de Peking dont un n°. entier (Janv. 30 et 31, 1836) est traduit.

— The Chinese Almanac. (*N. C. Herald*, No. 71, 6 Dec. 1871.)

— Chinese Newspapers. (*N. C. Herald*, June 9, 1877.)

En réponse à un article du *Times* publié avec le même titre et réimp. dans le même n°. du *N. C. Herald*.

— Vernacular Newspapers in the East. (*The Far East*, Vol. II, No. 2, pp. 44/45.)

— La Presse Chinoise par Henri Cordier. (*Jour. des Débats*, 15 Sept. 1879.)

— Gazette de Peking, voir col. 218/220.

PROVERBES.

Hao hieou tchouan (trad. anglaise de 1761, supra, col. 805).

— On trouve dans la *Chrestomathie mandchou*, de Klaproth (1828), pp. 195 et seq., la traduction française de :

Ming Hian Dsi, ou Collection de Proverbes et de maximes, traduits du Chinois en mandchou (174 proverbes).

Le texte mandchou est donné, *ibid.*, pp. 5/23.

(LITTÉRATURE PÉRIODIQUE.— PROVERBES.)

— *Hien-Wun-Shoo*. — Chinese Moral Maxims, with a free and verbal translation : affording examples of the Grammatical Structure of the Language, compiled by John Francis Davis. F. R. S. London, 1828, in-8.

— Proverbs and Metaphores drawn from nature in use among the Chinese. (*Chinese Rep.*, VII, pp. 321 et seq.)

— R. Thom, *Chinese Speaker*, pp. 90 et seq. : Extrait du *Kea Paou Tseuen Tseih*.

— Sinesische Sprüchwörter und Maximen. (Neumann, *Zeit. f. d. k. d. Morg.*, Vol. II, No. 20, pp. 74/77.)

— Il y a dans « Notes & Queries », Series I, X, p. 294, une liste par F. M. Middleton des qq. (6) proverbes chinois qui étaient exposés à l'exposition de Londres en 1851.

— « Quelques Proverbes Chinois », pp. 85/88 des *Dialogi latino-sinenses*, Hokien, 1864.

— « Chinese Proverbial Philosophy ». (*Chinese & Jap. Rep.*, Aug., Sept., Oct., Nov., 1865).

— On trouvera dix-neuf (19) proverbes chinois traduits en anglais dans *The Hankow Times*, Oct. 26, 1867.

— « Chinese Proverbs » (*The Cycle*, 30th July 1870).

中 國 俗 語 Proverbes Chinois, recueillis et mis en ordre par Paul Perny, M. A. de la Congrégation des Missions étrangères. Paris, Firmin Didot frères, fils & Cie. 1869, pet. in-12, pp. 135 s. l. préf. et la table.

Notice : *J. des Savans*, 1869, p. 575/6.

Chinese Proverbial Philosophy. By Rev. A. E. Moule. (*Chin. Rec.*, V, 1874, pp. 72/77.)

— Chinese Proverbs and their Lessons. By Alfred Lister. (*China Review*, III, pp. 129/138.)

La troisième partie du *Vocabulary* (Vol. II) de Justus Doolittle contient un grand nombre de proverbes :

II. — 400 Proverbs and Plain or Metaphorical Terms. By Rev. C. C. Baldwin, D. D., p. 178.

XXIX. — Over 200 Proverbs from Ningpo. By Rev. Arthur E. Moule, p. 323.

XLII. — Proverbs and Phrases in Five Languages. The Chinese, French and Latin of these Sentences taken chiefly from Perny's Chinese Proverbs, and from Stanley's Chinese Manual. Translation in German by Rev. F. Ohlinger, p. 102.

XLVIII. — Proverbs from Tientsin, p. 438.

LIII. — Proverbs in Chinese and English. Chinese Text from Perny's Proverbes Chinois ». English Translation from the Chinese by H. J. Allen, Esq. (1) On Heaven. (2) On Study. (3) On the Brevity of Life. (4) Discretion in Words. (5) On Education. (6) On Evil Speaking. (7) On Woman.

(PROVERBES.)

(8) On Forethought. (9) On Good Counsels. (10) On Friends. (11) On Gratitude. (12) On Goods. (13) On Adversity. (14) On Capital Vices., (15) On Parents. (16) On Judging. (17) On Prudence. (18) On Patience. (19) On Wisdom and Virtue. (20) On Union and Diligence, p. 478.

LIV. — Miscellaneous Proverbs in French, Chinese and English. The French and Chinese Texts are from Perny's Proverbes Chinois. The English Translation is from the Chinese by H. J. Allen, Esq., p. 483.

LV. — Book Phrases and Proverbs used by Preachers. Translated and arranged by C. Schmidt, Esq. I. Classical Phrases. II. Ancient Sayings and Proverbs, p. 491.

LXX. — Metaphorical and Proverbial Sentences. Selected and arranged by the Editor, p. 562.

LXXXV. — Foochow, Shanghai and Tientsin Proverbs. Collected and Translated by the Editor, p. 675.

— A Collection of Chinese Proverbs, translated and arranged by William Scarborough, Wesleyan Missionary, Hankow. With an Introduction, Notes, and Copious Index. Shanghai : American Presbyterian Mission Press. 1875, in-8, pp. xxvi-478.

Notices : S. Courier & China Gaz., 29 July 1875. — Chin. Rec., VI, 1875, pp. 301/2.

Cet ouvrage contient 2,720 proverbes.

Consulter :

— S. W. Williams, *Middle Kingdom.*
— Prémare, *Notitia linguae Sinicae.*
— *Mém. conc. les Chinois*, X, p. 148.

HISTOIRE LITTÉRAIRE PROPREMENT DITE.

J. F. Reimanni Hist. lit. Babyloniorum et Sinensium. Voir col. 664.

T. Spizelii de re lit. Sin. Commentarius. Voir col. 665.

— Sur la Litterature chinoise. (*Recueil de l'Ac. des Insc.*, Hist., V, 1729, pp. 312/319.)

Par Fourmont.

— Idée de la Littérature chinoise en général, et particulièrement des historiens et de l'étude de l'histoire à la Chine. Par M. de Guignes. (*Rec. de l'Ac.*, Mém., XXXVI, 1774, pp. 190/238.)

— Abhandlung über die alte Literatur der Chinesen. (Klaproth, *As. Mag.*, II, pp. 90/104, 192/211, 491/557.)

— Le Dr. W. Milne a publié dans *The Indo-Chinese Gleaner* sous le titre de *Bibliotheca Sinica* une série d'études sur différents ouvrages chinois :

明 心 寶 鑑 I. Ming sin paou këen, I, pp. 160/165.

西 方 公 據 II. See fang kung keu, I, pp. 201/208.

聖 諭 廣 訓 III. Shing yu Kwang hiun, II, pp. 29/36.

Ces trois mémoires ont été réimp. dans le *Chin. Rep.*, XVI, pp. 406, 448, 500.

三 子 經 IV. San tze king, II, pp. 88/94.

(HISTOIRE LITTÉRAIRE PROPREMENT LITE.)

御 製 律 曆 淵 源 V. Yu che leuh leih yuen yuen, II, pp. 161/162.

三 才 圖 會 VI. San tsae too hwuy, II, pp. 162/3.

高 厚 蒙 求 VII. Kaou how mung kew, II, pp. 219/220.

論 語 VIII. *Lun yu*, II, pp. 271/279.

佩 文 韻 府 IX. *Pei wan yun foo*, II, p. 339.

中 庸 X. Chung yung, II, pp. 379/391.

大 學 XI. Ta heoh, II, pp. 455/460.

孟 子 XII. Mang tsze, III, pp. 80/92.

功 過 格 XIII. Kun kwo kih, III, pp. 148/165, 205/206.

天 然 和 尚 同 住 訓 格 XIV. Teen jen ho shang tung chu heun kih, pp. 256/265.

— Lettre au Rédacteur sur l'état et les progrès de la littérature chinoise en Europe, par J. P. Abel Rémusat. (*Jour. As.*, Nov. 1822, pp. 279/292, et *Mél. As.*, II, pp. 19/32.)

— Le Siècle des Youën ou Tableau historique de la Littérature chinoise depuis l'avénement des empereurs Mongols jusqu'à la restauration des Ming par M. Bazin, Professeur de chinois à l'école des langues orientales. Paris, Imprimerie nationale, MDCCCL, in-8, pp. 514.

Avant-Propos. — Première Partie : Langue savante. Notices bibliographiques sur les principaux monuments de la langue savante, extraites du Catalogue abrégé de la Bibliothèque impériale de Peking, et traduites du chinois. — Deuxième Partie : Langue commune. Notices et extraits des principaux monuments littéraires de la dynastie des Youën. — Troisième partie : Notices biographiques sur les Auteurs.

— Cet ouvrage avait d'abord paru dans le *Jour. As.*, 4e Sér., Vol. XV (1850); Vol. XIX (1852).

Notice : *N. C. Herald*, No. 363, July 11, 1857, by Anglo-Sinensis.

— Lettre à M. Robert Thom, Consul d'Angleterre, à Ning-po, adressée par Stanislas Julien, Paris, 10 Mai 1844. (*Jour. As.*, IVe S., T. III, pp. 417/423.)

Voir *Jour. As.*, Juillet 1834, pp. 64 et seq., et *Culture de Muriers*, par S. Julien, Avert., pp. XVI-XVII.

— Entwurf einer beschreibung der chinesischen litteratur. Eine in der königl. preuss. akademie der Wissenschaften am 7. februar 1850 gelesene abhandlung von Wilhelm Schott. Berlin. Ferd. Dümmler's Verlag. 1854, in-4, pp. 126.

— On the present state of science, literature, and literary criticism. By J. E. [Rev. Joseph Edkins, B. A.] Reprinted from the « *North China Herald* » of March 1857. (*Ch. & Jap. Rep.*, Nos. 1 et 2, 1863.)

(HISTOIRE LITTÉRAIRE PROPREMENT DITE.)

— Chinese Authors under the Tartar Dynasty by J. E.(dkins). (*N. C. Herald*, No. 350, 11 April 1857.)

— Recent Criticism of the Chinese ancient Books by J. E.(dkins). (*Ibid.*, No. 359, 13 June 1857.)

— Bibliotheken in China. (*Zeit. f. Allg. Erd.*, Août 1860.)

—Chinese Libraries, by J. C. (*China Review*, II, pp. 318/9.)

* Chinese Libraries. By-Axon (*The Library Journal*, New-York, —).

— Encyclopédies chinoises. (Perny, Dict., *App.* VIII, pp. 94/95.)

— Les Principaux Historiens chinois. (*Ibid.*, *App.* XI, pp. 111/124.)

— Beitraege zur Kenntniss der Neuesten chinesischen literatur von C. Arendt. (*Mitt. der Deut. Ges.* — Yokohama, 8tes Hft., Sept. 1875, pp. 37/39.)

A suivre.

Académie chinoise : Bazin, voir col. 125. — Perny, Dict., *App.* I, pp. 1/7.

BIBLIOGRAPHIE.

* Variorum librorum Chinensium bibliotheca sive libri, qui nunc primum ex China seu regno Sinarum advecti, sunt. Amstelodami, C. Nicolai, 1605.

Ternaux-Compans, No. 934.

—Adrien Baillet écrit dans les *Jugemens des Savans*, MDCCXXII, Vol. II, dans le chapitre consacré à « quelques Catalogues de Livres tant de Libraires que des Bibliothèques particulières », à la page 137 : De la Chine. On imprima à Amsterdam en 1605, le Catalogue des livres qu'on avoit transporté pour la première fois du Royaume de la Chine avec leur Encre et leur grand Papier. Ceux qui croyent s'y connoître prétendent que c'est quelque chose de fort curieux ».

— Catalogue des autheurs qui ont faict l'histoire de la Chine.

« Ivan de Barros. En ses Decades Orientales.

Dom Iuan de Torres. Du Royaume de Mogor.

Iuan de la Cruz. Histoire de la Chine.

Gaspar de la Cruz. La mesme histoire.

Fr. Iuan de Mendoça. L'histoire de la Chine.

Diego de Pantoja. *Narratio sociorum in Sinam penetrantium.*

Idem. *De religionis processu apud Sinenses.*

Nicolaus Trigaucius. *De Christiana expeditione apud Sinas à societate Iesu suscepta.* »

(P. 459 de l'*Histoire* de Maldonado, 1622). [Voir col. 12.]

— Catalogue des livres chinois apportés de la Chine, par le P. Foucquet Jesuite en l'Année 1722.

Bib. nat., Ms. latin 17175 : 50 pages in-folio chiffrées, formant les ff. 93/117 du Ms.

— Copie d'une partie de ce même Catalogue, à la suite du précédent, ff. 118/139 du Ms. 17175.

La lettre suivante du P. Foucquet forme 1 : ff. 140 du Ms.

Lettre du R. P. Fouquet jesuite du 8 Avril 1723, aujourd'huy

Evêque d'Eleutheropolis, demeurant en la Maison *de Propaganda fide* à Rome.

« J'ay lu, Monsieur, ce Catalogue avec soin, et j'y ai corrigé une trentaine de noms chinois qui n'étoient pas écrits exactement, à la 48e Page *Tcien haia* est un nom erré, *haia* n'est point un mot chinois, je l'ai marqué d'un [sic] croix ; ne pouvant à ce moment me rappeller la correction qu'il y faut faire ; si la chose en valoient la peine, je l'écrirois de Rome : je voudrois pouvoir trouver en ce pays, quelque occasion de repondre à vos bontez ; honorez m'y de vos ordres. Oserois je vous supplier de presenter mes profonds respects à Mr. l'Abbé Bignon, et vous assurer vous meme que je suis avec la plus respectueuse reconnoissance, Monsieur, vostre tres humble et tres obeissant serviteur en N. S.

          Fouquet de la Compagnie de Jesus.

Maison Professe, le 8 Avril 1723.

          Apres midy. »

Le British Museum possède également un Catalogue de ces livres ; voir le Cat. de R. K. Douglas, p. 332 et notre chap. *Religion*, col. 520.

PINELO. — Epitome de la Bibliotheca oriental y occidental. (Voir notre Préf.; p. III, Note 8.)

Catalogus librorum Bibliothecae regiae sinicorum.

A la suite de la *Grammatica* de Fourmont, voir col. 760.

Gottlieb Heinrich Stuck's. K. P. Kommissionsraths und Kaemmerers der Stadt Halle Verzeichnis von aelteru und neuern Landund Reisebeschreibungen. Ein Versuch eines Haupstücks der geographischen Litteratur mit einem vollstaendigen Realregister, und eine Vorrede von M. Iohann Ernst Fabri. Halle, 1784, in-8, pp. XVI-504.

Meusel. Bibliotheca historica. (Voir notre Préface, p. IV, Note 3.)

— Notice des ouvrages élémentaires manuscrits, sur la langue chinoise, que possède la bibliothèque nationale. Par L. Langlès, conservateur des Manuscrits orientaux. Br. in-8, pp. 13 s. l. n. d.

Ext. du *Magasin Encyclopédique*, 1800, II, pp. 189/199.

— Mémoire sur les livres chinois de la bibliothèque du roi, et sur le plan du nouveau catalogue dont la composition a été ordonnée par S. Ex. le Ministre de l'Intérieur ; Avec des Remarques critiques sur le Catalogue publié par E. Fourmont, en 1742. par M. Abel-Rémusat. Paris, Le Normant, 1818, in-8, pp. 60.

Extrait des *Annales Encyclopédiques*, 1817.

— Sur les livres chinois de la bibliothèque du Roi. (*Mél. As.*, II, pp. 372/426.)

Critique du Catalogue de Fourmont, voir supra.

— Dans le IIIe Vol. de l'*Historical account of Discoveries* de Hugh Murray (1820), il y a pp. 487-513 un Appendice contenant une liste de travaux relatifs à l'Asie. On y trouvera les titres plus ou moins inexacts de quelques ouvrages sur la Chine.

— Verzeichniss der Chinesischen und Mandshuischen Bücher und Handschriften der

Königlichen Bibliothek zu Berlin verfasst von Julius Klaproth-Herausgegeben auf befehl Seiner Majestät des Königes von Preussen-Paris, in der Königlichen Druckerei, 1822, in-folio, pp. VIII-188-68.

Abel-Rémusat, *J. des Savans*, Mai 1824, pp. 276/288 et *Mél. As.*, II, pp. 352/371.

Vend. Langlès (1052), Fr. 45.

— Verzeichniss der Chinesischen und Mandschu-Tungusischen Bücher und Handschriften der Königlichen Bibliothek zu Berlin. Eine Fortsetzung des im Jahre 1822 erschienenen Klaproth'schen Verzeichnisses. Von Dr. Wilhelm Schott..... Berlin. Gedruckt in der Druckerei der Königlichen Akademie der Wissenschaften, 1840, in-8, pp. IV-120.

« La collection de livres chinois qui existe à la Bibliothèque royale de Berlin, se compose d'acquisitions faites à différentes époques. Le premier fonds d'ouvrages de cette espèce, formé d'environ trois cents volumes, fut acheté dans les établissemens de la Compagnie hollandaise des Indes orientales, et particulièrement à Batavia, d'après les ordres de l'électeur Frédéric-Guillaume-le-Grand, et par l'entremise de G.-E. Rumpfius, et d'André Cleyer. A. Müller en a rédigé un petit catalogue, ou plutôt une simple liste, qui a été imprimée en une feuille, mais qui est devenue très-rare, dont on ne possède pas d'exemplaires à la Bibliothèque de Berlin. Le même auteur donna, en 1683, une deuxième partie de ce catalogue. » (Abel Rémusat, *Mél. As.*, II, p. 352.)

— Catalogue des livres, imprimés et manuscrits, composant la Bibliothèque de Feu M. Louis-Mathieu Langlès, Chevalier des Ordres de la Légion-d'Honneur et de St.-Waladimir, Administrateur-Conservateur des Manuscrits orientaux de la Bibliothèque du Roi... Dont la vente se fera le jeudi 24 mars 1825 et jours suivants, 6 heures de relevée, Maison Silvestre, rue des Bons-Enfants, n° 30... Prix 3 francs. A Paris, chez J.-S. Merlin, libraire, 1825, in-8.

Langlès né à Péronne près de Mont-Didier, le 23 août 1763 † à Paris le 28 janvier 1824.

— Notice historique sur la Vie et les Ouvrages de M. Langlès par M. Dacier, Sec. perp. — Lue dans la séance publique du 29 juillet 1825. (*Hist. de l'Ac. des Insc.*, IX, pp. 100/116.)

— Abel-Rémusat, *Nouv. Mél. As.*, II, pp. 316/324.

— Catalogue des livres, imprimés et manuscrits, composant la bibliothèque de feu M. J.-P. Abel-Rémusat. A Paris, chez J. S. Merlin. 1833, in-8.

— Voir à la suite du Catalogue des médailles chinoises du Cabinet des antiques de Vienne, in-8, 1837 [col. 292] :

— Einer übersicht der Chinesischen und Japanischen Bücher der K. K. Hofbibliothek von Stephan Endlicher, pp. 115-138.

— Catalogue of the Chinese Library of the Royal Asiatic Society by the Rev. S. Kidd. London : Printed by John W. Parker, M.DCCC.XXXVIII, in-8, pp. 58.

500 Copies printed.

— Catalogue des Livres imprimés, des manuscrits et des ouvrages chinois, tartares, japonais, etc., composant la Bibliothèque de feu M. Klaproth. Prix 4 francs. Paris R. Merlin, 1839, in-8, en deux parties.

— Catalogue des livres et manuscrits Chinois, Mandchous, Polyglottes, Japonnais et Coréens, de la bibliothèque du Musée Asiatique, de l'Académie Impériale des Sciences, rédigé par M. Brosset, acad. extraordin. 1840.

Ms. in-folio relié en veau ; se trouve dans la Bib. du Musée asiatique de l'Ac. des Sciences de St. Pétersbourg. Le Cat. est divisé par classes et la prononciation des noms est donnée mais sans les caractères chinois. — La Bib. du Musée asiatique possède également un Cat. Ms. en plusieurs cahiers de ses livres en langues européennes ; il y en a parmi eux quelques uns relatifs à la Chine. Cette Bib. comprend aujourd'hui [Oct. 1880], 2983 volumes chinois et japonais.

— Notice des livres français, anglais, arabes, persans, sanscrits, chinois, etc., composant la bibliothèque de feu M. le Contre-Amiral Dumont-d'Urville, dont la vente aura lieu les Jeudi 5, Vendredi 6 et Samedi 7 Janvier 1843..... Paris, H. Labitte, 1842, in-8.

Каталогъ книгамъ, рукописямъ и картамъ, на китайскомъ, маньчжурскомъ, монгольскомъ, тибетскомъ и санскритскомъ языкахъ, находящимся въ Библіотекѣ Азіатскаго Департамента. St. Pétersbourg, 1843, in-8, pp. 102. s. la table.

Transcription russe des titres chinois, etc., avec des notes, par le Père Avakum.

Каталогъ книгамъ и рукописямъ на китайскомъ, маньчжурскомъ, монгольскомъ, тибетскомъ и санскритскомъ языкахъ, находящимся въ Библіотекѣ Азіатскаго Департамента. St. Pétersbourg, 1844. (Catalogue de livres, manuscrits, en langue chinoise, mandjoue, mongole, tibétaine et sanscrite, qui se trouvent à la bibliothèque du Département Asiatique (du Ministère des Affaires étrangères) ; St. Pétersbourg, 1844, in-8, lithogr.

Titres en chinois, mandchou, etc., correspondant aux titres du catalogue précédent.

— Bibliotheca Orientalis. Manuel de Bibliographie Orientale. I. contenant : 1. Les livres arabes, persans et turcs imprimés depuis l'invention de l'imprimerie jusqu'à nos jours, tant en Europe qu'en Orient, disposés par ordre de matières ; 2. Table des auteurs, des titres orientaux et des éditeurs. [1859 Articles]. Leipzig, Guillaume Engelmann, 1846. — II. contenant : 1. Supplément du premier volume ; 2. Littérature de l'Orient chrétien ; 3. Littérature de l'Inde ; 4. Littérature des Parsis ;

5. Littérature de l'Indo-Chine et de la Malaisie : 6. Littérature de la Chine ; 7. Littérature du Japon ; 8. Littérature mantchoue, mongole et tibétaine ; 9. Table des auteurs, des titres orientaux et des éditeurs. [6972 articles]. Par J. Th. Zenker, Dr. Leipzig, Guillaume Engelmann, 1861, 2 vol. in-8.

Littérature de la Chine. I. Lexicographie: A. Dictionnaires (6637-6669). — B. Manuels de Conversation (6670-6676). II. Grammaire (6677-6711). — III. Chrestomathies et Livres d'Instruction (6712-6721). — IV. Philosophie morale et politique (6722-6763). — V. Histoire et Géographie (6764-0805). — VI. Productions poétiques (0806-6835) — VII. Traductions de la Bible et Catéchismes (6836-6846). — VIII. Mélanges (6847-6867). *Littérature Mantchoue, Mongole et Tibétaine.* I. Ouvrages Mantchous (6919-6931). — II. Ouvrages Mongols (6932-6956). — III. Ouvrages tibétains (6957-6972).

On lit p. vi de la Préf. du 2ᵉ Vol. : « Le troisième volume de mon ouvrage, que je prépare maintenant pour la presse, contiendra un catalogue des ouvrages relatifs à l'histoire, à la géographie, à la philosophie, etc., de l'Orient, et ceux que j'ai omis dans les deux premiers volumes comme n'appartenant proprement ni à la philologie ni à la littérature de l'Orient. »

— Bibliographia historica portugueza ou Catalogo methodico dos auctores portuguezes, e de alguns estrangeiros domiciliarios em Portugal, que tractaram da historia civil, politica e ecclesiastica d'estes reinos e seus dominios, e das naçoes ultramarinas, e cujas obras correm impressas em vulgar ; onde tamben se apontam muitos documentos e escriptos anonymos que lhe dizem respeito por Jorge Cesar de Figaniere, Official da Secretaria de Estado dos Negocios Estrangeiros... Lisboa, Na Typographia do Panorama. 1850, in-8, pp. viii-349.

— *Chinese Repository :* List of Works upon China. (Voir notre Préf., p. iii, No. 1.)

— Catalogue des Manuscrits et Xylographes Orientaux de la Bibliothèque Impériale de St. Pétersbourg. St. Pétersbourg, Imprimerie de l'Académie Impériale des Sciences. 1852. in-8, pp. xliv-718. [par B. Dorn].

Ch. x : Manuscrits et Livres mandjoux, pp. 579/592. — xi : Manuscrits Chinois, pp. 593/619. — xx : Livres et Manuscrits mongols, pp. 619/620.

* Vassilief. Notice sur les ouvrages en langues de l'Asie orientale, qui se trouvent dans la bibliothèque de l'université de St. Pétersbourg. (*Mélanges Asiatiques*, II, St. Pétersbourg, 1856.)

— Bibliographie. Catalogue des principaux ouvrages relatifs à la Chine. (Bazin, *Chine moderne*, II, pp. 657/672.)

Ce travail, peu digne de Bazin ordinairemant fort exact, comprend une liste de 316 ouvrages arrangés chronologiquement de 1477 à 1852 qui paraît avoir été compilée sans soin, à la hâte. (Voir notre préf., p. iii, Note 6.)

— Catalogus van Boeken, Plaatwerken en

Kaarten, over de Nederlandsche Bezittingen, zoo vroegere als tegenwoordige in Azie, Afrika en Amerika, en over de landen, die daarmede in betrekking staan, als : Japan, China, enz....... Frederik Muller, te Amsterdam. (October 1854), br. in-8.

— Bibliothèque des Ecrivains de la Compagnie de Jésus..... par Augustin de Backer. (Voir notre Préface, p. iv, No. 9.)

— Catalogue des livres français, allemands, anglais, italiens, grecs, latins et orientaux imprimés et manuscrits de la collection de livres chinois et des peintures et dessins faits en Chine et dans l'Inde composant la bibliothèque de feu M. Charles Henry Bailleul ancien inspecteur en chef de l'imprimerie et de la librairie de France dont la vente aura lieu le lundi 30 Juin et les jours suivants jusqu'au 19 juillet, à 7 1/2 du soir. Paris, H. Labitte, 1856, in-8.

— Catalogue of the London Mission Library. Shanghai, 1857, in-8, pp. 102. [By A. Wylie.]

Presque tous les articles sont annotés ; on trouvera, pp. 23/81, le Catalogue des « Chinese Books presented to the London Missionary Society by W. Lockhart Esq. » — Rare.

— The Bibliographer's Manual of English Literature containing an account of rare, curious, and useful books, published in or relating to Great Britain and Ireland, from the invention of Printing ; with bibliographical and critical notices, collations of the rarer articles, and the prices at which they have been sold by William Thomas Lowndes. New edition, revised, corrected and enlarged ; with an appendix relating to the Books of Literary and Scientific Societies by Henry G. Bohn. In Six volumes. London, Henry G. Bohn, 1864, 6 vol. in-8.

Cette éd. de Lowndes ne contient guère plus de 75 ouvrages sur la Chine dispersés sous les titres : *Chine, Weston, Morrison, &c.*

— Chinese Bibliography : By D. J. Macgowan, M. D., Ningpo. Letter to the Secretary, read before the Society, March 16th, 1858 (Art. III, *Journ. of the N. C. B. R. A. S.*, No. II, May 1859, pp. 170/175).

— Notice de bons livres français, anglais, allemands, persans, indiens et chinois dont la vente aura lieu le lundi 15 Octobre 1860 et jours suivants, à 7 heures du soir rue des Bons-Enfants, 28, Maison Silvestre. Par le Ministère de Mᵉ Peynaud... Paris, H. Labitte, 1860, in-8, pp. 32.

Livres appartenant à G. Pauthier.

Catalogue des livres de linguistique et d'histoire relatifs à l'Orient (Arabes, persans, sanskrits, indiens et chinois), la plupart rares et précieux, provenant de la bibliothèque de M. G. Pauthier membre de la Société asiatique de Paris dont la vente aura lieu le mardi 7 Juin 1870 et les quatre jours suivants à huit heures précises du soir Rue des Bons-Enfants, 28 (maison Silvestre) Salle N° 1 par le ministère de M° Delbergue-Cormont...., Paris, Adolphe Labitte, 1870, in-8, pp. 67.

— Bibliothèque chinoise. — Catalogue des livres chinois composant la bibliothèque de feu M. G. Pauthier. Paris, Ernest Leroux, 1873, in-8.

Ce catalogue de vente est précédé d'une notice biographique sur M. G. Pauthier par L.-X. de Ricard.

— Catalogue des livres imprimés et manuscrits des ouvrages chinois, tartares, japonais, etc., et des chartes du XIIᵉ au XVᵉ siècle composant la bibliothèque de feu M. Ern. Clerc de Landresse, Bibliothécaire de l'Institut. Paris, J.-F. Delion, 1862, in-8.

— Han-tsé-wên-fà-chōu-kouang-tsòngmōu. Bibliotheca Sinologica. Uebersichtliche Zusammenstellungen als Wegweiser durch das Gebiet der sinologischen Literatur von Dr. med. V. Andreae und John Geiger. Als Anhang ist beigefügt : Verzeichniss einer grossen Anzahl ächt chinesischer Bücher nebst Mittheilung der Titel in chinesischen Schriftzeichen. Frankfurt a. M., Verlag von K. Theodor Völcker. MDCCCLXIV, in-8, pp. x-108-31-16.

Notice par J. Mohl (*J. As.*, 6ᵉ Sér., Vol. III, 1864,pp. 370/1).

Chinese & Japanese Repository : The Names of Works on Chinese and China. (Voir notre Préf., p. III, No. 2.)

Trübner's American and Oriental Literary Record. A Monthly Register of the most important Works published in North and South America, in India, China, and the British Colonies : with occasional Notes on German, Dutch, Danish, French, Italian, Spanish, Portuguese, and Russian Books. In-8.

Vol. I et II, pp. 424 : No. 1, March 16, 1865. — 2, April 15, 1865. — 3, May 16, 1865. — 4, June 20, 1865. — 5, July 20, 1865. — 6, Aug. 21, 1865. — 7, Sept. 21, 1866. — 8, Oct. 21, 1865. — 9, Nov. 21, 1865. — 10, Dec. 21, 1865. — 11, Jan. 22, 1866. — 12, Feb. 26, 1866. — 13, March 26, 1866. — 14, April 30, 1866. — 15, May 31, 1866. — 16, July 2, 1866. — 17, Aug. 1, 1866. — 18, Sept. 1, 1866. — 19, Oct. 1, 1866. — 20, Nov. 2, 1866. — 21, Dec. 4, 1866. — 22, Jan. 31, 1867. — 23 & 24, March 30, 1867.

Vol. III, IV et V, pp. 816 : No. 25, May 15, 1867. — 26, June 15, 1867. — 27, Aug. 1, 1867. — 28, Sept. 2, 1867. — 29, Oct. 15, 1867. — 30, Nov. 15, 1867. — 31, Jan. 1, 1868. — 32, Feb. 25, 1868. — 33, March 31, 1868. — 34, April 30, 1868. — 35, June 20, 1868. — 36, July 31, 1868. — 37, Aug. 31, 1868. — 38, Sept. 30, 1868. — 39, Oct. 31, 1868. — 40, Dec. 5, 1868. — 41, Jan. 15, 1869. — 42, Feb. 15, 1869. — 43, March 15, 1869. — 44, April 15, 1869. — 45, May 15,

1869. — 46, June 15, 1869. — 47, July 15, 1869. — 48, Aug. 16, 1869. — 49, Sept. 16, 1869. — 50, Oct. 16, 1869. — 51, Nov. 16, 1869. — 52, Dec. 24, 1869. — 53, Jan. 24, 1870, — 54, Feb. 24, 1870. — 55, March 24, 1870. — 56, April 25, 1870. — 57, May 25, 1870. — 58, June 25, 1870. — 59, July 25, 1870. — 60, Aug. 25, 1870.

Vol. VI, pp. 196 : No. 61 [*Vol. VI, No. 1*], Sept. 26, 1870. — 62, Oct. 25, 1870. — 63, Nov. 25, 1870. — 64, Dec. 31, 1870. — 65, Jan. 31, 1871. — 66, 67, Feb. 28, 1871. — 68, 69, March 31, 1871. — 70, 71, May 31, 1871. — 72, June 30, 1871.

Vol. VII, pp. 272 : No. 73, Aug. 15, 1871. — 74, Sept. 16, 1871. — 75, Oct. 31, 1871. — 76, Nov. 30, 1871. — 77, Jan. 15, 1872. — 78, March 7, 1872. — 79, April 30, 1872. — 80, May 31, 1872. — 81, June 29, 1872. — 82, July 31, 1872. — 83, Sept. 30, 1872. — 84, Oct. 31, 1872.

Vol. VIII, pp. 204 : Nos 85, 86, Jan. 1, 1873. — 87 & 88 Feb. & March. 1873. — 89, 90 & 91, April, May & June, 1873. — 92 & 93, July & August, 1873. — 94 & 95, Sept. & Oct., 1873. — 96 & 97, Nov. & Dec. 1873.

Vol. IX, pp. 184 : No. 98, Jan. 1874. — 99, 100, Feb. & March, 1874. — 101, April 1874. — 102, 103, May & June, 1874. — 104, 105, July & Aug. 1874. — 106 & 107, Dec. 1874. — 108, 1875 — 109 & 110, 1875.

Vol. X, pp. 176 : No. 111, 1875. — 1876, 112 & 113, 114 & 115, 116 & 117, 118 & 119, 120, 121 & 122.

Vol. XI, pp. 152 : 1877, Nos. 123 & 124, 125 & 126, 127 & 128, 129 & 130. — 1878, 131 & 132, 133, 134.

Vol. XII, pp. 164 : 1879, Nos. 135-6-7, 138-9-40, 141-2, 143-4, 145-6.

NEW SERIES. — *Vol. I*. Nos. 1-2 (147-8). — Se continue.

Cette nouvelle série est publiée sous le titre de : *Trübner's American, European, & Oriental Literary Record.....*

— Bibliographie historique de la Compagnie de Jésus ou Catalogue des ouvrages relatifs à l'Histoire des Jésuites depuis leur origine jusqu'à nos jours par le P. Auguste Carayon de la même Compagnie. Paris, Auguste Durand, MDCCCLXIV, in-4 à 2 col., pp. VIII-612.

— Catalogue of Books on China (other than philological) published on China and Japan in the English language.

Ce catalogue forme un cahier de 26 pages sous le titre d'*Appendix C.* à la suite de « The Treaty Ports of China and Japan... by Wm. Fred. Mayers, N. B. Dennys and Chas. King. » 1867. — On en a fait un tirage à part sous le titre de « Catalogue of Books on China (other than philological) published on China and Japan in the English language compiled by N. B. Dennys. » br. in-8.

— Il y a dans « *Notes and Queries on China and Japan* » des articles bibliographiques de Mr. Wm. Frederick Mayers : (1867).

1° Chronicle of the Fall of the Tang Dynasty. (Vol I, No. 2, pp. 14/15).

2° Works of Travel. (Vol. I, No 4, pp. 41/42).

3° The Record of Marvels; or Tales of the Genii (*Liao Chai Chih Yo*). (Vol. I, pp. 24/26).

4° Chinese Biographical Dictionaries (Vol. I, pp. 72/74).

5° Chinese Works of Fiction.

— I. Historical Romances. (Vol. 1, pp. 86/7).

— II. San Kwo Chih 三國志 (Vol. I, pp. 102/104).

— III. Shuei Hu Chwan 水滸傳 (Vol. I,pp.118/121). etc.

— IV. Romantic Novels. (Vol. 1, pp. 137/139). (Si Siang ki.)

— V. Hao k'iu Chwan, etc. (Vol. I, pp. 154/156.)

— VI. Kin Ping Mei-Pin Hwa Pao-Kien.

— Hung Low Meng (Dreams of the Red Chamber) (Vol. I, pp. 165/169).

Ces notes intéressantes ont été reproduites dans « *The Phoenix* » (London), 1872-1873.

— Notes on Chinese Literature : with introductory remarks on the progressive advancement of the Art; and a List of translations from the Chinese, into various European languages. By A. Wylie, Agent of the British and Foreign Bible Society in China. Shanghae : American Presbyterian Mission Press, 1867, in-4, pp. VIII-XXVIII-260.

Pub. à 5 Dol.

Notices : *Supreme Court & Cons. Gazette*, II, 215, by T. W. Kingsmill. — *N. C. Herald*, Nov. 16, 1867.

— Memorials of Protestant Missionaries. [Voir col. 612.]

— Classified Catalogue of the Library of the Royal Geographical Society to December 1870. London : John Murray, 1871.

— A Catalogue of the Library of the North China Branch of the Royal Asiatic Society (including the Library of Alex. Wylie Esq.) Systematically classed. By Henri Cordier, Hon. Librarian. Shanghai : Printed at the « Ching-foong » General Printing Office, 1872, gr. in-8, pp. VII-86.

Notice : *China Review*, I, p. 270.

— Bibliotheca Orientalis. — Catalogue of Oriental Literature, and of Books relating to the East, Africa & Polynesia, offered for Cash at the affixed nett Prices by Bernard Quaritch. No. 285, London, Sept. 1872, br. in-8.

Chine : Nos. 7571/7637. — 9136/9253.

— Catalogue de la collection précieuse de livres anciens et modernes formant la bibliothèque de feu M. Serge Sobolewski (de Moscou)..... dont la vente se fera le Lundi 14 Juillet 1873 et jours suivants à Leipzig... In-8.

— Bibliography of the Chinese Imperial Collections of Literature. By W. F. Mayers. (*China Review*, VI, pp. 213/223, 285/299.)

— Bibliothèque Chinoise. — Catalogue des livres chinois provenant de la Bibliothèque de feu M.-J.-M. Callery, Membre de l'Académie de Turin, interprète du gouvernement français. Paris, Ernest Leroux, 1876, in-8.

— Bibliothèque Rochet. — Catalogue de livres sur l'anthropologie, l'ethnographie,

les voyages, les beaux-arts, les langues et littératures chinoise, mandchoue, mongole, etc., provenant de la bibliothèque de MM. Rochet frères après décès de Louis Rochet.... Paris, Ernest Leroux, 1878, in-8.

— Manual of Chinese Bibliography, being a list of works and essays relating to China. By P. G. & O. F. von Möllendorff, Interpreters to H. I. G. M.'s Consulates at Shanghai and Tientsin. Shanghai : Printed at the « Celestial Empire » Office. 1876, in-8, pp. VIII-378.

Notices : *China Review*, V, pp. 199/200.— *Chinese Recorder*, VIII, pp. 114/115. — *Revue Critique* (par Henri Cordier), No. 16, 20 Avril 1878.

— Bibliotheca Orientalis or a Complete list of Books, Papers, Serials and Essays published in 1876 in England and the Colonies, Germany and France on the History, Languages, Religions, Antiquities, Literature and Geography of the East compiled by Charles Friederici. Leipzig, Otto Schulze, London, Trübner, in-8.

— Le même, 1877, 1878, 1879.

— Catalogus librorum venalium in orphanotrophio Tou-sai-vai, prope Chang-hai ex typographia Missionis Catholicae, 1876, in-8, pp. II-99.

Par le P. Laurent Li, S. J.

Catalogue of Chinese Printed Books, Manuscripts and Drawings in the library of the British Museum. By Robert Kennaway Douglas. Printed by order of the Trustees of the British Museum. London : Sold by Longmans & Co,... 1877, in-4, pp. VIII-344.

Notices : *The Academy*, No. 279, N. S., 8 sept. 1877. — *Lond. & China Express*, 14 sept. 1877. — *London & China Telegraph*, 17 sept. 1877.

— Catalogue de la Bibliothèque orientale de feu M. Jules Thonnelier, Orientaliste, Membre de la Société asiatique et de la Société de l'histoire de France. Paris, Ernest Leroux, 1880, in-8, pp. VIII-564.

50 ex. ont été tirés sur grand papier.

— Consulter la préface de notre ouvrage pour les titres d'ouvrages de bibliographie que nous ne reproduisons pas ici.

XIV. — MŒURS ET COUTUMES

(Voir le chap. des Ouvrages généraux.)

* Het ellendigh Leven der Turken, Moscoviteren, Chinesen. S'gravenhage, 1664, in-4.

Ternaux-Compans, No. 1975.

— Relation des mœurs, inclinations, et coûtumes des Idolatres de la Chine & de Tunquin. Pièce in-4°, s. l. n. d.

— Grosier, Vol. V.

— Encyclopédie des Voyages.... par J. Grasset S.-Sauveur,... Asie. 1796, in-4.

Habitans de la Chine, pp. 1/18, et 10 Pl. colorées et dessinées par Labrousse.

— Mœurs et usages des Chinois.

Articles des *Mém. conc. les Chinois* réimprimés par Delatour dans son Recueil de 1803, pp. 373/552. [Voir col. 41].

* W. W. Wood. Sketches of China with Illustrations from Original Drawings. Philadelphia, 1830, in-12.

« A tolerably good account of life in Canton under the old regime » *(Chin. Rep.).* — Mr. Wood avait été éditeur du *Canton Courier.*

Notices of China. Translated and abridged from the Annales de la Propagation de la Foi. By S. R. [Brown]. *(Chinese Repository.)*

Comprend :

I. Of the Character of the Chinese, their virtues and vices. (Vol. IX, 1840, pp. 284/288.)

II. Face of the country, its populousness, and climate; agriculture; food of the people. *(Ibid.,* pp. 399/401.)

---

1. Parmi les ouvrages qui traitent des mœurs et des coutumes, il faut placer les ouvrages de fiction qui ont la Chine pour théâtre, tels que :

— La Fille du Mandarin, ou la foi chrétienne aux prises avec l'idolatrie chinoise, Hommage à l'œuvre de la propagation de la Foi, par l'Abbé Charvoz. Se vend à Tours, chez Bonnamy-Chiron, 1840, in-8, pp. XII-348.

— Anglais et Chinois par Méry. Paris, Michel Lévy Frères, 1853, pet. in-12.

— Le Fils du Ciel, Roman chinois par Pierre Zaccone. Paris, Hte Boisgard, 1857, in-12.

— Contes Chinois précédés d'une histoire pittoresque de la Chine par Charles Richomme. Paris, Vve Louis Jannet, in-8.

— Un amour naïf ou trois jours en Chine par René de Fayelles. Paris, E. Dentu, 1872, in-18, pp. 330.

(OUVRAGES DIVERS.)

III. Architecture, roads, inns, and commerce. *(Ibid.,* pp. 483/486.)

IV. Theft, robbery, and funerals. *(Ibid.,* pp. 617/620.)

V. Marriage ceremonies. *(Ibid.,* X, 1841, pp. 65/71.)

Les quatre premiers articles sont traduits des *Annales de la Propagation de la Foi,* VII, 1834, pp. 640/663. — Le cinquième article est la traduction d'une lettre du P. Bohet, datée de Hing-hoa-Fou (Fo-kien), 1 mars 1832, insérée dans le même recueil, VI, 1833, pp. 506/517, et reproduite dans la *Revue de l'Orient,* VI, 1845, pp. 313/9 :

— Antiquité du Peuple. Population, pp. 637/640.

— Du caractère du peuple chinois, de ses usages, de ses vertus et de ses vices, pp. 640/647.

— De la nourriture des Chinois, et des produits de leurs terres, pp. 647/649.

— De la nature du sol chinois, et de sa température, pp. 649/651.

— De l'Agriculture, pp. 651/652.

— De l'Architecture, pp. 652/655.

— Des voyages, routes et auberges, pp. 655/657.

— Du commerce, pp. 657/658.

— Des vols et des escroqueries, pp. 658/660.

— Des funérailles, pp. 660/663.

Ces articles ont été écrits par le Père Bohet, de la Congrégation des Missions étrangères, miss. apost. au Fo-kien. Ils ont été reproduits sous le nom de l'abbé Voisin dans la *Revue de l'Orient,* VI, 1845, pp. 263/277.

— Illustrations of men and things in China [by S. Wells Williams, in *The Chinese Repository*] :

Mode of burning lime; passion for autographs; a beggar. (IX, pp. 366/368.)

A Mistake; a Tartar cheese; tracts of the Budhists; an idolater's oath; an opium smoker. (IX, pp. 506/513.)

Substitute for soap; conveyance of letters; modes of fishing; use of tobacco. (IX, pp. 635/639.)

Popular notions and allusions to the powers of nature. (X, pp. 49/51.)

Priest collecting paper; uses of blood; mode of cutting glass; a « Chinaman ». (X, pp. 104/108.)

Mode of making walls and walks; a lampoon; a worshiper. (X, pp. 172/173.)

Angling for frogs; trials of strength; economy of Chinese workmen; quadrating cash. (X, pp. 472/475.)

Picture of the battle in the rear of Canton, and drawing of a steamer and ship of war. (X, pp. 519/522.)

A Chinese toy-book, the Tung Yuen Tsa-tsze, or Eastern Garden's Miscellany. (X, pp. 613/618.)

Manufacture of lanterns; an ode arranged in squares, with some account of its reputed author, Soo Hwuy; Chinese portable writing apparatus. (X, pp. 662/667.)

The term Fan-kwei; mode of sharpening edge tools; bean curd; sonnets of Yuen Yuen; military medals. (X, pp. 325/328.)

Popular opinions and proverbs, relating to times and seasons, &c., with explanatory notes. (X, pp. 434/437.)

Religious education of children; gambling on the price of cash; seals; leaf pictures. (XVII, pp. 591/594.)

— Mosaïque chinoise. (Récits et documents publiés dans les *Missions Catholiques.*) :

I. Les salines de Tou-menten (Kiang-nan), par le P. Palatre, S. J. (IV, pp. 613 et seq.)

II. Appareil à élever l'eau. Extrait d'une lettre inédite du P. Helot, S. J., du 4 janvier 1852. (IV, pp. 628/9.)

III. Crépi chinois. Ext. d'une lettre inédite du même, du 14 mai 1856. (IV, p. 629.)

(OUVRAGES DIVERS.)

IV. Le Kien-sè et ses trois merveilles. Par le P. Palatre, S. J.,
4 sept. 1868. (IV, pp. 637/8.)

V. La Godille. Extr. d'une lettre inédite du P. Hélot, S. J.,
du 5 déc. 1856. (IV, pp. 652/3.)

VI. La digue de l'empereur Yong-tsen. Par le P. Palatre.
(IV, pp. 689/690.)

Voir col.

VII. Fang-Tou-ti, divinité chinoise d'origine française. (IV,
pp. 701/2.) [Voir col. 520.]

VIII. Cerfs-volants et Pigeons. (V, pp. 23/24.)

IX. Mendiants garnisaires. (V, p. 24.)

X. Le Mo-u. Par le P. Colombel, S. J., avec 3 dessins.
(V, p. 47.)

XI. Une Sécularisation. (V, p. 47.)

XII. Industrie Séricicole. Par le P. Palatre, S. J., Si-ca-wei,
12 août 1872. (V, pp. 116, 177, 190, 202.)

XIII. Le Tsieu-ia (matière alcoolisante). Ext. de notes inédites envoyées par le P. Hélot, S. J., aux Conseils de l'Œuvre de la Prop. de la Foi, le 14 mai 1856. (V, pp. 238/9.)

XIV. Les Œuvres de Bienfaisance. Par le P. Ferrand, 10 janvier 1873. (V, pp. 250/1.)

XV. Les Sociétés secrètes. (V, pp. 262/4.)

XVI. Un mariage. (V, pp. 284/7.)

XVII. Le Tsai-chen ou Dieu des richesses, par le P. A. Vasseur, S. J. (V, pp. 489/490.)

XVIII. L'Agriculture. (V, p. 587). 1° Le Semoir mécanique;
2° Van et herse, aménagement et monture du grain, par le
P. Couvreur, S. J.

XIX. Les Mandarins. (V, pp. 598/9.) Ext. de l'App. du Dict.
de Perny.

XX. Thé et Riz. (VII, pp. 9/10, avec fig.)

XXI. Le Repos. (Ibid., p. 10.)

Ces deux notices sont extraites des Notes de voyage de
M. Jacques Scurati, ancien miss. de Chine, aujourd'hui directeur des Missioni cattoliche.

XXII. Le Palais de l'Académie à Hang-tchéou-fou. (Ibid.,
p. 10, avec un plan, p. 6.)

XXIII. Le Fumeur d'Opium. (Ibid., pp. 23/24.)

Ext. de l'Empire chinois du P. Huc, I, pp. 32/33.

XXIV. Les Supplices. (Ibid., pp. 35/6, 47/48, 59/60.)

D'après France et Chine de l'abbé Girard. [Voir col. 67.]

XXV. Suen hoa fou. (Ibid., VIII. p. 492.)

Notes du P. Delemasure, laz., sur cette ville, avec des gravures d'idoles d'une des pagodes.

XXVI Les Droits d'enregistrement. (Ibid., pp. 503/504.)

Notes du P. Pfister, S. J.

XXVII. Rituel des sacrifices aux Ancêtres. (Ibid., pp. 515/516.)

Trad. par le P. Ravary, S. J.

XXVIII. La Piastre du Diable. (Ibid., p. 527.)

XXIX. Le Fom choué. (Ibid., p. 527.)

XXX. Les queues coupées. (Ibid., p. 539.)

Notes du P. Ravary.

XXXI. Le Pont des âmes. (Ibid., pp. 551/2.)

Notes du P. Ravary.

XXXII. Echenilloir mécanique. (Ibid., p. 575.)

Avec 1 grav. par le P. Edel, S. J.

XXXIII. Fabrication du papier Tse-kien. (Ibid., p. 575.)

Par le P. Roger, S. J.

XXXIV. Les Tombeaux. (Ibid., p. 599.) Avec 1 grav.

—Mœurs chinoises au Kiang sou, par le P.
Desjacques. [Voir col. 130.]

— Manners and Customs in the Far East.
(The Far East.)

No. I : Marriage Ceremonies of the Chinese at Macao.
(Vol. I, No. 3. 1876, pp. 67/69) [par R. F. Martins d'après l'ouvrage « Os Chins de Macao », 1867]. — No. 2 : Ceremonies
observed on the occasion of Deaths and Funerals in Macao. (No. 4, 1876, pp. 77/81.) [par R. F. Martins].—No. 3.
Various superstitions of the Chinese at Macao. — No. 4 :
Processions. — (No. 5, 1876, pp. 103/106). — No. 5. Feasts
and Festivals of the Chinese in Macao (par R. F. Martins).
(No. 6, 1876, pp. 129/132. — No. 6. Chinese Medical Prac-

(OUVRAGES DIVERS.)

tice at Macao (Vol. II, No. 1, 1877, pp. 3/4. — No. 7. Principal Ceremonies of worship and religious Acts. (Ib., pp. 4/5).
— No. 8. Chinese Dress in Macao. Opium Smoking. Compression of the feet of females ; and other characteristics
(1 phot. du pied d'une chinoise). (Vol. II, No. 2, pp. 27/8.)
— No. 9. On the food of the Chinese at Macao. (Ib., pp.
28/29). — No. 10. The floating population. Domestic usages in Macao (Ib., p. 29).

Ces articles par Martins ont été réimprimés en 1 petit volume.

— Recherches sur les mœurs des an-
ciens Chinois, d'après le Chi-king, par
M. Edouard Biot. (Journal Asiatique,
IVᵉ S., T. II, pp. 307-355, pp. 430-447.)

— Traduit en anglais dans les Chinese Classics du Dr. Legge,
Vol. IV, Part. I, pp. 142/171 des Prolégomènes.

Voir les travaux du même auteur, col. 245 et 662.

— Chinese Culture : or Remarks on the
Causes of the Peculiarities of the Chinese.
By Rev. Samuel R. Brown, Late Princi-
pal of the Morrison School at Hongkong,
China. (Read October 17, 1850.) (Jour.
Am. Or. Soc., Vol. II, Art. VIII, pp. 167
et seq.)

— Mœurs et Mythologie des Chinois. Pièce
in-8 de 4 pages, s. l. n. d. [Tarbes. Imp.
Perrot-Prat, rue des Grands-Fossés.]
1857.

Contient des extraits d'une lettre de Mgr. Rizzolati, U-Cham-
Fu, 25 novembre 1842, et d'une lettre du P. Estève.

Voir col. 449.

— Les coutumes domestiques des Chinois
par Tsvetkoff. [en russe].(Trav. de la Mission eccl. de Peking, III, 1857, voir col.
634).

— Chinese at Home. (Cassell's Family Illustrated Paper, 1861.)

— Il a paru dans The Hankow Times, 1867-1868, une série
d'articles intéressants sur les mœurs et les coutumes des
Chinois sous le titre de « Chinese Odds and Ends ».

— L'Extrême Orient par le Dr. Martin (Bul.
Soc. Géog., 6ᵉ Sér., V, 1873, pp. 38/53).

— La Chine, sa religion, ses mœurs, ses
missions par Charles Piton, Missionnaire. Toulouse, Société des livres religieux, 1880, in-8, pp. 149, s. l'av.-propos
et la table.

— Quelques compositions et Recettes pratiquées chez les Chinois, ou consignées
dans leurs Livres, & que l'auteur a crues
utiles ou inconnues en Europe. Par le
P. Cibot. (Mém. conc. les Chinois, IV,
pp. 484 et seq.)

— Notice sur les Plumails chinois, par feu
M. Cibot, Miss. (Ibid., XI, pp. 355/360.)

— Parallèle des Mœurs et Usages des Chinois, avec les Mœurs & Usages décrits
dans le Livre d'Esther; Extrait d'un Commentaire sur ce Livre, par feu M. Cibot,
Missionnaire à Péking. (Ibid., XIV,
pp. 309 et seq.; XV, pp. 1 et seq.)

Ueber die Magie bey den Chinesen. (Ausgezogen aus der

(OUVRAGES DIVERS.)

Parallele.... par M. Cibot, in den *Mém. conc. les Chinois*, t. 14 et 15). (Klaproth, *As. Magazin*, II, pp. 224/8).

— Punishing Dead Men's Bones (A. D. 1100). (*The Canton Register*, Vol. IV, 1831, p. 139).

—Mémoire sur la condition des esclaves et des serviteurs gagés en Chine, par M. Edouard Biot. (*Journal Asiatique*, III° Série, T. III, Mars 1837, pp. 246/299).

— Memoir on the condition of slaves and hired servants in China, by M. Edward Biot. [Translated and abridged from the *Journal Asiatique* for March 1837.] (*Canton Register*, Vol. XI, 1838, No. 8 et seq.)
— Traduit aussi dans le *Chin. Rep.*, XVIII, pp. 347 et seq.
— Mandarin Servants. (*Canton Register*, Vol. III, 1830, No. 8.)

— A description and translation of a Shau Ping or Longevity Screen. By S. W. Williams. (*Chin. Rep.*, XIII, pp. 535/537).

— Industrias de la China. (*El Correo de Ultramar*, XII, 1858, No. 292, avec grav.).

— Yellow as an Imperial Colour. (*Notes and Queries on C. & J.*, Vol. I, p. 30 ; — p. 52, par E. de Champs ; — p. 143, par W. F. Mayers).

— The Imperial Colour of China. (*Notes and Queries*, 3rd S., III, p. 467, Note sig. *Sp.*)

— Présent de bottes à un mandarin sortant d'office.

Voir sur cette coutume des articles dans *Notes and Queries* on *C. & J.*, Vol. I, p. 77 ; pp. 85/86 en français par d'Ampsech (de Champs).

— Easter Eggs in China (by G. Schlegel) (*N. & Q. on C. & J.*, Vol. II, pp. 21/22).

* Chinesische Braüche und Spiele in Europa. Par le même. Breslau, 1869, in-8, pp. 32.

— Marriage, Affinity, and Inheritance in China : By W. H. Medhurst, Jun. Read to the Society, 8th Feb. 1853. (*Trans. China Br. R. As. Soc.*, Part IV, Art. I.)

— Consanguinity and Affinity of the Human Family by Lewis H. Morgan (*Smithsonian Contributions to Knowledge*, XVII, 1871).

Voir pp. 432/437 de ce travail : Table of Consanguinity and Affinity of the Chinese, in the Mandarin Dialect. By Hon. Robert Hart, of Canton.

— Arbre généalogique. (Perny, *Dict.*, App. No. X.)

— Remarks by R. A. Jamieson Esq. made upon exhibiting a *To-lo* pall to the Society, (*Jour. N. C. B. R. As. Soc.*, N. S. No. II, Dec. 1865, pp. 178/181.)

— Chinese Clans and their Customs &c. (*Chin. & Jap. Rep.*, June 1865.)

— Political Associations, Feuds, &c., in China. (*Ibid.*)

— Fairs in China. By C. Alabaster. (*Notes & Queries on C. & J.*, III, pp. 109/110.)

— Democracy of the Chinese. (Harper's *New Monthly Magazine*, 1869.)

Notice : *N. C. Herald*, July 15, 1869.

— Les Véhicules Chinois. (*Missions Catholiques*, IV, pp. 378/9.)

Art. extrait de O. Girard [col. 67] et de lettres des PP. de Carrère et Croullière ; avec des vers du P. Tinguy, S. J., miss. à Hai men, et le dessin d'une brouette.

— Etat social des femmes en Chine. par A. de Challaye. (*Rev. de l'Or. et de l'Algérie*, I, 1847, pp. 320/5.)

J. J. S. May. Die Chinesischen Frauen. (*Ausland*, 1873, No. 44.)

— La donna cinese di Lodovico Nocentini. Estratto della *Rassegna Nazionale* Fascicolo II, Anno 1879. Firenze, 1879, br. in-8, pp. 19.

— Sur la condition de la femme en Chine par Ly Chaopée. (*Actes de la Soc. d'Ethn.*, VIII, 1875, pp. 185/187.)

— Des avantages attachés à la cloture des femmes, et des inconvéniens inséparables de leur liberté. Ouvrage traduit du Chinois en Russe par le Prince Karikof, et du Russe en Français par A. D. Paris, chez A. Lanoe... et chez Crochard, 1816, in-8, pp. xxxii-177.

A. D = A. Delpla, auteur de l'ouvrage qui n'a été nullement traduit du chinois.

— Chinese Eunuchs. By G. Carter Stent. (*Jour. N. C. B. R. As. Soc.*, New Series, No. XI, 1877, pp. 143/184.)

— Chinesische Eunuchen oder der Ursprung, Charakter, Habitus, Obliegenheiten und Zurichtung der Hämmlinge Chinas nach G. Carter Stent. Leipzig, Otto Schulze, br. in-8, pp. 47.

Notice par Henri Cordier dans la *Revue critique*, No. 50, 13 Déc. 1879.

— Guilds. (*China Overland Trade Report*. — Réimp. *N. C. Herald*, June 16, 1877, p. 601).

Chinese Whims and Ways. By Sir Walter Medhurst (*Cassells's Family Magazine*, Dec. 1878).

COSTUME.

— L'Estat present de la Chine, en figures dedié à Monseigneur le Duc & à Madame la Duchesse de Bourgogne. A Paris, Chez Pierre Giffart... M DC.XCVII. Avec permission. In-folio.

Une Pl. coloriée représentant le duc de Bourgogne. — A Mgr. le Duc de Bourgogne ; sig. J. Bouvet [2 pages]. Avertissement [1 page]. — Idée du gouvernement de la Chine [3 pages]. — 43 Pl. gravées. [Double suite, l'une au trait, l'autre coloriée].

— The Costume of China, illustrated by Sixty Engravings : with Explanations in English and French. By George Henry

Mason Esquire, major of His Majesty's (late) 102d Regiment. London : Printed for W. Miller, Old Bond Street MDCCC. gr. in-4.

Le titre est également imprimé en français.

Pub. à £ 6.6/. — Lowndes (Bohn's ed.) cite les prix : Roxburghe, 8894, £ 3.8/. — White Knights, 2727, mar. £ 5. — Dowdeswell, 612, mar. £ 3.3/. — Beckford, en 1817, 153, £ 2.11/. — Une autre éd., 1804, gr. in-4.

Voir The Punishments of China, col. 220.

— The Costume of China, illustrated in forty-eight coloured engravings. By William Alexander. London : Published by William Miller, Albemarle Street. 1805, gr. in-4.

W. Alexander, F. S. A., was Draftsman to Macartney's Embassy. — Cet ouvrage a été publié en livraisons dont la première a paru en 1797. — Lowndes (Bohn's ed.) cite les prix : Earl of Kerry, 179, £ 2.12/6. — Roxburghe, 8893, £ 2.2/. — Fonthill, 1099, avec une triple suite [de grav., £ 4.16/.

— Picturesque Representations of the Dress and Manners of the Chinese illustrated with fifty coloured Engravings with descriptions by William Alexander. London, Printed for James Goodwin, 239 Upper Thames Street, by W. Lewis, Finch Lane, Cornhill, s. d., pet. in-4.

— Même titre. London : Printed for John Murray, Albemarle Street, by W. Bulmer & C°, 1814, in-4.

— Costumes et Vues de la Chine, gravés en taille-douce par Simon, d'après les dessins de W. Alexandre ; avec des explications traduites de l'anglais. A Paris, Nepveu... 1815. 2 voi. in-18.

Voir Breton, col. 45/46. — Borget, col. 56,57.

— Mœurs et Coutumes des Chinois et Leurs costumes en couleur d'après les tableaux de Pu-Qùa peintre a Canton pour servier [sic] de suite aux Voyages de Macartney et de Van Braam. 60 Planches avec le texte français et allemand par le Prof. Jean Godefroi Grohmann éditeur du Magasin d'idées pour les amateurs des jardins. Leipcig, au Comptoir d'industrie. In-4.

L'ouvrage est en français et en allemand. Le titre allemand est le suivant : Gebräuche und Kleidungen der Chinesen dargestellt in bunten Gemälden von dem Mahler Pu-Qua in Canton als Zusatz zu Macartneys und Van Braams Reisen. 60 Kupfer mit Erklärung in deutscher und französischer Sprache herausgegeben von Prof. Johann Gottfried Grohmann Herausgeber des Ideenmagazins. Leipzig, im Industrie-Comptoir.

Vend. Thonnelier (3464), Fr. 24.

— Small feet of the Chinese females : remarks on the origin of the custom of compressing the feet ; the extent and effects of the practice ; with an anatomical description of a small foot. By E. C. Bridgman. (Chin. Rep., III, pp. 537 et seq).

La plus grande partie de cet article est la reproduction d'un

mémoire écrit par Bransby Blake Cooper, chirurgien de Guy's Hospital, dans les Transactions of the Royal Society of London (1829).

* Petite note sur les cheveux, les petits pieds et les yeux à la chinoise par M. Natalis Rondot. Reims, 1846, br. in-8, pp. 6.

— De l'usage de la déformation des pieds chez les femmes chinoises, principalement au point de vue medico-chirurgical ; par M. Fuzier, médecin-major de 2° cl. de l'artillerie du corps exp. (Rec. de Mém. de méd.... milit., IIIe Sér., VII, 1862, pp. 28/52, avec 6 fig.)

— Notice sur le moule d'un pied de femme chinoise présenté par M. Bourot, médecin aide-major de 1re classe au 65e régiment de ligne. (Rec. de Mém. de Médecine... mil., IIIe Sér., IX, 1863, pp. 164/6.)

— Note sur la déformation du pied chez les femmes chinoises ; par M. Morache, médecin aide-major de 1re classe, attaché à la légation de l'Empereur à Pékin. (Rec. de Mém. de Méd.... mil., IIIe Sér., XI, 1864, pp. 177/189.)

— Small feet and prohibition of the practice (by W. F. Mayers). (N. & Q. on C. & J., Vol. II, pp. 27/28). — (by G. M. C., Ibid., II, p. 43).

— Chinese Recorder, I, pp. 232, 259 ; II, pp. 93, 130 (By J. Dudgeon), 230 ; III, pp. 21, 24.

Une partie de l'art. de sept. 1869 est reproduit dans le Shanghai News-Letter, Sept. 18, 1869.

— Considérations sur la valeur ethnique de la mutilation des pieds de la femme chinoise par le Dr. E. Martin. (Bull. Soc. d'Anthropologie de Paris. Nov. 1871, pp. 304/313.)

Tirage à part, in-8, Paris, 1872, pp. 12.

— Compression of the feet of females. (The Far East, Feb. 1877, pp. 27/8.)

— Dress of Chinese Ladies.

Articles dans Notes and Queries on C. & J., Vol. I, pp. 76, 107, 143.

— The Buddhist Rosary and its place in Chinese official Costume. By W. F. Mayers. (Notes & Q. on C. & J., Vol. III, pp. 26/28).

— The « Button » in Chinese Official Uniform. By W. F. Mayers. (Ibid., Vol III, p. 44.)

— Chinese Umbrellas. (The Cycle, 1 Oct. 1870.)

ALIMENTATION.

— Mémoire sur l'Usage de la Viande en Chine. (Mém. conc. les Chinois, XI, pp. 78/182.)

— Diet of the Chinese. By S. Wells Williams. (Chin. Rep., III, pp. 457 et seq. — Réimp. dans The Cycle, 4 et 25 mars 1871.)

— China in our kitchens. By C. C. Coffin. (*Atlantic Monthly*, Vol. XXIII (1869), pp. 747/752).

— « Cost of living among the Chinese » by Cantoniensis. (*Notes and Queries on C. & J.*, Vol. II, pp. 11/12, 26/27).

— List of Dishes. By Mrs. M. F. Crawford. (Doolittle's *Vocab.*, Part III, No XVIII).

— On the « Mutton Wine » of the Mongols and analogous preparations of the Chinese, by Dr. Macgowan. (*Jour. N. C. B. Roy. As. Soc.*, N. S. No. VII, 1871/2, Art. XII, pp. 237 et seq.)

— Quelques généralités sur l'alimentation en Chine ; par M. le docteur Ch. E. Martin, br. in-8, pp. 14. [Paris, 1872, imp. Martinet.]
Extrait du *Bulletin de la Société d'acclimatation*, Oct. 1872, pp. 609/622.

— L'Alimentation en Chine. Par Henri Cordier (*Jour. des Débats*, 19 nov. 1879.)

MARIAGE.

Lettre du P. B*** à Mme la comtesse de Forben (à Pékin, le 9 septembre 1765. *Let. éd.*, éd. de Mérigot, XXIII, pp. 444 et seq.; *éd.* de Grimbert, III, pp. 73 et seq.).

— Description of a Chinese Wedding ; containing notices of the ceremonies performed on the occasion. Extracted from a Journal at Singapore. By Ira Tracy. (*Chin. Rep.*, IV, April 1836, pp. 568 et seq.)

— Chinese Marriages. By O. P. Q. [B. Jenkins.] (*N. China Herald*, No. 107, Aug. 14, 1852 ; avec une grav., — réimp. dans le *Shai. Almanac for 1853 and Miscel.*)

« Chinese Wedding Rings » by Dr G. Schlegel. (*Notes & Queries on C. & J.*, Vol. IV, Art. 17.)

« Marriage Customs of Chinese Residents in the Straits of Malacca » by Geo. Minchin. (*Ibid.*, Vol. IV, Art. 91, pp. 81/86.)

— The Marriage of the Emperor of China. 1872. [Voir col. 268.]

FUNÉRAILLES.

— Voir les Chapitres xii-xvii de l'*Histoire de la Chine* de Maldonado (Paris, 1622). [col. 11/12.]

— Mort et Funérailles de l'impératrice Mère (en 1777). (*Mém. conc. les Chinois*, VI, pp. 346 et seq., par le P. Amiot.)
— A rapprocher des cérémonies accomplies à la mort de l'Impératrice le 16 Juin 1833, dans le *Chin. Rep.*, II, pp. 142/143, 212 et seq.

— Chinese Funeral Rites. (*The Chinese Courier*, Vol. I, No. 40.

— Suttee in China. By C. C., Interpreter in Her Majesty's Civil Service in China. (*All the Year Round*, Sept. 1861, réimp. dans *The Chin. & Jap. Rep*, May 1864.)

— Notes on the Funeral Rites performed at the obsequies of Takee. Contributed by Rev. Chas. H. Butcher. (*Jour. N. C. B. R. As. Soc.*, No. II, Déc. 1865, pp. 173/6.)

— Burial in China, by Theos. Sampson. (*Notes and Queries on C.&J.*, II, pp. 109/111.)

— Cremation in China by Viator. (*Ibid.*, II, pp. 152/153.)

— « Une procession païenne en Chine » par le P. Palatre, S. J. (*Miss. Cath.*, II, pp. 386/7, 395/7, 405/6.)

— Les funérailles chrétiennes en Chine, par le même. (*Ibid.*, III, pp. 333/5.)

— Un enterrement chrétien au Kiang-nan par le P. Desjacques, S. J. (*Ibid.*, IV, pp. 430 et seq.)

— On aura une idée des cérémonies observées à l'enterrement d'un riche Chinois par le long Compte-rendu des obsèques de Paou-Nyuen-Tsiang, ancien comprador de Dent & Co., inséré dans le *Shanghae Evening Courier*, du 11 Janv. 1871, et réimp. dans *The Shanghae Budget and Weekly Courier*, I, 2, p. 11.

— On the Stone Figures at Chinese Tombs and the Offering of Living Sacrifices. By W. F. Mayers. (*Jour. N. C. B. R. As. Soc.*, XII, 1878, pp. 1/17.)

— The « Fu » or Death Announcement of a Parent. By Charles Schmidt. (*The Far East*, Vol. II, No. 3, pp. 63/5.)

CULTE DES ANCÊTRES ET PIÉTÉ FILIALE.

— The Worship of Ancestors among the Chinese : a Notice of the Kia-Li Tiehshih Tsih-ching 家禮帖式集成 or Collection of Forms and Cards used in Family Ceremonies. By S. W. Williams. (*Chin. Rep.*, XVIII, pp. 363 et seq.)

— Ancestral Worship and Fung-Shuy, by Rev. M. T. Yates. Read at the Missionary Quarterly Meeting, Shanghai, September 16th, 1867. Shanghai : Printed at the « Shanghai Recorder » Office.
Brochure in-12, pp. 25. — Avait paru dans le Vol. I du *Chinese Recorder*, pp. 23 et seq., 37 et seq.
Notices : *The Shanghai News-Letter*, January 16th, 1868. — *Supreme Court & Cons. Gazette*, Dec. 14, 1867. — *N. China Herald*, Dec. 24, 1867.

— Les tablettes des ancêtres et leurs registres de la famille en Chine par le R. P. Ravary, S. J. (*Etudes religieuses*, 13° année, V° Sér., VI, 1874, pp. 762/8.)

— Ancestral Worship by J. G. K. (*China Review*, IV, pp. 296/8).

— La Piété filiale en Chine par P. Dabry de Thiersant Consul de France. Ouvrage orné de vingt-cinq vignettes chinoises. Paris, Ernest Leroux, 1877, pp. III-226.

— A Critique of the Chinese Notions and Practice of Filial Piety. Read before the Conference of Canton Missionaries April 1878, (enlarged). By Rev. Ernest Faber of the Rhenish Mission. (Chinese Recorder, IX, pp. 329/343,401/418).

— Voir Cibot, col. 663.

FOUNG CHOUI 風水

— Fengshui. By Rev. J. Edkins. (Chinese Recorder, Vol. IV, 1871-1872. — Réimp. dans le Shai. Budget, April 27, June 15, July 6 & 13, 1872.)

— Feng-shui : or The Rudiments of Natural Science in China by Ernest J. Eitel, M. A., Ph. D., of the London Missionary Society. London, Trübner & Co, 1873, in-8, pp. 84.

Contents : I. Introductory. — II. The Laws of Nature. — III. The Numerical Proportions of Nature.— IV. The Breadth of Nature — V. The Forms and Outlines of Nature. — VI. The History and Literature of Feng-shui. — VII. Conclusion.

Notices : N. China-Daily-News, 14 & 16 Aug. 1873.
— Supreme Court et Consular Gazette, II. 236. [By T. W. Kingsmill].
— Trad. en français par L. de Milloué, Annales du Musée Guimet, Paris, Leroux, 1880, I, pp. 202/253.
— Passage dénonçant le Foung-choui dans le Sacred Edict, Section VIII de la paraphrase de Yong-Tching, punissable de mort.
Indicated in the N. C. Herald, June 19, 1868, from Notes & Queries.

—Feng-shui.(Cornhill Magazine, March 1874.)
— Vide Yates, Supra.

LÉGENDES, ANIMAUX MONSTRUEUX, SUPERSTITIONS, ETC.

—A Chinese Mythological writer's account of Christ. (Indo-Chinese Gleaner, May 1818, pp. 104/108.)

— Légende de Yê sou, selon le Chin siân thoung kian [鑑 通 仙 ?] par E. Jacquet. (Nouv. J. As., VII, 1831, pp. 223/228.)

— Table-moving and spiritual manifestations in China. By Dr. Macgowan. (N. C. Herald, No. 196, April 29, 1854; réimp. dans The Shae. Alm. for 1855 and Miscel., et dans The China Mail, No. 484, May 25, 1854.)

— Chinese Fox-Myths. By T. Watters. Read before the Society on the 18th April 1873. (Jour. N. C. B. R. As. Soc., N. S. No. VIII, 1873, Art. IV, pp. 45 et seq.,

— Chinese Demoniacs. (Shanghai Budget, Sept. 13, 1873.)
Art. signé « Liu ».

Théodore Pavie. — Yu-ki le magicien, légende chinoise. (Revue des Deux Mondes, 15 mars 1851).

La Vision de Pao-ly, légende chinoise (Ibid, 15 décembre 1858).

Moudouri le chasseur, légende tartare (15 Novembre 1862, Revue des Deux-Mondes).

— Fables of Beasts and Birds in Chinese, with a Notice of Professor Julien's « Les Avadânas. Contes et Apologues Indiens ». By Reinhold Rost, Esq., Ph. D., &c., Professor of Oriental Languages at St. Augustine's College, Canterbury. (Chin. & Jap. Rep., Nov. 1863, pp. 214/217.)

— Chinese Version of the Legend of St. George and the Dragon by W. F. M[ayers]. (N. & Q. on C. & J., Vol. I, p. 148.)

— Chinese Version of the Story of Rip van Winkle by Fan-kwai. (Ibid., Vol. II, pp. 20/21.)

— The Chinese Sea-Serpent. (The Cycle, 22 Oct. 1870.)

— The Folk-lore of China, and its affinities with that of the Aryan and Semitic Races. By N. B. Dennys, Ph. D. London, Trübner. Hongkong : « China Mail » office, 1876, in-8, pp. IV-156-VII.
— Réimp. d'une série d'articles commencée dans la China Review, III, p. 269.
Notice par Elie Reclus dans the Academy, No 337, 19 oct. 1878. — The Athenœum, No 2595, July 21, 1877.

INFANTICIDE.

— Le P. Amiot dans les Mém. conc. les Chinois, VI, pp. 320 et seq.

— Infanticide : translation [by E. C. Bridgman] of an essay warning people against the practice of drowning their female children : By Kwei Chung fu of Hunan. (Chin. Rep., XVIII, pp. 11/16.)

— Notices of infanticide collected from the people of Fu Kien. By the Rev. David Abeel. (Ibid., XII, pp. 540/548.)

— Exposition, abandon et destruction en Chine des enfants nouveaux-nés. Œuvre de la Sainte-Enfance par A. H. (Revue de l'Orient, I, 1843, pp. 212/216.)

— Note sur l'infanticide en Chine, par M. Natalis Rondot. Paris, 1850, br. gr. in-8, pp. 8.

Extrait du Journal des Économistes, No. 111, Juin 1850.

— Infanticide in China. (Notes and Queries on

C. & J., Vol. I, pp. 109/110), article by J. D. (udgeon) = « Laws against Infanticide, » *Ibid.*, Vol. I, p. 4 (1867), by W. F. M[ayers] reproduit dans *the Hankow Times*, March 30th 1867.

— Voir sur le même sujet une longue lettre signée *C–t*. adressée « To the Editor of the Hankow Times » (*Hankow Times*, Saturday Dec. 1st, 1866) en réponse à un article de ce journal (Nov. 21th 1866). — Un nouvel article du *Hankow Times* (Dec. 8, 1866), a donné lieu à une nouvelle lettre de *C–t*. (*Hankow Times*. Dec. 15, 1866) qui est combattu by *J. D.* (probablement Dr. Dudgeon) dans la correspondance datée de Péking, 17th February, 1867 (*Hankow Times*, March 9, 1867). Une nouvelle lettre de *C–t* en réponse à J. D. est insérée dans le même journal (23 March, 1867). — J. D. sous la date de Péking, 24th April 1867 continue la discussion (*H. Times*, June 8th 1867).

— L'infanticide en Chine par le Dr. Martin. (*Notes & Q. on C. & J.*, Vol. III, pp. 156/157, 172/173.)

— Etude médico-légale sur l'infanticide et l'avortement dans l'empire Chinois par M. E. Martin, médecin de la légation de France à Pékin. Paris, 1872, br. in-8.

Avait paru dans la *Gazette hebdomadaire de médecine et de chirurgie*.
— *The Foochow Herald*, 10 août 1876, publie deux proclamations des magistrats du Fo kien contre l'infanticide ; elles sont traduites dans les *Missions Catholiques*, 1876, p. 590.

— L'infanticide et l'Oeuvre de la Sainte-Enfance en Chine, par le P. Gabriel Palatre, de la Compagnie de Jésus. Changhai. Autographie de la Mission catholique, à l'orphelinat de Tou-sè-wè. 1878, gr. in-4, pp. XIII-203 et 74 pl. de textes chinois [preuves justificatives], sans la tab. des mat.

L'ouvrage est entièrement autographié et la préface est consacrée à une réfutation générale du journal le *XIX° Siècle*.

PROSTITUTION.

— Etude historique et médicale sur la Prostitution dans l'Empire Chinois par le Dr. E. Martin. Paris, 1872, br. in-8.

Extrait de la *Gazette hebdomadaire de médecine et de chirurgie*.

— Iets over de Prostitutie in China door G. Schlegel. Batavia, Lange & Co, 1866, in-4, pp. 25.

Voir le Vol. XXXIII des *Transactions de la Société des Arts et des Sciences de Batavia*.

— Histoire de la Prostitution en Chine traduit fidèlement du hollandais par le Docteur Schlegel. Rouen, chez J. Lemonnyer, 1880, pet. in-8, pp. 46.

Tirage : 10 ex. sur pap. de couleur ; 50 ex. sur papier Whatman ; 440 ex. sur pap. vélin teinté ; cet ouvrage fait partie de la collection des *Curiosités bibliographiques*, de Lemonnyer.
— Voir : *Ausland*, 1869.

— A Report on Prostitution in Shanghai ; drawn up for « the Council for the foreign

(PROSTITUTION.)

Community of Shanghai », by Edward Henderson, M. D., Surgeon to the Municipality and Officer of Health. Shanghai : Printed at the « North-China Herald » Office, 1871, br. in-8, pp. 28.

— La Vie irrégulière et la Condition des femmes en Chine, par le Docteur Durand-Fardel. Paris, Germer-Baillière, 1876, br. in-8, pp. 16.

Extrait de l'*Union Médicale* (troisième série), année 1876.

FÊTES DIVERSES.—CÉRÉMONIAL, ETC.

— Chinese Kotow. (*Chin. Rep.*, II ; réimp. dans *The Cycle*, 29 Oct. 1870.)

— Account of two festivals given to the old men of China by the emperors Kanghe and Kéënlung [by S. W. Williams]. (*Ch. Rep.*, IX, pp. 258/277.)

La relation de la fête de Kienlong (50° année, 1re lune, 1er quartier, 4 Fév. 1785) est abrégée et traduite d'une lettre du Père Amiot du 15 Oct. 1785, insérée dans les *Mémoires concernant les Chinois*, Tome XII, pp. 509, 530.
— Bazin dans la 2° Partie de la *Chine Moderne*, pp. 649/654 donne le tableau des fêtes religieuses et civiles observées pendant l'année par les Chinois d'après S. W. Williams' An Anglo-Chinese Calendar for 1850, Canton 1850.

— Feast of Lanterns. By the Rev. C. Taylor. (*N. C. Herald*, No. 85, March 13, 1852 ; réimp. dans *the Shae. Alm. for 1853 and Miscel.*)

Cette fête se célèbre le 15e jour de la 1re lune et existe depuis A. D. 627 environ, sous le règne de Tai-tsoung. second empereur de la dynastie Tang.

— The Chinese Ceremony of Welcoming the Spring. By the Rev. C. Taylor. (*N. C. Herald*, No. 134, 1853 ; réimp. dans *the Shae. Alm. for 1854 and Miscel.*)

— Welcoming the God of Joy. By the Rev. C. Taylor. (*Ibid.*, No. 135, 1853 ; réimp. *ibid.*)

— Cérémonial observé dans les fêtes et les grandes réceptions à la cour de Khoubilaï-Khaân traduit du chinois par M. G. Pauthier. Extrait de la *Revue de l'Orient, de l'Algérie et des Colonies*. Paris, Benjamin Duprat, 1862, br. in-8, pp. 15.

— Etiquette to be observed by officials in mutual intercourse, as prescribed and sanctioned by Imperial Authority. Translated by K. (*Notes and Queries on C. & J.*, Vol. I, pp. 23/24, pp. 36/37, 68/69.)

— Native Fete and Natal Days observed at Canton and Foochow. By F. H. Ewer Esq., and the Editor. (*Doolittle's Vocab.*, Part III, No. XXX).

JEUX.

— Danses chinoises.

Voir dans Grosier, VII, pp. 378 et seq. des détails extraits

(FÊTES DIVERSES. — CÉRÉMONIAL, ETC. — JEUX.)

d'une trad. inédite du P. Amiot des « Commentaires de Ly-koan-ty sur l'ancienne musique chinoise » envoyée en France en 1754.
— *Chou king* de Gaubil, p. 329.

— Mémoire sur les danses chinoises, d'après une traduction manuscrite de quelques ouvrages de Confucius. (*Variétés littéraires*, I, A Paris, 1804, pp. 414/440.)

— Games and Sports of Chinese Children. (*The Cycle*, 11 June 1870.)

— How the Chinese amuse themselves. By Sir Walter Medhurst. (*Cassell's Magazine*, Oct. 1878.)

Voir Echecs, col. 689/690.

MONNAIES, POIDS ET MESURES, SOCIÉTÉS D'ARGENT.

(*Voir le chap. de la Numismatique*, col. 292/294.)

—De la Monnoye qui en différens tems a eu cours à la Chine. (Du Halde, II, pp. 163/169).

— Epistola de mensuris et ponderibus Serum seu Sinensium. Ubi etiam de ingenti illo muro qui apud eos, eorumque novo anno, necnon de Herbae *Cha* collectione superstitiosa. Omnium Nomina exhibentur Lingua Serica, subjunctis Characteribus propriis. Autore Thoma Hyde S. T. D. Oxoniæ, E theatro Sheldoniano An. Domini clɔlɔ CLXXXVIII, pièce in-8 de 40 pages (sans pagination), et 1 planche.
Cette lettre avait déjà paru dans le *Syntagma* de Hyde, Vol. II, pp. 409/432, 1767.

— Mémoire sur le *Li*, mesure itinéraire des Chinois. Par M. d'Anville. (*Rec. de l'Ac. des Insc.*, *Mém.*, XXVIII, 1761, pp. 487/502.)

— Sur les Sociétés d'argent. Par le P. Jacquemin. (*Let. édif.*, XVIII, pp. 177/233.)

— Mémoire sur l'intérêt de l'argent en Chine. Par le P. Cibot. (*Mém. conc. les Chinois*, IV, pp. 299 et seq.)

— Mémoire de feu M. Collas, Miss., sur la valeur du Tael d'argent en monnoie de France. (*Ibid.*, IX, pp. 371/387.)

— Métrologie. Note sur les poids des Chinois, lue à la Société philomatique par le citoyen Charles Coquebert. (*Magasin Encyclopédique*, 1797, I, pp. 155/157).

— Sur l'origine du papier-monnaie ; par M. Klaproth. (*Jour. As.*, I, 1822, pp. 257/267.)
— Tirage à part. Paris, Dondey-Dupré, 1822, in-8, pp. 15. — Réimp. dans les *Mém. rel. à l'Asie*, I, pp. 375/380.

— Origin of Paper Money. By J. Klaproth. London. Printed for Treuttel and Wurtz, 1823, in-8, pp. 23.
A paru également en anglais dans *The Jour. of the Am. Or. Soc.*, Vol. I, No II, 1844, pp. 136 et seq.

(MONNAIES, POIDS ET MESURES, SOCIÉTÉS D'ARGENT.)

— Notice sur l'usage des cauries en Chine, par M. Klaproth. (*N. J. As.*, XIII, 1834, pp. 146/155.)
Cauries, petits coquillages dont on se sert en guise de monnaie.
— On the use of Cowries in China. By M. Klaproth. (*Asiat. Jour.*, Vol. VIII, pp. 129/132).

— Métrologie chinoise. Note sur une mesure linéaire chinoise, par M. de Prony. (*N. J. As.*, X, 1832, pp. 539 et seq.)

— Mémoire sur le système monétaire des Chinois, par M. Édouard Biot. (*Journal Asiatique*, IIIᵉ Série, T. III, Mai 1837, pp. 422/465 ; IV, pp. 97 et seq., 209 et seq. ; 441 et seq.)
— Système monétaire des Chinois. (Perny, *Dict.*, App. No. XVI, pp. 217/220.)
Analyse succincte du mémoire précédent.

— Inquiries and Calculations respecting the Chinese Long Measure. (*Chin. Rep.*, X, pp. 649/653.)

— Monnaies, poids et mesures chinois. Renseignements sur les numéraires chinois et étrangers ayant cours en Chine, sur les poids et mesures chinois et leurs rapports avec les monnaies, poids et mesures français, par C. de Montigny. (*Revue de l'Orient*, IX, 1846, pp. 324/335.)

— Paper money among the Chinese : Description of a bill ; historical notices of the issues of notes. By S. Wells Williams. (*Chin. Rep.*, XX, pp. 289/296.)
Réimp. dans *The N. China Herald*, Nos. 57 et 65, 30 Aug. & 25 Oct. 1851.

— Traduction d'un rapport présenté à l'Empereur Hien Foung par le comité siégeant sous la présidence du Prince Kong, etc., concernant le papier-monnaie par le Rév. Père Eulampius. [en russe]. (*Trav. de la Miss. eccl. russe de Peking*, III, 1857, voir col. 634).

E. François Jomard. — Recherche de la valeur du « li » d'après la carte chinoise de l'île Formose. (*Bull. Soc. de Géog.*, XVIII, 1859, pp. 5/21.)

— Chinese Commercial Guide. 1863. Chap. v.

— Peking et la Chine.... par M. Natalis Rondot. [col. 125].

' Les éphémérides du papier-monnaie en Chine, par M. Natalis Rondot. Paris, 1850, br. gr. in-8, pp. 6.

— Questions économiques. Le Papier-monnaie en France et en Chine, par M. Lacroix, Professeur à la Faculté des Lettres de Nancy, Membre de l'Académie de Stanislas. Imp. Impériale, 1866, in-8, pp. 38.

— Copper Cash and the Tea Trade. Being

(MONNAIES, POIDS ET MESURES, SOCIÉTÉS D'ARGENT.)

an Attempt to show the Effect of the Debasement of the Currency of China on the Foreign Trade of the Country. By Thos. W. Kingsmill.... Shanghai. Printed at the « Shanghai Recorder » Office, MDCCCLVIII [lisez] MDCCCLXVIII.

These « pages are the substance of a paper read before the N. C. B. of the Roy. As. Soc., on the 5th of Dec. 1867.»

— Weights and Measures. Selected and arranged by the Editor. (Doolittle's *Vocab.*, Part III, No. LXXIII).

— Des Sociétés pécuniaires en Chine. (Perny, *Dict.*, App. No. XVII, pp. 221/223.)

— Note sur les petites Sociétés d'argent en Chine. Par M. Eug. Simon, Consul de France à Ningpo. (*Jour. N. C. B. R. A. Soc.*, No. V, N. S., Dec. 1868, pp. 1 et seq.)

— Sur les Institutions de Crédit en Chine. par Mons. G. Eug. Simon, Consul de France à Fou-Tcheou. (*Ibid.*, No. VI, N. S., 1869/70, pp. 53 et seq.)

SOCIÉTÉS SECRÈTES.

(*Voir aussi le chap. de la guerre des Tai-ping, col.* 268/281)

— Voir sur une Société Secrète nommée *Tsin-Lién-kiao* (les jeûneurs) dont les membres étaient répandus dans le Yunnan et le Szechuen diverses lettres de Mgr Fontana et des Pères Imbert et Voisin dans le Tome IV des *Annales de la Prop.* — Lire aussi dans la même recueil une note (IV, pp. 420/421) extraite des Nouvelles Lettres édifiantes. Cette Société est probablement une branche de celle qui est connue sous le nom de *Pe-Lien-kiao*, doctrine du Nenuphar-Blanc. Une autre lettre de Mgr Fontana sur le même sujet est insérée dans le Tome VI, pp. 501/506.

— Some account of a Secret Society in China entitled « The Triad Society » By the late Dr. Milne Principal of the Anglo-Chinese College. Communicated by the Rev. Rob. Morrison. Read Feb. 5, 1825. (*Transactions R. A. S. of Great Brit. and Irel.*, Vol. I, 240.)

— A Transcript in Roman Characters, with a Translation, of a Manifesto in the Chinese language, issued by the Triad Society. By the Rev. R. Morrison. Read 4th of April, 1829. (*Journal of the R. A. S.*, Vol. I, pp. 93/5.)

— The Chinese secret Triad-Society of the Tien-ti-huih. By Lieutenant Newbold, A. D. C., and Major-General Wilson, C. B., Madras Army. Read Jan. 18, 1840. (*Journal of the R. A. S.*, Vol. VI, pp. 120/158.)

* Thien-ti-hoih-Geschichte der Brüderschaft des Himmels und der Erden der communistichen Propaganda China's von E. H. Röttger, früher Missionsprediger im Indischen Archipel. (Berlin, 1852.) in-8.

(SOCIÉTÉS SECRÈTES.)

— Het Hemel-aarde-verbond, T'ien-Tí-hoeí, 天 地 會 een geheim genootschap in China en onder de Chinezen in Indië. (Milne's en Morrison's mededeelingen dienaangaande herzien, aangevuld en gehandhaafd tegen E. H. Röttger's *Geschichte der Brüderschaft des Himmels und der Erden*. Berlin, 1852.)

Par le Dr. J. Hoffmann. — Overgedrukt uit het Tijdschrift van het Koninklijk Instituut voor de Taal-Land-en-Volkenkunde van Neërlandsch Indië. No. 3. 1853.

* Bijdragen tot de kennis der geheime genootschappen onder de Chinezen, bepaaldelijk het Thien-ti-hoei. (Périodique pour la Philologie, la Géog. et l'Ethnologie du Nord de l'Inde, Vol. II, p. 292.)

Deuxième article du Dr. Hoffmann « Containing the most information and compiled with much discernment by the learned professor, from a Manuscript of Abraham Betting van Campen, the August numbers of the *Overland China Mail*, 1853, and the *Chinese Repository*, Vol. XVIII, June 1849. (Schlegel's *Hung League*, Note, p. VI.)

— Oath taken by Members of the Triad Society, and notices of its origin. By S. Wells Williams. (*Chin. Rep.*, XVIII, pp. 280/295.)

— Origin of the Triad Society. Letter to the Editor of the *China Mail*, 27th July 1853 signed « Enquirer ». (*The China Mail*, No. 441, July 28, 1853.)

— Secret Societies in China. By A. Wylie. (*N. C. Herald*, No. 165, Sept. 24, 1853, et seq. — Réimp. dans *The Shanghaï Almanac for 1854 and Miscel.*)

— Voir sur les sociétés secrètes les chap. XVII et XVIII de *The Cross and the Dragon*, de Kesson. (Voir col. 323.)

— Voir dans « *Notes and Queries*, » Series I, XII, pp. 232/33, une note du D. P. G. M. of British Masonry in China sur la Société Triade.

— The Chinese and their Rebellions, viewed in connection with their National Philosophy, Ethics, Legislation, and Administration. To which is added, An Essay on Civilization and its present state in the East and West. By Thomas Taylor Meadows, Chinese Interpreter in H. M. Civil Service. London, Smith Elder & Co, 1856, in-8, pp. lx-656.

Preface. — Contents. — I. Political Geography and Administrative Machinery. — II. Theory and Practical Working of the Normal Chinese Autocracy. — III. Accession, Abnormal Policy, and Weakness of the Manchoo Dynasty. — IV. Rise and Progress of the Chinese People, Causes of its Unity and General Homogeneity, and of Certain Peculiarities in the South Eastern Chinese. — V. M. Huc's Opinion of the Chinese. — VI. Hung Sew Tseuen, the Originator of the Rebellion, his early Biography and his adoption of Christianity. — VII. Hung Sew Tseuen's Establishment of a New Sect of Christians in Kwang se, and causes of his success. — VIII. Origin of the grosser fanaticisms of the new Sect of Christians. — IX. Retrospective Account of the Establishment of the Manchoo Power in China. — X. Formation of Chinese Political Societies against the Manchoo Domination, and Origin of Chinese Insurrections and Rebellions generally. — XI. Conversations of the old Emperor Taou-kwang with a high Mandarin respecting British Projects and the State of Southern China. — XII. Measures

(SOCIÉTÉS SECRÈTES.)

of the Imperial Authorities against the Kwang se Christians; and the transformation of these into religious political Rebels. — XIII. Military and Political Proceedings of the Tae-ping Rebels from their first rising till after their occupation of Nanking. — XIV. Military History of the Tae Pings, after the occupation of Nanking, up to the present time. — XV. State of the Sea-board population at the Mouth of the Great River, on the approach of the Tae Pings. — XVI. Excursion on the Grand Canal to obtain information respecting the Rebels. — XVII. Intercourse of the Tae Pings with Western Foreigners. — XVIII. Notice of the Philosophy, Morality, and Polity of the Chinese, and of the Religion of the Governing Class. — XIX. Christianity and Prospects of the Tae Pings. — XX. The best Policy of Western States towards China. — On Civilization (pp. 493/638). — Appendix : App. A. On military Dress. — App. B : Form for official Letters. — App. C : Execution at Canton.

L'ouvrage contient 3 cartes : au commencement, *Map of China proper*; p. 1, *Map of the Chinese Empire*; p. 6, *Sketch Map of Kwang Tung*.

Notice : *N. C. Herald*, No. 320, Sept. 1856 (by Philo-sinensis).

— La Franc-maçonnerie chez les Chinois par Léon de Rosny. (Extrait du *Bulletin du Grand Orient de France*). Paris, Typ. du F.·. Alexandre Lebon, 1864, br. in-8, pp. 8.

Réimp. dans les *Variétés orientales*, 3e éd., pp. 142/148.

— « A pamphlet, illustrated by woodcuts, has recently been published by the Ionic Lodge of Amoy, on « Freemasonry in China ». We believe the work is not for sale, but presentation copies appear to have been received by various Masons of high standing in the Craft. It is from the pen of Mr. H. A. Giles, H. B. M. Acting Consul at Amoy.» (*Trübner's Record*, 1880, p. 129).

天 地 會 Thian Ti Hwui. The Hung-League or Heaven-Earth-League. A Secret Society with the Chinese in China and India By Gustave Schlegel, Interpreter for the Chinese Language to the Government of Netherlands-India... With an Introduction and numerous cuts and illustrations. Batavia, Lange & Co, MDCCCLXVI, in-4, pp. XL-253 et XVI tables.

Preface. — Introduction. — Part. I. History of the Hung-League. — II. Description of the Lodge and its appurtenances. — III. Government of the Society. — IV. Affiliation of New Members. — V. Laws and Statutes of the Brotherhood. — VI. Secret Signs of the Hung-League. — Additions and Exegetical Notes. — Analytical Table of Contents. — Illustrations. — Errata. — XVI Tables.

Notice : *Notes & Q. on C. & J.*, II, pp. 79/80.

— The Origin of the T'ien Ti Hwui. By G. M. C. (*Notes & Q. on C. & J.*, I, pp. 55/58.)

— Military Secret Societies. (*The Cycle*, 12 Nov. 1870.)

— Les Sociétés secrètes en Chine. District de X***, Province de Tche ly, 27 février 1873. (*Etudes religieuses*, 19e année, Ve Sér., VIII, 1873, pp. 197/220.) — Les Sociétés religieuses en Chine. Tche ly Sud-Est, village de Iam-kia-sé 1er mars 1873. (*Ibid.*, pp. 641/664), par le P. Leboucq, S. J.

— The Secret Societies of all Ages and Countries by Charles William Heckethorn. London, Bentley, 1875, 2 vol. in-8.

Nous espérons que l'auteur de cet ouvrage a plus appro-

fondi l'histoire des Sociétés secrètes des autres pays que de celles de la Chine. Les quelques lignes qu'il consacre à la Chine, Vol. I, Chap. VI, pp. 87 et seq. et Vol. II, p. 328 sont tout-à-fait insignifiantes.

PIRATES.

* José Ignacio de Andrade. Memoria sobre a destruição dos piratas da China, e o desembarque dos inglezes na cidade de Macau. e sua retirada. Lisboa, Imp. Regia, 1824, in-8.

' Memoria dos feitos macaenses contra os piratas da China, e da entrada violenta dos inglezes na cidade de Macau. Lisboa, Typ. Lisbonense, 1835, gr. in-8, pp. 161. (Silva.)

2e Ed. augmentée du précédent.

Tsing Hai Fun ki 靖 海 氛 記 A Record of the Pacification of the Seas (By *Yuen yung Sun*, of *Heun-tih* heēn).

Translated in the *Canton Register*, Vol. XI, 1838, Nos 8-9-11-13-14-17-20-24-25-26, etc., by John Slade.

靖 海 氛 記 History of the Pirates who infested the China Sea, from 1807 to 1810. Translated from the Chinese original, with Notes and Illustrations, by Charles Fried. Neumann. London : Printed for the Oriental Translation Fund.... 1831, in-8. [dans Translations from the Chinese and Armenian,.... by Charles Fried. Neumann, London, 1831] [1].

— Dans l'ouvrage de Macfarlane sur « *The Chinese Revolution* » 1853, [col. 269] il y a un appendice sur les « Chinese Pirates, » pp. 171-207, qui est une réimpression de la relation publiée dans l'ouvrage de Mac Farlane intitulé « Lives and Exploits of Banditti and Robbers. » Cette relation a elle-même pour bases la narration de Mr. Glasspoole (imprimée d'abord dans les « Travels in China » de Wilkinson) et la traduction (*Royal Asiatic Society*) de « History of the Pirates who infested the China Sea from 1807 to 1810 » by Yuen-Tsze.

— Chinese Pirates; Ching Che-ling; his son Ching Ching-kung; combination of gangs in 1806; narratives of J. Turner, and Mr. Glasspoole ; Chinese and Portuguese join their forces against the pirates; divisions among them, and their submission to government by E. Stevens. (*Chinese Repository*, III, June 1834, pp. 62 et seq.)

Voir sur cet article des Remarques dans l'ouvrage de Ljungstedt, pp. 112 et seq.

— Notices of Modern China. Banditti in the northern and middle and southern provinces; in Whampoa, Hëangshan, and

(1) Translations from the Chinese and Armenian with Notes and Illustrations by Charles Fried. Neumann. London : Printed for the Oriental Translation Fund... 1831, in-8.

Cet ouvrage comprend :

I. History of the Pirates who infested the China Sea, from 1807 to 1810.

II. The Catechism of the Shamans ; or the Laws and Regulations of the Priesthood of Buddha, in China.

III. Varham's Chronicle of the Armenian Kingdom of Cilicia during the time of the Crusades.

Macao : Pirates on the coast of Fuhkeen, and the coast and rivers of Kwang tung; imperial fleet : Feuds of Clans. By B. Inglis. (*Chin. Rep.*, IV, April 1836, pp. 557 et seq.)

— An Account of the Destruction of the Fleets of the celebrated Pirate Chieftains Chui-Apoo and Shap-Ng-Tsai, on the Coast of China, in September and October 1849, By Her Majesty's Sloop « Columbine » Commander John C. Dalrymple Hay; Steam Sloop « Fury », Commander J. Willcox ; and Hon. E. I. Co's Armed Steam Vessel « Phlegethon, » G. J. Neblett, Esq., Commander. Collected principally from the Press, Colonial and British as published at the time, By Beresford Scott, Paymaster and Purser of H. M. S. « Columbine. » To which is appended, The Account of the First Encounter with Shap-ng-Tsai, By H. M. S. V. « Medea, » Commander W. N. Lockyer. To be had of the Proprietor only... s. l. n. d. [1851], in-18, pp. 255 s. l. p.

— Suppression of Piracy by British Men of War. (*Chin. Rep.*, XVIII, pp. 558 et seq., 609 et seq.)

Fanny Loviot. — Les Pirates chinois. — Ma captivité dans les mers de la Chine. Paris, Vanier, 1858, in-18.

Pub. à Fr. 2.
— Nouvelle édition revue et augmentée avec portrait de l'auteur. Paris, *Lib. Nouv.*, 1860, in-18, pp. 233.

Fanny Loviot. A Lady's Captivity among Chinese Pirates in Chinese Seas. Translated from the French by Amelia B. Edwards. London, Routledge, 1858, in-12, pp. 140.

— Voir sur les pirates le supp. du *N. C. Herald*, No. 470, 30 July 1859.
— Attack on Mr. Thos. Taylor Meadows, H. B. M's Consul, on the Yangtsze. (*N. C. Herald*; (No. 535, Oct. 27, 1860.)

— Cochin-China, and my experience of it. A Seaman's Narrative of his Adventures and Sufferings during a Captivity among Chinese Pirates, on the Coast of Cochin-China, and afterwards during a Journey on foot across that country, in the years 1857-8, by Edward Brown, Amoy, China. London, Charles Westerton, 1861, pet. in-8, pp. xi-292.

Pub. 8/6.

— A Seaman's Narrative of his Adventures during a Captivity among Chinese Pirates, on the coast of Cochin-China, and afterwards during a journey on foot across that Country, in the years 1857-8, by Edward Brown, Amoy, China. London, Charles Westerton, 1861, pet. in-8, pp. xi-292.

Même éd. que la précédente, avec un titre légèrement différent.

* Canton and the Bogue. — A Narrative of six Eventful Months in China. By Walter William Mundy. London, Tinsley, 1875.

OPIUM.

— Confessions of an English Opium-Eater. Fourth Edition. London : printed for John Taylor, Waterloo Place, Pall Mall, 1826.

Par Thomas de Quincey. — Avait d'abord paru en 1821 dans l'ancien *London Magazine*, puis en vol. en 1822. Nous n'avons pas besoin d'ajouter que cet ouvrage célèbre a été souvent réimprimé.
Notice par B. Hobson dans le *Chin. Rep.*, IX, pp. 425/436.

— Chinese Method of preparing opium for smoking. (*Chinese Courier*, Vol. I, No. 38).

— A few words upon opium. (*Ibid.*, Vol. II, No. 35).

— Memorials of Choo-Tsun and Heu kew on Opium and Imperial Edict referring to these Memorials. (*Chin. Rep.*, V, Jan. 1837.)

— On the Preparation of Opium for the Chinese Market : written in March 1835, and then communicated to the Benares and Behar Agencies. By D. Butter, M. D., Surgeon 63d B. N. I., late opium examiner of the Benares Agency. (*Jour. As. Soc. Bengal*, No. 51, March 1836. — Réimp. dans le *Chin. Rep.*, V, pp. 495 et seq., March 1837.)

— The Chinese Method of preparing opium for smoking, described in a series of experiments; the requisite apparatus specified; and the several stages of the process detailed. By E. C. Bridgman. (*Canton Courier*, 21 April 1832. — Réimp. dans le *Chin. Rep.*, VI, pp. 197 et seq., Aug. 1837.)

* The iniquities of the Opium trade with China; being a development of the main causes which exclude the merchants of Great Britain from the advantages of an unrestricted commercial intercourse with that vast empire. With extracts from authentic documents. By the Rev. A. S. Thelwall, M. A., of Trinity College, Cambridge. Drawn up at the request of several gentlemen connected with the East-India trade. London, W. H. Allen & Co, Leadenhall Street, 1839, in-8, pp. 178.

Notice : *Chin. Rep.*, VIII, pp. 310/317, by E. C. Bridgman.
— Edit de Lin et de E contre les fumeurs d'opium du 27 Sept. 1840 traduit en anglais dans *The Chinese Repository*, IX, pp. 404/408, par E. C. Bridgman.

— Portfolio Chinensis : or a Collection of authentic Chinese State Papers illustrative of the History of the present position of Affairs in China with a translation, notes and introduction. By J. Lewis Shuck. Macao, China : Printed for the Translator at the New Washington Press of F. F. de Cruz, 1840, in-8, pp. XVI-191.

— Contents, p. v.

— Preface, pp. VII-VIII.

— Introduction. — I. The Poppy. — Its localities; mode and extent of its cultivation, pp. IX-XI. — II. The Preparation and use of the drug, pp. XI-XII. — III. Brief Outline of the History and Extent of the importation of the drug into China, pp. XIII-XV. — IV. Epitome of the High Commissioner's Efforts for the suppression of the traffic in 1839, pp. XV-XVI.

— Chinese State Papers. — Prohibitory Regulations against Opium, proposed by the high imperial commissioner, and sanctioned by the Court, pp. 1/174.

1° Paper relating to the Internal policy of the country, pp. 1/79. (March 1839.)

2° Proclamation of Lew, Chief Magistrate of Nanhae relating to an Opium depôt, pp. 80/83. (March 1839.)

3° The first proclamation of the High Commissioner to foreigners demanding the surrender of their opium, pp. 84/99. (March 1839.)

4° Proclamation by the Commissioner to foreigners detailing four Reasons why they should at once surrender their Opium, pp, 100/117. (March 1839.)

5° Proclamation by the high Authorities containing the Imperial decree declaring the English Trade for ever at an end, pp. 118/127. (January 1840.)

6° Letter from the high Commissioner to the Queen of Great Britain, pp. 128/149. (February 1840.)

7° Memorial of Tsang Wang yen to the Emperor, recommending plans for the entire suppression of all foreign intercourse, and the extermination of foreigners. With a Supplement relating to the Portuguese of Macao, pp. 150/174. (March 1840.)

— Notes, pp. 175/183.

8° Appendix : Offering rewards for the arrest and murder of the English, pp. 184/190. (July 1840.)

— Note, p. 191.

— Il y a un compte-rendu de cet ouvrage dans *The Chinese Repository*, Sept. 1840, pp. 267/274, Vol. IX, dans lequel parurent les mémoires formant le *Portfolio Chinensis*.

— Ten Regulations, drawn up and published by Lin the late high commissioner for the removal of the evils arising from opium. (Réimprimé du « *Portfolio* » dans *The Chinese Repository*, IX, pp. 560/572.)

— *Crisis in the Opium Trade. China, 1839, in-8.

— A Voice from China and India, relative to the Evils of the Cultivation and smuggling of Opium : in four Letters to the Right Hon. Lord John Russell, First Lord of Her Majesty's Treasury. By James Pegg, late Missionary at Cuttack, Orissa-Author of « India's Cry to British Humanity », &c., &c. London : Harvey and Darton, 1846, in-8, pp. 90.

— Opportunité de la légalisation du commerce d'opium en Chine. Par M. C.-A. de Challaye, ancien gérant des Consulats de France en Chine et à Venise. Extrait du *Portefeuille*, Revue diplomatique. Paris. Imprimerie Edouard Proux et C°, 1847, pièce gr. in-8 à 2 col., pp. 7.

* Nathan Allen, M. D. — An Essay on the

Opium Trade including a sketch of its history, extent, effects, &c., as carried on in India and China. Boston, 1850, pp. 68.

Notice par S. Wells Williams, *Chin. Repos.*, XX, pp. 479 et seq.

— The Opium Trade as carried on between India and China, with a History of the Insurrection in China. Bombay : Duftur Ashkara Press, 1854, in-8.

— Note on Chinese Opium : By D. J. Macgowan, M. D. — Read before the Society, 18th June, 1856. (*Transactions China Branch R. As. Soc.*, Part. VI, Art. II.)

— Les Fumeurs d'Opium en Chine. — Etude médicale par le Docteur H. Libermann.... Paris, Victor Rozier, 1862, br. in-8, pp. 82.

— Recherches sur l'usage de la fumée d'opium en Chine et sur les effets pathologiques que détermine cette habitude ; par M. H. Libermann, médecin aide-major de 1re classe. (*Rec. de Mém. de méd..... milit.*, 3e Sér., VIII, 1862, pp. 287/310, 352/373, 440/455.)

— Native Opium. Published by order of the Inspector General of Customs, Shanghae, November, 1864. [A. H. de Carvalho, printer]. Br. in-8, pp. 16.

— On the extent and some of the evils of opium smoking. By J. Dudgeon. (*Chin. Rec.*, I, p. 203; II, p. 46).

— Une partie de cet article est reproduit dans le *Shanghai News-Letter* du 20 Mars 1869.

— L'Opium en Chine. — Etude statistique et morale par le Docteur E. Martin, Médecin de la Légation de France à Pékin, médecin-major des armées, Membre de la Soc. d'acclimatation, Chevalier de la Légion d'honneur, de l'ordre impérial d'Autriche et de Charles III d'Espagne. Paris, Germer Baillière, 1871, br. in-8, pp. 28.

— The opium question, its political and economic aspects. [By T. W. Kingsmill]. (*Supreme Court & Consular Gazette*, Vol. IX, pp. 188, 236).

— The ruling and trading Classes of China and the Cultivation of Rice and Opium. [By the Same]. (*N. China Herald*, VII, pp. 914/915).

Fernand Papillon. — Les Fumeurs et les mangeurs d'opium en Chine. (*Revue des Deux Mondes*, 1er mai 1873.)

* British opium policy, and its Results to India and China. By F. S. Turner, B.A., Secretary of the Anglo-Oriental Society for the Suppression of the Opium Trade. London, Sampson Low, 1876.

(OPIUM.)

(OPIUM.)

TABLE DES MATIÈRES

DU PREMIER VOLUME

PREMIÈRE PARTIE

LA CHINE PROPREMENT DITE

FIN DE LA PREMIÈRE PARTIE ET DU PREMIER VOLUME

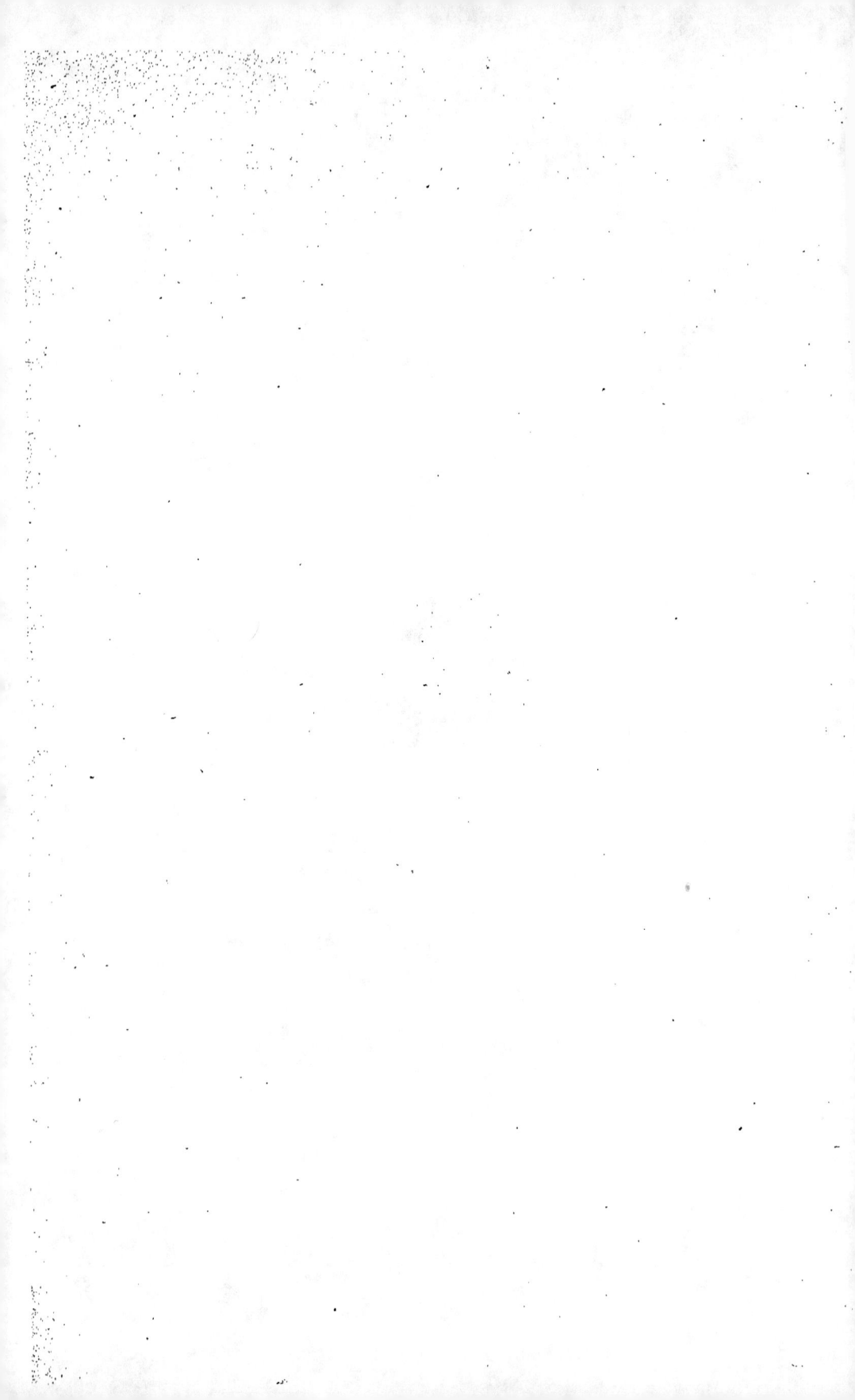

ERNEST LEROUX, ÉDITEUR, 28, RUE BONAPARTE, PARIS

RÉCENTES PUBLICATIONS
RELATIVES A LA CHINE

Devéria (G.), Histoire des relations de la Chine avec l'Annam (Viétnam) du xvi* au xix* siècle, d'après des documents chinois traduits pour la première fois et annotés. Un beau vol. in-8, avec carte...... **7 50**

Lemaire (G.) et **Giquel** (P.), Dictionnaire de poche français-chinois, suivi d'un dictionnaire technique des mots usités à l'arsenal de Fou-Tchou. 1n-12, d.-rel.. **20 »**

Imbault-Huart (C.), Recueil de documents sur l'Asie Centrale. I. Histoire de l'insurrection des Tounganes sous le règne de Tao-Kouang (1820-1828) d'après les documents chinois. — II. Description orographique du Turkestan chinois, traduite de Si yu t'ou tché. — III. Notices géographiques et historiques sur les peuples de l'Asie Centrale, traduite du Si yu t'an ché. Un beau vol. in-8 accompagné de deux cartes chinoises.. **15 »**

Luro, Le pays d'Annam, étude sur l'organisation politique et sociale des Annamites. In-8, avec carte, prix.. **8 »**

Philastre (P. L. F.), Études sur le droit annamite et chinois. Le Code annamite, nouvelle traduction complète comprenant : Les Commentaires officiels du code, traduits pour la première fois ; de nombreuses annotations extraites des commentaires du code chinois ; des explications et des renvois. Imprimé par ordre du gouvernement de la Cochinchine française. 2 vol. gr. in-8.................... **40 »**

Rocher (Émile), Description de la province du Yün-nan. 2 beaux vol. in-8, avec cartes, planches, etc., prix.. **25 »**

Recueil d'itinéraires et de voyages dans l'Asie Centrale et l'Extrème Orient. — Journal d'une mission en Corée (traduit par M. Scherzer). — Mémoires d'un voyageur chinois dans l'empire d'Annam. — Itinéraire de l'Asie Centrale. — Itinéraire de la vallée du moyen Zerefchan (trad. p. L. Léger). — Itinéraires de Pitha-ver à Kaboul, de Kaboul à Qandahar et de Qandahar à Hérat (par Ch. Schefer) in-8, avec carte. **15 »**

Koeï Ling, Journal d'une mission en Corée, traduit du chinois par F. Scherzer, 1877, in-8, avec carte. Prix.. **5 »**

Jametel (Maurice). L'épigraphie chinoise au Tibet, inscriptions recueillies traduites et annotées. 1re partie, 1re livraison 1880, in-8.. **2 50**

OUVRAGES DE M. HENRI CORDIER:

A Catalogue of the Library of the North China Branch of the Royal Asiatic Society (including the library of Alex. Wylie, Esq). Systematically classed. Shang-haï, 1872, gr. in-8.

A Narrative of the Recent Events in Tong-King. Shang-haï, January, 1875, gr. in-8.

A classified Index to the Articles printed in the Journal of the North-China Branch of the Royal Asiatic Society to the 31st of december 1874. Shang-haï, 1875, in-8.

En préparation :

Bibliotheca Indo-Sinica. Dictionnaire bibliographique des ouvrages relatifs à la presqu'île indo-chinoise.

La France en Chine au xviie et au xviiie s. Documents tirés des archives du département des Affaires étrangères et de diverses collections publiques et particulières publiés avec une introduction et des notes.

Odoric de Frioul, publié avec des notes historiques et géographiques.

LE PUY, IMPRIMERIE DE MARCHESSOU FILS, BOULEVARD SAINT-LAURENT, 23.